破产法文库

总主编 王欣新

学术研究系列

徐阳光 主编

THE JUDICIAL APPROACH
AND ADJUDICATORY THINKING OF
CHINA'S BANKRUPTCY TRIAL

中国破产审判的司法进路与裁判思维

徐阳光 主编

法律出版社
LAW PRESS·CHINA

总 序

《中共中央关于全面深化改革若干重大问题的决定》指出："健全优胜劣汰市场化退出机制，完善企业破产制度。"《中共中央关于全面推进依法治国若干重大问题的决定》指出："社会主义市场经济本质上是法治经济。使市场在资源配置中起决定性作用和更好发挥政府作用，必须以保护产权、维护契约、统一市场、平等交换、公平竞争、有效监管为基本导向，完善社会主义市场经济法律制度。"破产法是市场经济法律体系的核心制度，亦被称为市场经济之"宪法"。市场经济社会的基本法则乃公平竞争、优胜劣汰。故凡市场经济之法治国家，无不将破产法视为其法律体系不可或缺之重要组成部分，乃至作为衡量市场经济法制是否完善程度之标志。

新中国破产法的历史虽然短暂，但也已蹒跚走过30个春秋，即便是《企业破产法》亦已颁布逾十载。然而，1986年第六届全国人大常委会在彭真委员长主持下审议《企业破产法（试行)》时激烈争辩之声至今仍萦回耳边、恍如昨日。由于中国的破产文化理念一时尚不健全，所以破产就是"死亡"？破产就是"耻辱"？这些社会疑问依然存在于今日之中国，有待改变。

现代破产法，包括破产清算、和解和重整3套程序且可依法转换。破产法是警醒正常市场主体"向死而生”之法，是帮助困境企业“涅槃重生”之法，是促使失败企业、“僵尸企业”规范退出之法。破产审判之市场化、法治化、常态化，是市场经济可持续发展之保障，所以市场经济之发展注定离不开破产法学研究之繁荣。

中国人民大学破产法研究中心和北京市破产法学会自成立以来，始终坚持学术为本、理论联系实际和以问题为导向的研究理念，不遗余力创办“中国破产法论坛”及其专题研讨会等权威交流平台，多年连续编辑出版《破产法论坛》《破产法动态》等书刊，凝聚了中国破产法理论与实务界之顶尖研究力量，致力于破产法治事业之发展与进步，赢得了众多“破人”之赞誉与支持，实属难能可贵。

为进一步整合中国破产法理论界与实务界之研究力量，经与浙江省高级人民法院民二庭章恒筑庭长、中国人民大学破产法研究中心郑志斌副主任、中国人民大学法学院徐阳光副教授、法律出版社财经分社沈小英社长反复商议，中国人民大学破产法研究中心、北京市破产法学会决定联合法律出版社创办“破产法文库”，面向国内外同人开放。“破产法文库”设置五个系列，其中，“学术研究系列”希冀囊括中国学界高水准之破产法专著；“经典译著系列”拟推介域外之经典破产法文献与法典；“论坛系列”继续推出“中国破产法论坛”及其专题研讨会之优秀论文；“实务指引系列”侧重出版破产法实务经验总结之佳作；“茶座系列”则旨在分享“破人”“破事”“破法”“破会”之心得体会与趣闻轶事。

“破产法为一重要之法律，然学者研究之者，远不如研究民刑之法之夥；良以向者适用较少，兴趣遂减。”民国法学家吴传颐先生数十年前之感仍让今人有好似现实写照之叹。破产法是一个综合性法学领域，破产法事业是我们共同的事业。愿“破产法文库”之创办能够团结更多法学同人关注和研究破产法理论与实践之重点难点问题，并将自己高水平的研究成果收入文库出版，共同推动中国破产法学术之繁荣、立法之完善与司法之进步。

是为序！

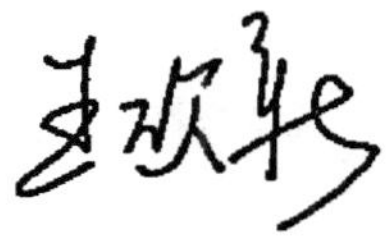

2016 年 7 月 16 日

序　言

2017年是《中华人民共和国企业破产法》(以下简称《企业破产法》)实施十周年,2018年是中国改革开放四十周年。值此新旧交替之际,徐阳光教授将其主编的90余万字的《中国破产审判的司法进路与裁判思维》书稿呈现在我面前,并邀我作序。这部著作以报告形式梳理中国法院破产审判十年的记忆,以文字实录呈现中国破产司法制度实施与完善的进程,以个案裁判体现法官处理破产案件的司法智慧。面对着各级人民法院撰写的约40篇破产审判调研报告和各级人民法院遴选的近200则典型案例,我感受到了全国各级人民法院在破产审判领域的辛勤付出,也感受到了徐阳光教授致力于破产法理论与实践结合的学术追求,更看到了中国破产审判工作的美好未来,感慨于此,欣然应允为其作序亦聊表心志。

《企业破产法》实施的十年,是最高人民法院的破产审判工作砥砺前进的十年。十年期间,最高人民法院制定了《关于审理企业破产案件指定管理人的规定》《关于审理企业破产案件确定管理人报酬的规定》《关于适用〈中华人民共和国企业破产法〉若干问题的规定(一)》《关于适用〈中华人民共和国企业破产法〉若干问题的规定(二)》《关于破产案件立案受理有关问题的通知》《关于执行案件移送破产审查若干问题的指导意见》《关于在中级人民法院设立清算与破产审判庭的工作方案》等司法解释和司法文件,建设并开通了全国企业破产重整案件信息互联网、企业破产案件法官工作平台和破产管理人工作平台。最高人民法院破产审判工作的成效显著。一是破产案件数量大幅增长。截至 2017 年 12 月 21 日,全国法院共受理强制清算和破产类案件共计 8984 件(2016 年为 5665 件)。二是破产审判专业法庭的建设进展较快。截至 2017 年 12 月初,全国法院成立的清算与破产审判庭,从 2015 年年初仅 5 家的基础上增至 97 家,其中包括 3 家高级人民法院、63 家中级人民法院、31 家基层人民法院。三是破产信息化为处置"僵尸企业"贡献中国智慧。截至 2017 年 12 月初,"全国企业破产重整案件信息网"的网站访问量高达 1.06 亿人次,法官平台案件总量达 18,192 件;管理人平台中,指定管理人数量 6376 个,管理人成员数量为 16,848 人。自 2017 年以来,利用网络资源召开网络债权人会议 22 场,涉及债权人 50,216 人次,涉及债权金额 1200 余亿元,有效节约了破产程序费用,加速了破产案件的审理进程。四是破产审判对我国营商环境的改善效果明显。根据世界银行 2017 年对全世界 190 个经济体营商环境的测评,我国破产处理情况位列第 53,比 2013 年的第 82 位上升 29 位。

《企业破产法》实施的十年,是全国各级人民法院破产审判工作勇于开拓进取的十年。2014 年,最高人民法院发布了《关于在部分人民法院开展破产案件审理方式改革试点工作的通知》,在全国范围内选定了 21 家法院开展改革试点工作,分别确定了试点改革工作的具体任务,进一步发掘并探索解决制约企业破产案件正确受理审理的制度性、机制性问题,积极推动建立有力的企业破产法制保障体系,通过高效的企业破产案件审理工作提高人民法院服务社会主义市场经济发展的能力和水平。十年期间,广东、浙江、江苏等沿海地区的破产审判工作经验推陈出新、可圈可点,中西部地区的破产审判工作也取得了很大的进步,一大批有影响的破产典型案件起到了很好的示范作用,也为全国法院审理破产案件提供了很多可复制可推广的宝贵经验。一是各地法院尝试探索总结破产案件审理的规范指引。如北京市高级人民法院 2013 年发布的《企业破产案件审理规程》、江苏省高级人民法院民二庭 2017 年发布的《破产案件审理指南(修订版)》、深圳市中级人民法院 2017 年发布的《破产案件债权审核认定指引》等一系列规范性文件,为破产审判工作提供了参考和指引。二是各地法院在管理人队伍建设方面取得了明显的成效。深圳探索管理人分级管理的模式,浙江探索建立管理人的动态管理机制,江苏探索管理人名册开放的模式,不仅如此,十年期间，先后有广州、河北、温州、济南、厦门、杭州、成都、无锡、常德、泉州、南京、宁波等地在当地法院的支持和推动下，纷纷组建了破产管理人协会，南京市中级人民法院还推动组建了全国首家破产管理人援助基金会（南京市金陵破产管理人援助基金会），为我国破产援助基金的设立和规范化运作提供了新的探索模式。三是破产财产网络拍卖影响深远。杭州市富阳区人民法院与阿里拍卖平台合作开通专门的破产财产拍卖通道；深圳市中级人民法院与阿里拍卖平台合作创新破产财产拍卖模式，在翡翠航空公司破产案件中将三架大飞机上网拍卖并取得成功，不仅在国内产生了重大影响，也引起了英国 BBC、韩国电视台等国外媒体的关注和报道。四是破产审判中的府院联动机制建设取得了实效。2016 年 11 月 4 日浙江省并购办、省高级人民法院、省经信委联合印发《关于成立省级“僵尸企业”处置府院联动机制的通知》（浙并购办〔2016〕8 号），建立全国首个实质运作的破产审判省级府院联动机制；2017 年 12 月 6 日浙江省政府办公厅发布《关于加快处置“僵尸企业”的若干意见》（浙政办发〔2017〕136 号），进一步推动“僵尸企业”处置和破产审判工作。温州市委市政府和温州市中级人民法院针对破产审判中的问题出台的 3 份《府院联席会议纪要》也为各地府院联动机制建设提供了很好的样本，其他很多地方也都在探索府院联动机制的建设，各项工作有序推进。

《企业破产法》实施的十年，是破产法理论界与实务界深入交流合作的十年。“思想是行动的先导，理论是实践的指南。”破产法实施与破产审判工作的推进，离不开破产法理论思想的指导。全国高校科研系统的破产法研究人员为破产文化的推广、破产立法和司法工作的进步贡献了学术智慧。其中，中国人民大学破产法研究中心、北京市破产法学会是典型代表，其创办的“中国破产法论坛”至今共召开了 8 届大规模的中国破产法论坛，与北京、浙江、江苏法院系统共同举办了 6 次中国破产法论坛旗下的专题研讨会，创办了“破产法文库”，至今出版了 20 余部破产法著作。中国人民大学破产法研究中心、北京市破产法学会的专家学者也深度参与了《企业破产法》司法解释的起草和最高人民法院全国企业破产重整案件信息平台的建设工作。此外，上海企业破产法实务论坛、山东破产法论坛、西部破产法论坛、西南破产法论坛、长白破产法论坛等学术活动也为各地破产审判工作的推进起到了积极的作用。

《企业破产法》实施的十年，是我国改革开放四十周年中的重要组成部分。

中国特色社会主义的新时代已经到来，中国破产法将肩负着补齐市场主体救治和退出机制短板、改善我国营商环境和优化市场要素资源配置等新时代的使命继续前行，任重道远。为了更好地总结和开展破产审判工作，2017 年 12 月 25 ~26 日最高人民法院在深圳召开全国法院破产审判工作会议，周强院长亲自出席并发表重要讲话，强调要深入学习贯彻党的十九大和中央经济工作会议精神，坚持以习近平新时代中国特色社会主义思想为指导，建设适应现代化经济体系的破产审判工作机制，全力推进人民法院破产审判工作实现新发展，为促进经济高质量发展做出积极贡献。

破产审判工作要“为促进经济高质量发展做出积极贡献”，有待于全国各级人民法院继续努力奋斗，也必然离不开各地党委和政府的大力支持，离不开破产法理论界与实务界的深入合作与交流。徐阳光教授主编的《中国破产审判的司法进路与裁判思维》一书，对我国过去十年破产审判工作作了一个很好的总结，反映了我国破产审判工作的司法进程，也对新时代破产审判工作的推进具有参考借鉴意义。我在此向破产法理论界与实务界的各位专家学者致敬，亦期待与各位同人一道，继续为推进中国破产立法和破产司法工作的进步而努力。

是为序！

贺小荣*

2018 年 1 月 7 日

* 最高人民法院审判委员会委员、民事审判第二庭庭长。

目 录

第一部分 最高人民法院全国破产审判工作总结

第二部分 各地人民法院破产审判调研报告

第三部分　破产审判典型案例

第一部分　最高人民法院全国破产审判工作总结

人民法院依法推进破产审判工作妥善处理“僵尸企业”相关情况新闻发布会*

贺小荣**

党的十八大以来，以习近平同志为核心的党中央高度重视发展和完善社会主义市场经济。特别是党的十八届五中全会以来，习近平总书记数次就积极稳妥处置“僵尸企业”工作作出重要指示，强调要紧紧抓住处置“僵尸企业”这个“牛鼻子”，深入推进供给侧结构性改革。前不久召开的第五次全国金融工作会议再次强调，要把国有企业降杠杆作为重中之重，抓好处置“僵尸企业”工作。最高人民法院认真学习领会习近平总书记的重要指示精神，紧密结合人民法院的工作实际，全力推进破产审判工作和完善破产制度，将处置“僵尸企业”作为人民法院服务和保障供给侧结构性改革、推动经济社会全面协调可持续发展、服务党和国家工作大局的重要使命。自2015年以来，最高人民法院指导地方各级法院不断完善破产审判工作机制，加强破产审判组织建设，充分利用大数据和现代信息技术，破产审判工作的制度化、专业化和

---

* 2017年8月3日最高人民法院召开新闻发布会，通报人民法院依法推进破产审判工作，妥善处理“僵尸企业”相关情况。本文为贺小荣庭长在新闻发布会上的发言稿。感谢最高人民法院民二庭对本书编辑出版工作给予的大力支持。

** 最高人民法院审判委员会委员、民事审判第二庭庭长。

信息化建设不断加强，相关工作取得阶段性成果。

一、建立破产审判三大工作机制，破产审判制度化建设取得新进展

“僵尸企业”是指连年亏损、资不抵债，主要靠政府补贴和银行续贷维持经营的企业。由于“僵尸企业”长期占用大量土地、资金、原材料、劳动力等社会资源，导致生产要素扭曲配置，社会资源的整体利用效率大大降低，企业之间的债权债务关系长期处于僵持、待定和中止状态，社会资源的流转和增值被中断。而“僵尸企业”存续又需要通过银行和财政不断输血，造成银行不良贷款不断叠加，地方政府债务负担加重，极易导致系统性金融风险的发生。因此，下决心处置“僵尸企业”，既是进一步深化供给侧结构性改革的关键之举，也是人民法院破产审判工作承担的一项重要职能。

最高人民法院历来高度重视“僵尸企业”处置工作。2015 年 12 月底，最高人民法院在中央经济工作会议召开后的第一时间就处置“僵尸企业”工作向全国法院作出部署，明确要求各级法院要建立完善破产审判工作机制和相关配套制度，通过依法审理企业破产案件为供给侧结构性改革提供司法保障，切实推动经济社会持续健康发展。2016 年年初，最高人民法院及时赴湖北、浙江、四川、广东等地开展处置“僵尸企业”工作调研，了解地方处置工作情况，就依法开展破产案件审理、稳妥处置“僵尸企业”进行再动员、再部署、再落实；强调各级人民法院要强化大局意识、责任意识，依法积极稳妥开展各项工作。

为了正确处理好国有资产保护、金融安全维护、职工安置和再就业保障等一系列问题，最高人民法院于 2016 年 5 月下发了《关于依法开展破产案件审理积极稳妥推进破产企业救治和清算工作的通知》，强调以市场化、法治化为方向，建立和完善破产审判三大工作机制，推进“僵尸企业”处置工作。

一是建立破产企业识别机制。坚持以市场化和国家产业发展为导向，在对企业陷入困境的原因进行识别的基础上，充分发挥破产重整和和解制度的功能，对于能够救治的困境企业尽量挽救；对于不具救治价值或救治无望的企业，果断通过破产清算实现市场出清，防止债务风险累积引发更多风险和危机。

二是建立司法与行政统一协调机制。推动各地根据实际情况，建立由法院、政府等部门相互配合的机制，统筹破产相关工作，一体解决破产工作指导、职工安置、维护稳定等方面的问题。

三是建立合法有序的利益平衡机制。注重协调好破产程序中各方利益关系，依法维护相关主体合法权益。

通过建立健全上述各项工作机制，人民法院坚持以市场化、法治化为导向，妥善审理了中国第二重型机械集团公司、江苏舜天船舶股份有限公司、深圳市福昌电子技术有限公司等一系列企业破产案件。如云南煤化工集团有限公司及其下属四家企业系列破产案件，通过重整程序，有效化解集团债务危机，集团650亿元负债中约500亿元得到实际清偿，摆脱了沉重的债务负担；实现了产业结构调整，有效去除过剩产能，关闭集团旗下煤矿18家，清理357万吨/年的过剩煤炭产能，为企业后续健康发展奠定了基础，取得了良好的法律效果、经济效果和社会效果。

二、加强破产立案制度化建设，破产案件启动难问题有了新突破

自2007年《企业破产法》正式实施以来，在经历前期因政策性破产导致案件数量较多的阶段后，自2009年开始，全国法院新收破产案件数量呈现逐年下降趋势。除其他因素外，破产案件启动难是比较突出的问题。针对这一问题，最高人民法院注重分析内因，大力加强制度机制建设，为破产案件的依法立案受理提供了机制、技术和理念的三重保障。

一是改革破产立案制度，从诉讼流程上清理破产启动的障碍。2016年7月28日最高人民法院下发了《关于破产案件立案受理有关问题的通知》，进一步理顺破产案件立案审查流程和规则，为破产案件顺利进入司法程序提供了制度保障。

二是运用信息化手段进一步保障破产案件的依法立案受理。在已运行的全国企业破产重整案件信息网上，专门设置了破产案件网上预约立案系统，充分保障当事人申请权利，加大对破产立案工作的监督力度。

三是积极宣传破产保护理念，推进破产案件启动难问题的解决。经过不懈努力，从2013年开始，破产案件数量出现拐点，开始逐年上升。尤其是2016年全国新受理的破产案件数量比2015年上升53.8%，破产案件启动难问题得到有效缓解。其中，浙江、广东、江苏新受理的案件数量居于前3位，以上3省受理的案件总数占全国破产案件总数的48%。2017年以来，最高人民法院继续推动破产案件的依法受理工作。截至2017年7月31日人民法院共受理公司强制清算类和破产类案件4700余件，与2016年同期相比稳步上升。此外，破产审判工作的推进也极大改善了企业在中国的营商环境。根据世界银行2017年对全世界190个经济体营商环境的测评，我国破产处理情况位列第53，比2013年的第82位上升了29位，成效显著。

三、加快破产审判组织专业化建设，破产案件审判能力迈上新台阶

为确保依法处置"僵尸企业"工作的顺利进行，做好建立市场化、常态化、法治化市场主体救治和退出机制的基础性工作，最高人民法院大力推进以破产审判庭设立为载体的破产专业化建设。2016年6月21日最高人民法院正式下发《关于在中级人民法院设立清算与破产审判庭的工作方案》，各地法院积极行动，协调当地有关部门推进这项工作的开展，取得了显著成效。截至2017年上半年，全国法院的清算与破产审判庭，从2015年年初仅5家的基础上增至90家，其中包括3家高级人民法院、57家中级人民法院、30家基层人民法院，地域覆盖全国23个省市自治区。

通过健全破产案件审判组织，配齐配强专业审判力量，破产案件审理速度明显加快。2016年全国审结破产案件3602件，比2015年上升43.4%。2017年1~7月，审结破产类案件1923件，比2016年同期上升28.3%。此外，破产审判组织专业化的提升，大大促进了人民法院依法处置"僵尸企业"的质量与效率。如广州市中级人民法院清算与破产审判庭自2016年年底成立以来，与省、市国资委进行多次对接，全面摸查"僵尸企业"基本情况，截至目前，已经推动164家省、市属国有"僵尸企业"进行立案审查，其中104家"僵尸企业"已经进入法律程序。

四、加速破产信息化建设，运用大数据和现代技术手段推动破产审判工作取得新成效

将大数据、云计算等现代信息技术引入破产案件的审判实践，既是破产法律制度的一次全新革命，也是中国破产审判实践对全球营商环境治理的积极贡献。近年来，最高人民法院从3个方面积极推动和利用破产审判信息化：

一是2016年8月1日正式开通全国企业破产重整案件信息平台，标志着我国破产审判工作进入了信息化时代。全国企业破产重整案件信息平台由全国企业破产重整案件信息互联网、企业破产案件法官工作平台、破产管理人工作平台

3部分组成。为保障平台规范运行，最高人民法院还制定下发了相关配套文件。自上线运行以来，该网实现了破产案件一站式的网上业务协同服务，通过对债务人信息的公开，吸引更多投资人，促进困境企业重整再生，网站功能得到广泛运用，社会反响强烈。截至2017年7月31日，网站访问量高达5144余万人次，网站注册用户量为17,051人，公开文书17,647篇，公告数14,279篇，投资人招募公告101篇。法官平台案件总量达14,013件，其中在审案件10,744件，审结案件3270件。管理人平台中，指定管理人数量5536个，管理人成员数量16,258人。

二是利用网络资源召开网络债权人会议，解决破产程序中债权人数量庞大情况下会议召开难的问题，有效节约了破产程序费用，加速了破产案件审理进程。2017年3月以来，已召开7场网络债权人会议，涉及债权人10,387人次，涉及债权金额101亿余元。

三是为了进一步提高破产财产处置质效，人民法院积极推进破产财产的网络拍卖，建立起“当事人自治、管理人履职、法院依法监督”三位一体的破产财产处置通道。2017年6月，浙江省杭州市富阳区法院审理的某企业破产清算案件中，通过网络拍卖处置相关土地使用权、房屋等破产财产，成交总价达6554万元，超出起拍价1045万元，溢价率达18.97%，实现了破产财产处置的高效性和财产价值的最大化。

此外，2016年以来，最高人民法院还全力促进和规范执行转破产案件的审理，构建“能够执行的依法执行，整体执行不能符合破产法定条件的企业依法破产”的工作格局，促进“僵尸企业”市场退出，最大限度地保护债权人和债务人的合法权益。2017年1月20日最高人民法院正式颁布《关于执行案件移送破产审查若干问题的指导意见》后，全国法院积极开展这项工作。如2017年1～7月，深圳市中级人民法院已经受理由执行转入的破产案件39件，中止执行案件7969件，其中宣告破产17件，共终结执行案件3456件。通过破产案件消除执行衍生的大量社会矛盾和纠纷，确保债权人利益最大化，取得良好的社会效果。

面对新的形势与任务，人民法院将继续围绕“去产能、去库存、去杠杆、降成本、补短板”五大任务为目标，依法积极开展破产案件审理，充分发挥破产审判职能，努力营造市场化破产的良好司法环境，切实推动破产审判工作常态化、规范化、法治化这一工作思路，加快推进破产审判外部环境的改善，加紧研究破产重整、关联企业破产、管理人制度、破产案件快速审理机制等方面的法律问题,加强推动破产费用保障、破产税收优惠、企业信用修复等破产制度和配套措施的建立,依法促进“僵尸企业”处置工作,为中央深化供给侧结构性改革提供更加强有力的司法保障。

人民法院关于依法审理破产案件推进供给侧结构性改革典型案例新闻通气稿*

杨临萍**

本次通气会的主题是向大家通报人民法院依法审理破产案件、推进供给侧结构性改革典型案例的有关情况。希望通过对人民法院近期破产审判工作的介绍以及典型案例的发布，彰显破产审判的良好法律效果和社会效果，从而引导社会全面、正确认识和适用破产法律制度。

党的十八届五中全会提出要“更加注重运用市场机制、经济手段、法治办法化解产能过剩，加大政策引导力度，完善企业退出机制”。中央经济工作会议进一步明确要加强供给侧结构性改革，抓好“去产能、去库存、去杠杆、降成本、补短板”五大任务，尤其强调要积极稳妥化解产能过剩，依法为实施市场化破产程序创造条件，尽可能多兼并重组、少破产清算，严格控制增量，防止新的产能过剩。中央财经领导小组第十三次会议强调要坚定不移地推进供给侧结构性改革，要准确把握基本要求，供给侧

---

* 2016年6月15日最高人民法院召开新闻通气会，时任最高人民法院民二庭庭长杨临萍通报了人民法院关于依法审理破产案件推进供给侧结构性改革典型案例，这也是最高人民法院方面首次通报该类型典型案例。

** 时任最高人民法院审判委员会委员、民事审判第二庭庭长，现任重庆市高级人民法院党组书记、院长。

结构性改革的根本目的是提高供给质量,使供给能力更好满足人民日益增长的物质文化需要;主攻方向是减少无效供给,扩大有效供给,提高供给结构对需求结构的适应性。

社会主义市场主体救治和退出机制是否建立,是衡量社会主义市场经济体制完善程度的标志之一。《中华人民共和国企业破产法》(以下简称《企业破产法》)作为挽救危困企业、规范市场主体退出的法律制度,是我国市场经济法律体系的重要组成部分,对淘汰落后产能、促进市场经济的健康发展起着重要作用。最高人民法院高度重视破产审判工作对推进供给侧结构性改革、化解过剩产能、促进经济转型升级、维护社会和谐稳定的重要意义,采取了一系列措施推进破产法律制度实施。2015 年 12 月 23 日周强院长在第八次全国法院民事商事审判工作会议上,特别提到要加强企业破产案件审理工作,强化优胜劣汰的市场机制,促进资源优化配置,助力经济转型升级。2016 年以来,最高人民法院组织专人深入湖北、浙江、四川、江苏、上海等地开展了依法处置"僵尸企业"与破产审判工作的调研;召开了"全国部分法院依法处置僵尸企业调研及工作座谈会",听取当地政府银监部门、发改委、工信委、国资委、律师协会等单位的意见。与此同时,最高人民法院加快推动中级人民法院建立清算与破产审判庭的工作,起草拟定了执行案件移送破产审查相关问题的规定,进一步完善破产案件审理机制。最高人民法院还启动了企业破产重整案件信息平台建设工作,着力围绕提升破产案件审理的透明度和公信力、解决破产案件"受理难"、促进企业重整再生、引导公众全面正确认知破产法制四个目标,搭建全面公开、透明的现代化信息平台。通过破产案件审理流程公开,进而实现以司法公开促进司法公正和司法高效的目标。2016 年 5 月最高人民法院印发了《关于依法开展破产案件审理积极稳妥推进破产企业救治和清算工作的通知》,就破产重整企业的识别、与政府建立破产工作统一协调机制、积极完善破产管理人制度等五个方面提出明确要求,切实推动破产审判工作常态化、规范化、法治化。

近年来,人民法院按照《企业破产法》的规定努力推进破产案件审理工作,并在办案效果、队伍素质提升、破产审判机制建设等方面取得了一定成果。据统计,自《企业破产法》实施以来,2008 年至 2015 年,人民法院新收各类破产案件共计 19,551 件,审结包括旧存案件在内的破产案件 21,995 件。2016 年第一季度,人民法院受理破产案件 1028 件,比 2015 年同期上升 52.5%;审结 507 件,比

2015年同期上升61%。人民法院通过依法有序推进破产案件的审理,对促进经济发展方式转变、构建公平有序市场秩序发挥了积极作用。主要做法有:

1. 依法受理破产案件,推进破产企业重整和清算工作。人民法院根据《企业破产法》及司法解释的相关规定,依法受理各类破产案件,综合利用多种破产法律程序,保障国家产业结构调整政策的落实。对虽然已经具备破产原因但仍可能适应市场需要、有挽救价值的企业,人民法院充分利用破产重整和破产和解制度,对其进行积极有效的挽救,实现企业再生,促进社会资源充分利用以及多方主体利益共赢;对不具有挽救希望和价值、符合破产清算条件的企业,及时启动破产清算程序,促使其快速、有序退出市场;对试图借破产逃废债务的非诚信企业,依法适用破产程序中的撤销权制度和无效制度,撤销和否定不当的财产处置行为,严格追究相关主体责任,使其逃废债务的目的落空,维护社会诚信。

2. 推动建立破产案件快速审理机制,提升破产案件审理效率。为实现破产案件快速受理审理,人民法院遵循破产正当法律程序,平衡各方利益诉求、实现公平保护。鼓励地方法院探索破产案件简易审理程序,在现行法律框架内通过采取便捷的文书送达模式、债权人会议召开模式等,依法合理缩减相关环节的期限,提高破产案件审理效率。通过信息技术手段,落实破产程序全程公开、步步留痕,监督和规范破产受理、审理司法行为,切实避免对企业破产申请拒绝受理、拖延审理。

3. 充分发挥政府与法院联动破产工作协调机制的作用,推进破产审理工作有序进行。对破产企业的处置涉及债权人、债务人等众多主体的利益,涉及职工安置和再就业保障等一系列问题,因此需要多方协调、整体推进。人民法院坚持在党委的领导下,积极推动建立政府与法院联动的破产工作协调机制,充分发挥风险预警、资金保障等机制的作用统筹企业破产相关工作,一体解决破产企业职工安置、维护稳定等方面问题。案件审理过程中,对于重大性、苗头性问题,及时向党委汇报,提出司法建议,保障破产案件审理工作有序开展、稳妥推进,实现法律效果与社会效果有机统一。

4. 坚持市场化导向,慎重适用重整计划强制批准权。在重整案件审理中,注重充分发挥市场在资源配置中的决定性作用,鼓励通过竞争机制引入战略投资者,对包括非公经济组织在内的各类投资者参与重整投资提供平等保护。在重整计划的表决过程中,充分尊重当事人的意思自治,尽可能通过重整中的市场参与者自主协商和谈判,表决通过重整计划。在依法保障债权人和出资人合法权益的前提下,实现对困境企业的挽救,人民法院严格按照破产法规定的条件慎重行使强制批准权。

5. 注重保障民生,切实维护职工合法权益。人民法院在破产案件审理过程中,严格依法优先保护职工合法权益,保障职工对破产程序的参与权。企业继续保持原营业或整体转让经营性资产的,尽可能保证原有职工工作岗位。加强与相关部门的沟通协调,通过提出司法建议,推动职工再就业培训体系和社会保障体系的完善。

6. 做好破产程序与执行程序的衔接工作,依法将执行案件移送破产审查。正确认识破产程序与执行程序的不同功能定位,充分发挥《企业破产法》公平保护全体债权人的作用。在破产申请受理后,依法中止对破产企业的执行程序、解除相关保全措施,确保破产财产妥善处置。在民事诉讼法司法解释确立了执行案件移送破产审查的原则基础上,积极探索执行案件移送破产审查的衔接机制,依法推进符合破产条件的企业转入破产程序,保障全体债权人公平受偿。

7. 充分发挥破产管理人的积极作用,为破产案件审理创造有利条件。人民法院重视监督和指导管理人依法履行职责,根据案件具体情况依法采取适当方式指定适格管理人。引导担任破产管理人的传统中介机构吸收擅长企业管理、科学技术等专门人才,加大对适应企业重整需要的破产管理人才的吸收,充分发挥企业家、经营者、管理者以及科技工作人员的作用。推动破产管理人分级管理体系的建立,根据业绩和水平采取管理人的增补、除名、升降级措施,提升破产管理人队伍素质。

8. 充分运用法治思维和法治方式处理好破产中的相关问题。企业破产过程中触及的问题复杂,影响面广,为保障《企业破产法》的正确实施和破产案件的审理效果,人民法院重视在法律框架内依法有序推进相关工作进行。在正确适用破产法律制度的同时,注重将产能化解、企业救治和退出,同企业资产清理和保值增值、金融风险和社会风险防控等一并纳入法制轨道。人民法院坚持依法保护产权,尊重契约自由,坚持平等保护、权责利相统一、诚实守信、程序公正与实体公正相统一的原则,切实营造优胜劣汰的社会主义市场经济环境。

人民法院通过依法审理破产案件,彰显了破产审判工作在拯救危困企业、规范市场主体退出、促进产业结构调整、维护经济运行秩序方面的重要功能。今天，我们在众多案件中遴选了10个典型案例发布，其中既有破产重整案件，也有破产清算案件，还包括关联企业合并破产、重整程序向清算程序转化、执行案件移送破产审查等案件。这些案例分别在依法维护职工合法权益、充分发挥政府与法院联动协调机制的作用、法院慎重行使强制批准权、注重运用市场化的方式推动企业重整、依法创新资产处置方式、探索采取综合模式挽救企业等方面取得了良好法律效果和社会效果。通过总结这些规则和做法，既对完善破产案件审理的常态化机制、正确实施《企业破产法》具有重要意义，也为人民法院服务和保障经济结构调整积累了丰富经验，更为清理和处置“僵尸企业”、推动供给侧结构性改革提供了有益借鉴。

企业破产制度既可以公平保护债权人、债务人合法权益，又可以实现优胜劣汰、促进资源优化配置，是法治化市场主体救治和退出的有效途径。全国各级法院在破产审判工作中，将深入贯彻党的十八届五中全会精神，落实中央经济工作会议推进供给侧结构性改革要求，充分发挥审判职能作用，依法为市场化的企业挽救和退出提供司法保障，促进经济持续健康发展和社会主义市场经济体制不断完善。

第二部分　各地人民法院破产审判调研报告

北京市第一中级人民法院破产审判白皮书(2007～2017年)[*]

北京市第一中级人民法院清算与破产审判庭课题组[**]

自2007年6月1日《中华人民共和国企业破产法》(以下简称《企业破产法》)实施以来,截至2017年5月31日,北京市第一中级人民法院共新收企业破产案件170件,审结135件,结案率为79%;裁定受理的破产案件涉及93家企业,审结71件。在已结案件中,破产债权申报总额达75.6亿元,其中金融债权占比最大,共计36亿元,占比47.6%,职工债权共计2.53亿元;安置职工4745人,安置金额2.87亿元;处置破产财产总额1.67亿

---

* 2017年6月2日在《企业破产法》实施10周年之际,北京市第一中级人民法院召开新闻发布会,发布《破产审判白皮书(2007—2017)》。白皮书全面梳理了10年来该院审理破产案件的基本情况,同时以供给侧结构改革为背景,为推进破产审判工作提出了对策和建议。这也是北京市法院系统发布的首份破产审判领域的白皮书。本书征得北京市第一中级人民法院授权,收入《破产审判白皮书(2007—2017)》全文。感谢北京市第一中级人民法院清算与破产审判庭郑伟华庭长对本书编辑出版给予的大力支持。——编者注

** 课题组成员:马立娜,北京市第一中级人民法院党组成员、副院长;郑伟华,北京市第一中级人民法院清算与破产审判庭庭长(主要执笔人);邹明宇,北京市第一中级人民法院清算与破产审判庭副庭长;高春乾,北京市第一中级人民法院清算与破产审判庭法官(主要执笔人);苏汀珺,北京市第一中级人民法院清算与破产审判庭法官(主要执笔人)。

元，其中，分配现金总额 0.25 亿元，通过拍卖或者协议转让实现土地使用权、房屋、车辆、设备所有权的灵活变价，共计盘活不良资产 1.22 亿元。2007～2017年，北京市第一中级人民法院在市高级人民法院指导以及院党组的坚强领导下，立足破产审判实践，不断更新破产审判理念，创新破产审判机制，提高破产审判专业化水平。在依法审理破产案件，彰显破产审判拯救危困企业、规范市场主体退出、审慎化解各方矛盾方面发挥了积极作用，力促一批可淘汰的"僵尸企业"退出市场，一些区域性重大破产案件的审理也产生了良好的法律效果和社会效果，为促进首都产业结构调整、推动首都经济结构转型升级、维护首都和谐稳定提供了有力司法保障。

一、2007～2017 年破产案件审理的基本特点

1. 收案数量呈波浪形走势，结案数量总体滞后于收案数，积案压力逐年增加。从收案情况来看，北京市第一中级人民法院破产案件收案数自 2008 年起呈上升趋势，2009 年出现大幅增长，达到 10 年来收案数量的波峰即 42 件，同比增长 1.3 倍，占 10 年收案总数的 25%。2010 年收案 24 件，虽维持在高位但同比大幅下降，并延续下降趋势至 2014 年跌入谷底。2015 年开始出现第二次小幅增长，于 2016 年上升达到 18 件，2017 年前 5 个月持续保持增长态势，收案达 17 件（见图 1）。从结案情况来看，10 年间，破产案件结案数走势总体平稳，其中有 5 年的结案数量均在 10 件上下波动；受 2009 年收案数量的影响，2010 年结案数量出现井喷式增长，达到 41 件，占 10 年结案总数的 30%，其余年份积案压力逐年增加（见图 2）。

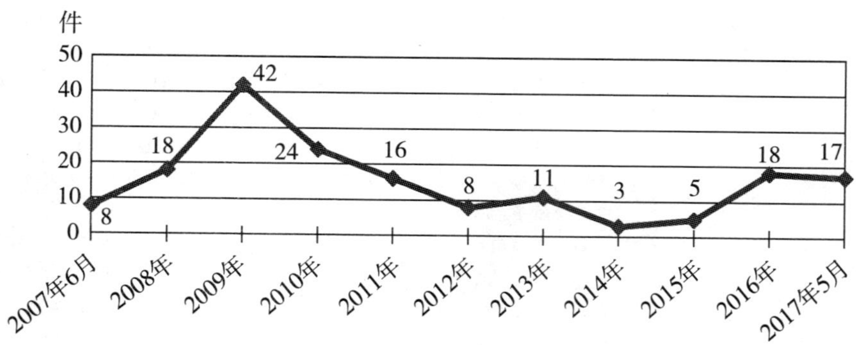

图 1　收案年度走势

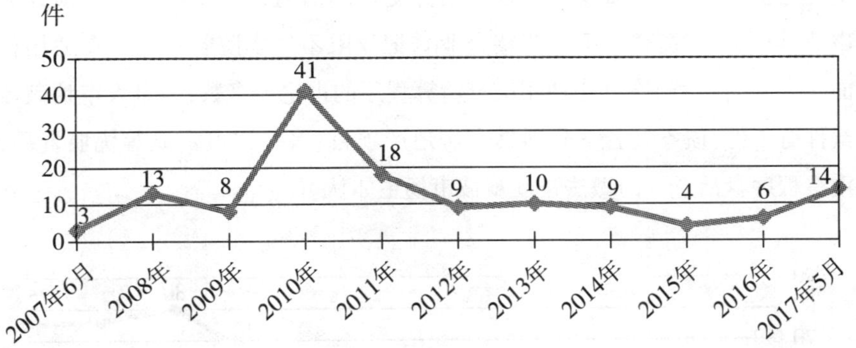

图2 结案年度走势

2. 申请主体以债务人为主,债权人申请比例逐渐增大。北京市第一中级人民法院受理(含审查)的170件案件中,债务人申请占比52%,债权人申请占比44%,其余为清算义务人申请。在债务人申请启动的89件案件中,政策性破产案件达51件。随着市场化破产进程的加快,债权人申请启动破产程序的案件逐渐增多,从2009年的13%上升至2013年的60%。2014年至2017年,债权人申请比例已达该4年收案总数的76%,反映出债权人通过破产程序保护自身权益的意识逐步增强(见图3)。

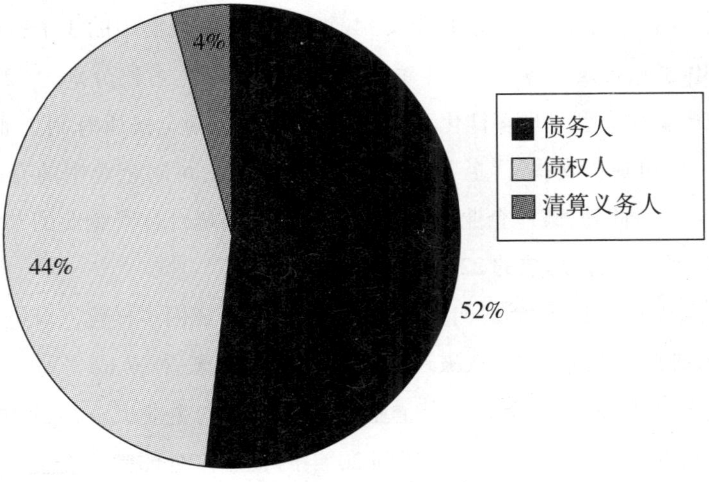

图3 申请主体所占比例

3. 近3成破产申请未进入破产程序,申请重整案件自2016年以来逐渐增多。10年间,共有31%的案件未进入破产程序,其中包括债权人与债务人在破产案件受理之前达成和解，债权人在破产案件受理之前通过强制执行实现债权而撤回申请，以及因工商登记机关调整企业登记权限不属本院管辖等。在适用程序方面，受理（含审查）案件中适用破产清算程序的占绝大多数；当事人申请破产重整案件有5件，债务人名下分别具有房地产项目、医疗许可资质等优质资源，通过重整程序盘活企业的做法正逐步被市场主体认可。

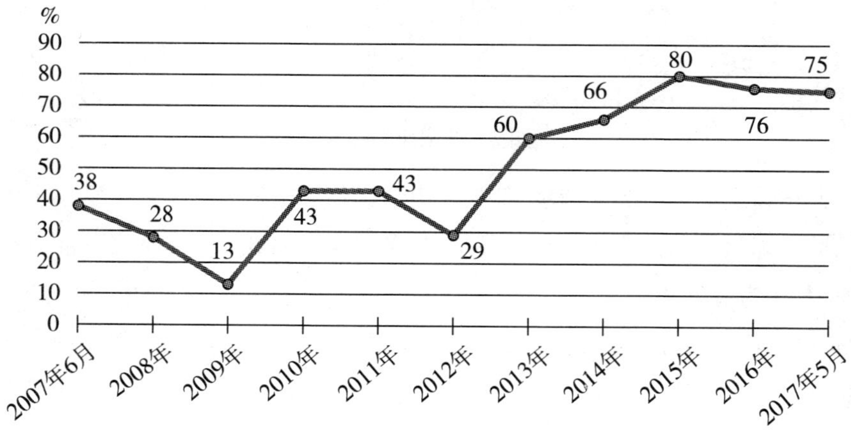

图4 债权人申请占比年度走势

4. 破产企业涉及行业相对集中，有限责任公司破产占比达到52%。进入破产程序的93件案件中，破产企业涉及14个行业，其中最集中的3个行业分别是服务业（30家）、批发与零售业（24家）、制造业（13家），占比分别为32%、26%、14%。破产企业类型呈现多样化，涉及的企业类型包括全民所有制企业、集体所有制企业、公司制企业、联营企业等，占比最大的为公司制企业中的有限责任公司，高达52%。此外，破产企业为中外合资企业及港澳台合资企业的共计20家，占进入破产程序案件总数的22%。

5. 企业成立后10年至20年为破产高发期，破产成因多样化。以进入破产程序的93家破产企业为样本，从破产企业的存续时间来看，从成立到进入破产程序不超过20年的企业占全部破产企业的75%，其中，企业成立后的10年到20年为破产高发期。存续时间为10年到20年的企业占全部破产企业的50%；存续时间在10年以下的企业占25%，其中存续时间在5年以下的年轻企业仅占6%；存续时间20年到30年的企业占21%。

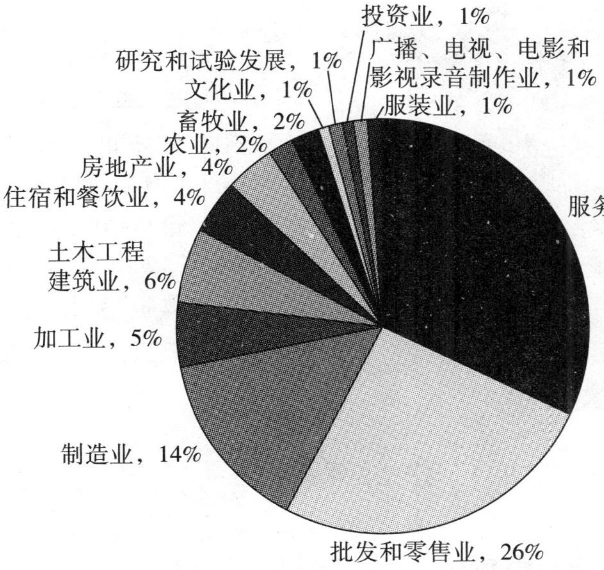

图5　破产企业行业分布

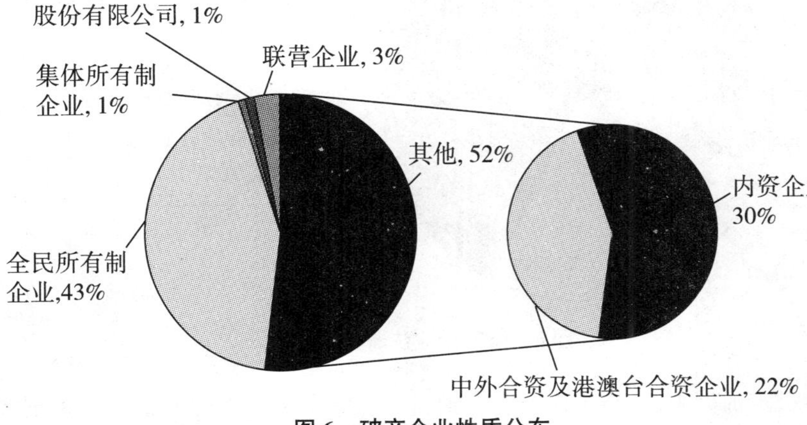

图6　破产企业性质分布

从注册资本来看,注册资本在人民币5000万元以下的企业占全部破产企业的80%。其中,比例最高的是注册资本500万元以下的企业,占43%;比例次高的为注册资本1000万元到5000万元的企业,占21%。之后为注册资本500万元到1000万元的企业,占16%;注册资本5000万元到1亿元的企业占9%;注册资本1亿元以上的企业占11%,其中10亿元以上的占2%。

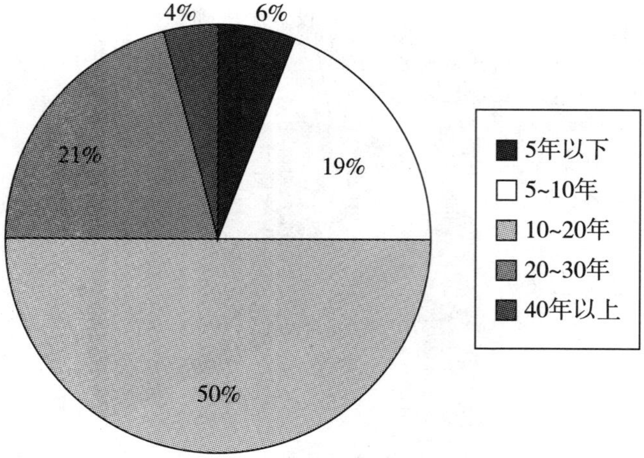

图 7　破产企业存续时间分布

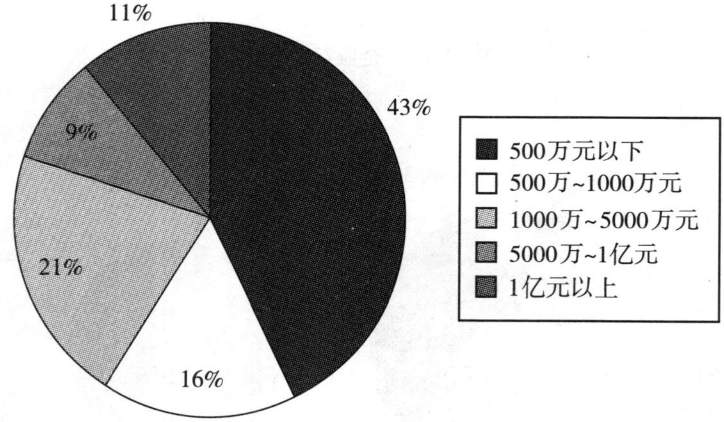

图 8　破产企业注册资本分布

从破产成因来看,一个破产企业通常由多种因素叠加导致破产。出现频率最高的破产成因分别为不能适应国家产业政策调整和市场变化、经营方针失误、企业秩序和经营管理混乱,因上述 3 个原因破产的企业数量分别占全部破产企业的 45%、45%、44%。出现频率次高的破产成因分别为人才流失、历史包袱沉重、技术落后,因上述 3 个原因破产的企业数量分别占全部破产企业的 19%、13%、10%。

6. 政策性破产案件逐渐减少,市场化破产案件比重加大。10 年来,北京市第一中级人民法院共受理并审结政策性破产案件 51 件,占进入破产程序案件总数的 55%。政策性破产案件涉及中国农垦(集团)总公司下属的 20 家企业、北京首都农业集团有限公司及北京京城机电控股有限责任公司等一批国有企业。从2007年以后时段来看,2009年、2010年为北京市第一中级人民法院受理政策性破产案件的高峰期,2011年政策性破产案件数量明显下降,直至2014年完全退出。10年间,北京市第一中级人民法院受理市场化破产案件42件,且数量呈上升趋势,2009年该类案件仅占当年受理案件总数的12%,2014年及以后受理的破产案件全部为市场化破产案件。

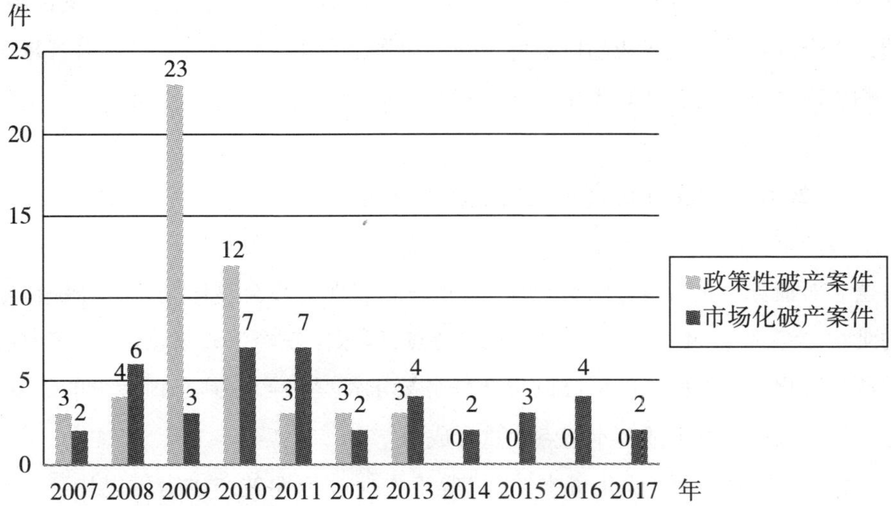

图9 政策性破产案件与市场化破产案件数量年度走势

7. 职工权益保障较为充分,普通债权清偿率不高。从破产债权清偿情况来看,职工债权作为民生权益得到了较为充分的保障,该类债权因其为法定优先顺位债权而清偿率相对较高,平均达24.68%。51件政策性破产案件基本通过移交上级企业或者发放安置费的形式得以妥善安置其职工。然而,普通债权清偿率总体偏低,清偿率30%以上的破产案件仅占3.7%,清偿率10%以下的破产案件占92.42%,普通债权平均清偿率仅为4.5%。

8. 矛盾叠加审理难度加大,审理周期拉长。在前期政策性破产案件中,10件案件审理时间不超过半年,11件审理时间不超过1年,平均审理时间为463天。后期市场化破产案件逐渐增多,出现10家注册资本1亿元以上的破产企业,包括房地产、金融租赁等涉众企业和知名企业,这类案件不仅利益主体关系复杂、资产清收困难、资产处置不畅、维稳压力大、衍生诉讼多,而且由于缺乏政策托底,在职工安置、破产费用垫付、企业注销等方面均面临更大压力,管理人亦容易因为经费紧缺而工作积极性不高。9件市场化破产案件的审理期限在3年以上,该类案件平均审理时间为1197天。

9. 管理人类型逐步转变,参与主体监督力度加大。政策性破产案件由相关政府部门工作人员组成清算组担任破产管理人,该类管理人占受理案件的6成。2008年北京市第一中级人民法院开始采用摇号方式从北京市高级人民法院编制的管理人名册中随机指定管理人,有30余家中介机构通过摇号方式参与破产程序,中介机构担任破产管理人的案件占受理案件的4成。在市场化破产案件中,债权人会议对管理人履职的监督力度随之加强,2件案件的债权人会议对管理人报酬提出异议并得到法院支持,1件案件针对管理人履责提起衍生诉讼。

二、2007~2017年破产审判特点成因分析

破产审判的核心任务是通过依法审理破产案件,实现对债权人的公平有序清偿和对债务人正当权益的合理保护,并进而实现对社会整体利益与经济秩序的维护。综观10年来破产审判的基本特点,国家宏观经济政策、区域经济政策的调整变化以及人民法院面临的形势任务要求都是破产审判必须考量的因素,也是形成破产审判上述基本特点的重要成因。

1. 国有企业开展“优化资本结构”等工作使政策性破产成为历史特色。20世纪90年代初,随着国务院《关于在若干城市试行国有企业破产有关问题的通知》(国发〔1994〕59号)、国务院《关于在若干城市试行国有企业兼并破产和职工再就业有关问题的补充通知》(国发〔1997〕10号)以及其他配套文件的发布,北京市着手开展以调整产业结构、优化企业资本结构和转换经营机制为目标的国有企业兼并破产工作。一批长期亏损、资不抵债、扭亏无望的国有企业依托政策红利关停破产。政策性破产以政府为主导,人民法院有计划、有步骤实施,破产时的全部资产首先用于安置企业职工。2006年依据《关于进一步做好国有企业政策性关闭破产工作的意见》(国办发〔2006〕3号)的规定,2008年以后不再实施政策性关闭破产,但对已列入规划的拟关闭破产企业按年度编制关闭破产计划。之后,北京市仍有一批编入劣势国有企业退出计划的国有企业比照政策性破产进行关停。在这类案件中,司法行为主导性增强,财产变现的途径更加多样化、市场化,政府行为主要偏重于职工安置金额的保障。在北京市第一中级人民法院10年审结的破产案件中,政策性破产案件占较大比重,成为特定时期我国破

产审判发展的特色。

2. 政府主管部门等各方积极推动保障国有企业破产顺利推进。一是由北京市国有资产监督管理委员会担任组长单位的“北京市企业兼并破产和职工再就业工作协调小组”,在领导、协调、保障本地区国有企业破产和职工再就业工作中发挥了重要作用。协调小组在个案中分别成立由北京市国资委、财政局、地税局、国税局、工商局、国土资源局、劳动和社会保障局、社会保险基金管理中心、中国人民银行等有关部门人员组成的清算组,在落实破产准备金借款、资产处置变现及职工安置等准备工作均已就绪的情况下进入破产程序。二是通过一级集团公司负责职工安置及退休人员移交管理、政府一次性发放安置费用、积极促进破产企业职工再就业等方式妥善安置破产企业职工,保证破产程序顺利进行。三是通过财政补助破产费用缺口,债权银行在国家核定的呆、坏账准备金总规模内对破产企业的债务进行核销,一级集团公司对下属企业的破产财产实施托底收购等行为,实现国有企业的有序退出和社会资源的优化配置。

3. 企业破产与经济结构转型升级、经济政策及产业结构调整密切相关。一是在市场经济体制逐步完善的过程中,市场主体竞争日趋激烈,部分完成历史使命的老国有企业不适应市场化、开放性要求而最终关停。二是在北京市经济结构转型升级,产业发展呈现高端化趋势的背景下,传统行业中处于产业链低端、技术落后、整体竞争力弱的企业在我国经济高速增长或中高速增长的过程中,缺乏支撑企业持续发展的新机制、新技术、新模式,导致经营规模急剧缩减并最终停产停业。三是在供给侧结构性改革过程中,主要依靠政府补贴或银行续贷维持经营,但仅提供无效或低端供给且长期亏损的产能落后企业因不能满足供需结构变化被淘汰,为新产业和新动能腾挪空间。四是部分摊子铺大铺散及资金需求旺盛型企业遭遇开发周期超预期、开发成本超预期或者市场行情波动等问题,资金链断裂后企业资产泡沫浮现并破灭,缺乏外部救助时即濒临破产。

4. 破产企业经营管理混乱加大破产案件审理难度。破产申请一般滞后于破产原因出现的时间,而破产企业经营管理混乱加重管理人清收资产难度的同时,也加大了破产案件审理难度。一是企业进入破产程序后,管理人往往面临纷繁复杂的债权问题,有的企业财务制度不健全、不规范,内部随意支取、核销滞后,有的企业外部债权已过诉讼时效,或者缺乏原始凭证等债权追索的基本条件,有的企业在破产撤销权法定期间以外进行了大量的个别清偿。二是管理人经常面临破产企业的房屋、土地等不动产权属状况混乱或者缺乏权属证明等问题,有些因年代久远已成为历史遗留问题,管理人需要花费大量精力进行一一核查。三是部分企业由于内部矛盾形成公司治理僵局,进入破产程序后高管拒绝向管理人移交账册、公章等关键资料,或者不配合管理人的询问及调查,导致管理人清收、核对企业财产难度加大,债务人真实财产状况难以辨明,破产费用提高,衍生诉讼增多,审理周期延长。

5. 成熟的管理人队伍尚未建立加重法院的监督指导责任。在政策性破产案件中,由相关部门人员组成清算组担任的管理人,因具备成熟的政策性破产案件经验能够充分化解国有企业退出压力。后期的市场化破产案件主要通过摇号指定中介机构担任管理人,而管理人制度作为“舶来品”在运行之初并未成熟,管理人素质能力差异较大。个别管理人经验丰富、团队成熟,部分管理人接触破产案件数量较少、专业知识不足、经验积累不够,在是否追收对外债权、是否追究股东责任、是否终结破产程序等方面往往依赖法院的决定。此外,管理人选任渠道单一,相应的培训、分级管理以及报酬保障制度仍不健全,影响了管理人团队建设和积极性的发挥,尤其面对疑难复杂案件时更加凸显审判压力。

6. 破产观念滞后使破产程序尚未成为经济主体常态退出方式。从债务人层面来看,债务人对破产制度的止损和再生功能缺乏正确认识,企业在资不抵债时宁可采用民间高利贷这种“饮鸩止渴”的方式来缓解负担,或者简单采取“跑路”的方式躲避债务,导致大量“僵尸企业”“休眠企业”占用有限的经济资源和市场空间。当然,也有企业担心破产会暴露企业经营过程中的不规范问题而选择坚决不破产。从债权人层面来看,债权人亦未能充分认识破产制度对债权人的平等保护功能。债权人惯常通过“抢先执行”的方式对债务人的财产进行“先到先得”,对于已经资不抵债的企业缺乏申请破产意识。同时,债权人对于“缺乏清偿能力”这一破产启动条件未能及时运用,往往在对债务人执行不能之后才申请破产,更多的是变成了“执行难”问题。对进入破产程序的企业,债权人囿于不清楚企业资产情况,对重整、和解的意愿也不强。

7. 破产案件审判机制有待进一步健全完善。随着破产法及相关司法解释的相继出台以及探索破产审判方式改革试点工作的推动,人民法院受理破产案件的数量有所上升。由于破产案件审理时间长、处理事务多,易引发群体性、突发性事件,且未建立单独的审判绩效考核体系,无法充分体现破产案件的工作量、工作性质和流程特点,导致破产案件的受理影响法院和法官的结案率、审限内结案率、调撤率等指标。加之长期以来法院面临案多人少的困境,有限的审判力量基本投入普通案件审理中,不利于提高法官审理破产案件的积极性。因此,破产审判亟须通过完善专门审判机构的规划和设置,来实现破产审判职能的专业化和明晰化,解决破产审判缺乏激励机制等基础问题,推动破产审判快速发展。

三、2007~2017年破产审判工作的积极探索

10年来,北京市第一中级人民法院以服务市场主体有序退出、推动产业结构转型升级为立足点和出发点,在更新破产审判理念思路、健全完善破产审判机制、加强破产审判专业化建设方面进行了一系列有益探索,在市场经济体制逐步完善过程中为创造良好的市场经济运行环境、推动市场经济健康发展做出了应有贡献。随着我国经济转型步入新常态,中央作出加强供给侧结构性改革,抓好“三去一降一补”五大任务的重大工作部署。面对新形势新任务的要求,北京市第一中级人民法院集中精力研究运用法治办法化解产能过剩、淘汰“僵尸企业”、加快市场出清的方法措施,努力为发挥破产审判职能作用积累基层经验。

(一)树立破产审判双赢多赢理念,充分发挥破产法律制度的独特功能

一是强化债权人利益与社会利益综合保护理念。破产审判不仅关系企业主体存续,还可能涉及国有资产保护、金融安全维护、职工安置和再就业、非公经济保护等问题。某些金融企业、房地产企业、大型企业的破产还会影响社会公共利益。为此,北京市第一中级人民法院在破产审判中坚持既要努力实现债务人财产和债权人利益保护最大化,保障企业法人市场退出中全体债权人的公平、有序清偿,也要兼顾社会利益和社会价值,维护社会稳定和经济持续健康发展。二是强化破产保护和挽救再生理念。充分认识破产清算程序对破产企业的止损保护、破产重整程序对困境企业的挽救重生、破产和解程序对债权债务的和平解决,将实现社会公正和企业财富最大化置于破产审判的重要地位,针对破产企业的不同情况采取不同的着力点,发挥破产制度一体解决债务纠纷或者挽救新生破产企业的积极作用。三是兼顾多元利益主体理念。破产案件的参与主体涉及债权人、债务人、管理人以及出资人等,各利益主体之间以及利益主体内部既统一又对立,或者时而统一时而对立。北京市第一中级人民法院在破产审判中坚

持既要让符合条件的企业合法有序退出市场，同时也要对各类主体类别和利益性质进行界定，依法审慎协调各方主体关系，处理好职工债权、国家税收、担保债权和普通债权的实现顺序和实现方式，力求在利益的再调整和再分配过程中实现法律效果和社会效果的统一。

（二）探索完善市场化、法治化、常态化破产审判工作机制，积极发挥破产审判的职能作用

一是建立破产企业分类识别机制，让法院成为“生病企业”的医院。对债务人的流动资金、治理结构、产业布局、营销网络系统、商号价值以及各方主体的利益诉求等进行具体分析，结合国家总体产业政策方向、债务人主营业务发展前景等综合判断是对症施治还是依法出清：对暂时出现经营困难但所处行业属于朝阳产业，企业生产技术先进，或者未来发展前景可期但因资金链断裂难以继续经营的企业，侧重运用重整、和解制度化解企业债务危机，使企业重获生机；对低端低效、虚化市场竞争但占用大量经济资源和市场空间的企业，尽快实现市场出清。在北京文脉商业管理有限公司重整案中，该公司虽严重亏损，资产负债率达237.4%，且债权人与债务人矛盾激化、积怨很深，但考虑到该公司在中关村黄金地段从事大厦商业经营和管理，具有一定的地域优势，承办法官对260个业主分组分时开会，逐条讲解重整计划草案，详细说明重整的意义及法律后果，经多方细致沟通，债权人会议最终以83%的高比例通过重整计划，普通债权清偿比例达到100%。债权人利益得到最大化实现，也避免了破产清算可能对中关村地区商业及社会秩序带来的不利影响。

二是通过执转破机制导入执行“僵尸案件”，助力“基本解决执行难”攻坚战。制定北京市第一中级人民法院“关于执行案件移送破产审查的操作指引（试行）”，拟定“关于执行案件移送破产审查的工作规范”，对案件管辖、受理条件、会商机制、卷宗移送、财产交接等作出详细规定。通过明确执行法院与受移送法院在执转破案件中的分工和衔接程序，统一执转破案件审查标准，全面提升执转破案件审理规范化水平，确保以企业为被执行人的“僵尸案件”顺利进入破产程序。2016年北京市第一中级人民法院受理全市首例执行移送破产案件，该案共涉及以北京国光高科电子有限公司为被执行人的110件执行案件，申请执行人申报债权总额超过6亿元，债务人资产处置变现约3.82亿元。北京市第一中级人民法院受理后有效解决了涉及被执行人案件的执行难问题，该案被最高人民法院选入全国法院破产重整信息平台“焦点追踪”栏目进行重点宣传和推介。

三是进一步深化沟通协调机制，合力采取有效措施化解矛盾纠纷。主动接受党委领导，对存在风险隐患或需要应急协调的事项及时与政府部门进行沟通，推动落实政府在破产审判中的维稳、社会保障等公共服务职能。北京市第一中级人民法院在审查北京金环房地产开发有限公司破产清算申请时，发现该公司因长期拖欠水费、电费可能导致小区停水停电，影响上百户业主的正常生活，并且业主也在自发组织向有关部门集体反映问题，承办法官及时向区委政法委反馈情况，多次到区供电所、自来水公司等部门协调解决小区继续供水供电问题并得到有力支持，确保案件稳妥受理、有序推进。

四是健全完善破产管理人机制，确保破产审判顺利推进。根据企业破产案件类型及复杂程度采取随机摇号、公开竞争等不同方式指定管理人。在北京国光高科电子有限公司破产清算案件中，首次采用公开竞争方式选任管理人，全市22家中介机构报名参加，充分利用市场机制优化管理人资源配置。加强对重大事项的监督指导，通过审查债权人会议对管理人报酬方案异议、对管理人履职情况异议、更换管理人要求并作出相应决定，杜绝“不管不问”的回避心理和“不清不楚”的“和稀泥”方式，重新构建法院与管理人之间的关系。

(三)加强破产审判专业化建设，为服务保障新旧动能转换、产业结构优化升级提供专业支撑

一是健全完善破产审判专业组织，加速形成破产审判良性循环。2010年按照院党组工作部署，北京市第一中级人民法院民事审判第三庭在原办案力量的基础上成立两个破产案件专业合议庭，将破产案件归口专业合议庭集中审理，大大提高破产案件的审理效率和专业化程度。2016年9月26日北京市第一中级人民法院成立全市首个独立机构编制的清算与破产案件专业审判庭，专门审理公司强制清算与企业破产案件，以及衍生诉讼中的商事类案件。同时，负责公司强制清算与企业破产案件审判工作的调研、对下级法院的业务指导、对相关法院之间案件进行协调，以及破产管理人的管理、培训等工作。清算与破产审判庭成立后，对原由北京市各中级人民法院受理的破产案件实行集中管辖。自2016年11月1日正式收案以来，截至2017年5月31日共新收案件24件，是北京市第一中级人民法院2014年、2015年两年破产案件收案总数的3倍；审结破产案件18件，是北京市第一中级人民法院2014年、2015年两年破产案件结案总数的1.4

倍，专业审判效果初步显现。清算与破产审判庭成立以来受到社会各界广泛关注，人大代表、专家学者积极参与该庭重要活动，新华社、中央电视台、北京电视台、法制日报、人民法院报等30余家中央和市级媒体先后对该庭相关情况进行了宣传报道。

二是集聚破产审判专业人才，切实提高破产审判司法水平。10年来，北京市第一中级人民法院始终坚持立足现实、着眼长远，注重研究解决制约破产审判发展的深层次原因和机制性问题，并通过理论和实践探索努力为提高破产审判司法水平提供新鲜例证。2009年北京市第一中级人民法院《建立破产和公司清算类案件的专业化审理模式——对审理特征的归纳及决策管理的建议》一文，为法院内部设立专门的审判组织审理破产案件提供了理论依据和实践参考，得到最高人民法院相关领导批示肯定。《专业化审理企业破产派生诉讼案件的调研》《关于设立破产案件专业审判庭及构建相应审判机制的调研报告》等都是北京市第一中级人民法院主动谋划司法应对之策，努力运用法治思维和法治方式推动完善市场主体退出机制的调研成果。在此过程中，北京市第一中级人民法院也培养和储备了一批高素质破产审判人才。破产法官先后受邀参与最高人民法院制定《企业破产法》司法解释的讨论、北京市高级人民法院《企业破产案件审理规程》的修订以及房地产企业破产案件审理相关解释的起草等。民三庭在2011年被最高人民法院评为“全国审理企业破产案件先进集体”，是全市唯一获此殊荣的中级人民法院审判庭。

三是实行破产案件审判绩效专业化考核，充分激发破产法官的司法能动性。针对破产案件的非讼属性，对破产案件以及衍生诉讼案件实行分类考评，得分比重适当向适用重整、和解程序的破产案件倾斜。根据破产案件审理节点进行评估考核，启动、完成指定管理人，召开债权人会议，处理债务人财产，批准重整方案等环节分别对应不同分值。区分案件疑难程度、综合效果设定加分项目，包括案件涉及人数，是否涉及职工安置，是否引发媒体关注，是否需要相关政府部门配合参与等；案件是否通过重整、和解程序实现企业的重生，是否具有典型案例的指导效果，是否在更深层次推动市场经济体制的良性发展等。专业化考核既充分反映破产审判的特点规律，体现破产法官付出的辛勤劳动和承担的各种压力，又能公正、客观评价破产案件的办案质量，进一步增强了破产法官的积极性。

四、破产审判工作中存在的主要难点

破产法实施10年来,随着社会主义市场经济的高速发展,破产的制度功能逐渐显现,各界对破产审判的重视程度越来越高,破产审判机制不断完善,审判质效有较大提升。但同时也应看到,制约破产审判工作的"瓶颈"问题仍然存在,破产审判的保障机制尚不完善,不同群体对破产制度的认识仍有偏差,妥善处理企业破产案件的难度仍然较大。

(一)破产案件审理层面存在的主要困难

一是资产及负债清理困难。主要表现在:(1)企业治理结构不完善,企业内部管理职责混乱,清算不及时、人员下落不明、账册资料和重要文件丢失问题普遍存在。(2)企业高管、实际控制人等转移、隐匿企业财产的途径、手段越来越多,甚至通过地下钱庄、离岸公司跨境转移财产导致取证困难,调查企业财产状况的难度大大增加。(3)破产企业财产不足以支付破产费用或者无产可破时,债权人大多不愿垫付调查债务人财产状况的支出,管理人缺乏追讨积极性,对于耗费时间长、估值低、变现困难的财产不愿追讨甚至放弃追讨。(4)对于大量已吊销而未清算的"僵尸企业",债权人因对申请破产条件的理解不当或者基于其他原因未及时申请破产,或者先申请强制执行之后再申请破产,时间间隔往往较长,导致资产核实、清理难度加大。

二是资产处置和变现困难。主要表现在:(1)破产企业的财产多为不良资产。大部分破产企业的流动资产很少,主要是长期股权投资、固定资产等非流动资产。这些资产的评估价值通常高于变现的实际价值,市场购买意愿不强,拍卖难度较大。有的破产企业的房屋、土地等权属状况混乱,或者因历史原因难以办理权属登记手续,导致财产处置和变现困难。此外,企业对外债权超过诉讼时效、对职工的应收款项因职工离职无法收回等形成不良资产。(2)破产财产属性影响处置变现效率。如企业所持有的限制、禁止流通物无法通过市场交易实现变现;破产企业的生产线、机器设备等技术较为落后,又不宜拆分处置,整体处置拍卖的难度比较大。(3)破产财产处置变现受相关政策调控影响。如破产企业的房产、小客车等破产财产处置变现与相关调控政策等关系密切,该类财产的处置变现必须符合调控政策要求。(4)处置费用高影响破产财产处置变现。如对于如何收取破产财产拍卖的佣金以及佣金比例没有明确的法律规定,若按商业拍卖向委托人和买受人双方收取佣金,将大幅增加财产处置变现费用。

三是破产重整的启动、推进困难。对于有重生希望的企业,重整程序的启动、推进也比较困难。主要表现在:(1)缺少对企业重整可能性的识别和判断机制。《企业破产法》中未规定法院调查并确认债务人是否具有重整可能性的程序条件,影响法院对破产重整程序启动的依法准确判断。(2)重整程序的制度设计不完善,如提交重整计划草案的时限缺少弹性、重整程序对企业运转的内在规律关注不够、重整程序侧重债权人权利保护而对企业重生重视不足等,影响了重整程序的进行。(3)对破产重整的政策支持仍然有限。相关立法、政策对重整企业的特点和重整期的特殊性未予以特别关注,如对破产重整企业的税收减免、企业信用修复、房地产企业在建工程接盘及接盘后证照手续的变更等,都需要相关政策的有力支持。

(二)破产法实施环境与制度保障层面存在的主要困难

一是社会公众对破产法律制度的认识有待转变。目前社会公众对破产法律制度的了解比较有限,存在一定认识误区。主要表现在:(1)部分债务人将破产程序等同于免除债务,对应当承担的责任和义务不清楚,在破产程序中消极应对。(2)部分债权人(尤其是职工债权人)将破产程序等同于逃债,对于破产程序的对抗情绪比较明显,在破产程序外非理性表达意见的情形较为普遍。(3)将破产案件等同于普通民商事案件,有关部门对破产程序中反映出来的一些社会问题缺乏主动解决的动力。(4)社会公众将破产程序等同于平均分配财产,对于债权的清偿率存在不合理预期。

二是管理人制度需改革完善。主要表现在:(1)管理人管理制度有待加强。目前对管理人实行名册管理,法院对社会中介机构和个人申请进入管理人名册实行入口管理,但对管理人的履职情况缺少动态考核,也未建立定期调整机制,管理人名册固化,加上入册中介机构的人员流动,名册已不能真实反映中介机构的真实能力水平。此外,尚未建立分级管理机制,部分入册中介机构因缺少必要竞争缺乏工作积极性。(2)管理人选任制度不能适应案件审理需要。除了政策性破产案件中管理人由先期成立的清算组担任,以及个别案件通过公开竞聘方式产生管理人外,其余案件的管理人均通过随机摇号产生,对不同类型、不同难易程度的案件尚未普遍实现因案选任管理人。(3)管理人职业素质参差不齐。管理人队伍出现两极分化,专业能力差异较大。有的管理人因为人员变动、知识更新迟缓等原因,在工作中消极被动,个别管理人甚至出现低级错误,如有的管理人将职工安置费、职工安置前工资保险费等列入破产费用;有的管理人将共益债务与破产费用混淆,没有发挥管理人应有的作用。(4)管理人身份尚未得到社会广泛认同。由于有关部门对于管理人的职责权限范围不了解,不配合管理人工作的问题比较普遍,致使管理人难以正常履行法定职责,如管理人无法查询债务人的工商档案、无法单独办理债务人银行久悬账户的清理查询工作等。(5)管理人报酬无法保证。实务中,相当一部分破产案件是无产可破或者仅有少量财产可供分配,破产费用难以支付,管理人报酬也难以保障。由于目前尚未设立管理人报酬基金,管理人干得越多,可能赔得越多,这对发展市场化的管理人队伍极为不利,也对破产审判影响较大。

三是府院对接协调机制有待完善。主要表现在:(1)破产案件审理中的协调对接仍处于个案协调、一事一议的应急协调状态,工作的连续性不强,就某类破产案件中反映出的带有普遍性的问题,府院之间形成统一的规范性意见较少。(2)沟通协调多是因为对破产审判中某个问题的解决或事实的调查需要相关部门的支持配合,尚未建立常态沟通协调机制。(3)对矛盾纠纷的应对解决较多,对纠纷发生的原因以及防范措施等协调较少。(4)由于缺少统一的联系部门和对口联系人,沟通协调的次数较多,程序较烦琐,效率有待提高。

五、推进破产审判工作的举措与建议

当前,推进供给侧结构性改革为破产审判事业提供了难得的发展机遇,也对破产审判工作提出了更高的要求,赋予了更大的责任。北京市第一中级人民法院将牢牢把握服务发展的职责使命,勇于探索、开拓创新,进一步健全完善破产案件审判工作机制和管理机制,推进破产审判配套保障机制建设,不断提升破产审判的质效水平和功能效果,为助力首都供给侧结构性改革提供更加有力的保障、更加优质的服务。

(一)充分发挥破产清算清理"僵尸企业",助推经济转型升级的积极作用

一是进一步完善"僵尸企业"识别机制,发挥破产清算在企业依法退市中的积极作用。在识别程序上,从识别主体、方式、时限等方面规范程序要求,确保对债务人企业的分类识别规范、高效。在识别内容上,从债务人企业的总体负债情况、企业核心竞争力等方面,结合财务标准、实际经营情况、行业特点等,对产能

落后、人去楼空的“三无企业”和复兴无望、主要依靠银行输血维持的“僵尸企业”,尽快进入破产清算程序,及时释放市场资源实现优胜劣汰。

二是实行案件“繁简分流”机制,努力促进快审快结。针对破产案件审理周期长的问题,对案件事实清楚、债权债务关系明确、争议不大,且债权人人数和债务人资产较少的破产企业,无经营、无财产、无账册的“三无企业”,以及申请人、被申请人及其他主要参与人协商一致同意简化审理程序的案件,可以适用简化审理程序。(1)依法采取简化债权申报期限、公告程序,灵活采取多种送达方式、债权人表决方式和财产分配方式等缩短审理周期。(2)遵循破产效率与效益原则,减少程序性费用支出,节约当事人参与破产程序的相关成本,降低破产程序自身运转成本。(3)赋予债权人会议更多程序性事项的决定权,如债权人会议确认或认可的缩短时限、简化或合并手续及处分权利的事项,不违反法律禁止性规定的,法院应予以认可。

(二)完善破产重整的启动与审理机制,助力债务人解困复兴

一是准确把握重整制度精神,对当事人提出的重整申请,结合债务人企业所属行业前景、破产成因、企业资源、案件背景等因素综合考虑,既积极推进破产重整程序,又要防止个别债务人利用重整程序躲避债务偿还。二是对于影响较大的破产重整案件,实行预重整审理机制,在裁定受理破产重整申请前,由法院指定管理人提前进场,召集各方利益主体及时了解企业财务状况,摸清底数,通过先期程序吸附各方诉求,促进形成认可度较高的重整计划草案。三是建立企业重整价值大于清算价值的评估原则,并在引入专家论证、召开听证会等方式的基础上全面论证重整计划草案,注重考虑重整计划对于各方利益的平衡及可操作性。四是结合企业特点和困境原因确定管理人人选,充分发挥管理人的积极作用和中立立场,防止债务人接管企业之后深化矛盾,同时可采取外聘营运团队的方式提升企业的市场价值。五是谨慎使用重整计划草案强制批准权,对未经全部表决组通过的重整计划草案进行严格审查,保证所有未通过的表决组以及通过表决组中的反对者的法定清偿利益不受损害。六是合理扩大共益债务的适用范围,对政府先行垫付重整过程中产生的拖欠职工工资、社保金、赔偿金等职工债权所产生的债权作为共益债务进行清偿。七是以效益最大化为目标丰富重整方式,运用清算式重整等使企业生产力、商业渠道和职工就业得到整体或大部分维护,灵活实现企业营运价值的最大化。

(三)大力推进信息化应用,提升破产审判信息化水平

一是畅通网上预约立案渠道,充分利用全国法院破产重整信息平台的网上预约立案端口,便利申请人通过网络提交破产申请材料,让申请人少跑路,让信息多跑路,降低破产案件立案成本。二是加大司法公开力度,充分利用"一网两平台",同步生成电子信息数据,以公开为原则,及时向社会公开破产审判信息,保障债权人及相关利害关系人的知情权、参与权和监督权。三是将传统的现场申报债权与网络申报债权相结合,为异地、境外债权人申报债权提供方便,在全国法院破产重整信息平台发布公告与通知,统一信息发布出口,方便债权人远程查阅。四是对债权人人数众多、分布分散的破产案件,或者经债权人同意,采用召开网上债权人会议的形式,通过网上投票、表决减少债权人的参会成本,提高债权人会议效率。五是协调解决破产程序中财产查询与执行查控系统的衔接,提升破产程序中债务人财产查询、清理的及时性、全面性,加快资产清理节奏。对于执行移送破产审查案件,要求执行法院在作出移送决定前3个月内依职权通过执行查控系统,之后对被执行人的存款、不动产、交通运输工具、对外投资、有价证券等财产进行调查,为进入破产程序后清理债务人财产提供便利。六是优先采取网络司法拍卖方式处置破产财产,对法律、行政法规和司法解释规定必须通过其他途径处置或者不宜采用网络拍卖方式处置的,采用委托拍卖方式或其他方式对涉案财产进行变价。

(四)多渠道加强管理人培训管理,切实发挥管理人职能作用

一是理顺法院与管理人之间的关系,明确管理人职责范围,做到支持保障不缺位、督促监督不越位。(1)尊重管理人的法律地位与自主决策,法院主要对管理人工作的效率、合法、合规进行监督,对管理人法定职责范围内的工作不得进行非中立的干涉和评价。及时与管理人沟通工作要求与安排,依照管理人请示协调解决管理人依法履职中遇到的困难和问题。(2)在破产程序中全程建立定期汇报制度、重大事项汇报与沟通机制、应急处理机制,同时摒弃对日常事务的微观指导,做到定期监督与重点监督相结合。(3)建立债权人会议、债权人委员会对管理人工作的评价机制,加强债权人与管理人之间的互动沟通,全面提升管理人对债权人的工作责任感。

二是丰富管理人类型,规范选任方式,加强业务培训,形成动态管理机制。在上级法院的指导下,主要做好以下工作:(1)吸收更多类型知识背景、行业经验的人才进入管理人队伍,充实管理人队伍的人才储备,保障不同类型案件对管理人的差异化需求。(2)依据企业规模、案件繁简程度、适用程序的不同,在管理人分级管理的基础上,确立不同的管理人选任方式。在随机指定的前提下,根据专业能力、职业操守、勤勉程度、履职情况等考核指标,确定管理人的等级;与此相对应,根据案件复杂程度和标的额的大小,将破产案件分为重大复杂破产案件、普通破产案件、小额破产案件等类别,据此确定不同管理人的不同办案资质。(3)加强业务培训,通过类案指导、法规解释、程序指引等内容的定期培训提升管理人队伍素质,以优质管理人传帮带的形式缩小管理人团队之间的水平差距。(4)设立管理人履职资料库,规定对管理人评定的标准化事项和灵活事项,及时更新、完善管理人信息并主要依托履职资料库实现对管理人的全面了解,在履职资料库的基础上结合资料库外的其他机动事项,建立多级管理人评价管理机制,并出台相关晋级、降级及淘汰制度。

(五)加强破产审判队伍建设,促进破产审判能力全面提升

一是巩固破产专业化审判成果,依托专业审判庭和案件的集中管辖机制,树立精品意识,打造精品案件。二是审判调研同步推进,案件处理与理论研究双管齐下,不断更新案件处理思路,探索纠纷化解的新途径。三是梳理破产案件廉政风险点,增强破产法官的廉洁意识,督促破产法官正确处理与债权人、债务企业、破产管理人之间的关系,严守司法底线。四是通过召开法官会议、合议庭探讨、调研小组研究等形式加强法官之间的知识交流和经验互动,根据年龄结构和知识背景实现合议庭成员合理配置,充分发挥资深法官的带动模范作用和案件审理的把关作用。五是加强破产法官综合素质培养,全方位提升专业化程度。结合破产案件审判开庭与开会相结合、审判与谈判相结合、办案与办事相结合的特点,拓宽破产法官的知识面,丰富法律知识之外的商业管理知识,提升沟通交流能力,提高审理破产案件的综合能力。六是发挥审级监督指导职能,在市高级人民法院的指导下,发挥中级人民法院统一法律适用的职责,通过召开破产审判工作会、建立两级法院调研培训平台等方式,同步提升两级法院破产审判能力。

(六)完善配套保障机制,加快形成破产纠纷解决合力

一是建议尽快建立常态化府院协调机制,明确协调部门、协调内容、沟通渠道、联系方式等。常态化协调机制应包括以下内容:(1)建立风险隐患预警机制。对于尚未进入破产程序的企业,政府相关部门发现存在维稳隐患的及时通知法院;对于企业欠薪和职工就业问题突出、债权人矛盾突出、债务人弃企逃债等敏感类破产案件,法院及时向党委政府通报相关信息,密切关注涉企诉讼情况,及早沟通苗头性问题,有效防范风险。(2)建立日常的信息传递与共享机制。建立情况通报、案件要报、审判白皮书等定期和不定期的信息传递机制,确保信息沟通及时有效。加快建立跨部门的企业信息资源共享途径。(3)建立联合调研机制。对破产案件中出现的新情况、新问题以及需要统一认识的问题,通过建立跨部门的联合调研组共同研究、达成共识后形成会议纪要。

二是建议尽快协调解决破产企业财产处置与重整中的税收问题、重整企业续贷与信用修复问题、管理人查询债务人财产与工商税务登记的资格问题、与公安部门协力打击破产逃债的程序衔接问题、管理人报酬基金的设立问题以及解决管理人协会注册登记问题等。

三是建议尽快完善信息联网查询与信息更新。破产案件的审查、审理必须以破产企业的相关信息为判断基础,因此需要工商、税务、银行等众多部门的协助支持。为提高信息查询的效率,提出以下建议:(1)统一调查令的内容,明确调查令的法律效力,便利管理人持令查询相关信息。(2)由相关部门开通司法查询的网络端口,避免因信息不流通导致程序障碍。(3)建议对出现解散事由或进入破产程序的企业,在工商登记信息中予以标注,破产企业的工商登记档案、企业信用信息中相应增加破产的相关记录内容,避免这些企业因工商登记没有及时更新而损害第三人利益,扰乱市场交易秩序。

(七)讲好破产审判故事,宣传破产保护理念

一是加大破产审判中的释明力度,向债权人及其他当事人阐明破产法律制度内涵,明确审理程序要求,说明权利救济途径,让每一起破产案件的审理都成为普及宣传破产法律制度和破产知识的公开课。二是同步推进审判与宣传工作,通过多种媒体渠道广泛宣传破产保护理念,普及关于破产制度作用和功能的知识,打消债务人对破产的畏惧心理,引导企业通过破产程序实现自救重生或有序退出。三是条件成熟时开设微信公众号,利用自媒体及时传播案件审理动态和法律知识,消除公众对破产制度的误解,向债权人宣传破产程序保护债权的观念,提示债权人及早合理利用破产程序保护自身合法权益。四是召开代表委员座谈会、媒体通报会等发布典型案例,通报破产审判新情况,让破产审判工作常态化走进公众视野。五是加强对管理人工作的宣传,让社会公众理解和认同管理人的角色与职责,更好地发挥管理人的作用。

上海市各级各地人民法院破产司法实践十年回顾与展望*

上海市高级人民法院民二庭**

2007年《企业破产法》实施以来,上海法院认真贯彻执行《企业破产法》规定,按照最高人民法院司法解释及相关指导意见精神,从转变观念入手,加强对破产审判工作重要性的认识,不断调整完善工作机制,依法受理、审理了一批企业破产清算、重整案件,发挥了破产法律制度对完善市场退出机制、服务创新驱动发展、促进资源优化配置的应有作用。

一、企业破产案件受理审理基本情况

2007~2017年10月,上海市各级各地人民法院共受理企业破产案件530件,审结408件(见图1)。

---

* 本文为作者提交给"第八届中国破产法论坛暨《企业破产法》实施十周年纪念研讨会"的会议论文,收入本书时,作者对全文进行了数据更新和文字修改,感谢上海市高级人民法院民二庭俞巍副庭长对本书编辑出版给予的大力支持。——编者注

** 执笔人:俞巍,上海市高级人民法院民二庭副庭长;俞佳,上海市高级人民法院民二庭审判员;陆烨,上海市高级人民法院民二庭审判员。

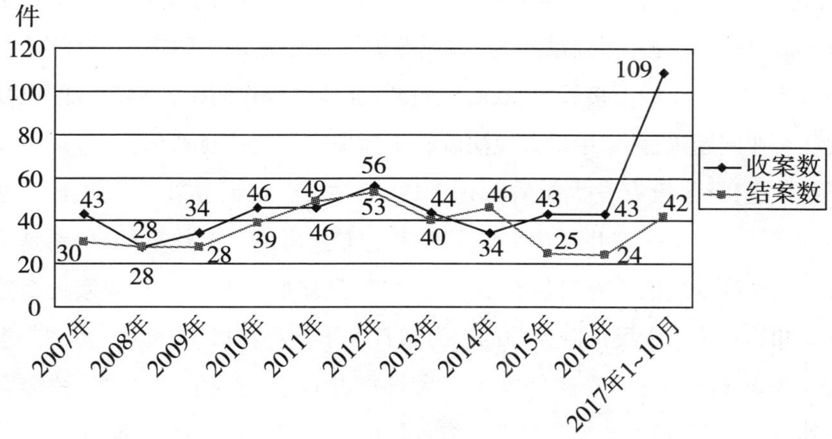

图 1

受理案件绝大部分为申请破产清算,申请破产重整 11 件;从申请主体来看,债务人申请破产的数量略高于债权人申请的数量;从企业性质来看,涉金融机构 4 家(企业资产总额 5,714,745,925 元、负债总额 24,543,145,348 元)、涉上市公司 3 家(企业资产总额 5,394,843,285 元、负债总额 9,634,419,441 元),涉中央企业 3 家,涉国有企业 152 家;从审理周期来看,平均审理天数 216 天,最长审理天数为 3188 天。

从 2016 年 9 月破产申请立案登记制实施以来,截至 2017 年 10 月,上海市各级各地人民法院共受理破产申请审查案件 162 件,审结 132 件(见图 2)。

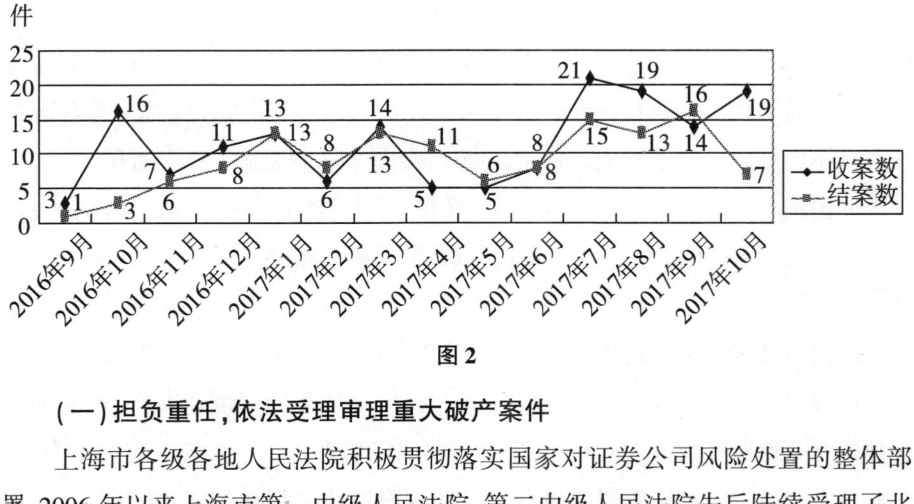

图 2

(一)担负重任,依法受理审理重大破产案件

上海市各级各地人民法院积极贯彻落实国家对证券公司风险处置的整体部署,2006 年以来上海市第一中级人民法院、第二中级人民法院先后陆续受理了北方、亚洲、中富、德恒4家证券公司和德隆集团公司的破产清算案件。这类案件没有先例可循，针对许多疑难问题，如证券类资产处置完毕的审核、行政处置程序与司法破产程序的衔接界定、取回权问题、证券可否作为破产财产分配以及处理关联企业问题等，两家中级人民法院在不断摸索研究中逐步解决，审理工作持续平稳推进，至今没有发生矛盾激化事件。其中，中富证券破产清算案于2014年顺利审结。依法受理并成功审结了3家上市公司破产重整案件，分别是第二中级人民法院受理的华源股份有限公司、华源发展股份有限公司两家央企破产重整案和第一中级人民法院受理的上海超日太阳能科技股份有限公司破产重整案。这些案件涉及巨额资产处置和广大投资者利益，法律问题众多，社会影响大。其中，超日公司破产重整案系上海首例民营上市公司破产重整，也是全国首例公司债违约的上市公司破产重整案。在管理人选任方面，结合该案特点采用邀请竞争方式，通过公开评审，最终指定由一家律师事务所与一家会计师事务所担任联合管理人。通过重整，超日公司实现公司盈利并向深圳证券交易所申请股票恢复上市。该案入选2016年最高人民法院公布的全国法院十大破产重整典型案例。2015年中国华源集团有限公司也进入破产清算程序，所涉资产规模24亿元，负债总额90亿元，目前案件在审理之中。

（二）积极探索，依法受理新类型破产案件

1. 开拓性探索实践执行转破产案件。早在2009年，长宁区人民法院就尝试通过此种方式平稳审结了上海胜鑫经贸有限公司破产案件，一并化解了488起债务纠纷和执行案件，其中最长一起案件中止执行长达9年，涉及自然人债权人187名、法人及其他组织债权人301户，法律效果和社会效果均十分显著，对全国法院执转破的成功实践具有开拓性意义。此后，其他基层人民法院对执转破案件也有不同规模的探索实践。特别是2015年最高人民法院《关于适用〈中华人民共和国民事诉讼法〉的解释》实施后，黄浦、徐汇、金山等基层人民法院依照司法解释相关规定，积极稳妥地实践执行转破产程序，依法受理了一批执转破案件。

2. 较早受理了关联企业实体合并破产案件。实践中债务人利用关联企业转移资产、掏空公司逃废债务，损害债权人利益的现象不同程度地存在，如何平等保护关联企业所有债权人的利益，现有法律规定仍有待进一步健全完善。为此，上海市各级各地人民法院积极研究探索在现有法律框架内的解决路径，并应用于实践。金山区人民法院在 2012 年就成功审结了上海特毅企业有限公司等多家关联企业的合并破产清算案，得到各方参与主体的较好评价。

3. 研究受理审理了其他新型破产案件。如债权人申请保证人破产清算，债权人同时申请债务人和保证人破产清算，受理后仅有 1 名债权人申报债权的新型破产案件，以及具有跨境关联因素的外商投资企业破产重整案。对此，我们在法无明文禁止的情况下，以破产法规定的破产原因为标准，在认真分析研判特殊情形下的破产案件受理、审理及破产程序终结后的一系列法律问题的基础上依法受理和审理。

（三）服务改革，依法支持落后过剩产能退出市场

依法受理审理国有企业破产案件，清理过剩产能、淘汰落后产能，支持保障"创新驱动发展、经济转型升级"是上海市各级各地人民法院的重要职责。2009 年上海市国资委为贯彻落实上海市委市政府关于进一步推进上海市国有企业改革的意见精神，在 3 年内，上海市国资委下属 82 家资不抵债的企业拟通过破产清算程序，剥离非主业资产，调整产业结构，商请上海市高级人民法院支持；2010 年和 2012 年，上海市国资委又向法院分别增报了 135 家和 84 家拟破产国企。以往对于长期亏损、失去清偿能力和市场竞争力的国企，管理部门习惯运用股权转让划拨、吸收合并、保结注销等方式进行清理。其中，情况稍好的企业经过努力已基本完成调整，余下的一些企业则均问题较多，如债务金额过大、部分股东失踪或不配合、长期投资无法清理、基础资料不全等问题，长期以"僵尸封存"的方式存在，难以清退。上海市高级人民法院经认真调研上海市国资委、各集团公司等单位后，配套制定了简化审批流程、视情形指定清算组任管理人、强制清算配合破产清算清理长期投资等系列政策措施。在上海市高级人民法院的统一部署下，全上海市三级法院积极配合推进国企破产工作，一批长期资不抵债的"僵尸企业"通过破产清算程序完成彻底清退，平稳有序地较好实现了国企依法清理、转型的目标。

二、推进企业破产法律制度实施的主要工作

（一）不断调整完善破产案件受理机制，着力破解"受理难"

2007 年《企业破产法》实施后，最高人民法院为贯彻执行企业破产法，先后出台多个司法解释和司法政策，强调依法受理破产案件、保障企业规范退出的重

要性。上海市各级各地人民法院高度重视破产案件的受理工作,通过下发文件、召开专题会议等形式要求全市法院转变传统观念,强化依法受理意识。2010 年上海市最高人民法院审委会通过《关于调整本市企业破产案件受理审批工作的规定》,取消了原有的破产案件受理审查的两级审批制度,除破产企业资产超过 1 亿元、关联企业合并破产等极少数几种情况外,其他破产案件受理不再报上级人民法院审批,由各管辖人民法院直接依法受理。2014 年上海市高级人民法院召开推进破产审判工作座谈会,崔亚东院长和全上海市三级人民法院的分管领导出席,当面听取人大代表、律协等相关行业协会的意见和建议。不久,上海市高级人民法院召开新闻发布会,向社会公布了依法规范破产申请审查、切实加强审级监督指导、健全完善破产管理人工作、改善破产案件绩效考核评价机制、探索构建执行与破产的程序对接机制、推进破产案件信息化建设、继续强化破产审判队伍建设、主动接受监督和加强日常沟通制度、加大破产法制宣传力度 9 项进一步推进上海法院破产审判工作的重点措施。

(二)妥善处理职工安置维稳工作,探索欠薪保障金垫付机制

债务人企业进入破产程序后,涉及众多当事人的利益,各方矛盾较为集中。其中,破产企业特别是老国企的职工安置问题尤为棘手,处理不当就容易引发群体性、突发性事件。为妥善处理破产企业职工安置,保障职工合法权益,顺利推进破产程序,相关法院积极探索尝试,积累了一些成功经验和做法。

1. 探索欠薪保障金垫付和追偿机制。2010 年上海市高级人民法院与市人保局签订《关于企业欠薪保障金垫付和追偿等问题的座谈会纪要》,初步形成了欠薪保障垫付机制。欠薪保障垫付最初适用于执行案件中,针对被执行企业经营者人去楼空,引发欠薪矛盾影响社会稳定的情形,由执行法院发函请求人保部门在相关的社会救助资金项下先行垫付部分或全部欠薪或经济补偿金,人保部门垫付欠薪后可以取得追偿权。对于破产程序中职工欠薪引发社会稳定的情形,参照适用执行程序中欠薪保障机制。如上海市静安区人民法院审理的某商贸公司破产清算案,被申请人在受理破产案件前因欠付员工工资已有大量执行案件,欠薪总金额约 180 万元,该院向区社会保障局申请,以该区欠薪保障金垫付部分职工工资约 100 万元,极大地提高了职工债权的清偿比例,切实维护了职工权益,有效化解了可能进一步激化的群体矛盾。

2. 寻求接管企业,兜底接收破产企业的劳动关系。在老国企破产中,职工安置问题往往成为企业的历史包袱,未与企业解除劳动关系的职工人数众多且再就业比较困难的破产案件中,强行解除劳动关系,必然引发群体性矛盾。上海市徐汇区人民法院在审理某进出口公司破产清算案中,尝试将企业职工解除劳动合同补偿金交由第三方托管,由职工自行选择是一次性领取还是由接管方“一揽子”托管,最终该公司职工无一选择解除劳动合同,而是由接管方统一安置,为今后化解此类矛盾拓宽了思路,积累了有益经验。

(三)着力健全完善破产管理人工作机制

破产管理人能否依法履职、勤勉尽职,直接关系到破产案件的审理质效和破产程序的顺利推进。上海市高级人民法院根据近年来破产审判实践需要和最高人民法院指导意见精神,着力健全完善破产管理人工作机制,形成了一个较为完整的管理人工作规则体系。

1. 修订制定“三个办法,一个指引”。在2007年《企业破产法》实施之初,上海市高级人民法院就制定了《企业破产管理人管理办法》《企业破产管理人名册评审办法》《关于指定企业破产案件管理人的办法》3份管理人工作规范,并建立起一支由20家社会中介机构组成的第一批管理人队伍。2014年上海市高级人民法院根据管理人工作运行中出现的新情况新问题,对上述3份规范性文件进行了全面修订,并新制定了《上海法院企业破产案件管理人工作职责指引》,重点围绕管理人团队构建和自我管理的基本要求、规范管理人履职行为、理顺法院与管理人工作关系3个方面,从破产案件审理的7个重要环节作了明确规范。

2. 开展第一批管理人履职考核。管理人考核分为年度除名考核(底线测评)和日常工作考核(能力测评)两方面。“底线测评”系依据司法解释和《企业破产管理人管理办法》要求,对管理人是否存在除名情形进行测评。在管理人递交履职报告后,由全上海市三级人民法院商事审判庭会同组织管理人随机摇号的上海市高级人民法院立案庭明确评价各管理人是否存在规定的除名情形,作出合格或不合格的测评结果。“能力测评”系依据《企业破产法》中有关管理人职责的相关规定以及《企业破产管理人管理办法》的规定进行测评。测评结果在网上公布,并纳入管理人履职档案。经评审委员会最终审定,除1家会计师事务所因违反相关司法解释和上海市高级人民法院规定,存在无正当理由缺席随机摇号、拒绝接受法院指定的情形,决定予以除名外,其余各机构履职情况总体较好,管理人资格均予以保留。上海市高级人民法院将除名决定公示于官网,对其他管理人亦起到了警示和教育作用。

3. 对管理人名册扩容并探索建立分级管理。2014 年下半年，上海市高级人民法院启动第二批管理人和一级管理人名册编制工作，明确第二批管理人和一级管理人名额、申报条件和评审程序及评分标准。在公告规定的申报期限内，共有 79 家中介机构申报第二批管理人，41 家机构申报一级管理人。各中介机构的全部申报材料统一送市律师协会、市注册会计师协会和市清算协会进行认证。根据公开公平公正原则，按照公布的评审规则和评审程序，开展两轮评审。第一轮评审按公布项目和分值打分，第二轮评审对入围机构进行现场面试，由评委现场打分，当场公布打分结果。另外，根据机构业绩规模、专业经验、职业操守等因素，同样采用两轮评审制，从管理人名册中择优选出 10 家机构为一级管理人，取得承接重大疑难复杂破产案件的资格。两类管理人根据其履职表现实行“能上能下”的晋降级机制。当前，新的管理人名册已运行 2 年多，在此期间，绝大多数管理人均按期参与摇号，对于无故缺席摇号的管理人，上海市高级人民法院均予以记录并对其进行约谈；已有 3 件重大破产案件的管理人从一级管理人名册中摇号产生。

（四）大力推进破产案件信息化建设

随着人民群众对司法公开需求的日益增长和法院信息化建设的新进展，建立破产信息平台，可以更好地以公开促公正，优质高效地依法受理审理破产案件。2014 年 9 月在“上海市高级人民法院网”上创建破产案件信息平台，这是全国法院网站里最先开通上线的破产专项信息平台。破产案件信息平台在基本功能定位上，既要满足司法公开和诉讼服务的外界要求，又要满足审判管理和动态分析的内部要求。首先，在司法公开方面，通过对三级人民法院受理的所有破产案件的相关法律文书（裁定、公告、通知、决定等）公开，最大限度地反映每一起破产案件的审理进度；通过设置管理人模块，公布全部管理人名册，即时公布每期管理人随机指定摇号结果；充分接受当事人和社会各界的监督，使破产案件的社会监督不留死角，努力打造破产审判的阳光司法。其次，在审判管理方面，借力信息技术的支持，通过案号查询，即可直观了解掌握个案的审理进程和动态，并在此基础上梳理汇总全市法院破产案件审理情况，实现破产案件动态管理。

2016 年 8 月 1 日最高人民法院主导开发的“全国企业破产重整案件信息网”正式开通。上海人民法院全力配合最高人民法院积极做好平台开发、运行中的各项工作，上海市高级人民法院专门发文要求全市法院破产法官、立案法官以及全体破产管理人及时、全面、准确地录入相关信息，并组织专项培训，确保各主体熟悉平台功能，掌握具体操作，确保平台功能的有效发挥。

（五）单列破产审判管理指导机制

为体现对破产审判工作的重视，上海市高级人民法院专门研究建立了破产审判工作的管理指导机制。自2010年起，上海市高级人民法院民二庭坚持每季度向全市法院编发“企业破产和强制清算案件工作简报”，连续汇总反映各院案件收结存数据、审理动态、工作经验和适法难题探讨。在2007年《企业破产法》颁布实施，2009年最高人民法院印发《关于正确审理企业破产案件为维护市场经济秩序提供司法保障若干问题的意见》，2011年、2013年最高人民法院颁布实施2个破产法司法解释以及2016年最高人民法院连续出台7个指导性文件等重要节点，上海市高级人民法院都及时召开全市法院破产审判专题会议，部署各项工作的贯彻落实。同时，以设置合理的破产案件权重系数为基础，建立起符合破产案件特点的绩效考核办法，充分调动和保护审理破产案件法官的积极性。目前，破产案件的绩效考核与普通民商事案件的考核单列，暂试行1件破产案件折抵50件民商事案件、1件重大破产案件折抵100件民商事案件的考核办法，特殊情况另行确定。

（六）立足破产审判本职，延伸破产审判社会功能

上海人民法院就破产审判中发现的企业和市场运行中存在的问题，通过司法白皮书和司法建议的方式予以警示并积极建言献策。如上海市黄浦区人民法院在审理1起国有企业破产清算案中，针对因债权账龄过长、性质不明等原因导致巨额债权清收困难的问题，发送《规范国有企业债权管理的司法建议》，引起了国务院和上海市委市政府领导的批示重视，也得到企业界积极回应。上海市第二中级人民法院和浦东区、徐汇区等基层人民法院发布《破产审判白皮书》，针对破产审判中发现的企业运作、财务管理、行政监管等问题，专门编写发布破产审判白皮书，深受相关方面欢迎和好评。

（七）重视加强破产审判调研，夯实提升专业审判能力

2008年由时任上海市高级人民法院院长应勇同志挂帅的课题组，担纲完成了最高人民法院重点调研课题《关联企业破产实体合并法律问题研究》，并在此基础上形成了相关司法解释建议稿。2007年、2013年市高级人民法院民二庭组织全市法院的一线破产法官共同编写出版了《破产程序运作实务》和《破产案件审理实务》2 本实践性较强的专著。2013 年上海市高级人民法院配合在沪全国人大代表就《企业破产法》实施中的问题开展专题调研,连续参加多场座谈交流,并帮助修改完成了《关于完善企业破产重整制度的调研报告》。10 年来,上海市各级各地人民法院破产法官积极参加国内国际破产法学术研究活动。市高级人民法院民二庭先后参与或会同上海市法学会商法研究会、上海交通大学法学院破产保护研究中心举办了 4 届“企业破产法实务论坛”,2015 年支持帮助筹建了上海市法学会破产法研究会。近年来,部分破产法官还受邀参加了“中美法律交流——美国破产法律制度”“中德法治国家对话法律研讨会——面向效率与公平的现代破产法律制度”、国际破产法协会及东亚破产与重组研讨会等国际性法律论坛,多次参加中国破产法年度或专题论坛,并作交流发言,较好展现了上海市各级各地人民法院破产法官的专业能力和水平。

三、破产审判方式改革的重点工作

(一)设立专门破产庭,破产案件集中管辖试点正式启动

早在 2014 年,根据最高人民法院下发《关于在部分人民法院开展破产案件审理方式改革试点工作的通知》确定的任务,上海市高级人民法院准备在 1 家中级人民法院和 1 家区级人民法院筹建专门的破产审判庭。2015 年根据《人民法院第四个五年改革纲要(2014 ~ 2018)》关于设立跨行政区划法院审理企业破产等跨行政区划案件的改革目标,上海市高级人民法院调整工作方案,改为在定位于跨行政区划法院的上海市第三中级人民院和上海铁路运输法院筹建破产审判庭。从 2017 年 5 月起,上海市高级人民法院将破产案件作为跨行政区划民商事案件,划转至第三中级人民法院和上铁法院管辖,并在这两个审级的法院挂牌设立了破产审判庭。两家法院肩负上海法院破产案件集中管辖改革试点的重任,分别集中管辖全市重大破产案件和基层法院管辖的破产案件,[①]目前已按照新的

① 上海市各级各地人民法院的破产案件管辖历经几次调整。2002 年之前,全市各基层人民法院都有权管辖本辖区内企业的破产案件;2002 ~ 2004 年,破产管辖集中调整到 2 家中级人民法院和 8 家基层人民法院;2005 ~ 2017 年 4 月,各基层人民法院恢复管辖;2017 年 5 月 1 日起,原由第一中级人民法院、第二中级人民法院管辖的重大破产案件统一调整至第三中级人民法院管辖,原由黄浦、杨浦、徐汇、闵行 4 区法院管辖的破产案件调整至上海铁路运输法院管辖,其他区法院仍有权管辖破产案件。

管辖规定依法受理破产案件，各项工作运行平稳有序。

（二）制定执转破工作实施方案和规范指引

随着最高人民法院《关于执行案件移送破产审查若干问题的指导意见》的出台，大规模的执行转破产工作已经或正在展开，破产审判工作面临新的机遇和挑战。上海市高级人民法院在前期充分调研和听取多方意见的基础上，根据指导意见精神，及时制定出台了《上海法院执行转破产工作的实施方案（试行）》和《上海市高级人民法院关于实施执行转破产工作的规范指引（试行）》。方案确立了“依法转换程序、规范移送衔接、积极稳妥推进、合理配置资源”4条工作原则和“先易后难、循序渐进、逐步推开”的实施步骤。规范明确了适用范围、案件识别、内审报批、会商协调、告知释明、异议审查、移送受理、监督指导等方面健全执转破全流程的工作要求规范，确保规范用权、依法办案。近阶段，各法院将首先从无经营资金、无营业场地、企业人员下落不明的执行不能案件中移转出一批符合破产条件的案件。截至目前，各法院执行局向破产审判部门移送案件27件。

（三）全面推动构建保障破产审判工作的整体性常态化新机制

为适应新形势、落实新要求，上海市各级各地人民法院的破产审判工作还有更多任务要完成。相比苏浙粤等兄弟法院积极实践所累积的好经验、取得的好成果，上海市各级各地人民法院应当攻坚克难，奋力追先。近期，我们正在和设想开展以下几项重点工作：

1. 建好用好执转破工作信息平台。可以预期，执转破案件数量将呈一定规模，因此有必要以线上线下法律程序同步化和案件集中管理为目标，以融合提升执行案件和破产案件管理系统为抓手，建立起全市法院执转破工作信息平台，充分发挥信息化管理功效，实现案件移送透明、流程管理对接、查控信息共享、数据检索便利、监督指导有力的信息化工作机制。其中，重点是打通执行财产查控与破产财产查控的通道，并且在技术上使破产程序外的执行措施得以中止。同时，链接“12368”信息服务平台，做好网上破产申请、相关程序通知的及时处理反馈。

2. 进一步改革破产审判质效和法官办案绩效评价体系。最高人民法院自2016年8月1日起调整破产案件的类型划分，与其他民商事案件单独分类，这就给各地方法院为破产案件单独建立一套审判质效评估指标和法官审判绩效考核办法提供了指导依据。目前，一方面可以在现行审判质效评估指标统计口径不变的情况下，扣除破产案件计算选项，形成另一套评估指标体系；另一方面可以综合破产案件类型、资产负债规模、参与主体数量、出具文书数量、协调事项的数量和难易程度等因素，建立起一套符合破产审判特点和规律的法官考评制度。

3. 继续完善管理人工作，推动建立管理人自治组织。主要如下：建立管理人机构年度报告和重大事项临时报告制度；针对中介机构兼并重组、人员流动的现象，修订完善管理人管理办法；研究处理违规指定清算组担任管理人问题；适时开展新一轮管理人考核；协同相关部门，研究筹建破产管理人协会。

4. 强化债权人利益保护，支持管理人依法履职。推广运用执行程序中与金融、房管等机构建立的"点对点"渠道，查控追收"三无"企业财产；探索实行具有强制力的破产法令（如调查令、财产接管令、财产交付令等），由管理人持令完成相应工作，使管理人依法履职更加有效；对回避、拒绝、拖延履行法律义务的企业股东、高管、实际控制人等，加强依法制裁惩戒力度。根据破产程序的特点，融合网拍优先的思路，建立破产财产变价处置新规则。

5. 多管齐下，筹划落实破产保障经费。细化与人保部门的企业欠薪保障金垫付和追偿合作举措，形成规范明确、切实可行的常态化机制；协调争取有条件的地方财政建立专项破产费用保障资金，有效缓解"无产可破"难题；争取财政部门同意，在司法援助基金中拨付一定费用用于专项补贴。

四、从上海实践看当前加强破产制度机制建设需关注的问题

2017 年 8 月最高人民法院出台《关于为改善营商环境提供司法保障的若干意见》，提出了"加强破产制度机制建设、完善社会主义市场主体救治和退出机制"的许多重要举措。近期，世界银行公布的《2017 年全球营商环境报告》，在 169 个国家和地区中，中国的"破产办理"指标得分 55.82，排名第 53 位。我国的破产制度及其实施现状，虽然在世界排名不算落后，但与发达国家和地区相比仍然相去甚远。[①] 最高人民法院提出的各项举措和世界银行报告给我们诸多启示。

---

① 该项指标的测评项目包括两大项指标，一项是债务回收指标，包括回收率、需要时间和成本；另一项是"破产框架力度"指标，下设启动程序指数、债务人资产管理指数、重整程序指数、债权人参与指数等小项。根据该报告，排名前 8 的依次为芬兰、日本、德国、韩国、美国、挪威、葡萄牙、丹麦，中国台湾地区排名 22、中国香港特别行政区排名 28。比较大陆与台湾地区的情况，债务回收率为 36.9%：81.9%，费用成本率为 22%：4%。

实现破产审判的市场化、法治化、专业化,必须破解制约破产制度发展的机制性障碍。结合近年来上海的情况,以下问题需引起关注。

(一)关于破产审判机构的定位与设置

建立“普通案件在行政区划法院审理、特殊案件在跨行政区划法院审理”的诉讼格局是落实中央全面依法治国战略布局的一项重要举措。但需要指出的是,在当下破产文化没有深入人心、破产制度供给有缺憾、破产司法权威不足的情形下,破产审判方式改革只侧重于建立专业审判庭或者集中管辖是不够的。根据现实中存在的主要问题和困难,我们提出3点看法:第一,以审理特殊案件需要为出发点、以保障市场主体法律关系的司法调整效力为落脚点,建立有别于民商事审判的破产审判体系。2016年以来,从最高人民法院出台建立专门破产审判庭方案、破产案件从民商案件类型中划出单列、开通全国破产重整案件信息平台,以及人民法院立案、审判、执行、破产4个工作板块的思路来看,构建独立的破产审判体系,事实上已经开启了探索实践的步伐。在这个体系中,单独建立审判机构,关键是要更加明确地赋予破产法令的高层级强制性效力,并课予违反的法律后果,否则难以使破产制度这一“经济宪法”真正发挥有效作用。第二,当前机构扁平化管理的改革方向,在某种程度上与审判专业化建设相冲突,进而可能削弱破产审判工作力度。基于不同部门的站位、不同业务的要求,在强调精兵简政和专业化道路并重的改革背景下,究竟如何加强破产审判工作,很值得认真思考。第三,自全国金融工作会议以来,加强金融审判的力度前所未有,东部发达地区的金融审判庭乃至金融法院呼之欲出。破产制度的实施与维护金融秩序、保障金融安全紧密相关、同等重要。在司法实践中,两者又往往成为一对“欢喜冤家”,许多问题需要统筹协调解决。因此,可以考虑将金融审判与破产审判划归一处。今后,应当在修订人民法院组织法时为建立金融与破产法院留下空间,从立法上更好确立破产审判的重要地位。

(二)关于加强破产立案受理工作

2016年7月最高人民法院下发《关于破产案件立案受理有关问题的通知》和《关于调整强制清算与破产案件类型划分的通知》,以此为标志,破产申请立案登记制基本确立。根据法律规定,从法院收到破产申请到作出裁定,包括延长审限在内,至多30天。但事实上,一些案件的立案周期远不止这些时间。个中原因大致如下:一是申请人诉求不明,申请清算还是申请重整,其自身犹豫不定;二是申请材料不全,历经多次补齐补正,期间可以不计入审限;三是对债务人申请破产,基于防范逃废债、假破产的考虑,往往额外听取已知主要债权人意见;四是对于牵涉面较广的破产申请,法院态度更为谨慎,不仅召开听证会审查,广泛听取利害关系人意见,有时还会主动出击,对相关情况进行摸底调查。为此,我们建议:(1)以司法解释规定替代通知要求,将破产申请立案登记制正式纳入破产司法制度。(2)将申请人依据最高人民法院《关于适用〈中华人民共和国企业破产法〉若干问题的规定(一)》第9条向上级法院提出破产申请的审查案件纳入新增设的“破监”号项下办理,上级法院在此案号下责令下级依法审查并及时作出裁定。(3)在破产界限审查的基础上,适当区分简单案件与重大案件、申请清算与申请重整、自愿破产与强制破产、破产申请与执转破移送在审查标准、审查方式,使不同类型不同情形的案件受理更加有的放矢、精准把握。

(三)关于强化公平清偿的实现

目前,主要涉及两个问题。一是“自动中止”程序的实施状况不够理想,破产受理后个案不中止执行、不解除保全的现象仍然突出。其中,原因要从两方面去分析,一方面要看到有关执法单位不理解、不支持、不配合的问题;另一方面也要看到我们指定管理人程序、接管程序、公告制度及其操作现实与立法要求实现“自动中止”之间的脱节,事实上也助长了这一现象的发生。为此,我们建议:(1)从制度层面规定,凡法院作出破产受理裁定,可根据当事人申请作出暂停个案执行和保全的禁令;(2)上述裁定与禁令应于第一时间在全国企业破产重整信息平台发布,明确网上发布与报纸刊发具有同等效力;(3)对不中止执行和不解除保全的,明确规定该执行和保全行为自破产申请受理之日起自动失效,这样也可以从根本上减少上级法院忙于协调的工作量。

二是处于临界期边缘的个别清偿无法撤销。根据破产法规定,破产申请受理之前的6个月内如果存在破产原因而进行个别清偿的,管理人应予撤销。实践中,有部分债务人早就符合破产原因,当事人也向法院提出了破产申请,但由于一些原因,没有尽早进入破产程序,导致个别清偿无法撤销。从上海市各级各地人民法院2017年以来的“破申”案件结案情况来看,作出不予受理裁定的约占15%,换言之,绝大多数破产申请最终得到受理。因此,建议可根据新设“破申”案号的新情况,考虑将已受理案件中可撤销行为的临界期终点前移至破产申请登记日,从而更大限度维护集体清偿原则。

（四）关于管理人的指定与管理

一是对于机构发生兼并重组、工作团队人员离职调整等重大变化如何处置，缺乏操作细则。上海市高级人民法院发现名册中有两家机构与外地机构兼并重组，其中一家机构及时向法院报告情况，申请暂停参与摇号，但另一家机构迟迟不主动报告，法院约谈后也不主动申请暂停摇号。此外，还发现名册内多数机构的管理人团队都有不同程度的人员变化，有的大幅减员，有的是办案人员新旧更替。这些发生人员变动较大的机构，此前均未及时主动地向法院报备。对此情况，现行规则没有明确规定如何处理。

二是在指定管理人环节，如何界定“有利害关系”而予以强制回避，现行规定笼统模糊，不宜把握。如在某公司重整案件中，对于法院指定的管理人，就有其他管理人提出异议。

三是涉社会面管控案件，政府部门和法院仍希望采用指定清算组或推荐管理人方式。对此，我们从严掌握司法解释规定的可适用条件，没有规定可以开口子的地方绝不允许开口子；可以指定清算组担任管理人的，也必须要有摇号产生的中介机构与参与管理人工作；政府部门推荐的管理人，也必须经过审核而不是照单全收。

（五）关于重整计划的制订与执行

在重整计划制订方面，发现存在草案之外另设债务清偿方案的情况。在破产重整过程中，由于涉及一般中小投资者切身利益，维稳压力较大，投资人在重整计划草案之外另设针对特定债权人群体的债务清偿方案或额外担保方案，与重整计划的表决通过相捆绑。这种做法虽然有助于重整计划的顺利通过，但对其他债权人而言是否公平，值得探讨。

在重整计划执行方面，主要涉及对出资人权益的调整方案是否对反对出资人有拘束力，法院是否有司法强制执行力的问题。对此，目前存在两派对立的观点。虽然主流观点认为经批准的重整计划对任何出资人具有拘束力，但在破产法上确实难以找到明确依据。建议进一步修改法律，并在法律作出修改之前，可以通过对《企业破产法》第 92 条第 1 款中的“债务人”作出包括其出资人的扩大解释。而对于股权已出质或被查封的情况，应当强调在重整程序中加强与权利人谈判，通过达成谅解，争取获得解除质押或解除查封。

（六）关于提高破产审判效率

以上海受理破产案件数量最多的基层人民法院为例，近 3 年该院破产案件的平均审理天数,2014 年为 554 天,2015 年为 509 天,2016 年为 179 天。而同期有 56% 的案件因“无产可破”而终结程序。对于其中占比较大的“三无企业”,应该进一步压缩审理进程,将其纳入快立、快审、快结的绿色通道。方法上可以采取以下措施:(1)对前期经过执行程序或通过执转破而来的人员、财产下落不明案件,在债权人提出申请后可直接受理,不必经过“破申”程序;(2)对于批量的“三无企业”破产案件,可以考虑一定数量统一打包后通过随机摇号指定 1 家管理人承接办理;(3)直接通过破产信息平台发布公告,避免因报刊公告延误进程;(4)申报债权、召开债权人会议、宣告破产等环节,尽量在法律规定的底线期限内提前和压缩。

(七)关于建立府院协调机制

最高人民法院 2016 年以来多次发文,要求推动建立党委领导下的府院协调机制。据观察,这项工作在县市基层的落实推进力度好于省级,同样地处东部沿海区域,民营经济活跃的地区好于其他地区。上海目前与有些地区相比存在不少差距,表现在:第一,政府方面还没有充分认识构建常态化规范化的府院协调机制的重要性必要性,无论在市级还是区级,目前还停留在极个别重大敏感破产处置过程中的临时性工作小组。第二,两会代表、委员多次进行书面建议、提案,呼吁尽快建立破产配套保障机制,政府各部门均认为只是法院一家的事,与己无关。第三,破产费用保障争取财政支持,几乎没有任何着落。第四,各管理人机构均有筹建破产管理人协会的积极性,但由于社团登记从严掌握以及对于谁担任主管部门等的认识分歧,实质上难以推进,进而也直接影响破产费用保障基金的建立。

党的十九大报告关于以供给侧结构性改革为主线,推动经济发展质量变革、效率变革、动力变革,坚持“三去一降一补”、优化存量资源配置、企业优胜劣汰等重要论述,为我国加强破产法治建设指明了方向。依法开展破产案件审理,积极稳妥推进企业救治和清算工作,是用法治办法服务保障供给侧结构性改革不可或缺的重要方面。在深入学习贯彻党的十九大精神的背景下,上海市高级人民法院制定《贯彻落实〈关于上海市开展司法体制综合配套改革试点的框架意见〉的分工方案》,破产审判方式改革被列入工作任务之一。上海法院必须牢记使命、攻坚克难、勇于作为,进一步大力推进破产审判工作,为贯彻新发展理念,建设现代化经济体系提供更强有力的司法保障。

广东省各级各地人民法院破产审判十年的总结与启示(2007~2017年)*

丁海湖** 田 飞***

《企业破产法》自2007年6月1日实施以来,在完善优胜劣汰机制、优化社会资源配置、调整社会产业结构、拯救危困企业、保障债权公平有序受偿等方面发挥了积极的作用。广东是我国改革开放的先行地和试验田,近年来实施创新驱动发展战略,市场主体活跃、经济发展速度快、企业数量庞大、经济活动市场化水平高,与经济发展水平和企业数量相适应,广东的破产案件量也连年居全国前列,新类型案件较多,审判中所遇到的新情况、新问题也较为突出。破产法实施以来,广东各级法院坚持市场化、专业化、规范化、法治化稳步推进破产审判,围绕解决"启动难""效率低"和"保障弱"三大问题,全面落实《企业破产法》规定的各项制度,《企业破产法》已经成为调整产业结构、促进经济转型升级、维护经济秩序和谐稳

---

* 2016年8月8日广东省高级人民法院破产审判庭(执行裁判庭)正式揭牌,这也是全国首家高级法院破产审判庭。本文是广东省高级人民法院破产审判庭(执行裁判庭)专门为本书撰写的稿件,感谢丁海湖庭长对本书的编辑出版工作给予的大力支持。——编者注

** 广东省高级人民法院审判委员会委员、破产审判庭(执行裁判庭)庭长。

*** 广东省高级人民法院审判委员会委员、破产审判庭(执行裁判庭)助理审判员。

定的重要法律制度,破产审判也实现破产审判由“粗放型”“政策导向型”向“精细化”“市场导向型”转变。打造了多个“第一”:第一个国际认可效力的案件——广国投破产案、全国首个经过综合治理行政处置方式进入破产程序的证券公司破产案——大鹏证券破产案、全国率先结案的证券公司破产重整案——南方证券破产案;成立全国第一个破产审判庭——深圳中院破产审判庭、在高级法院层面成立首个破产审判庭——省法院破产审判庭,成立全国首个具有独立编制的破产管理人自治组织——广州市破产管理人协会,全省法院建立了统一的破产援助资金制度、管理人制度、破产案件快速审理机制,率先在破产审判领域引入执行查控。

一、破产案件基本情况

2008~2016年,广东全省人民法院新收破产案件(不包括旧存案件)分别为216件、336件、209件、161件、235件、217件、234件、328件、498件,与2008年相比,2016年案件数量上升130.56%,新收案件增幅较大,案件数量上基本占全国案件的1/10。尽管案件数量仍然较低,但从案件增长幅度来看,破产案件“立案难”问题正在逐步解决。2008~2016年,广东省各级各地人民法院共审结破产案件2344件。年均旧存案件653件,存案相对较高,反映了破产案件周期长审理难度大和破产审判“效率低”的特点。妥善处理了一系列具有全国乃至国际影响意义的大案要案。

(一)广东国际信托投资有限公司破产案善后工作圆满完成

广东国际信托投资有限公司(以下简称广国投)破产案是中国首例非银行金融机构破产案,涉及债权总额387亿元和300多个债权人,也是中华人民共和国成立以来法院受理的破产财产总额最大的破产案件,涉及境外债权人多,社会关注度广。该案首创了破产案件“一拖三”审理模式,通过分配和追加分配,尤其是最后一次变现资产高达551亿元,实现了债权全额受偿,充分保障了债权人公平受偿的权利。该案的成功审结,创设了诸多破产规则并被最高人民法院司法解释吸收,促进了区域性金融风险的化解,维护了国家的金融安全,受到了债权人、社会媒体和国际舆论的一致好评。作为第一例中国法院关于破产裁定在域外得到承认的破产案,最高人民法院认为,广国投破产案“堪称人民法院企业破产审判工作在维护金融安全方面的典范”,《经济日报》发表文章称赞为“适应国际司法潮流的成功范例”,美国《华尔街日报》发文认为“标志着中国法治从此进入新纪元”。

(二)成功审结广东中谷糖业集团公司破产案件

广东中谷糖业集团公司破产重整案是广东省人民法院受理的涉及范围最宽、影响面最广、处理难度最大的破产重整案件,被最高人民法院列为2010年人民法院十大典型案件。在广东省高级人民法院的精心指导下,湛江市中级人民法院与各基层人民法院全力以赴、互相配合、协调一致,克服重重困难,创造性地开展工作。经过艰苦卓绝的努力,于2010年8月31日成功审结了在全国引起巨大反响,涉及蔗农30多万人,职工2260人,债权人410户,申报债权额达53.24亿元的中谷糖业及其下属公司债权、债务及破产重整案。最后中谷糖业集团及其下属公司顺利实现重整,既让企业得到重生,又保障了30万名蔗农2454万余元甘蔗款分文不少,2260名工人1142万余元工资优先全额受偿,国家1615万元税费足额上缴,抵押债权依法100%受偿,普通债权受偿率达28.3%。有效地维护了湛江社会的稳定和经济的发展,树立了人民法院公正司法、能动司法的良好形象,取得了极好的法律效果和社会效果;中央、省各大媒体和社会各界给予了高度评价,最高人民法院对该案的成功审结给予了充分肯定。

(三)上市公司及关联企业重整成效明显

上市公司的破产清算涉及广大投资者利益保护和证券市场的稳定,重整是维护各方利益的最佳手段。指导深圳市中级人民法院成功审理深泰、盛润、创智、科健、深中华、新都酒店6家上市公司和金田实业公司、中浩股份公司、华圣科技投资股份公司、中侨股份公司4家退市公司破产重整案,形成了审理上市公司重整案件的标准体系。指导广州市中级人民法院、中山市中级人民法院依法对港交所上市的中金再生公司的子公司广州亚钢、广州亚铜、中山亚钢进行重整,以强裁的方式批准重整计划,为全国其他法院审理中金再生子公司破产案件提供了有益经验。其中,深圳中华自行车(集团)股份有限公司(以下简称深中华)破产重整案被最高人民法院评为2016年“推进供给侧结构性改革企业破产重整及清算十大典型案例”。深中华通过重整,企业员工获得了一次性安置,并解决了员工欠付社保问题;盘活了企业存量资产,激活其用地重新上市交易,获得了巨大的变现价值;债权人通过获得了70%的清偿,实现沉淀多年的债权;股东通过重整迎来了新的产业注入,保留了股权价值;深中华通过重整解决了历史包袱，实现了产业转型，保留了上市主体地位。通过重整将一个僵死多年的企业重新盘活，为供给侧改革提供了有力司法保障。

（四）成功审理五大证券公司破产案件

为了配合国家证券市场整治行动，成功审结了民安证券、大鹏证券、汉唐证券、南方证券、广东证券五大证券公司破产案件，填补了我国证券公司破产审判领域的多项空白。其中，大鹏证券破产案件系全国首宗经过综合治理行政处置方式进入破产程序的证券公司破产清算案件，为全国其他同类案件的处理摸索出一条可行的路径；南方证券与关联企业采取合并清算、实物分配、记账式提存，开创了多项破产财产分配新方式，《人民法院报》对此进行了专题报道，以“开先河”“立标杆”予以充分肯定；民安证券破产案件中强化与行政部门的沟通、灵活运用表决机制处理历史遗留问题，为金融机构破产案件积累了宝贵的经验。

（五）稳化解钢贸行业产能过剩风险

受国际金融风暴及钢价下跌、需求萎缩、产能过剩的影响，广东地区钢铁企业资金链断裂趋势严重，钢贸企业破产、涉诉案件已经开始在部分地区涌现，呈集中爆发趋势，已经影响区域经济金融秩序和生产生活。为确保钢贸市场的整体安全和平稳，广东省高级人民法院以华南最大的钢材市场集散地——顺德乐从为重点，依托各级政府、监管部门、行业协会，及时开展调研，形成了《广东钢贸企业债务纠纷案件的调研报告》，确立了“区别对待、保面打点、保证整个钢贸行业正常发展”的总体思路，通过对金型重工等重点企业重组、集中管辖、合理拆除担保圈等方式，强化债权人自治，确保钢贸企业债务违约纠纷案件的平稳高效处理。这种处理模式也为化解传统行业产生过剩、清理“僵尸企业”提供了范例。

（六）依法处理佛山市百业房地产有限公司破产重整案件

佛山市中级人民法院受理的佛山市百业房地产有限公司（以下简称百业公司）破产重整案被最高人民法院评为2015年依法保护非公有制经济十大典型案例。百业公司等6家关联企业申请破产。人民法院受理破产申请后，现场走访6家公司，调查生产及经营现状，并听取了主要债权人及供货商代表关于6家公司破产重整的意见。经调查，人民法院发现，6家公司资产优质，若通过破产重整盘活资产、恢复生产经营，有利于提高债权人尤其是供货商等普通债权人的受偿率，稳定数百名供货商情绪，近1300名员工也不会面临失业的风险，当地社会和谐稳定将得到有效维护。而且，绝大多数债权人均希望6家债务人重整，当时部分项目已有投资者愿意接手,但均表示应在重整程序启动后进行。基于以上事实,人民法院根据6家公司的破产申请,将6家公司合并破产,并通过破产重整拯救了百业公司,实现了债权人、债务人以及其他利益主体多赢的局面。

(七)"僵尸企业"处置成效显著

为了贯彻中央经济工作会议和最高人民法院关于"僵尸企业"处置的工作部署,充分发挥审判职能,为依法处置"僵尸企业"、推进供给侧结构性改革提供优质高效的司法服务和保障,广东省高级人民法院在充分调研的基础上,出台了《关于充分发挥审判职能为我省依法处置"僵尸企业"提供司法服务和保障的意见》,明确了"僵尸企业"司法处置的相关原则。一是准确界定"僵尸企业",坚持分类分别处置。法院审判执行中对"僵尸企业"的界定标准明确为国有资产管理部门认定为"僵尸企业"的国有企业,及符合国有资产管理部门有关"僵尸企业"认定标准的集体企业、私营企业等。按照"尽可能多兼并重组、少破产清算"的要求,坚持精准评估分类、分别处置,对于能救治的企业尽可能通过资本运营、创新发展等方式重整救治。对于无法救治或救治无望的企业,及时依法破产清算,让其尽快退出市场,释放生产要素。二是建立案件绿色通道,依法快速处理。涉"僵尸企业"案件适当优先处理,设立绿色通道,优先审查立案、优先审理、优先执行。对于"僵尸企业"清算和破产申请,除依照有关规定需报最高人民法院审批的情形外,原则上不再报上级法院审批,确保企业更生和市场退出渠道高效畅通。积极探索小额破产案件和无财产、无账册、无人员企业破产清算案件的快审机制,精简程序,提高破产案件审理效率,避免因清算迟延导致企业资源和财产枯竭、难以重新利用,切实防止企业财产不当减损和灭失。三是坚持"有为而不越位",强化府院联动。对于"僵尸企业"的处置,广东省各级各地人民法院在坚持"企业主体、政府推动、政府引导、依法处置"总体原则的基础上,分行政处置和司法清算两个阶段,侧重不同方式参与"僵尸企业"处置。在行政处置阶段,人民法院主要是通过应邀参与省"僵尸企业"处置工作联系会议,为全省"僵尸企业"处置工作提供法律服务和意见,确保处置工作依法有序进行。在司法清算阶段,法院主要负责依法高效审理各类案件,为"僵尸企业"处置提供司法保障。四是坚持"三先三后",分批进入。为避免"僵尸企业"集中涌入司法清算程序,造成大量积案,经与省、市国资委沟通协调,确立了"三先三后"的处理思路,即先容易后复杂、先集中后分散、先数量后精品,推动"僵尸企业"分批进入司法清算程序。截至2017年6月，司法清算程序（包括强制清算、破产）的"僵尸企业"已有239家，主要分布在广州、茂名、江门、阳江、韶关等国有经济占比较重的地区。其中广州市中级人民法院已经推动164家国有"僵尸企业"进行立案审查，104家"僵尸企业"已经被裁定受理进入清算程序。

二、完善立案机制，破解"启动难"

破产立案受理是破产案件进入司法程序、当事人获得司法救济的入口。尽管《企业破产法》以"申请和受理"专章规定了破产案件的立案、受理问题，但立法规定较为原则和粗疏，最高人民法院也没有较为详细的司法解释和操作规范，导致破产立案成了制约破产审判和影响破产法实施的"瓶颈"问题，破产立案难成为饱受诟病的司法问题、社会问题。一直以来，广东省各级人民法院高度重视破产审判工作，全面推进破产审判专业化，不断加强立案受理工作，依法受理各类企业破产案件，市场退出机制得到明显完善，市场环境得到明显优化。

（一）完善机构设置，审判专业化水平得到明显提升

破产案件立案难，最关键的是人的问题，即缺乏一支能够胜任破产审判的专业化队伍。长期以来，广东省各级各地人民法院一直强调并推进破产审判的专业化，形成了破产审判庭和在商事审判庭内设立专业审判合议庭两种破产审判专业化模式。2002年广东省高级人民法院经济庭更名为民二庭以来，设置了专业的破产审判合议庭，由熟悉破产审判业务的法官专门负责破产案件的审理、协调和指导工作。2016年8月8日为了全面加强破产审判工作，积极保障供给侧结构性改革，广东省高级人民法院率先成立了破产审判庭，专门负责破产案件的审理、协调和指导工作。中级人民法院方面，深圳中级人民法院早在20世纪90年代就成立了专门的破产审判机构，是全国成立最早的破产审判部门；2016年以来，按照最高人民法院统一部署，广州、珠海、惠州、佛山四个中级人民法院专门成立了破产审判庭，加上已成立破产审判庭的深圳、茂名两个中级人民法院，成立破产庭的中级人民法院达6个，占全省中级人民法院的1/4，另有3个中级人民法院和2个基层人民法院正在筹备设立破产审判庭。下一步，全省各级法院将继续推进全身破产审判专业化机构建设，拟推进破产案件较多的法院尤其是基层人民法院成立破产审判庭。

（二）强化案件受理，破产立案难得到逐步化解

立案程序不规范是破产案件立案难又一重要原因。长期以来，广东省各级

各地人民法院一直坚持登记立案审查、依法受理的原则,严格按照法律、司法解释的规定,充分保障当事人的破产申请权,依法受理各类企业破产案件,破产案件立案难问题得到逐步化解。在最高人民法院2016 年8 月将破产立案审查案件规定为独立的一类案件之前,广东省各级各地人民法院高度重视破产立案审查工作,已经充分注意到破产立案审查与普通民商事案件立案审查的巨大差异,并把破产案件立案审查案件作为独立的案件类型处理。广东省高级人民法院出台了《关于加强企业破产案件立案受理工作若干问题的意见》,深圳、广州、佛山等地法院也结合自身实际,出台了破产案件立案审查工作的相关意见,对于破产立案审查案件,严格落实立案登记制,通过规范的立案审查程序及其上诉、监督程序,充分保障破产申请权,破解破产案件启动难的问题。对于破产程序的启动,广东省高级人民法院明确要依"法"受理,尤其是对于当事人不预交或垫付申请费、破产程序启动费或管理人费用等情形,鉴于法律对此没有明确规定属于不予受理的情形,广东省高级人民法院向全省发出通知明确要求各级法院不得以此为由裁定不予受理。在个案中,广东省高级人民法院充分发挥破产立案监督职能,对于下级法院裁定不予受理的案件,如发现存在错误,及时纠正;对于典型案例及时公布,供全省各级法院处理案件时参考。

(三)完善管辖机制,破产审判布局日趋合理化

破产案件的管辖问题意义重大,直接关乎审判管理、破产审判任务配置、破产审判机构设置和破产审判质量和效率、影响破产审判专业化建设。《企业破产法》第3 条规定,破产案件由债务人住所地人民法院管辖,该规定仅涉及地域管辖,并未涉及级别管辖。最高人民法院2002 年《关于审理企业破产案件若干问题的规定》对级别管辖做了明确规定,即破产案件基本上是由中级人民法院和基层人民法院管辖。广东省各级各地人民法院每年新收破产案件300 件左右,平均每个法院不足2 件,再加上广东受理案件地域上的不平衡性,有的法院长期没有破产案件,不愿受理、不会处理、不敢受理破产案件的现象时有发生。为了提升破产案件质量,打造专业破产审判队伍,广东省高级人民法院发挥能动性,提出了以"集中管辖"解决破产案件碎片化、随机化和过度分散问题。广东省各级各地人民法院结合本地区破产案件实际,不断探索,大胆先行先试,形成了4 种集中管辖模式:一是中级人民法院集中管辖模式,即所有破产、强制清算案件由中级人民法院管辖,基层人民法院不受理破产和强制清算案件,这种模式的典型代表是深圳。二是特殊案件中级人民法院集中管辖模式,即强制清算、重整、和解以及规模较大企业破产清算案件由中级人民法院集中管辖,其他案件仍按照最高人民法院2002年规定确定管辖,比较典型的是佛山地区。三是基层人民法院分片区集中管辖模式,即若干行政区域内的破产案件,由某一破产审判基础较好的基层人民法院管辖,既是跨区管辖,又是集中管辖,目前尚未实行,但广州中级人民法院、佛山中级人民法院正在研究,将于近期报省法院批准后实行。四是中级人民法院集中管辖与基层人民法院管辖相结合,即原则上由中级人民法院集中管辖,案件数量较多的中级人民法院可以按照地域管辖的规定将案件交由部分基层人民法院管辖,广东法院"执转破"案件采取这种方式,按照最高人民法院规定,此类案件由中级人民法院管辖,如果中级人民法院案件较多,也可以指定具有审理条件的基层人民法院管辖,这里不涉及跨区管辖,未指定基层人民法院管辖地区的案件,仍由中级人民法院管辖。目前,广东法院通过调整破产案件的管辖,实现了破产案件相对集中,并结合案件情况配备破产审判人员,破产审判布局日趋合理。

(四)创新工作机制,畅通破产案件受理渠道

转变工作理念、创新工作机制,除正常的破产案件受理程序外,更新注重"执行程序""强制清算程序"向破产程序的转化。尽管法律将"执转破""清算转破产"明确为一项法律制度,但在执行中应当与破产审判价值和功能结合起来。破产是一种概括的执行,是"一揽子"解决债务人民事纠纷的法律制度,因此,个案中,无论是诉讼还是执行,如果发现破产原因,应注重引导当事人通过破产方式解决纠纷,并做好程序转化中的衔接工作。2013年广东省高级人民法院将《关于公司强制清算与破产清算衔接问题的调研报告》确定为重点调研课题,对清算与破产的衔接做了有益探索,而广州中级人民法院作为最高人民法院确定的破产案件审理方式改革试点法院,专门就清算程序向破产程序的转化衔接开展试点,目前已经形成了成熟的经验和做法。随着民诉法司法解释的出台,广东省各级各地人民法院又在"执转破"做了有益的探索,深圳中级人民法院在全国率先出台《执行不能案件移送破产程序的若干意见》,全面细化执转破移送、审查操作具体规程,广东省高级人民法院也出台了《关于执行案件移送破产审查若干问题的意见》。最高人民法院《关于执行案件移送破产审查若干问题的指导意见》出台后,广东省高级人民法院破产审判庭又联合执行局,召开了执转破工作推进会,在全省范围内全面推进破产审判工作,并下发《全省部分法院执转破工作推进会议纪要》,明确了全年通过执转破化解3万件执行案件的工作任务、目标和推进措施。截至2017年2月底,广东省各级各地人民法院执行系统移送破产部门审查的案件共计7732宗,破产部门经审查依法受理破产案件68宗,涉及执行案件4000余件;已依法审结的受移送破产案件1宗。如广东省佛山市三水区人民法院执行的以佛山市三水粤景汽车运输有限公司为被执行人的系列案,涉及执行案件67宗,执行标的3930万元。经债权人申请,执行法院受理了破产重整申请,最终被执行人企业重整成功,债务全部清偿,实现了良好的社会效果。最高人民法院沈德咏常务副院长、杜万华专委批示予以充分肯定。

三、完善保障机制,解决破产案件"效率低"和"保障弱"

(一)强化繁简分流,提升审判效率

由于破产案件法律程序烦琐,涉及大量的程序性、实体性权利的行使和事务性协调工作,导致结案率低、审理周期长、效率不高一直是制约破产审判工作科学发展的"瓶颈"问题。为了提升破产案件的审判效率,广东省各级各地人民法院在最高人民法院的指导下,探索小额破产案件快速审理机制和无产可破案件的审理机制,积极应对侧供给改革引发的破产案件激增情况,在繁简分流后,对财产总额不超过100万元或者无财产且债权债务关系明确的破产案件,灵活运用手机短信、微信和互联网等手段,简化文书送达和债权人会议方式,探索小额破产案件和无产可破案件的特殊规律和办法,推进破产案件快审快结,节约费用和时间,提高案件审理效率。2016年广东省各级各地人民法院破产案件结案数357件,比2015年提高了47.52%,其中审理时间在1年以下案件222件,占结案总数的62.18%。近期,广东省高级人民法院在总结全省破产案件繁简分流、快速审理机制方面经验的基础上,又起草了《关于加强破产案件快审机制的意见》,进一步推进简案快审、繁案精审,全面提升破产审判工作效率。

(二)完善管理人机制,规范执业行为

管理人是破产审判的重要参与主体,管理人队伍的好坏关系到破产审判质效的高低。现行法律和司法解释对破产管理的规定较为原则、抽象,如何细化管理人制度,规范管理人工作,保证管理人依法公正高效履行职责,是破产审判亟待解决的问题。2007年《企业破产法》实施之初,根据最高人民法院《关于审理企业破产案件指定破产管理人的规定》,广东省高级人民法院下发通知,授权各

中级人民法院建立管理人名册并对管理人进行管理,而广东省高级人民法院并未建立管理人名册。经过多年的探索,各中级人民法院均结合实际做了有益探索,形成了具有地方特色的管理人制度。广州市在2014年成立了全国首个具有独立编制的破产管理人自治组织——广州市破产管理人协会,并依托该公益性社会组织,引导管理人通过自我服务、自我管理、自我监督、自我协调。深圳市出台了《破产管理人工作规范》,建立破产管理人准入、分级管理和考核制度,通过对管理人分三级动态管理,发挥激励约束功能,实现优胜劣汰。佛山市中级人民法院出台《破产管理人质效管理暂行办法》,对管理人的办案质量和效率作了明确规定,同时规定了相关惩戒措施。2016年以来,为落实市场化、规范化、多元化原则,广东省高级人民法院经广泛调研并听取会计师协会、律师协会的意见,已经着手在建立全省统一、分等级管理的破产管理人制度,制定广东省破产管理人管理规范、制作广东省管理人名册,引导成立全省破产管理人协会,统一准入选任、完善指导监管、规范考评淘汰、实行分级管理,推动管理人素质的不断提升,以满足当前破产审判新形势的需要。

(三)坚持和解重整优先,力促企业重生

2007年《企业破产法》是一部拯救型企业破产法,除规定了破产清算这一市场主体退出机制外,还规定了和解、重整拯救等市场主体更生机制。因此,对于出现经营困难但有再生希望的企业予以救助,维持企业正常经营,稳定社会经济秩序,是破产审判的重要任务,也是审判的一项重要目标。自《企业破产法》创设破产重整制度并实施以来,广东省各级各地人民法院坚持能动司法,对于具有拯救价值的企业积极引导当事人选择适用重整程序或和解程序,尽可能拯救企业、促进各方当事人利益的最大化,促使企业涅槃重生。2013～2016年,广东省各级各地人民法院以重整或和解方式处理案件126件,审结85件,占审结破产案件的9.5%;在审结的案件中,成功重整的案件73件,成功率为85.88%。其中,在中谷糖业集团及其下属公司破产案件中,经过多次组织债权人谈判和协商后,最终在法院的主持下与债权人达成协议,对企业进行了重整,规定在一定期限内债务人按照一定方式全部或部分偿还债务。不仅维护了企业的经营秩序,保护了银行、供货商等债权人的合法权益,而且保护了广大蔗农利益,维护了社会生产生活秩序稳定,该案件当年度被人民法院报评为年度十大典型案例。

(四)建立破产费用保障机制

对于没有财产或仅有少量财产的企业以及大部分"僵尸企业"的破产费用如

何支付,破产法及相关法律、司法解释并没有明确的规定,这已经成为破产审判的难题。深圳、广州等中级人民法院也已经成立了破产清算公益金或救助金,依托管理人协会,由政府出资或从管理人报酬中按比例提取的方式,在一定程度上化解了破产案件经费缺乏的难题,但其他地区仍未解决,破产费用问题仍然是制约破产审判的“瓶颈”问题。为积极保障侧供给改革,配合“僵尸企业”清理工作,广东省高级人民法院向省政府汇报请求协调有关部门成立破产专项资金,为无产可破企业提供破产经费保障。目前,省财政厅已经同意将无产可破企业的破产费用纳入法院财政预算,由政府统筹解决,2017年第一期资金将于6月底到位,广东省高级人民法院正在会同省财政厅制定资金使用规范,破产费用尤其是无产可破企业的费用保障问题,在广东已经基本解决。

(五)强化执行措施在破产领域的运用

破产程序是管理人在法院的指导下对债务人整体财产进行清理、变卖和分配的法律程序,是概括的执行程序,本质上与普通的执行案件并无区别。实务中,对破产企业财产的查控难和对不配合破产审判的企业责任人员强制力不足是导致破产案件无法及时审结的重要因素。为快速有效查控破产财产,对恶意阻碍破产审判的责任人员形成威慑机制,确保破产案件及时审结,广东省各级各地人民法院尝试对破产案件开放执行查控系统和边控、限制高消费、纳入失信名单高等执行惩治措施,积极运用民事制裁措施、民事责任追究乃至刑事责任追究打击企业相关责任人员,依法保障破产审判顺利进行。目前,已经对强制清算与破产案件开放了省法院执行查控系统和广东省政务平台专线,在破产审判领域实现了账户、车辆、房产等直接查询、控制甚至存款扣划功能。

(六)破产案件绩效考核机制得到了完善

鉴于破产案件审理涉及的矛盾错综复杂、协调任务重、审理周期长的特点,我们采取了开庭与开会相结合、审理与管理相结合、裁判与谈判相结合的办法。原有以案件数量为主要考核依据的考评机制,导致部分法院对破产案件不愿立案,多数法官也不愿审理破产案件。随着清理“僵尸企业”和“执转破”工作的推进,广东破产案件数量急剧上升,而员额制改革中法官绩效奖将直接影响工资待遇,在这些背景下,尽快建立合理的破产审判绩效考核机制尤为紧迫。2017年上半年,广东省高级人民法院政治部、破执庭与审管办配合,结合破产案件的特点和广东省法官绩效考核的实际情况,在全省各级人民法院探索建立破产审判单独考核机制，充分调动法院、法官的积极性，解决法院和法官不愿办理破产案件的问题。

四、强化调研研判，全力破解审判难题

破产案件具有专业性强、涉及面广、新问题多、社会关注度高等特点，“僵尸企业”的清理所涉及的许多问题并没有法律规定，矛盾也会更加突出，处理起来也更为棘手。广东省各级各地人民法院坚持“大胆创新、先行先试、加强总结、稳步推进”的方针，积极采取各种措施破解破产案件中出现的各类疑难问题，取得了良好的效果。一是重视破产审判总结工作。为了总结破产审判工作经验，研究解决案件审理中面临的困难和存在的问题，更好地发挥破产审判在广东经济转型升级中的积极保障功能，促进经济的发展和社会的稳定，广东省高级人民法院每1～2年都会召开一次全省或部分中级人民法院参加的破产审判工作座谈会，形成会议纪要或者会议综述，推广成熟的经验和做法，供全省法院审判实践学习参考。二是完成多项破产审判调研课题。广东省各级各地人民法院受理的破产案件具有数量多、类型新、疑难复杂等特点，大量的破产案件为广东积累了丰富的时间经验，才能顺利完成最高人民法院关于破产审判绩效考核及审限管理有关问题的调研课题，形成了相关调研报告，提出了切实可行的措施。完成《关于公司强制清算与破产清算衔接问题的调研报告》《设立管理人扶助基金的调研》等重点调研报告，并进行了成果转化。出版《破产审判审理精要》，对破产审判中的疑难问题进行详细的归纳总结。三是以破产审判方式改革试点单位经验指导“僵尸企业”清理工作。按照最高人民法院《关于在部分人民法院开展破产案件审理方式改革试点工作的通知》的统一部署，广州、深圳、佛山、茂名4个中级人民法院被确定为破产审判方式改革试点单位，分别侧重对强制清算程序向破产程序的转化及衔接问题、构建破产管理人考核和监管保障体系、小额破产案件快审程序、破产案件绩效考核、债权人会议表决机制等方面开展改革。2015年年初，广东省高级人民法院召开了破产审判方式改革试点法院座谈会，对试点工作的开展进行了研究和部署。目前，各试点单位正在进行试点工作的总结和归纳，形成切实可行的经验，以进一步在全省法院推广。四是及时出台规范性文件，积极保障供给侧结构性改革。为了贯彻中央经济工作会议、全国第八次民事商事审判工作会议精神，充分发挥审判职能，积极配合省委省政府开展处置“僵

尸企业”,保障供给侧结构性改革,广东省高级人民法院及时出台了《关于充分发挥审判职能为我省依法处置“僵尸企业”提供司法服务和保障的意见》,从“僵尸企业”的界定、处置原则及程序、破产费用保障、考核管理等方面作出了规范,为全省法院妥善处置“僵尸企业”案件提供总体思路。

五、存在的不足之处

近年来,虽然广东省法院破产审判工作,取得了一定的成绩,但由于对破产制度认识不全面、破产配套机制和案件考核机制不完备等影响,广东省的破产审判后劲存在显著不足,部分方面已经落后于一些兄弟省市法院:一是受理案件积极性不高。鉴于破产案件疑难复杂、事务性工作烦琐,破产内外部机制不健全,部分法院不愿、不会甚至是不敢受理破产案件,导致破产案件受理难。2010年以来,全省每年审理的破产案件徘徊在260件左右,已经低于浙江、江苏等省市,与广东省企业主体数量和经济发展水平极不对称。二是破产审判力量严重不足。破产案件工作量大、审理周期长,在目前以案件数为主要依据的考评机制下,各级人民法院的院、庭领导很难将其作为工作的重点和亮点加以考量,破产审判碎片化、随机化趋势严重,专业人才严重不足。再加上各级法院在安排员额时并未充分考虑破产审判的特殊性,客观上也制约了各级法院破产审判力量的投入。三是破产审判调研和创新不到位。从广东省破产审判调研成果来看,大多数都是两年以前甚至是更早以前开展的,调研指导工作严重滞后,各种机制的创新明显不足,尤其是对新情况、新问题的研究,对破产案件审理方式的新探索等方面,与北京、上海、江苏、浙江等省市相比已经有一定的差距。基于破产法律制度的不完善和破产程序的复杂性,破产审判中疑难法律问题层出不穷,广东省各级各地人民法院在破产审判中基于审判实践的需要对大量的问题进行了有益探索,有的已经形成审判规则,有的尚在争论和论证中,需由实践进一步解决。

深圳市中级人民法院破产审判白皮书（1993～2017年）*

深圳市中级人民法院公司清算和破产审判庭

破产法是市场经济法律体系的重要组成部分。有效运行的破产法律制度，是社会主义市场经济体制成熟的重要标志。随着经济体制的变革发展，我国破产法律制度逐步发展成熟。1986年12月我国颁布适用于全民所有制企业的《企业破产法（试行）》。1991年4月《民事诉讼法》专章设置企业法人破产还债程序，适用于全民所有制企业以外具有法人资格的企业。2007年6月适用于各类企业法人的新破产法正式实施，企业法人破产规则走向统一。深圳地处改革开放前沿，社会主义市场经济发育较早，市场化程度较高，率先遇到市场主体退出机制问题。深圳市各级各地人民法院立足经济社会发展实际，围绕市场主体退出需要，积极创新完善破产审判体制机

---

* 2017年11月6日，由深圳市中级人民法院主办、深圳市企业破产学会和深圳市蓝海现代法律服务发展中心协办的"市场化破产高峰论坛"在深圳召开。深圳市中级人民法院在论坛开始之前举行了新闻发布会，发布了《破产审判白皮书》，白皮书全面总结了深圳中院破产审判庭成立以来在破产审判方面的经验和成果，并明确了下一步破产审判工作的方向。与此同时，深圳市中级人民法院还制作了《〈万木春晖〉深圳中院市场化破产审判工作纪实》视频，生动形象地展示了深圳市中级人民法院的破产审判工作历程。本文为《破产审判白皮书》的全文，感谢深圳市中级人民法院公司清算和破产审判庭庭长慈云西对本书编辑出版工作给予的大力支持。——编者注

制,努力构建市场化、法治化、常态化的破产审判工作体系。经过多年探索实践,深圳市中级人民法院基本形成了立案、审判、执行、破产四环节联动,刑事、民事、行政、破产四大类案件并重的法院工作新格局,为深圳经济社会健康发展提供了有力的司法保障,也为我国破产制度的发展完善提供了深圳样本。

一、概况

深圳市中级人民法院以破产审判专门机构为平台和抓手,积极推进各类破产案件的审理,依法维护优胜劣汰的市场机制,推动经济社会资源优化配置,促进社会诚信建设,着力服务供给侧结构性改革。

(一)率先设立破产审判专门机构

1982年深圳市中级人民法院成立。自成立以来,深圳市中级人民法院充分发挥司法改革的窗口、试验田作用,立足深圳经济社会发展实际,遵循司法规律,积极推进审判专业化改革。

20世纪90年代,随着经济环境的变化,一些企业难以适应市场需要,经营出现困难,企业破产现象日渐增多。为有效解决先于其他地方碰到的市场主体退出机制问题,1993年深圳市人大常委会行使特区立法权,颁布实施《深圳经济特区企业破产条例》。此破产条例的实施,打开了深圳企业的破产通道,也对深圳市中级人民法院破产审判工作提出了新的要求。破产案件社会影响大、利益关系复杂敏感、审理周期长,深圳市中级人民法院率先探索破产审判专业化改革,着手培养破产审判专业法官,力图通过机构专门化、案件类型化促进审判规范化,确保破产审判质量和效率。1993年12月1日深圳市中级人民法院正式成立全国第一个破产审判庭,专门审理企业破产和强制清算案件。由于全国法院实行大民事审判格局改革,深圳市中级人民法院于2003年撤销破产庭,破产审判职能并入当时的民事审判第二庭。2006年《企业破产法》审议通过后,破产案件的复杂性、敏感性和破产审判的专业性再次受到社会关注。2006年6月深圳市中级人民法院恢复设立破产审判庭,集中受理和审理全市破产案件、重大复杂的强制清算案件以及涉及破产和强制清算的衍生诉讼案件。以2007年《企业破产法》的实施为标志,深圳市中级人民法院的破产审判工作分为两个阶段,即2006年以前的国有企业政策性破产为主的阶段和2007年以来的市场化破产阶段。

(二)1994～2006年破产案件特点

1994～2006年,破产案件随着国家经济改革和经济政策的调整而变化,总体上以国有企业政策性破产为主。在宏观调控和市场规律的共同作用下,深圳市中级人民法院的破产案件数量有升有降。特别是破产审判职能在2003年并入民事审判第二庭后,破产审判工作被弱化,破产案件数量下降十分明显。

1994~2006年,深圳市中级人民法院共受理各类破产案件534件。其中1995年破产案件受理量达到该时期峰值,全年受理各类破产案件116件,审结74件;2003年破产案件受理量为该时期低谷,全年受理破产案件9件,审结14件(见图1)。这一时期,深圳市中级人民法院审理了深圳市金海实业总公司、深圳财贸实业股份开发有限公司、深圳千百意商场有限公司、深圳兴川储饮料有限公司、深圳高声电子有限公司、广东国投深圳公司、深圳市富宝化纤有限公司、深圳市华海贸易公司、深圳市罗湖大酒店有限公司、深圳市建材集团有限公司等大要案。这些案件涉及员工安置、跨境法律适用、关联企业混同、非法集资等大量法律和非法律问题,处理难度非常大。在这些案件的审理中,深圳市中级人民法院总结形成了许多成功经验。如在1994年处理深圳市金海实业总公司破产案中,通过股权转让方式让多家正常经营的子公司避免受到母公司破产的影响,为以后类似案件的审理提供了范例;在广东国投深圳分公司破产案中,深圳市中级人民法院首创债权人会议主席委员会、债权申报登记程序和集中委托执行机制,积累了处理大要案的丰富经验。

这一时期的破产案件的主要特点:一是国企破产比重较大,约占总量的1/3。1993~2006年,深圳市中级人民法院审理国有企业破产案件167件,8万多名员工得到妥善安置。通过破产,降低了国有企业资产负债率,促进了国有企业改制和现代企业制度的建立。二是企业类型多样,涉及国有企业、有限责任公司、股份有限公司、私营企业、三资企业等多种企业类型。三是破产涉及的行业与经济大环境紧密相关。20世纪90年代中期纺织类和制鞋类企业大量破产,约占同期破产案件的16%;20世纪90年代中后期破产涉及的企业多为电子类企业,约占同期总量的36%。四是清偿率普遍偏低,普通债权平均清偿率仅为9%。五是破产原因主要为盲目扩大投资导致资金链断裂和注资不足导致生产经营难以为继。

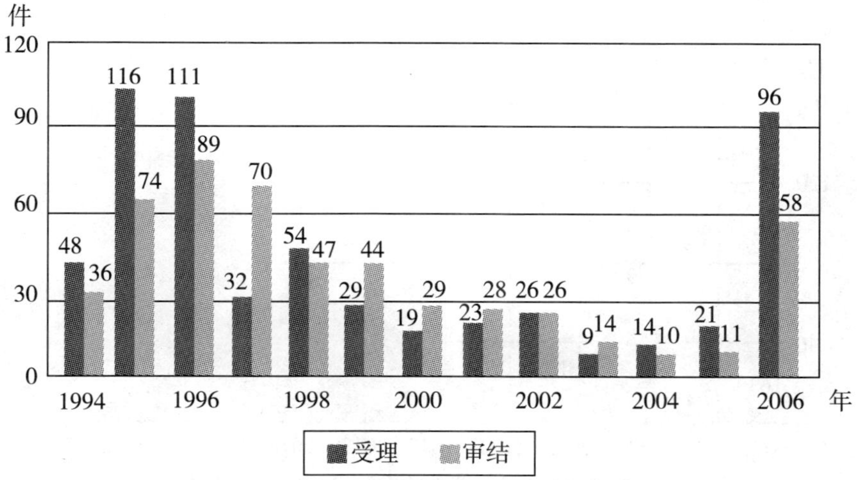

图1 1994～2006年破产案件收结案情况

(三)2007年以来破产案件特点

2007年6月新的《企业破产法》正式实施。各类企业法人适用统一的破产规则,标志着我国破产法律制度发展到新阶段。由于新的《企业破产法》规定的破产申请受理条件更明确,深圳市中级人民法院收到的破产申请和受理的破产案件呈持续增长趋势。2015年以来,深圳市中级人民法院围绕“去产能、去库存、去杠杆、降成本、补短板”五大任务,通过破产审判加大对“僵尸企业”的处置力度,助力供给侧结构性改革和发展动力提升,促进实体经济发展,依法受理和审理了大量破产案件。2007年至2016年,共收到破产申请953件,受理565件,审结376件。其中2015年增幅最大,全年受理破产案件131件,同比增长104.7%;审结83件,同比增长27.7%。2017年1月至9月,收到破产申请250件,同比增长23.8%;受理142件,同比增长24.6%;在审破产案件339件(见图2、图3)。据不完全统计,2007年至2016年审结的破产案件中,清理破产债务20,849笔共计977.6亿元,清偿破产债权266.6亿元(见图4)。其中,清偿职工债权1.85亿元,涉及职工13,651人;清偿税款债权4.19亿元;清偿金融债权54.3亿元。

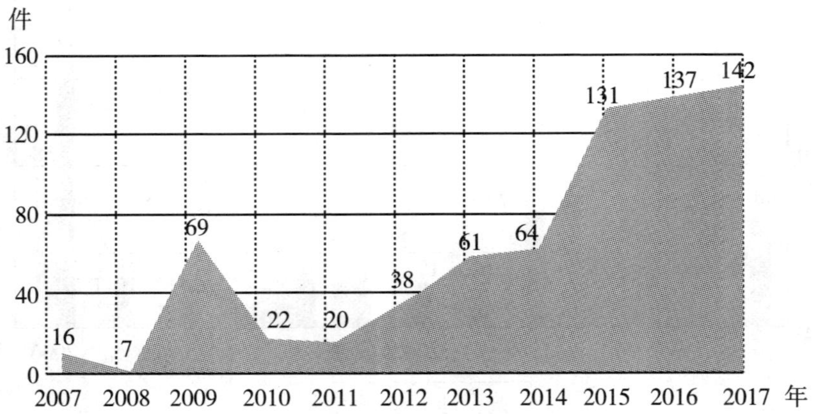

图 2　2007～2017 年破产案件收案情况(截至 2017 年 9 月)

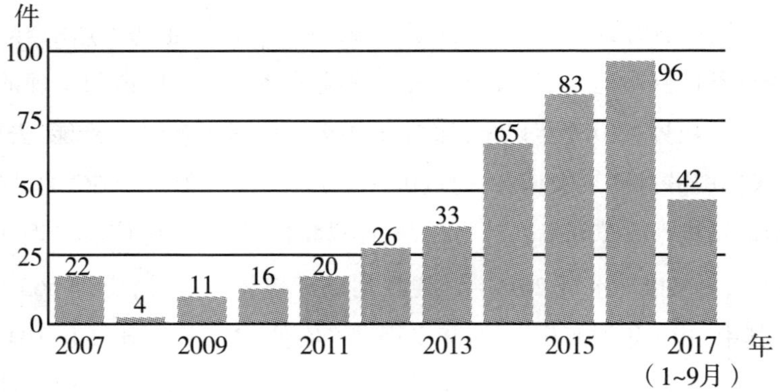

图 3　2007～2017 年破产案件结案情况(截至 2017 年 9 月)

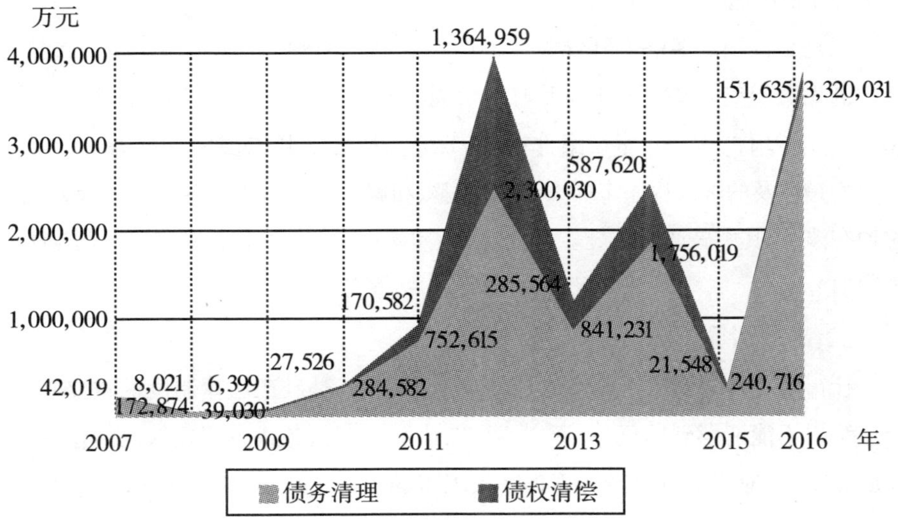

图4　2007~2016年债务清理和债权清偿情况

2007年以来,深圳市中级人民法院受理的破产案件出现了一些新特点:

一是破产企业以民营企业为主,国有企业较少。经过2000年前后一段时期的大规模清理,深圳符合破产条件和相关政策要求的国有企业大部分已通过破产程序退出市场已告一段落。2007年以来,深圳市中级人民法院受理的707件破产案件中,国有企业20家,占比2.8%。2016年历时18年的深圳经济特区进出口(集团)贸易公司破产案以破产和解终结,共清理债务7.88亿元,实现债权清偿7000多万元。

二是债权人启动破产程序较多,债务人自愿申请破产的较少。2007年至2017年9月,深圳市中级人民法院受理债权人提出的破产申请591件,占破产案件受理总量的83.6%,受理债务人提出的破产申请116件,占受理总量的16.4%。

三是破产主体多元。新的《企业破产法》赋予各类市场主体平等进入破产程序的权利。2007年至2017年9月,深圳市中级人民法院受理企业法人破产案件707件,非法人企业破产案件4件;受理外资、港澳台资企业破产案件74件,占受理总量的10.5%;受理上市、非上市公众公司破产案件10件。

四是中小企业居多。2008年金融危机爆发后,一些外向型、抗风险能力差的中小企业陷入经营困境,进入破产清算。据统计,深圳市中级人民法院受理的破产案件中，中小微企业约占85%。

五是小额破产案件上升较快。2007年至2017年9月，深圳市中级人民法院处理因无财产支付破产费用、无财产可供分配终结破产程序200余件。其中，2016年为69件，占当年审结案件量的71.9%，同比上升35.3%。

六是涉及的破产程序多样。清算、重整、和解三大破产程序深圳市中级人民法院均有涉及，其中破产清算最多，共658件；重整次之，共46件；和解较少，仅3件。

二、破产清算

让市场主体通过破产清算程序依法退出市场，是破产法律制度的重要功能。企业法人不能清偿到期债务，资产不足以清偿全部债务或者明显缺乏清偿能力，发展无望的，应当通过破产清算程序实现市场出清。从2007年统一的企业法人破产法律制度实施时起至2016年年底，深圳市中级人民法院审结破产清算案件348件；2017年1月至9月，深圳市中级人民法院审结破产清算案件45件（见图5）。据不完全统计，深圳市中级人民法院10年来共清理债务519亿元，涉及债权人9007名；清偿债权242.7亿元，其中职工债权1.17亿元，税款债权0.19亿元，金融债权33.9亿元；安置职工3632人，393家企业经破产清算程序退出市场，242.7亿元资产通过市场化途径得到重新配置（见图6）。

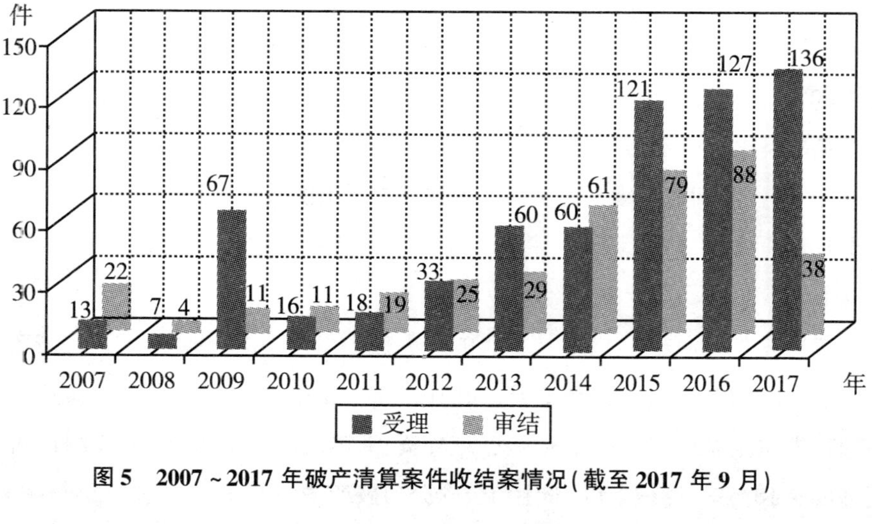

图5 2007~2017年破产清算案件收结案情况（截至2017年9月）

深圳市中级人民法院先后审理南方证券、大鹏证券、汉唐证券三大证券公司破产案，以及明斯克航空母舰公司、华茂“三校一园”、翡翠国际货运航空公司、唯冠科技(深圳)有限公司破产等大要案。截至2016年,三大证券公司破产案申报债权478.1亿元,累计清偿196.6亿元,安置员工1500余人,处置股票7.95亿股,成功解决了证券公司在破产清算程序中出现的大量疑难、复杂问题。

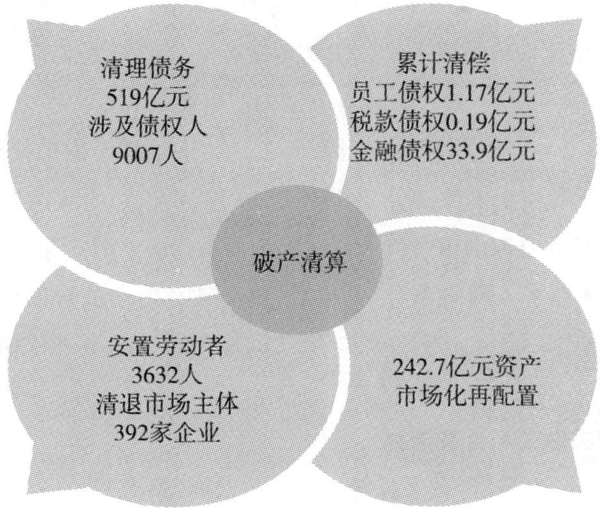

图6 破产清算的社会效果

(一)全面保护破产企业财产

深圳市中级人民法院着力采取措施防止企业财产流失,指导管理人按照债权人会议通过的财产管理方案和变价方案加强对企业财产的接管、管理和处置工作。破产申请受理后均对债务人财产采取保护性措施,包括对债务人名下财产进行保护性查封,通知有关法院中止对债务人财产的执行或者执行回转,要求有关人员向管理人清偿债务、交付财产等。

加强对破产财产的调查,对破产申请受理前1年内破产企业无偿转让财产、以明显不合理价格进行交易、对未到期债务进行提前清偿,以及破产申请受理前6个月内破产企业对个别债权人进行清偿等损害债权人利益的行为,运用破产撤销制度依法予以撤销;对隐匿、转移财产,恶意串通损害债权人利益,以及虚构债务或者承认不真实的债务等涉及债务人财产的行为,运用破产法或者民法规定的无效制度,依法认定无效。

——1997年深圳市中级人民法院首创监管制度,在破产案件受理后立即指定临时监管组,入驻企业监督企业的管理,以防止出现失控局面,受到最高人民法院的肯定和推广。

——在2006年受理的明斯克航母公司破产清算案中，清算组委托专业人员经营管理航母旅游项目，获得纯收入1000余万元，航母的船体也得到了保值、增值，通过拍卖以1.2亿元成交。该案系我国首例在企业破产宣告后继续经营的案件，继续经营最大限度实现了破产财产的保值增值。

——2008年深圳市中级人民法院制定破产案件管理人工作规范，明确管理人在接管调查、权利审核、财产管理等方面的职责要求和工作程序。

——2011～2016年，深圳市中级人民法院共审结破产撤销权纠纷39件，确认债务人行为无效纠纷1件，追收出资纠纷19件，诉讼标的额达3.2亿元。

——2017年9月深圳市中级人民法院全面推行破产财产网络拍卖，采取“管理人+辅助拍卖服务+网络平台”的模式，提高破产财产处置的公开性、透明度和溢价率。翡翠国际货运航空公司3架飞机首次通过网络进行拍卖，受到社会的广泛关注。

（二）推行关联公司合并清算

对财产、人员、财务、经营管理等方面严重混同，资产与负债无法区分的关联企业，深圳市中级人民法院采取合并清算的方式，降低清算成本，最大限度维护债权人利益。

——1998年深圳市中级人民法院审理首例关联公司合并清算案件——深圳高声电子有限公司破产案。高声电子公司与深圳光华高声公司在办公地点、管理人员、财务账目、交易记录等方面大面积混同。深圳市中级人民法院决定对两公司合并清算，对两公司财产统一拍卖处置、统一清偿，避免了财产拆分、分别清偿导致的不公平。

——2006年深圳市中级人民法院对深圳市华茂实验学校、广东香港人子弟学校、深圳台商子弟学校、深圳华茂实验学校幼儿园等“三校一园”进行合并清算，对“三校一园”资产实行整体拍卖，通盘考虑学生转学、教职工安置、教育储备金清退等复杂问题，取得了良好效果。该案系经最高人民法院批复，按照《民事诉讼法》规定的企业破产还债程序进行清算的第一例民办学校清算案，开创了破产清算民办学校的先河，也为我国非企业法人破产清算开拓了新的审理模式。

——2006年7月深圳市中级人民法院裁定受理南方证券公司破产清算案。该案系迄今为止我国规模最大的证券企业破产案。南方证券公司的全资子公司华德公司、天发公司，在主要财产和管理人员等方面与南方证券公司高度混同，经最高人民法院批准,深圳市中级人民法院裁定两公司与南方证券公司合并清算,财产全部纳入南方证券公司破产案,两公司的债权人亦在南方证券公司破产案中申报债权、参与分配。南方证券公司破产案至今处理债权2132笔,衍生诉讼332件,确认债权204.97亿元,处置资产155亿元,清偿债权151.2亿元,整体清偿率达到72.4%。

——2009年深圳市中级人民法院对汉唐证券有限责任公司及其46家关联公司进行合并清算。46家关联公司与汉唐证券公司在资产、财务、人员等方面严重混同,分别清算程序烦琐、资产归属难以划分,清算成本巨大。通过并案审理、合并清算,汉唐证券公司与其46家关联企业实现了资产合并、负债合并、相互之间的担保关系消灭,最大限度实现了债权清偿的公平,提高了清算效率。

(三)创新破产财产分配方式

深圳市中级人民法院严格执行《企业破产法》规定的破产财产分配顺序,确保员工债权、社保债权等涉及自然人个体生存利益和税款等涉及公共利益的债权优先清偿。探索破产财产分配新方式,采取现金分配、实物及其他非现金分配、记账式提存等多种分配方式,确保破产财产公平分配、及时分配、有效分配和合理分配。

——南方证券公司进入破产时重仓持有哈飞股份、哈药股份2只流通股。为避免直接抛售可能引发的重大市场波动,深圳市中级人民法院决定对2只股票采取实物分配方式,以分配日后60个交易日的均价确定最终分配受偿率,既快速完成了财产分配,避免了对股市的冲击,又兼顾了债权人的选择,部分债权人因交易操作得当获得了100%的清偿。其后汉唐证券公司破产案在处理重仓持有的股票时亦采取了实物分配方式。

——在大额未决债权的提存分配方式上,采取记账式提存,既解决及时分配问题,又避免当期巨额提存股票等实物可能存在的不可预估的风险。南方证券公司破产清算案中,一笔申报金额高达40亿元的债权尚未确定。深圳市中级人民法院经评估后在账面上记载该笔债权的相应分配金额,但不对其进行实际提存,而明确用以后清收的财产清偿。通过记账式提存,避免了当期巨额财产的提存,保证了整体分配工作的正常进行,债权人的利益得到了及时实现。

(四)着力提高破产清算效率

深圳市中级人民法院积极推进破产案件繁简分流、简案快审机制改革和审限监督,分类处置破产企业,保证破产审判公正高效。

——1993年深圳市人大常委会根据深圳市中级人民法院的建议，在《深圳经济特区企业破产条例》中首次规定小额破产简易程序制度。自此，深圳市中级人民法院坚持不懈探索简易破产程序改革的可行路径。

——2014年最高人民法院确定深圳市中级人民法院为小额破产案件快速审程序改革试点单位。对资产数额不大、经营地域不广或者特定的小微企业，深圳市中级人民法院在案件受理、公告、管理人尽职调查、审计、终结、注销等环节予以简化，并实行标准化作业、格式化处理，以降低破产成本、提高破产效率。对没有财务账册或者财务账册不齐、无法审计的企业，深圳市中级人民法院通过执行查控网对企业证券、土地房产、车辆、银行账户、股权等财产进行调查后，根据现有财产状况直接予以宣告破产清算；没有财产的，同时终结破产程序。凡适用破产简易程序审理的，原则上在立案之日起6个月内审结。

——强化审限监督。试行简易破产程序，为无效"僵尸企业"退出市场提供快速通道。建立破产案件审限监督制度，确定简易破产案件审限为6个月，一般破产案件审限为2年，重大破产案件审限为3年，特别重大破产案件审限为5年。2014年至2016年，深圳市中级人民法院依照简易程序审理破产案件157件，审结84件，平均结案周期约200天。2017年1月至9月，依照简易程序审理破产案件86件，审结31件，平均结案周期为101天。

（五）切实保障民生权益

债务人进入破产清算程序后，涉及众多当事人的利益，矛盾极为集中和突出，如处理不当，极易引发群体性突发事件。保障权利、化解矛盾、解决纠纷、维护稳定、促进和谐是破产审判的重要价值所在。深圳市中级人民法院坚持"依法保民生"理念，正确适用《企业破产法》的各项制度，充分保护债权人、债务人及其他利益主体的合法权益。

——2017年深圳市中级人民法院制定《破产案件债权审核认定指引》，率全国之先统一破产债权的审核认定依据、程序和异议规则，为保护各方当事人的权益提供了重要指导。

——在破产清算程序中加强对管理人的监督指导，促进债权人会议和债权人委员会有效运行，保障各类债权人，特别是企业员工的知情权、参与权和选择权。对弱势群体的利益予以重点关注，着力保护好破产企业职工、小额债权人、小业主、供应商等债权人的利益。

——完善破产审判的多元纠纷解决机制,充分发挥欠薪保障机制的作用,通过协调有关部门垫付工资并在破产程序中优先受偿企业员工债权,稳定破产企业员工情绪,保证破产程序的顺利推进。国有企业需要进入破产清算程序的,协调政府部门先行做好员工安置工作,处理好历史遗留问题。做好破产清算延伸工作,着力在破产清算中做好调解、协调工作,妥善平衡各方利益。已审结的破产案件,员工均得到了妥善安置。

(六)建立破产管理人援助资金制度

没有财产的企业法人,无力支付破产费用,意味着难以通过破产程序实现市场出清。但大量无财产企业长期沉淀在市场中,既不利于市场交易安全,也侵占社会管理资源。为解决无产可破案件破产出清难题,深圳市中级人民法院于2008年首创无产可破案件管理人援助资金制度,通过管理人报酬提留为无财产企业适用破产程序提供费用支持。援助资金可用于支付破产费用和管理人报酬。2012年该项制度获得深圳市委、市政府支持,当年市财政拨款280万元充实援助资金账户,以后每年财政拨款在200万元左右。管理人援助资金制度的建立,解决了大批无产可破案件的世界级审理难题,对于构建健康的市场退出制度起到了重要的保障作用,获得世界银行专业人士的高度评价。2013年1月至2017年9月,共拨付破产管理人援助资金1237.69万元(见图7)。自2008年设立管理人援助资金以来,200余家无财产企业依法通过破产程序实现了市场出清。

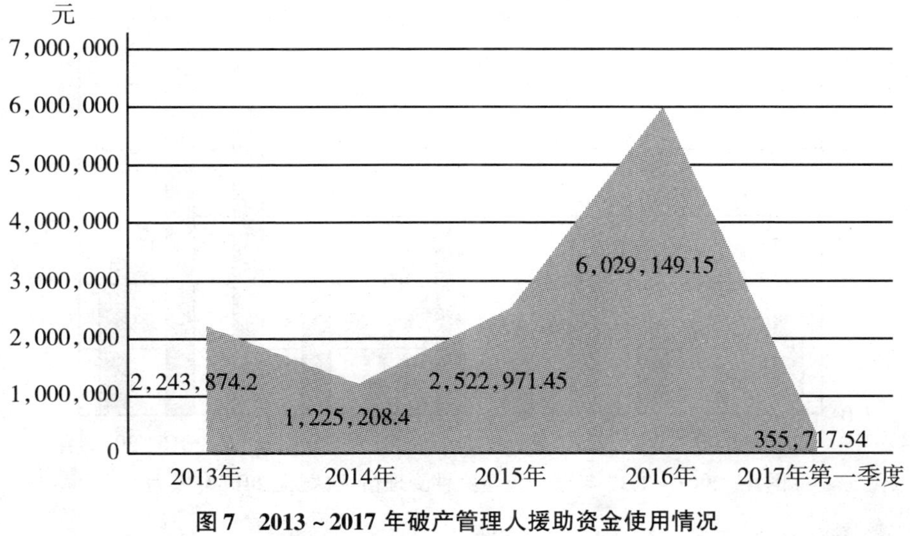

图7 2013~2017年破产管理人援助资金使用情况

三、重整拯救

破产法律制度的价值，不仅在于通过破产清算，拆分企业资产、公平清偿债务、让企业退出市场，更重要的价值在于通过和解、重整程序，对企业进行生产经营上的整顿和债权债务关系的清理，使其摆脱财务困境，建立现代企业制度，重获生产经营能力。2007 年实施的《企业破产法》专章规定重整制度，为困境企业重整再生提供了机会。2009 年深圳市中级人民法院制定《企业破产重整案件审理规程》，对重整各环节工作进行规范。2010 年深圳市中级人民法院编著《破产重整·困境上市公司复兴新视野》一书，对上市公司重整进行专题研究，探索上市公司重整标准体系。

2009 年深圳市中级人民法院成功完成对深圳市旺海怡康实业发展有限公司的破产重整，该案为广东省首例适用破产重整程序的案例，为重整拯救困境企业提供了实践样本。自 2007 年《企业破产法》实施以来，深圳市中级人民法院共受理重整案件 46 件(其中 2017 年 1 ~9 月受理重整案件 4 件)(见图 8)，占全部破产案件的 6.5%，已批准 28 家企业的重整计划，23 家企业的重整计划已经执行完毕。在重整企业中，包括 ST 深泰、ST 盛润、ST 创智、ST 科健、ST 中华、ST 新都等 6 家上市公司，非上市公众公司 4 家；大型生产制造型企业 6 家，房地产企业

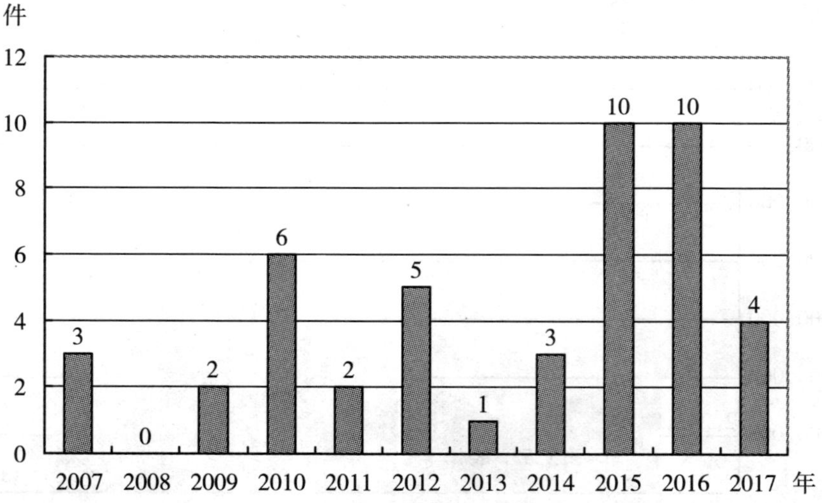

图 8　2007 ~2017 年破产重整案件受理情况(截至 2017 年 9 月)

8家(见图9)。通过重整,实现债权清偿127.8亿元,安置员工1万余人,保留就业岗位8000余个,实现国家税收3.39亿元,约32万名股东的损失降低到了最低限度,彰显了破产重整制度的旺盛生命力和重要的经济社会价值。

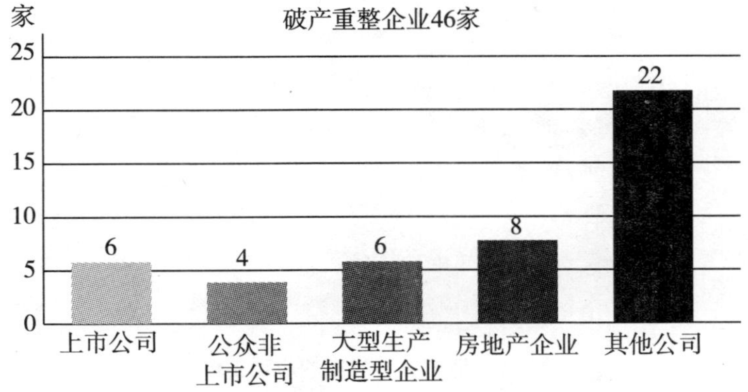

图9　2007～2017年破产重整企业类型(截至2017年9月)

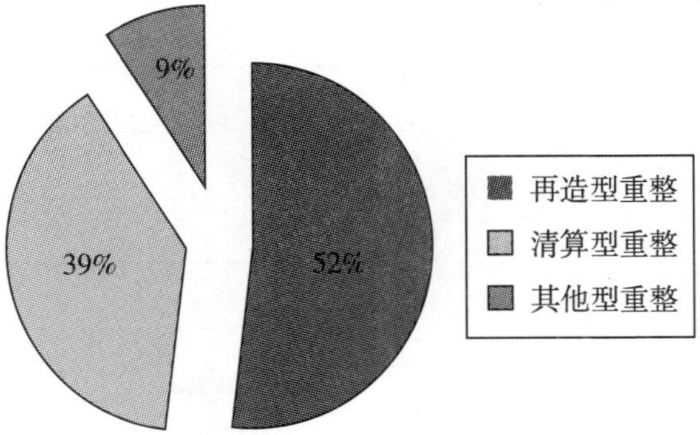

图10　破产重整模式

(一)着力发挥市场机制作用

深圳市中级人民法院充分保障债权人、债务人、股东的重整申请权,引导市场主体按市场规则协商谈判,形成重整共识。

——在重整程序的启动方式上,尊重当事人意愿。自2007年以来,债权人申请重整38家,债务人自行申请重整8家;直接进入重整程序25家,进入破产清算程序后债务人或者股东申请转重整18家,执行移送破产再转重整1家;中止执行破产宣告裁定转重整2家(见图11、图12)。深圳国基房地产有限公司和深圳大世界商场有限公司均系房地产公司,涉及众多小业主和普通债权人利益,在宣告破产后出现重整条件的情况下,深圳市中级人民法院依法裁定中止宣告破产裁定的执行,对 2 家企业启动重整程序,取得了良好的社会经济效果。

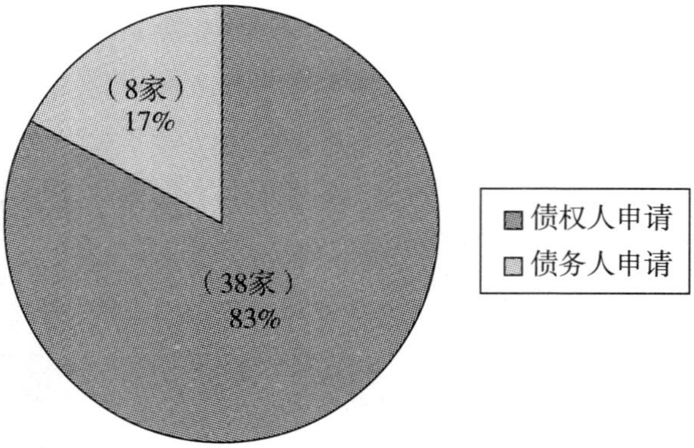

图 11　破产重整程序的启动主体

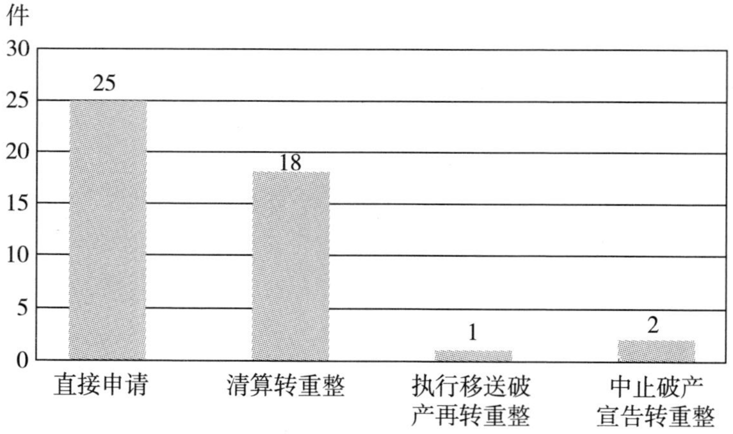

图 12　破产重整程序的启动形式

——在重整投资人的选择上,引入竞争机制。通过公开招募、自由竞争的方式,将重整投资人的选择权交给债权人、股东和企业,保障债权人、股东、债务人、投资方利益最大化。自 2007 年以来,3 家企业通过公开竞争的方式遴选重组方,25 家企业通过债务人或者管理人协商谈判引入重组方。深圳新纪元实业股份有限公司重整案采用竞争方式选定重整方,管理人详细披露多个意向重整方信息后,经债权人会议表决选定重整方,有效地保证了债权人的重整参与权,维护了债权人的利益。

——在重整计划批准上,尊重市场选择。坚持严格审查,慎用强制批准,确保各方意思充分表达,各方利益平衡保护。截至 2016 年,重整计划获得关系人会议表决通过后裁定批准25家;重整计划未获得关系人会议全部通过,不予批准重整计划1家;重整关系人会议部分表决组虽然未通过重整计划,但重整方案符合各方利益,强制批准重整计划2家(见图13)。强制批准重整计划的2家企业均系房地产企业,涉及众多普通债权人和小业主利益。

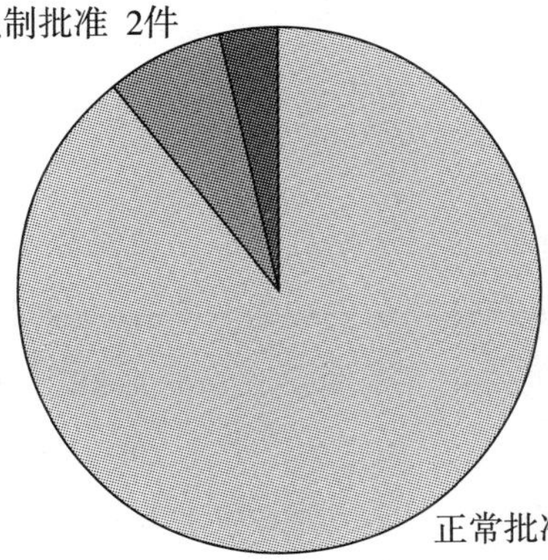

图13　破产重整计划批准方式

(二)积极探索多种重整模式

深圳市中级人民法院把社会利益放在首位,针对企业规模、资产性质、股权架构、社会影响等方面的不同,分别采取不同的重整思路和重整方式。

——对利益关系复杂的企业实施预重整。预重整是与正式重整衔接的一项困境企业拯救制度。在正式启动重整程序前,管理人介入企业内部,识别企业重整价值,并直接进行重整谈判或者协助企业开展重整谈判,完成重整准备工作。预重整分为程序内预重整和程序外预重整。程序内预重整,是在破产清算程序和破产保护措施启动后,转入重整程序前进行的重整准备。2013年深圳市中级人民法院成功对深圳市水指实业发展有限公司实施预重整。通过管理人充分披露公司资产负债情况,各方在启动重整程序前就重整事项达成共识。程序外预重整,是在有关当事人提交重整申请后、重整程序正式启动前进行的重整准备。2016年深圳市中级人民法院成功对深圳市福昌电子有限公司进行程序外预重整。

——对关联企业进行整体重整。尊重关联企业各自的法人独立性、经营性质和相互之间的业务往来、关联关系,在重整程序中进行整体安排,妥善协调重整方案。深圳市迅宝投资发展有限公司、深圳迅宝环保股份有限公司、迅宝股份有限公司3家企业深度关联。进入重整程序后，深圳市中级人民法院采取指定同一管理人、表决同一重整计划的方式，对3家公司进行联合重整，同时挽救了3家企业。在2010年深信泰丰集团公司重整案中，深圳市中级人民法院综合考量子公司资产状况和经营情况，对集团公司和子公司进行整体重整，重整计划采取"1+4"模式，母公司重整计划与4个子公司重整计划既相互独立又整体结合，全部债务由母公司偿还，子公司股东则将股权全部让渡给母公司。"1+4"重整方案获得债权人、出资人普遍支持。截至2017年9月，深圳市中级人民法院共对12家关联企业进行整体重整（见图14）。

——对破产企业实施联合重整。通过破产企业优势互补，放大资产价值，避免破产清算。深圳市中级人民法院在审理深圳中浩（集团）股份有限公司破产案和深圳市迅宝投资发展有限公司等3家迅宝系企业破产案中，指导两案管理人互通信息、相互配合、联合行动，在重整安排中将"迅宝系"资产作为重组标的注入深圳中浩（集团）股份有限公司。深圳中浩（集团）股份有限公司通过增资扩股，用股票清偿迅宝系企业债务。重整计划执行完毕后，两家企业共计4家关联公司均恢复了正常生产，双方的债权人也都获得了高额清偿。

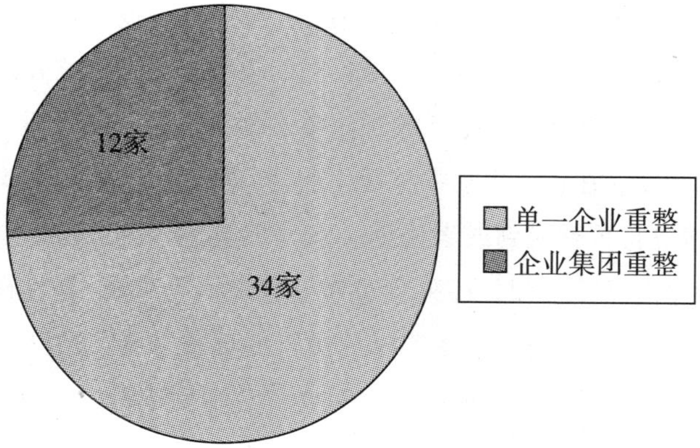

图14　2007~2017年关联企业破产重整（截至2017年9月）

——灵活实施重整管理模式。根据债务人实际情况，采取管理人管理、债务人自行管理等不同重整管理模式。对确需自行管理资产和营业事务的，深圳市中级人民法院采取每月预决算、定期对账和重大事项报批制度，尊重企业自主经营权，有效防范法律风险、财务风险和道德风险。

在2007年以来审理的重整案件中，由管理人进行重整管理的企业17家，占

37%,企业自行进行重整管理29家,占63%(见图15)。

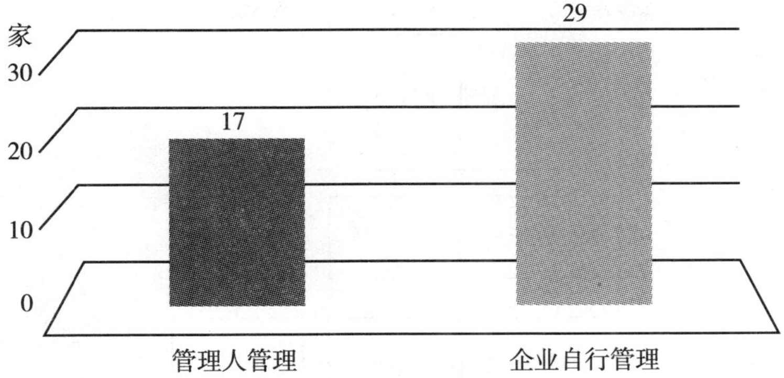

图15 破产重整企业管理方式

(三)切实保障中小股民合法权益

在上市公司和非上市公众公司重整案中,建立司法主导、政府配合的工作模式。通过政府协调维稳事项,保障中小股民、债权人依法表达利益诉求,确保重整程序顺利进行。在股权调整安排上,中小股东股份削减比例均小于大股东、控股股东。在重整参与方式上,积极探索新途径。2012年深圳市中级人民法院在ST创智公司重整案中,开创性地采用现场表决和网络投票表决的方式,让中小股民参与重整程序、表决重整方案,取得了良好社会效果。

四、执行移送破产

深圳市各级各地人民法院执行案件多、执行难和执行不能问题突出。2011年深圳市中级人民法院提出率先基本解决执行难目标,并在2014年制定《基本解决执行难实施标准》,提出移送破产作为执行案件终结的重要途径。2012年深圳市中级人民法院受理首例执行不能移送破产案,开始探索实践执行不能移送破产的可行路径。同年11月制定《关于执行不能案件移送破产程序的若干意见》,对执行移送破产工作进行规范。2016年根据《民事诉讼法》司法解释,对执行移送破产制度进行了全面修订。截至2016年,全市法院执行移送破产审查39件,受理20件,涉及执行案件283件。

2017年1月最高人民法院出台《关于执行案件移送破产审查若干问题的指导意见》。按照"专业、高效、规范、有序"的要求,深圳市中级人民法院积极推进执行移送破产各项工作落实,取得了良好成效。截至2017年9月,全市各级人民

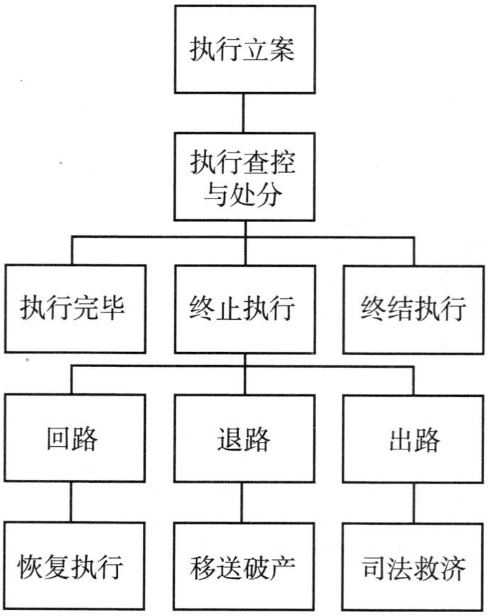

图 16　执行流程再造中的退路设计

法院共移送破产审查 101 件,中止执行案件 10,191 件;受理破产案件 65 件,适用简易破产程序 60 件,已经宣告破产和终结破产程序 25 件,终结执行案件 4491 件,平均每件破产案件消化执行案件 180 件(见图 17)。

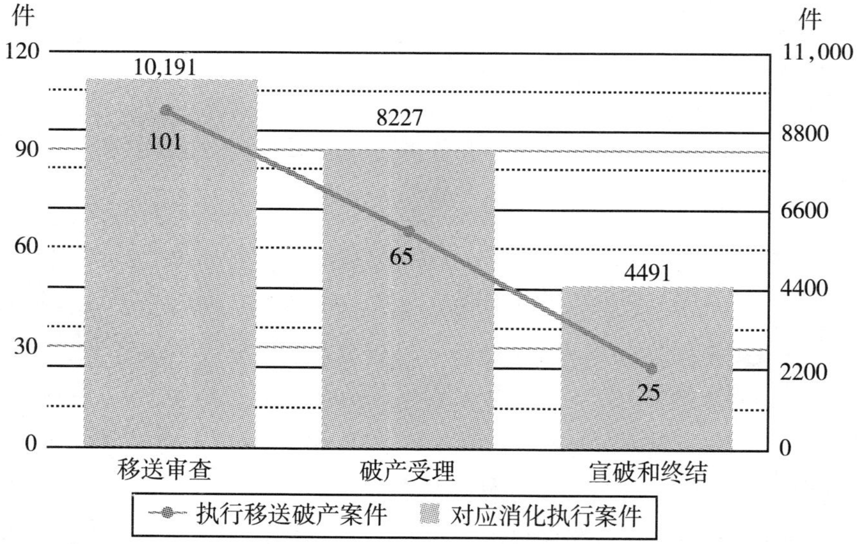

图 17　2017 年 1 ~ 9 月执行移送破产案件审理情况

(一)构建执破有效衔接工作格局

2017年1月深圳市中级人民法院组建执行移送破产专门合议庭,由来自执行和破产审判部门的法官、法官助理组成。执行移送破产合议庭负责筛查执行移送破产案件,指导执行移送破产程序,审查并审理执行移送破产案件。同一合议庭对执转破案件一抓到底,贯穿"执行转破产"程序始终,为执行移送破产全流程提供了专业保障。根据实际需要,拟定执行移送破产文书样式,明确执行移送破产的程序要求和标准要件,保证标准统一、移送高效。2017年以来,执行移送和破产受理衔接成功率达到86%。

(二)实行繁简分流提高移送效率

按照最高人民法院《关于进一步推进案件繁简分流优化司法资源配置的若干意见》,根据案件的性质及复杂程度,对符合转破产条件的执行案件进行分类,并确定相应的审理方案。一是简单案件,即"四无"案件。该类案件债务人为单一企业法人、停工停业、无财产或财产已经处置完毕、无营业场所和管理机构、员工已经妥善安置。二是一般案件。该类案件基本符合"四无"标准,但存在少量问题,或有部分财产,或涉及案外人异议、多家法院轮候查封等。三是疑难复杂案件。该类案件案情复杂,债务企业涉及多个债权债务关系,财产种类复杂。截至2017年9月,深圳市法院移送破产审查涉及的10,191件执行案件中,简单执行案件7265件、普通执行案件758件、疑难复杂执行案件2168件。

(三)坚持简案快审提高破产效率

充分发挥简易破产程序的作用,以执行程序对破产企业财产的调查为基础,开展接管、清算工作。执行程序已经完成的事项,破产环节一般不再重复进行。在债权申报环节实行最短债权申报期,即30天。对管理人遇到的执行财产移送、债务人财务审计等事项,执行移送破产合议庭进行集中协调,提高工作效率。2017年1月至9月,深圳市中级人民法院审结执行移送的破产案件21件,平均审理周期90天,其中注册资本在1000万元以下的企业17家,1000万元以上的企业4家。进入破产程序后,通过管理人追缴出资,一些出资不到位或者抽逃出资的企业出资人主动清偿债务,较好地发挥了破产程序全面清算企业资产、追究相关责任人责任的功能。

五、破产审判管理

破产程序是综合性审判、概括性执行程序,涉及企业设立以来的全部生产经营活动,涵盖立案、审判、执行等多个环节。深圳市中级人民法院坚持有诉必理,积极推进破产审判机制改革,加强破产审判管理,着力建立常态化、规范化的破产审判程序机制。1994 年以来,先后制定和修改完善破产案件立案规程、审理规程、管理人工作规范、管理人名册编制办法、管理人分级管理办法和债权审核认定指引等多项制度规范,涉及破产申请和破产清算、重整、和解等破产审判各个方面,实现了破产审判有规可依、有章可循,保证了破产审判的质量和效率。

(一)建立"一登记两审查"立案受理机制,解决破产启动难问题

树立平等开放、宽进严审理念,既依法保障申请人的破产申请权,又着力防止不符合条件的企业进入破产程序,防止借破产程序损害企业商誉、影响企业正常生产经营。2002 年深圳市中级人民法院首次对破产申请实行听证制度,通过听证程序对破产申请是否符合受理条件进行实质审查。

以听证制度为核心,逐步完善"一登记两审查"立案审查受理机制,防止有案不立和选择性立案。立案部门登记接收破产申请材料,并就申请材料的完备性进行形式审查;破产审判部门通过听证程序对申请人的申请资格、企业是否具有破产原因等进行实质审查,并区别情况依法作出处理。对具备破产原因且发展无望的企业,依法受理破产申请,启动破产清算程序;对具备破产原因但仍有重整价值和希望的企业,优先受理重整申请;对虽有借破产逃废债务可能但符合破产清算受理条件的非诚信企业,纳入破产清算程序,通过破产撤销、无效制度否定不当处置财产行为,并追究相关责任人的责任。同时,积极引导债权人通过诉讼、执行途径实现债权,或与被申请人和解。

2007 年至 2016 年,深圳市中级人民法院申请人撤回破产申请 143 件,裁定不予受理 75 件,使 218 家企业得以继续正常生产经营。2017 年 1 月至 9 月,深圳市中级人民法院申请人撤回破产申请 25 件,裁定不予受理 15 件。

(二)建立"两集中三分离"案件管理机制,提高破产审判质效

以设立专门的破产审判机构为契机,对破产案件及破产衍生诉讼案件实行集中管辖。深圳市辖区内的破产案件集中由中级人民法院受理和审理,涉及破产企业的衍生诉讼案件集中由破产审判庭审理,基层人民法院不再受理破产案件。通过集中管辖,有效地促进了裁判标准统一,提高了审判效率。以集中管辖为基础,实行"三分离"机制,破产案件和破产衍生诉讼案件分别由不同的合议庭审理,防止审理破产案件的合议庭同时审理破产衍生诉讼案件导致的先入为主,以保证裁判公正;分别建立破产管理人名册和评估、审计机构名册,破产管理人和审计、评估、拍卖机构均从名册中摇珠随机选定,以保证管理人有较为稳定的专业能力和履职能力;对管理人的日常监督管理和个案选定分别由破产审判庭和审判辅助部门负责,实行部门分离,形成制约机制,防范廉洁风险。2007年至2016年,深圳市中级人民法院共审结破产衍生诉讼案件858件,2017年1月至9月,受理衍生诉讼案件93件,审结49件。

(三)加强破产管理人制度建设,规范对管理人的监督管理

管理人是接受法院指定、在法院和债权人会议监督下,全面接管、处置破产企业的专门机构,在破产程序中发挥着不可或缺的重要作用。2007年新的《企业破产法》实施以来,深圳市中级人民法院先后制定《破产案件管理人名册编制办法》《破产案件管理人分级管理办法》《破产案件管理人管理规范》《管理人报酬确定和支取办法》《破产案件管理人援助资金管理和使用办法》《破产案件管理人考核办法》等制度规范。

——2007年确定破产案件管理人指定办法,首次编制管理人名册。破产管理人由司法辅助工作部门通过摇珠方式随机选定,破产审判部门不再直接指定管理人。

——2012年将专业能力测试成绩作为中介机构进入管理人名册的重要依据。通过委托第三方出题、闭卷考试的方式测试中介机构的专业能力,以保证入册程序公平、公开、公正,确保入册管理人有较强的履职能力。

——2013年借鉴香港破产清盘人分级管理体系,建立管理人分级管理和考核制度。将破产案件分为重大复杂案件、普通案件、小额案件3类。破产管理人分为三级,一级管理人承办所有破产案件,二级管理人承办小额破产案件和普通破产案件,三级管理人只能办理小额破产案件。对各级管理人实行动态管理,自2013年起对管理人进行个案考核和年度考核,根据个案考核和年度考核结果进行晋级、降级和末位淘汰。截至2017年,共对管理人进行了3次年度考核,9家中介机构晋升管理人等级,9家中介机构被降低管理人等级,6家中介机构被淘汰出管理人队伍。

(四)建立破产信息公开平台,增强破产审判透明度

着力推进破产审判公开,重点做好破产申请听证公开、债权审查确认公开、破产企业财产变现公开、破产财产分配公开等方面的公开工作,强化债权人、债务人、出资人、企业职工等利益相关方对清算工作的全程监督。深圳市中级人民法院2015年开发破产信息公开平台,2016年1月破产信息公开平台正式上线运行。破产信息公开平台分为对当事人公开、对社会公开及对法院内部公开3个层次,并在公开内容上予以区分,全面展示破产审判运行过程,做到既公开信息又提供服务,为公共信用系统提供了有益补充。制定《破产信息公开实施细则》,推动破产信息公开常态化、规范化。

(五)完善破产审判队伍管理机制,提高破产审判能力

实行人员分类管理改革和法官员额制改革,建设职业化破产法官队伍。2014年9月法官员额制改革时,破产庭设置3个合议庭,配备法官11名,法官助理8名。2017年9月法官人均在审破产案件48.4件、破产申请案件46.4件、破产衍生诉讼案件17件。细化法官和法官助理责任清单,落实司法责任制,合理考核破产审判绩效,对破产案件进行量化评价。2017年出台破产案件量化考核办法,破产申请审查案件每1件折算0.4件标准案,小额破产案件每1件折算40件标准案,普通破产案件每1件折算60件标准案,重大复杂破产案件每1件折算80件标准案。鼓励法官总结实践经验,开展案例调研,破解破产审判实务难题。先后形成《民办学校清算案件专题调研》《证券公司破产清算调研》《关联企业合并破产问题研究》等调研成果,出版《证券公司破产清算案件审理实务》《破产审判前沿问题研究》《企业破产与重整案件法律适用关键词与典型案例指导》《破产重整·困境上市公司复兴新视野》等著作。2016年深圳市中级人民法院编辑出版《破产审判手册》,是全国法院第一本破产审判工具书。

六、破产审判重点方向

深圳市地处改革开放前沿,市场经济活跃、主体众多、竞争充分。2016年全市商事主体多达265万户,创新创业氛围十分浓厚,但市场主体退出机制不完善的问题比较突出。截至2016年6月,全市列入经营异常名录需要退出市场的企业多达25万家。2017年8月深圳市中级人民法院聚焦供给侧结构性改革和市场主体退出机制的完善,出台《关于发挥破产审判职能 ,服务供给侧结构性改革的意见》,提出要以服务供给侧结构性改革为主线,围绕构建开放型经济新体制,进一步解决好破产审判难题,发挥好破产法律制度公平清偿债务、出清无效“僵尸企业”、优化资源配置、拯救危困企业的功能,积极营造稳定、公平、透明、可预期的营商环境。该意见明确了今后一段时期破产审判工作要重点做好的工作。

(一)充分认识破产法律制度的重要作用,全面把握破产审判服务供给侧结构性改革的基本要求

开阔视野,积极对接国际先进理念和通行规则,完善市场化、法治化、常态化破产运行机制。充分发挥破产法律制度整体、概括、彻底解决企业债权债务关系,重建企业法人治理结构,出清无效市场主体的功能,进一步构建立案、审判、执行、破产四环节协调联动,刑事、民事、行政、破产四大类案件并重的法院工作新格局,为供给侧结构性改革和营商环境改善提供司法保障。通过破产程序缓解诉讼、执行压力,为基本解决执行难提供制度支撑。

(二)充分运用破产重整与和解程序,全面支持危困企业摆脱困境提升经济发展质量

把拯救危困企业放在首位,坚持能救则救、当破则破的工作方针。准确把握国家经济发展战略和产业发展政策,建立破产重整企业识别机制,丰富重整工具。对拥有知识产权、具有经营价值和市场前景的企业,尽可能通过重整或者和解重新配置生产要素、建立现代企业制度,让其重新“活”起来。坚持权利平等、机会平等、规则平等,为非公有制经济等各类市场主体参与破产程序、重整困境企业提供平台,提高破产程序的开放性和市场化程度。

(三)充分发挥破产清算程序功能,全面清理企业资产优化资源配置促进市场出清

全力以赴抓好无效“僵尸企业”的破产清算。重点配合国有资产管理部门做好国企破产清算工作,推动国有资本向关系国计民生的重点行业、关键领域聚集。坚持把职工权益和社会稳定放在首位,加强立案、审判、执行和破产四环节工作协调联动,发挥我市风险预警机制、联动机制和资金保障机制等协调机制作用,确保破产案件不影响社会稳定。

(四)充分保障法人财产完整性,全面防止并依法惩治借破产逃废债务行为

依法维护企业法人财产的独立性和完整性,加强企业财务审计,全面审查破产企业的经营活动,严防虚假破产和借破产逃废债务、侵吞企业财产。依法维护破产清算秩序,严格落实股东、企业法定代表人和高层管理人员配合清算的法定义务。依法追究有关人员清算责任,涉嫌犯罪的,移送有关机关追究刑事责任。加强与境外司法机构的协调沟通,积极探索企业境外财产有效追收方式,健全跨境破产制度。

（五）充分推动破产审判机制改革，全面提高效能打造破产审判深圳标准

发挥好破产审判改革试验田作用，积极探索跨境破产、关联企业合并破产机制。进一步健全破产案件“一登记两审查”立案受理机制和“两集中三分离”审判管理机制，畅通程序环节。强化对破产审判的监督制约，确保破产案件常态化受理、专业化审判，确保破产财产公正高效处置。加强执行移送破产机制和简易破产程序机制建设，发挥破产程序批量消化诉讼、执行案件的功能，为缓解诉讼压力、全面解决执行难提供制度支撑。

（六）充分构建破产保障体系，全面营造市场化法治化专业化破产环境

加强破产审判专业化建设，进一步提高深圳市中级人民法院破产审判在全国破产审判领域的领先优势。构建破产联动机制，协调政府部门统筹国有资产保护、金融安全维护以及职工安置、再就业保障等方面的政策措施。健全无产可破案件援助资金制度，争取提高财政支持力度，保证无财产企业可以通过破产程序退出市场。推动完善破产法律制度，探索跨区域管辖破产案件的可行性，运用深圳经济特区的制度优势，推动出台《企业破产法》实施条例和自然人破产条例，率先构建完整的破产法律制度体系。

广州市两级人民法院破产审判实践和破产机制调研报告(2006~2016年)

广州市中级人民法院课题组*

企业优胜劣汰是市场经济的基本法则,但"僵尸企业"生死两难的状况不仅浪费大量的社会资源、挤占优势企业的发展空间,而且还直接阻碍了产业的转型升级,乃至整个经济的健康发展。党的十八届五中全会以来,中央就"僵尸企业"的清理不断发出强烈信号,理论界和实务界也纷纷对"僵尸企业"的退出问题展开了广泛讨论。

一谈到"僵尸企业"的清理,大家都非常关注"僵尸企业"应如何界定,并且认为这是清理"僵尸企业"首先要解决的问题。尤其站在政府层面,因为稳妥处置"僵尸企业"的前提在于对其进行识别,而如何做到精准识别则有赖于"僵尸企业"这个概念的界定。目前,国内没有统一的界定标准,多援引美国波士顿大学经济学者彼得·科伊在经济学上对"僵尸企业"的界定,是指"那些无望恢复生气,但由于获得放贷者或政府的支持而免于倒闭

---

* 课题组负责人:王天喜,广州仲裁委副主任,原广州市中级人民法院商事庭庭长。课题组成员:刘冬梅,广州市中级人民法院清算破产庭副庭长;张妍,广州市中级人民法院清算破产庭三级高级法官;葛卫东,广州市中级人民法院清算破产庭四级高级法官;宁建文,广州市中级人民法院清算破产庭四级高级法官;范晓玲,广州市中级人民法院清算破产庭法官助理。

的负债企业。”[①]李克强总理在国务院常务会议上对“僵尸企业”进行了具体的描述,即“不符合国家能耗、环保、质量、安全等标准,持续亏损三年以上且不符合结构调整方向的企业”。工信部副部长冯飞对“僵尸企业”的定义是已停产、半停产、连年亏损、资不抵债,主要靠政府补贴和银行续贷维持经营的企业。[②] 除了上述几个界定外,还有一些专家学者从不同角度对“僵尸企业”进行描述,[③]不再一一列举。

从法院的角度来看,“僵尸企业”如何定义、识别及分类等,都不是当前司法实践中的首要问题。法院不应陷入一种“僵尸企业”的识别困境中,理由主要有两点:一是法院不能主动去捕捉市场中的“僵尸企业”;二是即使“僵尸企业”送到法院门口,根据当事人申请主义,法院也不能主动采取重整程序还是破产清算程序。因此,在清理“僵尸企业”的过程中,法院扮演的是一种被动的角色。但这种被动并不等于说是要消极应对,如果法院没有建立和完善“僵尸企业”破产退出机制,一旦大量的“僵尸企业”涌入法院,后果恐怕不堪设想。

通常,“僵尸企业”破产退出机制主要包括破产案件审理及其配套机制的运行。其中,破产案件审理是整个机制的核心,相关配套机制的建立和完善是破产案件审理工作的保障。可以说,破产案件的审理和相关配套机制的建立和完善决定了“僵尸企业”能否依法、平稳、有序地退出市场,这也是法院在清理“僵尸企业”工作中的主要着力点。

在2016年杭州G20峰会上,中美元首就建立和完善公正破产制度和机制的重要性达成了共识,中国做出一系列承诺,包括依法去产能、建立破产审判庭、建

① 《清理“僵尸企业”需要断舍离》,载《第一财经日报》2015年10月13日,A2版。

② 参见《“僵尸企业”已有明确定义》,载光明网:http://economy.gmw.cn/newspaper/2016-02/26/content_111196905.htm,最后访问日期2016年5月18日。

③ 如王欣新教授认为:“僵尸企业”应当是指那些丧失市场自我生存能力,但因获得政府补贴或银行不当续贷等非市场化措施支持而免于倒闭的负债企业,即必须依赖非市场因素生存的企业。何帆主张用实际利润法来界定,即从净利润中减去非经常性损益与银行、政府扶持,即可得出公司靠正常经营取得的净利润,如果计算出的实际净利润是负的,则该企业具有“僵尸企业”的必要条件。

立管理人制度、利用信息化推动推进破产法的实施。① 毫不夸张地说,利用破产制度清理“僵尸企业”问题已经上升为国家战略。为了打赢这场“僵尸大战”,最高人民法院也多次强调,在今后一个时期,运用破产法律程序依法处置“僵尸企业”和审理破产案件将是人民法院的一项重要工作任务。为此,广州市中级人民法院专门成立课题组开展“僵尸企业”破产退出机制的专项调研,通过梳理广州两级法院的破产审判工作,提炼出“僵尸企业”破产案件审理中遇到的问题和障碍,并在此基础上提出一些解决思路,以供实务参考。

一、广州市两级人民法院的破产审判实践

前已述及,在清理“僵尸企业”工作中,人民法院的主要着力点在于破产案件的审理和相关配套机制的建立和完善,下文将对广州市两级人民法院近几年开展的破产审判工作进行梳理。

(一)破产案件审理概况

1. 案件管辖

目前,广州市中级人民院及11个区人民法院均受理破产案件,并依照最高人民法院《关于审理企业破产案件若干问题的规定》(法释〔2002〕23号)第2条规定划分管辖,即基层人民法院一般管辖县、县级市或者区的工商行政管理机关核准登记企业的破产案件;中级人民法院一般管辖地区、地级市(含本级)以上的工商行政管理机关核准登记企业的破产案件。

2. 案件数量

2012年至2016年,②广州市两级人民法院共收破产案件246件,结案183件。具体情况为:2012年收案36件,结案25件;2013年收案31件,结案27件;2014年收案33件,结案18件;2015年收案68件,结案54件;2016年收案78件,

① 中美双方在杭州G20峰会上共达成35项共识和成果,其中第3项专门提到“中美双方认识到建立和完善公正的破产制度和机制的重要性。中方高度重视运用兼并重组和破产重整、破产和解、破产清算制度和机制依法解决产能过剩问题。在解决产能过剩问题过程中,中方将通过继续建立专门的破产审判庭、不断完善破产管理人制度以及运用信息化手段等方式推进破产法的实施。中美双方承诺最早从2016年开始,以论坛或互访等方式定期和不定期地就双方各自破产法的实施进行沟通和交流。”资料来源:中华人民共和国中央人民政府官网:http://www.gov.cn/xinwen/2016-09/04/content_5105304.htm,最后访问日期:2016年9月6日。

② 2016年的数据统计截止时间为2016年11月30日,下同。

结案59件(见图1)。

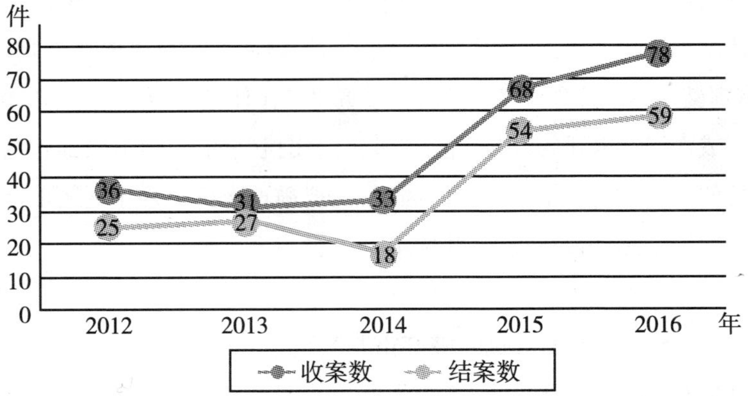

图1 广州市两级人民法院2012~2016年破产案件收结数统计

(1)广州市中级人民法院的案件数量统计。2012~2016年,广州市中级人民法院审理的破产案件总体呈上升趋势,尤其近两年增长比较迅猛。

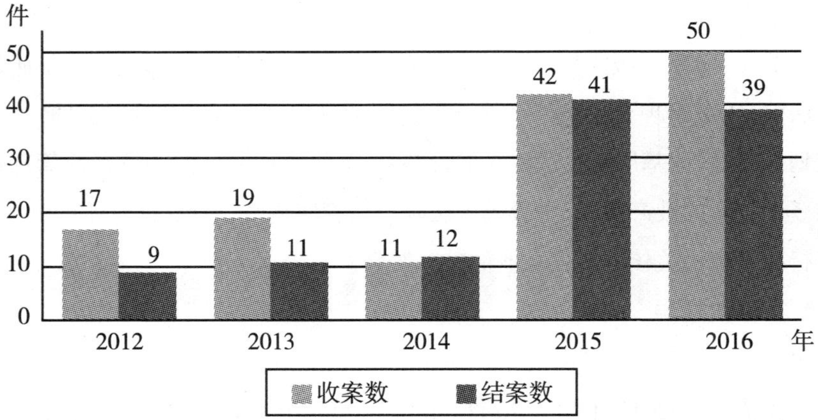

图2 广州市中级人民法院2012~2016年破产案件收结数统计

广州市中级人民法院2012年收案17件,结案9件,其中正常终结程序1件,申请人撤回7件,上诉裁定维持不予受理1件;2013年收案19件,结案11件,其中正常终结程序2件,申请人撤回6件,裁定不予受理2件,上诉裁定维持不予受理1件;2014年收案11件,结案12件,其中正常终结程序2件,申请人撤回6件,裁定不予受理2件,上诉裁定维持不予受理1件,批复基层法院受理1件;2015年收案42件,结案41件,其中正常终结程序10件,申请人撤回18件,裁定不予受理7件,上诉裁定维持不予受理1件,破申号转受理号5件;[①]2016年收案50件,结案39件,其中正常终结程序9件,申请人撤回9件,裁定不予受理12件,上诉裁定维持不予受理1件,破申号转受理号8件(见图2)。2015年至2016年的破产案件出现大幅上升的原因是多方面的:一是社会各界及法院内部开始越来越重视破产工作;二是同一个债务人破产的案件在不同阶段采用了不同的案号,表面上也增加了破产案件的收案数和结案数。

表1 破产合议庭近几年企业破产及公司强制清算案件收案、结案情况统计

单位:件

案件类型 年份	破产(收案)	破产(结案)	强清(收案)	强清(结案)	破产强清合计(收案)
2011	9	14	12	6	21
2012	19	9	17	5	36
2013	19	11	1	5	20
2014	10	10	9	3	19
2015	42	42	14	22	56
2016(1~6月)	18	13	2	5	20

截至2016年6月,破产合议庭在审企业破产及公司强制清算案件共计90件,其中企业破产71件,公司强制清算案件19件。在审案件的申请人情况如表2所示。

表2 在审案件申请人情况

单位:件

申请人 案件类型	债权人申请	债务人申请	股东申请	合计
破产案件	51	20	—	71
强清案件	13	0	6	19
总计	—	—	—	90

① 破产申请与破产受理分别是不同的案号,"破申"号在裁定受理之后予以终结,因此同一个债务人破产的案件将有两个不同的案号,但从严格意义上讲这两个案号是同一案件。

(2)广州市各基层人民法院的案件数量统计。① 近5年广州市各基层人民法院审理的破产案件数中,除了黄埔法院在2016年收案数突破10件以外,其余均在个位数徘徊。像广州市经济比较活跃的天河、越秀等区域,破产收案数也是一直处于低位。另外,像从化区人民法院近5年的收案数为0,结案数仅为1件(见表3、表4)。

表3　2012~2016年广州市各基层人民法院破产案件收案情况统计

单位:件

年份＼区	天河	越秀	荔湾	海珠	花都	从化	番禺	南沙	白云	黄埔	增城	合计
2012	3	1	1	4	1	0	0	1	5	3	0	19
2013	2	1	2	3	1	0	0	0	1	2	0	12
2014	3	1	0	2	2	0	1	0	1	1	1	12
2015	6	1	0	3	1	0	1	3	8	0	3	26
2016	2	3	1	2	4	0	4	0	2	10	0	28

表4　2012~2016年广州市各基层人民法院破产案件结案情况统计

单位:件

年份＼区	天河	越秀	荔湾	海珠	花都	从化	番禺	南沙	白云	黄埔	增城	合计
2012	1	1	1	3	0	0	1	1	5	2	1	16
2013	3	1	2	2	1	0	1	0	5	1	0	16
2014	2	1	0	2	0	1	0	0	0	0	0	6
2015	2	1	0	1	1	0	0	1	4	0	3	13
2016	8	1	0	0	1	0	0	2	4	4	0	20

3. 案件类型

(1)主体类型。提出破产申请的主体以债权人居多,债务人居次,还有3件

① 因萝岗与黄埔两区在2015年进行了合并,所以黄埔区人民法院的统计数据包括了黄埔区人民法院与萝岗区人民法院这两家审理的破产案件数。

强清转破产的案件是由清算组提出的申请。(2)结案类型。在上述统计的结案数中,有3件重整,1件和解,其余均为破产清算。(3)企业类型。被申请破产的企业类型丰富多样,涵盖国营企业、民营企业、中外合资(合作)企业、外商投资企业、港澳台商投资企业等各种企业类型,涉及证券、出版印刷、工业生产、批发零售、房地产开发等各种经营类别。

(二)破产审判队伍的建设

企业破产案件审理周期长、牵涉利益广、影响范围大、涉及的法律关系庞杂,案件本身的特性要求破产审判人员不仅要具备深厚的法学理论功底,更要具备综合的组织协调能力。也正因为普通民商事案件的审理模式无法兼容破产案件的审理模式,所以破产审判队伍的专业化程度直接决定了破产案件审理质量的好坏。广州市中级人民法院自1992年开始受理企业破产案件,因此广州市中级人民法院从这一年开始组建破产审判队伍。具体而言,可划分为三个阶段:

第一阶段是1992~1995年,属于探索阶段,初步建立了案件审判模式和基本制度。这一阶段没有设立专门的破产合议庭,而是由经济审判第一庭随机组成合议庭审理破产案件。

第二阶段是1996~2007年,属于发展阶段。这一时期成立了专门的破产合议庭审理破产案件,在2002年至2004年取消了专门的破产合议庭,破产案件在民二庭内由审判长作为经办人随机分案。

第三阶段为2008~2016年,属于完善阶段。这一时期破产案件均由专门的破产合议庭审理,2010年9月增设了一个合议庭,破产案件的审判人员由原来的3人增加到6人。但迫于审判人员调整和不断加大的普通商事案件的审判压力,从2011年6月起,从事破产案件审理的审判人员又从6人减少为4人。

广州市各基层人民法院均未设立破产审判合议庭,破产案件由该基层人民法院的民二庭指定由某一两位法官办理,或者是采取随机分案的模式,由民二庭全庭法官共同办理。

(三)管理人制度的建设

1.管理人名册

目前,广州市人民法院破产管理人名册中有65家管理人,其中机构管理人38家,个人管理人27家,广州市两级人民法院一般以摇珠方式从管理人名册中选定管理人。管理人名册每两年会进行一次调整,当前正在使用的管理人名册在2015年进行了修订。

2. 管理人协会和破产清算公益基金

为加强管理人的队伍建设,切实提高管理人的职业素养,广州市中级人民法院在2014年推动成立全国首个管理人自治组织——广州市破产管理人协会。该协会下设破产清算公益基金,基金主要来源是管理人交纳的会费以及管理人报酬的提取,基金设立初衷主要是解决广州市两级人民法院破产案件缺乏启动经费的难题。在基金的援助之下,几十件无启动费用的破产案件得以顺利推动,最终保障了这些被申请破产的企业能够合法、有序地退出市场。

3. 管理人定期汇报机制

实践中,由于部分管理人怠于履行其工作职责、不积极主动向法院报告工作,导致法院对管理人的工作无法有效监督,也直接影响破产案件的实质推进。为此,广州市中级人民法院于2016年3月正式对外印发了《破产管理人工作报告规定(暂行)》。该规定明确了管理人要按季度向法院报告工作以及不及时报告的惩戒措施,报告的内容包括但不限于管理人在上一季度的工作开展情况、管理人工作推进障碍及解决方案、管理人下一季度的工作计划等。通过建立定期汇报机制,可进一步加强法院和管理人的工作联系,在督促管理人高效履行职责的同时也保证破产审判工作顺利开展。

(四)破产审判管理机制的建立与完善

1. 涉税破产、强制清算案件联系人制度

为解决广州市两级人民法院审理企业破产、强制清算案件涉税工作的困境,广州市中级人民法院与广州市地方税务局一致同意创立涉税破产、强制清算案件联系人制度,双方分别明确了案件涉税事项协调的联系部门、联系人,负责有关案件事项的日常协调。通过建立涉税信息联系人制度,法院及税务机关可以实现信息共享,并以此为契机凝聚双方共识,切实提高破产及强制清算案件的审判效率。

2. 衍生诉讼督办、催办机制

由于有些破产案件会产生不少衍生诉讼案件,为避免该类诉讼审理期限过长而影响到破产案件的审理进程,广州市中级人民法院建立了衍生诉讼督办、催办机制,即由院领导亲自签发督办函,督促广州市两级人民法院尽快审理涉破产衍生诉讼案件。目前,民安证券破产案已率先采用衍生诉讼督办、催办机制,并取得良好效果。

3. 无财产案件申请费免收机制

依照《诉讼费用交纳办法》的规定,破产案件申请费按照财产案件受理费标准减半计算。而对于无财产案件是否予以免收申请费,在实践中存在一定争议。为此,广州市中级人民法院审委会通过对个案的讨论,确立了无财产案件申请费免收机制,规定对于没有财产的企业破产及公司强制清算案件,通过管理人或清算组的申请,法院一律免收案件申请费。

4. 制定业务指导文件,规范案件审判流程

为规范和统一广州市两级人民法院的破产案件的审理工作,广州市中级人民法院于2008年制定了《广州市法院破产案件审理规程(试行)》。该规程分为8章,共160条,主要包括了从破产申请到程序终结的具体操作指引。随着相关法律及司法解释不断更新,广州市中级人民法院在2014年对该规程进行了重新修订。

5. 编辑《企业破产、公司强制清算案件专报》

为提升审判质效,拓展破产审判工作沟通交流渠道,广州市中级人民法院商事审判庭编辑《企业破产、公司强制清算案件专报》(以下简称《专报》)。《专报》每个季度出版一期,自创刊至今已刊发了16期,内容包括近期工作、大案动态、经验介绍、破产论坛等板块。

二、"僵尸企业"破产退出的主要障碍

据调研,截至2015年12月31日,广东省省属国有关停企业383户,特困企业385户,两类合计省属国有"僵尸企业"共768户;①广州市市属国有关停企业361户,特困企业115户,两类合计市属国有"僵尸企业"共476户。② 上述统计数据还不包括民营企业,但从广东省工商局官网上可以查到全省吊销、注销企业的基本情况,平均每年吊销的企业有2万多户,注销的企业有4万多户。因此,现清理出来的国有"僵尸企业"只占整个"僵尸军团"的一小部分,还有大量的民营

① 参见广东省人民政府办公厅秘书处、广东省人民政府办公厅《关于印发〈省属国企出清重组"僵尸企业"促进国资机构优化的实施方案〉的通知》(粤府办〔2016〕25号),2016年4月11日印发。

② 统计数据中的省属国有企业不包括市属国有企业,市属国有企业的数据参见周建军:《在全市国资系统出清重组"僵尸企业"工作推进会上的讲话》,2016年12月1日。

"僵尸企业"还潜伏在水中。[①] 按照中央的政策以及在现有的法律框架内,除了部分特困企业可以采取重组方式予以挽救外,绝大多数关停企业以及被吊销营业执照的企业都要通过司法渠道退出市场,否则无法正常办理工商注销手续。可以预见,一大批的"僵尸企业"正等待进入破产程序,但从调研中了解的情况来看,目前"僵尸企业"破产退出仍存在以下障碍:

(一)破产案件启动难

打通"僵尸企业"破产退出的渠道,首先要解决的是破产案件启动难问题。新《企业破产法》自2007年6月1日实施以来,破产案件的受理数量非但没有上升,反而出现了逐年下降。据统计,全国平均每年有70万户至80万户企业退出市场,但每年到法院启动破产程序的企业只有两三千户,[②]大部分企业一直处于休眠状态或是采取非正常方式退出市场。虽然近两年的破产收案数量有所上升,但这些案件在应该破产的企业中依然只占很小的比例。当前,很多学者和实务人士专门就破产案件受理数量下降的原因进行了研究,发现原因包括多个方面。本课题组结合破产实践,将这些原因划分为外部原因和内部原因。

1.外部原因

(1)破产文化缺乏土壤。在中国传统文化中,与"破"沾边的都感觉不太吉利。所以,在绝大多数中国人看来,"破产"就是一个贬义词。现在也有学者在反思,为何称为"破产",而不是"倒产"或者"不能支付"?[③] 由于大家都是谈"破"色变,文字上的忌讳最终造成民众(尤其是企业主)对"破产"产生一种抗拒心理。

(2)破产法律知识宣传不足。从广义上来说,破产法包括了破产清算程序、和解程序和重整程序,但很多人只是狭隘地认为启动破产程序必然要走破产清算程序。实际上,他们没有看到破产法除了发挥对债权人进行公平清偿的功能

---

① 有一种观点认为,当前"僵尸企业"的清理工作是在政府主导下推进的,因此这个"僵尸企业"特指国有性质的"僵尸企业",而不包括民营性质的"僵尸企业"。

② 从严格意义上讲,两三千户企业启动了破产程序并不等于这些企业统统都通过破产程序退出了市场,这个数据仅仅是法院的收案数,法院收案后又通过撤回申请,裁定不予受理等方式结案,真正通过终结破产程序后再退出市场的企业只是少数。

③ 有学者考证,国外"破产"一词源于意大利语的"bankurup",在中世纪后期,地中海沿岸地区商品贸易发达,当一些商人或手工业者无力清偿债务时,债权人就会到其经营场所将工作台砸破。"破产"即被"砸破了工作台"。详见刘艺工主编:《加拿大民商法》,民族出版社2003年版,第212页。

外,还有保护、甚至挽救债务人的功能。这是由于破产法律知识宣传不足,造成外界对于破产保护、重整挽救等概念非常陌生。另外,法院及政府有关部门本来应履行宣传职责,但法院处于中立乃至被动的地位,再加上案多人少等诸多原因,法院很难主动去宣传;而政府有关部门出于政绩的考量,也不太愿意去宣传。

(3)当事人启动破产意愿不强。全国每年有几十万户的企业被吊销,但真正走破产程序的是少数。为何债务人宁愿"跑路"也不愿申请破产?为何债权人宁愿选择放弃也不愿申请债务人破产?这可能存在多方面的原因,而不仅仅是破产文化和破产宣传等因素造成的,还包括破产程序的设计、当事人启动时机的选择、对股东的追责机制、刑事处罚机制等问题。对于债务人而言,当企业经营出现状况时要么硬拖,要么死扛,直到不得不关门的时候才会去纠结是要破产还是要"跑路",而选择破产又要进行提交材料、接受审计、支付费用等程序,所以还不如一走了之;对于债权人而言,经过诉讼、执行等程序已经是筋疲力尽,启动破产程序不仅难以追回损失,如果垫付破产费用还直接扩大了损失,花了大量的时间和金钱,到最后要求股东承担责任也不一定能得到法院的支持。

2. 内部原因

(1)破产专业审判力量不足。基于法院案多人少的现实困境,大多数法院都会把有限的审判力量投入到普通的民商事案件审判中。像广州市中级人民法院商事审判庭是由4名法官组成2个不完整的破产合议庭,不仅人员要相互借调合议破产案件,而且还要兼办普通的商事案件。至于广州市各基层人民法院更是没有设立破产审判合议庭,破产案件由该基层人民法院的民二庭指定由某一两位法官办理,或者是把破产案件当作普通的商事案件由民二庭全庭法官共同办理。因为没有专门的破产审判组织,所以法院不愿办或不会办破产案件。长期以来,广州市各基层人民法院的破产收案数均为个位数。这些数据统计出来之后,很多人都会认为既然破产没有多少收案自然就没有必要设立专门的破产审判庭(或合议庭)。一旦进入"没有专门的破产审判组织就没有破产案件,没有破产案件就没有必要设立专门的破产审判组织"的死循环中,整个破产审判工作就没有办法开展,也非常不利于"僵尸企业"的破产退出。

(2)破产立案有待规范。如何规范破产立案是解决破产案件启动难中最为核心的问题。在调研中发现,一些法院不愿收当事人提交的破产申请材料,还有就是对于当事人提出的符合法律规定的受理破产案件条件的申请,以各种理由不予立案。而事实上,法院在收案并立个案号时并不意味着某企业顺利进入了破产程序,法院在收案后有相当一部分的案件是通过撤回申请,裁定不予受理等方式予以结案。从广州市中级人民法院 2012～2016 年破产收案情况来看,收案总数中最终裁定受理的案件只占36%,撤回申请的案件占33%,裁定不予受理的案件占20%。像在撤回申请的案件中,包括材料不全而撤回、多个债权人重复申请而撤回、无法垫付启动费用而撤回、管辖问题而撤回等情形。而对于裁定不予受理的案件,理由包括无法证明资不抵债、案件尚未执行完毕、债权转让未经诉讼方式确认、尚有国外贷款未偿还等。通过规范破产立案,一方面可以减少当事人申请的盲目性,另一方面可以降低法官裁量的随意性,确保依法受理案件。

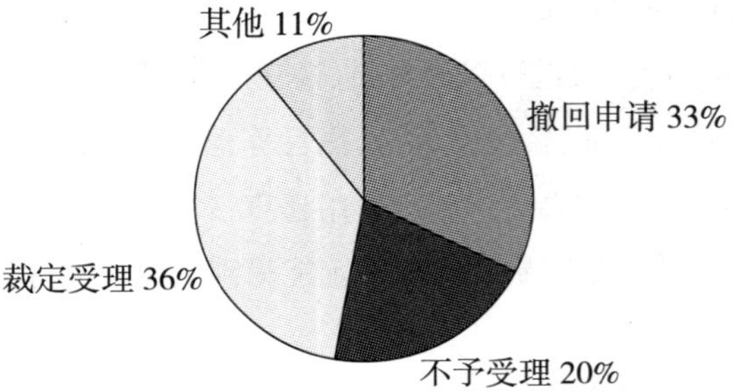

图 3　广州市中级人民法院 2012～2016 年破产收案情况统计

(3)破产审判绩效考核不完善。与普通民商事案件法官“坐堂办案、居中裁判”的工作方式不同,破产案件法官的审理工作更为繁多与复杂。通常将破产案件审理描述为:既是办案又是办事,既是开庭又是开会,既是裁判又是谈判。像广州市中级人民法院审理的广东国民信托投资有限公司破产一案,从 2009 年 5 月 22 日裁定受理到 2014 年 6 月 30 日裁定终结,历经 5 年时间,该案协调的单位涉及银监会、公安局、房管局、工商局、税务局、银行以及其他各地法院等,并且先后合议了 43 次,总共制作了民事裁定书 13 份、决定书 9 份、证明 4 份、人大代表复函 2 份、通知书 15 份、公告 5 份、各类笔录 52 份以及其他函件 9 份。如此繁重的工作,若以一件普通的商事案件来考核破产审判法官的工作量明显是不合理的。尤其是在强调结案数的大环境下,如果没有建立完善的破产审判考核绩效机制,破产审判法官只能吃哑巴亏。

(4)执破衔接不顺畅。执转破工作是从制度上打通解决部分执行难问题“最后一公里”的现实需要,[1]但目前执破衔接还存在诸多障碍,这不仅造成执行案件的大量积压,也直接影响破产案件的受理。首先,执行和破产的基本理念不同,执行强调的是申请在先、查封在先,而破产强调的是公平清偿,理念上的根本差异造成执破衔接存在天生的障碍;其次,部门之间以及法院之间难以协调,执行与破产分属不同的部门,经常有些执转破案件还会涉及异地法院之间的协调,这种部门保护主义和地方保护主义会导致执转破产移送不太顺畅;再次,执行款和破产财产之间的界限不清晰,虽然法律规定受理破产案件后要中止执行程序,但哪些执行款应该列入破产财产在实务中存在不少争议;最后,如果执行部门把容易处置的财产都分完,然后仅将无财产、无场地、无账册、无人员的案件移送破产部门去办,这种移送可以说是意义不大,公平清偿完全无法落到实处。

(二)管理人制度建设滞后

“僵尸企业”进入破产程序后,从很大程度上来讲,管理人的工作决定了企业是存续还是存亡;即使企业存续,也是管理人的工作直接决定了企业的生存质量。所以,管理人的素质直接决定了企业破产工作的质效。[2] 显然,加强管理人制度建设是“僵尸企业”破产退出这个全局工作中极为重要的一环,但课题组在调研中发现,目前广州地区的管理人制度建设有以下几个比较突出的问题:

1.随机摇珠指定管理人存在弊端

随机摇珠指定的方式广泛运用于审计、鉴定、评估、拍卖等中介机构的选定,其优点在于避免人为因素的干扰,确保选定程序的公平。因管理人是由律师事务所、会计师事务所和破产清算事务所等中介机构组成,所以指定管理人主要也是采用这种随机摇珠的方式。但管理人跟审计、鉴定、评估、拍卖等中介机构有很多不同之处:

(1)两者的行业资质不同。虽然管理人队伍中的律师、会计师有各自的执业证书,但拥有这些证书并不代表他们必然可以胜任管理人的工作。而像审计、鉴定、评估、拍卖等中介机构只要其拥有相应的资质,在名册中随机选定哪一家都不会有太大影响。

(2)两者的工作性质不同。管理人在指定之后要从头到尾跟进破产案件,短

---

① 参见杜万华2016年12月7日在全国法院执转破工作视频会议上的讲话。

② 参见罗书臻:《依法开展破产案件审理,稳妥处置“僵尸企业”——专访最高人民法院审判委员会专职委员杜万华》,载《人民法院报》2016年4月26日,第2版。

则几个月，长则几年，并且要处理大大小小的各种事务。而审计、鉴定、评估、拍卖的工作对象以及工作内容较为单一，完成工作的时间也较短。

(3)两者的素质要求不同。破产管理事务是一项十分复杂、实践性很强的综合性业务，融社会、经济、法律问题于一体。通常，管理人不仅要具备法律、财务知识，而且要擅长企业管理，甚至有些时候还要懂得一些科学技术领域的知识，所以对管理人的综合素质要求要远远高于其他中介机构的从业人员。至于审计、鉴定、评估、拍卖等中介机构，他们无论是在普通的诉讼案件还是在破产案件中都是扮演辅助性的角色。单一、特定的工作内容决定了他们的从业人员只要掌握某一项专业知识即可。

(4)两者的更换要求不同。依照最高人民法院《关于审理企业破产案件指定管理人的规定》(以下简称《指定管理人规定》)，若管理人符合有关情形时，法院可以依照债权人会议的申请或者依职权更换管理人，但规定中没有提到当管理人能力不足时可以予以更换。而实践中又经常出现管理人经验不足或怠于履行职责的情况，有些消极行为根本不构成违法行为，甚至也不会直接造成债权人利益受损，法院要想依职权更换这类管理人则依据不足。另外，债权人会议属于临时组织，对管理人的所作所为并非完全掌握，所以一旦指定了这类管理人，除非出现法律特定情形，否则很难启动更换程序。而像法院在指定审计、鉴定、评估、拍卖等中介机构后，如果这些中介机构无法完成特定的工作，中介机构可以直接拒绝委托，法院也可以直接予以更换。

由于管理人与审计、鉴定、评估、拍卖等中介机构存在上述的不同，所以完全参照其他中介的指定方式在管理人名册中随机摇珠选定管理人必然会存在很多弊端。当前广州市两级人民法院对于破产案件管理人的指定主要采取随机摇珠方式，但实践表明，随机方式往往导致案件的复杂程度与管理人能力、执业水平出现不匹配的情况。如一些关联公司重整案件、房地产企业破产案件，专业性都很强，随机摇珠选定的管理人能否胜任就靠碰运气。这不仅不利于破产案件的审理，而且从长远来看也影响管理人队伍的健康发展。

2. 管理人的资质认定存在困难

《企业破产法》及相关司法解释没有对管理人设置专门的执业资格，也没有设置管理人资格考试制度，立法者为了避免造成新的市场准入障碍，希望借助律师、注册会计师等专业资质去解决管理人的资质问题。但实际上，破产案件的特性决定了对管理人的能力要求要高于一般的律师、注册会计师。由于没有设置管理人执业资格,法院在编制和使用管理人名册时就存在以下问题:

(1)编入管理人名册的标准不好把握。在《指定管理人规定》中只有指定管理人的消极条件,而没有规定积极条件,凡依法设立的律师事务所、会计师事务所、破产清算事务所均可以担任管理人。如果单凭上述规定中的条件设置,则很多中介机构都可以进入名册,这种几乎没有任何门槛的设定也让管理人名册的编制失去了意义。但是,如果增设太多的条件限制,又可能与现行的法律相抵触(广州市破产管理人名册中介机构组成情况见图4)。

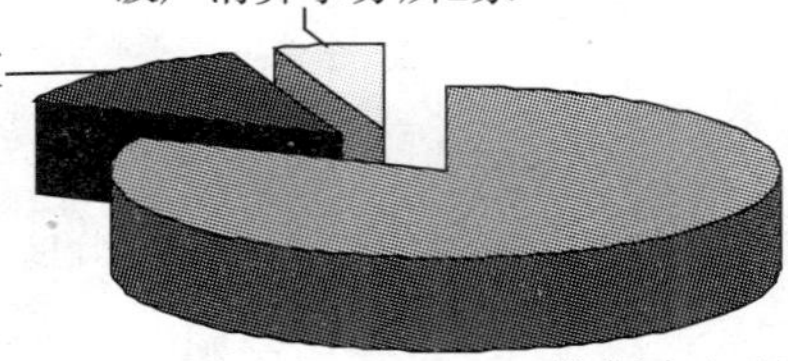

图4　2015年广州市破产管理人名册中介机构组成情况

(2)管理人的执业水准取决于其经办人员的素质。不少法院在编制管理人名册时都比较看重中介机构的规模、执业业绩等,但大多数律师事务所、会计师事务所都是属于合伙制,每个律师、会计师都挂靠在这些中介机构。所以,机构的规模和整体情况只能作为参考。比如,张三律师办破产案件很有水平并不代表该所的其他律师也很会办破产案件,若张三律师转所必然影响该机构管理人的执业水准。在实践中,管理人内部的人员变动直接影响了破产案件办理质量,但这种内部变动并不导致管理人丧失相应资质(退出名册)。

3. 对管理人怠于履行职责难以监管

管理人能否忠于职守、勤勉尽责是保证破产程序顺利进行的决定性因素,对管理人工作进行指导和监督也是法院破产审判工作的重要内容之一。实践中存在部分管理人怠于履行其工作职责、不积极主动向法院报告工作,而法院也不可能就每个案件时刻盯着管理人开展每项工作。虽然法律规定债权人会议可以对管理人进行监督,但债权人会议不是经常召开,所以对管理人的监督也就有名无实。特别像有些“僵尸企业”在进入破产程序后已经人去楼空,管理人在拿不到多少报酬的情况下自然就没有工作积极性。而法律又没有对管理人的每项工作作出时间限制,完全要依靠法院去催促管理人开展工作必然严重降低工作效率。

4. 管理人的执业风险防范制度尚未建立

《企业破产法》规定,法院裁定受理破产案件并指定管理人之后,由管理人对债务人进行接管。同时,法律还规定了管理人可以决定债务人的内部管理事务、决定债务人的开支、审核债权以及管理和处分债务人的财产。可以说,管理人拥有很大的权力,也面临着很大的诱惑。课题组在调研中了解到,管理人在执业过程中主要存在以下风险:

(1)管理人随意挪用财产。一些债务人名下有大量的财产,如土地、房屋、汽车以及现金等,管理人在接管了这些财产之后便利用其职权将部分财产挪作他用。

(2)管理人虚报各项支出。依照《企业破产法》的规定,管理人执行职务的费用和聘用工作人员的费用都被列为破产费用,由债务人财产随时进行清偿。实践中就发现有管理人通过虚报调查费、差旅费、场地租赁费、工作人员聘用费等支出,从而达到侵占债务人财产的目的。

(3)管理人与部分债权人串通。对债权人申报的债权进行审核,是管理人的主要职责之一。如果管理人与部分债权人进行串通,共同伪造债权申报材料,很难被其他人察觉。尤其像债权人众多的破产案件,大部分的债权人都只是核对自己的债权,而对管理人确认的其他债权很少会提出异议。

(4)管理人与其他中介机构串通。根据破产案件的需要,管理人经常会委托其他中介机构开展审计、评估、拍卖等工作。因此,管理人与中介机构在合作过程中就有可能相互串通以获取特殊利益。

鉴于管理人在执业过程中存在种种风险,除了继续加强对管理人进行监管之外,还非常有必要采取相应的防范措施。但目前,我国现行的法律尚未建立一套完善的风险防范制度,而且新的情况也不断涌现,实务处理经验还有待进一步总结。

(三)其他配套机制不健全

"僵尸企业"能否通过司法渠道顺利退出,这不仅关系破产法律如何适用的问题,而且还涉及市场机制的发挥、经济手段的运用以及政府部门的协调等多个方面。因此,法院开展破产审判工作离不开相关配套机制的保障,单凭法院一家之力无法确保"僵尸企业"的破产退出工作落到实处。目前,以下配套机制存在

的问题仍需进一步完善:

1. 缺乏统一协调的组织

清理“僵尸企业”是一个系统工程,它涉及各个领域、各个部门的工作。比如,涉及“僵尸企业”的职工安置,它已不再是纯粹的法律问题,而是一个社会问题、民生问题。如果没有建立府院联动机制,法院遇到上述情况基本上束手无策。目前,广州建立了三级联动机制,其中第一级是由分管市领导担任组长、各有关部门为成员单位的市国有企业出清重组“僵尸企业”工作领导小组,第二级是建立国资委机关处室的联席会议机制,第三级是建立由国资委与监管企业及其下属企业组成的联动协调机制。但是,这种三级联动机制并不包括府院联动,因此,法院无法及时将“僵尸企业”的破产退出障碍及时向市一级的工作领导小组作出反馈。在多数情况下,法院只能就个案中出现的问题与政府有关部门进行沟通协调,这种方式不仅效率低下,而且就个案协调的问题难于形成常态化的解决机制。另外,现建立的工作领导小组主要侧重于国有“僵尸企业”的清理,至于大量的民营“僵尸企业”如何退出,尚未引起足够的重视。

2. 缺乏财政专项基金保障

濒临破产的企业已经没有多少财产,而破产案件一旦受理,必然面临着公告费用、审计费用、管理人报酬等费用的支出,甚至有些企业还存在职工安置费用的问题。在企业没有财产的情况下由谁为上述费用买单,我国现行的法律对此没有明确规定。由于缺乏财政专项基金的保障,从而导致大量濒临破产的企业因费用不足而徘徊在法院门外。然而,即使这些企业进入到破产程序,如没有足够的资金去支付破产费用往往难以开展相应的工作。广州市中级人民法院在2014年推动成立了破产清算公益基金,基金的资金来源主要由管理人的自愿捐助。但随着大量“僵尸企业”进入破产程序,仅靠管理人捐助的基金无疑是杯水车薪。

3. 税务核销难于办理

依照《税收征收管理法》第16条规定,企业在向工商行政管理机关申请办理注销登记之前,须持有关证件向税务机关申报办理注销税务登记。也就是说,办理税务核销手续是工商注销的前置程序,若企业没有进行税务核销也就无法最终予以“销户”。实践中,即使法院作出终结破产程序的裁定,但破产企业因欠税、滞纳金未能结清而导致税务难以核销。可以说,税务核销问题已经成为大量

“僵尸企业”积压的主要因素之一。

4. 管理人的法律地位难被认可

2007年开始实施的《企业破产法》新设立了管理人制度，该制度尽管已施行了10年时间，但是管理人的法律地位一直不太被相关行政部门所认可。当管理人向有关部门申请查阅或调查破产企业的相关情况时，即使持有法院出具的裁定书和指定管理人决定书等文件，但依然是障碍重重。像有些国土、税务、银行等单位就只接收由法院发出的公函，对于由律师、会计师所扮演的管理人角色直接置之不理。

实务中由于相关配套机制不健全或者尚未建立，会造成破产审判工作难以开展，甚至影响“僵尸企业”的正常退出。因此，在加强破产审判工作的同时也要注重配套机制的完善。

三、推进“僵尸企业”破产退出的主要对策

推进“僵尸企业”破产退出，是一项影响广泛的系统性工程，不仅横跨社会、经济、法律等众多领域，而且还牵扯到政府、法院、税务、国土、工商、银行等多个单位的工作。因此，清除“僵尸企业”的破产退出障碍，需要提供“一揽子”的解决方案，并对相关的制度和政策予以完善。如果从法院角度出发，当务之急是应该重点做好以下几个方面的工作：

（一）加强破产法的宣传

受中国传统文化影响，大众对破产比较忌讳，加之各方对破产法都没有做太多正面宣传，所以也导致大家对破产的认识存在一定偏差。虽然借助供给侧改革和“僵尸企业”的清理，破产法得到了前所未有的重视，但要在短时间内完全刷新社会对破产的认识，恐怕还有很长的路要走。不过就目前而言，法院首先要加强破产法的宣传工作。

1. 宣传目的

法院通过普及破产法律知识，逐渐改变社会大众传统、片面的认识。要让大众了解到：破产法中不仅包括破产清算，还有重整、和解等程序；破产法不仅公平保护每个债权人，而且还保护非恶意的债务人；破产法不仅让回天乏术的“僵尸企业”退出市场，而且还能够让有挽救希望的企业浴火重生。总之，通过对破产法的宣传，让更多人了解破产法、正确运用破产法。

2. 宣传对象

(1)民众。由于破产法相对比较专业,所以普通民众对破产法是知之甚少。加上我国尚未出台个人破产法,大部分人对破产还是存在非常狭隘的观念。其实,破产文化缺乏生存土壤,且无法深入人心的根本原因就在于民众对破产法太过于陌生。因此,对民众加强宣传是非常有必要的。另外,在我国推行个人破产法也是大势所趋,现阶段的宣传可以为今后个人破产法的落地做好铺垫。(2)企业。很多企业宁愿"跑路"也不愿申请破产,原因之一就是企业不了解破产法,不懂得运用破产法保护企业。如果经营不善的企业能够尽早启动破产程序,并利用破产法中的重整制度予以挽救,便可以最大限度降低清算退出的概率。另外,企业熟悉破产法还可以提高申请效率,避免因申请材料问题而被挡在法院门外。(3)地方政府。长期以来,地方政府由于政绩的需要和维稳的压力,向来对企业破产是避而远之,甚至还会采取一些不适当的干预方式,阻挠企业申请破产。另一方面,企业破产案件的审理亟须政府提供相关的法律配套和政策支持。因此,对地方政府加强破产法的宣传主要是希望地方政府在"僵尸企业"破产退出过程中能够做到不越位、不缺位。

3. 宣传内容

(1)破产法的基本理念。破产法是一部公平清理债权债务之法,其精髓就在于公平保护。公平作为破产法的第一理念,①不仅包括对债权人的公平保护,也包括了对债务人的公平保护。而破产法的另外一个理念就是拯救,即对符合国家产业结构调整政策、仍具发展前景的企业,通过重整、和解程序予以拯救。(2)破产法的基本制度。破产法是市场经济社会法律体系的重要组成部分,它主要包括破产清算、重整、和解3个方面的法律制度。然而,一提到破产,大部分人都是想到清算,对重整与和解不太关注。因此,我们要加大对这方面(尤其是重整)的宣传。(3)破产审判的基本流程。从破产申请到程序终结会涉及很多道流程,具体每道流程还有烦琐的规定,实务中相当一部分律师或企业法务由于不熟悉基本流程,导致工作效率低下,甚至因为不理解、不配合法院的工作而影响了案件的推进。(4)破产法的相关案例。广州市中级人民法院先后在各大媒体对亚钢、亚铜重整案、广州市汇集重整案进行了系列的宣传,这几个案例分别在保

① 参见李永军:《破产法——理论与规范研究》,中国政法大学出版社2013年版,第8页。

护中小股东利益、发挥府院联调机制、运用市场化方式推动企业重整等方面取得了良好的法律效果和社会效果。

4. 宣传渠道

近年来，广州市中级人民法院充分借助报纸、网络等新闻宣传平台对破产审判工作进行宣传，提升党政部门以及社会公众对破产制度价值和功能的认识。除了上述传统的宣传渠道外，下一步还要充分利用新媒体（如微信公众号）的传播优势，扩大宣传的覆盖面，提高宣传的实效性。

（二）建立破产审判庭①

1. 建立破产审判庭是落实最高人民法院工作部署的需要

为保障"僵尸企业"破产退出工作的顺利开展，中央高度重视人民法院关于企业清算与破产审判庭的建设工作。最高人民法院也明确要求各省会城市的中级人民法院，要率先将建立企业清算与破产审判庭作为重点专项工作，立即协调地方编办先行先试。广州作为省会城市，"僵尸企业"的清理任务相当艰巨，且随着"僵尸企业"破产案件受理数量的大幅增长，与"僵尸企业"处置相配套的工作机制也亟须建立和完善。因此，通过在广州市中级人民法院建立企业清算与破产审判庭具有非常现实的意义，它将为广州市乃至广东省的"僵尸企业"处置工作提供专业化、常态化的重要保障。

2. 建立破产审判庭是破产法专业化发展的需要

破产法是一部程序法与实体法并重的法律，它不仅关涉破产程序中各方参与主体的行为规范，而且涉及与民法、合同法、物权法、担保法、证券法、侵权责任法等多部实体法律的衔接问题。因此，破产法本身的设计及在法律体系中的位置决定了破产审判工作不仅专业化程度很高，而且综合协调性也很强。为此，在西方不少发达国家均设有专门的破产法院。虽然在我国直接设立破产法院的条件尚未达成，但从设立破产合议庭到设立破产审判庭，再到最终成立破产法院，这是专业化发展的必然趋势。深圳市中级人民法院早在1993年就成立了专门的清算与破产审判庭，从其多年的实践证明，设立专门审判庭处理清算和破产事务积极性高、效果好。作为省会城市的广州，其在破产审判的重要性方面不亚于深圳特区，但在破产审判专门机构建设方面却远远滞后于深圳。广州市中级人

① 广州市中级人民法院于2016年12月30日正式设立清算与破产审判庭。

民法院仅于1996年在其商事审判庭下设破产合议庭,而且同时负责审理普通的商事案件和破产案件。经过20年的发展,无论是从破产审判专业化的角度,还是从破产案件数量的增长、破产审判人员梯队的培养、破产审判绩效的考核等方面来看,仅设置破产合议庭显然无法满足当前专业化发展的需要。

3. 建立破产审判庭是破产审判专业化建设的需要

目前,广州市的破产案件分散在两级人民法院的商事审判庭审理,而当普通商事诉讼案件数量激增、整体上面临"案多人少"的压力之下,办案力量的配置和精力自然更多地投入普通商事案件的审理。再加上没有独立的破产审判考核机制,法官对分到手上的破产案件的积极性普遍不高。有些审理周期比较长的破产案件,几年下来已经换了四五个经办法官,甚至还出现了"一人离岗、工作皆停"的情形。在破产工作中已形成了"由于没有专门的审判组织和专业化的审判队伍,所以法院不愿或不会处理破产案件;由于不处理破产案件,就更不需要专门的破产审判组织和专业化的审判队伍"的不良循环。这种局面不仅不利于破产案件的审理,也不利于破产审判队伍的建设,更与当前破产案件高发和"僵尸企业"的清理形势极不相称。实际上,破产案件本身的特性要求破产审判人员在具备深厚的法学理论功底的同时还要具备综合的组织协调能力,在强调更好更快审结案件的同时更加注重法律效果和社会效果的有机统一。所以,相比普通诉讼案件而言,办理破产案件更需要纪律意识强、业务素质好、综合能力强的法官。为了开创破产审判工作的新局面,有必要设立专门的破产审判机构,从而保证破产审判专业化队伍的建设,并以此提升破产案件审理的专业化程度。

(三)实行破产案件集中管辖

破产案件的级别管辖主要是依照最高人民法院《关于审理企业破产案件若干问题的规定》(法释〔2002〕23号)第2条规定执行,即根据不同级别的工商机关登记的债务人不同,分别由中级人民法院和基层人民法院管辖。但在司法实践中,基层人民法院受理破产案件的情况非常不理想。前文对广州市各基层人民法院近5年审理的破产案件进行了统计,广州市11个区的基层人民法院总共受理的破产案件平均每年不到20件,大多数基层人民法院每年受理的破产案件数均在个位数徘徊,有些法院在近5年时间还实现了0收案。

基层人民法院破产案件受理难的主要症结在于:近年来普通的诉讼案件出现大幅增长,基层人民法院及其法官很难再有精力处理破产案件。以天河区人民法院为例，2016 年受理的案件数达到 57,100 件，但入额法官数量是 109 名，在不收新案的情况下，法官人均要办理超过 500 件案件才能将一年的收案“消化”完毕。在如此高强度的办案压力下，基层人民法院对破产案件的态度就是能挡就挡，能放就放。所以，也不难理解为什么天河区人民法院的破产收案数与天河区所处经济地位一直不相匹配。①

针对上述问题，课题组经过调研了解到目前主要有 2 种解决模式：第一种是以温州为代表，在基层人民法院成立专门的破产审判庭，配置专门的破产审判队伍；第二种是以深圳为代表，由中级人民法院集中管辖辖区内所有的破产案件，基层人民法院不再办理破产案件。这 2 种模式各有利弊，另外每个地方的情况都存在差异，所以采取何种模式还要结合地域特点、案件情况、人员配置等多方面的因素进行综合考虑。按照广州市两级人民法院目前的状况，采取第二种模式将会更加合理，理由主要有以下 3 点：

一是按照工商登记地的不同来区分级别管辖已无法适应法院内外部情况的变化。从外部情况来看，随着企业登记制度的改革，企业工商登记权限在下移，这直接影响法院破产案件任务量的配置；从内部情况来看，最高人民法院要求各省会城市的中级人民法院必须要设立破产审判庭，从机构和人员配备方面推进破产审判专业化，并且明确指出今后执转破案件实行以中级人民法院管辖为原则、基层人民法院管辖为例外的级别管辖制度。② 基于这些变化，破产案件的级别管辖也要相应作出调整。

二是基层人民法院与日俱增的办案压力已无法保障破产案件的正常受理。广州市各基层人民法院均未成立破产审判庭，也未设立专门破产审判合议庭，破产案件由民二庭指定由某一两位法官兼办，或者是由民二庭全庭法官兼办。而近年来，随着民商事案件级别管辖下移、案件量大幅增长的情况下，基层人民法院民二庭的法官平均每人每天要审结 1.5～2 件民商事案件，这种工作量显然无法让他们再抽出更多精力去办理破产案件。在这种大环境下，如果要求基层人民法院成立破产审判庭或者破产合议庭，显然也是不切合当前实际。

三是中级人民法院集中管辖可以保障破产案件的审理和破产审判专业化的

---

① 按照国际惯例，凡是破产案件数量多的区域其经济就越发达，凡是破产案件数量少的区域其经济就越落后。

② 参见杜万华 2016 年 12 月 7 日在全国法院执转破工作视频会议上的讲话。

建设。广州市中级人民法院在成立破产审判庭之后,将会配置专业的破产审判队伍专门办理破产案件,从而保证破产案件的审理质量;此外,集中管辖也有利于保障广州市中级人民法院的破产案件数量,只有足够的案件数量才能真正促进破产审判专业化建设。

(四)规范立案受理审查工作

按照最高人民法院的统计,截至2016年10月31日,全国法院受理企业破产案件3463件,比2015年同期上升29.9%;审结2249件,比2015年同期上升58.7%。①但从严格意义上来讲,受理破产案件并不等于这些企业全部都通过破产程序退出了市场,上面3463件仅仅是法院的收案数,法院收案后又通过撤回申请、裁定不予受理等方式结案,而这些也都算进审结数2249件内,并且"破申"案号的审结也是统计在审结数中。因此,真正通过终结破产程序后再退出市场的企业只是少数。以广州市中级人民法院为例,从2012～2016年破产收案情况来看,收案总数中最终裁定受理的案件只占36%,撤回申请的案件占33%,裁定不予受理的案件占20%。按照这个比例,超过一半以上的案件是被挡在了法院门外。这里有当事人自身的原因,也有法院的原因,但解决上述问题归根结底还是要从法院系统内部着力。因为做好破产案件的立案受理工作是加强破产审判工作的首要环节,只有规范立案受理审查,才能给当事人提供正确、清晰的指引。

1. 规范破产案件立案形式审查

破产申请提交的材料比较繁杂,而且不同申请主体、启动不同的程序所要提交的材料也不尽相同。实践中,当事人提交的材料五花八门,有的基本材料缺失,有的夹杂很多无关紧要的材料,这些问题都给立案窗口的工作人员带来了困扰,并降低案件审查效率。另外,立案人员在进行形式审查时也有很多工作亟须规范,如收到材料不及时核对原件,对当事人提交的材料缺失不及时告知等。现提出要设立涉"僵尸企业"的绿色通道,但绿色通道不等于是减少审查,甚至不作审查,相反要进一步规范审查,并加强指引,引导"僵尸企业"能够快速、便捷、高效地进入破产程序。

---

① 参见杜万华:《破产审判的成绩、困境与展望》,第四届公司法司法适用高端论坛会议发言,2016年11月26日。

2. 规范破产案件立案实质审查

尽管最高人民法院《关于适用〈中华人民共和国企业破产法〉若干问题的规定(一)》(以下简称《破产法司法解释一》)从2011年9月26日开始实施,其出台的主要目的就是解决破产案件启动难的问题,但时至今日,仍有不少法院在破产案件的立案审查中无法准确把握受理标准,或者主观上不愿受理而以各种理由将破产案件拒之门外。由于非法定不予受理的理由①一般难以写进裁定,所以大多数不予受理的理由都是资不抵债、证据不足。因此,规范破产立案实质审查是破解受理难过程中面临的非常关键的问题,而进一步规范的重点就在于防止资不抵债证据不足的滥用。另外,在债权人提出破产申请的案件中,有相当一部分的债务人未在法定期限内向法院提出异议,其中有些债务人已经被吊销营业执照,或者搬离了工商登记住所地,处于一种完全下落不明的状态。依照《破产法司法解释一》的规定,②法院对该申请应当予以受理。但是,一些法院对债权人的举证责任提出不切实际的要求,把很多本应该由债务人举证的事项强行加在债权人头上,从而造成这类破产案件被挡在门外。

3. 规范破产案件立案流程

《企业破产法》第10条明确规定了破产立案的审查时间,③但是在司法实践中,几乎无法按照上述规定的期限进行裁定受理,这其中有主观因素的影响,也有客观因素的影响。在立案审查中强化流程管理的目的就在于规范客观因素,克服主观因素,并以此完善破产案件立案审查工作。通常破产案件立案审查涉及收案、通知、听证、审查、征询、审批、受理等诸多环节,但每个环节具体要做哪些工作,实际需要多长时间,《企业破产法》并没有一一作出规定,破产申请人从递交材料到法院最终作出受理裁定一般需要花费几个月的时间。而在“无启动经费”难题尚未有效破解之前,不少无人愿意垫付费用的案件更是被长期搁置。

① 非法定理由包括:债权人享有的债权存在虚构、有破产逃废债务的嫌疑、无人垫付启动费用、债权转让未经诉讼确认、债务人尚在执行阶段、存在职工安置、涉及维稳因素等。

② 《破产法司法解释一》第6条第1款规定,“……债务人对债权人的申请未在法定期限内向人民法院提出异议,或者异议不成立的,人民法院应当依法裁定受理破产申请”。

③ 《企业破产法》第10条规定,“债权人提出破产申请的,人民法院应当自收到申请之日起五日内通知债务人。债务人对申请有异议的,应当自收到人民法院的通知之日起七日内向人民法院提出。人民法院应当自异议期满之日起十日内裁定是否受理。除前款规定的情形外,人民法院应当自收到破产申请之日起十五日内裁定是否受理。有特殊情况需要延长前两款规定的裁定受理期限的,经上一级人民法院批准,可以延长十五日”。

另外,在立案审查的各个环节确实存在不少客观因素会导致案件受理期限延长,而如果不妥善处理这些问题也势必会影响案件的受理。所以,厘清破产立案阶段的各个环节并做好相应的规范很有现实意义。

(五)加强管理人制度的建设

管理人制度是在破产程序中,由具有专业资格的人员参与破产程序并在破产程序中发挥主导作用的程序。[①] 这个主导作用表现为,管理人不仅是破产程序的推动者,也是破产企业的经营者和管理者。所以说,管理人队伍的素质决定着企业破产工作的质效,管理人制度建设的好坏决定着“僵尸企业”破产退出工作的成败。当前,加强管理人制度建设应当做好以下几项工作:

1.建立管理人分级制度

因管理人不同于一般的中介机构,完全采取随机摇珠的方式进行指定存在诸多弊端。像上市公司和金融机构破产案,案情复杂、影响面广,这对管理人的业务能力要求比较高,而随机选定的管理人就无法保障其能够胜任这类重大复杂案件。对此,应通过对中介机构的执业能力、职业操守、工作绩效、勤勉程度等进行评定,然后建立一、二、三级管理人名册;让重大复杂破产案件在一级管理人名册中摇号,普通破产案件在二级管理人名册中摇号,小额破产案件(包括“无产可破”案件)在三级管理人名册中摇号。建立管理人分级名册的主要难点在于如何对中介机构进行客观评价。因此,制定好客观标准和评定依据是关键,要尽量避免掺杂个人主观喜好,同时还要确保评定程序公平、公正、公开进行。

2.建立管理人工作考核制度

管理人分级名册建立之后,必须要有相应的考核制度作为配套。考核的内容主要是管理人在办理破产案件中的履职情况,具体包括像管理人接管债务人情况、债权审核情况、债权人会议筹备情况、财产追收情况、财产处置及分配情况等。如管理人怠于履行职责,或者工作出现瑕疵,甚至造成不良后果的,将会作相应扣分,并记录到考评档案。各级别的管理人在名册中的位置并非一成不变,要通过对管理人履行职责的情况开展综合考核,然后将考核结果作为管理人晋级、降级或者淘汰的主要依据。比如,综合考核结果排名前二的三级管理人可以

---

① 李曙光:《破产法的转型》,法律出版社2013年版,第33页。

晋升为二级管理人,排名第一的二级管理人可以晋升为一级管理人。①

3. 建立管理人定期工作报告制度

依照《企业破产法》规定,由债权人会议对管理人进行监督。有学者提出,法院对管理人的监督仅限于对争议的裁决,只有当债权人在管理和监督的过程中发生了争议时,才可以提请法院作出裁断。② 但在实践中,债权人会议作为非经常召开且组成人员极为松散的组织,在监督管理人方面难以有所作为,在大多数情况下,法院不得不担负起这个监督责任。因此,如何促进管理人依法公正高效履行职责,保证破产审判工作顺利进行,成为法院开展监督工作的重点。通过建立定期报告制度,要求管理人根据案件进展情况以及法院对个案问题的具体要求定期向法院汇报工作。除此之外,管理人在履行职责过程中,如发现案件存在维稳隐患或其他重大紧急事项,应及时向法院报告。若管理人怠于履行工作职责、不及时向法院进行汇报的,轻则计入考评档案,重则直接从管理人名册中除名。

4. 建立管理人执业风险防范制度

前文提到,管理人在接管企业后可能会出现各种执业风险,包括随意挪用财产、虚报各项费用支出、与部分债权人及其他中介机构进行串通等。因此,需要有针对性地设计一套风险防范制度,可以及时预判各种风险,以此降低风险的发生,甚至直接消除风险。首先,可以参照西方国家比较通行的做法,在管理人执业之前交纳一笔保证金,或者要求其购买执业保险;③其次,要对管理人账户进行动态监控,尤其涉及大额支出,法院和债权人会议应及时掌握有关情况;再次,对超过一定金额的管理人账户,要定期做好审计工作;最后,就委托审计、评估、拍卖等重要环节,应尽快制定相关办法以规范委托工作。

(六)加强与其他部门的沟通协调

"僵尸企业"的破产退出是一项系统性工作,虽然这项主体工作是由法院负责推动,但不同的阶段性工作还需要法院与有关部门的通力合作才能完成。通常,破产案件从受理到终结会涉及税务、国土、工商、银行等多个部门的工作,法

---

① 郭毅敏主编:《破产审判手册》,法律出版社 2016 年版,第 169 页。

② 李曙光:《破产法的转型》,法律出版社 2013 年版,第 16 页。

③ 律师协会要求律师都购买执业保险,但仅仅购买这类行业保险还是远远不够的,如有些破产案件涉及动辄几十亿元甚至上百亿元的财产,因此,应根据个案情况,要求管理人购买专项执业保险。

院如何与上述部门进行工作上的衔接已经成为破产案件审理工作的重要内容之一。

1. 加强与税务部门的沟通协调

目前,有些破产案件在审理过程中会遇到像税收债权的申报、破产财产处置中产生的税费处理、税收债权的清偿、税务核销等方面的问题。由于破产审判和税务征收管理分属不同的部门法,不少破产中的涉税问题在《企业破产法》和《税收征收管理法》中并没有作出非常明确的规定。鉴于法律没有明文规定,在司法实践中也缺乏具体、统一的实施细则,很多时候法官、管理人以及税局工作人员在遇到上述问题时无法达成共识,从而会影响案件的正常推进。因此,通过沟通协调希望进一步明确相关问题的解决方法,在必要时还可以形成会议纪要,对破产涉税问题提供操作指引。

2. 加强与国土(房管)部门的协调

根据《企业破产法》的规定,调查债务人的财产状况是管理人的主要职责之一。然而在实践中,当管理人持有法院出具的裁定书和指定管理人决定书等文件向国土(房管)部门查阅债务人名下的土地、房产等情况时,经常会吃闭门羹。主要原因在于国土(房管)部门的工作人员不太熟悉由律师、会计师所扮演的管理人角色。另外,管理人在处分债务人财产时也会经常遇到一些障碍。尤其是当债务人是房地产企业,其名下房屋、车位等需要办理产权过户手续,但由于债务人的网上数字证书遗失或者超过使用期限,管理人无法为买受人办理过户。因此,通过加强与国土(房管)部门的沟通,可以明确管理人的法律地位,并建议国土(房管)部门能够为管理人开通查阅权限以及开设房屋管理系统用户的相关权限。

3. 加强与金融监管部门的沟通协调

《企业破产法》虽然明确了管理人可以管理和处分债务人的财产,但站在银行的角度,管理人与债务人并非同一主体,且管理人也不属于《金融机构协助查询、冻结、扣划工作管理规定》第4条规定的"查询、冻结、扣划"银行存款的有权机关。因此,在实务中管理人即使拿着债务人的营业执照、公章以及法院出具的相关文书也无法在银行查询债务人的账户情况,至于要扣划债务人的现金那更是毫无办法。另外,对于重整企业还会涉及银行信用修复的问题。通常企业在进入重整程序前会被金融机构列入不良贷款客户名单,若企业重整成功后没有进行信用修复则难以获得银行的贷款,从而也会影响投资者的注资。为保障“僵尸企业”的清理,法院应与金融监管部门加强沟通,并联合出台相关指引。①

4. 加强与工商部门的沟通协调

工商局主要负责企业登记、吊销及注销工作,当有企业出现经营异常,工商局最先察觉。因此,法院多与工商部门进行沟通可以及早掌握“僵尸企业”的基本信息,并为下一步的清理工作做好筹划。另外,《企业破产法》规定管理人应持法院终结破产程序的裁定向破产人的原登记机关办理注销登记。因此,“僵尸企业”最终能否退出市场主要是看工商注销手续是否办理完毕。但长期以来,不少企业走完了破产程序,却无法办理税务注销和工商注销手续。最近,工商总局为完善市场主体退出机制,出台了简易注销登记的指导意见,该意见载明了管理人可以持法院的终结裁定办理简易注销登记。② 但具体如何操作,法院还要与工商部门做好相应的衔接工作。

四、完善“僵尸企业”破产退出配套的建议

(一)建立府院联动机制,加强组织统一协调

清理“僵尸企业”涉及方方面面的工作,操作实施难度大,尤其是一些老国企,历史遗留问题多,情况比较复杂,如果各方面的工作没有做好衔接将容易导致不稳定事件的发生。课题组到温州市中级人民法院调研时了解到,建立企业破产工作统一协调机制(府院联动)是当下推进破产审判常态化的着力点。温州当地党委政府高度重视“僵尸企业”清理工作,市委书记亲自担任工作小组的组长,并定期主持召开府院联席会议,重点解决政府层面的政策问题、体制层面的要素配置问题,从而彻底打通企业破产审判工作中的制度接口和政策接口。通过学习温州经验,广州也可以尽快建立府院联动机制,并在市委市政府的领导下,定期召集国资、法院、工商、税务、银行、国土和房管等部门共同商讨“僵尸企业”破产退出工作中的疑难问题,同时在此基础上形成会议纪要或出台操作规

---

① 关于信用修复的问题,可以参照浙江地区的做法,即由中国人民银行采用“大事记”或“信息主体声明”的方式在征信系统内进行记载或说明。详见浙江省促进企业兼并重组工作部门联席会议办公室《关于印发〈推进企业破产审判重点工作及任务分工方案〉的通知》。

② 详见《工商总局关于全面推进企业简易注销登记改革的指导意见》(工商企注字〔2016〕253号),该意见将于2017年3月1日开始实施。

程,以此规范“僵尸企业”的清理和进一步提高工作效率。

(二)成立破产专项基金,保障破产顺利实施

目前对“僵尸企业”启动破产程序还面临不少的障碍,其中最为凸显的就是关于企业破产费用如何支付的问题。因为破产案件一旦受理,必然面临着公告费用、审计费用、管理人报酬等费用的支出,甚至大量的“僵尸企业”还存在职工安置费用的问题。对此,我国现行的法律没有明确规定,随着大量的“僵尸企业”进入破产程序,如没有足够的资金去支付破产费用往往难以开展相应的工作。当前,深圳、杭州、温州等地的中级人民法院都建立了由市级财政资金拨付的破产专项基金,每年拨付的金额多达两三百万元。从基金的运作来看,取得良好的法律效果和社会效果。因此,建议广州也要抓紧成立破产专项财政基金,并重点研究基金的管理、支出等问题,以此保障“僵尸企业”的破产退出工作能够顺利开展。

(三)做好职工安置预案,维护职工合法权益

在当前环境下,有无职工安置问题通常决定了该“僵尸企业”清理的难易程度。尤其是老国企的职工,大多数都难以接受下岗的现实。像广州市中级人民法院受理的万宝冷机集团有限公司破产清算案,涉及258名员工的安置问题,其中在职职工9人,退休职工249人,如安置不妥容易引发社会矛盾。因此,在处置这一类“僵尸企业”时,要做好职工安置预案,维护职工合法权益,充分考虑在企业破产财产变现不足以安置职工的情况下如何解决资金来源问题。同时,要有效增进离职员工对“僵尸企业”清理工作的理解和支持,及时消除潜在的维稳风险隐患。

(四)建立破产预警系统,防范企业破产风险

企业优胜劣汰是市场经济的基本法则,企业经营失败也是市场竞争的普遍现象,建立破产预警系统的目的就是防范企业经营失败后可能出现的破产风险。比如,通过对企业财务指标、经营状况的实时监控,一旦发现企业达到破产风险阀值,就提前采取有效措施,引导战略投资人对企业进行兼并重组。虽然企业进入破产后还可以通过重整程序获得涅槃重生的机会,但重整失败则意味着要宣告破产。因此,建议政府有关部门应加强对国有企业的指导和监管工作,在企业被列入破产名单之前,要及时发现问题、化解矛盾,尽量降低企业的破产风险。

五、结语

中央提出要全面推进供给侧结构性改革,而本次改革的核心点就在于“僵尸企业”的清理。一时间,“僵尸企业”迅速成了2016年的热点词汇,全国上下也纷纷撸起袖子准备与“僵尸企业”大干一场。在这个大环境下,利用破产制度依法处置“僵尸企业”、化解产能过剩危机已上升为国家战略。最高人民法院高度重视“僵尸企业”的破产退出工作,将2016年定为破产审判元年,而“破产审判”也入选为人民法院2016年十大关键词。为打赢清理“僵尸企业”的攻坚战,各地法院纷纷苦练内功,部分地方政府也在实践中积极探索。可以说,借助供给侧结构性改革和“僵尸企业”清理这场东风,破产法得到了史无前例的关注。在令人欢欣鼓舞之余,我们更应该清醒地认识到,所有的热闹与繁荣都是源于高层的大力推动。毕竟推动“僵尸企业”破产退出只是一段时期的任务,要真正推进破产法的实施依然需要热爱破产事业的法院工作人员长期不懈的努力。

江苏省各级各地人民法院破产审判十年的探索与思考(2007~2017年)*

江苏省高级人民法院民二庭**

《企业破产法》实施十年来,特别是党的十八届三中全会提出健全完善优胜劣汰市场化退出机制、完善企业破产制度近5年来,江苏法院在省委坚强领导、省政府大力支持和最高人民法院的有力指导下,以服务市场主体有序退出为出发点,加快健全完善破产审判机制及各项配套保障机制,积极为市场化、法治化、高效化破产程序创造条件,依法服务和保障经济结构转型升级。

一、近十年破产审判总体情况

江苏省各级各地人民法院破产审判起步较早,早在1988年10月1日《企业破产法(试行)》施行之日,江苏省高级人民法院经济审判部门即组织全省法院经济审判条线学习领会企业破产法精神,并开始受理破产案件。

---

* 本文为江苏省高级人民法院民二庭提交给"第八届中国破产法论坛暨《企业破产法》实施十周年纪念研讨会"的会议论文,简化版在会后发表于《人民司法》2017年第22期。感谢江苏省高级人民法院民二庭夏正芳庭长对本书编辑出版给予的大力支持。——编者注

** 执笔人:夏正芳,江苏省高级人民法院审判委员会委员、民二庭庭长;李荐,江苏省高级人民法院民二庭综合组组长;王国亮,江苏省高级人民法院民二庭法官;翟如意,江苏省高级人民法院民二庭法官。

其后,《民事诉讼法》增加企业法人破产还债程序,破产程序适用范围扩大至非全民企业,破产案件量有所增加,但总体数量较少,全省法院每年受理破产案件不足百件,例如,1991 年全省法院仅受理各类破产案件 26 件。

2007 年现行《企业破产法》颁布实施后,全省各级人民法院破产审判事业呈现全新发展态势,全省各级人民法院共新收企业破产案件 3107 件,审结 2908 件。比较《企业破产法》实施后前 5 年与近 5 年的有关数据,破产审判呈现以下特点。

(一)收案数量由降返升并持续大幅增长

近 10 年,全省各级人民法院新收企业破产案件量呈现前低后高走势。其中,前 5 年案件数量维持低位运行,2013 年出现上升拐点,2015 年更是出现巨幅增长,全年新收破产案件 491 件,同比增长 84.95%。出现这一趋势变化,既由宏观经济步入新常态,经济增速,结构、动力出现新变化所决定,也与市场主体逐步认识破产制度价值功能紧密相关,还与人民法院及社会各界采取系列举措推动破产制度适用密切关联,学界为推动破产审判的"鼓与呼"同样不容忽视。

(二)结案压力逐步增加

近 10 年,江苏省各级各地人民法院共审结破产案件 2908 件。前 5 年,因破产案件数量相对有限,审判承压相对较小,破产案件结案数与收案数基本持平。但 2013 年破产案件收案量出现上升拐点后,结案量开始逐步滞后于收案数并呈扩大态势,2015 年全省法院审结破产案件 227 件,仅为同期新收案件的 51.55%,积案压力逐年增加。针对破产案件审理周期长、收案量大的突出问题,江苏省高级人民法院于 2016 年出台系列举措推动"僵尸案件"清理,全年结案量达 429 件,同比增长 53.21%,达到《企业破产法》实施 10 年来的峰值。

(三)债权人提出破产申请占比逐年升高

前 5 年,债权人提出破产申请的 489 件,占比 36.5%;债务人提出破产申请的 851 件,占比 63.5%。在近 5 年新收破产案件中,债权人提出破产申请的 1128 件,占比 63.8%;债务人提出破产申请的 639 件,占比 36.2%。债权人申请破产占比逐年增加,反映出债权人通过破产程序保护自身权利意识逐步增强。

(四)债务企业呈现新特点

按行业性质划分,前 5 年和近 5 年,债务企业均主要集中在产能过剩或资金杠杆相对较高的行业,包括前 5 年的纺织、钢铁、煤炭等行业以及近 5 年的建筑、房地产等行业。近年来,个别金融企业也已进入破产行列,如南京市国际信托投资公司破产清算案。按所有权性质划分,相较于前5年,近5年债务人企业中民营企业占比提升,国有企业占比大幅下降。按企业规模划分,相较于前5年,近5年的中小破产企业占比提升,达到九成。但值得关注的是,大型企业也逐步进入破产领域,如前5年的常州铁本破产案。近年来,上市公司也开始步入企业破产之列,如A股上市公司＊ST中达、＊ST霞客、＊ST舜船,全国首家退市央企长航油运,全球最大光伏企业无锡尚德太阳能电力等。

(五)破产挽救功能逐步发挥

前5年,全省各级人民法院审结的破产案件中,以清算方式结案1085件,以重整、和解方式结案21件;近5年,以清算方式结案881件,以重整、和解方式结案51件,结案方式由单一破产清算逐步向多样态转变,破产保护和挽救功能得到逐步彰显。企业保留方式呈现多样化态势,清算式重整、重整式清算皆在实践中得到运用。

二、内外兼修,提升破产审判品质

(一)苦练内功,筑牢破产审判基础

1. 破解破产申请受理难问题

在破产案件受理问题上,经历由相对从严向相对从宽的尺度转换,特别是2011年9月起施行的《关于适用〈中华人民共和国企业破产法〉若干问题的规定(一)》传递出"宽进严出"精神后,更加坚定运用破产制度服务市场化退出的决心。在具体举措上,一是明确破产申请受理审查大方向,做到"不缺位""不越位",既严格依法受理破产案件,破除各类软门槛,又不"越位"受理不具备法定受理条件的破产案件。二是强化破产受理审级监督。以来信来访、不予受理裁定上诉案件办理为抓手,依法及时纠正不予受理、"不立不裁"等问题。针对最高人民法院《关于适用〈中华人民共和国民事诉讼法〉的解释》第380条与第381条的规定冲突,明确不予受理破产申请裁定可以申请再审,提高监督层级,克服外界干预。三是推进执行移送破产程序适用。按照协调配合、循序渐进、先易后难原则推动程序适用,强化规范化建设,最高人民法院相关意见出台前,苏州常熟、南通启东、淮安洪泽等多地人民法院已出台实施办法,探索开展执行移送破产。四是建立破产风险预警制度。针对企业破产中权利剧烈冲突以及金融、稳定等外溢风险,建立个案风险评估预警机制,引导解决不愿受理破产案件的隐忧,避免

案件“进的来，出不去”。比如，苏州市中级人民法院在全市范围建立企业破产预警机制，依托市政府企业风险预警平台，密切关注辖区企业经营风险，提前做好应对准备。泰州市中级人民法院建立破产风险报告制度，在审理破产申请同时，提前摸清企业可能存在的各类矛盾，向政府通报情况。

在破产申请受理问题上，也存在一些困惑甚至是困扰：

一是社会对于企业破产缺乏正确认识，导致不少法院出于维持企业正常经营的考虑，在破产受理问题上出现摇摆。比如，债权人申请执行某公司财产，但因未有可供执行的财产，法院裁定终结本次执行，该债权人即向法院申请该公司破产，法院经审查发现该企业在同行业中拥有亚洲第一、世界第三的专业设备，因受市场影响暂时陷入经营困境，为查明企业情况，法院还走访当地政府、相关债权人，征求各方意见，均认为不能草率破产。从表面上来看，该企业已经具备破产条件，但最终该企业未进入破产程序。受市场回暖影响，该企业不久之后即恢复生产且经营利润可观。复盘该案，还有多种可能，如果该企业走破产清算之路，势必错过市场回暖时机，相应产能即便通过清算处置得以再次利用，也可能因时机错过而无法发挥最大效用；如果该企业走重整之路，理论上的经营状况应当与目前一致，然而如果政府、债权人等各方不予支持，现实与理论可能存在差距；如果该企业不进入破产程序，一种可能是恢复生产经营和偿债能力，“皆大欢喜”；另一种可能是无力恢复清偿能力，清偿秩序可能“恶化”，法院可能面临国家赔偿。综观前述可能，对不少法院而言，最理想的状态当然是企业不进入破产程序而偿债能力又得以恢复，毕竟其他可能性均面临风险，然而理想的债权人在罗尔斯的“无知之幕”下会选择以最坏结果为前提作出行动的选择，也就是仍然选择破产。前述案例的出现，的确让不少法院在破产受理尺度上更为摇摆，这是当前破产受理上必然面临的问题，与立法及司法政策无关，但的确是具有中国特色和时代特点的问题。

二是逃废债务问题导致不少法院在受理破产问题上面临尴尬。破产案件中逃废债务现象严重，不少案件均发现转移财产、逃废债务的线索，但因手段隐蔽，通过企业破产手段难以开展实质性调查，公安机关也往往因侦查人手不足、缺乏有效激励等原因对移送的犯罪线索不予立案侦查。尽管理论上企业破产后债权人仍可以向相关责任人主张权利，但这样的权利往往最终停留于“纸面上”，债权人更多的是将矛头指向破产审判，形成“办一件破产案件，社会信用与司法信用受损一分”的尴尬局面。

2. 建立健全破产审判期限内控机制

针对破产案件审理周期长问题要加强期限管理。一是建立破产案件内控审限制度。结合法定流程节点要求,将破产清算及重整案件、破产和解案件、无产可破案件内控审限分别设定为 12 个月、6 个月、4 个月。江苏省高级人民法院定期通报长期未结破产案件情况,2016 年通报两期,督促全省各级人民法院清理破产积案。各地人民法院也多举措推进案件清理,无锡市中级人民法院通过建立清案指导结对联络人制度、月度通报制度、管理人工作迟延惩戒制度等在 10 个月内清结积案 13 件,破产审判呈现良性运行态势;徐州市中级人民法院在 10 个月内清结 4 年以上积案 12 件。二是推动破产衍生诉讼加快审理。对于破产衍生诉讼管辖权下移的请示,原则上均予以准许,尽可能减轻破产法院审判压力,形成上下级法院联动,推进破产审判合力。对于破产衍生诉讼恢复审理期日问题,参照《企业破产法》第 14 条的规定,将指定管理人后的第 25 日确定为恢复审理的期日,有特殊情况的,管理人可以申请延期审理。三是推进破产案件动态监测平台建设。针对江苏省各级各地人民法院破产案件期限管理、网络拍卖、鉴定摇号、庭审三同步等特殊需求,推进建设破产案件动态监测平台。

3. 积极推进管理人选任管理市场化机制改革

《企业破产法》及指定管理人规定实施后,江苏省高级人民法院即组织全省中级人民法院开展管理人名册创建工作,219 家机构及个人编制入册。在日后运行中,管理人制度相继出现一些问题,为此,不少法院开始探索优化。针对以纯粹随机选任方式指定管理人实际效果欠佳问题,无锡市中级人民法院于 2009 年修改管理人选任规则,强调在“适任”的前提下随机选任,即一般案件从管理人名册中随机选任,重大疑难案件从专业能力突出的入册机构中随机选任,职工问题突出的案件在政府推荐的入册机构中随机选任,形成管理人分级管理雏形。2015 年以来,南京、苏州、南通等地人民法院也陆续开展管理人分级分类管理改革探索。针对无产可破案件管理人无法收回成本问题,无锡市中级人民法院在全国首创报酬基金制度,其后苏州常熟、吴江,淮安洪泽,南通启东等地法院陆续设立专项基金。针对管理人名册限制竞争问题,南京、常州、扬州、泰州等多地人民法院陆续开展管理人名册增补遴选工作。针对管理人退出不畅问题,南京、苏州等地人民法院就暂停或取消管理人备选资格情形作了具体明确的规定。针对管理人履行监督不足问题，无锡市中级人民法院建立管理人责任审计制度，对个案中管理人工作开展专项审计，借助第三方实现专业化监督。

管理人市场存在的问题，也引起了江苏省高级人民法院的高度重视，在借鉴总结各地法院成功经验的基础上，2016 年 9 月江苏省各级各地人民法院在国内率先探索启动以彻底市场化为指引的管理人选任管理方式改革，通过打破管理人名册，放开市场准入，推动实现管理人市场充分竞争，切实提升选任工作透明度和公信力，最终要让中介管理更好地服务破产审判实际需要，更好地维护债权人合法权益。第一阶段的试点单位包括徐州市中级人民法院及南京江宁、苏州常熟、淮安洪泽、南通海门 5 家法院，经过近半年多的试点，市场化选任管理改革取得一定实效，各家试点法院均遵循试点目标，结合自身实际，开展有益探索。如苏州常熟市人民法院创立"三个一百分"选任管理市场化机制，第一个"一百分"是由合议庭对破产案件进行评分，将案件分为简易、普通、疑难 3 类，据此确定管理人选任方式；第二个"一百分"是由评审管理监督工作小组对申请主体提交的工作方案进行评分，根据分数高低确定备选管理人范围，并通过随机摇号方式确定管理人；第三个"一百分"是由评审管理监督工作小组对管理人履职情况进行全面考评。目前，14 家中介机构通过新机制选任为个案管理人，其中 5 家为册外中介机构，4 家为外地中介机构。南京市江宁区人民法院创设"7・3・1"竞争加随机摇号选任方式，即从所有申报主体中按比例摇号选定 7 家；由评审委员会对该 7 家申报主体的申请书进行综合评分，选定 3 家；再通过摇号方式，随机产生管理人。"7 进 3"择优选任方式可以确保选任公正性，满足破产审判实际需要。目前，已有 10 家中介机构通过该院新的选任机制成为个案管理人。

4. 着力加强破产审判队伍建设

一是积极推进破产审判专业化建设。早在 20 世纪 90 年代，南京等地人民法院就已探索设立专业合议庭，专门审理破产案件。南通等地人民法院亦在《企业破产法》实施后不久，建立破产案件集中审理机制和个案指导机制。近年来，面对旧案存量大、新案增长快这一"腹背承压"态势，全省各级各地人民法院更加积极主动地推进破产审判专业化建设。截至目前，南京市中级人民法院、江宁区人民法院，南通市中级人民法院、启东市人民法院、海门市人民法院、如皋市人民法院，淮安市清江浦区人民法院，苏州市吴江区人民法院等已设立清算与破产审判庭，其他地区也因地制宜积极推动专业化审判组织建设。二是建立完善破产审判绩效考评机制。不少地区结合自身实际,打破1件破产案件折1件普通案件的传统做法,探索建立符合破产审判规律的绩效考评制度。较有特色的考评制度包括,1件破产案件折抵一定数量普通案件模式,在折抵比例上,充分考虑破产案件特殊性及破产法官积极性,如连云港市赣榆区人民法院折抵30件、扬州地区折抵10件或20件;基础工作量加上附加工作量模式,采取该模式的包括苏州常熟、南通启东、扬州仪征等地人民法院,具体做法是先确定破产案件基础工作量,参考数值各异,再确定附加工作量计算方式;南通启东等地人民法院还探索结合审判进度比例分年度确定工作量。对于审判绩效考核,江苏省高级人民法院也高度重视,正协调推进与司法责任制及法官员额制改革相配套的绩效考评机制建设,计划于年内出台具体办法。三是推动法院庭长参与破产案件审理。针对破产案件专业性强、协调任务重的特点,部分法院建立法院庭长办理破产案件制度,如南京市中级人民法院"一把手"担任审判长审理舜天船舶破产案,分管院长担任审判长审理长航油运破产案。四是充实破产审判力量。江苏省高级人民法院历来高度重视破产审判指导工作,10年来主要由综合组负责具体指导,并积极引导各地法院强化破产审判人员配备,以案件审理为抓手培养后备人才。五是举办全省各级人民法院破产审判专题实务研讨班。引入"法官教法官"方式,为参训人员系统传授破产审判目标任务、法律规范及审判要旨,提升全省法院破产审判规范化水平。常州、扬州等地中级人民法院也多次组织辖区破产审判专项培训。

(二)巧借外力,赋能破产审判发展

1. 积极推进府院联动机制建设

指导各中级人民法院、基层人民法院积极争取党委领导、政府支持,搭建多部门共同参与的企业破产处置联席会议机制,推动实现个案协调向制度化对接转变。如常熟市人民法院与国家税务局常熟分局、常熟市地税局联合发布关于企业破产、公司强制清算案件审理中涉税问题操作指引,探索解决破产案件中的涉税问题。苏州市吴江区人民法院专门制定意见,积极争取地方政府协调配合。目前,江苏省高级人民法院已梳理总结需要有关部门给予机制配合、政策支持的相关问题,并已陆续向多部门发送司法建议,尽力推动在省级层面能够解决的问题尽快解决。

2. 切实做好执行与破产衔接工作

一是明确区分执行财产与债务人财产。从推动执行转入破产程序适用、实现全体债权人公平清偿角度出发,拍卖变卖所得价款或其他执行款尚未交付申请执行人的,应认定针对相应款项的执行程序尚未完毕,将相应款项移交破产管理人,纳入债务人财产统一处置。二是切实解决解封协调难问题。建立上级人民法院径行解封机制,受理破产申请后,省内法院不予解除保全措施的,受理破产申请的法院可以层报共同上级人民法院解除保全措施,上级人民法院收到报请后立案监督,符合解封条件的,径行裁定解除保全措施。

3. 加大破产审判宣传力度

建立江苏省破产企业司法处置白皮书制度,江苏省高级人民法院及苏州、无锡等地中级人民法院相继发布破产审判白皮书,积极争取社会各界对于破产审判的认同和支持,营造承认失败、宽容失败的舆论氛围,引导企业家学会运用破产制度依法有序退出市场、重新开展新的经营;通报企业破产成因,通报欺诈破产逃废债务典型案例,以鲜活的事例引导警示企业家切实增强风险意识、规范意识,自觉依法诚信经营;发布破产重整、和解典型案例,引导社会充分认识破产挽救程序价值,为挽救企业提供参照和指引。

4. 推进经验交流与理论总结

一是与省律协破产与重组委员会、南京师范大学法学院共同主办 2015 年江苏破产法论坛,交流总结实务经验,研究破解法律难题。二是与中国人民大学破产法研究中心、北京市破产法学会共同主办 2016 年中国破产法论坛——破产与金融问题专题研讨会,加强审判实务与破产理论互动交流,借鉴兄弟法院先进经验和学界最新理论成果,提升破产审判队伍专业素养。此外,积极鼓励全省破产审判法官研究破产审判实践问题,近 5 年,全省法院在《法律适用》《人民司法》《中国破产法论坛》等期刊书籍上发表破产审判相关文章 30 余篇。

(三)聚焦调研,打造精品成果

江苏省各级各地人民法院持续高度关注破产审判实践遇到的问题和困难,及时总结实践经验,注重成果转化,切实指导审判实践。2009 年江苏省高级人民法院审判委员会讨论通过关于妥善审理破产案件维护经济社会稳定若干问题的讨论纪要,对金融危机背景下的破产审理工作应当把握的原则、基本问题和工作机制等作出了规定。2010 年开展企业破产制度功能发挥的障碍与出路——全省

《企业破产法》实施情况的调研，分析全省法院企业破产案件特点，研究阻滞符合破产条件的企业通过破产程序退出市场的主要原因，并提出影响企业破产制度功能发挥的主要问题及解决思路。2011年制定破产案件审理指南，对破产审判理念和审判实践中亟待解决但《企业破产法》规定不明确的问题统一裁判尺度。2015年开展以让破产程序成为企业市场退出机制新常态为主题的专项调研，针对经济新常态下企业破产审判工作，提出优化审执机制建议，推动破产程序实践应用。2016年省人民法院"一把手"院长亲自主持为期3个月的企业破产审判专项调研，把脉破产审判服务保障供给侧结构性改革去产能的原则和方向，找准司法自身阻碍企业破产审判功能发挥的根源性问题，提出切实可行的应对之策。同期，出台充分发挥破产审判职能作用服务保障供给侧结构性改革去产能意见，明确司法政策导向，搭建清晰、完备的政策措施体系。

三、聚力指导，提炼破产审判江苏经验

回首破产审判这10年，有成功，也有教训，总结而言有以下几条经验：

(一)始终坚持尊重权利主体意愿

企业破产制度因保障权利而生，必然要求破产审判首先要尊重权利主体意愿、尊重私法自治。总体来说涉及三个方面：一是关于归属私法自治的事项范围。原则上权利主体的意愿只要不违反法律行政法规禁止性规定，不损害第三人利益的，均应予准许，即法无明文禁止即可为。具体范围既包括程序性事项，如管理人的选任、更换，破产走向即重整、和解、清算的选择，财产分配的方式，等等；又包括实体性事项，如重整方案、和解方案的制定，债权的审核确定，等等。二是关于权利主体的识别。在破产程序中，债权人属于当然的权利主体，但并非所有参与人均是权利主体，尊重私法自治，首先要识别什么是真实的权利主体。以实践中最为常见的出资人反对重整计划无偿剥夺股权为例，要确定这样的重整计划是否违法，必须区分企业所有者权益是否有所剩余：出资人权益归零的，重整计划无偿剥夺出资者权益就无不妥；反之，该重整计划就缺乏合法性基础。三是关于自治意思的识别。企业破产存在多方权利主体，意思冲突在所难免，私法自治过程中，需要考虑什么是应当遵循的"自治意思"。对此，《企业破产法》设计了债权人会议、债委会制度以及配套的议事表决机制。司法需要关注的是，除了多数决外，哪些事项必须"一致同意"，或者哪些事项未经权利主体同意，不

得以多数决强加通过。

（二）始终坚持规范运行

近几年办理的破产督办及来信来访暴露出的破产审判不规范问题有所趋缓，但瑕疵甚至错误仍有发生，面对相应问题，司法常常束手无策。一方面，破产案件一裁终局，程序不可逆，一旦犯错，往往难以补救，或者说补救成本极高。另一方面，从心理学出发，企业进入破产，债权人、出资人、企业职工等各方主体利益受损或暂时性受损均在所难免，这样的情况下其对于外界事物的看法势必偏向消极，一旦破产审判出现差错或瑕疵，当事人往往抓住不放，破产进程也往往受到影响。反思实践中暴露出的问题，有一条宝贵经验历久弥新，也就是破产审判必须规范化运行，办理破产案件务必步步为营、谨小慎微，必须经得起当事人考验和历史检验。

（三）始终坚持市场化导向

企业破产制度源于市场竞争，服务于市场发展，根植于市场配套，推进破产审判，必须以市场化为导向。以管理人选任为例，破产审判实践反复证明，面向更广范围的公开遴选更能选任出适合个案的管理人，市场经济实践也反复证明，越是开放和充分竞争的市场，越有利于形成符合供给侧需求的产品。基于此，江苏法院开展完全以市场化为导向的破产管理人选任管理机制改革，就是要让市场基因尽可能传递到破产审判每个环节。再以重整投资人招募为例，市场化的公开招募往往能够遴选出最有利于债权人利益的投资人，如无锡市中级人民法院审理的无锡尚德电力破产重整一案，面向全国招募重整投资人，最终的重整方案得到投资人高票通过。

（四）始终坚持争取外部支持

破产审判离不开外部支持，这其中，既有最高人民法院及兄弟法院的支持，也离不开党委政府及有关单位的支持。以舜天船舶破产重整案为例，该案系上市公司破产重整案，也是全国首例同步实施破产重整及重大资产重组的上市公司破产案，需要就重整案件受理审查以及启动与证监会会商机制两次报请最高人民法院，后一事项并无具体操作流程及先例可循。面对满 3 年退市风险，破产重整必须加快推进，为此，最高人民法院高度重视，安排专人负责协调，指导省法院及南京中级人民法院材料报送，高效完成审查会商工作，最终舜天船舶资产重组与破产重整快速完成，该案也被评为 2016 年度全国法院十大民事行政案件。

再以长航油运破产重整案为例,该案系全国首例退市央企破产重整案,重整时间要求同样紧迫,为此省金融办主动介入协调金融机构支持企业重整,取得良好效果。

站在新的历史起点,江苏省各级各地人民法院将继续健全机制,弥补不足,力争让破产审判工作再上新台阶。当前及今后一个时期,将重点抓好以下工作:一是搭建多部门共同参与的"僵尸企业"处置与企业破产联动机制,力争出台相关工作意见,形成经信、国资、财政、人社、税务、工商、公安、金融监管等多部门常态化助力破产审判的良好局面。二是深化管理人选任机制改革,加强试点情况跟踪分析,在全面客观总结试点成败基础上,制定全省各级各地人民法院改革方案,确保管理人选任公开透明,确保选任管理人满足个案需要。三是完成破产案件审理指南修订,按照司法解释新规定、最高人民法院新精神,对已有规则进行修改,针对房地产企业破产债权清偿顺位等迫切需要统一的新问题予以明确,推动破产审判规范化运行。四是编制江苏法院破产审判文集,收录相关规范性文件、调研报告、审判总结、典型案例,为破产法理论与实务研究提供鲜活素材、为审判疑难问题解决提供有益参考。五是持续抓好长期未结破产案件清理工作,定期编发清理通报,狠抓内控审限管理。六是积极争取最高人民法院支持,力争建立全省法院破产案件动态监测平台。七是配合有关部门制定破产案件绩效考评指标,充分调动破产审判法官工作热情;继续推进中级人民法院清算和破产庭建设。

江苏省各级各地人民法院破产企业司法处置情况通报（2011～2015年）*

江苏省高级人民法院民二庭

党的十八届五中全会提出，要更加注重运用市场机制、经济手段、法治办法化解过剩产能，加大政策引导力度，完善企业退出机制。2015年年底召开的中央经济工作会议提出，要着力加强供给侧结构性改革，强调要依法为实施市场化破产程序创造条件，加快破产清算案件审理。为更加有效地发挥人民法院破产审判职能作用，促进"僵尸企业"出清，推动过剩产能化解，推进产业结构转型，我们就近5年全省破产企业司法处置情况作了梳理总结，现通报如下：

一、近5年全省破产企业司法处置基本情况

近5年，全省各级人民法院共新收企业破产案件1341件，审结788件，化解破产债权989.77亿元，处置破产财产320.17亿元，妥善安置职工18.2691万人。

---

* 2016年8月12日江苏省高级人民法院召开破产企业司法处置情况白皮书发布会，通报2011～2015年全省破产企业司法处置情况，并公布了十大典型案例。本文的收入征得江苏省高级人民法院民二庭的授权，感谢江苏省高级人民法院民二庭夏正芳庭长对本书编辑出版给予的大力支持。——编者注

(一)收案总体逐步增长

全省各级人民法院共新收企业破产案件 1341 件,从态势来看,收案量在 2013 年出现上升拐点,2015 年更是出现巨幅增长,全年新收破产案件 491 件,同比增长 84.95%(见图 1)。出现这一趋势变化,既是宏观经济下行压力加大,经济增速、结构、动力出现新变化所决定,也与市场主体逐步认识破产制度价值功能紧密相关,还与人民法院采取系列举措推动破产制度适用密切关联。

按地区划分,近 5 年,南京地区收案 197 件,苏州 136 件,无锡 153 件,常州 58 件,镇江 101 件,扬州 101 件,泰州 87 件,南通 108 件,盐城 34 件,淮安 89 件,宿迁 110 件,徐州 157 件,连云港 37 件。按层级划分,全省中级、基层人民法院分别新收破产案件 315 件、1026 件,占比 23.49%、76.51%。中级人民法院收案前 3 位的分别是,南京市中级人民法院 59 件、无锡市中级人民法院 33 件、徐州市中级人民法院 26 件。基层人民法院收案前 10 位的分别是,徐州市邳州区人民法院 52 件、无锡市宜兴区人民法院 51 件、宿迁市沭阳区人民法院 42 件、淮安市洪泽区人民法院 39 件、扬州市高邮区人民法院 34 件、宿迁市泗洪区人民法院 34 件、苏州市张家港区人民法院 29 件、南通市启东区人民法院 29 件、无锡市江阴区人民法院 27 件、泰州市靖江区人民法院 27 件。

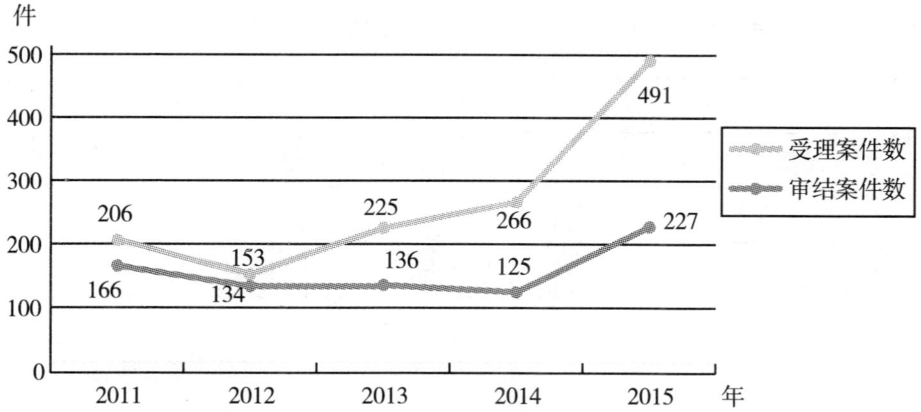

图 1 2011 ~2015 年江苏省各级各地人民法院受理和审结企业破产案件总体趋势

(二)结案压力总体逐步增加

近 5 年,全省法院共审结破产案件 788 件(含旧存)。与收案情况对比,2011 ~2012 年,破产案件结案数与收案数基本持平,但 2013 年破产案件收案量出现上升拐点后,结案量开始逐步滞后于收案数并呈扩大态势,2015 年全省各级人民法院审结破产案件227件，仅为同期新收案件的51.55%（见图1），积案压力逐年增加。从审理周期来看，近5年全省法院审结的788件破产案件中，审理周期2年以上的257件，占比32.61%；审理周期1~2年的373件，占比47.34%（见表1）。

表1 2011~2015年江苏省各级各地人民法院企业破产案件审理周期情况

单位：件

年份	2011	2012	2013	2014	2015
2年以上结案数	56	49	40	45	67
1~2年结案数	86	55	64	53	115
1年以内结案数	24	30	32	27	45

（三）债权人提出破产申请占比较大

近5年新收破产案件中，债权人提出破产申请的887件，占66.14%；债务人提出破产申请的426件，占31.77%；清算组提出破产申请的28件，占2.09%（见图2）。债权人申请破产占比居多，反映出债权人通过破产程序保护自身权利意识逐步增强。

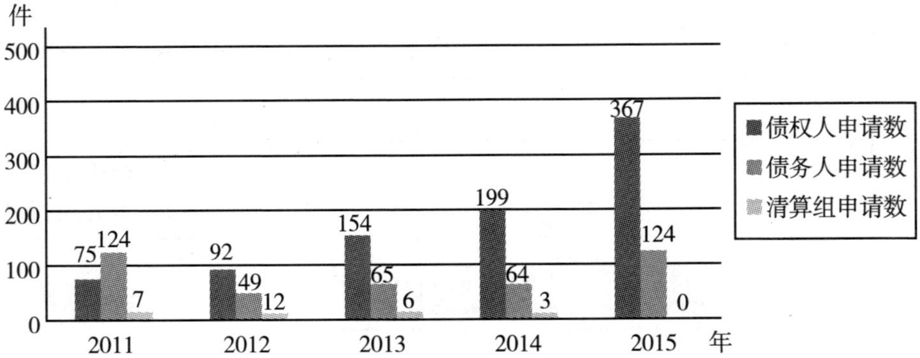

图2 2011~2015年江苏省各级各地人民法院企业破产案件申请人情况

（四）债务企业呈现新特点

按行业性质划分，债务企业主要集中在制造、建筑、房地产等产能相对过剩或资金杠杆相对较高的行业，并呈较强地域特点，如无锡的光伏、钢贸、纺织、电缆、环保，南通的船舶、纺织。按所有权性质划分，债务人企业以民营企业居多，国有企业占比呈下降趋势，苏州、扬州市人民法院近5年仅分别受理4件、2件国企破产案。按企业规模划分,破产企业以中小企业居多,2015年南京两级人民法院新收案件中,中小型企业占比达9成。值得关注的是,大型企业也逐步进入破产领域,A股上市公司＊ST中达、＊ST霞客、＊ST舜船,全国首家退市央企长航油运,全球最大光伏企业无锡尚德太阳能电力等一批大型企业先后进入破产程序。

(五)不同类型破产债权清偿率差异较大

近5年江苏省各级各地人民法院新收破产案件债权申报总额1221.7604亿元,其中,金融债权申报总额362.0663亿元,占比29.63%,职工债权申报总额26.3640亿元,占比2.16%(见表2)。从破产债权清偿情况来看,职工、消费购房人等民生权益因法定优先顺位得到较为充分保障,苏州市两级人民法院审结的71件破产案件中,43件案件职工债权清偿率达100%,仅10件案件职工债权清偿率低于50%。无财产担保的普通债权清偿率则相对较低并呈现下降态势,究其原因是具备破产条件的企业迟延进入破产程序导致亏损扩大,动产往往因贬值、哄抢所剩无几,应收账款则因年代久远缺乏有效凭证难以清收。

表2 2011～2015年江苏省各级各地人民法院企业破产案件债权申报情况

单位:亿元

年份	2011	2012	2013	2014	2015
职工债权申报	8.3826	3.5966	5.6019	2.8597	5.9232
金融债权申报	17.6821	16.8813	68.7845	135.226	123.491
债权申报总额	151.357	86.8568	359.437	232.001	392.106

(六)破产挽救功能逐步发挥

近5年江苏省各级各地人民法院审结的破产案件中,以清算方式结案409件,占51.9%;以重整、和解方式予以挽救的58件,占7.36%,结案方式呈现由单一破产清算逐步向多样态转变态势,破产保护和挽救功能得到逐步彰显。如南京市六合区人民法院于2015年审结南京智权基础工程有限公司破产和解案,填补了南京地区破产和解适用空白。

二、企业破产成因分析

从破产审判事后视角分析,当前企业破产呈现多发高发态势,既有市场因素,也包括非市场因素:

（一）难以适应经济新常态下市场新特点

一是经济下行压降企业利润空间。一段时期以来，劳动力、土地等生产要素成本不断上升，而主要工业品出厂价格指数（Producer Price Index，PPI）却持续下跌，库存压力持续加大，导致企业经营效益下降，不能清偿到期债务的情况增多。无锡明特化纤、无锡中亿化纤、无锡神羊化纤、无锡欣欣化纤材料等化纤企业的破产源于化纤行业利润率多年持续下降，企业生存发展困难。二是部分企业处于产业链底端。产品核心竞争力不强，附加值不高，负重爬坡下难以完成转型升级，伴随产业结构转型和发展驱动优化，优胜劣汰现象加速发挥作用。如南通耀荣玻璃因产品药用玻璃输液瓶被塑料制品取代，导致经营亏损、资不抵债。三是国际经济复苏疲弱态势给企业特别是外向型企业带来较大冲击。以船舶制造业为例，作为国际航运业风向标的波罗的海干散货运价指数（Baltic Dry Index，BDI）从2008年最高点近12,000点一度跌至2016年2月10日的290点，沉重冲击产能本已过剩的造船行业，舜天船舶、南通明德重工、南通东鑫船舶、南通太平洋海工等一批大中型船企先后破产。四是贸易保护政策导致出口企业盈利能力急剧下降。如美国、欧盟、加拿大、澳大利亚等对我国光伏企业征收反倾销和反补贴税，导致以出口为主的中国光伏行业遭到致命打击，世界最大的太阳能电池板生产商无锡尚德太阳能电力破产重整。

（二）市场预判不足盲目融资扩张加剧风险

当前，企业破产原因逐步从传统赊购贸易风险转向资金信贷风险。有的企业不顾自身承受能力，不考虑市场行情变化，盲目巨额投资，放大资金杠杆，一旦不能达到预期效果，极易导致资金链断裂。上市公司＊ST霞客进入重整，与其盲目扩张息息相关，投资控股的两家关联企业均出现大额亏损，迟迟无法盈利，最终导致企业进入破产重整程序。无锡二泉特钢原钢管行业效益较好，后控股股东又进入太阳能、塑料行业，均出现亏损，拖累原有钢管板块，导致企业破产。

（三）经营管理问题引发风险

有的企业未能有效建立落实企业治理，监事机构、财务管理形同虚设，未能对经营管理层形成有效监督，如宿迁某企业因多名高管涉嫌违法违纪，最终进入破产。有的企业主法律意识淡薄，将企业财产视为私产随意支配，侵蚀公司利益，如无锡某企业法定代表人用企业资信为个人债务提供担保，法定代表人无法归还款项，且借款去向不明，最终导致企业破产。有的企业对实际控制人依赖性较强,一旦遇到突发状况,就可能陷入瘫痪状态,如南京某科技企业、某房地产开发企业均因法定代表人突然离世等原因,导致企业经营陷入困局。有的企业违法经营,开展非法集资等犯罪活动,难以避免走上倒闭破产之路,无锡奥特钢管、无锡沪通焊管法定代表人涉嫌非法集资犯罪,直接导致两企业破产,无锡某外商独资企业因涉嫌走私犯罪,总经理被捕,外籍董事和高管离华,直接导致企业停业继而破产清算。

(四)金融脱实向虚加速资金链断裂

有的企业无法通过正规金融渠道获得贷款,转向民间融资"饮鸩止渴",导致微薄利润被高额利息"侵蚀",民间融资成为相当部分破产企业"压死骆驼的最后一根稻草"。以南通地区为例,吉星管业、中瑾集团、久发地产、华瑞置业等企业先后因无力偿还巨额民间借贷破产。又以宜兴地区为例,2013年至今,涉及电缆线缆企业的民间借贷案件达288件,标的金额达9.4亿元,江苏金塔电缆、江苏超能电缆等进入破产程序的电缆企业均涉大量民间借贷。联保互保是当前金融企业较为常用的增信方式,在解决企业融资难的同时,也可能引发外溢债务风险,形成担保企业捆绑破产"多米诺骨牌"效应,如常州某集团破产直接影响相关担保企业。部分金融企业单一通过提前收贷方式保全资金安全,但从实际效果看,提前收贷行为并不当然是最优选择,对于能够度过财务困境的企业而言,提前收贷将导致企业无法完成本可完成的自救。

(五)招商引资失范诱发破产风险

少数地方政府盲目招商引资,缺乏必要警惕,只管投资意愿,不顾投资实力和项目好坏,甚至出现"先上车后买票"式的招商模式。如宿迁某企业投资人通过政府垫资取得土地使用权,再将土地使用权抵押获得贷款,前后投入也仅有几百万元,直至企业破产,厂房也未能建成。少数投资者严重缺乏资金实力,圈地后不是投入生产,而是坐待拆迁或土地升值,造成不良社会影响的同时,也存在极大的债务隐患。

(六)国有企业改制遗留问题增加风险

对于采取管理层和职工持股组建新公司模式的改制企业而言,受制于股东自身实力,新企业往往无力进行技术改造或再投资,可能在债务压力下走上破产之路。无锡市红光玻璃厂经改制成为职工持股的股份合作制企业后,未改进技术,勉强经营多年后,最终破产清算。有的改制企业中,持股职工难以对经营管理层股东形成有效监督制衡，经营管理层股东借机开办关联企业，掠夺改制企业客户、订单，导致企业陷入破产困局。有的改制企业未能实现改制预期，仍然采取旧有管理模式，难以适应市场需要，最终走向破产。

三、推进企业破产司法处置主要做法

近5年，江苏省各级各地人民法院多措并举，推动破产审判提质增效，依法服务企业有序退出、资源有效释放。

一是规范破产申请审查受理工作。强化个案监督，督促指导全省法院准确把握破产申请受理条件，扎实做好破产申请受理审查工作；立足让破产程序成为企业退出新常态，开展专项调研，就推动破产程序适用提出针对性建议；依法适用执行转入破产程序，推动执行积案有效化解；结合各市中级人民法院破产案件受理量，灵活把握管辖权下移尺度，确保各市中级人民法院承办必要数量的破产案件，更好指导基层实践。

二是推动企业破产挽救。做好重大破产重整案件协调指导，灵活运用减债、展期、债转股等方式减轻企业债务负担，长航油运、*ST霞客、*ST中达等多家上市公司通过破产重整实现再生。

三是依法保障债权人权益。切实保障民生权益，强化与有关部门协调，推动解决企业职工、进城务工人员、购房消费者权益保障问题；优化债权人会议机制，南京、苏州、无锡等地法院探索实行网络、通讯表决，完善债权人委员会选任、授权和议事规则，切实保障债权人知情权、参与权。

四是着力提升破产审判规范化水平。制定全省法院破产审理指南，统一执法尺度，引导规范审判；梳理总结破产审判中存在的不规范问题，向全省各级人民法院作专项通报；加大个案督办力度，依法纠正不规范问题。

五是推动破产审判信息化建设。徐州市中级人民法院以及泰州泰兴、苏州常熟等地人民法院引导管理人建立破产信息公开制度，通过电子邮件、短信微信等方式向债权人通报破产进程及重大事项。

六是做好管理人选任管理。探索完善管理人准入退出机制，南京、扬州、常州等地人民法院优化调整管理人名册，苏州、南京等地人民法院细化管理人退出相关规则。强化管理人履职监督，南京、苏州确立管理人分级管理规则；无锡市中级人民法院建立管理人责任审计制度。强化管理人职业保障，无锡市中级人民法院以及苏州常熟、苏州吴江、淮安洪泽、南通启东等地人民法院设立专项基金,用于"无产可破"案件管理人成本补偿。推动管理人自律管理,与省律协破产与重组委员会联合举办论坛、组织调研、开展培训。

七是加强破产审判队伍建设。推动破产审判专业化,南通市启东区人民法院成立破产审判庭,无锡、常州、扬州、淮安、徐州、苏州等地人民法院成立破产合议庭。举办江苏省人民法院破产审判业务培训班,创新引入"法官教法官"方式,提升破产审判队伍专业能力。推动院庭长参与破产案件审理,南京市中级人民法院院长、分管院长担任审判长审理上市公司破产重整案,淮安市洪泽区人民法院院庭长担任承办人或审判长审理企业破产案件41件。

四、企业破产司法处置面临的突出问题和困难

面对破产案件数量巨幅增加压力、供给侧结构性改革紧迫形势,以及2～3年时间基本解决执行难迫切要求,江苏省人民法院破产审判质效亟待大幅提升。当前,阻滞破产审判功能发挥的障碍,既包括司法内部因素,如破产审判机制仍待健全、破产审判队伍亟待加强、内部衔接机制有待健全等,也包括诸多外部因素。

(一)各方对企业破产制度认识模糊

有的债权人认为企业破产就是逃废债务,并未认识到绝大多数企业破产属于市场经济优胜劣汰规律使然。有的债权人认为企业破产就是恶意阻碍执行,并未认识到企业破产本质上就是解决债务清偿问题的概括执行程序,只是在处置方式上存在清算、和解、重整方式的差异。有的债权人缺乏破产保护意识,拖延申请债务企业破产造成自身利益受损。有的企业家认为企业破产涉及"面子"问题或需要个人承担责任,所以以"跑路"方式消极应对债务困境。有的地方政府对于企业破产的认识停留在职工下岗、社会不稳、经济衰退层面,未能从推动供给侧结构性改革去产能全局高度给予破产审判应有支持。有的负有协助调查、协助执行义务的单位对于破产法律制度设计缺乏清晰认识,如对于破产管理人在企业破产程序中的定位认识模糊,工作对接只认法院不认管理人。前述认识不到位问题的存在,使破产审判难以避免面临外部支持不足、配合不够问题。

(二)资产负债清理难

资产负债清理困难,是当前企业破产审判面临的突出难题,不仅加重破产管

理负担,而且易导致法院成为矛盾焦点。究其原因:一是账册不规范问题突出。账册不全、不实、不清问题在企业破产中极为突出,给债权甄别工作带来极大困难,审计之后往往只能形成有保留事项的审计报告,管理人再行核查难度也极大。二是债务企业转移财产问题突出。转移财产逃废债务长期困扰破产审判,当前债务企业转移财产逃废债务手段更加隐蔽、链条更加复杂,通过民事手段往往难以追回,亟待加大刑事打击力度。三是企业主"跑路"现象突出,以苏州地区为例,近5年受理的136件破产案件中,涉及企业主"跑路"的占4成左右,这种行为不仅增添企业职工以及债权人恐慌情绪,还给清产核资带来极大障碍。四是债权证明材料不规范问题突出。以民间借贷为例,财务资料、往来凭证缺失现象较为普遍,夹杂着企业陷入债务困境下对外随意确认借款的可能,使民间借贷破产债权真伪辨识问题极为突出。

(三)破产财产处置难

破产财产处置困难,是阻碍破产审判高效运行的主要原因之一。以宜兴市人民法院为例,受理的46件破产案件中,资产全部变现的仅2件,司法网拍的12宗财产,最终流拍11宗。究其原因:一是企业破产财产往往体量规模较大,在市场主体投资意愿较低的情况下,流拍在所难免;二是用地规划、发展规划的调整,无形中限缩意向购买人范围,加剧大宗财产处置难度。

(四)企业破产民生保障支持力度有待加强

企业破产带来的首要问题是职工安置,如何避免产能化解过程中出现"下岗潮",是各方关注焦点,也是确保破产审判高效有序推进的重要前提。当前,解决职工安置的司法手段限于职工债权优先受偿,职工债权先行垫付、职工再就业保障、国企职工身份置换等诸多问题均有赖政府公共服务职能予以支撑,然而,因缺乏长效协调机制以及明确政策支持,法院往往只能通过个案协调推动职工安置,协调效果也因案而异。

(五)重整挽救有待各方合力

破产重整在增进社会财富、维系社会关系方面具有独特优势,然而重整挽救也面临诸多外部困难:一是继续经营是保留企业再生价值的重要方式,这就涉及水电续供、涉税事宜,但因已有税费的拖欠,协调难度普遍较大。二是企业重整涉及不良资产处置,而相关金融机构处置权限普遍集中于上级分支机构,协调处置环节多、周期长。三是重整融资难度因地域而异,经济发展相对滞后、民间融资活力相对不足的地区,重整融资相对更加困难。四是债务企业重整成功后,继续开展新的经营将涉及信用记录修复问题,在缺乏政策支持的情况下,仍需要协调解决。

(六)管理人市场相关机制有待健全

管理人在破产程序中扮演关键角色,然而,当前管理人难以满足个案需要现象较为普遍,管理人不接受法院监督、工作能拖则拖、能敷衍则敷衍现象也并不少见。究其原因:一是管理人市场准入机制有待健全,尚未形成良性竞争格局。二是管理人选任缺乏择优机制,随机确定方式往往无法选出适合个案的管理人,不利于形成“能者上、劣者汰”的良性竞争格局。三是管理人惩罚、淘汰机制不健全,无法形成促使管理人忠实、勤勉履职的倒逼动力。

(七)破产启动资金筹集难

启动破产必然需要支付包括管理人报酬在内的相关费用,然而,相当部分破产企业已无资金可用,甚至是无产可破,面临启动资金筹集难问题,当前仍需要动员利害关系人或属地政府协调垫付,直接影响破产审判进程。

此外,破产审判还面临诸多其他困难,如涉税问题协调难,现行税收立法及政策与企业破产之间存在不相协调之处,破产财产处置税收优惠不足,仍需逐案协调,以南通市中级人民法院审理的某破产案为例,土地使用权仅拍卖变现 750 万元,而土地增值税高达 360 万元,高额的税负直接影响债权受偿率。又如破产企业注销政策与企业破产不相适应,相当部分破产企业无法及时完成注销登记,难以顺利退出市场。再如协调解封难,按照《企业破产法》规定,破产申请受理后,有关债务人财产的保全措施应当解除,但实践中,相关行政执法机关拒绝解封现象依然存在,仍需协调解决。

五、推动企业破产司法处置的打算

近期,制定出台了发挥破产审判职能作用服务保障供给侧结构性改革去产能专项意见,提出以服务市场主体有序退出为出发点,以实现破产审判常态化、法治化、高效化为落脚点,按照积极推进与稳妥处置相结合,分类处置和综合施策相结合,市场主体与政府支持相结合原则,从以下方面入手,依法为实施市场化破产程序创造条件,确保“僵尸企业”及时有效出清,推动过剩产能化解,推进产业结构转型:

（一）依法受理破产申请

一是做好破产申请受理审查，准确把握破产申请法定受理条件，切实做到“不缺位”“不越位”。二是加强企业破产风险预警，针对企业破产可能存在的外溢风险，建立个案风险评估预警机制，债务企业破产存在重大风险隐患的，受理前向属地政府通报情况，取得属地政府支持，协调提前做好应对预案。三是强化破产受理审级监督，督促下级法院做好破产申请受理审查工作。

（二）积极稳妥破产挽救

一是贯彻落实多兼并重组、少破产清算政策引导，对于仍具有品牌、市场、资产价值，因资金链面临压力或经营不善导致不能清偿债务的企业，积极引导适用破产挽救程序；对于产能违规违法、低端低效、救助无望的企业，尽快破产清算，避免应当淘汰的产能利用重整程序变相回流。二是稳妥开展重整企业债务处置。债务豁免、转贷、降息、债转股、引入第三方投资人等债务处置方式的选择上，优先尊重债权人自主意愿，坚持通过协商方式尽力促成各方达成合意。

（三）加快破产审理进度

一是设立“僵尸企业”破产处置绿色通道。破产申请符合法定受理条件的，优先立案受理；当事人申请减交破产案件申请费用，符合法定条件的予以准许；创设破产与执行司法查控系统对接机制，实现债务人财产网络远程查控。二是简化破产案件审理进程。坚持有效率的正义，对资产数额不大、经营地域不广的债务企业，探索试行破产简易审理。三是狠抓破产案件期限跟踪管理。破产清算及重整案件、破产和解案件、无产可破案件分别超过12个月、6个月、4个月未审结的，在期限届满后5日内向上一级人民法院报告情况。

（四）高度重视民生保障

一是依法保障民生债权。严格按照《企业破产法》规定的清偿顺序，优先清偿职工债权；采取先行变价破产财产、争取相关各方垫付等方式，推动职工债权先行垫付。二是依法保障职工参与权，依法保障职工意见表达权。三是推动职工妥善安置。积极引导将职工安置与资产处置相结合，因地制宜采取“人随资产走”等方式多出路安置职工；重整企业继续保持原经营范围的，引导尽可能保证企业原有职工工作岗位，确需裁员的，严格履行相应法定程序。

（五）依法打击逃废债务

一是加大刑事打击力度，推动建立与公安、检察联动打击欺诈破产逃废债工作机制,形成常态治理整体合力。二是用足用好民事追责手段,督促管理人切实肩负起财产调查职责,依法保障管理人调查权力,引导运用破产无效、破产撤销等制度,努力查找追收债务人财产。三是建立企业破产失信人员名单,企业董事、监事或者高级管理人员违反忠实、勤勉义务,致使所在企业破产的,纳入该名单,向工商行政等企业注册登记管理机关通报,在资格认定上予以惩戒。

(六)大力培育管理人队伍

一是改革管理人市场准入与选任机制,按照先行试点,逐步推开原则,放开管理人市场准入,改革现有管理人选任机制。二是建立管理人个案履职评价机制,作为择优选任管理人的重要依据。三是强化管理人履职监督,创设全省各级人民法院管理人信息公示平台,向社会公示管理人基本信息;建立管理人履职承诺制度,以契约形式约束管理人严格依法履职;建立全省法院破产管理人黑名单制度,管理人存在妨碍破产程序正常进行、利用职权或地位获取不当利益等情形的,列入黑名单,暂停或取消管理人备选资格。

(七)加强破产审判队伍建设

一是强化破产审判专业化建设,加快破产审判庭或破产审判团队建设,配齐配强破产审判力量。二是建立破产审判绩效考评机制,充分反映法官审理破产案件的实际付出以及承担的各种压力,切实调动工作热情。三是引导破产审判法官切实增强廉洁意识,坚持以“亲”“清”原则正确处理与债权人、债务企业、破产管理人之间的关系,严守司法底线。

六、推动企业破产司法处置的相关建议

针对企业破产审判反映的外部环境突出问题,建议如下:

(一)政府侧:建议加快形成企业破产处置整体合力

一是强化市场行为监管,引导企业规范经营、加快转型,从源头上防范债务风险。二是建立企业债务风险预警机制,及时掌握辖区企业资产负债情况,有针对性地开展帮扶自救,引用运用产业转移、兼并重组、企业破产等多种方式化解债务危机。三是加大企业破产政策支持力度。具体包括加大财政政策支持力度,加快建立企业破产职工安置基金、破产程序启动基金,解决企业破产必要资金垫付和支出缺口;加大社会保障政策支持力度,切实解决破产企业职工安置问题;加大税收政策支持力度,在现行法律框架内,尽可能给予企业破产更大税收

优惠;加大财产处置政策支持力度,对接政府招商引资政策和平台,推动缓解破产财产处置难问题;加大土地管理政策支持力度,解决涉企业破产相关历史遗留问题、用地规划调整问题,推动加快土地使用权处置进程;加大刑事政策支持力度,推动形成公安、检察、法院联动打击逃废债常态化机制;加大信用政策支持力度,对于破产失信人员,在更大领域、更广地域内予以信用惩戒。四是建立企业破产处置联动机制,搭建由司法、经信委、国资、财政、税务、人社、公安、工商、海关、住建、金融办、银监局等多部门共同参与的联席会议机制,研究解决企业破产中面临的困难问题,确定对接手续、对接流程、对接人员,推动个案协调向制度化对接转变,补齐企业破产配套保障机制短板。

(二)企业侧:建议强化风险管理

一是找准产业投资方向,加快技术改造和转型升级步伐、提升产品核心竞争力,增强抵御市场风险能力。二是强化市场行情预判,将防范风险列为经营决策重要参考,避免盲目扩张引发债务风险。三是强化企业资信管理,避免盲目加大信用杠杆,审慎决定对外担保事宜。四是搭建规范高效的企业治理结构,强化内部机构监督制衡,完善落实财务管理、人事管理制度,切实加强内部风险控制。五是切实规范企业经营行为,在关联交易、关联担保等方面强化监管。六是增强债务危机处置能力,积极运用资产变现、兼并重组等方式开展自救,化解危机;充分认识破产挽救保护功能,纠正企业陷入困境"跑路"消极应对错误认识,更为积极主动地运用破产程序实现企业退出或挽救。

(三)金融侧:建议加大服务实体经济力度

一是强化信贷资金事中使用监管,切实避免实体经济信贷资金流向股市、房市、民间融资等高风险、投资性领域。二是加大金融创新力度,避免过度依赖联保互保,避免形成"一荣俱荣、一损俱损"的局面。三是严格执行利率管理规定,取消隐性信贷收费,降低实体企业融资成本。四是加大中小微企业融资扶持力度,切实解决融资难、融资贵问题。五是对于陷入债务困境但又具有经营前景的企业,慎重适用提前收贷手段,通过灵活运用展期、降息、债转股等方式,以及积极参与困难企业债务重组、兼并重组等自救过程,帮助企业度过暂时困难。六是适当放权下级金融分支机构,推动加快不良债权处置。七是建议金融监管机构依法支持破产重整,对于重整成功的企业,常态化及时修复信用记录。

南京市两级人民法院探索“僵尸企业”破产处置的调研报告（2007～2017年）*

南京市中级人民法院课题组**

2007年《企业破产法》的施行，是我国社会主义市场经济法制建设的重要里程碑，但在该法施行之后，全国破产案件受理数量长期在低位徘徊，破产制度功能的发挥较之立法初衷相去甚远。实现破产法治，非一朝之功。随着破产制度的不断完善，社会各界对于破产理念的逐渐接纳，特别是在供给侧结构性改革的时代背景下，破产法理论和实践迎来了蓬勃发展的有利时机。十年磨一剑，如何让破产制度充分发挥功效，真正成为破解“僵尸企业”难题的利器，诚为实务亟待解决的问题。

一、《企业破产法》实施以来破产审判情况

（一）破产审判总体态势

从破产案件数量来看，自《企业破产法》实施以来10年

---

* 本文为作者提交给“第八届中国破产法论坛暨《企业破产法》实施十周年纪念研讨会”的会议论文，后发表于《人民司法·应用》2017年第25期。收入本书的版本与杂志发表的版本不完全相同。——编者注

** 课题主持人：胡道才，南京市中级人民法院院长。课题组成员：沈湧，南京市玄武区人民法院院长；王静，南京市中级人民法院清算与破产审判庭负责人；蒋伟，南京市中级人民法院清算与破产审判庭助理审判员。

间，江苏省南京市两级人民法院破产案件累计收案386件，累计结案305件，破产案件收结案量均呈上升趋势，特别是近2年增幅显著。随着去产能司法需求不断释放，破产法制环境持续改善，可以预计今后一段时间内，南京法院破产案件收结案量将保持高增长态势，破产审判助推地方经济结构性调整的保障作用将日益彰显（见图1）。

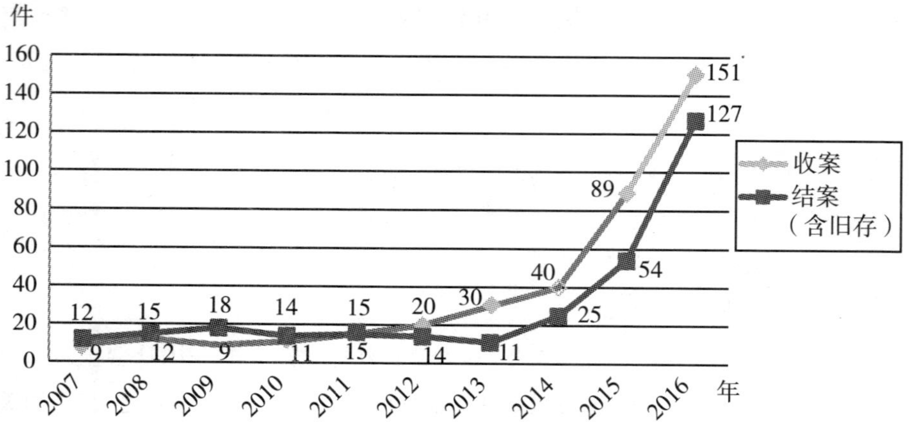

图1 2007～2016年破产案件收结案态势

从破产企业规模来看，南京市法院2007年破产案件收案9件中，小微型企业为6家，占比67%；大中型企业为3家，占比33%。2016年破产案件收案151件中，小微型企业为134家，占比89%；大中型企业为17家，占比11%（见图2）。从上述企业性质分析，小微型企业基本为民营企业，大中型企业多为国有企业。从历年破产企业行业分布来看，除了资金杠杆较高、经营风险较大的建筑和房地产业外，南京地区破产企业主要集中在船舶、轻纺、机械、化工等传统的制造行业，该行业也是我国“僵尸企业”较为集中的重点区域之一。随着国企改革的深入和国家产业政策的调整，南京地区原先以大中国有企业为破产主要对象，现今以小微民营企业和三高两低企业为市场退出主流群体。

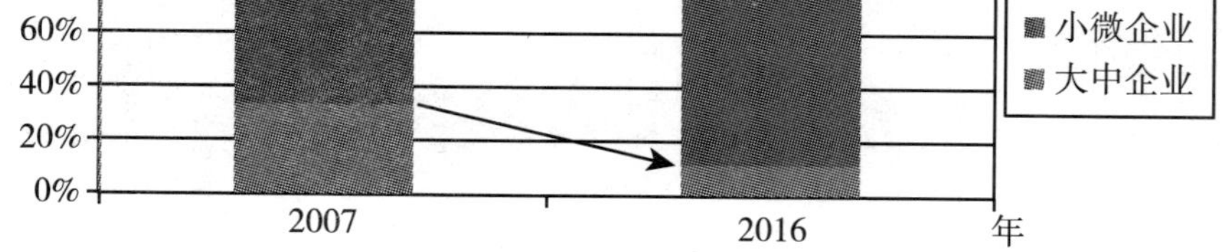

图2 2007年、2016年破产企业规模

从破产案件区域分布来看,案件受理集中度较高,数量并不均衡。2007～2016 年全市法院受理的 386 件破产案件中,南京市中级人民法院受理的数量为 152 件,占近 4 成;基层人民法院受理较多的为江宁区人民法院和浦口区人民法院,分别为 43 件和 42 件,占比均约 11%,较少的为建邺区人民法院和高淳区人民法院,分别只有 5 件和 6 件,占比分别约为 1% 和 2%(见图 3)。破产案件数量分布的不均衡,也导致不同法院审判经验积累上存在一定差异。

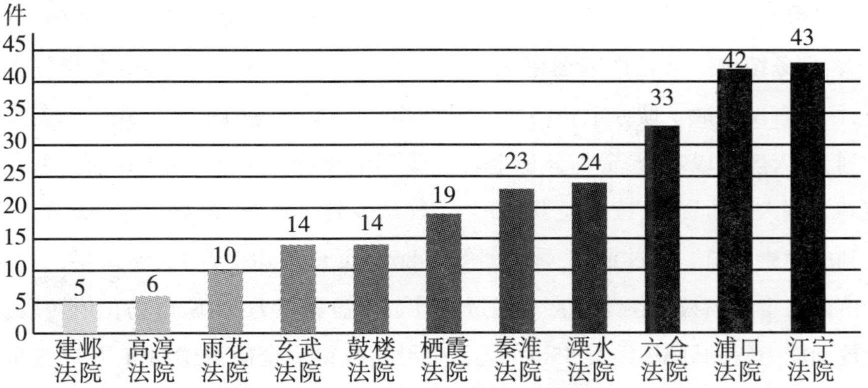

图 3　2007～2016 年破产案件区域分布

从破产程序适用来看,南京市两级人民法院以往基本为破产清算案件,但近年来破产挽救程序适用逐渐增多,逐步树立了多破产重整、少破产清算的审判价值导向。2014 年之前南京地区尚无破产重整先例,之后至 2016 年,南京法院共受理破产重整申请 14 件,符合重整条件且重整成功的共计 6 件,在审的共计 8 件,其中上市公司(含三板市场)重整成功 2 件,分别为长航油运破产重整案和 *ST舜船破产重整案。2014 年审结的长航油运破产重整案不仅是南京法院受理的第一起重整案件,也是我国央企退市重整首例。2016 年审结的 *ST 舜船破产重整案是我国资本市场首例上市公司同步实施破产重整与重大资产重组的案件,开创了上市公司破产保护的新模式。

(二)破产审判工作的成效

自《企业破产法》实施以来,南京市两级人民法院妥善审结了一批具有典型意义和重大影响的破产案件,如 *ST 舜船破产重整案、长航油运破产重整案、华飞彩色显示系统有限公司破产清算案、南京市国际信托投资公司破产清算案等。通过破产审判累计化解企业债务近 400 亿元、安置职工 2 万余人、盘活土地 80 余万平方米和房产 100 余万平方米,为地方经济转型升级提供了强有力的司法服务和保障,同时对地方破产保护理念塑建和破产法制环境改善起到了促进作用。

1. ＊ST 舜船破产重整案

江苏舜天船舶股份有限公司原系江苏省最大国资船企,实际控制人为江苏国信集团。2011 年 8 月公司股票在深交所挂牌交易。受航运、船舶市场持续低迷和经营管理不善的影响,舜天船舶自 2014 年起出现巨额亏损,2015 年 4 月公司股票被处以退市风险警示特别处理。2016 年 2 月南京市中级人民法院依法裁定受理舜天船舶破产重整案。针对舜天船舶主营业务造血功能日渐萎缩、负债巨大、债务结构复杂且面临退市风险的困境,经研究论证并与重整参与各方协商,该案首次采取了债务重整与重大资产重组同步实施的重整模式。根据重整计划,舜天船舶以现金、资本公积金转增股票全额清偿全部债务的同时,由实际控制人注入优质资产,改善经营管理,实现产业转型升级,最终使企业回归持续盈利的健康轨道。通过重整,舜天船舶近 86 亿元债务均得到 100% 清偿,为历年上市公司重整债权清偿率最高。通过提升资产盈利能力,实施市场化债转股,企业盈利能力得到恢复,涉案 55.86 亿元金融债权得到全额清偿,3.1 万户股东利益得到保护,近 2 亿元税款得以挽回,地方产业结构得到优化调整,真正实现了各方共赢。舜天船舶重整案的开拓性和创新性对未来上市国企脱困具有广泛的示范效应,该案也被最高人民法院评为 2016 年度人民法院十大民事行政案件。

2. 长航油运破产重整案

中国长江航运集团南京油运股份有限公司原系 A 股上市公司,由中外运长航集团实际控股,曾是境内规模最大的油运企业。因国际航运市场持续低迷和企业盲目扩张导致运能过剩,长航油运自 2010 年起连续亏损,2014 年 6 月 5 日终止上市,成为境内首家退市央企。2014 年 7 月长航油运进入破产重整程序。在对企业状况全面评估的基础上,通过综合运用剥离亏损资产、优先偿还经营性负债、延期偿债和债转股等方法有效化解了企业财务危机,企业 115.4 亿元债务均全额清偿,涉案 110.2 亿余元银行债权均未转为不良贷款。全额清偿债务的同时,通过调整优化运力结构、提高经营绩效、提升管理水平,成功使长航油运恢复生机,保障了全体 3064 名职工就业,维护了 12.1 万户股东权益。长航油运破产重整案被最高人民法院评为 2014 年度全国十大民事案件。

3. 华飞公司破产清算案

华飞彩色显示系统有限公司原系中外合资企业,是国家“七五”期间重点建设的4家彩管制造企业之一。该企业在2004年以前年销售额在40亿元以上。2004年后,由于电视机产品的更新换代,加上国内消费需求的变化以及行业间恶性竞争,企业经营难以为继。2007年后企业全面亏损,并于2011年停产。在南京市电子行业升级换代的产业趋势下,破产清算成为华飞公司的必然选择。该案通过股东先期垫付职工费用和盘活企业存量土地的方式有效解决了"僵尸企业"处置过程中人往哪里去、钱从哪里来的突出问题,企业尚存的有效资产得以重新配置给更有发展前景的新兴产业。

二、供给侧结构性改革背景下破产审判困境及成因

(一)破产申请动力不足,阻碍"僵尸企业"进入破产程序

"僵尸企业"作为债务人,往往以维持社会稳定、避免职工失业、防止地方GDP与税收下降等为借口,以其巨大的沉没成本绑架地方政府和银行,迫使政府和银行不得不继续"输血"维系其生存。由于"僵尸企业"对于银行贷款和政府补贴存在长期的路径依赖,而且企业经营管理层往往因害怕破产担责或自信能挽回企业经营颓势,也倾向选择掩盖经营管理中出现的问题,因此,很难期待"僵尸企业"能够及时主动地选择破产方式退出市场。对于以银行为代表的"僵尸企业"债权人而言,也不愿意主动推动"僵尸企业"破产退出。"僵尸企业"一旦破产,意味着债权将彻底失去清收的可能,信贷损失的暴露直接影响信贷资产质量和业绩考核以及导致商誉受损,因此,部分银行宁愿饮鸩止渴,继续提供融资,也不愿提起破产申请。

(二)社会保障机制不健全,困扰"僵尸企业"破产案件受理

破产程序虽然是司法清偿程序,但不可避免地要触及职工就业等社会问题,特别是在我国现阶段社会保障机制尚未完善的状态下,职工安置往往是企业破产案件首先考虑的问题。然而,部分"僵尸企业"在提出破产申请时,企业破产财产往往非常有限,难以有效清偿职工债权,特别是有些国有企业,在长期企业办社会的经营模式下,职工对于企业依附性较大,对于企业破产怀有较强的抵触情绪,甚至有企业职工采取极端方式阻挠法院受理破产案件。客观而言,作为中立裁判机构的法院,并不具有解决职工安置问题的职责、能力和资源,需要政府先期协调有关行政管理部门提供政策和资金上的支持,否则只能造成应当破产的企业不能实施破产或根本破不起。

（三）破产挽救程序适用率低，影响“僵尸企业”处置效果

《企业破产法》贯彻的是市场经济的理念，建立了市场主体退出和挽救机制，特别是重整程序的引进，突出了拯救型破产立法导向，体现了社会利益本位。但鉴于该法实施时间不长，社会各界存在认识误区，简单地将破产等同于企业死亡，不懂得积极利用破产挽救程序，多角度地解决债务危机，挽救经营事业，避免企业解体带来的社会震荡。据统计，2012 年、2013 年我国企业破产重整案件数量分别为 129 件、182 件，占破产案件数量比例分别为 6.1%、9.1%；而同期美国企业破产重整案件分别为 8900 件、7660 件，占破产案件数量比例分别为 22.2%、23.1%，相较于破产法制发达的美国，我国破产重整案件数量少、占比低，破产保护功能发挥严重不足。鉴于破产挽救程序对于僵尸企业处置的重要性，若不能进一步发挥我国破产制度的保护功能，势必将影响“僵尸企业”的处置效果。

（四）破产案件审判周期长，制约“僵尸企业”快速出清

破产审判涉及利益主体众多、法律关系复杂，同时受制于破产审判专业化程度不高、管理人履职不充分等因素影响，破产案件的审理往往效率低下，存在久拖不决的问题。部分法院因前期破产案件数量少，审判人员知识储备和经验积累不够，程序意识不强，导致案件进展缓慢。部分破产案件管理人能力与案件不匹配，对于无产可破的案件又缺乏积极性，兼之审判人员未及时督促，导致程序空转，未能高效推进。破产案件审判周期长，不利于维护债权人利益，也难以满足市场资源配置效率需求，延误了出清和挽救“僵尸企业”的宝贵时机。

三、完善“僵尸企业”破产处置的路径探索

（一）“僵尸企业”破产的早期防治

困境企业早期风险处置的目的在于给予挽救企业经营事业的机会和时间，即使企业经营难以为继也为其进入破产程序留有必要的准备期。对于债务人企业而言，破产往往意味着对其经营状况的否定性评价，其信用和声誉必然遭受打击，债权人和政府也不愿意看到企业破产的结果。因此，在进入破产程序前，债务人企业和债权人往往自发或在政府组织协调下开展自救活动，并将私权自治的成果转化为破产程序裁判结果，从而节省了司法资源，也有利于及时化解矛盾。随着企业破产实践的蓬勃发展，预重整和庭外和解等企业早期风险处置制度逐渐在域外破产实践中得到广泛运用，为我国“僵尸企业”处置提供了有益借鉴。

1. 预重整和庭外和解的国外实践

预重整制度肇始于英美国家。英国模式被称为“伦敦模式”,是由英格兰银行在 1990 年英国经济衰退期间倡议发起,旨在帮助指导英国企业复兴。实践中,通常是在主要债权人(常系银行)组织下与债务人企业协商重整计划,原则上重整计划需要所有的权利组均无异议地一致决方能通过。[①] 美国立法则规定既可以进行对全部债权人的全部预重整,也可以进行对部分债权人的预重整。对全部预重整的,法院在审查后符合法律规定的,可以直接批准重整计划;对部分预重整的,在重整计划递交以后,由债务人与那些没有参与预重整的部分利害关系人单独进行协商,对预重整计划进行表决。关于庭外和解,法国《企业困境防治法》创立了“和解清理程序”,和解清理在企业停止支付之前发挥作用,旨在使企业能够在主要债权人的帮助下及调解员的调解下与主要债权人签订协议以延期偿还和削减债务,从而获得挽救经营的机会。[②] 各方协商不一致的,即启动司法和解程序,如仍达不成一致意见,则进入破产清算或重整程序。在日本破产实践中,庭外和解等“私的整理”[③]做法被广泛运用。据统计,日本破产事件中有 20% 是通过司法程序处理的,其余至少 40% ～50% 是通过“私的整理”来解决的。[④]

2. 预重整和庭外和解在“僵尸企业”处置过程中的运用

预重整和庭外和解的核心价值在于通过制度设计让最有机会发现债务人企业出现危机且最具有成本优势解决危机的当事人及时向债务人企业施以援手。“僵尸企业”的主要债务形式为银行贷款,银行利用其较为成熟的风险控制体系往往较其他债权人更先了解企业的经营困境,能够更早地介入企业困境干预。为避免个别银行提前抽贷引发企业信用危机,导致企业经营立刻中断,矛盾急促爆发,政府往往协调各家银行采取一致行动,共同协商企业挽救方案和债务清偿安排。实践中,银行为主要债权人主导了预重整和庭外和解,但我国《企业破产法》并未对预重整和庭外和解作出规定,有必要对其进行合理规制和引导。

对于预重整,可以借鉴英美做法,以部分预重整的形式为主,银行债权人自

---

① 董惠江:《我国企业重整制度的改良与预先包裹式重整》,载《现代法学》2009 年第 5 期。

② 王玉梅:《法国困境企业重整制度的改革及其启示》,载《法商研究》2004 年第 5 期。

③ “私的整理”是指根据私法自治原则,由利害关系人通过协商处理债权债务,由于其不是按照司法程序处理,所以称为“私的”整理,而破产制度则为法律整理(裁判上的程序)。参见[日]石川明:《日本破产法》,何勤华、周桂秋译,上海社会科学院出版社 1995 年版,第 11 页。

④ [日]宫川知法:《日本倒产法制的现状与课题》,于水译,载《外国法译评》1995 年第 2 期。

发或由金融主管部门牵头选任一个主导的债权人和债权人委员会，协调各家银行暂停针对该债务人企业的任何催债行为，组织对债务人企业经营情况和偿债能力进行会诊，对于有挽救必要的企业，先期协商制定重整计划草案或框架性方案。必要时可以聘请专业机构对债务人企业开展尽职调查，对草案或方案制定进行辅导。在提起破产重整申请时，将先期制定的重整计划草案或框架性方案纳入重整可行性方案中，供法院审查。在正式的重整计划草案制定过程中，充分征求未参与部分预重整的利害关系人的意见，并最终形成草案。如在长航油运破产重整案中，江苏省政府金融工作办公室组织各主要银行债权人召开银企协调会，以会议纪要形式将重整计划框架性方案内容予以固定，并作为申请材料提交南京市中级人民法院审查。南京市中级人民法院召开听证会并按照债权分类组织召开专项会议征求各组别意见，在此基础上进一步细化和修订重整计划草案，该草案最终在债权人会议中获高票通过。

对于债权人人数较少，而且债权相对集中的债务人企业，可以选择庭外和解的方式。债务人企业可以请求金融主管部门协调各银行债权人集体与债务人就债务偿还进行磋商，成立银团会议，参照《企业破产法》有关规定通过庭外和解协议，选举牵头行，由牵头行协调庭外和解工作，约束个别清收。若债务人未能执行庭外和解协议，债权人则可以向法院提出破产申请。

（二）“僵尸企业”破产案件的分类处置

1. 破产程序中“僵尸企业”分类处置原则

企业僵尸化的病因各有差别，需要法院对其破产程序的适用进行审查，分类评估、分别处置，特别是要注重发挥破产的保护功能。政府和法院应鼓励和引导那些确实具有重整价值与挽救希望的企业利用破产重整程序积极施救，并为此创造良好环境和实施条件。在我国社会各界对于破产重整功能价值尚未认识充分、破产重整程序适用率仍较低的情况下，法院审理破产案件要改变以往思路，将法院当作“生病企业”的医院，让这些企业愿意到法院来，通过破产重整实现资源重新配置，重获生机。在同时或先后存在破产清算与重整申请的情况下，法院在审查企业是否具备破产原因的过程中，可指导各方协商确定具体的破产程序，在符合法定条件的情况下优先考虑重整申请的受理。不可忽视的是，在任何一个国家破产司法实践中，企业破产清算数量都是绝对大于破产重整数量的，市场中具有重整价值的企业毕竟是少数，破产清算是企业市场出清的常态，不能为重整而重整，违背市场规律。

2. 重整价值的判断

对于破产审判而言,适用重整程序的各项考察因素中比较复杂的是重整价值的判断。重整不仅对企业及其相关利益主体的权益产生直接影响,而且对产业整合和社会稳定等方面产生间接影响,具有私权属性和社会属性相结合的特征,也因此重整价值的判断糅合了经济价值与社会价值的比较考量。

重整价值的具体判断主要基于重整收益与清算收益的比较,即在综合评估企业经营现状、资产质量、债务负担与可能的清偿能力、产业政策、发展前景、职工就业等因素的基础上,分别对企业在重整状态下与清算状态下的经济收益与社会收益进行测算和比较(见图 4)。

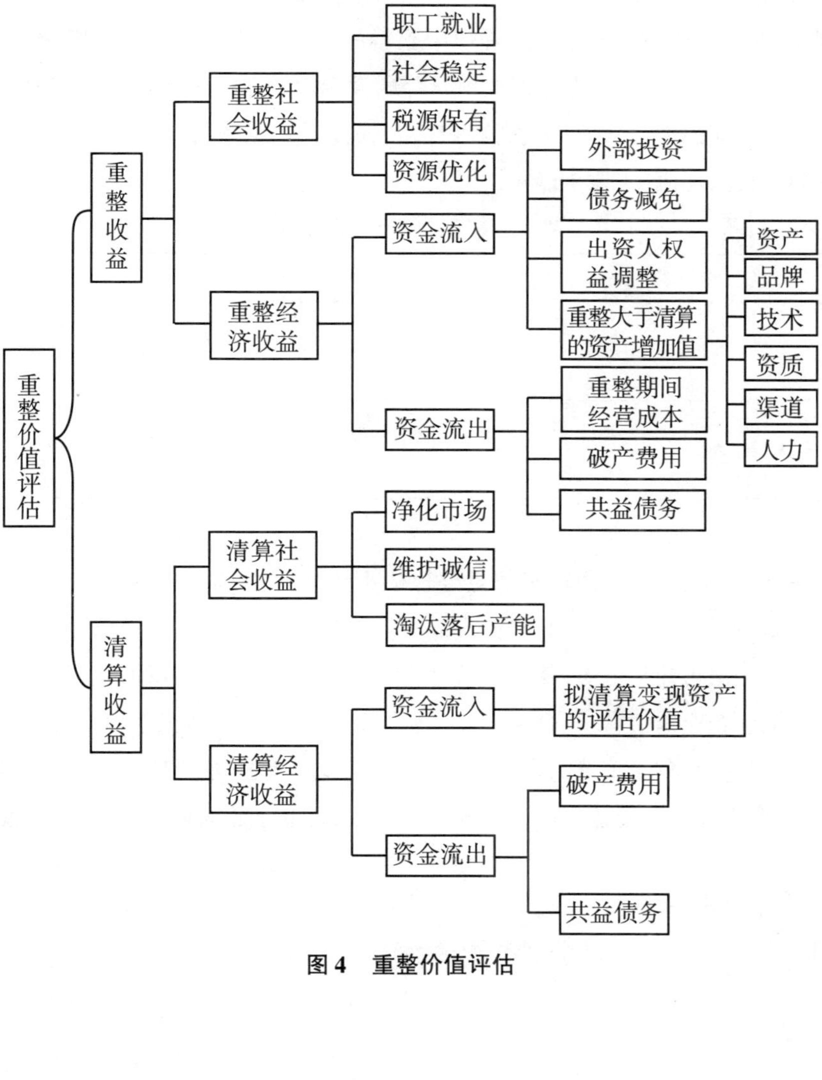

图 4　重整价值评估

对于重整经济收益、社会收益均大于或均小于清算的,企业自然具有或不具有重整价值。对于重整经济收益大于清算经济收益,但重整社会收益权重较小的,在这种情况下,即使企业还存在重整的经济价值,若企业严重违法经营,侵害消费者权益,造成恶劣社会影响的,也应该直接破产清算。如三鹿奶粉事件,三鹿集团即使拥有成熟的奶源和销售渠道、完备的生产线等营运价值,但因其生产有毒产品,严重侵犯了消费者健康权益,造成恶劣的社会影响,为净化市场,破产清算成为必然选择。[①]对于重整经济收益小于清算经济收益,但重整社会收益权重较大的,债权人作为经济理性人倾向于选择债务人破产清算,而政府往往基于社会稳定、职工就业等因素希望企业重整,并施以援手,给予企业重整必要的支持。需要避免的是,政府在履行经济调控和社会保障职能的同时,不能倾轧债权人利益,即不应使债权人在重整程序中获得的经济收益低于清算程序中获得的经济收益,同时还应结合企业产业前景等因素判断企业重生的可能,并利用重整积极改善企业的经营管理,加强技术改造,提高产品竞争力,避免企业之后重新陷入僵尸化的泥潭(见表1)。

表1　重整价值评估结果示意

<table>
<tr><th>经济收益</th><th>社会收益</th><th>是否具有重整价值</th><th>备 注</th></tr>
<tr><td rowspan="2">A1 > A2</td><td>B1 > B2</td><td>是</td><td rowspan="4">A1 代表重整经济收益
A2 代表清算经济收益
B1 代表重整社会收益
B2 代表清算社会收益</td></tr>
<tr><td>B1 < B2</td><td>否</td></tr>
<tr><td rowspan="2">A1 < A2</td><td>B1 > B2</td><td>是(附条件)</td></tr>
<tr><td>B1 < B2</td><td>否</td></tr>
</table>

3. 重整模式的选择

我国破产实践中运用较多的重整模式主要有两种:第一种是传统的存续型重整;第二种是出售式重整。出售式重整,是将债务人具有活力的营业事业全部或主要部分出售让与他人,使之在新的企业中得以继续经营存续,而以转让所得对价即继续企业价值,以及企业未转让遗留财产(如有)的清算所得即清算价值,清偿债权人。相较于传统的存续型重整,出售式重整的显著特点是不保留原债务人的存续,在事业转让之后将债务人清算注销,事业的重整是以在原企业之外

① 关于重整价值评估,参见栾甫贵等:《企业破产重整价值评估研究》,立信会计出版社2011年版,第113~125页。

继续经营的方式进行。①出售式重整的逻辑起点在于重整实质是要挽救债务人所经营的事业,而不是形式主义地维持债务人主体存续。出售式重整具有效率上的优势,具体表现为:第一,重整计划草案制定简单直接,仅需将债务人的全部或主要营业资产实际转让变现,不需要像存续型重整那样考虑债务清偿和持续经营的诸多安排,也不需要对清偿比例进行模拟测算。第二,重整计划执行较快。存续型重整往往以企业的未来收益作为清偿保障,而出售式重整是将全部或主要营业即刻变价清偿。同时,出售式重整因债务人主体资格消灭,能够有效解决债务人的余债责任问题。

重整模式因为商业的灵活性,呈现出开放式的特点。出售式重整衍生出新的模式,即出售式重整的反向操作。该模式原常见于我国上市公司的重整,许多战略投资者仅受让上市公司的壳并支付对价,同时要求公司的原控制股东将企业的无效资产收购,甚至要求将企业的原有资产全部收购,之后再注入新的业务与资产重新经营。在近些年的破产实践中,反向操作的出售式重整适用范围已不再局限于上市公司,类似于上市公司壳资源,以企业存续为前提的市场准入资质、行政许可、政府扶持等也成为反向操作的出售式重整适用范畴(见图5)。

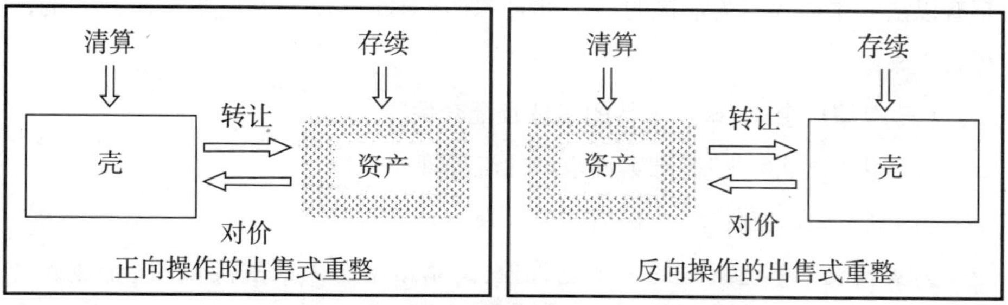

图5　出售式重整两种模式比较

如南京市中级人民法院审理的瑞桓系关联企业破产案,瑞桓公司与淮安市政公司是瑞桓系企业中的主干企业,两公司所具有的高等级路政和市政工程的建设资质是瑞桓系企业重整的基础性资源。保有两公司的法人人格,维系资质存续是本案的重整关键。为此,该案采取了先行分离、保壳重整、再行清算、合并清偿的重整思路。具体而言:一是先行分离。鉴于瑞桓系企业的资产负债需要较长时间才能清理完毕,而瑞桓公司和淮安市政公司的资质年检将近,为了方便

① 王欣新:《重整制度理论与实务新论》,载《法律适用》2012年第11期。

新投资人收购,保留资质,管理人先行将两公司原有的资产负债剥离,平移至瑞桓系下的枫太公司托管。二是保壳重整。原资产负债分离后,原股东出资人权益因资不抵债而被调整为0,新投资人取得两公司的全部股权。新投资人除支付必要的偿债款项外,对公司原先债务不负清偿责任。三是再行清算。管理人以枫太公司为载体继续清理原瑞桓公司和淮安市政公司的资产负债。通过重整,管理人在原有资产之外,还能获取新投资人额外支付的偿债资金,因此重整后的债权清偿率必定比破产清算的清偿率高。四是合并清偿。因瑞桓系关联企业间资产、业务、人员高度混同,故将上述获取的偿债资金纳入破产财产后进行合并清偿。

对于"僵尸企业"破产重整而言,应根据企业陷入困境的成因、经营情况、资产质量和特点等选择与之相适应的重整模式。如有些企业仅因资金链断裂陷入财务困境,但其盈利能力与发展前景俱佳,且企业还在继续生产经营中,其持续经营价值远远大于其清算价值,对此可以考虑适用存续型重整。有些企业若因为历史遗留问题较多,施救成本较大,但又具有较为完整的营运资产,对此可以考虑适用正向操作的出售式重整;有些企业虽已停止生产,经营资产老龄化,但享有以法人主体存续为前提的稀缺性资源的,对此可以考虑适用反向操作的出售式重整。

(三)"僵尸企业"破产案件的审理及配套保障

1.强化"僵尸企业"破产案件审理的流程管控

(1)规范破产案件审理,提高破产审判质效

为实现破产审理流程的常态化管控,南京市中级人民法院依照《企业破产法》规定,总结司法实践经验,梳理破产程序各个阶段注意事项和常见问题,制定出台了《破产案件审理规范指引》。在法律框架内,通过统筹优化破产程序设置,缩短审理周期,降低程序成本,进一步提升破产审判工作成效。根据破产案件申请受理,管理人指定,债权申报与核查,债权人会议召开,资产清收、变现和分配,重整计划草案制定和批准以及破产程序终结各个阶段的不同要求,建立程序节点期限警戒线机制,把控案件审理进度,强化破产审判人员程序意识,指导和督促破产审判人员更好更快地完成破产审判工作。

(2)加强管理人履职监督,督促管理人高效履职

为进一步强化管理人履职,南京市中级人民法院通过建立管理人履职任务

清单机制,明确管理人各项任务职责,对管理人工作实施全程监督,督促管理人按照破产程序节点及时推进各项工作。对于管理人未能按时完成的工作,要求管理人及时说明原因,制订下一步工作方案。建立定期报告制度,管理人应当定期向法院报告破产工作进展,并提交书面报告。完善管理人履职考评制度,强化对管理人的分级管理。对管理人履职实施一案一评,考评结果与管理人报酬挂钩,并计入管理人资料信息库,作为定期评定管理人业绩的依据,以此决定管理人分级和退出。对于管理人未依法履职或怠于履职的,视情节轻重,分别采取相应整改和惩罚措施,建立管理人更换机制和黑名单制度等,推动管理人规范高效地开展工作。

2. 健全“僵尸企业”破产案件审理的配套保障

(1)建立破产案件受理先期协调保障机制

为畅通“僵尸企业”进入破产程序通道,扫清破产案件受理的前期障碍,在中央为“僵尸企业”处置提供政策支持和资金扶持的有利形势下,建议建立常态化的破产工作府院联动机制,进一步加强政府前期风险处置工作与破产案件受理的衔接,推动政府在企业破产过程中切实履行公共管理服务职责,落实属地维稳工作,争取政府对法院破产审判工作的理解和支持。在对破产企业职工遣散、安置的过程中,利用中央建立转岗安置专项资金有利契机,设置破产企业职工安置专项基金,用于弥补职工托底安置资金缺口,妥善解决职工问题。同时建立职工债权先行垫付制度,地方政府、上级主管部门等为化解破产企业涉稳隐患,维护社会稳定先行垫付职工工资、社会保险费用等安置费用的,依法列入职工债权,优先偿还。如南京市中级人民法院在华飞公司破产清算案受理过程中,经与企业主管部门和股东沟通后,采取股东先期垫付职工费用的方式,率先安置职工2521人。职工问题的妥善解决,为该案后续推进奠定了良好的基础,有效排解了破产案件审理中存在的不安定因素。

(2)完善企业财务管理及责任追究制度

要求企业建立健全的财务管理制度是现代企业经营管理的必然要求,也是法定强制性义务。企业的会计账簿等财务资料是企业持续经营状态下经营活动的真实、完整的记录和财务状况的体现,在企业陷入困境,需破产退出或挽救时,则成为判断企业是否符合破产条件以及清产核资的重要凭据。在破产实践中,有些企业往往因财务制度不健全,财务管理混乱,造成公司会计账簿记载不真实、不完整,账册遗失,甚至为逃避债务,故意隐匿、损毁重要财务资料,拒不向管理人移交,严重阻碍了破产工作推进,增加了额外成本,损害了债权人利益。为此,建议完善企业财务管理及责任追究制度。进一步强化政府财政部门等职能机关对企业建立规范、透明的财务管理制度的日常指导和监督力度。在破产申请审查期间,法院可以根据债权人申请对债务人企业重要的财务资料等采取保全措施,防止债务人企业故意隐匿、损毁财务资料行为的发生。对于债务人企业拒不向管理人移交财产、印章和账簿、文书等资料的,或者隐匿、伪造、销毁有关财产证据材料而使财产状况不明的,法院除可以对直接责任人员依法处以罚款外,还可以强制债务人企业向管理人移交上述财产、印章、重要文件等。进一步健全破产程序妨害行为责任体系,对于债务人企业及有关人员有妨害破产程序行为的,根据情节轻重予以处罚,追究责任。

(3)建立破产清算程序审限制度

《民事诉讼法》对于普通民商事案件的审理,规定了明确的审理期限。案件审限制度价值在于规范裁判权力,实现司法效益。《企业破产法》对于破产清算程序审限未能作出明确规定,这也导致司法实践缺乏对破产清算案件审理效率的有效监督。鉴于此,建议建立包括破产清算程序在内的统一的审限制度。在此方面,南京市中级人民法院进行了有益的先行探索。考虑到破产案件往往案情较为复杂,个案间差异大,审限也有较大差别,为此,南京市中级人民法院建立了指导型、弹性化的破产案件审限制度。按照上述《破产案件审理规范指引》规定,在破产程序各个阶段对工作要求进行提示,根据破产案件类型,依照《企业破产法》规定并结合实践,对程序各阶段审限进行测算,科学设置关键节点期限警戒线,超过警戒线的案件必须报告情况,说明应对举措。

(4)建立破产审判绩效考评机制

破产案件相对于普通商事案件具有复杂度高、审理周期长、工作量大等特点,但传统的案件考核机制往往将二者等而划之,未作区分,客观上未能体现破产案件工作业绩,影响了办案人员积极性。为此,南京市中级人民法院从司法实践出发,综合考量案件特点、复杂程度、程序适用类型等因素,建立了较为科学可行的破产审判绩效考评机制。具体而言:对未进入实体审理结案的按普通一审商事案件处理;对进入实体程序结案的,一般破产案件,1 件折抵 20 件左右普通一审商事案件,无产可破案件折算系数降低,1 件折抵 5 件左右;大型企业破产、债权人数较多、职工数众多、矛盾尖锐、资产复杂的破产清算案件和重整案件折算系数适当提高，以1件折抵20～50件为宜，具体折算数量由专业法官会议审议确定后报审判管理办公室备案。为规范各地法院经验做法，建议最高人民法院适时建立统一的破产审判绩效考核机制。

(5)推动成立破产管理人行业协会

由破产管理人协会实施行业自治的管理职能和自律监督，有助于保障破产管理的专业化、市场化发展，促进管理人水平的整体提高。行业协会可以根据地区不同的市场发展水平确定符合现状的行业纪律、规则、道德准则，为破产管理人的执业活动提供统一的行为规范，以便形成公平合理的、符合行业习惯的执业过失认定标准等。同时通过管理人协会设立管理人援助基金，为管理人提供充分的执业保障。基金设立方式可以考虑对管理人收费在一定数额以上的案件，按照一定比例提取基金用于支付管理人报酬，地方政府有余力的可通过财政拨款给予一定补贴，解决前期资金不足问题。目前，南京地区也在筹建破产管理人行业协会，并有望近期成立。

四、结语

高效发挥破产审判职能，依法妥善处置“僵尸企业”是供给侧结构性改革的客观需要。法院作为“生病企业”的医院，应加强研究、积极实践，通过公正高效的破产审判工作，解决“僵尸企业”长期以来累积的各类深层次矛盾，建立常态化、法治化的市场主体救治和退出机制，为经济社会持续健康发展提供优质的司法服务和保障。

苏州市两级人民法院破产审判报告（2006～2015年）*

苏州市中级人民法院民二庭

企业破产制度是市场竞争的必然产物，是市场经济优胜劣汰的必然选择，对于淘汰落后产能、增强经济活力、促进经济发展起着重要的作用。法院破产审判是促进市场经济健康发展的法治手段，事关经济发展全局、所涉利益重大、关涉社会和谐稳定，备受政府和社会各界的高度关注。随着我国改革发展的进程，市场主体法律机制的逐步健全，破产案件增多在一定时期内将成为趋势，企业破产制度的价值愈加彰显。为深入贯彻落实党的十八届五中全会提出的“五大发展理念”和中央经济工作会议提出的“五大任务”，加强供给侧结构性改革，提升市场主体竞争力，破产审判在规范引导“僵尸企业”清理、促进被淘汰市场主体有序退出方面大有作用。为充分发挥司法服务经济新常态，总结梳理破产审判经验，苏州市中级人民法院对2011～2015年苏州地区人民法院破产案件的审理情况开展了专项调研，形成此报告。

---

* 2016年3月30日苏州市中级人民法院召开新闻发布会，通报全市法院2011～2015年破产审判工作相关情况。本文为新闻发布会上发布的《苏州法院破产审判报告》全文，感谢苏州市中级人民法院民二庭授权收录。——编者注

一、2011~2015年破产案件审判总体情况和主要特点

2011~2015年,苏州市两级人民法院共受理破产案件136件,其中2011年14件、2012年11件、2013年19件、2014年27件、2015年65件(见图1),共审结破产案件71件。在案件类型上,破产清算案件105件,重整案件21件。在结案方式上,清算注销51件,重整成功9件,破产和解2件,其他方式9件。已结案件中共解决3964名债权人债权,清理债务678,807.39万元,安置企业职工9200人。

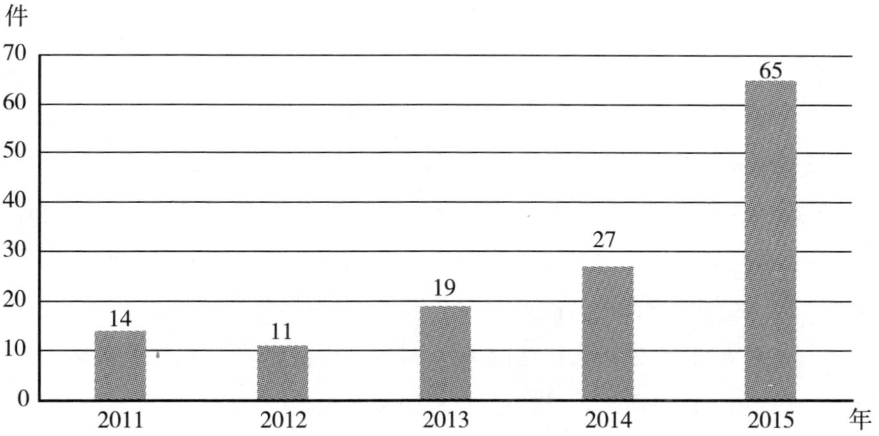

图1 2011~2015年破产案件收案数量

(一)受理案件数量近年来暴增

破产案件受理数量逐年攀升,特别是2014年及2015年受理数量占2011年以来的67.64%。这一方面说明市场优胜劣汰机制发挥作用,破产企业数量增多;另一方面亦说明债权人和债务企业破产保护意识增强,开始更多地选择破产方式处置债权债务。

(二)各地法院之间受理案件数量不平衡

2011~2015年,全市各基层人民法院受理破产案件情况分别是:张家港市人民法院29件,太仓市人民法院24件,吴江区人民法院23件,常熟市人民法院20件,工业园区人民法院10件,吴中区人民法院10件,相城区人民法院8件,昆山市人民法院6件,虎丘区人民法院4件,姑苏区人民法院2件(见图2)。各地区人民法院之间受理案件数量不平衡,其中太仓市、张家港市、常熟市和吴江区4家人民法院受理案件数占全市人民法院受理破产案件总数的70.59%。

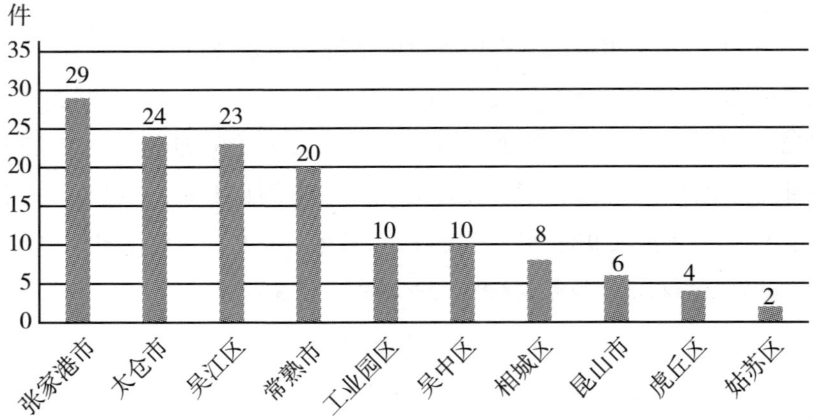

图 2　2011～2015 年各基层人民法院破产案件收案数量

(三)"执转破"程序案件逐渐增多

修改后的《民事诉讼法》和最高人民法院关于适用民事诉讼法的司法解释出台后,执行程序转破产程序的案件成为破产案件收案新的增长点。2015 年全市法院共受理 18 件执行程序转破产程序的案件,占当年收案数的 27.7%,其中吴江区人民法院 8 件,常熟市人民法院 4 件,吴中区人民法院 3 件,工业园区人民法院 2 件,太仓市人民法院 1 件,均为执行程序中发现破产原因后向债权人释明,由债权人申请破产的情形。

(四)申请人以债权人为主

破产案件中,债权人申请企业破产的达 102 件,占受理案件总数的 75%,而债务人自己申请企业破产的为 33 件,占 24.26%,另有 1 件是公司强制清算中清算组向法院申请破产。可以看出债权人申请企业破产的占比较高(见图 3)。

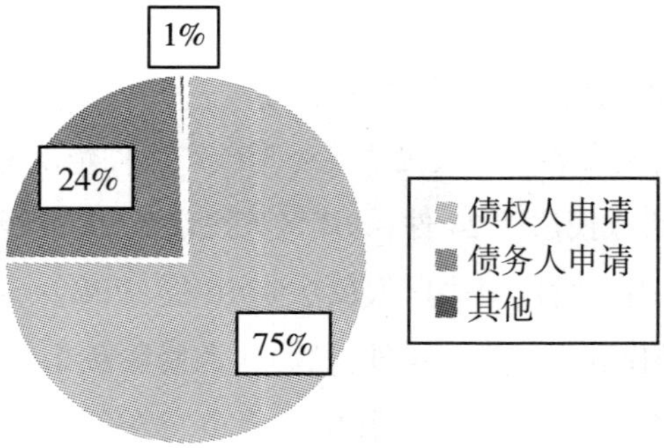

图 3　申请主体数量对比

(五)债务企业性质以民营企业和外资企业为主

苏州地区民营企业较多,绝大多数民营企业融资渠道单一且融资额度有限,抗风险能力参差不齐,一旦资金链断裂或者市场行情下滑,部分企业便陷入经营困境。有的外资企业在经济状况不良后,不愿意依托原企业进行产业升级;有的其母公司出现经营困难,从而导致进入破产。全市法院受理的破产案件债务人企业性质以民营企业或外资企业为主,仅4家国有企业。

(六)债务人所涉行业多样化

受理的破产案件中债务人所涉行业众多,除了机械制造、轻纺、电子、服装等传统劳动密集型产业外,还出现了餐饮、房屋租赁、房地产销售、贸易公司等以服务业为经营范围的行业,所涉行业呈现多样化趋势(详情见图4)。

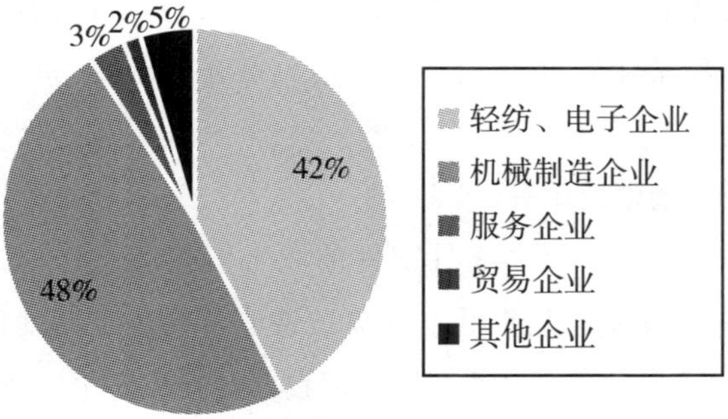

图4　破产企业行业分布

(七)债务人企业以注册资本500万元以上的企业为主

破产企业注册资本在100万元以下的企业仅有7家,100万～500万元的有14家,500万～2000万元的有17家,2000万元以上的达33家。注册资本在500万元以上的规模企业总数达50家,占全部破产企业的70%以上(见图5)。

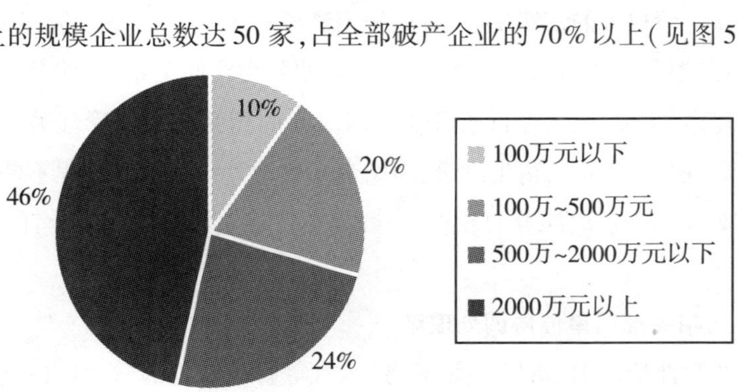

图5　破产企业注册资本数量对比

(八)企业主“弃企避债”现象普遍

在136家破产企业中,涉及企业主“弃企避债”的达到4成左右,这一方面造成此类企业账册资料缺失,增加了应收账款催讨和破产财产审计的难度,给破产管理人开展工作造成了障碍;另一方面也增加了企业职工的恐慌,容易激化企业与工人间的矛盾,维稳压力较大。

(九)重整、和解程序适用率低

重整成功的9件案件中有6件为关联企业合并重整,2件为破产和解,重整、和解程序适用率低。一方面,进入破产程序的企业,大多已是严重资不抵债的企业,重整的可能性本就很小,与其耗费更高的成本重整,不如直接宣告破产清算;另一方面,重整程序成功的关键在于危机企业是否具有重整价值,即持续营运价值,如行业前景、商业信誉、客户网络、技术秘密甚至行政许可事项等。这些属于企业自身情况的客观因素,重整成功与否的关键在于企业的价值。和解程序的适用也同样如此。

(十)职工债权清偿比率高

从审结的71件案件来看,43件案件的职工债权清偿比率为100%,1件达94%,10件案件的职工清偿比率低于50%。说明苏州法院高度重视保障职工民生权益,通过各种手段确保破产企业职工债权得到高效高比率清偿。

二、破产案件审判中的相关问题

(一)法律关系复杂,审理周期长

破产案件中资产的清理、评估,债权、债务的调查、确认等工作难度大,同时还要兼顾众多债权人的情绪反应,避免发生激烈的矛盾冲突,使破产管理人的任务颇重,不仅涉及企业与债权人、债务人之间的各类合同关系,还涉及与工商、税务、劳动、建设、土地、卫生等行政管理部门之间的相互交错的管理关系,法律关系复杂。而且存在大量的衍生诉讼、刑民交叉处理等导致破产进程不断被拖延,因此破产案件的审理周期普遍较长,一般都在2年左右,甚至有的案件长达近8年仍未审结。

(二)与相关部门单位协调处理难

在破产案件处理中,要与工商、税务、人社等行政管理部门,与供水供电部门进行沟通协调,甚至还涉及其他兄弟法院的协调配合。首先,破产案件的审理与行政机关行使行政管理权产生冲突。如税务部门申报债权时,要求将滞纳金作为优先债权,但只能认定为普通债权;破产重整程序中,税务部门在债权申报阶段未申报债权或仅申报部分债权;重整计划执行过程中,税务部门就未申报的税务债权要求重整企业补缴税款、罚款、滞纳金;破产清算程序中,破产财产拍卖公告明确由买受人缴纳全部相关税款,在买受人未及时缴纳税款的情况下,税务部门要求破产企业缴纳税款。又如,工商部门在破产程序终结后,不配合注销破产企业。再如,海关及税务机关往往认为财产变卖过程中产生的关税及其他税收应视为清算过程中处置资产产生的费用,应作为破产费用先行偿付。但该部分税收如先行拨付,又会影响到其他债权的分配,导致债权人产生对抗心理。但相关法律法规并未明确该部分税收是作为债权申报还是作为清算费用。其次,破产案件审理的开展,需要保证场地、供水供电等基本的工作场所,但实践中场地所有人、供水供电部门往往要求先行清偿前期欠缴费用,事实上这部分欠缴费用一般只能认定为普通债权,如先行清偿将违反破产法的规定。再次,《企业破产法》规定,人民法院受理破产申请后,有关债务人财产的保全措施应当解除,执行程序应当中止。但实践中向相关法院、银行、房产、土地等部门要求协助执行时,部分法院仍强行扣划破产企业银行存款,部分银行仍拒绝解除对破产企业银行存款的冻结,需要破产审理法院多方协调沟通,有时甚至还不能解决问题。最后,根据相关规定精神,破产企业自身档案由管理人移交上级开办单位或企业股东保管,如企业股东无人接收,移交企业所在地档案管理部门保管。但实践中有些破产企业股东无法联系或不愿意接收也不具备保管条件,而当地档案管理部门也不愿意接收,在此情况下只能由管理人代为保管。

(三)管理人作用尚未充分发挥

破产管理人是破产程序中最重要的组织,破产程序能否公正、公平、高效地开展,与破产管理人的活动密切相关。但实践中,管理人制度不健全,管理人实际能力不能适应新形势下破产案件审理的需要。一是知识结构单一。根据现行做法,法院指定的管理人大都为律师事务所或会计师事务所,法律或财务知识素养很高,但知识面又过于单一,企业经营管理方面的综合性知识和经验欠缺,尤其是监督破产企业重整计划执行方面的能力非常有限。二是执业经验不足,执业能力有限。由于破产管理人制度实行时间较短,大部分纳入名册的管理人执业经验非常有限,以致很多管理人往往对破产相关问题不知如何应对,难以胜任工作。此外,目前苏州地区入册的管理人大多缺乏团队协作执业经验,管理人内部工作人员之间的沟通协调不畅,严重制约了执业能力的提高。三是对法官依赖性大。由于知识单一、经验不足、执业能力有限,管理人在履职过程中难以独立处理相关事务,加上法律对管理人履职的规定过于原则,以致管理人在遇到诸如对外追索债权等具体事务时都需向承办法官请示,依赖于法官指导其开展各项工作。四是社会公众对管理人的认识不到位,包括政府部门在内的社会各界对管理人履职的配合、协作不够,阻碍了管理人履行职责。比如,调研中发现,许多金融机构甚至一些行政机关对管理人开展工作没有法律上的正确认识,造成款项扣划、资料调取等本应由破产管理人完成的工作,都需法院反复开具扣划通知书、调查令,甚至审理法官亲自到场协调沟通才能解决,极大地影响了破产案件审理的效率。

(四)对破产管理人的监督管理缺位

《企业破产法》开创性地引入了管理人制度,但由于相关法律法规对如何管理和监督管理人工作未作明确细化的规定,各地法院也只能边审理边摸索。由于审判力量及审判人员精力时间方面的限制,无法对管理人工作进行全面的监督管理。另外,一些管理人的业务素养不高,专业人员不多;少数管理人敬业精神不足,拖沓迟延、滥用职权等现象仍有发生;无产可破案件增多,管理人报酬大幅下降,工作积极性受挫;管理人的绩效考核机制缺失等原因,造成管理人难以勤勉忠实地履行职责,急需加强法院对管理人的动态监督和分级分类管理,并建立管理人职业保障制度。

(五)安置职工、维护稳定任务重

企业破产必然会将职工推向社会,而职工安置的好坏将直接影响法院破产案件的审理效果。破产程序虽然是司法清偿程序,但不可避免地要触及劳动、人事方面的问题,特别是在我国现阶段社会保障机制尚在不断完善的状态下,职工安置已成为破产案件审理中法院需要优先考虑的问题。但由于法院自身的职能定位,即使倾注了大量的精力,有时也无法有效解决职工安置问题,对于出现企业职工集体维权、上访等影响社会和谐的事件的处置,仍然需要依靠地方政府的力量来妥善解决。

(六)企业财务清理困难

由于大部分破产企业经营不够规范,财务管理较为混乱,甚至部分破产企业主或其高管“弃企避债”导致财务账册缺失,造成破产企业财务清理方面非常困难。一是账目真实性难辨别。有的企业为规避税务设置假账,有的公私财物混同,特别是财务人员离职后,账目的真实性难以辨别。二是债权债务难确认。有的企业法定代表人、股东从企业取得财物或金钱不入账;有的公款私存;有的法定代表人假借企业名义对外借款;有的以个人名义对外举债用于公司生产经营;有的为了逃避债务,事先与他人恶意串通,虚构债务。三是财产流转难识别。由于部分企业经营随意性较大,转移或隐匿财产的手段多样,相关交易的真实性难以辨别,是否属于破产财产难认定。四是隐匿账册。有的企业主为逃避其违法行为被发现追究,故意隐匿财务账册、经营资料,不但造成财务清理困难,还造成债权债务难确认,资产不易处理。

(七)破产审判力量配备不足

一方面,目前中基层人民法院案多人少的矛盾进一步突出,在案件数量猛增的情况下,审理普通民商事案件的法官数量本身已经捉襟见肘,更加没有能力配备充足的审判力量审理破产案件。苏州地区10家基层人民法院,只有常熟市人民法院专门设立金融破产庭,张家港市人民法院设立专门的破产审判合议庭,其他法院一般仅有1～2名法官负责破产案件审理,且仍有审理普通民商事案件的任务,破产案件审判力量配置严重不足。另一方面,审理破产案件通常耗时耗力,较普通案件而言,审理难度要大得多,破产案件又难以体现工作量,以普通案件的绩效考核办法考核破产审判法官显然不合理,导致法官承办破产案件的积极性受影响。

(八)所涉法律疑难问题众多

破产案件的审理错综复杂,涉及的法律实体问题和程序问题众多,亟须法律予以明确。涉及的主要问题有:(1)执转破案件立案审查问题。被执行企业无可供执行财产的案件数量占有相当比例,要防止为了执行结案或转移矛盾而将大量执行案件向破产程序移送,其中的审查、移送标准和程序需要进一步规范细化。(2)无产可破案件的破产费用问题。目前情形下破产企业无产可破的情形将会越来越多。在破产企业股东、债权人、管理人均不愿垫付破产费用的情况下,破产费用如何解决,在没有费用的情况下如何开展破产清算工作。(3)破产程序终结后破产企业的注销问题。《企业破产法》规定,管理人应当自破产程序终结之日起10日内,持人民法院终结破产程序的裁定,向破产人的原登记机关办理注销登记。但在审判实践中，部分破产企业缺失印章证照等材料，部分破产企业无法按照登记主管机关的要求出具完税证明，导致部分破产企业在破产程序终结后无法办理注销登记手续。（4）弃企逃债的破产企业的送达问题。债权人提出破产申请时，根据破产法规定应于5日内通知债务人，但部分破产企业停产，法定代表人、高管去向不明，往往无法直接送达，公告送达周期又过长。（5）财产变卖过程中产生的关税及其他税收问题。海关及税务机关往往认为财产变卖过程中产生的关税及其他税收应视为清算过程中处置资产产生的费用，应作为破产费用先行偿付。特别是在海关监管设备和物资的处理中，如不交清关税，海关往往不同意搬离监管设备和物资。但该部分税收如先行拨付，又会影响到其他债权的分配。该部分税收应作为债权申报还是作为清算中产生的费用？（6）债权人会议不表决重要事项的处理问题。实践中个别破产案件中出现债权人会议主席不按会议拟定的议程主持会议，造成管理人拟定的破产财产变价方案等需表决事项无法在债权人会议上进行讨论和表决，致使清算进程受阻，而破产法未作明确。（7）对破产企业未到期不动产租赁合同的处理问题。司法实践中，厂房、车间等不动产为大多数破产企业的主要财产，而这些不动产上又多设有租赁权。在出租人破产时，多会面临如下问题：保护出租人利益与实现破产财产快速变价如何平衡？管理人能否对未到期的不动产租赁合同行使选择履行权，任意予以解除？"买卖不破租赁"的规则是否继续适用？承租人对房屋的改建、装修费用及预付租金，是否只能作为普通债权进行申报？

三、苏州市两级人民法院破产审判的主要做法

近年来，苏州市两级人民法院不断加强与党委政府的沟通协调，创新破产案件审判方式，采取多种措施审结了一批破产案件，化解了矛盾纠纷，取得了良好的成效，主要做法集中在以下几个方面。

（一）建立风险企业破产预警机制

破产是一项综合性系统工程，稳定工作、职工安置、投资人引入、谈判及磋商和债权债务的妥善处置、相关人员的责任追究等，均需要党委政府的支持。2013年在全市范围内建立了企业破产预警机制，依托市政府建立的企业风险预警平台，密切关注辖区内企业经营风险情况，形成企业风险处置的合力。常熟市人民法院在破产企业进入破产程序前，建议辖区政府委托会计师事务所进行先行审

计,充分调研企业的财务、资产情况,综合判断后选择企业危机处理方式,确有必要的则制订相应的破产预备工作方案。同时为防止企业资产完整性遭受损害,破产案件一经受理,第一时间取得相关政府部门的支持,对债务人企业所有资产、财务簿册、文书资料、电子信息等采取保护性查封、冻结措施,予以快速的概括性保全,确保企业资产和信息数据完整无损,尽最大可能为后期破产审理工作保留完备的企业硬件资源。

(二)严格规范破产案件审判流程

严格遵循法定的破产程序,是依法公正审理企业破产案件的基本保证。苏州市中级人民法院指导受理案件较多的基层人民法院在总结破产案件审理经验的基础上,归纳整理了破产案件操作流程,形成了破产案件申请与受理、案件管辖、管理人选任、申报和确定破产债权、破产财产范围界定、破产和解与破产企业整顿、破产宣告、债权人会议、破产财产的变现与分配、破产终结等方面的规范化操作规则,依法维护破产案件当事人的合法权益,保障审理企业破产案件工作合法、有序进行。

(三)不断加强与政府部门的沟通协调

苏州市两级人民法院在破产案件审理中高度重视与政府部门的沟通协调,处理好与各部门的工作关系,必要时请分管领导组织召开有关政府部门参加的办公会,加强对企业破产、重整工作指导、监督和协调,协调解决企业破产过程中的难点问题。政府牵头调动各种政府资源和社会资源,充分发挥政府在企业债务清理、职工安置、维护稳定等方面的重要作用,为破产案件审理创造有利条件,提高破产审判工作效率,加快破产审理进度。如吴江区人民法院专门制定了《关于党委、政府在企业破产案件中加强协调的建议》,积极争取地方政府及其职能部门的协调、配合。

(四)建立管理人分级管理机制

管理人制度目前在破产审判实践中处于摸索阶段,各方面都不成熟,缺乏具体细致的制度设计。为使选任的管理人更能满足工作重点各异、复杂程度不同的破产个案的要求,确保企业破产案件管理人勤勉尽责、忠实履职,苏州市中级人民法院在结合两级法院企业破产案件审判实际的基础上,制定了《关于审理企业破产案件指定管理人工作的若干意见(试行)》,对管理人进行分级管理,对破产案件进行分类管理,将管理人等级与破产案件难度程度相挂钩。在指定管理人方面，采取随机指定和竞争方式指定相结合的方式，针对不同案件采用不同方法，做到对个案的针对性，也能避免“暗箱操作”之嫌，使选任工作公开、公平、公正。同时，引入管理人的回避与更换制度，以保证管理人中立履行职责。在管理人的管理方面，组建企业破产管理人名册评审委员会，编制管理人名册，对管理人进行动态管理，对管理人履行职责情况定期进行综合考核，并据此对管理人等级实施晋级、降级或者淘汰制度，对未依法勤勉尽责、忠实执行职务的管理人视情节轻重处以罚款、暂停备选资格或除名，以此促进管理人队伍的健康发展，保障破产审判工作的顺利进行。

（五）积极创新债权人会议表决方式

破产法对债权人会议中债权人的表决事项作了详尽规范，充分保障了债权人的知情权、参与权及表决权，但部分破产企业债权人数量庞大，又涉及众多职工乃至农民工问题，如果将债权人会议的表决方式单一理解为限于现场表决，会议现场人数众多，安保维稳压力巨大，并带来登记、统计等方面更多的工作量。为此，苏州地区法院积极探索适用场外提前表决机制，在债权人会议召开前即将会议文本进行网上公示，并由管理人逐一通知债权人会议议程等事项，并明确告知其如因时间、费用因素不能出席会议，也能在会议现场表决统计工作结束前通过网络或者提交书面表决意见，不仅减少了债权人参加债权人会议的成本，提高了债权人会议的表决效率，也充分保障了债权人的知情权、参与权及表决权。

（六）妥善保障职工民生权益

进入破产程序前，债务人往往存在拖欠职工工资现象，另外部分债务人拖欠建设工程款间接导致相关农民工工资欠发问题。由于职工及农民工都是弱势群体，涉及人民群众的基本生存权益，处置不当极易引发不稳定因素。为保证破产案件顺利进行，应将“确保稳定”作为一项工作原则，推进破产案件在法律程序中平稳进行。为了充分保障职工债权和农民工权益，维护社会稳定，积极组织管理人、协调辖区政府及相关政府部门，对职工工资、保险及经济补偿金进行严密、细致测算，由辖区政府先期垫付职工债权；协调住建部门动用民工工资保证金解决部分农民工工资，充分保障了职工和农民工的合法权益。常熟市人民法院推动常熟市政府出台《退市企业职工工资及民工工资先行垫付机制》的专门文件，力促建立由第三方先行垫付破产企业职工工资或民工工资的有效机制。

（七）灵活采取财产处置方式

在破产案件中，破产财产的处置始终是最困扰受案法院、管理人的难点之一,部分案件甚至因此久拖未决达10余年之久,严重影响债权人及相关权益人的利益。为应对破产财产处置的困局,苏州市中级人民法院针对不同案件的实际情况,指导各地人民法院灵活妥善选择财产处置方式,让债权人的债权及时有效地得到受偿。有的法院为避免"暗箱操作"、节约佣金,在破产财产的处置上,原则上首选淘宝网司法拍卖,若连续出现2次流拍的情形,则适时撤回网上拍卖,选择由管理人进一步主动联系潜在竞买人,或积极联系地方政府通过其掌握的渠道和资源引入有效的战略投资人。有的法院则在个案中积极与当地政府沟通协调,由辖区政府协调第三方对债务人破产财产出资托底处置;有的法院则积极联系潜在投资人,创新破产案件审判方式和财产处置方式。如常熟市人民法院在环球铸造(常熟)有限公司重整案中,由于债务人财产仅为机器设备,且在执行拍卖和变卖程序中均未成功,该院指导管理人创新处置方式,引导债务人所在地原出租方以投资人身份按照重整方式接收债务人,既保障了其他债权人的利益,也使投资人能及时重新利用资产所在仓库,减少其损失。

(八)试点设立破产专项基金

为充分调动破产管理人的积极性,推动管理人队伍的职业化进程和管理人行业的良性、有序发展,保障民生、维护稳定,在常熟、吴江两地人民法院试点设立破产专项基金制度,成立破产专项基金账户,通过从管理人报酬中提取一定比例、提取不足追加分配的破产财产等多种途径充实破产基金,用于对破产企业职工和破产财产不足支付破产费用的管理人的援助补偿、对管理人的业务培训、支付维稳费用等。

(九)不断加强理论前沿问题研究

在破产案件审理中,积极研究相关理论前沿问题,探索有益的实践经验。如常熟市人民法院在审理怡华系企业破产重整案件中,发现常熟怡华系6家企业的管理机构、财务、资产、经营、人员高度混同,但我国目前尚未有关联企业合并破产重整的立法,对实质合并规则如何适用也仅停留于个别案件的探索中。为此,苏州市中级人民法院联同常熟市人民法院多次召开研究会,从理论上论证关联企业合并重整的可行性,在学习借鉴其他法院合并重整经验的基础上,依职权裁定怡华系6家关联企业合并重整,取得了良好的法律效果和社会效果。苏州市中级人民法院民二庭撰写的《关于苏州地区法院审理企业破产重整案件的经验》被《江苏省高级人民法院公报》作为审判经验总结刊发。

四、下阶段破产审判的相关建议

经过多年的实践,苏州地区人民法院努力探索了优质开展破产审判的一些方法,也深刻感受到破产审判工作开展存在的种种困难,既有市场机制不健全、市场退出法律制度不完善的原因,也存在市场监管主体定位不准确、市场竞争主体法治与诚信意识淡薄等多方面的原因。有效解决这些问题,需要多方主体协作互动、多种社会治理方法多管齐下,以此切实提升市场退出机制在保护当事人合法权益、积极促进资源优化配置、推进整体经济协调发展等方面的实施效果。

(一)着力保障《企业破产法》的顺利实施

增强破产制度的社会接受度。一方面,加强对企业尤其是企业职工的破产法制宣传工作,使职工切实了解其在企业破产中所享有的权利和可能承担的不利后果,从而建立良好的心理预期,减少、避免破产企业职工上访事件发生。另一方面,要加强法院、破产管理人、行政机关之间的沟通衔接,加强各个职能部门对破产程序的理解,理顺各个职能部门对破产程序的职责分工。再是通过召开新闻发布会、公布破产白皮书典型案例等形式,深化公众对《企业破产法》公平保护各方利益主体的认识,教育引导各类市场主体增强依法经营和风险防范意识,发挥社会导向作用。

(二)不断加强破产审判专业队伍建设

建立相对固定的破产审判队伍,破产案件相对集中的法院可以单独设立破产审判庭,案件较少的可由专门的破产审判合议庭负责,实现破产审判的专业化。适时组织破产案件审理法官的业务培训,提高司法处置能力。建立单独的破产审判绩效考核办法,对能够胜任破产审判工作、综合素质高、纠纷解决能力强的法官给予充分肯定。

(三)积极探索完善破产审判机制

一是建立破产案件简易程序。完善破产程序繁简分流机制,使纠纷解决有与之匹配的相应程序可供选择,对企业资产数额不大、债权债务不多、经营地域不广或特定小微企业,以及较为简单破产案件或者无产可破案件,可适用简易破产程序进行审理。可通过指定个人管理人、改进债权人会议制度和表决方式、简化流程、创新财产处置方式等加快审理进度的简化破产程序,减少无谓的司法资源耗费。

二是完善破产替代解决机制。积极寻求破产替代解决机制解决破产程序耗时长、成本高等问题。企业退出市场的方式可大致分为企业自行退市模式、行政程序退市模式、司法程序退市模式。通过不断完善企业自行退市模式、行政程序退市模式,有效替代破产模式解决大量企业退出问题。在司法权范围内,对于债务企业财产不足以清偿诉讼债务的,执行参与分配制度可以较为快捷地实现被执行企业的债权债务清理,一定程度上帮助债务企业以另一种方式退出市场。

三是规范执转破案件的立案审查机制。常熟市人民法院专门出台了《关于规范执行案件移送破产审查的若干规定》,加强法院内部执行部门与破产案件审理部门之间的流程规范,明确移送与审查职责。下一步还需要重点研究如何在司法实践中实现执行与破产两种制度的最优选择,实现两种程序之间的合理衔接,以充分发挥各自的制度优势和功能作用,而不是将执行困难或执行不能的案件均以转入破产程序作为结案出口。

(四)加快培育破产管理人队伍

一是保障管理人依法履职。首先,法院对管理人的指导要依法适度,促使管理人自主履行管理人职责。其次,探索根据需要采用联合管理人的方式实现优势互补,并根据工作量分配报酬;对于债权债务关系简单的破产案件,可以指定个人管理人。最后,确保管理人合理的报酬。在当前管理人市场尚处于起步阶段的背景下,应从优确定管理人报酬,激发破产管理人的工作积极性,同时要推广建立破产管理人报酬基金,解决无产可破案件管理人的报酬问题。

二是推动管理人队伍市场化、专业化。很多国家和地区设有管理人行业协会等破产管理人自治组织。目前我国部分地区如广州、深圳、温州等地已建立了破产管理人协会。管理人协会对于管理人工作的宣传、管理人资格的考核和培训、管理人行业标准和操作规范的建立等工作都具有重要的作用,设立跨专业领域的管理人协会是非常必要和迫切的。破产基金的管理也亟须由协会进行,开展破产基金管理、业务培训、搭建交流沟通平台等自律性管理活动,有利于促进管理人队伍的健康有序发展,提升管理人的业务水准,有助于破产案件的妥善处理。因此,破产管理人协会的设立势在必行。

(五)建立破产审判工作统一协调机制

在当前的社会背景下,行政权的介入在企业破产中所起的作用不可或缺,法院在破产案件审判中离不开党委政府的政策资源支持,在解决战略投资者引入、资产变现、职工安置、社会稳定等问题上得到大力协助。需要建立破产审判工作统一协调机制,依照“企业主体、政府推动、市场引导、依法处置”的原则,在党委的领导下和政府相关职能部门的大力支持和配合下,各方合力、统一协调,保障“僵尸企业”的处置工作有序推进。

苏州工业园区人民法院破产审判报告(2011～2017年)[*]

苏州工业园区人民法院课题组[**]

苏州工业园区人民法院自2004年3月建院以来,围绕"法院各项工作与园区经济社会同步发展,与园区地位影响相适应"的总目标,立足执法办案第一要务,坚持以裁判为导向,在完善企业优胜劣汰竞争机制、优化社会资源配置、调整社会产业结构等方面为园区经济社会发展提供了有力的司法保障。随着"十三五"规划将供给侧结构性改革列为发展战略重点,苏州工业园区人民法院提出了"以推进供给侧结构性改革为主线,践行新理念,培育新动能,全面加快转型升级和创新发展步伐"的工作目标。苏州工业园区人民法院立足区域经济发展实际,

---

* 2016年11月5日"中国破产法论坛·破产与金融问题专题研讨会"在中国人民大学苏州校区成功召开。本次会议由江苏省高级人民法院、中国人民大学破产法研究中心、北京市破产法学会共同主办,中国人民大学苏州校区、苏州工业园区人民法院、苏州大学破产法研究中心共同承办。本文为苏州工业园区人民法院向本次会议提交的参会论文,收入本书时,作者对全文进行了数据更新和文字修改。感谢苏州工业园区人民法院院长沈燕虹、副院长汪春鸣对本书编辑出版工作的支持。——编者注

** 课题组成员:沈燕虹,苏州工业园区人民法院党组书记、院长;汪春鸣,苏州工业园区人民法院党组成员、副院长;戴宜,苏州工业园区人民法院民二庭庭长;王贤成,苏州工业园区人民法院民二庭副庭长;范凌杰,苏州工业园区人民法院民二庭法官。

探索适合园区企业破产案件的审理方式和工作机制，依法受理审理企业破产清算、重整案件，综合利用《企业破产法》的多种程序，发挥市场对经济的调整作用，规范企业退出市场的良性机制。在破产案件数量逐年增加的情况下，确立了"创新探索、府院联动、灵活简化、高效推进"的工作思路，促进"僵尸企业"出清。现就2011～2017年10月的破产案件审理情况进行梳理总结。

一、苏州工业园区人民法院破产案件审理总体情况

（一）破产案件审理具体情况

1. 公司清算及破产案件审查、审结情况

2011～2017年10月，苏州工业园区人民法院共审理54件破产申请案件和强制清算申请案件，其中破产申请34件，强制清算申请20件。至2017年10月底，34件破产案件中共审结18件，20件强制清算案件中共审结9件。

2. 破产债权数额大、清偿率低

苏州工业园区人民法院受理的34件破产案件涉及处理债权45亿元，其中金融债权约20亿元，占比44%；职工债权约2.5亿元，占比5.56%；税务债权约2亿元，占比4.44%。审结的18件破产案件中，清偿率为0～30%。

3. 外资企业破产占比较高，且以破产清算为主导

以破产清算为主，34件为申请破产清算，2件为申请破产重整；按照债务人主体身份划分，债务人为外资企业的案件数为10件，占比29%，其余24件债务人为内资企业的案件，占比58%，体现了园区外向型经济的特点。

4. 破产案件逐年增加，审判压力大

自2014年起，随着去库存、转结构、畅通市场退出机制、清理"僵尸企业"政策的落实，苏州工业园区人民法院审查的破产申请和裁定受理的破产案件数逐年增加（见图1），从2011年的1件，到2014年的4件、2015年的5件，破产案件数量呈上涨态势；2016年更是出现巨幅增长，截至2016年10月就已受理9件，同比增长80%。截至2017年10月新收9件破产案件，其中已经受理7件，正在审查2件。在2015年一线法官人均结案达343件的情形下，破产审判工作压力明显增加。

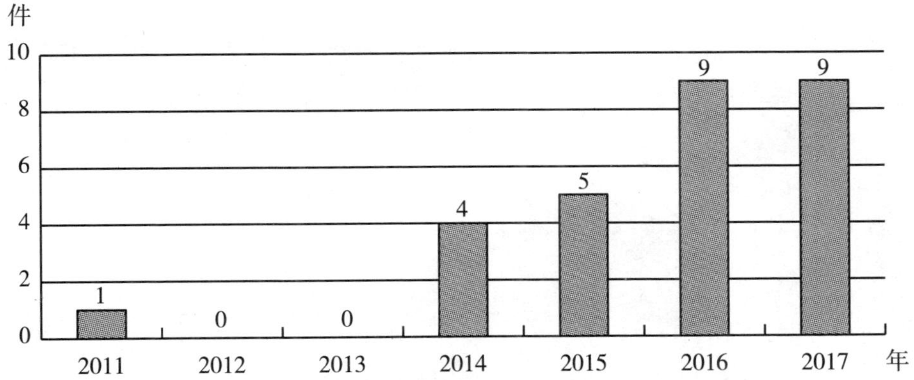

图1　2011～2017年苏州工业园区人民法院受理企业破产案件情况

(二)企业破产案件受理审理情况分析

1.破产企业行业分布多样化

随着国家经济形势的变化、产业政策的调整以及企业经营风险的加剧,苏州工业园区人民法院处置的破产企业的行业类型呈现多样化特征,涵盖机械制造、电子、食品加工、房地产、餐饮娱乐、体育用品等行业(见图2),其中主要集中在电子行业,共涉及8家电子企业破产,占比达41%。这与园区企业外向型经济的行业特点相关,随着近几年电子行业产品更新换代加快,以及"退二进三"经济结构调整的推进,一些电子企业不能适用市场需求被清理出市场亦属必然。

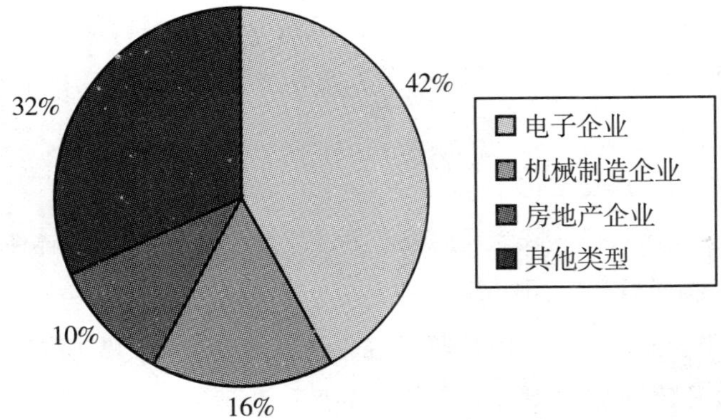

图2　破产企业行业分布

2.外资企业破产案件占比凸显,审理难度增大

从破产企业资本结构特点来分析,外资企业破产案件数量占比达42%(见图3),外资企业破产占比较高系与区域企业结构特点及产业政策相关。由于苏州

工业园区本身为外商投资密集区，在地方经济结构调整出现新变化的情况下，不可避免地会淘汰部分外资企业。苏州工业园区对外贸易往来频繁以及外资企业较多，导致破产企业关税清缴等问题凸显，海关监管资产处置流程亦较为复杂，从而增加了资产处置难度及审理周期，案件审理难度加大。

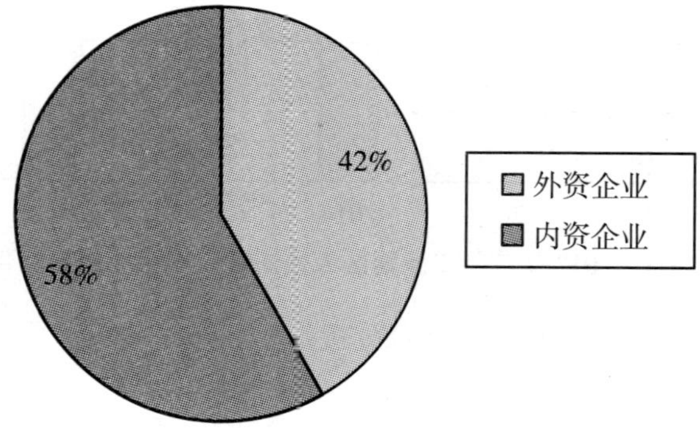

图3　破产企业资本结构分布

3. 破产启动主体集中化

苏州工业园区人民法院审查与受理的34件破产案件中，有1件为清算组申请破产清算，占2.9%；2件为债务人自己申请破产清算，占5.9%；其余24件破产案件的申请主体均为债权人，占91.2%。债权人申请的破产案件中，5件破产案件的申请主体为金融机构，2件破产案件的申请主体为破产企业职工，其余27件的申请主体为普通债权人，破产启动主体在类型多样的情况下呈集中化态势。债务人申请破产的动力不足，反映了当下债务人对破产保护功能的认识存在误区。

4. 破产纠纷矛盾复杂化

苏州工业园区人民法院受理的破产案件纠纷矛盾复杂化，具体体现：

（1）群体性矛盾凸显，维稳压力增大

房地产类企业破产不但涉及职工、抵押权、建筑工程优先权、众多商铺购买人、投资人以及债权人，还涉及刑民交叉问题。此类案件涉及资金大、债权人人数多，且法律关系复杂，极易引发群体性矛盾纠纷，维稳压力巨大。例如，在安泰公司破产清算案中，安泰公司及其实际控制人涉嫌非法集资犯罪，涉及经营权债权人1800多户，该部分债权人多次以聚众方式向政府、法院反映诉求，加大破产审判中的维稳压力。

(2)涉外因素增多,法律关系复杂

由于苏州工业园区为外向型经济模式,涉港澳台、涉外企业多,破产企业处置过程中纠纷矛盾复杂,破产案件推进难度较大。例如,联建中国公司破产重整案涉及台湾地区母公司与大陆子公司,交易形式多样,法律关系复杂。该案不但涉及关联企业控制、涉外资产追收、企业资产不实问题,还涉及转移利润等问题。

二、苏州工业园区人民法院加强破产审判工作的主要举措

苏州工业园区人民法院不断总结借鉴破产审判经验,完善破产审判工作举措,从内部优化和外部推动两方面来助推破产审判工作,切实推动破产审判工作的常态化、法治化、高效化。

(一)破产审判机制的内部优化

1. 严格规范破产审判程序

(1)适用破产听证专项审理报告制度,保障案件审查合法、高效

为充分保障被申请人的异议权、程序参与权以及其他利害关系人的知情权,案件正式受理前均应进行破产听证。在组织利害关系人进行听证的基础上,特定类型案件征求相关职能部门意见。通过听证程序,制作听证专项报告,报告的内容包括被申请人的基本信息、职工情况、资产情况、债权债务情况、对申请人债权的审查情况、对案件的初步审查意见等。通过破产听证建立专项审理报告制度的举措,为合议庭审查是否受理破产申请,并为后续管理人的选定以及破产案件风险处置工作的制定、落实奠定基础;同时,可以通过该制度初步了解案件繁简程度,对破产案件的繁简分流提供基础性资料,有效地保障简单案件快速、高效审理。如苏州尤尼流体科技有限公司、苏州日山体育文化有限公司、苏州我型我秀餐饮娱乐有限公司即在听证程序中知悉,破产企业债权人少、资产有限、职工债权数额少等信息,指导管理人制定债权申报期限(30～45天),在第一次债权人会议上即通过财产变价方案和财产预分配方案,从而保障债权申报审核与资产变价、财产分配方案同步推进,确保简单案件2～4个月结案。

(2)破产合议庭固定化配备与动态化调整,实现审判资源合理化配置

一是审判力量的配备:为缓解案多人少的矛盾,并确保审判的专业化,苏州工业园区人民法院在破产审判业务庭配备了专职承办法官和法官助理。合议庭成员相对固定化,院领导参与审理重大、疑难、复杂案件常态化,合议庭组成具有

灵活性。具体表现为:①合议庭成员的相对固定。根据现有审判人员结构,破产合议庭由商事审判庭中的法官固定化配备,实现破产审判工作的专业化,此类案件占比55.56%。②院领导参与审理重大、疑难、复杂案件常态化。针对重大复杂、易引发群体事件的破产案件,由院领导与商事审判庭法官组成合议庭,以加强破产审判力量和化解疑难复杂问题能力,此类案件占比33.33%。③合议庭组成具有灵活性。针对执行转破产案件,由商事审判庭法官与执行庭法官共同组成合议庭进行审理,实现执行案件与破产案件的无缝对接,以实现资产处置的快速化,此类案件占比11.11%。

二是建立破产案件风险评估机制,把控案件风险严格到位。破产案件的风险评估贯穿于案件审理全过程,针对受理的破产案件,合议庭结合证据材料、听证情况,综合评判矛盾焦点,分析资产处置难易程度,并预估可能存在的风险,为管理人遴选工作做准备。同时,根据风险评估情况确立对管理人工作指导的重点和外部协调工作的要点,尽可能将破产可能存在的风险降到最低。如联建公司破产重整案,该企业职工有5000多人,在受理该案件之前,企业员工尚有3000多名,因联建公司的母公司停止付款,导致联建公司资金链突然断裂,8家债权银行同时申请破产重整。员工未有效妥善安置前,极易引发员工群体事件,故在受理前对该案件先进行风险评估,建议政府对职工债权垫资处置后再受理破产,从而有效地避免了群体事件的发生,也为该案的顺利重整提供了有利条件,取得了较好的法律效果和社会效果。

三是坚持破产审判信息公开机制,体现案件审理公平公正。结合案件审判公开要求和破产案件信息披露内涵,我院建立破产审判信息公开机制:①通过破产重整案件工作平台、法院网站、微信公众号发布破产案件审判的重要信息;对于涉众案件或者债权人反应比较强烈的案件,通过信息的及时发布,保障了各债权人的知情权,同时也避免了个别债权人发布虚假信息混淆视听。②对于重大疑难案件,承办法官定期召开见面会,通报案件的进展情况并答复债权人等利益相关者关注的问题。③督促管理人建立微信工作群,及时发布案件的推进情况和需要债权人配合工作的信息。通过建立破产管理人定期披露和报告制度,可以充分及时保障各相关主体的知情权,督促管理人勤勉尽责开展工作。破产审判信息公开机制的建立有利于当事人了解案件处置情况,稳定当事人情绪,取得当事人配合,赢得各方对法院破产审判工作的支持。

2.灵活简化破产审判程序

在《企业破产法》的制度框架内对破产案件中适宜简化的流程进行简化,主要措施有预遴选管理人、简化管理人的选定方式、及时发布公告、简化审计评估环节、提前资产处置程序、实现破产财产变价方案的预表决制度等。简化破产审判程序使部分企业规模较小、财产较少或者没有财产、债权人人数不多、债务人下落不明的案件得到快速处置,实现破产案件的高效审结。苏州工业园区人民法院对智瑞达电子公司破产清算案和中协自控公司破产清算案进行简化破产审判程序,智瑞达电子公司破产清算案从受理到审结历时不到10个月,中协自控公司破产清算案从指定管理人到管理人分配完毕破产财产历时不到4个月,2起案件的审理实现了简化破产程序与维护债权人利益相结合的效果。

3.探索运用执行转破产制度

自2013年起,我院就积极对执行案件移送破产制度进行探索。在当时相关法律尚无明确规定的情况下,先后受理4件由执行程序转入破产程序的案件,并摸索出一套制度衔接与人员配合的机制。破产审判业务庭法官与执行庭法官组成合议庭,充分利用执行法官对破产企业资产、负债及职工情况以及执行平台熟悉的有利条件,加快破产企业资产处置流程,提高清算效率,有效化解执行积案。我院对执行转破产制度的探索与最高人民法院出台的有关执转破规定的精神相契合。通过执行转破产的实施,500余件执行案件得以执结,从源头化解执行压力,债权人公平受偿的权利得到了保障,取得较好的法律效果。其后,又建立了执行案件移送破产工作机制,统筹指导执转破工作,为执行转破产的实施提供了制度保障。

4.破产案件一案一总结制度

针对已经结案的破产案件,无论案件繁简,实行一案一总结制度,包括管理人对案件的经验总结、承办人对案件的审理过程中存在问题的总结。通过个案总结,及时梳理存在的问题,从而为办案人和管理人积累丰富的破产经验,为提高办案效率、办案质量以及管理人的培育提供了制度保障。

(二)破产审判机制的外部推动

1.建立重大疑难案件的府院联动协调机制

为在政府与法院间构建起专项针对破产事务处置的桥梁,寻求政府力量的支持,畅通“僵尸企业”出清市场的渠道,在地方党委高度重视支持下,建立重大疑难案件的府院联动协调机制，具体措施如下：

（1）重大疑难案件协调会制度。针对重大疑难破产案件，法院及时提请当地党委政府启动案件联动协调机制，充分听取各方意见，协调各相关部门配合法院依法推进破产审判流程。在园区党工委、管委会的高度重视和大力支持下，法院受理的重大疑难案件均成立了协调领导小组，负责对破产案件审理过程中的重大疑难复杂问题的沟通和协调，并有效化解了破产过程的不稳定因素。如联建公司破产重整案中政府通过垫付1亿多元的员工工资，有效避免了职工债权人群体性事件的发生，为联建公司顺利重整提供了有力地保障。有近2000名债权人的安泰公司破产清算案，对破产债权人会议召开的时间、地点的选择，安保人员、医务人员的配备，群体性上访的疏导及处置，均有赖于案件联动协调成员单位的大力支持协作，尤其离不开当地党委政府的有力领导和协调。该协调会制度的实施，有效化解了不利于稳定的因素，为破产的顺利推进提供了制度保障。

（2）联动协调小组联系人机制。联动协调小组由党委、政府相关部门领导担任组长，各相关部门负责人为组员，负责破产案件推进过程中的维稳、税务、规划、建设、工商等各方面的要求予以落实。该机制的实施，避免了破产清算过程中各部门的相互推诿，有效地提高了办事效率，为破产案件的快速推进提供了组织保障。

（3）信息双向通报机制。法院定期向政府相关部门通报破产企业处置情况，报告需要联动协调的事项；政府相关部门对破产处置中需要注意的问题及时提示反馈，确保法院破产审判工作有序推进。

2. 推动建立职工权益保障机制

依法保护破产企业职工合法权益、维护社会稳定是破产案件审理过程中不容回避的问题，苏州工业园区人民法院采取的主要做法有：

（1）提前清偿职工债权。管理人在征求债权人意见的前提下，对职工债权进行提前清偿。西蒙克拉公司破产清算案件中，管理人在征求大额债权人意见的前提下，先行对结欠的职工工资和经济补偿金100多万元进行支付，取得良好的社会效果。

（2）协调利益相关方保证垫付职工工资。积极协调第三方对职工工资进行垫付，保障职工债权能够足额得到清偿。尚原工业公司破产清算案中，破产企业的股东自愿向法院缴纳20万元保证金用于担保足额支付结欠的职工工资。此外,对于部分存有争议的职工债权,股东自愿对该部分职工债权进行偿付,避免产生衍生诉讼导致破产程序拖沓。

(3)寻求当地政府支持。适时向地方党委政府寻求协调援助、启动维稳基金以应急解决职工债权清偿问题。联建中国公司破产重整案件中,园区管委会考虑到企业涉及职工人数众多,协调下属企业对破产企业结欠的职工债权10,670万元先行垫付清偿,有效解决职工安置问题,有效化解了不稳定因素。同时,也消除了重整人对于职工不稳定的后顾之忧,保障了重整的顺利推进。

3. 完善管理人监督管理机制

(1)坚持管理人遴选前的案情介绍会机制。在管理人遴选之前,审判管理部门均会召开案情介绍会,破产案件承办法官根据听证审查情况及风险评估情况向有意向报名参选的社会中介机构介绍破产企业的基本情况及需要注意的事项,实现管理人遴选的针对性和实效性。

(2)探索管理人遴选中的繁简分流机制。一是针对企业资产规模较小、债权债务较少的案件,采取随机摇号方式产生管理人,具体为:由审判管理办公室向中院编入管理人名册中的社会中介机构发送通知书,让有意向的社会中介机构进行申报,然后以公开摇号的方式随机选定有资质的社会中介机构作为管理人或者直接进行摇号以选定管理人。二是对于企业资产规模较大、债权债务较多、矛盾纠纷复杂的案件,采取竞争与摇号结合方式产生管理人,具体为:向中级人民法院编入管理人名册中的社会中介机构发送通知书,让有意向的社会中介机构进行申报,之后初步筛选出经验丰富、能力较强的社会中介机构,再经过随机摇号选定。三是对于疑难复杂案件,尝试债权人、债务人推荐管理人的制度,破产案件的利害关系方主要为债权人、债务人,在裁定受理破产的同时,根据债权人、债务人的推荐或者建议,同时兼顾各利害相关的意见,在严格审查管理人资质及以往破产经营的基础上选定管理人,体现了破产法公开、透明、自治原则。

(3)规范管理人履职报告制度。完善管理人履职报告是法院实现对管理人监督管理的有效措施,具体有以下形式:一是以周报、月报形式向法院提交日常书面履职报告,合议庭定期听取管理人工作汇报,针对管理人在破产清理中遇到的障碍和问题进行梳理,并对障碍、问题的解决方案逐一进行指导和监督。二是年报制度,对于普通破产案件,在年度结束时尚未终结的案件,应以年报的形式报告履行情况,并就未能终结破产的作出说明以及下一步的工作计划。三是法院对管理人的履职行为给出评价意见,以书面形式报备于审判管理部门,作为之后遴选管理人的参考依据。四是对于积极参加无产可破案件或者无报酬的破产案件的管理人,实行积分制度,在以后的破产案件管理人遴选时给予优先考虑。

(4)经验交流制度

通过定期或者不定期的举办管理人座谈会的形式,将管理人在破产清算过程中的好的做法以及存在的问题进行面对面交流,将好的做法予以推广,对于争议较大的问题,由各参加人充分阐述观点,通过研讨,能够统一意见的予以采纳,不能统一意见的,保留意见,留待以后继续交流。该制度的实施,不但提高了管理人的业务能力,还促进了管理人交流与合作,对于管理人队伍的整体素质的提高以及破产案件的快速推进,提供了智力保障。

三、推进破产审判工作中存在的难点问题

(一)破产认识偏差纠正难

长期以来,社会公众对破产的认识存在偏差,认为企业破产是企业的死亡,是失败的代名词。究其实质,破产不仅是对企业的保护,也是对创业的保护。只有允许企业家投资的失利,才能鼓励更多的人加入到创业大军中。另外,破产亦是对资源的重新配置,企业职工的再就业、企业资产的再利用,都能实现社会资源价值的再次发挥。对破产企业制度认识存在偏差,配套规定不到位,往往导致部分案件的推进困难重重,认识偏差的纠正也存在一个过程。例如,税收债权的优先顺位存在与民争利现象、房地产企业破产案件中产证的办理、竣工验收的处理等缺乏灵活应对措施、破产企业的注销登记手续烦琐等,上述问题由于各部门现有规定仅是针对企业正常状态下的处理规范,缺少与企业破产相配套的规定而使破产程序无法快速、高效推进。

(二)无产可破案件启动难

进入破产程序的企业本就资不抵债或者明显缺乏清偿能力,管理人在清算过程中会发现企业的资产不足以对破产费用进行足额支付,这将会挫伤管理人推进破产程序的积极性。司法实践中还存在的情形是,社会中介机构在法院遴选管理人之前就对破产企业进行初步调查,在发现破产企业的资产有可能无法覆盖破产费用后,根本不参与到竞选管理人的过程中,法院对破产程序的启动就面临障碍。例如,苏州工业园区人民法院近期受理的我型我秀公司破产清算案,

因企业仅有价值20多万元的资产,只有一家中介机构报名竞选管理人,而日山体育公司破产清算案则没有一家中介机构愿意报名竞选管理人。针对上述困境,苏州工业园区人民法院起草并制定了《关于破产案件管理人专项基金管理办法》,拟设立管理人专项基金用于弥补管理人依法履行职责所必需的破产费用。但是该专项基金的资金来源过于单一,账户设立、基金管理等方面均存在先天弊端,具体实施过程仍有诸多障碍。

(三)管理人队伍规范水平有待提升

破产管理人是破产程序具体事务的主要实施者,扮演着化解各方利益矛盾的重要角色,但司法实践中存在管理人水平能力与职责承担不匹配现象:一是具有丰富经验的管理人团队严重缺乏,管理人掌控破产程序的能力不足。二是管理人责任担当不够,个别案件中的管理人无论大事小事均向法院请示,办事效率低下。三是管理人内部分工不明确,协调不到位,存在相互掣肘现象,影响破产程序的整体推进。四是管理人工作缺少管理规范,开展工作没有细化的工作流程和要求,各方利益主体对管理人工作监督缺乏标准,法院也无法细化对管理人的考评,易造成管理人工作的缺位或权力滥用。苏州市中级人民法院充分重视上述问题,制定了《关于审理企业破产案件指定管理人工作若干意见(试行)》,对管理人的准入条件、分级管理、动态管理等作出明确规定,将管理人的管理纳入制度化与规范化轨道。从外部迫使管理人提高业务水平、促使管理人队伍优胜劣汰是解决管理人能力提升的一方面,另一方面也要加强对管理人队伍的培训,加强管理人之间的交流与合作,尽快促使管理人队伍成长与壮大。

(四)破产企业资产变现效率低

一是破产企业资产本身价值空间有限。破产企业资产价值空间有限主要因为以下两方面因素:一方面破产企业停止经营后,生产设备缺乏维护与管理,折旧严重;另一方面有些生产设备属于濒临淘汰范畴,基本没有利用价值,而价值较大的房产地产又可能存在权证不全、用途受限等情况。潜在投资人考虑到后续维护、修复费用等不确定因素后,购买意愿较低,导致许多破产企业的资产在经过司法拍卖程序打折处理后仍无人出价,最后只能低价变卖。苏州工业园区人民法院司法拍卖的7宗破产财产,最终流拍6宗。二是行政监管配套规定不明确。由于相关法律法规缺位或存在冲突、不同部门间沟通渠道不畅通,部分企业进入破产时,其设备或者货物仍在海关监管过程中,如不事先缴清关税,海关无法同意管理人取回设备或货物，而是否能对该部分关税先行支付在法律适用上存在争议。如凯美特公司破产案件，破产财产大部分为海关监管设备，不交付关税不能出关，交付的关税只能作为破产费用，否则无法处置资产。

四、强化破产审判工作的相关建议

（一）加强破产法治文化的宣传

加强破产法治文化的宣传，需要坚持依法破产的理念，充分利用现代化的大众传播媒介，形成全媒体、多举措、广覆盖的宣传网络，为快速出清“僵尸企业”营造有利社会环境。一是通过各种媒介平台宣传运用破产制度引导“僵尸企业”有序退出市场的理念，使社会大众对破产法治文化有初步了解。二是利用微信、微博、专题网站等媒介对具有典型意义的企业破产清算、重整、和解案件进行宣传，使社会大众对破产制度有更为直观的认识。三是组织针对中小企业中危机行业的专题讲座，引导企业规避破产风险，同时转变对破产制度的传统认识误区。

（二）建立企业风险预警机制

为了减少“僵尸企业”的出现，需要建立常态化的企业风险预警机制：一是建议推动相关职能部门通过走访、排查等多种形式，密切关注所在地区企业的经营状况，对存在经营困难的企业进行重点追踪，建立调查档案，适时对企业的风险进行风险提示和预警，以降低各种潜在的风险。二是协调各部门尤其是金融信贷机构对企业的融资情况进行把控，防止企业过度融资、过度借贷、过度负债。三是法院在案件审理过程中，对涉及系统性、批量化案件的企业，梳理情况后借助府院联动协调机制反馈给政府部门的信用信息共享平台。帮助相关部门进行科学决策。四是对于已经受理的破产案件亦进行风险等级评判，以便制定具有针对性的破产案件预案。

（三）强化破产处置综合治理机制

一是完善府院联动协调机制。府院联动协调机制的适用范围可不仅局限于重大疑难的破产案件，而应当适当扩大其适用范围，将部分缺乏投资人关注、政府提供政策帮扶能够得到挽救、需要安置职工人数众多的破产案件纳入该机制的范畴，保障“僵尸企业”清理、挽救工作的有序开展。二是拓宽破产审判专项基金资金来源。借鉴其他法院的成功经验，拓宽破产审判专项基金的资金获取渠道，可行的渠道包括：从审结的破产案件的管理人报酬中按一定比例提取、政府财政资金的援助、重整成功企业的捐赠。此外,对于破产审判专项基金的监督管理机制需要完备,基金的提取、使用、运作等都需要有完善的制度规定,实现透明化、规范化、体系化管理。

(四)提升破产审判队伍和管理人队伍专业化水平

"僵尸企业"破产处置工作的快速、高效推进需要专业化的破产审判队伍和管理人队伍来应对各种类型的破产难题。打造专业化破产审判队伍须采取如下措施:一是依法设立专门的破产审判组织。在破产案件达到一定数量时,坚持审慎、有序、科学原则,设立破产审判庭;在破产案件数量相对较少时,可以选任审判人员组成专门的破产审判合议庭,实现破产审判的专业化。二是建立破产审判的培训机制和交流机制。对于从事破产审判的审判人员,要适时对其进行专项培训,提高破产审判的能力与水平。另外,多向破产审判经验丰富的法院学习高效、成功的做法,不断完善破产审判方式。三是建立科学有效的破产审判绩效考核体系。为能够全面客观反映破产案件审判的工作量,需要建立单独、科学、有效的破产审判绩效考核体系,对从事破产审判工作的审判人员给予保障。管理人队伍专业化水平的提升需要采取如下措施:一是成立管理人协会,加强协作和自律;二是制定管理人工作规范指南,规范管理人行为;三是加强对管理人工作的监督和考评,强化管理人分类管理。

苏州市吴江区人民法院破产审判调研报告(2013～2017年)*

苏州市吴江区人民法院课题组**

2015年12月中央经济工作会议明确去产能、去库存、去杠杆、降成本、补短板的工作任务,尤其强调要积极稳妥化解产能过剩,依法为实施市场化破产程序创造条件。人民法院作为破产法的适用者和破产程序的主导者,正面临运用破产法治思维和法治方式促进国家治理体系和治理能力现代化的历史契机,破产审判工作责任重大、意义深远。近年来,苏州市吴江区人民法院充分发挥破产审判职能,依法处置"僵尸企业",保障国家产业结构调整政策落实,为供给侧结构性改革提供司法支持。本文以2013～2017年吴江区人民法院的审判实践为样本,分析基层法院破产审判的特点难点,对进一步完善破产审判机制提出对策建议。

---

* 本文为作者提交给"第八届中国破产法论坛暨《企业破产法》实施十周年纪念研讨会"的会议论文,收入本书时,作者对全文进行了数据更新和文字修改。感谢苏州市吴江区人民法院院长陈晓君对本书编辑出版工作的支持。——编者注

** 课题组负责人:陈晓君,苏州市吴江区人民法院院长;课题组成员:沈根荣,苏州市吴江区人大内务司法委员会主任;钮晓丰,苏州市吴江区人民法院副院长;张有顺,苏州市吴江区人民法院清算与破产审判庭庭长;郝振,苏州市吴江区人民法院清算与破产审判庭副庭长。

一、吴江区人民法院破产案件审理的基本情况和主要特点

吴江地处改革开放前沿的长三角地区,紧邻上海、浙江,民营经济活跃,在经济形势变化过程中,企业优胜劣汰加快。2013~2017年(数据截至2017年11月30日),吴江区人民法院立案审查破产申请81件,其中裁定受理63件、不予受理2件、准予撤回申请8件、仍在审查中的8件;在上述裁定受理的63件案件中,审结31件,结案标的额73.66亿元,盘活资产8.46亿元,有效释放土地资源514,329.5平方米。案件主要呈现以下特点:

(一)受理数量上升,审判常态化显现

自2009年受理破产案件2件后,2010~2012年吴江区人民法院未受理破产案件。从2013年开始,受国家宏观经济环境趋紧及联保互保的影响,一大批企业因资金链断裂,被银行、小贷公司、担保公司诉至法院,普通商事案件骤然增加。随着债权人、债务人破产意识增强,特别是民诉法司法解释的实施,破产案件收案数量逐年攀升,其中2013年1件,2014年5件,2015年17件,2016年13件、2017年1月至11月27件,破产审判常态化特征已经显现。

(二)债权人申请为主,“执转破”占比高

受理的63件案件中,债权人申请债务人破产的为44件,占69.84%;债务人提出申请的为7件,占11.11%;适用执行移送破产程序的12件,占19.05%。因江苏省高级人民法院《关于规范执行案件移送破产的若干规定》2016年7月起施行、最高人民法院《关于执行案件移送破产审查若干问题的指导意见》2017年1月印发,故直接适用执转破程序受理的数量不多,且均为2016年12月之后的案件。但在上述44件债权人申请破产的案件中,也有26件为执行程序中发现破产原因申请执行人作为债权人直接申请破产,故从广义的“执转破”上看,“执转破”案件占比为60.32%。

(三)债务人民营企业多,纺织企业过半

上述63件案件中,债务人为民营企业的占52件,占82.54%,另外11个为外资企业。但该11个外资企业除1个系台资企业、1个为外国自然人投资企业外,其余9个所谓港资背景的企业,也多是债务人实际控制人在香港设立公司后再以该公司名义出资设立大陆公司,故从实质上讲,债务人绝大多数仍为民营企业。从行业上区分,纺织企业33个,占有52.38%,另电子信息企业4个、箱包企

业3个、房地产企业3个、其他企业20个。这与吴江地区民营企业、纺织企业众多,纺织行业面临产能结构性调整具有密切关系。

(四)程序选择以清算为主、重整较少

上述63件案件均是以受理破产清算申请启动破产程序,已审结的31件案件中以破产清算结案的25件。同时,从目前案件的审理情况来看,除1个企业已由清算程序转入重整程序,另有2个企业计划转重整程序或有重整希望,其余案件均在破产清算程序中。这与多数破产企业规模小、实力弱、经营不规范、再生前景不大有关。

(五)案件审理难度大、审理周期长

已结案件平均审理天数为469天,最长的一件审理时间为32个月,远远超过普通诉讼案件审理期限。这一方面是与破产程序涉及的事项多,《企业破产法》对其中具体环节均有期限要求有关,另一方面更与部分涉案企业财务混乱,债权债务关系复杂,关联企业多,破产财产变现难有关。

(六)职工债权清偿比率高

已结的31个案件中,30个案件的职工债权的清偿比率为100%,共涉及职工2567人,工资、补偿金等合计4107.99万元。与此相对,普通债权的清偿率较低,平均仅为6.29%,最高的为17.53%,最低为0。职工债权清偿比率高,一方面与职工债权受偿顺位在前有关,另一方面也与目前仅有2件无产可破案件有关。普通债权清偿率较低,主要因为破产企业核心资产上均存在建设工程价款优先权或抵押权等别除权。

二、破产审判中发现的问题和存在的困难

(一)破产理念严重缺失

《企业破产法》实施已10年,但数据显示,2008~2015年,全国各级各地人民法院新收各类破产案件共计只有19,551件,年均只有2000多件,这与美国平均每年120多万件的破产案件受理数量相差甚远。破产理念的缺失反映在社会的各个方面,无形之中也给破产审判职能的发挥制造了障碍。一是债务人未意识到破产法对企业的保护功能,宁愿选择跑路,也不愿主动启动破产程序。上述受理的63个案件中,企业负责人、管理人员下落不明的占26件。这使案件审理中企业资产的调查、债权债务的完整审计变得十分困难。二是法院系统内部,甚至

法院各部门之间的衔接也不够顺畅。以破产申请后,有关债务人的保全措施应当解除、执行程序应当中止、尚未分配的执行款应当交付管理人为例,依照《企业破产法》第19条的规定,相关单位在收到管理人的函件后,就应解除保全、中止执行或交付执行款。但在实践中,上述简单的操作很难一次性成功,总要循环反复、协调沟通多次才能解决,甚至最终需审理破产案件的法院或合议庭出具相应裁判文书才肯配合,极大地影响了破产审判效率。再如,在对执行移送破产制度立法目的的认识上,仍将重心偏于解决执行案件多、化解难上,忽视破产程序在债权债务终结清理和市场出清上的独特价值,对于已程序终结的且符合移送条件的执行案件怠于移送,认为其对执行结案并无实际意义,反而增加了工作量。三是社会其他部门因对破产法不了解,不配合管理人或法院工作。以管理人查询债务人银行账户并接管存款为例,根据《企业破产法》的规定,管理人一经指定并成为企业的当然代表,破产法就赋予其接管债务人财产、调查债务人财产状况、决定债务人的内部管理事务、管理和处分债务人财产等多项职责,管理人当然有权利查询债务人银行账户并接管财产。但在实践中,相关单位完全不了解管理人的角色和职能,涉及破产企业的事务,不与管理人协商,即使管理人主动找上门,也不予配合。又如,实践中大量出现的,税务部门以债务人需补交受理前的欠税为由拒绝为受理后债务人继续营业开票,水电部门以清偿受理前债务人所欠全部费用为恢复供水供电条件,市场监督部门在收到法院的终结破产程序裁定书后不予办理企业注销手续等情况。

(二)公司治理严重失范

吴江地区民营经济发达,但民营企业经营不规范、财务管理混乱、法人独立性欠缺、企业财产与股东个人财产混同的问题也极为突出。在破产案件的审理过程中,上述问题会充分暴露出来,这也使案件审理难度加大。一是怠于履行清算义务。根据《企业破产法》第11条第2款、第15条的规定,破产企业有向法院提交财产状况说明、债务清册、债权清册、有关财务会计报告的义务,破产企业相关人员有根据法院、管理人的要求进行工作,并如实回答询问的义务。暂且不论受理破产申请时,企业负责人、管理人员下落不明的情况,即使相关人员能够找到,管理人完整接管到企业财务资料的情况也占少数。二是账目不清、真伪难辨。即使在接管到财务资料的案件中,管理人也发现破产企业普遍存有内外两本账,外账为规避税务而设置假账或者仅部分做账,内账用于股东内部结算。三是企业债权难以确定。关于破产企业债务人的记载不详，核对确定困难，原始凭证遗失或根本没有凭证，导致债权无法追收。四是企业财产与个人财产混同。例如，法定代表人从企业取得财产不入账，利用企业名义对外借款或以个人名义对外举债用于公司生产经营。五是关联企业合并破产案件增多。关联企业间财产混同、法人人格不独立的现象，使合并破产案件增多。截至目前，吴江区人民法院已裁定受理合并破产案件 2 件，其中 1 件涉及 20 家关联企业，合并后的申报债权金额达 53.41 亿元。

（三）破产案件类型日趋复杂多样

主要表现在 3 个方面：一是上述提及的关联企业合并破产案件增多，其难点主要涉及实质合并破产的启动模式和审查标准问题。二是房地产企业破产案件增多。受国家宏观调控的影响，房地产企业因资金链断裂陷入经营困境，进入破产程序的案件增多。目前，吴江区人民法院已受理 3 起房地产企业破产案件。因房地产开发、建设和销售的环节多、周期长、专业性强、资金密集、牵涉利益主体范围广、涉及政府职能部门多，而且法律的规定也较为原则，故房地产企业破产案件的审理难度也较大。这种难度不仅体现在维稳压力上，更体现在法律适用和现实操作上。如何在法律的原则性规定和现实的复杂性操作之间贯彻落实依法公平清理债权债务的破产法理念绝非易事。三是重整的司法需求在增加。虽然破产清算案件目前仍居多数，但破产重整的司法需求在增加，而破产重整的难点主要在于重整申请的审查、投资人招募和重整模式的选择上。

（四）破产企业资产变现难

破产企业资产变现难是造成案件审理周期长的重要原因，主要表现为：一是资产权属关系复杂。有证厂房与无证厂房混同，房产与土地权属不统一。例如，在某纺业公司破产清算案中，公司法定代表人在公司名下的土地上自建房屋，同时向公司其他员工筹资建设居住用房。若将其强制搬离，因涉及人员较多，实践操作难度很大；若让居住人员缴纳土地补偿金，对土地权属进行变更，因涉及土地性质、规划问题，需要大量协调工作，而且存在政策障碍。二是资产体量大或类型特殊。有的资产体量过大，且难以分割，经多次拍卖未能成交。例如，某电子公司的土地、厂房近亿元，经 3 次拍卖仍未成交，最终在变卖阶段成交。有的资产类型较为特殊，通用性差。例如，某服饰公司的厂房系根据其固定设备而设计，若不使用该设备，则厂房难以充分利用，经 3 次拍卖亦未成交，最终也是在变卖阶段成交。三是土地、厂房租赁现象普遍存在。此类租赁有的是企业正常经营期间的租赁,有的是企业出险后债权人用债权抵租金形成的租赁。虽然依据《企业破产法》第18条的规定,管理人有权决定解除或继续履行租赁合同,但因搬迁的成本较高,承租人多抱着赖一天是一天的想法,与管理人讨价还价,故实践中需要与承租人反复谈判博弈。协商不成,最后只能通过诉讼的途径解决,而诉讼必然造成破产案件审理周期的延长。例如,在某电子公司破产清算案中,破产企业将厂房租赁给第三人,后第三人又将其分割转租给15位次承租人,自管理人第一次债权人会议前便与其沟通谈判起算,至最终通过诉讼解决,前后花费了近一年半的时间。

(五)管理人尚不能完全满足审理要求

一是管理人的相对数量不能满足市场的多元需求。虽然管理人名册中的社会中介机构绝对数量不少,但真正具备履职能力的管理人不多,若采取轮候、抽签、摇号等随机方式指定管理人,多难选任出合适的管理人,若采取竞争方式,参与竞争的多是固定的几家机构,经择优指定的管理人更多是些"熟面孔",由此也造成管理人行业内的"金字塔"现象突出、"马太效应"明显。二是管理人的能力经验不能适应案件的复杂多变。管理人制度作为新生事物,管理人队伍的破产管理经验、执业能力参差不齐、知识结构单一,管理人行业缺少统一的业务操作规范、执业纪律规范,以及相应的学习、培训和交流机制。以致在履职过程中,管理人事事寻求合议庭的指导,造成法院工作量增加,管理人工作延误,审理周期延长,无形中也增加了破产费用的开支,损害了债权人利益。三是管理人的现实地位不能匹配法律赋予的职责。管理人一经指定,并成为企业的当然代表,破产法赋予了其接管债务人财产、调查债务人财产状况、决定债务人的内部管理事务、管理和处分债务人财产等多项职责。但是社会各界及政府相关部门,对管理人这一角色的地位和职能认识不够,涉及破产企业的事务,相关部门不与管理人协商,即使管理人主动找上门,相关部门对管理人的职责也不理解、对管理人的工作不配合。导致许多问题都需法院出面协调解决,并出具相应裁判文书,致使法院陷入繁杂、琐碎的事务管理工作,造成法院、管理人角色错位,模糊了管理人履行职责和法院行使审判权的界限。

(六)执行与破产的衔接深度不够

执行与破产的衔接不仅仅是执行移送破产审查这一个环节,"移送"仅仅是执行程序与破产程序发生联系的启动环节,在当前“大执行、小破产;强执行、弱破产;简执行、繁破产”的审判工作格局尚未改变的情况下,真正实现执行程序与破产程序的深度衔接,还需统筹发挥执行程序和破产程序中人财物、平台等资源的作用。例如,在强制措施方面,《企业破产法》虽然也规定了拘传、拘留、罚款等强制措施,同时规定构成犯罪的应依法追究刑事责任,但其法律适用面较窄,与当事人对破产程序的阻碍程度也不成正比。而执行程序中的强制措施则相对较多,如前面提到的《民事诉讼法》第248条规定的民事搜查强制措施。再如,在失信惩戒措施方面,执行程序有失信被执行人名单,《企业破产法》第125条虽然也规定了债务人企业的董事、监事、高级管理人员违反忠实、勤勉义务,致使所在企业破产的,在破产程序终结之日起3年内不得担任任何企业的董事、监事、高级管理人员,但实践中尚难以落实。又如,对债务人不动产的清租问题,在执行程序中,若租赁合同签订在抵押权设立之后,执行法官可直接裁定涤除租赁权,案外人可通过执行异议和执行复议程序救济,处置效率相对较高。但在破产程序中,破产法官能否也直接作出涤除租赁权的民事裁定书,案外人参照执行异议和执行复议程序救济,目前尚有争议。

三、吴江区人民法院破产审判工作的主要做法

吴江区人民法院在破产案件审理中不断摸索学习,积极采取多种举措,充分发挥破产程序在保障债权公平受偿、优化市场资源配置的作用,取得良好的法律效果和社会效果。

(一)设立破产审判庭,加强审判专业化建设

基于破产审判独立性、专业化的特点,设立专门的清算与破产审判庭,有利于保障破产审判工作的常态化、规范化、法治化。2016年6月最高人民法院制定《关于在中级人民法院设立清算与破产审判庭的工作方案》,明确要充分发挥人民法院审判职能作用,加快公司强制清算与企业破产案件审理工作。2016年8月江苏省高级人民法院印发《关于充分发挥破产审判职能作用服务保障供给侧结构性改革去产能的意见》,明确具备组建清算和破产庭条件的,可协调地方编办先行先试。2016年9月,经区编办批复同意,吴江区人民法院获准设立苏州市首家清算与破产审判庭,并在同年12月完成正式组建工作,配置足额、专业的审判员,使吴江区人民法院破产审判的专业化建设迈上了新的台阶。同时,为调动

破产法官的积极性,准确反映破产法官的工作量,吴江区人民法院在全院《履职激励考核办法》中特别规定,每个破产案件应综合破产企业财产价值、涉众范围、社会影响、审理期限等因素单独进行折算。以从根本上解决破产审判机构缺乏、破产审判能力不强、破产案件缺乏激励等基础性问题。

(二)完善审判工作机制,快速出清"僵尸企业"

面对清算类型案件占多数的情况,在积累审判经验的基础上,不断完善审判工作机制,力求快速稳妥处置"僵尸企业"。一是探索破产简化审程序,缩短案件审理期限。针对事实清楚、债权债务关系明确、争议不大的破产案件,在法律规定的范围内,通过缩短弹性期间、第一次债权人会议通破产分配方案等方式,尽力缩短案件审理期限。在审结的31个案件中,2个主要财产已在执行程序处理完毕且债权债务关系简单的案件,均在2个月内审结完毕。二是灵活变价方式,克服财产处置难问题。对于多次流拍的厂房、土地,积极与辖区政府进行协调,利用政府低效工业土地回收的政策,力促政府以不低于当次拍卖保留价的价格回收厂房、土地。指导管理人在变价方案中设计特别条款,激励作为抵押权人的银行利用自身放贷的优势积极寻找潜在竞买人。对于承租户信用良好、带租拍卖不会影响财产价值的破产财产,指导管理人制定带租拍卖的变价方案。2017年8月在淘宝网正式开通破产管理人挂拍直接通道后,吴江区人民法院还当即申请开通淘宝网破产专用账号,成为全国法院系统最早启动网拍破产专用账号的法院之一。三是强化清算义务,明确救济途径。针对债务人股东、实际控制人怠于履行义务,致清算无法进行或无法完整进行的情况,在终结破产程序的裁定中陈述相关事实,并告知债权人可另行提起诉讼要求破产人股东、实际控制人对破产人债务承担相应民事责任。自2016年8月首次采用这种形式后,截至目前已在9个案件中适用。

(三)切实关注民生,维护职工权益

一是监督管理人调查公示职工债权。对于职工名单、工资表已遗失的破产企业,由法院出具调查令,授权管理人至社保局、劳保所、劳动仲裁机构等调查核实。同时指导管理人联系破产企业原生产负责人,通过生产负责人联系其他职工。为最大限度保障职工债权,要求管理人不仅应在破产企业公示职工债权清单,还应尽可能向每位职工送达职工债权清单,并由每位职工填写确认单并提供打款账户,以便后期发放分配款。二是积极协调辖区政府或第三方垫付职工工资。因破产案件的审理周期长,而部分案件中职工对工资的需求又较为迫切,为及时保障企业职工的基本权益、维护社会稳定、防止群体性事件的发生,在破产申请受理前,积极协调辖区政府垫付职工工资或由政府协调第三方垫付职工工资,在破产申请受理后,由垫付方以职工债权申报债权,管理人依据最高人民法院《关于正确审理企业破产案件为维护市场经济秩序提供司法保障若干问题的意见》第5条的规定,确认垫付款为职工债权,可以在破产程序中按照职工债权的受偿顺序优先获得清偿。已审结的31件破产案件中,由辖区政府或第三方垫付职工工资的有9件,涉及金额2158.55万元。三是指导管理人制定职工债权先行支付方案。对于管理人有足够货币资金,且职工债权的先行支付有利于破产程序顺利开展的案件,指导管理人制定职工债权先行支付方案,并提交债权人会议表决。同时,对于职工债权先行支付的比例作必要限制,即确定一个数额,低于这个数额的全额支付,高于这个数额的,超过部分不予先行支付。

(四)探索破产重整方法,确保重整成功率

针对具备再生希望的企业,在尊重债务人、债权人意愿的基础上,注重借助市场的力量,通过合适的途径吸引投资,以实现企业的继续经营。一是明确重整申请审查原则。为避免重整程序的空转,除审查申请主体是否适格、债务人是否具备破产原因之外,同时从是否具备继续经营条件、是否具备在重整程序中继续发挥效用的无形资产、是否具有潜在重组方、是否获得主要或多数债权人理解与支持等五方面对债务人是否具有重整可能及价值进行审查。二是多渠道招募投资人。一方面指导管理人通过报纸、微信、网站等多种渠道发布招募公告;另一方面充分利用辖区政府,以及银行等金融债权人在招商引资方面所掌握的资源和市场,引入有效的战略投资人。同时为保障投资人正式参与到后期的谈判磋商中,要求意向投资人出具承诺函,并交纳相应的保证金。三是创新重整路径。例如,在凹凸系企业合并重整案中,考虑到凹凸系企业中的苏州凹凸彩印厂为个人独资企业,且投资人明确表示不接受保壳式重整。管理人参照破产实务界已有实践,并被破产学界广泛论及的"出售式重整"模式,设计了"股权出售式重整"模式:首先将凹凸系企业与生产经营有关的财产以出资或转让的方式注入新设立的苏州新凹凸食品供应链管理有限公司;其次由投资人购买苏州新凹凸食品供应链管理有限公司全部股权,凹凸系企业以获得的股权转让价款清偿债务;与生产经营无关的财产直接变价出售,所得价款另行进行分配;重整计划执行完毕后,凹凸系企业依法进行注销。该种模式在保留了"出售式重整"避免余债风险的优势外,因其系以原债务人企业财产出资设立新公司,然后由出资人购买新公司全部股权的形式完成出售及事业存续,即债务人与新公司存在较高的关联度和承接性,所以一定程度上有效利用了债务人的壳资源(如相关许可经营资质、客户资源等),另外还降低了直接转让财产所产生的税务成本。

(五)果断适用合并破产,保障集中公平受偿

合并破产的主要问题在于启动模式与审查标准。在启动模式方面,司法实践中主要包括以下三种:第一,关联企业各自单独进入破产程序,后基于相互之间的关联关系,再进行合并破产;第二,部分企业先进入破产程序,后法院直接裁定将其他关联企业并入破产程序;第三,关联企业先行合并,再一并进入破产程序。在吴江区人民法院已受理的凹凸系、巨诚系合并破产案件中,分别适用了上述第一种和第二种模式,均取得了较好的效果。在审查标准上,从实践来看,最为重要的标准仍然是"公司人格严重混同"。而认定公司人格混同,核心在于审查法人意志和法人财产是否独立,表征因素上一般主要从人员、业务、财务等方面来考虑,包括关联企业是否受同一实际控制人控制;董事和高级管理人员、普通雇员是否存在交叉任职;是否存在合并财务报表的情形;资产在关联企业之间的非正常转移情况;企业资产是否无法区分或区分难度较大;是否使用共同的办公地址;关联企业之间的交易业务情况等。吴江区人民法院在坚持"公司人格严重混同"是法院裁定实质合并主要标准的同时,还关注关联企业进行实质合并是否有利于实现破产程序挽救企业和充分保障债权人公平清偿的价值,是否有利于提高破产程序的经济效率与司法效率等辅助标准。

(六)统筹发挥功能,务实开展执破衔接工作

一是明确立法目的,统筹发挥功能。首先在法院内部统一认识,明确执行移送破产审查制度的立法目的在于解决执行案件多、化解难和破产案件少、启动难的"两难"问题。执行局和破产庭要破除部门本位主义,统筹发挥两个程序的功能,既要强力推动"基本解决执行难"工作,亦要推进破产审判常态化。二是规范移送程序,把握移送节点。根据最高人民法院、省高级人民法院关于执行案件移送破产审查的意见和规定,明确执行局需提交的材料,并制作相应模板以供参考。对于重点企业,执行局在决定移送破产审查前,利用民事搜查措施首先控制企业财务资料,为破产申请受理后管理人接管债务人财产、账簿提供便利。允许并鼓励执行局在移送破产审查前,通过网络司法拍卖平台先行处置债务人资产,并在处置完成后立即移送破产审查,待进入破产程序后将所得价款移交管理人。三是加强协调配合,提高审理效率。破产申请受理后,由破产庭法官与执行局法官组成混合合议庭。执行局协助管理人利用省高级人民法院"点对点"、最高人民法院"总对总"网络查控系统,调查债务人财产状况。执行过程中形成的、在破产财产变价时仍在有效期内的评估报告,管理人可在向债权人会议说明并表决通过的基础上将其作为确定破产财产变价的依据,评估费用可作为破产费用随时清偿。在未开通管理人破产专用账号前,准许管理人借用执行局在淘宝网的司法拍卖平台变价破产财产。债务人的债权人在吴江区人民法院有作为被执行人案件的,待其债权被确认后,破产庭通知执行局向管理人送达协助冻结通知书。四是总结实践经验,出台规章制度。2017 年 4 月吴江区人民法院被省高级人民法院确定为"执转破案件简易程序审理工作示范法院"后,在总结实践经验的基础上,于当年 8 月制定出台《关于执转破案件简化审理程序的规定(试行)》。该规定共 40 条,贯穿移送破产审查至终结破产程序的全过程,为高效审理执转破案件提供了操作指引,同时也为适用简化程序审理其他破产案件提供了参照。

(七)规范管理人工作,培育管理人队伍

管理人是法院受理破产申请后,在法院指导、监督之下全面接管债务人企业并负责债务人财产的保管、清理、估价、处理和分配等事务的专门机构。管理人能力的高低、工作的好坏直接决定了破产审判的质量和效率。培育一支专业化、规范化的管理人队伍,是实现破产审判常态化、规范化、法治化的重要任务。在管理人选任方面,依照苏州市中级人民法院《关于审理企业破产案件指定管理人工作的若干意见(试行)》的规定,实现管理人层级与破产案件类别的相适应,促进管理人市场健康发展。在管理人的履职方面,吴江区人民法院于 2017 年 11 月制定出台《破产管理人工作规范》,细化管理人工作规程,为管理人执行职务提供指引,也为法院监督指导管理人履职行为、统一破产案件审理流程提供依据;强化监督指导的同时,鼓励管理人创新工作方法,充分发挥管理人的主观能动性。为解决无产可破案件管理人报酬问题,于 2015 年 4 月制定出台《破产专项基金管理办法》。截至目前,共有 47 家苏州市管理人名册中的社会中介机构加入该基金,积累基金近 100 万元。2017 年 6 月在一无产可破案件中,吴江区人民法院也首次利用该基金补偿了管理人报酬。

(八)注重内外协调,营造良好审判环境

破产作为一个企业的特殊状态,涉及债务人的立案、诉讼、执行等诸多事项会因此发生改变。为做好内部协调工作,吴江区人民法院在院内发布《关于做好有关破产企业的民事诉讼、执行程序与破产程序衔接工作的通知》,对程序衔接工作做好提示,并在法院内部网站随时更新破产案件受理、审理情况。同时基于破产案件涉及利益主体多的特点,加强与地方党委、政府的沟通,不断争取支持。相继向吴江区委、区政府报送《关于党委、政府在企业破产案件中加强协调的建议》《关于新常态下依法保障破产企业平稳退市的实施意见》等。针对房地产公司破产案件、关联企业合并破产案件等影响范围较广的案件,特依托属地政府成立由有关部门人员组成的清算组,并指定清算组为破产管理人,再由管理人聘请律师事务所、会计师事务所等专业的中介机构为其提供服务,以综合2种管理人指定方式的优势。

四、完善破产案件审理的建议

司法手段是处置"僵尸企业"的主要路径之一,为进一步完善破产案件审理,充分发挥审判职能,畅通企业市场退出机制,助力经济转型,针对本报告反映的突出问题、薄弱环节,特提出如下建议:

(一)加大破产法宣传力度

抓住当前破产审判日益受到重视的契机,加大破产法宣传力度。使债权人认识到破产法是债权概括性公平受偿的终极手段;使债务人认识到,通过破产重整、和解程序,破产法能使企业获得复苏机会;使债务人股东认识到,破产法为他们提供了重新开始的机会;使社会认识到,破产法能够实现优胜劣汰,使市场资源有效、合理地利用,促进社会经济的发展。

(二)努力实现执破深度衔接

一方面,发挥破产程序的公平清偿功能,建立执行程序对破产效益的释明机制。充分认识破产程序的公平集中清偿功能,以及加速认缴出资和其他未到期债权到期、行使破产撤销权、直索失信股东等责任的功能。在执行程序对当事人询问过程中,强化对被执行企业法人转入破产程序的效益释明,辅助当事人对是否"执转破"作出理性判断。另一方面,利用执行程序中效率优先的强制性措施,加快破产财产处置。破产财产的变价一直是破产案件审理的关键,也是造成破

产审理周期长的重要原因之一。相对于执行程序对被执行人财产的直接拍卖，破产财产的变价方案因需经债权人会议表决通过，效率较低。但在网络拍卖已成为司法程序处置资产原则的情况下，执行和破产两个程序首选的拍卖方式均为网络拍卖，网络拍卖已成为社会共识。也就是说，一般情况下，即使管理人未经债权人会议同意，便依照网络拍卖的规则先行变价破产财产，事后债权人会议也不会予以反对反而会同意追认其效力。故对于一部分债权债务关系清晰、债权人人数较少、破产财产较少的由执行案件移送而来的破产案件，完全可以在执行阶段先行变价处置债务人企业的财产，减少破产程序中还需要由债权人会议表决通过破产财产处置方案等烦琐程序，只将财产分配环节留到破产程序中进行。由此实现执行程序效率与破产程序公平的完美结合。

（三）积极探索破产案件简化审理程序

为切实解决破产案件审理周期长的问题，应尽快推广破产案件审理的繁简分流机制改革。在适用范围方面，对企业资产数额不大、债权债务不多、经营地域不广或特定小微企业，以及较为简单破产案件或者无产可破案件，可适用简易破产程序进行审理。在缩短时限方面，案件受理、债权申报、破产宣告等期限都予以压缩；在管理人方面，引入简易清算组、个人管理人，对管理人报酬方面进行减免；对债权人会议程序和表决方式、财产处置方式等进行简化。

（四）解决破产财产和个人财产混同的问题

因民营企业经营不规范，企业财产与股东个人财产混同的问题极为突出，将破产企业的财产和假借企业空壳敛财的股东个人财产合并处理，应具备 2 个前提条件：一是股东个人同意其财产被处置；二是债权人同意在破产案件中合并处置股东个人财产。“揭开公司面纱”即法人人格否认，在原则上需经诉讼程序，在缺少法律规定的情况下，直接将股东个人财产与破产企业财产合并处理存在法律风险。在现有法律规定下，破产企业或债权人可通过其他途径获得救济：若发现股东侵占公司财产，民事上公司可要求股东返还，刑事上若构成职务侵占罪或挪用资金罪，可移送公安机关；若股东个人财产与公司财产混同，债权人可另案要求股东对公司债务承担连带清偿责任。如果证据确实充分，确需在破产程序中合并处置混同财产的，必须严格以听证程序保证相关当事人的诉讼权利，确保审判结果的公正性。当然，如果可以引入个人破产制度，将财产混同的公司与个人合并破产，更能有效地解决上述问题。

(五)建立完善府院联动机制

建立完善府院联动机制,是由破产案件的复杂性及涉及利益主体的广泛性所决定的,也是由司法权与行政权科学分工所决定的。各部门应依法在职能范围内支持、配合法院工作:(1)税务部门应及时依法申报税务债权,并做好正常纳税服务;(2)国土管理部门决定收回破产企业划拨土地使用权的,应当及时支付法定补偿费用;(3)水电部门不得以清偿破产案件受理前企业所欠全部费用为恢复供水供电条件,破产案件受理前企业结欠的水电费,应及时依法申报债权,进入破产程序后发生的水电费,属破产费用,由破产企业财产随时清偿;(4)公安部门应依法受理查封财产被非法处置,及破产企业财产被盗等刑事案件,加大侦查力度,及时破案;(5)破产财产依法分配后,社会保障部门应配合办理社会保险账户转移登记等手续;(6)破产程序终结后,市场监管部门应依法办理破产企业注销手续;(7)房地产、车辆管理部门及银行等机构,在收到法院受理破产裁定及协助执行通知书后,应及时办理相关手续;(8)在破产重整案件中,辖区政府、招商局、经信委等相关部门,应主动介入,充分利用自身在招商引资方面所掌握的资源和市场,召集各方对债务人企业所属产业的产业政策、未来经济调控等进行沟通和协调,向有拯救价值、经营前景的困境企业引入有效的战略投资人,实现重组,保全企业优质资产,整合双方优势资源,实现企业嫁接重整。

江苏省常熟市人民法院破产审判调研报告(2007～2017年)*

蒋先锋**

破产案件具有疑难复杂、办理周期长、专业水平要求高、衍生诉讼多等特点。2007年新《企业破产法》正式实施后，常熟市人民法院便迎难而上、积极应对，以实践和创新为抓手，在破产审判工作理念和工作思路上与时俱进、不断更新。在不突破既有法律法规框架的前提下，不断积极探索、勇于创新，圆满审结了数十起破产和公司强制清算案件，包括新破产法实施后全国影响力最大的科弘系5家企业重整案①，还包括2013年江苏省内首例实质合并的怡华系6家企业重整案、2014年江苏省内首例房地产企业——隆盛公司重整案、2016年常熟首例破产和解案。同时，该院还制定了一系列涵盖受理前、审理中、审结后3个时间段，涉及管理人选任、破产专项基金、债权人会议、重整、执转破等领域的制度和规范，积累了一定的经验，取得了一定的成绩。

---

* 本文为作者提交给“第八届中国破产法论坛暨《企业破产法》实施十周年纪念研讨会”的会议论文，后发表于《人民司法·应用》2017年第25期。收入本书的版本与杂志发表的版本不完全相同，特此说明并致谢。——编者注

** 江苏省常熟市人民法院民四庭审判员。

① 涉及负资、债权申报额超过百亿元，在司法、媒体、企业界引起巨大震动，成为当时全国最大标的额的破产案件。

常熟市人民法院在破产理论知识研习、破产审判实践探索领域中的探路者角色,得到了各级法院的首肯。据不完全统计,2010～2017年4月,共有来自山西、云南、河南、安徽、黑龙江等全国各地各级约20余家法院到常熟市人民法院交流学习破产审判经验。2014年11月最高人民法院发布《关于在部分人民法院开展破产案件审理方式改革试点工作的通知》,确定在全国9省市(区)的21家人民法院开展破产案件审理方式改革试点工作,常熟市人民法院作为江苏地区3家法院之一入围试点名单,承担企业破产中债务人自主重整模式探索与完善工作。2016年1月最高人民法院召开全国破产案件信息平台建设工作座谈会,常熟市人民法院作为全国仅有的2家基层人民法院受邀参会。2016年9月12日江苏省高级人民法院决定在常熟市人民法院等4家基层人民法院开展破产管理人选任和管理机制改革试点。

党的十八届五中全会提出,要"更加注重运用市场机制、经济手段、法治办法化解产能过剩,加大政策指导力度,完善企业退出机制",中央经济工作会议强调,要把积极稳妥处置"僵尸企业"作为化解产能过剩的牛鼻子,司法部门要依法为实施市场化破产程序创新条件。因此,今后很长一段时间,运用破产法律程序依法处置"僵尸企业"和破产案件审理,将是人民法院的一项重要工作任务。本文旨在通过对常熟市人民法院9年来破产审判实践的回顾和总结,为下一步破产审判再上台阶提供依据和参考。

一、2008年至今破产案件的总体审理情况及分析研判

2008年以来,常熟市人民法院共收到破产、公司强制清算申请计110件,其中审理终结的49件,立案审查中或审理中的52件。其中仅2016年和2017年1～4月接收的案件数量就达71件,占所接收案件数量的64.5%。

所审结的49个案件中,除了不予受理、裁定驳回和撤回申请的案件外,其余所涉25家债务人企业合计可供分配的资金总额达38.19亿元,债权人数达3355家,债务总额达125.57亿元,职工人数5701名。

(一)案件数量持续增长,民营企业成为案件主体,且有愈演愈烈之势

自2008年以来,常熟市人民法院接收的破产、公司强制清算案件的数量变化与宏观经济政策、行业结构调整走势大致吻合。2008年受亚洲金融危机的影响,台湾地区的经济形势遭受沉重打击,常熟科弘系5家企业的台湾经营层弃企

出走，造就了当时国内最大标的额的破产案件，在业界和媒介引起一片哗然。之后，我国政府强势出击，增发货币，拉动内需，整体经济形势一片飘红，企业的融资和经营环境趋于良好，常熟市人民法院接受申请企业破产的数量一直维持在低位，其中2009年为1件，2010年为3件，2012年为4件，2013年为6件。2014年后，由于前一个经济周期内投资过热，重复建设且竞争无序，经济出现下行，在银根紧缩的调控之下，国内企业尤其是民营企业的生产经营状况陷入低迷，甚至出现了大量资不抵债、难以维系的企业，常熟市人民法院在这一时期内接受申请企业破产的数量呈现爆发式增长，其中2014年为7件，2015年为13件，2016年为50件，2017年1~4月已达21件（见图1）。

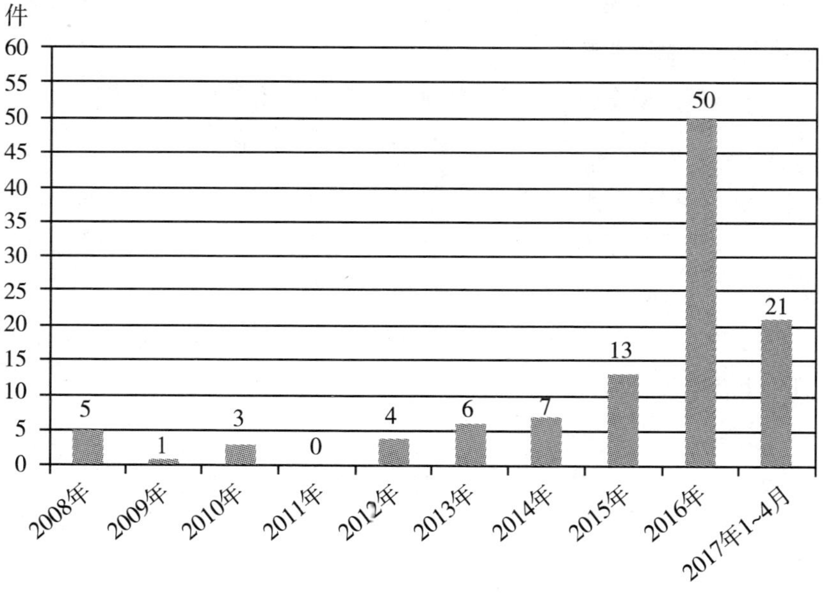

图1 历年案件数统计

（二）案件类型全面涵盖，小微企业以破产清算为主，大中型企业力争重整

常熟地处长江三角洲腹地，改革开放后，天然的区位优势和深厚的文化底蕴造就了常熟人开拓进取、积极创新的良好品质，造就了一大批曾经拥有无限活力的小微企业。但小微企业同时具备融资弱、抗风险差、管理理念落后等弱点，一旦出现行业整顿、市场低迷等因素，往往容易陷入危机直至资不抵债。由于小微企业自身在技术、市场等方面的劣势，不具备重组可能性，进入破产程序后所采取的也往往是清算程序。2008~2017年4月常熟市人民法院收到的110件破产申请中,破产清算案件达86件,所涉债务人企业中小微企业占69家。

同时,常熟境内也拥有大批资产量大、现代企业制度规范、行业和市场前景良好的大中型企业。这类企业往往是由于急剧扩张引发资金紧缺从而陷入困境,如果适时引入战略投资人,让企业“浴火重生”的概率极大。2008～2017年4月常熟市人民法院共裁定15家债务人企业重整且均重整成功,取得了良好的法律和社会效果(见图2)。

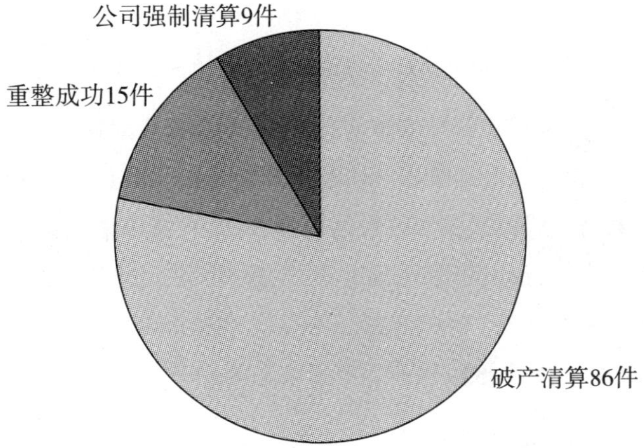

图2　2008～2017年4月破产案件类型

(三)破产申请人较为单一,多为债权人,且以金融债权人为主

企业经营不善出现资不抵债的情形后,企业主尤其是民营企业主选择破产清算方式退市的可谓凤毛麟角。主要有3个方面的原因:(1)传统观念对“破产”二字带有的天然排斥心理,商人尤甚。因此,谈及破产企业主均有排斥的心理状态;(2)企业主缺乏现代企业制度的基本概念,面对企业走向消亡的时候,所选择的路径往往是听之任之甚至一走了之;(3)企业尤其是小微民营企业的发迹史往往带有一定的原罪,同时企业主在缺乏公司理念的情况下通常视企业资产为家产,挪用、侵占企业资产的事例屡见不鲜,对其而言,自行申请破产等同于自掘坟墓。因此,在司法实践中,债务人自行申请破产的案例微乎其微。2008～2017年4月常熟市人民法院收到的110件破产申请中,债权人申请的为95件,占比达86.4%。而债务人自行申请的15件案件中11件(怡华系5家企业和凯诺系6家企业)系企业经相关部门法律释明后作出的申请(见图3)。

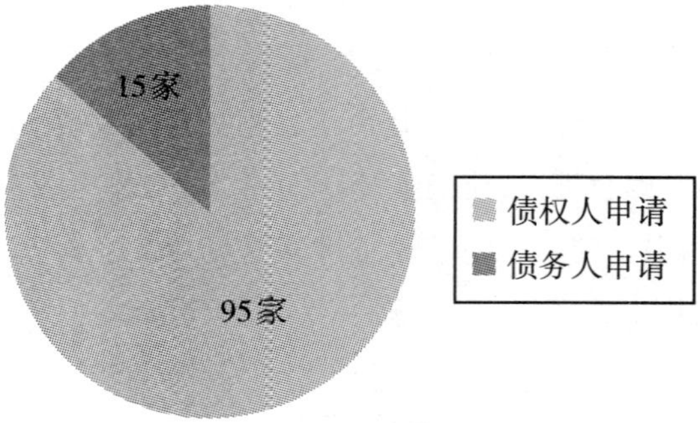

图3　2008～2017年4月破产案件申请主体分类

同理,在民诉法新司法解释实施前,绝大多数债权人对破产理念和功能理解尚浅,且往往基于执行分配高于破产清偿的理性考虑,面对债务人企业无力偿还债务的情形,通常选择诉讼、强制执行的处理方式,直接申请债务人破产的较少。而银行尤其是国有银行,出于维护国有资产、保障程序公正有序的考虑,选择申请债务人破产的路径较多。2008～2015年2月常熟市人民法院收到的债权人申请破产的14件案件中,金融机构作为申请人的为11件,占比达78.5%(见图4)。

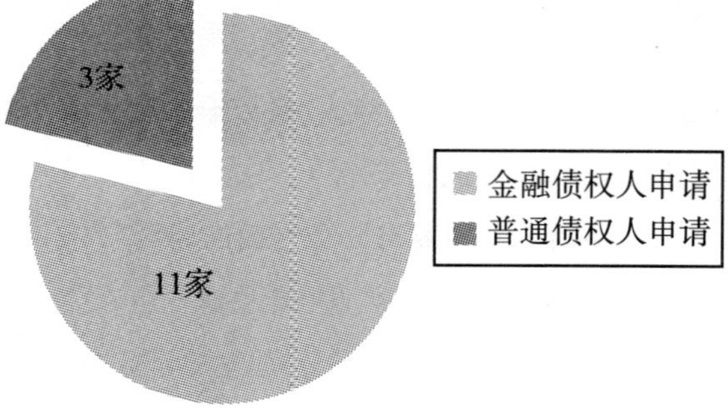

图4　2008～2015年2月破产案件债权人(申请人)类型

(四)债务人企业类型集中,以民营企业为主,辅以外资企业

改革开放后,常熟的乡镇企业如雨后春笋般迅速兴起、发展、壮大。进入20世纪90年代末,在产权改革的浪潮中,常熟的乡镇企业全面改制成股份制,性质转变为民营企业。正因为这样的历史缘由,常熟的企业数量、经营规模现状仍以民营企业为主,这从常熟市人民法院收到的破产和公司强制清算案件中也能明显反映出来。2008～2017年4月,常熟市人民法院收到的110件破产和公司强制清算案件中,涉及债务人企业98家,其中民营企业88家,占比达89.8%。

同时,常熟紧邻上海、南京、苏州、杭州等中心城市,具备交通便利、市场前景广阔、开放时间早、政策优惠等优势,吸引了大批的境外资金,设立了若干外商投资企业(含合作、合资企业)。在经营过程中,由于母公司的战略调整、行业产能过剩、市场萎缩等原因,常熟境内的外商投资企业也出现资不抵债或明显缺乏清偿能力的情形而进入破产程序。从2008～2017年4月常熟市人民法院收到的破产和公司强制清算案件中涉及10家外商投资企业便能充分反映(见图5)。

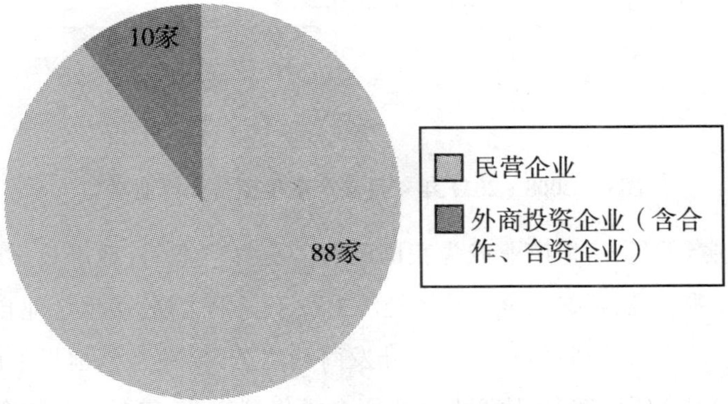

图5 2008～2017年4月破产企业类型

(五)债务人企业所涉行业广泛,以工业企业为主,重工业和轻工业并重

商人的嗅觉虽不当然灵敏,但始终围着利润而转。改革开始伊始,由于轻工业投资少、回本快、市场广,常熟的乡镇企业家们便嗅到了其中的无限商机,从而开启了常熟经济发展多行业、多渠道发展的道路。之后,随着国退民进战略的进一步推进以及基础建设投资的狂热,冶金、钢铁、电子、电缆等行业在常熟也扎根并快速发展。但飞速的发展好似空中楼阁,升得高也跌得重,这些行业受宏观政策调整的影响极大,一失足便坠入谷底。而前期曾经辉煌的轻工业企业在产能过剩、毛利率偏低、融资渠道狭窄的不利环境下,也纷纷陷入困境直至破产。在2008～2017年4月常熟市人民法院收到的110件破产和公司强制清算案件中,涉及债务人企业98家,其中钢铁、铸造、电缆等重工业35家,纺织、服装、印染等轻工业56家,房地产等第三产业7家。

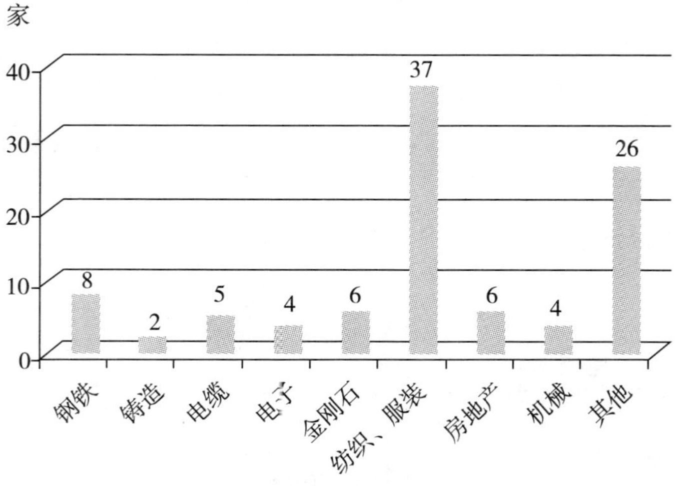

图 6　2008～2017 年 4 月破产案件债务人行业类型

值得注意的是，房地产业成为我国经济的支柱产业后，地产热、炒房团在中华大地上狂飙突进，常熟在全国县域经济中位于三甲之列，房地产业自然也水涨船高。由于其中的暴利可观，各地的开发商趋之若鹜，在常熟地界上圈地造楼，风生水起。但众所周知，房地产业属于资金密集型产业，需要巨额的资本投入和运作，且极易受国家房地产调控政策和市场需求容量的影响。在经济下行的周期中，房地产业自然也受到冲击，导致大量楼盘成为烂尾楼，房地产企业成为破产企业。虽然常熟市人民法院受理的房地产企业破产案件至今仅 2 件，但由于常熟境内亦呈现数个烂尾楼盘，不排除相关房地产企业自行或由债权人申请其进入破产程序的可能性。

（六）民诉法司法解释的出台，在执行案件上升态势下，直接催生“执转破”案件数量呈爆发式增长

2015 年 2 月民诉法新司法解释出台，明确规定了“在执行中，作为被执行人的企业法人符合《企业破产法》第 2 条第 1 款规定情形的，执行法院经申请执行人之一或者被执行人同意，应当裁定中止对该被执行人的执行，将执行案件相关材料移送被执行人住所地人民法院。”为执行程序转破产程序开了绿灯。由于当前宏观经济下行，在进一步落实中央‘去产能、去库存、去杠杆、降成本、补短板”的经济政策过程中，势必有更多高污染、高能耗、低附加值、低效益的企业在市场中被淘汰，相关企业的涉诉涉执行案件也将随之猛增。

同时,民诉法新司法解释规定参与分配制度仅适用于公民和其他组织,对于企业法人,如果当事人不同意移送破产或者被执行人住所地法院不受理破产案件的,对于普通债权,按照财产保全和执行中查封、扣押、冻结财产的先后顺序清偿。上述司法解释相关规定的出台,使作为债务人的企业法人如果符合资不抵债的条件,一旦存在2家或2家以上普通债权人对其财产采取先后保全措施,势必带来保全顺序在后的债权人申请债务人企业破产,以实现其债权的公平清偿。从常熟市人民法院2015年2月～2017年4月收到的破产申请案件中可以看出,在68件破产案件中,除8件系债务人自行申请之外,属于执行部门移送破产审查或者经执行部门法律释明后申请人自行申请的案件达25件,占债权人申请破产案件的比例高达37%。

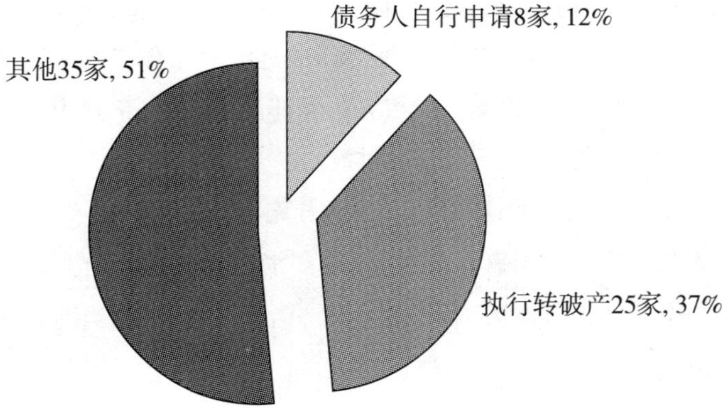

图7 2015年2月～2017年4月破产案件主体分类

二、构建破产审判专业团队,搭建府院协作平台

(一)设立专门审判组织,全院统筹,分工明确

破产案件的审理既是一项专业化、精细化的工程,也是一项系统化、综合性的工程,涉及劳动争议、建设工程、民间借贷等若干的法律关系,涵盖立案、保全、执行等众多的法律事务。因此,面对复杂的破产审判工作任务,在既有的应急机制的基础上,常熟市人民法院不仅专门抽调精干力量组成破产合议庭,专门负责破产清算、重整、公司强制清算以及破产衍生诉讼案件的审理,还成立了以分管副院长为首,审判监督、立案信访、安全保卫、后勤保障各条线负责人为成员的协调小组,形成了一整套破产案件全院协调工作机制。常熟市人民法院对破产、公

司强制清算申请的立案审查作了明确分工,对申请材料的形式审查由立案庭负责,破产合议庭承担实质审查工作,使破产合议庭提前介入,做好立案前的准备工作。

(二)建立破产预警机制,府院联动,无缝对接

破产案件的审理虽然由法院主导,但涉及法律程序之外的行政事务,诸如职工安置、社会维稳、投资人引入、优惠政策扶持、企业高管责任追究等若干事项均需要政府及相关职能部门的支持和配合。因此,常熟市人民法院高度重视,主动寻求党委、政府的支持、协调,并在以市政府分管领导为核心的协调小组中,与相关职能部门搭建平台,建立了常态化的破产预警机制。不仅在破产案件审理前注重关注相关行业动态和企业发展状况,以便困境企业爆发危机时,能立即启动该机制,及时保全企业的资产和财务档案等历史经营资料,还在破产案件审理过程中全程、全方位跟踪企业破产的过程,密切配合、相互合作。尤其是债权人会议召开前后,通过协调小组的支持和相关职能部门的配合,常熟市人民法院主持的历次债权人会议都能顺利召开、平稳过渡。

(三)参与研判危机企业退市路径,借力分流,节约资源

企业法人与自然人一样有其产生、存续和消亡的过程。企业法人的消亡意味着其作为一个主体退出市场、不再参与经济活动。在我国,当前企业法人退出市场的方式以被动即行政退市、司法退市为主。由于传统惯性思维的影响,企业法人做到规范退市的微乎其微,造成市场中积压大量的危机企业甚至"僵尸企业"未得到及时清理。对于危机企业或"僵尸企业"的处理方式,常熟市人民法院主动应对,提前与行业主管部门、辖区政府共同商讨研判,针对危机企业的不同特点,运用自行清算、第三方投资、政府推动重组、执行参与分配、破产清算、和解重整等企业法人市场退出方式,避免企业法人一旦出现危机便首选破产路径,导致相关企业实质退市,丧失可能的司法外重组、执行分配等对债权人和债务人而言更加有利的退市方式,同时也造成了司法资源的进一步浪费。

(四)积极延伸破产审判职能,建言献策,保障发展

党中央的方针政策指明了我国经济结构性改革的方向和路线图,也发出了人民法院围绕中心、服务大局工作的新号召。常熟市人民法院借助府院联动的协调机制和工作平台,通过提出司法建议、情况反映或撰写调研文章等方式积极向市委市政府建言献策,充分发挥能动司法的作用,为区域经济的健康发展保驾护航。其中,常熟市人民法院积极组织人力、物力所撰写的调研报告《企业危机的预警管理和应对》《完善企业内部治理结构,规范企业法人退出机制,促进经济转型升级的意见》《当前常熟市中小企业联保、互保现象分析和应对策略》均得到了市委市政府的高度评价,并在实践中得到充分的落实。

三、探索破产审理方式革新,提高案件审判质量和效率

(一)健全管理人选任和考核制度,全程监督,确保公正和效率

最高人民法院指定管理人的司法解释明确规定,对管理人一般采用随机方式进行指定。但破产审判实践中,如果不区分案件情况、不区分备选管理人的特点和工作能力,千篇一律的随机选任,不仅影响破产审理的质量和效率,也会造成实质上的不公平,最终损害广大债权人的根本利益。针对随机方式选任管理人存在的弊端,常熟市人民法院在认真调研的基础上,于2011年创设性设计了《遴选管理人入围标准》和《遴选管理人评分表》,根据破产案件的难易程度确定参与遴选的中介机构数量,通知中介机构提交参与遴选的工作方案,根据得分由高到低进行排序,确定入围的中介机构后,以摇号的方式选出破产案件管理人,由此确立了以评分制为主导的竞争遴选结合随机摇号管理人遴选制度,既做到了对个案的针对性,也能避免"暗箱操作"之嫌,确保选任过程的公开和透明。同时,针对管理人在个案中的勤勉尽职和工作实效情况,常熟市人民法院设计了《管理人业绩考核表》,对管理人的履职情况进行动态考核,并以此作为确定管理人报酬的主要参考因素,通过规范的制度约束促使管理人积极提升工作能力,促进管理人之间公平竞争。2016年10月常熟市人民法院出台《关于企业破产案件管理人选任和管理的工作规范(试行)》,在对上述3个评分表予以修订的基础上,扩大破产管理人的选任范围,实现破产管理人市场的充分竞争,使全国范围内管理人名册外的律师事务所、会计师事务所、清算事务所都有机会参与常熟市人民法院破产案件的管理人遴选。

(二)创新债权人会议召开和表决机制,提速进程,保障债权人的参与权和知情权

债权人会议的召开涉及对债权人参与权、知情权、表决权的充分保障。在破产审判实践中,针对关联企业的破产案件,虽然关联企业之间尚未达到法人人格混同的情形,但仍存在债权、财务等若干方面的关联关系,为使各关联企业的债

权人充分掌握关联企业的资产、债权债务、财务审计整体状况，常熟市人民法院主动将关联企业的债权人会议合并召开，既节约了司法资源，也保障了审判效率，更将债权人的知情权落到了实处。同时，针对破产清算案件中普通债权人债权分配率普遍微乎其微的情形，常熟市人民法院积极指导管理人制定非现场方式召开债权人会议的表决规则，争取将现场召开债权人会议的次数限定为1～2次。另外，常熟市人民法院还创设了场外提前表决的意思表达机制，预先在管理人工作网站上公示会议资料，并允许通过在会前以传真、邮寄或者直接送达书面表达意见的途径解决了债权人因故不能出席债权人会议进行表决的难题，不仅减少了债权人参加债权人会议的成本，也提高了债权人会议的表决参与率。

（三）追究破产企业相关负责人的法律责任，惩前毖后，以儆效尤

由于我国现代法律制度的建设滞后于市场经济的发展和秩序的建立，给企业的经营留下了大量的灰色地带和真空领域，破坏规则和利用漏洞成为企业界的常规，造成企业的发展往往具有原罪的特点。同时，企业主的法律意识落后，以家族式的经营方式架空公司法人组织机构，大量存在设立账外账、挪用企业资金、转移甚至侵占企业资产的行为。因此，如果严格依据公司法、破产法的规定追究企业高管人员的法律责任，几乎一查一准。常熟市人民法院在破产案件审理过程中，始终高度重视对企业法定代表人、股东、董事、监事和高级管理人员法律责任的分析，并通过民事责任、刑事责任的追究，不仅实现了追回破产财产、惩戒相关责任人员的现实目标，还能达到对其他企业主和企业经营人员的警示和威慑作用，并促使企业经营的更加规范化。

（四）规范投资人招募程序，精心组织，确保重整

根据《企业破产法》的规定，重整方案的提交时间限定在裁定重整后6个月之内，使招募投资人的工作必须在规范化操作的前提下及时开展。实践中，重整参与人参与投资的目的除了注资经营走实业道路之外，还存在单纯利用重整企业的壳资源进行资本运作甚至借机炒作概念的情形。为了确保重整参与人有诚意、有实力，实现重整企业的浴火重生，常熟市人民法院精心设计了招募投资人的流程，不仅要求重整参与人提交一定比例的保证金，还须承诺以其自身资产对重整计划的偿债方案提供担保。通过对投资人的前期研判和投资人自身的承诺和担保，排除了资金实力薄弱者、参与投资摇摆者、借机炒作投机者的参与，相当程度上避免了可能给重整企业带来的二次破产伤害。同时，针对有重整价值和希望的企业,虽然在招募期限内未能成功招募,但常熟市人民法院尊重债权人的意思自治,表决通过了开展第二轮投资人招募程序的动议,并最终重整成功,最大可能减少了债权人的损失,最大限度提高了债务清偿率。

(五)高效处置破产财产,规范有序,及时变现

破产案件的审理,清产核资是主轴,财产变现是核心。无论是破产财产范围的确定、价值的评估、应收款的催讨,还是债权的审核、高管责任的追究,其落脚点都在资产的回收和变现。只有实现破产财产的货币化,才能推进破产财产的分配和破产程序的终结。常熟市人民法院对破产财产的变现方式经历了从委托拍卖中介机构单独或联合拍卖到通过淘宝网司法拍卖平台公开拍卖的过程,在此过程中,除保障程序公开、公正之外,常熟市人民法院及时把握国家产业政策引导、调整的相关信息和市里经济发展规划、目标,制定科学可行的破产财产变价方案,明令禁止原有行业的原地续用和高污染、高能耗、低技术、低附加值项目参与破产财产的竞拍,以确保过剩、落后产能的淘汰,实现资源的优化配置。同时,常熟市人民法院借助与市镇两级政府和相关职能部门建立的联动机制平台,发挥政府招商引资的行政资源优势,全方位、多渠道发布相关信息,甚至主动邀请潜在买受人尽职调查,尽最大可能、以最优价值实现破产财产的变现,保障债权人利益实现的及时和最大化。对于债务人企业人去楼空,资产由出租方控制且难以处置的情形,常熟市人民法院创新处置方式,引导债务人所在地原出租方以投资人身份按照重整方式接收债务人,既能减少原出租房的损失,也得以维护其他债权人的利益。

(六)全面分析债务人企业亏损原因,刑民衔接,维护债权

破产案件的审理需要对债务人企业的亏损进行全面分析,判断股东和高管可能存在的刑事责任。常熟市人民法院始终本着维护债权人利益最大化与保障债权人知情权,推进破产审判中涉及刑民交叉事项的处理。在破产案件立案前发挥政府综合预警平台作用,与当地政府预先沟通,全面排查分析案情由属地政府负责维稳并且启动刑事程序。在破产审理中如果发现刑民交叉问题,与刑事部门密切配合,严格审查企业亏损原因,及时移送犯罪线索并配合侦察工作。对于涉及对企业财产构成的刑事犯罪,协调刑事部门积极予以追赃,在最终分配前完成追赃的列入破产范围增加债权人的受偿率,对来不及追赃的在分配方案中予以披露。

四、加强破产审判制度建设，确保破产审判规范有序

（一）谨慎适用合并破产规则，揭开法人面纱，保障实质公平

现代公司法律制度中，股东仅以其出资为限对外承担有限责任。但我国的公司理念和制度多为舶来品，政商两界始终未真正参透其中的规则和规律。实践中，部分民营企业不断发展壮大，设立了数家关联企业甚至采取集团化运营，但这些民营企业尚未能真正建立现代企业制度，缺乏真正意义上的财务和管理制度，企业主们往往无视企业的法人制度，对旗下的关联企业采取统一经营、统一管理的模式，造成了关联企业之间无法实现真正的独立核算和运作。对于关联企业破产案件的审理方式，常熟市人民法院坚持尊重法人人格独立性的基本原则，只有当关联企业存在组织机构、人员、资产、债务、营业等若干方面的高度混同、无法区分，导致分别破产难以独立清产核资、甄别债权的情形，且严重损害债权人利益造成清偿的不公平，才审慎适用合并清算或重整模式。常熟市人民法院对存在混同嫌疑的关联企业以分别裁定受理为程序入口，在程序进行中，采集并甄别关联企业人格混同的证据判断是否达到实质合并的条件。同时，常熟市人民法院充分尊重债权人的意思自治，通过听证的方式向债权人代表披露关联企业的混同情况，听取债权人代表对合并审理的意见和建议，既实现了案件审理的公开、公正，也切实保障了债权人利益的实质公平，做到了法律效果和社会效果的双赢。

（二）设立破产专项基金，保障民生，提高管理人积极性

针对破产审判实践中普遍存在的无产可破案件管理人报酬甚至工作成本无法得到保障的情形，以及因企业破产失业而再就业困难的职工或遭受重大损失且生活困难的自然人债权人需要给予一定民生关怀的情形，常熟市人民法院于2011年9月便制定出台了《破产专项基金管理办法》，以充分调动破产管理人的积极性，推动管理人队伍的职业化进程和管理人行业的良性、有序发展，以进一步确保依法、公开、公正、公平、高效审理破产案件和公司强制清算案件，切实保障民生、维护社会稳定。同时，在落实破产专项基金制度的过程中，常熟市人民法院另行制定了《破产专项基金设立公约》，向名册中的管理人发出邀请通知，在自愿的原则下，先后主持了两轮的破产专项基金公约签约仪式，获得了管理人代表的一致好评。

(三)制定"执转破"操作规范,及时流转,确保审执有序衔接

为应对新民诉法司法解释关于执行移送破产规定引发破产案件激增的潜在态势,并规范执行案件移送破产审查的审执衔接,常熟市人民法院于2015年5月出台了《关于规范执行案件移送破产审查的若干规定》,为执行案件移送破产审查提供了规范化、明晰化的相关指引。在规定中,明确了执行局应书面提示执行当事人执行程序转入破产程序后清偿率可能进一步降低的风险,以充分尊重执行当事人的选择权,保障执行当事人的合法权益。同时,针对可能出现的具备明显无产可破、涉嫌法人犯罪、借破产逃债、有重组可能等情形,常熟市人民法院明确规定不宜移送破产审查,避免因破产可能对债权人或债务人造成更大的利益损失。

(四)加强涉税债权处置探索,拟定指引,规范税款债权认定

破产、公司强制清算案件的审判实践中,往往涉及包括税款债权申报审核、破产财产变现交易税、重整所得税等问题,而无论是破产法律法规还是税务法律法规都缺乏相应原则性、指导性的意见或规范,仅仅在个案的批复中有所呈现但缺乏参照性。常熟市人民法院针对破产、公司强制清算案件审理中的涉税问题,对个案中已取得的经验进行提炼后起草了《关于企业破产、公司强制清算案件审理中涉税问题操作指引》,并邀请国税、地税部门相关业务人员进行研讨,就税款申报流程、重整所得税和破产财产交易税缴纳主体和基数等达成了一致意见,为之后破产、公司强制清算案件审理中遇到的税款处理问题提供了较为具体的操作规范。

五、规划破产审判机制蓝图,提升破产理论和实践水平

(一)打造破产审判团队,成立破产审判庭

常熟市人民法院的内部机构设置中,一直由民二(四)庭承担破产和公司强制清算的审判任务。为了应对2008年科弘系重整案件的审判重任,常熟市人民法院在民二庭内部设立了专门的破产合议庭,但一直尚未实现独立建制。2016年3月25日《人民法院报》刊登了最高人民法院杜万华副院长的讲话,杜万华强调:"今后一个时期,运用破产法律程序依法处置'僵尸企业'和破产案件审理,将是人民法院的一项重要工作任务。"不难预料,破产案件的数量将会大幅增长,因此,需要进一步充实破产案件审判力量,成立独立建制的破产审判庭。

（二）加强企业自主重整理论研讨，实践企业自主重整案例

2014年11月最高人民法院确定常熟市人民法院作为破产案件审理方式改革试点单位，承担债务人自主重整模式的探索和完善工作。常熟市人民法院高度重视，在理论层面组织精干力量开展调研，并邀请管理人积极献言献策，在实践领域寻求地方政府协作，找寻合适案例。在作为试点单位开展工作期间，常熟市人民法院必将在充分调研的基础上更加重视多渠道寻找适合自主重整的企业，搭建平台，力推企业自救，实现探索自主重整任务的最优成果。

（三）尝试破产案件简易审，提高工作效率

由于破产案件具有专业性强和法律关系众多的特点，属于传统意义上的疑难复杂案件，审判实践中均适用普通程序进行审理。但破产案件同与普通民商事案件一样，同样存在争议小、资产少、法律关系简单清晰的情况，在破产案件大量增加的背景下，一味适用普通程序审理破产案件，极易产生司法资源的浪费，可以构建与破产案件难易程度相适应的简易破产程序，将破产案件分流，缓解审判人员压力，节约司法资源。常熟市人民法院将在优化破产审判团队的基础上，探索建立破产案件简易程序的适用规则，并通过缩短审理周期，减少烦冗环节，实现破产案件审理的高效和公正。

（四）规范破产案件审理流程，制作破产审判操作模板

由于破产企业存在规模、类型、行业、经营方式、财务状况等方面不同的特点，造成对应破产案件的审理有着个性化的处理方式。但同时，破产案件的审理不仅遵循着同一的法律原则和内在规律，而且具备事务性操作中的若干共性特征，使建立统一适用的破产案件审理操作细则成为可能。常熟市人民法院多年来审理了数起破产案件，有着较为丰富的审判经验，具备了制定破产案件审理流程的优势条件。因此，为了更加规范、高效审理破产案件，有必要对破产案件的审理流程制定模式化的操作指引。

（五）探索破产案件审理的信息化、网络化平台建设

在破产案件的审理过程中，常熟市人民法院已要求管理人在自有网站上设立专案通道，及时公布和更新与破产案件有关的信息和资料，同时在债权人会议表决方式上可通过微信公众号等平台参与投票，具备了破产案件信息化、网络化建设的雏形。今后，常熟市人民法院一方面将通过外网公开与破产有关的规范性文件和破产法律文书，披露破产案件审理进程，保障债权人知情权，强化债权人对管理人的监督。另一方面将尝试债权人会议召开方式、投票方式网络化，节省债权人费用开支，节约破产费用，提高债权人对破产程序的参与度。

(六)尊重债权人意思自治，多平台处置破产财产

破产财产变价方式经历了从传统的委托拍卖行拍卖到淘宝网公开拍卖的变革。两种变价方式各有利弊，拍卖行拍卖成交概率大，淘宝网拍卖佣金节省多。但淘宝买家多为生活资料消费群体，而破产财产往往系包括房地产在内的大宗资产，其潜在买家多为生产资料消费群体，受传统商业操作模式的制约，潜在买受人往往对淘宝网关于破产财产的拍卖信息关注度不高，从而影响破产财产的成交概率。因此，为提高成交概率，在固定佣金比例的前提下，可回归传统，通过债权人会议或债权人委员会决议的方式委托拍卖行进行拍卖，借助其行业、资源、经验优势，全方位、多渠道招募买受人，实现破产财产的最终变现，切实保障债权人利益。

(七)推动管理人行业协会的建立，完善行业自律和监督机制

目前，管理人行业队伍已初具规模，但仍缺乏统一的行业管理，缺乏统一的业务操作规范和职业纪律规范。为加强管理人队伍的建设和管理，促进破产案件中管理人业务工作规范化，提高管理人业务素质和能力，常熟市人民法院建议以中级人民法院所辖行政区域内的管理人为单位，建立破产管理人协会，以加强对行业的组织、指导和协调，促进行业健康发展，在破产案件承办中更加勤勉尽职。

毋庸置疑，随着“僵尸企业”处置力度的加大、“执转破”相关规定的落实和经济下行的压力，破产案件的数量必将大幅增加，按照中央“尽可能多兼并重组，少破产清算”的要求，人民法院破产审判工作使命光荣、任务艰巨、职责重大，常熟市人民法院将在上级法院和兄弟法院的指导帮助下，进一步转变思路、转变理念，立足基层实际，不断探索和完善破产审判工作各项机制，确保中央和最高人民法院各项政策和制度得到不折不扣的落实。

无锡市两级人民法院市场化破产审判模式的探索与构建(2007～2017年)*

陆晓燕**　陈迪金***

我国《企业破产法》自2007年6月1日施行至今,已逾10年。作为我国第一部真正意义上市场经济体制下的企业退出法和再生法,《企业破产法》完善了优胜劣汰的市场机制,促进了市场经济的健康发展,构成了市场经济法律体系的重要内容,是我国市场经济地位获得国际认同的重要因素以及市场经济秩序得以最终确立的关键标志。

这10年,也是无锡市两级人民法院破产审判砥砺奋进的10年。10年来,无锡市两级人民法院在党委政府支持和上级法院指导下,以构建"市场化破产"审判模式为目标,历经基础制度建设、审判模式创建、系统铺开实践3个阶段的艰难探索,走出了一条与市场经济发展相配套的"市场化破产"之路,在服务经济转型、化解金融风险、维护社会稳定等方面发挥了重要作用。

---

* 本文是作者专门为本书撰写的稿件,感谢无锡市中级人民法院金融庭庭长陆晓燕对本书编辑出版工作的支持。——编者注

** 无锡市中级人民法院金融庭庭长。

*** 无锡市中级人民法院金融庭法官。

一、无锡市两级人民法院破产案件的概况与特点

(一)无锡市两级人民法院破产案件的概况

1. 案件数量

2007 年 6 月 1 日～2017 年 9 月 30 日,无锡市两级人民法院共受理破产案件 345 件,其中破产清算 298 件、重整 46 件、和解 1 件。10 年间,无锡市两级人民法院收案态势呈现"V"字形。近几年,破产收案数逐年攀升,2015 年收案 58 件、2016 年收案 50 件、2017 年 1～9 月收案 44 件。

10 年来,无锡市两级人民法院共审结破产案件 224 件,其中破产清算 192 件、重整 27 件、和解 5 件。尽管破产结案数也呈上升趋势,然而总收案数与总结案数仍处于不均衡状态。截至 2017 年 9 月 30 日,无锡市两级人民法院未结破产案件总数 146 件,破产审判压力较大(见图 1)。

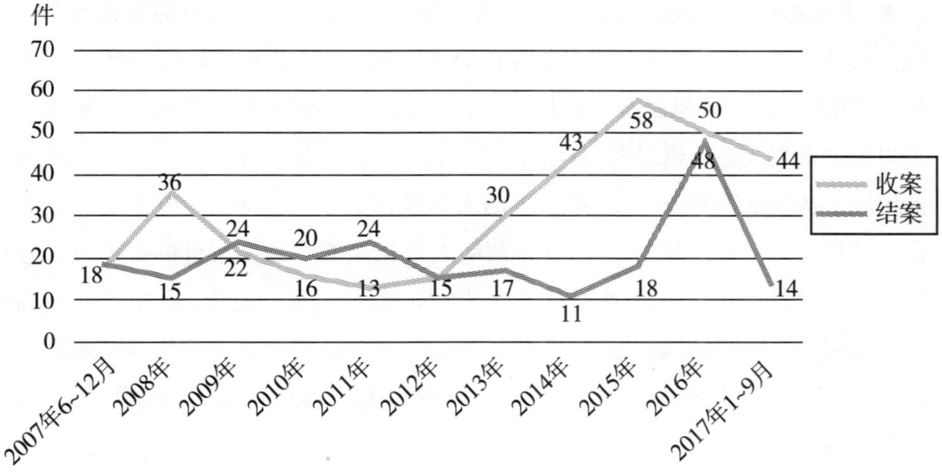

图 1　无锡市两级人民法院破产案件数量

2. 案件分布

从破产案件的地域分布观察,宜兴市人民法院收案最多,为 90 件;未结案件也最多,为 49 件。江阴市人民法院和惠山区人民法院的收结存案也较多。梁溪区人民法院收案最少,为 6 件,审结 6 件,无破产存案(见表 1)。

表 1 无锡市两级人民法院案件地域分布

单位:件

2007 年 6 月 ~2017 年 9 月	中级人民法院	梁溪区	滨湖区	锡山区	惠山区	新吴区	江阴市	宜兴市
收案	75	6	19	26	36	23	70	90
结案	68	6	12	15	14	15	47	47
未结	16	0	7	17	23	8	26	49

(二)无锡市两级人民法院破产案件的特点

1. 案件数量不断上涨

案件数量不断上涨是无锡市两级人民法院破产审判的基本态势。尤其是近年来,上涨趋势更为明显,幅度更大。究其原因,有外部因素和内部因素两个方面。从外部因素来看,符合破产条件的企业逐渐增多,随着市场经济的快速发展,优胜劣汰的市场机制开始发挥作用,兼之 2012 年以来经济形势下行压力加大以及涉钢贸金融危机爆发,对地方经济造成较大震动,大量企业陷入资不抵债的困境。从内部因素分析,破产立案的入口被打通。一方面,自 2015 年最高人民法院推行立案登记制以来,无锡市两级人民法院便将破产案件的审查改为登记制,大量被拒之门外的破产案件得以进入审理程序;另一方面,对 2015 年最高人民法院确立的"执转破"制度,无锡市两级人民法院将之作为解决执行难和清理"僵尸企业"的突破口,充分发挥破产程序集中偿债和市场退出的功能,大量执行案件转入破产程序。

2. 案件审理难度较大

无锡地区位于太湖流域,市场经济较为活跃,企业破产形态各异。从企业类型来看,既有国有企业,也有私营、外资企业等;既有工业企业,也有服务、餐饮、宾馆、运输、房地产开发企业等。从破产原因来看,除经营不善导致的优胜劣汰外,因多方融资、高息融资引发资金链断裂的情形更多。从企业行为来看,破产企业拖欠职工债权、强迫职工集资、将同一资产反复担保或出售套取资金,向关系企业(或个人)个别清偿、追加担保、不当交易、放弃债权、转移资产、虚增债务等恶意行为增多,引发了大量的劳动争议、债权确认、应收款追索、破产撤销权等衍生诉讼。如江苏神羊控股集团有限公司破产清算案涉及大量职工债权,引发批量劳动争议案件;江苏恒源电缆有限公司破产清算案的原法定代表人虚增大额工程款,挤压合法债权的受偿空间;无锡二泉特种钢管有限公司破产清算案的原法定代表人将关系企业债务纳入破产企业名下、虚增关系企业债权、向关系企业转移资金。从债权性质来看,除传统的担保债权、职工债权、税收债权、普通债权外,还涉及购房人权利、工程款优先权、不动产权利预告登记、让与担保、租赁权等,在司法实践中争议很大,导致各类债权性质及其清偿顺位认定困难,严重影响破产审理效率。如无锡市恒生富通置业有限公司破产清算案涉及各类优先债权,引发大量的债权确认衍生诉讼。

3. 案件审理期限较长

经统计,无锡市两级人民法院破产案件的平均审理时间约2年,较之普通民商事案件耗时长得多。其一,破产清算案件较之重整案件审理时间显然较长。由于《企业破产法》对重整案件要求在9个月内提交重整计划草案,审理时间有刚性要求,故重整案件通常自受理之日起1年内审结;而对破产清算案件,除《企业破产法》未作刚性要求外,财产变价困难等现实难题也常常阻滞程序推进,导致审理周期较长。其二,个案审理时间差异悬殊。部分破产案件审理时间在1年以内,部分破产案件审理时间则需2年甚至更长。以2016年审结的48件破产案件为例,审理时间8年以上的2件、5年以上的2件、3年以上的14件。

4. 案件维稳压力较大

破产案件涉及面广,各类主体利益交织,除日益增多的法律问题外,还往往面临着维稳等社会问题。一是职工债权引发的维稳问题。特别是生产制造型企业,职工人数多,职工债权金额大。如无锡西姆莱斯石油专用管制造有限公司(以下简称西姆莱斯)在重整受理之前,便有数百名职工集体阻塞国道,要求解决职工工资,带来地方维稳压力。二是普通债权引发的维稳问题。部分企业在破产受理前已将绝大部分资产抵押给银行,抵押债权人优先受偿后,普通债权人的受偿比例极低甚至为0。此类维稳问题在破产清算中较为常见。三是房企破产引发的维稳问题。房企破产涉及购房人、施工方、农民工、金融机构、民间借贷者、材料供应商、房屋承租人等各方利益主体,权利冲突激烈,资金缺口较大,尤其是购房人和农民工,人数众多、抗风险能力弱,易引发群体性事件。

5. 关联企业破产较多

无锡地区私营企业在同行业以及上下游之间存在集团化发展的特点，且多为家族企业。部分关联企业之间存在人员、资产、业务混同等人格混同的现象；部分关联企业之间虽未达到人格混同的程度，但存在大量不当的关联交易；部分关联企业之间虽然往来正常，但由于隶属于同一实际控制人，往往受其中一家关联企业破产牵扯而进入经营不佳的状态乃至逐渐资不抵债，需要区分不同的关联程度和关联情况，分别采取合并破产、行使破产撤销权、同步破产等不同审理方法。并且，这些关联企业往往债权债务相互连带、资产权属厘定困难、彼此之间利益交织、债权人数金额较多，处置不当易引发地方经济风险和维稳风险，审理难度极大。据统计，无锡市两级人民法院近年来累计受理17组47家关联企业破产，涉及债权总额约252亿元，如"神羊系"破产7家企业、"天地龙系"破产4家企业、"申达系"破产4家企业等。

二、无锡市两级人民法院破产审判的现实困难

（一）破产程序启动难

无锡市两级人民法院10年来受理的破产案件数量持续走高，2017年1～9月收案数达到44件，是2012年的3倍。然而相较于每年工商吊销、注销企业的数量而言仍然微乎其微。这与长期以来的破产理念滞后有关。

1. 部分债务人畏惧破产

多数债务人缺乏破产保护观念，抑或担心被追究出资不实、侵占资产、挪用资金、经营失范等前期行为，宁可"跑路"也不愿破产。

2. 部分债权人偏好个别清偿

债权人特别是金融债权人，担心债权因集中清偿而受损，宁可维持现状或在"个别清偿"中先下手为强。职工债权人尤其是年龄大、技能差、再就业困难的国企职工对企业有着强烈的依赖心理，抵制企业进入破产程序，宁可向政府施压索取额外清偿。

3. 部分基层政府误读破产为"死亡"

部分基层政府认为破产影响政绩，有损地方形象，更倾向于对"僵尸企业"采取各种帮扶救治措施，"借新还旧"、财政输血，甚至借助政府信用帮助获取贷款，对"僵尸企业"进入破产程序存在抵触心理。

4. 部分基层法院担心破产集中矛盾

破产涉及利益复杂、法律争议大、行政协调成本高,容易引发群体性事件,审判要求与审判力量倒挂,许多法院存在“一旦立案、案件难办”“入口易、出口难”的担忧。近年来,收到申请材料后未进入审查程序的破产案件数量虽然逐年走低,但仍存在一定程度上的受理困难。

(二)破产程序推进难

据统计,无锡市各级各地人民法院破产案件的平均审理时间约2年,个别案件的审理时间长达8年。破产案件久拖难决的原因在于:

1. 重整计划草案遭遇到表决“瓶颈”

根据《企业破产法》的规定,重整计划草案由各类债权人分组表决。债权人应当通过对重整计划草案可行性、企业现状与前景的研究,从最大化自身权益的角度,作出同意与否的决定。但在现实表决中,即使是有利于债权人的方案,依然可能会遭遇金融和税收债权人的一票否决。据了解,金融机构一般需要层层上报,由总行行使审批权,而总行对破产企业的了解仅限于书面报告,出于谨慎往往不愿投赞成票。税务机关因无政策可依也往往不同意重整计划草案中如分期偿债等变通性的偿债方案;并且,税务机关的态度直接关系到重整计划的执行,税务机关掌握着开具税票的权力,即使法院强制批准重整计划草案,倘若税务机关不给重整企业开具税票,重整企业依然无法恢复正常经营。因此,在重整案件审理过程中,法院往往耗费大量精力用于与金融机构和税务机关沟通,甚至根据他们的审批流程,协调重整计划草案的提交和表决节点。相较破产清算案件的审理时间,重整案件虽非超长审限的重灾区,但也往往紧挨《企业破产法》对重整期间的要求低空掠过。

2. 破产清算程序卡壳于财产变价

一是不动产历史遗留问题严重。房产与土地权属不统一,有证厂房与无证厂房混同,地上附着物难以处置,厂房土地带租甚至层层转租的现象普遍。破产程序即使能够依据《企业破产法》《物权法》等厘清错综复杂的内部关系,在法律层面上予以解决,但操作障碍多、处置成本高、利益冲突大,社会矛盾难以纾解。如无锡市东意制冷设备有限公司破产清算案即因主要厂房土地带租并转租,涉及租赁户上百个,资产变价出现“死结”,案件审理6年未能结案。二是动产招商引资渠道不畅,贬值幅度大。尤其一些体量大、难以分割,需要整体变价的,或类型特殊、通用性差、不具有市场流通性的,更是难上加难。三是财产变价成本高,各项交易税费如鲠在喉。如房产土地在变价前会产生房产税、城镇土地使用税、耕地占用税等;在交易时买方需缴纳契税、印花税,卖方需缴纳营业税、城建税、土地增值税等;在过户时还需缴纳过户费、房产土地登记费等。

(三)破产程序完结难

企业破产是一项系统工程,需要政府给予充分的行政援助,然而当下尚未建立起"一键式"的制度性的政策配套,破产程序的"最后一公里"难以打通。经过破产清算已经终结的企业,依据终结裁定书依然无法办理行政注销,尚需法院"点对点"的个案沟通。而对重整完成的企业,一纸终结裁定书更难以扫清再生途中的行政障碍。

1. 重整税负难以豁免

《企业所得税法》对债务人企业的债务豁免按债务人企业的所得计收25%的企业所得税,即使对重整企业亦无减免规定。然而在重整程序中,债权人是基于债务人企业资不抵债,为免于破产清算减损债权,也给予债务人企业重生机会,而不得不豁免债务。此项市场牺牲经由高额税收转化为政府红利,往往导致重整成功的企业再次进入破产清算。如江阴申达置业投资有限公司在重整成功1年后,因税务机关计收重整所得税3.05亿元,被逼入破产清算,造成重整资源的浪费,社会效果极差。

2. 企业信用难以修复

一是在银行征信系统的信用难以修复。因历史原因,重整企业在相关商业银行的信贷等级以及在中国人民银行征信中心的信用记录均为不良,导致在后续经营中无法开具大额保函、获取大额贷款等,还存在新开基本账户、注销原有账户等方面的困难。法院就此问题与金融机构进行协调,往往因金融债权未全额受偿而难有结果。二是在税务系统的信用难以修复。重整企业引入投资人会涉及税务登记证上的法定代表人变更问题,若重整企业被列为非正常纳税人企业,税务机关通常会以变更法定代表人可能涉及逃税为由拒绝办理变更手续,部分税务机关还会以税收债权未全额受偿为由拒绝办理变更手续。三是在法院执行系统的信用难以修复。重整企业往往因拖欠债务被列入执行失信名单,尽管在重整成功后应当修复信用,然而部分法院对重整程序不理解不配合,阻碍了企业信用的修复。

三、无锡市两级人民法院"市场化破产"审判模式的探索与构建

自《企业破产法》施行以来,无锡市两级人民法院便以构建"市场化破产"审判模式为目标,在全面分析无锡市各级各地人民法院案件特点、悉心解决破产审判现实困难的基础上,历经3个阶段,逐步探索出一条"市场化破产"之路。

(一)基础制度建设阶段——以管理人制度为抓手奠定"市场化破产"的制度基础

《企业破产法》的一大亮点便是以市场化的管理人取代行政化的清算组,对债务人企业实施破产管理,担负起企业代表、财产处置、债务清理等核心职责。为此,无锡市各级各地人民法院在正确理解《企业破产法》及其司法解释的相关规定和法理精神的基础上,制定了一系列规范性文件,打造出符合"市场化"原理的管理人制度。

1. 创新管理人选任规则,优化管理人资源配置

无锡市中级人民法院于2010年3月11日出台《关于规范和加强破产管理人选任、管理工作的意见》,率先提出对清算组管理人的限制适用与成员改良、给予债权人对管理人选任的话语权、将随机选任与竞争选任结合使用等观点,成为无锡市各级各地人民法院选任破产管理人的操作指引;配套撰写的调研论文《探寻破产管理人选任规则的完善路径》获全国法院学术讨论会二等奖,并被《人民司法》刊用。该意见经过6年的实践,于2016年8月15日修订为《破产管理人分级管理和选任办法》,在增补管理人数量和增设管理人种类的同时,对入册管理人实施分级管理,并将管理人选任规则进一步完善为以本地名册分级基础上的随机选任为原则、以全国范围内的竞争选任为例外。

2. 创建管理人报酬基金制度,促进管理人行业发展

为解决管理人报酬不足带来的"无产可破"企业退出难题,无锡市中级人民法院起草《关于管理人报酬基金的管理办法》,经全体管理人讨论通过,于2010年7月12日启用,在全国首创管理人报酬基金制度。该管理办法在报酬基金缺少外部来源的情况下,以内部援助为基础原理,规定了报酬基金的设置目的、收支原则、账户管理、提取比例、补偿对象、补偿金额等多项内容,强调了收支标准的客观性、补偿标准的填平性、补偿对象的确定性等特点;配套撰写的调研论文《论破产管理人报酬基金制度之构建》被《法律适用》刊用。该管理办法经过多

年的实践与完善，于2017年10月30日完成最近一次修订，经无锡市破产管理人协会成立大会全体通过，成为无锡市破产管理人协会一项重要的制度基础。

在管理人报酬基金制度之外，宜兴市人民法院于2017年开始试点公益管理人制度，对无产可破等案件，指定清算组担任管理人，清算组报酬等破产费用从专项财政补助中支付。

3. 规范管理人工作流程，提升管理人履职水平

为确保管理人依法公正高效履职，无锡市中级人民法院于2012年11月2日出台《管理人的工作规范》，准确界定了管理人的工作原则、履职流程、职责报酬、法律责任等，为管理人的日常工作提供了操作指引。对"管理人的职责"，根据破产程序的类型和进度，规定了"裁定受理破产清算申请后""裁定重整后""裁定和解后""宣告破产后""管理人终止执行职务"5个阶段的管理人职责。对"管理人的报酬"，规定了根据管理人的勤勉程度和工作效果等、围绕基准比例上下浮动的管理人报酬确定方法，从而对管理人的工作进行评价和规范、引导。对"管理人的法律责任"，规定了对管理人实施责任审计，将对管理人的监督由重点监督转变为全程监督、由法律监督转变为全面监督、由人民法院监督转变为第三方介入监督、由被动监督转变为主动监督，维护了破产企业的资金安全和债权人的利益。

2017年无锡市率先成立江苏省内首家管理人协会，将法院从对管理人的管理角色中抽身出来，更专注于破产审判本身，在节约司法资源的同时，逐步培育由管理人协会实施行业管理的理念，完善前述管理人制度并内化为管理人协会的规则，推行管理人行业的自治。

（二）审判模式创建阶段——以典型案件审理为载体创建"市场化破产"的审判模式

"市场化破产"的司法功能在于，通过一项概括程序，统筹企业资产的接管清理、各类债权的申报确认、破产财产的变价分配、企业职工的分流安置、利益冲突的衡平调处，在债务清理、产能调配、职工分流、纠纷化解等方面具备显著的集中优势、经济优势和效率优势，能够大幅压降债权人的诉讼成本、政府的行政成本和法院的司法成本。自《企业破产法》施行以来，无锡市两级人民法院准确适用破产清算和破产重整工作机制，成功审理了多起国内外影响重大的破产案件，借此创建了根据企业状况分类破产处置的多种审判模式。

1. 完善破产清算工作机制,推动落后企业平稳退出市场

10年来,无锡市两级人民法院积极运用破产清算,促使符合破产条件的“僵尸企业”有序、低成本地退出市场,减少资源占用,释放生产要素。通过破产清算方式,推动192家落后企业有序出清,及时清结各类债权407亿元,有效盘活土地房产438.84万平方米,妥善安置企业职工23,042人,实现了企业破产的“零震荡”和“软着陆”。

[以安信达(无锡)金属制品有限公司(以下简称安信达金属)破产清算案为载体,创新“重整式清算”模式]通过“重整式清算”,一方面注销存在较多历史遗留问题的原企业外壳,解决未申报的原企业债务可能在重整结束后补充求偿、已豁免的原企业债务可能产生重整所得税等问题,大幅降低传统重整的再生成本;另一方面衔接破产清算中的财产变价与对相应营业的招商引资,对破产财产不机械地一概拆分变价,而将其中具备营业活力的部分打包整体变价,以财产转让为营业转让的载体,通过财产受让人在原地建厂、开展原营业、招募原员工等方法,实现“换壳”重生。如重庆市博赛矿业(集团)有限公司新设博赛安信达(无锡)铝业有限公司,接收了安信达金属的整体资产、130余名职工,再次成了当地的纳税大户。

[以无锡市奥特钢管有限公司(以下简称奥特公司)和无锡市沪通焊管有限公司(以下简称沪通公司)破产清算案为载体,创新“合并破产清算”模式]将公司法领域的法人“人格否认”和“人格混同”理论延伸至破产法领域,便形成“实质合并”原则——对于数个“人格混同”的关联企业,应当视为同一企业实施合并破产。在奥特公司和沪通公司破产清算案中,无锡市中级人民法院对“合并破产清算”的实践路径进行了具体设计:以“分别受理”为程序入口,防止在仅有“混同”嫌疑而无确凿依据的情况下,滥用合并破产;以“证据采鉴”为程序核心,借助管理人等社会中介机构的力量,采集混同情况,鉴别混同证据;以“管理人申请”“债权人会议审议”“法院裁决”为程序步骤,针对数个关联企业是否“人格混同”搭建诉辩对抗和司法判断的平台;以“集中清偿”为合并方法,涤除关联企业之间的债权债务,将关联企业的资产负债合并,以整体资产清偿合并债务。基于该案撰写的“合并破产清算”审判经验,在中国破产法论坛作主题交流,形成的案例在最高院评比中获奖。

2. 创新破产重整工作机制，挽救有发展前景的濒危企业

为践行"尽可能多兼并重组、少破产清算"司法政策，无锡市两级人民法院积极担当治疗"生病企业"的医院，将规范市场主体退出与促进企业转型升级紧密结合，成功推动全球光伏巨头无锡尚德太阳能电力有限公司（以下简称尚德电力）、江苏第一例上市公司江苏中达新材料集团股份有限公司（以下简称ST中达）、江苏第二例上市公司江苏霞客环保色纺股份有限公司（以下简称ST霞客）、石油管制造业巨头西姆莱斯、大型房企无锡嘉宝置业有限公司（以下简称嘉宝置业）及无锡富隆成房地产开发有限公司（以下简称富隆成地产）等27家明星企业重整再生，及时清结各类债权270余亿元，有效盘活土地房产67万平方米，妥善安置企业职工6000余人。

［以尚德电力、ST霞客、西姆莱斯重整案为载体，创新"市场化招募重整投资人"模式］重整投资人的加入，是关乎各类债权能否及时受偿、企业救治能否准确有效、破产重整能否成功实施的核心要素。为确保重整计划的通过和实施，无锡市两级人民法院创新"市场化招募重整投资人"模式：一是在重整投资人招募中投诸"价高者得""业绩承诺"等市场竞争，推动重整计划通过。如尚德电力通过公开竞争、专业审议等招募程序，选择江苏顺风光电科技有限公司为重整投资人。顺风光电在所有竞争者中提供了30亿元的最高偿债资金；以光伏电站的建设和营运为主营业务，与其他竞争者相比，具备良好的技术优势和畅通的销售渠道；顺风光电作为一家香港上市的国家级高新技术企业，能使无锡尚德依然保有母公司上市的珍贵壳资源，母子公司捆绑呈现生产经营与品牌价值同步提升的互利共赢局面。据此形成的重整计划获职工、税收、担保债权组全票通过和普通债权组96.91%通过。又如，在对ST霞客重整投资人的招募设计中，鉴于上市公司的特点，在深圳证券交易所刊登公告，实施全国招募，既考虑债权受偿，强调价高者得，又兼顾股民利益，关注企业发展。据此，ST霞客在偿债资金要求之外，创造性地设计了重整投资人对上市公司未来业绩的承诺，成功引入了提供最多偿债资金和作出最高业绩承诺的重整投资人，使债权受偿率达到了远超预期的61%，也争取了广大股民的信任，推动债权人会议各表决组和出资人会议分别以80%和75%以上的高比例通过了重整计划。再如，富隆成地产重整投资人的招募设计，鉴于房企的特点，评标委员会成员除主要债权人外，还引入了非利害关系房企高管、异地房企破产之管理人等，最终确定由绿地控股集团股份有限公司

(以下简称绿地集团)下属项目公司为重整投资人,既竞价偿债资金,抬高了债权受偿率,又提升楼盘品质,保障了购房人利益,获得债权人会议全票通过。二是在重整投资人招募中确定替补投资人,避免重整计划落空。ST霞客重整案即作出了此项安排:对所有意向投资人进行评分排序,同时确定1号正选投资人和2号替补投资人,在1号投资人不能及时提供偿债资金的情况下,2号投资人能够及时补位。三是在重整计划中设计更换重整投资人条款,保障重整计划执行。如在西姆莱斯重整计划执行过程中,原重整投资人遭遇困境,无法按期支付偿债资金。无锡市中级人民法院及时启用前述更换重整投资人条款,在保持原重整计划框架和督促原重整投资人足额弥补延期付款损失的前提下,引入新的重整投资人,如期清结债务51.5亿元,足额清偿1600余名职工社保和经济补偿金,合理安置职工100余人,有序恢复生产经营。

[以尚德电力、ST霞客、西姆莱斯、ST中达重整案为载体,创新"市场化重整管理"模式]根据《企业破产法》的规定,重整期间的经营管理既能由管理人兼任,亦可由债务人担当。前者体现公平,后者富有效率。尚德电力、ST霞客、西姆莱斯因原经营者下落不明或遭遇诚信危机、面临股权调整等原因,为保障公平,重整管理由管理人担任;然而如何解决管理人在经营管理方面的能力欠缺和经验不足,经无锡市中级人民法院指导,尚德电力管理人外聘意向投资人为营运团队、ST霞客管理人聘请部分原企业经营管理人员、西姆莱斯管理人与意向投资人签订承包协议托管经营,依靠后者熟稔的经营能力和丰富的管理经验,压缩过剩产能,优化生产要素,促使重整企业重回运营轨道、恢复良性运转、提升品牌价值、增强市场竞争力,为吸引优质重整投资人打下坚实基础。有别于尚德电力、ST霞客、西姆莱斯,ST中达的原经营者在重整受理前已形成重整预案,并经政府协调与主要债权人已就偿债比例达成初步一致,彼此建立了良好的沟通与协作关系。为保持重整企业经营的连续性、提高重整事务管理的有效性、增强重整计划草案的针对性,无锡市中级人民法院选择重整企业自己担任重整管理,在管理人的监督下自行管理财产和营业事务并制作重整计划草案,推动其将重整后的事务管理与重整前的筹备工作进行衔接。

[以申达企业集团内ST中达等4家企业"程序内重整"联动20余家企业"程序外重组"为载体,创新"关联企业协同重整"模式]2012年年底,申达企业集团的债权人拟启动对申达企业集团的整体重整;经无锡市中级人民法院分析研判,

采取了以4家企业“程序内重整”联动20余家企业“程序外重组”的路径，设计要点在于：一是以4家母子公司的“重整”管理，联动下属20余家孙公司的“重组”管理。4家母子公司的重整管理人，通过代表母子公司行使股权，启动对下属20余家孙公司的重组。二是以3家主债务企业的重整计划，统筹整个申达企业集团的资产清理和债务清偿。基于申达企业集团30余家企业的主要债权人均为江苏银团——3家子公司系主债务人、1家母公司和20余家孙公司系担保债务人，申达企业集团通过调度全部30余家企业的资源，使50余亿元债务得以21.84亿元的较高金额清结；作为对价，江苏银团在获取前述清偿的同时，同意切断担保链，在豁免3家子公司剩余主债务的同时，还豁免了20余家母孙公司的担保债务，使申达企业集团整体摆脱了债务危机。三是以1家母公司的重整计划，统筹整个申达企业集团的经营调整。根据整个申达企业集团的经营部署，将对ST中达的资本公积金转增股份、对部分子孙公司的资产转让或股权剥离等，悉数纳入母公司的重整计划。申达企业集团在半年内重整成功，创造了重整企业最多、速度最快、效果最佳的纪录。

［以尚德电力、嘉宝置业、富隆成地产等重整案为载体，创新“市场化、法治化的府院联动”模式］企业破产，既是一项司法主导下的市场退出及拯救程序，也是一个涉及多重利益、市场秩序、社会稳定的整体工程，诸多问题单纯依靠司法程序难以解决，必须倚赖行政配套。在“市场化、法治化的府院联动”模式中，地方政府既不越位也不失位，既尊重市场对资源配置的决定性作用，又充分发挥行政职能，妥善处理了职工安置、税收减免、工商注销、社会维稳等多项事务。在尚德电力重整案中，清算组管理人除社会中介机构成员外，还吸纳了大量税收、工商、公安人员，加大了对尚德电力重整的行政支持，降低了各部门之间的协调成本，为尚德电力重整成功奠定了基础。在嘉宝置业、富隆成地产重整案中，因涉及烂尾楼续建、购房人权益、农民工工资等，属地政府及时组建了由住建、国土、税收、工商、公安、街道等多部门参与的协调小组，衔接社会中介机构管理人的重整管理，为重整成功提供了行政保障。后嘉宝置业完成烂尾楼续建并顺利销售完毕，成为无锡地区房企重整成功第一例；富隆成地产重整计划获全体参会债权人100%通过，系无锡地区第一例全票通过的重整案件。

(三)系统铺开实践阶段——以审判质效并进为路径发挥“市场化破产”的司法功能

2016年的中央经济工作会议开启了以“去产能、去库存、去杠杆、降成本、补短板”为重点的供给侧结构性改革,提出“要抓住处置‘僵尸企业’这个牛鼻子”“用市场、法治的办法”做好去产能工作,将破产实践进一步推向高潮。与此同时,最高院周强院长向全国人民作出“用两到三年时间基本解决执行难问题”的庄严承诺,破产程序高效清结纠纷的功能备受关注。为应对内外形势的发展变化,无锡市两级人民法院及时调整破产审判的工作重心,系统铺开实践,服务于“僵尸企业”处置和基本解决执行难的大局目标。

然而前述司法功能的实现,以破产审判的质效并进为前提。为此,无锡市两级人民法院从3个层面入手,开启了“市场化破产”的系统性实践。

1. 打通宏观层面的破产案件进出通道

首先,推行破产审查立案登记,保障破产程序的入口畅通。破产案件受理节点具有重大意义:迟延受理将导致濒危企业错过最佳施救时机、破产财产毁损灭失及状况恶化、对无偿和非正常交易及偏颇清偿的破产撤销失权、计息债权和职工债权的持续计息等。无锡市中级人民法院根据最高人民法院《关于适用〈中华人民共和国企业破产法〉若干问题的规定(一)》(以下简称《破产法解释一》)第9条的规定,对属于下级法院管辖但管辖法院拒不接收的破产申请,责令管辖法院依法审查并及时作出是否受理的裁定;管辖法院仍不作出是否受理裁定的,无锡市中级人民法院径行作出裁定并指令管辖法院审理;对不服不予受理和驳回申请裁定的上诉案件,依法实施二审监督。

其次,推进“执转破”实践,构建“当事人申请破产的职权辅助模式”。自2015年最高人民法院《关于适用〈中华人民共和国民事诉讼法〉的解释》第513条至第516条确立“执转破”制度、2017年最高人民法院《关于执行案件移送破产审查若干问题的指导意见》对“执转破”中执行与破产的程序衔接作出进一步规范,我院迅速出台《关于执行程序移送破产程序若干问题的规定》,将解决执行难与清理“僵尸企业”双重目标进行衔接,既公平清偿债务,彻底化解涉企纠纷;又分类调配资源,完成企业拯救和退出。通过创新执破衔接办法,将“执转破”实践为一种衔接执行程序构建“当事人申请破产的职权辅助模式”:第一,通过执行程序对被执行企业法人是否具备破产原因予以调查,如通过执行查控系统等执行调查手段查询被执行企业法人的资产负债情况；第二，向申请执行人和被执行企业法人释明“执转破”产生的破产效益，如对正当经营之股东的有限责任保护、对尚存生机之企业的重整和解拯救、对后位查封之债权人的受偿顺位调整、对债权人以股东未到期出资加速到期填补偿债缺口等。通过采取以上措施，无锡市各级各地人民法院已顺利推动30起执行案件进入破产程序。

最后，实施破产清案审限管控，保障破产程序的出口畅通。《企业破产法》对破产案件并无审限控制，兼之审理难度较大和考核激励不足等原因，导致部分案件多年未结、破产职能难以发挥，甚至引发对破产程序的误解和偏见。2016年为推动破产审判工作的常态化、科学化，无锡市各级各地人民法院在全市范围内开展破产清案专项活动，多措并举，当年清理破产案件48件，其中审限8年以上2件、审限5年以上2件、审限3年以上10件，无锡市中级人民法院1年以上案件全部清结。第一，建立清案指导结对联络人制度。无锡市中级人民法院金融庭为各基层法院确定结对联络人，收集和汇总对口法院清案工作中的难题，提交专业法官会议讨论并及时反馈指导意见。目前，专业法官会议已成为全市破产疑难杂症“诊断中心”，集中讨论了职工集资款是否纳入职工债权、债务人财务报表记载资大于债情形下能否受理破产申请、房地产破产之各类债权清偿顺位等20余项疑难问题。第二，建立破产清案工作月度通报制度。为督促各基层法院抓紧落实无锡市中级人民法院关于破产清案工作的整体部署，无锡市中级人民法院金融庭每月中旬向全市法院通报各法院的破产清案情况，特别是长期未结破产案件的清结情况；此外，还在清案通报中开设专栏，宣传介绍各法院破产审判的经验做法，以供各法院相互交流和共同提高。第三，建立破产管理人工作迟延惩戒制度。目前，《无锡法院破产管理人分级管理和选任办法》已正式启用，该办法规定一、二级管理人每年承接案件数不得超过全体管理人上一年度承接破产案件和公司强制清算案件的平均数，管理人承接的案件超过2年未审结的，自超过时起，每年计入承接案件数；与此同时，将管理人报酬与案件审理时间挂钩，强化对破产管理的效率考核，调动管理人的工作积极性。第四，建立破产程序主要节点期限制度。《企业破产法》对破产案件审理期限虽无明文规定，但对破产程序主要节点却有期限管理，无锡市中级人民法院金融庭制作《破产程序主要节点期限表》，列明破产程序中“破产受理”“破产调查”“召开第一次债权人会议和债委会会议”“执行会议决议”这4项主要流程节点及其法定期间限制，供给基层人民法院参考,将管控管理人工作流程与优化破产审判管理进行衔接,推动清案工作的规范化和常态化。

2. 推动中观层面的破产审判繁简分流

首先,对“无产可破”等简易破产案件和“执破衔接”案件设计简化审理程序,推动“简案快审”,以实现破产效益最大化。2017年无锡市中级人民法院金融庭在向全市法院征集意见的基础上,制定《关于“执转破”案件简化审理程序的规定》,在将“执转破”案件扩展至所有前期开展过执行工作的破产案件的基础上,确立了3项机制:第一,建立执行程序对简易破产案件的鉴别机制。通过执行程序,调查可分配财产的数额、无担保债务的金额、债权人人数的多少、债权债务争议的大小以及债务人财产是否足以清偿破产费用等,辨别被执行企业法人是否符合简易破产程序的适用条件。第二,设计适用于所有简易破产案件的简化审理环节。包括简化相关机构设置,如实行独任制审判、指定个人管理人、简化债权人会议方式等;简化相关送达手续,如简化公告送达手续,在全国企业破产重整案件信息网上发布相关公告,以及简化通知送达手续,口头通知记入笔录等;简化对破产程序的提前终结,如一旦查明“债务人财产不足以清偿破产费用”,无须债权申报及召开债权人会议,即可终结破产程序;简化报酬补偿支取程序,对简易破产案件中“无产可破”案件的管理人报酬补偿无须审批,直接予以标准化补偿;缩短相关期限次数,如依法确定30日的债权申报期限、依法设计第一次债权人会议对未尽事务的兜底处理条款、独任审判的破产案件应当在6个月内审结、第一次债权人会议应当在债权申报期限届满之日起5个工作日内召开等。第三,设计适用于“执破衔接”案件的简化审理环节。将执行程序的成果用作破产程序的简化,由此实现从个案执行向概括执行的高效转化。经过执行程序已经完成的司法成果,如在执行阶段已经固定的当事人送达地址、已经查控的债务人财产、已经保全的债务人账簿资料、已经掌握的债权人名单、已经形成的审计评估结论、已经选定并开展了部分工作的审计评估机构,均可在破产程序继续使用。

其次,对疑难破产案件创新审判方法,推动“繁案精审”,以实现破产之特殊效益。倘若说简易破产案件的审理重在效率,那么疑难破产案件的审理便重在效果。对于一些凸显破产特色、彰显破产功能的典型案件,无锡市两级人民法院调集业务骨干,精心分析研判,强调审出经验审出规则。其一是发挥破产程序之

“拯救危机企业”功能,并延伸出维护公共利益、保障社会稳定的效果。富隆成地产系无锡市中级人民法院受理的首例“执转破”企业,其作为房地产企业的特点,决定了适用破产程序优于执行程序,执行程序只能变价烂尾楼盘,对申请执行的债权人实施分配;既无法盘活楼盘续建,又无法解决购房人矛盾。无锡市中级人民法院在分析无锡楼市行情走势和涉案楼盘运营状况的基础上,果断将之转入破产程序,先统一解封执行程序中的重重查封,再将破产清算转入重整,为绿地集团的加盟扫除后顾之忧和提供程序保障,最终推动重整成功,清结债务14.5亿元,其中职工债权、工程款债权100%受偿,百余名购房人入住新房。以该案为样板,无锡市中级人民法院对如何兼顾执破衔接中的诉讼经济和程序规范、如何实现破产清算与重整之间的程序转换、如何确定房地产破产中各项债权的清偿顺序等一系列问题进行了研究并制定了规则。其二是发挥破产程序之“高效解决纠纷”功能。江阴常攀机械制造有限公司(以下简称常攀公司)破产清算案系江阴市人民法院受理的首个“执转破”案件。该案自受理至审结未超过1年,但清结了债权6000万元,其中职工债权355万元;并清结了200余件执行积案。其三是发挥破产程序之“实施企业体检”功能。无锡市中级人民法院在执行程序中发现,无锡汇宇投资有限公司(以下简称汇宇公司)在前期已届资不抵债的状态下,对不足额财产担保的即存债务追加了财产担保,由此剥夺了其他债权人对担保财产的受偿机会;据此,无锡市中级人民法院果断受理汇宇公司破产清算,依法行使破产撤销权,经无锡市中级人民法院一审、江苏省高级人民法院二审,撤销了前述追加的财产担保,实现了全体债权人的公平清偿。

在当前“案多人少”的背景下,破产审判的繁简分流能够促进司法资源的优化配置和充分利用,既推动“三无”企业的快速出清,又发挥破产审判的特有功能。就此问题,金融庭撰写了调研论文《效益法则框架下“执转破”之功能透视及其制度建设》,被《法律适用》录用。

3. 开展微观层面的破产疑难问题调研

前文已述,随着经济形势下行压力加大,一方面破产数量快速增长,另一方面破产原因和破产形态也日益复杂。针对破产审判中的疑难问题,无锡市两级人民法院及时开展调研,形成大量成果,有效指导了破产实务。撰写了《公司资本制改革后的破产审判的应对机制》《保障生存利益与维护交易安全的平衡——房地产开发企业破产中购房人权利之顺位研究》《动产“动态质押+第三人监管”模式下权利冲突的解决路径——以直接占有他物控制与他主介绍的内容而作识别》,分别被《人民司法》《法律适用》刊用;《动产“动态质押+第三人监管”模式下权利冲突的解决路径》被中国人民大学复印报刊资料《民商法学》转载。撰写全省法院重点调研课题《关于破产重整实务问题研究》和全市法院重点调研课题《运用市场化、法治化手段处置僵尸企业问题的模式研究》,被评为优秀课题;报送《关于企业“互保联保”可能引发系统性金融风险的情况报告》获省委常委、无锡市市委书记李小敏、无锡市市长汪泉批示;撰写《探索中的治“僵”之路——“市场化”、“法治化”化解产能过剩的方法研究》被中国法治现代化研究院选为智库咨询报告,获分管副省长马秋林批示;撰写《无锡中院分析清理处置“僵尸企业”不良资产中遇到的问题和困难并提出建议》,被无锡市委录用;撰写《无锡法院多措并举强力推进破产清案工作显成效》,被江苏法院简报刊用。2016年发布《破产审判十大案例》,总结破产审判经验,指导破产审判实践。2017年年初,江苏省高级人民法院官微以《破产企业的“医生”——无锡市中级人民法院金融庭》对无锡市各级各地人民法院的破产业绩进行了系统宣传。

宿迁市两级人民法院破产审判调研报告(2013～2015年)*

崔永锋**　刘爱萍***

企业破产是市场经济优胜劣汰的必然选择,对于淘汰落后产能、增强经济活力、促进经济发展起着重要的作用。“僵尸企业”的存亡不仅关乎企业所有者、债权人的利益,在供给侧结构性改革背景下,对去库存也具有很强的现实意义,值得高度重视。现对2013～2015年全市法院破产案件审判工作进行全面梳理,客观描述破产企业状况,分析破产的特点、成因,归纳破产审判的主要做法、成效,反映当前破产审判中发生的新问题,对下一步工作提出对策建议。

一、宿迁市两级人民法院2013～2015年受理的破产企业基本状况

(一)近3年破产案件数量大幅增加

2013～2015年,全市法院历年受理破产案件数为26件、26件、53件,2013年同比增长178%,2015年同比增

---

* 本文为作者提交给2016年11月4日在苏州召开的“中国破产法论坛,破产与金融问题专题研讨会”的会议论文,经作者授权后收入本书。特此说明并致谢。

** 宿迁市中级人民法院执行局局长。

*** 宿迁市中级人民法院民二庭法官助理。

长104% ,近 3 年收案数达 104 件,共涉及 105 家企业。而 2011 年、2012 年仅为 7 件、13 件,共 20 家企业。破产企业呈逐年递增态势,近 3 年增幅极大(见图 1)。

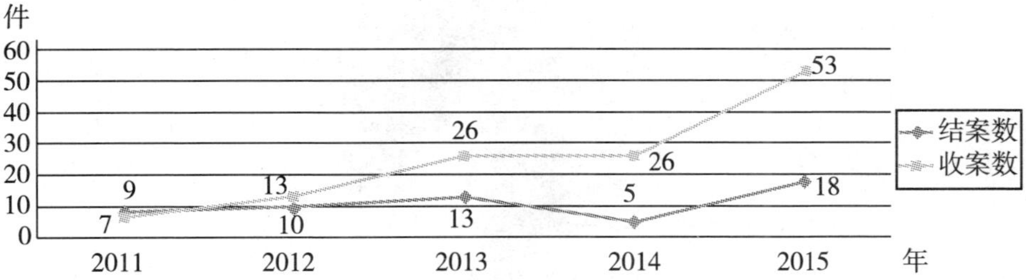

图 1 宿迁地区破产企业数量情况

(二)破产企业地区分布不均衡,沭阳、泗洪数量较大

在 105 家破产企业中,沭阳、泗洪分别有 36 家、27 家,占比分别为 34% 和 26% 。宿迁市中级人民法院受理 14 件,共 14 家在市工商局登记的企业,占比 13.5% 。宿城、宿豫合计 24 家,泗阳仅有 4 家,且该县在 2013 年前没有新收破产案件(见图 2)。

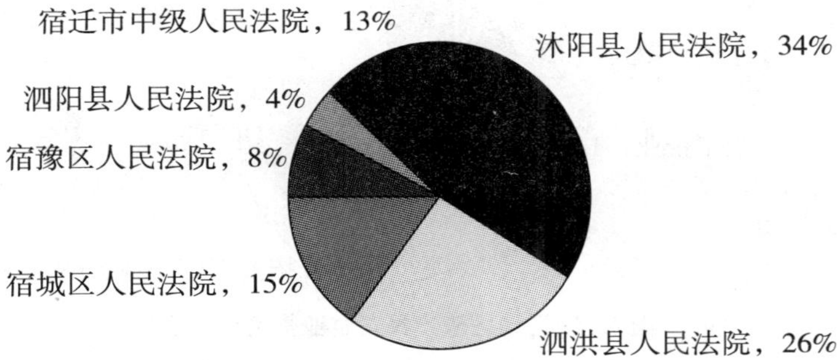

图 2 宿迁地区破产企业数地区分布

(三)破产企业以制造业为主,轻工业为辅,房地产开发行业颓势明显

破产企业以传统行业为主。在 105 家破产企业中,制造业企业多达 39 家,占比约 37% ;食品加工业 10 家、服装纺织行业 10 家,各占约 10% ;服务行业 9 家、纸业木业 6 家;房地产开发企业破产数量增加,计 8 家,与房地产行业相关的建筑、装饰装修、家具制造、置业企业计 8 家(见图 3)。另外,担保公司等非银行业金融机构、旅游服务业、民办教育、宾馆服务业等行业亦开始出现破产案件。

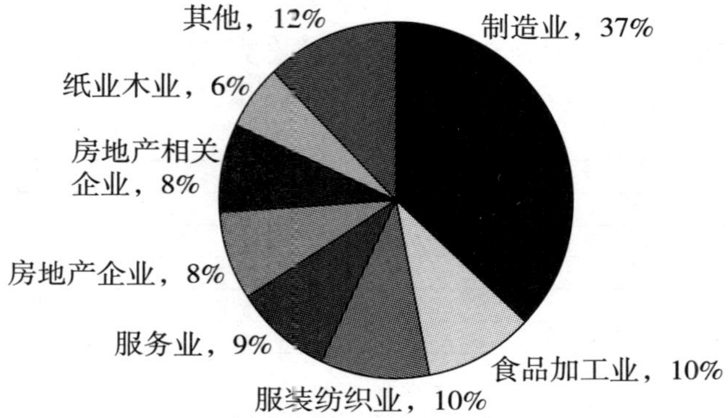

图3 宿迁地区破产企业行业分布

(四)破产企业以民营为主,改制企业和招商引资企业数量较多

近3年,破产企业仅有1家集体企业,其余104家均为民营企业,无国有企业。招商引资企业71家,占比达约68%,应予重视。企业改制后又破产的14家,约占13%。另外,沭阳地区有3所民办学校破产(见图4)。

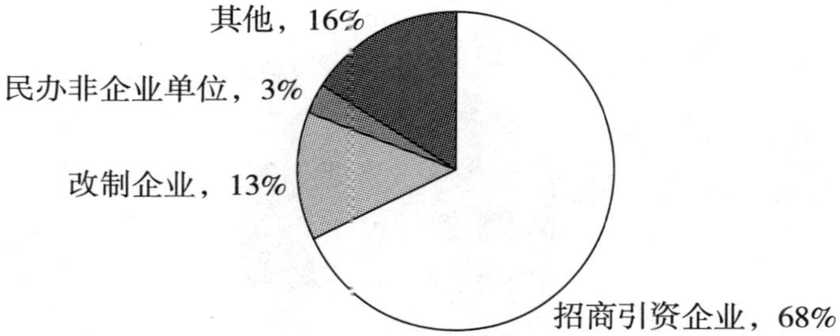

图4 宿迁地区破产民营企业类型分布

(五)破产企业以停产停业为主,部分企业未投产即破产

105家破产企业中,破产时停产停业2年以下的企业56家,占53.3%;停产停业2年以上的20家,占19.0%;未投产即破产的企业有19家,占18.1%;破产时仍处于经营状态的企业有10家。因企业主生病或股东内斗,导致破产的有10家,占9.5%。企业主违法犯罪导致企业破产的有11家,占10.5%。

(六)破产企业规模大小不一,破产债权数额较高

注册资本2000万元以上的规模企业46家,占比约44%。注册资本1000万~2000万元的企业18家,注册资本500万~1000万元的企业17家,注册资本200万~500万元的企业13家,注册资本200万元以下的企业11家(见图5)。

另外,个人独资企业破产数有所增加,尤其是在木业、纸业和纺织业。在破产债权上,破产案件大多涉及各类高息融资,破产债权数额较高,在1亿元以上的20家,5000万～1亿元的18家。

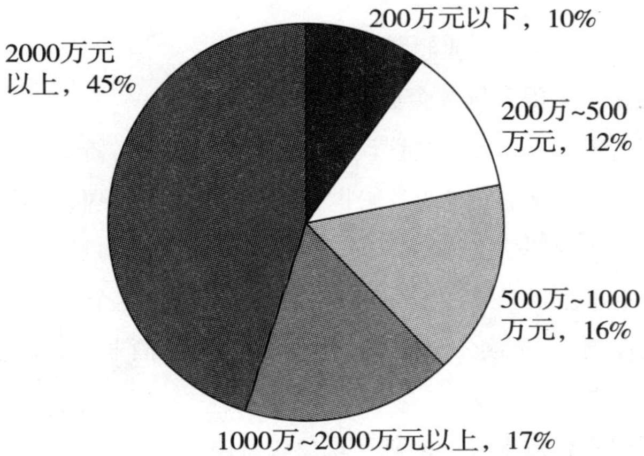

图5 宿迁地区破产企业注册资本情况

(七)破产程序启动以债权人申请为主

在破产程序的启动上,以债权人申请破产为主,计95件,占91.35%,债务人自己申请破产的仅9件,占8.65%。在破产程序的启动中,有20家企业系因执行案件过多,严重资不抵债,由法院动员债权人申请破产,约占19%。此外,还有少量案件系由地方政府建议或通过其融资平台,或直接由政府作为债权人申请进入破产程序,共有6件。

(八)破产企业涉及职工问题不突出

只有少量改制后的企业破产涉及职工安置问题,如泗洪分金亭酒业、宿城的春虹照明,分别涉及职工323人、1020人,劳动债权分别为2851万元、1890万元。此外,绝大多数破产企业破产时已经无职工,或者只有少量的劳动债权,涉及职工权益保护的问题不突出。

二、宿迁地区企业破产的特点和成因

(一)破产原因由经营亏损转为融资风险

大部分企业破产原因并非传统意义上的经营亏损,而是涉及巨额融资,资金链断裂。融资方式除金融借款外,更多的是民间集资、企业拆借等。融资手段多为互保、联保借款等,形成母子公司、关联企业以及合作企业捆绑破产的连锁反应。如宿城的天辰集团破产系列案件,企业联保借款,资金链断裂后,一损俱损,全部破产。受金融政策从紧影响,金融机构提前收贷或者提高贷款标准,以致部分企业不能正常贷款,资金链断裂而破产。如龙马动力和聚德纺织,银行收回贷款后,不再续借,最终导致企业经营无以为继。

(二)企业主个人因素导致企业管理混乱陷入破产

一是企业主病重或去世导致管理混乱。亿泰系案件、新富阳纺织、爱科新能源等6家企业均因企业主病重或者去世,导致企业无人管理,走向破产。二是公司股东内斗,拖累公司发展。泗洪的迪王体育、多邦建材均是因内部纠纷拖累破产。三是企业主违法犯罪导致公司破产。企业或企业主个人巨额融资,因非法集资犯罪被追责,继而导致公司破产。泗洪的分金亭酒业、东旭电源、亚尚电子等10余家企业,均因此而破产。

(三)招商引资企业未投产即破产现象较普遍

在105家破产企业中,招商引资的企业有71家,占67.6%。有多家企业在厂房建设阶段即破产,有些尚未投产经营就因资金链断裂破产,还有些是在“三免两减半”政策届满即成“僵尸企业”继而破产。骏泰置业、国泰百货、泗阳“洋人”、亚尚电子都系地方政府招商引资工作不规范引发的企业未投产即破产,甚至出现了恶意诈骗等犯罪行为。如泗洪的亚尚电子破产案,该企业投资人从投资到破产仅投入几百万元,政府借钱给其交土地款,为其办土地证,该投资人又将土地抵押办贷款,厂房建设中四处欠债。从成立到破产,该企业连厂房都未能建成。另外,招商引资太过求大,部分企业尚未制定出切实可行的经营模式便仓促上阵,浪费了大量的人力、物力成本,好投资、好项目落得破产结局。

(四)弃企逃债现象多发,无产可破企业增多

受经济下行的影响,部分企业尤其是外来的投资人为逃避债务,有的直接人去楼空。全市近3年弃企逃债而破产的企业11家,占比10.5%。一些企业早已停产、人去楼空,但是始终没有清算处置,成了名副其实的“僵尸企业”。“僵尸”多年的公司进入破产,其中部分是属于“三无”企业:无债权、无资产(能变卖的财产早已变卖一空)、无人员(企业主或高管联系不上)。还有一些中小微型企业,无场所、无账册、无人员,根本无产可破。

(五)破产重整的企业多为有特殊资质要求企业

全市破产重整的案例较少,仅有6件,且多为有特殊资质要求的企业。大中型企业重整的3件,规模以上企业重整3件。例如,原国有企业改制的分金亭酒业因其“分金亭”商标有较高价值,且白酒生产许可证难以办理,在地方政府的大力支持下,采用“腾笼换凤”的方式,整体出售企业实现重整;还有热电厂、蓄电池生产企业,基于生产许可证的价值而实现重整。另有2家房地产企业,因保障预售商品房交付而重整。

(六)房地产企业破产的后续工程得到政府大力支持

房地产企业破产面临大量的购房交付问题,信访压力巨大。楼盘的后续施工、竣工验收、水电气,以及未开发土地转让等均需要政府相关部门大力配合支持,涉及规划的调整,手续的完善,验收的协调,规费的减免等。全市法院审理的此类案件中,当地政府均给予了大力支持,既稳定了信访人,也保障了工程的后续建设,为破产案件的审理奠定扎实基础。

三、宿迁市两级人民法院破产案件审判的主要举措与成效

(一)破产案件平稳推进,破产审判成效明显

全市法院多措并举推动破产案件妥善审理、平稳推进,化解了改制后企业破产的职工信访、房地产企业破产的业主要房、大量融资债权人闹事等大量矛盾纠纷,将其引导在法律框架内解决,有力地维护了社会稳定。通过依法宣告破产,规范市场主体有序退出市场;通过破产重整,拯救了6家经营困难但有再生希望的企业;最大限度地盘活资产,提高破产清偿率维护债权人利益,取得了良好成效。

(二)开展破产案件专项清理活动,积极应对案件增长

面对破产案件的快速增长,宿迁市中级人民法院高度重视破产审判工作,2014年下半年在全市法院开展了破产案件专项清理活动,实行破产案件信息专报制度,一案一表,统一报宿迁市中级人民法院民二庭汇总,跟踪案件审理进度,收集疑难复杂问题,加强上下交流。3年共审结破产案件36件,分别为13件、5件、18件,但结案数赶不上爆发的收案数,破产审判压力较大。

(三)不断加强与政府部门沟通协调,形成工作合力

在破产案件审理中高度重视与政府部门的沟通协调,一些县区建立了县领导牵头会办法院在破产审判中遇到问题机制,政府和企业上级主管部门承担了职工安置、信访维稳等责任。依靠党委总揽全局、协调各方的政治优势,法院加

强与工商、税务、审计、土地、房产、劳动和社会保障、供水供电等行政和专业职能部门的沟通协调，集结各方力量形成工作合力，推进企业破产清算的稳步进行。

（四）加强业务能力建设，严格规范破产审判流程

2015年组织全市法院商事条线审判人员到南通、常熟等地法院学习破产审判工作经验；参加省法院破产审判业务研讨班、江苏破产法论坛、破产审判实务培训班等培训活动；举行全市法院破产审判经验交流等，开阔了视野，提高了能力。归纳整理破产操作流程，沭阳法院还制定了破产审判思维导图，为破产案件的审判打下扎实基础。

（五）完善管理人选任，中介机构担任管理人成常态

建立了全市破产管理人名册，入册机构27家。宿迁市中级人民法院出台了《破产案件管理人选任考核办法（试行）》和《破产案件管理人评审规范（试行）》规范管理人的选任与考核；宿城区人民法院设立了破产专项基金，出台管理人报告工作制度；沭阳县人民法院规范了管理人的账户设立等，管理人工作得到了初步的规范。在近年的破产案件中，指定清算组担任管理人的仅3件，其余均从管理人名册中选定社会中介机构担任破产管理人。

四、破产案件审判呈现的新情况、新问题

（一）政府对破产案件的参与度呈现新变化

2013年以前，受理破产案件一般会征求政府意见，受理后政府也会介入破产事务的处理，甚至为企业破产拨付专门资金，县区领导会牵头会办破产问题。但近年来，政府逐渐远离破产审判工作，通常不介入，只对其关注的企业或有信访维稳压力的企业，才介入、支持、配合法院工作。对常规案件，政府强调法治思维不介入，存在一定程度上的缺位，给法院的审理带来难度，导致一些社会问题或涉及行政部门配合的事务难以推动。

（二）破产管理人能力不足，不能完全胜任工作

全市入册的管理人整体规模较小，10余人的律所较多，多为近年才开始担任管理人，专业能力和履职经验欠缺，特别是缺乏团队协作执业经验和责任意识，导致对法官依赖性大，难以独立处理相关事务，依赖法官指导其开展各项工作。管理人能力欠缺已经成为破产案件长期不能终结的重要原因，管理人工作能力的提升成为亟须解决的问题。

(三)“三无企业”较多,导致债权确认难、无产可破

破产的中小微型企业一般都没有完善的财务账册;弃企逃债企业,残存财产和财务账册等物品,或遭债权人哄抢,或因时间较长而灭失。破产企业财务账册的不全导致债权确认陷入困境。另外,部分“僵尸”多年的公司进入破产,无产可破的案件增多。甚至还有一些企业厂房设备、办公地点都是租赁的,连“僵尸”也没有,导致破产费用都没有保障。

(四)破产财产变现难问题依旧难以解决

破产案件财产处置和变现十分困难,尤其涉及土地、厂房和一些特殊机器、设备,“三拍两降”后依然无人问津,实物分配更是困难重重。财产处置不掉,案件就无法结案,法院成为“僵尸企业”的“停尸房”,有的案件长达3年、4年甚至10余年无法终结。一些特殊机器、设备处置时间一长甚至都变成了负资产。对破产企业资产变现,各县区政府有不同的做法,如泗洪县与招商相结合,由政府招商部门介入寻找引资对象,有针对性的推介,提高了拍卖成功率。该县还采取了“政府兜底”的办法回购流拍的土地厂房,加快了破产案件审理进度。

(五)社会公众对管理人的认知影响管理人职能发挥

管理人是破产程序中最重要的组织,破产程序能否公正、公平、高效地开展,与管理人的活动密切相关。目前,包括政府部门在内的社会各界对管理人履职的配合、协作不够,阻碍了管理人职责履行。许多金融机构甚至一些行政机关对管理人开展工作没有法律上的正确认识,造成注销账户、资料调取等本应由管理人完成的工作,都需法院反复开具通知书、调查令,甚至法官亲自到场协调才能解决,极大地影响了效率。有些行政机关对管理人出面协调或者办理的事项,不搭理、不配合,只认法院协调,不认管理人。

五、新形势下破产案件审判工作的对策建议

在供给侧结构性改革过程中,通过行政处置或者司法处置“僵尸企业”,可以淘汰落后、剩余产能,起到去库存的作用,促进重大项目建设,助推经济转型升级。对新形势下开展破产案件审判工作提出如下对策建议:

(一)政府、企业主和社会公众要有正确的破产观念,要扩大破产制度的社会接受度

企业主选择“跑路”,一些企业僵而不死,一定程度上是企业主、公众和政府

相关部门对企业破产缺乏正确的认识,不掌握破产法所具有的保障债权依法公平清偿、完善优胜劣汰的竞争机制、优化社会资源配置、调整社会产业结构和拯救危困企业的作用所致。对“僵尸企业”的破产处理,需要加强对破产法制的宣传,建立良好的预期,通过向党委政府报送《破产审判年度报告》、召开新闻发布会、公布典型案例等形式,深化政府、企业主和公众对企业破产法公平保护各方利益主体的认识,教育引导各类市场主体增强依法经营和风险防范意识,发挥社会导向作用。

(二)“僵尸企业”处置应行政处置与破产程序并重

企业退出市场的方式有企业自行退出、行政程序退出、破产程序退出等多种模式。“僵尸企业”进入破产清算程序只是其退出市场的方式之一,并不是唯一方式。2013 年以前,各级政府习惯于行政推动的“企业置换”“资产重整”。近年来,随着依法行政和法治思维的意识提高,行政处置减少,存在完全依靠破产程序推动“僵尸企业”退出市场的趋势。对于一些经营不善“半死不活”的企业,或者有其他投资人存在合作、收购意向的企业,政府部门仍应加强推进行政处置,通过整体出售、置换、资产重整等方式予以解决。在立案登记制要求下,对于符合行政处置的企业被申请破产的,法院理应加强与政府部门对接,引导采用行政方式解决;对弃企逃债等“僵尸企业”,法院应按破产法规定的受理条件依法处理;对“三无企业”,也应按司法解释的规定,予以受理,不能拒之门外。

(三)建立司法行政协调机制,保障破产案件审理与政府部门有效沟通

在老破产法时代,破产中政府是主导,现在是法院主导,但仍然离不开政府的参与支持。维护稳定和保护职工权益,解决劳资纠纷,以及保障供水供电,处理房产土地、税费等协调均需要政府出面,给予政策支持。因此,应该努力健全行政协调机制,明确政府在破产案件中的角色定位,协调政府牵头调动各种政府资源和社会资源,充分发挥政府在企业债务清理、职工安置、维护稳定等方面的重要作用,为破产案件审理创造有利条件,提高破产审判工作效率。

(四)设立全市破产专项基金,保障破产案件的妥善审理

目前全市“三无企业”破产案件有 8 件,无产可破、破产费用资金来源的解决已经迫在眉睫。虽然有的县财政已为个案提供破产资金,但目前尚未形成资金拨付制度。为妥善处置破产企业,有必要建立全市统一的破产专项基金。宿迁市中级人民法院出台了《全市法院破产案件专项基金管理和使用办法》,通过向政府申请财政拨款和从管理人报酬中提取一定比例的方式筹集基金,用于支付不足支付破产费用的管理人援助补偿以及对管理人的培训。政府应当积极支持,每年预算一定的资金用于破产费用,破解破产法实施的难题。

(五)盘活"僵尸企业"资产,有效利用土地资源

破产财产的处置至关重要,应灵活妥善选择破产财产的处置方式。实践中,泗洪和沭阳法院的审判实践均证明,没有地方政府的介入,一些土地、厂房和机器设备很难变现,或很难卖出合适的价格。地方政府可以通过招商的方式,联系潜在的投资人购买。对位于经济开发区的破产企业,一些县采取了"政府兜底"的方式由政府收购,在后期的招商中予以盘活。在当前工业用地紧张的情况下,"政府兜底"是不错的选择,建议可以由政府储备中心,在流拍的情况下,收购作为储备用地,统一纳入规划使用。

(六)加快管理人制度建设和培育破产管理人队伍

指定破产案件管理人在以社会中介机构为主的情形下,在管理人制度建设方面,宿迁市中级人民法院今年要抓紧出台《管理人动态考核办法》《管理人报告工作制度》《全市法院破产案件专项基金管理管理和使用办法》《管理人破产企业档案保管办法》等规定,试行管理人分级管理,从而从制度上来保障管理人的工作有序进行。同时,针对管理人能力严重不足的现状,要完善管理人的培训考核制度,出台《破产案件管理人工作职责指引》,以动态管理和业务培训为抓手,不断提升管理人的业务能力。保障管理人依法履职,法院要加强对政府部门和社会各界的引导释明,让其充分了解管理人在破产案件中的职责作用,保障相关部门对管理人履职的配合、协作。

镇江市两级人民法院破产审判工作总结(2007～2017年)*

镇江市□级人民法院民二庭

为全面贯彻党的十八大和十八届五中全会及江苏省委省政府推进供给侧结构性改革工作会议精神,镇江市两级人民法院充分运用破产清算、重整、和解手段,积极稳妥处置'僵尸企业",退出低效产能,淘汰落后产能,压减过剩产能,加快产业结构改造升级,为实现镇江市经济稳定增长,促进产业向中高端迈进提供有力司法服务和保障。

近10年来,镇江全市人民法院共受理破产案件258件,审结190件(含不予受理、驳回申请案件,其中破产重整1件)。目前,全市各级人民法院在办破产案件68件。通过破产程序化解破产债权110亿元,妥善安置职工2万余人,在维护社会稳定、服务经济发展中发挥了重要作用。

一、坚持积极推进和稳妥处置的原则

法院破产审判工作以服务市场主体有序退出为出发

---

* 2017年6月2日镇江市中级人民法院召开全市法院破产审判工作新闻发布会,通报了镇江法院近十年破产审判工作相关情况。本文为发布会上的发言稿,征得作者授权后收入。感谢镇江市中级人民法院副院长陈敏、民二庭庭长朱卫芳对本书编辑出版工作的支持。——编者注

点,以实现破产审判常态化、法制化、高效化为落脚点,加快健全完善破产审判机制及各项配套措施,依法为实施市场化破产程序创造条件,确保"僵尸企业"及时有效出清,切实服务保障供给侧结构性改革去产能工作顺利实施。审理中积极贯彻多兼并重组、少破产清算的原则,对于仍然具有品牌、市场、资产价值,因资金链面临压力或经营不善导致不能清偿债务的企业,积极引导适用破产挽救程序;对确无挽救可能的企业,尽快破产清算,防止延误市场退出进程,造成更大的损失。

二、做好破产申请受理审查工作

准确把握破产申请法定受理条件,依法保障产能化解和"僵尸企业"出清政策有效落实,切实做到"不缺位""不越位"。对于具备法定受理条件的,依法受理,做到快立快审快结,推动要素资源尽快释放。对于不具备法定受理条件,以及欺诈破产阻碍执行、转移资产逃废债务的,坚决不予受理。对于申请立案的破产案件提前做好风险评估工作,掌握企业破产可能存在的欠薪、欠税、涉诉、担保等各类情况,对于存在重大风险隐患的,提前与政府相关部门沟通,取得政府支持,提前做好应对预案。如中冶东方江苏重工有限公司破产案,法院严把立案关,对该案裁定不予受理。

三、加快破产案件审理进度

破产申请、破产衍生案件符合法定受理条件的,优先立案受理;采取缓交或免交诉讼费用等方式支持破产企业清收债权。破产案件虽没有审限的规定,但审理周期过长,会造成破产企业各方利益得不到及时保障。2016年我们对全市破产案件进行了一次全面梳理,排查出73件案件,其中审理周期超10年的有6件。我们及时启动清理行动,特别是对于超长期未结处于停滞状态的案件逐案制订进度计划,确保破产审判环环相扣,有序推进。句容市人民法院2002年受理的句容市水泥厂破产案,经过中级人民法院一把手院长亲自督办,该案已于2016年6月顺利结案。现在,市中级人民法院每季度对全市在办破产案件进行督促办理,逐案通报案件进展情况,切实避免人民法院成为"僵尸企业的停尸房"。

四、积极推进企业重整和解

在法律允许的范围内,支持债权人、债务人、战略投资人、管理人为挽救企业所作的预重整等相关工作。积极引导适用破产重整程序,营造有利于破产挽救的司法环境,使破产企业通过改善经营管理,推动技术改造,提升供给品质,从而获得重生。在债务豁免、转贷、降息、引入第三方投资人等债务处置方式上,优先尊重债权人的意愿,坚持通过协商方式尽力促成各方达成合意。如扬中亚钢金属公司破产案,成功引入第三方投资实现破产重整,取得了良好的社会效果。

五、切实保障债权人合法权益

一是依法保障民生债权。严格按照破产法规定的清偿顺序,优先清偿职工债权;采取先行变价破产财产、争取相关各方垫付等多种方式,推动职工债权先行垫付;严格保障职工参与权,因地制宜地安置职工。如韦岗铁矿破产案,职工多次上访围堵市政府大门,管理人通过有关部门筹措资金,职工问题基本得到妥善解决。二是保障债权人的主体地位。涉及债权人利益的重大事项,全部通过债权人会议决议;监督管理人妥善处置破产企业财产,保证债权人利益的最大化。灵活采取网络拍卖、线下拍卖、折价抵偿等方式处置资产,努力实现破产财产处置价值最大化。如盛迪铸造公司破产案,财产处置两次流拍,第三次采取不变价拍卖的方式,最终以高于流拍价 40% 的价格成交,实现了价值最大化。

六、加强破产审判队伍建设

建立专业审判团队,加大专业审判力度。市中级人民法院成立了专门破产合议庭,丹阳市人民法院成立金融破产案件审理庭,其他法院也采取相对固定合议庭的审判模式,及时总结审判经验,集中力量对审判中发现的新型、疑难和典型问题进行深入研究,有效提升专业化审理水平。破产审判法官切实增强廉洁意识,正确处理与债权人、债务企业、破产管理人之间的关系,严守司法底线。

镇江市两级人民法院以服务为方向、以改革为动力,坚持不断创新、助推企业转型升级,取得初步成效。下阶段,我们将进一步加强和改进工作作风,全面提升破产审判水平,为服务供给侧结构性改革做出应有的贡献!

江苏省启东市人民法院破产审判报告（2007～2016年）*

朱志亮** 胡晓敏***

2015年11月中央财经领导小组第十一次会议首提“供给侧结构性改革”。2015年年底中央经济工作会议进一步强调供给侧改革“三去一降一补”的五大任务。供给侧改革成为当前国内经济工作的主要目标。化解过剩产能，促进产业优化重组作为改革推进的关键环节，加强破产审判则是实现这一目标的制胜要诀。人民法院必须贯彻落实“要依法为实施市场化破产程序创造条件，加快破产清算案件审理”及“要尽可能多兼并重组、少破产清算，做好职工安置工作”这一会议精神。

江苏省启东市人民法院作为全国破产审理方式改革试点单位，紧扣“完善优胜劣汰市场化退出机制、实现僵尸企业有序出清”工作主题，一手抓风险评估，通过破前引导，推动企业自行重整重组，一手抓破产案件审理，两手协调并进，为妥善处置“僵尸企业”、维护社会和谐稳定、推进供给侧改革和地方经济转型升级提供强有力的司法保障。本文就2007～2016年10年间启东市人民法

---

* 本文是作者专门为本书撰写的稿件，感谢江苏省启东市人民法院破产庭负责人朱志亮对本书编辑出版工作的支持。——编者注

** 江苏省启东市人民法院破产庭负责人。

*** 江苏省启东市人民法院破产庭法官助理。

院破产审判工作进行全面梳理，总结经验，反映问题，以期对法院同人有所裨益。

一、破产案件审理总体情况及主要特点

（一）破产案件审理总体情况

2007年以来，启东市人民法院共受理破产案件40件（2007～2010年启东市人民法院无破产案件受理），申报债权193亿元，其中，破产清算案件25件，重整案件9件，和解案件6件。审结19件，12件未结破产清算案件中，有8件清算案件的破产财产已全部处置完毕。6年来，通过破产程序分流企业职工4900余人，化解银行不良贷款43亿元，盘活资产总数11亿元，释放土地资源2832亩、工业厂房54万平方米。

（二）案件主要特点

1. 案件受理数呈较快增长趋势

2011～2016年，启东市人民法院新收破产案件分别为2件、1件、5件、6件、14件、12件（见图1）。案件受理量总体上呈上升态势。

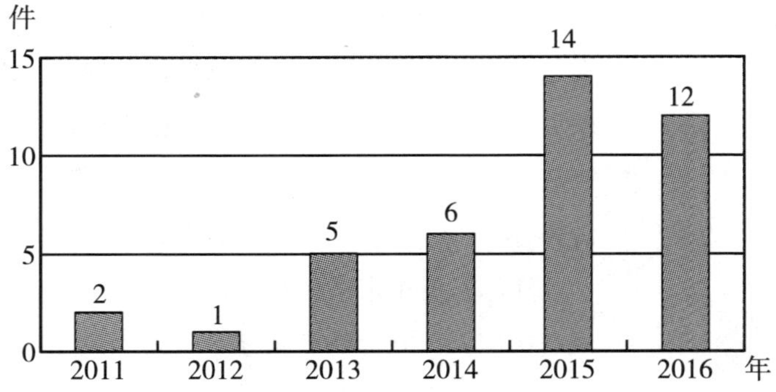

图1　2011～2016年启东市人民法院破产案件受理数量

2. 破产程序启动以债权人申请为主

在上述40件破产案件中，30件由债权人申请，占比75%，10件由债务人申请，占比25%。近年来，债权人通过破产程序维护自身权益的积极性有所提高，但是，债务人申请破产的动力依旧不足。

3. 产能过剩行业破产占比较大

受产能和市场影响，破产债务人中，制造业34家，房地产业4家，贸易业2家。受地域及地方特色影响，船舶及纺织企业较多，申请破产的数量也最多，分

别为5家、6家。

4. 破产企业均非国企

启东市民营企业较多,部分企业存在融资难问题,当经济下行或资金链紧张时,陷入经营困难的概率大,容易受投资、担保牵连导致破产。

5. 关联企业合并破产增加

部分企业有众多关联企业,加上民营企业管理不规范,存在资产、人员混同等情形,受相互投资、联户担保等影响,进入破产程序后只能考虑合并破产。如金双喜实业有限公司6家关联企业破产、南通永安纺织有限公司5家关联企业破产、南通万广置业发展有限公司2家关联企业破产。

二、破产审判的主要举措

(一)强化组织领导,推动府院联动,形成破产审判内外合力

1. 成立改革领导小组

2014年启东市人民法院被最高人民法院确立为全国法院破产审判方式改革试点单位。为便于开展试点工作,启东市人民法院把破产审判作为一把手工程,先后成立以院长为组长的破产审判领导小组和诉讼程序转破产程序领导小组,指导和协调破产审判工作,为改革试点奠定坚实基础。

2. 建立专业审判团队

启东市人民法院于2014年成立破产审判庭,抽调商事和执行法官充实破产审判力量。及时总结审判经验,集中力量对审判中发现的新型、疑难和典型问题进行深入研究。如惠港公司被英国仲裁法庭裁定败诉,启东市人民法院破产审判庭认真研判、多方请教,最终取得英国法院的上诉许可并胜诉,为破产企业和债权人挽回900万美元的损失。

3. 健全绩效考核机制

破产案件有别于普通民商事案件,如单纯按照结案率对破产法官进行考核,难以充分调动其工作积极性。启东市人民法院于2016年出台《破产、清算案件考核办法》,按企业规模大小折算20～100的案件数,并附加计算相应的案外工作量,这样可以更为客观、科学、合理地评价破产法官的工作绩效,也更能激发其工作积极性。

4. 建立府院联动机制

破产案件作为一项系统性工程，涉及工商、税务、国土、房产、劳动保障等多个职能部门，仅凭法院一家之力难以为继。所以，为加强法院与政府的协调配合，推动破产案件顺利进行，启东市人民法院出台《关于建立府院联动机制依法处置"僵尸企业"的意见》（以下简称《意见》），建立常态化的"僵尸企业"出清工作联席会议制度，设立专门的联席会议办公室。《意见》达成了17项府院协调配合机制，形成"政府主导风险管控与事务协调，法院主导司法程序"的破产案件一体化处理模式。对矛盾激烈、维稳压力大的破产案件，由市领导亲自担任维稳领导小组或破产清算组组长，确保工作顺利推进。迄今为止，启东市人民法院受理的破产案件无一出现群体性事件。

（二）勇于先行先试，注重制度创新，确保破产审判规范进行

1. 设立专项基金，破解启动难题

为充分调动"无产可破"案件的管理人的工作积极性，确保破产程序的顺利完成，启东市人民法院于2015年出台《破产扶助专项基金管理暂行办法（试行）》，设立以财政拨款为主、多方筹集为辅的"蓄水池"式破产扶助专项基金，由财政确保每年年初基金池中的资金不少于100万元，有效解决了破产启动经费难筹措、管理人费用难兑现、困难职工难救助的问题。

2. 强化监督指导，提高管理绩效

为提高管理人工作质效，启东市人民法院出台《破产案件管理人管理规范》，建立管理人工作计划和定期汇报制度，对破产难题即时沟通、及时解决，对管理人工作情况加强指导、有效规范，并将其履职情况纳入法院经常性监督考核中，考核结果直接与管理人报酬挂钩，充分激发管理人工作的主动性和积极性。

3. 搭建对接平台，加快资源利用

破产财产变现是保障债权人权益、实现资源优化配置的重要环节。启东市人民法院充分依托多层次的社会资本市场，以市场化方式加快出清破产资产。利用政府"将破产当作招商工作来抓"的理念，实现破产财产处置工作与政府招商引资工作无缝对接。如好搭档公司以高出评估价8.4%的价格拍出，惠港公司"南通骄傲轮"溢价1050万元成交，贸联公司整体资产以1.12亿元成交。除此之外，启东市人民法院还充分利用淘宝网司法拍卖功能，借助网拍平台成功处置14家破产企业财产，累计成交额达4.4亿元。

4. 探索审理机制,提升审判效率

推行关联企业破产案件并案审理模式,如金双喜等6家企业的合并和解,永安纺织等5家企业以及万广、港泰2家企业的合并重整。实行简易审,对当事人少、财产明、必经程序少的案件,最大限度缩短各类期间、合并相关程序、简化表决方式,使案件快速推进,如豪达门业、宝尔宏装饰破产案在2个月内就予以报结。

(三)立足稳定发展,服务转型升级,实现破产审判效益迭增

1. 力保职工权益,维护社会稳定

试行员工工资先付机制,优先解决职工分流问题,确保“无震荡”破产,先后筹措资金6000多万元,解决多家企业4700余名员工分流问题;妥善协调好职工债权与抵押权的关系,引导抵押权人主动降低受偿额,提高职工债权的受偿率。如豪达防撬门公司的抵押权人在法院协调下放弃95万元抵押债权,优先用于职工安置。坚持秉承职工债权优先理念,在受理的破产案件中,从未发生与破产审判有关的职工群体性维权事件。

2. 盘活优质资产,确保“破产不停产”

注重挖掘企业优质资产的营运价值,防止资产、品牌、资质不当贬值。通过债务人管理营业事物、管理人监督财务账目的方式继续营业,使新友公司继续出口经营;采用“先租后破”方式,将永安公司资产整体出租经营,做到“企业不停产、员工不失业”;仅用5个月时间完成万广公司的楼盘续建和交房结算工作,让“烂尾楼”成为可交付的商品房。

3. 强化“庭外指导”,引导企业自行重组

对危困企业甄别处理,对资源禀赋较好、仍具“造血”潜力的企业,加强“庭外指导”,力促企业自行重组,使企业“造血”功能复原增强,实现共赢。如道达造船、顺恒船舶、蓝岛重工等多家企业,通过兼并重组重获新生,使闲置长江岸线重新焕发生机,避免可自行重组的企业进入冗长的破产程序。

4. 化解过剩产能,力促“腾笼换凤”

充分发挥破产审判在“去产能、调结构”方面的作用,淘汰落后产能,引进市场前景广阔的企业,实现“腾笼换凤”。如利用破产企业启亚船务的岸线资源引进投资20亿元、年产值达60亿元的高端装备制造企业京沪重工,利用嘉禾公司的厂房、土地引入成长型的环保建材企业金江砂公司;对惠港造船、力德电缆等

“僵尸企业”,不盲目“输血”救助,而是加快破产清算,帮助企业依法有序退出市场。

三、破产审判的工作成效

近年来,启东市人民法院充分发挥破产审判“左右手”功能,树立“破前引导,立前有为”“破立统一,以破引资”“多方联动,破中有产”三大破产审判新理念。建立“执破、诉破衔接”新机制,化解破产立案难题;实行破案“立前问诊制”,引导企业自行重组;创新合并审理机制,化繁为简助企回生;坚持出清与挽救相结合,实现“治疗与生产两不误”,树立破产审判新形象;淘汰与引进相结合,实现“火化与孵化同步行”,力促企业“重塑金身”。

(一)探索诉讼与破产衔接新机制

“执行难”和破产案件受理难问题已困扰法院多时。为解决难题,启东市人民法院于2013年率先在江苏省内进行执行程序转破产程序的尝试,并建立相应制度。但在试行中发现,一些企业在未成为被执行人之前就早已停产,企业主跑路,导致大量诉讼案件涌入法院,甚至某些企业在经营不善难以扭转之时就转移资产、恶意举债,如仍等到执行程序再转入破产程序,显然会贻误战机。针对这些情况,启东市人民法院又开始新的探索,在总结“执转破”经验的基础上,提出建立诉讼程序转破产程序的制度构想,力图弥补“执转破”制度的不足。并于2015年9月出台《关于诉讼程序与破产程序相衔接的若干意见(试行)》,从制度上对“诉转破”进行规范。

南通灵敦运动用品有限公司破产清算案,是启东市人民法院适用“诉转破”的第一起案例。公司在受理破产之前,一直正常经营,因老板突然跑路,讨薪工人围满政府门口,大量供应商要求法院保全公司资产。面对突发情况,启东市人民法院及时启动诉讼转破产程序,将审理中的一起以该公司为被告的合同案件移送破产审查,并依职权查封了公司的所有资产。因法院介入及时,公司资产得以全部保全,职工及债权人利益得到最大保障。

诉破衔接机制实行以来,一是启东市人民法院破产案件受案量明显增加。截至目前,依“诉转破”程序受理破产案件18件,超过试点前3年的受案量,有效解决了破产案件启动难问题。二是为有效防控社会风险创造了有利条件。“诉转破”工作的开展解决了部分“僵尸企业”破产启动难问题,使部分案件进入破产程序的时间前移,阻止了企业债务链的进一步蔓延,防止了债务人隐藏转移财产、债权人围堵企业哄抢物资等现象的出现,提前发现了社会不稳定因素,将社会风险降到最低。三是节省了司法资源。依"诉转破"程序受理的18件破产案件中有11件由执行程序转入,消化执行积案358件,7件由审理程序转入,化解审理案件68件,有效减轻法院案多人少的压力。四是解决了法院内部衔接工作不顺的问题。在诉破衔接领导小组的领导下,全院各部门特别是执行局、立案庭、破产审判庭理顺了"诉转破"中各自的职责分工,明确了程序衔接各节点的工作任务,完善了"诉转破"法院内部衔接配合机制,有效解决法院内部"诉转破"衔接工作不顺畅问题。

(二)创新关联企业合并和解模式

关联企业合并重整受破产理论及实务界广泛热议,而关联企业合并和解鲜有论及。究其原因,是因为重整制度兼具保护债权人利益和挽救企业再生的双重价值,加上重整措施的多样性,使其成为企业实现重生的首要选择。和解制度则比较保守、单调,只能通过减免债务、延缓履行即需要债权人让步的方式以给企业喘息、生存的机会。实务中,通过和解程序帮助企业再生的案例少之又少,合并和解更是无人尝试。

启东市人民法院审理的金双喜实业发展有限公司等6家企业合并和解案,系全国首个关联企业合并和解的案例。金双喜实业发展有限公司是启东当地的知名企业,因企业盲目扩张、肆意举债,造成资金链断裂,与之关联的金双喜建材等5家企业相继进入破产程序。在审理中发现,该企业有完整的生产线,有驰名商标和38项国家专利,有完整的内外营销体系,完全具备挽救价值,如盲目进入破产清算,不仅浪费资源,对当地经济亦是不小的损失。基于法律依据和现实需求的双重考量,法官决定尝试合并和解模式,但合并和解,无先例可循,也无经验可借鉴。为此,在裁定进入合并和解程序之前下发征求意见通知,并组织召开由异议人、债务人、管理人等多方参加的听证会,在查明事实、充分听取各方意见的基础上,裁定6家企业进入合并和解程序。随后,经过多次研讨、反复修改,形成合并和解协议草案,该草案在6家企业合并和解债权人会议上得以高票通过。为确保和解协议的履行,我院还创设了由债委会派驻财务人员、设立专门账户,制定债委会议事规则,代表全体债权人进行监督的模式,既能保护债权人利益,又能确保企业的顺畅经营。和解协议通过后,企业经营已逐渐步入正轨。

启东市人民法院积极探索破产审判新模式,化繁为简、助企回生。通过合并审理共挽救破产企业11家,提高债权清偿率10%以上,真正实现各方共赢。

(三)实现救治生产两不误

提到破产,人们自然联想到企业关门、员工下岗。然而,我院对一时陷入困境但有市场前景的企业,首创"一手抓破产、一手抓生产"新格局,力保"破产不停产、员工不失业",此创造性举措在维护稳定、服务供给侧改革中发挥了积极作用。

南通太平洋海洋工程有限公司(以下简称太平洋海工)是世界中小型液化汽船市场的"领头羊",因全球船舶行业持续低迷,加之对外提供巨额担保,公司经营陷入困境,近7000名员工亟待安置,价值30多亿元的项目尚未完工。2016年6月太平洋海工向启东市人民法院咨询,力图借破产程序止损。我院未立即将其纳入破产程序,而是在受理之前,一方面提请市政府成立破产工作领导小组,统筹破产相关事宜,一体解决破产工作指导、职工安置,维护社会稳定等问题,并负责破产企业的招商引资工作;另一方面指导企业与客户、员工沟通,为企业进入破产程序后继续生产经营创造条件。

2016年8月5日启东市人民法院以破产清算方式裁定受理该案。针对公司众多"半拉子"工程的实际情况,启东市人民法院一方面要求管理人加快清算速度,厘清公司资产负债情况,另一方面要求企业"保订单、保团队、保生产"。通过继续履行合同、待履行合同转让等方式,使公司众多"半拉子"工程变废为宝,先后向客户交付5艘液化气船,并完工交付价值2.8亿美元的俄罗斯YAMAL项目等近30亿元的项目,挽救了一批上下游企业,为债权人挽回数十亿元的经济损失,也为该公司的重整成功奠定了坚实的物质基础。

2016年11月11日公司由清算转入重整程序,坚持市场化、法治化及利益共赢原则,全程公开招募投资人,制定重整计划草案。2017年7月22日太平洋海工重整计划草案提交债权人会议表决,鉴于众多银行债权人未完成内部审批,要求在会后投票的实际情况,启东市人民法院探索性地采取现场投票与信函表决相结合、定时统一开票的表决规则,该草案最终获高票通过。2017年8月4日启东市人民法院裁定批准重整计划,终止重整程序,使太平洋海工得以浴火重生。

(四)实行以破引资新举措

启东市沿江靠海,船舶企业众多,但受国际航运市场持续低迷影响,海工园多家船企接连进入破产程序。2012年伊始,启东市人民法院组成破产专题调研组,对破产企业进行全面摸底,认真分析研判,在学习、借鉴其他法院先进经验的基础上,提出"以破引资""火化"与"孵化"相结合的新思路,创造性地提出"一边搞破产、一边搞招商"的新举措。

南通启亚船务有限公司(以下简称启亚公司)作为启东一家大中型船舶修造企业,2011年10月进入破产清算程序。2012年3月启亚公司资产进入拍卖阶段。因启亚公司资产庞大,有能力的意向购买商较少,为此,启东市人民法院与招商局还有当地园区形成相互配合、信息共享、共洽客商、共商难题的工作机制。为扩大宣传,采取在各报刊、网站广泛发布拍卖信息,召开招商推介会等方式,多渠道寻找潜在客户。江苏京沪重工有限公司(以下简称京沪重工)明确投资意向后,启东市人民法院先听取该公司的资产利用方案,再决定破产财产处置方案,实现两方案无缝对接,使破产资产第一时间得以利用。最终,京沪重工以1.4亿元成功拍得启亚公司整体资产,并全部接收其工人。京沪重工拍得资产后当即就恢复生产,并作为启东重大项目,总投资20亿元,年产值超60亿元。

启亚破产案的成功经验让法官意识到,破产案件的审理必须"破立统一""有破有立",发挥破产审判在"去产能、调结构"方面的作用,才能真正实现"腾笼换凤、涅槃重生"。

基于这一理念,启东市人民法院先后将多家破产企业"改头换面、重塑金身"。例如,现代企业霓辉公司成功入驻豪威船舶、环保企业金江砂取代嘉禾公司、启东特种电缆在受理初期就与泉象电气达成投资意向等。6年多来,启东市人民法院通过"以破引资""有破有立",成功淘汰"僵尸企业"27家,引进优质企业16家,累计引进投资60多亿元,促进启东产业转型升级。

四、破产审判工作中存在的问题

(一)破产认知度有待提高

近年来,随着供给侧改革的深入推进,以及破产理论和实务界人士的共同努力,"谈破色变"的现象已有所好转,但社会公众的破产观念仍存在偏差。体现如下:

1. 债务人层面。启东市人民法院破产案件受理数据显示,债权人申请破产的比重明显高于债务人,各地法院几乎都存在这一现象。原因在于债务人对破产制度的功能存在认知偏差，认为破产就是将企业一破了之，关门析产，对破产制度的保护和再生功能缺乏正确认识。部分企业在资不抵债时宁可选择高利贷这种“饮鸩止渴”的方式来缓解债务负担，甚至宁愿选择跑路方式逃避债务也不愿申请破产，导致大量“僵尸企业”长期占据经济资源和市场空间，部分具有重生希望的危困企业也因为债务人的“妇人之仁”而丧失最佳治疗时机。

2. 债权人层面。债权人通过破产程序保护自身权益的积极性在近几年有所提高，但也存在对破产制度功能认知不足的问题。部分债权人认为企业一旦进入破产程序就等同于免除债务清偿，因而对债务人进入破产程序存在抵触甚至阻拦情形。另外，对于破产制度的平等保护作用未能正确认识。为最大限度实现自身债权，债权人宁可选择抢先执行方式对债务人财产“先到先得”，这种不愿与他人分羹的意图最终导致“执行难”问题，无端浪费司法资源，进一步扩大所有债权人损失。

3. 政府层面。相较于过去政府主导企业破产的角色定位，现已转变为法院主导、政府参与。从总揽总包到各司其职、各尽其责，对于破产工作效率无疑是种提高。但是，对于破产程序中需要政府职能部门协助的问题仍存在有些部门不愿主动配合，积极解决的现象，这使法院或管理人在处理破产事务时捉襟见肘，难以进行下一步工作。

（二）管理人队伍水平有待提升

破产案件牵涉面广，涉及人员、利益众多，需要较高的专业水准和协调能力。但是，因我国破产起步较晚，加上管理人选任制度的机械性，存在部分管理人难以胜任工作的情况，不熟悉破产流程，业务水平又不够精炼，在处理破产工作时过分依赖法官，而且，因为社会公众缺乏对管理人的认可，导致管理人与政府部门、利益群体的沟通难以进行，只能由法院出面协调解决，导致案多压身的法官疲于奔命。再者，某些破产企业资产较少，囿于破产费用较少或难以支付，管理人缺乏主动性、积极性，在工作中存在被动应付、敷衍塞责的情形。

（三）破产财产变现难

破产财产的变现是破产案件顺利推进的关键一环。破产财产变现主要存在四大问题：一是破产财产网上拍卖的方式不能有效吸引潜在购买人；二是评估机构往往受评估费用、担心低评被追责等因素影响，对破产财产高估；三是土地、房屋等不动产处置需要规划、国土、不动产等相关部门的配合，需要耗费大量的协调时间;四是破产企业的债权、对外投资权益的清收难度较大。破产财产无法变现将会导致破产工作处于停滞状态,案件无法终结。

(四)企业重整难度大

一是重整投资人招募的问题。破产企业多为产能过剩企业,即便具有重生希望,重整工作也充满风险。因此,重整投资人的招募一般都难以顺利进行。尤其是针对体量大、负债多的破产企业,破产法规定的最多9个月的重整计划提交期间对于招募到合适的投资人更加困难。即便破产企业商业前景可观,但毕竟是理想状态,且破产法对于重整投资人的权益保护未有明确规定,而投资人投入大量资金当然希望达到自身合理预期,因此,就重整投资人而言,会慎之又慎,对于法院及管理人而言,需要耗费大量的精力和时间。

二是法定时间内重整计划草案难以提交的问题。破产法所设最多9个月的重整计划提交期间,对于体量大、财产不明、债权债务关系复杂的企业,制定出合理可行的重整计划草案亦是一大难题,实践中存在因受法定时间限制致使重整计划难以提交或提交的草案制定粗糙难以获债权人会议通过的情形,导致本该具备重整希望的企业因为时间问题而被迫走向破产清算。

三是破产重整中的税务风险问题。破产重整的结果与企业债务重组一样豁免了部分债务,但按照相关财税政策法规规定,豁免的债务仍应计征所得税。这对于刚恢复生机的企业来说无疑又是一道重创。而且,绝大多数破产企业一般都亏损多年,所欠税额在企业负债中占比较高,这也使重整投资人可能会承受比预期更多的负担。

四是重整企业的信用修复问题。包括银行征信系统信用修复、税务登记证信用修复及法院执行系统信用修复,目前都尚未出台面向破产企业的信用修复办法的明确规定。这可能会导致重整企业在重回市场后的某些经营活动受到掣肘。

除了上述破产审判存在的共性问题外,问题还有很多,本文无法一一涵盖,而且在具体破产案件中也会遇到很多个性问题,法律无法面面俱到,实践中也可能无经验可借鉴,还需破产理论及实务界人士不断交流、共同探讨。

五、强化破产审判工作的对策建议

(一)加大破产法治文化的宣传

由于我国破产法律制度起步较晚,社会公众对于破产制度一知半解,甚至存有偏见，这就需要我们加强对破产法治文化的宣传，纠正社会公众对破产文化的错误认识，让社会各界充分认识破产法律在维护职工权益、公平清偿债权、规范市场出清、优化产业结构、拯救危困企业、促进公司规范治理等方面的积极作用，让人们不再“谈破色变”。而如何推广宣传破产文化，可充分利用多元化的大众传播媒介，如通过报纸、电视等传统媒体平台宣传破产制度，帮助“僵尸企业”有序出清、实现危困企业再生的法治理念，帮助社会大众正确认识破产制度的价值及功能；利用微信、微博等网络媒介及时发布具有典型意义的破产清算、和解和重整案例，让公众对破产制度有更为详尽深入的了解；组织破产法官走进企业，开展破产专题讲座，使企业走出对破产制度的认识误区，让企业了解破产法律之于债务人企业的保护功能，一旦陷入困境能及时拿起破产法律武器保护自身权益。

（二）重视管理人队伍的培育

破产管理工作，既涉及法律问题，又涉及财务、企业管理和其他社会问题，需要管理人有较高的专业素养。但是，目前担任破产管理人的主要为律师事务所、会计师事务所和企业清算事务所，对繁杂的破产事务的处理很难有全面的把握，在实践中经常出现本该属于管理人的工作却由法官处理。因此，加强对管理人队伍的培养和管理，迫在眉睫。一是成立管理人协会，加强行业协作和自律。二是制定管理人工作规范指南，对管理人工作进行适当指导，规范管理人行为。三是建立管理人考核与淘汰机制，考核以工作质量和效率为重点进行综合评价，将考核结果作为分级管理的依据，实施分级管理和选任。同时，考核结果还与管理人报酬直接挂钩，督促管理人端正工作态度、提高工作质效。四是建立管理人惩处机制，对于管理人怠于行使职责或有违法行为的，立即更换并承担相应的法律责任，并纳入管理人“黑名单”，限制其在一定时间内不得再次担任管理人，对于情节严重的，应永久取消其担任管理人资格。五是明确法院与管理人的职能定位。法院负责案件的审理，管理人负责破产案件推进过程中的各项事务，向法院报告工作，接受法院的监督。

（三）灵活运用破产财产变现方式

破产案件普遍存在破产财产变现难问题，这也成为破产案件久拖不结的关键因素。对于破产财产的处置应综合运用多种方式：

一是先整后分。在拍卖破产财产时，法院及管理人习惯首先将资产进行整体或打包拍卖,以确保破产财产的完整性。但是对于破产财产较多的企业,一时很难找到意向购买人愿意全盘接手。在整体拍卖几次未果的情况下,可将企业资产分拆成多个拍卖标的分别出售,以提高拍卖成交率。

二是联合拍卖。目前,法院处置破产企业财产,主要通过淘宝网司法拍卖平台进行,但是,不应局限于单一的拍卖方式,还可委托拍卖行进行拍卖,多方寻找潜在买家。

三是创新变卖模式。在启东市人民法院审理的惠港公司清算案中,其在建船舶"南通骄傲轮"因3次流拍后进入法院变卖程序,由抵押权人确定好变卖底价后向社会公告,首创拍卖机构介入变卖程序,竞买人密封竞价、价高者得的变卖模式。最终该船以超过底价1000多万元的价格得以成交。

四是线上线下相结合。对破产企业资产进行网络拍卖的同时,应积极与当地党委、政府进行沟通,就破产案件的资产处置问题开展定期交流,参与政府组织的招商引资洽谈会,寻找意向买受人,为破产企业资产的尽快变现探索多种可能。

(四)完善破产重整程序

一是设立清算前置程序。企业破产后可先行进入清算程序,在完成资产清理,发现企业的重整价值后再转入重整程序,如企业确有重整价值,在清理资产同时可同步进行重整投资人招募,以便为重整投资人的招募及重整计划的制订留有充足的时间。

二是分立式重整的方式减少税负,即将破产企业一分为二,由一个存续企业接收需要清偿的负债及有效资产,继续营业,由另一个企业接收豁免的负债,通过破产清算的形式解决豁免债务的所得税问题。

三是完善《企业破产法》或《征信业管理条例》关于破产企业信用修复的法律条款,以便给信用修复的适用标准、实践操作等提供明确的法律指导。

浙江省企业司法重整报告（2007～2011年）*

浙江省高级人民法院民二庭**

市场经济是法治经济，《企业破产法》作为规范市场主体退出、挽救危困企业的法律规范，是市场经济法律体系的重要组成部分，对维护市场经济的正常秩序和促进市场经济的健康发展起着重要作用。2006年8月27日第十届全国人大常委会第二十三次会议通过并于2007年6月1日起实施的《企业破产法》，按照市场经济的理念，并借鉴国际通行做法，在保留传统企业破产法的核心——企业破产清算制度的同时，还增加规定了司法和解和司法重整制度。所谓司法重整，就是在《企业破产法》的框架内，在法院的监督、指导和指挥下，对有财务困

---

* 本报告为《企业破产法》实施以来浙江省高级人民法院民二庭撰写的首份破产审判报告，对2007年6月1日《企业破产法》实施以来至2011年11月全省各级法院积极应对国际金融危机的影响，稳步推进企业破产审判，特别是通过运用《企业破产法》新设立的重整制度挽救危困企业方面的成效作了阶段性总结。自此之后，浙江省高级人民法院民二庭每年都撰写全省法院破产审判报告，并遴选出全省年度十大典型案例。经浙江省高级人民法院民二庭的授权得以收入本书。感谢浙江省高级人民法院章恒筑庭长对本书编辑出版工作的大力支持。——编者注

** 执笔人：章恒筑，浙江省高级人民法院审判委员会委员、民二庭庭长，法学博士；王雄飞，浙江省高级人民法院民二庭法官，法律金融学博士。

难或已经发生资金链断裂等财务危机又有挽救必要和挽救可能的企业(债务人),通过对债权人、债务人以及其他利害关系人的利益协调,进行债务清偿与营业、股权结构的调整,以使企业避免破产清算、获得再生的诉讼活动和相关的制度安排。广义的司法重整还包括《企业破产法》规制的司法和解制度和不属于《企业破产法》规制,法院在审判、执行活动中,依法主导或参与的挽救危困企业的活动。《企业破产法》规制下的司法重整制度在公平保护债权人的同时,体现了对企业进行积极挽救的价值导向,有利于企业与债权人、出资人、职工等利害关系人实现共赢,对资源优化配置、经济结构调整和社会管理创新也有重要的促进作用。

2007 年《企业破产法》实施后不久,恰逢美国"次贷危机"引发的国际金融危机持续蔓延,并对我国实体经济产生影响。浙江省一些企业相继因资金链断裂而陷入经营困境。浙江省高级人民法院党组按照省委的工作部署,敏锐把握宏观经济形势变化,践行"能动司法,服务大局"理念,研究应对金融危机影响的司法对策,指导全省法院陆续审理了一批司法重整案件。一些案件的成功审理,在全省乃至全国都产生了良好的社会反响。近年来,浙江省一些企业特别是中小企业受多重因素挤压,生产经营面临困难,一些地方发生了少数中小企业关停和个别企业主出走事件。浙江全省法院沉着应对,继续运用司法重整手段挽救危困中小企业,取得了明显的成效。总结《企业破产法》实施以来我省法院司法重整经验,传播通过司法途径救助危困企业的理念,对在当前形势下提振企业家的信心,进一步发挥司法职能推进我省在"十二五"期间的经济转型升级和结构调整,具有积极的意义。

一、浙江法院企业司法重整工作的基本情况

(一)敏锐把握宏观经济形势变化,明确司法重整工作的决策部署

2008 年 4 月浙江省高级人民法院就调研中发现的"金融纠纷案件大幅上升,民间借贷问题凸显,企业资金链断裂引发系统风险"等问题,向浙江省委报送了《关于运用审判职能切实贯彻省委"防止我省经济下滑"指示精神的专题报告》(以下简称《专题报告》)。《专题报告》提出"三个尽可能"指导思想,即要依法妥善审理、执行各类涉企纠纷案件,多采用调解、和解的方法,尽可能维持有市场、有发展前景的困难企业、劳动密集型企业的生存;尽可能减少有挽救希望企业的

关门倒闭；尽可能支持优势企业以兼并、重整、控股等方式延伸产业链，增强核心竞争力。《专题报告》是全国高级人民法院中较早针对宏观经济形势变化提出的司法对策，受到了最高人民法院、浙江省委领导的重视。特别是《专题报告》中提出的“三个尽可能”，实际上也成为浙江法院贯彻实施《企业破产法》推进司法重整工作的指导意见。2009年年初浙江省高级人民法院出台了《关于充分发挥司法职能保障经济平稳较快发展的指导意见》，就应对国际金融危机影响开展企业破产审判的原则和具体措施提出了相应的意见。2010年年初，浙江省高级人民法院出台了《关于审理涉财务风险企业债务纠纷案件若干问题指导意见》（以下简称《指导意见》），《指导意见》明确，要以“能动司法、服务大局”为指导思想，坚持合法合规、利益平衡、调解优先、区别对待的原则，审理好各类企业破产案件、集中管辖企业债务纠纷案件和其他相关案件；要注重执行程序、强制清算程序和破产程序之间的协调与衔接。《指导意见》还就审理包括司法重整案件在内的涉财务风险企业债务案件中民间借贷、刑民交叉问题的处理，引导银企合作，参与政府主导的企业风险处置和担保链风险化解，依法支持政府垫资化解企业财务风险，规范司法重整计划的审查，明确出资人的法律地位，发挥管理人的作用和完善内部工作机制等问题提出了具体意见。结合浙江省作为“中小企业大省”的实际，浙江省高级人民法院于2010年又出台了《关于为中小企业创业创新发展提供司法保障的指导意见》，提出要加强中小企业司法保障，积极推进中小企业司法重整工作，稳步推进中小企业司法重整、和解和破产清算案件的审理，对有挽救可能、发展前景较好、符合结构调整及转型升级需要的中小企业，鼓励采取司法重整、和解方式化解企业财务风险，实现资产重组；积极推进涉财务风险中小企业司法重整、和解和破产清算案件审理工作与政府主导的资产重组、企业整合工作的衔接。

在2011年年初的浙江全省法院院长会议上，浙江省高级人民法院齐奇院长提出，要关注可能出现的新一轮困难企业的涉案问题，在办理涉及困难企业的案件时，考虑在司法的主导下，走出一条具有浙江特点、符合市场经济规律，又兼顾各方利益的企业破产的新路子。2011年下半年以来，浙江省中小企业又遭遇严峻的挑战。原材料价格上涨、劳动力成本上升，特别是资金供给紧张和融资成本快速上涨使一些中小企业经营举步维艰。中小企业自身长期以来存在的经营管理、产业结构、要素供给特别是融资等深层次问题更加凸显出来。温州等一些地方发生了少数中小企业关停和个别企业主出走事件。为及时了解掌握各级法院受理涉企案件及各地中小企业运行中的异常情况,浙江省高级人民法院专门增设了《涉企信息专报》,要求全省各级法院强化能动司法理念,密切关注当前宏观形势下中小企业发展过程中出现的新情况新问题,切实提高司法工作的前瞻性和主动性,为浙江省经济社会平稳较快健康发展提供有力的司法服务和司法保障。在前期经验基础上,更多的法院积极探索通过司法重整途径挽救危困企业。一些中级人民法院成立了企业破产案件审理工作指导小组,指导、协调基层法院的审判工作。

(二)参照司法重整案件审理的工作方式探索企业债务纠纷集中管辖案件的审理

针对企业资金链断裂引发大量纠纷的状况,2008年10月浙江省高级人民法院下发了《关于资金链断裂引发企业债务重大案件的集中管辖问题的通知》,并先后指定相关中级人民法院集中管辖飞跃集团、江龙控股、纵横集团等企业债务的重大案件,并确定了"统一受理、统一审理和统一执行"的集中管辖案件工作机制,为涉诉行业龙头企业维持或恢复正常经营创造条件,避免了资金链断裂引发的区域性系统风险。截至2011年11月,浙江省高级人民法院已经先后指定相关中级人民法院集中管辖32家地方行业龙头企业或重点企业的债务纠纷系列案件,涉及案件3000余件,目前已有17家企业的资产重组取得重大进展。对涉财务风险行业龙头企业债务纠纷案件实施集中管辖,体现了浙江省各级各地人民法院在金融危机过程中针对危困企业解困司法应对措施的区域性特点,也是浙江省各级各地人民法院推进企业破产案件审判工作的积极探索。在最高人民法院于2009年4月在厦门召开的"应对国际金融危机商事审判工作座谈会"上,集中管辖作为一种应对国际金融危机背景下化解企业系统债务风险的手段得到了肯定。2010年7月最高人民法院发布的《人民法院工作年度报告(2009)》上,将前述绍兴市中级人民法院审理绍兴江龙集团系列案的"清偿重组式"、台州市中级人民法院审理飞跃集团系列案的"协助重组式"案件审判模式一并作为地方法院审理涉企债务案件的模式予以介绍。浙江省高级人民法院在指导相关涉资金链断裂企业集中管辖债务纠纷案件时,强调要依法平等保护当事人合法权益,坚决抵制和克服地方保护主义。

实行集中管辖的债务纠纷系列案件,不适用《企业破产法》规制下的司法重整程序，但此类案件的适用对象（有财务困难或已经发生资金链断裂等财务危机又有挽救希望的企业）、外部环境（由地方党委领导，政府协调风险处置）和一些工作方式（集中确认债权债务）与司法重整程序存在相似之处，具有"类司法重整程序"的某些特征。有的适用集中管辖的债务纠纷案件，最后也转入了《企业破产法》规制下的司法重整程序。集中管辖企业债务纠纷系列案件的审理，为适用司法程序挽救危困企业积累了经验。

（三）着力推进《企业破产法》规制下的企业司法重整案件审理工作

司法重整程序的进程伴随着大量的民商事衍生诉讼；审理司法重整案件涉及的维稳、战略投资者的引进、土地使用权等重要资产处置、担保链风险化解等问题，都需要在党委的领导下，由政府发挥组织和协调作用，积极、稳妥地加以解决；作为司法重整程序成果的重整计划中的债务人经营方案的调整和战略投资者的引入等问题，还涉及复杂的商业判断。司法重整案件中的法律适用和工作协调问题更为敏感和繁复。审理司法重整案件是一个系统工程，对法院的司法能力提出了更高的要求。

截至2011年9月，浙江省各级各地人民法院共受理了34件适用《企业破产法》的司法重整案件。其中2007年受理1件，2008年受理2件，2009年受理16件，2010年受理8件，2011年1～9月受理7件。在区域分布上，分别是杭州市辖区人民法院受理11件；宁波市辖区人民法院受理5件；绍兴市辖区人民法院受理6件；金华市辖区人民法院受理4件；衢州市辖区人民法院受理6件；舟山市辖区人民法院受理2件。浙江省各级各地人民法院审理的司法重整案件类型多样，从重整主体来看，包括上市公司、金融机构等特殊市场主体，也有地方行业龙头企业和高科技公司、房地产公司等重点企业。从重整模式来看，有单一企业的重整，也有关联企业的合并重整。从实施司法重整的程序路径来看，有直接进入司法重整程序的，也有从破产清算程序转入司法重整程序的，还有在破产清算或司法和解程序中实现企业实质性资产重组的非典型司法重整。浙江法院司法重整工作从无到有，受理、审结的司法重整案件数量居全国前列，审判秩序平稳，审理效果良好，积累了宝贵的经验，基本形成了审理司法重整案件的法官职业团队。2011年10月中旬在山西太原召开的全国法院审理企业破产案件工作座谈会上，浙江法院一些企业破产案件审判的先进集体和先进个人受到最高人民法院的通报表扬。受最高人民法院委派，浙江省高级人民法院法官参加中国代表团出席了2011年11月初在维也纳举行的联合国国际贸易法委员会破产立法和破产司法国际合作相关议题的审议会议。

《企业破产法》在确立司法重整制度的同时,还确立了管理人制度,即管理人在法院的监督、指导下,依法接管债务人财产和营业,负责对债权申请的登记、调查债务人财产状况和债务人财产的追收、变价、分配等事务,并负责或参与司法重整程序中制定重整计划草案和监督重整计划的执行。管理人由列入名册的律师事务所、会计师事务所等社会中介机构担任。管理人制度是司法重整工作不可或缺的配套制度。《企业破产法》实施前,最高人民法院发布了《关于审理企业破产案件指定管理人的规定》《关于审理企业破产案件确定管理人报酬的规定》。省高院依法组成评审委员会,确定了第一批48家中介机构(其中律师事务所34家,会计师事务所14家)进入管理人名册。在法院的监督、指导和协调下,许多担任司法重整案件管理人的社会中介机构勤勉尽责,忠实履行职务,为司法重整工作的顺利开展发挥了积极作用。

二、浙江省各级各地人民法院审理司法重整案件的主要特点

(一)坚持市场化导向的重整案件审理工作思路

第一,在法院的监督和指导下,充分尊重债权人的意思自治,依法保护职工等利害关系人的合法权益,强调法院慎用重整计划的强制批准权。浙江省各级各地人民法院已经审结的重整案件,包括特殊类型企业如上市公司浙江海纳科技股份有限公司、金融机构如金信信托投资股份有限公司司法重整案件,都是以法院批准债权人会议高票通过的重整计划终结重整程序,迄今尚无由法院强制批准重整计划的案件实例。

第二,通过竞争机制引入战略投资者。绍兴市中级人民法院审理的绍兴纵横控股集团有限公司司法重整系列案、金华市中级人民法院审理的金信信托司法重整案、宁波市中级人民法院审理的宁波百联工业技术有限公司破产清算(实质重整)案等案件,均通过竞争机制引入战略投资者,实现了资源优化配置。宁波华辰君临房地产开发管理有限公司司法重整案中,北仑区人民法院会同北仑区政府招商部门在“搜狐网”发出重整信息,为有投资意向的企业参与重整搭建谈判平台,当地知名企业宁波富邦集团控股有限公司以前期注资3亿元等为条件取得企业的股权,通过引入新出资人的形式实现了企业重整。

第三,重视发挥管理人作用。管理人是司法重整工作顺利推进的重要一环,浙江法院在推进司法重整工作过程中,重视在法院的监督和指导下发挥管理人的作用,积极协调管理人履行职责中的具体问题,为司法重整工作开展创造了有利条件。一些法院在审理司法重整案件中,还探索了律师事务所、会计师事务所等中介机构担任联合管理人的工作模式。

(二)依法创新司法举措

在法律框架内,以创新意识解决《企业破产法》实施中的法律适用和工作协调的实际问题。一些法院强化对司法重整案件受理前的实质审查工作,为企业进入司法程序后经营方案、股权结构调整的可行性进行评估论证。有的法院积极探索关联企业合并重整,如杭州富阳区人民法院审理的华伦集团有限公司司法重整系列案和绍兴纵横集团司法重整系列案中合并重整模式的探索,为提高债权人的受偿比例,降低司法重整成本创造了有利条件。宁波市中级人民法院审理的美国独资企业百联公司司法清算案中,推动沃特富(远东)国际有限公司代为清偿百联公司积欠民间借贷、银行和供应商等各项债务合计7.24亿元同时受让百联公司股份。沃特富公司组成专业团队接管百联公司后,迅速恢复了生产秩序,债权人撤回了破产清算申请。该案的审理,创设了在清算程序中实现企业重整的先例,节省了本应支出的管理人费用600万元。建德法院审理的新安江镍合金有限公司司法重整案中,促成意向投资人以"先租赁、后接盘"的方式,尽早接手破产企业,从而提高司法重整的效率。浙江中小企业众多,由于正式的金融制度供给不足,导致中小企业深度介入民间借贷,中小企业司法重整案中民间借贷法律问题的处置,也是案件审理的疑点和难点。浙江省高级人民法院于2009年和2010年先后颁布的《关于审理民间借贷纠纷案件若干问题的指导意见》和《关于为中小企业创业创新发展提供司法保障的指导意见》为处理此类问题提供了裁判思路。

(三)司法重整成效显著

浙江省各级各地人民法院重整案件的审理取得了良好的法律效果和社会效果,主要表现为:

第一,保护了合法债权。在已经审结的重整案件中,重整条件下普通债权清偿率普遍高于清算条件下的清偿率并均得以兑现,金信信托、华辰君临等案件中普通债权清偿率达到了100%,债权人利益在重整中得到了有效的保护。

第二,维护了职工利益。重整条件下,职工的劳动债权一般都能得到全额清偿,并且在重整之后还能获得更好的职业发展。以绍兴纵横集团重整案件为例,重整期间企业一直以加工承揽方式维持企业正常生产,实行“人员、岗位、职责、报酬”4 个不变,没有一名职工因企业重整而失业,重整程序启动之前所欠的工资也得到全额清偿。

第三,化解了企业危机。很多涉案企业在重整之前资产负债比例严重失衡,通过司法重整,有效化解了企业债务危机,危困企业真正实现了浴火重生。

第四,通过司法重整,企业资产和营业实现重组,资源得以优化配置,为促进企业转型升级和地方经济的平稳较快发展提供了有利条件。

三、推进司法重整工作的展望

在肯定浙江省各级各地人民法院司法重整工作成绩的同时,还应该看到,社会各界特别是企业经营者对司法重整的意义和功能还存有模糊认识;作为一项系统工程,司法重整工作的推进还存在一些外部环境和内部机制的制约因素,一些法院受理企业破产案件的积极性不够高;法官的司法能力还不能完全适应司法重整工作的需要。下一步,浙江法院要围绕省委“满腔热情帮助中小企业”的要求,切实贯彻最高人民法院 2011 年 10 月在太原召开的全国法院审理企业破产案件工作座谈会精神,尊重市场规律,进一步推进司法重整工作的开展。具体主要体现在以下几个方面:

(一)坚持以中小企业司法保障为基本载体、以推进危困企业司法重整为重要内容的总体工作思路

中小企业是浙江经济社会发展的关键支撑、优势所在和活力之源,也是浙江非公有经济发展的特色,中小企业兴,则浙江经济兴、人民生活富;帮扶中小企业,就是维护全省大局,维护人民群众利益。司法重整工作是法院商事审判工作的重要职能,要紧密联系浙江实际,坚持以中小企业司法保障为基本载体,将包括司法重整工作在内的企业破产审判工作作为中小企业司法保障工作的重要内容。要认真学习最高人民法院颁布的《关于适用〈中华人民共和国企业破产法〉若干问题的规定(一)》和《关于适用〈中华人民共和国企业破产法〉若干问题的规定(一)充分发挥人民法院审理破产案件司法职能作用的通知》,依法受理司法重整等企业破产案件,上级法院要加强指导和监督。

（二）积极探索市场化导向的司法重整路径

包括司法重整制度在内的企业破产制度是检验市场经济成熟度的重要尺度。浙江的市场化导向经济改革走在全国前列，在司法重整工作中，也要切实尊重市场规律，继续深入探索市场化导向司法重整路径。要明确法院在司法重整工作中的职能定位，依法独立行使审判权，尊重债权人意思自治，进一步发挥中介机构承担管理人工作的作用，适时启动第二批企业破产案件管理人的评审，为司法重整制度的推进创造条件。重视在司法重整的平台上，通过谈判发现重整企业的价值，最大限度地提高重整效率。要继续探索通过竞争机制引进战略投资者，重视在司法重整环境下再造适应市场需求的重整企业的公司治理，净化市场信用环境，依法制裁恶意逃债等违法行为。

（三）继续以“基层司法”理念为指导，推进司法重整案件的简易审

在各级法院的努力下，浙江省企业破产审判工作呈现了以点带面、逐步铺开的工作格局，基层人民法院受理的企业破产案件逐渐增多。要按照“基层司法”的要求，进一步推动基层人民法院司法重整工作的开展。基层人民法院的司法重整工作要强化中小企业特别是小微企业的司法保障理念，积极探索小微企业司法重整简易审，切实缩短重整期间，降低重整成本，提高重整实效。

（四）加强调研指导和内外部的工作沟通与协调，着力营造司法重整实施的制度环境

要结合“十二五”规划实施、转型升级步伐加快和浙江省中小企业发展中面临困难的实际，加强调查研究，及时研究司法重整案件在法律适用中的新情况、新问题；要健全司法重整审判人员定期培训机制，提升法官审理司法重整案件的司法能力；加强法院内部立案、执行等部门的工作沟通，逐步建立司法重整工作的绩效考评体系。对于涉及维稳、行政许可等事项的重整案件，要在党委领导下，配合、支持政府做好司法重整前后的相关协调工作；要加强与金融监管部门、行业协会、工商联、中小企业管理部门和相关政府机构涉及司法重整事项的常态化工作沟通、协调机制，研究政府帮扶中小企业措施和法院司法重整工作的对接与契合。通过坚持不懈的努力，营造浙江法院司法重整实施的制度环境。

浙江省各级各地人民法院破产审判报告（2012年）

浙江省高级人民法院民二庭*

破产法律制度在市场经济法律体系中占有重要地位。2011年11月浙江省高级人民法院发布《浙江企业司法重整报告》，对2007年6月1日《企业破产法》实施以来，全省各级各地人民法院积极应对国际金融危机的影响，稳步推进企业破产审判，特别是通过运用《企业破产法》新设立的重整制度挽救危困企业方面的成效作了阶段性总结。2012年是实施“十二五”规划承前启后的关键一年，从国际形势来看，国际金融危机影响还在持续，欧债危机向长期化复杂化演变，国际市场需求低迷的形势尚未扭转。从国内形势来看，浙江省经济转型升级步伐明显加快。企业特别是一些中小微企业面临的成本上升、融资困难、市场约束等问题仍然突出，从2011年9月开始，温州部分民营企业经营者出现“跑路”现象，一些地区中小微企业资金链担保链风险在2012年呈现扩散蔓延的趋势，中小微企业的信用风险开始向银行体系传导，部分银行的不良贷款率持续上升。面对新的形势，

---

* 执笔人：章恒筑，浙江省高级人民法院审判委员会委员、民二庭庭长，法学博士；王雄飞，浙江省高级人民法院民二庭法官，法律金融学博士。

浙江全省各级人民法院迎难而上,贯彻银企合作理念,把握好利益平衡,更加重视发挥管理人的作用,进一步推进市场化导向企业破产审判工作,取得了新的成效。

一、浙江省高级人民法院进一步推进市场化导向企业破产审判工作的部署和举措

2012年年初召开的全省法院院长会议上,齐奇院长提出,要跟踪“十二五规划”实施和我省经济转型升级过程中宏观经济环境的变化,密切关注中小微企业资金链、民间借贷和担保资金链、房地产开发商和购房按揭者的资金链、地方政府债务的资金链四条资金链问题,悉心稳妥审理好相关案件。要勇于探索“市场导向、司法主导、简易审理、执破结合”的具有浙江特点的市场化破产新路子。2012年3月国务院正式批复温州市进行以民间资本阳光化规范化为突破口的金融综合改革试点。省高院结合浙江经济金融形势发展需要,切实履行监督指导职能,强化服务意识,进一步推进了全省法院市场化导向企业破产审判工作积极有序地开展。

(一)启动重点课题调研,加强新情况新问题的对策研究

浙江省高级人民法院确定“推进市场化导向企业破产审判工作的调研”为2012年全省法院重点调研课题。围绕课题调研,浙江省高级人民法院民二庭对杭州、宁波、绍兴和湖州等地法院的企业破产案件的审理进行了巡回指导,在最高人民法院支持下,依法指导绍兴中级人民法院受理全国首例境外上市的国内企业浙江玻璃股份有限公司合并破产案;浙江省高级人民法院积极倡导银企合作理念,推动商业银行信贷资产风险防范和处置工作朝适应《企业破产法》要求的理念转型;浙江省高级人民法院重视对企业破产审判工作中新情况、新问题的研究,参与了《关于适用〈中华人民共和国企业破产法〉若干问题的规定》(二)、(三)、(四)及《关于适用实体合并规则审理关联企业破产清算案件的若干规定》《关于审理上市公司破产重整案件工作座谈会纪要》等司法解释和司法政策起草的意见征询工作,2名浙江法官被最高人民法院指定为企业破产法司法解释起草小组成员;受最高人民法院委派,浙江省高级人民法院民二庭庭长章恒筑于2012年5月参加中国代表团出席在纽约联合国总部召开的联合国国际贸易法委员会有关“跨境破产中的‘主要利益中心’概念”和“破产和濒临破产公司高管的民事

责任”两个议题的专题审议;在浙江省高级人民法院积极推动和浙江省律师协会、省注册会计师协会和省银行业协会的积极参与和支持下,2011年6月在浙江大学光华法学院举办了首届“企业破产法与浙江实践”论坛,其间就“企业破产审判工作”、“司法重整”、“管理人工作”和“金融改革与企业破产法实施”等议题进行了研讨,为省高院出台企业破产审判的司法政策提供了实证依据。

(二)加强内部沟通,规范和推进企业破产申请立案审查、执破衔接和企业破产案件审理中涉集资类犯罪刑民交叉问题协调等项工作

(1)商事审判业务庭是人民法院承担企业破产案件审判的内设部门,而企业破产审判工作的推进,需要在院党组部署和相关部门的支持下协力推进。2012年5月浙江省高级人民法院下发《关于规范企业破产案件受理相关问题的通知》(浙高法〔2012〕124号)(以下简称《通知》),强调贯彻落实最高人民法院《关于适用〈中华人民共和国企业破产法〉若干问题的规定(一)》,依法受理企业破产申请。《通知》还对企业破产案件案号的编立等事项进行了规范。对资金链断链的地方行业龙头企业适用“集中受理、审理和执行”是浙江全省法院应对国际金融危机影响的司法举措,具有“类破产司法保护”的特征。浙江省高级人民法院立案一庭和民二庭就新形势下适用集中管辖措施化解和处置企业债务危机问题进行了专项调研,8月28日浙江省高级人民法院发出《关于进一步用好集中管辖措施保障我省经济平稳向好发展的通知》明传电报,强调在适用集中管辖措施中要注意涉案审判、执行与企业破产程序的衔接,对符合《企业破产法》受理条件的,可依法启动破产程序。截至2012年年底,有8个适用集中管辖措施化解和处置债务危机的企业依法进入破产程序。(2)推进强制执行程序与企业破产程序的协调、对接是浙江市场化导向企业破产审判工作的重要内容。调研中发现,温州两级法院2010~2012年以企业为被执行人的案件数有12,219件,其中因企业无财产可供执行而裁定程序终结的案件数有3122件。但裁定终结执行并未真正了结当事人之间的债权债务关系,既不利于司法公信力的提高,也不利于“执行难”问题的破解。全国人大代表、浙江省高级人民法院院长齐奇在2012年全国两会期间提交了完善执破衔接的代表建议。在浙江省高级人民法院执行部门和民二庭的协调指导下,天台人民法院将天台县建安房地产开发有限公司依法由强制执行程序转入企业破产清算程序。各地人民法院也开展了执破衔接工作的探索,建德人民法院还制定了规范执破衔接的工作规程。(3)由于正式的金融制度供给不足等原因,浙江省中小微企业深度介入民间借贷,一些不规范的民间借贷行为与集资类犯罪活动相互交织。相当一部分发生资金链担保链危机的中小微企业,存在“企业构成破产原因”和“企业或企业业主涉嫌集资类犯罪”的“两个并存”情形,刑民交织问题的处理,也是中小微企业破产案件审理的疑点和难点。2012 年年初,由浙江省高级人民法院领导主持,刑二庭和民二庭牵头,启动了“集资类案件刑民交叉问题”的重点课题调研。结合课题调研,浙江省高级人民法院出台了《关于服务金融改革大局依法妥善审理民间借贷纠纷案件的若干意见》(以下简称《意见》)。《意见》强调通过破产程序的平台协调民间借贷纠纷和非法集资活动交织的相关问题。各地人民法院在实践中也就审理企业破产案件中涉集资类犯罪刑民交叉问题的处理进行了有益的探索,台州中院还形成了专门的调研报告。

(三)进一步重视破产管理人作用的发挥

人民法院是企业破产程序的主导者,破产管理人在人民法院和债权人会议的监督下,依法接管债务人财产和营业,负责对债权申请的登记,调查债务人财产状况和债务人财产的追收、变价和分配,并负责破产重整计划草案的制定和重整计划的监督,是破产事务的执行者。企业破产案件的质效,也与管理人履职绩效密切相关。浙江省高级人民法院重视管理人制度建设,在《企业破产法》实施后的 2007 年,依法编制了由 48 家律师事务所、注册会计师事务所组成的第一批管理人名册。为规范管理人工作,2012 年 4 月浙江省高级人民法院下发了《关于进一步规范破产案件管理人指定工作的通知》,对指定管理人工作提出了规范要求。为适应企业破产审判的需要,浙江省高级人民法院在 2012 年启动了第 2 批管理人名册的编制,去年 9 月完成了由 222 家中介机构和 23 名个人组成的第 2 批管理人名册的依法编制工作,连同第一批管理人名册,形成了迄今在全国数量最多的管理人队伍,为《企业破产法》的深入实施创造了有利条件。浙江省高级人民法院司法鉴定处和民二庭密切合作,在充分调研基础上,经审判委员会讨论并原则通过,出台了《关于规范企业破产案件管理人工作若干问题的意见》,对管理人名册编制,动态管理,指定、更换和履职监督,报酬确定等作了明确,在《企业破产法》和司法解释的制度框架内,有若干符合浙江省实际的制度创新内容,标志着我省正式建立了管理人动态管理制度。在省高院指导下,湖州、绍兴两地还开展了建立管理人报酬援助资金、保障资金试点工作,天台人民法院开展了竞争方式指定管理人试点。

(四)积极探索企业破产案件简易化审理

为提高破产案件审理效率,在浙江省高级人民法院部署、推动下,各地人民法院积极探索企业破产案件简易化审理的路径。有的法院在重整方案上下功夫缩短期间,如奉化人民法院在审理宁波唐鹰服饰破产重整一案中,通过附政府回购土地条件的重整计划,既提高审理效率,又保护了企业生产力。有的通过对管理人授权简化程序,如绍兴县人民法院审理的浙江宏利纺织有限公司破产清算案,通过在《破产财产变价方案》中给予管理人一定的处置资产、追收债权的权限,简化了程序。有的从多个环节入手,尽可能缩短办案周期,如建德法院在金太阳假日宾馆有限公司破产重整案中探索通过独任审理、简化重整方案制作程序、发挥债权人会议自治等缩短审理期间,从受理到裁定批准重整计划仅 4 个月。推进企业破产案件简易审逐步成为浙江法院推进市场化导向企业破产审判工作的共识和工作抓手。

(五)结合金融改革背景推进企业破产审判工作

2012 年 3 月国务院正式批复温州市开展以民间资本阳光化规范化为突破口的金融综合改革试验区,省委省政府陆续出台了温州金改的工作部署和保障政策。温州市两级人民法院积极为金融改革提供司法保障,并把推动企业破产审判工作作为司法服务金改的重要工作。2012 年温州中级人民法院将企业破产司法重整项目列为年度十大项目,全年共已正式受理或审查受理 48 件企业破产案件,是 2007 ~2011 年全市法院受理的 24 件破产案件总数的 2 倍,约占全省法院同期受理破产案件数 18.88%;审结了浙江星球包装有限公司等 11 件企业破产案件;受理的 27 件破产案件中有 9 件司法重整案件,占全省法院 2007 年以来受理司法重整案件数的 26.5%。相关工作多次得到最高人民法院、浙江省高级人民法院和温州市委主要领导的批示肯定。温州市两级人民法院的企业破产审判工作后来居上,审判工作绩效和在推行专业化审判、健全沟通协调机制、加强破产保护文化宣传等方面的工作创新已经走在了全省法院前列。受经济下行、企业经营困难等因素影响,自 2011 年第三季度以来,我省银行业不良贷款余额和不良贷款率持续“双升”,影响金融生态环境。浙江省高级人民法院及时下发了《关于加大审判执行力度推进我省银行业不良贷款处置的通知》,就全省法院依法加大金融债权司法保护力度、加快推进银行业不良资产处置作出部署。一些银行金融债权包括担保债权在企业破产程序中得到依法保护。

二、2012年全省法院企业破产案件审判工作基本情况

(一)企业破产案件受理情况

2012年全省法院受理企业破产案件143件,同比上升85.7%,破产企业资产总额1,207,194.49万元,负债总额2,430,330.39万元,涉及企业职工1.1万余人。(1)从地域分布来看,集中在温、宁、嘉、杭地区,具体为温州地区31件、宁波地区24、嘉兴地区24件、杭州地区19件,共占收案总数的68.5%。(2)从法院分布来看,2012年受理破产案件数超过5件的有9家法院,分别是瓯海区人民法院8件、宁海县人民法院8件、海宁市人民法院8件、秀洲区人民法院7件、杭州市中级人民法院5件、建德市人民法院5件、温州市中级人民法院5件、瑞安市人民法院5件、浦江县人民法院5件。(3)全省有11家法院受理了《企业破产法》自2007年6月1日实施以来的首例破产案件,全省中级人民法院和基层人民法院共102家,受理过企业破产案件的达到71家,约占70%。

进入破产程序的债务人企业有如下特点:(1)从规模来看,破产企业以中小微企业为主。据不完全统计,2012年新收企业破产案件,中小微企业占90%以上。湖州地区两级人民法院2012年受理的9件破产案件的债务人企业的从业人员均在300人以下,属小微企业。宁海县法院陆续裁定受理的8家企业的破产重整、清算案件,债务人企业均为小微企业。小微企业进入破产程序增加,一方面,表明基层人民法院企业破产审判工作的推进;另一方面,也反映了企业资金链担保链风险朝小微企业传导、扩散的趋向。(2)纺织、服饰、电子等传统制造业企业是破产企业主体,共有59家,占比超过40%。且区域性特点较为明显,嘉兴、绍兴地区破产企业中纺织企业较多,宁波地区机械制造企业较多。(3)光伏、造船、房地产等行业破产企业增加。①自欧盟、美国、印度等对我国光伏企业启动反倾销、反补贴的"双反"政策以来,光伏行业受影响较大,部分企业陷入经营困境,平湖人民法院受理的浙江协成硅业有限公司破产清算案成为国内首例多晶硅光伏企业申请破产案件。椒江两家中型太阳能光伏企业因盲目扩张致资金链断裂而倒闭,为其生产配套产品的20多家小微型企业也相继濒临倒闭。宁波、嘉兴等光伏产业集聚地的相关案件明显增多。②在造船行业,龙泰船舶有限公司、舟山

市永吉船务有限公司、台州最大出口船舶企业——浙江金港船业股份有限公司等船舶公司进入破产程序。③受房地产调控政策的影响,房地产公司破产案件明显增多,2012 年浙江省共受理了 10 家房地产公司破产案件。平阳县人民法院受理平阳泰宇房地产开发公司重整案件,据初步统计,该公司负债约 10.8 亿元。此外,杭州锦绣天地房地产开发有限公司、嘉善天凝金叶房产开发有限公司、杭州金星房地产开发有限公司、丽水强盛房产投资集团有限公司、宁波振兴房地产开发有限公司、江山市安泰房地产有限公司等也已进入破产程序。

(二)企业破产案件审理情况

1. 部分债务人企业在进入破产程序前由政府主导进行风险处置。此类债务人企业计有 47 件(含关联企业),约占受理企业破产案件总数的 33%。根据企业风险的影响程度,政府主导的风险处置工作分别由市、县或乡镇级政府牵头进行。前期企业风险处置工作有利于稳定秩序、排摸情况,也有助于后续企业破产案件的审理。相关人民法院依法履行司法职能,以不同形式参与或配合风险处置工作,并向有关政府部门积极建言献策,提示风险处置工作中避免和防止《企业破产法》禁止或限制的无偿转让、个别清偿或转移财产情况的发生。

2. 债权债务情况。(1)金融债权在企业破产债权中占据较高比重。对全省 12 家主要银行业金融机构的调查表明,破产债权超过 73 亿元,占破产债权总额 243 亿余元的 30%。宁波地区两级人民法院 2011 ~ 2012 年,共立案受理破产案件 35 件,企业债务总额达 54 亿元,银行债权 40 亿元,占比高达 74%。统计显示,截至 2012 年年末,浙江银行业金融机构不良贷款余额达 951.5 亿元。破产债权约占到不良贷款余额的 10% 左右,通过破产程序实现金融不良资产有序处置的重要性日益凸显。(2)民间借贷债权较为普遍存在。由于正规金融供给不足,浙江中小企业深度介入民间借贷,一些进入破程序的债务人企业,民间借贷债务占相当比率,且民间借贷行为与集资类犯罪行为交织,增加了问题处理的难度。湖州地区案件抽样调查表明,两级人民法院受理的湖州航达工业炉制造有限公司、浙江康腾皮革有限公司、浙江金贸竹木家具有限公司、长兴志高担保有限公司、直立汽配有限公司 5 个破产案件,民间借贷债权占申报债权总额的比例分别为27.3%、62.8%、51.4%、97.2%、20.8%。(3)担保债权较多,银行抽紧银根,资金链、担保链风险成为企业破产导火索。如宁海人民法院受理的强蛟地区系列破产案件,多存在企业之间互保、联保问题。莲都人民法院受理的浙江力帆革业有限公司破产清算案件,因债务担保形成的债务风险危及公司所在的丽水经济开发区其他担保企业,并进而影响整个区域内的合成革产业。天台人民法院受理浙江银象生物工程有限公司破产清算案件,涉及天台众多“五十强”“五十优”企业互保问题。

3. 合并破产情况。共有29起合并破产的案件,约占案件总数的20%。既有合并重整的案件,较为典型的如瓯海人民法院受理的浙江信泰集团有限公司等6家公司合并重整案、杭州中级人民法院受理的浙江中江控股有限公司等4家公司合并重整案、绍兴中级人民法院受理的浙江玻璃股份有限公司等5家公司合并重整案、秀洲人民法院受理的嘉兴市明越纺织有限公司等6家公司合并重整案等。也有合并破产清算的案件,较为典型的如余姚法院受理的宁波安迪光电科技有限公司等4家公司合并清算案件、安吉法院受理的浙江金茂竹木家具有限公司等3家公司合并清算案件等。从合并的程序来看,有以下几种方式:法院以裁定合并重整方式受理(如绍兴市中级人民法院浙玻案);在受理以后通过债权人会议表决进行合并(如余姚市人民法院安迪光电案);在受理以后通过债权人委员会表决进行合并(如德清县人民法院直立汽配案);受理以后法院直接裁定进行合并(如秀洲区人民法院明越纺织案)。

4. 管理人履职情况。《企业破产法》确立了以中介机构为主导的管理人模式,但也规定一定情况下仍然可以采取原《企业破产法(试行)》的清算组管理人模式。2012年受理的企业破产案件中,有23件案件采用清算组管理人形式,约占总数的16%。清算组管理人多由前期政府主导进行风险处置的工作组转换而来。温州市两级人民法院2012年受理的破产案件均采用中介机构管理人模式。

5. 由破产重整程序转入破产清算程序情况。《企业破产法》规定了重整、和解和清算3个并行的破产程序,对于需要进行债务机构和股权机构调整并引入战略投资者的企业,一般适用重整程序。《企业破产法》还规定了重整程序与清算程序之间的转换。由于外部融资受阻、战略投资者引进困难或债权人会议表决未通过重整计划草案等原因,一些重整案件转入了破产清算程序,如绍兴市中级人民法院审理的浙江玻璃股份有限公司破产案、慈溪市人民法院宁波市哈德电器有限公司重整案、平湖市人民法院浙江一就生物医药有限公司重整案等。

(三)企业破产案件审结情况

2012年全省法院审结破产案件89件,同比上升64.8%。有5件以和解方式结案,分别是龙湾区人民法院温州宏发鞋材有限公司破产清算案、安吉县人民法院安吉博时家具有限公司破产清算案、余杭区人民法院浙江宏泰钢构安装工程有限公司破产清算案、宁海县人民法院宁海县登煌锻造制品有限公司、宁波登煌五金有限公司两案合并破产和解结案,有 8 件破产重整案件企业成功实现重整,生产力得以维持,以破产财产不足支付清算费用而裁定终结方式结案的有 8 件,约占总数的 9% ,也有以裁定准许撤回破产申请方式结案的,如海宁市人民法院海宁市君威电器有限公司破产清算案、瑞安市人民法院生活秀集团有限公司破产清算案等。

(四)主要经验的总结

通过企业破产案件的审理,《企业破产法》所具有的保障债权依法公平清偿、完善优胜劣汰的竞争机制、优化社会资源配置、调整社会产业机构和拯救危困企业的作用得到了体现。2012 年浙江企业破产审判工作在以下各个方面都取得了成效,相关经验值得进一步总结。(1)企业破产案件审判秩序总体平稳,没有发生因破产案件受理引发或扩散群体性事件。一些制造类企业,在进入破产程序前后,可能存在安全生产隐患。为此,各地党委、政府和法院都高度重视,协力采取有效应对措施。如绍兴市中级人民法院审理的浙江玻璃股份有限公司破产案件中,绍兴中级人民法院、绍兴县政府通力合作,全面落实维护生产稳定工作预案,确保生产稳定和生产安全;平湖市人民法院审理的浙江协成硅业有限公司破产清算案中,债务人库存危化品得到稳妥处置。(2)重视各类债权人合法权益的维护。重视企业风险处置工作与法院破产审理工作有序衔接,通过当地政府垫付职工工资等方式保障职工基本权益。如宁海县人民法院妥善化解圣豹电源有限公司破产清算案中 243 名职工欠薪案;绍兴县人民法院妥善化解绍兴县红光纺织服装有限公司及其关联企业破产清算案中 269 名职工欠薪案。各地人民法院还注意有效应对和处理民间借贷债权,采用收购小额债权、挤除有“水分”的高息债权、按照资金流向审查确认债权、债权按数额分段以不同比例清偿等方式,有效处理和应对民间借贷债权,在保障债权人合法利益的同时维护社会稳定。德清县人民法院在 2011 年受理的涉及金融债权 5.9 亿元的直立汽配有限公司破产重整案中,采取剥离直立汽配主营业务之外的资产、对合并破产企业资产进行先行处置的方式,使金融机构在破产重整程序终结前即获得清偿,及时、有效地保障了金融债权的实现。2012 年 4 月 27 日该公司重整计划草案经债权人会议讨论获得高票通过。浙江省高级人民法院2012年11月5日下发《关于加大审判执行力度推进我省银行业不良贷款处置的通知》后，建设银行浙江省分行通过依法在破产程序中取得法律文书核销不良资产10亿余元，有效降低了该行的不良资产比率。(3)重视通过破产清算淘汰落后、剩余产能，服务重大项目建设，助推经济转型升级。2012年受理的143件企业破产案件中，有49件进入重整程序，占比34.3%，其中一部分由于战略投资者引进困难等原因依法转入清算程序；94件直接进入破产清算程序，占65.7%。一批高污染、高能耗的产能落后企业通过破产清算退出市场。实践表明，破产清算和破产重整、和解都是在司法平台上进行资源配置的有效途径，通过企业破产清算程序使失败的市场主体有序退出市场，最大限度地实现债权人、债务人利益的平衡，也是转型升级背景下浙江企业破产审判工作的努力方向。一些重大破产案件的审理与当地重大项目建设密切相关，可以有效服务地方经济发展，如信泰集团系温州当地最大的眼镜生产商，2011年9月因资金链断裂陷入经营困境。在当地政府的推动下，信泰集团破产重整方案参照绍兴"中国面料市场"的模式，将集团名下厂房转建为国内大型皮革鞋料市场，项目总投资3亿元左右。又如，衢州市中级人民法院受理该市首个五星级酒店项目的投资人——浙江金沐实业投资有限公司破产清算一案，仅生效判决以该公司为被执行人的涉案标的就达1.8亿余元，公司投资的衢州市首个五星级酒店项目金侨国际大酒店已停工，目前已进入破产程序继续推进。

三、面临的困难、问题和下一步工作的设想

2012年浙江省企业破产审判工作取得了积极的成效。同时也应该看到，工作中还面临着一些困难和问题，主要表现在：(1)社会公众、一些政府官员和企业家对破产制度的功能认识不足。企业家精神是创新的源泉，企业家是风险的经营者和承受者，但总体来说，还没有形成宽容失败的社会共识。一些企业业主在发生企业资金链担保链风险时选择"跑路"而不愿寻求破产保护。银行信贷资产风险控制手段与《企业破产法》的理念不对接，部分银行缺乏申请债务人企业破产的积极性。(2)浙江民营中小企业公司治理不规范，企业主个人资产与企业资产以及企业之间资产混同情况严重，企业账册资料不全或与实际经营不符，资产审计、债权审查难度高。有的企业法定代表人或实际控制人不配合提供财务账

册,影响企业破产进程的推进。相当部分债务人企业存在“企业构成破产原因;企业或企业业主、高管构成非法集资犯罪嫌疑”的“双构成”情形,企业破产案件中的刑民交叉问题导致企业破产案件的难度增加。(3)《企业破产法》的实施还存在外部体制和机制的障碍,需要在市场化法治化的改革过程中加以改善。各地都建立了危困企业帮扶、风险企业处置、保护金融债权和打击非法集资活动等工作机制,但常态化的工作机制尚未形成,存在工作机制相互之间缺乏协调和功能作用冲突的情况,与企业破产程序缺乏有效契合。一些中小企业税费负担偏重且结构不合理,制度层面上缺乏对于危困企业的差异化措施。一些有挽救希望的中小企业进入破产程序后仍然要承担高额税费负担,导致重整进程举步维艰。重整缺乏外部融资的输血机制。大量没有经营活动的“植物人”企业因缺乏清算资金的保障不能有序退出市场,闲置了可观的经营资源,扭曲了市场信号。(4)从法院内部看,受案多人少、破产案件工作绩效考评等因素的影响,企业破产审判工作的开展在各地还不够平衡,审理企业破产案件的专业化水平有待于进一步提高。虽然在企业破产案件简易审方面作了有益的探索,但总体来说审理周期仍然过长,特别是资产解除查封、刑民交叉问题协调和破产财产的变现分配方面耗时过多。破产案件审理的效率直接影响了《企业破产法》制度功能的发挥,需要在今后的工作中切实加以改进。

党的十八大提出全面推进依法治国和加快完善社会主义市场经济体制、加快转变经济发展方式的要求,作为市场经济的基础性法律制度,《企业破产法》的作用将愈加重要。2012年年初召开的全省人民法院院长会议和4月召开的全省人民法院商事审判工作会议对今后一段时期我省企业破产审判工作在内的商事审判工作作出了新的部署。浙江省高级人民法院将会同相关行业协会加强破产保护(企业拯救)文化的宣传;适时出台企业破产案件简易审的规范性文件,并以企业破产案件简易审为抓手,着力提升企业破产案件审理的质量和效率,推进企业破产案件规范化、常态化和法治化审理;要以贯彻落实浙江省高级人民法院《关于规范企业破产案件管理人工作若干问题的意见》为契机,强化工作配合,厘清工作职责分工,进一步重视管理人在破产事务执行中的作用;要协调好工作中的内外部关系,推进政府在《企业破产法》实施中公共服务职能的发挥;要继续倡导银企合作理念,密切关注经济和金融改革形势的变化,在企业破产审判工作中切实落实“积极防范和化解企业资金链担保链风险”“积极防范和化解银行不良资产的风险”的要求;要进一步完善企业破产审判工作的内部工作机制,加强调研指导、监督,及时总结经验,通过企业破产审判工作职能的发挥,为浙江省“两创”总战略提供有力司法保障。

浙江省各级各地人民法院破产审判报告(2013年)

浙江省高级人民法院民二庭*

2013年围绕省委、省政府积极防范和化解“企业资金链担保链风险”和“银行不良资产风险”等决策部署,浙江省高级人民法院积极贯彻落实,全省法院依法受理、审理企业破产案件,助推经济转型升级,浙江市场化导向的企业破产审判工作进一步推进。

一、全省各级各地人民法院企业破产案件受理、审理基本情况

(一)受理、审结案件数量上升明显

1. 2013年全省各级各地人民法院受理企业破产案件346件,同比上升145.07%,收案数量占全国破产案件总数的17%左右。(1)具体的区域分布是:杭州35件、宁波25件、温州198件、嘉兴18件、湖州7件、绍兴16件、金华21件、衢州7件、台州8件、丽水5件、舟山6件(见图1)。(2)案件类型分布是:破产清算案件269件,破产重整案件76件,破产和解案件1件。

---

* 执笔人:章恒筑,浙江省高级人民法院审判委员会委员、民事审判第二庭庭长,法学博士;王雄飞,浙江省高级人民法院民事审判第二庭法官,法律金融学博士。

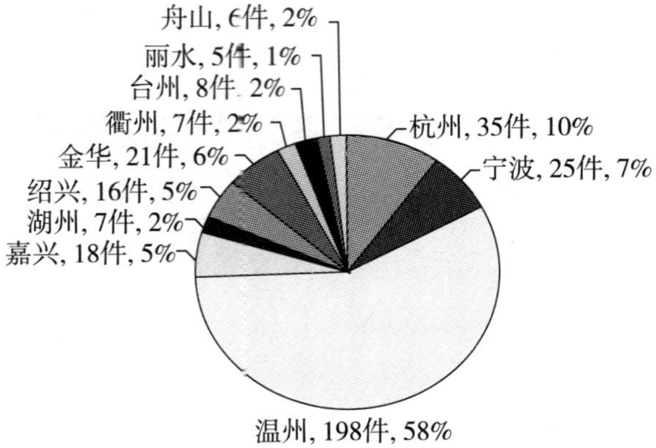

图 1　2013 年全省各级各地人民法院受理企业破产案件区域分布

2. 2013 年全省各级各地人民法院审结企业破产案件 269 件，同比上升 265.79%。具体区域分布是：杭州 35 件、宁波 10 件、温州 152 件、嘉兴 29 件、湖州 10 件、绍兴 11 件、金华 4 件、衢州 6 件、台州 11 件、丽水 1 件、舟山 0 件（见图 2）。

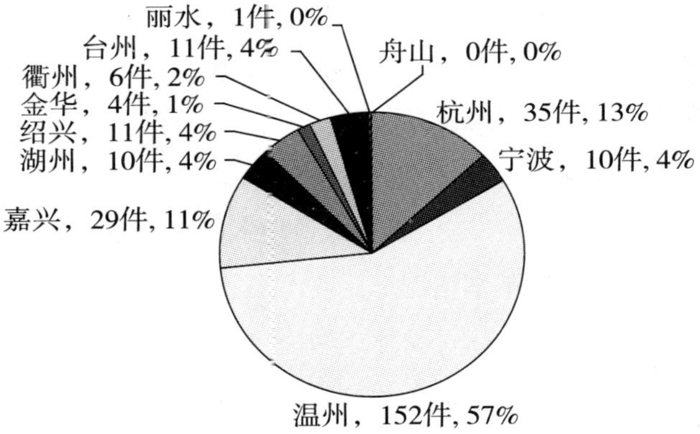

图 2　2013 年全省各级各地人民法院审结企业破产案件区域分布

3. 共有 15 家法院实现受理企业破产案件零的突破。2013 年全省有临安人民法院等 15 家法院受理了自 2007 年 6 月 1 日《企业破产法》实施以来的首例破产案件。截至 2013 年年底，全省中级人民法院和基层人民法院共 102 家，《企业破产法》自 2007 年 6 月 1 日实施以来受理过企业破产案件的达到 86 家，约占 85%。①

① 《企业破产法》自 2007 年 6 月 1 日实施以来至 2013 年年底，全省尚未受理过企业破产案件的 16 家法院为：杭州地区：上城法院、杭州经济技术开发区法院（2012 年 9 月 7 日正式挂牌成立）；宁波地区：海曙法院、江东法院、江北法院；温州地区：泰顺法院；嘉兴地区：嘉兴中院；金华地区：婺城法院、武义法院、磐安法院；台州地区：仙居法院；丽水地区：龙泉法院、庆元法院、景宁法院、缙云法院；舟山地区：舟山中院。

(二)进入破产程序的债务人企业情况

1. 债务人企业的行业情况:(1)以低端、传统制造业为主。2013 年进入破产程序的债务人企业多属于纺织、制衣、机械、电子等传统行业。(2)部分房地产企业、光伏企业进入破产程序。2013 年全省有 9 家房地产行业的公司进入破产程序,分别为宁波东来日盛置业有限公司、温州市银河房地产开发有限公司、温州市鹿城区房地产开发总公司、平阳县泰宇房地产开发有限公司、浙江凯旋万豪置业有限公司、浙江嘉毅置业发展有限公司、浙江恒昌房地产开发有限公司、云和县恒泰房屋建设开发有限公司、建德雅居房地产开发有限公司。(3)债务人企业行业的地域性特征较为明显,如温州的制鞋行业,新收破产案件中有 54 件案件债务人企业为鞋业公司,占到收案总数的 27%;普陀地区新收 6 件破产案件有 5 件案件的债务人企业为航运、造船行业的公司。

2. 破产企业债权债务情况:(1)金融债权在破产企业债务中占据较高比例。据初步统计,2013 年受理的企业破产案件债务人企业的负债总额约 40.56 亿元,其中银行债权约 17.94 亿元,占比达到 44%。(2)民间借贷债权较为普遍。"融资难、融资贵"问题导致中小企业深度介入民间借贷,企业破产案件审理中,民间借贷债权较为普遍。诸暨人民法院受理的浙江台越纺织制品有限公司破产案件中民间借贷债权在全部债权中占比甚至高达 90.9%。(3)企业互保、联保情形较为严重。破产企业的实际控制人控制的多家企业普遍存在互相担保情况,或是与本地其他企业之间的互保、联保。东阳人民法院在 2013 年 3 月 25 日依法受理天煜建设有限公司申请破产一案,早在该案受理前,受天煜建设影响,嘉逸集团、荣事集团、虎牌控股等几十家外围互保、联保企业陷入资金链断裂危机。

(三)企业破产案件审理基本情况

1. 企业破产案件申请人情况。从案件总量上看,债权人作为申请主体的案件比例较高,主要原因是温州地区企业破产案件由债权人申请的比例较高。2013 年度温州两级法院受理的 198 件破产案件中,有 156 件是因债权人申请而受理,所占比例高达 78.79%。其他地区多数还是以债务人申请为主,如宁波地区,在新收的 27 件破产案件中,有 22 件系债务人申请破产,比例达 81.5%;湖州地区,所受理的 14 件案件中,由债务人提出破产申请的有 6 件,占 42.86%。

2. 管理人指定情况。2013 年受理的企业破产案件,超过 80% 的案件指定列入省高院破产管理人名册的中介机为管理人,近 20% 的案件采用清算组模式。

因为具体产生管理人的手续由各中级人民法院司法技术管理部门办理，全省各地情况差别也较大，具体情况如下：(1)杭州：全市法院2013年受理的破产案件中，有25件(共受理35件，超过总数的70%)采用清算组管理人模式，清算组管理人多由前期政府主导进行风险处置的工作组转化而来。(2)温州：全部采用中介机构管理人。(3)宁波：有12件采用清算组管理人(共受理25件，约占总数的50%)。(4)嘉兴：有2件采用清算组管理人(共受理18件)。(5)湖州：有6件采用清算组管理人(共受理7件)。(6)绍兴：目前全市两级人民法院均采用中介机构管理人模式。(7)金华：有5件采用清算组管理人(共受理21件)。(8)衢州：2013年受理的案件全部采用中介机构管理人模式。(9)台州：管理人选任以摇号指定方式为主，以竞争选任为辅，部分仍采用由政府清算工作组转为管理人。(10)丽水：2013年受理的案件全部采用中介机构管理人模式。(11)舟山：2013年受理的6件中有1件采用中介机构管理人模式。(见表1)总体来看，湖州、杭州、宁波、金华等地采用清算组管理人的案件较多。

表1　全省各地区采用清算组形式管理人的企业破产案件情况

单位：件，%

地区	采用清算组管理人案件数	受理案件总数	占比
温州	0	198	0
绍兴	0	16	0
衢州	0	7	0
台州	0	8	0
丽水	0	5	0
嘉兴	2	18	11
舟山	1	6	17
金华	5	21	24
宁波	12	25	48
杭州	25	35	71
湖州	6	7	86

3. 合并破产案件情况。(1)合并破产案件数量较多。据初步统计，全省共有约70件，占受理案件总数超过20%。(2)合并的形式多样。关于企业合并破产，

目前法律规定并不明确,实践中,各法院合并破产的具体情形差别比较大:有分别单独受理后合并破产;有作为一个破产案件合并受理;也有先受理一个企业的破产申请,后将其关联企业裁定合并破产。如富阳区人民法院受理的"中汉系"案件即在裁定受理其核心企业浙江中汉卓信控股集团有限公司破产重整案后,又根据管理人的申请,直接裁定其 13 家关联企业合并重整;杭州市中级人民法院受理的"中江系"破产案件系在 30 家关联企业分别进入破产程序后,根据管理人的申请,在听取债权人的意见后裁定上述 30 家企业合并重整。

4. 重整转入清算程序的情况。战略投资者的引入需要重整企业自身具有相应的营运价值,同时,投资者应具有相应的实力,重整计划草案要在债权人会议当中取得债权人的表决同意,一些重整案件还需要地方政府提供相应的优惠条件和政策支持。受到这些因素以及 2013 年总体宏观经济形势的影响,一部分企业破产案件由重整程序转入清算程序。据初步统计,2013 年全省有 20 余件重整案件因为战略投资者引进困难、不能按期提交重整计划草案,债权人会议表决未通过重整计划草案或者在重整期间出现法定原因而依法转入清算程序,比较典型的案件如绍兴中级人民法院审理的浙江玻璃股份有限公司等 5 公司合并破产重整案、萧山人民法院审理的杭州萧山蔡伦纸业有限公司等 3 家关联企业破产重整案、奉化人民法院审理的宁波凯森线缆有限公司破产案件、长兴人民法院审理的湖州航达工业炉制造有限公司破产重整案等。

5. 清算程序中破产财产变现情况。破产财产变现是推进破产清算程序的核心环节,2013 年全省法院在审理破产案件中在破产财产变现方面的主要情况是:(1)非拍卖方式变现破产财产的探索。典型案例是衢江人民法院在审理浙江民德纸业有限公司破产案件过程中,充分尊重债权人意思自治,未通过拍卖程序而由债权人会议直接表决决定整体打包变现企业资产,既实现了债权人利益最大化,又保留了企业设备、人才、技术、客户、市场等全部生产要素,实现企业整体变价 1.1 亿元(评估价约 8600 万元),普通债权清偿比例高达 75%,节省拍卖费用,加快案件审理进程。① (2)网络司法拍卖在破产财产变现中逐渐发挥作用。典

---

① 《企业破产法》第 112 条第 1 款规定:"变价出售破产财产应当通过拍卖进行。但是债权人会议另有决议的除外。"浙江省高级人民法院《关于企业破产财产变价、分配若干问题的纪要》第 7 条明确:"占债权比例三分之一以上债权人建议以非拍卖方式变价破产财产的,管理人可以将非拍卖方式和拍卖方式变价破产财产的方案(附两种方案的理由)提交债权人会议讨论,由债权人会议讨论并作出决议。"

型案例有海宁市人民法院审理的浙江宏昌制革有限公司破产案,通过网拍土地使用权、厂房等破产财产,评估价约1.587亿元,起拍价1.55亿元,拍卖成交价格为1.59亿元;德清县人民法院审理的直立汽配有限公司破产重整案,通过网拍该公司投资于直立天石钙业股份公司的50%股权,起拍价600万元,最终以4100万元成交,溢价率达583%;普陀区人民法院在淘宝网司法拍卖平台成功变卖舟山市耀业石化有限公司的整体破产财产,最终以1165万元成交,溢价率29.4%,等等。(3)也存在一些破产财产如机器设备等由于企业停产破旧老化,变现困难。如绍兴地区部分债务人企业(多数为纺织印染企业)在破产案件受理前大多已经停产,而纺织印染企业的设备更新换代较快,导致破产财产陈旧,且技术含量低、价值低廉,变现有很大的难度;湖州安吉金贸竹木有限公司破产案件中土地拍卖曾多次流拍,降低了债权人的受偿率,也拖延了破产案件的审理期限。(4)还有部分破产财产主要是由于土地、房产等存在权属不明、不清,甚至违建等情况,影响了案件审理进度。

6. 执行与破产程序衔接工作开展的情况。执破衔接工作是推进市场化导向企业破产审判工作中的重要方面,也是破解当前存在的“执行难”问题的重要通道。2013年浙江省部分地区人民法院开展了这方面的探索,如温州市两级人民法院通过执破衔接共受理98件破产案件,已审结58件,促成一大批程序终结案件得以成功执结,提高了财产的处置效率,公平维护了破产企业债权人的合法权益。舟山中级人民法院出台《关于执行程序和破产程序衔接的会议纪要》,就执破转换工作的相关事项予以明确。岱山人民法院成功将3个系列执行案件分别转入破产清算和破产重整程序,33件执行不能案件得以顺利结案,在审判工作基础上,岱山人民法院完成了《关于民事执行案件转入破产程序的调研》。

二、浙江省高级人民法院企业破产审判工作的部署和成效

2013年年初召开的全省法院院长会议对全省人民法院企业破产审判工作作出了总体部署,齐奇院长提出要坚持甄别分类、区别对待、有扶有破,勇于探索出一条“市场导向、司法主导、简易审理、执破结合”的具有浙江特点的市场化简易破产新路子。

(一)总结市场化简易破产的新经验,出台相关指导性文件

在总结前期工作经验的基础上,2013年7月浙江省高级人民法院出台《关于

企业破产案件简易审若干问题的纪要》及与之配套的《关于企业破产财产变价、分配若干问题的纪要》,主要内容有:(1)强调企业破产案件审理当简则简,债权人会议确认或认可的缩短期限、简化或合并手续及处分权利的事项,不违反法律禁止性规定的,法院应予认可。(2)建立企业破产案件预登记制度。对集中管辖案件等情形,法院经过合理评估后,可以进行企业破产申请的预登记,其间由占已知债权总额1/2以上主要债权人召集,可以比照《企业破产法》的相关规定建立债权人联络、协商机制并开展相关工作。(3)建立法院通过裁定方式强制批准重整计划草案等案件的报备制度,加强监督。(4)强调破产清算的"底线思维"。法院受理企业破产重整申请,应向申请人释明企业破产清算的风险,对重整可行性通过听证会等形式进行必要的审查,涉及当地重大企业风险处置事件的企业破产重整申请,由审判委员会讨论决定,避免因不适当适用重整制度导致破产程序的拖延。(5)尊重债权人意思自治,节约评估、拍卖费用和时间。占债权比例1/3以上债权人建议以非拍卖方式变价破产财产的,管理人可以将非拍卖方式和拍卖方式变价破产财产的方案提交债权人会议讨论,由债权人会议作出决议。拍卖或者非拍卖方式出售破产财产,需要对全部财产或者部分财产确定价格的,债权人会议也可表决通过不需要进行评估的决议。(6)明确各类企业破产案件的结案标准,重整、和解、清算案件分别以批准重整计划草案、认可和解协议和认可破产财产分配方案的民事裁定书签发之日为结案日。针对浙江省企业破产案件审理中较普遍存在的刑民交叉问题,浙江省高级人民法院民二庭在调研基础上出台《关于在审理企业破产案件中处理涉集资类犯罪刑民交叉若干问题的讨论纪要》,指导审判实践。全省各地人民法院积极按照浙江省高级人民法院的要求开展企业破产案件简易审理方面的实践,温州市中级人民法院还出台了《关于试行简化破产案件审理程序的会议纪要》,建德市人民法院出台《关于企业破产案件简易审理的实施办法(试行)》。在案件数量大幅上涨、案多人少矛盾更为突出的情况下,2013年审理时间在1年以上的企业破产案件占审结案件总量的比例下降到35%。2008~2012年这一数据分别为66%、40%、58%、48%、54%。

浙江中小民营企业深度介入民间借贷,民事领域的民间借贷案件与刑事领域的集资类案件与企业破产案件交织问题严重,为此,浙江省高级人民法院出台《关于服务金融改革大局依法妥善审理民间借贷纠纷案件的若干意见》,强调依法受理企业破产申请,通过破产程序平台协调民间借贷纠纷和非法集资活动交织的相关问题。在与省公安厅、省检察院联合出台的《关于当前办理集资类刑事案件适用法律若干问题的会议纪要(三)》中强调重视和加强公安机关、检察机关对企业、企业主及相关人员涉嫌非法集资类犯罪的查处和法院依法审理企业破产案件工作中的沟通、协调工作,妥善解决已进入破产程序的企业财产的查封、扣押和冻结等问题。

(二)加强企业破产审判工作与政府风险处置工作的对接

浙江省政府把"防范和化解企业资金链担保链风险"和"防范和化解银行不良资产风险"作为2013年金融工作的重中之重,并在调研基础上形成了〔2013〕113号《关于有效化解企业资金链担保链风险加快银行不良资产处置的意见》。浙江省高级人民法院全程参与调研和意见的起草论证工作,尤其强调了在防范和化解两个风险的过程中,要做好政府风险处置工作和企业破产审判工作的对接:要"采取行政协调、破产和解与重整、司法集中管辖、企业瘦身、市场重组等手段,加大救助力度。对于产能过剩、救助无价值的企业,要加大推行破产清算,发挥市场优胜劣汰功能";"支持法院完善金融债权差异化处置工作机制与途径,加强对担保链风险的司法化解";完善破产工作协调机制和适用破产法的外部环境,"将破产案件的有关裁定书纳入核销依据范围","支持依法编入名册的律师事务所、会计师事务所等社会中介机构履行破产管理人职责","支持解决破产案件清算资金不足的问题","减轻破产重整企业的税负"等。温州市两级人民法院主动向温州市委市政府呈送专题报告,推动鹿城、苍南、乐清等地政府建立金融办、银监局、经信委、公安、工商、财政、税务、国土等相关职能部门参加的破产审判协同处置机制,为协调解决股权变更、税费调整等破产重整难题提供保障;温州市中级人民法院联合温州市财政局制定出台了《关于破产援助资金的管理和使用办法》,设立了200万元破产援助专项资金。

(三)完善管理人动态管理工作

第一,出台《关于规范企业破产案件管理人工作若干问题的意见》,建立管理人动态管理制度,明确了简易清算组、临时管理人等制度,并对管理人报酬确定等问题提出了更加明确的要求。

第二,建立省级管理人履职资料库。2013年8月按照最高人民法院和浙江省高级人民法院《关于规范企业破产案件管理人工作若干问题的意见》"省高级人民法院选择工作业绩突出的社会中介机构管理人建立省级管理人履职资料库”的要求,经会商省律师协会、省注册会计师协会,建立了由 14 家律师事务所和 8 家会计师事务所组成的省级管理人履职资料库,并明确列入省级管理人履职资料库的机构可以跨中级人民法院辖区参与重大疑难企业破产案件管理人的竞争;也可以跨中级人民法院辖区与当地列入管理人名册的社会中介机构合作,参加随机方式指定联合管理人的挑选。

(四)开展超 18 个月以上企业破产案件专项清理活动

为清理长期未结企业破产案件,贯彻落实《关于企业破产案件简易审若干问题的纪要》等规范性文件,推进加快银行不良资产处置活动,省高院部署开展了超 18 个月以上未结企业破产案件清理专项督查活动。2013 年 8 月下发《关于开展超十八个月以上未结企业破产案件清理专项督查活动的通知》,明确专项活动的目标和具体督查方式,并对需要重点督办、清理的破产案件以列表方式列明;浙江省高院民二庭在《商事审判动态》上对阶段性进展情况进行通报,并组织人员就反馈的情况、问题进行专题研究,就重点案件赴当地进行专案指导调研;各中级人民法院如嘉兴市中级人民法院、杭州市中级人民法院积极积极贯彻落实,采取有效措施,推进案件审理进程。截至 2013 年年底,98 件超 18 个月以上未结企业破产案件已经结案 71 件,结案率达到 72.4%,其中 2007 年 6 月 1 日(企业破产法实施日)之前受理的未结企业破产案件 34 件已经清结 29 件。相关法院加大破产企业司法重整、重组或清算的协调化解力度,加速有效资产的依法重新配置。据统计,嘉兴市中级人民法院专项清理企业破产案件涉及土地 1430 余亩,房产 21 万多平方米,1137 亩土地存量资源被盘活。

(五)加大破产法理念和制度的宣传

宣传加大宣传力度,逐步消除一些党政领导、企业家和各界对破产制度的误解,努力推进浙江省市场化法治化常态化企业破产审判工作的开展。2013 年 5 月浙江省高级人民法院联合省律师协会、省注册会计师协会、省银行业协会和省企业家协会召开“银企合作司法保障与企业破产法实施”新闻发布会。发布“2012 年浙江法院企业破产审判报告(附十大典型案例)”,并发放省律协编辑、浙江省高院民二庭审定的“企业破产法实施与中小企业权益保障”宣传手册,向企业界、社会通报法院的企业破产审判工作和典型案例,传播破产保护(企业拯救)的理念。

三、进一步推进工作需要克服的困难、存在的问题和下一步工作安排

在原有工作基础上，2013 年浙江法院围绕经济社会发展大局和“两富”浙江建设，积极部署，进一步推进市场化法治化常态化企业破产审判工作，取得了显著成效，同时工作中也还存在一些困难、问题。

（一）法院内部层面分析

首先，法院自身的职能定位问题。法院与相关政府部门、管理人、债权人等主体相互之间权力（权利）、义务和职责界定尚不清晰成为影响企业破产案件审理效率的重要因素。如在债权审核、重整方案制定、清偿方案制定等方面，管理人往往将其本应自主决定的事项向法院请示，导致法院工作量的大量增加；由于相关政府公共服务职能的缺失，在审理破产案件之余，法院往往还需要协调管理人与各行政机关、社会机构的关系，案外工作大量增加。

其次，法院内部各部门之间的沟通协调需要更加顺畅。企业破产案件由商事审判业务庭审理，但企业破产审判工作的开展则需要法院内部各部门（立案、审判管理、执行以及各业务部门等）之间的配合协调，如集中管辖案件与破产程序的衔接、管理人的动态管理工作、破产财产的评估和变现分配、执行程序与破产程序的衔接等工作都需要相关部门之间的协作。从目前来看，常态化的协调机制尚未构建在一定程度上影响了企业破产案件的审理效率和工作的开展。

最后，科学合理的绩效考评体系尚未建立。目前，浙江法院案多人少矛盾尤为突出，法官绩效考核压力较大。企业破产案件的审理较普通民商事诉讼案件而言，牵涉到大量的政府部门协调、债权人沟通、管理人监督等程序外事项，耗时费力，但案件的绩效考评并没有单列，法院和法官缺乏受理破产案件的激励。

（二）法院外部层面分析

首先，在政府层面：政府常态性的企业风险处置机制尚未建立，与企业破产审判工作不对接；破产企业缴纳税费的相关规则、[①]金融监管的相关规则（如不良资产的核销规则）与破产法的要求不对接，如德清人民法院审理的直立汽配有限公

① 一些有挽救希望的中小企业进入破产程序后仍然要承担高额税费负担，导致重整进程举步维艰。《企业破产法》第 113 条将税收债权列为优先于普通债权的清偿顺位，在破产财产分配时得以实现。但在实践中，税务机关往往在重整期间即提前采取强制性措施清偿破产前欠缴税款，大大压缩了本就经营困难的重整企业的资金流动空间。

司破产重整案,公司在重整期间缴纳税款 1200 万余元,甚至高于正常经营期间的税负水平;破产案件审理中,企业风险预警、征信体系建设、工商登记变更、企业档案管理、土地房屋等不动产相关权证办理等相关社会管理措施不配套、不协调。

其次,在管理人层面:管理人执业能力和执业水平需要提升;管理人行使职权的社会认知度需要提升,目前在一些地方管理人在前往房管、车管、土地等部门查询相关企业信息,或要求公安、海关等部门协助解除财产查封、冻结和扣押措施时,政府部门不予配合,导致管理人职权行使不畅,从而影响了破产案件审理的公正与效率。

再次,在企业层面:一些企业尤其是民营小微企业,公司治理结构不健全、财务管理不规范,账册混乱,有的甚至根本没有账册,给管理人查明债务人企业的财产以及债权债务情况带来极大困难;公司资产和实际控制人资产、关联公司相互之间资产混同情况较为严重,也给企业破产案件审理的推进造成很大障碍,等等。

最后,在社会层面:市场机制还有待于进一步理顺。当前,清算案件中破产财产的处置变现和重整案件中战略投资者的引进成为阻碍案件审理进程的重大障碍,究其根本原因还在于市场机制未能对资源配置发挥决定性作用。目前我省部分破产案件还主要通过当地政府联系潜在购买人或鼓励地方企业参与拍卖,以避免出现流拍或多次降价拍卖的情形。

(三)工作开展过程中出现的一些新问题和深层次问题

随着我省企业破产审判工作的深入开展,不断出现一些新问题需要明确,如企业破产案件的指定管辖,按照新《民事诉讼法》的规定,应当报请上级人民法院批准,关于批准同意指定管辖的标准如何确定;①企业破产案件受理后能否撤回申请,②等等。另外,一些深层次问题需要破解,例如:(1)管理人指定工作有待进一步改进和规范。一些中级人民法院辖区以清算组作为管理人的主要形式;管理人指定工作存在外部不正常干扰因素,个别中介机构在管理人指定中参与竞争、接受挑选的行为不规范,甚至以清算组法律顾问的形式规避管理人指定制

① 浙江省还有一些地区有特殊情况,如衢州柯城区,该区所有企业都是在衢州市工商局注册,按照企业破产案件级别管辖的规定,均应由中级人民法院受理。

② 2013 年全省有 7 件企业破产案件以准许撤回申请的方式结案。《企业破产法》第 9 条规定:“人民法院受理破产申请前,申请人可以请求撤回申请。”对于法院受理破产申请以后申请人是否可以撤回申请并没有明确规定。

度;竞争方式指定管理人工作方式尚未常态化推进,规程有待于明确。(2)企业破产审判工作开展不平衡。全省各地区中级人民法院对企业破产审判调研指导工作开展不平衡,个别地区人员较为薄弱。全省基层人民法院企业破产审判工作开展的也不平衡。据了解,有一些地方并非没有企业风险处置事件,但未通过破产平台有效处置。(3)合并破产的程序和实体问题,合并破产的形式和实质要件、程序、法院的审查标准、对于合并破产异议债权人的保护等,亟须法律规范。(4)企业破产案件审理过程中刑民交叉问题的处理,部分破产企业的法定代表人涉嫌非法吸收公众存款罪、集资诈骗罪等被追究刑事责任,既涉及程序问题,如进入破产程序后刑事程序中解封财产的查封等,也涉及实体问题,如债权人(或受害人)债权性质及数额、担保合同的效力及担保责任承担比例的认定等。(5)破产衍生诉讼的安排,大量的破产衍生诉讼经过一、二审,有的还要再审,致使相关事项难以最终确定,破产案件审理进程延迟。(6)企业破产案件的卷宗管理如何进一步规范。(7)区别于普通民商事诉讼案件,如何根据破产案件审理的特点和要求完善企业破产案件的审判信息系统,提升企业破产案件审理的信息化水平,等等。

下一步,随着市场经济改革全面深化,政府职能转变和我省经济转型升级步伐进一步加快,全面深入推进企业破产审判工作的外部环境将逐步完善,我们将从以下几方面深化、细化市场化导向的企业破产审判工作:(1)结合课题调研作出部署,出台规范性文件。浙江省高级人民法院已经确定将"关于完善企业破产审判指导、监督和协调机制的调研"作为2014年全省法院重点调研课题,将以开展课题研究为契机、调研与工作推进密切结合,对推进企业破产审判工作作出全面、深入部署,9月之前出台相应的规范性文件。(2)突出重点,加强法院内部工作机制的协调、衔接。主要包括企业破产案件指定管辖审批的条件和依据、破产案件审判业务系统的完善、执行和破产程序的衔接、破产衍生诉讼案件的总体协调、管理人动态管理和随机、竞争方式产生管理人的规则等重要问题,需要加强部门之间的协作,深入调研,提出解决方案。(3)建设企业破产案件审理的司法公开平台。在企业破产案件审理中贯彻阳光司法理念,通过网络等平台将相关法律文书、管理人指定、破产财产处置等进行公开。(4)加强外部的沟通协调。主要是与省律师协会、省注册会计师协会就破产管理人的动态管理相关事宜加强沟通、协调;与省银行业协会等就银行法与破产法的对接(主要是在破产程序中推进银行不良资产核销,改善我省金融生态环境)等问题加强协作沟通。(5)加强《企业破产法》实施过程中重点难点和疑点法律问题的研究和调研指导,如企业合并破产的实质条件和程序要求、破产案件审理中刑民交叉问题的处理、法院与管理人的职权界定等。

浙江省各级各地人民法院破产审判报告（2014年）

浙江省高级人民法院民二庭*

2014年是全面深化改革的关键一年。年初召开的全省法院院长会议，对企业破产审判工作作了新的部署，要求以简易审为抓手，通过温州的先行先试，带动企业破产审判的常态化开展，在原有机制的基础上，①抓住“深

---

* 执笔人：章恒筑，浙江省高级人民法院审判委员会委员、民事审判第二庭庭长，法学博士；王雄飞，浙江省高级人民法院民事审判第二庭法官，法律金融学博士。

① 2012年和2013年是浙江省各级各地人民法院在经济转型升级背景下进一步推动市场化导向企业破产审判工作并取得明显工作实效的时期，也是构建市场化导向企业破产审判工作机制的重要时期。在这个时期，浙江省高级人民法院结合本省工作实际并落实最高人民法院精神，出台了《关于规范企业破产案件管理人工作若干问题的意见》（浙高法〔2013〕38号），构建了管理人动态管理机制的工作框架；出台了《关于企业破产案件简易审若干问题的纪要》（浙高法〔2013〕153号）和与其配套的《关于企业破产财产变价、分配若干问题的纪要》（浙高法〔2013〕154号），建立了以简易审为抓手的企业破产审判工作格局；出台了《关于在审理企业破产案件中处理涉集资类犯罪刑民交叉若干问题的讨论纪要》（浙高法民二〔2013〕7号）等规范性文件，探索企业破产案件审理中涉集资类犯罪刑民交叉问题的新路径。另外，浙江省高级人民法院结合开展加快银行不良资产处置的专项活动，积极建言献策，2013年12月省政府办公厅出台《关于有效化解企业资金链担保链风险加快银行不良资产处置的意见》（浙政办发〔2013〕113号）。该文件吸纳了省高院提出的大部分意见和建议，有许多从政府的角度推进《企业破产法》实施的内容。这些规范性文件在2年内陆续出台，在完善市场化导向企业破产审判工作机制方面迈出了关键的一步。

化”和“落实”两个关键词,通过稳妥受理和审理企业破产案件,进一步完善具有浙江特点的企业破产审判工作机制。

一、2014 年全省法院企业破产案件基本情况分析

(一)全省法院受理、审结企业破产案件总体情况

2014 年全省法院受理企业破产案件 302 件,债务人企业资产总额1,759,222.2 万元,负债总额 17,504,592.3 万元;审结企业破产案件 212 件(见表 1)。受理和审结破产案件数量较 2013 年有所回落,主要是由于温州地区在经过 2013 年受理和审结企业破产案件的高峰后案件数量回落。除去温州地区以外,全省其他 10 个地区受理和审结企业破产案件的总量略有上升。

在所受理的 302 件企业破产案件中,破产清算案件 230 件,占比 76%;重整案件 70 件,占比 23%;和解案件 2 件,占比 1%(富阳市人民法院、长兴县人民法院各 1 件)。

2014 年全省法院破(预)字案件收案 359 件,结案 311 件。即已结破(预)字案件 311 件中有 302 件是以裁定受理破产案件的方式结案,转而进入破产程序,受理的比率高达 97%;9 件以驳回申请或者其他方式结案(见表 1)。

表 1　2007 年《企业破产法》实施以来浙江省各级各地人民法院受理审理企业破产案件情况

单位:件,万元

时间	旧存	新收	破产企业资产总额	破产企业负债总额	办结数量
2007 年 6～12 月	188	27	235,138.38	395,790.54	54
2008 年	161	60	408,765.46	1,104,693.53	62
2009 年	159	121	1,130,818.64	1,842,694.42	105
2010 年	175	48	203,538.17	513,079.84	83
2011 年	140	77	729,933.28	1,468,929.63	54
2012 年	163	143	1,207,194.49	2,430,330.39	89
2013 年	217	364	8,731,058.39	15,956,701.11	289
2014 年	292	302	1,759,222.19	17,504,592.28	212

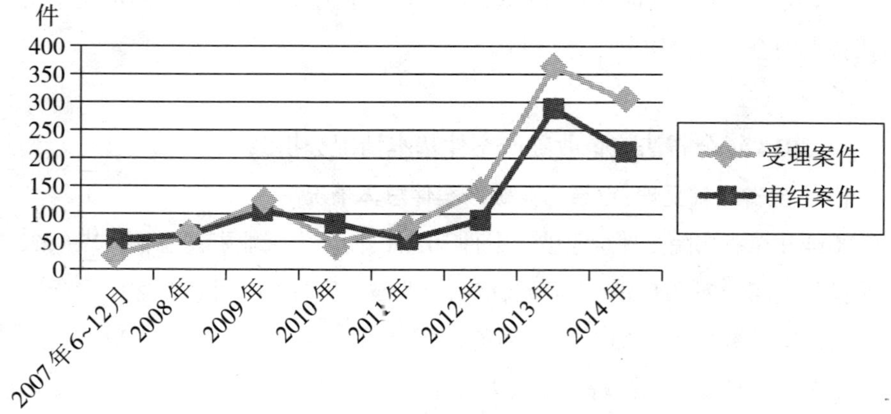

图1 2007年《企业破产法》实施以来受理和审结企业破产案件趋势

（二）企业破产案件的区域分布

1.2014年全省法院受理的302件企业破产案件的地区分布如下：杭州37件、宁波46件、温州123件、嘉兴3件、湖州7件、绍兴38件、金华12件、衢州8件、台州16件、丽水4件、舟山8件（见图2）。与2013年受理情况的区域分布相比较，宁波、绍兴、台州增幅明显；杭州、湖州、衢州、丽水、舟山基本平稳。

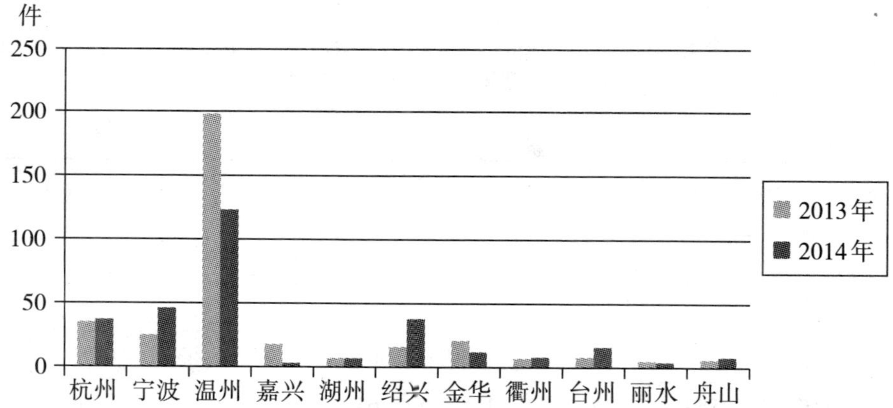

图2 2013年、2014年全省各地区受理企业破产案件对比

2.2014年全省法院审结的214件企业破产案件的地区分布如下：杭州18件、宁波15件、温州111件、嘉兴13件、湖州8件、绍兴17件、金华12件、衢州3件、台州8件、丽水3件、舟山4件（见图3）。与2013年审结情况的区域分布相比较，宁波、绍兴、金华增幅明显，湖州、台州基本平稳。

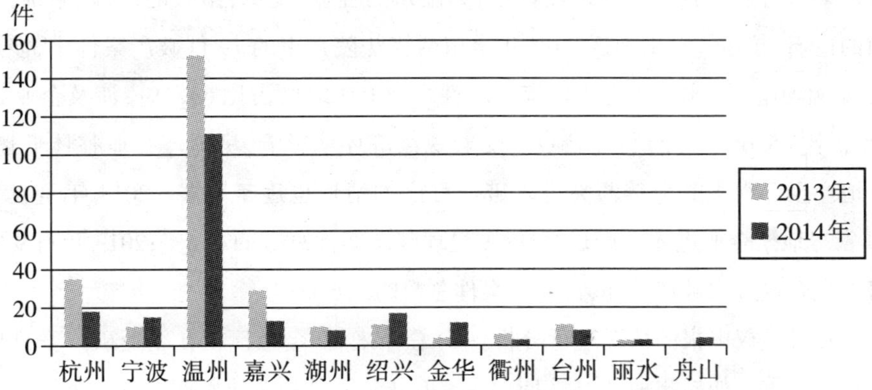

图 3　2013 年、2014 年全省各地区审结企业破产案件对比

3. 受理企业破产案件数量前 10 位的法院为:温州市鹿城区人民法院,28 件;瑞安市人民法院,20 件;温州市瓯海区人民法院,20 件;乐清市人民法院,19 件;绍兴市柯桥区人民法院,19 件;温州市龙湾区人民法院,12 件;宁波市鄞州区人民法院,12 件;慈溪市人民法院,12 件;温州市平阳县人民法院,10 件;绍兴市越城区人民法院,9 件。

(三)对企业破产案件受理审理情况的分析

1. 从申请主体的角度来分析:在 302 件企业破产案件中,有 160 件是债权人提出申请的,占比近 53%;其余 142 件主要由债务人企业自行提出破产申请。在 160 件债权人提起申请的破产案件中,温州地区占了 107 件(共受理 123 件),温州地区的破产案件申请主体为债权人的占比高达 87%;其他地区的破产案件申请主体为债权人的占比平均为 30%。总体而言,债权人申请破产的占比高,说明该地区企业破产的市场化程度较高。债务人企业自行申请破产,尤其是一些在当地有影响的大中型企业申请破产,往往是经过当地政府的前期风险处置,从目前的实际情况来看,这类企业是否进入破产程序、何时进入破产程序往往受地方政府的影响甚至主导。①

2. 从进入破产程序的债务人企业主体进行分析:(1)地域特点。债务人企业

---

① 台州中级人民法院在《2014 年台州地区企业破产审判报告》中反映,由债务人企业申请破产清算的,往往都存在政府部门的协调和处置的因素,市场导向的破产机制没有正常建立。如玉环县人民法院 2014 年受理的 5 件破产案件,有 3 件是因企业发生资金链、担保链引发当地经济危机,政府牵头相关部门进行协调,并由债务人企业向法院申请破产。

所从事的行业具有一定的地域特点，如温州的鞋业、皮革，绍兴的纺织、服饰，舟山的造船、航运。舟山地区2014年全市两级法院在审的19件破产案件中，涉及航运、船舶修造、水产等舟山传统支柱性行业有12件，占比63.1%；涉及企业21家，占比65.6%。(2)行业特点。受宏观经济环境影响，房地产行业整体低迷。房地产企业由于资金链断裂进入破产程序的情形也逐年增多。2014年全省有20家房地产企业进入破产程序，约占受理破产案件总数的6.6%；2013年有9家房地产企业进入破产程序，占受理案件总数的2.6%。

3.对债权申报的情况进行分析：(1)总体来看，金融债权在企业破产案件中占较高比重。如杭州地区：据初步统计，2014年受理的企业破产案件债务人企业的负债总额约142.86亿元，其中银行债权约62.73亿元，占比达到44%。宁波地区：除了少数小微企业外，大多数破产企业的金融债权占比超过40%。台州地区：一些破产企业的主要债务是金融债务和民间借贷债务，且金额巨大，往往占总债务60%～90%。舟山地区：2014年全市两级法院在审企业破产案件19件，涉及企业32家。债权人申报债权额90亿元，其中金融债权40亿元。相对而言，2014年浙江省银行业不良贷款余额1397亿元，不良贷款率1.96%，[①]仅以上述几个地区破产案件中的金融债权而言，占全省不良贷款余额比例就已经达到10%左右，通过破产程序化解银行不良贷款风险的重要性将日渐凸显。(2)在破产案件中，总体而言，大型规模企业的金融债权占比较高，中小微企业则民间借贷占比较高。这与浙江省"中小企业融资难、融资贵"、中小民营企业深度介入民间借贷的情形是相互印证的。

二、2014年浙江省高级人民法院在推进企业破产审判工作方面所做的主要工作

2014年7月国务院下发《关于促进市场公平竞争维护市场正常秩序的若干意见》(国发〔2014〕20号)，落实党的十八届三中全会提出的"健全优胜劣汰市场化退出机制，完善企业破产制度"的改革部署，明确了"强化债务人破产清算义务"、"推行竞争性选拔破产管理人的办法"和"探索对资产数额不大、经营地域

---

① 刘礼文、羊朗：《2014年浙江银行业实现平稳运行 不良贷款上升势头趋缓》，载和讯网：http://bank.hexun.com/2015-03-12/173987755.html，最后访问日期：2015年5月12日。

不广或者特定小微企业实行简易破产程序”等重点工作。2014年浙江省各级各地人民法院推进企业破产审判的努力方向与顶层设计是一致的,在原有基础上,抓住“深化”“落实”2个关键词主要做了以下工作:

(一)加强个案监督和内部协调,推进企业破产案件受理

1. 加强个案监督。企业破产案件实行一审终审,但法律、司法解释也规定,对破产衍生诉讼和受理、审理企业破产案件的具体环节和事项,上级人民法院可以按照法定程序进行监督。2014年以来,浙江省高级人民法院加强了这方面的工作,包括开展企业破产申请受理裁定的申诉审查和加强破产衍生诉讼的审理。如李伟建、施毅强申请永康市永立机械制造有限公司(以下简称永立公司)破产清算案(〔2014〕浙民申字第876号)一案。[①] 依法受理企业破产案件,是开展企业破产审判的前提。企业破产法解释一强化了企业破产案件的立案监督,对认定破产原因涉及的“不能清偿到期债务”、“资产不足以清偿全部债务”和“明显缺乏清偿能力”作了规制。但是,实践中有的法院对法律和司法解释规定的受理条件的执行不严格,甚至另行制定一套标准限制利害关系人提起破产申请。对于生效的二审维持一审驳回申请裁定,如何对债权人等利害关系人提供程序救济,《企业破产法》没有明确规定,应参照民事诉讼法的规定。但在实务中,囿于一些主客观原因,这项工作开展的情况也不太理想。一些地方破产案件受理难的问题不解决,将成为制约企业破产审判工作推进的“瓶颈”。审判实务中发现,有的债务人企业及其关联企业已经停止经营,不具有营运价值,对这样的“僵尸企业”不进行处置,不利于对债务人权利的公平保护,也闲置了厂房和土地使用权等要素资源,不符合破产财产处置效益最大化的要求。

2. 加强内部协调,完善企业破产案件指定管辖工作。2012年修订的《民事诉讼法》将修订前“上级人民法院……可以把本院管辖的第一审民事案件交下级人民法院审理”的规定修改为“确有必要将本院管辖的第一审民事案件交下级人民法院审理的,应当报请其上级人民法院批准”,体现了强化高级人民法院对中级人民法院向基层人民法院移交企业破产案件管辖进行监督的意旨。适应我省作为中小企业大省、政府主导的企业风险处置多由县(县级市,区)政府承担

① 该案的具体情况参见本书第三部分《浙江省各级各地人民法院破产审判十大典型案例(2014年)》:一、李某某、施某某申请永康市永立机械制造有限公司破产清算案。

属地责任，以及杭州、宁波和其他设区的地级市的区工商行政管理机构统一由上级机构发放营业执照的实际情况，浙江省一些中级人民法院将一些本应由自己管辖的企业破产案件交由基层人民法院管辖，[①]这种做法有其合理性。2014 年浙江省高级人民法院共批准 56 件由中院管辖的企业破产案件移交辖区内基层人民法院审理。并从以下几个方面对指定管辖问题的内部协调机制进行完善：(1)程序上应由立案部门商商事审判业务庭办理，各中院在报送管辖权转移的申请材料前，立案部门应就是否需要交由下级人民法院管辖、是否需要申请竞争方式产生管理人的例外等问题商商事审判业务庭。(2)程序上应先立"破(预)"字号，也即应先受理才有管辖权转移的问题。"破(预)"字号案件也是一个一审民事案件。[②] (3)申请报送的材料中，如果认为案件不适于采用竞争方式产生管理人的(如根据初步判断破产财产不足以清偿破产费用或者无产可破的)，应当附相关说明。

(二)全面推进竞争方式指定管理人工作

浙江省高级人民法院《关于规范企业破产案件管理人工作若干问题的意见》(以下简称《管理人意见》)对竞争方式指定管理人提出了可操作性意见。2013 年 8 月浙江省高级人民法院按照《管理人意见》的要求设立了省级管理人履职资料库，实现了管理人名册的分级管理。列入省级管理人名册的 22 家社会中介机构都有相对突出的履职资历和能力，这就为在全省范围内落实《企业破产法》及其司法解释以及浙江省高级人民法院《管理人意见》竞争方式指定管理人的工作创造了良好条件。2014 年 3 月 13 日，浙江省高级人民法院司法鉴定处、民二庭联合下发《关于进一步规范管理人动态管理若干事项的通知》(浙高法鉴〔2014〕3 号)，正式启动了这项工作。通知下发以来，截至 2014 年年底，全省通过竞争方式指定管理人共 20 次。对竞争方式指定管理人的企业破产案件的具体情况和工作效果进行初步分析：

1. 加强了浙江省高级人民法院对全省法院企业破产案件审理的指导、监督

---

① 根据司法解释的规定精神，企业破产案件原则上由发放债务人营业执照所在地的人民法院管辖。

② 浙江省高级人民法院《关于规范企业破产案件受理相关问题的通知》(浙高法〔2012〕124 号)第 3 条已经明确：立案庭收到企业破产申请时，以"(××××)×破(预)字第×号"登记后，及时将申请材料交由商事审判庭审查。

和协调的力度。对应的企业破产案件债务人企业资产总额达140.09亿元,相对而言2014年全省法院受理企业破产案件298件,债务人企业资产总额为175.92亿元,通过竞争方式指定管理人的企业破产案件的债务人企业资产总额占全部企业破产案件债务人企业资产总额的比重达到近80%。通过抓管理人工作,以及中级人民法院《债务人企业破产案件竞争方式指定管理人工作方案》向浙江省高级人民法院报送备案、管理人提交《履职报告》等配套制度建设,大大加强了浙江省高级人民法院对全省法院企业破产案件审理的指导、监督和协调力度。

2. 合理确定管理人工作报酬,提高债权人可供清偿的破产财产总额。主要是通过以下2种方式:(1)在提交陈述书的同时就对于管理人报酬作出承诺,在最高人民法院《关于审理企业破产案件确定管理人报酬的规定》的基础上适当下降。据统计,有11件企业破产案件管理人均作出了对管理人报酬适当下浮的承诺,占比55%。(2)通过鼓励律师事务所和会计师事务所组成联合管理人,减少管理人在履职过程中聘请相关专业人员的财务支出。据统计,在20件企业破产案件中,有19件最终确定担任管理人的为联合管理人,且其中18家为律师事务所与会计师事务所联合。

3. 优化管理人资源配置,有利于提升管理人总体履职水平,也符合市场化导向。(1)在20件案件中有11件案件产生了异地管理人,占比55%。另外9件产生本地管理人的案件(4件是杭州地区,2件是温州地区,绍兴、宁波和衢州地区各1件)。(2)在20件企业破产案件中,被指定的管理人包括了11家列入省级管理人履职资料库的律师事务所(共14家)、7家列入省级管理人履职资料库的会计师事务所(共8家)和12家市级管理人。经过1年多的时间,全省22家列入省级管理人履职资料库的社会中介机构已经有18家通过竞争方式担任了企业破产案件的管理人。(3)总体时间成本可控。20件案件从发出询邀函到召开评审听证会确定管理人平均用时16.4天。

(三)积极建言献策,进一步优化企业破产审判外部工作环境

2014年7月3日经省政府同意,浙江省金融办、中国人民银行杭州中心支行、中国银监会浙江监管局联合下发《关于防范化解企业资金链、担保链风险促进经济平稳健康发展的实施意见》(浙金融办〔2014〕51号,以下简称"51号文")。该意见作为省政府办公厅"113号文"的实施意见,有更强的可操作性,对优化企业破产审判的外部环境起到了进一步的推动作用。

浙江省高级人民法院积极向省政府职能部门建言献策，进一步推进政府主导的风险处置工作和企业破产司法程序的对接，相关具体意见亦体现在“51 号文”之中，①主要是：要运用法治思维和法治方式，兼顾各方合法权益，发挥市场的决定性作用和更好发挥政府作用防范和化解企业资金链担保链风险；明确政银企合力化解的具体措施，加强帮扶机制与司法程序的协调和对接；依法保障政府应急转贷资金在司法重整程序中共益债权的地位，确保资金安全，切实缓解企业资金转贷难；要通过市场机制引入上市公司、龙头企业对涉险企业进行兼并重组、司法重整；推行企业破产案件简易审机制，发挥破产预登记的作用；加强对企业破产清算涉及的劳资、民间借贷等问题的协调化解，支持企业破产清算资金不足的问题；在打击企业逃废债务中，对确因经营风险陷入困境的企业，允许其依法申请破产、重整，在破产程序中协商债权清偿事宜，积极发挥破产程序揭露逃废债权违法行为的作用；对兼并重组、司法重整成功的企业，引导其重建良好信用记录。经省政府下发的省政府金融办“51 号文”，基本厘清了企业破产审判中政府履行属地责任和在维稳、公共服务等方面的职能定位，实现了兼并重组和司法重整（包括破产重整）政策的对接；明确了政府在税收、融资、信用记录修复等方面对司法重整工作的支持。“51 号文”出台前后，杭州、宁波和一些地级市按照省政府的指导意见，分别出台了适应本地实际的政策措施。② 在企业破产实践一线的温州市，政府和法院推进政府属地责任和企业破产审判工作的协调和对接，取得了新的进展，2014 年 7 月 9 日温州市中级人民法院会同温州市政府出台《企业破产处置工作联席会议纪要》，明确建立企业破产处置工作联席会议制度，将市企业破产处置工作领导小组下设办公室与市处置办进行整合，实行“三办合一”集中处置。温州市市长任领导小组组长，并确定具体负责协调人员。《企业破产处置工作联席会议纪要》还明确了资金保障、税收、重整企业信用重建、破产财产处置中不动产权证办理、破产程序中维稳及涉刑民交叉问题的处理、工商注销登记手续的办理等方面需要落实的政府职能和政策支持，这些可操作性和针

① 省政府金融办“51 号文”出台前，省政府职能部门负责人曾专程到浙江省高级人民法院民二庭调研听取意见，浙江省高级人民法院对省政府金融办“51 号文”（征求意见稿）提出了书面意见，大部分意见被采纳。

② 如杭州市办公厅出台了《关于印发杭州市企业资金链风险防范与化解工作方案的通知》（杭政办函〔2014〕87 号），宁波市政府办公厅出台了《关于加强困难企业帮扶和风险处置促进经济金融平稳健康发展的实施意见》（甬保税收〔2014〕67 号）。

对性较强的做法对全省具有引领作用。在省政府和有关部门的支持下,浙江省各级各地人民法院在优化企业破产审判的外部环境方面已经取得了实质性进展,相关工作走在了全国前列。

(四)出台《关于强化司法职能推进企业兼并重组的意见》,推进企业破产法律机制与兼并重组的国家产业政策对接

为贯彻国务院、最高人民法院的部署,[①]浙江省高级人民法院出台《关于强化司法职能推进企业兼并重组的意见》(浙高法〔2014〕140 号,以下简称《兼并重组意见》)。《兼并重组意见》下发后,浙江省高级人民法院党组报送了《关于及时依法处置“僵尸企业”盘活存量资产加快浙江省经济转型升级的报告》(以下简称《依法处置“僵尸企业”报告》),就“进一步提升依法对企业兼并重组和破产的优胜劣汰重要作用的认识”“完善对企业的差异化处置的甄别机制,强化政府属地责任和司法程序的对接”和“优化企业兼并重组市场环境中政府的公共服务职能”3 个问题提出了意见,得到了省委省政府领导的批示肯定。[②]《兼并重组意见》和《依法处置“僵尸企业”报告》强调将企业破产审判工作与兼并重组对接的内容主要是:

1. 强调“出售式重组”。实践中存在对于“破产重整是资源配置,破产清算也是资源配置”的观念认识不到位的问题。对此,浙江省高级人民法院《简易审纪要》强调了差异化处置理念,对破产重整程序的适用进行了规范。《兼并重组意见》第 10 条以“差异化”处置理念为引导,强调要“同等重视企业破产清算程序和破产重整程序的运用”;一些破产清算案件审理中,虽然企业资格被终结了,但企业生产力、商业渠道和职工就业得到了整体或大部分维护,这种以保全企业营运价值为主旨的清算方式被称为“出售式重组”,与单纯的清算手段和以保全企业主体资格为主旨的典型重整手段相比较,有其独特的优势,在这一方面,浙江省各级各地人民法院已经积累了一些经验,可以在实践中推广。

---

① 2014 年 3 月,国务院出台《关于进一步优化企业兼并重组市场环境的意见》(国发〔2014〕14 号),该意见根据党的十八届三中全会精神,就企业兼并重组问题作了部署。6 月 3 日最高人民法院下发《关于人民法院为企业兼并重组提供司法保障的指导意见》(法发〔2014〕7 号),就人民法院发挥司法职能为企业兼并重组提供司法保障提出了原则意见。

② 2014 年 9 月 25 日浙江省委书记夏宝龙同志在浙江省高级人民法院党组《报告》上批示:“思路和做法是对的。”省委副书记、省委政法委员会书记王辉忠同志批示:“建议报省政府分管领导研究并提出意见。”副省长毛光烈同志批示:“请经信委研究办理,有关文件可抓紧出台。”

2. 强调破产程序一体享有兼并重组相关政策支持。推进企业破产案件审理中落实政府的属地责任和公共服务、社会管理职能，实现国务院和地方政府出台的与企业兼并重组相关的金融服务、税收、土地管理、工商登记等领域政策在破产程序中的对接，积极争取有关部门的协调，重建成功实现破产重整企业的信用记录。

3. 推进运用资产证券化进行破产风险隔离的金融创新实践。发挥市场的决定性作用，推进通过区域性股权、产权、债权、金融资产和大宗商品交易平台，整合企业重整资源，积极探索合法合规开展破产程序中的资产证券化，有效隔离参与兼并重组企业的破产风险。

4. 进一步探索重整中管理人职责的剥离。完善破产案件管理人动态管理制度，继续探索区域性范围内有重大影响的企业破产案件竞争性方式产生管理人工作。发挥金融资产管理公司、产业基金、财务顾问、交易平台等机构参与招募投资者等与破产重整相关的业务活动，合理界定重整案件中相关机构与机构管理人的职责划分。

（五）推进企业破产审判工作信息化建设

企业破产审判工作的推进具有的即时性、动态性和不可逆性的特征，为了强化企业破产审判工作的司法公开、推进阳光司法，加强对于全省法院企业破产审判工作的调研指导，浙江省高级人民法院在“浙江省各级各地人民法院内网”和“浙江省高级人民法院内网”首页设置了“企业破产审判动态”栏目。

栏目自2014年3月5日开通以来至12月底，已上载相关资料200余篇，仅《2013年全省法院受理、审理企业破产案件法律文书》就包含577份破产审判相关法律文书。内容涵盖了相关法律文件文本及解读、破产审判实务及相关业界动态、审判监督、管理人动态管理、典型案例、司法统计信息等各个栏目和各个方面。栏目的设置和顺利运行，推动了企业破产审判调研、指导和监督工作，起到了推进破产审判的阳光司法、加强破产审判工作的经验交流和沟通等预期效果。

三、推进企业破产审判工作过程中依然存在的突出重点难点问题

浙江省各级各地人民法院虽然在推进市场化导向企业破产审判工作过程中持续做了一些工作，在企业破产案件受理数量、以简易审为抓手构建企业破产审判制度框架、健全管理人队伍推进竞争方式指定管理人工作等方面也走在全国

前列,但依然还存在一些突出的重点和难点问题有待破解。

1. 依法受理企业破产案件的“瓶颈”依然存在且在部分地区还比较突出。(1)企业破产案件受理的行政化倾向依然存在,在省内部分地区还比较严重。由债务人企业申请破产清算的,往往都存在政府部门的协调和前期处置的因素,常态化的破产案件受理机制远未建立。如玉环县人民法院2014年受理的5件破产案件中,有3件是因企业发生资金链、担保链引发当地经济危机,政府牵头相关部门进行协调,并由债务人企业向法院申请破产。(2)有的法院对于《企业破产法》和企业破产法司法解释一所规定的破产案件受理条件把握还不到位,存在在破产案件受理的法定条件之外设置破产案件受理条件的情形。(3)当然,案多人少,企业破产案件审判的内外部机制还存在许多障碍导致破产案件审理耗时费力,则是阻却企业破产案件依法受理的主要因素。

2. 企业真实的资产负债情况查明困难,债权审核难度较大。比较典型的案件如舟山市普陀区人民法院受理的舟山永鸿海运有限公司破产重整案件中,申报债权中涉及大量隐名股东投资款问题,总计128笔,申报金额7444万元。投资款中有的明确约定系投入某船舶,有的系投入某类船舶,有的笼统挂靠在公司法定代表人股权名下,有的明确投资在公司名下;有的单船核算,有的核算单位不清;投资时间长短不一,有的已经拿过分红,有的将分红款累加在投资款中实际未拿到分红;有的是公司实际控制人个人债务(如赌债等),有的虽以个人名义所借但确实用于公司经营,也有的可能涉及虚假申报债权。

3. 合并破产情形依然较为突出。据不完全统计,[①]2014年受理的302件企业破产案件中,有56件企业破产案件涉及合并破产问题,占比19%。2013年全省共有约70件企业破产案件涉及合并破产情形,占受理案件总数超过20%。当前,《企业破产法》对于合并破产问题没有规定,相关司法解释还在制定过程中,但审判实践对于这一问题规范的需求却极为迫切。合并破产的形式和实质要件如何把握、程序如何推进、法院的审查标准、对于合并破产异议债权人的保护等问题,亟须得到解答。与合并破产相关的另一个重要问题是债务人企业资产与

---

① 由于每个破产案件合并破产程序不同,有的案件是以一个破产案件受理,其他关联企业合并进入破产程序,这种情况在统计上就作为一个破产案件;有的是各关联企业分别进入破产程序,然后进行合并,这样在统计上就有数个破产案件,所以具体涉及合并破产情形的破产案件数量目前尚无法进行精确统计。

实际控制人个人资产合并处置的问题，目前这方面明确的法律规定也是阙如的。

4. 刑民交叉问题亟待规范。(1) 一些深度介入民间借贷的债务人企业进入破产程序，往往符合“债务人企业构成破产原因，实际控制人构成非法集资类犯罪”的“双构成”情形。(2) 即使在普通的破产案件中，部分破产企业的法定代表人或股东涉嫌挪用公司资金罪、隐匿会计凭证、会计账簿罪、侵占公司财产罪、吸收公众存款罪、集资诈骗罪等犯罪，刑民交叉现象也比较突出。[①] 破产程序与刑事程序在实体和程序上如何衔接 破产财产处置与刑事程序查封、扣押等如何协调等，需要在原有基础上[②]进一步明确和规范。

5. 破产财产处置困难成为破产程序顺利推进的主要障碍。主要是两大因素：(1) 市场因素。市场化程度还不够，市场对资源配置发挥作用尚不充分，再加上受宏观经济影响，导致一些破产财产无法顺利处置，成为制约企业破产案件审理工作顺利推进的重要障碍。另外，债权人的市场意识尚不普及，一些债权人对于破产财产市场处置的结果无法接受也是一些破产案件无法顺利结案的原因。(2) 行政因素。具体又包括前期的不当行政行为，财产处置的高额税费等因素。如舟山市普陀区人民法院审理的浙江恒宇造船有限公司、浙江恒州海运有限公司等四公司破产重整案件中，该公司申报债权达 11.1 亿元，恒宇的土地、房产等以 1.3 亿元处置，而税务部门要求征收 1800 万元税款（后经多次协调，最终征收 1000 万元）。破产财产处置的高额税费使普通债权清偿率大大降低，进而使债权人会议表决通过破产财产分配方案的难度加大，阻滞破产审判工作的顺利推进。

下一步，要深入学习贯彻党的十八大和党的十八届三中、四中全会精神，结合我省经济发展实际，按照院党组的统一部署，在前期工作的基础上，继续在“深化”和“落实”上下功夫。近期应重点抓好以下工作：(1) 结合立案登记制改革，加强对各级法院依法受理企业破产案件的监督，纠正久拖不立的现象，推动企业破产案件常态化受理工作。(2) 适时出台浙江省高级人民法院《关于完善企业破产审判指导、监督和协调机制的意见》，以规范性文件为指引，统筹协调和推进各

---

① 刑法条文与逃废债犯罪行为相关的罪名包括第 162 条的妨害清算罪，虚假破产罪，隐匿、故意销毁会计凭证、会计账簿、财务会计报告罪，第 168 条的徇私舞弊造成企业破产及严重亏损罪、第 169 条的国有公司、企业、事业单位人员滥用职权罪等。

② 浙江省高级人民法院出台的与此相关的文件主要是《关于当前办理集资类刑事案件适用法律若干问题的会议纪要（三）》（浙高法〔2013〕241 号）和《关于在审理企业破产案件中处理涉集资类犯罪刑民交叉若干问题的讨论纪要》（浙高法民二〔2013〕7 号）。

项工作。(3)加强指导、监督工作。结合“司法公开”的工作部署,把“企业破产动态”栏目的相关内容在“浙江司法公开网”上链接,并根据需要调整栏目的设置,充实内容,增强栏目对企业破产审判指导的及时性、针对性和实效性;根据《简易审意见》的要求,加强对重大疑难复杂企业破产案件、重整案件和超过18个月没有审结的企业破产案件的督查;继续指导温州法院和我省其他法院在企业破产审判方式上的先行先试。(4)结合2015年2月4日起施行的最高人民法院《关于适用〈中华人民共和国民事诉讼法〉的解释》中关于执行和破产程序衔接的相关规定,加强与立案和执行部门的沟通和协调,有序推进执破衔接的相关工作。(5)深化落实《管理人意见》,加强商事审判业务庭与司法鉴定处的沟通和协调,在总结实施浙高法鉴〔2014〕3号文件的基础上,出台竞争方式和随机方式指定管理人等工作规程;探索对列入省级管理人履职资料库社会中介机构名单的动态调整;有序推进列入其他省高级人民法院编制名册社会中介机构参加竞争方式指定管理人竞争的工作。(6)深化落实《关于企业破产财产变价、分配若干问题的纪要》的要求,继续依法探索破产程序中银行不良资产转让和破产财产处置、重整资源配置的制度创新。(7)贯彻落实浙江省高级人民法院《关于强化司法职能推进企业兼并重组的意见》,推进落实省政府金融办“51号文”中涉及与破产程序对接的相关问题。

浙江省各级各地人民法院破产审判报告（2015年）

浙江省高级人民法院民二庭*

2014年9月浙江省高级人民法院下发《关于强化司法职能推进企业兼并重组的意见》，①浙江省高级人民法院党组向省委报送了《关于及时依法处置“僵尸企业”盘活存量资产加快浙江省经济转型升级的报告》，在全国法院率先部署“僵尸企业”的司法处置工作。2015年是浙江法院落实依法处置“僵尸企业”部署、深化推进破产审判的一年。这一年，面对外部错综复杂的宏观环境和法院内部持续攀升的案件压力，②浙江省高级人民法院主动适应经济发展新常态，全面、积极贯彻落实最高人民法院和省委省政府的工作部署，统筹、稳妥、有序推进，浙江法院企业破产审判工作在原先“市场导

---

* 执笔人：章恒筑，浙江省高级人民法院审判委员会委员、民事审判第二庭庭长，法学博士；王雄飞，浙江省高级人民法院民事审判第二庭法官，法律金融学博士。

① 2014年3月国务院出台《关于进一步优化企业兼并重组市场环境的意见》，6月3日最高人民法院下发《关于人民法院为企业兼并重组提供司法保障的指导意见》，就人民法院发挥司法职能为企业兼并重组提供司法保障提出了原则意见。

② 2015年浙江省各级各地人民法院新收各类案件134.35万件，审执结127.21万件，同比分别上升18.09%和13.68%。收结案数均为全国第二位，一线办案法官年人均结案218件，是全国平均数的2.2倍，位居全国第一。

向、司法主导、简易审理、执破结合”的基础上,逐步迈入常态化的轨道。

一、2015 年浙江省各级各地人民法院企业破产审判工作总体情况

(一)全省法院受理、审结企业破产案件的数量实现跨越式增长

1. 2015 年受理、审结企业破产案件情况

2015 年全省法院共受理企业破产案件 618 件,比 2014 年增长 96.8%,其中:(1)案件类型分布:破产清算案件 473 件,占 76.5%;破产重整案件 145 件,占 23.5%。(2)案件地域分布:杭州 77 件、宁波 66 件、温州 236 件、嘉兴 20 件、湖州 21 件、绍兴 60 件、金华 36 件、衢州 33 件、台州 34 件、丽水 11 件、舟山 24 件(见图 1)。

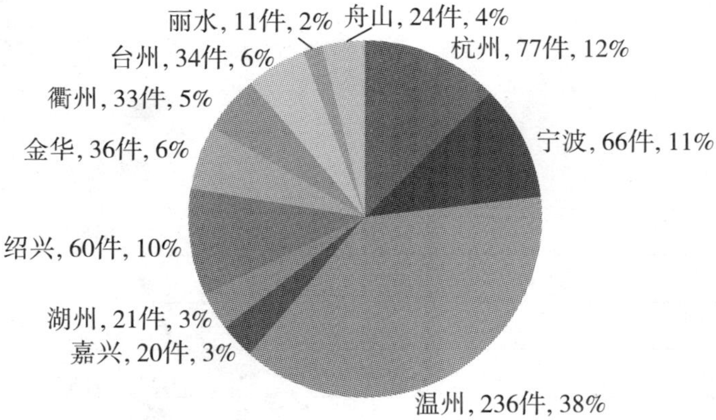

图 1 全省各地区人民法院受理破产案件分布情况

2015 年全省法院审结企业破产案件 316 件,比 2014 年增长 49.1%,其中:杭州 24 件、宁波 41 件、温州 160 件、嘉兴 18 件、湖州 7 件、绍兴 14 件、金华 14 件、衢州 16 件、台州 11 件、丽水 4 件、舟山 7 件(见图 2)。

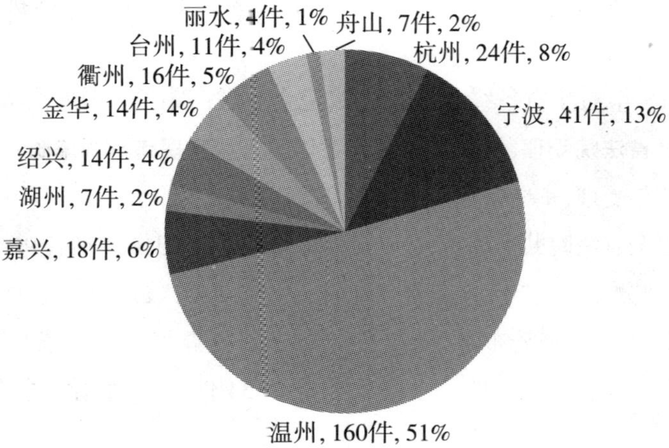

图2 全省各地区人民法院审结破产案件分布情况

2.2007年《企业破产法》实施以来，2013年、2015年破产案件数量实现了2次跨越式增长（见图3）。

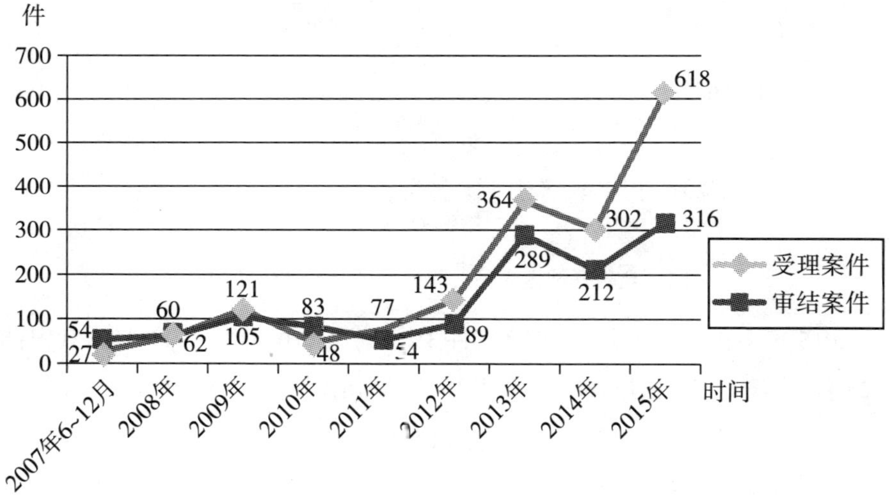

图3 2007年《企业破产法》实施以来受理和审结企业破产案件趋势

具体来说，2013年受理案件数量从2012年的143件增长到364件；2015年受理案件数量从2014年的302件增长到618件。但2013年与2015年的情况有所差异：2013年受理案件数量的增长主要原因在于温州地区受理破产案件数量实现了突破;[①]2015 年受理案件数量的增长则是因为全省各地区人民法院的破产案件受理数量均出现了较大幅度的增长(见图 4)。

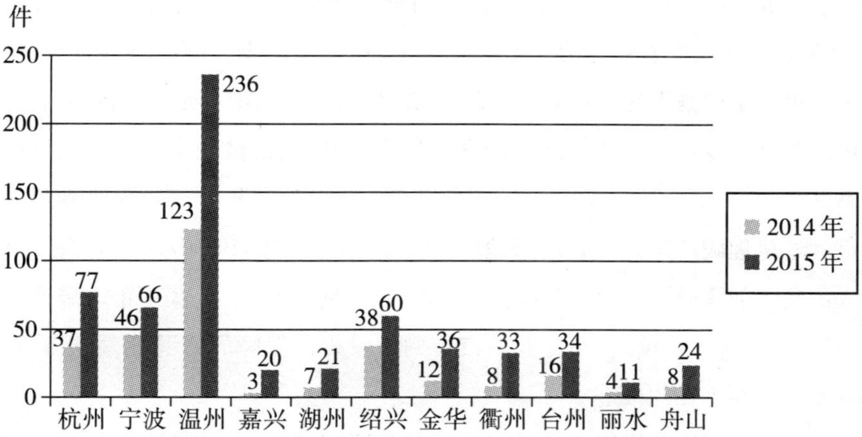

图 4　2014 年、2015 年全省各地区人民法院受理企业破产案件对比

(二)2015 年企业破产审判工作中出现了一些新的重要因素

1. 法院内部工作机制的顶层设计:"执破衔接"打通了破产案件受理的另一个制度接口。2015 年 2 月 4 日最高人民法院公布了《关于适用〈中华人民共和国民事诉讼法〉的解释》并即施行,其中第 513 条至第 516 条规定了执行程序与破产程序衔接的相关内容。[②] 这些规定一来为执行案件向破产程序移送提供了法律依据;二来如果当事人不同意,对于作为被执行人的企业法人,不得再适用参与分配制度,而是应当按照债权性质与财产保全和执行中查封、扣押、冻结财产的先后顺序清偿。据调研,截至 2015 年 12 月 22 日,温州地区两级人民法院通过执破衔接与执行移送破产程序,共移送 113 件,审查以后受理进入破产程序的 88 件,占受理破产案件总数的 37.3%。衢州地区 2015 年有 20 余件破产案件是由执行法官引导当事人申请进入破产程序,超过受理案件总数的 2/3。

2. 法院内部工作机制的组织保障更加受到重视:逐步加强专业审判力量。随着企业破产案件数量的逐年大幅度增长,原先的破产审判力量已经难以保障

① 温州地区法院 2012 年受理破产案件 31 件,2013 年受理 198 件。

② 第 513 条规定,在执行中,作为被执行人的企业法人符合《企业破产法》第 2 条第 1 款规定情形的,执行法院经申请执行人之一或者被执行人同意,应当裁定中止对该被执行人的执行,将执行案件相关材料移送被执行人住所地人民法院。

破产审判工作的正常、有序开展。2015年全省部分地区法院在设置破产审判专门机构、保障破产审判专业力量方面已经开展了相关工作，如(1)杭州地区：中级人民法院成立了专门的破产合议庭，专门审理企业破产案件，不再审理其他案件；富阳区人民法院在破产合议庭的基础上，向富阳区委、区政府申请批准设立了民事审判第四庭审理破产案件；(2)宁波、衢州地区：中级人民法院和部分基层人民法院设置专门的破产案件合议庭；(3)温州地区：继温州中级人民法院破产审判庭于2015年5月正式挂牌成立后，共有5个基层人民法院设立了专门的破产审判庭审理破产案件；(4)绍兴地区：2013年5月以来，市中级人民法院及各基层人民法院陆续成立金融审判庭，发挥专业化和集约化优势，集中审理破产案件和金融案件，等等。反之，在专业破产审判力量得以保障的情况下，也更有利于企业破产审判工作的推进。

3. 法院外部协调机制日趋形成："府院联席机制"为强化破产案件审理中政府的公共服务职能提供了重要的沟通和协调平台。通过《关于有效化解企业资金链担保链风险加快银行不良资产处置的意见》(浙政办发〔2013〕113号)和《关于防范化解企业资金链、担保链风险促进经济平稳健康发展的实施意见》(浙金融办〔2014〕51号)2个文件，浙江省高级人民法院已经推动在省级层面初步构建政府风险处置与企业破产程序对接及相关政策协调的制度框架和沟通平台。①2015年以来，优化企业破产审判的政府公共服务职能在持续、深入的推进，主要表现在：(1)地市级层面常态化的府院联系机制逐步建立。(2)具体支持措施上逐步细化，一些地区落实职能部门、经费支持、税收等具体的政策协调得以明确。

2015年浙江省11个地区在破产审判中的政府公共服务职能的落实可以基本分为3类情形：(1)1.0版：重大企业破产案件协调。即政府只针对重大企业破产案件进行维稳、政策协调等公共服务，尚未就府院协调形成相关文件。如杭州、宁波、嘉兴、金华、台州、丽水地区。(2)2.0版：通过会议纪要等形式将破产案件审理中政府应当提供的相应公共服务等内容落实到书面文件中，形成相关会议纪要等。如湖州、绍兴、衢州、舟山地区。(3)3.0版：在会议纪要等框架性文件基础上，就破产程序中的税费问题、重整企业的信用修复问题、破产企业违章建

① 具体内容反映在2014年全省法院重点调研课题"关于完善企业破产审判指导、监督和协调机制的调研"中。

筑处置中的问题等重点难点问题形成专门的文件,使破产案件审理过程中遇到具体问题有章可循、有据可查,降低协调成本。如温州中级人民法院与温州市地方税务局、温州市国家税务局分别于 2014 年 12 月 25 日、2015 年 6 月 15 日共同签署《关于破产程序和执行程序中有关税费问题的会议纪要》《关于破产程序和执行程序中有关税收问题的会议纪要》,在地方层面探索破解企业破产案件审理中的税费难题。

4. 外围宏观经济环境因素影响:房地产企业破产案件受理数量持续上升。2015 年受宏观经济影响,房地产行业下行压力持续加大,尤其在二、三线城市。进入破产程序的房地产企业明显增多,2015 年全省法院共受理房地产行业的企业破产案件 50 件,占比 8.1%。其中,杭州地区 14 件、金华地区 8 件、温州地区 7 件、湖州地区 5 件、绍兴地区 4 件、宁波地区 3 件、衢州地区 3 件、台州地区 2 件、舟山地区 2 件、嘉兴地区 1 件、丽水地区 1 件。

房地产企业破产案件的审理具有"三多"的特征:(1)债权人种类繁多:房地产企业破产案件往往涉及建设工程款债权人、民间借贷债权人、购房户债权人、金融债权等各种类型,利益平衡极其复杂;(2)需要协调的事项繁多:房地产企业破产案件往往涉及尚未完工的房地产项目,清算或者重整过程中需要协调房地产交易过程中的税费减免、相关手续和权证的办理等众多事项;(3)具体的疑难法律适用问题繁多:如购房户债权的清偿顺位如何认定、担保物权如何优先得以实现,①等等。面对房地产企业破产案件迅速增长的态势,需要结合房地产企业破产案件审理的特点积极探索通过加强府院联席会议的机制强化政府对相关问题的协调力度,需要加强对房地产企业破产案件审理中具体法律适用问题的调研,2015 年浙江省高级人民法院对这些问题积极采取措施并有力推动了房地产企业破产案件的审理。

---

① 温州市中级人民法院破产审判庭就反映如下问题:《企业破产法》第 61 条明确规定,破产财产变价方案由债权人会议讨论表决。最高人民法院《关于适用〈中华人民共和国企业破产法〉若干问题的规定(二)》第 3 条规定,债务人已依法设定担保物权的特定财产应当认定为债务人财产。据此,对于设定担保物权的特定财产,变价方案应由债权人会议讨论表决,由此会涉及担保财产的处置面临重重困难。对未涉及刑事的破产案件,鉴于担保财产的变价、分配方案均需要债权人会议讨论决定,普通债权人往往通过对评估价格提异议、拒不出席会议、拒不同意变价或分配方案、普通债权人单独召开债权人会议作出不利于担保权人的决议等方式给担保权人施压,以达到分一杯羹的非法目的。实践中存在普通债权人一致同意和多数同意延期变价的情形。

(三)企业破产案件审理中"瓶颈"依存

从2015年全省法院审理企业破产案件的情况来看,依然存在一些突出问题,有些问题如破产案件的启动费用问题,部分地区已经采取了相应的措施并被实践证明是有效的。有些问题还一直存在,并且尚未找到有效的解决办法。

1. 破产案件的启动费用问题。杭州、嘉兴、绍兴、丽水等地人民法院均反映,企业破产程序的启动需要一定的资金,包括破产案件审理中发生的公告费、印章刻制费、合理的差旅费、管理运营费用等。《企业破产法》对破产案件受理的启动费用问题规定并不明确。实务中,破产企业的账面上往往已无足够启动破产程序的资金,一定程度上影响到管理人开展相关工作的积极性和破产程序的顺利推进。

2. 政府、法院与管理人角色不明、职责不清。政府应当提供破产审判中的公共服务,如维稳、档案存放等;法院是破产程序的主导者,应当有效监督管理人并对一些重要事项依法作出相应裁定等法律文书;管理人是破产事务的具体执行者,债权审查、决定尚未履行完毕合同的继续履行、继续营业的监督、重整方案的提出等工作,均应由管理人承担。但在司法实践中,法院往往承担了过重的职责,消耗了大量人力、物力以及司法资源:(1)法院与管理人的角色错位。一些本应由管理人自主决定或者先行决定的事项由法院决定,导致角色错位。(2)法院与政府的角色错位。由于管理人的职责尚未得到社会的普遍认可,政府在破产审判中的一些公共服务职能缺少细化的操作性规定,法院往往还承担协调管理人与各行政机关、社会机构关系的工作,给法院增加了大量的非审判性事务。

3. 破产财产处置问题。破产财产处置是破产案件审理中的核心问题,其处置的顺利与否关乎破产案件审理程序的有效推进。浙江法院的司法实践反映出来的与破产财产处置相关的主要问题是:(1)实体性问题,一是破产财产本身权属存在瑕疵,如破产企业的违章建筑,处置之前需要先行与政府相关部门沟通协调;二是破产财产存在担保物权的情况下是否可以先行或者单独处置的问题,如果将担保物归入破产财产,而破产财产的处置方案需要提交债权人会议表决通过,普通债权人表决通过的方案往往会损害担保物权人的利益,如何平衡。(2)程序性问题,浙江法院在执行中已经普遍采用网络司法拍卖的方式,破产财产网络司法拍卖也在积极推动中,有些法院反映,破产财产的网络司法拍卖与执行程序中的网络司法拍卖,在流程、材料提交等方面应有所区别(如破产程序中网络司法拍卖的委托方应是管理人而非具体审理破产案件的商事审判庭等),但还需要进一步明确。

4. 重整案件受理的审查标准问题。重整制度是运行成本较高、程序较为复杂的制度,法院应当结合债务人企业所属的产业前景、企业运营情况、财务指标等因素综合判断重整的可行性;应当牢固树立重整是资源优化配置、清算也是资源优化配置的理念。但司法实践中还存在对于重整标准把握不准的问题。据调查,2015年玉环县及温岭市两市法院受理重整案件共10件,占台州市辖区内两级人民法院受理重整案件的近60%,经调研,2家法院对债权人或债务人申请破产重整均不作必要审查,直接裁定予以受理,并认为破产重整程序优先于破产清算。对于本不应适用重整程序的债务人企业适用重整程序,一方面徒耗司法资源,另一方面也会因为重整程序往往用时更长、成本更高,而损害债权人的利益。

还有一些问题属于"非典型性"问题,这类问题虽然不具有普遍性,但也具有一定的研究价值。如舟山中级人民法院反映的破产程序中"拼船"资金性质的界定问题等。①

二、浙江省高级人民法院对于企业破产审判工作的部署和推进

(一)全面部署:重点课题调研与工作推进密度契合

2015年年初,浙江省高级人民法院确定"关于建立企业破产案件常态化审理机制的调研"作为全省法院重点调研课题,课题调研与企业破产审判工作推进密度契合:(1)调研中发现问题和解决问题。调研中,我们发现企业破产案件常态化审理工作的推进主要存在7个方面的体制机制性障碍:①破产保护(企业拯救)文化的缺失;②政府公共服务和社会管理职能作用的发挥不到位,存在缺位和越位的情形;③中小企业公司治理结构不规范,企业主、公司和关联企业财产严重混同的情况比较普遍;④金融生态环境欠佳,中小企业直接融资比例偏低,

---

① "拼船"是舟山渔区的一种交易习惯。经营船舶需要大量资金,海上风险也很大,基于共担风险、共享收益的需要,"拼船"也就成为从事海上经营中较为普遍的选择。企业进入破产程序后,这些债权是股份、借款还是其他性质的债权,较难区分,相关法律也没有明确规定。从具体案件反映的情况来看,这些"拼船"投资款中有的明确限定系投入某船舶,有的系投入某类船舶,有的笼统挂靠在显名股东名下,有的系投资在公司名下;有的单船核算,有的核算单位不清;而且投资时间长短不一,有的已经拿过分红,有的将分红款累计在投资款中实际未拿过分红,具体情况非常复杂,破产债权的性质界定难度较大。

银企关系趋于紧张;⑤破产管理人队伍的培育有待加强;⑥法院自身对企业破产审判工作的谋划和布局思路需要进一步厘清;⑦《企业破产法》及相关法律的适用与协调问题需要进一步研究。浙江省高级人民法院对于企业破产审判工作的部署和推进也是围绕这7个方面的问题展开的。(2)调研中加强指导监督。①完善指导监督平台,以内网上的"企业破产审判动态"为指导监督平台,设置审判监督、管理人动态管理、经验交流等栏目,实时更新。②强化个案监督,主要通过案件审理、指定管辖、管理人指定、重大破产案件协调等途径进行破产案件个案指导监督。(3)调研成果转化。调研基础上,浙江省高级人民法院起草了《破产案件管理人指定工作规程(试行)》《关于执行程序和破产程序衔接若干问题的纪要》2个征求意见稿。

(二)抓好入口:强调企业破产案件依法受理

1. 依法确定破产案件审查受理条件。要求严格落实《企业破产法》和最高人民法院《关于适用〈中华人民共和国企业破产法〉若干问题的规定(一)》(以下简称破产法解释一)的规定,不得在法律和司法解释之外制定企业破产案件受理标准。2014年9月浙江省高级人民法院下发的《关于强化司法职能推进企业兼并重组的意见》(浙高法〔2014〕140号)第4条明确:要求全省法院依法受理优化企业兼并重组市场环境过程中发生的企业破产(含司法重整)等各类案件,无法定理由不得拒绝受理,不得拖延审理。2015年年初,徐杰常务副院长在全省法院院长会议上的总结讲话中再次强调:各级法院不要在法律、司法解释之外另行制定企业破产案件的受理条件。

2. 加强个案审判监督。浙江省高级人民法院通过二审案件的审理加强破产审查案件的审判监督,并将裁判要旨和裁判文书上传"企业破产审判动态",加强对全省法院审查企业破产案件工作的指导。如在上诉人庄吉集团有限公司不服一审不予受理破产重整申请裁定上诉案中,[①]浙江省高级人民法院阐明了2点裁判要旨:(1)人民法院应严格依照法律、司法解释的要求审查受理企业破产申请,

① 〔2015〕浙破(预)终字第6号。该案例也被列入本书第三部分的《浙江省各级各地法院破产审判十大典型案例(2015年)》,详情可参阅案例的内容。

不应在法律、司法解释之外设置其他企业破产案件受理条件。[①] (2)在审查债务人重整申请时,人民法院可以对涉及债务人重整可行性的相关事实进行适当的调查,防止因案件受理后重整程序的过度拖延导致债权人、债务人和其他利害关系人的损失扩大和司法资源的不必要耗费。但是,如债务人企业已经具备破产原因,受理重整申请法院对于重整可能性的初步判断,以及部分债权人对债务人申请的反对态度,不是不予受理重整申请法定的理由。人民法院可以结合案件的相关背景情况,先行裁定受理重整申请,并在债务人企业进入破产程序后,通过结合债权人会议表决意见等适当方式,对是否继续债务人企业的重整进程作出合理判断。

3. 明确破产案件受理审查中的几个重点问题。(1)关于审计报告的提交问题,应当明确,在申请审查受理阶段,债务人是否提交审计报告并非审查受理的必要材料和必要条件。调研中发现,部分法院依据最高人民法院《关于审理企业破产案件若干问题的规定》(法释〔2002〕23号)第6条规定,[②]要求债务人申请破产的,必须提交审计报告。对此问题,虽然目前该规定并没有明确废止,但该规定系对1986年《企业破产法(试行)》的司法解释,故其中与现行《企业破产法》及司法解释不相符合的规定应当不再适用。对于是否需要提交审计报告的问题,《破产法解释一》第3条作了规定:债务人的资产负债表,或者审计报告、资产评估报告等显示其全部资产不足以偿付全部负债的,人民法院应当认定债务人资产不足以清偿全部债务,但有相反证据足以证明债务人资产能够偿付全部负债的除外。[③] (2)关于在破产申请受理后是否可以"撤回申请"问题。调研中发现,部分法院在受理企业破产申请后又准许申请人撤回申请。如2015年7月

① 最高人民法院《关于适用〈中华人民共和国企业破产法〉若干问题的规定(一)》第2条、第3条、第4条分别对破产原因中"不能清偿到期债务""资产不足以清偿全部债务"和"明显缺乏清偿能力"的认定标准作出了解释。

② 债务人申请破产,应当向人民法院提交下列材料:……(五)企业亏损情况的书面说明,并附审计报告。

③ 通常用来判断债务人是否资不抵债的标准为资产负债表,其反映了企业资产、负债、所有者权益的总体规模和结构,以此判断债务人的资产状况具有明确性和客观性。但是考虑到资产负债表反映的企业资产价值具有期限性和不确定性,在其由企业自行制定的情况下甚至可能存在严重的虚假情况,因此,司法解释同时规定审计报告或者资产评估报告等也可作为判断债务人资产总额是否资不抵债的依据。参见《依法受理破产案件保障企业规范退市——最高人民法院民二庭负责人就〈最高人民法院关于适用《中华人民共和国企业破产法》若干问题的规定(一)〉答记者问》,载《人民法院报》2011年9月26日,第2版、第4版。

14 日瑞安人民法院裁定受理申请人蔡丰余对被申请人瑞安市驰润塑业有限公司的破产清算申请，[①]后于 2015 年 8 月 3 日裁定准予申请人蔡丰余撤回对瑞安市驰润塑业有限公司破产清算申请。[②] 对这一问题，《企业破产法》第 9 条规定：人民法院受理破产申请前，申请人可以请求撤回申请。第 12 条第 2 款规定：人民法院受理破产申请后至破产宣告前，经审查发现债务人不符合本法第 2 条规定情形的，可以裁定驳回申请。申请人对裁定不服的，可以自裁定送达之日起 10 日内向上一级人民法院提起上诉。(3)对于人员下落不明或者财产状况不清、无产可破的债务人企业，债权人提出申请的，要严格依照最高人民法院《关于债权人对人员下落不明或者财产状况不清的债务人申请破产清算案件如何处理的批复》(法释〔2008〕10 号)，依法审查受理企业破产申请。需要强调的是：一是债务人能否依据《企业破产法》第 11 条第 2 款的规定向人民法院提交财产状况说明、债权债务清册等相关材料，并不影响对债权人申请的受理；二是债务人的有关人员不履行法定义务，人民法院可依据有关法律规定追究其相应法律责任；其行为导致无法清算或者造成损失，有关权利人起诉请求其承担相应民事责任的，人民法院应依法予以支持。

(三)协调指导：支持企业破产案件审理方式改革试点工作

2014 年年底，最高人民法院下发《关于在部分人民法院开展破产案件审理方式改革试点工作的通知》，在全国选择了 21 家法院开展企业破产案件审理方式改革试点工作，浙江省温州市中级人民法院、杭州市余杭区人民法院和江山市人民法院同时入选改革试点单位行列。浙江省高级人民法院积极落实最高人民法院的部署，支持、指导试点法院工作的开展。(1)2015年 5 月最高人民法院民二庭付金联副庭长一行在江山人民法院召开了企业破产审判工作现场调研会。(2)2015 年 7 月最高人民法院在温州召开了全国破产案件审理方式改革试点法院经验交流会，并就执行程序和破产程序衔接的一个征求意见稿进行了深入研讨，也为浙江开展这方面工作提供了智力支持。(3)2015 年 12 月在浙江省高级人民法院积极推动下，由中国人民大学破产法研究中心和杭州市余杭区人民法院主办的中国破产法论坛——房地产企业破产法律问题专题研讨会在余杭举行，会议专门针对房地产企业破产案件审理过程中的相关问题进行了深入研讨，

① 〔2015〕温瑞破(预)字第 21－1 号。

② 〔2015〕温瑞破字第 16 号。

余杭区人民法院起草了《房地产企业破产案件审理工作规程》提交会议讨论。这些工作的开展,推动了试点法院破产审判工作上了一个新台阶,也为浙江企业破产审判工作的推进提供了先行经验和典型样本。

(四)重点推进:竞争方式指定管理人工作的常态化开展

2014年3月10日浙江省高级人民法院下发《关于进一步规范管理人动态管理若干事项的通知》(浙高法鉴〔2014〕3号)以来,到2015年年底,全省通过竞争方式指定管理人88次,分别是:杭州地区21次、宁波地区10次、温州地区6次、绍兴地区16次、舟山地区8次、衢州地区8次、台州地区4次、湖州地区7次、嘉兴地区3次、金华地区4次、丽水地区1次。这一工作取得了积极成效:(1)实现了地区全覆盖,指定异地管理人占比高。全省11个地区均已经开展这项工作,促进了破产管理人的异地执业,有利于更好通过市场实现管理人资源的优化配置。在88次通过竞争方式指定管理人中,产生异地管理人46家,[①]占比为52.3%。(2)促进省级管理人之间的公平竞争,逐步实现破产管理人报酬的市场化。88次通过竞争方式指定管理人、22家省级管理人被指定的次数汇总情况如表1所示。通过竞争,可以促进通过市场方式确定管理人报酬制度的形成。(3)通过鼓励律师事务所和会计师事务所组成联合管理人,减少管理人在履职过程中聘请相关专业人员的财务费用。据统计,在88次通过竞争方式指定管理人中有74次指定了联合管理人,占84.1%;在74次指定的联合管理人中,又有69次是律师事务所与会计师事务所组成联合管理人,占总数的78.4%。(4)通过省级管理人与市级管理人的联合,提升市级管理人的履职能力,从而带动浙江全体破产管理人执业水平的提升。据统计,在88次通过竞争方式指定管理人中,有72家市级管理人通过与省级管理人联合的方式承办了企业破产案件。

① 被选任的管理人如果是联合管理人,其中有一家是异地管理人的,在统计中也作为“产生异地管理人”。

表1 22家省级管理人通过竞争方式被指定为管理人情况统计

单位：次

省级管理人履职资料库社会中介机构	被指定次数
浙江天册律师事务所(杭州)	6
国浩律师集团事务所(杭州)	9
浙江六和律师事务所(杭州)	1
京衡律师集团事务所(杭州)	9
北京市金杜律师事务所杭州分所(杭州)	6
北京大成律师事务所(宁波)	3
北京炜衡律师事务所(宁波)	4
浙江光正大律师事务所(温州)	6
浙江人民联合律师事务所(温州)	1
浙江嘉瑞成律师事务所(温州)	2
浙江子城律师事务所(嘉兴)	3
浙江大公律师事务所(绍兴)	5
浙江越光律师事务所(绍兴)	1
浙江青风律师事务所(衢州)	1
天健会计师事务所(特殊普通合伙)(杭州)	2
浙江韦宁会计师事务所有限公司(杭州)	5
浙江至诚会计师事务所有限公司(杭州)	4
浙江中汇会计师事务所有限公司(杭州)	6
浙江天平会计师事务所有限公司(杭州)	10
浙江德威会计师事务所有限公司(宁波)	5
温州中源会计师事务所有限公司(温州)	5
浙江中兴会计师事务所有限公司(绍兴)	15

三、全省11个地区企业破产审判工作的总体评估

为更好评估全省11个地区企业破产审判工作的开展情况，结合近年的重点课题调研情况，我们设定了5个指标，即破产案件受理数量、破产相关业务文件制定、破产审判专业力量、竞争方式指定管理人工作情况、府院联席机制建设情况，对全省企业破产审判工作情况进行评估。

(一)受理企业破产案件情况

表2 2015年破产案件受理数量

单位:件,分

法院	杭州市中级人民法院	宁波市中级人民法院	温州市中级人民法院	嘉兴市中级人民法院	湖州市中级人民法院	绍兴市中级人民法院	金华市中级人民法院	衢州市中级人民法院	台州市中级人民法院	丽水市中级人民法院	舟山市中级人民法院
受理案件数量	9	21	32	1	3	7	7	3	1	2	5
得分	8	9	10	1	4	7	7	4	1	2	5

(二)制定企业破产相关业务文件情况

表3 破产相关业务文件制定情况

法院	相关业务文件	得分
杭州市中级人民法院	《杭州市中级人民法院民二庭关于破产案件审理中有关问题的理解(立案方面)》	2
宁波市中级人民法院	无	0
温州市中级人民法院	《关于执行移送破产程序的会议纪要》	10
	《关于案件折算办法的会议纪要》	
	与温州市地方税务局共同签署《关于破产程序和执行程序中有关税费问题的会议纪要》	
	与温州市国家税务局共同签署《关于破产程序和执行程序中有关税收问题的会议纪要》	
	《关于通过网络司法拍卖平台处置企业破产财产的会议纪要》	
嘉兴市中级人民法院	《关于规范执行案件移送破产审查的意见(试行)》	2
湖州市中级人民法院	推动市政府出台《湖州市企业破产协调处置工作机制(试行)》	4
	《审理破产案件有关问题的讨论纪要》	
绍兴市中级人民法院	推动市政府出台《绍兴市企业破产协调处置工作机制(试行)》	4
	与市司法局联合推动出台《绍兴市企业破产管理人互助会章程》	
金华市中级人民法院	无	0
衢州市中级人民法院	会同市经信委、市财政(地税)局出台《衢州市市级工业企业破产管理人专项资金管理和使用办法(暂行)》	8
	与市律师协会、市注册会计师协会制定了《衢州市管理人报酬援助资金管理规程(试行)》	

续表

法院	相关业务文件	得分
衢州市中级人民法院	出台《关于破产案件简易审操作规程(试行)》 出台《关于破产案件审判管理的若干意见(试行)》	8
台州市中级人民法院	无	0
丽水市中级人民法院	无	0
舟山市中级人民法院	推动市政府就强化落实破产审判中政府的公共服务职能出台《舟山市人民政府专题会议纪要》 会同舟山市财政局共同制定《市级企业破产应急启动周转资金管理和使用办法》	4

(三)破产审判专业力量

表4 破产审判专业力量

地区	破产审判专业力量	得分
温州地区	继温州市中级人民法院破产审判庭于2015年5月正式挂牌成立后,共有5个基层人民法院设立了专门的破产审判庭审理破产案件	10
杭州地区	中级人民法院成立了专门的破产合议庭,专门审理企业破产案件,不再审理其他案件;富阳人民法院在破产合议庭的基础上,向富阳区委、区政府申请批准设立了民事审判第四庭审理破产案件	8
绍兴地区	2013年5月以来,市中级人民法院及各基层人民法院陆续成立金融审判庭,发挥专业化和集约化优势,集中审理破产案件和金融案件	6
宁波、衢州地区	中级人民法院和部分基层人民法院设置专门的破产案件合议庭	4
嘉兴地区、湖州地区、金华地区、台州地区、丽水地区、舟山地区:企业破产案件由民二庭一并审理,不作区分		2

(四)竞争方式指定管理人情况

自2014年3月10日浙江省高级人民法院下发《关于进一步规范管理人动态管理若干事项的通知》(浙高法鉴〔2014〕3号)以来,截至2015年年底,全省已经通过竞争方式指定企业破产案件管理人88次。具体见表5。

表 5 竞争方式指定管理人情况

单位:次,分

法院	杭州市中级人民法院	宁波市中级人民法院	温州市中级人民法院	嘉兴市中级人民法院	湖州市中级人民法院	绍兴市中级人民法院	金华市中级人民法院	衢州市中级人民法院	台州市中级人民法院	丽水市中级人民法院	舟山市中级人民法院
竞争方式次数	21	10	6	3	7	16	4	8	4	1	8
得分	10	8	4	3	5	9	3	7	3	1	7

(五)建立府院联席机制的情况

表 6 2014 年下半年以来全省各地区落实破产审判中政府公共服务职能情况汇总

地区	得分	文件	组织保障	资金支持	政策协调
温州	10	温州市政府办公室印发《企业破产处置工作联席会议纪要》	建立企业破产处置工作联席会议制度,将市企业破产处置工作领导小组办公室与市处置办进行整合	成立破产援助专项资金。《温州市市级企业破产援助资金管理和使用办法》,温州市财政局拨付 200 万元作为破产援助专项资金,用于支付在破产程序中产生的相关费用和管理人报酬。关于经费使用,温州市中级人民法院于2014 年10 月9 日专门印发《关于使用企业破产援助资金支付破产费用及管理人报酬的意见》(温中法办〔2014〕16 号)	对于以下问题:破产企业涉税处理问题,税务部门及时、主动申报税收债权问题,破产重整后企业信用调整和重整计划通过问题,破产企业涉及违法建筑厂房市场化处置和划拨用地地上建筑物进入市场的问题,债权人抢控破产企业财产处置、查找破产企业股东和管理人员信息及破产企业财产移交程序简化问题,破产企业工商注销登记问题,破产重整中医药企业参与招投标问题,破产企业车辆违法记录消除问题,分别提出针对性的要求。因为涉税问题是破产案件审理中的重点和难点问题,专门出台文件

续表

地区	得分	文件	组织保障	资金支持	政策协调
湖州	8	《湖州市企业破产协调处置工作机制(试行)》(湖政办函〔2015〕3号)	湖州市企业破产处置工作协调小组	企业破产处置资金(市财政安排200万元)	对于破产企业职工社会保险问题,破产企业税收相关问题,破产企业工商登记问题,涉案责任人员查控、债权和流失资产核查问题,破产企业房地产等资产市场化处置问题,管理人开户及重整后企业信用问题,破产企业欠缴水、电、燃气等费用问题,管理人信息查询问题,分别提出针对性的要求
舟山	8	《舟山市人民政府专题会议纪要》(〔2015〕16号)	企业进入破产程序后,前期的“两链”风险处置工作组即为企业破产处置工作协调组	由市财政局安排企业破产应急启动周转资金150万元,舟山中级人民法院会同舟山市财政局共同制定《市级企业破产应急启动周转资金管理和使用办法》	对于破产企业涉税、涉费问题,破产企业相关资产进入市场问题,涉案责任人员查控、债权和流失资产核查问题,管理人开户及重整后企业信用问题,破产企业工商登记问题,破产企业船舶处置过程中的相关问题,分别提出针对性的要求
衢州	8	2015年5月12日衢州市中级人民法院向衢州市委、市政府提交《关于推进“僵尸企业”司法处置 助推我市经济转型升级的报告》,相关领导已批示同意建立200万元企业破产管理人基金,《关于建立企业破产重组盘活工作协调领导小组和企业破产重组盘活工作组的方案》正在制订过程中			
绍兴	8	2015年4月绍兴市中级人民法院向绍兴市政府提交《关于要求解决相关困难促进金融不良资产司法处置的报告》,后市政府召集编委办、经信委、国土局及商务局等部门就建立县级金融审判庭问题、建立涉案资产信息联合发布平台等问题确定解决方案并已经落实。推动市政府出台《绍兴市企业破产协调处置工作机制(试行)》			
杭、宁、嘉、金、台、丽:尚未就破产审判中的政府公共服务职能出台相应文件,主要针对重大案件进行个案协调。得分:6分					

对上述五项指标的得分情况进行汇总,具体情况如下:杭州2+8+8+10+6=34;宁波0+9+4+8+6=27;温州10+10+10+4+10=44;嘉兴2+1+2+3+6=14;湖州4+4+2+5+8=23;绍兴4+7+6+9+8=34;金华0+7+2+3+6=18;衢州8+4+4+7+8=31;台州0+1+2+3+6=12;丽水0+2+2+1+6=11;舟山4+5+2+7+8=26。

四、结语

党的十八届五中全会提出要"更加注重运用市场机制、经济手段、法治办法化解产能过剩,加大政策引导力度,完善企业退出机制"。中央经济工作会议强调要把积极稳妥处置"僵尸企业"作为化解产能过剩的"牛鼻子",司法部门要依法为实施市场化破产程序创造条件。企业破产审判工作迎来了最好的历史发展机遇期。接下来,浙江省各级各地人民法院企业破产审判工作的推进将积极贯彻落实中央、省委的工作部署,并从以下几个方面继续深化、细化:(1)及时出台《管理人指定工作规程(试行)》《关于执行程序和破产程序衔接若干问题的讨论纪要》2个规范性文件,使管理人制度更加成熟,执破衔接这项工作有章可循。(2)密切关注和及时跟进最高人民法院正在谋划实施的"全国法院破产重整信息平台"这项工作,完善我省法院破产案件的审判业务系统,积极促进浙江法院企业破产审判工作中的司法公开。(3)开展2016年全省法院重点调研课题"关于管理人履职工作的调研",在前期分级管理的基础上,探索适时扩大省级管理人队伍,完善个案中管理人的考核机制。(4)进一步推动各中级人民法院与当地政府构建和完善破产审判中的府院联席机制,优化我省企业破产审判的外部环境。(5)监督指导中级人民法院结合当地实际启动清算和破产案件审判庭建设工作,强化企业破产审判工作的组织保障。

浙江省各级各地人民法院破产审判报告（2016年）

浙江省高级人民法院民二庭*

2016年是实施“十三五”规划的开局之年，也是推进供给侧结构性改革的攻坚之年。2015年年底，中央经济工作会议指出，要积极稳妥化解产能过剩，要按照企业主体、政府推动、市场引导、依法处置的办法，因地制宜、分类有序处置。要依法为实施市场化破产程序创造条件，加快破产清算案件审理。2016年浙江省政府工作报告也提出要建立健全优胜劣汰机制，对“僵尸企业”通过兼并重组、债务重组乃至破产清算实现市场出清。继续关停落后产能、整治“低小散”。2016年年初，最高人民法院在杭州召开全国部分法院依法处置“僵尸企业”调研及工作座谈会，充分肯定浙江破产审判所取得的成绩，并对下一步工作进行部署，在2016年陆续出台了《关于依法开展破产案件审理积极稳妥推进破产企业救治和清算工作的通知》《关于破产案件立案受理有关问题的通知》等文件。围绕省委、省政府和最高人民法院的工作部署，浙江法院在2016年继续深入推进市场化、法治化破产审

* 执笔人：章恒筑，浙江省高级人民法院审判委员会委员、民事审判第二庭庭长，法学博士；王雄飞，浙江省高级人民法院民事审判第二庭法官，法律金融学博士；俞意能，中国人民大学法学院法律硕士。

判工作,并逐渐向常态化迈进。

一、全省法院破产案件审理总体情况

2016 年全省法院共受理破产案件 849 件,同比增长 37.4%,其中清算案件 767 件、重整案件 78 件、和解案件 4 件。全省法院共审结破产案件 427 件,同比增长 35.1%,其中清算案件 363 件、重整案件 62 件、和解案件 2 件。

(一)全省法院受理破产案件情况

1. 根据图 1 分析:(1)从案件受理数量来看,与 2015 年相比,除宁波、湖州、舟山 3 个地区 2016 年的案件受理数量有小幅下滑外,金华地区持平,其他地区均呈上升态势。(2)从增长的速度来看,近 3 年增长速度最快的为衢州、嘉兴和丽水地区。衢州地区受理案件数量增长幅度最大,比 2015 年增长了 124%。温州地区在基数已经较大的基础上,2016 年受理案件数量仍增长 52%。

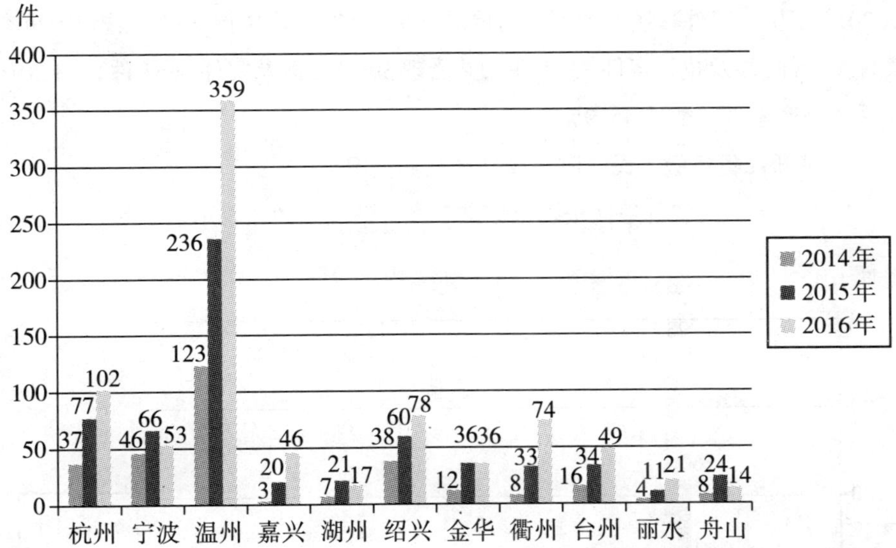

图 1 2014 年、2015 年、2016 年浙江省各地区法院受理破产案件情况

2. 从全省各个法院受理破产案件的情况来看,全省法院受理破产案件数前 10 的法院如表 1 所示:

表1 浙江省各法院破产案件受理情况

单位:件

瑞安市人民法院	瓯海市人民法院	温州市中级人民法院	鹿城市人民法院	乐清市人民法院	萧山区人民法院	永嘉县人民法院	诸暨市人民法院	龙湾市人民法院	杭州市中级人民法院
101	48	46	39	32	30	29	25	23	22

(1)据了解,2016年单个法院受理破产案件超过百件的全国仅2家法院,即深圳市中级人民法院和瑞安市人民法院,而有所不同的是,深圳市中级人民法院实行全市范围内破产案件的集中管辖,而瑞安市人民法院则不存在这种情况。(2)2016年全省法院受理破产案件数量前10的法院,温州地区位居第7,与温州地区总量大也是相对应的。

3.从破产案件受理的来源来看,2016年全省法院受理破产案件有一个较为突出的情况,即执行程序移送破产审查并最终受理破产案件的情况较为明显。从2016年执行案件移送破产审查的情况分析,全省法院执行案件移送破产审查案件452件(涉及执行案件8307件),共受理390件(涉及案件6663件),占2016年受理破产案件总数的45.9%。

(二)浙江省各级人民法院审结破产案件情况

1.近3年浙江省各地区法院审结破产案件情况如图2所示。

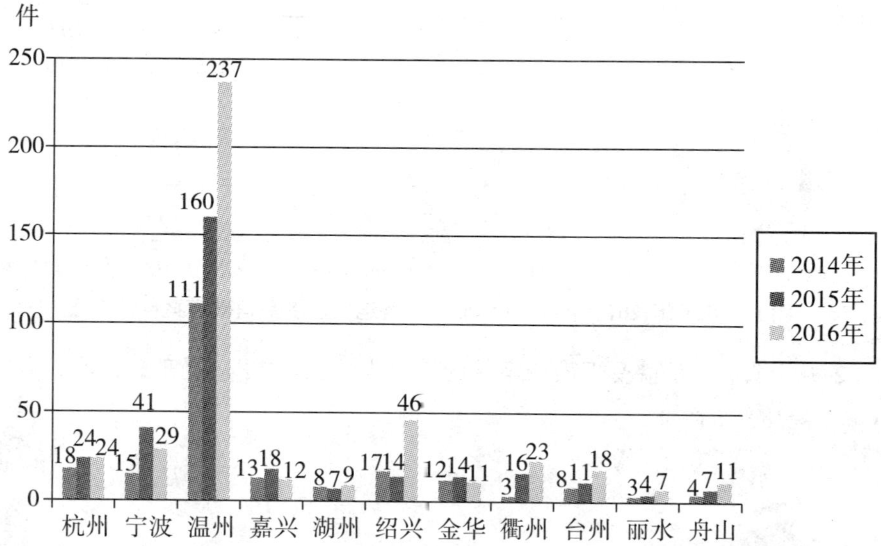

图2 2014年、2015年、2016年全省各地区法院审结破产案件情况

根据图2分析,绍兴地区审结破产案件增长最为迅速,2016年同比增长228.6%。温州地区在基数已经较大的情况下,2016年审结破产案件也实现了48%的增幅。

2.从全省各个法院审结破产案件的情况来看,全省法院审结破产案件数前10的法院如表2所示。

全省法院审结破产案件排名前八的法院均为温州地区的法院。越城人民法院和诸暨人民法院审结破产案件数量也位列前10,也与图2反映的情况相对应。

表2　浙江省法院审结破产案件前10名法院

单位:件

瓯海区人民法院	瑞安市人民法院	鹿城区人民法院	温州市中级人民法院	永嘉县人民法院	乐清市人民法院	龙湾区人民法院	平阳县人民法院	越城区人民法院	诸暨市人民法院
49	36	35	33	25	19	15	14	11	11

3.截至2016年年底,全省法院未结破产案件共1121件,其中12个月以上未结案数494件,18个月以上未结案数288件,3年以上未结案数100件。全省法院未审结破产案件数前10的法院如表3所示。

表3　浙江省未结破产案件数前10名法院

单位:件

瑞安市人民法院	萧山区人民法院	柯桥区人民法院	鹿城区人民法院	温州市中级人民法院	余杭区人民法院	诸暨市人民法院	杭州市中级人民法院	龙湾区人民法院	慈溪市人民法院
110	52	47	41	39	30	30	27	27	23

二、浙江省高级人民法院总体部署,全省法院深入推进市场化、法治化、常态化破产审判工作

2016年年初,浙江省高级人民法院党组在全省法院院长会议上就对破产审判工作进行了全面部署,将“聚焦‘僵尸企业’处置,进一步加强破产审判”作为2016年全省法院要突出抓好的4项工作之一,要求依法受理企业破产案件。要依法打通民事执行程序向破产程序转化的通道,使执行转破产成为依法受理破产案件的重要途径。要充分运用清理“僵尸企业”的有利契机,用足用好各项政

策措施，推动建立破产费用保障、破产企业税收优惠等配套机制。

2016年2月24～25日最高人民法院在杭州召开全国部分法院依法处置“僵尸企业”调研及工作座谈会，最高人民法院审委会专职委员杜万华出席会议并讲话。来自全国24个省、自治区、直辖市的部分法官和浙江省经信委、中国人民银行杭州中心支行、银监局、发改委、国资委、金融办等有关负责人参加。杜万华专委在总结讲话中要求各级人民法院牢固树立服务意识，积极适应经济发展新常态，依法稳妥处置“僵尸企业”，服务供给侧结构性改革。要根据市场化的要求建立破产重整企业的识别机制，对“僵尸企业”分类评估、分别处置；要建立破产企业重整信息平台机制，运用现代信息化手段最大限度促进企业重整成功，促进经济资源在更广阔的范围内配置；要建立企业破产工作统一协调机制，在党委有力领导和政府相关职能部门支持下，保障处置工作有序开展、稳妥推进；要建立合法有序的利益衡平机制，依法处理好职工工资、国家税收、担保债权、普通债权的顺序和实现方式问题。

此次全国部分法院依法处置“僵尸企业”调研及工作座谈会在杭州召开，是最高人民法院在全国部署法院发挥司法职能推进“僵尸企业”处置工作的标志，是对浙江法院前期工作成绩的肯定，对浙江法院在市场化法治化基础上实现破产审判工作常态化起到了积极推动作用。2016年浙江省各级各地人民法院破产审判工作的新成绩，主要体现在以下4个方面。

（一）司法平台建设：进一步健全和优化法院内部破产审判工作机制

1.加强破产审判专业化队伍建设。2016年5月最高人民法院下发《关于依法开展破产案件审理积极稳妥推进破产企业救治和清算工作的通知》，要求加快建立专门清算与破产审判庭。浙江省高级人民法院积极贯彻落实推进这项工作。截至2016年年底，全省有3家中级人民法院、12家基层人民法院设立了单独的破产审判庭。

2.完善执破衔接工作机制，大力推进执行案件移送破产审查工作。2016年5月浙江省高级人民法院在全国率先出台《关于执行程序和破产程序衔接若干问题的纪要》（以下简称《纪要》）。《纪要》以贯彻民事诉讼法司法解释所确立的执行程序和破产程序衔接的原则规定为主旨，围绕破产审判工作和“基本解决执行难”的工作部署，明确执破衔接工作应遵循合法合规、协作配合、高效便捷、强化监督4项工作原则，就执破衔接工作的启动与释明、执行法院之间，以及执行法院与破产管辖法院之间执破衔接工作等内容提出了工作指引。《纪要》的相关内容被吸收进最高人民法院《关于执行案件移送破产审查若干问题的指导意见》之中。温州中级人民法院在《关于执行移送破产程序的会议纪要》的基础上出台《关于执行移送破产程序的会议纪要(二)》,明确了执行移送破产的案件范围,要求优先考虑时间因素和财产因素,强调移送工作在解决执行难、促使债权人利益最大化方面的实质效果;提出了涉诉涉执查询的方式方法,分别指出了破产案件预审查阶段、立案阶段、审理阶段的债务人涉诉涉执查询的方式方法;加强了执破对接,提出了在一定条件下通过执行查控系统查控破产财产、授权执行部门继续进行资产处置相关工作的条件与流程,也提出了破产财产的保管方式、进入破产程序时债务人财产变价款的处置及过户手续的办理方式;强化了执行征信修复体系,明确债务人企业重整成功后,管理人函告相关法院执行部门,请求消除重整企业执行失信记录的,相关法院执行部门应予以准许并及时办理相关手续。2016年全省法院执行案件移送破产审查案件452件(涉及执行案件8307件),共受理390件(涉及案件6663件)。

3. 加强业务交流和指导。全省法院协力强化破产审判的监督、指导和协调机制,除了破产案件审理过程中对一些重点疑难问题进行共同研究外,浙江省高级人民法院和全省各中级人民法院还总结经验,适时出台业务指导文件(见表4)。

表4 2016年全省法院破产业务文件汇总

浙江省高级人民法院	《关于执行程序和破产程序衔接若干问题的纪要》
	《破产案件管理人指定工作规程(试行)》
杭州市中级人民法院	《与破产有关的疑难问题的解答(一)》
	《关于确定破产案件管理人报酬的相关意见(试行)》
温州市中级人民法院	在《关于执行移送破产程序的会议纪要》的基础上出台《关于执行移送破产程序的会议纪要(二)》
	《关于通过网络司法拍卖平台处置企业破产财产的会议纪要》
嘉兴市中级人民法院	《关于规范执行案件移送破产审查的意见(试行)》
湖州市中级人民法院	《关于审理破产案件有关问题的讨论纪要》
衢州市中级人民法院	编印《企业破产实务指南》
	《关于规范执行程序与破产程序衔接工作的操作指引(试行)》

续表

台州市中级人民法院	《关于企业破产案件简易审理规程》
	《关于执行程序和破产程序衔接工作操作规程》
舟山市中级人民法院	《关于航运、造船企业破产案件的审理指引》

2016年5月最高人民法院公布了人民法院依法审理破产案件、推进供给侧结构性改革十大典型案例,我省湖州安吉人民法院审理的浙江安吉同泰皮革有限公司执行转破产清算案和绍兴中级人民法院审理的浙江玻璃股份有限公司及其关联公司合并破产案入选,入选数量为全国第一位。

(二)府院联动构建:进一步完善破产审判外部环境

1.率先在全国建立省级层面实质性运作的府院联动机制。2016年3月省政府出台《关于加快供给侧结构性改革的意见》,提出要在5年内基本实现市场出清的目标。浙江省高级人民法院以推进破产审判府院联动机制为抓手,依托浙江省促进兼并重组工作部门联席会议的工作机制,积极建言献策,推动出台府院联动的框架性文件。2016年6月,省并购办联合浙江省高级人民法院等13个部门单位出台《关于处置"僵尸企业"的指导意见》(以下简称《意见》),《意见》强调要运用法治思维和法治方式,充分发挥《企业破产法》在"僵尸企业"处置中的作用,支持法院依法独立行使审判权。《意见》明确,各市、县(市、区)政府要主动与法院建立府院联动机制,积极对接最高法院和浙江省高级人民法院有关市场化、法治化、常态化破产审判工作的部署,落实政府的维稳属地责任及公共服务和社会管理职能。《意见》还就在"僵尸企业"处置和破产审判中落实和完善税收、金融、土地管理和财政等政策问题提出了具体意见。2016年11月,省并购办还出台了《关于成立省级"僵尸企业"处置府院联动机制的通知》和《推进企业破产审判重点工作及任务分工方案》等重要文件,细化了省有关部门在法院推进破产审判工作中的公共服务职能。省级层面破产审判府院联动机制的建立和实质性运作,是深化我省破产审判的基础性工作。

2.在省级层面实质运作府院联席制度框架中,推动全省各地区破产审判府院联动机制进一步深化。我们对全省各地区2016年破产审判府院联动机制建设的情况进行了汇总,总体来说,是在原来基础上有了进一步提升:一是内容更加细化、深化,如温州地区对于破产审判府院联动机制的内容进行了工商登记等方面更为细化的探索;二是更多地区探索设立破产审判协调小组等协调性的机构;三是陆续出台相关文件,巩固合作成果;四是破产专项资金的设立逐步得到推广(见表 5)。

表 5 2016 年浙江省部分地区破产审判府院联动机制建设情况汇总

地区	组织机构	文件
杭州市	涉众型破产案件维稳综合协调处置领导小组	—
富阳区	区防范和化解企业资金链风险协调处置组	—
建德市	涉困企业协调处置工作领导小组	《建德市加快工业企业“腾笼换鸟”“退低进高”促进经济转型升级的实施办法》
余杭区	2016 年开始,余杭区成立企业破产综合处置工作领导小组,下设企业破产综合处置协调办公室	《关于专题研究企业破产综合处置工作的府院联席会议纪要》
萧山区	化解企业风险促进经济平稳发展工作领导小组办公室	—
温州市	2014 年建立企业破产处置工作联席会议制度,将市企业破产处置工作领导小组下设办公室与市处置办进行整合	2016 年 7 月 21 日温州中级人民法院与温州市市场监管局在温州中院举行了签约仪式并出台《温州市市场监督管理局协助人民法院执行企业破产相关登记操作规范》;2016 年 7 月 22 日温州中级人民法院与中国人民银行温州市中心支行联合印发了《关于贯彻落实“共同推动供给侧结构性改革　防范金融风险的合作框架协议”的会议纪要》
嘉兴市	—	嘉兴市中级人民法院与中国人民银行嘉兴市中心支行于 2016 年 11 月 11 日签署《关于共同推进供给侧结构性改革　防范金融风险的合作框架协议》
湖州市	湖州市企业破产处置工作协调小组(2015 年)	《湖州市企业破产协调处置工作机制(试行)》
		湖州中级人民法院与中国人民银行湖州市中心支行签订《关于共同推动供给侧结构性改革　防范金融风险的合作框架协议》

续表

地区	组织机构	文件
绍兴市	成立包括发改委、人力社保局、财政局等25个政府部门相关领导为成员的破产协调处置工作领导小组	2016年年初正式出台了《绍兴市企业破产协调处置工作机制(试行)》
		与市中国人民银行共同起草并联合出台了《共同推动供给侧结构性改革 防范金融风险的行动计划》
台州市	—	分别与12家相关职能部门共同制定《关于分类处置"僵尸企业"的实施意见》文件,与市人民银行制定《关于共同推动供给侧结构性改革 防范金融风险的合作框架协议》

表6 2016年浙江省各地区设立破产专项资金情况

	额度	文件
杭州市	500万元	《杭州市企业破产保障项目经费管理和使用暂行办法》
富阳区	—	《破产管理人专项基金管理和使用办法(试行)》
余杭区	200万元	《杭州市余杭区企业破产援助专项资金管理和使用暂行办法》
湖州市	两级财政拨付1300万元,在全省率先实现全市"全覆盖'	《关于管理人报酬保障和援助基金管理办法(试行)》
金华市	200万元	《金华市市级破产基金管理和援助办法》
衢州市	200万元工业企业破产管理人专项资金	衢州市中级人民法院会同市经信委、市财政(地税)局出台《衢州市市级工业企业破产管理人专项资金管理和使用办法(暂行)》,还与市律师协会、市注册会计师协会联合制定《衢州市管理人报酬援助资金管理规程(试行)》
台州市	市级200万元,椒江区、温岭市也分别设立100万元、200万元破产援助资金	—

(三)专业管理提升:进一步完善管理人动态管理工作

1. 出台《破产案件管理人指定工作规程(试行)》,实现区域性重大破产案件竞争方式指定管理人常态化,进一步规范管理人动态管理机制。2016 年 5 月在总结前期工作的基础上,浙江省高级人民法院出台《破产案件管理人指定工作规程(试行)》,规程围绕“有利于破产审判常态化推进”“有利于管理人市场培育”“有利于确保司法廉洁、防范利益输送”和“具有可操作性”的要求,就破产案件通过随机、竞争等方式指定管理人提出了操作性意见。从 2016 年 6 月 6 日规程实施以来,截至 2016 年年底浙江省各级各地人民法院共 38 次通过竞争方式指定区域性重大破产案件管理人。

根据规程,浙江省高级人民法院首次引进 17 家来自北京、上海和江苏的优质中介机构参加省内区域性重大破产案件管理人指定的竞争。浙江省高级人民法院民二庭、司法鉴定处共同牵头完成了 2016 年全省法院重点调研课题《破产管理人履职情况调研》。

2. 组织培训和专题论坛,提升管理人履职能力。浙江省高级人民法院继续依托省律师协会、省注册会计师协会的继续教育平台开展管理人培训。继杭州市余杭区亿法院、瑞安市人民法院会同中国人民大学破产法研究中心举办“中国破产法论坛——房地产企业破产专题研讨会”“中国破产法论坛——僵尸企业处置与破产审判工作专题研讨会”后,浙江省高级人民法院还推动省律师协会召开造船、航运企业破产法律问题专题研讨会,省内外的破产管理人机构积极参与,就造船、航运企业破产案件审理中的常见法律疑难问题展开深入研讨,及时总结审判经验。

3. 加强破产管理人行业自律。为构建管理人交流平台,加强行业自律建设,在相关中级人民法院指导下,温州、绍兴和杭州等地陆续成立了管理人协会(或互助会)。协会主要承担以下职责:(1)反映会员诉求,维护会员权益。(2)搭建平台,加强信息沟通,开展业务培训。(3)代表全体破产管理人协调各级法院、司法行政、财税机关及其他相关部门的工作等。

(四)市场机制创新:进一步探索破解破产企业的融资“瓶颈”

1. 积极探索破解重整企业信用修复难题。破产重整企业的融资问题始终是困扰破产重整进程的重要因素,这一问题又细分为 2 个方面:一是重整过程中的融资问题,二是重整成功后的企业信用修复。2016 年 10 月为落实最高人民法院周强院长和全国政协副主席、中国人民银行行长周小川的批示精神，浙江省高级人民法院与中国人民银行杭州中心支行签署《共同推动供给侧结构性改革防范金融风险的合作框架协议》，框架协议对强化信息共享、打击逃废债、推动企业财产执行、解决企业信用修复难题、提升金融机构参与破产程序积极性、优化破产审判金融环境、深化“点对点”网络查控机制等明确了意见。温州中级人民法院与人行温州市中支联合印发《关于贯彻落实“共同推动供给侧结构性改革　防范金融风险的合作框架协议”的会议纪要》，就完善重整企业信用修复机制问题进行专门明确，对于重整成功后需要对其信用记录进行修复的企业，中国人民银行温州市中心支行应根据管理人提出申请并由法院出具相关函件的情况下通过添加“大事记”或“信息主体声明”等手段对企业的重整情况进行说明；债务人企业重整计划经人民法院裁定批准且债务清偿执行完毕后，中国人民银行温州市中心支行将及时协调相关商业银行按照程序重新上报债权债务关系，征信系统内原信贷记录将展示为结清状态，对于企业重整程序的顺利推进意义重大。

2. 破产财产网络司法拍卖试点推进。从广义上来说，破产程序中的融资问题既包括重整企业的融资，也包括清算企业的财产处置。在执行程序拍卖的基础上，浙江法院探索推进破产财产的网络司法拍卖。据淘宝网统计，2016 年 4 月～2017 年 4 月，全国 11 各省份 103 家法院在淘宝进行破产财产的网络司法拍卖，成交标的数约 600 件，成交金额 60 亿元，成交标的平均溢价率 52.23%。

三、破产审判工作中亟待解决的问题

2016 年浙江省各级各地人民法院在破产审判工作的推进过程中，仍然存在一些问题和困难。这些问题的产生，多和破产审判配套机制不完善、裁判尺度不统一、一些管理人机构履职能力和法官司法能力不足有关。主要是：

1. 破产案件审理难度高、审理力量不匹配、相关制度不配套的矛盾更加突出。2016 年是中央推进供给侧结构性改革的攻坚之年，也是最高人民法院大力推进破产审判、多措并举的一年。最高人民法院于 2016 年 7 月下发《关于破产案件立案受理有关问题的通知》，强调“不得在法定条件之外设置附加条件，限制剥夺当事人的破产申请权，阻止破产案件立案受理”。浙江省各级各地人民法院全年共受理破产案件，占全国法院受理破产案件的 15%。在受理案件大幅增加情况下，审判力量不匹配、绩效考核不配套，案多人少的矛盾异常突出。另外，破产审判外部配套机制不完善也影响了破产案件的审判质效。2015 年年底浙江省法院破产案件未结案数 699 件,2016 年年底上升到 1121 件,增长 60%。绍兴市中级人民法院反映,在债权人提出破产申请的情形下,对一些符合破产案件受理条件,但又涉及大量职工安置、有重大群体性信访隐患的破产申请,如何既坚持依法受理又做好维护社会稳定工作,是考验司法智慧的难题。

2. 破产衍生诉讼增加与破产程序协调和衔接的问题更加突出。随着破产案件受理数量的增加,破产衍生诉讼增长的幅度加大。破产衍生诉讼案件的审理进程、审理结果与破产程序的协调和衔接成为一个更加需要重点关注的问题。嘉兴市中级人民法院反映,如桐乡人民法院受理的浙江凯旋万豪置业有限公司破产清算案、浙江德美彩印有限公司破产清算案,均涉及大量衍生诉讼,主要包括买卖合同,确认债务人行为无效,撤销权、抵销权、债权确认之诉,取回权纠纷等,其中浙江德美彩印有限公司破产清算案共审结衍生诉讼 24 件,为破产企业挽回损失 7600 万元,但同时,由于较多案件经过一、二审方能结案,亦可能严重影响破产案件的审理进程。

3. 破产案件简化审理的需求更加突出。随着破产案件受理数量的增加,破产案件的差异性将表现得更加明显,既有资产达上亿元甚至几十亿元、债权债务关系复杂、债权人数众多的重大破产案件,又有大量"无资产、无人员、无账册"的"无产可破"破产案件。而在法律制度上,只有一部统一的《企业破产法》,其规定的受理、指定管理人(受理同时)、通知已知债权人并予以公告(裁定受理之日起 25 日内)、管理人接管、债权申报(自发布受理破产申请公告之日起计算 30 日至 3 个月)、召开债权人会议(债权申报期限届满之日起 15 日)等程序对于所有进入破产程序的企业法人一体适用,并没有简易程序的规定。破产案件受理数量的增加、破产案件的差异性与破产程序的统一性之间的矛盾将更加突出。

4. 执行程序与破产程序的衔接需求将更加突出。随着执行移送破产审查工作的进一步推进和制度的完善,执行移送破产审查案件量将大幅上升。如何更好处理执行程序与破产程序的关系已经成为破产理论和实务的重要课题。如对于债务人企业财产查控的问题,管理人接管债务人企业后,需进行财产状况调查,但实务中困难重重。而执行部门的网上查控系统实际上可以解决管理人很大一部分的调查工作。如何有效借助执行的网上财产查控系统破解破产案件财产查控的难题,需要深入探讨。再如,网络司法拍卖的问题,最高人民法院的执行网拍规定没有考虑破产案件的特殊性,有些案件的评估可能比较复杂,但评估价值不一定高,比如公司股权评估。债权人会议认为不需要评估而委托网拍,但执行部门认为按网拍规定,必须先由法院从名录中选取评估机构进行评估,否则不予受理网拍。这实际上加大了清算工作负担,增加了清算成本。

5. 进一步加强对管理人的个案和常态监督、考核的需求将更加突出。《企业破产法》第27条规定,管理人应当勤勉尽责,忠实执行职务。但破产案件办理周期较长,有些工作无法量化,且当前尚缺乏常态的管理人工作评价机构和评价体系,债权人会议制度也较为松散,如何监督管理人是否勤勉工作,需要有一个相对客观的管理评价机制及奖惩退出制度。随着破产案件数量的大幅增加,这一需求将更加突出。

四、下一步重点工作安排

随着破产案件受理数量大幅增加,破产审判中的各类问题将更为集中、更为突出,2017年是破产审判迎难而上的一年,机遇与挑战并存。按照浙江省高级人民法院党组的统一部署,浙江法院将在原有工作基础上,继续重点推进以下几项工作。

(一)深入、细化推进府院联动机制

银行解除查封、破产程序中的税收优惠、工商注销登记、破产程序中的股权变更登记等问题,都属于相关法律与《企业破产法》的对接问题,需要通过顶层设计和优化管理人履职的外部政府公共服务职能予以逐步解决。在当前供给侧结构性改革和依法处置"僵尸企业"工作深入推进的背景下,相关政府部门越来越认识到破产审判工作的重要意义。在前期大量工作基础上,浙江依托省促进企业兼并重组工作部门联席会议机制,已经出台《关于处置"僵尸企业"的指导意见》和《推进企业破产审判重点工作及任务分工方案》,在责任分解方案中,对于成立破产管理人基金、加大破产企业税收支持、简化破产企业工商登记等均有明确的任务和落实责任单位。浙江已经在全国率先在省级层面实质运作破产审判的府院联席制度,全省各地区破产审判府院联动机制进一步深化。但是,全省各地区这项工作推进程度还有较大差别,有的地区才刚刚建立,有的地区已经在合作框架基础上深入到破产审判的具体问题的对接,如温州。下一步,这项工作要继续与省并购办"僵尸企业"处置工作对接,边试点,边成熟、复制、推广,在县(县

级市)或市试点可行的方案,适时在省级层面推广,降低制度运行成本,提高效率。

(二)大力推进破产财产网络司法拍卖

执行程序中的网络司法拍卖与破产程序中破产财产网络拍卖法律行为性质不同,前者是法院自行拍卖的一种公法行为,后者为管理人通过网络平台进行拍卖的私法行为。这就产生以下区别:(1)前者不适用拍卖法的规定;后者原则上应适用拍卖法的规定。(2)人民法院已按规定对拍卖标的的相关信息予以公示和特别提示,且在拍卖公告中声明不能保证拍卖财产真伪或者品质的,不承担瑕疵担保责任;破产程序的网络拍卖出卖人原则上应承担瑕疵担保责任。(3)前者拍卖成交后买受人悔拍的,交纳的保证金不予退还,但原则上不承担前后拍卖差价的赔偿责任;后者拍卖成交后买受人悔拍的,除交纳的保证金不予退还外,原则上还应承担前后拍卖差价的赔偿责任。(4)前者只能降价2次,2次拍卖流拍的,进行变卖;后者原则上不受2次拍卖的限制,等等。下一步,我们将考虑适时修改《关于企业破产财产变价、分配若干问题的纪要》,或者单独制定破产财产网络司法拍卖的业务指导文件,大力推进破产财产的网络司法拍卖。

(三)修改《管理人规程(试行)》,重点完善管理人动态管理机制

在总结一年多通过竞争方式指定管理人工作经验的基础上,浙江省高级人民法院已经于2016年5月出台了《破产案件管理人指定工作规程(试行)》。前已述及,到2016年年底,已经按照新规程开展了38次通过竞争方式指定管理人工作。我省已经建立了一支在数量上居于全国首位的管理人队伍和管理人分级制度。但是,作为管理人制度的重要内容之一的退出机制成为管理人制度的短板。下一步,将结合全国法院重整案件信息平台运行和我省破产审判信息化工作的推进,着力完善管理人的履职报告制度、完善债权人会议和法院的管理人评价机制,以这些内容作为管理人评价的重要依据,逐步完善管理人动态管理机制。

杭州市两级人民法院破产审判调研报告(2007～2017年)*

杭州市中级人民法院课题组**

2007年6月1日开始实施的《企业破产法》系我国第一部市场经济的企业重生和退出法,对于完善市场经济法律体系,维护市场经济正常秩序和促进市场经济健康发展具有十分重要的意义。10年来,从应对金融危机、实现困境企业重生,到化解"资金链""担保链"的"两链"风险,再到保障供给侧结构性改革、处置"僵尸企业",助推"提前基本解决执行难",落实G20峰会中美元首杭州会晤中中方关于建立和完善公正的破产制度、机制推进破产法实施的承诺,在党委领导、政府支持下,在上级人民法院指导下,杭州市两级人民法院紧紧围绕党和国家工作大局,逐步更新破产审判理念,建立和完善破产审判内外部机制,综合运用破产清算、重整、和解程序,

---

* 2017年7月13日上午,杭州市中级人民法院召开新闻发布会,通报自2007年6月1日《企业破产法》实施以来,杭州两级法院10年破产审判工作情况和十大典型案例介绍,并发布杭州法院破产审判工作白皮书。本书收入的是破产审判工作白皮书全文,感谢杭州市中级人民法院副院长许米、清算与破产审判庭副庭长施迎华对本书编辑出版工作的支持。——编者注

** 课题组成员:许米,杭州市中级人民法院副院长;施迎华,杭州市中级人民法院清算与破产审判庭副庭长;夏文杰,杭州市中级人民法院清算与破产审判庭法官。

促进45家企业重整、和解成功、重焕活力,促进110家"僵尸企业"有序退出市场,盘活企业账面资产148.5亿元,释放土地4109亩、房屋168.7万平方米,充分发挥了破产审判在挽救危困企业、促进产业转型升级、化解区域经济风险、维护区域社会稳定中的重要作用,走出了一条常态化、市场化、法治化的破产审判之路。

一、破产案件概况和主要特点

(一)案件概况

2007年6月1日至2017年5月31日,杭州市两级人民法院共计裁定受理破产案件348件,其中破产清算263件,重整83件,和解2件。10年里,案件数量呈节节攀升之势。如2008年杭州市两级人民法院裁定受理破产案件4件,2012年达到17件,2013年大幅增至36件,2016年更是高达102件(见图1)。

10年里杭州市两级法院共计审结破产案件155件(包括《企业破产法》实施以前受理的破产案件17件),其中破产清算109件,重整44件,和解2件。从数据来看,年结案数量虽逐步增长,但结案增长速度与收案增长速度之间明显失衡(见图1)。截至2017年5月31日,杭州市两级法院未审结的破产案件为210件,存案工作量较大,集中体现了破产程序周期长的现实状况。

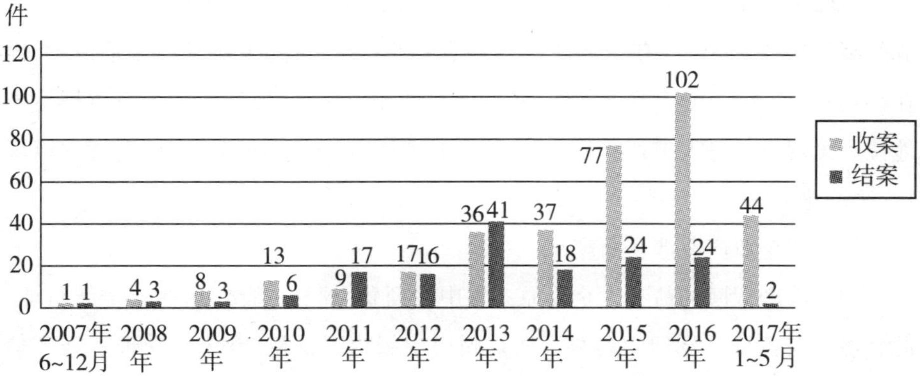

图1 杭州市两级人民法院破产案件历年收、结案数

10年里,杭州市中级人民法院共裁定受理破产案件79件,占杭州市两级法院受理案件总数的23%。在杭州基层人民法院中,除铁路法院外的14家基层人民法院均已受理破产案件,但案件数量存在较大差别。其中,萧山区人民法院共受理83件,富阳区人民法院共受理47件,余杭区人民法院共受理38件,建德市人民法院共受理33件,分别占杭州市两级法院受理总数的24%、13%、11%、9%。其他10家基层人民法院受理案件数量共占杭州市两级法院受理总数的20%(见图2)。

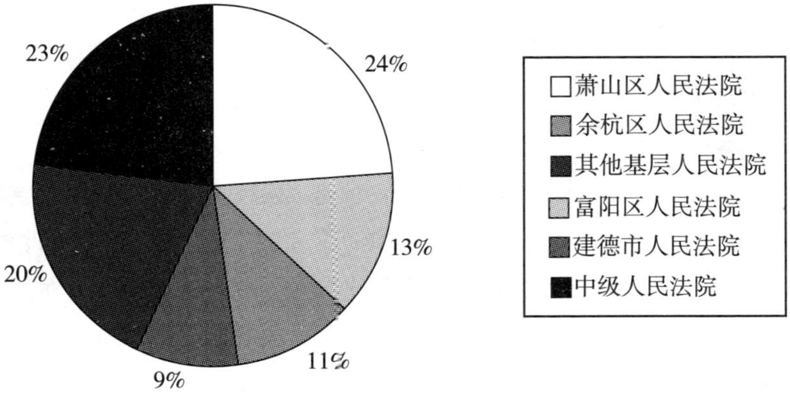

图2 各法院受理案件占比

(二)案件主要特点

1. 民营企业破产案件占比极高

杭州市民营经济非常发达,在经济结构中占比较大,这一特征也直接反映在破产领域。据统计,10年里杭州市两级法院受理的破产案件中债务人为民营企业的高达98%以上,国有企业破产案件自《企业破产法》实施以后数量极少,而在《企业破产法》实施之前的较长一段时间里,国有企业破产案件一直占据主导地位。民营企业进入破产程序一定程度上更体现了《企业破产法》实施的市场化、法治化方向。

2. 破产企业产业涉及面广

进入破产程序的债务人企业原多集中在商贸、建材、造纸、机械等传统行业,但有逐渐向各行业蔓延的趋势。如杭州市中级人民法院2013年受理了破产债务人为出租车运营企业的重整案;2015年受理了破产债务人为小额贷款公司这一非银行金融机构的破产清算案,上城区人民法院还受理了全国首例破产债务人为拥有支付业务许可证企业的破产清算案;富阳区人民法院、临安区人民法院、杭州市中级人民法院2016年均受理了破产债务人为旅游服务企业的破产清算案;浙江省大型海洋运输企业远洋公司也于2016年进入破产清算程序。值得一提的是,近年来,房地产行业进入破产程序的情况比较突出。如余杭区人民法院目前审理的破产案件中,破产债务人为房地产企业的就有9件;2016年建德市人民法院、淳安县人民法院各受理了2件房地产企业破产案件,江干人民法院、桐庐人民法院各受理了1件房地产企业破产案件。

3. 关联企业破产情形常见

杭州市规模以上的民营企业具有集团化发展的特点,且多为家族式治理,关联企业之间人员、资产、财务、经营场所混同的情形较为普遍。杭州市两级法院受理的破产案件中关联企业同时或先后进入破产程序的情况较为常见。如杭州市中级人民法院2012年审理的"中江系"企业破产案,先后进入破产程序的关联企业达30家;余杭区人民法院2014年审理的"中都系"企业破产清算案,已经进入破产程序的关联企业有19家;萧山区人民法院2015年审理的"登峰系"企业破产清算案,先后进入破产程序的关联企业有21家。此类案件往往债务总额巨大、资产权属无法厘清、关联企业之间债权债务难以认定,债权人人数庞大,涉稳问题严重,审理难度极大。

4. 刑民交织现象较为严重

近年来,杭州市一些民营企业囿于资金紧张、传统融资渠道限缩而深度介入民间借贷,造成刑事领域的集资类案件与企业破产案件交织。如杭州市中级人民法院审理的"中江系"企业破产案件、"中润系"企业重整案件中,余杭区人民法院审理的"中都系"企业破产清算案、杭州谛都公司破产清算案中,企业实际控制人均构成非法吸收公众存款犯罪。在"企业构成破产原因,企业或企业主构成集资类犯罪"的"双构成"情况下,刑事程序与破产程序如何衔接、刑事被害人和破产程序中的普通民事债权人的利益如何平衡问题,缺乏明确的法律依据,一直是破产审判实践的棘手难题。

5. 涉众涉稳问题突出

破产程序本质上属于概括执行程序,集中了破产债务人的各类利害关系人参与,破产案件容易具有涉众性特征。而各类利害关系人之间往往存在利益冲突,极易造成涉稳问题。杭州市两级法院审理的破产案件中,不少涉众涉稳问题非常突出。如杭州市中级人民法院审理的"中润系"企业重整案,涉及1152辆出租车(约占杭州市出租车总量的13%)、近3000名出租车驾驶员和2000多名债权人,出租车驾驶员、债权人在案件审理期间曾通过各种方式表达诉求,带来非常大的维稳压力；滨江人民法院审理的"龙禧系"破产清算案，债权人有近1700名，债权人在案件受理前后曾多次集体上访。房地产企业破产案件中涉众涉稳问题则更加典型。此类案件往往涉及众多业主，少则百人，多则千人，且房地产企业破产案件多牵涉地价的清偿、税费的补缴、烂尾楼的复工续建、房产的验收、房产证的办理、小产权房的处理等大量社会问题。涉众涉稳问题的突出存在，已在一定程度上影响到了破产审判的常态化推进。

二、加强破产审判工作的特色举措

杭州市两级人民法院10年里的破产审判工作，大致可以分为3个阶段：第一阶段是从2007年6月1日《企业破产法》开始实施到2011年。该阶段破产审判工作的主题是金融危机背景下对有发展前景的危困企业尽可能以重整方式化解债务危机、促进企业涅槃重生。第二阶段是从2012～2014年下半年。面对企业"资金链、担保链"的"两链"风险的集中出现，破产审判工作的重点在于推动大多数债务人企业通过破产清算方式有序退出市场，发挥破产审判促经济转型升级的职能作用。第三阶段是2014年下半年至今。该阶段是在深化供给侧结构性改革以及破产助推解决执行难、畅通执转破渠道的背景下，着重发挥破产法律制度的"僵尸企业"处置功能和概括执行功能，破产审判工作的常态化、专业化、市场化、法治化导向更加突出。具体而言，杭州市两级人民法院主要从以下几方面加强破产审判工作：

（一）服务大局，走破产审判常态化、法治化之路

《企业破产法》实施之初，为国际金融危机发生并持续蔓延之时，杭州市不少企业资金链断裂陷入经营困境，随之而来的是金融纠纷案件大幅上升，民间借贷纠纷问题凸显，区域性经济风险明显增加。在当时社会各界包括法院内部对于破产保护功能、破产维护社会稳定和促进和谐功能普遍认识不足的情况下，杭州市两级法院能敏锐把握宏观经济形势变化，积极践行"能动司法，服务大局"理念，先后成功审理了多起在全省乃至全国都具有较大社会影响力的重整案件，促成不少债务人企业实现重生。如杭州市中级人民法院2007年审结了全国首例上市公司重整案——海纳公司重整案，2008年审理了全省首例高科技民营企业重整案——南望公司重整案，2010年审理了"溢佳香系"企业重整案；富阳区人民法院2009年审理了杭州首例关联企业合并重整案——华伦集团重整案；萧山

区人民法院2010年审理了浙江省首例酒店重整案——国际酒店公司重整案。正是这些重大重整案的成功审理,为杭州人民法院推进破产案件的受理和审理积累了丰富经验。

为进一步推动杭州市破产案件尤其是重整案的依法受理,2010年杭州市中级人民法院及时总结经验,制定了《破产重整案件立案审查规程》。2011年下半年以后,随着区域内企业"资金链""担保链"的"两链"风险不断涌现,杭州市中级人民法院积极指导基层人民法院及时依法受理企业破产案件,以化解区域经济风险。2012年开始杭州市两级法院破产案件数量大幅攀升,破产审判迈出了走向常态化、法治化的坚实一步。2015年为落实浙江省委、杭州市委及时依法处置"僵尸企业"工作部署,充分发挥执行转破产制度在解决执行难方面的重要作用,杭州市中级人民法院出台了《关于破产案件审理中有关问题的理解(立案方面)》,对破产案件的管辖、受理以及执行转破产案件的立案审查、程序衔接等具体问题进行了明确规定。据统计,2014~2016年,杭州市两级人民法院新收218件破产案件,除2件因申请不符合法定条件而被驳回外,其余均依法裁定受理。无论是从案件受理数量还是从受理比例来看,截至2016年年底,杭州市两级法院破产审判常态化、法治化之路已初步形成。

(二)配强力量,探破产审判专业化之路

一直以来,杭州市两级法院将破产审判专门人才的培养作为强化破产审判工作的抓手,破产案件往往交由业务水平高、沟通协调能力强、综合素质高的法官办理。经过审判经验积累,杭州市两级人民法院先后涌现出一批优秀的破产审判法官和破产审判先进集体。杭州市中级人民法院有1名法官曾被最高人民法院评为"全国法院破产审判先进个人",2名法官曾被浙江省高级人民法院评为"全省法院企业破产审判工作先进个人";杭州市中级人民法院民二庭曾获评"全省法院企业破产审判工作先进集体",建德区人民法院民二庭、富阳区人民法院民二庭曾被最高人民法院评为"全国法院破产审判先进集体"。另外,余杭区人民法院2015年被最高人民法院确定为企业破产案件审理方式改革试点法院。

近年来,随着破产案件数量的大幅上升,加之破产案件考核制度不合理,破产审判凸显人员力量明显不足、法官审理破产案件的意愿缺乏问题。为此,杭州市两级法院进一步强化了破产审判专业化建设。值得一提的是,基层人民法院破产审判专业化建设走在了全国前列:2013年建德区人民法院在杭州市率先成立破产审判专业庭;2015 年 6 月、2016 年 1 月,富阳区人民法院、余杭区人民法院先后完成破产审判专业庭机构设置;萧山区人民法院 2015 年开始成立由分管副院长、民二庭庭长、民二庭 2 名副庭长组成的破产审判团队,并在 2017 年年初确定由金融庭专司破产审判。其他基层人民法院基本上确定了破产审判的专业合议庭或专门人员。2016 年 11 月杭州市中级人民法院破产审判庭机构设置完成。至此,杭州市两级人民法院破产审判专业化建设迈上了新的台阶。

(三)注重指导监督,推进管理人市场化、专业化建设

破产程序中,管理人是具体事务执行者,其业务素养、综合能力直接决定破产程序能否公正、公平、高效运行。《企业破产法》实施以来,杭州市两级法院注重指导监督,从以下几方面推进管理人市场化、专业化建设:一是坚持管理人选任的市场化导向。从 2010 年审理的"溢佳香系"企业重整案开始,杭州市中级人民法院采用由社会中介机构独立担任管理人的市场化操作模式,激励了一些律师事务所、会计师事务所等社会中介机构纷纷组建管理人团队,专门从事破产业务。2014 年 5 月杭州市中级人民法院在省内率先采用对疑难复杂破产案件通过竞争方式产生管理人。竞争方式产生管理人不仅确保了管理人选任工作的公开、公平、公正,还有效提升了管理人的整体竞争力。二是探索管理人监督评价机制。2015 年起富阳区人民法院开始建立管理人监督机制,制定《破产管理人工作指引》《管理人履职考评办法》,形成多维度考量的"富法经验"。余杭人民法院建立管理人事前报告、进展跟踪、动态纠正和综合考评制度。三是推动成立杭州市破产管理人协会。2016 年杭州市中级人民法院作为业务主管部门,推动杭州市破产管理人协会于 12 月 23 日正式成立。协会有正式会员 47 家,非正式会员 17 家。这是浙江省内第 2 家破产管理人协会,也是规模最大的破产管理人协会。杭州市破产管理人协会的成立,有利于进一步促进管理人的市场化培育和专业化发展。

(四)积极创新审判方式,形成杭州特色经验

10 年里,杭州市两级人民法院在以下几方面积极探索、创新审理方式,形成了杭州的特色经验:一是创新重整案件审理方式。如杭州市中级人民法院 2007 年审结的海纳公司重整案是全国首例上市公司重整案,无现成经验可循,其在短短 66 天内成功审结并以债权人会议决议方式通过重整计划,为类似案件的处理树立了标杆;杭州市中级人民法院 2008 年审理的南望公司重整案中创新采用无战略投资人情况下债权人实行“债转股”自救的重整模式;2009 年富阳区人民法院审理的华伦集团重整案采取了公开遴选战略投资人方式,充分体现了破产程序的公开性和市场化导向;2012 年建德法院审理的金太阳宾馆重整案,是全省首例运用简易审理念审理的重整案件,审理用时仅 4 个月;2015 年余杭区人民法院审理的怡丰成公司重整案,创新适用了预重整制度,还探索了市场化融资方案。二是探索适用关联企业合并破产制度。2009 年富阳区人民法院在华伦集团重整案中创新适用了关联企业合并破产制度,被人民网誉为“破产重整案件审理中一项创新”。其后杭州市两级法院采用关联企业合并破产模式的案件有近 20 件,总体效果良好。三是规范房地产企业破产案件审理方式。余杭法院结合该院房地产企业破产案件较多的实际情况,认真总结审理经验,于 2016 年 2 月出台《房地产企业破产审理操作规程(试行)》,就房地产企业破产案件中比较突出的烂尾楼复建融资、权利顺位冲突、购房者利益保护等重大疑难问题的解决进行了思路探索和程序规范。

(五)实行双重资金保障,解决破产费用难题

长期以来,无产可破案件中破产费用无着落问题既影响了管理人的工作积极性,也影响了法院受理破产案件的积极性。为实现“僵尸企业”顺利出清,杭州市两级法院积极争取政府财政资金支持,用于解决无产可破案件中管理人报酬和其他破产费用支付。2016 年杭州市中级人民法院获得 500 万元破产费用财政保障经费支持。在基层人民法院中,富阳区人民法院、余杭区人民法院、萧山区人民法院、下城区人民法院先后于 2016 年、2017 年分别获得破产费用财政保障专项资金支持。此外,杭州市破产管理人协会设立有破产管理人互助资金,通过向会员从所获管理人报酬中按一定比例提取资金,专门用于杭州市两级人民法院所审理的无产可破案件中管理人报酬和其他破产费用的补助问题。这种“财政资金支持 + 管理人内部互助”的破产费用双重保障机制,一定程度上激发了管理人的履职积极性,提升了破产审判的工作质效,为“僵尸企业”的顺利出清提供了保障。

(六)建立府院联动机制,争取外部环境保障

破产是一项系统性、综合性事务处理工程,与政府的国税、地税、国土、房管、人行、工商、社会保障、公安等职能部门的职责密切相关。重大复杂破产案件往往还存在涉稳问题,需要维稳、信访部门的支持、配合。因此,破产案件的审理,仅凭法院一己之力,很难推进,需要常态化协调处理机制的建立,以落实政府公共服务和社会管理职能的发挥。

《企业破产法》实施以后,杭州市两级人民法院在建立破产审判府院联动机制方面进行了有明显成效的探索。最初是在社会影响重大的破产案件中依靠党委领导、政府主导、多方合作的企业风险处置工作领导小组的建立,最大限度高效调动各种资源,为案件审理提供组织保障、配套事务处理保障,有效化解了重大涉企债务危机。如杭州市中级人民法院审理的"中江系"企业破产案、"中润系"企业重整案,富阳区人民法院审理的华伦集团重整案,萧山区人民法院审理的国际酒店公司重整案中,都有相应企业风险处置工作领导小组的成立,这一机制对案件成功审理起到了至关重要的作用。2016 年以来,在以往经验基础之上,富阳区人民法院、建德区人民法院、萧山区人民法院、余杭区人民法院等基层人民法院积极推动当地政府成立涉困企业协调处置工作领导小组或类似机构,与法院常态化对接,协调区域经济风险化解、破产重大事务处置等事宜。2016 年 8 月在杭州市中级人民法院申请推动下,经杭州市政府常务副市长批示同意,杭州市委政法委牵头,在市级层面成立涉众型破产案件维稳综合协调处置领导小组,旨在协调处理重大涉众型破产案件的难点与突出问题,防范化解破产案件中面临的各类涉稳问题,保障破产案件平稳有序推进。常态化的府院联动机制的建立,既为破产审判营造了外部环境保障,也切实解决了破产案件审理中的诸多事务处理难题。

三、破产审判工作中面临的主要问题

(一)公共服务和社会管理配套制度缺乏

破产程序的推进不仅仅需要法院和管理人的依法履职,更需要政府相关职能部门发挥好公共服务和社会管理职能,破产程序中的税收减免、信用修复、证照办理、企业注销等事务无不如此。杭州市作为全省的政治和经济中心,市场环境较本省其他地区更为健全,企业破产审判工作起步较早,相关部门对破产制度有一定认识。但相关事务的协调处理和配合还需进一步加强,且破产机制与行政机关自身行政行为裁量权规范之间存在冲突,破产法律体系中也缺乏有关政府公共服务和社会管理领域的配套衔接制度。尽管目前法院与地方政府通过府院联动机制在一定程度上弥补了制度缺失,但仍存在事权不足、覆盖面窄、协调成本高等问题,诸多程序推进中的重点、难点问题依然难以解决。如因缺乏针对破产企业的税务调整和优惠制度,企业重整成本往往比较高昂,重整投资人除了需要投入资金解决债权清偿问题,还需支出大量的税务成本,直接导致很多有挽救希望的企业无外部资金注入,自救又举步维艰,或者即使有投资人参与重整,后亦可能因成本过高而重整失败。如目前并无关于重整企业信用不良记录修复的政策或制度,而重整后的企业主体资格依然存续,重整之前产生的企业信用不良记录不予修复会直接影响重整后企业的正常经营。如破产清算程序中处置破产财产时,因税务机关对相关税费的照常征收导致巨额税费的产生,经常出现破产企业因为大宗破产财产处置而成为"纳税大户"的尴尬局面。又如,工商部门要求税务部门出具清税证明后才能注销破产人的主体资格,而税务部门认为欠缴税款、罚金、滞纳金则无法出具清税证明,且2部门均有自己的业务规范依据,如此一来,则"僵尸企业"虽经破产程序清理,但最终仍会因主体注销环节的障碍导致无法真正实现退出市场。公共服务和社会管理配套制度缺乏问题,在一定程度上制约了破产审判功能的发挥。

(二)管理人法律地位尚未获得社会普遍认可

《企业破产法》中的管理人制度是我国借鉴其他国家的立法经验而新确立的。按照这一法律制度设计,在破产程序中,管理人是具体事务执行者,所有事务以管理人职责履行为中心开展。近年来,杭州市两级法院立足于推进破产审判工作的市场化,创新管理人选任机制和培育机制,引导和支持管理人切实履行法律职责,管理人制度功能在一定程度上得以发挥。但大量的实践也表明,管理人在破产程序中的履职缺乏有效的制度保障,管理人的法律地位未能得到社会的普遍认可。如管理人凭法院的指定决定书向房管、车管、土地、社保等行政部门和银行等机构查询债务人企业相关信息,或要求公安、海关等部门解除债务人财产查封、冻结、扣押措施,通知税务机关申报债权时,经常面临法律地位不被认可、履职得不到配合的境地。管理人法律地位的不被认可,会严重影响到破产法律制度功能的实现。

(三)破产审判专业化建设面临"瓶颈"

破产案件往往涉及利益主体多头、法律关系复杂多样、审理进程非由法官意愿决定,审理中会议多、汇报工作多、协调事项多、接访多、突发事件多,极易成为敏感、焦点案件,故破产案件的审理与普通民商事案件中法官"坐堂办案,居中裁判”的工作方式差别迥异。而关于如何对破产案件进行绩效考评，一直以来就是个难题。因案件本身的特殊性以及每件案件之间的较大差别性，将破产案件折算成一定数量普通民商事案件的常用考核方式，明显不科学、不合理，且在法官员额制改革背景下，该问题更显突出。如何调动破产案件审理法官的积极性，同时契合法官员额制下的员额法官结案量的考核要求，是破产审判专业化建设过程中必须要解决的问题。而随着“僵尸企业”处置的深入推进、执行转破产制度的深化落实，破产案件数量的大幅增加，破产审判专业力量配置亟待增强，但法院现又面临内设机构扁平化管理改革的形势，如何巩固前期破产审判专业化建设成果正面临考验。

(四)管理人的管理机制尚不健全

虽然杭州市两级人民法院破产审判立足于市场化导向，且杭州市作为省会城市本身具有大型律师事务所、会计师事务所等中介机构集中的优势，管理人的业务能力相对较强，但实践中仍存在不少问题，主要如下：一是管理人的业务素质参差不齐，一些入管理人名册的社会中介机构缺乏足够的破产业务专业人才，未组建专门的管理人团队，不能胜任管理人职责；二是少数管理人的职业道德水平不高，滥用职权、故意拖延、谋取不当利益、怠于追收资产的现象时有发生；三是一些管理人缺乏责任担当，事无巨细向法院汇报，要求法院就管理人职责范围内的事务作决定。尽管杭州市两级人民法院已对管理人的管理问题进行了一定程度的摸索，但因各种原因总体上管理机制尚未健全：一是考核机制不健全，对管理人缺乏明确的监督和考核评价标准，难以指导、督促其勤勉忠实履行职责；二是管理人的动态管理机制不健全，对于少数缺乏履职积极性甚至以缺乏专业人员为由拒绝接受法院指定的中介机构，目前未有依据可以将其从管理人名册中除名；三是管理人的指定机制有待进一步完善。杭州市两级人民法院现对重大复杂破产案件基本上采用竞争方式指定管理人，其他则采用摇号方式指定，但在案件大幅增长形势下，竞争方式的流程要求已经凸显出在效率方面的不足。上述问题的存在，客观上要求法院健全对管理人的管理机制，强化和完善对管理人的监督、管理。

(五)关联企业实质合并破产缺乏规范依据

关联企业是现代企业规模化发展的一种形式。当存在控制或重大影响关系的多个企业同时或先后破产，各方存在大量的关联交易、虚构债权债务或承认不真实的债务、挪用关联企业资产或资金等行为，甚至人员、住所、账册、资产混同时，如何处理关联企业之间的债权债务关系是破产审判实践中的重要课题。在杭州市两级法院的实践中，对符合一定条件的关联企业认定其人格混同实行实质合并破产的做法比较常见，而且还探索出了3种合并模式：一是吸收合并破产模式，即关联企业中的核心企业进入破产程序后，再吸收合并其他关联企业一并破产；二是分别破产、合并处理的模式，即关联企业先后或同时进入破产程序，经过一定程序后法院裁定关联企业实质合并处理；三是合并申请模式，即多家关联企业直接申请实质合并破产，法院审查后认为人格混同的，裁定受理合并破产申请。上述3种关联企业合并破产的模式，在减少破产企业债务规模、公平清偿债权、避免厘清资产归属成本过高、提高破产效率等方面确实起到了比较好的效果，但因《企业破产法》中并无实质合并破产制度，实践中探索的关联企业实质合并破产做法也从根本上缺乏规范依据，由此带来很多争议，造成很多矛盾。而且实践中存在关联企业人格混同认定标准过宽、实质合并破产泛化的倾向。另外，关联企业实质合并破产所涉及的跨区域关联企业破产的管辖权问题、管理人的指定问题、实质合并破产的程序规则问题，在处理时均无任何依据可以援引。

四、强化破产审判职能的对策与建议

(一)推动涉破产公共服务和社会管理职能法治化

对于破产程序中所涉及的大量非法律事务的处理，基于现有府院联动机制作用的局限性，从长远来看，应推动相关立法，实现破产程序中政府公共服务和社会管理职能的法治化，以配套破产法律制度的实施和运行。需重点解决的是以下几个领域内配套制度的建立：一是税收制度领域方面，应明确规定税务部门按《企业破产法》的规定申报、受偿税收债权，对未获清偿的税收债权则依据法院认可破产财产分配方案的裁定、破产程序终结裁定予以核销，依据法院破产程序终结裁定办理税务许可证的注销；免征重整程序中债务人被豁免债务的企业所得税；免征或减征破产企业不动产处置时涉及的各项税费；允许重整企业申请纳税信用不良记录修复。二是工商登记制度领域方面，应明确规定，就破产程序中涉及的债务人企业股权变更、股权质押注销、企业合并与分立、企业注销等有关登记事项，工商部门可直接依据法院相关裁定书及协助通知书办理。三是金融制度领域方面，应确立重整企业信用不良记录修复制度，允许重整企业向中国人民银行申请信用不良记录修复。

（二）强化管理人的法律地位

管理人履职过程中的法律地位社会认可度不高的主要原因是社会公众对破产制度的不了解以及破产法对管理人职责的规定过于原则。鉴于此，法院需通过多种途径大力开展破产法治和破产文化的宣传，让社会公众了解包括管理人制度在内的各项破产制度，接受破产制度，使破产制度真正发挥应有的功能。同时，由于破产事务涉及面广，《企业破产法》第25条对管理人职责的规定又过于原则，需法律层面对管理人的职责范围和职权行使程序予以细化、扩充。例如，可以明确规定管理人工作人员依法凭出具的管理人指定决定书及管理人的授权委托书即可向有关行政部门、机构或有关人员调查债务人企业的资产情况，有关部门、机构或人员有义务予以配合；可以明确规定管理人处分破产财产后可自行申请登记机关办理权属变更登记手续，无须法院出具财产权转移的裁定书以及协助过户通知书，等等。

（三）坚持和加强破产审判专业化

客观审视破产审判与其他案件审判之间的巨大差异，充分认识破产审判专业化的必要性，条件允许的基层人民法院也应设置破产审判专业合议庭或审判庭，增强服务供给侧结构性改革和"僵尸企业"处置的常备力量。同时，对破产案件实行单独考核，摈弃将破产案件折算成普通民商事案件数量的考核方式，实现对破产审判法官的合理激励，避免因破产案件的审理达不到普通民商事案件的结案数量考核标准而退出员额序列情况的发生。

（四）健全管理人的管理机制

法院一方面要建立健全管理人的管理体系，加强对管理人队伍的管理、培训和激励，另一方面要准确界定法院与管理人之间的职责。建立健全管理人的管理，应从以下方面着手：建立管理人目标管理机制，细化个案考核标准，强化考核结果的运用，建立绩效考核档案；对管理人名册实行动态管理和分级管理，完善管理人的准入、选任、考评、淘汰机制；通过管理人协会平台定期召开管理人业务培训会以及疑难问题研讨会，提升管理人的整体业务素养。法院和管理人在破产程序中的准确定位是，法院为破产程序的推动者和监督者，管理人是具体事务的执行者。管理人不能过分依赖法院，法院也不能代行管理人的职责，法院要充分发挥管理人在破产程序中的积极作用，促进管理人制度和功能充分有效发挥。

(五)规范关联企业实质合并破产

为避免关联企业实质合并破产所带来的对部分债权人利益的不当损害,也避免关联企业实质合并破产标准适用和程序遵循的随意性,同时解决管辖权争议和管理人指定问题,应尽快对关联企业的实质合并破产问题进行法律规范。目前来看,通过修订《企业破产法》予以规范,并不具有现实性,可行的路径应是由最高人民法院出台相关司法解释。具体来说,司法解释应明确以下问题:一是明确关联企业实质合并破产的标准和条件,让实质合并破产有法有据可依。二是明确关联企业实质合并破产的程序规则,如程序如何启动、听证会如何召开、利害关系人的权益如何保障、法院如何审查等。三是明确跨区域关联企业实质合并破产的管辖权问题,可规定由核心控制企业或控制关联企业主要资产的企业住所地法院管辖。四是明确不同合并情形下管理人的指定问题。法院直接裁定受理实体合并破产申请的,可将关联企业作为一个企业主体进行管理人指定;关联企业先后分别进入破产程序的,可指定原担任核心控制企业或控制关联企业主要资产的企业的管理人担任实质合并破产案件中的管理人,或者从原担任关联企业管理人中择优指定组成联合管理人担任实质合并破产案件中的管理人。

杭州市富阳区人民法院破产审判工作报告(2007~2017年)

马嶙侃*　黄赛琼**

我国《企业破产法》实施十年来,杭州市富阳区人民法院在地方党委政府的高度重视和上级人民法院的全面指导下,围绕地区经济发展、产业转型升级和法治建设的改革深化的要求,及时研判,主动服务,创新思维,通过破产清算程序、重整程序加快处置"僵尸企业",帮助危困企业再生,实现资源的优化配置,为破产审判的长远发展积极努力。

一、破产案件审理概况

(一)收结案情况

富阳区人民法院破产案件受理数量经历了一个从少到多逐步常态化的过程。2014年以前,每年案件受理数量在1~2件,此后,有了明显增加,基本保持每年近8件的案件量,并开始向常态化发展。近两年,随着国家供给侧改革、基本解决执行难的推动,案件受理数量更是达到一个小高峰,2017年1~11月已受理58件。

2007年6月1日~12月1日,富阳区人民法院合计

---

* 杭州市富阳区人民法院民四庭审判员。
** 杭州市富阳区人民法院民四庭审判员。

受理破产案件91件,其中执转破案件44件,已顺利实现宣告破产13件,完成重整10件,意向重整案件2件。在所收案件中,债权人申请的数量为18件,债务人申请的数量为29件。上述破产案件涉及债务209亿元,可盘活资产75亿元,释放土地3041.33亩,涉及债权人人数7265人,职工人数6993人。

在地区经济整体下行的趋势下,富阳区人民法院通过运用法治思维和法治方式完善对危困企业的差异化处置,加快企业优胜劣汰,促进社会资源进一步优化整合,维护了地区和谐稳定发展。

(二)案件特点

1.破产企业多集中在传统制造业,并向第三产业波及

富阳区人民法院受理的破产案件债务人企业多为中小企业,组织形式主要为有限责任公司,且主要集中于传统制造业,如造纸、机械、设备制造、建材等。因债务人企业规模小,抗风险能力较弱,受产业政策调整、经济结构变化、资金链断裂等因素的影响,频频出险。与此同时,自2016年以来,破产企业所涉行业逐步向旅游、餐饮等服务行业蔓延,涉及第三产业的破产企业逐步增多,如富阳区人民法院审理的"新沙岛旅游公司破产清算案""富春宾馆破产清算案"。

2.多关联企业合并破产

部分债务人企业存在众多关联企业,但实际经营且有独立财产的关联企业较少,关联企业的成立大多仅为一种融资手段,造成关联企业与股东或实际控制人之间的财产、资金高度混同。同时,在对破产企业财产进行重整、清算过程中发现,部分破产企业与关联企业之间存在大量资金往来关系,且双方之间的财务账目管理混乱、债权债务无法厘清。在受理的91起案件中,合并破产企业66家。

3.涉不稳定因素多

因涉及利益主体众多,破产案件中的不稳定因素更为复杂。如大规模的职工欠薪、涉村集体土地等历史遗留问题、高息民间借贷产生的负面影响、供应商债权人的集体抱团等,都极易形成各类不稳定因素,引发社会矛盾。

4.担保圈扩大引发企业破产连锁反应

因融资需要,企业间相互担保频繁。部分企业经营状况较好,产品市场前景广阔,但因为他人担保代偿,导致自身资金周转困难,经营难以维系,最终也进入破产程序。担保波及成为企业破产的重要因素之一。担保圈的不断扩大也致使破产案件受理后,如何切割担保链、厘清各担保企业间的债权债务关系成为破产

案件审理中的又一重要课题。

5. 执行转破产案件逐步占据半壁江山

为助推基本解决执行难，富阳区人民法院自 2016 年起即着手开展执转破工作。通过明确程序、规范流程、梳理材料、畅通渠道逐步形成了执行程序转破产程序的良好衔接。截至 2017 年 12 月 1 日，已有 44 起案件通过执行转为破产程序，占到总案件量的 48.35%。

二、破产审判工作的积极探索

富阳区人民法院在《企业破产法》实施后的十年来，始终坚持开拓创新、锐意进取，在破产审判业务、管理创新、队伍建设方面取得了一定的成绩，也积累了一些经验。

（一）坚持快速有效修复破碎的社会关系这一职能定位

在破产案件审理过程中，富阳区人民法院始终坚持全力实现破产法在立法上的追求，即快速有效修复破碎的社会关系，恢复社会和谐状态的重要职能定位，为此，强调破产案件审理效率，促进案件处理中法律效果与社会效果的双赢，重点开展了以下几方面工作。

1. 推动府院联动机制的建立

在富阳区人民法院的积极推动下，富阳区政府在 2012 年设立防范和化解企业资金链风险工作领导小组，下设处置组等一办三组。富阳区人民法院为加强对接，专门派出一名有破产审判经验的法官常驻处置组，便于法院与各部门风险处置的沟通协调。

2. 促进银行业债委会与破产案件债权人委员会有效衔接

为顺利推进破产案件各项工作，防范和化解金融风险，富阳区人民法院立足银行业金融机构债权人委员会及破产案件债权人委员会的现有框架，探索与中国人民银行富阳支行、浙江银监局富阳监管办事处形成合作框架协议，通过健全联络机制、建立联席会议制度、联合授信制度、危困企业提前预警机制等内容，积极促进金融机构债委会与破产债委会的有效衔接。

3. 依法严厉打击逃废债行为

在破产案件审理过程中，富阳区人民法院积极邀请本区公安局、检察院等相关部门共同参与，严厉打击虚假诉讼、逃废债等行为，切实维护全区信用环境。

目前,富阳区人民法院受理的破产案件中已有5个案件的法定代表人或家庭成员被依法追究刑事责任。

(二)倡导保障债权人权益与社会效益最大化的价值导向

富阳区人民法院始终坚持在破产案件审理中保障债权人权益最大化与社会效益最大化并重的价值理念,而保障债权人权益又包含经济利益与情感弥补两方面。为此,应从以下几方面着手。

1. 积极发挥债权人委员会等组织的自治作用

始终以权利保障作为破产审判的基点,并坚持以债权人为中心的原则,对涉及债权核查、资产处置、中介机构选任等与债权人经济利益息息相关的多个方面,尽可能做到信息的及时、全面披露,监督管理人公开、透明、全面履职。同时,充分发挥债权人委员会及主席单位的自治作用,通过制定债委会、主席单位工作指引、明晰债委会成员分工等方式,指导其工作开展,对涉及自身经济利益的决策发挥积极作用。

2. 探索封闭运行机制

鉴于债务人企业产品具有较好的市场前景、具有机器设备保值要求及职工稳定需要,同时,也为实现债权人经济利益及社会效益最大化,部分债务人企业在破产立案后仍有继续营业的必要。为此,富阳区人民法院逐步探索破产审判中的企业封闭运行机制,从运行前提、风险预测、提起方式、实施程序、运行要求以及运行监管等多个方面建立相对全面的体系。在富阳区人民法院审理的"浙江永正控股系列破产清算案"中,有8家企业在案件受理后继续封闭运行近半年,创造的经济利润为提升债权清偿率发挥了重要作用。

3. 开启管理人贴心管家服务

为全面保障广大债权人的权益,富阳区人民法院在破产案件审理过程中始终秉持"大服务"理念,倡导管理人在破产事务处理过程中为债权人提供贴心的"管家服务",从丰富债权申报模式、搭建信息公开平台、优化案件审理流程、分配财产无缝到账等方面着手,努力实现债权人的"最多跑一次"。

(三)坚持以信息化开拓破产案件审判新局面

在现今智慧法院"互联网+"发展的大背景下,破产案件信息化是时代赋予的新任务、新要求。为此,富阳区人民法院深入探索破产审判电子信息化工作。

1. 注重破产审判的信息化建设

富阳区人民法院充分利用最高人民法院全国企业破产重整信息网，及时录入法官工作平台中各类涉破产审判法律文书、全面披露案件进展，着力解决案件信息不对称、不完整问题，认真敦促管理人做好破产管理人工作平台的录入工作，保障广大债权人的知情权、监督权。在使用过程中，注意总结存在的问题，及时反馈，以希为该平台的优化升级提供一定的参考。

2. 依托"互联网+"维护债权人权益

注重债权人情感修复是债权人权益保障的重要方面，2016年富阳区人民法院充分利用互联网的发展，倡导管理人设立微信号，点对点向债权人发布通知、就个案问题进行解答，通过法院公众号、管理人公众号，对外发布案件相关进展，就普遍性问题及时作出回应，提升案件处理透明度的同时，也增强债权人的案件参与度。同时，对一些破产法律知识的介绍，也提升了社会公众在今后经济生活中的风险防范能力。截至2017年12月13日，共有68件破产案件已经设立公众号，并已推动了合计232期的公众号内容，获得18万多点击率，得到了较好的评价。

3. 打破破产资产网络拍卖壁垒

在中国人民大学破产法研究中心和浙江省高级人民法院的共同推动下，富阳区人民法院作为试点法院与阿里巴巴积极合作，促成司法拍卖平台破产财产处置通道和破产管理人挂拍直接通道的运行，并成为率先体验者。同时，就破产财产的专门推介事宜，富阳区人民法院仍在与阿里巴巴积极对接，希望通过建立以网络拍卖为原则，以非网络拍卖为例外的破产资产处置机制，努力实现破产资产价值最大化，提升债权人的清偿率，尽力减少债权人的经济损失。

4. 探索可视化债权人会议召开模式

富阳区人民法院以细致化概念深入挖掘债权人权益保障的提升可行性，尤其在债权人会议的召开模式上作了进一步优化：一是融入网络债权人会议同步直播；二是提升会议资料的可视度并全程使用PPT展示；三是利用手机终端进行管理人评价以及后台提问与答疑。可视化提升了数据信息的视觉感，有利于实现债权人意志的充分表达，提升其案件参与度。

（四）牢牢把握管理人是推进破产案件的关键所在

1. 全面制定《破产管理人工作指引》

富阳区人民法院依据《企业破产法》、最高人民法院相关司法解释，同时结合近年来破产审判实践经验,形成了《破产管理人工作指引》,从管理人对破产企业的接管、债权申报、资产管理、应收款核查、债务人监督、审计、评估、重整等18项事务形成较为完整的行为准则,为管理人在实施破产审理实务中提供明确的、规范性的行动路径参考。

2. 形成多维度管理人履职考评体系

为使对管理人的履职评价更为客观、全面和公正,形成正面激励机制,富阳区人民法院形成《管理人履职考评办法》,在管理人与富阳区人民法院就破产案件进行对接之始,即向管理人下发,告知其考评的主体、项目、标准、流程及权数分布。经多次修改调整,现已初步形成了项目化、标准化、菜单式、节点式、验收型的动态考评体系,其中包含了三级大项目、十三级小项目的具体考评要求,同时,要求各考评主体在管理人项目实施完毕即进行履职评价,以及时对管理人工作质效进行固定。

3. 设立管理人基金

为有效发挥企业破产制度功能,保障企业破产审判工作顺利推进,提高管理人工作积极性,富阳区人民法院结合破产案件审理实际,设立破产管理人专项基金,制定相应管理办法,专门用于补偿我区企业财产不足以支付破产费用等情况。

(五)多措并举推动破产职业共同体建设

富阳区人民法院提出在一定范围内建立"破产职业共同体"的理念,该理念旨在建立由政府、法院、破产管理人和其他社会中介机构等组成的破产职业群体,将群体内的成员有机结合,促进群体成员之间的相互作用、相互联系、相互制约,在整合资源的基础上,打破壁垒,充分发挥各自优势,最终实现各种有利要素及资源的共享,推动案件高效、平稳审理。

1. 加强与破产法理论界的合作与交流

富阳区人民法院积极派员参加在各地举办的破产法论坛,通过以文会友的形式,充分介绍富阳区人民法院破产审判的实践经验和探索,共同讨论破产实践中遭遇的困难与"瓶颈"。富阳区人民法院破产审判团队成员撰写的多篇论文在全国性破产法论坛获得了奖项。"走出去"的同时富阳区人民法院也积极"引进来":组织召开多次研讨会,邀请破产法学专家和资深管理人参与讨论,开阔思路,提升水平。2017年12月12日富阳区人民法院成为中国人民大学破产法研究中心教学科研实践基地,为理论水平与实践能力的提升提供了更多可能。

2. 设立“破法的维度”公众号

“博采众长方能精益求精”，破产审判对于基层人民法院而言，虽然面临许多实务操作方面的挑战，但更多的是收获宝贵的实践经验。为此，富阳区人民法院设立破产公众号“破法的维度”，向社会各界介绍富阳区人民法院在破产审判中的尝试与探索，促进更多的交流与互动。

3. 邀请管理人共同编纂《破产案件实务操作指引》

富阳区人民法院对现行的《破产管理人工作指引》进行整合、再编撰，重新构建框架，形成《破产案件实务操作指引》雏形，其中包括法院行为准则、法院与管理人间行为准则、管理人行为指引、债权人权益保障、实务汇总等6个一级项目，并下设39个二级项目、100多个三级项目，新的体系扩大编撰范围，邀请管理人参与编写，通过法院及管理人的不同视角全方位对破产事务进行细节挖掘。

（六）注重破产审判队伍建设

1. 设立民四庭归口审理破产案件

富阳区人民法院于2014年3月专门设立了一个合议庭审理破产案件。随着案件数量的逐步增多，在区委、区政府的大力支持下，2015年6月民事审判第四庭正式批准设立，统一归口审理破产案件、破产衍生案件及金融案件。现有审判员5名，法官助理2名，书记员5名，内勤人员1名。

2. 努力建设素质过硬的破产审判队伍

富阳区人民法院高度重视破产审判队伍的打造，经过层层筛选，形成了一支业务能力较强，自身素质较高，团队协作良好的队伍。一是坚持相对稳定而又相对开放的合议庭组成模式，破产审判团队实行项目化管理及梯次性运行机制，即员额法官、法官助理、书记员、内勤等梯次成员分成数个破产审判小组，根据事务性工作的性质，将各项目分配至各成员或各小组，实现破产审判的整体运作；二是有意识地培养储备人员，吸纳其他庭科室审判人员加入破产审判团队，保持其敏感性与专业性，根据案件情况随时吸纳其快速开展破产审判工作；三是领导带头办案，院常务副院长、审委会专职委员、审委会委员三级高级法官均加入到破产审判工作中，一方面带头办大案、难案，另一方面实现老带新、传帮带的目标。

3. 严守法律与廉洁的底线

在破产审判队伍建设过程中，强调审判员、书记员要严守法律与廉洁底线，注意与债务人、管理人在工作中的关系，只有自身过硬才能更好地开展破产审判工作,全面维护广大债权人的合法权益。

三、工作中存在的问题及难点

富阳区人民法院破产审判发展十年来,虽取得了一定的成果,但也遭遇许多问题和困难,主要表现为以下几个方面。

(一)自身业务能力无法跟上不断变换的破产审判形势

破产案件系近年来逐步兴起并增多的新类型,多地尚未开展相关审判工作,对于富阳区人民法院而言,也仍然是全新的研究领域,无论在理论上还是实践中,都面临着巨大的挑战。

1.理论水平不足

尽管破产法对破产程序进行了规定,但当前,我们对于破产法的理解及适用还有很多不到位、不全面的地方。同时,因破产法的相关规定还有模糊之处,在将理论运用到实践中去时,各合议庭成员之间对于一些条款的理解存有较多争议,在一定程度上影响案件的处理效果。另外,对于外国破产法的研究与学习,都尚未深入。

2.实践经验欠缺

当前富阳区人民法院已审结的破产案件仅10件,这一数字对于今后形势严峻的破产审判来说不值一提,仍需要不断积累实践经验,发现问题,解决问题。破产审判不稳定因素多,维稳压力大,而资产的处置、重整与和解的谈判都举步维艰,职工工资处理、小额债权人权益保障、高利贷人抱团闹事、假租赁等问题都极为复杂,需要在今后的破产审判中积极探索,寻找对策。

3.新型案件应接不暇

随着破产案件的逐步增多,在实务操作中,案件的新类型、新情况都不断涌现。如企业的封闭运行、担保圈的切割、特大集团破产案件的处置等,都为破产审判带来巨大的挑战。涉险企业正逐步从以往的制造业向第三产业转移,案件标的、涉债权人人数也在不断突破,新型案件亟须探索新方法进行应对。

4.队伍管理理念急需转变

当前,对于破产审判队伍建设的理念仍停留在一般审判队伍的培养之中,而破产审判与其他案件无论从目标追求、价值导向、根本原则等方面都有很大区别,破产审判在注重主审法官承办案件的基础上,十分注重整体团队的打造,尤其是特大复杂案件。现阶段队伍建设理念尚不能适应破产案件大量涌入、案情复杂的形势要求。

(二)管理人的全面履职、监督及评价机制仍需完善

1. 管理人水平参差不齐,辞职问题突出

随着破产案件的增多,管理人在破产事务处理中体现出不同的能力和水平,个别管理人缺乏管理经验,谈判能力欠缺,难以适应破产案件的审理。部分管理人在履职能力和履职态度方面均有待提升。近年来,因人力资源不足等原因,管理人辞职问题严重,仅2016年富阳区人民法院受理的13件破产案件中,有3件在杭州市中级人民法院(以下简称杭州中院)摇号指定管理人后,出现管理人提出因团队人力资源配置不足,无法任职的情况,在一定程度上影响了案件审理的进程。

2. 对管理人的监督仍不到位

当前,对管理人履职的监督仍主要依赖合议庭,债权人、主席单位等其他主体对管理人的监督不足。随着案件的不断增多,合议庭的监督不可能面面俱到,只能在案件的重要节点特别予以把握,故对管理人履职的监督尚不全面、及时,存在多方面的监督漏洞。

3. 对管理人工作评价机制有待完善

对管理人的评价机制不能一成不变,而应随着破产审判形势的变化不断调整。因此,富阳区人民法院当前建立的多维度管理人评价体系,其评价主体、内容、要求、权数分布等都需要在实践操作中不断进行修改和完善。

(三)破产审判项目化运行机制尚不通畅

1. 法院与管理人的职能定位尚不清晰

富阳区人民法院现行适用的《破产管理人工作指引》中,仅局限于对破产案件主体事务的机械式罗列,缺少有效的职责区分体系,导致法院与管理人在推动案件过程中仍然缺乏有效的合作体系,部分管理人存在过分依赖法院的情形,无法区分可由管理人自行处理项目与需经法院许可或同意项目,法院的监督边界需要进一步明晰。

2. 内外协同与配合不足

在现行项目化运行过程中,因区分了各项目的主体职责及人员分工,管理人团队尤其是联合管理人团队在履职过程中往往各司其职,各家自扫门前雪,对于一些高度关联的项目缺少协作与配合,以致各项工作的开展缺乏统筹性,未能以点带面,通盘考虑。

(四)外部配套机制不够完善

1. 与税务、国土、工商等部门的协调仍然不畅

破产案件因涉及面较广,在进行破产清算、重整过程中,需要其他多个部门的配合,如办理企业注销登记、恢复信用等。但在与其他部门的协调对接过程中,因各部门规章规范的限制,相关手续的办理仍有许多阻碍,影响破产案件的顺利推进。

2. 打击逃废债力度仍然较弱

综观已受理的破产案件,均存在债务规模大,可供分配财产少的情况。债权人对债务人企业如此大规模债务的形成原因、债务人法定代表人及相关人员是否存在侵占公司财产、通过破产实现逃废债等情况都予以高度关注。而当前,对上述行为的打击力度仍然较弱,且公司因规模小,财务账册不规范等原因,通过审计仍不能查明相关事实,不利于对这些行为的打击。

四、推进破产审判的建议和对策

(一)进一步出台相关法律规范,加强破产法的可操作性

当前虽有破产法及三大司法解释,但破产实务中仍有许多不明晰、不便于操作的地方,使各地法院、不同管理人之间对破产问题的处理方式大相径庭,需要通过法律规范进一步予以明确。如关联企业的实质合并程序问题、债权人对企业合并所提异议的救济途径、应收款的核销程序问题、互保企业均进入破产程序后的分配顺序、债务抵销问题等,都值得进一步深入思考或形成操作规范。

(二)进一步完善管理人的选任制度

鉴于管理人提出辞任的情形越来越频繁,已经对破产案件的审理产生了不利影响。因而,对当前摇号及竞争产生管理人的方式需要作进一步的调整,应充分考虑管理人的人力资源、尚在处理案件的地域等客观因素,结合已办结案件的效果、受理法院的反馈等情况,科学设置管理人选任制度,真正调动管理人的履职积极性。

(三)加快对预重整机制的探索与完善

预重整具有有效降低成本、提高效率、促进破产案件快速开展以及缓解法院

审理压力的优势。因此，要尽快探索“僵尸企业”的预重整制度，对企业破产重整、和解方案进行预审，缩短法院审理期限。一是依法明确参与预重整制度的各方主体；二是摆正该程序中各方主体的角色定位；三是进一步规范和明确预重整计划草案的标准问题；四是尽快建立预重整与重整程序的无缝对接机制。

（四）完善管理人履职标准及评价体系

可逐步建立地区性管理人履职、评价及考核标准，尤其是在管理人履职中，与债权人权益保障最为相关的如债权的审查标准、应收款催收、资产核查与管理等方面，逐步形成“杭州标准”，乃至“浙江标准”，使这一区域的管理人在开展工作过程中，人民法院、债权人等可通过看得见的手来量化其工作质效，确定其工作业绩，使履职评价经得起考验。

（五）厘清法院与管理人的职能定位，实现监督指导与协作同步

一方面，要充分梳理法院与管理人的关系，做到法律规定应当由法院履行职责的，必须指导有效、监督到位；其他实务则应充分发挥管理人的主观能动性，法院不得过多干预。另一方面，要摒弃传统观念，树立协作理念，明确法院和管理人既是指导监督与被指导监督的关系，也是相互协作的关系，在共同推进破产审判过程中，既要各司其职，又要加强重要节点上的配合与协作。

（六）完善府院联动机制，重视破产配套制度保障

当前，浙江省政府办公厅出台了《关于加快处置“僵尸企业”的若干意见》，这是继建立全国首个实质运作的破产审判省级府院联动机制以外，推出的又一个重磅文件，这无疑给外部配套机制尚不十分通畅的破产审判注入了一针“强心剂”。然而，如何让该文件精神落地生根，快速运用到破产审判中来，仍然需要各地政府、相关职能部门及法院的进一步有效沟通与对接，抓紧制定符合文件精神的具体实施细则。另外，破产配套制度不仅包含工商、税务、国土等行政部门，也包括不同法院间的协调、破产程序中的强制措施等，这些都需要作进一步完善。

（七）加大打击逃废债力度

一要逐步加大对破产公司法定代表人及相关人员逃废债的刑事打击力度，推动建立与公安、检察联动打击欺诈、虚假诉讼、逃废债工作机制。二要建立企业破产失信人员名单，推动在立法层面明确将破产企业相关人员纳入该名单的机制，加强破产审判中的强制力。三要依法保障管理人对债务人的财产调查权，引导运用破产无效、破产撤销等制度，努力查找追收债务人财产。

(八)尽快建立行之有效的破产审判绩效考核机制

科学的破产审判绩效考核机制是破产审判团队高效运转以及留住优秀人才的重要保障。因此,应尽快建立行之有效的破产审判绩效考核机制,一是明确考核的周期,考虑到破产案件审理周期长的因素,建议将破产案件的考核时间确定为每2～3年考核一次;二是加大破产案件的考核权重,建议每件破产案件可根据案件所涉的债务规模、债权人人数等实际情况与普通案件进行折算,折算比例为1∶80～1∶100;三是落实具体的考核细则,设置规则对案件的质效以打分形式进行考核,并与最终考核挂钩;四是确立法官助理、书记员的绩效考核机制,为其晋升搭建通道。

(九)进一步做好执行转破产衔接工作

"执转破"工作有利于解决法院执行难和企业破产难问题,应进一步贯彻落实全国法院执转破工作视频会议精神的相关要求,制定执行转破产案件的实施细则与操作规程,明确立案审查标准,做好破产审判部门、执行部门与立案部门间的工作衔接,打造"执转破"立案绿色通道,进一步提高破产审判的工作效率。

杭州市余杭区人民法院破产审判状况白皮书(2006~2016年)*

杭州市余杭区人民法院

自2006年8月新《企业破产法》颁布以来,我国企业破产制度发生了根本性变化,杭州市余杭区人民法院秉持新破产审判理念,依法审结了利华公司、光瑞公司、宏泰公司、郎城公司等一批具有较大影响力的企业破产案件,充分发挥了破产审判对调整产业结构、维护社会稳定发展的职能作用。近年来,余杭区经济社会总体发展态势良好,但受各种不利因素影响,部分企业深陷资金链、担保链危机,少数房地产企业出现停工退房风险,传统制造型企业亦受较大冲击,破产案件数量大幅上升,破产审判工作面临新挑战。余杭区人民法院在浙江省高级人民法院、杭州市中级人民法院指导下,在余杭区委、区政府关心支持下,为适应依法加快处置"僵尸企业"的新形

---

* 2016年12月8日浙江省杭州市余杭区人民法院召开新闻发布会,发布了《杭州市余杭区人民法院2006~2016年企业破产审判状况白皮书》,回顾十年法院破产审判发展历程,通报2006~2016年企业破产审判状况和十大企业破产审判典型案例,彰显法院在创新审理机制,灵活运用执转破、破产预重整制度、关联企业实质合并破产、在建工程项目多元化融资模式等方面,为破产审判司法实践所作的努力和探索。本书收入的是白皮书全文,感谢杭州市余杭区人民法院常务副院长孔政、民五庭(公司清算与破产审判庭)负责人唐慧农对本书编辑出版工作的大力支持。——编者注

势,立足审理破产案件实践,以府院联动为突破口,积极运用破产程序化解过剩产能、清理“僵尸企业”,打造“党委领导、政府支持、司法主导、市场导向、简易审理”的破产综合处置工作体系。2014年12月余杭区人民法院被最高人民法院确定为首批破产案件审理方式改革试点法院。回顾10年来的破产审判发展历程,余杭区人民法院一方面不断更新理念,以破产案件审理工作为重点,改革创新破产审理机制,另一方面延伸司法服务,以府院协调联动为抓手,构建破产综合处置机制,在加强企业破产的配套保障、优化破产案件审理内外部环境等方面进行了积极探索。

一、破产案件概况

余杭区人民法院在破产实践中创新审理机制,灵活运用执转破、破产预重整制度、关联企业实质合并破产、在建工程项目多元化融资模式等方面,为破产审判司法实践提供了有益经验,努力推动企业破产审理工作的常态化、规范化。

(一)收结案情况

2006～2016年11月共审理企业破产案件51件,特别是近5年来,破产案件受理数量增长迅速,其中2012年受理3件,2014年受理7件,2015年受理12件,2016年1～11月受理15件并预登记2件、立案审查1件,期间共审结破产案件19件,(见图1)已盘活不良资产20余亿元,释放闲置土地320余亩。2009年光瑞服饰公司破产案通过穷尽措施核查债权,核减债权比例近41%且无一债权人提出异议;钱潮环境公司破产案通过沟通协调实现了解散清算与破产清算的有效转换;2010年宏泰钢构公司破产案系杭州地区首起以和解方式审结的案件,通过和解程序保留了公司无形资产价值,大幅提高了破产清偿率;2012年金星房地产公司破产案系杭州城区首起房地产企业破产清算案件,所涉烂尾楼通过政府垫资复工续建实现顺利交房;郎城公司破产案成功处置集体土地上的无证厂房,实现普通债权清偿率从0到23.67%;2014年子鑫公司破产案通过引进第三方收购非典型“业主”债权的方式化解矛盾;2015年元通机械公司破产案成功运用执转破程序和破产简易审实现案件快速审结;怡丰成公司破产案在企业破产预登记期间就在建工程项目复工续建等事项征求已知债权人意见并表决通过,为破产案件受理后在建工程快速复工续建奠定了基础;2016年君和公司破产案在第一次债权人会议上即裁定宣告债务人破产并对破产财产分配方案进行表决,极大提高了破产审判效率；在如歌电子公司破产案中，债务人与债权人主动清理债权债务，达成和解。此外，余杭区人民法院积极参与余杭区企业资金链风险防范与化解工作，参与处理资金链风险企业45家，其中18家企业退出风险企业名单，9家企业依法进入破产程序。

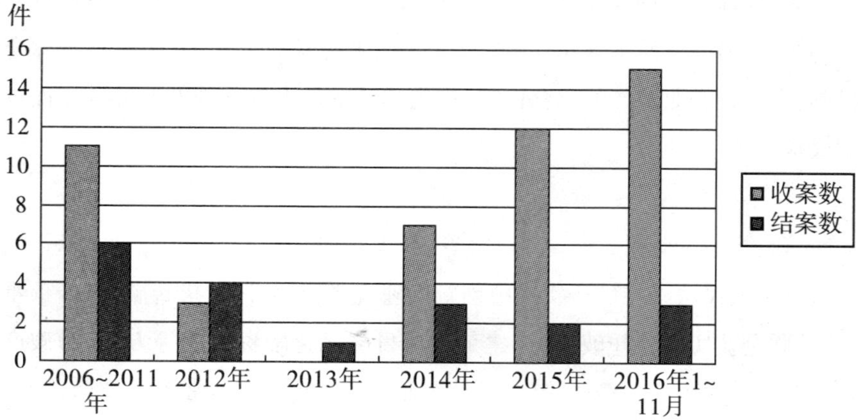

图1　2006～2016年破产案件收结案统计

（二）案件特点

受区域地理位置、产业结构、民营资本、经济发展水平等因素影响，受理的企业破产案件主要呈现以下特征：

1. 破产企业多集中在传统行业，房地产行业风险突出。受部分传统行业整体不景气的影响，破产企业多集中在工业制造、商贸等领域（见图2）。同时，由于房地产市场持续调控、企业资金链断裂等因素，区部分房企债务风险较高，目前审理的8件房地产企业破产案件中，涉及商品房项目有怡丰成公司、中意公司等破产案，涉及国有土地上的非商品房项目有子鑫公司、豪立公司等破产案，上述案件中均存在工程续建、办证等难题，法律关系复杂，信访、闹访现象严重，维稳压力大。

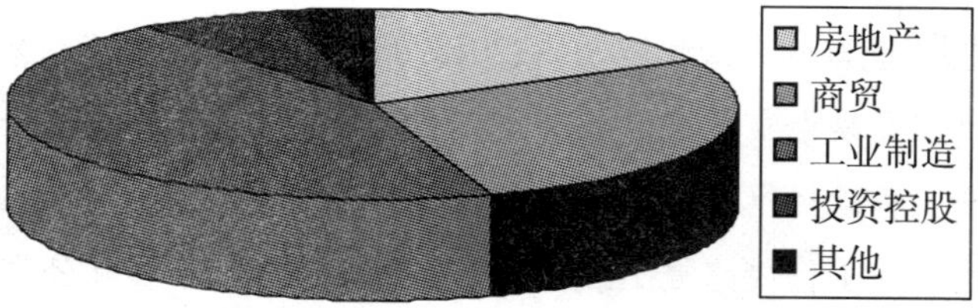

图2　2006～2016年破产案件所涉企业行业类型分布情况

2. 破产企业多涉及关联企业,联保互保问题突出。现在审的32家破产企业中,大多涉及企业互保、联保问题,其中部分破产企业存在众多关联企业,而有的关联企业仅为融资平台,子鑫公司、谛都公司、“中都系”公司破产案,其实际控制人名下均有多家公司且分布于全国各地。审理中发现,部分破产企业与关联企业之间存在大量资金往来,且双方之间的财务账目管理混乱、债权债务难以厘清,如中宙光电公司与中宙照明公司存在资金往来频繁、互保严重等现象,法人人格高度混同,实施合并破产符合“公平清理债权债务”的《企业破产法》立法宗旨,现已裁定合并破产。

3. 破产企业债权债务关系复杂,多深度介入民间融资。破产企业的债务构成中金融债权与民间借贷债权的占比较大。根据在审破产案件的审计报告及债权申报情况,金融债权与民间借贷债权通常占总债权比重的80%以上。其中金融债权多设置财产抵押担保,享有优先受偿权,而民间借贷债权多为普通债权,受偿情况难以保障。近年来,破产企业所涉民间借贷债权比例越来越高,尤其是中小企业,因金融供给不足纷纷转向民间融资。许多民间资本也集中在过去利润率较高的房地产市场,受房地产市场不景气的影响,部分房企债务风险较高,偿债能力出现问题。

二、破产审判机制创新

余杭区人民法院破产案件审理方式改革试点工作中的亮点举措可以概括为“突出一个联动、构建两个畅通、实现三个制宜、做到四个规范”,探索走出一条具有余杭特色的破产案件审理路子。

1. 突出一个“联动”。建立常态化府院联动破产处置模式是余杭区人民法院改革试点的主要内容之一。为将该项工作落到实处,积极探索企业破产综合处置工作体系:由法院主导企业破产的审理工作,通过打造立审执畅通机制、做好执破衔接工作、落实破产案件简易审、完善管理人管理模式等方面的改革全面提升破产案件审理的质量和效率;由政府全力支持破产案件的处置工作,做好信访维稳、职工保障、税收优惠政策、打击逃废债、行政审批、调整金融信用等配套保障工作。目前,在构建府院联动破产处置模式的大框架下,已建立了以下配套机制:一是破产案件包案领导制度,现在审的破产案件中,有22件涉众涉稳型案件由包案区领导负责协调推动案件的风险处置工作;二是风险预警监测机制,及时将掌握的风险企业信息汇总情况、风险企业涉诉案件情况每周定期、不定期报送给区防化处置办,以便全区统筹防控风险;三是重大信息通报制度,对案件审理过程中的潜在风险点,包括债权人诉求、信访群访、特殊财产预先处置等,通过专题汇报、要情专报等形式及时通报给党委政府,取得支持和指导;四是召开府院联席会议,对全区企业破产综合处置工作进行研判、协调和部署,视情召开专题会议,形成会议纪要,确保综合处置工作的及时性和联动性。

2. 构建两个"畅通"。一是畅通执破衔接程序,《关于适用〈中华人民共和国民事诉讼法〉的解释》第 513 条至第 516 条出台前,相当一批经营不善且已符合破产条件的企业未依法适用破产程序退出市场。为此,余杭区人民法院确定了执转破程序的严格审查、统筹协调和公平清偿原则,对执行转破产程序的启动、释明、移交材料、审查、执行中止、抵押物优先处置等进行明确。二是打造立审畅通机制,建立破产案件立案会商机制,开通破产申请绿色通道,立案部门做好破产案件申请材料的形式审查,破产审判部门负责破产案件受理前的实质审查并提出审查处理意见。

3. 实现三个"制宜"。一是因"时"制宜。充分利用企业进入破产程序前的时间,及时开展企业风险处置、债权人债务人协商谈判等工作,提高破产案件的审理质效。在处理怡丰成公司破产重整案中,通过破产预登记,将破产重整程序中的债务人信息披露、征求购房债权人意见、复工续建方案拟定、表决等核心步骤移至正式的司法程序之前,提高后续重整程序的效率和成功率。二是因"案"制宜。在破产企业法人人格高度混同,严重损害债权人利益的情况下,针对各关联企业的特点,灵活运用合并破产程序的方式有助于破产程序的顺利推进。"中都系"企业破产案件,其关联公司间存在人、财、物等法人人格高度混同的情形,已严重丧失法人意志独立性和法人财产独立性,故对 19 家"中都系"企业实施合并破产。三是因"地"制宜。子鑫、豪立两家破产企业所涉项目为国有土地上的非商品房项目,考虑到案涉土地的特殊性质,对非典型"业主"债权通过引入第三方或由破产企业股东收购"业主"债权的方式化解矛盾。

4. 做到四个"规范"。一是规范管理人履职。对管理人的监督主要表现为事前报告、进展跟踪、动态纠正和综合考评"四部曲"。事前报告,主要包括工作方案备案和重大事项报告两方面,管理人指定后,法院要求管理人及时将包括团队构成、工作计划、工作制度等内容的工作方案报法院备案,破产程序推进过程中,大额费用支出、继续或停止营业、重大财产处分、决定提起诉讼、聘用工作人员等重大事项应事先向法院报告;进展跟踪,建立管理人周报、月报制度,在第一次债权人会议召开前要求管理人将接管、资产核查、债权申报审核、应收账款催收、资产评估审计等工作情况每周定期向法院汇报,第一次债权人会议召开后,由管理人根据日常工作开展情况每月定期向法院汇报,破产案件承办法官每月总结破产案件审理进展,破产审判业务庭每月定期编制在审破产案件审理情况月报;动态纠正,法院对管理人履职过程中的勤勉、忠实义务进行审查,及时指正管理人的不当行为,对违反勤勉义务、忠实义务的管理人,通过考评、约谈、更换机制解决,对违反法律规定的,依法追究相应法律责任;评估考核,确立以法院考评为主,辅之以债权人委员会、政府相关部门、行业协会等多元主体的考评模式,把握破产程序的关键节点进行动态考核,在破产案件终结后,由评估考核小组对管理人工作进行全面考核,考评内容主要为案件难易程度、管理人内部管理制度、管理人工作实绩等,考评结果决定管理人的"去留",并与管理人报酬相挂钩。二是规范债权人会议。召开大型债权人会议10余次,其中子鑫、谛都案件所涉债权人数达六七百人,围绕债权人会议成立领导小组,召开动员大会,进行现场模拟,制作"一图一表一方案"即人员布置图、任务分解表和组织安保方案,成立安全保卫、案件审理及后勤保障、舆情应对、接访联络等工作组,联合政府相关部门做好债权人会议的安全、医疗和供电保障等事项,设置分会场和债权异议处,对会议的流程安排、签到存包、材料分发、议案表决、计票统计等各个环节采用人性化、精细化设计。三是规范破产案件简易审。实行企业破产申请预登记、引入第三方调解机制、指导适用破产和解、重整程序处置小微企业债务风险,将债权债务基本明晰的企业债权申报期限缩短至30~45天,管理人接受申报同时予以初步核查,在第一次债权人会议上对无异议债权口头裁定确认,制定《企业破产案件简易审工作方案》并在第一次债权人会议上公布,听取管理人、债权人、债务人意见后付诸实施。四是规范破产财产处置。主要通过线上线下相结合的方式处置破产财产,考虑到线上拍卖平台低成本高效率的优势,明确管理人通过淘宝网司法拍卖平台处置破产财产的具体流程,提高司法网拍程序的可操作性。目前司法网拍已广泛运用于在审破产案件。

三、破产改革试点成效

2016年2月24日最高人民法院组织的全国部分法院依法处置"僵尸企业"

调研及工作座谈会在杭州召开，会上，余杭区人民法院专题汇报了企业破产案件审理方式改革试点工作。一年多以来的改革试点工作，余杭区人民法院在组织保障、建章立制、开放交流、总结经验、宣传理念等方面都取得一定进展。

（一）加强领导，建立高效专业的组织保障体系

一是区级层面。2012 年成立由区领导担任组长的破产企业维稳领导小组，牵头对维稳风险进行评估，制定维稳处置预案，并确定资产处置方案。破产案件受理后，维稳领导小组转化为破产工作领导小组，负责协调处置相关破产事宜。2014 年成立企业资金链风险防范和化解工作领导小组，由区政府主要领导担任组长，下设办公室。2016 年 3 月企业破产综合处置工作纳入区防化办工作职责，区防化办更名为区防化处置办，将法院与维稳、财政、公安、发改（金融办）、住建、国土、社保、市场监管、信访、人行等相关部门整合纳入，固定人员集中办公，实体化运作，形成固定化、专业化的企业破产综合处置班子。二是法院层面。成立由院长担任组长的破产审理工作领导小组，下设办公室，组建专业破产合议庭，负责制作破产信息简报，并定期报送给区防化处置办，推行破产案件专业化审理，通过细化工作措施、落实职责分工、纳入年终考核等方式，提高审判人员审理破产案件的积极性，确保破产审判工作有力推进。2016 年年初余杭区编委同意余杭区人民法院增设民事审判第五庭即企业清算与破产审判庭，增配中层正职领导职数。

（二）建章立制，切实推动破产综合处置工作

余杭区人民法院主动应对经济发展方式转变、产业结构优化调整、企业资金链风险多发等复杂多变的经济形势，先后制定了《关于为中小企业创业创新发展提供司法保障的实施意见》《开展深化“服务企业、服务基层”专项行动实施意见》《关于为防范和化解企业资金链风险提供司法保障的实施意见》《关于积极参与社会治理大联动工作的实施意见》等文件。通过融入余杭区社会治理大联动，强化企业“两链”源头预防、风险预警、依法处置并举，探索构建纠纷解决联动机制，着力化解矛盾纠纷。

为确保破产案件审理方式改革试点工作顺利开展，出台《关于破产案件审理方式改革试点工作方案》，明确“以简易审为抓手，提高破产案件审判效率；以属地为原则，推进政府强化公共服务职能；以市场为导向，促进企业优化整合资源”为破产案件审理方式改革试点工作的主要内容。同时，配套出台《关于执行移送破产程序的操作规程》，规范执转破的具体工作。2015 年围绕发挥破产程序功能、清理“僵尸企业”的工作部署,起草《余杭区企业破产综合处置工作方案》。2015年12月15日朱华区长与罗鑫院长主持召开府院联席会议,专题审议了《杭州市余杭区企业破产综合处置工作方案》,探索完善法院主导司法程序与政府主导政策支持相结合的企业破产综合处置模式,就企业破产综合处置工作机制、建立破产援助专项资金、设立破产审判庭等内容形成会议纪要。2016年9月21日会同区防化处置办、区财政局出台《杭州市余杭区企业破产援助专项资金管理和使用暂行办法》,主要规定了专项资金用途、使用原则、额度、资金垫付审批流程、资金回收与核销等内容,切实解决破产实践中无产可破企业的管理人费用、破产费用无保障的难题。

(三)加强交流,积极营造包容开放的学习氛围

“以开放促发展,以交流促进步”是余杭区人民法院破产案件审理方式改革试点工作的新思路。一是重视法院与管理人之间的沟通交流。2012年以来,余杭区人民法院组织召开在审破产案件管理人座谈会6次,邀请省高院民二庭、市中院民二庭领导到会指导,探讨破产案件审理过程中遇到的法律和实务问题,此外,还就具体破产案件的审理工作召开管理人沟通会200余次。二是注重法院与法院之间的学习交流。近年来,江苏、山东、湖南、安徽、四川、河南、河北、重庆、浙江等多地法院前来考察交流破产案件审理工作,并就破产案件审理中遇到的问题、对策等进行交流探讨。三是“引进来”,打造开放式的交流学习平台。2015年12月27日围绕中央经济工作会议确定去剩余产能、去房地产库存的经济工作任务,在浙江省高级人民法院民二庭的大力支持下,余杭区人民法院与中国人民大学破产法研究中心联合主办“中国破产法论坛——房地产企业破产专题研讨会”(北京市破产法协会与浙江金融资产交易中心协办),来自法院、高校、破产中介机构、仲裁委、金融和会计师系统等共计160余名嘉宾参会,围绕破产法在实现房地产去库存经济社会政策目标方面的作用,就房地产企业破产中的权益冲突与清偿顺位、房地产企业重整中的法律问题等进行理论和实践层面的深入研讨,最高人民法院民二庭副庭长付金联专程到会指导。会上还就余杭区人民法院房地产企业破产审理操作规程初稿征求与会专家学者的意见。四是“走出去”,吸取破产审判先进经验。先后派员参加了第七届全国破产法论坛、第八届东亚破产与重组研讨会、中国破产法论坛——破产与金融问题专题研讨会等,在介绍余杭区人民法院破产审判实践的同时,主动学习其他地区的创新做法和先进经验,拓展破产审判工作视角。

(四)及时总结,推动经验性做法形成规范化制度

结合破产实践,尤其是房地产企业破产案件审理经验,先后撰写了《涉房破产企业在建工程续建的困境与解决方法的探索》(发表于《法律适用》2016 年第 3 期)、《房地产企业预重整的实务探索及建议》(发表于《人民司法(应用)》2016 年第 7 期)、《审视与探索:关联企业合并破产的实务问题探究》、《管理人评估考核机制的实务探究》、《破产程序中金融债权的多维保护视角及实践》等调研文章。此外,怡丰成公司破产预重整案入选 2015 年浙江法院企业破产审判十大典型案例。2015 年 10 月余杭区人民法院接受浙江高院民二庭的委托,起草了《浙江省高级人民法院房地产企业破产审理指引(代拟稿)》。2016 年 2 月 3 日在前期广泛征求意见的基础上,制定了《杭州市余杭区人民法院房地产企业破产审理操作规程(试行)》,已编入《破产法论坛》第 11 辑(王欣新、郑志斌主编,法律出版社 2016 年 8 月出版)。该操作规程主要具有三大特色:一是坚持破产案件审理程序的完整性,按照企业破产案件的审理流程,设置申请、审查及受理等 12 章 88 条内容,其中关于破产案件审理的共性规定对其他破产案件具有参考价值;二是体现房地产企业破产案件审理的特殊性,专门设置房地产项目续建、国有土地上的非商品房项目两章内容,明确工程续建的融资、后续施工妨碍的排除、行政审批配合、特殊业主债权的申报登记和审核等问题;三是突出破产案件审理的实践性,结合在第一次债权人会议的组织召开、会务安排、维稳保障及对管理人的指导监督等方面积累的经验,专门设置第一次债权人会议、管理人两章内容,规范经验性做法,提高实务可操作性。

(五)加大宣传,引导树立正确的破产理念

充分发挥破产制度在优化产业结构、化解过剩产能、促进经济转型升级方面的作用,就必须让政府、企业、民众充分认识到破产制度是化解两链风险、处置"僵尸企业"、盘活要素资源的重要手段。为此,着重对破产法律政策、破产典型案件、破产先进做法进行宣传,引导社会充分认识破产制度的积极作用,并通过广泛宣传和定向宣传两种形式加大宣传力度:充分利用法院门户网站、官方微博、微信等自媒体平台和余杭晨报、余杭电视台平安频道等新闻宣传平台对破产审判工作进行广泛宣传,提升社会公众对破产制度价值和功能的认识;通过入企、召开风险企业座谈会等形式定向宣传,引导企业树立正确破产理念。

四、下一步打算

随着供给侧结构性改革的全面深化,建立市场主体有序退出机制的步伐进一步加快,企业破产将成为市场经济优胜劣汰规律下的一个新常态。当前企业破产处置还存在破产审判力量有待整合、管理人制度有待完善、信访维稳压力大、刑民交叉问题突出、资产负债核实困难、资产处置难度大等一系列问题,希望全社会共同重视起来。余杭区人民法院将以理念更新为基点,从升级审判管理、优化管理人监管及完善综合处置机制等方面着手,充分发挥破产审判维护稳定、促进发展、保障民生的作用。

(一)坚持与时俱进,树立破产审判新理念

一是坚持法治理念。必须运用法治思维和法治方式妥善平衡债权人、债务人、企业职工、重整投资人等各方利益,在《企业破产法》及相关法律法规的框架内解决法律和实务难题。二是倡导能动破产。遵循理论与实践相结合,在能动司法实践的基础上倡导能动破产,当法律、行政法规或司法解释对某些问题无明确规定的情况下,要权衡利弊、关注事件处理的社会整体利益和社会导向,妥善化解矛盾纠纷。三是运用市场手段。企业破产是市场优胜劣汰的必然结果,在推进企业破产综合处置工作中尊重市场规律,以市场为导向,发挥市场机制的倒逼作用淘汰落后产能,将破产企业的项目融资、破产财产的处置等问题交由市场解决,发挥市场在资源配置中的基础性作用。

(二)组建专业审判团队,建立科学考评机制

破产案件牵涉的法律关系错综复杂、利益关系盘根错节,这就要求审理破产案件的法官一方面具备较强的综合办案能力和矛盾化解能力,另一方面要广泛涉猎社会知识,提高与政府相关部门、行业协会、管理人的沟通协调能力。将进一步加强专业审判力量,把更多专业能力强、综合素质高的法官充实到破产审判队伍中;遵循破产审判规律,建立科学的破产审判考评机制,在考核标准设置上,既要考核破产案件的办案质效,也要考核立破、执破衔接程序的运行效果,让制度为人服务,让人积极主动投入到破产审判工作中。

(三)强化监督考评,提高管理人执业能力

管理人是破产事务的主要执行者,其履职能力高低关系破产债务人和债权人的切身利益,法院作为破产程序的主导者,指导和监督管理人履职,在破产实

践中,法院应当尊重管理人的独立地位和中立立场,以有利破产工作开展为原则,坚持指导多一些、激励多一些、保障多一些、责任追究宽一些。在提升管理人工作能力方面,将主要抓好以下两方面:一是完善管理人报酬保障机制。落实破产援助专项资金制度,完善管理人报酬的预付及分期支付制度、管理人对有担保财产的收费制度等,为管理人履职创造激励性的外部环境,推动管理人队伍的良性发展。二是建立管理人评估考核机制。探索设计集多元化的考评主体、动态化的考评方式、类型化的考评标准、精细化的考评指标、功能化的考评结果于一体的管理人评估考核机制,注重实绩,激励与约束并举,激发管理人工作积极性,控制管理人执业风险,提高破产审判质效。

(四)争取政府支持,落实综合处置工作

企业破产牵涉利益广泛、维稳任务繁重,关乎市场经济秩序的正常运行和社会的稳定,不仅是法院的事情,也是政府的职责所在,政府在企业破产处置中应当有所作为,尤其是在前期风险处置和破产重整程序阶段,政府支持尤为重要,余杭区人民法院将充分利用现阶段清理"僵尸企业"的有利契机,在现有政府主导风险处置公共服务和政策支持工作与法院主导司法程序相结合的企业破产综合处置机制的基础上,与政府相关部门按照各自职能和分工要求进行对接,从维稳、财政支持、职工保障、税收优惠、行政审批等方面逐一落实,确保企业破产综合处置工作的规范化、市场化。

五、结语

党的十八届五中全会提出"要更加注重运用市场机制、经济手段、法治办法化解产能过剩,加大政策引导力度,完善企业退出机制"。为贯彻这一指导思想,破产审判实践中,要坚持法治理念,善于运用法治思维和法治方式平衡各方利益;要尊重市场规律,充分发挥市场机制的倒逼作用淘汰落后产能;要整合内外资源,深入落实企业破产综合处置机制。破产制度功能的实现离不开党委、政府、法院和管理人、债权人、债务人的共同智慧和努力,余杭区人民法院将继续坚持"党委领导、政府支持、法院主导"的企业破产处置模式,从提升审判能力、延伸司法服务、深化联动机制入手,积极应对破产审判工作面临的新问题、新挑战,继续做好破产案件的审理、管理人的指导监督、破产配套机制的建设等工作,努力实现破产案件审理方式改革试点工作的新发展,为余杭区淘汰落后产能、升级产业结构,实现经济不断创新发展提供有力的司法保障。

温州市两级人民法院破产审判报告（2013～2016年）*

温州市中级人民法院课题组**

党的十八届三中全会指出要“使市场在资源配置中起决定性作用和更好发挥政府作用”；《中共中央关于全面深化改革若干重大问题的决定》中明确要求“健全优胜劣汰市场化退出机制，完善企业破产制度”；《中共中央关于制定国民经济和社会发展第十三个五年规划的建议》中再次提出要求，要“更加注重运用市场机制、经济手段、法治办法化解产能过剩，加大政策引导力度，完善企业退出机制”；2015年中央经济工作会议则进一步细化，提出“要依法为实施市场化破产程序创造条件，加快破产清算案件审理”以及“要尽可能多兼并重组、少破产清算，做好职工安置工作”。

为更加有效地发挥人民法院破产审判职能作用，实现对“僵尸企业”的依法有效清理，助力完成“三去一降

---

* 本文为作者提交给“第八届中国破产法论坛暨《企业破产法》实施十周年纪念研讨会”的会议论文，收入本书出版时，作者进行了修改完善。感谢温州市中级人民法院副院长潘光林等人对本书编辑出版工作的大力支持。——编者注

** 课题主持人：潘光林，温州市中级人民法院党组成员、副院长。课题组成员：方飞潮，温州市中级人民法院民六庭庭长；叶希希，温州市中级人民法院民六庭副庭长；金晓平，温州市中级人民法院民六庭助理审判员。

一补"任务,温州市两级人民法院以党的十八大精神和习近平总书记系列讲话精神为引领,以"健全优胜劣汰市场化退出机制、完善企业破产制度"为工作主题,大胆探索,积极创新,全力推动优化外部环境,建立健全内部破产审判机制,充分发挥破产审判对维护市场经济秩序、保障社会稳定等方面的作用,通过生产要素的优化组合,推动资不抵债且无力生还的"僵尸企业"依法退出市场,助力尚存优质资产的企业实现重生,走出了一条"市场化导向、差异化处置、专业化审理、机制化推进"的民营企业破产审判之路。在当前越来越多的民营企业对破产制度有所期待的背景下,本文在总结温州破产审判工作的经验的基础上,梳理实践中遇到的障碍和问题,并提出粗浅的建议,以期为同人提供一些有益的参考。

一、破产案件基本情况及主要特点

(一)破产案件基本情况

2013 年以来,在温州市两级人民法院的共同努力下,破产案件的收结案数一直保持高位。2013～2016 年温州市两级人民法院共受理破产案件 913 件,审结 662 件,分别占全省法院破产案件收结案数的 42.52% 及 53.22%,具体为:2013 年温州市两级人民法院共受理破产案件 198 件,占浙江省的 52.51%,其中重整案件 14 件;审结 153 件,占浙江省的 52.21%,其中重整案件 10 件;盘活土地 736.22 亩、厂房46.20万平方米,化解不良资产 18.05 亿元。2014 年温州市两级人民法院共受理破产案件 123 件,占浙江省的 40.73%,其中重整案件 4 件;审结 111 件,占浙江省的 52.36%,其中重整案件 7 件;盘活土地 921.9 亩、厂房 53.92 万平方米,化解不良资产 23.94 亿元。2015 年温州市两级人民法院共受理破产案件 233 件,占浙江省的 37.64%,其中重整案件 11 件;审结 161 件,占浙江省的 51.60%,其中重整案件 8 件;盘活土地 229.90 亩、厂房 11.35 万平方米,化解不良资产 38.22 亿元;2016 年温州市两级人民法院共受理破产案件 359 件,占浙江省的 42.29%,其中重整案件 6 件;审结破产案件 237 件,占浙江省的 55.50%,其中重整案件 6 件;盘活土地 350.80 亩、厂房 21.31 万平方米,化解不良资产 37.29 亿元(见图 1、图 2、图 3)。

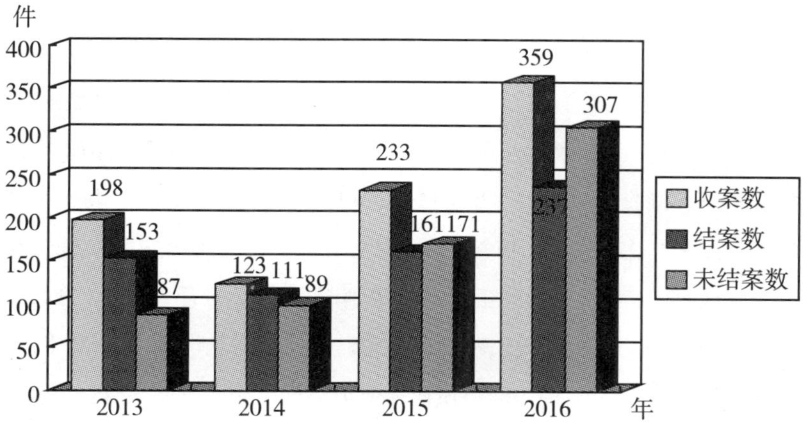

图1　温州市两级人民法院2013～2016年破产案件受理审结情况

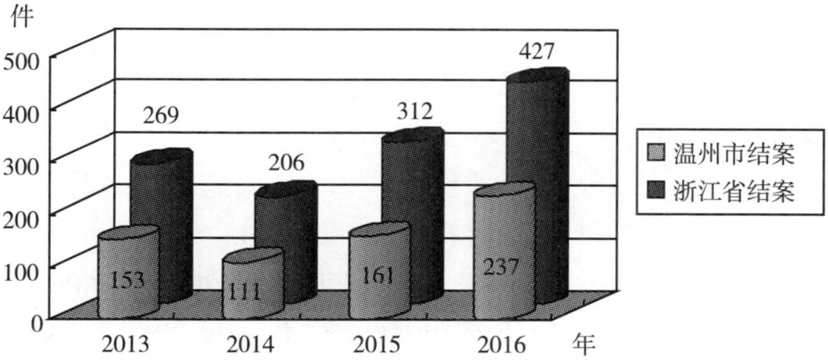

图2　温州市两级人民法院2013～2016年破产案件结案数与浙江省对比

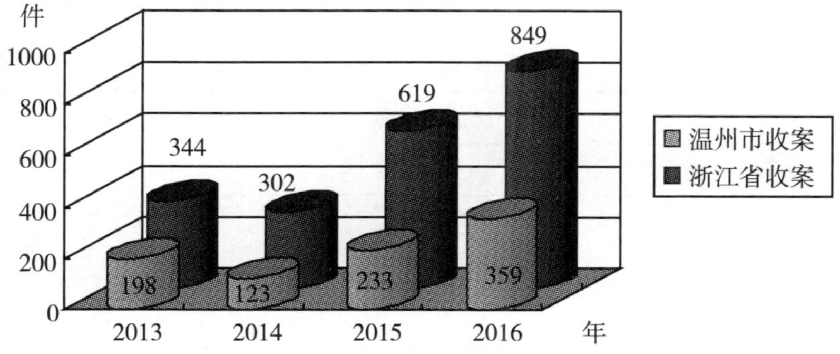

图3　温州市两级人民法院2013～2016年破产案件收案数与浙江省对比

(二)案件主要特点

一是债权人是破产程序的主要启动者。囿于我国破产立法及司法实务环境的滞后性，且破产程序普遍存在周期较长的特点，债权人不知如何申请甚至是不愿申请企业破产，因此以往债权人更倾向于抢先申请执行以获得尽可能多的利益，申请企业破产很难成为债权人的首选。但经过温州市两级人民法院近些年来的积极努力，债权人申请企业破产的积极性大大提高。2007～2012年温州市两级人民法院共接收51份破产申请材料，其中，债权人递交企业破产申请材料的仅有13份，所占比例为25.49%。而2013～2016年温州市两级人民法院接收的破产申请材料中，债权人递交企业破产申请材料的分别有220份（总251份）、174份（总195份）、336份（总348份）、501份（总522份），所占比例分别为87.65%、89.23%、96.55%、95.98%，债权人申请破产比例上升明显且保持在高位。

二是破产企业以中小民营企业为主。现行《企业破产法》相较于《企业破产法（试行）》，虽然在破除政府对企业破产事务的直接干预、强化以市场经济为导向的由市场自行消化解决的理念、完善企业市场退出机制等方面有了质的进步，但是由于对破产的社会调整功能仍缺乏正确的认识，加上较多中小民营企业的财务账册不规范，甚至涉嫌偷税漏税，中小民营企业申请破产的积极性很低，这就导致在相当长的一段时期内破产对象以国有企业债务人为主。但2013年以来，温州两级法院切实加大了对破产审判的正面宣传力度，有效提升了社会公众及中小民营企业主对破产制度价值和功能的认识，2013～2016年审结的共计662件破产案件中，债务人为中小民营企业的高达590件，非民营企业破产案件的比例仅为10.88%。

表1　温州市两级人民法院2013～2016年审结的破产案件中小民营企业数量

单位：家

年份	中小民营企业数	占比
2013	136	88.89%
2014	93	83.78%
2015	139	86.34%
2016	222	93.67%

三是破产企业类型具有典型的温州行业特点。温州作为我国民营经济的先发地区，以“电器、服装、鞋业、打火机”四大轻工产品为支柱产业，带动着各大行业的共同发展，行业集群效应明显，具有极强的区域经济特色和企业组织化程

度。温州两级法院 2013 ~2016 年审结的共计 662 件破产案件所涉及的破产企业主业类型集中在制造业,共计有 549 家,占总数的 82.93%,而同期的包含租赁和商业服务业、卫生、社会保障和社会福利业、文化、体育和娱乐业、信息传输、计算机服务、电力、燃气及水的生产的供应业、住宿和餐饮业等服务业仅占总数的 11.03%,其余诸如农、林、牧、渔业、采矿业、建筑业、批发和零售业、金融业、房地产业、科学研究、技术服务和地质勘查业、水利、环境和公共设施管理业等仅占 6.04%(见图4)。破产企业类型反映出温州市制造业企业整体基础庞大、风险多发的特点,体现了温州市以制造业企业为主导的典型行业特点。

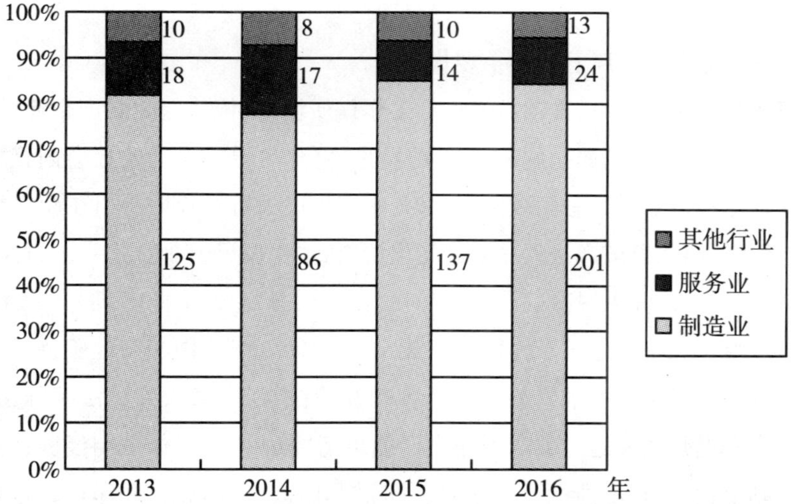

图4 温州法院 2013 ~2016 年审结的破产案件所涉破产企业行业分布情况

四是担保链问题是导致企业破产的重要因素。互联互保模式,又称社区金融模式,其作为成都中小企业融资实践探索的重要创新成果之一,在 2009 年中国中小企业融资发展论坛中作为典型案例在全国范围内进行推广后,很快就成为许多地方政府解决中小微企业融资难问题的行之有效的改革创新经验。在温州,互联互保模式在中小企业应对普遍存在的融资难问题过程中的确发挥过重要作用。但是随着中央经济政策的逐步调整,特别是受 2011 年下半年温州局部民间金融风波影响,部分企业首先出现资金链断裂,担保链企业的生产经营随之受影响,所负债务因此被放大,曾经的“铁索连舟”逐渐演变成了“火烧连营”,进而导致大量企业进入破产程序。

表2 温州法院2013～2016年审结的破产案件所涉破产企业存在担保债务的情况统计

单位:个

年份	存在担保债务的破产企业数	占比
2013	37	24.18%
2014	33	29.73%
2015	45	27.95%
2016	81	34.18%

二、推进破产审判工作的主要做法

温州法院多措并举,推动破产审判工作提质增效,依法保障破产企业的有序退出,促进了产能过剩的化解和生产要素的整合,盘活了大量的社会闲置资源,增强了社会经济活力。全国政协副主席、中国人民银行行长周小川在新华社《国内动态清样:温州以破产法程序去产能出清500余"僵尸企业"》上批示肯定温州破产审判工作;最高人民法院周强院长在《高法信息》(专报第15期)上批示要求总结推广温州法院通过破产程序去产能出清"僵尸企业"做法与经验,后最高人民法院发专刊信息介绍推广温州破产审判经验;浙江省高级人民法院陈国猛院长批示肯定温州法院通过破产程序去产能出清"僵尸企业"做法与经验;时任浙江省委副书记、省长李强批示要求对温州情况作进一步总结,并印送各地参阅;获浙江省委深改组肯定,经温州市委书记与中级人民法院院长汇报后,深改组要求在全省推广温州破产审判经验。

(一)建立健全破产案件审理机制

一是破除受理难的观念障碍。《企业破产法》实施以来效果并不理想,[①]党政部门、债权人、债务人对破产制度的认识还不到位是重要原因。对此,温州法院加大宣传力度,借助"温州网"、温州电视台、温州时报等新闻宣传平台,通过发布全省首份破产审判白皮书,安排院庭长、破产管理人代表参加访谈等方式,提

① 中国人民大学破产法研究中心和北京市破产法学会曾对破产法实施问题进行调研,从思想和制度层面总结了十大困境并提出了相应对策。参见中国破产法论坛组委会:《中国破产法的困境与出路——破产案件受理数量下降的原因及应对》,载最高人民法院民事审判第二庭编:《商事审判指导》(2014年第1期·总第37辑),人民法院出版社2014年版,第116～146页。

升党政部门、社会公众对破产制度价值和功能的认识。

二是建立健全执行移送破产机制。在民诉法司法解释出台前,温州市中级人民法院于2013年6月14日已制定《关于执行程序和破产程序衔接的会议纪要》,对符合破产清算条件且挽救无望的企业,及时终结执行程序,纳入破产程序。同年通过执破衔接共受理98件破产案件,促成一大批程序终结案件得以退出执行程序,初步解决执行程序中企业资不抵债需转入破产程序所引起的执破衔接问题。民诉法司法解释出台后,为进一步规范执行移送破产程序,解决被执行企业破产启动难问题,温州市中级人民法院于2015年6月3日出台《关于执行移送破产程序的会议纪要》,作为全国法院系统首个出台的执行移送破产规范性文件,对加强审查释明工作、推行案件预审制度、规范执破衔接程序作出了明确规定。后针对执行移送破产实践中出现的问题,温州市中级人民法院于2016年6月7日再次出台《关于执行移送破产程序的会议纪要(二)》,明确了执行移送破产的案件范围,提出了涉诉涉执查询的方式方法,加强了执破对接,强化了执行征信修复体系。自2015年6月3日出台《关于执行移送破产程序的会议纪要》至2016年12月底,温州市两级人民法院共移送执行转破产案件430件,立案294件,审结217件,取得了良好的成效。

三是探索破产案件快速审理模式。我国《企业破产法》没有区分破产案件的难易程序,进而设置破产案件简易审理程序,导致破产案件平均审理周期很长,[①]很多案件要历时多年才能审结,严重影响了破产法律制度功能的发挥。为切实解决破产案件审理周期偏长的实际情况,提高破产案件审判效率,确保企业破产制度功能得以充分发挥,温州法院积极探索简化破产案件审理程序,并取得了显著效果。在现行法律框架内,温州市中级人民法院出台《关于试行简化破产案件审理程序的会议纪要》,明确规定审理期限,即试行简化审理程序后,一般的破产案件应在6个月内审结,无任何财产且符合条件的破产案件应在裁定受理后3个月内审结;压缩审理周期,即在现行法律框架内,在债权申报期限、宣告破产期限、破产终结审查期限等方面进行最大限度的压缩,将可以合并的事项如受理裁

① 江西省高级人民法院对529件已经审结的破产案件进行统计后发现,破产案件审理期限超过一年的案件有一半以上;山东省东营市中级人民法院对该市近年来的破产案件进行统计后发现,所结案件审理期限最长的为7年8个月,平均审理期限达750天。参见徐建新主编:《破产案件简化审理程序探究》,人民法院出版社2015年版,第10页。

定公告、债权申报公告、对主要负责人的通知等予以合并；对于较为简单的案件，简化机构设置，根据案情不需要成立债权人委员会的，可引导债权人会议按需设置；试行独任制审判，即基层人民法院受理的简单破产案件可以实行独任制。普通破产案件平均审限从原有的400多天压缩至2016年的162.3天，派克制衣公司仅用时38天即完成破产清算。时任温州市中级人民法院院长徐建新编著的《破产案件简易审理程序探究》一书于2015年1月经人民法院出版社出版发行，受到司法实务界和理论界的一致好评。

四是推进破产案件专业化审理。“企业破产法具有特别的诉讼法、特别的债法、特别的商事组织法和特别的社会法的属性。”①破产案件尤其是破产重整案件的审理，被形象地称为“办案与办事的结合、开庭与开会的结合、裁判与谈判的结合”，对法官的综合素质要求极高，需要专业审判队伍作保障。基于此，温州市中级人民法院推动全市法院全面设立审理破产案件的专门合议庭，建立破产案件集中审理机制，强化对破产审判的业务培训和指导工作，推进破产审判的专业化。同时积极争取党政支持，继温州市中级人民法院破产审判庭于2015年5月正式挂牌成立后，共有7个基层人民法院设立了专门的破产审判庭。

五是大力推进破产财产网拍处置模式。为完善破产财产处置机制，节约破产财产处置成本，提升破产财产处置效率，规范管理人处置破产财产的行为，最大限度地保护当事人的合法权益，温州市中级人民法院出台《关于通过网络司法拍卖平台处置企业破产财产的会议纪要》(以下简称纪要)，明确了破产财产司法网拍的主体与财产范围，规范了司法网拍的整体流程及职责承担，效果良好。瑞安市东沿食品有限公司破产清算案件中，经债权人会议决议，管理人向法院申请通过司法拍卖平台对公司名下的财产进行变价，后该破产财产在淘宝网司法拍卖平台上以3,080,964元起拍，最终成交价为7,240,964元，溢价率高达135%。自纪要出台之日至2016年12月底，温州两级人民法院通过司法网拍处置破产企业资产共计7.59亿元，平均溢价率10.78%，极大地提高了破产财产的处置效率及溢价率。

六是深化逃废债行为的规制。为促进市场公平竞争，维护市场正常秩序，保证债权公平有序受偿，有效防止假借破产逃废、悬空债务，服务信用温州建设，温

① 浙江省高级人民法院联合课题组：《关于完善企业破产审判指导、监督和协调机制的调研》，载《2015年浙江发展报告·法治卷》，张伟斌主编，浙江人民出版社2015年版。

州市中级人民法院于2014年11月5日出台《关于在审理企业破产案件中防止逃废债行为的会议纪要》,从破产申请审查、管理人清查破产财产、相关人员责任追究等方面对逃废债行为进行规制。第一,积极发挥破产管理人作用。着重引导管理人以资金流向等为审计目的和最终目标的查账式审计为切入点全面清查、追收债务人财产。破产案件审理过程中发现债务人企业存在逃废债行为或事实的,要引导管理人采取诸如提起追收债务人股东未缴出资和抽逃出资诉讼、破产撤销权诉讼、确认债务人隐匿、转移财产或虚构债务、承认不真实债务行为无效诉讼等各种有效措施,最大限度地追收债务人财产,以维护债权人的合法权益。第二,强化破产终结后的法律责任。在破产程序中,如果管理人穷尽措施,通知企业法定代表人、股东、财务管理人员等有关人员履行移交企业财产及账册等资料的义务,但仍未能取得企业主要财产、账簿或其他重要文件,导致无法清算的,法院在终结破产程序的裁定书中写明管理人履行上述通知义务的经过及未能接收企业主要财产、账簿、重要文件的相关事实,并在说理部分向债权人释明其有权依法向该公司股东主张对公司债务承担相应的民事责任,以此倒逼企业规范经营及规范退出市场。2014年11月5日～2016年年底,温州两级人民法院共受理涉嫌逃废债的破产关联案件490件,审结472件,涉案标的6.545亿元,追回破产企业资产3.97亿元(见表3)。第三,严厉制裁逃废债行为。对经破产发现企业法定代表人、控股股东等涉嫌逃废债行为以及其他涉及刑事行为的,坚决予以严厉打击。比如,在生活秀集团有限公司破产清算一案中,瑞安人民法院以法定代表人隐匿或者故意销毁依法应当保存的会计凭证、会计账簿、财务会计报告且情节严重为由,移送公安机关立案侦查并进行审判后,社会反响比较好,真正起到了惩戒的效果。

表3 温州法院2013～2016年审理涉嫌逃废债破产关联案件情况

单位:件,亿元

年份	收案	结案	涉案标的	追回财产
2014	60	49	1.07	0.41
2015	260	242	2.256	1.5
2016	170	181	3.219	2.06

(二)全力优化破产审判协同环境

一是成立企业破产处置工作领导小组。破产案件审理工作是多方积极协调、整体推进的系统工程。温州中级人民法院首先推动成立了由市长担任组长,常务副市长和法院院长任副组长,公安、国土、住建、财税、工商、经信委等部门负责人为成员的企业破产处置工作领导小组。起草并出台《企业破产处置工作联席会议纪要》(一)、(二),进一步强化政府在企业破产审判工作的公共服务职能,有效解决重整企业信用修复、破产企业涉税、工商登记注销、破产企业涉违章车辆过户、违章建筑处置等难题。现全市11个基层人民法院均已推动成立了企业破产处置工作领导小组。

二是完善破产协同处置平台。联合温州市地税局、市国税局于2015年1月5日和6月19日出台《关于破产程序和执行程序中有关税费问题的会议纪要》《关于破产程序和执行程序中有关税收问题的会议纪要》,构建并完善了重整纳税评价机制和企业所得税退税机制,并对历史欠税受偿顺序和处置税费承担模式予以明确。联合温州市市场监督管理局于2016年7月21日出台《温州市市场监督管理局协助人民法院执行企业破产相关登记操作规范》,就温州市两级企业登记机关协助人民法院办理企业破产相关登记的适用范围、适用条件、操作流程等作出明确规定;联合中国人民银行温州市中心支行于2016年9月12日出台《关于贯彻落实"共同推动供给侧结构性改革 防范金融风险的合作框架协议"的会议纪要》,对如何加大打击逃废债行为的力度、保障金融机构的合法权益、完善重整企业信用修复机制、完善涉洗钱犯罪处置机制、加大对农房抵押贷款与安置补偿权益质押等试点工作的支持力度5个方面作出规定。

三是设立破产审判专项资金。温州地区的企业类型以中小型民营企业为主,在特殊历史环境下,该地区企业的内部治理结构与财务管理模式不尽完善,导致进入破产程序的企业大量呈现无财产、无账册、无人员的"三无"特点。管理人在办理该类"无产可破"案件时,不仅可能无法获得管理人报酬,还可能会因公告、刻章等破产事务的推进而需要垫付部分支出。虽然部分管理人一开始可能以抓住先机、积累经验的心态积极履职,但如若长此以往则必然会严重挫伤管理人的履职积极性。对此,温州市中级人民法院于2013年积极推动温州市财政局联合出台《温州市市级企业破产援助资金管理和使用办法》,建立200万元的破产援助专项资金,并推动温州市两级财政设立破产援助专项资金共计1050万元。

(三)重视管理人队伍建设

管理人作为参与破产程序,接管、追收、处置和分配破产企业财产的主体,是破产程序中至关重要的组成部分,温州两级法院一直致力于积极指导、支持管理人依法履职,对管理人注重强化其履职积极性,提升其履职效率,加强其履职效果,提高其业务水平,保护其合法权益。

一是高度重视管理人知识理性的积累。囿于我国破产相关法律制度并不完善的现状,破产法条文本身理解与适用、部门法间规定的内生冲突与实践衔接等争议,均为我国破产制度的推广与实施制造了巨大的阻碍。针对这种情况,温州市中级人民法院自2012年以来多次邀请最高人民法院的破产审判法官、中国人民大学、清华大学、北京大学等高校的专家学者及破产审判实践经验丰富的资深法官、管理人授课,并组织温州市两级人民法院从事破产审判工作的法官、管理人及相关行政部门的相关人员参加学习、培训共计1000余人次。温州破产管理人协会成立后,温州市中级人民法院于2016年联合管理人协会组织从事破产审判工作的法官、管理人以及市国税局代表100余人次赴中国人民大学举办为期5天的破产实务专题培训。该些做法大大提升了管理人的理论水平与实务操作能力,从而为管理人履职提供了保证。

二是为管理人提供实践锻炼的良好平台。2013～2016年,温州法院共受理破产案件913件,而目前温州地区仅有36家机构管理人及3位个人管理人,大量破产事务的实践工作促使温州地区的管理人的执业水平和履职能力得到了普遍性的长足发展。近两年,不少温州地区的管理人也已经走出温州,在外市乃至外省承担破产案件的管理人工作以及咨询指导工作等,管理人队伍得以快速成长。

三是推动成立破产管理人协会并指导内部制度构建。管理人协会作为管理人的自治组织,可以为管理人提供沟通、交流与学习的平台,管理人亦可借助这个平台分享经验做法、共同探讨解决破产实践中遇到的难题、邀请破产事务方面的专家授课,以全面提升管理人队伍的整体素质。同时,也便于法院与协会建立沟通联动机制,搭建管理人与法院之间的统一对话交流平台,方便管理人与法院更好地共同推进破产审判工作。鉴于此,温州市中级人民法院于2016年1月9日积极推动全省首家、全国第二家地市级管理人自治组织即温州破产管理人协会在温州成立。经过一年多时间的发展,温州市破产管理人协会在快速搭建内部运行架构的基础上,设立资金池保障管理人权益,多次以座谈会形式反映诉求,定期组织经验交流会,积极参加中国破产法论坛等全国性研讨会,接待美国驻上海总领事馆领事邵霭帝女士、徐茹女士来访,以及应邀向泉州市、济南市管理人协会等多家单位介绍经验，应当说，温州模式已经发展成为"全国样板"。

（四）探索民营企业重整之路

最高人民法院杜万华专委在2016年杭州会议上曾对企业进行如下分类：第一，企业资金链断裂、流动性吃紧的，如果企业生产的产品适销对路、市场前景广阔，法院要积极通过破产重整、和解促进企业债务重组，化解企业债务危机，帮助企业轻装上阵；第二，因企业技术水平不高导致产品销路不畅，或者管理不善导致企业经营困难的，如果通过技术升级换代、改善经营管理能够让企业重返市场，法院要积极推进破产重整，版主企业腾出精力改善管理，保障技术创新，力求催生新的需求；第三，企业经营困难严重，已丧失市场空间，但通过变更营业等手段可以盘活存量资产的，法院也要尽可能采取破产重整方式压缩和合并过剩产能、保留有效产能，引导增量、主动减量，最大限度利用资源；第四，对那些技术水平低、发展前景差、环境资源消耗大而不宜保留的"僵尸企业"，法院要及时进行破产清算，使企业和产能依法有序退出。

温州法院在破产审判工作中，高度关注困境企业的特点，精准识别企业类型，对虽然资不抵债但是仍有运营价值的困境企业，积极推动破产企业重整。同时在企业重整计划的制订和批准上，着眼于建立健全防范和化解过剩产能长效机制，审慎注意避免借重整削减债务、不当耗费社会资源，避免重整程序空转的情况发生，妥善审结了庄吉服装系四公司、温州中城建设集团有限公司、温州市米醴琼酒业有限公司等一系列具有重大影响的重整案件，并形成了民营企业重整路径。

一是探索重整企业信用修复解决机制。在破产重整案件的审理过程中发现，重整企业的信用修复问题十分严重，并亟待解决。如信用修复问题不能解决，将严重影响重整企业的后续健康发展。比如，若不能及时做好重整企业的信用修复，将导致重整企业在后续经营中出现融资成本增加、参加招投标活动受限制（主要指建筑类、医药类等资质类企业）等情形，进而影响正常经营活动的开展。对此，温州市中级人民法院推动出台全国首份建立重整企业信用修复问题解决机制的地方性会议纪要，推动解决企业重整前所开立账户修复问题、解决银行征信系统信用修复问题、税务登记证信用修复问题、重整企业参与招投标问题、破产企业营业执照被吊销后恢复的问题等。比如，企业重整后需要对其信用记录进行修复的，管理人可以分别向市人民银行或者各商业银行提出申请；市人民银行和各商业银行应在收到申请后7个工作日内,凭管理人申请和法院出具的函件予以办理(包括大事记在内的信用记录修复手续)。一般而言,市人民银行根据函件将重整成功的信息作为该企业的重要事件载入征信系统,即大事记,以起到隔断原失信记录的效果。再如,需要撤销企业重整前所开立账户的,在管理人的申请及法院的确认下,由开户行上报市人民银行批准对账户进行撤销。

二是探索民营企业重整模式。第一,探索合并清理模式。针对温州企业股东个人财产与企业财产可能存在的高度关联和严重混同的实际情况,积极创新企业和股东债权、债务合并清理的模式。温州海鹤药业有限公司、温州市兴瓯医药有限公司合并重整案件中,以资金流向和用途作为确认股东个人债务与债务人企业是否有关联的界定标准,最终使具有300多年历史的老字号企业海鹤药业起死回生。第二,探索并案审理机制。对在股东、债权债务、公司实际运作等方面有高度关联性的破产案件采取并案审理机制,即通过管理人的统一指定、审理环节的优化组合,债权债务的"打包处理",使破产案件审理工作中的矛盾纠纷大量减少,审理周期大幅缩短,结案效果十分突出。庄吉集团等5家企业破产重整5案就是通过这种方式合并重整并取得了成功。第三,探索分离式处置模式。探索"资产平移、分离式处置"的重整模式,以"明晰化框定资债,清算式引资重整,最充分利用资源,最大化保护权益"为指导思想,发挥出资人在重整中的积极作用,实现社会公共利益最大化,最大可能的体现破产法的挽救价值。温州中城建设集团有限公司(以下简称中城公司)破产重整案件中,一方面原债务人主体存续,由战略投资人替换原公司股东进行重新经营,将中城公司的沉重债务剥离后,保证了该公司在建工程稳定运行,维护社会稳定;另一方面将资产、债务剥离至子公司进行清算处理,大大减轻了管理人工作压力,同时增加了债权人的清偿率,实现债权人的利益最大化。

三、破产审判工作中遇到的问题及建议

(一)破产案件涉税问题较为突出

破产企业涉税相关问题是破产审判工作推进过程中遇到困难较多的方面,但多数问题都集中在税务部门内部规定及系统操作层面以及税务部门认识不到位上,比如,破产清算程序终结后清税证明的出具及税号的注销、重整成功企业税务登记证的更换、历史财务记录的隔断、未受重整计划清偿的滞纳金的核销等

诸多问题。但是破产案件涉税问题的核心还是在于破产企业税负减免难。

企业进入破产程序后,涉及缴纳的税费主要包括两个方面:一是破产案件受理前发生的税收债权和滞纳金;二是破产程序中对资产进行处置时所发生的包括增值税、土地增值税、契税、营业税、城市维护建设税等在内的流转税和所得税。而针对重整企业,还很可能会产生资产保有环节发生的房产税、城镇土地使用税、耕地占用税等税收以及因重整程序中对债务进行豁免而产生的所得税。根据《企业破产法》第113条之规定,除却担保债权、破产费用和共益债务之外,税收债权的清偿顺序仅次于破产人所欠职工的工资和医疗、伤残补助、抚恤费用,所欠的应当划入职工个人账户的基本养老保险、基本医疗保险费用,以及法律、行政法规规定应当支付给职工的补偿金,而优于普通破产债权。而在进入破产程序之前,绝大部分破产企业都已亏损多年,所欠税额在企业的负债中所占比例一般都比较高,繁多的税负,大大压缩了本就资不抵债破产企业的债权人的清偿率,对于破产企业而言,更是一个沉重的负担。而在重整程序中,战略投资人则可能要承受较之预期更多的负担。税务部门认为,根据《企业所得税法》第6条第9项、第18条及《企业所得税法实施条例》第22条之规定,于重整程序中依法免除的债务应属"确实无法偿付的应付款项",从而应按5年外债务免除额计征收企业所得税,这种认定给重整程序的推进造成了一定的困难。比如,在温州中城建设集团有限公司重整案中就遇到了这种情况,税务部门对于申报债务豁免收入以及重整完成后作债务重整收入申报收入,并以此主张应征收天文数字的企业所得税,后经温州市中级人民法院与税务部门多次协商,税务部门最终同意将债务人企业近些年来因担保行为而产生的债务认定为企业亏损,并同意将固定资产的贬值列做减值损失,最终未征收企业所得税使得税。造成破产企业在税负减免问题上的困境的主要原因在于目前税收法律法规的税收规则都是针对正常经营企业设立的,几乎很少有针对破产企业设立税收优惠政策。即使有也是针对金融机构、国有企业等特殊主体而设立的,对民营企业并不适用。2015年财政部、国家税务总局依据国务院《关于进一步优化企业兼并重组市场环境的意见》发布的《关于促进企业重组有关企业所得税处理问题的通知》和《关于非货币性资产投资企业所得税政策问题的通知》,提出了"扩大了重组特殊性税务处理适用范围,对非货币性资产投资给予了递延纳税政策,进一步支持企业兼并重组,优化企业发展环境"等优惠政策,但都是从兼并重组的角度提出的,没有明确指出适用于破产程序,可见相关部门对破产程序仍然缺乏关注。这导致实践中上述税收负担无法依据法律规定获得减免。

对此,温州市两级人民法院早在破产处置工作领导小组成立之前就已旗帜鲜明地提出应尽量减免破产企业的税收债务的主张。经温州市人民政府同意后出台的《企业破产处置工作联席会议纪要》第2条中也明确指出:“企业破产前欠缴的相关税款,凭法院裁定书按规定程序上报核销;对企业破产过程中产生的相关税费,市国税、地税部门要制定缓减免的相关政策,加大支持力度。”温州市中级人民法院历经一年半时间的沟通与协调,联合温州市地税局、国税局颁发的《关于支持和服务企业改制重组破产重整税收优惠政策操作指南》,明确了企业改制重组、破产清算的税收优惠,如在审理阶段发生股权结构变化的,可免征“销售不动产”、“转让土地使用权”营业税以及股权转让的契税等。后又分别跟温州市地税局、国税局签订的《关于破产程序和执行程序中有关税收问题的会议纪要》,高度关注破产重整企业的税负问题,一定程度上对重整企业的税收减免问题予以解决。但囿于税收减免权限,地方性政策对税负减免作用仍然有限,对此,建议最高人民法院协调国家税务总局出台破产税收减免规定,切实减轻破产企业的税收负担,以使破产企业债权人的利益实现最大化,进而维护社会和谐与稳定。

(二)重整企业信用修复难题突出

如前所述,重整企业的信用修复问题主要表现为银行征信系统信用修复问题、税务登记证信用修复问题以及法院执行系统信用修复问题。虽然经过努力,温州法院已经形成了一定的解决机制,但是从当前银行征信记录的修复流程来看,不管是支行还是分行,只要需要对企业征信不良信息进行修复的,都需要报总行审批,而不同商业银行总行对破产重整制度价值的认识不一,这就导致要全面修复企业不良征信记录的难度极大,可操作性极小,目前的做法也只能在一定程度上解决企业重整成功后因信用记录不良导致融资成本增加、招投标受困等难题。同样,税务系统内部也缺乏现成的机制予以应对。究其根源,银行征信系统、税务征信系统以及执行征信系统缺乏面向破产企业的相关制度是造成信用难题突出的原因所在。

对此,我们建议,对重整成功的企业,应帮助其重建良好信用记录。建议最高法院协调中国人民银行出台重整企业信用修复规定,或修改征信条例,为破产重整企业的信用修复提供专门渠道。对于税务登记证信用修复问题,建议立法机关在修改相关税收法律法规时要规定面向破产企业的税收政策。对于执行征信系统信用修复问题，虽然当前已有最高人民法院《关于公布失信被执行人名单信息的若干规定》第10条第1款第5项予以明确规定，但在实际执行中仍然存在一定困难，建议最高人民法院加强该法条的推广和落实。

（三）企业不规范经营导致破产程序推进难

温州企业位于我国民营经济经济发展的先发地区与改革开放的前沿阵地，以家庭式、作坊式、小个体工商户式经营为主，在市场经济大潮中展现出极其强大的竞争力，但也普遍存在经营管理不规范的情况。具体表现为股东出资不实，抽逃出资，股东侵占单位资金或长期挪用单位资金不还，企业应收款、应付款不入账，账册混乱，企业与股东之间、关联企业之间的资产与债务混同严重，公司投资、资金去向不明等。同时破产企业的法定代表人、控股股东、实际控制人及其他企业高管也时常会囿于对相关法律的不了解而心存侥幸，一方面希望通过破产程序能够合法豁免自身债务，另一方面却借经营管理不规范等方式逃避责任。这导致管理人在破产程序中对破产企业的审计较为困难，温州诗美特国际贸易有限公司破产清算案与圣豪房地产开发公司破产清算案中，两公司均存在拒不提交公司财产、账册的情况，管理人无法对两公司进行全面审计，进而导致管理人很难全面核查破产企业的债权债务关系。

对此，温州法院从民事责任与刑事责任两方面对破产企业责任人员进行规制。一方面，积极做好破产企业股东所负法律义务及法律责任的释明工作，即对于存在上述情况的破产案件，均会通过主动释明的方式，告知债权人可以根据最高人民法院《关于适用〈中华人民共和国公司法〉若干问题的规定（二）》第18条等相关法律规定依法向相关责任人员主张承担责任。另一方面，若发现企业法定代表人、控股股东、实际控制人及其他企业高管因存在拒不提交相关材料、账册等情形而涉嫌犯罪的，温州法院会依职权将涉嫌犯罪的材料移交侦查机关。前述做法有利于倒逼企业规范经营，并对规范退出市场亦具有极其深远的意义。

（四）破产程序中的担保权行使问题

《企业破产法》第61条明确规定，破产财产变价方案由债权人会议讨论表决。最高人民法院《关于适用〈中华人民共和国企业破产法〉若干问题的规定（二）》第3条规定，债务人已依法设定担保物权的特定财产应当认定为债务人财产。据此，对于设定担保物权的特定财产，变价方案应由债权人会议讨论表决，由此涉及担保财产的处置面临重重困难。对未涉及刑事的破产案件,鉴于担保财产的变价、分配方案均需要债权人会议讨论决定,普通债权人往往通过对评估价格提异议、拒不出席会议、拒不同意变价或分配方案、普通债权人单独召开债权人会议作出不利于担保权人的决议等方式给担保权人施压,以达到分一杯羹的非法目的。实践中存在普通债权人一致同意和多数同意延期变价的情形。比如,在温州市磊泰革业有限公司破产清算案件中,多数普通债权人同意延期2年变价,理由是目前因经济形势低迷而导致厂房土地价格不高,而2年后可能厂房土地价格会大幅上涨。在此情况下就会面临是尊重多数债权人意见还是保护少数债权人利益的难题。但是不管如何选择,这都会不同程度地对破产程序的推进产生影响,也会极大打击担保债权人启动破产程序的积极性。

造成上述困境的主要原因在于目前法律和司法解释对破产程序中担保财产的处置没有作出特殊的明确规定。如果法律或司法解释明确规定普通债权人要求延期变价的,只有获得担保债权人的同意才能得到法院的支持,那么普通债权人就不会存在利益博弈的空间。但是现在法律和司法解释对此没有明文规定,实践中囿于普通债权人利益保护的难题和维稳的压力,法院无法忽视普通债权人的意见。

《企业破产法》将担保财产列为破产财产,其目的在于保持破产财产的完整性,解决将担保财产用于偿付担保债权后的剩余部分直接交其他债权人进行分配的依据缺失问题。应当说,在破产程序中,担保财产的处置本身就是有别于其他破产财产的处置的,应该充分考虑担保债权人的意愿,如果担保债权人对延期变价不同意的,即使全体普通债权人一致同意延期变价,也不能产生必须对该担保财产进行延期变价的后果。对此,建议司法解释应对此作出明确规定,以避免普通债权人以此绑架担保债权人意愿,保护担保债权人的合法权益。

(五)缺失破产程序简易审理机制

破产程序周期冗长、费用较高、清偿率低的"固有特点"一直为人们所诟病,破产程序最长可能拖延10余年的个案也让债权人对申请债务人企业破产一直讳莫如深,许多在短期内可能难以实现的债权在破产程序中实现了其"必然"。故而如何在破产程序中提效减费,是一个在破产审判工作中极为重大的课题。

于1993年11月10日通过的《深圳经济特区企业破产条例》是我国最早的关于破产程序简易化的正式制度规定,开创了我国破产程序简易化设置的先河,并在司法实践中取得了大量的有益经验，而在我国新《企业破产法》的立法过程中，简易程序也曾出现在立法草案中并经多次审议，但最终简易程序并未在新《企业破产法》中取得其应有的位置。反对设置简易破产程序的理由主要是认为破产简易程序可能无法全面、充分地保障破产企业利益相关方的权利，因为破产程序中任何一道程序的减少，都可能对相关权利人的利益产生不可逆转的损害，毕竟在破产程序终结后，破产企业的法人人格即告于消灭，破产企业权利人的权利主张将因义务主体的消灭而无所依附。但实际上，不加以区别统一适用同一类破产程序并不符合民众对破产程序的期待，也不符合程序分配理论和费用相当性理论的要求。简易破产程序设置的缺失，无法体现部分简单破产案件适用程序的适当性，不同的债权人对破产程序的“需求弹性”并不一致，大额债权人通常希望适用更为严格、复杂的程序以最大化实现其债权，而小额债权人则对其清偿比例更不敏感，其会更加期待破产程序推进的效率性。同时，对于案情较为简单的破产案件，若适用一般破产程序，必然会产生无意义的司法资源浪费和相关费用的增加，导致破产企业利益相关方的时间、精力的额外支出，却反而降低破产企业债权人的债权清偿率。实际上，从温州法院 4 年来的破产审判经验来看，破产简易程序不但具备相当的必要性和巨大的客观需求，也具有一定的可行性。在温州法院过去 4 年审理的破产案件中，破产财产总额及债权人人数较少、法律关系简单、债权债务关系明确的案例并不鲜见。温州市人民法院在审理该类案件的过程中，对大量的非法定必要程序进行适当简化，对许多程序在法定期限范围内进行最大限度的压缩，并因此取得了一定成果，在温州法院审结的破产案件中，案件的平均审理期限从 2013 年的 382.71 天减少到了 2016 年的 179.2 天，提高了破产程序的费效比的同时，亦对破产企业债权人的利益进行了充分的保护。

根据破产案件的繁简程序而确定恰如其分的程序可以保障司法资源在于司法需求的剧烈冲突中以一种合乎理性的规范使司法程序正当化获得现实可能性，但在当前法律对破产程序简易审理机制未予明确规定的情况下，破产程序如何简易化处置便成了法律适用者面对的一个重要命题，什么情况下可以进行破产程序的简易化处理，哪些是破产程序中必须的内容，哪些又是破产程序中可以省略的步骤，这将引起一系列的连锁反应。

我国现行破产法发轫于计划经济体制向市场经济体制的过渡中，相较于国外成熟破产立法，略显原则和粗糙，在破产程序适用勃发的今天，其已明显难以满足现实司法需求。温州法院在依法前提下,对简化破产程序进行了积极探索。但囿于严格适法的职责要求,在没有成文规则的背景下要求法官简易审理化处置破产案件未免过于苛刻,所以能够简化的空间毕竟有限。建议立法者可以充分关注破产程序简易审理的需求,根据程序分配理论和费用相当性理论,妥善创设破产简易审理程序,以提高破产审判效率,节约有限的司法资源。

(六)缺乏预重整制度的明确设置

当企业陷入经济困境但又有挽救价值和挽救可能时,困境企业及其利益攸关方在既有契约关系无法实现时可以选择司法重整、破产和解或企业重组的方式重新编排各方权利义务关系以促使企业重生。然而,随着市场经济的不断发展,体量巨大、结构复杂、牵涉广泛的困境企业也越来越多,对于这些企业而言,选择纯粹的重整抑或是破产和解程序,虽然也能够实现企业重生的愿景,但面对两种程序复杂严格的流程,巨大的经济成本和时间成本,以及最终在重整程序中可能会被法院根据公平原则将困境企业股东权益大量削减乃至全面清零的结果,相当一部分企业股东对于破产程序仍然持抵触态度,乃至在企业困境时产生赌徒心理,在企业经营彻底陷入僵局之前,进行高风险投资,从而高概率地在结果意义上损害困境企业债权人的利益。而企业重组则因其灵活便捷、成本低廉、赋予困境企业股东极大主动权而备受青睐,但企业重组的成功倚赖于各方当事人一致的意思表示,否则便无法产生约束力,这种意思自治下的各方协商难以解决债权人的"钳制"困境和"搭便车"的问题。故而,在成本、效率、执行力之间的博弈平衡之下,融合了司法程序和自力救济的预重整制度需求就应运而生了。

预重整有3个核心的特征:一是在困境企业进入重整程序之前已与债权人就得以保证困境企业重生的新契约关系进行商谈;二是新契约关系经全体债权人表决并已获得相当比例的支持;三是将新契约关系以重整计划的形式提交法院确认通过,以对少数持反对意见债权人产生约束力。预重整的本质是将重整前重组行为的效力延伸到重整程序中来,将重整程序中的绝大部分流程移至重整之前,增强了困境企业股东的话语权,减少了其通过重整挽救自身的主观阻碍,同时也充分尊重当事人的意思自治,提高了重整效率,节约了司法资源,而且最大限度地减少了司法程序对困境企业生产经营的影响,显示出很大的优越性。

我国现行破产法中未规定预重整制度,但我国各地人民法院对于企业预重整的模式和流程一直在积极探索,温州法院亦不例外。根据温州法院的实践经验来看,当前预重整制度的适用最大的制度问题在于如何确认在困境企业进入司法程序前已经表决的决议效力问题,如何固定在预重整程序中债权人的表决意见,以保证其在困境企业进入重整程序后不会变更支持意见而选择弃权抑或是反对,最终导致企业重整失败。故而建议在破产法修正或司法解释制定时,设定"债权人在债务人进入破产程序前对相应重整计划草案进行过表决同意,且承诺在债务人进入重整程序后不作弃权或提出反对意见的,承诺应认定有效。债权人在企业进入重整程序后反悔的,人民法院不予支持"条款,以保障重整程序中重整计划草案的通过率,防止债权人在进入重整程序后对困境企业额外主张权利导致重整失败的风险。

浙江省瑞安市人民法院破产审判报告（2012～2017年）*

张坚键**

浙江省瑞安市是温州模式的重要发祥地，市场经济发达，然而此前受温州局部金融风波影响，部分企业走入困境。为此，瑞安市人民法院先行先试、大胆创新，扎实推进破产审判工作。2012～2017年10月，共裁定受理破产案件342件，审结137件，2012～2016年的破产案件收案数和结案数分别占温州地区的21.86%和14.78%。2016年共裁定受理破产案件101件，成为全国唯一一家受理破产案件数超百件的基层人民法院。2017年1～10月已受理破产案件133件，预计全年收案数超过200件。自2017年以来，执行移送破产审查案件250件，涉及执行案件2405件，涉执行标的67.2亿元，有效破解“僵尸企业”执行难问题。同时，通过破产审判促成浙江百速鞋业有限公司、温州三联锻造有限公司等一批瑞安市本土

---

* 2016年4月9日“中国破产法论坛·僵尸企业处置与破产审判工作专题研讨会”在浙江省瑞安市召开，本次会议由中国人民大学破产法研究中心、瑞安市人民政府、瑞安市人民法院、北京市破产法学会共同主办。浙江省瑞安市人民法院在会上整体介绍了破产审判工作情况。本书出版时，作者对稿件进行了全面更新、修改和完善。感谢浙江省瑞安市人民法院院长鞠海亭对本书编辑出版工作的支持。——编者注

** 浙江省瑞安市人民法院办公室、研究室主任。

龙头企业成功重整、和解,盘活土地502.15亩、厂房32.99万平方米,化解不良资产34.09亿元。因破产审判的“瑞安模式”得到各界肯定,2016年,瑞安市政府、瑞安市法院与中国人民大学破产法研究中心、北京市破产法学会共同主办“中国破产法论坛——僵尸企业处置和破产审判工作专题研讨会”;2017年,瑞安市人民法院院长鞠海亭与浙江省高级人民法院民二庭庭长章恒筑赴澳大利亚参加由联合国国际贸易法委员会、国际破产协会、世界银行共同组织的跨国司法研讨会,在国际舞台上介绍中国尤其是瑞安市人民法院的破产审判经验。

一、主动争取优化破产审判的司法环境

推进破产审判和“僵尸企业”处置需要得到各方的支持,为此,瑞安积极寻求市委、市政府支持,多角度、多渠道推进破产审判工作。

一是成立企业破产处置工作领导小组。破产案件审理工作是多方积极协调、整体推进的系统工程。瑞安市人民法院推动成立了由瑞安市市长担任组长,常务副市长和法院院长任副组长,市金融办、国土、住建、财税、工商、人社等部门负责人为成员的企业破产处置工作领导小组,进一步强化政府在企业破产审判工作中的公共服务职能,有效解决破产企业涉税、财产处置等难题。如瑞安市人民法院处置的一起破产清算案件,涉案厂房2次拍卖流拍,合议庭了解到该处厂房符合“退二进三”政策,随即多次通过企业破产处置工作领导小组协商有关职能部门,促成政策落地,最终财产处置金额提高了36%,受到债权人的一致好评。

二是完善涉税协作机制。为解决历史欠税问题,瑞安市人民法院联合瑞安市地税局出台《关于建立企业破产涉税(费)事项处理协作机制的意见》,建立了符合审判实践需求的破产企业纳税评价机制,明确了历史欠税受偿顺序,改变了处置税费承担模式;将破产企业不动产房产税征收时限延后至财产处置完毕,免除多余滞纳金,减轻破产企业负担,有效提高了涉案财产的处置收益。

三是设立破产审判专项资金。瑞安推动瑞安市政府设立100万元的破产管理人报酬基金,用于支付无产可破案件管理人报酬,并出台《关于确定和支付破产管理人报酬的规定》《关于支付破产财产不足以清偿破产费用的破产案件管理人报酬的规程》,设定支付报酬的基本费用标准,细化增加报酬的考量因素及幅度,规范报酬支付的审批流程,做到合理、有效利用专项基金。通过市破产管理人报酬基金累计向无产可破案件管理人支付报酬54.05万元,激励管理人协助

法院出清“僵尸企业”。同时,瑞安市政府还设立破产审判维稳基金,用于垫付破产企业的欠薪,防止因欠薪而引发群体性矛盾。另外,在破产审判中实行管理人诉讼、审计等费用4合1纳入报酬及履职费用,降低破产企业负担,提高债务清偿比例。

四是推动建立“一事一议”机制。由于企业厂房、土地权属瑕疵、存在违章等因素,致使处置工作无法顺利推进。为保障债权人利益,瑞安市人民法院协商瑞安市政府,通过政府专题会议形式,确定瑕疵不动产处置举措,形成相关会议纪要。目前,已建立4类瑕疵不动产处置机制,有效解决了涉违章建筑类厂房、因未完成建设要求而限制转让的裸地、在建工程类土地、大宗不动产等瑕疵不动产的司法处置难题。现已通过“一事一议”机制成功处置土地、厂房49宗,价值高达10.57亿元。

二、着力提升破产审判质效

随着破产案件数量增多,为解决案多人少的矛盾,瑞安市人民法院推进破产审判精细化审理,着力提升审判质效。

(一)推进破产专业审判

2015年瑞安市人民法院积极争取党政领导支持,设立破产审判庭,起初由审判委员会专委兼任庭长,后由拥有长年执行工作经验的全国优秀法官陈万敏同志担任庭长,并挑选3名业务骨干专司破产审判,推进破产案件的专业化审理。健全绩效考评机制,明确了无产可破案件以2件案件计件、有产可破案件以30件案件计件、债权人50名以上的有产可破案件债权人每增加3名以增加1件案件计件等折算标准,充分调动破产审判人员办案积极性,破产案件的受理、审结速度大幅提高。

(二)坚持领导带头办案

将破产审判列为“一把手”工程,积极推行院、庭长带头办理破产案件的模式,充分发挥院、庭长带头办案的示范作用,引导法官克服破产审判工作中存在的畏难情绪。2014年以来,有审判职称的院领导已带头审理43件重大疑难复杂的破产案件。例如,2016年瑞安市人民法院受理的首例房地产公司破产案件,由院长担任审判长组成合议庭审理,确保在财产处置、群体性矛盾化解等过程中,法院与职能部门对接顺畅,实现审判效果和社会效果相统一。

（三）规范管理人职责

出台《关于管理人工作的指导意见》，通过完善管理人制度，提高破产审判效率。要求破产管理人于接受选任后5日内提交工作计划草案，内容包括小组成员及各自分工、工作流程等，并于债权人会议召开前7日提交相关会议资料，以便有效督促破产管理人全面熟悉、掌握各债权人信息及会议流程，充分做好各项准备。进一步完善和落实财务收支管理、履行职务工作报告、网拍平台处置财产、关联人责任追究等制度。健全管理人责任追究机制，审查破产档案，对行为有重大瑕疵或严重违反忠实义务、故意损害债权人、债务人利益的，启动责任审计。

三、深入推进破产审判配套机制的建设

在司法经验较少、可探索领域较多的情况下，瑞安市人民法院积极创新，推进破产审判配套机制建设。

（一）建立执行移送破产机制

瑞安市人民法院制定《关于执行程序和破产程序相衔接若干问题的规定（试行）》，加强立审执衔接，规范执转破工作模式和流程。总结四种执转破案件类型和对应处置方法，重点将被执行企业有能力但不主动履行义务、被执行财产无法简单司法处置、被执行企业有关人员涉嫌犯罪、被执行企业确无可供执行财产等执行案件移送破产审查，运用破产审判程序的全面清算、概括执行功能，破解个案“执行不能”的症结。同时，将听证制度引入破产审查，对被申请破产的企业提出异议的，由合议庭审查异议是否成立，判断是否需要召开听证会，对事实清楚、法律关系明确、证据确实充分的案件，一般不召开听证会。自2016年以来，执行移送破产审查案件284件，涉及执行案件2921件，涉执行标的81.25亿元，促成一大批程序终结案件得以退出执行程序，并通过破产程序，将这些“僵尸企业”有序退出市场，盘活闲置资产，实现腾笼换鸟。同时，在执行移送破产审查环节加大纠纷化解力度，自2017年以来，双方和解、申请人撤回破产清算申请的数量已占全部执行移送破产案件的12.8%。

瑞安市人民法院关于执行移送破产工作机制的建设，主要表现在以下几个方面：

1. 凝聚合力，强化基础保障。（1）提高重要认识。深刻认识执破衔接对处置“僵尸企业”、推进供给侧结构性改革的重要意义。由于“僵尸企业”“僵”而不

死,相关执行案件也随之陷入僵局,导致“执行难”。如果执行程序能够顺利转入破产程序,对“僵尸企业”的债务实行集中清偿、统一核销,就能很好地解决“僵尸企业”执行难问题。(2)整合审判资源。对执行转破产案件的审查,由固定的合议庭负责,采用“2+1”模式确立合议庭成员,包括2名破产审判庭审判员和1名执行局审判员,既充分发挥执行局了解案情的优势,又切实保障破产审判庭对破产程序的细致推进。(3)完善机制设计。出台《关于执行程序和破产程序相衔接若干问题的规定(试行)》,就执破衔接工作的启动与释明、外部法院间管辖以及法院内部间移送流程等提出了具体意见,并就执行案件的结案、破产程序启动后原财产保全措施的解除等提出了工作指引。紧跟上级人民法院步伐,根据最新的最高人民法院司法解释、浙江省高级人民法院会议纪要,强化“当事人同意+法院依职权移送”的半职权主义模式,注重对债权人合法权益的保护,完善执转破工作机制。

2.剖析成因,明确适用范围。以久执不结案件为调研对象,分析、归纳执行难点,于破产审判程序中寻找破解相应执行难点的方法,确保通过执行转破产程序,借助破产审判的优势机制,有针对性地解决个案执行难问题,也为明确执转破的实务适用范围、切实发挥执转破机制破解“僵尸企业”难执行问题的功能,提供充足依据。经调研,共梳理出4种执转破案件类型和对应处置方法:(1)被执行人未履行义务亦没有财产可供执行的,通过执转破程序,借助破产清算的威慑,促使企业主动履行判决义务。(2)被执行人财产在执行程序中因拍卖次数限制未能成功处置的,通过执转破程序再次处置财产,包括盘活资产。(3)被执行人主要财产已经处置完毕,但被执行人法定代表人等责任人涉嫌隐匿财产等违法行为的,通过执转破机制借由破产清算程序追究相应责任。(4)被执行人企业财产已经处置完毕或没有可供执行财产的,通过执转破机制在破产清算中调查财产、财产线索,以及企业股东违法公司法规定的情形,通过衍生诉讼追究企业股东或实际控制人的责任。

3.细化标准,规范移送流程。(1)明确启动条件。在指定期限内不能履行债务的被执行企业,经查询资产与涉案债务比对或者资产负债表、资产评估报告显示主要资产不足以清偿全部负债等情形的,法院可依职权启动执行转破产程序,具体情况包括:通过执行查控系统查询到的存款、房地产、车辆、股权、机器设备等资产状况,与其涉及执行案件的债务总额进行比对,初步判断其财产不足以清偿全部债务的;通过调取的资产负债表,或者执行程序中作出的资产评估报告等显示其主要资产不足以清偿全部债务的;被执行人账面资产虽大于全部债务,但因资金严重不足或者财产不能变现、法定代表人下落不明且无其他人员负责管理财产、长期亏损且经营扭亏困难等原因无法清偿债务,明显缺乏清偿能力的。(2)及时征询意见。执行部门经形式审查,发现被执行人符合执转破条件的,于7日内通过谈话、书面告知等方式征询申请执行人或被执行人意见。申请执行人之一或被执行人同意的,执行部门在对被执行人名下财产采取查封、冻结等控制性措施后,按规定移送破产审查,并裁定中止对该被执行人的执行。(3)明晰内部流转。执行部门启动执行转破产程序,应制作《执行案件转破产程序移交表》,并附涉诉涉执案件清单、被执行人财产情况、当事人同意移送破产的谈话笔录、已处置财产情况等相关材料,立案庭对收到的材料进行初步核对,材料齐备的以"破申"字号登记立案,再移送破产审判庭进行审查,裁定受理的转为"破"字号案件,并按流程管理规定移送破产审判庭审理。(4)赋予救济程序。被执行人对执行部门移送破产行为有异议的,执行部门再给予适当宽限期履行,如期限届满仍未履行的,移送立案庭立案后转交破产审判庭审查。破产审判庭在审查期间有当事人提出异议的,可视案件情况决定召开听证会,组织涉案利害关系人交换意见。

4. 密切配合,顺畅执破衔接。(1)争取外部支持。积极争取党政支持,加强与市金融办、处置办、工商、税务等职能部门协作,比如,与税务部门就破产企业税收进行对接,确定破产企业所得税的免征时间点,为减少申请执行人负担、提高执转破适用率提供保障。(2)强化内部协作。法院内部构建以执行局为主导、执行实施科负责案件筛选、破产审判庭负责审查的工作模式,并定期召开执破工作例会,掌握相关企业涉诉、涉执情况,引导执行不能时向破产程序转化。(3)加强法银对接。强化与银行等金融机构的沟通协调,引导银行等金融机构依照执破衔接相关规定,依法向法院提起对被执行企业的破产申请;同时,法院在启动执破衔接工作、受理破产案件前,依法及时裁定终结执行程序,为金融机构加快核销贷款提供依据。(4)加强释明引导。发现被执行人符合执行转破产条件的,提前约谈申请执行人,向其释明涉执企业已资不抵债,依照常规执行程序,可能影响债权实现,引导申请执行人同意提起破产清算申请。

5. 完善机制,提升处置效率。(1)对接网拍机制。将司法网拍模式引入破产程序,充分发挥司法网拍"零佣金"、公开透明的优势,优先适用网络司法拍卖方式处置破产财产,有效提高破产财产处置效率和溢价率,提升破产债权清偿率。2016年以来拍卖成交破产企业厂房、土地、机器设备等共66宗拍卖,盘活闲置资产价值3.82亿元。(2)强化瑕疵不动产处置。借力府院联席会议,建立4类瑕疵不动产的处置机制,有效解决了处置难题。针对涉违章建筑类厂房,由买受人代替接受行政处罚,保留符合消防和安全生产条件的违建部分以继续使用;针对因未完成建设要求而限制转让的裸地,先经由司法处置并完成过户登记,再由买受人与国土局在原土地上开始新的投资项目达成开、竣工协议;针对在建工程类土地,相关部门对原土地使用权的建设立项、规划许可、用地许可进行延期,指定买受人代办相关建设手续,待厂房竣工验收后办理不动产登记手续;针对大宗不动产进行分割处置。按上述措施,2016年以来共处置涉执瑕疵厂房15宗,面积17.67万平方米,涉及金额3.64亿元。(3)强化报酬激励。制定无产可破的管理人报酬支付细则,充分调动管理人的积极性,保障破产案件审理工作的正常开展。现已梳理尚未支付报酬的42件无产可破案件,结算金额达44.65万元,解决了“僵尸企业”因无力支付报酬导致进程缓慢的问题。(4)完善培训机制。指派骨干力量赴中国人民大学参加破产业务培训,学习执破衔接相关业务知识,并以专题学习会形式,向全体破产审判、执行干警分享培训心得。同时,鼓励干警加强对执破衔接机制的探索实践,并形成调研论文《执行与破产程序的衔接规范》,发表在最高人民法院刊物《人民司法(应用)》。

(二)探索破产案件简化审理模式

为切实解决破产案件审理周期偏长的实际情况,尽力缩短破产案件审理期限,瑞安市人民法院严格按照《关于试行简化破产案件审理程序的会议纪要》,明确一般破产案件应在6个月内审结,简单案件在3个月内审结。在审理过程中,通过法官释明方式,明确债权异议期为15日,提起债权确认之诉需在收到债权复核结果后的15日内,否则视为同意管理人最后做出的债权审核结果,改变因法律规定空白而造成债权确认久拖不定的现状。对于无任何财产或仅有少量财产且符合条件的破产案件,在第一次会议上即引导债权人会议通过破产宣告、变价方案、分配方案、终结破产程序等决议,减少不必要的会议次数,压缩审理时限,此类案件一般在裁定受理后2个月内审结。

(三)严厉打击逃废债行为

瑞安市人民法院借力金融联席会议平台,与瑞安市公安局、金融办、银监会、人民银行等部门达成统一机制，通过专业审计、资金流向追查等方式寻获企业违法违规线索，涉嫌犯罪的及时移送公安机关查处，公安机关侦查中需要对破产企业进行精细审计的，相关审计费用由市政府统一支付。同时，瑞安市人民法院联合瑞安市人民银行、金融办联合出台《瑞安市金融债权资金流向协查办法》，建立了首个覆盖辖区全部银行的资金去向统一追查机制，组建由法院、人民银行、金融机构组成的协查工作小组，在人民银行设立协查办公室，有效解决了以往逐家查询的烦琐和金融机构敷衍查询的弊端。多方合力下，目前已将20家在破产审判中涉嫌逃废债的企业和26名企业法定代表人、实际控制人移送公安机关侦查，并判刑5案件中的5人。在已审结案件中，有2名被告人分别被判处有期徒刑10年，有效震慑不法分子。具体而言，打击逃废债的工作主要表现在以下几个方面：

1. 党政支持合力推进打击逃废债工作。(1)争取党委政府支持。市委、市政府高度重视打击逃废债工作，将该项工作列为市委、市政府一项重点工作来抓。市委书记多次组织专题会议，听取市公安局、检察院、法院工作汇报，并要求公安机关等部门全力配合法院打击逃废债行为。市人大常委会专题听取公检法打击逃废债工作，帮助解决存在的打击障碍。市委政法委牵头相关部门定期召开工作例会，研究解决破产企业涉嫌逃废债事宜，有针对性地提出处置方案和建议。(2)形成部门合力。借力市金融联席会议平台，与市公安局、金融办、银监会、人民银行等部门达成统一机制，通过专业审计、资金流向追查等方式寻获企业违法违规线索，涉嫌犯罪的及时移送公安查处，公安机关侦查中需要对破产企业进行精细审计的，相关审计费用由市政府统一支付。公安机关成立专案组，对法院移送的案件进行侦查，聘请2名会计，协助梳理企业账册，从中查实犯罪证据。(3)建立协查机制。与市人民银行、金融办联合出台《瑞安市金融债权资金流向协查办法》，建立了首个覆盖辖区全部银行的资金去向统一追查机制，组建由法院、人民银行、金融机构组成的协查工作小组，在人民银行设立协查办公室，有效解决了以往逐家查询的烦琐和金融机构敷衍查询的弊端。

2. 先行先试深入甄别逃废债行为。立案阶段，重点审查债权债务的合法性和真实性，逐案进行风险评估，必要时还可召开听证会审查，严把立案关，杜绝“假破产、真逃债”案件进入破产程序。审理阶段，要求金融机构债权人提供债务人的账户交易明细，尤其是贷款发放后的资金去向，帮助管理人梳理企业资金去向问题。发现转移财产或者公私财产混同的，依法追回相关财产，涉及犯罪的，移送公安机关侦查。同时,针对企业审计报告指出的问题,指导管理人深入调查,要求及时报告发现的违法线索,由法院将犯罪线索移送公安机关。如在审理生活秀集团有限公司破产清算一案中,该院接管理人报告获悉公司账册被隐匿的情况后,深入调查,发现破产企业存在私设账外账的行为,公司款项经常在个人账户中往来,且有证据表明账外账和大部分会计凭证已经被破产企业主故意销毁或者隐匿。该院固定相应证据并移送公安机关侦查,该企业主最终因犯隐匿会计凭证、会计账簿罪被判处有期徒刑3年。同时,强化对涉嫌逃废债关联案件的审判,自2015年以来,共审结涉嫌逃废债的破产关联案件52件,涉案标的2.14亿元,追回破产企业资产1.31亿元。

3.综合施策加强逃废债制裁举措。对于不构成刑事犯罪的行为,积极寻求其他方面的制裁,运用多种措施予以打击。(1)多举措迫使破产企业责任人配合法院工作。破产案件受理后,按照法律关于破产企业有关人员不得离开住所地的规定,要求企业主交出护照、港澳通行证,拒不提交的,申请公安机关对其护照进行限制,现已限制出境51人次。创新工作思路,探索以罚款等司法强制措施强制股东提供账册,保证破产案件审理顺利进行。如在瑞安市净居建筑渣土运输有限公司破产清算一案中,依法对拒不提供账册的股东作出罚款5000元的处罚决定,使股东在处罚文书送达当日即如实提供公司账册。(2)拓宽债权人追责渠道。终结破产程序时,针对股东怠于履行义务,导致账册灭失或拒不提供账册等情况,在终结破产程序裁定书中告知债权人有权根据最高人民法院《关于适用〈中华人民共和国公司法〉若干问题的规定(二)》第18条的规定向股东、实际控制人提起诉讼,在关联诉讼中追究责任人对企业未清偿债务的连带清偿责任,确保债权人利益通过其他诉讼途径得到保障。(3)保障管理人履职权益激发能动性。先后制定《关于确定和支付破产管理人报酬的规定》《关于支付破产财产不足以清偿破产费用的破产案件管理人报酬的规程》,完善无产可破管理人履行保障机制,充分调动管理人的积极性,保障破产案件审理工作的正常开展。其中,明确管理人向金融机构以外有关单位调查债务人财产、债务的情况,调查债务人特定资金流向调查情况,审计企业财务,对债务人涉嫌犯罪移送追责等完成打击逃废债相关工作的,视情予以增加报酬,最大限度激励管理人主动加大调查力度,深挖企业犯罪线索。目前,已结算尚未支付报酬的42件无产可破案件,向管理人支付报酬44.65万元。

(四)实行破产案件受理前纠纷化解机制

考虑到破产审理较普通诉讼程序更为漫长,审判专业化要求更高,瑞安市人民法院探索破产审判繁简分流,针对标的额小、债权人少的破产案件,严格核查企业经营和财务状况,评估实际履行能力,了解申请人的和解意愿,对可能和解成功或者和解意愿强烈且企业确有一定履行能力的案件,启动破产案件受理前纠纷化解机制。把握多数法定代表人不愿意企业破产清算的普遍心理,主动释明法律责任,告知破产清算中法定代表人的配合义务及对应法律后果,从正反两面发挥“破产促履行”功能,促使被申请人主动履行义务。自 2016 年以来,已促成 65 家破产企业与债权人达成和解、债权人撤回破产申请,走出诉讼困境。

瑞安市人民法院关于实行破产案件受理前纠纷化解机制,主要做法如下:

一是明确适用范围。以破产案件立案受理常态化为契机,分流标的额小、债权人少的申请破产案件至案件受理前纠纷化解机制。严格评估破产企业的经营和财务状况,初步核查法定代表人和股东的财产情况和履行能力,掌握企业相关责任人的大致去向,详细了解申请人的和解意愿,综合各项因素,对可能和解成功或者和解意愿强烈的案件,启动纠纷化解机制。加强法院在审查、和解中的主导作用,在当事人和解意愿以外,考虑企业实质履行能力,确保有履行能力的企业进入和解程序,达到通过和解缓解正常经营企业资金周转问题的目的,让企业走出困境,提高申请人的实际受偿率。

二是加强释明引导。在破产审查中,案件经办法官直接参与送达工作,主动引导被申请人选择和解。一方面利用多数法定代表人不愿意企业进入破产程序的普遍心理,详述和解对企业继续经营的积极作用;另一方面主动释明法律责任,告知其法定代表人在破产清算中配合账册审计、财产调查的法定义务,以及不提供账册导致无法清算的法律后果,从正反两面发挥“破产促履行”的功能,促使被申请人选择主动履行义务。同时,注重工作效率,把握好纠纷和解机制可以利用的 22 天时间,平衡和解与破产申请审查的轻重关系,不因一味引导和解而忽视对破产申请的实质审查,影响申请人的利益。

三是强化居中调解。根据双方当事人初步合意,尤其是和解意愿强烈的,引导当事人私下磋商,法院居中协调,重点解决阻碍协议达成的困难。必要时,法院主导、主持和解,准确运用和解方法,根据案件具体情况,适时为当事人提供有针对性的和解方案,加快和解进程。针对有合意基础但个别和解协议条款无法达成一致意见的情况,引入被申请人企业股东,通过明确企业股东在破产清算中的法律责任,倒逼股东帮助企业、法定代表人履行义务。同时,法院就和解协议的合法性,尤其是和解对债权的实质保护,以及被执行人利用和解变相延长偿债期限的可能,进行必要的审核,防止产生后续纠纷。另外,把握好执行转破产机制对被执行企业的震慑作用,实现债务履行。如瑞安市人民法院审理的瑞安某民间资本管理股份有限公司与浙江某泵业有限公司申请破产清算一案,经办人释明法律后果,促使被申请人主动与申请人和解,顺利解决了一件程序终结2年、涉及执行标的额500万元的案件。2016年执行移送破产案件受理前双方和解、申请人撤回破产清算申请共7件,占全部移送案件的20%。

四、积极探索破产重整新模式

瑞安市人民法院结合企业所属产业前景、陷入困境的原因、企业财务目标或指标等因素综合判断,严格审查破产重整申请,避免削减债务式重整,防止新的产能过剩。对依法裁定破产重整的,针对中小民营企业普遍存在的法人治理结构不规范、财务不规范等问题,探索适用清算式重整、重整式和解等模式,合并过剩产能、优化要素配置。

一是清算式重整。通过对企业进行"清算式"评估,得出普通债权清偿率,并以此为基础,引进战略投资人,分割担保债务,合理提高清偿率,免除剩余部分债务,以此保障债权人、战略投资人的利益平衡。剩余债务按份分割后,向其他担保人传递,以此逐步减少担保链的传递金额,让担保人的权益损失减到最小,达到破产企业、担保债权人以及其他担保人的三赢局面。通过这一方式,浙江百速鞋业有限公司重整成功后年度销售额同比增加800多万元,利润同比增加10%。

二是重整式和解。温州三联锻造有限公司破产和解案系典型重整式和解,和解协议履行完毕以来,年产值增加25%,销售额达到了1.2亿元,缴纳税款达800多万元。破产案件受理时,该公司虽深陷担保债务,但仍有较多的国外订单,盈利能力较强。此类订单人身依附关系较强,是以特定的人为标识,而不是以企业为标识,因此企业重整、变更人员,订单优势将不复存在。对此,瑞安市人民法院创造性提出了重整式和解,企业与债权人达成和解协议,约定较高的清偿率,各担保债权人免除其部分对外担保债务,以缓解其过重的担保负担。金融机构债权人继续向破产企业贷款,帮助其恢复经营,企业在管理人监管下继续生产,并以其经营收入清偿债务。和解协议签订10个月之后,该公司依约履行了全部义务。

衢州市两级人民法院破产审判报告（2007～2017年）*

魏新璋** 程顺增***

"僵尸企业"一般是指那些处于停产或半停产、连年亏损、资不抵债、靠政府补贴和银行续贷而存续的企业。"僵尸企业"，不是有活力的企业，是无效率而未出清的企业。"僵尸企业"是过剩产能问题最严重、最集中的体现。而产能过剩又是中国现在"最大的结构问题"。"僵尸企业"的存在给整体经济发展带来了严重危害：首先，这些企业占有和耗费大量资金、土地、信用等经济资源，但生产效率低下，不仅自身难以为继，还挤压了新经济、新业态的发展空间。其次，加剧全行业产品价格回落，企业利润下降，甚至推动局部不景气向全行业蔓延，最终产生"劣币驱逐良币"的现象。最后，"僵尸企业"空转严重，耗费资源，透支信誉，即使勉强维持生产，结果是缺乏有效供给能力，导致一些行业和产业产能严重过剩，使大量"需求外溢"，消费能力严重外流，给经济持续健康发

---

* 本文为作者提交给"第八届中国破产法论坛暨《企业破产法》实施十周年纪念研讨会"的会议论文，会后作者进行了数据更新和文字修改完善。感谢衢州市中级人民法院院长魏新璋、破产审判庭庭长程顺增对本书编辑出版工作的支持。——编者注

** 衢州市中级人民法院党组书记、院长。

*** 衢州市中级人民法院破产审判庭庭长。

展埋下巨大隐患。

党的十八届五中全会提出“创新、协调、绿色、开放、共享”的五大发展理念,强调要更加注重运用市场机制、经济手段、法治办法化解产能过剩,加大政策引导力度,完善企业退出机制。① 中央经济工作会议部署了供给侧结构性改革,明确了“三去一降一补”五大任务,②强调要把积极稳妥处置“僵尸企业”作为化解产能过剩的“牛鼻子”,司法部门要依法为实施市场化破产程序创造条件。③ 中央的要求指明了我国经济供给侧结构性改革的方向、路径和方法,破产审判必然地成为“僵尸企业”处置的主战场,破产审判是处置“僵尸企业”法治路径的最优选择。

一、运用破产审判处置“僵尸企业”的衢州实践

2016年2月25日最高人民法院在杭州召开了全国部分法院“僵尸企业”处置工作座谈会,会议要求全国法院迅速行动,积极开展“僵尸企业”处置的前期筹备工作。而早在2015年4月30日,衢州市中级人民法院和衢州市人民政府召开府院联席会议,专题研究部署全市“僵尸企业”司法处置问题。④ 2015~2017年6月,衢州市两级人民法院共受理破产案件146件,审结73件,清理债务总额86.76亿元,化解银行不良资产30.62亿元,盘活工业土地2795.94亩、工业厂房100.94万平方米,分流安置职工2884人。其中衢州市中级人民法院受理破产案件21件,审结13件,清理债务总额15.88亿元,化解银行不良资产6.09亿元,盘活工业土地583.78亩、工业厂房18.63万平方米,分流安置职工665人。

(一)破产审判提速发力

1. 破产案件大幅攀升趋势明显

2015~2017年6月,衢州市两级人民法院共受理破产案件146件,审结73件,分别是2008~2014年7年间受理、审结破产案件量的4.29倍和3.65倍(见图1)。

---

① 参见《中国共产党第十八届中央委员会第五次全体会议公报》。

② 2015年12月中央经济工作会议,提出了“三去一降一补”五大任务,即去产能、去库存、去杠杆、降成本、补短板。

③ 参见《2015年中央经济工作会议公报》。

④ 2015年4月30日衢州市中级人民法院院长与衢州市市长共同主持召开府院联席会议。市委副书记、市长,市委常委、常务副市长,分管工业的副市长出席会议,全市39个政府部门负责人、各基层人民法院院长参加会议。

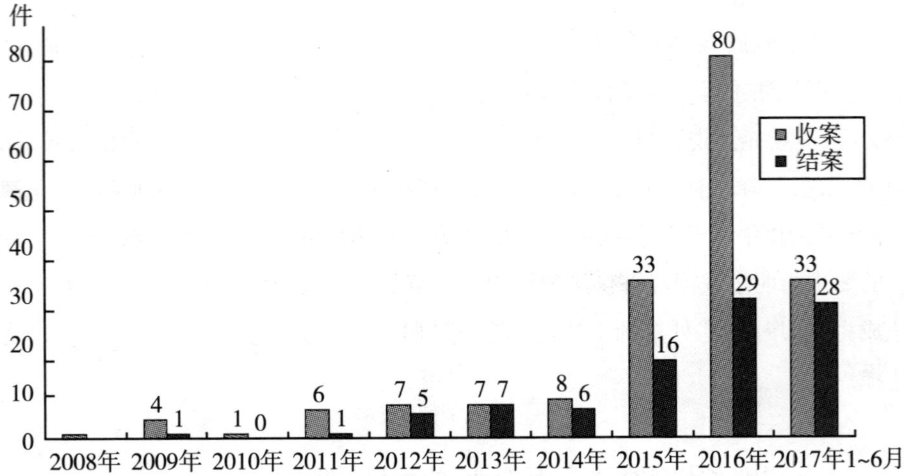

图1　衢州市两级人民法院2008~2017年6月破产案件受理审结情况

2. 盘活土地厂房效果实

与兄弟法院相比,温州两级人民法院2015年受理破产案件233件,审结161件(见图2);2016年受理破产案件359件,审结237件(见图3)。在受理、审结破产案件数量远远小于温州市两级人民法院的情况下,衢州市两级人民法院通过破产程序盘活土地和厂房的数量高于温州市两级人民法院(见图3、图4)。一方面,因为衢州企业多采用重资产经营模式而温州企业多采用轻资产经营模式;另一方面,也说明在当时"四万亿"政策刺激下,银行的放贷冲动与企业家盲目扩张冲动相结合,不少外地企业主来到土地资源相对丰裕的衢州圈地,给日后陷入困境埋下隐患。

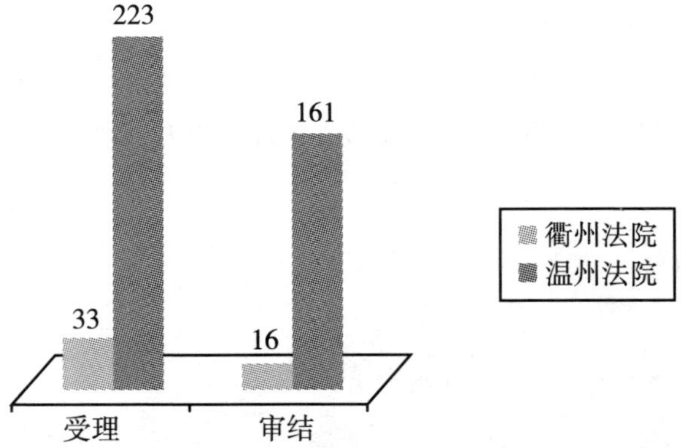

图2　2015年衢州市两级人民法院、温州市两级人民法院受理审结破产案件对比(单位:件)

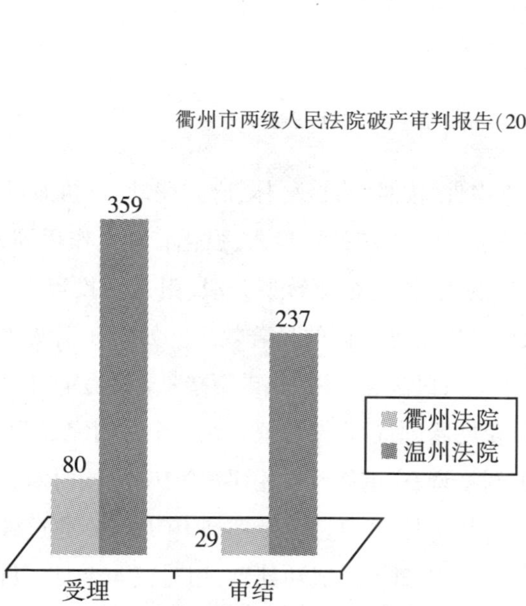

图3　2016年衢州市两级人民法院、温州市两级人民法院审结破产案件对比（单位：件）

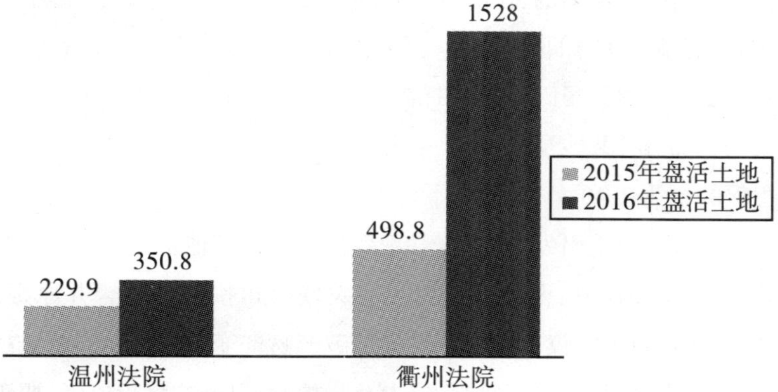

图4　2015年、2016年温州市两级人民法院、衢州市两级人民法院盘活土地对比（单位：亩）

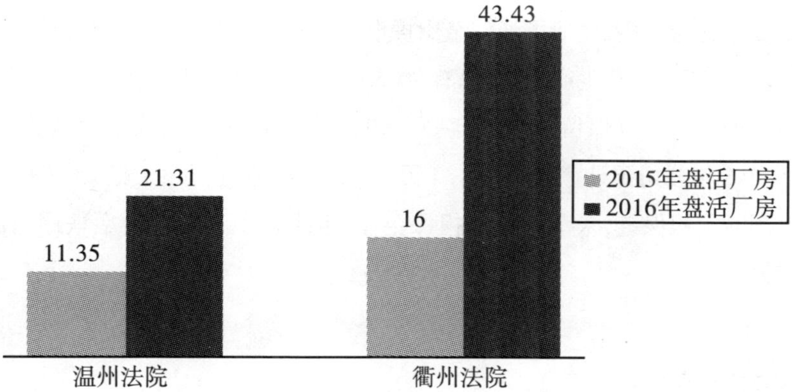

图5　2015年、2016年温州市两级人民法院、衢州市两级人民法院盘活厂房对比（单位：万平方米）

所审结的73件案件,按照"市区一体、府院联动、审执兼顾、执破衔接"的工作思路,通过简易审、①创新资产处置模式、强化管理人作用等方式,盘活工业土地和厂房、激活市场要素、倒逼企业转型升级、引入新投资人,从而实现腾笼换鸟、彰显优胜劣汰市场规则等方面的显著效果。如浙江诚诚化工有限公司破产清算案件,衢州市中级人民法院运用"执破衔接② + 简易审"的模式,先通过执破衔接破解申请人缺位问题,通过指导管理人在2个月内完成公司接管、债权申报及审查、合同清理、财产调查、审计及委托评估等工作,同时对接园区招商引资工作,提前遴选投资人,从7月30日裁定受理到10月9日通过破产财产变价方案和分配方案,再到11月30日资产成功处置,用时仅4个月。目前原破产企业浙江诚诚化工公司原址,行业龙头企业广东省深圳市森日有机硅公司,在通过破产程序竞拍收购后投资盘活的30亩用地上,年产2万吨液体硅橡胶、年销售收入近5亿元的项目已施工完毕即将投产。再如,2014年4月江山市金山虎电工器材有限公司及其2家关联公司因资金链断裂申请破产,负债总额达4.2亿多元,其中金融债权3.77亿元,共涉及全市12家银行。为其提供直接担保的企业有7家,涉外围担保的企业达40多家,其中不乏本地龙头企业。江山市人民法院针对政府担心该企业破产可能引发"多米诺骨牌效应",牵连其他企业破产、引发区域金融风险等问题,主动研判,及时裁定对3家关联公司按照实质合并原则进行清算,并在第一次债权人会议上提交并通过了破产财产变价方案。同时,提前开展财产申报、资产评估、招商引资等工作,为及时拍卖、引进战略投资者、职工安置、恢复生产腾出了时间,大大缩短了破产工作进程。2014年8月13日,破产资产顺利拍卖成交,投资者注册了浙江金山虎电工科技有限公司。9月新公司注入资金1亿多元,新上两套生产设备,原有80余名职工90%以上回到新企业就业,原有的商业渠道也得以保留。2015年新公司产能达1.2万吨,实现销售产值超5亿元。2016年公司预计产能可达1.4万吨,销售产值有望超7亿元。这些举措既有效割断了担保链,未牵连其他担保企业,也维护了正常的金融秩序,真正实现了腾笼换鸟。

---

① 破产案件简易审,并非一种单独的企业破产案件简易程序,而是强调在法律框架内,简化程序,减轻债权人和其他利害关系人的经济负担,降低司法成本。

② 执破衔接,是指执行程序与破产程序的衔接。

3. 破产重整比例偏高

人民法院开展破产案件审理,最终目的是要建立市场主体救治和退出机制。法院是“生病企业的医院”,而不是单纯的“生病企业的火葬场”,要以市场化为导向,坚持以救治为主。对于虽然丧失盈利能力和清偿能力但仍具有运营价值的企业,可以通过重整、和解等手段,帮助企业改善经营、更新营业,实现企业更生和良性发展;对于那些继续耗费社会资源、透支社会信用、缺乏运营价值的“僵尸企业”,才进行破产清算,促使它们尽快退出市场、释放生产要素。

从破产案件受理情况来看,2015～2017年6月衢州市两级人民法院受理申请破产重整的案件共43件,占比为29.5%。从结案情况来看,以重整方式结案的共26家,占全部结案的35.6%。通过重整程序共清理债务总额22.93亿元,化解银行不良资产11.88亿元,盘活工业土地515.84亩、工业厂房16.42万平方米,安置职工897人。横向与温州市两级人民法院相比,重整案件的受理和审结比例偏高。2015年和2016年温州市两级人民法院共受理破产案件592件,其中重整案件17件;审结398件,其中重整案件14件,分别占比2.87%和3.52%。破产重整案件数量占比近3成一方面反映出债权人、债务企业各方对企业或行业的发展前景仍有信心,企业陷入困境是由于资金、管理等方面暂时出现了问题;另一方面也有破产案件总量偏低,受理、审结重整系列案件较为集中的因素(见图6、图7)。

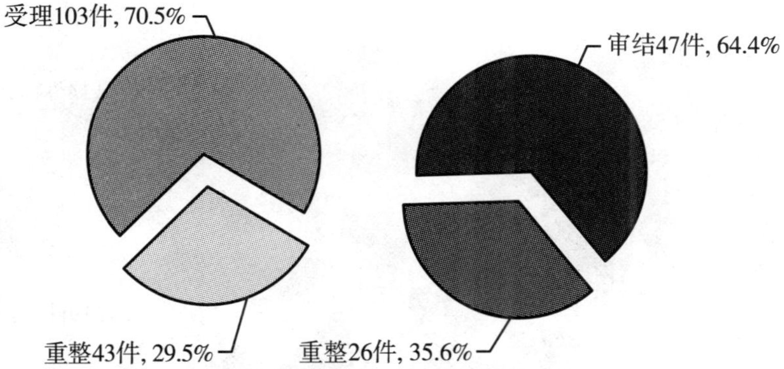

图6　衢州市两级人民法院重整案件占全部破产案件受理、审结比

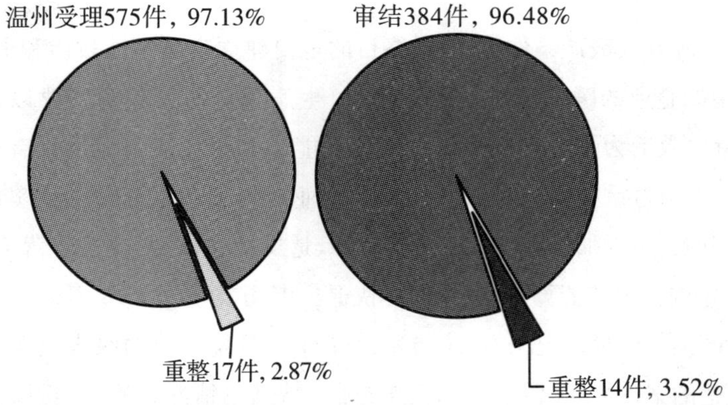

图7　温州市各级各地人民法院重整案件占全部破产案件受理、审结比

4. 地域分布略有差异

2015～2017年6月柯城区人民法院受理14件、衢江区人民法院受理19件、龙游县人民法院受理13件、江山市人民法院受理36件、常山县人民法院受理26件、开化县人民法院受理17件、衢州市中级人民法院受理21件，案件受理数量江山市人民法院、常山县人民法院居前两位。2017年上半年常山县人民法院受理8件、江山市人民法院受理7件，依然居前两位，柯城区人民法院受理4件、衢江区人民法院受理1件、龙游县人民法院受理3件、开化县人民法院受理5件，

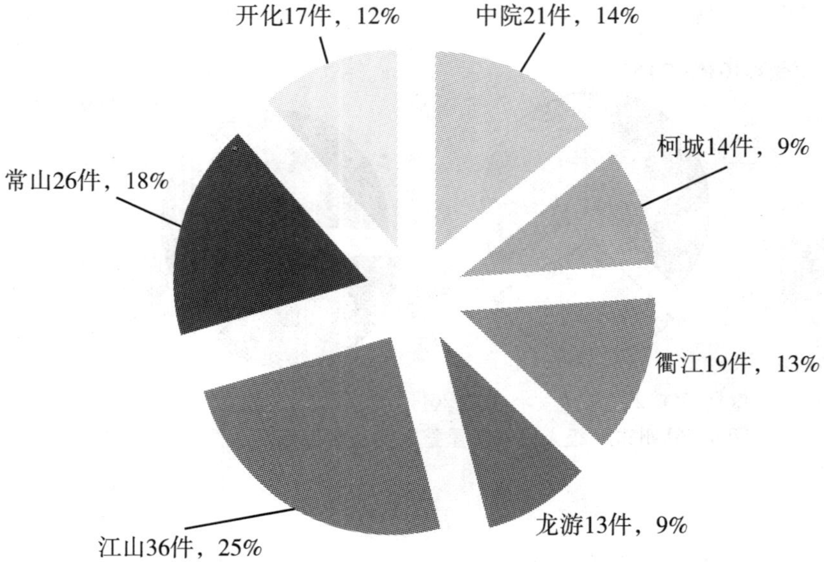

图8　衢州市两级人民法院破产案件受理分布情况

衢州中级人民法院受理 5 件(见图 8)。

5. 破产企业多集中在传统行业

2015 ~2017 年 6 月衢州两级人民法院受理 146 件破产案件,其中工业企业 121 家,占比 82.9%,且多为化工、机械、纺织、建材、造纸等传统制造业;商贸企业 17 家,占比 11.6%;房地产企业 7 家,占比 4.8%;农业企业 1 家,占比 0.7%(见图 9)。

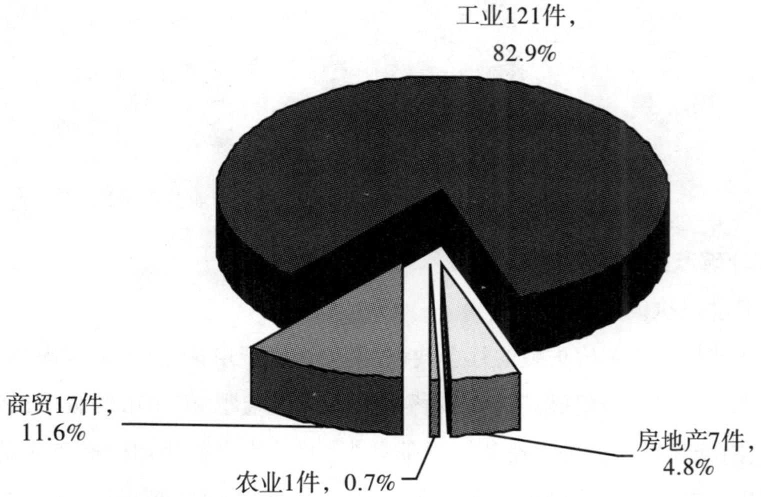

图 9 衢州市两级人民法院破产案件受理行业分布情况

衢州地区工业企业的破产成因大致有 3 种情况:一是“资金链”“担保链”断裂;二是企业过度扩张、盲目投资非主业;三是深陷民间借贷泥潭。破产的商贸开发企业多为破产工业企业的关联公司或平台公司。而房地产企业破产的主要成因是房地产市场波动和政策调整导致资金回笼困难,无法负担巨额资金成本。已经审结的 73 件破产案件中,涉及工业企业 56 家,农业企业 1 家,商贸开发企业 13 家,房地产企业 3 家(见图 10),分别是浙江长河房地产有限公司、衢州市中山房地产开发有限公司(系列案)、浙江金沐实业投资有限公司。衢江区人民法院审结的衢江石油公司破产案件,共有关联企业 8 家,涉及石油、房地产、商贸、服装等行业。

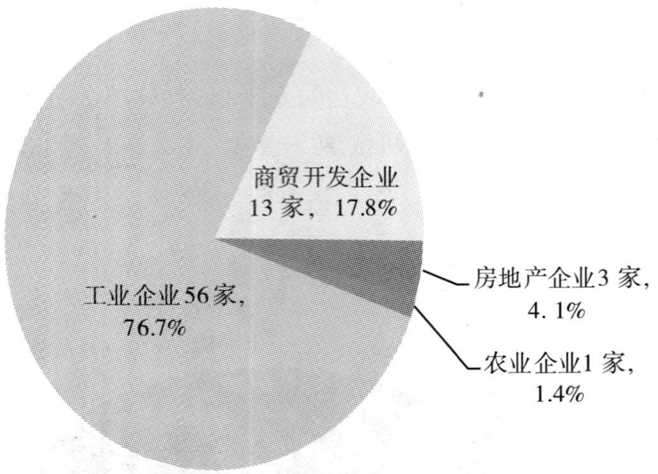

图 10　衢州市两级人民法院审结破产企业行业分布情况

（二）破产案件特点鲜明

1. 启动以执破衔接为主

囿于我国缺乏宽容失败的社会共识，债务人耻于申请破产，债权人出于种种现实考虑也不主动申请破产。为破解申请人缺位难题，衢州市两级人民法院转变观念，对确无履行债务清偿能力的债务人，通过执行程序和破产程序的衔接，引导其进入破产程序。2015 ~ 2017 年 6 月，全市两级法院受理的 146 件破产案件中有 95 件通过执破衔接启动，占比接近 2/3。衢州市中级人民法院同期受理的 21 件破产案件有 18 件通过该机制由执行程序导入破产程序。既使执行案件中的一大批“老赖”摘掉了“老赖”的帽子，“恢复名誉”，同时使他们可以“不受限”地重新出发，经商办企业，也解决了一大批久拖未结的执行难案。

债务企业主动申请破产清算意愿不高的原因有：企业财务管理混乱，经营者担心在破产清算中暴露企业不规范经营行为，导致个人被追究责任；企业债务多由经营者个人及其家庭成员提供连带保证，企业破产无法免除其个人及家庭成员担保责任；经营者错误地将破产与“死亡”相等同，认为破产影响企业形象甚至是企业经营者自身声誉；认为政府会出手搭救，无须破产清算；破产费用过高。而债权人则对破产程序具有最大限度清查破产企业财产的功能缺乏足够认识，破产程序周期普遍较长、破产清偿率一般较低的现状也让债权人申请破产意愿不高，普遍选择通过普通诉讼和强制执行程序来主张权利。

2. 关联企业合并破产占有相当比例

2015~2017年6月全市两级人民法院审结的73件案件中,33件系关联企业破产案件,所占比例达45.2%。如江山市人民法院审理的"万商系"破产案件涉及浙江万商家居股份有限公司等8家企业,衢州市中级人民法院审理的"海蓝系"破产案件涉及浙江海蓝化工集团有限公司等4家企业。资金链、担保链风险往往成为关联企业合并破产的导火索,而一些关联企业之间还存在财务混同、人员混同、生产场所混同等情况,不合并进入程序就无法有效进行破产。

3. 金融债权占比较高

从已审结破产案件来看,破产企业所负债务主要为借款类债权,其中金融债权在破产企业债务中占据较高比例,2015年以来全市两级法院已审结的73件破产案件,债务总额86.76亿元,其中金融债权为30.62亿元,占比为35.29%。另外,融资难等问题导致中小企业深度介入民间借贷,部分案件民间借贷债权额十分惊人。破产企业所负债务除金融债权、民间借贷占多数外,还有工程款、欠缴的税款、工人工资等。例如,浙江诚诚化工有限公司破产清算案,最终确认的债权数额为6944多万元,其中金融借款2900多万元,占42.5%,民间借贷2700多万元,占39.6%(见图11)。如果放任这些债务像雪球一样越滚越大,不仅会给企业持续加重负担,还会给接盘人带来潜在的债务风险,甚至给社会造成不稳定因素。破产程序不仅具有"停息止付",[①]避免雪球越滚越大的作用,还可以"一揽子"解决全部债务问题,彻底化解债务纠纷,使新投资人卸掉包袱轻装上阵。

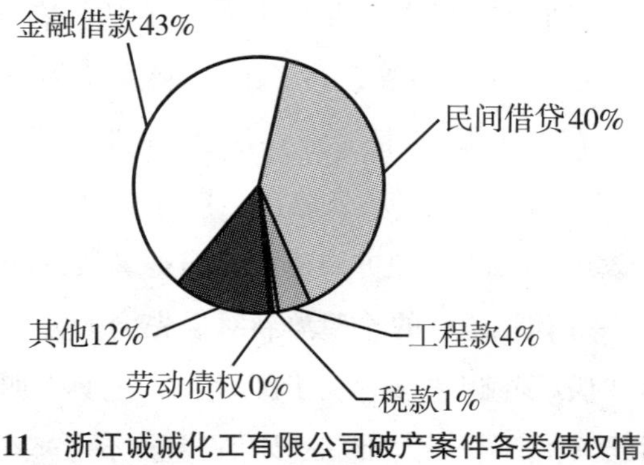

图11 浙江诚诚化工有限公司破产案件各类债权情况

① 《企业破产法》第46条第2款规定:"附利息的债权自破产申请受理时起停止计息。"

4. 破产财产多抵押给银行

除房地产企业外,其他破产企业资产大部分抵押给银行。如衢州市中级人民法院2015～2017年6月受理的21件破产案件,除某房开公司破产清算案以外,其余20家破产企业都将厂房、土地等主要资产抵押给银行。可供普通债权分配的资产主要是抵押物的余值、无证房产及机器设备等少量资产,有些破产企业财产全部设定抵押,破产财产变价款尚不足以清偿银行贷款本金,其他债权人无财产可供分配。银行债权在享有担保权的债权组中占有绝大部分比例,破产重整程序的推进往往取决于主要债权银行及其上级银行的态度。

5. 破产财产设置租赁较为普遍

债务企业停产后,为了获得资金或迫于债权人的讨债压力,企业主将闲置的厂房租赁给他人或者租赁给债权人用于抵债,有的甚至约定20年租期。囿于"买卖不破租赁"的实体法规定,租赁方往往以全额返还租金、赔偿损失为由拒不搬迁,给破产企业资产处置增加了难度。还有的债务企业以与债权人或关联企业签订委托加工协议为名维持企业经营,也给企业进入破产程序后资产处置造成了困难。

二、破产审判与"僵尸企业"处置的十个方面

(一)破产是淘汰更是保护

"僵尸企业"的形成是我国经济发展过程中长期积累的结构性、体制性、机制性矛盾的一种反映。其形成原因是多方面的:一是有的政府、银行在"保",政府出于保住经济增量基数、维护社会稳定等考虑,不愿企业倒闭破产,不惜持续利用财政补贴和银行支持等手段,维持企业存活,使企业负债如滚雪球般越积越大,最终导致企业成为"僵尸企业"。二是企业自身在"熬",有些企业利用政府追求GDP、保社会稳定的心理,对地方政府进行道德绑架,有的希望能熬到下一任,有的希望熬到下一周期,还有的希望熬到对手先倒下去,都不愿意主动退出市场。在衢州地区,"僵尸企业"主要存在于民营企业中,具有明显的"蛰伏"特征,经济繁荣时企业活跃,经济下行压力加大时少生产甚至不生产。三是"资金链""担保链"断裂处理不及时而变成不死不活的企业,靠"吊瓶"生存、依赖"呼吸机"喘气;四是将企业当作融资平台,贷来款项不投入实业,而是另行投资房地产、资本市场等,为了持续获得贷款,即便企业亏损也不停产;五是部分企业趁前几年工

业用地便宜跑马圈地,靠土地抵押、转让赚钱,但企业并未实际生产,等等。

当然也有些企业主认为,破产是件“丢面子的事情”,或担心破产后会“拔起萝卜带出泥”,被追究责任。有些大型企业有一种“大而不倒”的心理预期,认为企业规模大,等待政府来帮扶兜底。对银行而言,不良贷款率是考核业绩的主要指标,企业只要能归还利息,不管是否在经营或前景如何,一般都予以续贷。银行这种不愿让不良贷款显性化的观念,使“僵尸企业”得以苟延残喘。

上述种种情形,必然导致经济缺乏竞争力、持续力,甚至有顷刻崩塌的危险。为了改变对破产认识不全面、不科学的问题,衢州市两级人民法院通过开展座谈、举办讲座、召开新闻发布会等,在各类媒体上进行广泛宣传,普及宣传破产法律知识。如召开破产审判新闻发布会,邀请人大代表、政协委员、企业家代表和媒体记者参加,提升社会公众对破产制度价值和功能的认识;编印《企业破产实务指南》,将破产法律法规及典型案例等内容汇编成册向社会各界发放,引导社会对企业破产保护文化的正确理解。衢江区人民法院在审理一起涉500余名购房户的房地产公司破产案件中,有效利用微信平台发出“好声音”、传播“正能量”,建立债权人微信群,发布案件信息、情况说明及债权人会议决议等,通过充分的信息公开,消除了债权人的疑虑,使债权人会议各项决议顺利通过。

(二)法院是破产审判权力的执掌者,但绝不能孤军奋战

1. 主动谋划,同时要积极向政府建言

法院在审理破产案件的过程中,要坚持市场化导向,建立常态化市场主体救治机制和退出机制。1979年我国开始探索建立中国特色社会主义市场经济体制。这期间经历了很多坎坷曲折。1993年中央作出关于建立社会主义市场经济体制若干问题的决定,到现在已经经过了20多年,我国初步建立了社会主义市场经济体制。实践证明,过去那种僵硬的、强制性的、行政命令式的企业清理方式已经行不通了。但是强调市场这只“看不见的手”,不是说就忽略、弱化了政府的作用,党的十八届三中全会指出“大幅度减少政府对资源的直接配置……加强和优化公共服务”,[①]在企业破产案件审理中,应当推进落实政府的属地责任和公共服务、社会管理职能,实现国务院和地方政府出台与企业兼并重组相关的金融

① 参见2013年11月12日中国共产党第十八届中央委员会第三次会议通过的《中共中央关于全面深化改革若干重大问题的决定》。

服务、税收、土地管理、工商登记等领域政策在破产程序中的对接。

2015年年初，衢州市政府将“企业破产重组盘活工作”确立为工业“五个一批”工作重点，①衢州市两级人民法院结合衢州工作实际，运用法院自身职能，将破产审判工作作为服务党委政府中心工作的结合点和着力点，把“僵尸企业”司法处置作为支持政府“企业破产重组盘活工作”的抓手，及时向市委、市政府提交《关于为我市经济社会发展提供有力司法保障和有效司法服务若干意见的专题报告》和《关于推进“僵尸企业”司法处置、助推我市经济转型升级的专题报告》，要求衢州两级人民法院推进企业市场化破产审判工作，以简易审为抓手，充分发挥破产程序在推进企业兼并重整过程中有效资源配置的作用，运用企业破产重整程序和破产清算程序，最大限度地盘活破产清算企业的生产要素资源，提出推进企业资产重组的司法举措，从加强宣传形成共识、完善涉困企业甄别和评估机制、打好企业破产重组政策组合拳、强化体制机制保障、完善破产企业税费优惠政策、加大中介机构的培育力度、关注破产审判力量配置7个方面提出具体的意见建议。日常工作中，衢州市中级人民法院不定期向市政府领导报送《企业破产重组盘活工作专报》，通报衢州两级人民法院破产审判进展情况和需要政府协调解决的问题。

2. 搭建平台，保证法院与政府职能部门的顺畅沟通

2015年4月30日第一次府院联席会议后，衢州市政府专门成立了由分管工业的副市长任组长的破产重组盘活工作协调小组，针对重点片区重点企业，构建“一对一包干”机制，以“盘一个、成一个、活一个”为目标要求，成立8个工作组，由一位部门（国土局、财政地税局、市人行、市经信委）分管领导以及2个市区的常务副区长任组长，协助法院做好“僵尸企业”司法处置工作，做好社会维稳工作，妥善处理企业遗留问题。同时在市区两级法院与各片区、8个工作组之间建立起一套定期沟通协调与信息共享机制。协调小组每月定期召开工作例会，就企业破产重组盘活工作进展情况及存在的困难、问题进行定期沟通交流。针对重点企业、关注企业多集中于绿色产业集聚区的现状，经集聚区管委会、衢州市中级人民法院、柯城法院、衢江法院会商，形成《关于贯彻融合发展理念　加强工

① 《2015年衢州市政府工作报告》提出工业“五个一批”的工作部署，即引导一批实力企业成为行业的整合者；鼓励一批中小企业投入实力企业的怀抱；推进一批企业破产重组和搬盘；培育引进一批创新型企业；推动一批企业上市发展。

作对接的意见》,完善企业风险预警和资产盘活机制,对涉困企业"因企施策",在企业资产处置过程中对接项目决策咨询机制和招商机制,提升效率。

(三)"执行不能"就应导入破产

虽然我国《企业破产法》出台已近10年,但破产案件数量远远低于立法者当初的预期,"僵尸企业"及其债权人出于种种考虑都不愿申请破产。最直接的原因是"僵尸企业"处置工作启动难。为了破解这一症结,衢州市中级人民法院在多方听取意见建议的基础上,制定了《关于规范执行程序与破产程序衔接工作的操作指引(试行)》,明确执行案件移送启动破产程序的具体流程和处置规则,为"僵尸企业"入土为安打通入口。执破衔接的运用,难点和关键点在于要以申请执行人或者被执行人同意转入破产程序为前提。为了充分调动当事人同意启动破产程序的积极性,衢州市两级人民法院采取了释明前置和释明倒逼机制。对于一些明显符合《企业破产法》规定破产情形的企业,在执行程序启动时,向申请执行人释明是否同意由执转破。同时,向申请执行人明确不能启动破产程序的执行顺位,当事人不同意移送破产,执行法院就执行变价所得财产,在扣除执行费用及清偿优先的债权后,依照最高人民法院《关于适用〈中华人民共和国民事诉讼法〉的解释》第516条的规定对普通债权排除参与分配制度的适用,按采取执行措施的先后顺序受偿,以实现"倒逼"不能受偿的债权人申请破产的目的。

2016年12月7日最高人民法院召开全国法院执转破工作视频会议,部署执行案件移送破产审查有关工作,会议指出,执转破工作是贯彻中央供给侧结构性改革部署,推动建立和完善市场主体救治和退出机制的需要。下一步,衢州市两级人民法院将继续深入推进执破衔接工作,为服务经济社会发展做出新的更大贡献。

(四)在保障当事人诉讼权利的前提下尽可能简化程序提高审判效率

破产案件审理时间过长是债权人申请破产积极性不高的原因之一。为此,在不损害当事人诉讼权利、当事人、第三人合法权益和社会公共利益,不与法律法规相抵触的前提下,"僵尸企业"处置工作应坚持能并则并、能简则简、能快则快原则。衢州市中级人民法院于2015年出台《关于破产案件简易审操作规程(试行)》,从适用范围、简化审理程序、降低破产费用三方面对破产案件简易审理作出了详细规定。同时,根据破产企业性质,结合衢州市产业政策布局规划的要求,采取差异化处置措施。对于企业规模小,不符合省、市有关产业政策,污染物排放、安全生产、能耗指标等不达标的企业，采取加速清算的模式，尽早、尽快地进行清算。加强内部管理，出台《关于破产案件审判管理的若干意见（试行）》，强化破产案件审理各关键节点管控。在执破衔接的破产案件中，充分利用执行程序已有工作成果，有效缩短审理期限。对执行程序在破产案件受理前已实施完毕的执行行为，受理破产案件的法院依法予以确认。引导债权人会议作出对执行程序中依法形成且在破产财产变价时仍在有效期内的评估报告予以确认。对已经进入拍卖阶段的执破衔接案件，拍卖和破产清算同步进行。大胆探索关联企业合并破产清算及合并重整模式。创新债权人会议召开模式，将破产财产原则性分配方案表决纳入第一次债权人会议议程，结合书面表决具体分配方案的形式，既保证了债权人充分行使债权人会议的各项权利，又减少了讼累，力争破产程序中债权人"最多跑一次"。利用信息化手段，使用专业软件让债权人会议投票、计票环节有序、便捷、高效。已审结的案件中，约2成运用简易审在案件受理后2个月左右即通过破产财产变价方案，约一半的案件在4~5个月时间内通过破产财产变价方案。如浙江诚诚化工有限公司破产案件，衢州市中级人民法院运用"执破衔接+简易审"的模式，用时4个月引入行业龙头企业深圳森日有机硅公司，目前年产2万吨液体硅橡胶、年销售收入近5亿元的项目已近施工完毕。江山人民法院审理的江山麦克摩尔高分子材料有限公司破产清算案，执行程序对企业资产进行了评估且已对外公告拍卖，如严格依照破产程序，财产变价方案须经债权人会议表决通过后才能实行。为了能充分利用执行程序的既有成果，减少重复评估、公告拍卖的费用和时间，采取了拍卖与破产程序同步进行，执行中财产拍卖成果导入破产程序，大大缩短审理期限。

（五）善用司法网拍[①]，使资产变现最大化

司法网拍是浙江法院的司法创新成果，就是在淘宝网上开设专门用于法院拍卖涉案财物的平台，实行网上拍卖。网上拍卖具有零佣金、透明、高效、竞价充分的特点，能够实现拍卖价格最大化和拍卖成本最小化，最大限度地保护当事人合法权益，同时防止"暗箱操作"，确保公开公正。衢州市两级人民法院充分利用司法网拍平台，对机动车、机器设备产权明晰且已腾空或容易腾空的房地产等适

---

① 司法网拍，即网络司法拍卖，是指人民法院依法通过互联网拍卖平台，以网络电子竞价方式公开处置财产的行为。

宜司法网拍的债务人财产,积极引导债权人会议作出委托司法网拍的决议进行司法网拍。例如,浙江诚诚化工有限公司破产清算案历时2个月,资产处置采用司法网拍的方式,从拍品上网到网拍成交,2次拍卖,除去公告时间,仅10天时间。企业资产以988万元起拍,最终成交价1088万元,溢价率达10.1%。

(六)运用国资收购托底保值破产资产

经济下行背景下,破产企业资产流拍、无人接盘是一种常态。为使破产企业资产得到及时处置,全市两级法院积极与政府沟通、协调,推动政府出台《关于推进企业并购重组的若干意见》及实施细则。以往一些破产案件,在资产3次流拍后就以更低的价格进行变卖,债权受偿率几乎为0,如果闲置等待市场回暖,破产案件审结变得遥遥无期,而且资产闲置也是一种极大的浪费。为了使破产企业资产及时得到处置,衢州市两级人民法院积极与政府沟通、协调,利用政府收储手段,建立工业用地蓄水池机制。对于有处置难度的土地和房产,在3次流拍后由国资公司以不低于第3次拍卖的保留价收购,待有合适投资者出现时再行转让,从而有效避免新投资者土地增值税负担过重问题。对于符合政策导向的投资人可享受企业兼并重组的各项优惠政策,不仅有利于加快金融机构不良资产处置和债权人情绪平抚,更有利于新投资人的长远发展。如2015年衢州市中级人民法院经与衢州市绿色产业集聚区及各工作组充分对接,通过政府收储的方式盘活了浙江格鲁斯新材料有限公司、浙江神彩机械有限公司等破产企业存量资产。其中,浙江格鲁斯新材料有限公司破产清算案,通过集聚区市场化收储的方式成功变卖3万多平方米土地使用权,3万多平方米房产得以盘活,工人工资也得以支付。在国有资金适时介入下,目前衢州市区以成本价收储土地16宗共715.22亩。

(七)创新资产处置模式

一是在重整程序中引入竞争机制。对有多家意向投资人的重整企业,在确定最终投资人时采用现场竞价方式,某重整企业重整对价款由4580万元提高到6820万元,极大提高了各债权人的清偿比例。二是探索"出售式重整"。一方面重视营业让与,有效保护具有生存潜力和未来竞争力的企业主营业务;另一方面有效隔断破产企业或有债务,避免重整失败。如江山三星铜材线缆有限公司由江山虎集团收购,一方面保持了主营业务,另一方面剥离了非核心资产,隔断了或有债务,预计2017年生产总值达5亿元,安置职工100余人。三是对破产财产不足以清偿抵押债权的协商以物抵债。与银行业金融机构等抵押权人协商支付破产费用和工人工资、社保后,以物抵债,既保障了职工权益,又满足了银行业金融机构化解不良资产的特定需求。四是采取资产评估报酬与最终成交价挂钩的评估方式,使评估价更贴近市场价值。一方面有利于资产快速变现,另一方面有助于债权人理性认识破产企业价值。

(八)加强学习交流,组织精干力量审判

坚持"请进来、走出去",邀请最高人民法院、省高级人民法院审判业务专家来衢做专题讲座,邀请外地法院破产审判团队来衢交流;衢州市中级人民法院院长带队赴温州中级人民法院、瑞安市人民法院学习破产审判先进经验,多次组织两级法院破产审判人员赴外地法院取经,积极派员参加全国性破产审判工作研讨会。江山市人民法院、衢江区人民法院破产审判人员认真总结破产工作经验、深入研究破产理论,公开出版破产审判业务专著。精心组建审判组织,一般由分管副院长或从事破产工作的业务庭长担任审判长,副庭长、资深法官担任合议庭成员,为破产案件的顺利推进奠定基础。在司法体制改革背景下组建专业破产审判团队,实现"人岗相宜"。衢州市中级人民法院通过专题调研、召开推进会等方式加强对破产案件审理的指导,推进全市法院破产审判工作。

(九)强化破产管理人作用

管理人是破产事务的具体执行者,管理人的业务水平高低直接决定着案件的质量和效率。衢州地处浙江西部,经济欠发达,律师、会计师的能力、水平与发达地区有明显差距。要在破产审判和"僵尸企业"司法处置工作中取得新成效,必须补齐管理人能力水平这一短板。衢州市两级人民法院高度重视破产管理人队伍的培育管理,不定期组织资深法官给管理人授课,组织律师、注册会计师参加破产相关培训,数次邀请最高人民法院破产审判专家为管理人进行培训。对一些"无产可破"的案件,为了调动管理人的工作积极性,衢州市中级人民法院会同市经信委、市财政(地税)局出台《市级工业企业破产管理人专项资金管理和使用办法(试行)》,市财政从工业转型升级专项资金中安排200万元作为专项资金,用于补偿"无产可破"情况下管理人的费用和报酬。同时,与衢州市律师协会、衢州市注册会计师协会联合制定《衢州市管理人报酬援助资金管理规程(试行)》,规定从管理人报酬较高的案件中提取一定比例金额,用于援助"无产可破"案件的管理人。

(十)多管齐下追查破产企业财产,提高破产债权清偿率

一是通过审计发现债务企业经营中是否存在虚假出资、抽逃出资、转移隐匿资产等不当行为。二是积极行使撤销权,追索债务企业因不当交易和个别清偿流失的财产,追查债务企业股东及高管侵占债务企业财产的行为。三是贯彻刑民协同理念。对债务企业或股东及高管涉嫌犯罪的,依法移送公安机关侦查,破产企业资产与个人资产高度混同的,将破产企业和个人财产合并处置,增加可分配财产价值总额。

三、问题及其破解

(一)问题及困境

1. 破产审判的"三多"和"三少"

第一,进入重整程序多,重整成功少。已审结的73件破产案件中,虽有26件重整成功,但是只占同期受理重整案件的60%,而且其中23件是由5个系列案件组成的,单体重整成功的案件只有3件,另外已经有7件案件因重整不成功,最后转入破产清算程序结案。重整成功率低的主要原因是,有的破产企业产能落后、难以吸引有效投资;有的破产企业信用度差,再融资及业务拓展困难;有的银行作为抵押债权人,因重整期限长,不确定因素多,不愿意启动重整程序。如衢州华玲面粉有限公司破产清算案,重整方案经债权人会议表决通过,但最后与银行协商贷款转贷事宜未能达成一致意见,致使重整方案无法实施,最后转入破产清算程序。第二,财产抵押给银行的多,可供普通债权分配的少。除房地产企业外,破产案件中的其他企业资产均大部分抵押给银行。第三,厂房出租给他人的多,自主生产经营的少。

2. 案多人少的矛盾更加突出

据统计,虽然2007年我国《企业破产法》开始实施,但2008~2010年3年间全国法院受理破产案件共3500件,2011年、2012年分别为2500件、2100件,2013年降到了1998件,而同期工商行政机关处理的企业吊销、注销数量每年在70万件至80万件。这组数据充分说明有相当一批经营不善且已符合破产条件的企业,没有依法适用破产程序退出市场。

随着供给侧结构性改革和"僵尸企业"处置工作的不断推进,随之而来法院受理破产案件数量猛增。2016年1~11月衢州市两级人民法院共受理破产案件

79件,预计全年收案比上年至少增长80%。按照《浙江省人民政府关于加快供给侧结构性改革的意见》要求,力争3年内基本解决资不抵债企业问题和高杠杆企业问题。按照2016年衢州市政府工作报告中提出的开展“双百僵尸企业”处置工作,力争全市三年盘活200家“僵尸企业”,其中今年盘活80家,盘活土地4000亩,推进50家工业企业进入法院破产审理程序。从省市两级政府提出的要求来看,破产案件在近期还将会大幅增加。近年来,普通民商事诉讼案件数量激增,破产案件虽总量不大,但增速远超普通民商事案件,衢州市两级人民法院有限的审判力量既要投入大量的普通民商事案件审判,又要审理日渐增多的企业破产案件,“案多人少”的矛盾突出。由于破产审判工作专业性强、涉及面广、工作头绪多、审判周期长、耗费精力大,一些法院与法官存有畏难情绪。在“僵尸企业”处置法治化的背景下,必将有大量企业进入破产程序,衢州市两级人民法院破产审判力量与任务之间的矛盾将会进一步凸显。

3.“僵尸企业”资产处置更加困难

“僵尸企业”资产能否及时处置,能否卖出高价,能否引进优质投资,是决定整个处置工作优劣的重要环节。当前经济形势低迷,“僵尸企业”资产的市场价值空间被进一步压缩,有实力的战略投资人进入也更加谨慎。处置“僵尸企业”工作在全国铺开后,投资者的选择余地更大,在供过于求的状态下,“僵尸企业”资产处置将变得更难,新投资人引进将更难。有的破产案件经多次拍卖而流拍,严重影响了破产案件的审理进程。例如,天杭人造板有限公司破产清算案,该案于2015年8月立案,财产变价及分配方案在2015年12月的债权人会议上就已经通过,但公司资产经过3次拍卖,均因无人报名而流拍。以往由于评估价与评估报酬挂钩,“僵尸企业”资产评估价格往往过高,导致询价的多,参拍的少。而债权人往往以评估价格作为参考,在较高的心理预期下不同意降低保留价,导致资产拍卖成功率不高。此外,部分破产企业资产由于其自身特性和技术进步因素也增加了变现的难度。重整程序中由于《贷款通则》的限制,享有抵押权的银行因核销权限、内部考核和追责等原因拖延表决或反对重整计划草案,或直接打包转让给资产管理公司,极大制约了重整程序对“僵尸企业”处置的制度功能。

4.信访维稳和利益平衡更加棘手

破产案件涉及法律关系复杂、利益主体多元,长期积累的各种矛盾集中暴发,利益交织、冲突剧烈,极易引发职工、购房户、农民工等群体性信访、上访。一个破产案件还会衍生不少其他诉讼案件,耗费司法资源较大。全市两级人民法院审理的涉烂尾楼破产案件维稳风险虽因房价上涨、恢复施工、住房交付得到不同程度缓解,但后续的工程质量、产权办理等问题又引发了新的信访苗头。职工欠薪、工程款涉农民工欠薪问题持续发酵,现有破产法律规定无法为问题实际解决提供有效方案。职工债权、工程款债权与抵押债权冲突明显,已有多起纠纷上诉到省高院。

5.执破程序的衔接有待进一步理顺

2015~2016年11月衢州全市人民法院执行程序终结案件6194件,其中被执行人为企业的执行程序终结案件876件,但只有65件通过执破衔接进入破产程序,仅占7.42%。虽然企业无财产可供执行不能等同于企业达到了破产受理的条件,但是这些程序终结案件转入破产程序的空间还可以进一步挖掘。2016年最高人民法院工作报告中指出,要向执行难全面宣战,深化执行体制改革,加强信用惩戒,用2~3年时间,基本解决执行难问题。在解决执行难问题过程中,可以利用执破衔接程序,把"僵尸企业"转入破产清算程序。执行工作中发现多人对同一被执行人申请执行的,要设法对接破产程序。在审理阶段发现被执行人支付不能的案件,及时向当事人释明,引导当事人申请破产,实现早发现早处置。

6.政府协调机制有待进一步加强

法院审理破产案件,涉及土地规划、房产过户、税费负担及汇算清缴、工商注销登记、职工安置等问题,需要国土、住建、规划、财税、社保等相关部门的支持配合。从目前情况来看,虽然市政府与衢州市中级人民法院就"僵尸企业"司法处置搭建了工作平台,建立完善了工作协调机制,出台了一系列有效政策措施,但落实有待进一步加强。如破产企业财产处置、重整需要引进投资人,法院不具备招商能力,需要政府招商职能部门有力推动。税务部门对破产企业在重整、清算期间房产税、土地使用税照常征收,增加了破产企业负担,影响了重整和清算的效果。简易注销改革仍未落到实处,凭借法院终结破产程序裁定书不能直接办理破产企业工商注销手续,部分破产企业因税收债权未得到清偿而无法注销。重整企业的银行信用及税收信用修复,也将直接影响"僵尸企业"处置工作的实际效果。

7. 管理人工作质效有待进一步提高

一是管理人培育工作有待加强。目前全市有市级破产管理人 17 家、省级破产管理人 1 家,整体来看依然存在专业化程度不高、破产执业经验不足、难以应对重大疑难复杂破产案件等问题。二是管理人地位有待提升。现阶段债权人会议、相关行政职能部门和社会机构对破产管理人的认同度不高,支持配合不够,影响管理人作用充分发挥。三是管理人独立履职能力有待提升。许多属于管理人职责范围内的工作,如债权确认、重整或清偿方案的制定、战略投资人引进与谈判等事项仍需法院投入大量精力,导致法院工作负担过重。四是管理人的参与积极性有待提振。管理人报酬、破产费用一般都在结案时支付,长期的工作投入不能及时回报、垫付费用不能及时弥补会影响管理人工作积极性。全市两级法院近期受理的多起破产案件在指定管理人时,仅有三四家参与,与之前的参与热度相比明显下降。

(二)关于强化"僵尸企业"司法处置工作的几点建议

人民法院既要有效运用破产清算方式淘汰劣质企业和落后产能,又要充分利用破产重整手段,促进具有经营价值和发展前景的企业开展兼并重组,以实现规模经济效益,还要通过公正高效的破产审判工作,解决"僵尸企业"长期以来累积的各类深层次矛盾,维护公平有序的市场秩序和优胜劣汰的竞争机制。当前,破产法的实施受到中央高度重视,并已经上升为国家战略,成为重大国际合作议题。必须充分认识运用破产审判处置"僵尸企业"工作的重要性和紧迫性,抢抓时间窗口和战略机遇,加快速度、加紧进度,加大"僵尸企业"司法处置工作力度。

1. 转变理念,深刻认识破产审判对处置"僵尸企业"的重要意义

破产制度作为企业退出市场的法治化通道,是完善社会主义市场经济体制的基础性内容,是推进供给侧结构性改革的重要制度保障,也是《中美元首杭州会晤中方成果清单》①的重要内容。破产法的实施已经上升为国家战略,成为重大国际合作议题。2016 年的中央经济工作会议重点部署了供给侧结构性改革,

---

① 《中美元首杭州会晤中方成果清单》明确指出:"中美双方认识到建立和完善公正的破产制度和机制的重要性。中方高度重视运用兼并重组和破产重整、破产和解、破产清算制度和机制依法解决产能过剩问题。在解决产能过剩问题过程中,中方将通过继续建立专门的破产审判庭、不断完善破产管理人制度以及运用信息化手段等方式推进破产法的实施。中美双方承诺最早从 2016 年开始,以论坛或互访等方式定期和不定期地就双方各自破产法的实施进行沟通和交流。"

并提出“三去一降一补”五大关键任务。中央提出的供给侧结构性改革,就是要从生产端入手,有效化解产能过剩,促进产业优化重组,降低企业成本,提高供给结构对需求变化的适应性和灵活性。在供给侧结构性改革过程中,处置“僵尸企业”是其中一项重要“啃硬骨头”任务,是贯彻五大发展理念的重要抓手,是实现经济转型升级的必由之路。当前,我国经济正处于经济发展速度由高速转向中高速,对生产的要求由低端向高端发展的转型时期。原有的粗放型、要素投入型的发展、经营模式已经不能适应形势发展需要,“僵尸企业”占有、耗费社会资源,生产效率低下,如果任其发展,将从整体上拉低我国市场主体的竞争力,为经济持续健康发展埋下巨大隐患。因此,从改革供给侧的角度,站在更高起点上推动经济发展,就要从市场主体救治和出清方面进行考虑,淘汰落后产能,抑制过剩产能,提高企业供给对需求变化的适应性。中央要求在处置“僵尸企业”、化解产能过剩过程中,更加注重运用市场机制、经济手段、法治办法。破产审判正契合了这一要求,可以很好地发挥对过剩产能的市场化、法治化处置功能。2017年是供给侧结构性改革的深化之年,深入推进“三去一降一补”,要进一步抓住处置“僵尸企业”这个牛鼻子,更多运用市场机制实现优胜劣退。

2. 做好深入细致的调查研究工作,以“五大发展理念”分类处置“僵尸企业”

法院、政府职能部门、债权人特别是金融机构、金融部门等要扎实做好调研摸底工作,坚持问题导向、需求导向、效果导向,做到底数清、情况明,确保“僵尸企业”处置计划稳妥、措施精准、推进稳健。法院要在现有的信息化建设基础上,与政府对接,建立专门的企业状况信息平台,实现最广泛的信息共享,为调研摸底工作提供平台和载体。“僵尸企业”进入破产程序后,法院要按照中央“尽可能多兼并重组、少破产清算”的要求,树立把人民法院当作“生病企业的医院”这一指导思想,避免把法院办成单纯的“生病企业的火葬场”,要以市场化为导向,坚持以救治为主,确实不能救治的企业才进行破产清算。对“僵尸企业”以“五大发展理念”进行分类评估、分别处置,优则保、废则弃。要贯彻创新理念,把创新摆在发展全局的核心位置。对于暂时陷入经营困境,具有创新能力、核心技术和市场前景的企业,通过重整程序进行拯救。与清算程序相比,重整程序虽然时间长,成本高,但一旦重整成功,可使企业涅槃重生。贯彻绿色发展理念,把生态建设作为底线。对于企业规模小、技术水平低,不符合省、市有关产业政策,污染物排放、安全生产、能耗指标等不达标的企业,采取加速清算模式,促成要素盘活。

3. 进一步完善企业破产兼并重组协调机制和服务体系

2016年我省建立了全国首个省级“僵尸企业”处置府院联动机制。建立常态化市场主体救治机制和退出机制，既要坚持市场化导向，更要推进落实政府职能。在企业破产审判工作中，应当推进落实政府的属地责任和公共服务、社会管理职能，实现国务院和地方政府出台与企业兼并重组相关的金融服务、税收、土地管理、工商登记等领域政策在破产程序中的对接。一是进一步整合现有工作力量。衢州现有工作组模式由相关部门分管领导任组长，有利于发挥部门优势，但仍存在力量分散、主业不分、权责不清、归口不明的问题。可借鉴温州瑞安、丽水缙云等地政府成立的类似协调小组模式，抽调精干人员全身心投入“僵尸企业”破产重组盘活工作，集中力量发挥专业与渠道优势。二是完善衢州市中级人民法院与衢州绿色产业聚集区就辖区企业破产工作信息共享机制。形成买受人竞购、国资企业竞买、银行抵押债权人以物抵债等多种资产处置模式，提高资产盘活效率。对破产企业资产有意由国资公司受让的，要及时跟进、工作提速。三是完善政企银法联动和会商机制。结合对银行业金融机构的考核进一步引导银行债权人申请破产的意愿，积极争取上级银行下放处置决策权，依法支持破产重整程序推进，创新投资主体信用修复方式方法，为新投资主体提供融资便利。四是进一步完善财政支持政策。修改专项资金的提取规则，切实提高管理人参与破产工作的积极性，缓解管理人的资金垫付压力并弥补部分人工成本。同时拓宽破产专项资金的使用范围，如职工欠薪的垫付、必要周转等。

4. 加强和完善法院自身供给侧改革，提高破产审判质效

随着“僵尸企业”处置工作的深入推进，如何提高破产审判质量和效率，关键在于法院内部也要实行司法供给侧改革。在破产审判资源配置方面，鼓励具备条件的法院积极争取设立破产审判庭，选定一批政治素质高、法律业务精通、审判经验丰富、协调能力强的优秀法官充实到破产审判一线，造就一支专业化的破产审判铁军。在内部机构协调方面，要打破庭室壁垒，实行扁平化管理，实现执行程序与破产程序的有效衔接。要健全完善绩效考核体系，制定破产案件的绩效考评办法，对破产案件的办案质量、破产程序执行情况等，分别规定相应的考评标准，对法官审理破产案件的工作量进行科学合理的评价。破产案件所需处理的事项较多，审理周期普遍较长，一般都不设置审理期限，但完全放弃审限限制，可能会因人为因素而拖延审理周期，所以应当根据不同案件类型合理确定审

理计划,缩短审理期限,提高审判效率。同时,要自觉接受社会各界对法院破产审判工作的监督,确保廉洁司法。进一步简化破产程序,使"僵尸企业"退出更加高效。探索建立预重整机制,对在"僵尸企业"进入破产程序之前达成的重组方案在破产程序中予以确认。利用好全国法院破产重整案件工作平台,促进经济资源在更广阔范围内配置,以司法公开促进司法公正和司法高效。进一步推进执转破工作,探索诉转破工作。推进破产审判工作法治化、专业化、制度化,进一步发挥破产制度在拯救"生病企业"、淘汰落后产能方面的重要功能。

5. 进一步培育勤勉敬业的管理人队伍

强化破产管理人队伍人才集聚,尽量引导中介机构吸收熟悉企业管理、科学技术等方面的专门人才担任破产管理人,确保对企业破产重整、清算作出准确、高效评估。探索破产管理人分级管理制度,采取增补、淘汰、升降级措施。不同类型的破产案件管理人从不同级别资质的管理人中指定,既有利于提高破产案件审理质效,也有利于管理人队伍的发展壮大与整体素质的提高。根据浙江省高级人民法院制定的《破产案件管理人指定工作规程(试行)》,提升破产管理人动态管理的水平。重视破产管理人履职情况报告与业务培训制度,充分听取债权人会议、投资人和社会各界对管理人工作的评价、意见和建议,加强对破产管理人履职能力的考核。

6. 进一步加强各方利益平衡工作

依法处理好职工工资、国家税收、担保债权、普通债权的实现顺序和实现方式,审慎协调保护好各方利益,使企业破产工作取得各方面的支持,确保稳妥有序。要把牢司法审查关口,加强与公安机关等相关部门的工作对接,避免出现"假破产、真逃债"以及侵害国家、集体、第三人利益的问题发生。在引进新投资人时,不仅关注资产转让价格最大化,还应综合考虑投资者的资金、技术实力等行业背景和在单位亩产值、重新吸纳就业、上缴利税等方面的潜在贡献。重视多方协调,强化府院良性互动,建立健全大要案通报制度,共同协商解决在破产审理过程中遇到的重大复杂问题。

浙江省江山市人民法院破产审判报告(2010～2017年)[*]

浙江省江山市人民法院课题组[**]

《企业破产法》自2007年6月1日开始施行至2017年刚好10周年。浙江省江山市人民法院于2010年5月受理第一件破产案件,并于2014年年底被最高人民法院确认为全国11家破产案件审理方式改革试点法院之一。值此《企业破产法》实施十周年之际,江山市人民法院对7年来所审理的破产案件进行了梳理和实证分析,以讨论企业破产案件审理的成功与不足,发现《企业破产法》需要完善之处。

一、企业破产案件审理的基本情况

(一)案件受理、审结、审限情况

2010年5月～2017年4月,江山市人民法院受理破产案件累计41件,审结33件。平均审理天数332天,其

---

* 本文为作者提交给"第八届中国破产法论坛暨《企业破产法》实施十周年纪念研讨会"的会议论文,会后作者进行了数据更新和文字修改完善。感谢浙江省江山市人民法院副院长徐根才对本书编辑出版工作的支持。——编者注

** 课题主持人:徐根才,浙江省江山市人民法院副院长。课题成员:姜涛,浙江省江山市人民法院审管办主任;俞锦峰,浙江省江山市人民法院审管办法官助理。

中最短为25天,最长的651天。破产案件受理数量呈逐年稳步增长态势,尤其是2014年年底被最高人民法院确立为试点法院之后增速更为明显(见图1)。此外,2015年、2016年受理的案件涉案标的数额增大、法律关系更为复杂、审理难度大(见图1、图2)。

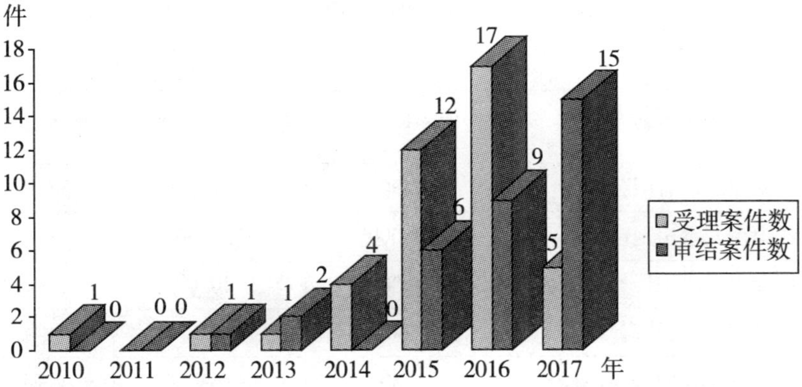

图1 2010年5月～2017年4月江山市人民法院破产案件审理情况

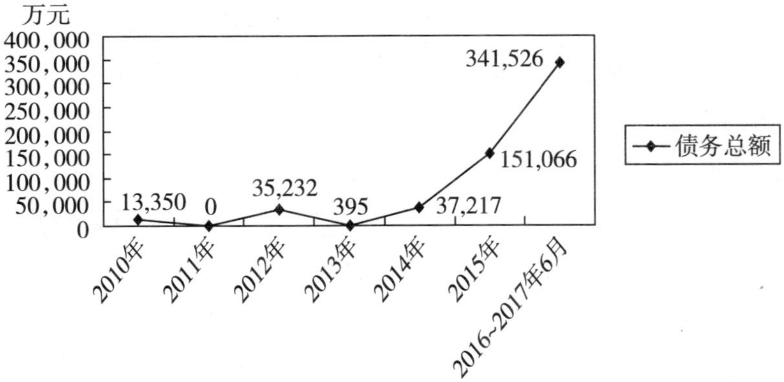

图2 2010年5月至2017年6月江山市人民法院受理破产案件债务总额

(二)破产财产的评售比率、分配比例与管理人报酬

破产案件政府更多关注的是企业的盘活、资源的有效配置;债权人关注的是分配比例,也即清偿率的高低。然而,关键的还是破产财产的变价出售或者有效转让,它关系着资源有效配置和变价的价格高低。

1.破产财产的评售比率。江山市人民法院审理中重视了资产的处置,从债权人、债务人和社会评价来看,正面良好,掌握了时机,处理是得宜的。破产财产变价出售数额与企业资产评估价值的比率(简称“评售比率”)达到95.06%。虽然总体低于评估价,有的财产拍卖、变卖降低到最高人民法院司法解释规定的最低保留价,但由于大宗资产采用与政府协同招商的方式寻找参拍者,充分利用了政府的信息资源,拍卖成交大多高过了评估价,其中5宗案件的破产财产拍卖实现了溢价,也就拉高了评售比率(见表1)。

表1 5宗案件破产财产评售比率情况

单位:万元

破产企业	资产评估价	资产变卖处置价	资产溢价率
江山纺织有限公司	3450	4728	37.04%
江山市安泰房地产公司	19,000	23,000	21.05%
江山市金山虎电工器材有限公司	3900	4020	3.07%
江山市三星实业有限公司	500	920	84%
江山市福源水电开发有限公司	1580	1656	4.81%

2. 破产财产的分配比例。破产财产的分配比例,或者说清偿率的高低,虽然因素是多方面,但总的取决于破产财产与债权总数比重。因此,破产财产的有效处置,即以较好的价格变价出售或转让,对债权人利好的就是提高了分配比例。江山市人民法院对审结的破产案件统计,破产案件(包括重整并不包括“执破结合”)的平均清偿比例为41.54%,含“执破结合”案件平均清偿比例为25.96%,“执破结合”案件平均清偿比例不到2%。破产清算案件最低的清偿比例为2.5%,最高的却达到61%;重整最高的万商集团已通过的重整计划达75%以上。平均清偿比例看似没有实质性的意义,但如从大数据的角度,是可以发现每个区域对破产法运用的重视和当事人对破产申请时机把握度的一个量表。

3. 管理人报酬。管理人报酬是人民法院根据债务人最终清偿的财产按一定的比例确定的。这有偶然的因素,如被指定的案件有足够的破产财产可用于最终清偿;也有与管理人水平能力相关的因素,如管理人勤勉尽责,清收追回的资产多、变价出售价格最大化等,就“禄在其中”了。江山市人民法院对审结的破产清算案件(重整案件因有后续工作,报酬后段未清结不便统计)统计,最少的是每件90万元,最高的是每件320万元。按每件人均报酬为42.14万元,每案/每天/每人为277.43元,当然天数是按从受理到终结裁定下达日算的,后期的工作并不需要每天从事,人员是变动的和助理也算,只能是个概算(见图3)。“执破结合”破产案件中,无产可破案件目前最少的报酬为2.5 万元,有资产的如麦克摩尔案件报酬有60 万元(见图4)。此计算的目的是为体现管理人当下的“从事破产工作价值”。

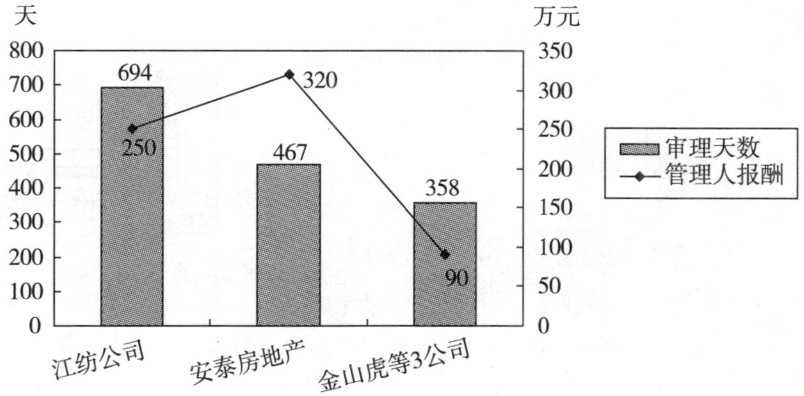

图3　案件审理天数和管理人报酬一览

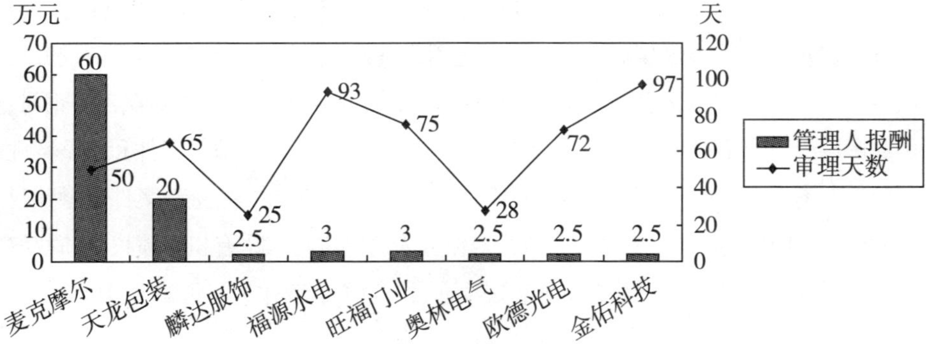

图4　执破结合案件审理天数和管理人报酬一览

(三)破产企业类型性质

从破产企业的性质来看,企业类型比较齐全,其中工业企业占比较大。江山市人民法院受理的41 件破产案件中共有24 家为制造业企业,占58%。这与江山作为浙西传统工业基地有相关。商贸流通企业13 家,占32%;房地产企业4 家,占10%(见图5)。

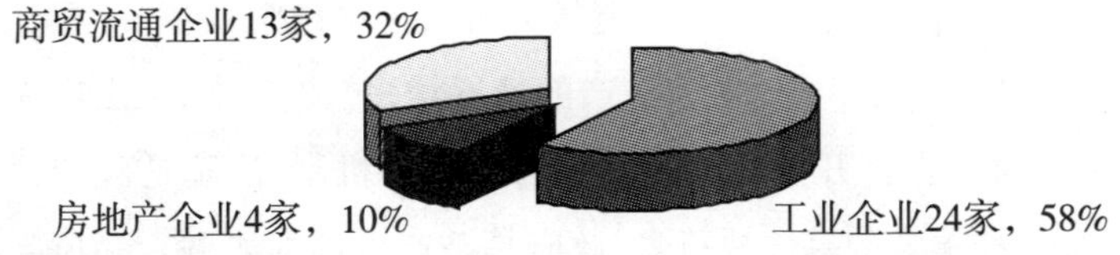

图5　2010 年5 月～2017 年4 月江山市人民法院受理的破产案件企业类型对比

(四)破产清算、重整程序与金融债权

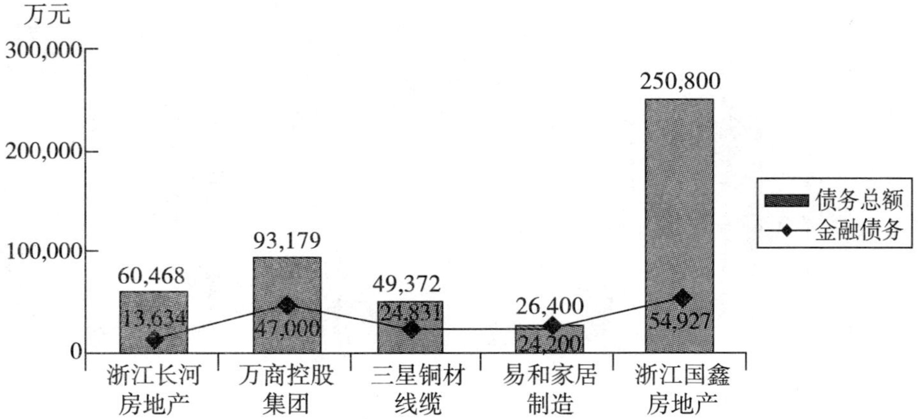

图6 江山市人民法院破产重整案件中的金融债务示意

从破产程序适用来看,2010~2014年为破产审判起始阶段,受理的案件均适用了破产清算程序。2015年后受理的案件适用重整程序的居多,受理了涉万商控股集团、浙江长河房地产有限公司等10件重整案件;2016年受理了涉易和家居、三星铜材、国鑫房地产等11件重整案件,累计受理了21件(见图6)。破产清算案件和重整案件的债权人类型不同较为明显,破产清算案件是自然人债权人占多,重整案件金融债权人的债权数额占的比重大。金融债权人对债务人的特定财产享有担保债权的债权权重增加,往往决定着重整计划草案能否表决通过。这在后面作为问题要专门提到。

二、破产审判成果与经验

(一)破产审判成果

1.审判的社会效果。江山市人民法院审结的33件破产案件,促成15家企业重新焕发生机,促使18家"僵尸企业"有序退出市场。通过破产审理累计化解企业债务近32亿元、协同政府部门安置职工1800余人、盘活土地1249.51亩和房产109.21万余平方米,新增产值20.55亿元,新增利税5314万元。

破产法是企业保护法、破产审判能较为有效公平地清偿债务,在江山市已形成较为广泛的社会共识,主动申请破产的情况增多。8年来,江山市人民法院从2010年第一个破产案件开始成功探索出府院联动机制:法院是破产程序的主导者,管理人是破产事务的具体执行者,政府是破产事件的协调者和风险处置的组织者;创新了破产财产分配制度,在保证破产财产公平清偿的同时,通过政策性

倾斜和其他可以运用的方式来解决弱势债权人利益保护,达到形式公平与实质公平的统一,构建了“和谐破产”理念,这一分配方式的创新已为全国多地破产案件所借鉴;实践摸索出破产清算达到重整之目的、破产清算程序可以向重整程序转换,更新了破产清算不可逆转之传统理论,已为实务界和主流学界所接受。此外,和解、重整、破产清算三程序,通俗比喻为企业生病了,可分为轻微病证、重病症之疗法和无可救治的市场出清的宣传通俗说。之后,有最高人民法院“把人民法院当作生病企业的医院”之说法。

2. 破产审判的法律效果。江山市人民法院妥善审结了一批在本地区、全省乃至全国具有重大影响的破产案件,如江山市纺织有限公司、江山市安泰房地产有限公司、江山市金山虎电工器材有限公司等破产清算案;浙江长河房地产有限公司、江山三星铜材线缆有限公司等5公司、万商集团等8公司重整案。其中,江山市纺织有限公司的破产清算案,法院指导管理人制定了“创新 + 公平 = 和谐”的分档累进递减分配方案,从而使涉1331名债权人的案件做到了和谐破产。江山市安泰房地产有限公司破产清算案,通过创新由管理人贷款,完成3幢商住房78套住宅的竣工交付,基础工程与项目土地整体拍卖以2.3亿元成交,撤销追回资产达4000万元,最终清偿率达到了61%。江山市金山虎电工器材有限公司审理仅用4个月的时间就恢复了生产,破产清算达到重整的目的。买受人不仅受让了财产,还与80%的破产企业的工人重新签订了劳动合同,8月中旬接盘到12月底的4个月销售总额达1亿元,2016年产值5亿多元。浙江长河公司房地产有限公司破产重整案以普通债权组同意人数97%、代表债权额88%的高票通过的重整计划草案,江山市人民法院首创通过公司法的连接延伸管理人的手臂,成功审结的跨地区、跨省的越界破产重整案,而且是依靠债务人内生力量为主“内生力”重整案。江山三星铜材线缆有限公司通过战略投资者整体受让,最终以“出售式重整”的方式,通过外部力量由“外力”成功盘活重整的工业企业。万商集团重整成功,采用的是银团贷款的方式,为企业赢得喘息机会;采用根据债权额的大小以现金清偿和商铺抵偿的方式,既维护了弱势群体利益,又实现大额债权人“清偿与投资”结合的方式为重整企业注入生机;政府支持行政服务中心的入驻增旺了人气。多种拯救方式的有效结合为引进战略投资者起到“筑巢引凤”效应,目前已有海外背景的战略投资者加入。麦克摩尔则采用了“执破结合简易审”,创造了2个月审结,并引进一个先期投资2亿元的高科技企业落户的成果。

（二）制度构建和实践

江山市人民法院积极探索、勇于实践、多做宣传，对外营造了有利于破产审判的氛围，取得党委、政府、社会各界的大力支持；对内通过用心做好破产审判，边探索边总结，建立完善了一整套制度，规范破产案件的审判。

如出台《江山市人民法院破产案件管理人报酬基金管理和使用办法（试行）》。江山市人民法院尝试的第一个无产可破的案件（天龙包装）管理人报酬用费用支付，是由破产企业的控股股东也是破产申请人（准备上市的企业）自愿负担的。之后，江山市人民法院尝试与可以正常收取报酬破产案件的管理人约定，至少要义务完成一件“执破衔接”案件的管理人工作。最后成形为政府财政先期拨款100万元设立管理人报酬基金，有财产可破案件选定管理人时约定按一定的比例提取管理人报酬，作为报酬基金的循环补充。建立了管理人基金报酬制度后，截至2017年4月，江山市人民法院已发放了4笔无产可破案件的破产费用和管理人报酬累计10余万元。《江山市人民法院破产案件管理人开设账户及破产资金管理办法（试行）》的制度是为了避免了银行为争取到破产管理人账户的开设不当竞争，防范破产法官的道德风险和保证廉洁破产。也为了破产资金的管理规范，防止管理人损害相关当利益方的利益。同时，也规定金融机构可利用其专业优势协助一些可以协助的工作。《江山市人民法院指导、监督管理人规程（试行）》是鉴于破产管理人队伍培育需要，相关法律制度的不完善，确保管理人履职规范、勤勉尽责，以及法院指导、监督的精准、有力，破产审判高效而制定。

还有《破产案件简易审操作规程》《执破结合操作规则》等，都是根据实务操作的需要填补一些目前相关规定的空缺而创设。

（三）探索总结与理论成果

2010年以来，江山市人民法院先后以“走出去”与“请进来”等方式，如参加破产法论坛、到其他法院学习，以及与来自省内外的多家法院进行交流，共同探讨破产案件审理难题，相互学习破产审理经验。共接待了山东省乳山市人民法院、阳谷县人民法院，江苏省洪泽、吴江市人民法院，浙江湖州市中级人民法院及其所辖基层人民法院，浙江的临安、兰溪、东阳市、婺城区、南浔、余杭、柯桥区、绍兴、海盐、仙居、天台、开化县人民法院，安徽宣城中级人民法院、无为县人民法院等30多家法院150多人次交流学习,探讨经验得失,提高审判效能。分别为浙江省、江西省、安徽省法官学院的法官培训班作了破产法实务讲座。审结的多个案件得到市长、市委书记的批示肯定,江山市人民法院的破产审判工作也得到省、市主要领导的肯定和表扬。如"江纺公司"破产清算案例当年被浙江省高级人民法院作为"十大破产经典案例",后又被最高级人民法院收入《人民法院案例选》。"安泰公司"破产清算案也被省高级人民法院作为"2013年十大涉企经典案例",并在2014年的省人代会上发给代表参阅。

通过宣传破产法,增加社会各界对破产法的认识。江山市人民法院召开了破产审判新闻发布会,组织多次讲座,发布《江山市人民法院企业破产审判报告》,向社会展示破产案件审判成果。省、市级媒体以及人民法院报都专版或采用较大的篇幅介绍江山市人民法院破产审判工作。江山市人民法院副院长徐根才个人专著《破产法实践指南》由法律出版社出版,成为法官、管理人甚至学者掌握实务操作、了解破产法实践运行的工具书。

最后值得一提的是,破产要有专业的审判团队。江山市人民法院虽因岗位变化对破产审判法官有所调整,但破产团队注意培养破产法官做到了后继有人。自2010年开始,分管破产审判的副院长,始终坚持在破产审判工作的第一线,亲自担任审判长审理案件,注重言传身教地指导团队法官办理破产案件。

三、破产审判存在的问题

(一)破产申请受理的常态化问题

法的生命在于实施,司法的功能在于有案必理。江山市人民法院通过多年的努力,基本实现了破产申请受理的常态化,甚至在诉讼中发现企业濒临危困就加以关注,但在启动执行程序转破产程序方面衔接还不是很理想。江山市人民法院对2012年1月~2017年4月"终结本次执行程序"的案件进行梳理:以"终本"方式结案的有6821件,其中被执行人为企业法人的815件;平均每一年恢复执行且全部执行完毕的案件为36件,进入"执破结合"的破产案件审结仅7件。[①]主要原因是法院案多人少,专业破产法官(包括分管院长才2名员额法官)力不

---

① 截至2017年4月,江山市人民法院共受理8件由执行程序转入破产程序的破产案件,审结7件,对应涉执案件589件,标的额约12,830.39万元,累计盘活闲置工业用地200.05亩、厂房面积44,588.76平方米。

从心；执行部门积极性也不高，涉被执行企业大多都有连带债务人，即便债务企业被宣告破产，执行案件也因存在连带债务人而难以实体执结。但不可否认的是有的案件对解决执行难是很有帮助的，其中有1件审结的“执破结合”破产案件，裁定终结破产程序，就实体终结了执行案件114件。

（二）管理人队伍的培育问题

管理人是破产事务的具体执行者，管理人在能力素质直接关系到破产案件审理效率和效果。目前管理人市场培育还不完善，管理人能力水平参差不齐，也影响了破产审理的常态化。一是管理人在准入前没有经过必要的入门培训，仓促上阵，有的第一个就搞砸了，从此视为畏途。二是随机方式产生的管理人，尚有改进的空间，存在有的与案件难度不匹配情况，给法院指导平添难度。三是存在管理人的团队合作、综合能力欠缺，造成破产工作推进无力，没有效率。四是缺乏社会责任感和使命感。部分管理人团队成员因报酬未明确未能勤勉尽职，分心其他诉讼等事务，法院监督无奈。五是管理人的权威和社会认可度低，给履职带来不便，给法院增加很多的工作量。六是管理人如何履职，法院如何指导监督，法律规定较为抽象，给了管理人和法院相互推诿工作的空间。这些都给破产法的有效施行带来障碍。

（三）专业法官与业绩考核问题

破产法具有理论性、综合性、社会性、实践性密切结合的特点，对破产案件审理的法官来说具有较一般的民商事法官更强的专业性和综合素质的要求。破产案件的审理不具有一般案件在法庭审判的固定性，而是开庭与开会相结合，裁判与谈判相结合、协商协调等开放的模式。往往要面对众多债权人甚至债务人相关人员的信访诉求，工作时间的自由安排度低，一些法官对办理破产案件存在畏难情绪。又由于业务轮岗职位变动等原因，致使破产审判法官变动频繁，审判队伍不稳定，不利于破产法官专业化建设。

法官在企业破产案件审理过程中的付出冷暖自知，往往无法通过常规考核进行衡量，法院对此尚无激励保障机制。在当前强调绩效考核的情况下，破产案件还没有一个通行考核办法。江山市人民法院虽然已经出台破产案件绩效考核办法，但电脑系统的统计考核还是1件破产案件统计1件普通案件。由于无法将1件破产案件折抵多件普通案件，影响了法官从事破产审判的积极性。

四、破产法的完善及相关制度的配套

(一)破产法无政府与审判有政府的制度配套

《企业破产法》改变了之前破产工作由政府主导的局面,应当说是一部市场经济下由法院审理、程序主导的,并没有政府的影子。然而,破产是社会问题,社会问题应当社会化解决。在当下政府拥有政策资源、社会力量调动等各方面司法所没有的优势情况下,司法之外的如风险处置等离不开政府的支持和配合。但法律没有规定和政策不配套,在破产法的实施过程,就存在政府强势的,出现支持力度大于配合,致使法院在破产程序中不能起到主导作用,出现偏离法律的可能;也有政府以法无规定而不为,致使法院的破产工作孤掌难鸣。如房地产破产案件,就需要住建、规划、国土、财税等部门密切配合,涉及多元主体诉求强烈的信访、闹访等,既不是司法职能解决的,也不是单方能够解决的。在大宗资产的处置方面,政府更有信息资源,一些历史性的破产中出现的问题,也需要政府协助解决。

然而,当下的破产审判中,法院各种府院联动内容形式不一,既尝试出宝贵的经验,也有可总结的教训。实践中发现,破产法可以无政府的影子,但破产法的实施中必须有政府的陪伴。在政府支持配合法院的破产审判工作方面,应当出台相关的配套制度。通过机制制度将司法职能之外需要政府配合协助的固定下来,有章可循。

(二)破产财产处置环节中的税收衡平问题

破产财产变价出售环节相关税收的问题,关系到破产财产分配各方面利益的权衡、国与民让利与争利、清偿比例高低,以及社会稳定的问题。江山政府采用的是地方留成部分税费全额返还用于债权人清偿,但各地做法不一。2016年5月1日财政部、国家税务总局《关于全面推开营业税改征增值税试点的通知》(财税〔2016〕36号)下发后,就国税部分的当地政府也不能协调了。还有如《国务院关于进一步优化企业兼并重组市场环境的意见》(国发〔2014〕14号):(八)企业通过合并、分立、出售、置换等方式,转让全部或部分实物资产以及与其相关联的债权、债务和劳动力的,不属于增值税和营业税的征收范围,不应视同销售而征收增值税和营业税。但出售式重整或破产清算达到重整之目的的,原企业的债权、债务已得到公平清偿,战略投资者接盘后,大部分职工重新得到安置或从社会上吸纳同等的劳动力。应当说比重组的社会意义更大,向死而生,而且换了主体活得更好,该政策却不能享受。因此,通过专门的税收立法与破产法相衔接成为必要。

(三)诚信与破产财产完整性问题

破产案件的审理过程是一个发现破产企业诚信的过程,一个诚信的企业即使不幸破产,但诚信并不会缺失,没有隐匿、转移财产的行为,诚信守法经营,换一个角度说,破产虽然来临但破产财产是完整的,保留了企业该有的财产的完整性。从江山市人民法院审结的破产案件中发现,依法打击逃废债行为是破产审判不能承受之重,也是破产法面临的重大挑战。一些企业财务管理制度混乱,出现多套账。公司一套账簿、报表用于应付税收检查、银行贷款等;家中一套账簿记载真实的重要经济往来和收益。更有甚者故意销毁账簿的,导致财产和资金难以查找,设置了破产财产查明的障碍。

如"安泰房地产"破产清算案就2套账;"金山虎公司"破产清算案就把前面多年的会计凭证全部销毁,重建了近2年财务账册,严重损害了财产的完整性。虽然,2家破产企业法定代表人及相关责任人员都以涉嫌犯罪移送公安侦查,被告人被追究刑事责任,但对破产财产完整性无补,通过侦查发现的财产微乎其微。如"安泰房地产"破产清算案,破产撤销追回资产达4000万元,侦查追回不到100万元。举例的2件破产清算案,前者存在上亿元的举债,后者有2亿多元,不全面的财务账册无法反映是经营亏损了,还是被隐匿、转移了,公安侦查也没有结果。原因是多方面,主要的是企业的经营不够诚信,国家的社会管理能力还需要加强,更需要从立法层面加以解决。

(四)管理人的法律定位与履职的法律保障问题

《企业破产法》从2007年开始施行,法院真正依法审理破产案件其实是从最近几年开始。因此,管理人缺乏相应的历练,社会对管理人的职能还不熟悉,不清楚管理人是做什么的,管理人工作和法院是如何分工的。因此,管理人履行职责,得到的配合度很低,如刚开始管理人到车管所要求查询、协助办理相关事务,车管所不知道管理人是做什么的,不予配合。对于债权人有问题是询问管理人还是法院等问题,没有很好地解决,给法院平添了许多不该有的工作量,不堪其烦。破产案件多了,管理人开展工作多了,其实也宣传了破产法和管理人制度,社会开始认同、理解管理人的工作。但管理人的法律定位与履职的法律保障问题,还是没有很好解决,还需要法律及相关配套制度的明确和具体规定。

(五)债权金融机构的协助配合问题

随着破产案件的债权中企业民间借贷减少,债权金融机构往往成为最大的债权人,而且大多是对债务人的特定财产享有担保权的债权人。实务中,债权金融机构有配合好的,也有存在2种不利于破产工作的状况:要么过度关心,要么表现消极。关心的只强调自己的利益,与管理人讨价还价,不达目的,不提供抵押的产权证,给破产财产及时变价出售造成障碍;消极的在中途把债权"打包"转让,使协调变难或过程更长。较为普遍的是对债权人会议表决事项、特别是重整计划草案的表决,国有银行都以要请示总行等待批复或授权为由,要么直接投不同意票,要么过程漫长,致使重整难过金融关。如万商重整计划表决时间达8个月之久。这些体制和理念问题,除了协调之外没有什么很好的办法。

(六)破产程序终结后善后问题

破产程序终结后,破产法规定了一些善后须做的工作,如办理注销登记、管理人终止执行职务,发现财产的追加分配等。但对诸如档案保管、重整后企业征信系统的恢复,甚至存在企业在重整计划通过之前没有发现的违反民事、刑事法律行为的责任承担等问题,均无明确具体的规定,给重整投资者带来了一些不能预测的投资风险和法律风险。

江山市人民法院就法院卷宗归档作了要求,案件所需案卷由法院保管;就管理人及企业相关档案整理后委托档案馆保存,保管费用0.5万~10万元。但据了解,各地做法不统一,需要有个统一的规定来规范;重整成功了,企业危困时产生的不良记录在征信系统不能涂销,影响了重整企业的贷款活动,江山市人民法院经与银行协调,现在可以涂销不良记录,但毕竟是协调的结果,需要有统一的规定。还有重整投资者不能预测的投资风险和法律风险,投资者的投资风险就是债权人未按规定申报债权,重整计划执行完毕后可要求同类清偿率清偿的"尾巴隐患",这是破产法修订要解决的问题;江山市人民法院所结案件中虽未有真实发生投资者的法律风险问题,但有一些重整案件已考虑到的这一问题。投资者明确提出,股权整体受让企业后,万一将来发现企业受让之前存在虚开增值税发票等问题,对于谁是罚款甚至追究刑事责任的主体这一问题,法院虽指导管理人商国税、地税部门作了技术处理,并在重整计划草案中作了约定,但是毕竟没有法律上的明确依据,必须通过立法来解决。

五、结语

《企业破产法》已经实施十周年，在十年的实践和发展中，江山市人民法院和全国各地的法院一样，在经过艰辛的努力和积极的探索后，取得了一些宝贵的可供借鉴的经验并将在实践中进一步总结提炼；也发现一些破产法需要完善的不足之处，这些也在尝试摸索，希冀找到修补破产法的“炼石”。但年青的破产法在童年的稚嫩里，是需要更多的法官、管理人、学者共同的爱抚中历练成长，当然，后者自己也在历练中壮大。

绍兴市两级人民法院破产审判报告（2013～2016年）*

绍兴市中级人民法院课题组**

企业破产是清理"僵尸企业"的重要途径。近年来，绍兴市人民法院坚持"市场导向，司法主导，常态审理"的破产理念，不断完善破产审判工作机制，努力推动企业破产的市场化、常态化、法制化建设。

一、绍兴企业破产案件的基本情况

1. 案件数量。2013～2016年，绍兴市两级人民法院受理的破产案件数量逐年上升，分别为20件、35件、60件、71件，共计186件（其中破产清算175件，破产重整11件；破产清算占绝对比例，达总量的94%），是2007年

---

* 2017年4月23日"中国破产法论坛·管理人制度的实践与创新专题研讨会"在绍兴召开，本次会议由中国人民大学破产法研究中心、绍兴市中级人民法院、绍兴市司法局、北京市破产法学会等共同主办。本文为作者提交给会议的论文，后经修改完善收入本书出版，文中部分内容曾在《人民法院报》上予以发表。感谢绍兴市中级人民法院副院长周剑敏、金融审判庭庭长朱淼蛟对本书编辑出版工作的大力支持。——编者注

** 课题组成员：周剑敏，绍兴市中级人民法院副院长；朱淼蛟，绍兴市中级人民法院金融庭庭长；孙世光，绍兴市中级人民法院金融审判庭副庭长；张帆，绍兴市中级人民法院金融审判庭审判员；钱峰，绍兴市柯桥区人民法院审判委员会专职委员；朱建军，绍兴市柯桥区人民法院民四庭庭长；林长华，原绍兴市柯桥区人民法院民四庭助理审判员。

《企业破产法》实施以来至2012年5年间收案数的5.8倍。据浙江省高级人民法院最新《2014年浙江法院企业破产审判报告》显示，绍兴地区年度收案数居全省第3位，其中柯桥人民法院、越城人民法院的收案数均在全省法院前10位。

2. 破产类型。在全部187件案件中，申请破产清算案件176件，申请破产重整案件11件，破产清算占破产案件的绝大部分。其主要原因是，一方面，本地区企业类型以民营企业、中小企业为主，缺乏进行重整及和解的信用基础、市场动因以及政策支持；另一方面，重整及和解税负负担重，表决条件高，也在一定程度上阻碍了重整及和解的适用。

3. 基本成效。通过破产程序依法处置，倒逼产业转型升级，盘活"僵尸企业"的资源要素。三年多来，通过破产案件的审理，盘活土地2406亩，盘活厂房1,013,516平方米，处置机器设备13,846台，处置债务364亿元，安置职工4246人（其中解除合同付清工资3242人，继续就业1004人）。此外，有些企业在破产过程中，还释放了排污权、知识产权等资源要素。

二、绍兴企业破产案件的主要特点

1. 数量迅速增长。2007年新破产法实施后至2012年，绍兴破产案件收案数始终稳定在个位数水平。从2013年开始，破产案件数量开始持续大幅增长，2013～2015年，收案数分别达到20件、35件、60件，年均增长约80%。2016年1～6月，破产案件收案数已达72件（含裁定不予受理以及中级人民法院裁定受理后指定基层人民法院审理的案件）。案件迅速增长，源于最高人民法院破产法司法解释、新民诉法司法解释、浙江省高级人民法院《关于执行程序与破产程序衔接若干问题的纪要》等一系列规定的推动作用。同时，也体现了多年来企业破产市场化、法制化推动成果，以及企业破产在理念传播、破产法制、配套措施、社会环境等方面的改善与进步。

2. 涉企行业集中。绍兴市位于长三角地区南翼，民营经济发达，近年来虽然生物科技、先进装备制造等现代产业逐步兴起，但整体上仍保持着以纺织印染、机械电子、酿酒化工等传统产业为主的经济结构。近年来受理的破产案件，除少数企业为商贸服务类企业外，其余多为传统工业生产企业。破产企业类型与区块经济联系密切，柯桥区破产企业主要集中在传统纺织、印染，以及与此相关的包装、服装等领域；上虞区破产企业类型主要集中在电器仪器、机械制造、金属、热电等领域;诸暨市破产企业主要集中在光伏、设备生产、机械钢材等领域。此外,也有个别房地产企业进入破产程序。

3. 市场化程度显著提升。在破产受理及申请阶段,与先前政府解困工作框架内的破产申请不同,市场主体的主动申请成为常态,并导致以下显著变化:一是债权人申请比例逐渐增大。债权人为了避免执行分配中的不利地位或督促债务人履行债务,主动提出破产申请。2014年绍兴地区破产案件中债权人申请占比约为16%,2015年约为40%,2016年上半年则超过了50%。二是基于上述原因,无产可破的案件、经审查不符合受理条件依法裁定不予受理的案件均有增长趋势。值得注意的是,在债权人申请破产情形下,一些形式上符合受理条件的破产申请,但涉及大量职工安置、有重大群体性信访隐患的,如何既坚持依法受理又维护社会稳定,的确是考验司法智慧的一项难题。

4. 防范破产逃债难度大。企业主借破产逃废债务问题一直为社会公众所关注,在个别案件中甚至有较大反映,当然,这不仅是绍兴市人民法院面临的问题,也是《企业破产法》实施过程中的普遍性问题。就现在的破产程序规定而言,解决此问题存在“三难”:(1)发现难。破产程序中的审计报告或财务报表,一般仅反映企业破产时的资债状况,不能全面反映资金流向、财产去向信息,因此发现问题较难。(2)取证难。企业主如果逃废债务,往往对财务账目进行了调整,即使进行专项审计调查,发现问题也有一定难度,而且需要耗费一定的费用及时间。(3)处置难。处置过程会牵涉管理人大量的人力、精力,并且会影响破产案件推进进程,同时管理人在责任追究上也存在顾虑。因此,建议建立专门机制解决这一问题。例如,在破产法相关司法解释中建立破产原因分析机制或者专项审计机制,区分不同案情,作为破产强制程序或者供债权人会议选择。

三、绍兴市人民法院企业破产实践的创新

(一)推动创设管理人互助机制

2015年11月在绍兴市中级人民法院指导下,绍兴市辖区内破产管理人成立了企业破产管理人互助会,并设立了管理人互助金。互助会及互助金的创设是绍兴破产管理人队伍建设和实践机制的一次创新,有别于广东深圳及省内湖州、温州等地的模式。互助会由会员自愿发起成立,挂靠在律师协会下,不依附于法院或其他机关。互助金由会员共同出资设立,不占用任何财政资金,并在后续按

比例从管理人报酬中计提,主要用于资助因无产可破未能计取报酬或报酬过低的会员管理人,以及支付管理人业务培训、对外交流等费用。互助会开展活动和互助金使用由会员按章程自我决策管理,实现高度自治。

(二)探索破产程序规范化阳光化运行机制

2016 年 7 月管理人在绍兴市中级人民法院的指导监督下,对某 13 家关联公司系列破产案采用公开竞价方式确定管理人的开户银行。公开信息显示,该案是省内首次采用竞价方式确定管理人开户银行的案件,案涉 13 家公司注册资金总额约 11 亿元。竞价对象为定期存款的基准利率上浮水平,而活期存款和通知存款则按管理人要求,在央行基准利率基础上上浮 30%。根据竞价结果,报名竞争的 15 家银行中,有 13 家银行均报出了上浮 50% 的最高价,最终通过抽签方式确定了开户行。通过公开竞价方式确定管理人的开户银行,体现了公平竞争、择优选择的市场原则,也保障了债权人利益的最大化。在该系列案件中,还使用了询价的方式择优选聘评估机构从事相关评估工作。

(三)践行管理人竞争方式产生机制

按照浙江省高级人民法院相关规定精神,积极推进以竞争方式指定管理人。2014 年 4 月绍兴市中级人民法院以该种方式指定了浙江贝力生科技有限公司破产管理人,成为全省首例,由此区域性重大破产案件通过竞争方式指定管理人成为常态。2016 年 6 月 1 日浙江省高级人民法院出台新规,向全国范围的中介机构敞开了大门,有资格的中介机构均可参与。2016 年 6 月 18 日绍兴市中级人民法院邀请省外中介机构参与竞争并指定一起涉及金额 9 亿余元的系列破产案件的管理人,来自北京、上海、江苏等多地的 7 家中介机构参与竞争,是全省首例。该做法进一步促进了省内外中介机构的交流,也为绍兴地区的破产管理工作引入了外部竞争,有利于促进绍兴地区破产管理水平的提高。

(四)推动建立府院联动工作机制

在绍兴市中级人民法院的全力推动和争取下,2016 年 1 月绍兴市正式出台《绍兴市企业破产协调处置工作机制(试行)》,建立绍兴市企业破产协调处置工作机制,并成立由分管副市长任组长,包括政法委、总工会、经信委、财政(地税)局、国税局、公安局、国土资源局、商务局、建设局等 25 家单位相关领导为成员的领导小组,负责企业破产处置工作的总体指导与个案协调。上述文件规定了 8 项破产协调处理机制及程序,涵盖职工安置和社会保险、涉案责任人员查控及债权和流失资产核查、破产企业税收、破产企业工商登记、破产企业资产市场化处置、管理人开户及重整后企业信用、欠缴规费、管理人信息查询及档案保管等方面。

2017年9月绍兴市中级人民法院与中国人民银行绍兴市中心支行共同签订《关于深化合作共同推进企业破产(重整)工作若干问题的纪要》,双方立足绍兴经济社会发展实际,围绕市委、市政府中心工作,依托各自职能,进一步就推进企业破产(重整)中的各项工作展开密切合作。主要内容包括:第一,中国人民银行督促市本级银行业金融机构按照破产法规定处理与破产企业的债权债务,不直接扣划破产企业账户资金。若因系统原因自动扣划,督促银行及时将扣划款项返还破产企业账户或管理人指定的账户。第二,中国人民银行督促市本级银行业金融机构依据管理人提供的人民法院受理破产申请裁定书、指定管理人决定书及开户许可证,及时将破产企业在该受理银行开立的账户内款项划入管理人的银行账户中。第三,推进破产资产快速处置。第四,实施企业重整计划表决"预会议"制度。第五,充分保障银行债权人的知情权和监督权。第六,重整计划经依法表决通过并由人民法院批准后,中国人民银行支持重整企业信用修复,根据管理人或重整企业提交的申请报告、人民法院相关裁定书等资料,在征信系统"大事记"中予以备注。第七,重整计划执行期内,人民法院督促管理人严格审查重整企业融资需求,对重整企业融资由管理人出具可行性意见。中国人民银行督促市本级银行业金融机构按照审慎原则开展贷前调查,探索适合重整企业的贷款模式,合理确定融资成本,不额外增加企业负担,支持重整企业回归正常经营。第八,重整计划执行完毕后,双方共同推进重整企业原有账户清理工作。对于原账户撤销困难的,由中国人民法院督促指导管理人及时向人民银行提供开户行及相关账户情况,由人民银行督促债权银行根据人民法院法律文书支持重整企业原账户撤销和新账户开立,保障重整后企业的正常经营活动。第九,构建"绍兴市破产重整企业库",实施动态管理,实现信息共享。第十,加大对破产企业审计的督促力度。第十一,强化对破产企业逃废债的打击协作力度。第十二,切实做好对破产企业资产资金被转移至境外的调查和防控工作。

四、绍兴市中级人民法院关于破产货币资金监管问题的调研

破产货币资金是指在破产程序中属于债务人财产的现金、银行存款和其他

货币形式的资金,包括企业现金流、资产变价款、对外追收的款项等。货币资金为破产程序的顺利进行提供了强有力的物质支撑,在清偿债权、保障职工权益、支付公益债务及支付破产费用等方面发挥了积极的作用。管理人在履职过程中,负责债务人财产的接管、追收、变价和分配,实际掌控、管理和处分破产货币资金,由于缺乏监管,不仅影响资金使用效益,阻碍破产进程,更可能存在挪用、私分等造成破产资金流失的情形。绍兴市中级人民法院成立课题组对此问题进行了专题调研。

(一)基本情况

1.破产案件数量逐年增加,破产清算占绝对比例。2013~2016年,绍兴两级人民法院受理的破产案件数量逐年上升,分别为20件、35件、60件、71件,共计186件,其中破产清算175件,破产重整11件。破产清算占绝对比例,达总量的94%。破产清算处置实物资产以变现清偿债务,从实物资产处置变现到债权人会议表决通过分配方案并经人民法院裁定认可,最终分配至债权人,经历一段时间,变现款项需存储待分配,破产清算比破产重整的资金存储时间更长。

2.管理人选择开立银行账户存储资金。据统计,164件破产案件管理人开立了银行资金账户,占全部案件的88.17%,部分案件未开立原因主要为债务人无产可破。90%以上案件管理人在破产受理后15~20天内开立,最短为6天,最长为163天。开户银行包括四大国有银行、股份制商业银行和地方性银行。调研中发现,管理人在选择开户银行时,四大国有银行并不占优,仅占总数的26.93%。

3.破产货币资金总量大,但收益偏低。已结59件破产案件资产变现入账资金总额为23.48亿余元,74.58%的破产案件财产变卖入账资金总额达百万元以上,6件超过亿元,最大入账资金额为8.8亿元。资金平均储蓄时间为3.5个月,储蓄收益金额共计1464.87万元,月收益率平均为0.3‰,基本与银行活期存款月利率0.29‰持平。

4."僵尸账户"比例高,沉淀资金量大。已结破产案件银行账户注销率低,仅7件注销资金账户,注销率为13.46%。绝大部分在终结破产程序后仍未注销,未注销原因包括债权人未受领分配款、预留相应社保费用,或第一次分配后又有资金入账,第二次分配未及时启动,导致资金账户长期存在,有的长达10年之久——沦为"僵尸账户"。据调研统计,调查的账户平均余额占案件资金总量的

10%左右,个别案件余额占比高达资金总量的50%。有个案账户余额几百万元之余,存在七八年之久,其金额巨大、时间之久,凸显加强监管之必要性和紧迫性。

(二)存在问题

1.货币资金储蓄机构选择存在随意性。没有选择储蓄机构的具体统一标准,特别是具有大额资金的破产案件,容易成为各家金融储蓄机构开户揽储争取的对象。如绍兴市中级人民法院受理的雄峰控股集团有限公司破产案,因破产受理前部分财产经执行拍卖,已有拍卖款现金8000余万元,数十家金融机构联络管理人希望择其作为管理人资金账户开户行。在实践操作中,由管理人自行选择储蓄机构,但如何公平公开透明地选择储蓄机构,避免储蓄机构与管理人之间不正当的利益交换,确保债权人的利益最大化,需进一步采取举措予以规范。

2.资金运作监管机制尚未健全落实。《企业破产法》设置的债权人会议表决监督和管理人执行的权力制衡机制,在资金运作监管实践中并没有充分实现。债权人数量庞大,利益分歧,债权人会议作为临时组织,难以就具体事务逐个审议表决,债权人会议主要发挥审核职能,并没有充分发挥决策监管职能。债权人委员会虽然在监督上具有一定优势,但并非必设机构,实践中不少破产案件未成立债权人委员会,即使成立,真正决策者往往为个别大额债权人和管理人,无法有效抑制和避免利益趋同方操纵资金使用权,债权人委员会实际处于"虚位"状态。管理人内部财务制度的漏洞和不健全也给管理人的部分工作人员挪用、侵吞破产货币资金创造了可乘之机。

3.资金信息披露不够全面和完整。破产货币资金主要用于公平清理债务,"不患寡而患不均"的传统思维决定了应遵守更严格的信息披露制度。尽管《企业破产法》要求管理人列席债权人会议并作执行职务报告,但披露的具体内容未作进一步明确,信息公开与否、如何公开、公开的内容及程度主要依靠管理人的主动作为,在资金入账、管理和使用的信息公开问题上缺少明确要求。

4.绩效评估和考核机制缺位。实践中,管理人通常简单地以活期存款形式储蓄货币资金,据统计,审理的破产案件中,较少有管理人针对货币资金管理制定理财方案(或短期投资计划等)并提交债权人会议表决以提高收益率,大部分破产货币资金处于"沉睡"状态,任由资金管理低收益甚至负收益(如贬值),减弱了破产清偿能力,这与缺乏相应的对管理人绩效评估和考核机制有关,可将资金的保值增值作为衡量管理人勤勉尽责和执业能力的评估和考核内容。同时,制定一定的激励机制,对资金保值增值效果好的予以奖励,必定会推动这项工作的提升。

(三)相关建议

1. 强化责任意识,提高监管破产货币资金工作重要性的认识。当前债权人会议和管理人,甚至一些人民法院,对破产货币资金监管的重要性认识尚不到位,也不够全面,其关注点和着力重心在债权审核、资产处置和破产财产分配等方面,对破产货币资金管理存在的风险隐患尚未引起足够重视。保障破产货币资金安全作为破产程序的保底要求,不仅是人民法院廉洁司法、提升破产审判公信力的体现,也是所有债权人最直接、最现实的利益问题,更是管理人提升管理水平加强管理人队伍建设的内在要求,这就要求各方强化责任意识,实现从问题浮现后被动应付到积极认同事先部署的转变,相互协作共同努力,更好地发挥各自在破产货币资金监管中应有的作用。

2. 注重管理人的自治性,建立管理人破产货币资金运作的自管自监机制。管理人内部监管在操作上具有最高的监管效率和最低的监管成本。一是健全财务管理制度。管理人应按照会计准则建立管理人账簿,对货币资金的流入、储蓄、流出实行全程控制和管理,定期进行内审,自觉将货币资金管理情况纳入管理人述职范围。人民法院可将资金管理运作与管理人选任、管理人报酬相挂钩,倒逼管理人尽早健全财务管理制度。二是加强对管理人财务人员的教育和管理。加强财务人员诚信建设,通过实施诚信记录、完善诚信档案,并与职业资格年检、职位聘用和年终奖惩相挂钩,促使财务人员恪守诚信、遵纪守法。三是建立破产管理人团队人员信息披露制度。管理人收到人民法院指定管理人决定书后,应及时向人民法院报送管理人团队负责人、财务人员及其他组成人员名单、联系方式等基本情况,并附执业资格证等相关证书复印件,同时严格限定团队人员变更,在案件审理期间,管理人不得随意变更团队工作人员或安排其他人员临时代办,因特殊情况确需变更的,应及时向人民法院报送相关材料并说明缘由。

3. 发挥金融机构的作用,实现对资金账户的有效管理与全程动态监控。资金账户开户时,对一些大标的、审理周期可能较长的破产案件,管理人应自觉参照竞争方式公开选择金融机构,并通过与金融机构依法签署资金存管协议明确各自的权利和义务,建立异常拨款支付报告制度和资金运行风险提示报告制度。2016 年 7 月雄峰控股集团有限公司破产案管理人首次尝试以公开竞价的方式,根据各家银行定期存款的基准利率上浮水平为标准确立开户银行,此举不仅体现了破产公平、公开、竞争、择优的原则,更实现了债权人利益的最大化。另外,建议金融机构提供多元化的服务模式,如根据账户资金实际情况制定合理的理财计划建议、拓宽支付结算渠道等,为管理人规范管理和运作破产货币资金提供便利。

4. 加强债权人会议及债权人委员会的监督和法院的监督管理。严格按照《企业破产法》之规定划分决策权、执行权、监管权,建立债权人会议决策表决、管理人执行和人民法院监督的破产货币资金监管体系,将债权人会议、债权人委员会和人民法院对管理人管控货币资金情况的评价意见作为管理人履职考核内容之一。管理人定期向案件审理法院提交年度资金监管报告,内容应包括破产案件银行账户资金收益及变动信息等。履职中遇到的货币资金监管困难和问题也可及时向人民法院反映,请求予以指导和协调。审理破产案件的人民法院和上级人民法院根据工作需要,也可以要求管理人提交管控货币资金运作的专项报告。强调债权人会议、债权人委员会对资金账户的监督职责,通过债权人会议表决形式,可以开展专项监督检查活动,对监督检查过程中发现的风险、薄弱环节,督促管理人严格按破产法的规定处理,或要求管理人及时纠正和完善。

5. 建立管理人行业协会监管机制。行业协会监管的优势在于能够契合现代社会行业发展的客观规律,更能体现其管理人的主体意识和自律效果。从实践来看,行业协会的监管成本低,因竞争而主动要求监督的内生动力强,监管效果会更好。建议人民法院与律师协会、注册会计师协会等行业协会建立管理人动态管理工作的会商机制,同时提倡建立管理人行业协会,2015年9月绍兴市中级人民法院推动绍兴地区19家破产管理人成立了破产管理人行业协会——绍兴市破产管理人互助会,该互助会是破产管理人自愿组成的非营利性、自律性社会组织,制定出台了《破产管理人货币资金管理办法》,规范管理人管控破产货币资金的履职行为,避免管理人不作为、乱作为、少作为,努力保障破产货币资金的安全和资金收益。

五、绍兴市中级人民法院关于破产案件资产处置难的调研

企业破产案件审理耗时久、周期长,为各界普遍关注。法院虽一直在努力加

快办案节奏，但仍有一些客观因素难以克服，如破产资产处置难问题。浙江省绍兴市中级人民法院成立课题组，对柯桥区人民法院近年来已审结的破产案件的进程节点及进展原因作了“解剖麻雀”式的分析，以期有针对性地发现和解决问题。

（一）绍兴市人民法院破产案件资产处置的基本情况

2012 年以来，柯桥区人民法院共受理企业破产清算案件 49 件，已审结 10 件，平均审理天数为 709.6 天，其中最长的审理时间为 1280 天、最短的为 549 天，具体程序进展平均时程为：从接受申请材料至裁定立案受理（审查申请、选定管理人期间）为 26.1 天；立案受理申请至第一次债权人会议（公告、申报债权期间）为 79.4 天；第一次债权人会议至裁定宣告破产（审计评估期间）为 105.8 天；而宣告破产至第二次债权人会议（资产处置期间）为 498.3 天，即资产处置平均时程占破产案件审理平均时程的 70.2%，资产处置周期长是目前导致破产案件审理周期长的最主要因素。

以某体育用品公司破产清算案为例，该公司于 2012 年 11 月 14 日申请破产清算，法院于同月 20 日裁定受理，2013 年 3 月 9 日召开第一次债权人会议，同年 6 月 14 日宣告破产，2016 年 3 月 14 日资产处置完毕，同年 4 月 8 日召开第 2 次债权人会议，同年 4 月 26 日裁定认可分配方案并结案。其中资产处置耗时 33 个月，前后经历了 8 次拍卖、1 次变卖。

据统计，柯桥区人民法院自 2014 年年底启动司法网拍以来，截至 2016 年 5 月 12 日，共通过淘宝进行过 123 次网拍，成交 34 次，扣除 5 次成交后因买受人未实际支付买受款、1 次不符合变卖方案要求外，实际成交 28 次，成交率仅为 22.8%，即平均 5 次拍卖才成交 1 次。

（二）破产财产处置周期长的原因分析

分析导致破产财产处置难、周期长的原因，主要有以下 7 个方面：

1. 资产结构复杂。有证厂房与无证厂房混同，房产与土地权属不统一。如有的土地系向村集体租用，而厂房系企业自建，要保障处置利益最大化，涉及建筑性质、土地权属变更，需要大量协调工作，而且存在政策障碍。

2. 厂房租赁现象大量存在。多数破产企业厂房存在租赁或以租抵债情况，给处置造成障碍，需要前期大量协调，甚至通过诉讼方式先行处理租赁关系。

3. 资产体量大。相当部分资产体量过亿元，且难以分割，经多次拍卖未能成交。如某材料公司的财产,总价接近3亿元,目前经过4次拍卖仍未成交。

4. 因行业不景气而难以吸引有效投资。柯桥区人民法院受理的破产案件中约80%的企业与纺织、印染、化纤有关,总体属于产能过剩行业,影响投资意愿。

5. 资产坐落位置及一些政策性因素影响。如有的厂房位于居民区,对买受人从事产业的环保要求高;有的厂房处在古镇保护区内,使用受规划制约;还有的厂房涉及拆迁等。

6. 税费负担较重。破产财产一般体量都较大,处置产生的税费数额也较大,提高了交易成本,降低了潜在购买人的购买意愿。即便有购买意向的买家也多因税费负担持观望态度,往往待多次拍卖不成降价后才参与竞拍。

7. 抵押权人(多为银行)对资产处置价格要求高。抵押权人通常要求抵押财产的处置价格不能低于其在设立抵押时的评估值,往往对资产的处置价格、拍卖次数有要求,而其大额抵押债权人的地位又影响到财产变价方案的通过、拍卖次数、资产过户等环节。

(三)相关建议

1. 对相关部门的建议。第一,充分发挥产业基金、重组基金的作用,加大对破产财产处置的支持力度。建议将当前的企业帮扶解困工作纳入到区域产业转型升级政策框架中一体考虑,充分发挥2个基金的作用,深入探索以政府基金参与破产财产的处置,如收储、退二进三、改造成创业园等。第二,加大税收和权证办理等方面的协调力度,降低交易成本,减少交易障碍。对于存在税费可减免的环节,予以减免;对于大体量、存在权属与政策障碍的资产,需要出台相关的处理意见,并成立由国土、税务、规划等部门参加的联动工作平台协调处理。第三,不断创新招商模式,相关单位要积极搭建创新融资渠道,如众筹购买委托管理,多向大财团、相关产业的上市公司、私募基金推介等。

2. 对银行等金融机构的建议。第一,进一步加大对破产程序推进的配合力度。实践中存在部分金融机构对破产财产的变价价格、拍卖次数等提出不合理要求的现象,不顾客观市场行情,往往资产经1、2次拍卖不成交后就不愿再降价拍卖,导致处置搁置、程序停顿。建议金融机构加强对破产法的理解;优化内部规定和审批流程,加强与法院、破产管理人的沟通,进一步加大工作配合力度,协同加快推进企业破产程序。第二,配套融资产品,加大对购买破产财产的信贷支持。大部分的破产财产在处置后,买受人亦会以此为抵押向银行融资。建议银行把信贷支持提前至资产处置中释放,以拟处置破产财产作为抵押担保物,配套相应的融资产品,降低买受人融资难度,增强破产财产的吸引力,促进交易。第三,确立以预分配方式作为不良贷款核销的依据。鉴于破产财产处置确实存在周期长、处置难的现状,建议银行在机制上确立以预分配而非以实际分配作为不良贷款核销的依据,以加快银行不良资产处置。

湖州市两级人民法院房地产企业破产审判白皮书(2014~2017年)*

费会平**

2014年以来,受宏观经济形势变化和房地产调控政策影响,一些房地产企业因资金链断裂进入破产程序。湖州市两级人民法院紧紧围绕党委政府工作大局,充分发挥司法职能作用,妥善审理了一批房地产企业破产案件。

一、房地产企业破产案件基本情况及主要特点

2014年以来,湖州市共受理房地产企业破产案件11件,这些房地产企业的破产既有宏观环境的影响,也有自身经营管理不善,财务融资成本过高的原因,还有受担保债务的拖累。案件呈现的主要特点有:

一是涉及利益主体众多,法律关系错综复杂。房地产企业涉及的债权人不仅包括常规的金融机构、税务机

---

* 2017年10月27日湖州市中级人民法院召开新闻发布会,发布《湖州法院房地产企业破产审判白皮书(2014—2017)》,通报湖州法院房地产企业破产审判四大典型案例,对三年多来的破产审判工作进行了总体分析。本文为湖州市中级人民法院副院长费会平在新闻发布会上的讲话稿,收入本书时得到了作者的授权,特此说明并致谢。——编者注

** 湖州市中级人民法院副院长。

关、职工、民间借贷债权人等,还涉及公积金中心、购房户、建设工程承包商、材料供应商、农民工等特殊主体。各主体间法律关系错综复杂,还涉及债权实现先后顺序的问题。

二是债权类型多样,债务规模庞大。房地产企业项目投入资金大,破产涉案债权金额极高。如竹艺置业破产案申报债权 21.53 亿元,涉及债权计 2336 笔。民间借贷债权申报经常存在虚假"水分"的情况,该公司民间借贷债权经审核挤出"水分"3 亿多元。

三是各方利益冲突尖锐,维稳压力极大。11 件案件共涉及购房户 4007 户、银行债权 93 笔、民间借贷 319 笔、工程款及农民工与职工债权共 298 笔、材料供应商等债权 285 笔。各方矛盾突出,债权人诉求强烈,极易引发群体性、突发性事件,给案件审理和社会维稳造成极大压力。

四是责任人员涉刑事犯罪,刑民交叉问题突出。房地产破产企业债务不能清偿后,经常牵涉出非法吸收公众存款、集资诈骗等犯罪,导致破产案件中刑民交叉问题较为突出。同一笔借款可能既是破产案件中的债权事实,又是刑事案件中的犯罪事实。

五是案件审理难度大,结案周期长。11 件案件涉及破产衍生诉讼 130 余件,影响破产进程。同时,涉及 1540 亩土地、146.6 万平方米房屋需处置。加上关联企业合并破产的原因,使房地产企业破产案件的审理难度较大,结案周期较长。截至目前,虽有 5 件案件的部分工程竣工验收并交付,但只有 2 件破产案件结案。

二、房地产企业破产审判主要工作

(一)府院联动,形成破产审判工作合力

一是与政府在破产受理前的工作进行有效衔接。竹艺公司破产前安吉县政府派遣政府工作组提前介入,裁定破产后,安吉法院、管理人与政府积极进行对接,由管理人顺利接手部分工作。

二是就破产案件涉及的各项事宜建立府院协调机制。在福晖置业破产清算案件中,湖州市中级人民法院与吴兴区党委、政府加强协调,召开各类协调会议 10 余次,就房屋续建涉及的问题达成共识,并形成专题会议纪要。

三是与政府部门联动维稳合力化解矛盾纠纷。对房地产企业破产可能引发

的矛盾冲突及不稳定因素,坚持“信息公开、依法处置”工作准则。在丰华置业破产案件中,安吉县人民法院、住建局、公安局、管理人一起召开通报会对相关问题进行解释,平稳化解了购房户群体事件。

(二)整体谋划,认真做好管理人选任指定工作

一是通过竞争方式选定管理人,保障公平公正。房地产企业破产矛盾激烈冲突,法律关系复杂,对管理人能力要求较高,一般通过竞争方式选任管理人。11件破产案件中有7件案件管理人通过竞争方式产生,占64%。

二是实行联合管理人制度,充分发挥管理人作用。11件破产案件中有6件案件指定联合管理人,联合管理人各司其职,各显其能,既提升管理事务水平,又提高管理事务效率。

三是选任异地管理人,优化管理人资源配置。11件案件中有7件产生了异地管理人,其中列入省级管理人履职资料库的律师事务所和会计师事务所各3家。省级管理人为本地破产工作带来了新的活力,为破产工作的顺利进行夯实了基础。

(三)创新思路,积极进行复工资金的市场化融资

一是合理认定融资为共益债务。为增加投资方的信心,法院及管理人将融资债务确定为共益债务,赋予融资债权“超级优先权”。在振宇公司破产清算案中,向杭州阅好企业借款的1.5亿元被确定为共益债务,债权清偿顺序为第一顺位,并可随时清偿。

二是大胆使用创新金融产品融资。依托金融资产交易平台引入社会投资者参与融资,丰富破产企业市场化处置的新机制。在丰华置业破产重整案中,创新发行金融产品“丰华共益投资收益权”,向社会投资者募集资金2亿元,使已售部分标段续建工程全部竣工验收。

三是积极为境外融资铺平道路。境外投资人投资境内的房地产企业会面临一些限制,法院联合政府积极探索,确保境外融资顺利到位。丰华置业破产案件的投资者恒天国际系香港公司,该案系省内首例成功引进境外投资人参与房地产企业破产重组的案例。

四是主动争取政府投资。在福晖置业破产清算案中,八里店镇政府通过湖州八里店村镇建设有限公司向管理人出借2289万元,截至目前,该公司项目已全部竣工。

(四)能动司法,最大限度保障债权人利益

一是厘清债权债务关系尽快回笼企业资金。长兴县人民法院和管理人通过梳理绿宇公司的债权债务,使万融公司退还价值3000万元的房屋,并以现金方式支付剩余的购房款3000万元,回笼6000万元资产。

二是全力实现破产财产价值处置最大化。在港城置业破产清算案中,通过各方努力,所涉项目从“烂尾楼”变成权属清楚、政策支持的优质资产,形成多家竞价的良好氛围。经过49轮激烈竞价,上海爱家以4.68亿元的价格拍得,溢价率达11.43%,成为全省淘宝网拍卖平台成交价格最高的资产。

三是运用“互联网+”助力债权人利益保障。充分利用互联网平台的信息通信技术为债权人提供最大便利。在竹艺置业破产清算案中,有953人进行网上申报,减轻了债权人负累。债权人会议采用电子表决的方式,只用50分钟时间表决顺利通过所有议案。

四是以债权人利益最大化为原则灵活转换程序。中石房地产公司历经破产重整、清算、和解程序,维护了广大债权人约3.8亿元的利益。该案成为安徽省首例重整转清算、清算转和解的破产案件,实现了企业资产价值最大化,取得了债权人、债务人以及战略投资者多赢的局面。

五是坚持以人为本合理认定购房者债权。坚持“生存权益”第一位保障的原则,将消费性购房人认定为最优先保护的债权人群体,在所有购房者中鉴别出消费者购房人,对以房抵债或以商品房买卖担保借款的不认定为消费性购房人。

三、房地产企业破产审判工作面临的困境

房地产企业破产审判工作除面临普通企业破产涉及的资产处置、投资者招募、相关部门协调配合等共性问题外,还有一些特殊性困难。

(一)民生安全保障难

房地产企业破产涉及数量庞大的购房消费者群体,其受损的利益关乎生存根本,不稳定因素较多,极易发生群体性事件。“烂尾楼”也极易造成安全事故。

(二)在建工程续建难

在受理的11起破产案件中,除汇泰置业和汇鑫置业2家企业项目竣工外,其余企业都或多或少存在未完工程需续建。不管是将在建工程整体打包出售后由接盘人负责续建,还是在破产程序中进行融资续建,都存在一些制约性因素。

(三)债权审查确认难

部分中小型企业财务管理混乱,资产审计和债权审查难度较大;民间借贷债权无法区分本息;以房抵债的债权在审查定性及安排清偿顺序时易引发矛盾与冲突;通过施工企业套现,导致建筑工程款债权数额难以认定。

(四)清偿顺位确定难

房地产企业所具有的特殊债权,如购房者债权及建设工程款债权等,优先权存在多项叠加,相关规定见于不同法律法规和司法解释,实务操作把握难度大。

四、进一步加强房地产企业破产审判工作的举措

(一)多措并举,精心审理好破产案件

一是选任法律素质过硬、沟通协调能力好的法官承担破产审判工作。二是加强对管理人的指导与监督。三是坚持一楼一方案,妥善化解案件审理过程中的问题与难点。

(二)积极探索,寻找有效融资模式

一是探索施工单位带资续建。二是探索管理人以自身信用贷款续建。三是探索证券化的融资,将续建资金来源从相对固定的投资人变成多元的社会资金。

(三)加强府院联动,理顺沟通协调机制

始终坚持"法院是破产程序的主导者,政府是破产案件的协调者和风险处置的组织者"的府院良性互动配合机制,充分发挥政府各相关部门的职能作用,协调解决法院在房地产破产审判工作中涉及的重点难点问题。

(四)总结经验,规范房地产企业健康发展

针对湖州地区房地产企业破产案件审理中所发现问题,进行梳理总结。通过破产案件审判,引导房地产企业理性融资、规范经营、防范风险,促进湖州市房企健康有序发展。

安徽省各级各地人民法院破产审判十大典型案例新闻发布稿*

许　徽**

党的十八大以来，以习近平同志为核心的党中央高度重视发展和完善社会主义市场经济。党的十八届五中全会提出，要更加注重运用市场机制、经济手段、法治办法化解过剩产能，完善企业退出机制。省委省政府进一步要求扎实推进供给侧改革，优化存量、引导增量、主动减量，司法机关要加快破产清算案件审理。近年来，安徽省各级各地人民法院高度重视企业破产案件审判工作，紧紧围绕中央强化供给侧结构性改革的总要求，按照最高人民法院和省委省政府有关工作部署，积极发挥破产审判职能，推动破产审判体制改革，努力构建符合市场经济格局的破产审理机制。

2013～2017年10月，全省人民法院共受理破产案件736件(旧存231件，新收505件)，结案375件。总体来看，破产案件数量呈逐年上升态势，特别是2015年中央

---

* 2017年12月7日安徽省高级人民法院召开新闻发布会，通报近年来安徽省人民法院依法审理企业破产案件、服务供给侧结构性改革的情况，发布破产审判十大典型案例。本文为新闻发布稿的完整版。感谢安徽省高级人民法院民二庭庭长许徽对本书编辑出版工作的大力支持。——编者注

** 安徽省高级人民法院审判委员会委员、新闻发言人、民二庭庭长。

经济工作会议提出全面推进“三去一降一补”供给侧结构性改革以来，破产纠纷案件受案数量稳步增长。究其原因，主要有以下几个方面：一是部分企业难以适应经济新常态下的市场竞争环境。一些企业处于产业链低端，产品核心竞争力不强，随着产业结构转型升级，市场优胜劣汰的机制加速发挥作用。二是市场预判不足盲目融资扩张导致风险加剧。部分企业盲目对外投资，放大资金杠杆，一旦市场行情变化，极易导致资金链断裂。三是经营管理不善引发风险。部分企业未能有效建立现代法人治理结构，对经营管理层的监督不力，内控、财务机制不健全，风险防范能力严重不足。四是融资成本高企挤占利润空间。部分企业无法通过正规金融渠道获得资金支持，转而依赖民间融资，导致企业利润被高额利息侵蚀。五是企业互保风险蔓延引发逆向淘汰。链上一家企业经营困难扯动整条担保链，从而导致链上其他企业陷入破产危局，出于自身利益考虑，债权人往往会先向经营情况、资产情况较好的企业主张担保债权，以致优质的企业先于落后企业遭到市场淘汰。

近年来，面对供给侧结构性改革下的任务要求和复杂多变的社会经济形势，全省人民法院通过依法有序推进破产案件审理，对促进我省经济发展方式转变、构建公平有序市场秩序发挥了积极作用。

我们的主要做法有：

1. 聚焦大局，立足服务经济改革发展。全省人民法院积极找准破产审判护航经济发展的切入点，将法院工作放在全省经济社会发展大局中审视、思考和谋划。2017 年上半年，安徽省高级人民法院制定出台《关于充分发挥破产审判职能为全省供给侧结构性改革提供司法保障的意见》，就完善立案和诉讼指导机制、坚持破产企业分类处置、做好“执转破”衔接、建立健全工作机制等 7 个方面提出明确要求，旨在为全省人民法院依法积极开展破产案件审理、充分发挥破产审判职能提供基本依循和政策支持，并为市场化、法治化破产营造良好司法环境，以进一步推动安徽省“僵尸企业”依法处置工作向纵深发展。

2. 畅通渠道，依法受理企业破产案件。按照最高人民法院有关通知精神，安徽省高级人民法院专门下发文件，要求全省人民法院准确把握破产申请法定受理条件，依法保障产能化解和“僵尸企业”出清政策有效落实。一是明确破产申请受理审查大方向，做到不缺位、不越位，既严格依法受理破产案件、破除各类软门槛，又不越位受理不具备法定受理条件的破产案件。二是强化破产受理审级监督,以来信来访、不予受理裁定上诉案件办理为抓手,依法及时纠正不予受理、不立不裁等问题。三是推进执行移送破产程序适用,按照协调配合、循序渐进、先易后难原则推动程序适用,强化规范化建设。四是强化实质审查的内容和程序,凡是符合破产受理法定标准的,予以裁定受理,对不符合受理条件的,积极予以引导。此外,全省人民法院牢固树立平等保护意识,平等对待各类所有制性质的企业,依法保障债务人通过申请破产实现自我保护的权利和债权人通过申请破产实现公平受偿的权利。

3. 精准识别,积极实施困境企业挽救。全省人民法院积极探索破产企业分类识别机制,以对企业及其破产原因进行精准识别为基础和前提,综合利用破产清算、重整、和解等多种法律程序,做好供给侧改革的加减法,用破产审判衔接社会经济的破与立,确保国家产业结构调整政策的落实。对仍可能适应市场需要、有挽救价值的企业,充分利用破产重整和破产和解制度,实现再生;对不具有挽救希望和价值的企业,及时启动破产清算程序,促其快速、有序退出市场;对试图借助重整单纯减债,甚至将其作为护身符规避处置出清的非诚信企业,则严格追究相关主体责任,使其目的落空,维护社会诚信。滁州市中级人民法院在受理"霞客系"三企业破产重整申请之前,即对其是否具有重整价值进行全面审查,并召开听证会,听取各方面意见,确定其具有拯救价值和持续发展基础后,将以重整方式挽救企业作为案件审理重点。淮北市中级人民法院在审理"商运公司"破产案件过程中,考虑到企业具备较好的经营基础和和解意愿,积极促成企业与债权人达成和解协议,成为当前房地产去库存背景下,全省首例审结的房地产破产和解案件,新华社安徽分社对该案审理情况进行专门报道,相关信息刊载于《国内动态清样》,最高人民法院周强院长就此专门批示,要求对淮北市中级人民法院房企破产和解模式进行认真总结推广。此后,淮北市中级人民法院又通过和解方式圆满审结了"金色云天""润隆房地产"等一系列破产和解案件,为形成可借鉴、可复制、可推广的房企破产"安徽模式"打下坚实基础。

4. 多方联动,推动建立破产工作协调机制。全省各级人民法院在破产审判中,高度重视与政府等有关部门的沟通协调,积极推动建立政府与法院联动的破产工作协调机制,有效发挥政府在安置职工、维护稳定、引入战略投资人、政策帮扶等方面的优势,最大限度地降低社会稳定风险。对于审理过程中的重大性、苗头性问题,及时向党委汇报,提出司法建议,保障破产案件审理工作有序开展、稳妥推进。为保障宣城市中级人民法院妥善审理“大唐置业”破产重整案，宣城市委市政府确定了“法院主持、政府支持、依法化解”的基本思路，并成立了专门的协调联络小组，为这一省内最大棚户区改造项目顺利重整提供支持。安庆“文博园公司”出现债务危机后，县委、县政府成立不同职能的工作组进驻该公司，在案件审理期间维护了企业的运转和稳定。

5. 以人为本，切实维护债权人、职工合法权益。全省人民法院在破产案件审理过程中，严格依法优先保护职工合法权益，贯彻债权人公平清偿原则，切实保障职工和债权人对破产程序的参与权。一是依法保障民生债权。严格按照《企业破产法》规定的清偿顺序，优先清偿职工债权；采取先行变价破产财产、争取相关各方垫付等多种方式，推动职工债权先行垫付；企业继续保持原营业或整体转让经营性资产的，尽可能保证原有职工工作岗位。在铜陵“铜商品市场”破产清算过程中，为解决职工就业安置问题，铜陵市财政破产清算专项资金向管理人先期垫付了10万元破产经费，稳定了职工情绪。二是依法保障债权人的主体地位。坚持涉及债权人利益的重大事项，全部通过债权人会议决议；在债务豁免、债转股、引入第三方投资人等债务处置事项上，优先尊重债权人的意愿，坚持通过协商方式尽力促成各方达成合意。宣城市中级人民法院以线上线下相结合的方式召开债权人会议，充分保障了“大唐置业”7000余名债权人的知情权。在“淮矿物流”重整计划草案两次表决均未获通过的情况下，淮南市中级人民法院慎重行使强制批准权，最大限度保护了职工和各方债权人的利益。

6. 尊重规律，始终坚持破产审判的市场化导向。全省人民法院在重整案件审理过程中，注重充分发挥市场在资源配置中的决定性作用，鼓励管理人通过竞争机制引入战略投资者，在依法保障债权人和出资人合法权益的前提下，实现对困境企业的挽救。对于破产企业是否具有重整价值、重整计划是否合理可行等均坚持市场标准，注意保护破产企业正常营业，维护破产企业的商标商号、营销体系、客户资源、市场份额等营运价值。在重整计划的表决过程中，充分尊重当事人的意思自治，尽可能通过重整中的市场参与者自主协商和谈判，表决通过重整计划。寿县人民法院严格重整投资人招募程序，通过在全国范围内公开招募，吸引了恒大、保利等有实力的大型房地产企业参与“阳光半岛公司”重整，并最终确定由恒大地产作为重整方，债权清偿率达到100%。

7. 健全机制，着力提高破产审判专业化水平。一是积极推进破产审判专业化建设。目前,合肥、宣城、淮北、芜湖市中级人民法院及合肥瑶海区人民法院已设立专门的破产审判庭,专司企业清算和破产案件审理。宁国市人民法院在“僵尸企业”处置压力较大的开发区设立开发区法庭,并以该法庭为基础组建破产案件审判团队,专门从事破产案件的审理。全省其他各中级人民法院也基本设立了破产专门合议庭,破产审判专业化建设取得新进展。二是进一步完善破产管理人制度。破产案件审判工作能否公正、高效开展,破产管理人起重要作用。全省各地人民法院均编制有破产管理人名册,并根据审判工作实际需要,不断改进管理人选任机制和评价机制,确立了随机与竞争方式相结合的选任模式。安徽省高级人民法院已完成全省法院破产管理人名册第二轮编制工作,并引入了管理人分级管理制度,以期强化管理人队伍人才的集聚,不断提升破产管理人工作的专业化、规范化水平。三是研究开发破产案件网络平台。宣城市中级人民法院专门开发建设“宣城中院重大案件信息管理网络平台”,创造性地以现场会议加视频会议的方式召开债权人会议,并利用该平台进行网络投票表决,数据统计结果均实时动态显示,较其他省市普遍使用的现场 IC 卡表决更为先进便利、准确透明,属安徽首创、全国领先。

8. 多措并举,逐步健全破产配套机制。全省法院坚持将盘活企业资产作为破产案件审理的重中之重,在依法依规前提下因地制宜进行探索,努力让沉淀的资产流动起来、活起来。依法监督管理人妥善处置破产企业财产,灵活采取网络拍卖、线下拍卖、折价抵偿等方式处置资产,努力实现破产财产处置价值最大化。“大东方药业”名下的药品技术无法单独转让,合肥市中级人民法院创新思路,对公司 100% 股权委托拍卖机构进行拍卖,最终以高出底价 5000 万元的价格成交。建立健全配套保障机制,破除破产案件审理障碍。宁国市政府将破产企业土地、房产资产转让过程中产生的地方税收(地方所得部分)注入专用财政账户,建立破产管理专项资金,主要用于垫付破产企业职工工资、偿付政府性债务(土地出让金、政府借款、担保等债权)等,既保障了职工的合法权益,也最大限度地保全了政府性债权。铜陵市政府研究决定建立破产费用专项资金,用于解决企业清算和破产清算案件中清算组和管理人执行职务中的实际困难,首批财政拨付 100 万元,以垫付和代付必要的基本费用。

通过依法审理破产案件,破产审判工作所具有的完善市场竞争机制、优化社会资源配置、调整产业经济结构和拯救危困企业的作用得到了充分彰显。各地人民法院先行探索,勇于实践,主动落实“尽可能多重整和解、少破产清算”的政策目标,在清理“僵尸企业”的同时,对有发展希望、有存续价值的困境企业实施拯救,成功审理了一批破产案件,积累了丰富的经验做法。今天发布的十个典型案例,既有破产重整、和解案件,也有破产清算案件,还包括关联企业合并破产、清算程序向重整程序转化、执行案件移送破产审查等案件。这些案例分别在创新资产处置方式、法院慎重行使强制批准权、发挥政府与法院联动协调机制的作用、运用市场化方式推动企业重整、探索线上线下模式拓展司法公开、维护职工合法权益等方面,展现了司法智慧,取得了良好的法律效果和社会效果。这些富有创造力和生命力的经验和做法,既对完善破产案件审理的常态化机制、正确实施《企业破产法》具有重要意义,也为安徽省法院服务和保障五大发展计划深入实施提供了实践样板,更为清理和处置“僵尸企业”、推动供给侧结构性改革提供了有益借鉴。

破产审判工作对于开展“三去一降一补”、建立现代企业制度、推进产业转型升级、促进科技进步和深化改革开放具有重要意义。面对新的形势与任务,全省人民法院将深入贯彻党的十九大精神,以习近平新时代中国特色社会主义思想为指导,以供给侧结构性改革为主线,扎实推进破产审判工作,加快建立畅通高效和常态化的府院沟通协调机制,以及各部门协调、各环节顺畅的司法工作机制,进一步推进破产审判机构专业化和队伍专业化建设,切实加强破产审判工作信息化建设,为安徽省供给侧结构性改革和下一步经济社会全面协调充分发展提供有力的司法保障和优质的司法服务。

广西壮族自治区各级各地人民法院破产审判报告(2007～2017年)*

广西壮族自治区高级人民法院民二庭

一、广西破产审判的主要特点

广西破产审判工作经历了由小到大、由少到多、由粗放到规范再到精品的发展过程。如广西壮族自治区高级人民法院民二庭庭长蒋太仁在第八届中国破产法论坛上的大会主题发言所言，广西破产审判工作总体呈现五小五大五发展之特点。

(一)麻雀虽小，但五脏俱全

广西与浙江、广东、上海等经济发达地区在经济体量上无法相比，表现出五大“小问题”：第一，广西经济体量不大，与全国发达地区相比，2016年广西GDP总额18,245.07亿元，排全国第17名。第二，审判力量不足是客观存在的现象，也不能在短时间内解决，全区仅2个中级人民法院和一个县人民法院建立了破产审判庭，其他法院都是由民庭负责，审理过破产案件的法官不到员额法官5%。第三，广西的破产管理人审判队伍力量参差不齐，全区仅有36个管理人做过破产案件管理人，其他

---

* 本文是广西壮族自治区高级人民法院民二庭专门为本书撰写的稿件，感谢广西壮族自治区高级人民法院民二庭庭长蒋太仁对本书编辑出版给予的大力支持。——编者注

在册和不在册管理人队伍不是没做过破产案件,或就是根本没有专业人才储备。第四,广西一年的破产案件保持在100～120件,破产案件数量仍然很少。第五,破产基金零零散散分布在不同法院和地区,缺乏统一布局和标准,难以担当破产审判的经济支持。

(二)积少成多,彰显大作为

第一,经济体量不大,但船小好掉头,重组企业成功的希望大。如北申药业案38天重组成功,股票从4元上涨至32元。广西有色集团关联企业破产案件,涉及40多亿债权子公司金河矿业股份有限公司破产重整案件仅仅6个月完成重组并重新投入运营。第二,审判力量不足,但可以团队作战。成立破产审判庭后,集中优势审判力量,形成一个破产团队,发挥集体智慧做精品案件。在目前已有案件中,崇左市宁明法院将全市执行移送破产集中管辖后,整体实现了出售式重整,清偿债务比例从分开拍卖不足10%一下提高到65%,广西会及时总结相关经验,加强对破产案件的审判指导,力争让有希望的困境企业通过"救治"重新焕发生机,更好地保护债权人的合法权益。第三,管理人队伍不强,但可以通过引进管理人来解决。管理人队伍不强时,可以通过引进、联合等方式解决管理人队伍不足的问题。广西将进行管理人队伍改革,首推个人的管理人团队,有些特别的案件,可以采取指令为主、摇号为辅的方式确定管理人,强化管理人的责任感和紧迫感,促进管理人制度价值和功能的有效发挥。第四,案件数量不多,但可以做精品。好的精品破产案件就是正确地理解和执行破产法的重要结果,也是破解法律难题,取得法律效果、社会效果统一的结果,通过举一反三,以点带面的精品案件示范,加大全区法院破产审理法律统一适用力度,保证审理的一盘棋。第五,破产基金少,但可以发展壮大。通过一万元、十万元、百万元,逐步建立一个庞大的破产基金。

(三)积跬步,可以成就破产审判事业的中国梦

第一,通过一人一事一案一单位一县区的宣传,让破产理念深入人心、民心和党心,其中党心很重要,有各地党委政府大力支持,我们破产审判就有强大后备资源。第二,通过一院一庭一人的专业化团队建设,逐步建立有专业、有激情、有担当、愿干事的审判管理队伍,以适应不断增多的案件数量和难度系数,确保各类破产案件及时高效审理好。第三,通过一所一室一团队的建设、呵护和支持,逐步建立一支懂管理、懂经济、懂协调、懂金融、懂融资的审判管理队伍,协助人民法院和破产企业通过破产清算清收财产、清偿债务,通过破产重整拯救企业,通过安置职工确保社会和谐稳定。第四,通过一万元、十万元、百万元之积累,逐步建立形成一个适宜经济发展要求,支持破产审判、跨国资民企、律师、法院的复合型破产审判基金,为破产审判特别是执行移送破产等工作提供强大经济支持。第五,通过一件、十件、百件案件的积累,让人民法院探索出一套医治"生病企业",重整困难企业,祛除"僵尸企业",使供给侧改革方针落实到具体审判工作中,聚全区之力,共同构筑和实现广西破产审判事业的中国梦。

二、广西法院近年来破产审判工作的进展和亮点

广西法院在遵循破产审判规律的基础上,坚决按照中央推进供给侧结构性改革、化解产能过剩的重大部署,及时调整审判思路,发挥破产审判依法促进市场主体再生或有序退出、优化社会资源配置的作用,为广西供给侧结构性改革提供有力司法保障,具体工作进展和亮点如下。

(一)破产审判队伍的专业化建设

每个企业的破产均涉及法院的审理、管理人的管理与施行 2 个方面,审判团队和管理人队伍的专业理论水平和实务操作能力是决定破产案件审理质效的关键。

广西壮族自治区高级人民法院在 2016 年及时传达最高人民法院《印发〈关于在中级人民法院设立清算与破产审判庭的工作方案〉的通知》精神,要求全区各级法院充分考虑企业破产案件审理的特殊性,切实加强专业化破产审判队伍建设。通过在破产案件集中的法院成立破产审判庭或者设立破产审判合议庭专门负责破产案件审理的方式,培养专业破产人才,逐步实现破产案件审理的专业化,促进良性循环。目前南宁市编办已经批复同意南宁市中级人民法院设立民事审判第五庭(清算与破产审判庭),配备 1 名庭长,2 名副庭长,5 名员额法官,4 名法官助理,1 名书记员。柳州市编办已经批复同意柳州市中院设立民事审判第四庭(清算与破产审判庭),配备 1 名庭长,1 名副庭长,4 名员额法官,2 名法官助理,1 名书记员。荔浦县人民法院也成立了专门的清算与破产审判庭,其已经积极向当地党委组织部、编办报告申请独立编制。对于没有成立的清算与破产审判庭的其他中级人民法院和基层人民法院,也均按广西壮族自治区高级人民法院要求成立人员固定的破产清算合议庭或是指定专人负责破产案件审理工作。

由于破产案件一般均是中、基层人民法院审理,广西壮族自治区高级人民法院主要职责是指导,且因编制及职数限制以及司法改革政策尚待落实和完善,因此目前广西壮族自治区高级人民法院尚不具备设立清算与破产审判庭的条件,待条件成熟后,再予以考虑设置,现阶段由民二庭设置专门合议庭负责破产案件的审理及指导工作。

广西壮族自治区高级人民法院将进一步建设专业化法官队伍。一是不断将政治素质好、业务能力强的同志充实到破产审判一线,在培养和提高破产审判法官的法学、经济学等理论知识的同时,也锻炼他们解决社会矛盾、处理应急事务、协调各方利益等实践能力。二是加大培训力度。广西壮族自治区高级人民法院民二庭组织全区法院500多民商事法官召开“2017年全区法院破产审判业务培训班暨破产审判工作会议”,邀请北京市第三中级人民法院民二庭副庭长王忠博士、广东高级人民法院破产审判庭庭长丁海湖、无锡中级人民法院金融庭庭长陆晓燕、中国人民大学法学院徐阳光副教授、全国律师协会破产与重组专业委员会主任尹正友、北京大成律师事务所高级合伙人郑志斌等专家学者授课,广西柳州中级人民法院、河池中级人民法院、荔浦县人民法院、宁明县人民法院、中司律师事务所、北京大成(南宁)律师事务所作了经验发言,提升了我区法院破产审判水平。三是建立破产案件的科学管理体系,通过对破产案件立案、分案、审理、归档等各个节点的监控管理,提高破产案件的办案效率。四是建立专门的破产案件审理法官绩效考评体系,既要反映破产案件办理的质效,又要科学反映法官付出的辛勤劳动和承担的各种压力,并以此作为破产法官的考核、评先及晋级晋职客观依据。

(二)破产简易快审初见成效

广西荔浦县人民法院作为破产案件审理方式改革试点法院,根据最高人民法院文件的要求,试点内容被确定为“企业破产案件快速审问题”,为此,荔浦县人民法院牢牢把握试点方向,大力摸索创新,努力促进破产案件的快速审理、简易审理,有效缩短审理期限,减少诉累。

一是创造性运用债转股,提高重整成功率。荔浦县人民法院在审理广西集宝家居用品有限公司申请破产重整案中,在当地党委、政府的大力支持和积极参与下,经荔浦县人民法院法官努力协调,最终促成涉及该案的大部分民间借贷纠纷债权转为股权,从而使该案重整成功,审理用时仅100余日,极大提升了工作效率,既救活了企业,又维护了各方权益,实现了利益最大化。通过破产重整,使该案涉及的标的1.03亿元,债权人近300人全部退出诉讼,产生了良好的法律效果和社会效果,得到当地党委、政府及最高人民法院民一庭刘敏副庭长的肯定。二是更快的确定管理人,创新选定方式。在破产案件审理过程中,为了更好地规范管理人的工作,荔浦县人民法院出台了《荔浦县人民法院关于选定破产案件管理人的实施办法(试行)》,在管理人选定上探索出了以竞争为主,以轮候、债权人、债务人指定为辅的选定办法。对破产管理人的选任进行严格控制,避免选任的盲目性和随意性。通过实行管理人入围评分制,引入管理人组成新模式,备用债权人或债务人指定方式等举措,大大节约管理人选定时间,有效缩短了案件审理周期。三是更短的审理期限,压缩审理时间。在法定范围内,通过大幅压缩各种公告时间、会议时间,简化会议方式,从而不断缩短审理期限,切实达到快速审的目的。四是更优的审理程序,节约诉讼成本。通过深入做好受理前的准备工作,坚持先易后难,先简后繁,不断优化审理程序,广泛使用合并公告、灵活运用清算、重整,简化程序间的相互转换,促进破产程序优化。

(三)破产重整案件的信息化运用

2016年8月1日最高人民法院建设的"全国企业破产重整案件信息网"正式启用,广西壮族自治区高级人民法院民二庭及时下发通知,组织全区人民法院从事破产审判业务的部门进行学习培训,熟练掌握操作技能,实现破产案件审判信息化管理。作为广西法院破产审判工作的"排头兵",柳州市中级人民法院坚持以信息化技术推进破产案件受理工作,通过全国企业破产重整案件信息网平台,在广西及西南地区第一次以网络直播、网络表决方式召开了广西柳州鹿寨金利水泥有限公司破产清算案的债权人会议,解决了该案涉及债权人众多且很大一部分人不在柳州市区工作或生活,不便于参加债权人会议的难题。采用的网络投票以符合条件的债权人身份信息、社会信用代码或组织机构代码作为登录账号,将投票结果同步公示,充分保障广大债权人的知情权和参与权,有效维护了广大债权人的合法权益。最高人民法院通过远程视频方式进行观看,对柳州市中级人民法院在破产案件审理过程中打造的这一便民、利民举措给予了充分肯定。

(四)破产管理人名册的更新完善

为积极推动破产管理人的管理体系,广西壮族自治区高级人民法院于2017年8月成立了企业破产案件管理人名册评审委员会办公室,并于同年9月开始统一编制新的广西企业破产案件管理人名册(废除2008年版本的管理人名册),建立健全管理人名册动态和分级制度,进一步将管理人的准入、选任、考评、淘汰等机制制度化、规范化。2017年9月1日广西壮族自治区高级人民法院民二庭在重整案件信息网平台上公告统一编制新的广西企业破产案件管理人名册的报名通知,截至9月底,已有120多家律师事务所、会计师事务所以及清算公司等专业中介机构报名并提交相关材料。目前,广西壮族自治区高级人民法院管理人名册评审委员会办公室已在2017年10月底完成对这些材料的初评,计划于12月初完成管理人名册的复审,在120多家报名参选律师事务所、会计师事务所以及清算公司等机构中,依据评分高低并兼顾所属类别比例的方式,选出约70家正式编入新一届的广西企业破产案件管理人名册。

(五)执转破制度的探索推进

广西壮族自治区高级人民法院近年来不断加强宣传,提高各级法院对破产案件审理重要性的认识。广西壮族自治区高级人民法院及时传达第八次全国法院民事商事审判工作会议精神,进一步提高各级法院对破产案件受理、处置“僵尸企业”在化解产能过剩、淘汰落后产能、化解执行难等方面的认识,同时要求各级人民法院按照合法合规、协作配合、高效便捷的原则,积极、有序推进执行转破产的衔接工作,依法处置“僵尸企业”。同时加强调研指导,推进执行转破产案件实践。积极指导试点法院桂林荔浦县人民法院的执行与破产程序衔接机制建设,多次到荔浦县人民法院开展调研并召开全区法院破产案件审理工作现场会。指导荔浦县人民法院受理荔浦华鑫五金工艺品有限公司、桂林金波彩印有限公司、广西集宝家居用品有限公司3个破产清算案,共化解了执行案件229件,涉及执行标的将近2亿元,依法处置一些资不抵债的“僵尸企业”,消化滞留在人民法院的无财产可供执行案。

荔浦县人民法院作为最高人民法院破产案件审理方式改革试点法院,至今已开展工作2年有余,破产程序对执行难的化解功能得到初步显现。在试点过程中,荔浦县人民法院的执行工作为破产改革提供了良好的土壤,而破产改革亦反哺执行工作发展。其中,执行部门为破产审理部门不断提供案源,而破产案件审理则不断的消化执行积案,惠及执行工作,从而使二者形成了良性循环。执行部门通过对涉企系列案件进行全面筛选、评估和审查,将符合破产条件的企业进行执转破处理,不断探索企业有序退出市场的机制建设。自开展破产试点工作以来,荔浦县人民法院共受理破产案件9件,执行转破产案件7件,其中,申请执行人申请破产4件,被执行人申请破产的案件3件,累计共有199件涉企执行案件通过转入破产程序处理而退出执行程序,总标的额3126.0785万元。同时,经荔浦县人民法院破产案件工作小组的积极协调和有序引导,使涉荔浦利百新村建设发展有限公司的500余件案件、约9亿元标的将走执行转破产程序进行处理,极大缓解了审执压力,维护了当地经济社会和谐稳定。"执转破"化解执行难的功能得到充分彰显和有利发挥,实现法律效果与社会效果有机统一。

柳州市中级人民法院结合开展"执行案件集中清理月"专项活动,利用已有的执行信息平台和信息资源,及时发现、整合分散在不同法院的针对同一"僵尸企业"的多起执行案件信息。针对在执行过程中发现被执行人财产不足以清偿全部债权的案件,由执行法院向申请执行人或者被执行人予以释明,可以依靠《企业破产法》的规定转入破产程序。目前,柳州市共有四个基层人民法院已经开展此项工作,基层人民法院已经向柳州市中级人民法院正式移送执行案件3件。

(六)破产案件立案监督的积极落实

广西壮族自治区高级人民法院严格落实最高人民法院《关于破产案件立案受理有关问题的通知》(法明传〔2016〕469号)文件精神,督促各级法院准确把握法律及司法解释规定的立案条件,禁止在法定条件之外设置附加条件,限制剥夺当事人的破产申请权,确保"僵尸企业"进入司法程序后,能做到快审快立。不断扩大受理破产案件的范围,进一步发挥破产案件审理对化解产能过剩、助推供给侧改革等方面的职能作用。2016年全区受理破产案件23件,比2015年同期增长40%,2017年到目前(11月)为止,全区已经受理超过39件破产案件。

加强对破产案件审理工作的指导,为统一、规范全区法院破产案件审理程序,制定《关于进一步加强破产案件审判工作的通知》等文件,完善管理人指定程序、案件审理程序及注意事项,指导全区法院破产案件审理工作。对于社会影响大、关注高的重大破产重整案件更是强化指导力度,如负债总额达144.06亿元、涉及安置职工990名的广西有色金属集团有限公司及关联企业的破产重整案件,广西壮族自治区高级人民法院专门下发《关于广西有色金属集团有限公司及关联企业破产重整案件审理工作指导意见》等指导性文件,指导南宁中级人民法院、梧州中级人民法院、河池中级人民法院依法受理、审理广西有色再生金属有限公司、广西有色金属集团有限公司、广西金河矿业股份有限公司破产重整案,确保广西有色金属集团有限公司及关联公司破产重整工作有序推进,得到了自治区党委、政府的充分肯定。

又如,柳州市中级人民法院于 2017 年 9 月 18 日收到申请人广西柳化氯碱有限公司向该院提出对柳州化工股份有限公司(以下简称柳化股份)的重整申请材料。经审查,目前柳化股份面临严峻的债务危机,自治区政府、柳州市政府高度重视,市政府办公室、市国资委、市金融办、柳化集团成立司法重整专项工作领导小组,如不尽快拯救很可能会给债权人、股东、员工及其他利害关系人的利益带来重大损失;现债务人提出的重整预案、经营方案、职工安置预案针对性高、可行性强、相关利害关系人认可度高。因柳化股份系上市公司,柳州市中级人民法院向广西壮族自治区高级人民法院请示后,经广西壮族自治区高级人民法院审查认为,柳化股份面临急迫的被暂停上市、退市压力,其重整具有紧迫性和必要性,且柳化股份提交的重整预案具有可行性,主要金融机构债权人、控股股东与实际控制人及上市公司所在地两级政府均支持柳化股份进行重整,柳化股份具备重整成功的希望,应当允许柳化股份重整。目前广西壮族自治区高级人民法院民二庭已就该案向最高人民法院民二庭请示。

(七)破产审判工作的外协和宣传

一是构建府院协调机制。破产案件涉及债权人、股东、企业职工、管理人及其他利益相关者等多重主体的利益。受经济下行影响,部分企业由于资金短缺向不特定社会主体融资借款,继而引发非法集资行为,此类案件刑民交叉,法律关系复杂,且债权人群体较大,表达诉求的方式呈多样化,潜在维稳压力较大。从 2015 年起,广西壮族自治区高级人民法院成立了企业破产案件审理方式改革试点工作领导小组,目前正在积极探索建立由政府主要领导牵头,由公安、国土、住建、财税、工商、工信委、国资委等职能部门共同参与的府院协调机制,明确构建企业破产工作协助调度机制、构建企业风险监测预警机制、构建困难企业类型化处置机制、构建主办银行会商帮扶机制、构建恶意逃债行为的联合惩戒机制等重点方向,不断通过实践将府院联动机制常态化与制度化。

二是加强对外宣传。广西法院在审理破产案件过程中,注意把控案件节点,有侧重地加强对外宣传,增强相关部门、社会各界对破产审判工作的了解,黄克院长主办的南宁金通小额贷款有限公司对贺州鼎富房地产开发有限公司申请破产重整上诉案,合议庭事先做好宣传预案,庭审当天有近150多名群众,多家媒体有序进行旁听,庭审结束后,媒体对黄克院长进行采访,《广西新闻》《广西法制日报》《人民法院报》等多家媒体及时进行报道,增加了审判透明度。

三是召开破产审判工作情况新闻发布会。2015年10月10日柳州市中级人民法院组织召开了柳州市中级人民法院开展破产案件审理方式改革试点工作情况的新闻发布会,向社会各界详细介绍了被最高人民法院指定为开展破产案件审理方式改革试点法院的情况,通报了2007年以来柳州市中级人民法院破产案件审理的情况,重点介绍了管理人监督管理改革试点工作的有益探索,并就媒体关注的问题回答了记者提问,多家媒体参加了此次新闻发布会,达到了发布会预期的效果。2016年5月6日该院组织召开了涉公司类案件审理情况新闻发布会,会上重点介绍柳州市法院依法稳妥处置"僵尸企业"和开展破产案件审理,为供给侧结构性改革服务的一些工作计划。

四是加强破产审判理论研究,并形成理论研究成果。广西法院连续参加了第六届、第七届、第八届中国破产法论坛,广西高级人民法院民二庭庭长蒋太仁在第八届中国破产法论坛、第三届山东破产法论坛等大型学术会议上作主题发言,周家开副庭长作嘉宾点评;蒋太仁庭长于2017年6月应邀在北京大学法学院作破产法专题讲座;柳州市中级人民法院破产审判法官丁立波3次向大会提交的会议论文,并均被收录于《破产法论坛》(法律出版社公开出版),并作为会议嘉宾在第八届中国破产法论坛作会议主题发言。

三、试点法院的经验总结

(一)柳州市中级人民法院破产案件审理方式改革试点工作总结

自从被最高人民法院指定为开展企业破产案件审理方式改革试点法院以来,柳州市中级人民法院积极开展破产案件审理情况调研,就当前破产案件审判实践中存在的问题进行研究,并结合实际情况制定相应的改革措施和方案,稳步推进改革试点工作。现作如下报告:

1. 依法受理企业破产案件,维护当地市场经济秩序

依据《企业破产法》及相关司法解释的规定,严格按照企业破产案件的受理标准和程序及时受理企业破产案件,将企业经营不善产生的相关矛盾依法纳入法律轨道,运用法律手段合理解决。2016年柳州市两级人民法院受理了破产案

件共计11件。2015年柳州市两级人民法院共受理企业破产案件9件,其中企业破产清算案件7件,企业破产重整案件2件。2015年与2014年同期相比,案件受理数量增长80%。2015年审结了3件案件,其中审结的柳州华远房地产开发有限公司等关联企业破产重整案件系柳州市中级人民法院重整成功的第一起案件,也是广西地区房地产企业实现成功重整的第一起案件。

2. 依法稳妥推进处置"僵尸企业"工作

最高人民法院杜万华专委指出,开展破产审判和依法处置"僵尸企业"工作,是服务"供给侧结构性改革"的重要举措,是健全市场主体救治和退出常态机制的基础工作。柳州市中级人民法院将依法稳妥处置"僵尸企业"作为破产案件审理方式改革试点工作的突破口,重点完成了以下几项工作:一是紧紧依靠当地党委和政府,争取党委、政府和院领导的大力支持。近年来,柳州市中级人民法院多次向上级人民法院面汇报处置"僵尸企业"相关工作情况。加强与相关政府职能部门之间的沟通、协调,争取建立处置"僵尸企业"专项资金,确保对"无产可破"的"僵尸企业"破产审判工作有序进行。二是摸底排查在先,打有准备之仗。"僵尸企业"的清理非一日之功。为了准确掌握我市"僵尸企业"的整体情况,柳州市中级人民法院先后走访了市国资委、市金融办和市工商行政管理局以及市中小担保公司等相关部门,详细了解目前柳州市各类型企业中已经停产停业企业的情况,同时也为执行局协调统计了相关执行案件中存在执行财产已不足以全面清偿债权案件的数据情况。通过摸底排查,基本掌握了全市"僵尸企业"的总体情况。其中,工商登记档案显示已经不再进行年检登记以及被依法吊销工商营业执照的企业多达1万余家,已经停产停业多年且已无清偿债务能力的国有企业多达72件,通过市中小担保公司提供融资担保的中小型民营企业中也有多达40家失去了偿债能力。总体来看,柳州市处置"僵尸企业"的形势严峻。三是结合执行程序转入破产程序的法律机制,适时推进处置"僵尸企业"工作。最高人民法院《关于适用〈中华人民共和国民事诉讼法〉的解释》第513~515条规定了执行程序转入破产的程序启动问题,拓宽了破产案件的受理渠道,也为处置"僵尸企业"提供了法律依据。结合柳州市中级人民法院开展"执行案件集中清理月"专项活动,利用已有的执行信息平台和信息资源,及时发现、整合分散在不同法院的针对同一"僵尸企业"的多起执行案件信息。针对在执行过程中发现被执行人财产不足以清偿全部债权的案件,由执行法院向申请执行人或者被执行人予以释明，可以依靠《企业破产法》的规定转入破产程序。目前，柳州市共有4个基层人民法院已经开展此项工作，前提与柳州市中级人民法院沟通意见的案件数量达到了10件，鱼峰区人民法院已经向柳州市中级人民法院正式移送执行案件3件。四是对待“僵尸企业”，牢固树立“多破产重整，少破产清算”的指导思想开展工作。企业破产重整或者和解，能够使陷入困境的企业实现再生，恢复生产经营能力和偿债能力，为社会提供更多就业岗位，可以实现债权人、债务人和企业职工的“三赢”。因此，柳州市中级人民法院在审理破产案件过程中，不搞“一刀切”，对“僵尸企业”分类评估、分别处置，通过破产重整、破产和解和破产清算等方式，对能救治的企业及重整、和解，对不能救治的企业及时进行破产清算，依法维护国家利益，保护职工、债权人、投资人合法权益。

例如，柳州市中级人民法院审理的柳州华远房地产开发有限公司(以下简称华远公司)重整一案以及柳州高新区金华贸易有限(以下简称金华公司)破产重整一案和柳州市充裕物资贸易有限责任公司(以下简称充裕公司)破产清算一案。上述3个公司实际控制人均系一人。华远公司在我市属于具有影响力的房地产企业，已经成功开发了多个楼盘。但由于企业在生产经营过程中将资金投入其他行业导致企业资金周转困难，企业既不能及时清偿相关债权，又无资金对持有的土地资源进行开发以恢复生产。在此情形下，华远公司主动向法院申请重整。在详细了解了债务人企业现状后，法院指定了具有丰富经验的2家管理人机构担任了该企业的管理人。管理人及时厘清了债务人财产现状，完成了审计和评估工作并掌握了有债权人愿意作为重组方实现企业重整的信息。在审理期间，管理人组织重组方福东公司以及债务人的股东召开现场会议，协商签订了《股权转让协议》，通过债务人股东股权转让方式作为重组条件，引入重组方注入资金以及办理融资业务，使企业恢复了偿债能力和生产能力。上述2案均已重整成功，债务清偿率达到了50%，华远公司也已经投入资金开始开发新的楼盘。

对于一些重整无望的案件，柳州市中级人民法院及时审理，完成破产清算工作。如柳州市中级人民法院审理的柳州市输送设备厂破产清算案件。该厂是1986年成立的国有福利企业，从1994年开始处于半停产状态，到1999年处于完全停产的状态，2000年柳州市将该企业的60多名职工另行安置后，这个企业就剩下6名留守人员，不再生产，但没有清算，也没有注销，这就是典型的“僵尸企业”。2015年该企业的债权人申请对该企业进行破产清算，经过不到一年的时间，柳州市中级人民法院已经将该企业的清算工作基本完成。

3. 积极开展破产管理人监督管理制度改革试点工作

破产管理人队伍履职能力和业务素质直接决定着企业破产工作的质效。因此，柳州市中级人民法院始终将破产管理人监督管理改革工作作为推进破产审判工作的基础。一是积极宣传、总结破产案件改革试点工作开展情况。2015年7月28日广西壮族自治区高级人民法院组织柳州、桂林、河池、来宾4地中级人民法院民二庭庭长、审理企业破产案件的法官或业务骨干以及最高人民法院确定的企业破产案件审理方式改革试点单位(柳州市中级人民法院、荔浦县人民法院)的分管院领导在柳州市中级人民法院召开座谈会，就企业破产案件审理方式和工作机制进行专题调研。同年7月柳州市中级人民法院参加了全国"试点法院破产案件经验交流会"。同年8月参加了中华全国律师协会破产与重组专业委员会2015年年会暨破产重组实务研讨会，民二庭庭长陈愿在年会上了作了汇报发言。参加了"第六届中国破产法论坛"，破产合议庭成员丁立波撰写、提交的会议论文《破产宣告后的和解问题研究》作为优秀成果被收录于《破产法论坛(第十辑)》。2015年10月柳州市中级人民法院组织召开了柳州市中级人民法院开展破产案件审理方式改革试点工作情况的新闻发布会，向社会各界详细介绍了被最高人民法院指定为开展破产案件审理方式改革试点法院的情况。2016年5月6日柳州市中级人民法院组织召开了涉公司类案件审理情况新闻发布会，会上重点介绍法院依法稳妥处置"僵尸企业"和开展破产案件审理，为供给侧结构性改革服务的一些工作计划。二是结合审判实际制定了管理人监督管理办法。在充分调研的基础上，制定了《柳州市中级人民法院破产管理人监督管理办法》《柳州市中级人民法院管理人履职行为管理办法》，进一步明晰了管理人的职责，对管理人的职责进行了细化。首先是在管理人接管债务人财产的期限、明确管理人委托中介机构的时间、对管理人怠于行使职责给予相应处罚等方面予以了规定。其次是明确管理人的报告义务。将管理人的报告义务分为日常工作报告和特殊重大事项报告。如规定了管理人每月应当向人民法院例行书面报告破产工作进展情况。管理人应根据工作进展情况，制作阶段性工作报告。结合破产程序中，可能实施的重大事项，如涉及土地、房屋等不动产权益的转让、债务人库存产品、原材料的转让、设定财产担保、放弃权利、履行债务人和对方当事人均未履行完毕的合同、担保物的收回、决定继续或者停止债务人营业等重大或特殊的事项,规定了管理人必须向人民法院报告并经许可后方能实施。便于人民法院及时掌握管理人履职情况。三是探索建立管理人分级管理及动态调整机制,为具有广西特色的管理人分级管理制度提供了实践经验。结合柳州市两级人民法院破产案件审理情况,根据前期入册机构担任管理人的工作实际情况,制定了《柳州市中级人民法院管理人考核办法》。考核办法规定每年对入册管理人机构的履行情况、案件处理效果、管理人人力资源情况等各要素进行考核,建立管理人奖惩制度。针对破产案件审理情况,将管理人考核指标设计为基础指标、扣分指标和加分指标。例如,管理人未在合理期限内办结案件或者及时办理破产财产拍卖等重大事项的,管理人未按照管理办法在规定时间内向法院报告相关事项的,或者管理人所配备专业人员不足6人的,均予以相应扣分。而对于管理人积极参加破产业务培训学习的,或者促成案件重整成功的,均予以相应的加分。依据考核办法的规定,柳州市中级人民法院对管理人名册的10家机构进行考核,根据考核结果将柳州市中级人民法院管理人名册中的管理人机构分为三级,其中一级管理人机构1家,二级管理人机构2家,三级管理人机构7家。该考核结果作为指定管理人的依据,结合受理案件的复杂、难易情况以及不同等级管理人的资质情况指定管理人。四是改革管理人指定方式。探索针对不同类型破产案件实行轮候、债权人推荐以及人民法院指定的方式确定管理人。以期指定适任的管理人管理破产企业,同时激励管理人形成良性竞争提高管理人的履职能力。在柳州市中级人民法院受理的柳州华远房地产开发有限公司重整案、柳州高新区金华贸易有限破产重整案、柳州市充裕物资贸易有限责任公司破产清算案中,基于上述3公司的关联属性及各公司担保债务高度交叉的实际情况,柳州市中级人民法院在指定管理人时分别指定了律师事务所、清算服务公司以及会计师事务所担任管理人。这3种类型的管理人均各有所长,律师事务所在处理法律事务领域有专长,会计师事务所则对于评估、审计工作更专业,而清算服务公司则在协调与各相关部门关系、财产变现、处理职工遗漏问题等领域更有优势。在处理关联企业破产案件事务时,统一协调、分工合作,将法律事务交由律师事务所管理人处理,将评估、审计工作交由会计师事务所处理,将关系协调、财产变现处置等工作交由清算服务公司处理。五是建立和完善破产管理人资格退出机制。结合管理人业绩管理档案和考评情况,对于入册机构存在无法履职情形的,由柳州市中级人民法院向高级人民法院上报并请求予以调整,退出管理人名册。六是选择优秀法官重新配置破产合议庭成员,建立专业化的破产案件审理法官队伍,为下一步组建破产案件审判庭储备人才。为破产合议庭配置新成员2名,注入了新力量,为提高破产案件审判力量打下了坚实的基础。通过大量破产案件的审理工作,积累了丰富的案件审判经验。

(二)荔浦县人民法院破产案件审理方式改革试点工作总结

2014年12月荔浦县人民法院被最高人民法院确定为破产案件审理方式改革试点法院,至今已开展工作2年有余。在试点过程中,荔浦县人民法院取得了一个个"零"的突破,在破产案件快速审理、执转破衔接等方面积累了一定的经验。荔浦县人民法院自被确定为试点法院后,共审理破产案件5件,均为执行转破产案件,4件破产清算,1件破产重整,目前审结4件,共化解法官办案压力435件,化解执行积案156件。此外,桂林微邦生物技术有限公司破产重整案、桂林荔浦忠信木业有限公司破产清算案以及荔浦宜宝家居有限公司破产清算案正在立案审查当中。同时,经荔浦县人民法院破产案件工作小组的积极协调和有序引导,使涉荔浦利百新村建设发展有限公司的500余件案件、约9亿元标的,在企业自行清算完毕后,将进入破产程序处理,极大缓解了审执压力,维护了当地经济社会的和谐稳定。现将荔浦县人民法院主要做法经验总结如下:

1. 大力转变观念,破解程序启动难题

在试点过程中,荔浦县人民法院首先遇到的障碍是破产程序启动难问题。在试点工作开展初期的近半年时间中,由于受传统观念影响,始终处于一种无案可审、无案可破的尴尬境地。为此,荔浦县人民法院从大力转变社会观念入手,及时消除制约破产程序启动的观念障碍。通过积极向县委县政府汇报试点改革工作情况,宣传、介绍破产程序的重要作用,促进政府转变观念。2015年9月10日广西全区法院破产案件审理方式改革试点暨破产案件审理经验交流会在荔浦县人民法院成功召开,使县委县政府、地方企业对破产及破产程序有了正确的认识,在观念上扭转了偏见和误解。同时,荔浦县人民法院通过送法进企业,送法下乡、组织企业业主开座谈会、深入企业调研等形式,大力宣传破产法及破产理念,促进企业、社会群体法治意识的提升。

2. 积极争取支持,努力形成改革合力

荔浦县人民法院被批准为全国试点法院后,经积极争取,得到了当地党委、政府的高度重视和大力支持。县委、县政府联合出台文件,成立了以县委政法委书记为组长，公检法三长为副组长，集财政、工商、工信等8个部门"一把手"为成员的荔浦县破产案件审理方式改革试点工作领导小组，为改革试点工作提供了强大的组织保障。同时，针对管理人破产费用等资金保障问题，县政府拨付了专项基金，用于破产案件必要费用的垫付、周转及支出，建立了破产基金保障制度，为改革试点工作提供了强大的经济保障，有效解决了"僵尸企业"中无产可破案件的处理。经不断摸索总结，荔浦县人民法院的破产试点工作形成了"党委领导、上级法院指导、本院各部门协调配合"的联动工作模式，有力推进试点工作的深化发展。

3. 牢牢把握方向，探索快速审理模式

根据最高人民法院文件的要求，荔浦县人民法院的试点内容被确定为"企业破产案件快速审问题"，为此，荔浦县人民法院牢牢把握试点方向，大力摸索创新，努力促进破产案件的快速审理、简易审理，有效缩短审理期限，减少诉累。一是创造性运用债转股，提高重整成功率。荔浦县人民法院在审理广西集宝家居用品有限公司申请破产重整案中，在当地党委、政府的大力支持和积极参与下，经荔浦县人民法院法官努力协调，最终促成涉及该案的大部分民间借贷纠纷债权转为股权，从而使该案重整成功，审理用时仅100余日，极大提升了工作效率，既救活了企业，又维护了各方权益，实现了利益最大化。通过破产重整，使该案涉及的标的1.03亿元，债权人近300人全部退出诉讼，产生了良好的法律效果和社会效果，得到当地党委、政府及最高人民法院的肯定。二是更快地确定管理人，创新选定方式。在破产案件审理过程中，为了更好地规范管理人的工作，荔浦县人民法院出台了《荔浦县人民法院关于选定破产案件管理人的实施办法（试行）》，在管理人选定上探索出了以竞争为主，以轮候、债权人、债务人指定为辅的选定办法。对破产管理人的选任进行严格控制，避免选任的盲目性和随意性。通过实行管理人入围评分制，引入管理人组成新模式，备用债权人或债务人指定方式等举措，大大节约管理人选定时间，有效缩短了案件审理周期。三是更短的审理期限，压缩审理时间。在法定范围内，通过大幅压缩各种公告时间、会议时间，简化会议方式，从而不断缩短审理期限，切实达到快速审的目的。四是更优的审理程序，节约诉讼成本。通过深入做好受理前的准备工作，坚持先易后难，先简后繁，不断优化审理程序，广泛使用合并公告、灵活运用清算、重整，简化程序间的相互转换，促进破产程序优化。

4. 全面释放破产功能,执行转破产助力化解执行难

执行难,尤其是涉企案件的执行难,已经成为困扰法院工作的顽疾。经过一年多的破产案件审理试点实践,破产程序对执行难的化解功能在荔浦县人民法院得到初步显现。在试点实践过程中,荔浦县人民法院的执行工作为破产改革提供了良好的土壤,而破产改革亦反哺执行工作发展。其中,执行部门为破产审理部门不断提供案源,而破产案件审理则不断的消化执行积案,惠及执行工作,从而使二者形成了良性循环。执行部门通过对涉企系列案件进行全面筛查,将符合条件的"僵尸企业"进行执转破处理,不断探索"僵尸企业"有序退出市场的机制建设。同时,通过规范程序、深化衔接、关口前移等措施,不断发挥破产程序的综合功能。自开展破产试点工作以来,荔浦县人民法院受理的5件破产案件,均为执行转破产案件,现已累计共有156件涉企案件通过转入破产程序处理而退出执行程序,总标的额为8658.38万元,破产程序功能得到了充分彰显和有利发挥。

5. 设立清算与破产审判庭

破产案件审判工作对推进供给侧结构性改革、化解过剩产能、促进经济转型升级、维护社会和谐稳定等方面具有重要意义。经广西壮族自治区高级人民法院和荔浦县机构编制委员会批复同意,决定在荔浦县人民法院设立清算与破产审判庭,审理清算与破产案件及相关衍生案件。首先,设立清算与破产审判庭是完善破产案件审理机制,落实中央推进供给侧改革、依法处置"僵尸企业"工作部署的重要举措。其次,设立专门的审判庭是健全市场主体退出机制,为市场经济运行创造良好环境的必然要求。此外,立足审判工作实际,荔浦县人民法院在对破产审判团队的组建、人员配置、案件基数等进行了细致调研和科学论证的基础上,按照"1+1+1"(一个法官+一个法官助理+一个书记员)的模式组建标准化、专业化的破产案件审判团队,以员额法官为核心,法官助理、书记员分工协作、紧密配合,实现审判权运行的扁平化管理,保证法官独立行使审判权。

6. 在试点工作中遇到的困难及问题

试点工作开展以来,荔浦县人民法院遇到一些困难和问题,主要有以下几个方面:一是缺乏与破产企业相配套的税收优惠政策,破产税费高,破产成本大。二是仍存在破产程序启动难问题。受传统观念影响,一些企业、群众的思想观念始终难以转变,对破产的误解和偏见根深蒂固,对社会观念的引导和转变仍需持

之以恒。三是民营企业管理混乱,公私财产不分,不符合现代企业的特征和要求,导致破产程序运行遇到重重障碍。四是区内可借鉴的实践经验不多,相关法律规定不尽完备,缺乏可操作性的司法解释和指导意见,制约了基层人民法院、基层法官的创新。五是对少数企业及其投资人,通过非法侵占企业财产、违规分红、虚假交易、个别清偿等手段大肆转移企业财产,假借破产程序逃债的行为,打击力度不够。六是破产基金缺口大,制约了法院对无产可破类"僵尸企业"的全面清理。

7. 下一步工作打算及努力方向

在破产案件审理及试点工作开展过程中,尽管荔浦县人民法院作了许多有益的尝试,取得了一定的成绩,但与先进地区法院相比,仍存在较大的差距。下一步,荔浦县人民法院将在现有基础上,努力克服人力资源不足、经济发展条件有限等困难,从以下几个方面入手:(一)积极探索和完善破产案件快审、快结程序,清理"僵尸企业",加快快速审的步伐。(二)加强对破产管理人队伍的指导和管理,加大破产管理人工作程序规范化建设。探索破产管理人分级管理制度,强化队伍人才积累,提升破产管理人队伍素质。(三)充实和完善破产专项资金。继续争取党委政府的支持力度,充实破产保障基金,确保"僵尸企业"能通过破产程序有序退出市场。(四)加强协调机制建设,建立健全各相关单位的沟通协调机制,加快破产案件审理步伐。(五)加强公、检、法及金融部门的联动,通过专业审计、资金流向追查等方式,挽回企业被转移的财产,并依法追究债务人的股东、高管等人员的民事、刑事责任。

(三)荔浦县人民法院执行案件移送破产审查工作总结

1. 执行转破产工作成效

执行难,尤其是涉企案件的执行难,已经成为困扰法院工作发展的顽疾。经过 2 年多的破产案件审理试点实践,破产程序对执行难的化解功能在荔浦县人民法院得到初步显现。在试点过程中,荔浦县人民法院的执行工作为破产改革提供了良好的土壤,而破产改革亦反哺执行工作发展。自开展破产试点工作以来,荔浦县人民法院共受理破产案件 9 件,执行转破产案件 7 件,其中,申请执行人申请破产 4 件,被执行人申请破产的案件 3 件,累计共有 199 件涉企执行案件通过转入破产程序处理而退出执行程序,总标的额 3126.0785 万元。同时,经荔浦县人民法院破产案件工作小组的积极协调和有序引导,使涉荔浦利百新村建设发展有限公司的500余件案件、约9亿元标的将走执行转破产程序进行处理,极大缓解了审执压力,维护了当地经济社会和谐稳定。"执转破"化解执行难的功能得到充分彰显和有利发挥,实现法律效果与社会效果有机统一。

2. 执行转破产操作流程

2017年1月20日最高人民法院颁布了《关于执行案件移送破产审查若干问题的指导意见》,对执行转破产作了原则性规定,为进一步规范执行程序转破产程序的衔接及运行机制,根据《企业破产法》及相关司法解释和最高人民法院《关于人民法院执行工作若干问题规定(试行)》等法律法规及相关政策,结合荔浦县人民法院执行及破产案件的审判工作实践,制定了《执行程序转破产程序操作流程(试行)》并严格予以实施,操作流程简述如下:(1)被执行人为企业的执行案件,如发现被执行人即企业法人不能清偿到期债务且资产不能清偿全部债务或明显缺乏偿债能力的,执行部门应及时召集申请执行人、被执行人及未进入执行程序的其他债权人进行释明,并送达执行风险告知书,引导其及时提出破产申请。(2)由执行部门对申请执行人、被执行人及其他债权人提交的破产申请及相关证据材料进行审查。符合条件的破产申请及时移送破产审判部门进行审查,不宜移送审判部门受理审查的破产申请,由执行部门继续执行。(3)破产申请移送审判部门后,由执行部门及审判部门具有审判职称的人员组成合议庭,审判部门人员任审判长,对申请人提出的申请及时进行受理审查,并按照《荔浦县人民法院关于快速审理破产案件的规定》裁定是否受理。(4)破产案件受理后,审判部门应在同日将受理裁定送交执行部门。对于移送受理的破产案件,执行部门应立即中止执行或终止本次执行程序,将案件相关材料及时移送审判部门审理,并制作执行转破产案件移送表。(5)审判部门裁定宣告被执行企业破产后,应在裁定作出同日送交执行部门,执行部门应及时终结执行并作出终结执行裁定。

3. 执行转破产程序中遇到的难题

(1)执行转破产启动难。目前,破产程序的启动,只能是债权人或债务人主动申请,法院不能依职权启动。从《企业破产法》实施的近10年来,在荔浦,没有任何民营企业向人民法院申请破产保护,亦没有任何债权人主动向人民法院申请破产偿债。即便从2014年12月荔浦县人民法院被最高人民法院确定为破产案件审理方式改革试点法院至今,也只是受理了9件破产案件,相对于荔浦每年近200家企业被吊销或注销的规模来说,体量着实过小。对于如何解决执行转破产案件启动难问题，在实践过程中，荔浦县人民法院针对不同的情况，提出2种解决方案：第一，对有财产可供执行，但不足以清偿全部债务的企业，向债权人释明，如其不同意执行案件转破产程序的，普通债权的清偿将根据最高人民法院《关于适用〈中华人民共和国民事诉讼法〉的解释》第516条之规定，依照债权人对债务人的财产采取执行措施的先后顺序受偿，迫使其同意启动破产程序，以达到公平清偿的目的。第二，对于无财产可供执行的企业，鉴于目前此类企业绝大部分运营不规范的特点，应指引当事人申请企业破产且在终结企业破产程序后，依照最高人民法院《关于适用〈中华人民共和国公司法〉若干问题的规定（二）》第18条第2款的规定，另行起诉追究公司股东对公司所欠债务的连带清偿责任。通过上述两种方法，对执行转破产案件的申请有一定的推动作用，总的来说，当事人启动破产程序仍然动力不足。虽然上述两解释分别确立了破产程序启动的倒逼机制及股东对公司债务的连带责任承担，仍不能从根本上解决执行转破产启动难的问题。

（2）适用执行转破产程序的企业类型问题。执行局在执行涉企案件过程中，应充分发挥执行查控的优势，对被执行企业的资产与负债情况进行全面审查，对不同近况的企业选择性适用执行转破产程序：第一，无财产可供执行的企业，可适用执行转破产程序，该类企业的移送破产，对清偿债权没有大的实益，但对法院执行积案的清理，乃至健全企业有序退出市场机制，意义重大；第二，相对无财产的企业（虽资不抵债，但对外仍有盈利能力的企业），宜遵循“生道执行”的理念，持续、多次执行被执行人，不宜简单地引入破产程序；第三，资不抵债且停止营业的企业，可适用执行转破产程序。尤其是在优先查封标的物价值较大的情形下，若不充分告知在后债权人受偿的有关规定，则其债权极有可能无法实现；第四，有足额财产但暂时不能清偿债务的企业，不宜适用执行转破产程序。应由执行部门对该企业财产及时采取执行措施，保障申请执行人的权益。针对上述4种不同的企业状况，对可适用执行转破产程序企业的管理及资产状况应进一步进行核查，对于涉及案件标的额大，债权人及企业职工人数众多，破产可能引发群体事件、突发事件的企业，应审慎引入破产程序，一定要坚持在当地党委的领导下，充分发挥地方政府建立的风险预警机制、联动机制、资金保障机制等协调机制的作用，努力配合政府做好企业破产案件中的维稳工作。对于职工欠薪和就业问题突出、债权人矛盾激化、债务人弃企逃债、房企破产等敏感类破产案件，要及时向当地党委汇报,争取政府的支持。在政府协调下,加强与相关部门的沟通、配合,及时采取有力措施,积极疏导并化解各种矛盾纠纷,避免哄抢企业财产、人员集体上访的情况发生,将不稳定因素消除在萌芽状态。荔浦县人民法院与荔浦县人民政府通过政府划拨专款设立破产资金及鼓励第三方垫款等方式,对于敏感的执行转破产案件优先解决破产企业职工工资及购房人权益保障等问题,如涉案企业尚有财产可供分配,政府或第三方就劳动债权及房企后续工程建设的垫资,可以在破产程序中按照职工债权或工程款的受偿顺序优先获得清偿。

(3)执行转破产案件审查认定的标准。为维护司法统一性,防止因执行部门与破产审理部门认定不一,导致执行案件移送破产后又被退回,使执行前期审查徒劳无果。荔浦县人民法院由执行、破产审理部门具有审判职称的人员共同组成合议庭,专职负责执行转破产案件的审查工作。因《企业破产法》及最高人民法院《关于审理企业破产案件若干问题的规定》对企业破产受理的条件规定得比较严苛,在当前企业管理不规范且尚未建立现代企业制度的客观情况下,要求当事人提供如审计报告等完整的破产申请材料显然不现实。在破产申请的审查中,我们建议以形式审查为主,遵循宽进严出的原则,在公司账面资产不足以清偿已知债务且停产停业的情况下,即认定为符合破产受理的条件,在受理破产案件后,宣告破产前,再对企业进行评估、审计等实质性审查,对于不符合破产条件的企业,及时裁定驳回破产申请。

四、破产法颁布第十年:广西法院的新动态

(一)广西壮族自治区高级人民法院院长黄克开庭审理破产重整案

2017年8月28日上午9点整,广西壮族自治区高级人民法院院长、二级大法官黄克担任合议庭的审判长,敲响法槌,公开开庭审理南宁市金通小额贷款有限公司与贺州市鼎富房地产开发有限公司破产重整上诉案。新闻媒体及社会公众等共100多人旁听了庭审。

2014年5月南宁市金通小额贷款有限公司向柳州东博汽车配件有限公司和广西睡宝床垫集团有限公司提供3笔贷款共9292万元,贺州市鼎富房地产开发有限公司为这3笔贷款提供连带担保。贷款到期后,3笔贷款本息均未偿还。南宁市金通小额贷款有限公司于2017年4月13日向贺州市中级人民法院,申请对贺州市鼎富房地产开发有限公司破产重整,贺州市中级人民法院裁定不予受理,

南宁市金通小额贷款有限公司不服贺州市中级人民法院裁定上诉至自治区高级人民法院。

庭审前,审判长黄克仔细阅读了全部卷宗,并召开庭前会议,认真研究案情,制定庭审方案,明确了合议庭成员庭审分工。庭审中,审判长黄克围绕贺州市鼎富房地产开发有限公司作为连带责任保证人是否是适格的破产重整主体,法院受理破产重整申请是否以生效裁判确定的债务履行为前提条件,贺州市鼎富房地产开发有限公司是否具有清偿到期债务的能力等焦点问题,主持进行法庭调查、法庭辩论、当事人最后陈述等各个环节。

黄克还适时询问双方当事人意见,以娴熟的审判技巧驾驭着整个庭审活动,庭审程序层次分明,整个庭审活动张弛有度、规范高效,庭审持续了一个多小时后宣布休庭。合议庭当即评议,当庭作出宣判。法院认为,贺州市鼎富房地产开发有限公司不能清偿到期债务,并且明显缺乏清偿能力,符合《企业破产法》规定的破产重整条件,依据《民事诉讼法》有关规定,对该案依法作出裁定:撤销贺州市中级人民法院的裁定,指令柳州市中级人民法院受理南宁市金通小额贷款有限公司对贺州市鼎富房地产开发有限公司的破产重整申请。黄克指出,审理破产案件时,要坚持审理案件与保稳定、促发展、重民生相结合,法院应积极服务社会稳定和经济发展,综合利用破产清算、重整等多种程序,充分发挥法院对市场经济的调整作用。妥善处理好职工安置和再就业保障等一系列问题,最大限度地维护当事人特别是企业职工和债权人合法权益。

黄克高度重视与当事人的沟通交流,要求做好对破产制度的释明,及时掌握当事人的想法。庭审结束后,黄克与合议庭成员进行座谈,就落实庭后责任工作作了研究部署。这是黄克担任广西壮族自治区高级人民法院院长以来第二次进行大法官开庭。黄克接受采访时说:“法院院长,既是行政官员,又是法官身份,一定要以身作则,率先垂范,带头办理重大、疑难、复杂案件,要落实院庭长带头办案常态化,把更多的时间投入到审判业务中。”据了解,2017 年上半年,全区法院院庭领导审结诉讼案件79,159件,同比增长 28.89%,占诉讼案件结案总数的 51.86%,为提高广大法官办案积极性起到引领作用,促使司法公信力和群众满意度不断提升。

(二)柳州在广西率先成立专门审理破产案件审判庭

为了在当前形势下更好地为柳州市的经济大局服务,运用法治办法化解产能过剩、淘汰"僵尸企业",深化破产审判方式改革试点工作,柳州市中级人民法院成立了专业审理清算与破产案件的民事审判第四庭。2017年2月28日柳州市人大常委会任命陈愿为该院民事审判第四庭庭长,在广西全区率先迈出了破产审判专业机构设置的第一步。

破产审判合议庭的主要职责包括:依法受理和审理公司强制清算、破产清算、重整及和解案件。柳州市中级人民法院将坚决执行中央"尽可能多兼并重组,少破产清算"的要求,通过破产重整、破产和解和破产清算的方式,对能救治的企业尽可能进行重整救治;对无法救治或者救治无望的企业,及时进行破产清算,快审快结,让这部分"僵尸企业"尽快退出市场,释放生产要素。依法维护国家利益,依法保护职工、债权人合法权利。柳州市中级人民法院将以专业化的审判在淘汰落后产能、化解产能过剩、畅通市场主体退出等方面发挥积极作用,为供给侧结构性改革提供服务和保障。

(三)广西首个基层人民法院清算与破产庭挂牌成立

2017年3月3日下午,荔浦县人民法院清算与破产审判庭正式挂牌成立。广西高级人民法院民二庭庭长蒋太仁、桂林市中院党组书记、副院长彭卫国、荔浦县委常委、常委副县长姜路等领导出席揭牌仪式。当天下午3点,该院召开新闻发布会,向社会发布该庭成立的相关情况。荔浦县人民法院成为广西首个设立清算与破产审判庭的基层人民法院。

2014年12月荔浦县人民法院被最高人民法院确定为企业破产案件审理方式改革的试点法院,成为全国首批21个试点法院之一,也是广西唯一一个试点基层人民法院。2年多来,该院牢牢把握试点方向,紧紧围绕试点内容,大胆尝试、不断学习,推动相关改革工作不断深入,取得了"零"的突破。尤其是在破产案件快速审理、执行转破产等方面积累了一定的经验。创造性运用债转股的方式审结广西集宝家居用品有限公司破产重整案,成为桂林市首例审结的破产重整案。2次受邀在全区法院会议上做典型经验介绍。相关做法得到了最高人民法院、自治区高级人民法院领导的充分肯定。

开展破产试点工作以来,该院共受理破产案件5件,累计共有156件涉企执行案件通过转入破产程序处理而退出执行程序,总标的8658.38万元。荔浦利百新村建设发展有限公司涉及案件400余件、9亿元标的,经法院积极协调和有序引导后,走上破产程序进行处理,极大缓解了审执压力,维护了当地经济社会和谐稳定，让破产程序功能得到充分彰显和有利发挥，实现法律效果与社会效果有机统一。

在新闻发布会上，林杰指出，设立清算与破产审判庭是破产专业化建设的必然要求，通过破产程序，可以实现债务的有序清偿，使资不抵债的企业通过破产清算程序合法有序退出市场，使困境企业通过重整、和解等程序解困复兴。荔浦民营企业多，涉企案件数量大，荔浦县人民法院在广西法院系统设立首个清算与破产审判庭，就是要把人民法院办成“生病企业的医院”，是顺应荔浦经济社会发展的需要。荔浦县人民法院作为全国首批破产案件审理方式改革试点法院，将以此次揭牌为契机，充分发挥审判职能作用，进一步发挥荔浦县人民法院在清算破产审判中的“试验田”作用，为荔浦经济健康发展和生态文明建设提供更加有力的司法服务和保障。

清算与破产审判庭职能包括企业破产和公司强制清算案件的立案审查，审理企业破产案件、公司强制清算案件，审理企业破产案件、公司强制清算案件中的衍生诉讼案件，依法处理企业破产案件、公司强制清算案件的善后事宜，负责企业破产案件、公司强制清算案件审判工作的有关调研，企业破产案件审理法院之间的协调，与政府有关部门的协调工作，破产管理人的管理和培训，破产档案的管理。

（四）广西壮族自治区高级人民法院协调三地法院破解知名企业破产重整难题

2017 年 4 月 7 日柳州市中级人民法院裁定受理了南宁市金通小额贷款有限公司对广西睡宝床垫集团有限公司（以下简称睡宝集团公司）破产重整的申请，成为广西首例跨地市多家关联企业合并破产案件。由于睡宝集团公司破产重整前产品的知名度和市场占有率，该公司规模已发展扩大为睡宝集团公司及其 28 家关联企业，公司主要营业地在柳州、贺州和防城港，此次睡宝集团公司作为知名企业被破产重整，引起社会广泛关注。鉴于睡宝集团公司及其 28 家关联企业内部股权结构、债权债务等情况复杂，破产重整涉及面广、社会影响大，为慎重审理，2017 年 6 月 27 ~ 28 日，广西壮族自治区高级人民法院民二庭蒋太仁庭长带队，到柳州市中级人民法院召开由柳州市中级人民法院、防城港市中级人民法院、贺州市中级人民法院分管破产案件审理的院领导及相关审判人员参加的广西睡宝床垫集团有限公司破产重整案件专题协调会，对如何在维护社会稳定的前提下更好地推进睡宝集团公司及其关联企业整体合并破产重整工作进行了深入研究和部署。会上,梳理明确了广西睡宝床垫集团在柳州、防城港、贺州的关联企业基本情况及目前工作的进展,在柳州市中级人民法院已经受理了广西睡宝床垫集团有限公司的破产重整案件情况下,下一步将尽快推进防城港市、贺州市涉及睡宝集团的28家关联企业进入破产。

蒋太仁庭长明确了四点工作要求:一是要贯彻"区市一体、府院联动"的工作思路。由区高级人民法院牵头成立专门的领导协调工作小组,加强自治区高级人民法院与各市人民法院之间、各市人民法院之间、政府与法院之间的工作联动,加强信息共享,形成工作合力。二是要注重重整措施的灵活性。综合运用公开招募重整投资方的方式盘活企业优质资产,释放生产要素让企业走出困境。三是统一步调,整体推进。已经进入法院破产程序的案件,应当继续推进各项工作,并加快对关联企业的认定及合并重整工作。四是注重保护各债权人的债权公平受偿,维护社会稳定和金融安全。睡宝集团公司与28家关联企业合并重整,可以保障所有债权人得以在同一程序中平等受偿,有利于凸显重整制度的公平价值。合并重整有利于正常生产经营的企业得以整体保全,职工不下岗不失业,广西知名品牌"睡宝床垫"得以延续,社会效益显著。同时,合并重整可以降低重整成本,提升现有资产价值,提高债权人的清偿率,有利于实现重整案件的经济效益。会后,蒋庭长带队实地走访了广西睡宝床垫集团有限公司,进一步了解情况,确保整体破产重整工作的针对性和有效性。

(五)柳州首例县区人民法院破产重整计划草案获表决通过

为及时掌握基层人民法院破产案件审理情况,提升基层人民法院破产案件审理的质量和效率,解决困扰破产案件审理进程的一些疑难复杂问题。2017年5月25～26日柳州市中级人民法院民四庭庭长陈愿一行三人到柳州市融安县人民法院现场指导破产案件审判工作。

融安县人民法院相关负责人向陈庭长一行就融安县人民法院目前在审理中的3件破产案件审理进展情况、存在的一些疑难复杂问题进行详细汇报。陈庭长充分肯定了融安县人民法院在处理破产案件前期所做的工作,并针对融安县人民法院所提出的问题进行逐一探讨和分析,为融安县人民法院提供了指导意见。

在第一次债权人会议对重整计划草案表决未通过的情况下,陈庭长一行现场指导融安县人民法院对重整计划草案进行了协商和调整，将调整后的重整计划草案可行性以及未通过表决的相关法律后果向债权人释明，为该案件最终实现重整成功打下了坚实基础，使融安县万德七星水泥有限责任公司的破产重整计划草案在债权人会议上得以表决通过。该案也是柳州市首例县区法院通过重整计划草案的破产案件，为践行“多兼并重整，少破产清算”起到了良好的示范作用。

（六）来宾市首例破产重整案第一次债权人会议召开

2017年8月9日上午，广西合山煤业有限责任公司（以下简称合煤公司）重整案第一次债权人会议在合山市实验中学召开，会议由来宾市中级人民法院召集，债权人、职工和工会代表、债务人代表及管理人等近300人参加了会议。该案是来宾市自2002年建市以来受理的首例破产重整案件，涉及各类债权人近300人，申报债权数额近20亿元，债权人数众多且构成复杂，加上历史遗留的职工工资、社保等问题，涉及面广，社会影响较大。

会上，合煤公司重整管理人报告了管理人履职情况和债权申报审查情况。会议指定了债权人会议主席、选任了债权人委员会成员，指导债权人核查了《债权表》，并对《债权人会议议事规则的议案》《债权人委员会选任及更换办法的议案》《选任债权人委员会的议案》《债权人委员会议事规则的议案》进行了表决。会议期间，合议庭驾驭得当，会场秩序井然，效果良好。对于债权人普遍关心的问题，合议庭在会上一一进行了答复，消除了债权人的疑虑，增强了债权人对法院工作的理解和支持，为案件的下一步审理奠定了良好基础。

合煤公司的前身是广西壮族自治区合山市矿务局，于2007年改制，自2010年起由香港国际西南煤业投资控股有限公司100%控股，属港澳台法人独资企业。后合煤公司以公司经营陷入困境、资产已不足清偿全部债务、期通过债转股以及引进投资等形式对公司进行重整使企业重生为由，向来宾市中级人民法院申请重整。裁定受理合煤公司破产重整案后，经审查，来宾市中级人民法院指定了重整清算组担任破产重整管理人，并精心指导管理人开展工作。作为来宾市煤业龙头企业，合煤公司能否重整成功，该重整案能否依法平稳处理，关乎债权人合法权益的保护、广大职工的就业问题以及来宾市的经济发展和社会稳定。

在审理过程中，来宾市中级人民法院高度重视，成立了破产重整工作领导小组，院领导从思想、组织、保障等方面多次给予指导和帮助，合议庭积极应对遇到的各种问题,努力化解各项矛盾,确保每个程序、每个环节都依法有序进行。同时,紧紧依靠党委政府的支持和上级法院的指导,在党委政府的支持、协调下,经过精心筹备,如期召开了本次债权人会议,并达到了预期的目的,取得了较好的社会效果。

(七)梧州高新美业公司重整案第一次债权人会议召开

2017年1月5日梧州市万秀区人民法院对广西梧州市高新美业建设投资有限责任公司(以下简称高新美业公司)申请破产重整案召开第一次债权人会议,会议在各方努力下顺利完成各项议程,圆满结束。高新美业公司依《企业破产法》的规定,向该院申请破产重整,该院据立案程序于2016年10月19日受理了该公司的破产重整申请。在受理该案后,及时组成合议庭,依法指定破产管理人并开展工作,主动请示梧州市中级人民法院进行指导工作并积极与各方沟通,稳步推进各项工作。

据悉,高新美业公司于2011年6月在梧州市工商局登记注册,注册资本为2500万元。2012年该公司开发建设梧州市"地王广场"房地产项目,在项目建设过程当中,因资金断链出现债务危机,无法清偿到期债务而申请破产重整。该案涉及购房、回迁、借款等不同类型的200多位债权人,涉案金额高达数亿元,涉及群众和单位众多,社会影响及关注度高。

会上,申请人高新美业公司宣读了申请破产重整的事实和依据,破产管理人广西通途律师事务所就目前债权人申报和资格审查情况及该公司的财产、债务状况和破产重整工作的后续计划向债权人作报告。

(八)北海益厦公司破产清算案第一次债权人会议召开

2017年8月8日上午,北海益厦物业服务有限公司(以下简称益厦公司)破产清算案第一次债权人会议在北海市中级人民法院召开。破产案件合议庭成员、债权人、管理人代表和债务人代表等100多人参加会议。该破产清算案件是北海市中级人民法院近年来受理的第一起房地产开发公司进入破产程序的案件,也是北海市中级人民法院迄今为止受理债权人数最多、矛盾纠纷较大的破产清算案件,不仅涉及建设方,还涉及购买该公司所开发楼盘的众多购房户,社会影响广泛。

益厦公司于2006年12月13日经北海市工商行政管理局登记注册,经营范围为房地产开发、经营、物业管理,该公司自成立以来,着力投资和开发位于北海市区东部的东城佳苑建设工程项目。为了筹集项目建设资金，该公司大量向外融资和举债，因资金链断裂，导致该工程项目于2013年年底停滞，至今不能完工，并且出现了巨额亏损、无法偿还到期债务的情形。2017年2月3日该项目建设方广西兴地建设工程有限公司以益厦公司没有清偿到期债务且资不抵债不足以清偿到期债务，又明显缺乏清偿能力为由，向北海市中级人民法院提出了对该公司进行破产清算的申请。同年4月25日北海市中级人民法院裁定受理破产清算案件并指定广西广恒信律师事务所作为益厦公司管理人。

会上，合议庭通报了益厦公司破产清算案件的审理情况，指定了债权人会议主席，并积极引导债权人按照担保债权人、大额普通债权人、小额普通债权人等类型对债权人委员会成员进行投票选举。最终选举出益厦公司债权人委员会成员2人，其中债权人代表1人、职工代表1人，为今后监督管理人和债务人的工作、维护债权人利益奠定了良好基础。会议听取了管理人对前一阶段执行职务工作的总结报告和债权人财产状况报告。会议还顺利通过破产管理人所作的《债务人财产变价方案》，圆满完成了既定议程。此次债权人会议的顺利召开，使债权人对益厦公司的现状有了更为全面客观的了解，法院、破产管理人与债权人、职工代表之间得到了有效沟通，增强了债权人对案件审理工作的理解和支持，为下一步清算工作的开展奠定了良好基础。今后，北海市中级人民法院将进一步发挥审判服务经济社会发展职能，指导和监督管理人加快破产清算工作进程，最大限度保护债权人和企业职工的合法权益，维护社会稳定。

2017年1月至今，北海市中级人民法院共计已审查破产清算案件6件，是2008～2016年8年间受理破产案件的2倍。

（九）广西法院破产审判业务培训班暨破产审判工作会议召开

2017年4月26日全区法院破产审判业务培训班暨破产审判工作会议在广西壮族自治区高级人民法院顺利召开，自治区高级人民法院民二庭庭长蒋太仁主持会议并作重要讲话。自治区高级人民法院民二庭、立案庭、审监一庭、执行局、执行裁判庭、法院学院等庭领导以及全区各中级人民法院、基层人民法院分管副院长、负责审理破产案件的业务庭庭长、破产审判庭全体人员、律师协会、会计师协会、工信委、国资委等近500名相关人员参加了会议。此次会议以深入学习领会习近平总书记视察广西重要讲话精神的主题为契机，把学习贯彻总书记系列重要讲话精神和治国理政新理念新思想新战略结合起来，与贯彻落实自治区第十一次党代会精神确定的各项目标任务结合起来,以总书记视察广西为强大动力,高度重视发挥破产审判职能作用,着眼于稳妥解决“僵尸企业”深层次矛盾,重视运用破产法律程序来实现资源优化配置,提升产业层次,实现公平保护。

开班仪式上,蒋太仁庭长强调,要注重运用市场机制、经济手段和法治方法化解产能过剩、完善企业退出机制,在处置“僵尸企业”、化解产能过剩、推进供给侧结构性改革过程中,司法部门要依法为实施市场化破产程序创造条件。中央的要求已经指明了我国经济供给侧结构性改革的方向和路线,也发出了企业破产司法审判工作要围绕中心、服务大局的新号召。中央制定经济政策、金融政策、产业政策集中处置“僵尸企业”,相当一批企业产能与市场需要之间的矛盾不断暴露。对此,我们既要有效运用破产清算方式淘汰劣质企业和落后产能,又要充分利用破产重整手段,促进具有经营价值的企业开展兼并重组,以实现规模经济效益,还要通过公正高效的破产审判工作,解决“僵尸企业”长期以来累积的各类深层次矛盾,维护公平有序的市场秩序和优胜劣汰的竞争机制。可以说,当前人民法院正面临运用破产法治思维和法治方式促进国家治理体系和治理能力现代化的重大契机,人民法院在保障供给侧结构性改革顺利推进过程中,必须勇于担当、不辱使命。

授课老师丁海湖、徐阳光、陆晓燕、郑志斌、尹正友、王忠等专家学者从现代破产制度的基本理念、破产受理条件与破产原因、管理人制度运行、选择履行权的理解与运用、债转股实际运用困扰、困境企业拯救服务体系、重整程序管理模式、跨境破产协作、破产法与税法、海关法、国资监管法规的冲突与协调等方面进行了讲解,内容丰富、重点突出、实务性强,得到了培训学员一致好评。

(十)广西壮族自治区高级人民法院率团参加第八届中国破产法论坛

2017年6月3～4日,在《企业破产法》实施十周年之际,由中国人民大学法学院、中国国际贸易促进委员会法律事务部、中国人民大学破产法研究中心、北京市破产法学会共同主办的“第八届中国破产法论坛暨《企业破产法》实施十周年纪念研讨会”在北京隆重召开,这是破产法领域理论界和实务界的盛会。广西壮族自治区高级人民法院民二庭庭长蒋太仁、执行裁判庭副庭长周家开分别在大会发表主题演讲和担任嘉宾评议。

广西壮族自治区高级人民法院民二庭庭长蒋太仁受邀做《破产审判——小地方也有大作为》主题发言。蒋庭长认为,广西破产审判工作经历了由小到大、由少到多、由粗放到规范再到精品的发展过程,总体呈现“五小五大五发展”之特点。广西壮族自治区高级人民法院执行裁判庭副庭长周家开在论坛评议环节提出4个建议:一是加强专业化破产审判法官和破产管理人队伍的建设,解决从业人员信心不足,能力不强的问题;二是在对破产管理人依法监督的同时,加强对破产管理人依法履职,依法获取报酬等权利的保护,解决法院、破产管理人的角色与职责错位及对破产管理人报酬保障的问题;三是落实政府及相关部门在破产案件中的职责,解决政府缺位的问题;四是在试点的基础上,加强破产基金、破产案件信息平台、破产财产网络拍卖、执转破、简易案件快速审及破产管理人分级管理等制度的建立和完善,解决破产审判的公平与效率问题。

中国破产法论坛因其规格高、影响力大,吸引了众多理论和实务界人士,浙江、广东、广西、江西、上海五省(区、市)高级人民法院以及来自全国各地人士共800余人参加会议。广西壮族自治区高级人民法院、南宁市中级人民法院、柳州市中级人民法院、贺州市中级人民法院等法官参会,柳州市中级人民法院破产审判庭丁立波法官在分论坛做了题为《破产案件审理中的“刑民交叉”若干问题研究》发言,得到了大会组委会的高度肯定。

(十一)广西壮族自治区高级人民法院率团参加第三届山东破产法论坛

2017年5月12~14日,由山东省法学会、山东省高级人民法院主办的第三届山东破产法论坛在青岛举办,本次论坛共有来自全国破产法领域的权威、专家、法官、律师、会计师、银行从业者、管理人机构等400多人参加。论坛主题为“执转破”理论与实务探讨,正是契合了现下“执转破”的需求。山东省法学会企业破产与重组研究会多年来致力于山东省破产法理论研究及实务交流探讨,取得丰硕的成果。借助本届论坛,最高人民法院民二庭王富博审判长对《关于执行案件移送破产审查若干问题的指导意见》作出解读,全国各地法院的一线法官、理论界的专家学者及实务界的管理人机构、金融机构从不同角度为促进和规范破产法发展,对执行转破产的理论与实践问题建言献策、分享见解,直接对话,高端讨论、评议,在互相学习中凝聚集体智慧,激发灵感,力促执行转破产工作在实践中完善,在挫折中前进。

蒋太仁庭长在本届论坛上作了题为《上下齐心　多方协调　大力推进执行移送破产工作上新台阶》的主旨发言。蒋庭长首先介绍广西法院执转破的工作概况,认为广西法院执转破工作总体来说是艰难的开局、甜蜜的事业和美好的愿望。在面临当事人不同意、执行及审理法官积极性不高、社会理解度不高等艰难开局的情况下,广西法院上下齐心协力,通过执行案件移送破产审查工作,取得了较好的工作成果。蒋庭长总结了执转破工作的三点想法:一是要有三个齐心。从思想意识上齐心,对执转破工作达成一致;在规则制定与执行上齐心;在行动上要齐心。二是要有四个协调。积极协调当事人;协调好内外部法院关系;协调外部各部门之间的关系以及协调法院与管理人的关系。三是要有五个坚持。坚持破产的激情不动摇;坚持人民法院内外一盘棋;坚持党委领导、法院主导和政府支持;坚持建立执转破的基金;坚持对管理人工作的支持。通过上下齐心、多方协调,推进执行移送破产工作上新台阶。

周家开副庭长在论坛“执行转破产中的问题和建议”阶段进行评议。周庭长建议最高人民法院适时对《关于执行案件移送破产审查若干问题的指导意见》的以下问题予以关注并进一步完善:一是执转破的启动问题,建议适时推动职权主义模式;二是执转破中当事人意思表示问题,即在诉讼立案或执行立案时一并发送诉讼风险或执行风险告知书,当债务人出现破产法第2条规定的破产原因时,原告或申请执行人同意债务人进入破产程序;三是执转破中对破产原因的审查问题,建议执行法院根据执行不能的事实及现有证据作形式审查,实质审查由破产法院依法进行;四是执转破中的程序衔接问题,建议细化执行法院与破产法院的衔接和沟通,防止在完成“基本解决执行难”时,突然大量执行案件移送破产法院,由执行难变为破产难;五是执转破中的专业化建设问题,建议加强专业化的法官队伍和管理人队伍的建设,解决从业人员信心不足、能力不强的问题。周庭长指出,中央明确提出加强供给侧结构性改革、清理“僵尸企业”和最高人民法院提出“基本解决执行难”,有效化解执行领域的“僵尸案件”,破产审判正处于前所未有的大好时机,因此,从事破产事务的人员,要把破产事务当成事业来做,要勇于担当。

(十二)广西法官为北大学生开展破产法专题讲座

近年来,广西法院与北京大学法学院建立了良好的岗位研修培训合作关系,众多的民事、刑事法官走入法学院课堂成为学生聆听知名教授的讲课,更新理论知识,完善知识结构,调整思考方式,获益匪浅。

2017年6月应北京大学法学院、北京大学中国企业法律风险管理研究中心邀请,广西壮族自治区高级人民法院民二庭蒋太仁庭长与执行裁判庭周家开副庭长在北大法学院会议室为法学院30多名博士生代表做了一场破产案件审判法律实务的专题讲座。蒋太仁庭长以《破产审判的昨天、今天和明天》为题，以生动风趣的语言，通过对真实破产个案进行深入浅出的分析，多角度讲述破产审判发展历程。蒋太仁庭长2小时的授课有理有据、重点突出、详略得当、以案说法，既探讨了破产法实施过程中还需解决的理论问题，又在案例的剖析中讲解了破产案件审判要旨，理论联系实际，勾勒破产审判的大体框架，拓宽了学生对破产法理论研究的视野和破产案件审判的实务认知。周家开副庭长随后也向同学们介绍了自己多年学习和实践破产法的体会，对同学们的提问进行解答。

蒋太仁庭长、周家开副庭长以亲办或指导的案例为切入口进行授课，成为广西法院首次回馈学习成果的法官，为法学院的学子们带来一份丰富的破产审判“实务大餐”，让学生们对这项工作有了清晰的认识，弥补了纯理论研究的不足。此次讲座也是北大法学院推动法学研究与司法实践有效对接，努力培养造就高素质、应用型的法治人才，加强法学成果的转化应用，有效推进法学研究、法学教育和法治实践深度融合的重要举措。

山东省各级各地人民法院破产审判报告(2006～2016年)*

山东省高级人民法院民二庭**

2016年是我国全面建成小康社会决胜阶段开局之年,也是推进供给侧结构性改革的攻坚之年。根据中央经济工作会议要求,依法清理"僵尸企业",优化资源配置,已经成为当前和今后一段时期经济发展的重要战略任务。做好"僵尸企业"处置工作是供给侧结构性改革的客观需要,是提升市场主体竞争力的客观需要,是建立健全市场主体退出机制的客观需要。为充分发挥审判职能作用,通过司法程序依法处置"僵尸企业",山东省高级人民法院民二庭专门对2007～2016年十年来全省人民法院破产案件基本情况和存在问题进行了汇总和分析,并就加大"僵尸企业"司法处置力度,完善破产审判机制及建立相关配套机制提出对策建议。

---

* 本文是作者专门为本书撰写的稿件,感谢山东省高级人民法院民二庭副庭长肖彬、审判长康靖对本书编辑出版工作的支持。——编者注

** 执笔人:康靖,山东省高级人民法院民二庭审判长。

一、十年来全省人民法院破产审判工作发展态势及主要特点

2007～2016年，全省人民法院充分发挥破产审判职能作用，共受理破产案件1998件，审结2464件，依法化解债务1032亿元，妥善安置职工72万余人，为促进产业结构调整、维护社会和谐稳定发挥了重要的作用。全省人民法院依法审理了一大批在全省乃至全国具有重大影响的案件，如全国第一例民营学校(南洋学校)财务清算案、山东省第一家证券公司(天同证券)破产清算案、山东海龙股份有限公司和山东九发食用菌股份有限公司两个上市公司破产重整案以及出售式重整的典型案例淄博钜创纺织品有限公司破产重整案等，得到最高人民法院和省委、省政府的充分肯定和积极评价。其中海龙公司重整一案被最高人民法院评选为“人民法院关于依法审理破产案件、推进供给侧结构性改革典型案例”。

(一)破产案件数量总体先降后升

2007～2012年全省人民法院受理破产案件数量呈下降趋势，年均下降约10%，2012年仅受理63件，为历年最低。2013～2015年收案数量逐年上升，2015年更是达到235件，同比增长150%。2016年受理180件，略有下降。随着全省经济下行压力的增加和国家深度调整经济结构、化解产能过剩、处置“僵尸企业”、执行案件移送破产审查等政策的实施，全省范围内通过破产程序进行重整或退出市场的企业将进一步增加，预计今后几年全省破产案件数量将进一步上升，破产审判任务将更加繁重。

(二)非公企业成为主要破产主体

近年来，由于经济下行压力加大、企业经营管理不善导致资金链断裂等原因，破产主体呈现多元化，非公企业破产所占比重明显加大，2014年、2015年已经占到全部破产主体的60%以上，2016年达到90%。值得注意的是，申请破产的民营公司中有很大一部分是由原国有、集体企业改制而来，这些公司破产仍然具有国有集体企业破产的问题，即职工人数众多，欠缴各项社会保险情况严重，历史遗留问题复杂，使案件的审理难度增加，需要依靠当地党委政府的支持配合。由于银行融资门槛提高，非公企业转向寻求其他融资途径甚至非法集资，破产企业银行债务呈下降趋势。2007～2016年全省人民法院受理破产案件的破产债务总额达1293亿元，其中银行债务198亿元，占比15%。

(三)由债权人启动破产程序的案件数量逐步上升

2007～2016年全省人民法院受理的破产案件中，债务人申请破产的比例为

68.7%,债权人申请破产的比例为31.3%。破产程序主要由债务人启动,但债权人申请债务人破产案件的数量明显上升,2013~2016年分别为30件、24件、52件和108件。债权人申请破产案件上升的原因,一是尽快清结债权债务的需要;二是《关于适用〈中华人民共和国企业破产法〉若干问题的规定(一)》明确了债权人申请债务人破产时举证责任的分配,降低了实践中债权人申请企业破产的门槛。

(四)破产案件涉及的新问题新情况不断涌现

1.关联企业合并破产"无法可依"。关联企业的发展给社会带来经济利益的同时,也引发了一系列问题,主要表现在关联企业机构、财产、人员等方面高度混同,特别是关联企业之间利用关联关系转移资产,利用破产手段逃避债务损害债权人利益。近年来,全省关联企业破产的案件日益增多。截至2015年全省涉及关联企业破产案件共有87件,其中济宁市中级人民法院受理的山东拖拉机厂及其关联企业在内的七家企业同时破产,是目前关联企业最多的一宗。2010年泰安市泰山区人民法院受理并审结的华泰铝轮毂公司与华泰铝制品公司合并破产清算案件效果良好。但由于合并破产是对公司人格独立的全面否认,目前法律对合并破产程序及实体认定上具体如何操作没有规定,亟须予以明确。

2.民营企业治理结构不规范,刑民交织问题突出。民营企业破产,由于多为家族式经营,公司治理结构不规范,经常出现企业财产与股东财产混同、企业债务与个人债务不分的情况。而且因为企业财产账目不清,难以确定债权,可能引发债权人之间就是否受理破产申请、如何进行破产财产分配等方面的矛盾。同时,民营企业中一些不规范的民间借贷行为与集资类犯罪活动相互交织。相当部分发生资金链、担保链危机的民营企业,存在"企业构成破产原因"和"企业或企业主涉嫌集资类犯罪"的"两个并存"情形,这类企业破产,刑民交织问题如何合理处理,刑事追回的赃款、赃物是否纳入破产财产一并分配等问题,法律适用不明确,协调处理的难度大,也成为破产案件审理的新问题。

3.房地产公司破产成为企业破产案件的难点。虽然全省法院房地产企业有破产重整成功的案例,如临沂市罗湖房地产开发有限公司重整案,罗庄区人民法院通过拍卖股权的方式使新投资人入股该企业。但鉴于房地产企业的特殊性,法院一旦受理这类案件,将面对企业职工、债权人尤其是农民工、拆迁户和购房者的多重社会压力,困难重重。如乳山市人民法院受理的涉及"台湾城"项目的两家房地产企业破产重整案,因引入战略投资人失败,已转入破产清算程序,我们将密切予以关注。

4."执转破"案件未来将成为破产案件新的增长点。2015年2月4日最高人民法院《关于适用〈中华人民共和国民事诉讼法〉的解释》第513~516条建立了执行程序与破产程序之间的链接,简称"执转破"。2015~2016年全省法院通过执转破程序共受理破产案件38件,审结7件,案件均来源于本辖区法院。执转破收案数量较多的法院分别为烟台(8件)、东营(5件)、济南(3件)、临沂(3件)。大量执行案件中受偿顺序在后的债权人根据执转破司法解释的规定,希望通过破产程序使债权得到部分清偿,由于目前法院执行不能的案件很多,如果全部转入破产程序,破产审判庭将面临巨大压力。破产审判也会成为解决执行不能的程序延续,变成后执行程序,执行不能的难题会继续转为破产难题。

二、全省法院审理破产案件主要经验

(一)"破"中求"立",优先推动企业重整

破产重整与破产清算相比,成本相对较低,不仅可以使债权人得到更高比例的清偿,缓解债务人清偿债务的压力,还可以使企业再获新生。在破产工作中,我们注重优先考虑重整思路,创新工作方法,最大限度维护债权人、债务人及职工的利益。2012年山东海龙股份有限公司破产重整案是当时全国36家上市公司重整案中,债权额最大、股东人数最多的重整案。通过重整,海龙公司内部产业结构和上下游客户资源得到优化,股票价格从重整前的2.76元一度提升到5.0元以上,职工工资普遍提升200元左右,产品质量重新跃居全国同行业前列。该公司成为全国上市公司重整企业中唯一一家主业不变、产品不变、没有进行资产置换、没有停产半停产而就地重生的企业。主要经验是:(1)创立了母子公司独立立案、统筹安排的重整模式。博莱特公司作为海龙公司的全资子公司,其业务收入是海龙公司营业收入的主要来源之一,潍坊市中级人民法院创造性地实现了海龙公司与具有重整价值的主要子公司独立立案、统筹安排的整体重整模式,使两公司资产负债和经营情况均得到有效改善。(2)探索了以债务置换、债务承担方式对金融机构债权人进行清偿的新模式。债务置换即债权银行在公司重整计划通过后,向公司提供与银行债权金额相同的贷款,公司可以用未来生产经营所得偿还该部分银行贷款。债务承担即将公司对债权人的债务转由市政府

平台企业承担,公司以后续的生产经营所得偿还市政府平台企业承担的债务。(3)对涉及融资融券业务的出资人股票让渡方式也进行了有益探索。

创新适用"出售式重整"模式,切实提升破产企业重整成功率和重整效果。关于重整模式,主要分为企业存续型重整和出售式重整。出售式重整模式是将债务人具有活力的营业事业之全部或主要部分出售让与他人,使之在新的企业中得以继续经营存续,债务人以转让的对价及未转让资产清偿债权人。出售式重整不保留原债务人企业的存续,在事业转让之后将债务人企业清算注销,事业重整以在原企业之外继续经营的方式进行。2014年淄博市中级人民法院对淄博钜创纺织品有限公司破产进行了出售式重整。重整计划为公司主要的营业、资产以评估价转让给如意公司,并接收全部职工;银行担保债权大部分得以实现,职工债权和税务债权100%得到清偿,普通债权在第一阶段清偿中,债权额不足5万元(含5万元债权)部分,按100%比例清偿,超过5万元的,5万元以内部分全额清偿,超出5万元部分按6%比例得以清偿;未清偿部分视追收债权情况进行第二次清偿计划。通过采用出售式重整方式,一方面,在投资人如意公司接收破产企业资产后,企业资产得到盘活,职工利益和就业得到保障,银行债权得到较大保障,普通债权人得到相应比例受偿,实现了各方利益的最大化;另一方面,可以通过对债务人企业营业资产的出售,隔断收购者与破产企业未申报债权、行政罚款、抵押优先权、供水、供电、供气等原有债务的联系,保障其不受到在重整程序中未处置债权的继续追讨,避免重整的失败。

(二)切实维护职工权益,妥善安置破产企业职工

依法优先保护劳动者权益,是破产法律制度的重要价值取向,也是当前形势下人民法院保障民生、维护稳定的重要手段。如何保障职工的合法权益,也是破产案件能否成功处理的关键。2013年济南市中级人民法院联合市委、市政府成立了帮扶解困工作组,进驻企业开展帮扶解困工作。在中国济南化纤总公司破产清算一案中,工作组协调指导制定了职工安置方案,协调政府相关部门支付了3亿多元的安置费,为企业申请破产清算提供了条件。同时通过第三方购买金融债权的方式,化解了职工债权和金融抵押债权的矛盾,维护了职工的利益,取得了较为满意的效果。

日照市五莲县人民法院在破产案件审理中发现,由于历史原因,大量破产企业职工的住房为企业在划拨土地上建设的"公房"。企业一旦破产,土地需被收回,“公房”也需腾空,破产企业职工面临无房可住的难题。为此,该院专门提出“建设保障性住房,对破产企业需腾空房屋的无自有住房的职工家庭进行安置”的人性化建议。具体的安置方式为:政府通过政策或者资金支持,建设部分限定套型面积的保障性住房,按优惠房价或租金由破产企业需腾房的无自有住房家庭选择购买或者租赁。经核实确认符合条件的家庭,自行确定购买或租赁。该建议已被当地政府采纳,经过在破产案件中推行取得良好的社会效果。

(三)灵活变现破产财产,最大限度提高债权清偿率

破产财产变现难是制约破产案件审判效率、阻碍债权清偿程度的关键因素,针对破产企业债权清收难,实际清收率低的实际情况,我省许多法院也进行了有益探索。

1. 特殊破产财产,实行国资购买。实践中经常出现破产财产因价值巨大而无人竞拍,国有划拨土地因不属破产财产,无法与地上建筑、设备一并拍卖等问题,导致破产财产不能及时变现。对此,临沂市沂水县人民法院依据《企业破产法》“变价出售破产财产应当通过拍卖进行。但是,债权人会议另有决议的除外”的规定,协调当地政府部门,由国有资产运营公司按照评估价值购买“特殊破产财产”,提高了破产财产变现率,最大限度地发挥了财产使用价值和社会效能。

2. 变更土地性质,收益保障职工。对破产企业的国有划拨土地,沂水县人民法院在一些案件中抓住近年来旧城区改造的有利机遇,积极向党委、政府建议,将原来的企业工业用地变更为商住用地,通过土地性质的变更,提高政府土地纯收入,然后对破产财产不足清偿职工债权的部分,由政府从土地出让金纯收益中予以弥补,也提高了土地变现的效率。

3. 出租破产财产,实现资产增值。针对破产财产价值有限的情况,淄博市张店区人民法院探索在对破产财产进行有效监管的情况下,将部分破产财产(如厂房等)向外出租,利用租赁收入增加破产财产总额,使破产清算由原来单一的破产消耗过程,变为资产增值过程,一定程度上缓解了因为破产财产过少而对案件审理的制约。

(四)探索实施合并清算,审理好关联企业破产案件

关联企业的破产是采取单独清算还是合并清算实践争议较大。如果企业关联达到人格混同的程度,实施合并清算能够公平保护各方利害关系人的利益。泰安市泰山区法院在华泰铝轮毂公司与华泰铝制品公司破产清算一案审理中,该院发现两企业虽未到工商部门办理合并手续,但已进行了实质合并,如分别破产清算企业资产将难以区分,职工权益、债权清偿比例也无法统一,更无法实现资产变现价值最大化的目标。经过中介机构对两企业财产混同、统一管理、统一调配职工、统一对外经营等问题做出专项审计报告,管理人向债权人和两企业职工进行沟通,分析合并清算的利及不合并清算的弊,通报并经表决通过了合并清算方案,两公司实现了合并清算。

(五)创新管理人模式,充分发挥管理人的职能作用

在国有企业破产过程中,需要把握好管理人与政府工作组的职责分工与关系协调问题。为此,聊城市莘县人民法院、淄博市高青县人民法院探索法律问题与社会问题分别处理的方式推进国企破产:管理人依法做好破产企业债权、债务的清理及破产财产的管理和处分;由政府企业主管部门、国有资产、国土资源、社会保障等政府相关部门成员组成“政府工作组”或“破产工作联系人”,负责职工的分类、工资的界定、养老保险金的计算以及接待来访、维稳、引进投资人、落实金融政策等工作,处理好破产清算过程中的各类社会矛盾,确保和谐破产。同时,在资产的清理与出售等重点环节与管理人搞好配合,并就所协管的工作向政府和法院负责。

2015 年 12 月 15 日威海经济技术开发区人民法院裁定批准了威海三进船业有限公司重整计划。法院采取了“律师事务所 + 会计师事务所”的双管理人模式,充分发挥律师、会计师在各自专业领域的特长,加速推进破产财产、债务的核查认定。

(六)探索建立管理人报酬基金,调动管理人工作积极性

对于缺乏破产费用的案件,为提高管理人的积极性,滨州市滨城区人民法院探索建立了“管理人报酬基金管理制度”。该基金的来源主要有三部分:一是从该院的诉讼费用收入中划入部分;二是财政拨款,主要是破产企业使用的土地出让金中政府收益部分的拨付;三是社会资助,主要是在其他破产案件的管理人报酬中按一定比例提取的资金。在最初的积累中,财政拨款 5 万元,从诉讼费收入中拿出 5 万元,社会资助 6 万元,共 16 万元作为启动资金。以上资金由法院设立专门账户,统一管理使用。作为一项制度,滨城区人民法院通过与管理人多次沟通和征求意见,又制定了相关规定,从破产案件管理人所得报酬中按比例提取:10 万元以下部分按 6% 提取,10 万 ~ 20 万元部分按 8% 提取,20 万 ~ 30 万元部分按10%提取，依此类推，但最高不超过30%。管理人报酬基金制度建立实施后，先后有4起无产可破的破产案件（双泉、鲁北燃料、荣创和华云公司）工作得以启动。除基金启动资金外，已从破产案件管理人报酬中提取基金5万元，已支付管理人报酬3万元，在破产财产变现后已全部收回，基金余额已达21万元。

（七）积极探索“执转破”模式，努力打通解决执行难的“最后一公里”

山东省高级人民法院高度重视执转破工作，认真学习贯彻最高人民法院《关于执行案件移送破产审查若干问题的指导意见》，通过实地走访、召开座谈会等多种形式强化执破衔接，保障执行案件移送破产审查依法有序进行。2017年2月15日青岛市城阳区人民法院审结首例执行转破产案，不到3个月圆满终结83件执行案。青岛新和文化体育用品有限公司（以下简称新和公司）与青岛某纸业有限公司等83家债权人系列货物买卖合同纠纷案件，法院作出判决后，因新和公司法定代表人出逃，企业陷入混乱。法院在执行过程中对该企业财产进行了查封变现，但该企业财产不足以清偿全部所欠债务。债权人之间的利益冲突十分激烈，尤其是涉及职工权益，在执行程序中很难平衡。城阳法院经过审查认为，该企业已经符合破产条件，以执行案件移送破产审查方式处理更为适当，通过破产程序，所有债权人将获得公平清偿，企业职工劳动债权还可以得到优先受偿，从根本上解决矛盾纠纷。2016年10月城阳区人民法院开始探索以执行转破产模式处理该案。该案从收案到结案仅用了两个半月时间，高效化解了各方矛盾，圆满解决了83起（包括56起职工工资案）执行积案，职工劳动债权清偿率达到100%，国家税款本金清偿率达到100%，普通债权清偿率达到22.9%，保障了各方当事人的利益。

三、破产审判面临的困难和问题

1.破产程序启动难。归结起来，企业破产程序启动难主要有4个方面原因：一是债务人不愿启动。许多债务人对破产制度的功能认识不足，往往被工商部门吊销执照或被法院强制拍卖所有资产，也不去寻求破产保护；企业职工尤其是国企职工对企业有强烈依赖心理，再次就业困难大，抵制企业进入破产程序。二是债权人不愿启动。债权人因企业破产债权清偿率低，更多选择通过个案诉讼方式寻求债权受偿。三是政府不愿启动。部分地方领导对破产制度的认识和理解有偏差，认为企业破产影响政绩，有损地方形象，并且担心会带来一系列后遗症,往往更倾向于对企业给予“扶植”,对其进入破产程序存在抵触心理;濒临破产企业往往与母公司或其他企业之间存有互联互保关系,当地政府也难以承受“破产一个、倒闭一片”的社会效应。四是破产费用不足。很多符合破产条件的企业停工停产多年,因无力支付破产费用而无法进入破产。有些案件减免了诉讼费用进入了破产程序,但因缺少开展财产清理、评估、债权债务的调查确认等工作的费用,破产程序无法推进下去。五是法院不愿受理。由于破产案件涉及利益关系复杂,协调处理困难,容易引发群体性事件,有关部门支持力度不够,部分法院也存在“一旦立案、案件难办”“入口易、出口难”的担忧。

2. 破产债权清收难。一是破产债权形成时间较长,甚至已过诉讼时效,部分债务人下落不明或无力清偿。二是破产企业往往管理混乱、账目不清、原始凭证缺失、债务人记载不详等,核对确认困难,导致债权无法追收。三是破产债权常伴有法律争议,债务人往往通过拒收法律文书、提出管辖权异议等手段拖延诉讼和执行,通过诉讼途径追收债权周期长、耗费大、受偿低,效果不理想。

3. 破产资产处置难。一是资产评估估值虚高、有效期短,实践中难以操作。现阶段审计事务所对破产企业资产评估都是采用账面评估的方式,且只按照会计原理计算资产的折旧率,却忽视了资产的通用性、市场因素和变现难易程度等,造成资产评估值与现实价值往往相差悬殊,难以变现。另外,评估机构提交资产评估报告书时往往已临近评估报告的有效期限届满日,实践中很难在评估报告有效期限届满前将财产变现。二是“房地分离”现象导致破产财产变现困难。实践中,有的建筑物产权属于企业,但土地使用权属国有划拨,还有的出让土地使用权与房屋产权分属不同的权利主体,或者破产企业土地上存在第三人的租赁权,导致了破产财产处置的障碍。三是企业的非经营性资产和共同共有资产处置难,如职工宿舍、与第三方联建或共建房产,归属约定不明时,财产难以交割;省属大型国企多存在办社会职能的分离问题,如企业自办医院、学校等移交地方困难,企业化社区向社会化社区转型存在障碍。

4. 破产职工安置难。一是多数企业在申请破产之前就长期拖欠职工工资和养老、医疗等社会保险金,破产财产往往不能全额兑现职工的劳动债权。对于国有企业,政府能够提供的“托底”资金缺口较大,企业破产后职工的再就业及生活来源难以保障;对于民营企业,政府不承担职工安置责任,企业破产后职工补偿安置全部交由市场,补偿安置不到位,容易引发职工集体上访。二是省属国企破产后,职工经济补偿金是继续按照省政府《关于深化省属国有企业改革的意见》(鲁政发〔2003〕62号)文件执行,还是按照《劳动合同法》的规定执行,对此认识不一致,导致职工安置补偿困难。三是破产法对职工权益的计算标准规定不明确,不同地方的破产企业安置费用不同,不同企业的安置费用也不同,破产企业职工因进行横向比较而提出异议,也造成职工安置困难。

5. 破产工作协调难。依法处置“僵尸企业”,需要各方面通力协作,但实践中法院的协调工作面临诸多困难。一是政府部门的支持力度总体不足。企业破产是一个系统工程,牵涉的利益关系复杂,企业体制的深层次矛盾和企业内部的利益冲突都在案件审理过程凸显出来,化解矛盾需要企业主管部门、人社、工商、土管、审计、税务等政府各部门的协调配合。目前地方政府在企业破产过程中公共服务职能发挥的不够,尤其是民营企业破产,法院往往孤立无援,难以开展协调工作。二是破产审判程序与行政执法程序的衔接不畅,债务人财产被其他部门采取保全或者执行措施的,法院函告相关部门解除强制措施,实践中难以得到有力支持。三是现行执法体制与《企业破产法》存在不协调甚至冲突问题。比如,在破产财产分配时应予缴纳的税款、电费等,税务、电力等部门往往提前采取强制措施,降低了破产财产清偿率,加大了法院审理和企业重整的难度。

6. 破产管理人相关制度不健全。一是管理人选任制度不健全,管理人选任范围窄,指定方式不科学,随机选任的管理人难以胜任复杂破产案件;政府部门人员担任管理人的,缺乏业绩考核标准和责任追究机制;中介组织担任管理人的,多数案件需垫付费用,且很有可能收不到报酬,缺乏有效经费保障和激励机制。二是管理人队伍不够成熟,政府工作组担任管理人的,存在工作经验不足、流动性大等问题,且没有独立承担责任能力;会计师事务所、律师事务所等中介担任管理人的,存在关系协调不下、清算工作不力等问题。三是对管理人的监督机制实效性不强,问责制度不健全。尽管现行《企业破产法》已经建立起法院和债权人对管理人进行双重监督的机制,但法院对管理人履行职务不到位或者不作为监督的难度很大;债权人会议既受制于会议召开时间,监督方式和内容也非常有限。而破产法对管理人善管义务和忠实义务的内容及其衡量标准、实施管理工作的程序和规则没有明确规定,《企业破产法》第130条、第131条关于管理人责任追究的规定难以落到实处。四是法院与管理人职责交叉、分工不清,管理人往往将其本应自主决定的事项向法院请示,法院不得不代为行使管理人的职能,比如审核债权、制定重整或者清偿方案等,导致法院职责、负担过重。

7. 企业破产相关法律和政策不够明确。一是法律层面,虽然破产法律制度已经建立,但仍不够健全完善,如对管理人、债权人会议以及如何实施监督管理等规定较为粗略,对破产企业税费减免核销、无产可破案件的管理人报酬支付等问题缺少明确规定。二是政策层面,虽然中央提出对"僵尸企业"实行"尽可能多兼并重组,少破产清算"的处置原则,但在具体政策未出台、缺乏相应配套措施的情况下,地方政府难以具体操作,进入司法程序后法院审理也缺少相应政策依据。

8. 法律关系复杂,案件审理周期长。审理破产案件,既是认定事实和适用法律的过程,也是多方积极协调、整体推进的过程。破产案件涉及债权清收、资产变现和职工补偿安置等,需要协调的利益关系复杂,并且容易产生大量衍生诉讼,引发群体性矛盾纠纷,导致破产案件的审理难度和工作量大、审理周期长。2007～2015年全省审结的破产案件中,审理时间在一年以内的936件,超过一年的1303件,其中不少案件的审理时间长达十年以上。

9. 破产审判力量不足。一方面,法院案多人少的矛盾对破产案件的受理形成严重制约,专门的破产审判庭和专业的法官队伍相对缺乏,难以应对集中处置、快审快结"僵尸企业"破产审判的繁重任务。另一方面,破产案件比一般民商事案件复杂难办,要花费更多时间、精力,但对破产审判工作及审判人员的业绩评定和考核机制没有突出破产审判与一般民商事审判的不同,考核机制不科学,缺乏有效激励机制,损害受理审理破产案件的积极性。

四、司法处置"僵尸企业"的措施与建议

(一)为服务依法处置"僵尸企业"工作做好调研部署

1. 启动重点调研课题,加强新情况新问题的对策研究。2016年新年伊始,省法院成立依法处置"僵尸企业"的专项调研课题组。课题组先后到济南、淄博等地考察座谈,在济宁召开西部片区法院座谈会,到省国资委等有关部门调查了解情况,赴部分企业听取意见建议。在此基础上,形成《依法处置"僵尸企业"有关情况的调研报告》,并及时报送省委省政府。报告从近年来审理企业破产案件基本情况出发,着重分析企业破产处置中的困难和问题,并从健全完善相关工作机制、强化破产案件审判资源配置、加强对破产管理人的监督指导等方面提出相应的对策建议。

2. 出台规范性意见，为促进经济社会发展提供司法保障。在充分论证和调研的基础上，民二庭起草了《关于依法审理涉“僵尸企业”案件为经济社会发展提供司法保障的意见》（以下简称《意见》）。《意见》从提高思想认识、突出工作重点、健全工作机制3个方面提出全省法院提升司法能力，提高涉“僵尸企业”案件的质效，服务结构性改革和经济发展大局的20条具体措施。郭树清省长批示：“省高院的这个文件体现了服务大局主动作为意识，内容也有改革创新之处，建议征求发改委、经信委、国资委、财政厅、金融办、国土厅、人社厅等部门意见后尽快下发实施”。4月19日省政府以鲁政办字〔2016〕60号文全文转发了该《意见》，并要求各级各有关部门认真学习参考，主动与法院沟通，积极争取法院提前介入，帮助企业、职工分析利益关系，正确对待意见分歧，保护企业、职工合法权益。

3. 召开依法处置“僵尸企业”专题会议，明确具体工作思路。2016年3月18日省法院组织召开依法处置“僵尸企业”工作专题会议，传达学习全国部分法院依法处置“僵尸企业”调研及座谈会精神，分析我省面临的形势任务，研究部署依法处置“僵尸企业”工作。会议提出，当前和今后一个时期，全省人民法院依法审理破产案件、处置“僵尸企业”的四项重点工作和需要建立健全的六项工作机制。省发改委、经信委、财政厅、人社厅、国土厅、国资委、金融办、人民银行、银监局、银行业协会、律师协会等有关部门、机构的负责同志参加了会议。省经信委等6个部门和机构结合自身工作职能，介绍了推进“僵尸企业”处置工作的开展情况。17个中级人民法院结合各地实际，就如何通过司法程序依法处置“僵尸企业”工作提出了具体的工作思路和措施。

（二）司法处置“僵尸企业”与提升破产审判质效的措施

1. 建立企业破产工作统一协调机制。紧紧依靠党委的坚强领导，积极协调政府建立企业破产工作统一协调机制。主动加强与政府有关职能部门的沟通，配合政府做好兼并重组指导、信息提供、破产企业职工安置、维护稳定等各项工作。重大敏感案件以及案件审理执行工作中发现的重大性、苗头性问题，要主动向党委汇报，积极取得政府支持，确保“僵尸企业”处置工作有序开展、稳妥推进。

2. 做好破产案件的立案受理工作。解决破产立案难问题，探索实行“僵尸企业”破产案件指定管辖和集中管辖，更新司法理念，实现从“审慎受理”向“依法受理”的转变。一是要认真执行企业破产法及其司法解释的规定。准确把握企业破产案件受理标准,对达到破产条件的及时立案受理,不得在法律之外另设门槛,不得无故拒绝、推诿或拖延审判。特别是要纠正“不裁不立”的消极做法,依法接收当事人的申请,及时作出是否受理的裁定,切实保障当事人的程序性权利。二是明确立案庭与审判庭在破产案件受理上的分工。对于当事人的破产申请材料,立案部门应一律接收并出具书面凭证,然后根据《企业破产法》第8条的规定进行形式审查。立案部门经审查认为申请人提交的材料符合法律规定的,以“破申”编制案号,当场登记立案;不符合法律规定的,应予释明,并以书面形式一次性告知应当补充、补交的材料。立案部门登记立案后,应及时将案件移送负责审理破产案件的审判业务部门。由审判业务部门按照《企业破产法》第2条的规定进行实质审查,裁定是否受理。

3.设立破产审判专项基金,应对“无产可破”案件的启动问题。借鉴温州等地区的先进经验,建立政府援助《企业破产法》实施的常规机制,对于“无产可破”案件中企业职工基本安置费用和破产费用予以援助,建立危困特殊企业挽救的财政援助机制。通过确立政府在企业破产过程中的社会责任,建立起规范、科学的破产程序援助制度,为破产制度社会功能的发挥提供有力支持。滨州市滨城区人民法院作为我省破产试点法院之一,近年来一直致力于研究“破产管理人报酬基金”,并取得了明显成效。

4.不断完善创新破产审判模式。一是探索破产案件简易审理程序。破产程序的特殊性决定了破产案件工作繁复、周期较长。破产程序每延长一天,破产财产的有形损耗、无形损耗甚至流失的风险就会增加一分。为提升破产案件审理效率,可以试行破产案件的简易审机制,即从多个环节入手,对事实清楚、债权债务关系明确、争议不大的破产案件,简化审理程序,一般在受理后6个月内审结,既缩短办案周期,又减轻当事人的经济负担、降低司法成本。二是探索制定执转破的具体实施细则。根据执转破的法律规定和全国法院执行案件移送破产审查工作视频会的会议精神,积极探索制定执行转破产的具体实施细则,如审查释明程序、案件预审程序等,与执行部门联合出台《关于执行程序与破产程序衔接若干问题的规定》,为执转破扫清程序障碍,强化执破衔接。济南市中级人民法院已经制定了《关于执行程序移送破产程序的实施细则(送审稿)》,优先探索在本地区实现执行程序与破产程序的有效衔接。三是充分发挥全国企业破产重整案件信息网的重要作用。及时将破产案件信息录入信息网,并加快补录有关存量数据，努力达到“破产案件全覆盖、利益主体全覆盖、法律流程全覆盖”的效果。善于运用信息网的数据统计、数据检索等功能，分析研判企业破产案件情况，及时发现新情况、解决新问题，提升破产案件审判水平。加大破产重整信息公开力度，通过信息披露广泛吸引投资人，解决投资人和债务人信息不对称的问题，促进资本、技术、管理能力等要素的自由流动和有效配置，提高破产企业重整率。2016 年淄博市中级人民法院已有 3 起破产重整案件通过在平台发布信息成功招募投资人。

5. 建立破产重整企业的识别机制。根据中央“尽可能多兼并重组，少破产清算”的要求，按照最高人民法院“杭州会议”的部署，对进入破产程序的“僵尸企业”，进行分类评估、分别处置。对经营管理虽存在困难，但仍具有运营价值的“僵尸企业”，依法积极开展破产重整。第一，企业资金链断裂、流动性吃紧的，如果企业生产的产品适销对路、市场前景广阔，要积极通过破产重整、和解促进企业债务重组，化解企业债务危机，帮助企业轻装上阵；第二，因企业技术水平不高导致产品销路不畅，或者管理不善导致企业经营困难的，如果通过技术升级换代、改善经营管理能够让企业重返市场，要积极推进破产重整，帮助企业腾出精力改善管理，保障技术创新，力求催生新的需求；第三，企业经营困难严重，已丧失市场空间，但通过变更营业等手段可以盘活存量资产的，也要尽可能采取破产重整的方式压缩和合并过剩产能、保留有效产能，引导增量、主动减量，最大限度利用资源；第四，对那些技术水平低、发展前景差、环境资源消耗大而不宜再保留的“僵尸企业”，要及时进行破产清算，使企业和产能依法有序退出。

6. 完善破产管理人工作机制。管理人作用能否得到充分发挥，直接影响着破产程序能否顺利运行，培养高素质、充分市场化、成熟中立的管理人队伍是实现破产制度功能目标的重要保障。为此，2016 年 8 月 15 日山东省高级人民法院成立了“破产管理人评审委员会”，由民二庭与司法技术中心共同负责管理人的分级与管理工作。一是根据实际需要，及时补充调整管理人名册。2016 年年底，已经完成全省法院破产管理人名册更新、分级，最新公布的《企业破产案件管理人名册》中，机构管理人 390 家，个人管理人 131 名。机构管理人包括律师事务所、会计师事务所、破产清算事务所三类，并根据执业能力、从业经验、社会信誉等分为三级；其中一级管理人 41 家，二级管理人 187 家，三级管理人 162 家，个人管理人不分级。二是推动建立管理人分级管理、动态管理制度。2016 年年底，民二庭与司法技术中心联合出台了《破产案件管理人管理办法(试行)》(以下简称《办法》)。《办法》规定,企业破产案件根据破产案件社会影响大小、法律关系复杂程度、债务人财产状况、债权人状况等情况,由复杂到简单分为三类。其中,一级管理人办理一类至三类破产案件,二级管理人办理二类至三类破产案件,三级管理人办理三类破产案件;个人管理人办理中级人民法院辖区内三类案件。《办法》同时设立了管理人资格准入、考评和淘汰机制,建立起有进有出、有升有降、各级管理人之间健康流动的动态管理体系,以调动管理人的工作积极性,提高破产案件质量和效率。

7. 强化破产专业化队伍建设。一是健全破产案件审判组织机构,促进破产案件审判的专业化和规范化。济南市中级人民法院、枣庄中级人民法院、沂水县人民法院等8个中基层人民法院设立了专门的破产审判庭。淄博中院注重优化破产合议庭人员结构。破产合议庭7名成员中5人为法学硕士,其中,一人曾在研究室工作,利于加强破产审判的综合调研能力;一人具有注册会计师资格,利于加强对账目、资产的审核。二是优化破产案件审判队伍,适当保持破产案件审判队伍的稳定性,加强审判业务培训,定期开展研讨交流,提升破产案件审判法官的专业化水平;加强对"僵尸企业"破产发展趋势的预判,做好破产案件审判的人员储备,形成数量相对均衡、后备力量充足、年龄梯次合理的破产案件审判队伍格局。三是完善破产案件绩效考核机制。积极探索建立能够全面客观反映审理破产案件工作量的考评指标体系和科学合理的绩效考评机制,充分调动法官承办破产案件的积极性:(1)将进入实质破产程序的案件,同不予受理、裁定驳回申请、无产可破而终结破产程序等未进入实质破产程序的案件,进行区分,分别进行考核。前者的绩效应明显重于后者。(2)对进入实质破产程序的案件的考核,暂采取将审理中各个阶段的工作折算为相应数量的普通案件的方法。

五、依法清理处置"僵尸企业"的建议

清理处置"僵尸企业",应当遵循企业主体、政府推动、市场引导、依法处置的原则,综合运用市场机制、经济手段、法治办法和必要的行政手段。为此,对政府及有关部门提出以下建议:

1. 树立正确的企业破产处置观念。一是正确认识企业破产的价值及功能。转变企业破产"有损政府形象"和"给政府带来麻烦"等观念,取消对企业自主权

的干涉，让企业回归市场，特别是坚决停止单纯用财政补贴和银行续贷等保护政策养活“僵尸企业”。明确企业破产并不等同于破产清算，破产程序包含重整、和解和清算，进入破产程序后还可通过租赁经营、整体出让、并购重组等多种方式挽救企业。明确当前的企业破产不同于早期国有企业的政策性破产，而是市场主体依据法律规则在法院主持下的市场行为，政府承担的职责是研究制定配套政策，推动“僵尸企业”依法有序退出市场。二是强化依法处置观念。在制定企业破产处置方案过程中，应当认真研读相关法律和国家政策，邀请法律专家等专业人员参与论证，提前与法院进行沟通交流，依法做好企业破产前的各项准备工作，杜绝“加快进程走捷径”和“举措违法走弯路”两种倾向，避免因前期工作不合法导致在后续破产程序中难以得到法院依法支持。

2. 制定统一认定标准进行分类施策。对“僵尸企业”目前还没有明确、具体、统一的认定标准，如国资、经信、税务、工商等部门认定标准不一，且按照不同口径进行统计。准确认定是依法处置的前提。建议政府通过资产负债率、增值税缴纳、连续亏损年数等可量化指标，对“僵尸企业”认定标准进一步细化。在此基础上，对“僵尸企业”进行摸底调查并分门别类，分清企业亏损原因是行业周期性、政策性亏损还是布局不合理，是技术落后还是内部管理问题等。根据企业是否有救助价值，按照“多兼并重组，少破产清算”的原则，进行分类施策：对钢铁、煤炭、水泥等产能过剩企业，通过宏观调控，推进兼并重组，提高产业集中度，使企业逐步恢复正常盈利水平。对已进入破产程序但符合国家产业机构调整政策、仍具有发展前景的企业，或加强管理、改进技术，或整合企业资源、调整经营思路、引入投资人，启动重整或者和解程序。确定重整的，通过提前招募投资者、提前制定核心价值维持方案、提前与主要债权人沟通等，提高重整成功率。对高耗能高污染、产品没有市场、经营难以为继的企业，尽快制定破产清算方案，促使其关闭退出，实现市场出清。

3. 完善企业破产处置工作机制。一是建立企业破产法宣传推广机制。加强对企业破产法以及破产保护意识的社会宣传，尽快建立与企业破产司法程序协调对接的企业风险监测、预警和处置机制。二是建立“僵尸企业”破产处置专项帮扶机制。对“僵尸企业”处置任务重、财政困难的县市，出台专项奖补等政策，探索设立无产可破“僵尸企业”处置的专项或公共资金。三是建立企业破产清算倒逼机制。对于营业执照已被吊销但拒不履行破产清算的“僵尸企业”的股东或董事，依法由其承担不作为的赔偿责任,倒逼“僵尸企业”尽早进入破产程序。

4. 加强企业破产处置协调配合。政府推动是“僵尸企业”进入司法处置程序并有序退出的关键。一是加大对法院工作的支持力度。政府主导建立相关部门与法院的协调联动机制,实现与司法程序的有效对接,形成工作合力,统筹解决企业破产处置中的难题。政府部门要严格遵守司法程序,有所为有所不为,避免破产过程中不正当的差异化债务清偿等行为,帮助解决破产过程中的资产变现难、职工安置难等问题。二是加强各部门之间的协调配合。对于债务人财产被有关部门采取保全或者执行措施的,在法院依法要求解除强制措施时,有关部门应当予以支持配合;工商部门对已吊销营业执照但拒不履行注销义务的企业,应当加强法律责任释明,推动其进入破产程序;对于破产财产分配时应予缴纳的税款、电费等,税务、电力等部门不宜先行采取强制措施,而应按照法定程序参与分配;国有企业破产时划拨土地的处置,应当与审判工作相配合,避免因土地难以处置影响破产进程。

5. 加强企业破产处置工作保障。一是提供组织保障。对涉及职工人数多、社会影响大的企业的清理处置,要建立专项领导小组,由政府主要领导任组长,国资、税务、工商、人社、土地、房产等部门和法院、检察院负责人为成员,企业破产处置中的疑难复杂问题提交领导小组协调解决;设立或者明确负责协调化解“僵尸企业”破产风险的政府机构,在法院、清算组、破产管理人、业务托管人等各方之间发挥桥梁纽带作用,更好地将相关政策融入依法处置过程中,有效稳控社会风险,及时处置突发事件。二是提供资金保障。有条件的地方政府设立“僵尸企业”处置专项资金,解决破产企业尤其是大型国企的职工安置等费用。三是提供政策保障。在中央政策指导下,研究探索地方执行政策,比如,建立完善社会托底政策,加强转岗职工再就业培训,逐步剥离濒临破产企业的办社会职能,做好企业化社区向社会化社区划转的归口管理工作。国土、房管等部门做好土地和房产处置工作,及时制定划拨土地与房产共同处置的政策方案;人社、民政等部门做好职工权益保障等工作,及时为职工办理相关手续;税务部门适当减免企业重整、和解过程中财产流转的各类税费,对依法破产的企业欠缴税款和滞纳金及时予以核销。

湖南省各级各地人民法院破产审判报告(2011～2017年)*

湖南省高级人民法院

近年来,湖南省各级各地人民法院准确把握经济社会发展大局,依法开展破产案件审理工作,充分发挥破产程序在清理“僵尸企业”、淘汰落后产能方面的积极作用,努力为供给侧结构性改革和经济社会持续健康发展提供有力司法保障和服务。

一、近五年来破产案件审理的基本情况和特点

2013年1月～2017年10月,全省各级人民法院共受理破产案件668件(新收527件,旧存141件),审结

---

* 2016年9月28日湖南省高级人民法院召开新闻发布会,通报全省法院近五年依法审理破产案件工作情况及典型案例。湖南省各级各地人民法院依法开展破产案件审理工作,充分发挥破产程序在清理“僵尸企业”、淘汰落后产能方面的积极作用,努力为供给侧结构性改革和经济社会持续健康发展提供有力司法保障和服务。湖南省高级人民法院出台了《关于为推进供给侧结构性改革提供司法保障和服务的意见》,制定了《湖南省指定管理人工作实施细则》,四次更新全省破产管理人名册。湖南省各级各地人民法院通过建立和完善重要信息公开机制,建立专业的破产案件审判组织,加强审理破产案件的指导和培训,确保破产案件审理质量。中国破产法论坛微信公众号曾在获取授权后全文刊登了《依法审理破产案件服务保障供给侧改革——近五年全省法院破产案件审理情况通报》(含典型案例)。在收入本书出版时,作者对文稿进行了更新完善。感谢湖南省高级人民法院民二庭副庭长邓志伟、法官覃开艳对本书编辑出版工作的支持。——编者注

384件,已结案件涉及企业资产总额约150亿元,依法化解破产企业债务约700亿元,妥善安置破产企业职工约15万人。

(一)破产案件收案数稳中有增

近年来,受经济下行、结构调整等因素影响,全省人民法院破产案件收案数量稳中有增。其中,2013年、2014年、2015年、2016年新收案件分别为61件、106年、107件、134件,增长率分别为73.77%、0.94%、28.03%,2017年1～10月新收案件119件,同比增长1.28%。随着破产案件数量的增长,与破产企业有关的债权确认纠纷、破产企业财产清收纠纷、职工权益纠纷、管理人责任纠纷、投资人出资责任纠纷等衍生诉讼也相应增加,2013年以来全省法院受理破产衍生诉讼案件1737件,年均增长率达30%。随着"去库存,转结构,疏通市场退出机制,清理僵尸企业"政策的落实,全省符合破产条件的企业不在少数,企业通过破产程序退出市场将是大势所趋,预计今后几年全省破产案件数量将进一步上升。

(二)破产重整案件比例不断增大

根据《企业破产法》和《民事案件案由规定》,破产案件包括破产清算、破产重整和破产和解三大类型。全省近五年受理的破产案件中,虽然破产清算案件数量仍然最多,但是破产重整案件在数量和比例上不断增多,从2013年的1件增长到2017年的32件,占比从1.64%增长到26.89%。一大批企业通过破产重整程序改善管理、更新技术,从而恢复生机,实现盈利。另外,破产和解案件也从无到有,近五年来共受理破产和解案件8件,法院通过破产和解程序使这些企业获得了债权人谅解,从而缓解了企业债务压力,赢得了生存空间。

(三)破产申请的主体以债权人为主

根据《企业破产法》及相关法律规定,提起破产申请的主体包括债权人、债务人及特定条件下的清算组3类。从近五年来新收的527件破产案件来看,债权人提出破产申请的330件,占比62.61%;债务人提出破产申请的174件,占比33.02%;清算组提出破产申请的23件,占比4.36%。而在《企业破产法》实施之前和实施初期,更多的是债务人申请破产,其中很多是经过前期行政风险处置的国有企业。近年来债权人申请破产占比反超,反映出债权人通过破产程序保护自身权利意识的增强,也与各地法院落实债权人申请破产较低证明责任规则有关。

(四)破产企业从以国有企业为主转向以民营企业为主

随着我省上一轮国企改革改制进入收尾阶段,国有企业破产案件逐步减少,破产企业开始从“国”字号向“民”字号转变。2013 年新收破产案件中，国有企业和民营企业分别占 69.17% 和 31.83%，但 2017 年两者比重变化为 30.80% 和 69.20%，民营企业成为破产企业的主流。从破产企业行业性质来看，涉及房地产、建筑、钢铁、纺织、陶瓷、花炮制造、农产品加工、矿产等多个行业。2013 年以来，因为房地产市场变化，房地产企业破产案件的数量呈明显上升趋势，华联房产、岳房股份、龙畅房产等在当地有一定影响力的房地产企业相继进入破产程序。

（五）破产企业涉及民间借贷的比重较大

近年来的破产企业特别是民营企业绝大多数涉及大量的民间借贷，这类企业比例高达 79%。另外，还有 29 家债务人的法定代表人或者公司董事、大股东还因涉嫌非法集资被公安机关立案侦查或被人民法院判处刑罚。如怀化市中级人民法院受理的湖南明强汽贸集团破产清算案、宁乡县人民法院受理的神塑科技有限公司破产清算案等，法定代表人均因合同诈骗、非法吸收公众存款罪被判处刑罚。这是与国有企业破产明显不同的新特点，很多民营企业采取民间高利贷这种“饮鸩止渴”的方式来缓解资金紧张、维系生机，最终不堪重负。这类案件涉及的债权人众多，债务金额巨大，维稳压力大。

（六）破产案件处理难度大，审理周期长

破产案件不仅要对相关法律问题作出裁判，也要协调有关部门解决职工安置等社会问题。不仅要审理有关破产案件，还要组织、督导召开债权人会议。不仅要裁判有关事项，还要督导有关利害关系人进行谈判。所以破产案件审理既是办案也是办事，既是开庭也是开会，既是裁判也是谈判，导致案件审理难度大、事务多、周期长。

二、推动破产案件审判工作的主要做法和经验

湖南省各级各地人民法院高度重视破产案件审理工作，确立了服务大局、稳妥处理、救济权利、平等保护、破立结合的工作思路，出台了《关于为推进供给侧结构性改革提供司法保障和服务的意见》，切实推动破产审判工作专业化、规范化、法治化。

（一）发挥审判职能，处理好“三个关系”

一是处理好依法受理和有序退出的关系。从“审慎受理”向“依法受理”转

变,严格按照《企业破产法》和立案登记制有关规定受理破产案件,不随意另设法外门槛。注重对破产重整企业的精准识别,按照“分类评估,因企施策”的原则,对资金链断裂、经营管理不善,但是市场前景广阔,通过技术或管理革新可以盘活的企业,积极通过破产重整、和解等促进企业债务重组,帮助企业获得重生;对技术水平低、发展前景差、资源消耗大的企业,及时进行破产清算,使之依法有序退出市场。二是处理好支持合法豁免债务与防止非法逃废债务的关系。充分运用企业破产法合法豁免债务的制度,支持地方政府进行产业调整;同时发挥法院审判职能作用,谨防不诚信债务人利用破产制度非法逃废债务,如发现债务人巨额财产不明又不能合理解释财产去向的,不予受理破产申请。三是处理好全局利益与局部利益的关系。在破产案件审理中,坚持维护金融安全等国家全局利益的同时,充分考虑在资产重组和职工安置等各方面的实际困难,注重法律效果、政治效果、社会效果的统一。

(二)注重“府院”协调,服务改革发展稳定大局

全省各级法院在破产审判中,高度重视与政府等有关部门的沟通协调,有效发挥政府在安置职工、维护稳定、引入战略投资人、政策帮扶等方面的优势,最大限度地降低社会稳定风险。全省各级法院均与当地国企改革办建立了联席会议制度,参与国有企业改革政策的制定,协调解决破产审判中遇到的问题。邵阳等地人民法院在破产案件审理过程中,全面协调政府各职能部门配合管理人接管破产国有企业,做好维护职工队伍稳定、落实金融政策等工作。常德市中级人民法院针对可能引发不稳定因素的案件,专门成立维稳解困领导小组,并做好相关工作预案。益阳大通湖区区委专门听取法院审理破产案件的情况汇报,帮助解决企业重整过程中遇到的困难,确定盘活思路和手段。

(三)依法维护各方权益,注重保障民生

破产案件审理中企业职工、债权人、债务人等利害冲突较大,做好各方的利益平衡尤为重要。一是注重维护债权人合法权益。落实债权人会议制度,对于债权人较多的破产案件,由债权数额较大的债权人与职工代表组成债权人委员会。尊重债权人意思自治,对于债权人在破产前达成的协议,在财产管理、变价方案、重整计划草案中尽可能吸纳。二是维护破产企业职工的合法权益。积极协调有关部门做好职工就业、安置费发放、劳动保障办理、住房安排等工作,解决破产企业职工的实际困难。在衡阳春晖化工有限公司破产清算一案中,法院积极争取当地县委县政府支持,发放安置费用2400万元,安置企业职工500余人,并将困难职工生活区的自来水管网改造一并纳入安置范围,得到群众拥护。常德法院与劳动社会保障部门协调,建立了第三方垫付拖欠职工工资的机制,近三年来获得垫付资金3000多万元,湘福新型建材有限公司等一批企业破产清算案因该机制而顺利推进。三是维护破产企业的合法权益。及时审计、清理涉案企业的财产、账目,确保破产企业资产不流失。根据破产企业财产的实际状况制定不同的处置方案,最大限度地盘活、变现企业财产。长沙市两级人民法院审结破产案件114件,通过购买资产重新进行经营活动的企业有15家。四是探索建立合理的税收减免制度。怀化等地探索通过先收后返、合理减免等方式,降低破产企业的税负,5年来累计减免各类费税近2亿元。

(四)加强选任和管理,发挥破产管理人作用

破产案件审判工作能否公正、高效开展,破产管理人起着重要作用。湖南省高级人民法院编制了全省破产管理人名册,将管理人履职情况作为管理人继续选任和淘汰的依据,已先后4次更新了全省破产管理人名册。目前,全省在册破产管理人达188家。此外,湖南省高级人民法院加强对破产管理人的指导和培训,指导管理人制订清算工作计划,落实重大事项报告、破产清算账户资金使用、破产费用事后审计等制度,组织破产管理人开展破产案件管理人平台使用培训。通过上述措施,破产管理人在知识结构、执业经验和工作能力上都有很大提升。

(五)完善工作机制,确保破产案件审理质量

一是建立和完善重要信息公开机制。做到破产宣告公开、裁决相关争议公开、中介机构选任公开、破产企业资料和清算费用公开、职工权益公开、破产财产变现公开"六公开"。推广和深化破产案件信息平台的运用,着力解决破产重整企业融资难问题,进一步提升破产案件审理的透明度和公信力。二是建立专业的破产案件审判组织。针对破产案件对法官专业素质要求较高的特点,各地法院探索将破产案件审判组织专业化,长沙中级人民法院成立了专门的破产案件审判庭,怀化、衡阳等地人民法院成立了破产案件合议庭,其他法院也大多采取由相对固定的审判人员审理破产案件,较好地统一了裁判尺度,确保了审理质量。三是加强审理破产案件的指导和培训。湖南省高级人民法院下拨专项经费用于破产案件的指导和协调工作,并组织商事法官进行破产法专题培训。岳阳等地人民法院还开展了"企业市场退出机制的司法救济"法官沙龙活动。2016

年邵阳市中级人民法院被评为“全市国企破产改革工作先进单位”,多名法官立功受奖。

虽然近年来湖南省法院破产案件审判工作取得了一定成绩,但是还存在破产程序启动难、企业破产的外部配套制度不健全、审判力量不足等问题。下一步,我们将重点在引领社会各界树立正确的企业破产观念、加快协调完善企业破产外部配套制度、推动建立破产案件审判庭、做好执行程序和破产程序衔接、推广破产管理人分级管理制度等方面下功夫,为清理“僵尸企业”、推进供给侧结构性改革提供更加便捷的司法途径和有力的法律保障。

湖南省岳阳市两级人民法院破产案件审理情况调研报告*

李　琛**　徐　艳***

从《企业破产法(试行)》至新的《企业破产法》施行至今,湖南省岳阳市的破产审判工作在其启动、推进过程中,也历经了一路的艰辛探索与曲折发展。2016 年以来,在依法处置“僵尸企业”、推进供给侧结构性改革的背景下,破产审判工作得到前所未有的重视,社会各界对破产审判工作水平也提出了更高的要求。在新的机遇和挑战下,本文以岳阳市两级人民法院审理破产案件的情况为调研对象,通过深入调查,分析破产案件审理情况中的举措、得失,尤其是存在的问题,在成因拷问的基础上提出日后如何完善的建议,以期对岳阳地区乃至其他地区破产审判工作的提升有所裨益、启发。

岳阳古称巴陵、又名岳州,为湖南省辖地级市、第二大经济体,省域副中心城市。建城始于公元前 505 年,是一座有着 2500 多年悠久历史的文化名城。位于洞庭湖之滨,依长江、纳三湘四水,江湖交汇,境内京广铁路、蒙

---

* 本文是作者提交给“第八届中国破产法论坛暨《企业破产法》实施十周年纪念研讨会”的会议论文。感谢岳阳市中级人民法院民二庭庭长李琛对本书编辑出版工作的支持。——编者注

** 岳阳市中级人民法院民二庭庭长。

*** 岳阳市中级人民法院民二庭审判员。

华铁路(在建)、京广高铁、京港澳高速公路及其副线、杭瑞高速公路等国家交通主动脉在市区交织成网,是一个资源丰富、区位优越、风景优美的地方。岳阳不仅是中国南北东西交通要道、国务院首批沿江开放之重地,且是长江中游重要的区域中心城市、湖南首位门户城市。岳阳全域面积15,019.2平方公里、人口560万,其中城区人口110万,2015年国内生产总值2886.28亿元,下辖六县四区,是较为典型的内陆三线城市。

一、岳阳市各级人民法院企业破产案件审理的概况

回顾一路,岳阳的破产审判工作大致经历了四个阶段(见表1)。

表1 岳阳破产审判四阶段

第一阶段 (1988~1999年)	发展阶段	全市法院审结破产案件510件,特别是1996年、1997年、1998年每年收案都在100件以上。
第二阶段 (2000~2010年)	高潮阶段	岳阳实现对绝大多数国企的破产改制。
第三阶段 (2011~2014年)	回落阶段	破产案件受案数陡然大幅下降,全市平均年收案不足10件,部分民营企业开始申请破产。
第四阶段 (2015年至今)	重启阶段	岳阳法院共新收破产(含强制清算)案件25件,其中,岳阳市中级人民法院共立案11件。目前全市正在审理中的破产案件为44件(市中院25件)。

第一阶段于20世纪八九十年代,随着我国大批国有企业破产改制的呼声高涨,再加之1988年年底《企业破产法(试行)》的施行,掀起了国有企业依法破产改制的高潮。岳阳地区的破产审判工作也进行得如火如荼,除案件数量的可观,1994年岳阳市中级人民法院还设立了专门审理涉外经济案件与破产案件的经济审判第二庭。1997年岳阳被国务院列为试点城市,岳阳的国有企业破产享受职工安置的特殊政策,1998年岳阳市中级人民法院《我们是怎样规范破产的》一文被最高人民法院破产工作会议采用。第二阶段是进入21世纪以来,在国有经济转型、淘汰落后产能的大环境下,岳阳市委、市政府对国企破产改制工作高度重视、强力推动,确定2005年为全市统一的国企改制基准日,加之2007年新《企业破产法》的施行,带来连续几年破产案件审理工作发展的小高潮,当时岳阳基本实现所有国有中小型企业能改则改,能破则破。第三阶段是从2011年开始,随着国有企业破产进入尾声,破产案件数量开始急剧下降,这在国企经济占相当比

重的岳阳地区表现得尤为明显，2012 年岳阳市中级人民法院仅受理 2 件破产案，为历史最低。第四阶段即为 2015 年以来，随着现代市场经济的发展完善，破产企业类型开始趋于多样化，尽管国有企业比重下降，但集体企业、民营企业占比上升，以自然人为股东的有限责任公司破产案件增长幅度尤为突出（见图 1）。又加之党的十八大和十八届五中全会强调“运用破产法治思维和法治方式保障供给侧结构性改革，清理‘僵尸企业’，解决产能过剩”，给破产审判工作带来了新的发展契机；特别是最高人民法院为贯彻落实中央精神，高度重视发挥破产审判职能作用，在 2016 年打出一系列“组合拳”，再次刺激了破产审判工作的重新发展。而岳阳作为内陆地区，虽然市场经济的发展革新进度不及沿海发达地区，破产案件数量亦开始悄然增长，特别是民营企业要求法院放宽收案尺度、通过破产程序化解债务危机的呼声渐高，破产审判工作由此又迎来新的发展局面。

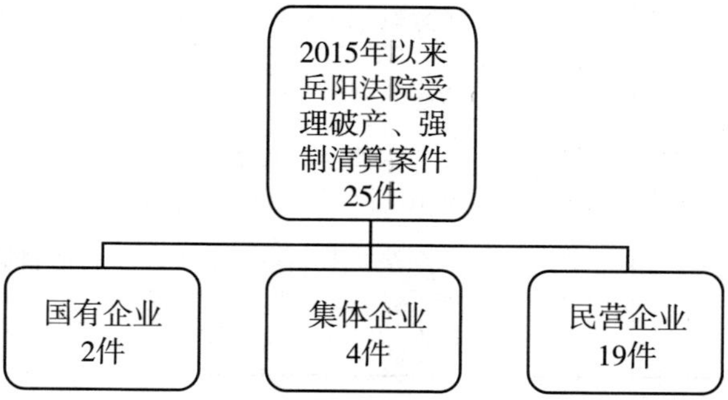

图 1

二、近年来岳阳法院加强破产案件审理的路径选择

（一）提升破产案件审理效率

为推动建立破产案件快速审理机制，法院在遵循破产正当法律程序，平衡各方利益诉求、实现公平保护的同时，积极主动探索破产案件规范化审理。如利用信息技术手段，通过最高人民法院新建的企业破产案件法官工作平台和破产管理人工作平台，规范使用信息网，落实破产程序全程公开、步步留痕，监督和规范破产受理、审理司法行为；实行个案汇报制，即每月定期召集管理人开会，对上个月工作进行总结，对下个月工作进行部署，不断推动破产程序，实现收案结案的规范化和高效化。对积案逐一清理，主动衔接管理人和主管单位，对症下药、推动进程。

(二)做好破产案件的维稳工作

在审理破产案件过程中,协调好债权人、债务人、出资人、企业职工等各方面的利益,采取切实可行的方法,做好债权人的工作。注重对当事人的释明引导,进一步加强对破产法相关知识的宣传。高度重视与当事人的沟通交流,使用微信等新的媒介,及时掌握当事人的想法,发现不稳定因素及时采取措施消除,努力将矛盾隐患化解在萌芽状态。逐步建立破产案件听证制度,邀请破产申请人、债权人及职工代表等参与破产案件听证会,参与破产财产的评估、审计、拍卖等过程,最大限度地实现当事人的知情权,提高案件的透明度。同时,依托当地党委和政府,充分发挥风险预警、资金保障等机制的作用统筹企业破产相关工作,加强与相关部门的沟通协调,一体解决破产企业职工安置、维护稳定等方面问题。尽管不可能彻底消除群体事件,但做好预案,不打无准备之战,及时向相关部门作出通报,便于做好相应准备工作,及时消除恶劣影响,确保破产案件审理工作有序开展、稳妥推进,实现法律效果与社会效果有机统一。

(三)多方协调推进破产清算工作

企业破产事关经济发展、民生保障、社会稳定,与党委、政府的中心工作紧密相连。破产案件的审理,不仅是法律问题,更是涉及大量社会管理问题的系统工程,牵涉面广、政策性强。因此,破产案件的社会影响面直接决定了法院在审理破产案件的过程中不可能“单打独斗”。由此,法院需要消除地方政府出于统计、政绩、维稳等方面的顾虑,积极争取当地政府的理解和支持,做好破产企业职工安置、工资支付、厂房或其他固定资产的处置;通过与相关部门的沟通,为企业提供政策帮扶,协助清缴税费、办理过户登记等。如岳阳市中级人民法院在审理两家民营房地产企业破产案件过程中,大量牵涉到政府相关职能部门对破产企业的罚款、行政收费及其他行政审批事项协调等问题;工程的续建、竣工验收工作,均需要行政主管部门审批,如仍按正常企业的一般规定程序进行,先交款再办手续,破产企业原本就极度缺乏现金流,将因为无钱交罚款而造成整个工作的停滞。为此,法院与多家行政部门会商协调,为加快进度,还向市政府发出司法建议,在市政府的充分肯定和支持下,设立岳阳市企业破产清算协调领导小组,形成常态化的企业破产工作府院联动机制。

(四)集中处理众多破产衍生诉讼

一个破产案件往往会基于各种各样的法律关系产生大量劳动争议、债权确认、撤销权、抵销权、解除或继续履行合同等衍生诉讼案件。如岳阳市中级人民法院审理的某房地产企业破产案,仅2016年的衍生诉讼案件就有20余件。根据《企业破产法》的规定,这类衍生诉讼案件由受理破产案件的法院集中管辖,实践中为利于破产程序与衍生诉讼程序紧密衔接,确保此类案件集中处理,一般又由审理破产案件的业务庭室归口审理。为了取信于衍生诉讼中的债权人,避免同时是"运动员"与"裁判员"的嫌疑,岳阳市中级人民法院民二庭两个合议庭采取破产案件审理合议庭主动回避该破产案衍生诉讼的方式。2017年起又更改为按照衍生诉讼原本的基础法律关系如普通诉讼一样由立案庭分配给各民事庭室审理。这样化解了基于不信任产生的矛盾,但基于衍生诉讼与破产案件的相互影响与关联性,破产案件合议庭对有关案件基本事实、争议产生背景、程序环节进度等方面,均须与衍生案件合议庭保持必要的沟通与协调,保证衍生诉讼障碍顺利消除、进而推动主诉讼审理进程。

(五)充分发挥破产重整的功能

破产重整具有"起死回生"的救助作用。为此,两级人民法院均重视把握企业获得第二次生命的最后机会,合理适用重整程序,有效避免涉案企业资产的闲置与耗损;积极支持债务人、管理人和出资人等为挽救企业所做的各项工作,帮助指导企业破产重组,加强生产自救,为挽救困难企业创造良好的法律环境。因破产重整后,原企业主体继续存续,"接盘者"将面临隐形债务带来的风险,因此对具有特定资质、生产准入等"壳资源"的企业,着重吸引投资者以重整方式挽救企业。对于缺乏足够分量的无形资产,但尚有市场价值的企业,则以重整式清算来挖掘企业的重生可能,将企业优质资产剥离变价,重新引入投资者,让投资者在无须承担原企业遗留问题、潜在债务的情况下安心经营,实现社会资源的再利用。

(六)完善破产案件专业化审判机制

破产案件审理周期长,许多工作无法在工作业绩中体现,但确实占用了审判人员的大量精力与时间,如上访、协调等,随时会打乱工作计划与安排。成立专门审判庭对破产与清算案件进行审理,集中打造专业化审判团队,保证破产审判组织的专业性和人员稳定,提升专业化水平,也就显得尤为重要,这也是最高人民法院的明确要求。为此,岳阳市中级人民法院探索建立专门组织机构,搭建了基本的平台,即内部成立了企业清算与破产审判合议庭,外部设立了岳阳市企业破产清算协调领导小组。考虑到企业破产案件审理的特殊性,积极探索能够客观反映破产案件审理工作情况的科学评价标准,如分阶段、分节点规定相应的考评标准以调动法官的积极性,鼓励法官办理破产案件,提高破产案件的审理质量和数量。同时,岳阳市中级人民法院加强对全市各级人民法院破产审判的指导监督,召开法官沙龙探讨疑难问题,不定期下基层调研热点问题,指导监督基层人民法院对破产案件的审理,设立全市法院破产审判微信工作群方便大家交流经验、增进学习。

(七)加强对管理人的指导监督

管理人是破产程序中最重要的组织,是破产工作的主导者,因此,提升管理人工作质效尤为关键。当前岳阳地区有18家中介机构入围管理人名册,包括13家律师事务所、5家清算事务所。之前曾有2家会计师事务所入围管理人名册,但后来在实践过程中发现,会计师事务所作为管理人,虽然在资产清理方面存在优势,但由于缺乏法律专业人员,其主导破产工作的功能局限性亦非常明显,对破产程序进度的掌控和法律问题的处理明显力不从心。由此,岳阳市中级人民法院司法技术室上报省高级人民法院,将会计师事务所从管理人名册中去除。另外,为提升管理人队伍规范化和专业化,近年来岳阳市中级人民法院与市律协积极合作,采取召开论坛、组织座谈会、邀请专家培训等多种举措,有效提高了管理人整体工作水平。

三、当前破产审判仍存在的突出问题

(一)民营企业破产案件,维稳压力聚集法院

过去国有企业政策性破产出现维稳需要时,清算组特别是主管部门处于责任第一线,绝大部分矛盾都由其化解,法院主要主持程序性工作。而民营企业破产,管理人不是维稳责任目标考核的对象,没有主动维稳的动力,其作为中介机构,债权人、职工也不认为其有利益让步的权利,在维稳的过程中,管理人无法起到独当一面的作用。同时,面对债权人的信访,党委、政府均以法院受理了破产案、属于涉法信访为由,交由法院处置。故法院依法启动破产程序后,在避免了问题在企业内部发酵、矛盾叠加的同时,却也使各类利害关系人的心理预期和行为选择直指法院。

(二)集体企业破产案件,资产清理困难突出

集体企业普遍歇业多年,主要资产为国有划拨土地,但集体企业不能将资产与职工问题一并移交政府部门兜底，加之集体企业大多地处老城区，土地处置与城市旧城改造息息相关，也不宜简单地按照价高者得的规则处置资产。岳阳采取的模式是：紧密联系企业主管机关，指定清算组为管理人，政府将划拨土地收储，对地上建筑物折价补偿，折价款交给管理人作为破产财产依法分配，政府将土地依法招拍挂出让，获取的出让金返还给管理人用于安置职工。由于集体企业地块上普遍有职工租住多年的公房，以及企业出租出去的商业门面，公房的搬迁腾空是一大工作难点。还有的企业土地非常零散，有多块地但每块面积都很小，政府不易统一规划招商，收储缺乏动力，造成了资产变现难的困境。

（三）国有企业破产，职工不满情绪强烈

大多国有企业在申请破产之前就资不抵债多年，长期停产，拖欠职工工资、养老金、医疗保险金，职工生活非常困难。有的企业因早年红红火火，是就业的热门选择，夫妻、父子甚至全家人在同一个企业工作的情况非常常见，一旦企业破产，全家人都面临失业。岳阳市为了推动国企破产进程，曾在 2005 年确定全市统一的国企改制基准日，之后进入破产程序的企业，职工安置标准、工龄计算均以该基准日为准。故近年破产的国有企业在安置职工时仍按照 2005 年制定的 3000 元 + 900 元/年 × 工龄计算补偿金，一个在企业工作了 20 年的工人在破产时也只能拿到 2 万元多元补偿金，与当前的经济、物价已不相称。加之老国企往往地处城市中心，工业划拨地改性为商住出让地后价差巨大，职工心理易失衡，现有的安置政策满足不了职工的要求，但是全市一盘棋，政策又必须统一。这致使破产企业职工问题成为社会一个不安定因素，容易引发事端。

（四）民间借贷渗透下，债权核定难度大

民营企业较为普遍的存在股东与公司财务混同的问题、家族经营权责不清的问题、股东间关联交易的问题。这些都给企业的财产清算带来诸多障碍。申请人提交的财务资料不真实、不全面，企业财务账与债权人持有的借款凭据不一致，使得债权核定争议很大，特别是近年民间借贷对全社会的渗透，几乎每个破产的民营企业在危机初现时都选择了以高息民间借贷自我救济，这又导致了非法吸收公众存款案件的民刑冲突及刑事优先问题。由于破产各方利益交织、资产有限、矛盾突出，对民间借贷债权可能存在的高息、复利等不当利益“挤水分”是工程款、货款等其他债权人的强烈要求，也是债权人平等受偿的前提条件，但管理人能使用的方式方法有限，稍有不当，就被债权人误解。在破产案件中，不乏债权人将矛头直指管理人，冲进管理人办公室、威胁其本人，甚至发生过动用黑恶势力要挟其家人人身安全的事情。某公司管理人就因不堪压力在工作一年多之后主动放弃报酬，强烈要求辞职。

（五）管理人身份社会认知度低，外部工作开展难

社会各界对于管理人制度不了解，对于管理人的身份、职责、权限有不同的理解。当前管理人的主体是社会中介机构，与各部门的协调能力不够，在债权人、职工面前又缺乏权威性。如在某公司破产案中，政府协调领导小组第一次会议就研究该公司问题，各单位均表态支持。但会后让管理人去各部门落实时，仍障碍重重，二个月里工作几乎无进展，还是法官上门才又推动进程。又如，在另一公司破产案中，债权人聚集政府上访，管理人前去协调劝访，政府视管理人为债权人代表，甚至怀疑管理人组织煽动上访，拒绝与其商讨解决方案，只能还是法官上门协调。

（六）多种因素制约破产进程，案件审理周期长

在岳阳市中级人民法院2013 年以来审结的24 件破产案件中，审理期限超过1 年的案件有19 件，占比79%。法院受理破产案件后，根据法律规定，除了指定清算组或选任管理人、召开债权人会议、变现分配破产财产等系列程序性工作，本身需要较长的时间，其间还存在大量无形的综合协调工作，且随时可能出现的衍生诉讼也会拖累审判进程。更有甚者，法院的审理工作虽已告一段落，但由于政府安置、资产处置变现问题等后续工作尚未完成而导致破产程序无以终结。如某集体企业破产案件受理于2011 年年底，法院在1 年内基本完成了债权确认、召开债权人会议、分配方案通过等法律程序层面的清算工作，基本化解了企业的外部债权问题，资产均已移交国资委、土地交由政府收储，但因招商引资、退二进三、职工安置、租赁户清退、衍生诉讼未结等遗留问题仍存在，导致该案至今未能结案。如果法院直接终结案件，破产管理人这一组织的存在就失去了法律依托，那么遗留问题将缺乏法律主体来处理，所以只有在所有问题妥善解决后，法院才能裁定终结案件。又如，某民营房地产企业破产案，立案时公司大股东承诺以3.5亿元重整，但要求管理人严格审核民间借贷，去除水分后再出资偿债。管理人经过多场诉讼、经历多次人身威胁，历时1 年多审核完毕债权后，大股东却因自身资金链断裂无力还债，经多方协商后报送的重整方案虽经债权人会议通过，但在实施过程中仍无力实现，最终重整遭遇失败，只好又回到破产清算程序。债权人为保障自身利益，在债权人会议上通过的变价方案中要求资产拍卖流拍后不降价，那就只能等待市场行情好转后再卖，从而导致程序耽搁。再如，某国企破产案，法院受理后下发了受理裁定、指定清算组为管理人的决定书，因主管部门人员变动，原管理人成员或调离或退休，无人衔接工作，加之财政一直未将改制经费核拨到位，管理人连审计评估费都不能支付，拿不到正式的审计评估报告就无法召开债权人会议，因为是国企改制，法院也不能机械依照破产法以破产财产不能支付破产费用为由直接裁定破产程序终结，故该企业破产工作处于停滞状态，后续工作也无法开展，直到近期各项条件成熟后，工作才重新启动。

四、推进岳阳地区破产审判工作的建议

（一）加强府院联动，形成破产工作合力

破产案件的审理绝不是单纯的法律问题，政府在职工安置、社会医疗、养老保险等方面发挥着主导作用，资产的处置、税费的清缴等都需要政府及有关职能部门的参与、配合，这些问题仅靠法院运用审判职能是解决不了的。因此，破产案件的审理必须紧紧依托当地党委和政府，只有政府行政管理行为与法院司法审判行为紧密结合形成合力，破产案件方能达到案结事了的社会效果。为促进“僵尸企业”的清理，推进供给侧改革，可从以下两点入手：一方面，要让政府充分认识到其在供给侧改革中的主体责任，意识到破产案件审理的重要意义，促使其积极推动“僵尸企业”退市进程，主动发挥组织协调作用，进一步建立多部门联动机制，确保破产各项工作能平稳、有序开展。另一方面，成立破产专项基金，保障破产顺利实施。截至2016年5月，岳阳市范围内被工商部门吊销营业执照、但至今未办理注销手续的企业就有11,432家，这些“僵尸企业”普遍存在人去楼空、无产可破的障碍。公告费用、审计费用、管理人报酬等破产必要费用没有着落，无法进入破产清算程序达到彻底清算债务、消灭市场主体的效果。当前，深圳、杭州、温州等地都建立了由市级财政资金拨付的破产专项基金，取得了良好的法律效果和社会效果。因此，岳阳地区可参考成功经验，设立破产专项财政基金，保障“僵尸企业”的破产能够顺利实施。

（二）内化团队建设，提高管理人工作质效

一是进一步加强对破产管理人队伍的培育和管理，提升管理人队伍规范化和专业化。岳阳市中级人民法院拟与市律协推动成立管理人自治组织，即

破产管理人协会,帮助、监督和指导管理人依法履行职责。强化破产管理人人才的聚集,引导担任破产管理人的中介机构对擅长企业管理、科学技术等企业重整需要的破产管理人才的吸收,充分发挥企业家、经营者、管理者,以及科技工作人员的作用。二是探索管理人的分级管理考核以及管理人选定的招标、摇号制度。岳阳市中级人民法院民二庭与司法技术室拟合作建立破产管理人规范管理体系,形成激励和淘汰机制,尝试管理人选定的招投标方式,根据案件具体情况,依法采取适当方式指定适格、能胜任的管理人,使不同类型的破产案件从不同级别的管理人中产生。特别是要解决各县区法院辖区内企业破产管理人数量少、选定异地管理人后管理人履职困难的问题。三是为管理人提供人身与收入保障。在管理人办公场所安装监控摄像,与企业所在地派出所加强联系,切实保障管理人人身安全,消除管理人的顾虑。为解决"无产可破"案件中管理人的报酬问题,可由破产管理人协会下设"管理人报酬公益基金",基金主要来源于会员缴纳的会费、破产项目费用的回补、会员的自愿捐赠、政府拨款以及法院从报酬过高的个案中提取的一定金额等,从而一定程度上保障管理人报酬,为管理人工作创造有利条件。

(三)转变社会观念,引导"僵尸企业"依法退市

破产审判的功能要得到充分发挥,需要一个过程,特别是破产法律意识的形成和对破产的理性认识都需要时间。因此,要加大法治宣传力度,在全社会树立公司有限责任的基本法治理念,培养破产制度扎根的法治土壤。具体而言,可从正面典型示范和反面案例研究两方面进行宣传,突出破产的积极作用,借助政府网站、电视、报纸等新闻宣传平台,改变社会对破产的片面认识,增强社会公众对破产制度价值和功能的认识;提升行政部门"事前预防、事中稳控、事后善终"的意识,强化民营企业家加强企业规范化管理、健全企业财务制度、严格执行企业年度申报制度、履行企业清算义务的意识,并呼吁符合条件的企业走破产清算之路,以促使企业重生或正常退出市场。同时,搭建并充分利用破产信息发布平台,全面梳理汇总经营困难企业信息,及时向社会公布破产企业相关信息和法院审理破产案件的情况,引导企业树立正确的破产理念,使债务人感到"与其跑路,不如申请破产保护",从而为破产案件审理营造和谐的外部环境。

五、小结

我国第一部破产法制订已逾三十年,新破产法施行也逾十年。这三十年中,随着破产制度的改革与完善,岳阳破产审判工作在实践中不断探索,而要进一步推进破产审判工作,还需突破本土思维,从破产体制建设的大局出发进行深入研究。

厦门市两级人民法院破产审判白皮书(2007～2015年)*

厦门市中级人民法院

《企业破产法》发布至今已近十年。十年来,厦门市两级人民法院坚持“多重整挽救,少破产清算”的原则,先后审结了一系列破产案件,为拯救危困企业、维护债权人利益、促进企业优质资产重组、推进经济产业转型升级提供了有力的司法保障。为总结经验、发现问题,我们特编撰本白皮书,对十年来厦门两级人民法院审理的破产案件和当前破产审判工作中存在的问题进行简单的回顾与分析,以期推进破产法的规范适用,提高社会各界对破产审判的认识和支持、逐步形成与相关部门和社会各界在破产工作中的合力和良性互动机制。

一、厦门市破产审判基本情况

(一)案件受理情况

2007年新《企业破产法》实施以来,厦门两级人民法

---

* 2016年5月31日上午,厦门市中级人民法院民六庭正式成立,企业破产、司法重整、重组改制、强制清算等案件由该庭负责审理。收入本书的《厦门法院破产审判白皮书(2007～2015)》《厦门中院2015年以来的企业破产审判工作概况》是该庭撰写的研究成果,感谢厦门市中级人民法院民六庭负责人叶炳坤对本书编辑出版工作的支持。——编者注

院共受理破产案件 21 件。上述案件中已经审结 11 件,共化解债务 44.55 亿元。初步分析,厦门市破产案件受理情况主要有如下几点:

一是 2015 年后破产案件数量显著上升。在 2014 年以前,厦门市两级人民法院共受理破产案件 12 件。2015 年以来,厦门市两级人民法院受理破产案件 9 件,增势明显。

二是关联企业破产重整案件数量较多。已受理的破产案件中,属关联企业破产的案件共有三家 9 件,占破产案件的近一半。主要原因是在企业前期经营中,出于多种经营或融资需要,往往设立多家关联企业。一旦其中一家进入破产程序,往往导致其他关联企业也纷纷被迫破产。由于关联企业之间债权债务、资产关系较为复杂,给清产核债等审理工作造成较大困难。

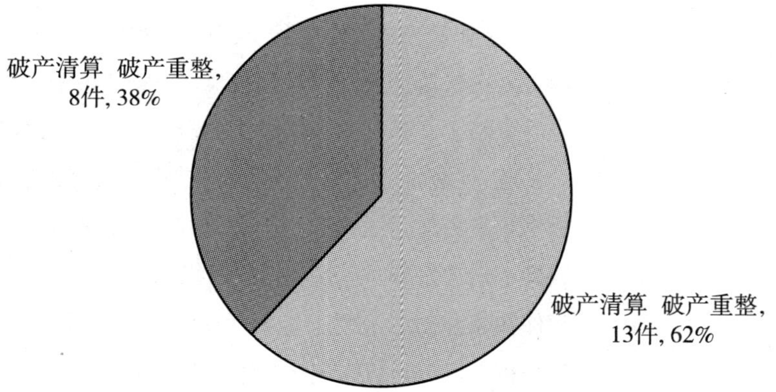

图 1 厦门市两级人民法院受理的破产案件类型

三是已结案件中重整案件比例较大,比例上,在已受理的破产案件中,破产重整共有 7 件,占全部案件数量的 1/3;审结 6 件,占已结案件的一半强。时间分布上,在 2015 年以前,全市法院共受理、审结司法重整案件 4 件,而 2015 年一年全市法院已受理破产重整案件 3 件。

四是两级人民法院破产案件收案明显不均衡。2007 年至今全市两级人民法院受理的 21 件破产案件中,厦门市中级人民法院共计受理 17 件,海沧区人民法院受理 2 件,集美区和翔安区人民法院各受理 1 件,思明、湖里和同安区人民法院受理的破产案件数均为 0(见图 2)。

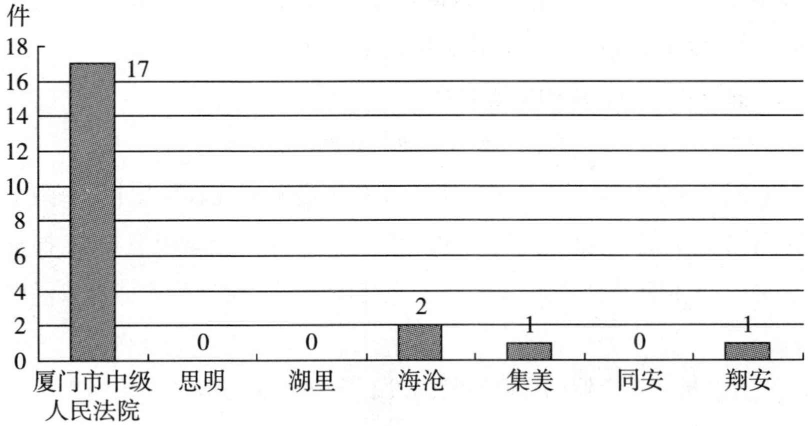

图2　厦门市破产案件分布

(二)案件特点

上述破产案件呈现的特点主要包括:

一是企业性质以民营企业为主,涉及的行业较为分散。在目前还在审理的破产案件中,民营、外资企业7件,国有企业2件,已经退市的上市公司1件,所涉及的行业包括建筑、物流运输、贸易、投资、工业制造、房地产等,较为分散;强制清算案件则均为民营企业。

二是破产企业的负债情况较为严重,债权人数量大、矛盾尖锐。2013年以来立案受理的9件破产案件所涉债权超过47亿元,除1家生产型企业外,其余8家企业的申报债权均超过亿元,最高的达12.5亿元。福建四海建设有限公司等5家关联企业破产清算、重整案共计涉及债权人百余家、债务近30亿元,经过多次协商,债权人仍无法通过重整方案。

三是部分破产企业的金融债权数额大、所占债权比例高。如福建四海建设有限公司的金融债权达3.64亿元,占总债权的60.47%,厦门海洋实业(集团)股份有限公司的金融债权则达2.4亿元,占总债权的88.67%。

四是企业可供清偿的资产少;大部分破产企业在前期经营中主要资产大部分已经设定抵押或发生流失,进入破产程序后可供用于清偿普通债权的资产极少。如福建四海建设有限公司经审计评估后可用于普通债权人清偿的资产基本为0。

五是破产企业所涉历史遗留问题多。如退市公司海洋股份破产重整案在债权债务、资产等诸多方面存在多年难以厘清的历史遗留问题,需要花费大量时间、精力进行核查、清理,占用了大量审判力量;远东(厦门)房地产发展有限公司目前对企业的财产、人员、账册等信息均无法查明。

(三)破产审理中发现的主要问题

在上述案件的审理过程中,我们发现的问题主要有:

一是金融政策对企业经营影响大。前几年金融环境较为宽松,一些企业盲目乐观,不断扩大经营规模、涉足其他经营领域,在银行贷款规模紧缩、抽贷的影响下,这些企业资金急剧紧张,最终因资金链断裂被迫走向破产清算或寻求司法重整。

二是金融机构对企业的金融支持力度有限导致企业破产中民间借贷问题较为突出。由于银行等金融机构对中小企业的金融扶持力度有限,一些中小企业在资金出现困难后只能通过民间借贷获得经营所需资金。正常情况下,企业经营获得的利润远不及民间借贷利率高,企业因此被迫倒闭破产在所难免。一些在信贷宽松环境下获得银行大量融资支持的民营企业,在银行贷款规模紧缩、抽贷的影响下,有的也只能通过民间借贷方式融资以维持生存。上述因素导致破产、清算案件中大量出现民间借贷债权,由于这些民间借贷在主体上存在企业与经营者混乱、在数额上存在本金利息混乱等诸多问题,给债权审核等工作带来巨大的工作难度和社会压力。

三是破产审判司法需求日趋强烈。仅 2015 年,厦门市中级人民法院除受理的 8 件破产案件(其中破产清算 5 件,破产重整 3 件)外,还有债权人对厦门仁文建设有限公司、厦门金帝集团有限公司、香山国际游艇俱乐部(厦门)有限公司等 11 家企业提出的破产申请正在立案审查。

四是"僵尸企业"数量较大,清理难度大。据统计,全市被工商行政管理部门吊销营业执照、长期未正常经营的"僵尸企业"达 1 万余家。这些企业大都已经人去楼空,公司人员、账册、资产均下落不明,成为"三无企业",遗留下数量庞大的债权债务未经清理,大量债权人的合法权益无法得到及时、公平的救济,这些企业的破产、清算工作因为费用、资料的欠缺而迟迟无法启动。

二、破产审判的主要工作和体会

相较我省其他地区,厦门市产业结构较为合理、产业转型升级工作步伐较快、金融机构产业经营较规范,发生规模性金融风险的概率较低。但是,受近年来经济下行和产能过剩的影响,电子信息、机械装备、石油化工等传统支柱工业产业面临的经营压力不小。同时,受前几年信贷政策和银行信贷导向的影响,部分符合我市产业政策发展转型方向的高新技术和新兴产业企业也因金融融资困难发生经营问题,影响产业提升。此外,为数不少的“僵尸企业”遗留了大量未经清理的债权债务,债权人的合法权益长期无法得到及时、公平救济。

(一)主要工作

针对上述形势,我市两级人民法院及时回应、积极应对,克服近年来商事案件剧增带来的案件压力大、审判力量短缺等困难,结合我市企业、经济特点和审判工作实际情况,坚持“能救则救、当破则破,多重整挽救、少破产清算”的工作原则,先后审结我省第一起上市公司重整案夏新电子股份有限公司破产重整案、全省第一起外资企业破产重整案厦门星星工艺品有限公司破产重整案和厦门进雄企业有限公司破产重整案等一系列影响重大的破产重整案件。厦门市中级人民法院被评为“全国破产审判工作先进集体”、叶炳坤法官被评为“全国破产审判先进个人”。2015年厦门市中级人民法院被最高人民法院指定为全省唯一一家“全国破产审判方式改革试点法院”。以此为契机,厦门市中级人民法院在破产审判工作中进一步着力推进破产审判的工作和机制建设:一是强化破产案件审查受理工作。在破产案件立案审查中强调依法审查、依法受理,实现破产立案的正常化、常态化。2015年以来先后立案受理破产案件9件,占近10年来收案的近一半。二是强化审判专业队伍建设。2009年在厦门市中级人民法院民二庭成立全省首个金融、破产专业合议庭,负责破产案件的审理工作,推进破产清算案件集中管辖,推进设立民六庭,专门负责金融、破产案件的审判工作。三是强化破产案件审判流程和管理的规范化水平。2015年以来先后制定出台了《破产案件审理规范》《关于试行简化破产案件审理程序的指导意见》《关于规范企业破产案件管理人工作若干问题的意见》《规范企业破产、清算案件中选定审计、评估、拍卖等中介机构若干问题的意见》等制度,不断规范破产案件审判和管理、加强破产审判工作公开度和透明度。四是强化破产案件审判方法的创新。在破产重整案件中先后创新采用“反向保全”“企业托管”“预重整”等审理方法,不断提高审判效率、节约破产费用、提高破产审判质效。五是强化破产管理人队伍建设和专业提升。2014年我市在全省首次组织编制市级破产管理人名册,公开选任15家中介机构及5位个人纳入名册,每年均组织管理人举行业务培训,目前正在积极推进管理人协会的筹备工作。六是强化人才培养和典型领跑。2015 年举办全市破产审判人员专项业务培训班,培树“全国审判业务专家”“全国模范法官”叶炳坤和“全国法院先进个人”“全省最美法官”尤冰宁等破产审判领域先进典型,积极发挥典型领跑作用。

(二)主要体会

1. 破产审判对经济、社会具有重要意义。破产清算是企业合法退出市场的重要机制,破产重整是企业依法获得再生机会、维护债权人利益的重要途径。一国破产法律是否完善、破产审判是否依法、高效,成为衡量该国经济市场化的主要指标之一。党的十八届三中全会明确提出,要健全优胜劣汰市场化退出机制,完善企业破产制度。2015 年 12 月中央经济工作会议再次强调,要防范化解金融风险,规范各类融资行为,妥善处理风险案件,加快破产清算案件审理。破产审判对经济转型升级、金融秩序安定稳定和培育一流营商环境,具有不可或缺的辅助作用。

一是有利于助推经济转型升级。2015 年的中央经济工作会议提出,对经营出现困难的企业要加大破产保护力度、促进企业新生;对“僵尸企业”则要依法按照“市场化出清”的要求,及时清算偿债。破产审判不仅可以通过对发展前景好、技术含量高、因资金链断裂暂时出现经营困难的企业,进行司法重整,运用股权和战略投资促进兼并重组,实现市场和产业资源的依法再配置和再利用;还可以通过对产能过剩行业和“僵尸企业”的清理,实现企业依法退出市场,完善优胜劣汰的市场机制。

二是有利于维护金融秩序。在破产程序中,金融债权无须通过审判、执行等烦琐程序,可直接实现担保财产的及时处置和对金融债权的及时清偿,有效提高银行担保债权的清偿效率,保障金融资金安全。在破产案件审结后,未受清偿的银行债权可以依照规定申请核销,解决银行大量呆、坏账问题,提高银行资金运营质量。

三是有利于创建我市国际一流营商环境。破产制度的完善与否和破产审判的效率本身就是国际一流营商环境的重要考核项目之一。通过破产和强制清算审判工作,有效破解“僵尸企业”大量债权债务未能及时清结给市场诚信体系带来的负面影响,使经营者真正负担起企业经营失败的法律责任,对建立优胜劣汰的市场运行机制,促进市场的诚信机制建设,提高营商环境的法治水平均具有十分重要的意义。

四是有利于化解“执行难”问题。通过对资不抵债、无能力清偿债务,已经执行不能的债务人企业依照法律规定进行从执行程序转入破产程序,有利于及时实现债权人依法受偿、债务人依法退出市场,化解执行积案,破解“执行难”问题。以我市为例,经初步了解,2013~2015年仅厦门市中级人民法院因被执行人无财产可供执行而终结本次执行的案件就有951件。开展“执转破”工作,将有力推动化解执行积案。

2. 破产审判是一项综合性工程,需要政府和社会各界的充分理解和支持。破产案件涉及债权人、债务人、投资人、企业员工、国家税收等众多利益群体,波及面广、社会影响大、矛盾冲突尖锐、法律关系复杂,在审理中大都多方面工作,审理周期长、难度大,如“夏新系”重整、清算系列案审理前后历时近5年,“星星系”破产清算案则举海沧区人民法院集全院之力历时两年才审结完毕。因此,破产审判工作更需要政府和社会各界的充分理解和支持。在破产案件的审理中,我们的深刻体会到:

一是党委和政府的正确领导和大力支持是审理好破产重整案件的前提条件。企业破产、重整,特别是大中企业的破产、重整工作是一项涉及方方面面的系统性工程,这类案件的顺利、平稳审理离不开地方党委的正确领导和地方政府的大力支持。如在夏新电子重整案审理中,市委常委会专门开会讨论决定对夏新电子采取破产重整措施,并对各项工作进行了部署,明确要求全市各相关部门必须尽全力支持该案审判工作。市委、市政府还专门成立了夏新电子重整工作领导小组,由市政府分管副市长担任组长,负责各项具体配合工作。市政府还专门拨款设立了“一基金两经费”,即用于应对敏感债权人谈判、说服工作的债权人工作维稳基金,用于为低收入职工和2008年离职未获补偿的员工提供经济补助的职工安置特别经费和法院办案需要的专案办案经费。这些都为案件的顺利审理营造了良好的外部环境、审结奠定了坚实的基础。

二是社会各界和金融机构的充分理解和支持是审理好破产重整案件的有力保证。企业破产工作具有涉及面广、群体性强、突发性高的特点,更需要相关机关和社会各界给予更多的理解和支持。破产审判工作中往往涉及企业房屋土地、机器设备等资产的确认处置、国有资产保护、税收减免、关税处置、债权核销、工商登记注销、信用恢复、员工安置、安保维稳等诸多问题;需要处理大量债权、债务、劳动、投资等尖锐的群体性矛盾，极易发生突发性事件，影响社会稳定。因此不仅需要国资、房屋土地、劳动、工会、税务、金融管理、工商、公安等相关部门的协作，更需要社会各界，包括债权人、债务人和相关利益群体的理解和支持。在大中型企业的重整案件中，银行等金融机构的债权往往占据了企业债务的较大比例，在重整计划的制订和表决中需要金融机构克服债务核销和上级银行的业绩要求等问题，放远目光、"放水养鱼"，支持企业重整，挽救危困企业生存机会，提高重整效果。

三是完善的外部支持制度是推进破产审判工作的重要因素。各地破产审判经验表明，在目前不少"无产可破"或资产难以及时变现的企业破产审判中，政府出资方式建立的破产援助基金和管理人基金在及时实现职工安置、补偿和解决企业财产追查、审计评估、管理人费用等破产费用，化解职工债权引致的经济和社会矛盾，保障破产案件审理工作的正常开展方面具有十分重要的作用。

3. 建立专业化破产审判队伍是审理好破产重整案件的关键所在。破产审判在基本理论、审理方式等方面都与其他民商事案件的审判工作存在显著差异。目前，我国破产法立法较为原则，可操作性存在一定不足。选配高素质审判人员组成专业审判团队，不断积累、发展破产审判经验，对实现依法、公正、高效审结破产案件具有十分重要的作用。最高人民法院、省高级人民法院近年来多次强调，有条件的地区要在法院内设立专门的破产审判业务庭。2016 年 2 月 19 日召开的全省金融工作会议提出"全省法院要尽快建立金融、破产专业审判业务庭"。目前，广东、浙江、江苏等经济较发达地区法院及其他全国破产审判试点法院已经按照上述要求陆续设立了专门的破产审判庭。福建省泉州、漳州等地市也已经建立专门从事金融、破产审判工作的金融审判庭。这一制度不仅有利于提高破产审判的专业水平，还有利于强化对金融风险、经济形势的专业化预警研判，有利于法院及时发现企业存在的问题，全面掌握企业债权情况，针对企业不同情况，及时判断、采取适当的破产审理措施，有利于法院加强与政府等相关部门的沟通协作、形成应对合力，加强破产法制宣传，提升破产审判的社会效果。

三、破产审判中存在的主要问题

虽然厦门市两级人民法院在破产审判工作中取得了一定成绩，但是，受破产审判工作特点和内、外部诸多条件的制约，目前破产审判工作也面临诸多困难，

成为我市司法审判工作的“短板”之一,亟须补足。这些问题主要包括:

(一)现实外部环境中还存在不能适应破产审判工作需要的问题

一是现有社会认识与破产的实际功能不适应。由于对破产的社会、经济调整功能欠缺正确的认识,加上受错误的政绩观影响,一些地方政府认为破产有损经济声誉,不愿当地企业破产,更不愿承担企业职工失业救济、就业安置等方面的社会责任;而当一些企业因为经营困难引发矛盾和冲突事件、影响社会稳定后,通过各种途径要求法院受理破产案件以转移矛盾,使破产审判工作“重个案、轻整体”的现象较为突出。债权人在企业出现经营困难时,首选抢先起诉、抢先保全、抢先执行以获得最大个人利益,而不愿申请其破产。债务人因企业经营不规范、账册不完整,甚至涉嫌偷漏税款或其他经济犯罪行为而千方百计逃避破产。普通民众对《企业破产法》在建立市场依法退出机制和诚信机制的意义和《企业破产法》具有的对债务人和债权人利益的公平保护等作用的理解仍有待提高,甚至“谈破色变”。这些外部因素都直接影响了破产审判工作的开展。

二是现有法律法规与破产案件办理实际不适应。由于我国破产立法尚不完善、社会保障制度尚不健全,破产企业职工的失业救济安置等社会问题的解决存在较大的困难。同时,现有法律法规、司法解释等规定的破产的条件、内容、程序较为原则,有待于进一步明确,而现实情况中企业情况千差万别,破产审判必须不断根据案件特点不断创新办案方法,也提高了破产案件的审理难度和破产审判的专业要求。如最高人民法院民诉法解释虽然规定了对企业法人的“执转破”程序,但具体操作规范却至今未能出台,导致符合破产条件的企业迟迟“无法转”。

三是现有外部配套制度与破产审判工作实际不适应。破产案件的处理涉及的利益面广、利益群体多、事务繁杂、矛盾尖锐,因此,破产案件的审判实际上是一项系统性工程,在当前的现实条件下,离不开政府、有关机关和社会的支持。例如,在破产企业属于轻资产、无资产企业或者其资产无法及时处置时,职工的补偿、安置款项无法及时解决,常直接导致企业劳资矛盾激化,甚至影响社会稳定。这些企业的管理人和其他破产费用无从解决,又导致法院无法受理针对这些企业的破产案件,破产工作无法继续进行,直接影响了对“僵尸企业”的清理工作。

四是现有相关机构和部门的支持度与破产审判工作不适应。实践中,银行等金融债权人在重整程序中,常因考虑到债务核销问题和上级银行的要求,拒绝支持重整计划,导致企业重整计划无法获得通过,影响了重整效果。税收部门对破产企业的资产处置仍按一般交易征收税收、对破产重整企业通过重整计划获得减免的债务则按企业盈利所得征收所得税,降低了债权人的清偿比例,影响了企业重整后的重生能力。由于对《企业破产法》相关规定和制度了解不够,工商行政管理部门在办理破产清算企业的注销、重整企业的股权转让等登记手续中往往将其视为一般的企业注销或股权过户登记,不将法院批准重整计划的裁定书、终结破产程序的裁定书作为上述登记的依据;而土地房产、车辆等登记管理部门则在管理人拍卖处置企业资产后办理财产过户的登记中,则又均要求法院出具裁定文书和协助执行通知书方予以办理。此外,由于目前尚未建立企业破产重整成功后的信用记录更新制度,企业重整成功后其原有的不良信用记录仍继续保留,严重影响了企业的融资能力和后续生存机会,破产重整的效果也受到影响。凡此种种,都给破产审判带来了一定障碍,有待进一步解决。

(二)法院内部仍存在难以适应破产审判工作需要的问题

一是对破产法的学习理解和破产工作的重要性认识与破产审判工作不适应。一些法院对新《企业破产法》在制度方面的改革和创新没有认真学习领会,对破产审判还停留在原《企业破产法(试行)》时那种法院"包办"的错误认识中,畏难情绪严重:一方面是害怕破产案件中的各种矛盾处理不好会影响社会稳定,进而影响法院整体工作,对破产案件"不敢收";另一方面是担心破产案件中的繁杂工作和巨大工作量、较长的审理周期影响法院其他审判工作的开展,对破产案件"不愿收"。

二是法院现有资源难以满足破产案件的司法需求。破产案件涉及债权人、债务人、投资人、企业员工、国家税收等众多利益群体,波及面广、社会影响大、矛盾冲突尖锐、法律关系复杂,在审理中大都涉及职工补偿安置、衍生诉讼、资产清查、回收、处置等多方面工作,审理周期长、难度大,现有审判资源难以应对。如"夏新系"重整、清算系列案审理前后历时近5年,"星星系"破产清算案则举海沧区人民法院全院之力历时两年才审结完毕。受经济形势影响,近年来两级人民法院商事审判案多人少问题十分突出,如厦门市中级人民法院民二庭2013~2015年人均年结案数量分别达148件、139件和142件;思明区人民法院民二庭则高达268件、262件和290件,两级人民法院商事审判主要力量被迫主要用于应对案件增长的压力,难以顾及破产案件的审理。如近年来先后有厦门迈士通电气技术有限公司、厦门舫昌实业有限公司等发生经营困难。在这些企业中,有的虽曾向厦门市中级人民法院提出进行破产重整的申请,但囿于人力、办案能力等方面因素的限制,均未获受理,最终走向倒闭,大量金融债权无法获得清偿。

三是现有审判考核机制难以适应破产审判工作。目前,破产案件在分案和考核指标上与其他案件并无区别。以厦门市中级人民法院为例,金融破产合议庭3名法官在从事破产审判的同时还须同等承担其他民商事案件的审判任务,仅2015年全年共受理普通民商事案件413件。这种情况导致他们一方面难以专心从事破产审判工作,另一方面则无法加强专业培训和学习,破产审判能力难以得到提升,审判理念难以得到更新。

四、下一步的工作思路:建议与对策

一是推动完善金融联席会议、建立破产工作领导小组日常工作机制,形成合力。市政府金融办已经建立金融联席会议,但涉金融相关具体事务承办部门之间的联系互动较少,沟通的充分性、有效性和时效性等方面仍有不足。建议在市政府金融联席会议框架下,建立法院与金融办、金融监管部门、金融机构相关业务部门之间的日常工作机制,通过定期召开工作会议,沟通信息,了解动态,交流金融纠纷特点和金融司法动态,及时形成应对合力。

企业破产案件涉及面广、群体性强、突发性高,破产审判工作中常需要协调解决工商登记、税收、资产确权和过户多方面的手续,妥善处理好员工安置、安保维稳等诸多问题,需要国资、房屋土地、劳动、工会、税务、金融管理、工商、公安等多个行政部门的支持配合。建议在市委的统一领导下,成立由政府主导,法院和相关行政职能部门参加的破产工作领导小组,建立风险预警和府院联动协调等机制,统筹调处各方利益诉求和矛盾冲突,解决破产案件中的各项具体工作,并逐步形成制度,以促进破产审判的顺利开展,维护社会稳定。

二是强化对危机企业的处置力度,加大破产保护力度。当前,涉及同一企业的集中诉讼现象日益突出,容易引发群体性事件。(1)建立预警机制。建议政府牵头有关部门编制重点企业名单、建立纠纷预防和应急处置协调机制,避免因缺乏必要的预警机制导致政府对企业投资者撤资外逃毫无防备,造成债权人和企业职工蒙受重大损失、政府承受巨大善后工作压力的被动局面。协调机制应当结合各区实际情况,研究制定切实可行的处置预案,一旦出现预警事项,及时启动紧急处置预案。(2)强化因企施策。对于企业经营资金链出现问题但仍有经营前景的企业,要加大破产案件受理力度。依法明确在法院受理破产案件后对债务人财产的所有行政、司法执行措施应当停止,将所有债务人的财产交由受案法院依法处理。法院要在破产案件审理过程中探索破产重整、和解的可行性。如果能够达成重整、和解方案,企业将避免因多方执行而加速死亡的局面,甚至极有可能获得新生。近年来,厦门市两级人民法院已经成功审理了一系列重整案件,积累了破产审判的有益经验做法,政府等相关机构在危机企业处置过程中可以充分发挥破产保护功能,积极与两级人民法院探讨破产重整可行性,最大限度促进企业新生。

三是推动设立破产援助基金和破产费用基金,解决“无产可破”的“僵尸企业”清理难题。努力协调推动市政府从财政资金中各拨款 500 万元设立破产援助基金和破产费用基金:(1)针对当前不少困难企业因无力负担职工安置、补偿款项,难以顺利进行破产清理或因资产处置进度问题无法及时对员工进行安置、补偿的实际情况,在企业出现无产可破、资产不足或资产难以及时变现用于补偿、安置职工时,从破产援助基金中拨付一定金额先行清偿,以化解职工债权引致的经济和社会矛盾。企业存在资产的,破产援助基金先行拨付的安置费用可在破产企业的资产处置后依照有关规定按职工债权优先受偿返还。(2)针对大量困难企业存在无产可破、无力支付破产管理等费用的实际情况,从破产费用基金中拨出适当款项支付财产追查、审计评估和管理人费用等破产费用,以保障破产案件审理工作的正常开展。

四是设立金融破产审判业务庭,强化破产审判专业化。在市编办的大力支持下,厦门市中级人民法院已经决定撤并部分后勤部门,设立专门的破产审理机构民六庭,强化破产审理的专业化。下一步,我们将逐步探索建立破产审判的分类考核机制,根据破产案件工作特点,对从事破产审判的法官采用与其他法官有所区别的考核制度。同时,将推动在部分区人民法院设立专门的审判业务机构,负责金融和破产、清算案件的审判工作,推动将全市基层人民法院管辖范围内的破产、清算案件实行集中管辖。此外,为解决破产事务繁多带来的人力资源短缺问题,将努力争取市政府支持,拨付相应的财政经费,通过购买社会服务等方式为两级人民法院提供一定数额临时编制的金融破产审判专业辅助人员。

五是依法审查受理破产案件、探索“执转破”工作，提高破产审判质效。认真依法审查、受理破产申请，实现破产审判的常态化、规范化。依照最高人民法院《关于适用〈中华人民共和国民事诉讼法〉的解释》的规定，结合我市审判执行工作实际情况，逐步探索“执转破”工作，并在适当时机建立执破衔接机制，将符合条件的被执行人转入破产程序常态化工作机制，维护债权人利益，促进市场诚信机制建设。加大对“僵尸企业”的清理力度，及时受理对符合条件、已经没有挽救可能和必要的企业提出的破产清算申请，及时清结债权债务关系，提高社会资源的再分配、再利用效率。

六是协调建立破产管理人协会，提高管理人执业水平。为提高破产管理人业务水平和行业自律，还将建立管理人名册日常管理制度，努力协调管理人队伍和有关部门，尽快设立厦门市破产管理人协会，通过这一平台推动管理人的培训、学习、交流等工作，不断提高本市破产管理人队伍的履职水平。

七是着力加大破产普法和宣传力度，提高社会各界对破产审判的理解和支持度。继续进行破产审判专项培训和专项工作会，提高两级人民法院对破产审判在维护金融环境安全、促进产业经济转型发展、挽救危困企业等方面的作用的认识，克服对破产审判的畏难情绪，认真审查、受理涉及产业经济转型升级的破产清算和符合我市产业经济发展方向的企业破产重整案件。积极做好破产审判的正面宣传和报道，在电视台、报纸等传统媒介和微博、网络媒介等新型媒体加大对破产审判的正面宣传和舆情引导，提高社会公众对破产制度价值和功能的理解和认识，提高对破产审判工作的支持度。

厦门市中级人民法院自2015年以来的企业破产审判工作概况

厦门市中级人民法院

2015年以来,厦门市中级人民法院以被最高人民法院确定为"全国企业破产案件审理方式改革试点法院"为契机,紧密围绕厦门经济社会发展现状,立足破产审判实际,以"223"即"建设两支队伍、构建两个平台,着力三项工作"为抓手,积极就审判机制建设、破产审判质效提升等方面开展破产审判工作,共受理企业破产和强制清算案件106件,审结86件。先后审结了全省首起退市公司破产重整案、首起危险品运输企业破产重整案、首起建筑企业破产重整案,受理了全省首起执转破、首起台商投资房地产企业破产清算、首起跨地区集团企业重整案等大要案件。

一、加强破产审判和管理人两支队伍建设,夯实破产审判能力基础

一是建立专业破产清算审判团队。2016年5月31日厦门市中级人民法院成立民六庭,专门从事企业破产、公司强制清算类案件的审理工作,并指导部分基层人民法院建立专门合议庭或法官负责破产审判工作,初步建立一支专业的破产审判队伍。加大对破产理论的研究和

审判实践的调研,每年均针对破产审判工作申报一项全市人民法院重点调研课题,近两年先后申报、完成涉台商投资企业的破产问题、企业预重整研究等为全市法院重点调研课题,其中企业预重整研究在2017年成为厦门市两级人民法院法院唯一入选的全省法院重点调研课题。加大破产审判专业学习和调研投入,先后派出法官参加"中国企业破产法论坛""亚洲破产改革论坛""国际破产司法论坛""国际破产大会""新加坡—环亚太地区破产论坛""新加坡国际破产论坛""韩国国际破产司法论坛"等国内、国际交流活动,拓展视野。厦门市中级人民法院民六庭先后培树、涌现了"全国审判业务专家""全国模范法官""全省民商事审判先进个人"等先进典型,成立半年即被评选为全市"青年文明号"。

二是强化管理人队伍建设。2015年年初率先在全省制定市级破产清算管理人名册。2016年5月制定出台《企业破产案件有关管理人工作规范(试行)》,对管理人名册动态管理和个案中管理人更换、报酬确定等工作制定细则,实现对管理人名册的入册、动态管理、更新等工作的全程监管。针对厦门地区专业服务在本省处于较高水平、破产管理中介机构中从事破产业务队伍较为完善的特点,将管理人队伍建设重点聚焦在本地管理人队伍的逐步养成和业务水平的均衡、充分提高两方面,原则上对所有破产、强制清算案件的管理人选定均采用随机选定、对重大破产重整案件采用入册的律师——会计师事务所自愿组成联合体后随机选定等方式,在确保每家入册管理人均有机会参与破产管理工作的同时,满足个案的特殊专业需求。

2016年推动成立全省首家、全国第四家市级破产管理人行业协会。充分发挥管理人协会行业自律、提升业务水平和促进交流三方面作用:一是指导管理人协会针编制全国首份《破产管理人业务操作指引》,以业务指引的方式对破产案件中管理人从事破产管理业务的各项具体操作作出明确、详尽、规范的细则。二是要求协会每年至少组织管理人进行两次业务培训、每季度进行一次业务交流,并针对个案破产管理工作中出现的具体问题举行业务研讨,不断提高管理人履职水平。三是指导管理人协会建立管理人履职评分体系,每年提交法院,作为管理人名册更新、分级的主要依据。四是建立个案反馈制度,对个案审理中发现的管理人不勤勉、不规范行为书面函告通报协会,由协会通报各会员并酌情扣减履职评定分数,督促管理人依法勤勉履职。

二、构建破产府院协作机制和业务研习两个平台，营造破产审判良好外部环境

一是推动、建立和完善破产审判府院协作机制。召开府院破产专项工作对接会，积极与市政府及金融办、经信局、国地税局、市场监管局、国资委等行政职能部门沟通，利用府院对接平台建立企业破产和信贷风险处置工作统一协调机制。府院之间就破产审判工作及时通报、统一协调，与金融办、银监局等联合开展调研，实现破产审判府院对接的定期化和常态化。(1)建立企业破产援助资金。与市政府充分协商，制定破产援助资金管理和使用办法，由市政府从财政资金中拨付300万元专款，设立市级企业破产及清算援助资金，解决“无产可破”“无产可清”的企业破产、公司强制清算案件审判中的费用和职工安置补偿问题。(2)通过府院对接化解破产审判人力资源“短板”。争取市政府支持，通过购买社会化服务的方式，为两级人民法院增添20名破产审判辅助人员，以解决破产审判事务性工作繁杂、破产审判法官精力有限、人手不足的被动局面。(3)探索构建破产审判预警机制。与市金融办、银监局等相关部门建立联动协作机制，制定金融信贷领域重点企业名录和台账，对名录、台账内企业进行破产风险预判，提前建立预案，对符合条件的企业结合金融债务重组工作，指导进行预重整。

二是加强破产业务的研习、交流，推动破产法制宣传。2016年、2017年先后以破产管理人制度、破产法实施中的外部环境等主题，与厦门大学法学院、厦门市破产管理人协会共同主办两届“厦门破产法研讨会”，邀请国内知名的破产法学者和实务界人士，进行研讨、交流，逐步把“厦门破产法研讨会”建设为务实的破产理论学习、经验交流和问题研讨平台。

加大破产法宣传力度，扩大破产审判工作影响力。通过在报刊等传统媒体和微信公众号刊登破产审判工作信息，发布典型案例，到企业法律工作者协会、律师协会、银行业协会、企业家协会、商会开设破产法专题讲座，在《人民法院报》总结、推广破产审判工作经验和成效等方式，推广破产法制宣传，改善各界对企业破产制度的认知。

三、着力执转破、破产重整和繁简分流三项工作，创新拓展破产审判方法和路径

一是积极稳妥推进执行转破产工作，解决企业债务危机。针对厦门法院执行工作实际，为协助化解被执行人资不抵债、缺乏履行能力而导致的执行积案，在全省率先开展执行转破产工作。与执行部门共同研究拟定执行转破产案件材料移送须知等规范性要求，建立执转破案件的甄别预审、绿色通道、提前介入、定人定期对接等工作机制，初步实现执行转破产案件审查、受理的常态化和规范化。2016年、2017年先后将涉及9家企业的572件执行案件转入破产程序，有效化解执行积案，拓展破产审判路径。充分发挥破产程序对企业的拯救功能，对仍具有重整价值的3家企业，在转入破产程序后转入重整程序，维护困境企业生存机会。

二是创新审判方法，提升破产重整审判质效。在企业破产重整案件中针对企业具体情况，因企施策，创新审判方法，有所突破，在重整案件审判中不断根据案件特点，在有效节约司法资源，极大提高破产重整案件审理效率和重整成功率的同时，充分保护各方利益，及时总结、推广类型化审判经验。在省高级人民法院的支持下，突破《企业破产法》管辖制度，以“主要利益中心所在地”受理跨3地市、涉及12家企业的集团企业重整案；在重整中试行“预重整”审理方法，在受理前指导债务人向债权人完整披露公司的经营和负债情况，草拟重整计划草案并由债权人进行初步表决后转入重整程序，仅用3个月审结1件涉及100余名民间借贷的危险品运输企业重整案，企业在进入重整程序后即实现经营盈利；尝试在企业破产重整中将企业股东、实际控制人对企业的保证债务责任纳入企业重整计划，在企业重整案件中解决企业股东、控制人的担保责任问题。

三是加快破产案件繁简分流改革，推进破产、清算案件简易审。在破产案件立案审查时对案件进行繁简识别和分流，对“无资产、无人员、无账册”和资产清楚、债权债务关系明确的破产清算和公司强制清算案件进行分流、适用简易程序进行审理。2016年受理的强制清算案件中，有60%的案件通过简易程序在3个月内审结，运用简易程序仅用4个月审结1件企业破产清算案件。

四、探索完善破产审判管理方法，提高破产审判管理水平

一是制定各项规章，强化破产审判规范性。2016年先后制定《企业破产案件

审理工作规范(试行)》《企业破产案件有关管理人工作规范(试行)》《企业破产案件中选定审计、评估、拍卖等中介机构工作规范(试行)》等规范性指导性文件,实现破产审判流程审批管理、管理人履职监督、动态监管和中介机构委托、破产财产处置等各项工作的规范化、公开化,实现企业破产财产处置全网拍。

二是探索审管方法,提升破产审判效率。针对破产案件流程长、事项多、管理不便等问题,与管理人协会研讨开发破产案件子项目管理系统,将破产程序各项工作流程具体分解和细化为若干子项目,明确各子项目的完成时限和目标要求,不断推进破产审判流程管理的实时化、规范化和信息化。

三是完善信息披露,提升破产审判公开度和透明度。破产审判中涉及的各方利益冲突较为尖锐,各方彼此信任度低,对法院、管理人工作的疑虑较多。将破产审判中的相关信息对债权人的充分披露,各种事项完全透明、公开,不仅有利于破解因债权人、债务人、管理人和法院之间的信息不对称造成的对立、怀疑情绪,还有利于债权人作出客观判断,改善债权人和社会各界对破产审判工作的评价与认识。实践中,我们先后建立债务人信息披露、破产审判流程与管理人破产事务公开公示及债权人问询三项制度,充分保障债权人对债务人相关信息和破产各项工作的知情权、参与权,为其作出正确判断、正确行使决策权提供充分保障。同时,针对合并破产等重大破产事项,建立了较为完整、规范的申请、公告、举证、听证、裁决和异议程序,确保审查程序公开、审查结果公平、各方待遇公正、救济措施完善,充分保护债权人、债务人和各相关利益群体的合法权益。

重庆市江津区人民法院破产审判工作总结(2015~2017年)*

陈唤忠**

党的十八大以来,依法有序推进破产案件审理,服务和保障供给侧结构性改革,成为人民法院通过司法手段促进经济发展方式转变、构建公平有序市场秩序的重要任务之一。近年来,重庆市江津区人民法院结合地方实际,不断探索,积极创新,为破解法院破产审判工作难点问题进行了诸多有益尝试。

一、江津区人民法院破产审判工作的基本情况

2007年《企业破产法》实施后至2015年以前,江津区人民法院受理的破产案件均为国有、集体企业政策性破产。2015年7月江津区人民法院审理(新收,下同)重庆金江印染有限公司(工业企业)破产清算一案,成为该院第一起民营企业破产案件,涉及债务1.1亿余元、企业资产3000余万元。2016年江津区人民法院审理破产案件增至14件,涉及债务近40亿元、企业资产近22亿元。

---

* 本文是作者提交给"第二届西部破产法论坛"(西南政法大学主办)的会议论文,收入本书时,作者进行了数据更新和文字修改完善。感谢重庆市江津区人民法院副院长陈唤忠对本书编辑出版工作的支持。——编者注

** 重庆市江津区人民法院副院长。

其中,破产清算案件6件、破产重整案件8件;涉及工业企业9家、房地产建筑企业3家、农业企业1家、劳务企业1家,均为民营企业。2017年以来(截至2017年11月30日,下同),江津区人民法院审理破产案件12件,涉及债务13亿余元、企业资产6.7亿余元。其中,破产清算案件2件、破产重整案件10件;涉及工业企业9家、房地产企业2家、商贸企业1家,均为民营企业。2015年以来审理的24件案件,预计2017年年底前可累计结案17件。

从近年来受理破产案件的情况可以看出,近3年来江津区人民法院受理的破产案件均涉及民营企业,改变了以往国有企业占据破产案件主导地位的状况;其审判理念、审判方式、审判工作机制发生了较大转变,破产重整逐步代替破产清算成为破产审判案件主流;工业企业仍然是破产案件的重要主体,但进入破产程序的企业类型亦呈现多样化趋势,房地产建筑企业、农业企业、劳务企业、商贸企业等均有涉及;既涉及去落后产能,又涉及去库存、去杠杆、需要市场出清的企业。还涉及因资金链断裂导致企业资不抵债,但有市场前景,需要拯救的困境企业。

二、江津区人民法院破产审判的主要做法

面对经济新常态,江津区人民法院在破产案件审理过程中,坚持按照最高人民法院关于破产审判工作专业化、规范化、法治化要求,在审判理念上从重清算价值向重市场营运价值转变,从重裁判向裁判与服务并重转变,从重传统工作模式向重信息化工作方式转变,从重居中裁判能力向重审判综合能力转变,努力实现在清理“僵尸企业”的同时,对有发展希望、有存续价值的困境企业实施拯救。具体做法如下。

(一)成立领导小组,构建“专业化+多元化”审判团队

为加强破产案件审理机制建设,助推建立市场化、常态化、法治化市场主体救治和退出机制,最高人民法院大力推进以破产审判庭设立为载体的破产审判工作专业化队伍建设。2016年6月21日最高人民法院正式下发《关于在中级人民法院设立清算与破产审判庭的工作方案》。按照最高人民法院的要求,各地中级人民法院正逐步设立清算与破产审判庭,而就基层人民法院而言,结合司法改革要求,如何构建专业化、综合性的高素质破产审判工作团队,是一个亟待解决的问题。

1. 成立破产案件审判工作领导小组。为强化协调指导,江津区人民法院成立破产案件审判工作领导小组,由院长任组长,分管副院长任副组长,相关部门负责人为成员,负责研究制定全院破产案件审判工作方案,协调、指导、督促破产案件审理工作中的重大事项。

2. 构建“专业化+多元化”审判团队。破产案件的审理,既涉及各类法律问题,又涉及国家宏观经济政策、企业经济财务和经营管理、政府维稳处置等多方面的问题,这就要求破产审理法官既要有较强的专业法律素养,又要对进入破产程序企业所涉领域市场经济专业性知识、党委政府工作大局全面掌握和理解;既要精通破产法及其司法解释,又要熟练掌握物权法、担保法、公司法、合同法、劳动合同法等相关法律法规,并对因破产而引发的各类衍生诉讼有一定审判经验,这就需要构建一支专业性高、综合能力强的审判团队。然而,在司法改革背景下,审判机构扁平化管理,员额法官数量有限,对于基层人民法院而言,建立专门的清算与破产审判庭存在一定困难。为此,江津区人民法院深入调研分析后,决定建立相对固定的“专业化+多元化”审判团队。在对业务能力、工作经验、法律素养等多方面进行综合考量基础上,由分管院领导及审判委员会专职委员牵头,挑选民二庭、民三庭、审判管理办公室等多个部门员额法官、法官助理和书记员,构建了分管院领导带头,以中青年骨干法官为主的2~3个破产审判团队,专门负责审理破产案件、公司强制清算案件及其衍生诉讼案件。破产审判团队,除负责破产案件审判外,其所在审判部门工作职责保持不变,一方面,相对固定又非专职的团队模式有利于最大限度保障不因破产审判工作组的成立加剧人案矛盾;另一方面,所在审判部门工作的继续开展有利于发挥其原有优势,实现团队知识结构的多元化,推动破产案件及衍生诉讼中不同法律关系及问题的准确把握和妥善处置。在组建团队的基础上,通过集中培训、考察学习、青年法官论坛、专业法官会议等多种形式加强对破产审判团队各类成员的培养,帮助其转变工作思路,做到办案与办事、裁判与谈判相结合;增强其破产专业知识的深度和破产关联知识的广度,强化破产审判综合能力的提升。

3. 科学评估破产审判团队工作业绩。结合员额法官绩效考核方案的制定,对员额法官、法官助理、书记员组成的审判团队所办理的破产案件采取“分段+加成”的方式计算任务量,科学评估破产审判团队工作业绩。具体方式为:(1)破产清算案件受理到召开第一次债权人会议计10件,第一债权人会议到裁定宣告破产计5件,裁定宣告破产到裁定认可破产财产分配方案计10件,裁定认可破产财产分配方案到裁定终结破产程序计5件。(2)破产重整(或和解)案件受理到召开第一次债权人会议计10件;第一次债权人会议到裁定批准重整计划草案(或和解协议草案)计20件;若提出重整计划草案但未获批准转破产清算(或和解协议未通过转破产清算)计15件;若未提出重整计划草案(或和解协议)直接裁定宣告破产计5件;若裁定宣告破产(包括重整、和解执行不能裁定宣告破产),后续阶段按破产清算案件折算。(3)无产可破案件,受理到裁定终结直接计10件;前述每一阶段中,因出现不符破产条件、第三人代为清偿等原因案件终结的,该阶段减半计算。在上述计算标准基础上,对特殊因素加成计算任务量,具体包括:(1)债权人50人以上不到100人,每阶段增加1件;债权人100以上不到300人,每阶段增加2件;债权人300人以上,每阶段增加3件。(2)资产1000万元以上不到5000万元,每阶段增加1件;资产5000万元以上不到1亿元,每阶段增加2件;资产1亿元以上,每阶段增加3件。(3)若加成因素叠加,较高因素保持不变,另一因素减半叠加。

(二)坚持实践总结,探索理论创新

1.强化市场研判。坚持市场化破产审理方向,正确把握市场经济背景下司法干预的边界,破产案件审理既不能事事介入,又要牢牢把控正确的审理方向,坚持少清算多重整,从注重破产财产的清算价值分配向注重破产企业的市场运营价值转变,在有效去除过剩产能的同时,对具有市场潜力、运行活力的创新性企业因策施救,保障企业和债权人实现共赢,确保利益最大化。审理中,江津区人民法院坚持裁判与服务并重,一方面充分保障当事人,尤其是债权人的意思自治,注重释法释理,少强裁多协商,少强批多沟通,不干预企业生产经营;另一方面全面了解市场经济知识和各类行业知识,敏锐把握市场走向和案件进度,加强对管理人的有效监督与指导,督促管理人向债权人及时披露破产中的重大信息,并及时以裁判方式固定案件推进成果。在江津区人民法院已审结的10件案件中,有5件系通过和解或重整方案后结案。在重庆海硕机械有限公司破产重整一案中,在综合考虑该公司生产性流动资金缺乏,但拥有若干具有核心竞争力的设备,运营前景广阔等因素后,引导管理人和债务人积极开展融资、引入战略投资人等活动,以公司运营价值为核心制定重整方案,最终获得多数债权人认可。目前,该案已进入执行阶段,企业经产研合作后获得固定订单,并将全面恢复生产,预计重整期间实现利润5280万元。在重庆江津壹街房地产开发有限公司破产重整一案中,为了解决复工融资难等问题,引导债权人、债务人采取出售式重整,将债务人主要土地出售,所得资金用于复工建设,预计将解决126户购房户问题。在重庆市某动力制造有限公司破产重整案中,通过债转股方式,确保供应商4亿余元债权100%清偿,取得了较好成效。

2. 加强信息化应用。(1)运用微信等自媒体平台,积极开展微信电子送达、微信群开会投票等,基本实现法律文书送达债权人微信化、债委会会议表决电子化,提高了案件推进效率,同时减少各方债权人往来奔波之苦。(2)广泛运用全国企业破产重整案件信息网和破产案件法官工作平台,三年来,共在上述平台发布各类文书121份,与管理人工作平台进行对接,开展工作交流130余次。自2016年下半年起,破产案件的公告均在重庆法院公众服务网和全国企业破产重整案件信息网发布,不再在报纸等纸媒发布,在提高工作效率的同时降低了司法成本。(3)积极运用淘宝网等网络拍卖平台,依托庞大而透明的网络市场努力实现债务人财产价值的最大化。在重庆渝欣牧业开发有限公司破产清算一案中,首次在淘宝网对债务人的房屋、项目等进行拍卖。通过线上线下结合,目前,已有一宗破产财产标的按评估价80%拍卖成交,拍卖价格500余万元,这在重庆范围内破产财产处置尚属首例。

3. 严打逃废债行为。(1)严厉打击破产前转移财产的行为。加大债务人财产追收力度,最大限度追回破产前转移的财产,保护债权人利益。在重庆金江印染有限公司和重庆川江针纺有限公司实质合并清算案中,由院领导带队,组成三个追收组,远赴安徽、湖北、四川等地对债务人的应收账款等进行追收,增加了债务人可供清偿的财产。(2)严格规制破产前利用关联企业进行不当利益输送损害债权人利益的行为。对于存在上述行为的出资人,在破产重整中注意调整该出资人的权益,对于调整后仍然享有部分权益的,要求其书面承诺:重整执行完毕后,将股权出让所得用于债权人在重整中让渡权益部分的清偿。在重庆秦谋科技开发有限公司破产清算和重庆昂龙冶金材料有限公司破产重整实质合并案中,对利用关联企业进行不当利益输送的两个出资人即采取了这种处理方式,债务人认同,债权人对破产信任度提高。(3)妥善处理破产审理中发现的涉嫌犯罪问题。对在破产中发现涉嫌犯罪的,及时将有关线索、证据等移送公安机关,以及时打击犯罪行为。在重庆金江印染有限公司和重庆川江针纺有限公司实质合并清算案中,两公司的实际控制人冯某某因涉嫌非法吸收公众存款罪被公安机关立案侦查。

4. 规范管理人监管。审判周期长、审理难度大,是破产审判工作中存在的普遍问题。对此,江津区人民法院以规范破产管理人监督管理机制为突破口,依托对管理人的有效监督和管理,促进其发挥专业优势,依法执行职务,推进破产案件审理快速有序推进。具体而言,通过破产案件司法统计和精确计算,对管理人在破产案件审判中涉及的每一步骤都划出"时间表"、列出"事项清单",明确每一阶段应完成工作事项,同时未雨绸缪,对可能遇到的疑点、难点问题预先判断、提前加以研究解决,从而确保管理人勤勉尽责,忠实执行职务,在设定合理时间范围内完成相应工作。在法律适用问题上,则通过加强沟通研判,予以指导。为强化监督管理的实效,认真落实管理人业绩考核制度,坚持每周一研究,每周一书面报告。同时,将管理人工作量大小、履职勤勉程度、工作周期等作为其报酬调整的依据,以结果导向实现过程管控。例如,在重庆海硕机械有限公司破产重整一案中,虽然债务人无担保物最终清偿财产价值总额仅为 2266 万余元,但管理人做了大量烦琐工作,实际工作周期较长,工作中勤勉尽责,且重整监督执行期长达 5 年,在调整管理人报酬方案时,重庆市江津区人民法院将管理人报酬按无担保物最终清偿财产价值总额的上限标准调整为 134 万余元;而在重庆某动力制造有限公司破产重整一案中,虽然债务人无担保物最终清偿财产价值总额高达 6.5 亿元,应当计取管理人报酬上限为 900 余万元,但由于管理人工作量不大,实际工作周期较短,重整监督执行期仅为 3 个月,在调整管理人报酬方案时,经我院审委会综合考虑各种因素,最终将管理人报酬调整为 120 万元。目前,江津区人民法院审理的破产案件管理人对法院监管工作反映良好。

5. 探究法律适用。(1)探索实践实质合并破产的审查标准和启动程序。关联企业破产实质合并问题较多,做法不一。首先,《企业破产法》及其司法解释未对破产中关联企业的审查标准作明确规定,实践中操作不一。其次,关联企业实质合并的表现形式多样,有关联企业进行实质合并重整的,也有关联企业进行实质合并清算的,也有关联企业进行重整和清算实质合并的,其审查判断标准应该有所区分。江津区人民法院在审理首例实质合并清算案件——重庆金江印染有限公司和重庆川江针纺有限公司实质合并清算一案中就面临这样的问题:实质合并破产清算如何进行审查判断?实质合并程序如何启动?江津区人民法院在重庆市第五中级人民法院指导下,将实质合并清算的判断标准确定为:两公司法人人格高度混同、债务债权无从分离,存在不当利益输送,且严重损害其他债权人利益;启动的程序为:两公司分别申请破产,裁定受理后指定先受理案件的管理人为共同管理人,适用听证方式并报告债权人会议后依职权裁定的程序,裁定2个关联企业实质合并清算,现该案已终结破产清算程序,各方反映良好。对此,江津区人民法院已向重庆市高级人民法院和中级人民法院报送参考性案例。此外,在重庆秦谋科技开发有限公司破产清算案和重庆昂龙冶金材料有限公司破产重整案中,首次尝试破产清算与破产重整实质合并,现已作终止(终结)处理。四川江华泵业有限公司破产重整案与重庆道隆机械有限公司破产重整案实质合并破产重整目前进展顺利。江津区人民法院将继续推进参考性案件报送工作,助推最高人民法院关联企业实质合并破产司法解释的出台。

(2)探索购房户权益保护与抵押权人权利冲突的处理方式。房地产开发企业属于特殊行业,其资金来源涉及面极其广泛,一旦陷于破产边缘,所涉利益主体包括银行抵押贷款、建设工程施工款项、购房人权益、民工工资,以及其他债权人利益等。在房地产开发企业破产案件中,银行贷款往往都设有抵押,对特定标的具有优先受偿权,工程款对特定标的更是具有优于抵押权的优先权,民工工资亦在清偿中处于优先的顺位。此外,《企业破产法》及其司法解释并没有对购房人的权利顺位和权利保障作出明确的规定。购房者在房地产企业破产案件中处于弱势地位,而且涉及商品房、期房的债务处理不当容易引发群体性事件。江津区人民法院在现在法律框架下,深入分析在房地产企业破产案件中对购房者的特殊保护,积累了一定的经验。虽然根据《企业破产法》的规定,管理人对破产申请受理前成立而债务人和对方当事人均未履行完毕的合同有权决定解除或者继续履行,但为了保障购房户的生存权,在合同是否继续履行的问题上,一般会尊重购房户的选择,当购房户选择继续履行,则监督管理人并引导债务人履行交房义务,并协调国土房管、税务等部门协助执行,尽快为购房户办理产权证,将购房户所购房屋从债务人财产中剥离出来。

(3)探索破产重整中对出资人权益调整的表决标准。破产重整中出资人权益调整既是对出资人财产权益的处分,亦是债务人重大事项的调整。根据《企业破产法》规定,重整计划草案涉及出资人权益调整事项的,应当设立出资人组,对该事项进行表决。但对于出资人组的表决标准,是参照适用《企业破产法》关于各债权人组表决的规定,还是参照适用《公司法》或公司章程关于股东表决权的有关规定,法律和司法解释并无明确规定,实践中做法不一。江津区人民法院在审理的重庆某动力制造有限公司破产重整一案中,基于《企业破产法》重整计划表决标准比该公司章程关于股权转让规定还要严格,遂根据债务人提交讨论的重整计划草案中载明的出资人组表决通过标准,参照适用《企业破产法》关于各债权人组表决的规定,确定出资人组的表决通过标准为:出席会议的出资人过半数同意重整计划草案,并且其所代表的出资额占出资总额的2/3以上。最终,各债权人组和出资人组均通过重整计划草案,现已结案,各利害方反映良好。当然,每个案件均有不同的特殊性,出资人组的表决通过标准最终有赖于《企业破产法》及其司法解释予以明确。

(三)加强府院联动,协调解决社会问题

破产处置往往涉及众多企业职工、消费性购房人、建设工程民工、民间借贷的出借人等债权人,对债权人生存权造成不同程度影响,各方诉求强烈,在破产财产不足以清偿的情况下,各方债权人的利益无法得到全面满足,社会矛盾大,单靠法院无法妥善解决;破产重整的债务人复工涉及融资、用工、税款缴纳等问题,亦需要政府各部门配合支持。因此,江津区人民法院主动加强向江津区委的汇报及与区政府的协商。在江津区人民法院努力下,区委区政府在组织协调、财务保障等方面给予了大力支持。

1. 成立区企业破产处置工作领导小组。2016年在区委区政府支持下,在区级层面成立企业破产处置工作领导小组,各相关单位负责人为领导小组成员,在依法推进案件审判同时,通过研究协调,借助各方力量统筹解决购房户办证、重整融资、职工欠薪、就业保障等破产衍生社会问题,避免破产的社会负效应过度溢出,努力维护全区社会稳定和经济发展大局。

2. 加强经费支持与保障。针对破产案件中"僵尸企业"大量存在,财产处置变现周期较长,企业财产调查、审计评估、管理人必要工作经费及报酬等缺乏流动资金,难以及时开展前期工作的问题,依托区财政,设立了破产案件财政周转性专项处置基金800万元,通过及时拨付必要资金推进破产案件处置,再作为破产费用或共益债务予以清偿的方式,大大加快了案件进程,缩短了审判周期。为切实解决法院执行难问题,规范"执转破"工作,在区财政支持下,又于2017年建立无财产破产企业处置专项基金(200万元/每年),并对基金支付范围、支付方式予以明确,解决无财产破产企业基本的破产费用。为加强学习培训、及时应对破产审理中的紧急事项,经申请,区财政拨付破产案件专项经费,用于涉及破产审判工作的考察、培训及破产处置中的应急处理。

3. 强化个案支持力度。针对特定重大案件,在全区范围内成立临时性工作机构,专门研究解决相关问题。如针对重庆华城希望房地产开发有限公司破产重整一案,成立了区长为组长的遗爱池商圈建设协调领导小组,由相关职能部门负责人参加,定期召开联席会,定期研究解决案件推进中的相关问题,在信访维稳、房屋办证、复工建设、重整计划制订等方面给予个案支持和配合。在重庆秦谋科技开发有限公司破产清算和重庆昂龙冶金材料有限公司破产重整实质合并案中,政府2个担保公司拟将1300万元债权转为债务人75%的股权,最大限度支持民间集资普通债权人实现清偿率100%。现已获债权人分组讨论通过,待通过政府审批程序后,法院即批准重整计划予以执行。

回顾三年来的破产审理路,辛劳与欣慰、困惑与希望、担忧与担当并存,伴随着江津区人民法院一路前行,其内在动力便是:情怀!这种情怀是江津区人民法院干警对破产审判事业的不懈追求,是为了努力实现让人民群众在每一个司法案件中感受到公平正义的精神所在。下一步,江津区人民法院将以贯彻党的十九大精神为契机,以习近平新时代中国特色社会主义思想为指导,紧紧围绕在以习近平同志为核心的党中央周围,在市高级人民法院和市第五中级人民法院的领导下,结合实践进行深入理论与实务研究,进一步推进破产审判工作,为服务和保障供给侧结构性改革,提供更多可复制、可推广、可借鉴的司法经验。

第三部分　破产审判典型案例

全国法院破产审判十大典型案例
(2006～2016年)

2016年6月15日上午,最高人民法院召开新闻通气会,通报了全国人民法院关于依法审理破产案件,推进供给侧结构性改革的典型案例,这也是最高人民法院方面首次通报该类型典型案例。以下是十大典型案例的基本案情、审理情况和典型意义:

一、长航凤凰股份有限公司破产重整案

(一)基本案情

长航凤凰股份有限公司(以下简称长航凤凰)系上市公司,是长江及沿海干散货航运主要企业之一。自2008年全球金融危机以来,受财务费用负担沉重、航运运价长期低迷等因素影响,长航凤凰经营逐步陷入困境。截至2013年6月30日,长航凤凰合并报表项下的负债总额合计达58.6亿元,净资产为-9.2亿元,已严重资不抵债。经债权人申请,湖北省武汉市中级人民法院于2013年11月26日依法裁定受理长航凤凰重整一案,并指定破产管理人。因连续三年亏损,长航凤凰股票于2014年5月16日起暂停上市。

(二)审理情况

在武汉市中级人民法院的监督指导下,管理人以市场化的重组方式为基础,制订了重整计划草案,获得了债

权人会议及出资人会议表决通过。由于无外部重组方参与长航凤凰破产重整，如何通过长航凤凰自身筹集足够资产以提高普通债权清偿比例，以促使普通债权人支持重整是重整工作有序推进的重点。为解决偿债资金筹集的问题，经过武汉市中级人民法院与管理人多番论证，最终制定了以公司账面的货币资金、处置剥离亏损资产的变现资金以及追收的应收款项、出资人权益调整方案，以及股票公开竞价处置等多种渠道的资金筹集方案。实践证明，上述资金筹集方案具有可行性。通过资产公开处置、出资人权益调整以及股票公开竞价处置，长航凤凰不但清偿了重整中的全部债务，同时，由于股票公开竞价处置产生溢价，公司在重整程序中依法获得了约7000万元的资金用于补充公司现金流。

2014年3月18日武汉市中级人民法院裁定批准了重整计划并终止重整程序。通过成功实施重整计划，在无国有资产注入及外部重组方资金支持的情况下，长航凤凰2014年年底实现净资产约1.2亿元、营业利润约2.24亿元，成功实现扭亏，股票于2015年12月18日恢复上市。

（三）典型意义

长航凤凰重整案是以市场化方式化解债务危机的典型案例。借助于破产重整程序，长航凤凰摆脱了以往依赖国有股东财务资助、以“堵窟窿”的方式挽救困境企业的传统做法，以市场化方式成功剥离亏损资产、调整了自身资产和业务结构、优化了商业模式，全面实施了以去杠杆为目标的债务重组，最终从根本上改善了公司的资产及负债结构，增强了持续经营及盈利能力，彻底摆脱了经营及债务困境。

二、深圳中华自行车（集团）股份有限公司破产重整案

（一）基本案情

深圳中华自行车（集团）股份有限公司（以下简称深中华）系上市的中外合资股份有限公司，成立于1984年8月24日，注册资本及实收资本均为人民币5.5亿余元。深中华生产的自行车曾远销欧美，市场占有度和知名度较高，但市场环境发生变化后，企业深陷亏损境地。曾经亚洲最先进的全自动化自行车生产线被迫下马停产，企业靠代工生产业务和物业出租养活187名员工。深中华原有的厂区经过多轮查封、冻结，无法变现和更改用途，且被出租给各个小企业用于生产，厂区存在严重的环保、安全、交通和监管隐患。因长期亏损，深中华连续多

年被深交所退市风险警示,如其不能在2013年会计年度内通过重整计划,其股票将被终止上市。2012年10月12日广东省深圳市中级人民法院根据债权人申请,裁定受理深中华破产重整案。

(二)审理情况

2012年10月29日深中华向深圳市中级人民法院申请自行管理财产和营业事务,深圳市中级人民法院审查后于2012年10月31日依据《企业破产法》第73条第1款之规定,批准深中华在管理人的监督下自行管理财产和营业事务。

2013年8月22日债权人会议表决重整计划,普通债权组未能表决通过,税款组、出资人组均表决通过。深圳市中级人民法院在综合考察深中华的现状后,指导管理人积极作为,针对仍存疑虑的债权人进行沟通和释法,充分阐释通过重整企业原本无法变现资产的清偿率可以获得大幅提升,通过获取股权可以分享重组收益等有利因素,取得了债权人的支持。在同年10月15日的第二次表决中,高比率通过重整计划。同日,深圳市中级人民法院裁定批准重整计划。同年12月27日,重整计划执行完毕。

(三)典型意义

本案是人民法院充分尊重当事人意思自治,慎重行使强制批准权,确保市场主体充分进行博弈后,帮助企业恢复生机的典型案例。强制批准重整计划草案,主要适用于需要打破利益壁垒、平衡保护当事人利益的情形,应当慎重适用。深中华的重整计划草案经历了两次表决,法院在面临可能需要强制批准的情况下,没有简单化处理问题,而是指导管理人积极作为,以利益导向、发展导向促成债权人的态度转化,避免了司法权对市场的干预。通过重整,实现在职职工安置187人,解决积欠社保问题400余人,债权人获得了70%的清偿,盘活了企业存量资产,为深圳的城市发展释放土地资源12.73万平方米。深中华通过重整解决了历史包袱,实现了产业转型,保留了上市公司地位,通过重整迎来了新的产业注入,保留了股权价值。

三、浙江安吉同泰皮革有限公司执行转破产清算案

(一)基本案情

浙江省安吉县人民法院执行局在执行浙江安吉同泰皮革有限公司(以下简称同泰皮革公司)作为被执行人的系列案件中,将被执行人的厂房、土地依法拍

卖,所得价款2484万元。但经审查发现,截至2015年2月27日,同泰皮革公司作为被执行人的案件全省共有29件,标的额2200万元;作为被告的案件全省共达94件,标的额3327万元,同泰皮革公司已不能清偿到期债务,而且资产不足以清偿全部债务。安吉县人民法院执行局根据最高人民法院《关于适用〈中华人民共和国民事诉讼法〉的解释》第513条规定,向部分申请执行人征询意见,并得到其中一位申请执行人书面同意,将本案移送破产审查。2015年3月17日安吉县人民法院根据申请人安吉县博康担保有限公司的申请,裁定受理债务人同泰皮革公司破产清算案。

(二)审理情况

受理破产申请后,安吉县人民法院立即通知相关法院中止诉讼、执行程序,解除财产保全措施,由管理人接管了同泰皮革公司的全部资产。为公平保障全部债权人的利益,对全省范围内涉同泰皮革公司执行案件进行检索,执行人员提醒外地债权人申报债权224.3万元。2015年6月4日同泰皮革公司破产案召开第一次债权人会议,会议高票通过了《财产管理、变价和分配方案》等两项议案。同月26日安吉县人民法院裁定确认上述财产管理、变价和分配方案。目前,财产分配方案已执行完毕。同泰皮革公司作为被执行人的案件共53件,债权金额累计4213.1万元,个案执行时间最长达1年半。启动执行转破产程序后,3个月即审结完成,并实现职工债权和税收债权全额清偿,普通债权清偿比例达到22.5%。

(三)典型意义

符合《企业破产法》规定条件的企业法人应该通过破产程序来清理债务,以实现对全体债权人的公平清偿。安吉县人民法院在执行同泰皮革公司系列案件的过程中,发现被执行人已经符合《企业破产法》第7条规定的破产案件受理条件,即根据民诉法司法解释的有关规定,在征得债权人同意后,将执行案件及时移送破产审查,经审查符合破产案件受理条件,即裁定受理,进入破产程序。执行人员还提醒其他执行案件的申请人及时申报债权,实现了案件执行程序和破产程序的有序衔接。案件由执行程序转入破产审查,不仅可以迅速启动破产程序,还有助于执行案件的及时结案,化解执行难问题。

四、中国第二重型机械集团公司与二重集团(德阳)重型装备股份有限公司破产重整案

(一)基本案情

中国第二重型机械集团公司(以下简称二重集团)为中央直接管理的国有重要骨干企业,是国家重大技术装备制造基地。二重集团(德阳)重型装备股份有限公司(以下简称二重重装)为二重集团的控股子公司。自2011年起,二重集团、二重重装多年连续亏损,生产经营以及员工工资、社保基本靠向银行举债和股东提供的资金勉强维持。截至2014年年底,二重集团、二重重装金融负债总规模已经超过200亿元,二重重装已经严重资不抵债。

在国资委等有关部门的支持下,以农业银行、中国银行、光大银行为主席行,组织涉及二重集团、二重重装的近30家金融债权人成立了中国二重金融债权人委员会,与二重集团、二重重装及其股东展开了庭外重组谈判。2015年9月11日在银监会的组织下,各方达成了框架性的重组方案,其核心内容为在2015年内以"现金+留债+股票"清偿全部计息金融负债。同日债权人机械工业第一设计研究院等向四川省德阳市中级人民法院提起了针对二重集团、二重重装的破产重整申请。同月21日德阳市中级人民法院裁定受理二重集团、二重重装重整一案,并指定管理人接管了二重集团和二重重装。

(二)审理情况

2015年11月27日债权人会议和出资人会议召开,各表决组均通过了《重整计划(草案)》。同年11月30日德阳市中级人民法院作出民事裁定,批准重整计划并终止了二重集团和二重重装重整程序。重整计划执行中,120亿元金融债权通过现金清偿和债转股,已得到100%清偿;对于非金融债权,按照重整计划已向各家债权人分别支付25万元,其余在2～5年内付清。2015年,重整计划整体完成90%。

(三)典型意义

庭外重组是陷入困境但有价值的企业与其债权人之间以协议的方式,对企业进行债务调整和资产重构,以实现企业复兴和债务清偿的一种庭外拯救手段。本案中,在有关部门的推动、指导下,二重集团、二重重装与主要债权人金融机构进行了庭外重组谈判,并达成了框架性金融债务重组方案。进入重整后,法院在

司法框架范围内,尽可能推动维持了重组方案确定的原则,依法合规纳入重整计划,得到了金融债权人的认可。二重集团和二重重装重整成功,为这两家资产总额达210亿元的国有企业卸下了沉重的债务负担,优化了金融债务结构。本案积极探索实践庭外重组向司法重整转换,为陷入困境但有再生可能的大型国有企业司法重整提供了可复制的范例。

五、浙江玻璃股份有限公司及其关联公司合并破产案

(一)基本案情

浙江玻璃股份有限公司(以下简称浙江玻璃)成立于1994年5月,2001年12月10日在香港联合交易所上市。2003~2005年浙江玻璃先后投资成立浙江工程玻璃有限公司、浙江长兴玻璃有限公司、浙江平湖玻璃有限公司、浙江绍兴陶堰玻璃有限公司,上述企业均从事玻璃生产、加工和销售,职工共计4350人,日熔化总量达5150吨。由于经营不善、盲目投资、高成本融资等原因,浙江玻璃及其4家关联公司生产经营遭遇巨大困难,陷入债务危机。2010年5月3日浙江玻璃因未能如期公布2009年度财务报告被香港联合交易所处以暂停交易。鉴于浙江玻璃已具备破产原因,且作为一家尚具生产能力的境外上市股份公司,具有一定的重整价值,2012年6月28日浙江省绍兴市中级人民法院裁定受理债权人对浙江玻璃的重整申请并指定管理人,启动破产重整程序。

(二)审理情况

2012年7月4日管理人以浙江玻璃与其4家关联公司存在人格混同情形、合并重整有利于公平清偿债权为由,申请浙江玻璃与其4家关联公司合并重整,并提交了相关证据。其中,审计报告结论显示:浙江玻璃与其4家关联公司系作为一个整体进行运作,4家子公司虽然均为法人主体,但都在浙江玻璃的实际控制下运营,资金收支均由浙江玻璃掌控,已丧失其法人实体应当具备的财务独立性。2012年7月23日绍兴市中级人民法院组织召开合并重整听证会,听取各方对合并重整的意见。经听证,大部分债权人代表及浙江玻璃及其关联公司支持合并重整。经审查,绍兴市中级人民法院依照《企业破产法》第1条、第2条规定,裁定浙江玻璃前述4家关联公司并入浙江玻璃重整。

2013年3月10日在前期继续经营、成功招募重整投资人的基础上,浙江玻璃及其四家关联公司破产案召开第三次债权人会议,分组表决重整计划草案。

受多种客观因素影响,普通债权组未通过重整计划草案,导致重整计划草案未能获得债权人会议通过。同月25日绍兴市中级人民法院依照《企业破产法》第88条的规定,裁定终止重整程序,转入破产清算。

转入破产清算后,继续维持生产的压力更加突出。玻璃生产具有特殊性,一旦生产线停产,将涉及停火冷窑、危化品处置等安全问题,并将导致资产大幅贬值和维护费用大幅增加。为此,经管理人在债权人会议中广泛征求意见,采取"托管经营"的方式,委托第三方公司继续生产经营,实现了破产清算条件下的正常生产。2013年4月13日第四次债权人会议表决通过《破产财产变价方案》。经公开拍卖或变卖,公司的资产变价金额合计约23.02亿元。9月22日第五次债权人会议表决通过了《破产财产分配方案》。10月10日绍兴市中级人民法院裁定认可破产财产分配方案。12月12日经管理人申请,绍兴市中级人民法院裁定终结破产程序。

(三)典型意义

浙江玻璃及其关联公司合并破产案系在充分尊重当事人意思自治基础上,在重整计划草案经表决未获通过的情况下,及时由重整转入清算的案件。本案在审理过程中,充分尊重市场规律,所有重大事项均在充分考虑破产企业的行业状况、商业风险等市场因素的基础上,经由债权人会议依法表决。对于债权人会议否决的事项,法院尊重当事人的意思自治,均未采取强制批准措施。此外,浙江玻璃及其关联公司在破产中维持正常生产,使大部分职工保持了稳定的工作和经济收入,维护了社会的和谐稳定。

六、山东海龙股份有限公司破产重整案

(一)基本案情

山东海龙股份有限公司(以下简称山东海龙)系在深圳证券交易所挂牌的上市公司。主导产品在国内外享有较高的知名度和良好的信誉度。因受整体市场环境及经营问题的影响,公司自2010年连续两年亏损,出现经营危机及债务危机。2012年3月1日中国建设银行股份有限公司潍坊寒亭支行向山东省潍坊市中级人民法院提出申请,要求依法对山东海龙进行重整。2012年4月23日被深圳证券交易所实施退市风险警示,面临退市的严重风险。同年5月18日潍坊市中级人民法院裁定予以受理。

（二）审理情况

根据山东海龙的资产评估情况、偿债能力分析结论、债权审查和确认情况，结合上市公司重整案件的经验，管理人制订了适合山东海龙实际情况的重整计划草案。该重整计划将保留上市公司全部有效经营性资产，通过保障债权人获得不少于破产清算的清偿率，来清理上市公司全部债务，使上市公司以自有业务重获持续经营和盈利能力，节约社会资源，维护了企业、职工、股东、债权人、上下游经营者多方的利益。2012 年 10 月山东海龙重整案出资人组会议及第二次债权人会议均表决通过了重整计划。11 月 2 日潍坊市中级人民法院裁定批准重整计划，重整计划进入执行阶段。12 月 26 日重整计划执行完毕，重整程序终结。自 2013 年 7 月 3 日起，深圳证券交易所撤销山东海龙股票交易的退市风险警示及其他风险警示。通过重整，该公司扭亏为盈。

（三）典型意义

山东海龙重整案维持了上市公司的主业不变、产品不变、没有进行资产置换、没有停产半停产，实现了企业就地重生，保障了社会和谐稳定。如果以我国目前的上市公司重整案中普遍采用的将上市公司全部资产进行处置，重新注入新的经营性资产的方式重整，则可能一方面债权人的债权清偿比例会很低，另一方面山东海龙的主业和优质资源无法得以保留，影响近万名公司职工就业以及债权人和中小股民的利益。山东海龙重整案中采取了保留公司的全部有效经营性资产，通过保障债权人获得不少于破产清算的清偿，清理其全部债务。该模式使该公司的主业和优质资源得以保留，且公司职工就业基本未受影响，债权人和中小股民利益得到了最大限度地保护，实现企业、股东、职工、债权人、重整投资人、政府等多方共赢，取得了法律效果和社会效果的有机统一。

七、中核华原钛白股份有限公司破产重整案

（一）基本案情

中核华原钛白股份有限公司（以下简称中核钛白）股票在深圳证券交易所挂牌交易，在钛白粉市场竞争加剧的情况下，中核钛白经营陷入困境。特别是 2008 年发生世界性金融危机后，钛白粉产成品价格暴跌，在 2008 年钛白粉行业全面亏损。中核钛白连续亏损，面临退市及破产风险。2009 年、2010 年重大资产重组和托管均未成功。2011 年 4 月 22 日债权人向甘肃省嘉峪关市中级人民法院申

请对中核钛白进行破产重整。7月29日为维持职工队伍稳定和企业继续经营,中核钛白公司股东经在全国范围内公开遴选,决定由安徽金星钛白(集团)有限公司(以下简称金星钛白)对中核钛白进行托管经营。11月30日嘉峪关市中级人民法院裁定受理重整申请。

(二)审理情况

嘉峪关市中级人民法院受理本案重整申请后,中核钛白继续营业,继续履行与金星钛白的托管协议,并继续履行中核钛白与对方均未履行完毕的42份合同,保证了重整工作的有序推进。截至2012年1月6日,共有146家债权人申报债权147笔,申报债权总额3.3亿余元,管理人初步确认128笔,确认的债权额约3亿元。嘉峪关市中级人民法院要求管理人制订重整计划草案时一并考虑后续的资产重组,并在提交重整计划草案的同时提交重组框架方案,避免了重整、重组分开运作实施可能带来的弊端。

嘉峪关市中级人民法院针对小额债权人人数众多、清偿率低、利益受损大、对立情绪严重的特点,为了最大限度地保护他们的利益,决定设立小额债权组,将债权额在600万元以下的债权人都纳入该组,并动员大股东额外拿出2000万元补偿小额债权人的损失,将其清偿率由41.69%提高至70%,有效保障了出资人和债权人的利益平衡。2012年7月27日债权人会议四个债权人组表决通过了重整计划草案,出资人组表决通过了出资人权益调整方案。7月31日嘉峪关市中级人民法院裁定批准《中核华原钛白股份有限公司重整计划》。经各方努力,11月15日重整计划执行完毕,比原计划提前一个半月。12月17日法院裁定终结中核钛白重整程序。12月19日经中国证监会审核,中核钛白发行股份购买资产并募集配套资金事项获有条件通过。至此,中核钛白破产重整程序与资产重组程序对接,中核钛白破产重整获得圆满成功。该案普通债权的清偿率为41.69%,小额普通债权的清偿率达到了70%,远远高于模拟清算条件下的清偿率。

(三)典型意义

中核钛白破产重整案通过将托管、重整与重组并行考虑,实现了托管、重整、重组的紧密衔接,做到了同行业并购和业务整合紧密衔接,持续经营与技术改造同步进行。既实现了企业经营的连续性,摆脱了清算退市的命运,实现了较高的清偿率,又实现了1200名职工全员就业,稳定了职工队伍。

八、北京利达海洋生物馆有限公司破产清算案

（一）基本案情

北京利达海洋生物馆有限公司（以下简称利达公司）是1993年经批准成立的中外合作经营企业，其投资经营的北京海洋馆于1999年正式开业。北京海洋馆集观赏、旅游、科普、教育和休闲娱乐为一体，是北京旅游行业的名片工程。由于利达公司在成立和建设过程中的大量贷款导致企业财务成本负担过重，同时，公司内部管理混乱，各类有效资产也被法院采取了司法保全措施，客观上已经直接危及北京海洋馆的正常经营，当时300多名职工情绪也严重不稳，导致公司难以维持正常经营。截至2003年7月，利达公司的资产总额为人民币6.55亿元，负债总额为人民币21亿元，资产负债率高达320%，属严重资不抵债。同月经债权人北京国际信托投资有限公司申请，北京市高级人民法院依法受理了利达公司破产清算一案。

（二）审理情况

北京市高级人民法院受理后，依据最高人民法院《关于审理企业破产案件若干问题的规定》第18条的规定，决定成立利达公司监管组，主要负责清点、保管公司财产，核查公司债权债务，为公司利益而进行必要的经营活动等工作。监管组监管期间，北京海洋馆得以维持运营，避免了因停业可能带来的混乱和影响，同时也有效防范了各债权人对企业财产的争相哄抢，稳定了职工情绪，解决了社会稳定问题。

2007年6月1日开始实施的《企业破产法》规定了重整制度，基于对北京海洋馆仍具有良好的持续运营和持续盈利能力的价值分析，北京市高级人民法院与监管组多次与债权人协商沟通，力争通过重整程序对利达公司进行拯救。利达公司的多数债权人系金融机构债权人，没有通过利达公司进行的相关重整安排。加之利达公司管理混乱，存在一系列历史遗留问题，导致重整投资人疑虑重重而陆续放弃。

2013年10月30日北京市高级人民法院裁定宣告利达公司破产。基于对利达公司下属的北京海洋馆经营事业进行拯救的目的，北京市高级人民法院指导管理人采取在企业持续经营的状态下，将利达公司的全部财产、业务、正在履行的合同等整体打包，通过公开拍卖的方式变价处置。该变价方案在债权人会议

表决中获全票通过。经过公开拍卖,北京信沃达海洋科技有限公司整体承接了利达公司的全部资产。承接后,北京海洋馆名称不变。拍卖价款用于清偿全体债权人,职工债权、税收债权100%清偿,普通债权清偿率37.60%,307名企业职工全部得到了安置。在破产财产分配工作全部完结后,2014年12月19日北京市高级人民法院依法裁定终结破产程序。利达公司在破产清算程序终结后予以注销。

(三)典型意义

本案是人民法院充分发挥司法能动作用,指导管理人依法提升资产处置效益,实现困境企业营业拯救的典型案例。在未能通过重整程序拯救利达公司的情形下,法院依法指导管理人通过在持续经营条件下整体打包处置破产财产的变价方式,依法保护了职工、税务部门以及其他债权人的权益,同时拯救了利达公司的经营事业即北京海洋馆,取得了良好的法律效果、经济效果和社会效果。

九、上海超日太阳能科技股份有限公司破产重整案

(一)基本案情

上海超日太阳能科技股份有限公司(以下简称超日公司)是国内较早从事太阳能光伏生产的民营企业,注册资本1.976亿元。2010年11月超日公司股票在深圳证券交易所中小企业板挂牌交易。2012年3月7日超日公司发行了存续期限为五年的“11超日债”。此后公司整体业绩持续亏损,生产经营管理陷于停滞,无力偿付供应商货款,银行账户和主要资产处于被冻结、抵押或查封状态,应付债券不能按期付息,“11超日债”也因此成为我国债券市场上的首个公司债违约案例。受制于财务负担沉重以及光伏产业整体处于低谷时期等因素的影响,超日公司已经很难在短期内通过主营业务的经营恢复持续盈利能力。2014年4月3日债权人上海毅华金属材料有限公司以超日公司不能清偿到期债务为由,向上海市第一中级人民法院申请对该公司进行破产重整。该院经审查,于6月26日裁定受理。因连续3年亏损,超日公司被暂停上市。

(二)审理情况

上海市第一中级人民法院指定一家律师事务所和一家会计师事务所组成联合管理人。管理人通过公开招标,确定由9家公司作为联合投资人。2014年10月8日管理人公告发布《超日公司重整计划草案》《关于确定投资人相关情况的

公告》等文件。管理人结合超日公司的实际情况以及对意向投资人综合考察，确定由江苏协鑫能源有限公司等九家单位组成联合体作为超日公司重整案的投资人。九家联合投资人将出资19.6亿元用于超日公司重整，其中18亿元用于支付重整费用和清偿债务，剩余1.6亿元作为超日公司后续经营的流动资金。

《超日公司重整计划草案》于同年10月23日向第二次债权人会议提交。经分组表决，各表决组均通过了重整计划草案。依管理人申请，上海市第一中级人民法院于10月28日裁定批准超日公司重整计划并终止重整程序。根据重整计划，超日公司职工债权和税款债权全额受偿；有财产担保债权按照担保物评估价值优先受偿，未能就担保物评估价值受偿的部分作为普通债权受偿；普通债权20万元以下（含本数）部分全额受偿，超过20万元部分按照20%的比例受偿。此外，长城资产管理公司和久阳投资管理中心承担相应的保证责任，"11超日债"本息全额受偿。超日公司更名为协鑫科技股份有限公司，并于2014年实现盈利。2015年8月12日＊ST超日更名后在深交所恢复上市。至此，超日公司重整成功。

（三）典型意义

本案是全国首例公司债违约的上市公司破产重整案件，选择同行业企业作为重整方是本案迅速重整成功的关键。超日公司若要恢复上市，避免破产清算，必须在2014年内重整成功，扭亏为盈，这意味着重整工作的有效时间至多半年。而超日公司负债规模大、资产情况复杂，还涉及6万多股民及大量海外资产，重整难度较大，因此引入同行业有实力的重组方是较优选择，经过公开征集投资人，最终确定由同行业的江苏协鑫能源有限公司等作为重整方。引入同行业投资人可以加快推进重整进程，还可以解决企业现有员工的就业问题，有利于保障社会稳定。基于此，超日公司迅速恢复生产并具备持续经营能力，实现了较好法律效果和社会效果。

十、无锡尚德太阳能电力有限公司破产重整案

（一）基本案情

无锡尚德太阳能电力有限公司（以下简称无锡尚德）成立于2001年1月22日，主要经营业务为研究、开发、生产、加工太阳能电池及发电产品系统等。尚德电力控股有限公司（以下简称尚德电力）是2005年在美国纽约证券交易所上市

的民营企业。无锡尚德则是尚德电力旗下资产规模最大的生产基地,集中了95%以上的产能,10年间成长为全球最大的光伏组件生产商之一。2012年由于行业恶性价格战、全球产能过剩,以及自身决策频繁失误和内部管理问题等原因,无锡尚德运行陷入极端困境,并导致尚德电力股价一度跌至0.6美元以下,三次收到纽约证券交易所停牌警告,并一度被强制进入退市程序。2013年3月18日中国银行股份有限公司无锡高新技术产业开发区支行等8家银行以无锡尚德不能清偿到期债务为由,向江苏省无锡市中级人民法院申请对无锡尚德进行破产重整。3月20日无锡市中级人民法院裁定批准无锡尚德进入破产重整程序。

(二)审理情况

无锡市中级人民法院受理后,指定由地方政府职能部门组成清算组担任管理人,同时建议清算组通过市场化运作遴选审计、评估、法律、财务等中介机构,充实清算组团队,发挥中介机构在市场价值判断、营业管理咨询等方面的专业优势。

由于无锡尚德是一家高科技型生产企业,营业事务涉及面广、专业要求高,需要熟悉公司业务和企业管理的专业人员参与,在无锡市中级人民法院指导下,管理人聘请了在资产重组领域及企业管理等方面具备人才优势和丰富经验的公司负责管理无锡尚德重整期间的营业事务,实现了无锡尚德的复工。为了彻底恢复无锡尚德的持续经营能力,从2013年6月下旬开始,在无锡市中级人民法院的指导下,管理人从全球范围内上百家光伏行业及上下游企业中,筛选潜在战略投资者,通过报名、资格审查、尽职调查、提交投标文件、工作小组专业评议等严格的招募程序,江苏顺风光电科技有限公司(以下简称顺风光电)获得无锡尚德战略投资者资格。

2013年10月底管理人提交了重整计划草案,重整计划中明确顺风光电作为战略投资者支付30亿元现金,用于解决无锡尚德相关费用与债务的清偿。出资人持有的无锡尚德100%股权全部无偿让渡。职工债权、税收债权、担保债权均按照100%比例以现金方式一次性受偿。为提高普通债权的清偿比例,每家债权人10万元以下部分的债权全额受偿;10万元以上部分在“现金”及“现金+应收款”两种方式中择一受偿。以“现金”方式受偿,受偿比例为31.55%。以“现金+应收款”方式受偿,即每家债权人除按照30.85%的清偿比例获得现金受偿外,还可以无锡尚德账面9笔应收款受偿。11月12日召开的第二次债权人大会上，职工债权组、税收债权组、担保债权组均全票表决通过上述重整计划草案，人数最多的普通债权组也高票通过。出资人组表示弃权。11月15日无锡市中级人民法院依法裁定批准《重整计划草案》，并终止重整程序。12月底偿债资金30亿元全部到位并分配完毕。

（三）典型意义

无锡市中级人民法院在审理过程中，依法保护金融债权，有效化解金融风险。本案中，金融债权占债权总额的75.45%，为依法保护金融债权，有效化解金融风险，一方面是加大资产清收力度，根据应收款的具体情况采取发催收函催收、直接接洽、论证后起诉等多种方式，共追回应收款7.08亿元，增加了破产财产总额；另一方面在制订重整计划时引入"现金+应收款"与"现金"两种清偿方式供债权人选择。从结果来看，有多家金融债权人选择了"现金+应收款"的清偿方式，该部分债权额达40.95亿元。这也为其他困境企业重整提供了有益的借鉴。无锡尚德重整案充分发挥破产程序在清理金融债权方面的集中优势、效率优势和经济优势，切实维护了经济秩序稳定和金融安全。

广东省各级各地人民法院破产审判典型案例(2007～2017年)*

一、深圳市福昌电子技术有限公司重整案

(一)基本案情

福昌电子公司作为国内通信产业龙头企业华为、中兴的一级供应商,其核心业务是为这两家企业提供各种手机、3C产品零配件的委托加工及制造服务,年产值10亿元,有员工3510名,与557家供应商保持合作关系,是一家关系该产业生态链稳定的生产型企业。2015年10月福昌电子因管理不善、资金链断裂,突然宣布停产停业,引发3000余名员工、500余家供货商围堵政府、上街游行等激烈维权行为,引起了媒体的广泛关注,时任深圳市委书记马兴瑞作出专项批示,要求妥善处理、积极挽救。2015年11月12日福昌电子的债权人正式向深圳市中级人民法院申请福昌电子破产重整。

(二)审理情况

深圳市中级人民法院决定以"预重整"方式审理该案,即在法院正式立案受理前选定管理人进入企业清理债权、债务,协助展开谈判,研究恢复生产。随后该院确

---

* 2018年1月,广东省高级人民法院发布了关于依法审理破产案件推进供给侧结构性改革典型案例。本书征得广东省高级人民法院破产审判庭(执行裁判庭)的授权,全文收入,特此说明并致谢。——编者注

定一级管理人深圳市正源清算事务有限公司担任福昌电子管理人。管理人在进场后，摸清了财务底数，协调劳动和经济主管部门完成了3510名员工和500余家供货商的核实和安抚工作，积极协助潜在重组方了解企业情况。2016年6月29日深圳市中级人民法院裁定受理福昌电子重整案，并批准福昌公司在重整期间继续营业。2016年12月26日福昌电子向法院和债权人会议提交重整计划草案；2017年3月21日福昌电子债权组经二次表决通过了《重整计划草案》；同年4月18日深圳市中级人民法院裁定批准福昌电子重整计划。

（三）典型意义

福昌电子通过重整妥善安置职工3510人，确认并支付职工债权4061万元，重整期间未发生任何职工维权的群体性事件。重整审核确认各类债权合计4.10亿元，税款债权、职工债权、建设工程款均全额清偿；普通债权15万元以下部分全额清偿，15万元以上部分先按照5%比例清偿，预估最终清偿率可达20.58%，实现了对广大债权人，尤其是小额债权人合法权益的切实保护。通过重整，福昌电子保留了华为、中兴一级供应商资质，稳定了一方产业链，维持了地方产业生态的平衡。该案是国内第一宗通过预重整成功的案件，被评为全国法院服务供给侧结构性改革十大典型案例。

二、佛山市南海西樵高尔夫发展有限公司重整案

（一）基本案情

被申请人佛山市南海西樵高尔夫发展有限公司（以下简称西樵高尔夫）系位于佛山市的建设、经营18洞国际标准高尔夫球场、会所及相应的生活服务设施企业。截至2013年12月31日，西樵高尔夫资产总额为234,610,720.13元，负债总额为324,873,617.68元，净资产为－90,262,897.55元。西樵高尔夫已经严重资不抵债，其已无力清偿到期债务，全部资产也无法清偿全部债务，经债权人申请，广东省佛山市中级人民法院于2015年5月25日裁定受理西樵高尔夫重整案。

（二）审理情况

2015年7月9日经管理人的申请，佛山市中级人民法院批准西樵高尔夫继续经营，同时批准佛山市南海集成高尔夫球场管理服务有限公司、西樵高尔夫及管理人三方签订的《最高限额融资协议》，由佛山市南海集成高尔夫球场管理服

务有限公司垫资进行经营,所垫资金列为共益债务。2015年12月31日及2016年8月31日,债权人会议对重整计划草案(该重整计划草案包含了通过淘宝网司法拍卖平台拍卖西樵高尔夫14.72%股权的公开竞价方案)进行了分组表决,除税务债权组及出资人组外,其他表决组均通过。按照重整计划草案,税务债权将获得全额清偿;而西樵高尔夫已严重资不抵债,股东权益为负值,新投资人出资取得14.72%的股权,部分债权人通过债转股方式取得85.28%的股权,并未损害原出资人权益,对原出资人权益的调整符合公平、公正原则。鉴于《重整计划草案》及《公开竞价方案》制定的债务人经营方案具有可行性,佛山市中级人民法院于2016年9月21日裁定批准《重整计划草案》及《公开竞价方案》。2017年9月6日重整计划执行完毕。

(三)典型意义

本案是人民法院依法强制批准重整计划方案的典型案例。西樵高尔夫的重整计划草案经历了两次表决,除税务债权组及出资人组外,其他表决组均已通过,在指导管理人进行协商未果的情况下,法院应从最大限度实现债权人利益的角度出发,果断、慎重行使强制批准权。该案有效解决了困难企业的经营危机,使西樵高尔夫通过重整解决了历史包袱,通过新的资金注入重新走向市场,在重整计划执行期间实现了盈余,稳妥化解了可能造成的社会不稳定因素,取得了良好的社会效果和法律效果。

三、广州协华房产建设有限公司破产清算案

(一)基本案情

广州协华房产建设有限公司(以下简称协华公司)系中外合作经营企业,全部由境外合作方金华工程有限公司以现汇出资。后境外合作方由金华工程有限公司变更为香港注册的达峰国际股份有限公司,再由达峰国际股份有限公司变更为WONDERFUL CHARMING LIMITED。公司已实际停止经营多年。债权人余钢钢以债务人协华公司不能清偿到期债务且资产不足以清偿全部债务为由,申请对协华公司进行破产清算。广州市中级人民法院于2015年7月20日裁定受理协华公司破产清算一案,并依法指定广东君信律师事务所为协华公司管理人。

(二)审理情况

管理人接管协华公司后,发现协华公司可供变现的资产仅有两笔对外债权。

经作价评估，管理人对该两笔债权进行公开拍卖，三次拍卖均因无人交保证金而流拍。后经债权人会议讨论确定，各债权人根据各自的债权额按比例共有94.11%的应收债权；剩余5.7%的应收债权为管理人报酬，0.19%的应收债权为评估费用。广州市中级人民法院裁定确认该分配方案，该案终结。

（三）典型意义

本案是直接分配债务人对外债权的破产清算典型案例。按照企业破产法的规定，破产财产的分配原则上应当以货币分配的方式进行，对外债权一般在催收、转让等回收财产后，再进行分配。本案在三次流拍、管理人穷尽催收手段后，发挥债权人意思自治，经债权人会议通过后，采取以对外债权进行分配，为破产案件中处置对外债权作了有益探索，对于人民法院拓宽财产分配形式、依法保护债权人利益具有借鉴意义。

四、深圳中浩（集团）股份有限公司破产重整案

（一）基本案情

深圳中浩（集团）股份有限公司（以下简称深中浩）成立于1988年，股票于1992年在深圳证券交易所挂牌上市，为首批挂牌上市的企业之一。受1998年亚洲金融危机影响，深中浩经营业务连续亏损，其股票在2001年终止上市。因债务危机严重，深中浩经营性资产被执行殆尽，并逐步丧失经营能力及偿债能力。经债权人申请，2015年1月28日深圳市中级人民法院裁定受理深中浩破产一案。在破产程序中，出资人以深中浩具备重整价值为由申请其重整，深圳市中级人民法院经审查于2015年8月3日裁定对深中浩进行重整。

（二）审理情况

法院经审查发现，深中浩已无可变现资产，负债高达18.74亿元，公司停业多年，已无经营能力。管理人经与利害关系人协商，制订并通过了重整方案。依据该方案，职工债权、税款债权将以现金形式获得全额清偿，由债权人及重整方设立偿债基金持有深中浩非流通股股东让渡的43,644,323股股票，普通债权通过按比例持有偿债基金份额的方式参与分配股票回购款、未调整流通股股东的股权。同时，因深圳市中级人民法院审理的“迅宝系”企业重整正在酝酿实施“债转股”，但非公众公司股权流通性差，多数债权人持消极甚至反对的态度，而深中浩作为股票在全国中小企业系统交易的公众公司，股票流动性强，但亟须支撑股

票价值的优质资产。在法院支持下,管理人指导深中浩与“迅宝系”结合实施重整计划,将“迅宝系”企业的优质资产注入深中浩并形成资本公积,在资本公积转增形成深中浩股票后向“迅宝系”企业的债权人进行清偿,解决了双方重整中遇到的难题。深中浩和“迅宝系”企业的重整计划均已经执行完毕。

(三)典型意义

本案是通过市场化、法治化的方式通过联合重整解决主板退市公司的典型案例。该案通过设立偿债基金持有股权,联合“迅宝系”重整程序,注入剥离债务后的“迅宝系”,不仅使深中浩成为具备优质经营性资产的非上市公众公司,亦彻底解决“迅宝系”的经营困境,真正实现了重整程序在解决公司经营困境中的价值目的,取得了良好的法律效果及经济效果。

五、惠州市兴华实业有限公司等四公司合并重整案

(一)基本案情

惠州市兴华实业有限公司(以下简称兴华公司)、惠州市创成发展有限公司(以下简称创成公司)、惠州市安盾技防科技有限公司(以下简称安盾公司)及惠州市百利通房产有限公司(以下简称百利通公司)等四公司(以下简称四公司)系关联公司,均系惠州本地从事房地产开发、公共场所经营、物业管理等业务的老牌企业。受市场经济波动和自身发展“瓶颈”的影响,四公司逐步陷入了债务困境,四公司开发的以“香山美墅”项目为代表的一批住宅房产、商业地产、写字楼、酒店、旧城改造等重点项目陆续因资金链断裂而陷入停滞。2015年12月4日惠州市中级人民法院依法裁定受理兴华公司、创成公司、安盾公司和百利通公司的破产重整申请,并通过公开竞争聘任的方式,指定深圳市卓效清算事务有限公司担任四家公司重整案件的管理人。

(二)审理情况

截至2015年年底,四公司累计账面负债规模已超过100亿元,账面资产不足28亿元且绝大部分设置了担保物权,偿债率极低,寻求重组方的难度较大。2017年2月17日惠州市中级人民法院根据债务人股东的申请,以四公司已严重丧失独立公司应有的财产独立性和意志独立性,为人格高度混同的关联公司为由,裁定四公司合并重整。合并重整后,四公司资产合并处理,相互之间的债权债务归于消灭,彼此交叉持有对方的股权也不再列为资产,四公司的负债也以“对两家

以上公司基于互保关系或其他关系享有的同一债权合并成一笔处理”的原则合并处理。四公司合并重整后,管理人根据投资方永华公司提交的方案制订了四公司重整计划草案提交债权人会议表决,该草案创新性地针对不同利益需求的债权人提供了延期清偿、打折清偿等不同的方案供其选择,根据不同债权人对债权清偿方案的不同选择,除优先债权人受偿权益不会受到影响外,普通债权人依偿债时间长短的不同,将获得本息30%、本息60%或者本金全额清偿的受偿比例。2017年8月24日四公司债权人会议表决通过重整计划。

(三)典型意义

本案是房地产企业联合重整并通过竞争方式指定管理人的典型案例。该案根据法人人格混同情况及时开展合并重整,通过市场化竞争手段引入资金盘活资产,从而实现债权人的保护和企业的挽救。同时,坚持市场化竞争方式确定管理人,管理人结合企业重整价值,因病施治、强化重整和受偿方案多样化,维护破产资产运营价值、恢复了破产企业盈利能力,实现了困境企业拯救和多方共赢。

六、深圳市水指实业发展有限公司破产重整案

(一)基本案情

深圳市水指实业发展有限公司(以下简称水指公司)系房地产开发经营企业,参与开发建设“典雅居”房地产项目,后因水指公司资金链断裂、违规经营、管理不善等问题,该项目未能最终竣工,水指公司亦被迫停止经营,继而引发90余宗诉讼和仲裁案件。在诉讼和执行程序中,深圳市中级人民法院经调查发现,水指公司除有尚未竣工的“典雅居”房地产项目外,无其他任何可供执行财产,“典雅居”房地产项目亦被多轮查封,该项目还存在一房多卖、存量不清等诸多问题。经法官释明,申请执行人之一申请对水指公司进行破产清算,深圳市中级人民法院于2012年3月15日裁定受理水指公司破产清算案。在审理过程中,水指公司的大股东申请对水指公司进行重整,并承诺引进重整方资金以提高水指公司债务清偿率。深圳市中级人民法院审查后认为,水指公司尚具备一定的再生价值及自救可能,2013年4月15日裁定对水指公司进行重整。

(二)审理情况

经审查,水指公司资产仅存“典雅居”房地产项下54套房产及该项目应收账

款，评估值约为8500万元；确认的债权人共计146家，债权总额达2.5亿元，且包括大量缴纳部分房款的购房者以及拆迁未获补偿的拆迁户，社会矛盾突出。在水指公司重整期间，针对负债性质复杂，社会矛盾突出等问题，水指公司提出了普遍提高清偿率，并合理细分负债类型给予清偿的重整计划草案，经债权人会议的两次协商表决，最终获得通过。2014年1月22日深圳市中级人民法院依法裁定批准水指公司重整计划。2015年11月12日水指公司重整计划执行完毕，深圳市中级人民法院裁定终结破产程序。

(三)典型意义

本案是运用“执转破”实现企业重整自救的典型案例。在作为企业法人的被执行人出现破产原因时，由于执行程序缺失公平清偿债务、全面清查资产等方面的制度功能，将执行程序及时转换为破产程序对保护债权人合法权益、破解执行僵局具有非常重要的意义。本案的成功处理充分发挥了破产程序的制度优势，实现了法律效果和社会效果的统一，从而很好地验证了破产程序在化解执行僵局并为供给侧改革提供服务方面的制度优势和保障作用。

七、联胜(中国)科技有限公司破产重整案

(一)基本案情

联胜(中国)科技有限公司(以下简称联胜公司)是全球知名触控面板生产商胜华科技集团的子公司，主要研发生产触控面板和触摸屏，用于智能终端设备。受母公司资金链紧张的影响，联胜公司于2014年年底关停。2015年3月24日债权人国家开发银行股份有限公司向申请联胜公司破产重整，东莞市中级人民法院裁定受理后即指定管理人，并同步选定评估机构和审计机构，全面掌握联胜公司的实际状况。

(二)审理情况

经公开邀请，管理人、银团与意向投资人多次协商后，管理人最终选定了出价最高的蓝思科技股份有限公司(以下简称蓝思公司)并提交了重整草案。重整计划明确：蓝思公司支付12.1亿元用于清偿联胜公司现有的债务，此外另行支付1000万元定向用于普通债权人的清偿；蓝思公司受让联胜公司的股权，全资持股经营重整后的联胜公司；联胜公司原有的余款、存货、知识产权和对外债权仍用于对债权人的清偿。东莞市中级人民法院于2016年12月15日裁定批准联

胜(中国)科技有限公司重整计划,并终止重整程序。2017 年 3 月蓝思公司支付的 12.2 亿元资金全部到位。

(三)典型意义

本案是通过府院联动成功重整的典型案例。为了确保联胜公司能够重整成功,减少债权人损失,完善东莞市智能终端产业链,采取了"法院主导 + 政府协调 + 银团参与 + 管理人执行"的工作模式,引入智能终端产业链的投资人,就地重新生产经营,减少破产清算带来的负面影响,完善东莞市智能终端产品产业链,助推东莞市智能终端产业获得更大发展,最大限度地发挥破产重整程序在挽救有价值的民营企业、保护金融债权和助力地方产业的优势,切实维护了金融安全、经济发展和地方稳定。

八、广东公明景业印务有限公司破产清算案

(一)基本案情

广东公明景业印务有限公司(以下简称公明景业公司)系从事出版物、包装装潢印刷品、其他印刷品印刷及印刷设计、制作等业务企业。由于原法定代表人涉案职务侵占被追究刑事责任,经营管理不善,欠付多个债权人借款、贷款被起诉,经过法院多轮查封、冻结,无法继续经营生产。2010 年 6 月 10 日经债权人粤传媒公司申请,广东省清远市中级人民法院裁定公明景业公司破产清算。

(二)审理情况

2010 年 6 月 13 日清远市中级人民法院依据《企业破产法》的规定指定了破产管理人接管破产企业财务账册及财产,经摇珠选定会计师事务所对破产企业的财务进行审计。2010 年 8 月 26 日召开第一次债权人会议,共有 83 个债权人申报债权。公民景业公司在我国香港特别行政区设立全资子公司,涉及债权追收及清算香港特别行政区子公司财产。对此,清远市中级人民法院及破产管理人积极与外经部门沟通,通过委托香港特别行政区律师事务所追收债权以及清算香港特别行政区子公司财产的方式,追收了 800 多万元债权,并清理驻港子公司债权债务。2014 年 12 月 5 日清远市中级人民法院按第二次债权人会议形成的决议,裁定确认各债权人数额及分配方案。2017 年 3 月 27 日清远市中级人民法院裁定终结破产清算程序。

（三）典型意义

本案是涉及境外资产追收跨境破产的典型案例。对于破产企业的境外资产，在尊重境外法律制度基础上，通过委托境外法律服务机构对子公司进行清盘，在清理债权债务的基础上，回收公司资产，提高债务清偿率，为跨境破产协作提供了有益经验。

九、广州亚铜、广州亚钢破产重整案

（一）基本案情

广州亚铜金属有限公司（以下简称广州亚铜）、广州亚钢钢铁有限公司（以下简称广州亚钢）系港交所上市的中国金属再生资源（控股）有限公司（以下简称中金再生）控股子公司。2013年7月26日我国香港特别行政区高等法院颁布对中金再生临时清盘令，造成广州亚铜、广州亚钢无法正常经营，无力偿还到期债务，引发债权人尤其是银行债权人的恐慌并提起诉讼、冻结两公司财产。经债权人申请，广东省广州市中级人民法院于2014年2月17日裁定受理广州亚铜、广州亚钢破产重整，并指定北京金杜（广州）律师事务所作为两公司管理人。

（二）审理情况

2014年11月14日管理人提交了广州亚钢和广州亚铜的重整计划草案。2014年12月3日召开债权人会议对重组计划草案分别进行表决。有财产担保债权组、普通债权组表决通过重整计划草案，出资人组表决未通过。经协商，出资人组第二次表决仍未通过，管理人于2014年12月9日向法院申请批准《重整计划草案》。2015年2月9日广州市中级人民法院裁定批准广州亚钢、广州亚铜的《重整计划草案》。根据重整方案，广州亚钢普通债权的清偿率从破产清算状态下的11.89%提高至17.74%，广州亚铜普通债权的清偿率从破产清算状态下的4.58%提高至7.85%，且普通债权中10万元以下部分获得了全额清偿。2015年4月广州亚钢和广州亚铜债权按照重整计划的规定全部清偿完毕，股权过户至重组方名下，重整计划执行完毕。

（三）典型意义

本案是法院运用破产重整帮助陷入困境的非公企业走出困境、化解金融债务、维护金融安全的典型案例，也是境外上市公司关联企业破产案例。借助于破产重整程序，在广州亚铜、广州亚钢与母公司中金再生之间搭建“保护阀”，恢复了经营能力，帮助企业走出困境，提高了债权清偿率，维护了国家金融安全，实现了债权人、债务人及其他利益主体多赢的局面。同时，广州亚铜、广州亚刚重整案件成功审结，对全国其他地区处理中金再生系子公司破产重整具有很好的示范意义。

十、化州市饮食服务公司破产案

（一）基本案情

化州市饮食服务公司系主要经营饮食、旅业、卡拉 OK、理发及其他业务的企业，企业现有在册职工 463 人。因投入改造不足、管理混乱、无力清偿债务，企业被迫停产，随向化州市人民法院提出破产申请，化州市人民法院裁定受理，并指定清算组进行清算。

（二）审理情况

化州市人民法院依法受理该破产申请案后，经首次财产清算和评估，公司财产总额为 2700 多万元，而包括职工应付工资、债务等合计 3300 多万元，属企业资不抵债情形。后经多方沟通、协调，因涉及地价升价，破产财产总额经重新评估为 4100 多万元。2015 年 10 月 22 日召开债权人会议，清算组向债权人会议提出破产财产处理和分配方案，破产财产按顺序清偿，债权分配受偿率为 100%，获债权人会议依法通过。2016 年 9 月 21 日法院根据清算组的申请，作出终结破产程序。

（三）典型意义

本案是借助政府灵活处置土地资产实现价值最大化的典型案例。该案件在处置时，并未按照“资产评估—核定估算—按清偿顺序分配财产—裁定终结结案”的通用程序，而是将该土地相邻位置较好的一块地皮（已抵偿给另外一方当事人）共同由法院统一处理，处理后的整块地皮升值，将“死水”变为“宝地”，实现了资产最大化，有效盘活了原有资产，最大限度地保护了债权人利益。

深圳市中级人民法院破产审判典型案例(2006～2016年)*

一、深圳新都酒店股份有限公司破产重整案

(一)基本案情

深圳新都酒店股份有限公司(以下简称新都酒店)是深圳市老牌酒店和上市公司,1994年就已经在深圳证券交易所上市交易,有员工272人,股东23,010家,总股数32940万股。因大股东违规担保、经济运行下行等客观原因,新都酒店陷入财务危机。2014年年报披露,其资产总计人民币430,101,892.83元,负债总计人民币611,888,349.95元,净资产为人民币－181,786,457.12元,已严重资不抵债。如在2015年年内不能实现"净资产为正""利润和扣除非经常性损益后的利润均为正"两个目标,将被终止上市,众多股东的股权价值将归零,债权人只能通过破产清算拍卖现有资产获得清偿,新都酒店的员工将面临失业风险。2015年7月23日债权人正式向深圳市中级人民法院申请新都酒店破产重整,拉开司法拯救序幕。2015年9月15日深圳市中级人民法院依法裁定受理新都酒店破产重整案。

* 2017年4月6日深圳市中级人民法院举行新闻发布会,通报了深圳法院2016年度破产审判工作,暨全市法院深入推进"执行案件移送破产审查"工作的有关情况,并发布了7则破产审判的典型案例。本书征得授权后全文收入。——编者注

(二)审理情况

鉴于重整申请提出时新都酒店已经深陷诉讼、执行围剿,如不能尽快启动程序,则财产面临分割,后续的重整将失去依托。为给新都酒店争取足够的重组时间,深圳市中级人民法院利用立案听证调查程序,引导公司提出并修订了重整可行性方案,经层报审批,从申请人提出申请至法院正式受理此案仅用 37 个工作日,创下全国上市公司破产程序案件立案最快的纪录。

2015 年 11 月 26 日深圳市中级人民法院根据新都酒店的申请,准许新都酒店在管理人的监督下自行管理财产和营业事务。

2015 年 12 月 14 日债权人会议表决重整计划,以担保债权组 100%、出资人组 99.78%、普通债权组 83.77% 的高表决通过率通过重整计划。经过法院、管理人和企业自身的努力,终于在 2015 年 12 月 28 日执行完毕重整计划,成功保住了这家老牌上市公司。

(三)典型意义

本案是人民法院提升效率、强化服务,发挥司法拯救作用的典型案例。新都酒店重整案从法院立案到重整计划执行完毕仅耗时 101 天,创下全国市场主导条件下拯救上市公司的最快速度。案件顺利审结保住了 272 个就业岗位,实现债权清偿 7.4 亿余元,为 24,379 户股民保住了股票价值,为深圳保留了一家主板上市公司。

案件一改过去上市公司重整只关注债务重组,简单清壳的审理模式,将后续经营整合到重整计划中,获得了债权人和股东的双重认可,为下一步再建型重整的全面铺开探索了一条可行之路。其典型意义如下:

一是创新立案方式,及时启动破产保护。收到债权人申请后,深圳市中级人民法院立即组织对新都酒店进行听证调查,为争取足够的重组时间,深圳市中级人民法院强化庭前指导,引导当事人完善申请材料, 加快审批上报速度,仅用 48 天时间就完成听证、调查和层报最高人民法院批准等事项,以最快速度受理该上市公司破产重整案件,为企业再建重生创造了契机。

二是创新接管模式,维护企业运营价值。为避免影响酒店运营,法院在指导管理人全面接管公司管理、信息披露等事务的同时,保留新都酒店原经营团队负责酒店日常事务。管理人仅对日常运营实施决算管理,不干涉其具体业务。案件审理期间,新都酒店实现盈利近 200 万元。

三是创新员工安置模式,充分保障员工利益。在接管企业后,法院指导管理人第一时间完成员工分类工作,安排管理人的具体部门与公司管理层对接,从事物和财务两方面对其进行管理;对公司普通员工实施原岗、原薪、原聘,将员工利益放在首位,在拟订重整计划和确定重组方时,明确要求重组方为可能出现的员工失业安置缴纳专项保证金2000万元,确保员工权益不受损。

四是创新重组方确定方式,维护市场有序竞争。为确保既选好重组方又避免牵入不必要的利益纠葛,法院坚持要求管理人以市场自由竞争模式,将重组方的遴选交由股东和公司在市场博弈中确定;引导潜在重组方以经济实力发言,按市场规则办事,最终重整计划以高比例获通过。

五是创新债权清偿方式,有效保护各方利益。新都酒店的债权人主要分为两类,一类是借款人;另一类是日常给酒店供应货物或服务的供应商,两类债权产生的原因各异,故针对两类债权设定不同清偿方式,并对小供应商予以强化保护。明确有财产担保债权全额受偿;普通债权20万元以下全额受偿,超过20万元部分按比例受偿。目前清偿率已达60%,最终预计可达70%以上。

六是创新股权调整模式,合理平衡各方权利。遵循大股东多让渡股份、其他股东不让渡股份的原则对出资人权益进行调整,明确要求大股东让渡50%的存量股票和全部的资本公积金转增股份,中小股民不仅不让渡,还能按照约10股转增3股的比例取得公司股份。在出资人组会议上,这一出资人权益调整方案表决通过率达到99.78%。

七是创新公司主业调整方式,保障企业持续发展。法院不仅关注公司债务重组,更关注其后续经营,重整计划直接明确后续重组方,要求重整投资人承诺维持新都酒店持续经营,新都酒店2016年和2017年净利润分别超过2亿元和3亿元;通过调整产业结构、注入优质资产等方式恢复公司持续盈利能力,以实现股票恢复上市。

二、深圳中浩(集团)股份有限公司破产重整案

(一)基本案情

深圳中浩(集团)股份有限公司(以下简称深中浩)成立于1988年,主要从事电子产品、家用电器等商品贸易。深中浩股票于1992年在深圳证券交易所挂牌上市,为深圳首批挂牌上市的企业之一。受1998年亚洲金融危机影响,深中浩

经营业务连续亏损，其股票在2001年终止上市。因债务危机严重，深中浩经营性资产被执行殆尽，并逐步丧失经营能力及偿债能力。经债权人申请，2015年1月28日深圳市中级人民法院裁定受理深中浩破产一案。破产程序中，出资人以深中浩具备重整价值为由申请其重整，深圳市中级人民法院经审查于2015年8月3日裁定对深中浩进行重整。

（二）审理情况

在深圳市中级人民法院的指导下，管理人对深中浩资产、负债及经营情况进行调查、审核。深中浩已无可变现资产，负债规模高达18.74亿元，公司停业多年，已无经营能力。在此情况下，管理人经与债权人、债务人、出资人及重整方等相关利益方充分沟通，在法定期限内制作并提交深中浩重整计划草案。

按照该重整计划草案，职工债权、税款债权将以现金形式获得全额清偿；由债权人及重整方设立偿债基金，由偿债基金持有深中浩非流通股股东让渡的43,644,323股股票，重整方在24个月内以10元/股的价格回购偿债基金持有的深中浩股权；普通债权通过按比例持有偿债基金份额的方式参与分配股票回购款，由此普通债权的清偿率可从破产清算情况下的0提升至21.515%；为保护广大中股东的利益，本案仅有非流通股股东让渡股票用于偿债，未调整流通股股东的股权；因深中浩原有主营业务已不具备盈利能力，重整计划草案规定将引入重整方，由重整方向深中浩注入经营性资产以助其恢复经营。

2015年8月21日深中浩召开债权人会议及出资人组会议，对管理人提交的重整计划草案进行审议表决。经表决，税款债权组全票通过重整计划草案；普通债权组同意重整计划草案的债权人数占出席人数的96.30%，代表债权金额占普通债权总额的89.41%，高票通过重整计划草案；通过网络投票及现场投票，出资人组亦高票通过重整计划草案。经管理人申请，深圳市中级人民法院于2015年9月21日裁定批准深中浩重整计划。

重整计划执行期间，深中浩在管理人监督下，完成税款等债权的现金清偿工作，并已将非流通股股东让渡的43,644,323股股票划转至普通债权人按比例持有的偿债基金名下。

在深中浩重整案件审理期间，深圳市中级人民法院同时还在审理“迅宝系”企业的重整案件。“迅宝系”企业包括三家关联公司，是生产环保型餐盒的行业龙头企业，因扩张过快、资金链断裂不能清偿到期债务，由债权人申请进行重整。

“迅宝系”企业资产质量良好、生产经营稳定,但由于行业利润水平有限,无法在短时间内筹集足够的资金用于清偿债务。“迅宝系”企业重整正在酝酿实施“债转股”,但因为非公众公司股权流通性差,多数债权人对“债转股”持消极甚至反对的态度。管理人及重整方意识到这是深中浩与“迅宝系”联合重整的良机,“迅宝系”企业有资产经营但缺乏的是股权的流动性,而深中浩作为股票在全国中小企业系统交易的公众公司,股票流动性强,但亟须支撑股票价值的优质资产。在深圳市中级人民法院的支持下,管理人指导深中浩与“迅宝系”结合实施重整计划,将“迅宝系”企业的优质资产注入深中浩并形成资本公积,在资本公积转增形成深中浩股票后向“迅宝系”企业的债权人进行清偿,解决了双方重整中遇到的难题。深中浩和“迅宝系”企业的重整计划均已经执行完毕。经深中浩申请,深圳市中级人民法院于2016年12月30日裁定终结深中浩重整程序。

(三)典型意义

本案对债权人进行清偿,主要利用了深中浩非流通股股东让渡的股票。但因为深中浩尚没有实施股权分置改革,非流通股股东让渡的股票不能直接在市场上交易变现,债权人面临受偿时间和受偿金额不确定的困境。为此,本案为债权人搭建了专门的偿债基金作为平台,将股东让渡的股票注入偿债基金,债权人不直接分配股票而是持有偿债基金的财产份额。同时,重整方承诺在股票注入偿债基金后固定时间内以10元/股价格回购偿债基金所持股票,保障债权人获得债权金额21.515%的清偿。该债权受偿模式,既促使重整方有义务也有动力把深中浩经营好,也以适当时间取得更高的债权受偿比例,充分维护了债权人的利益。

近年来,为促进产业结构整合和实现资源优化配置,中国证券监督委员会及深圳证券交易所先后修改《股票上市规则》,明确规定类似深中浩这类退市公司在资产、利润达到一定要求后可以在交易所直接申请重新上市。由此,深中浩在重新上市方面具备政策优势,大大提升了公司的重整价值。深中浩通过重整程序彻底解决债务问题,并注入优质经营性资产恢复盈利能力,为重新申请上市夯实基础,充分体现了鼓励企业通过重组解决经营危机的政策价值。

本案通过市场化、法治化的方式彻底解决深中浩的经营困境,一方面,全体债权人及广大中小股东权利得到有效保障,共同分享重整收益;另一方面,联合“迅宝系”重整程序,注入剥离债务后的“迅宝系”,不仅使深中浩成为具备优质经营性资产的非上市公众公司,亦彻底解决“迅宝系”的经营困境,真正实现了重整程序在解决公司经营困境中的价值目的,取得了良好的法律效果及经济效果。两个案件的有机结合也为后续重整案件提供了可以借鉴的范例。

三、深圳市福昌电子技术有限公司破产重整案

(一)基本案情

深圳市福昌电子技术有限公司(以下简称福昌公司)系大型民营制造型企业,主要从事通讯和消费电子产品的研发、设计、生产和销售,年产值在10亿元左右,平均年营业额3.5亿元,聘用员工近4000人,是华为技术有限公司、中兴通讯股份有限公司的一级供应商。因管理粗放,导致经营成本过高,引发资金断裂,福昌公司于2015年10月突然停产,引发了500余名供应商和3700多名员工激烈维权,引起深圳地方党委、政府高度重视。2015年11月12日债权人以福昌公司不能清偿到期债务且严重资不抵债为由,向深圳市中级人民法院申请重整。2016年6月29日深圳市中级人民法院裁定受理福昌公司破产重整案。

(二)审理情况

鉴于福昌公司被申请重整事发突然,仓促进入司法程序不利于重整工作推进,深圳市中级人民法院充分运用立案审查程序,开创性地采取了“预重整”模式,即在裁定受理案件前指定管理人提前介入福昌公司,指导管理人对存在的矛盾和问题进行全面摸底协调。2015年11月13日深圳市中级人民法院作出(2015)深中法破(预)字第139号《指定管理人决定书》,决定在裁定受理重整申请之前,采用“预重整”方式审理,根据最高人民法院和深圳市中级人民法院规定,指定一级管理人进场辅助企业推进重整。通过“预重整”,法院全面掌握福昌公司的状况,为债权人、股东和员工等利益主体搭建沟通平台,矛盾得到迅速平抑,潜在重组方也得以了解企业真实状况和财务底数,坚定进一步投资介入的信心。通过“预重整”的梳理,福昌公司近4000名员工得到妥善安置,企业恢复生产的障碍逐一消除,充分实现了各方主体利益的平衡。

2016年11月9日深圳市中级人民法院裁定确认上海银行股份有限公司深圳分行等308位债权人的债权,确认债权总额人民币409,844,768.28元。深圳市中级人民法院将在后续工作中综合考察福昌公司现状,指导管理人积极作为,指导重整工作依法推进。

(三)典型意义

本案是人民法院借鉴"预重整"制度并引入司法实践的有益创新与摸索。预重整制度结合了私权范畴的企业重组和公法范畴的司法重整优点,可有效降低重整(组)成本、节约重整(组)时间,更加尊重债务人和债权人的意思自治,极大提高重整成功概率。本案中,深圳市中级人民法院探索性地采用了"预重整"的审理方式,为困境企业及其出资人、债权人、人民法院、当地政府和管理人提供了一个良好的沟通平台,平衡各方的利益,实现了企业重整的经济效益、社会效益和司法效益,具体表现为:

通过"预重整",人民法院和管理人得以提前介入重整企业,对存在的矛盾和问题进行全面摸底,充分了解困境企业,评估企业重整可能性,为企业正式重整奠定良好基础。福昌公司停产停业前有大大小小供应商债权人500余家,另外还有多笔银行借贷,停产停业后,除供应商债权、银行债权外,还存在拖欠税费、员工经济补偿金、厂房租金等情况,债权债务关系纷繁复杂。另外,由于公司原管理层缺位,公司资产及财务资料等也处于无人管理的境况。按常规判断,此类制造企业重整成功的可能性较低。管理人接受指定后,针对以上情况分别与各方进行沟通、排查,在案件正式受理前对福昌公司的状况及问题进行了全面摸底、分类及相关分析。

通过"预重整",各方当事人在司法程序之外,可以更加充分地表达自己的意见、主张自己的权利;管理人得以尽可能沟通协调有关各方,为实现重整排除障碍。福昌公司停产停业后,供应商债权人除以各种方式维权外,对企业恢复生产及重整也有较高的期望,管理人介入后,在当地政府通过座谈会、协调会等方式耐心解释,既平缓了相关方过激的情绪,也使各方对福昌公司重整后的期望值趋于合理,为重整的顺利推进打下了共同的价值基础。同时,管理人也对诸如华为中兴一级供应商资质的维持、工业园占用、原管理层涉嫌侵占、公司资产抵押权的撤销等各方关注的问题进行了充分的论证和评估,合理地设定解决方案,以待后续落实和解决。

通过"预重整",充分发挥"府院联动"机制的作用,是本案得以顺利推进的重要保障。福昌公司作为生产型企业,员工人数众多,停产停业后拖欠员工工资、经济补偿金数额达到4000余万元,如不能妥善解决,将给社会稳定带来极大的压力。针对这一情况,政府有关部门设法协调,及时垫付员工的部分债权,有效防止了大规模群体性事件的发生。

“预重整”程序使人民法院、管理人对重整企业的情况和问题有了全盘的了解,提前解决了潜在的社会稳定问题,对受理重整案件的合法性、必要性和实现重整的可行性进行了充分的论证,为重整案件的顺利推进提供了保障。

四、深圳新纪元实业股份有限公司破产重整案

(一)基本案情

深圳新纪元实业股份有限公司(以下简称新纪元公司)系非上市股份有限公司。新纪元公司前身是深圳市罗湖区对外贸易公司,成立于1984年。后经深圳市人民政府批准,该公司进行了改制并吸收外资参股,于1995年6月19日设立中外合资股份公司即新纪元公司,原公司的一切财产和债权、债务由新纪元公司享有及承担。新纪元公司注册资本人民币3276万元,注册资本的来源包括国有净资产折股、其他法人以现金购买的国有净资产存量, 同时吸收内部职工个人参股。公司先后对外投资控股深圳市新纪元贸易有限公司、深圳市罗湖区欣业工业有限公司、深圳市新纪元投资发展有限公司、深圳市新纪元汇展中心等公司。由于新纪元公司在经营过程中为股东及下属公司担保导致企业债务过大、财务成本过重,名下资产被多个法院采取保全措施,公司已无能力通过自身经营盘活有效资产,加之股权纠纷导致经营混乱, 公司持续亏损。截至2008年12月30日,新纪元公司账面财产总额86,280,011.81元,账面总负债135,936,638.78元,账面净资产-49,656,626.97元,已严重资不抵债。新纪元公司自2006年度后未再进行工商年检,2007年度及以后除部分租赁收入外未发生其他购销活动,新纪元公司已无持续经营能力。2008年12月30日经债权人申请,深圳市中级人民法院依法受理了新纪元公司破产清算一案。

(二)审理情况

在案件审理前期,因新纪元公司公章证照及财务账册下落不明,管理人向公安部门报案,案件一时难以推进。2012年5月28日根据出资人黄某的申请,深圳市中级人民法院裁定对新纪元公司进行重整。在重整过程中,确定黄某取得股权的执行裁定因存在串通行为导致股权拍卖无效而被撤销,由于黄某不再具备出资人身份。深中院遂撤销了以黄某为申请人的重整裁定。2013年12月20日根据持股38.88%的股东深圳市罗湖区投资管理公司的申请,深圳市中级人民

法院裁定新纪元公司自2013年12月19日起进行重整。

本案采用管理人管理模式,由管理人制作重整计划草案。重整过程中,有一家公司及一名自然人均申请以重整方身份参与重整,并向管理人提交了包含债权清偿方案、股权调整方案、经营方案等内容的重整预案。2014年10月16日深圳市中级人民法院召开债权人会议,对重整方的选定进行表决。债权人会议通过表决确定了国有独资的深圳市罗湖中财投资发展公司成为本案的重整方,管理人依据重组方预案制作的重整计划草案也获得了债权人会议及出资人组会议表决通过。深圳市中级人民法院于2014年10月27日裁定批准新纪元公司的重整计划,现重整计划已执行完毕,本案债权101,331,518.73元均获得全额清偿;国有独资的重组方通过出资人权益的调整取得新纪元公司全部股权,新纪元公司恢复经营能力。

(三)典型意义

重整方的选定是困扰重整计划草案制作者的重大问题之一。破产重整程序启动后,往往需要通过股权让渡等方式引进重整方,以提高债权清偿率,完成资本重组,实现企业的持续经营和发展。本案中有两方主体以书面文件的方式向管理人申请作为重整方参与新纪元公司的重整,不同的重整方所作的重整预案在清偿率、清偿期限等方面也往往不同,选择重整方将直接影响重整计划草案的主要内容,影响债权人的切身利益。考虑到破产重整本身是各方利害关系人之间的利益协调,交由债权人选择重整方可充分体现债权人对自身权利的处置,客观上也有利于提高重整计划草案的通过率。在管理人制作重整计划草案的情况下,深圳市中级人民法院将重整方的选择问题交由债权人会议表决的决定符合破产重整的立法本意和价值取向,既保障了选定重整方时进行市场化竞争的公开和公平,也最大限度地提高了破产审判的效率,有效维护了各方利益主体的合法权益。

本案为破产清算转入重整的案件,对企业而言,通过重整解决公司的沉重债务负担,再通过重组方派驻优秀的经营团队,对新纪元公司及其下属公司的资产进行整合并重新经营,增强了持续经营和盈利能力,最终盘活了有效资产,彻底摆脱了经营和债务困境;对政府而言,政府通过破产重整的方式清理了含有国有资产的“僵尸企业”,该方式使新纪元公司及其下属公司的土地、物业等优质资源得以保留,国有资产得到保护;对新纪元公司的债权人和职工而言,债权人的债权得到全额清偿,员工全部得以留用,职工权益得以维护。综上,本案通过重整,企业、职工、债权人、重组方和政府等实现共赢,取得了法律效果和社会效果的有机统一。本案积极探索实践政府通过破产程序清理"僵尸企业"和实现资产的优化配置,本案的成功为政府清理僵尸企业,以及为陷入困境的国有企业的司法重整提供了可复制案例。

五、深圳大世界商城发展有限公司破产重整案

(一)基本案情

深圳大世界商城发展有限公司(以下简称大世界公司)系以开发建设"深圳大世界商城"为核心的房地产开发公司,成立于 1995 年 12 月 25 日,注册资本 1 亿元。大世界公司主要业务为开发建设"深圳大世界商城"及有关物业的经营、管理,因大世界公司经营管理混乱,房地产开发、销售活动不规范等原因,导致其债务负担沉重,诉讼案件缠身,无法正常经营,并丧失偿债能力。1999 年 10 月深圳大世界商城因资金链断裂被迫停工,成为烂尾楼。2000 年 9 月 13 日广东省深圳市中级人民法院根据债权人申请,裁定受理大世界公司破产清算,并指定成立临时监管组负责破产工作。2000 年 12 月 6 日,深圳市中级人民法院裁定宣告大世界公司破产清算,并指定原临时监管组成员组成清算组,全面负责破产清算工作。

2000 年 9 月 15 日湖南省高级人民法院因执行该院系列生效判决而委托拍卖行强行拍卖深圳大世界商城,由此与深圳市中级人民法院刚刚受理的大世界公司破产案件产生冲突。经深圳市中级人民法院和广东省高级人民法院报请最高人民法院协调,湖南高院于 2012 年 8 月出具裁定撤销对大世界商城的拍卖,并将大世界商城交还深圳市中级人民法院作为破产财产依法处理。

在湖南省高级人民法院撤销拍卖后,基于房地产市场的向好情况,陆续有债权人向深圳市中级人民法院申请对大世界公司重整,也有多家潜在的意向重组方向深圳市中级人民法院和清算组提交参与重整申请书,表示有意愿参与对大世界公司的重整,经广泛征求债权人意见并经债权人申请,深圳市中级人民法院于 2016 年 6 月 17 日裁定中止大世界公司破产宣告裁定,并自 2016 年 6 月 17 日起对大世界公司进行重整。

(二)审理情况

大世界公司由破产清算程序转入重整程序后,清算组与多家有意向重组方

沟通,通知制作重整预案并参与重组方遴选。但最终只有一家意向重组方深圳市宝华白马实业有限公司(以下简称白马公司)向清算组缴纳重整保证金及重整预案。2016 年 7 月 29 日大世界公司召开第二次债权人会议及第一次出资人组会议,表决由清算组依据白马公司提交的重整预案所制作而成的《大世界公司重整计划草案》。经表决,各表决组均未通过重整计划草案。

清算组根据案情需要及债权人会议安排,在报纸刊登公告,面向社会再次公开招募大世界公司重整投资人。在公开招募期间先后有 6 家机构前来报名,但在规定时间内,只有中兆投资管理有限公司(以下简称中兆公司)和白马公司按规定提交了重整预案及保证金。清算组依据中兆公司和白马公司制作的重整预案,在与债权人充分沟通基础上,分别修订中兆公司和白马公司拟定的《大世界公司重整计划草案》,并制定《大世界公司重组方选定规则》一并提交给深圳市中级人民法院和债权人会议。

2016 年 12 月 19 日大世界公司召开第三次债权人会议及第二次出资人组会议,由债权人表决通过《大世界公司重组方选定规则》,并依据该规则表决选定白马公司为大世界公司重组方。债权人会议对依据白马公司制作的重整预案而制订的重整计划草案进行表决,经表决,普通债权组高票通过重整计划草案,有财产担保债权组和出资人组未通过重整计划草案。在有 146 家债权人的普通债权组高票通过重整计划草案,仅有财产担保债权组(2 家债权人)和出资人组(3 家出资人)等少数权利人未通过重整计划草案情况下,清算组申请深圳市中级人民法院依法审查并裁定批准重整计划草案。深圳市中级人民法院经审查,认为清算组申请批准的重整计划草案符合法律规定,重整的社会价值巨大,故批准深圳大世界商城发展有限公司重整计划草案并终止深圳大世界商城发展有限公司重整程序。根据重整计划,出资人持有的大世界公司 100% 股权全部无偿让渡;重组方提供 7.5 亿元偿债资金及 2 亿元大世界商城续建资金;职工债权、税款债权、担保债权全额受偿;普通债权的清偿率最高可达 43.35%;大世界商城将在重整计划批准后 2 年内完成续建并竣工验收,向业主交付。至此,大世界公司重整成功。

(三)典型意义

1. 立足社会公众利益保护,创新解决跨越新旧法的法律适用问题。本案属于《企业破产法》实施前受理并宣告破产清算、施行时尚未审结的企业破产案件。

审理过程中,债权人向深圳市中级人民法院提出对大世界公司进行重整,并有多个潜在重组方提出重整意向。经清算组征求债权人意见,多数债权人均同意大世界公司转入重整程序。本案审理面临新旧法如何适用的问题,深圳市中级人民法院审查认为大世界公司在《企业破产法》实施之前进入破产程序,当时的相关法律法规尚未对该类债务人规定相应的重整程序施以挽救。本案虽已宣告破产清算,但大世界公司尚未进行破产财产的处置,仍保留较大重整价值。《企业破产法》的立法目的除依法清理资不抵债的企业外,还包含运用司法制度拯救危困企业,从而最大限度维护社会公共利益。因此,深圳市中级人民法院裁定中止本案破产宣告裁定,对大世界公司进行重整。深圳市中级人民法院裁定大世界公司在破产宣告后进行重整符合重整制度的立法精神和法律原则,有利于发挥司法能动作用,有效保护社会公共利益。重整成功后,不仅债权人的权益可以得到更有效保护,而且大世界公司作为开发主体所享有的开发资格及相应权益将得以保留,可依法开展大世界商城竣工续建、完善全体业主产权登记、办理产权证书及后期经营开发等工作,从而有效保护各方合法权益,维护社会公众利益。

2. 坚持公开公正公平原则,采取法治化、市场化的遴选重组程序。本案在遴选重组方的程序上,按照由债权人会议表决通过的《大世界公司重组方选定规则》,在公开市场招募意向重组方。符合条件的意向重组方按照大世界公司的实际情况制定重整预案。在此期间,清算组组织多次会议,由各意向重组方分别向全体债权人解读重整预案并听取债权人意见。经过充分沟通、讨论,各意向重组方在规定时间内完善重整预案,并提交债权人会议表决。最终,债权人会议表决选定更有利于保护债权人利益的重整预案,由此确定正式重组方。整个遴选程序坚持债权人意思自治原则,坚持公开、公正、公平的市场化原则。为在破产重整程序中公开遴选重组方提供具有借鉴价值的典范。

3. 严格依法审查,裁定批准重整计划,充分体现重整制度的社会价值。重整计划草案获得普通债权人的广泛支持,但有财产担保债权人及出资人组经两次表决仍未获通过,深圳市中级人民法院面临强制批准的难题。深圳市中级人民法院在审慎使用强裁的原则下,没有回避责任,勇于担当,严格依法审查,立足于保护广大债权人合法权益及妥善化解社会矛盾,依法裁定批准重整计划草案。通过重整,打破少数权利人的利益壁垒,平衡保护相关权利人的合法权益,债权人获得了比破产清算状态下更高比例的债权清偿,大世界公司重新获得生机,并具备继续开发续建大世界商城的经营能力,广大业主能够期盼获得竣工验收并具有产权的物业,实现了法律效果和社会效果的双赢。

六、唯冠科技(深圳)有限公司破产清算案

(一)基本案情

唯冠科技(深圳)有限公司(以下简称唯冠公司)是唯冠集团最大最核心的研发生产基地,于1995年注册成立,注册资本5000万美元,曾为深圳高新技术企业及中国外贸出口百强之一。2010年唯冠公司出现债务危机。后富邦产物保险股份有限公司因唯冠公司无法清偿到期债务,向深圳市中级人民法院申请对唯冠公司破产清算。根据广东省高级人民法院裁定,深圳市中级人民法院于2012年10月8日裁定受理唯冠公司破产清算一案。

(二)审理情况

本案受理后,考虑唯冠公司债权人人数众多、法律关系复杂、资产权属存在特殊性等实际状况,深圳市中级人民法院协调指导管理人积极与原执行法院沟通,将执行法院未分配给申请执行人的执行款(唯冠公司与美国苹果公司关于IPAD商标权纠纷的和解款)划至管理人账户,纳入破产财产,为破产财产分配奠定基础。而债务人名下的政策性房产是其另一主要破产财产,根据深圳市的相关规定,将由政府按成本价收回。由于深圳市房地产近年来大幅度升值,深圳市中级人民法院协调指导管理人积极研究处置方案,多次与政府相关部门协商谈判,最终由政府按照市场评估价值回购房产,通过创新方式实现了破产财产价值最大化。此外,本案债权人人数众多,并且多为境外债权人,债权审查及债权人沟通工作十分艰巨。特别是前述执行款相关代理费优先债权的诉讼,由于涉及金额巨大,普通债权人高度关注。管理人经调查研究,提出了应认定为普通债权的主张,最终得到深圳市中级人民法院的支持。目前,本案破产财产及债权已基本处理完毕,截至2015年2月已实施了两次破产财产分配,因破产财产价值提升以及对税款和优先债权的依法妥善处理,使普通债权清偿比例达到11.5307%。

(三)典型意义

唯冠公司作为外商投资企业,曾经是全球四大显示器生产商之一,其产品在多国上市,在业界极具影响力。公司因与美国苹果公司的IPAD商标权纠纷及后

续关于IPAD商标权案代理费的诉讼案件而备受社会关注。破产案件受理后,海关申报了近两亿元的巨额税款债权,加之代理费优先权,对普通债权人构成极大冲击,使案情更加复杂,各方利益诉求冲突更为激烈。深圳市中级人民法院指导和监督管理人及时回收执行款、妥善处理重大诉讼案件、依法严格审查海关巨额税款债权及其他优先债权,并通过创新方式处置破产财产以实现债权人利益最大化,各项破产清算工作得以平稳有序推进,仅了结深圳市盐田区人民法院受理的执行案件就多达120余宗,最有效地化解了社会矛盾,极大节约了司法资源。通过破产清算这一市场化手段,使唯冠公司最终依法有序退出市场,对于大型"僵尸企业"的处理,具有典型意义。

七、深圳市水指实业发展有限公司破产重整案

(一)基本案情

深圳市水指实业发展有限公司(以下简称水指公司)成立于1997年,系房地产开发经营企业。2000年水指公司参与开发建设"典雅居"房地产项目。2004年该项目取得预售许可证并开始预售。2005年该项目楼盘封顶。后因水指公司资金链断裂、违规经营、管理不善等问题,该项目未能最终竣工,水指公司亦被迫停止经营,继而引发90余宗诉讼和仲裁案件。

在对上述判决与仲裁裁决的强制执行程序中,深圳市中级人民法院经调查发现,水指公司除有尚未竣工的"典雅居"房地产项目外,无其他任何可供执行财产。当时,"典雅居"房地产项目已被多轮查封。且该项目存在一房多卖、存量不清等诸多问题,造成强制执行水指公司困难重重。水指公司债权人无法通过强制执行程序获得清偿。

因水指公司已具备不能清偿到期债务且明显缺乏清偿能力的破产原因,经深圳市中级人民法院执行法官释明,申请执行人之一申请对水指公司进行破产清算。深圳市中级人民法院遂中止对上述案件的执行程序,并于2012年3月15日作出〔2012〕深中法破字第5号民事裁定书,裁定受理水指公司破产清算案,从而实现了执行程序与破产程序的首次顺利转换与衔接。

(二)审理情况

深圳市中级人民法院受理水指公司破产清算案后,立即刊登受理公告并依法指定管理人接管水指公司。管理人对水指公司财产状况开展全面清查并受理

债权申报。针对一房多卖、存量不清等问题,管理人采取审计财务资料、接受权利人申报、开展调查等方式,对房产销售情况予以重新造册。管理人最终查明,水指公司资产仅存“典雅居”房地产项下54套房产及该项目应收账款,评估值约为8500万元。而经管理人审查确认的债权人共计146家,债权总额达2.5亿元。债权人中还包括大量缴纳部分房款的购房者以及拆迁未获补偿的拆迁户,社会矛盾突出。

因水指公司的大股东陈某在破产清算过程中申请对水指公司进行重整,并承诺引进重整方资金以提高水指公司债务清偿率,深圳市中级人民法院对大股东陈某的重整申请予以仔细审查后认为,大股东陈某系重整申请的适格主体,且水指公司尚具备一定的再生价值及自救可能,遂裁定自2013年4月15日起对水指公司进行重整。水指公司重整期间,针对负债性质复杂,社会矛盾突出等问题,水指公司提出了普遍提高清偿率,并合理细分负债类型给予清偿的重整计划草案,旨在更为公平的保护各类债权人利益。该重整计划草案经债权人会议的两次协商表决,最终获得通过。2014年1月22日深圳市中级人民法院依法裁定批准水指公司重整计划。2015年11月12日水指公司重整计划执行完毕,深圳市中级人民法院裁定终结破产程序。

(三)典型意义

对被执行人财产予以强制执行虽是实现债权人利益最为直接的司法程序,但当作为被执行人的企业法人不能清偿到期债务,并且资产不足以清偿全部债务或者明显缺乏清偿能力时,执行程序的效果难以有效发挥。因破产程序具有公平清偿、企业挽救等多方面的制度优势,此时,将执行程序转为破产程序更符合债权人利益,更有利于化解社会矛盾。本案即是一宗执行转破产的典型案例,该案的妥善处理正是充分发挥了破产程序在化解执行僵局、帮助企业重生上的制度优势。

首先,相较于执行程序,破产程序的制度优势体现在更为全面、高效的保护全体债权人的利益上。破产程序旨在公平清理债权债务关系,维护债权人合法权益,规范市场退出机制。破产程序可以通过管理人接管企业,全面清理债权债务关系,履行调查职能等方式,在查明债务人资产状况的基础上,对全部债权人及时予以清偿。管理人在管理并追收债务人资产的同时,亦可维护财产真实权利人的权益,从而化解因无法全面查清债务人资产状况、难以准确界定权属关系而造成的执行僵局。本案中,针对影响执行的项目一房多卖、存量不清等问题,管理人采取审计财务资料、接受权利人申报、开展调查等方式,对房产销售情况予以重新造册,最终界定出水指公司的资产范围,为清偿方案的制定奠定了良好的基础。

其次,破产程序的制度优势还体现在依法积极救治市场主体上。破产程序除对债务人企业采取概括执行措施外,还兼具企业救治的积极作用。破产程序设置有清算程序和重整程序的转化机制。人民法院可以以市场化为导向,对于有自救可能及营运价值的债务人企业,依法转为重整程序。在提高债务清偿率的同时,亦可帮助企业改善经营、更新营业,实现企业更生和良性发展,从而更好地服务于供给侧结构性改革的大局。本案进入破产程序时正值房地产市场蓬勃发展,水指公司具备一定的再生价值及自救可能。经大股东申请,水指公司得以由破产清算转为破产重整,最终经营得以维持,而“典雅居”项目资产的社会价值及经济效益也得以尽快实现。

最后,破产程序的制度优势亦体现在能妥善化解社会矛盾上。破产程序具有完善的保护债权人利益的法律规定。债务人企业出现破产原因时常常存在多样的社会矛盾,单一依靠执行债务人财产已难以满足各方主体的权利诉求。在破产程序中,可通过撤销个别清偿等措施追回流失的债务人资产,可充分发挥股东的积极作用对企业予以施救,亦可在重整程序中制定公平保护债权人利益的重整方案,从而妥善化解社会矛盾。在本案中,水指公司唯一可供执行的资产“典雅居”项目与众多缴纳部分房款的购房者、一房多卖的买受人以及未获补偿的拆迁户的切身利益息息相关,社会矛盾非常突出。对此,水指公司提出了普遍提高清偿率的同时,合理细分负债类型给予清偿的重整计划草案,数百业主的安居乐业也得到最大保证,最终有效化解社会矛盾,取得了良好的社会效果。

综上所述,在作为企业法人的被执行人出现破产原因时,由于执行程序缺失公平清偿债务、全面清查资产等方面的制度功能,将执行程序及时转换为破产程序对保护债权人合法权益、破解执行僵局具有非常重要的意义。深圳市中级人民法院对本案的成功处理充分发挥了破产程序的制度优势,实现了法律效果和社会效果的统一,从而很好地验证了破产程序在化解执行僵局并为供给侧改革提供服务方面的制度优势和保障作用。

广州市中级人民法院破产审判典型案例（2007～2017年）*

一、民安证券有限责任公司破产清算案

（一）基本案情

民安证券有限责任公司（以下简称民安证券）是在广东粤财信托投资公司信托业与证券业分离和原广东联合期货交易所改组的基础上，经中国证券监督管理委员会批准成立，成立时注册资本为3亿元人民币，2004年11月25日注册资本变更为5.1亿元。2005年6月30日因民安证券挪用客户交易结算资金、超范围经营委托理财业务，且数额巨大，造成严重社会危害，中国证监会作出证监罚字〔2005〕19号《行政处罚决定书》，取消民安证券业务许可，并责令关闭。

（二）审理情况

2007年11月30日广州市中级人民法院依法受理民安证券破产清算一案，并即予宣告民安证券破产，原广东联合期货交易所的资产和负债纳入民安证券有限责任公司破产清算。民安证券资产情况复杂，由于原公司管理层的违法、违规经营及公司治理的不健全、不规范，大大增加了资产清收和处置工作的难度。对此，法院指导破产管理人在现行法律法规的框架下，发挥主观能动性，加

* 本文由广州市中级人民法院清算与破产审判庭提供。

强与相关行政部门的沟通与协调,灵活运用债权人会议表决机制处理职工住房等历史遗留问题,依法依规化解维稳压力,创新运用支付令、衍生诉讼督促办理函等多种合法手段和方式,全方位提高清算效率,逐一攻克清算难点和障碍。经审核确认民安证券的债权总额共计17.07亿元,经清理后民安证券的破产财产价值共计2.93亿元,扣除抵押债权受偿的资产后,最终清偿的破产财产价值金额为2.69亿元;劳动债权与税款债权全额清偿,普通债权清偿率为14.21%。2014年3月31日广州市中级人民法院裁定终结民安证券破产清算程序。

(三)典型意义

民安证券破产清算案是广州市中级人民法院审结的首宗证券公司破产清算案,是我国证券公司风险处置工作的重要组成部分,与我国证券市场的综合治理息息相关;该案的顺利审结,对我国证券市场的法治化和规范化进程产生了正面的影响。证券公司破产清算案件为难度较大的新类型案件,该案的审结为广州市中级人民法院审理金融机构破产清算案件积累了宝贵的经验,提升了广州市中级人民法院为金融体制改革保驾护航的司法能力。

二、番禺祈福(南沙)大酒店强制清算案

(一)基本案情

番禺祈福(南沙)大酒店为中外合资经营企业,于1993年9月15日设立。其中中方股东为:广州南沙经济技术开发总公司、广州市农村信用合作联社南沙信用社(经改制变更为广州农村信用社联社)、广州市番禺区市场开发总公司;外方股东为:祈福南沙大酒店公司。工商部门登记合资公司的经营期限为15年,即自1993年9月15日至2008年9月15日。经营期间股东产生矛盾。2009年7月13日中方股东之一的广州市农村信用合同联社以合资公司经营期限已经届满为由,向广州市中级人民法院申请对合资公司进行强制清算。在立案审查阶段,广州市农村信用合同联社经中国银监会批准撤销,并入新组建的广州农村商业银行。

(二)审理情况

2012年6月27日广州市中级人民法院裁定受理广州农村商业银行股份有限公司申请番禺祈福(南沙)大酒店强制清算一案,同时指定清算组对番禺祈福(南沙)大酒店有限公司进行强制清算。番禺祈福(南沙)大酒店位于南沙城区

的中心地带,系当地居民主要的生活消费场所,酒店现有职工300多名。强制清算并注销该酒店不仅直接影响当地群众的生活,也将引发维稳隐患。因此,广州市人民政府对本案的审理高度重视,南沙区政府亦专门组成由副区长牵头的维稳领导小组参与案件涉稳事件的协调工作。为了支持南沙新区的发展,避免案件审理对南沙区经济发展产生不利影响。广州市中级人民法院坚持以解决矛盾为目的、力求"案结事了"的社会效果。在案件受理后,广州市中级人民法院多方组织各股东进行调解,并获得南沙区委的大力支持。经过一年多时间的不懈努力,番禺祈福(南沙)大酒店的全体股东于终于达成和解协议,同意番禺祈福(南沙)大酒店继续经营。广州市中级人民法院于2013年8月5日裁定准许广州农村商业银行股份有限公司撤回对番禺祈福(南沙)大酒店有限公司强制清算的申请。

(三)典型意义

本案能够以申请人撤回申请的方式结案,具有十分重要的意义。一方面,番禺祈福(南沙)大酒店各方股东之间的矛盾得以化解,影响公司发展的掣肘因素已经解除;另一方面,番禺祈福(南沙)大酒店的市场主体地位得以保存,避免了大量员工陷入失业困境,降低了地方经济发生震荡的风险。

三、广州双菱破产清算案

(一)基本案情

广州双菱全称为广州双菱钢铁工业有限公司,于2001年4月18日在广州市工商行政管理局注册成立,注册资本4228万美元,企业类型为外商独资企业,该公司主要经营各类钢材。因受钢铁行业不景气影响,公司经营陷入困境,最终因无法清偿到期债务,上海浦东发展银行深圳分行向广州市中级人民法院申请对广州双菱破产清算。

(二)审理情况

经查明,广州双菱的资产总额为630,512,825.83元,负债总额为792,869,386.52元,净资产为－162,356,560.69元。其中,劳动债权涉及人数332人,总额为7,628,777.80元;税款及社保债权4,222,250.56元;担保债权488,685,613.41元;普通债权人人数40家,债权额572,054,722.95元。清算后,担保债权、劳动债权、税款债权共计500,536,641.77元的债权获得全额清偿,普通债权的清偿比例达7.9%。

(三)典型意义

1. 妥善处理劳动债权,消除维稳隐患。广州双菱因严重拖欠323多名职工工资,该部分员工曾多次前往省市各级政府、法院及有关政府部门闹访以解决欠薪问题。针对上述情况,法官与员工们展开了艰难的沟通,并建立起有效的联系机制,主动向离职员工释法并提供法院经办人及管理人的联系电话,增强理解和互信。依托上述有效的沟通机制,有效增进了离职员工对法院和管理人工作的理解和支持,及时消除了潜在的维稳风险隐患,并最终全额清偿了拖欠多年的劳动债权,化解了市场运行中积聚的社会矛盾,有效维护了社会的和谐及稳定。

2. 探索破产财产变现的最佳方式,实现资产价值的最大化。由于债务人的资产评估价格仅约为1.86亿元,而债务人所负债务则高达10亿元。为有效地提高破产财产的变现值,最大限度地保护债权人的合法权益。经多方联络潜在的竞买人,最终债务人整体资产以4.28亿元的价格成功拍卖,比原评估价格高出一倍多,大大地提高了破产债权清偿率,使抵押债权、劳动债权、税款及社保债权均获得100%清偿。

3. 盘活闲置资产,淘汰落后产能。广州双菱的土地、厂房得以重新启用和升级改造,有效盘活因企业经营不善而闲置的社会资产,实现了节能减排的目标和土地资源的集约利用,保障了市场优胜劣汰机制的顺畅运行。

4. 终结诉讼程序,消除执行积案。通过本案的审理,广州市两级法院近300件以破产企业为被执行人的执行案件得以裁定终结,而更多涉及被清理企业的经济纠纷通过企业破产、公司清算程序而非普通民事诉讼、执行程序得到彻底解决,在一定程度上减轻广州市两级法院案多人少的审判压力。

四、广州汇集重整案

(一)基本案情

广州汇集实业股份有限公司(以下简称广州汇集)原名为广州南华西实业股份有限公司,其作为一家广州本土非常有名的上市公司,于1996年12月9日在深圳证券交易所挂牌上市,后因连续亏损,该公司股票于2004年9月13日在深圳证券交易所终止上市。目前,广州汇集的公司股票在全国中小企业股份转让系统挂牌交易。截至2015年6月30日,广州汇集的账面资产0.58亿元,负债

13.91亿元,资产不足以清偿全部债务,是一家典型的“僵尸企业”。

(二)审理情况

根据债权人广东汇集实业有限公司的申请,广州市中级人民法院于2015年10月22日裁定受理了广州汇集重整一案,并指定了管理人。2015年12月5日管理人提出申请称,债务人广州汇集在管理人的监督下自行管理财产和营业事务,并制作重整方案提交出资人组会议和第一次债权人会议表决,各表决组均已通过重整计划草案,故请求法院批准重整计划。广州市中级人民法院经审查后,于2015年12月7日裁定批准广州汇集的重整计划,并终结了重整程序。

(三)典型意义

1.债务人经过重整得以“涅槃重生”。广州汇集作为一家知名企业,其壳资源的价值吸引了不少投资人的关注。一般而言,有无优质资产直接影响到投资人的重组信心,以及挽救该企业的可能性大小。广州汇集正是通过引进战略投资,注入优质资产,并在清偿完债务后,企业的财务报表实现了扭亏为盈。而且在重整成功之后,根据证监会的相关政策,广州汇集将有可能重新上市。

2.全部债权人的债权得到一定清偿。经管理人审核,普通债权人共计8家,债权金额为1,777,152,527.42元,其中本金698,596,468.07元,利息、诉讼费等本金之外的债权金额1,078,273,464.35元。根据评估公司作出的偿债能力分析,在破产清算条件下即使破产费用为0元,普通债权人利益达到最大化,评估资产值全部用来偿付普通债权,普通债权的偿付率也只有0.47%。为了切实维护普通债权人的利益,广州汇集股东无偿让渡部分股份对债权人进行清偿。普通债权调整方案为:免除利息、诉讼费等本金之外的债权,按本金4%获得受偿。

3.中小股东的利益得到保障。在广州汇集资不抵债的情况下,广大中小股东的实际权益为0。而通过重整后,新注入的资产不仅让公司扭亏为盈,而且还有恢复上市的可能,这从而让广大中小股东减少了损失,对金融市场的稳定产生了正面的影响。

五、网架公司和解案

(一)基本案情

深圳市欣望角空间膜技术开发公司因其债权得不到清偿,向广州市中级人民法院申请对网架公司(公司全称为广州市建筑集团网架钢结构有限公司)进行破产清算。广州市中级人民法院在受理该案后，摇珠指定了管理人。

（二）审理情况

在债权申报期间，仅有申请人一家债权人向管理人申报了债权，经管理人对债权申报材料进行核查，最后确认的债权金额为1，234，806.15元。其后，网架公司主张其仍有继续经营的前景，通过主审法官和管理人的多方协调，在借助第三人资金的情况下，申请人和网架公司最终就债务的清偿达成了和解协议，同时请求法院裁定认可和解协议并终结破产程序。

（三）典型意义

1.和解成功避免企业清算退出。企业一旦被宣告破产，意味着从市场上淘汰出局。虽然依法清理“僵尸企业”是去产能的首要任务，但对于还有挽救可能的企业还是要尽量通过重整或和解的方式令其继续存活。像网架公司本身的债务只有一百多万元，第三人替其偿还完债务后，网架公司的经营资质得以保留，债务人在减轻包袱后可以继续开展经营活动。另外，因只有申请人一家债权人，这无疑提高和解的成功率。

2.债权人的债权得到基本清偿。对于欠债不多且仍有经营前景的债务人，在出现资金周转短暂的困难时，对其清算并不是唯一途径。而且对企业开展清算，往往会产生高昂的清算费用，如管理人的报酬、审计费用等都是比较大的开支。另外，考虑时间成本因素，清算对于债权人而言并非最理想的结果，当网架公司也希望能避免清算退出时，和解反而能够促使债权人的债权得到最大限度的清偿。通过和解，债权人除了让渡部分利息外，基本上收回了债权本金。显然，走清算程序是远远不能达到这种效果的。

六、白天鹅公司“三无”破产案

（一）基本案情

申请人北京天中文化发展有限公司（以下简称天中公司）向本院提出对广东白天鹅光盘有限公司（以下简称白天鹅公司）进行破产清算的申请，其中天中公司是作为白天鹅光盘的债权人，经生效的法律文书所确认的债权金额为676，475.9元。经办人曾到白天鹅公司的住所地了解情况，发现该公司的住所地大门紧闭，门口挂的是别的公司的牌子，公司的相关人员也是无法联系。白天鹅公司于2011年12月28日被吊销营业执照，且该公司已经搬离工商登记的住所地,经多方联系,公司的相关人员也是下落不明。白天鹅公司属于无财产、无人员、无账册的“三无”企业,像这种无财产、无人员、无账册的“三无”债务人也是非常典型的“僵尸企业”,但由于申请人一直不愿意垫付破产启动费用,导致该案无法有效推进。而在成立破产清算公益基金后,借助基金的援助,最终推动了该案的审结。

(二)审理情况

广州市中级人民法院于2015 年8 月12 日裁定受理白天鹅公司破产清算案,并指定广东启源律师事务所担任管理人。由于该案缺乏启动经费,管理人遂向广州市破产管理人协会申请破产清算公益基金的援助。通过基金的援助,白天鹅公司破产案缺乏破产启动费用的问题最终得以化解,破产程序中的各项工作开始稳步推进。本案管理人先后到工商、税务、社保等部门了解白天鹅公司的相关情况,并穷尽手段去调查公司的有关财产线索,但最终无法联系到公司的负责人及股东,也未接管公司任何财务账册或财产。法院遂依照法律规定,裁定宣告白天鹅公司破产并终结破产程序。

(三)典型意义

白天鹅公司破产案是借助破产清算公益基金清理“僵尸企业”的代表性案例,该案的顺利审结有以下几个方面的意义:

(1) 为“僵尸企业”依法退出市场提供参考。最近,中央就清理“僵尸企业”不断释放出强烈的信号,可以预见,随着依法清理“僵尸企业”工作的日益深入,今后还会有更多类似白天鹅公司这样的“僵尸企业”将被申请破产。法律和相关司法解释虽然明确了在“下落不明或者财产状况不清的”情况下如何处理,但在实践中,很多“僵尸企业”停工停产多年,因无力支付破产费用而无法进入破产程序却是不争的事实。因此,白天鹅公司的顺利审结,为“僵尸企业”能够通过破产程序合法、有序地退出市场提供了有益参考。

(2)解决了“僵尸企业”缺乏破产启动费用的问题。“僵尸企业”破产案件受理的障碍可能存在多个方面,但其中最主要的问题在于缺乏破产启动费用。这些破产案件一旦受理后,必然面临公告费、刻章费、审计费、管理人报酬等费用的开支,而大部分的“僵尸企业”都处于“三无”的状况,如债权人或其他利害关系人不愿意垫付费用,破产程序自然难于推进。2015 年8 月由全国首家破产管理人自治组织——广州市破产管理人协会自愿捐助的破产清算公益基金正式启用,在该基金的援助之下,广州市中级人民法院成功处置了一批像白天鹅公司这类缺乏启动经费的“僵尸企业”破产案件。

(3)规范管理人处置“僵尸企业”的相关工作。虽然不少“僵尸企业”存在“三无”的情况,但并不意味着管理人的工作可以随意省略。而且,在破产程序和公司强制清算程序终结后,部分债权人可能会向股东追偿。在白天鹅公司破产案中,管理人依法走完破产清算程序外,还穷尽手段调查公司的财产和相关人员的情况。如确实无法联系有关人员,管理人还做好工作记录,确保管理人的各项工作和相关结论都经得起考验。

七、广州橡塑制品工业公司破产清算案

(一)基本案情

广州橡塑制品工业公司(以下简称橡塑公司)于1969年4月组建,1971年在广州市工商行政管理局注册登记,是广州市民政局下属的安置四残人员就业的社会福利生产企业。1994年起,该公司因投资失误遭受巨大经济损失。截至2001年7月,累计亏损27,162,208.50元,资不抵债11,532,210.00元。因该公司流动资金严重不足,企业陷入经营困境,无法清偿到期债务,遂向广州市中级人民法院申请破产清算。

(二)审理情况

2001年7月4日广州市中级人民法院裁定受理广州橡塑制品工业公司破产清算一案,并于2001年7月27日裁定宣告广州橡塑制品工业公司破产;于2001年8月6日指定成立破产清算组,由广东中天律师事务所饶文洁律师任组长。经过广州市中级人民法院与破产清算组的不懈努力,橡塑公司的大量潜在资产被追回,资产变现率大大提高,全体债权人的受偿率均为100%。在妥善安置职工且债权受偿完毕后,仍有剩余大量破产财产可供分配给出资人。经过出资人同意,橡塑公司向广州市财政局上交4,453,359.17元。2016年4月20日广州市中级人民法院裁定终结广州橡塑制品工业公司破产程序。

(三)典型意义

橡塑公司原本属于资不抵债的破产企业,经过广州市中级人民法院与破产清算组的共同努力,橡塑公司的房屋、土地等大量资产被追回,且资产变现率大大提升,橡塑公司由原本的资不抵债变为资可抵债,全部债权人均得到全额清

偿。不仅如此,橡塑公司仍有大量剩余资产可供分配给出资人,有效增加了广州市人民政府的财政收入,对于广州市地方经济的发展具有积极的推动作用。

八、广州亚铜、广州亚钢破产重整案

(一)基本案情

2013年7月26日香港特别行政区高等法院颁布对中国金属再生资源(控股)有限公司(以下简称中金再生)(港交所:00773)临时清盘令。之后,中金再生在内地的多家第四级子公司停止清还公司债务,引发公司债权人的恐慌。为了避免公司经营崩溃、保障金融债权的安全,多家银行债权人联合组成“银团”协调统一主张债权,并相继在广州、天津、中山、江阴、上海、武汉等地对中金再生的多个第四级子公司提出重整申请。

2013年9月17日中国银行股份有限公司广州开发区分行以广州亚铜金属有限公司(以下简称广州亚铜)、广州亚钢钢铁有限公司(以下简称广州亚钢)未能清偿到期债务为由向广州市中级人民法院申请对两公司进行破产重整。经调查:广州亚钢、广州亚铜属于废旧金属回收行业的巨头,与国内多家银行都有贷款业务,其近几年一直处于盈利状态,每月也按合同约定偿还银行贷款利息。对银行来说,当时的广州亚钢、广州亚铜属于优质客户。之所以出现本次债务危机,是受广州亚钢、广州亚铜的上级母公司——中金再生被香港高等法院临时清盘所影响。香港临时清盘人接管中金再生在香港的相关企业后,以广州亚钢、广州亚铜股东的名义指令广州亚钢、广州亚铜调整公司管理人员,并停止清还公司债务。引发部分债权人提起诉讼并对两公司的财产进行冻结,两公司无法正常经营,无力偿还到期债务,导致银行贷款提前到期。

(二)审理情况

广州市中级人民法院收到中国银行股份有限公司广州开发区分行的申请后,于2014年2月17日裁定受理广州亚铜、广州亚钢破产重整两案,并指定北京金杜(广州)律师事务所为广州亚铜管理人及广州亚钢管理人。2014年8月15日管理人向广州市中级人民法院提出申请,请求广州市中级人民法院将重整计划草案提交期限延期三个月。2014年8月19日广州市中级人民法院同意将广州亚钢、广州亚铜提交重整计划草案的期限延长至2014年11月16日。

2014年11月14日管理人制定并提交了广州亚钢和广州亚铜的重整计划草

案。2014年12月3日广州亚铜、广州亚钢召开第二次债权人会议,对广州亚铜、广州亚钢的重组计划草案分别进行表决。会议共设有财产担保债权组、普通债权组及出资人组对重整计划草案表决。有财产担保债权组、普通债权组表决通过重整计划草案,出资人组表决未通过。出资人并向管理人提交《反对广州亚铜、广州亚铜破产重整的意见书》,提出:(1)重组方广东恒聚投资控股有限公司作为新设立的公司,注册资本实缴金额为零,不具备重整实力,重组方资金来源合法性存在不确定性;(2)重组方与中金再生资源(控股)有限公司董事会主席秦志威及其关联公司均有密切的联系;(3)广州亚铜、广州亚钢的部分资金流转问题需要进一步清查;(4)出资人怀疑广州亚铜、广州亚钢重整由秦志威幕后操纵等问题,请求暂停或暂缓重整程序,重新对广州亚铜、广州亚钢全面审计,对重组方的背景及资金来源进行调查。

依照《企业破产法》第86条的规定,未满足各表决组均通过重整计划草案的条件,本次重整计划草案未获通过。根据《企业破产法》第87条规定:未通过重整计划草案的表决组可以在协商后再表决一次。因协商未成功,管理人于2014年12月9日向广州市中级人民法院递交报告,申请广州市中级人民法院批准广州亚铜、广州亚钢的《重整计划草案》。2015年2月9日广州市中级人民法院裁定批准广州亚钢、广州亚铜的《重整计划草案》。2015年4月底广州亚钢和广州亚铜经裁定确认的债权按照重整计划的规定全部清偿完毕,广州亚钢和广州亚铜的股权过户至重组方名下。至此,广州亚钢和广州亚铜重整计划执行完毕。

(三)典型意义

本案是人民法院运用破产重整制度帮助陷入困境的非公有制企业走出困境的典型案例。两案的审结具有十分重要的法律意义与社会意义:首先,广州亚铜、广州亚钢的主营业务是废旧金属的回收利用,两企业的经营方向与国家倡导的绿色经济发展相一致。而且广州亚铜、广州亚钢属于国内废金属回收加工行业的领头企业,具有一大批专业的设备和人才。如果重整成功,两企业能迅速恢复正常经营,抢占行业市场份额,对广州地区经济的可持续发展具有积极的推动作用。其次,两公司牵涉巨额金融债权,重整成功大大提高了债权清偿率,有效维护了国家金融安全。在法院裁定确认的58.96亿元债权中,金融债权高达57.79亿元,占债权总额的98%。在担保债权全额清偿的情况下,广州亚钢普通债权的清偿率从破产清算状态下的11.89%提高至17.74%,广州亚铜普通债权的清偿率从破产清算状态下的4.58%提高至7.85%，而且普通债权中10万元以下部分获得了全额清偿。最后，两案是中金再生系列重整案在全国范围内最先审结的案件，对其他法院审理关联案件具有参考和借鉴意义。两案的审结实现了法律效果和社会效果的统一，实现了债权人、债务人及其他利益主体多赢的局面。在国家经济转型升级的关键时期，不少企业面临暂时或长久性的债务危机。正确审理破产案件，帮助缺乏生机的企业有序退出市场，推动尚存活力的企业走出经营困境，发挥破产审判为地方经济保驾护航的突出作用，是人民法院肩负的历史职责。

九、广州协华房产建设有限公司破产清算案

(一)基本案情

广州协华房产建设有限公司(以下简称协华公司)是由广州市广协房地产开发有限公司与香港注册的金华工程有限公司共司设立的中外合作经营企业，成立于1993年4月26日，注册资本为7334万元，全部由金华工程有限公司以现汇出资。后境外合作方由金华工程有限公司变更为香港注册的达峰国际股份有限公司，再由达峰国际股份有限公司变更为WONDERFUL CHARMING LIMITED。公司已实际停止经营多年。债权人余某某以债务人协华公司不能清偿到期债务且资产不足以清偿全部债务为由，申请对协华公司进行破产清算。

(二)审理情况

广州市中级人民法院于2015年7月20日裁定受理协华公司破产清算一案，并依法指定广东君信律师事务所为协华公司管理人。管理人接管协华公司后，发现协华公司可供变现的资产仅有两笔对外债权，即协华公司对广州捷华房地产开发有限公司、南方(澳门)工程发展公司广州办事处的应收债权。上述两笔应收债权有生效法律文书予以确认，且经过执行程序未能获得清偿。该两笔债权经作价评估后进行公开拍卖，三次拍卖均因无人交保证金而流拍。后经债权人会议讨论确定，各债权人根据各自的债权额按比例共有94.11%的应收债权。剩余5.7%的应收债权为管理人报酬，0.19%的应收债权为评估费用。广州市中级人民法院裁定确认该分配方案，该案顺利终结。

(三)典型意义

本案是直接分配债务人对外债权的典型案例。管理和处分债务人财产是管

理人的法定职责之一，管理人一般会对债务人财产进行处置、变现，再以现金或实物的方式进行分配，几乎没有管理人直接分配对外债权。因为对外债权虽然具有一定的价值，但是具体价值多少很难界定，而且破产制度的程序价值就在于清理债务人与其他主体之间的债权债务关系，追收对外债权是管理人应尽的法律职责，管理人不应将这一职责转嫁给债权人。本案直接分配对外债权，无疑是一个重大突破。但这种突破也具有一定的现实意义。一方面，分配对外债权提高了破产清算效率。在司法实践中，很多破产企业通过账目调整，将企业的主要资产调整为应收账款。管理人有可能穷尽各种手段，也无法追回任何资产。如果应收账款追收问题久拖不决，又会影响破产清算进程。而放弃这些对外债权，将会降低债权人的受偿比例，从而引发债权人的不满，影响管理人的工作效率。在这种情况下，直接分配对外债权无疑是一种较为合适的处理方案。破产清算程序不会因为应收账款追收问题陷入僵局，债权人也保留了继续追收的权利，为债权人获得进一步清偿埋下了伏笔。另一方面，分配对外债权维护了市场交易安全。在完善的市场交易体系中，债权债务关系清晰明了，恶意欠款的现象将遭受严厉打击。如果破产程序中的应收债权因为难以追收而被迫放弃，在破产程序终结后，这些对外债权将会因破产企业法人人格的消亡而消灭。恶意欠款者极有可能利用这一漏洞逃避债务，破坏市场主体对交易安全的信心，久而久之，市场交易秩序将会受到冲击，交易安全也会岌岌可危。如果直接分配对外债权，将破产企业的债权转由债权人承受，对外债权依然可以继续追收，恶意欠款者将无所遁形。

江苏省各级各地人民法院破产审判十大典型案例(2011~2015年)*

一、中国长江航运集团南京油运股份有限公司破产重整案

(一)基本案情

中国长江航运集团南京油运股份有限公司(以下简称长航油运)原系A股上市公司,由中外运长航集团实际控股,曾是境内规模最大的油运企业。自2010年以来,受金融危机和航运市场低迷等因素的影响,长航油运经营状况出现困难,连续4年出现巨额亏损,于2014年6月5日终止上市,成为境内首家退市央企。

根据债权人申请,南京市中级人民法院于2014年7月18日受理长航油运破产重整案,并通过竞争选任方式指定管理人团队。经审计评估和债权确认,长航油运资产评估总值60.76余亿元,债务总额115.46余亿元,模拟测算的普通债权清偿率仅12.46%,已严重资不抵债。为实现各方利益最大化,保留企业的经营价值,经破产重整各方数次协商,管理人制定重整计划草案,并于11月20日获得长航油运债权人会议和出资人组会议高票通

---

* 2016年8月12日江苏省高级人民法院召开破产企业司法处置情况白皮书发布会,通报2011~2015年全省破产企业司法处置情况,并公布了十大典型案例。本书征得江苏省高级人民法院民二庭的授权,特此收入其十大典型案例。

过。11月28日南京市中级人民法院裁定批准重整计划草案。重整成功后,长航油运持续经营能力得以恢复、115.46亿元债务得到全额保护,100.2亿元金融不良债权得以化解,3064名职工及12.1万户股东维稳隐患得到消除。据《企业半年报》披露,长航油运2015年上半年即实现净利润2.72亿元,企业彻底扭亏为盈,进入良性发展轨道。

(二)裁判要旨

在缺乏偿债资金情况下,运用出资人权益调整、资产变现、债转股、债务延期等方法全额清偿债务,发挥市场决定性作用,公开、透明推进利益博弈;依靠党委政府支持,妥善、快速破解重整难题。

(三)典型意义

本案系国内首例退市央企重整案。法院综合运用剥离亏损资产、优先偿还经营性负债、延期偿债和以股抵债等方法成功化解企业债务危机,为国有企业改革脱困开创了新模式。

二、怡华系企业实质合并破产重整案

(一)基本案情

2012年7月常熟市怡华硬质合金材料有限公司、常熟市怡华金刚石有限公司、常熟市怡华金刚石磨具有限公司、常熟市怡华机械制造有限公司、江苏华诚管材有限公司、常熟市天顺达金刚石有限公司六家怡华系企业危机爆发,全面停产,债权人众多,在地方政府协调下由大债权人为主牵头成立“债权人委员会”监督企业的后续运转,并由各个企业股东会决议委托中介机构成立清理组,相互配合开展债权登记、实物盘点评估和审计等工作,尝试通过债转股等方式自救。期间,经清理发现怡华系各企业系作为一个整体在运作,企业资产为2.67亿元,企业负债高达6.9亿元,俞建名个人名下负债高达5.69亿元。常熟市人民法院在怡华系企业危机爆发之初即高度关注企业危机的化解进展情况,认真调研了前期清理工作获得的相关数据、关联企业经营管理及资产负债等多方面严重混同的状况、全国法院仅有的几例关联企业破产重整审判经验和相关学术文章,适时向政府和主要债权人建议任六家企业同时进入重整程序。

2013年1月7日经债务人提出重整申请,常熟市人民法院分别裁定常熟市怡华硬质合金材料有限公司等六家企业重整。为便于管理人工作整体协调、统一决策,并考虑到今后可能需要合并,在受理之初即决定择优指定一家管理人同时进驻接管六家怡华系企业,调查财产状况,审核债权债务。经公开遴选后摇号,常熟市人民法院指定同一律师事务所为以上六家企业管理人,并指导管理人将系列企业作为一个整体统一审查,统一处理资产债务,统一开展重整各项工作以及重整方案的制定和实施,平稳有序完成合并重整程序。

(二)裁判要旨

债权人同时申请多个关联企业破产重整,法院分别裁定受理后发现股东直接控制关联企业,导致关联企业成员丧失财产独立性和法人意志独立性的情形显著、广泛、持续存在,造成关联企业成员之间法人人格高度混同、严重损害债权人利益的,法院可以根据管理人的申请,采用听证会的形式听取利害关系人的意见,符合实质合并破产规则的,可依法作出合并重整裁定,消灭关联公司之间的债权债务,各成员的财产合并作为实质合并破产后的破产财产、各成员的债权人作为实质合并破产后的债权人在同一破产程序中公平受偿。

(三)典型意义

法院正确运用实质合并破产规则,通过分别受理、实质合并的破产审理方式,实现系列企业整体合并重整。

三、太仓市圣诺合金铸造有限公司破产清算案

(一)基本案情

苏州太仓市人民法院于 2013 年 8 月 23 日受理了太仓市圣诺合金铸造有限公司破产清算一案,于 2013 年 10 月 17 日裁定宣告破产,于 2015 年 11 月 11 日裁定终结破产清算程序。太仓市圣诺合金铸造有限公司,成立于 2006 年 4 月 12 日,注册资本 100 万元,其中严国良出资 60 万元,占注册资本 60%;贾世磊出资 20 万元,占注册资本 20%;杨海涛出资 8 万元,占注册资本 8%;殷凤喜出资 8 万元,占注册资本 8%;陈鹳儒出资 6 万元,占注册资本 6%;法定代表人为严国良。公司经营范围包括生产、加工、销售铝合金锭、锌合金锭,经销船舶配件、金属材料、建材、防腐保温材料。公司在经营过程中,因股东之间产生重大矛盾,形成公司僵局,后经太仓市人民法院依法判令解散。之后,因公司未能自行组成清算组进行清算,股东贾世磊等人向太仓市人民法院申请强制清算,经清算公司财产不足以清偿到期债务,清算组依法向太仓市人民法院申请破产。经管理人变现和

减除债权坏账等，确认接管到的破产财产3,235,639.03元，优先拨付破产费用和公益债务534,880.3元，剩余可分配财产2,700,758.73元，按序分配。

（二）裁判要旨

法院依法及时启动强制清算向破产的转化程序，继续指定原管理人履职。清算过程中的债权申报行为、催收债权行为、接管财产、评估财产等法律行为效力，按照《企业破产法》的规定履行相应债权人审核或决议程序后，均予以确认，无须启动重复工作，保证债权人依法及时受偿。

（三）典型意义

本案系经法院判决解散、强制清算、强清转破产的全流程案件，虽然案件本身疑难复杂程度并不大，但给法院探讨中小型企业，尤其是“僵尸企业”的市场退出机制提供了宝贵经验。

四、江苏中达新材料集团股份有限公司破产重整案

（一）基本案情

无锡市中级人民法院于2013年4月26日受理江苏中达新材料集团股份有限公司（以下简称中达股份）破产重整案；中达股份及其30余家关联企业隶属于申达企业集团，该企业集团呈三层架构，包括1家母公司申达集团，旗下4个板块4家子公司分别是中达股份、江苏瀛寰实业集团有限公司、江苏申达置业投资有限公司和江苏申龙创业集团有限公司，4家子公司旗下再延伸出20余家孙子公司。此项破产重整，实质是申达企业集团全部关联企业的整体重整。但部分关联企业在成都、南京、常州、靖江等地，无锡市中级人民法院对这部分企业重整不具备管辖权。无锡市中级人民法院决定选择程序内重整对象，带动关联企业程序外重整。将申达企业集团破产重整的整体工作分解为批准立案、资产负债清理与偿债方案预协调、重整计划制作表决审批三个阶段，各阶段工作紧密衔接，全速推进。经招募与斡旋协调，申达企业集团成功吸引扬子江船业集团的加盟，后者为申达企业集团整体重整快速、足额地提供了近22亿元偿债资金，保障各类债权按时足额受偿。2013年10月15日债权人会议和出资人会议表决通过重整计划草案；11月19日无锡市中级人民法院批准重整计划；11月21日偿债资金9.49亿元汇至管理人账户，结清全部债务20.99亿元；12月27日以资本公积金转增的股份234,740,484股登记至管理人账户，划转给13位股份受让人，中达股

份顺利实现破产重整;2014年2月21日无锡市中级人民法院裁定确认重整计划执行完毕,所涉债务清偿、经营调整、股权变动均已完成。至此,江苏首例上市公司破产重整案圆满收官。

(二)裁判要旨

针对企业结构复杂、债务情况繁多、企业地点分散特点,无锡市中级人民法院整合工作团队,确定审判思路,准确选择重整人,厘定债权内容,指导重整计划制作,督促偿债资金落实到位,积极推动股权结构调整,以司法管理调控,主导重整成功。重整后,密切跟踪服务企业,推动企业发展,保障重整效果。

(三)典型意义

本案系江苏首例上市公司破产重整案。以4家重整企业的程序内重整,带动20余家关联企业的程序外重整,使申达企业集团整体摆脱了债务危机,重回正常经营轨道。仅用5个多月时间,即完成节点众多、流程烦琐的破产重整程序,实现年内清结涉案近50亿元金融债权目标。

五、江苏霞客环保色纺股份有限公司破产重整案

(一)基本案情

2014年11月19日无锡市中级人民法院裁定受理霞客环保破产重整案;对重整投资人的招募,针对上市公司的特点,设计重整投资人对企业未来业绩的承诺和对赌。成功引入提供最多偿债资金和作出最高业绩承诺的重整投资人,使债权受偿率达到了远超预期的61%,也争取了广大股民的信任,推动债权人会议各表决组和出资人会议分别以80%和75%以上的高比例通过了重整计划。2015年4月16日债权人会议和出资人会议表决通过重整计划草案;同日无锡市中级人民法院批准重整计划;同年4月21日、24日,偿债资金2.46亿元(社会公众购买股份款)、6.25亿元(重整投资人购买股份款)、0.59亿元(第二大股东让渡股份折价款)陆续汇至管理人账户,结清全部债务12.29亿元;同年6月25日霞客环保第一大股东让渡的股份1,259,406股和以资本公积金转增的股份160,761,415股,共计162,020,821股登记至霞客环保管理人账户,于同年8月31日划转给重整投资人和另外8位股份受让人,霞客环保顺利实现破产重整;2015年11月2日无锡市中级人民法院裁定确认重整计划执行完毕,所涉债务清偿、经营调整、股权变动均已完成。

（二）裁判要旨

预先排定重整进度表；针对多方争夺壳资源以及滁州方面抢夺重整资金的情况，力排众议，坚持走市场路线，在深交所刊登公告，全国招募重整投资人；管理人主导重整，居中协调股东矛盾；精心设计停复牌节点。

（三）工作亮点

本案对重整投资人的招募，创造性地在偿债资金要求之外，设计重整投资人对企业未来业绩的承诺和对赌，切实保障债权人利益最大化。

六、无锡尚德太阳能电力有限公司破产重整案

（一）基本案情

无锡尚德太阳能电力有限公司（以下简称无锡尚德）系全球最大光伏组件生产商之一。2012年无锡尚德遭遇美国“双反”壁垒重创，加上重大投资决策失误，巨额欠款不能清偿等原因，企业运行陷入极端困境。2013年3月18日中国银行股份有限公司无锡高新技术产业开发区支行等8家银行以无锡尚德不能清偿到期债务为由，向无锡市中级人民法院申请对无锡尚德进行破产重整。2013年3月20日无锡市中级人民法院裁定批准无锡尚德进入破产重整程序，并指定由地方政府职能部门组成清算组担任管理人。裁定当日无锡市中级人民法院即携清算组完成对无锡尚德财产和营业的全部接管工作，包括接管公司的全部证照、财务及全部财产。为恢复无锡尚德的持续经营能力，从2013年6月下旬开始，在法院的指导下，管理人从全球范围内上百家光伏行业及上下游企业中，筛选潜在战略投资者，通过报名、资格审查、尽职调查、提交投标文件、工作小组专业评议等严格的招募程序，江苏顺风光电科技有限公司以支付偿债资金30亿元的绝对优势获得无锡尚德战略投资者资格。管理人于2013年10月底提交了重整计划草案，在2013年11月12日召开的第二次债权人大会高票表决通过。2013年11月15日无锡市中级人民法院裁定批准重整计划草案，终止无锡尚德重整程序。2013年12月底，偿债资金30亿元全部到位并分配完毕。2014年4月18日无锡尚德重整计划执行完毕。顺风光电入主无锡尚德后，在技术改造、产业优化的基础上增资扩产，职工人数从重整受理时的2000余人增至5000余人，2014年上半年产量已创无锡尚德历史新高。

（二）裁判要旨

坚持司法主导，严格按照法定程序推进破产重整的每个环节；突出市场引

领,充分发挥市场在资源配置中的决定性作用;争取政府援助,充分发挥政府作为公共管理者的特殊作用;积极招募战略投资者,彻底恢复企业持续经营能力。实现企业零负债,生产满负荷;稳定团队扩大就业,促进地方经济发展。

(三)工作亮点

本案系纽交所上市公司破产重整案,法院在使用政府资源的基础上,充分发挥市场在资源配置中的决定性功能,严格投资人招募程序,对政府关注的社会稳定、债权人关注的债权受偿、债务人关注的企业发展等予以统筹兼顾,取得法律效果与社会效果的高度统一。

七、南通志豪家纺有限公司、南通市通州区志惠服饰品有限公司破产清算案

(一)基本案情

南通市通州区志惠服饰品有限公司设立于1997年4月24日,注册资本240万元,自然人控股,公司股东2人,法定代表人李恒余。南通志豪家纺有限公司是设立于2004年10月15日,注册资本500万元,自然人控股,公司股东2人,法定代表人李恒余。两公司的实际控制人系李恒余之子李志惠,作为两公司的法定代表人李恒余在公司无任何权利,仅担任两公司的门卫。2012年下半年,两公司经营出现问题,公司的流动资金出现严重困难,拖欠职工工资160多万元,2013年元旦过后两公司的实际控制人李志惠弃企逃债失联,企业职工及部分债权人情绪失控,公司的部分设备被哄抢,公司法定代表人无力控制,无奈之下,政府派出人员接管企业的安保工作。2013年1月15日两公司向法院申请破产清算,同年1月31日通州区人民法院依法裁定受理南通志豪家纺有限公司、南通市通州区志惠服饰品有限公司破产清算案,4月2日召开第一次债权人会议,5月25日法院裁定宣告两公司破产。2013年7月19日将两公司所有资产以2180万元拍出。9月3日召开第二次债权人会议通过财产分配方案,9月18日财产分配完毕,法院裁定终结两公司破产程序,同时裁定要求两公司的股东、实际控制人等清算义务人对其债务承担偿还责任。

(二)裁判要旨

法院在立案前先行让两企业提供所需的破产申请材料,发现两公司股东相同,经营地点相同,财务人员相同,实际控制人为同一人,且企业的账簿绝大部分

已灭失，两企业的资产无法区分。故决定由两企业共同申请，并裁定合并受理破产。一般情况之下企业一旦破产程序终结，未受偿的债权将不再受偿。但因本案企业的账簿绝大部分已灭失，依据公司法及司法解释的相关规定，明确要求两公司的股东、实际控制人等清算义务人对其破产企业的债务承担清偿责任。

（三）工作亮点

因债务人绝大部分账簿已灭失，依据最高人民法院《关于适用〈中华人民共和国公司法〉若干问题的规定（三）》第18条第2款的规定，在破产程序终结时明确股东及实际控制人对破产企业的债务承担清偿责任，切实保障债权人合法权益。

八、江苏群发化工有限公司破产清算案

（一）基本案情

江苏群发化工有限公司总负债4.45亿元，资产负债率123.53%，已明显丧失清偿债务能力，债权人达645户，需要安置的职工2009名。在资产变现阶段，扬州市中级人民法院函告管理人应当依照《企业破产法》和最高人民法院相关司法解释的规定选择有关机构，切实维护全体债权人的合法利益。此后，管理人选择了扬州市拍卖行有限公司、扬州润扬拍卖有限公司等四家拍卖机构联合对江苏群发化工有限公司破产财产实施拍卖。法院发现上述四家拍卖机构未经授权，擅自发布联合拍卖公告，且其中两家非法院入册的中介机构，遂对管理人提出严肃批评，并作出监督事项决定书，及时制止管理人的行为。拍卖机构已重新公告撤销上述拍卖公告。经过4年多的艰苦努力，已顺利完成清产核资、清收债权、安置职工、审计评估、财产处置及分配等一系列破产清算工作。

（二）裁判要旨

管理人能否胜任职务，依法、公正、忠实执行职务，勤勉尽责，是保证破产程序顺利进行的决定性因素。在管理人未尽忠实履职之时，法院可以通过向管理人送达监督事项决定书，保证对管理人监督的有效实施。

（三）典型意义

法院依法向破产案件管理人送达监督事项决定书，履行法院对管理人的监督义务。

九、江苏扬子江大酒店有限公司破产清算案

(一)基本案情

江苏扬子江大酒店有限公司于1994年6月10日设立。2010年4月起,实际控制人变更为段某某。根据扬子江大酒店提交的资产负债表,截至2013年6月30日,公司总资产92,937,190.67元,总负债207,986,724.35元。经审计,企业正常经营并未出现亏损,导致企业出现破产原因主要有两个方面:一是原实际控制人段某某在控制企业期间挪用6000万元企业资金投入其开设的其他企业,而相关企业已经均无任何资产,近6000万元资产无法收回;二是段某某在实际控制期间,以扬子江大酒店名义或担保人身份对外借款或担保金额约2.4亿元,扬子江大酒店大部分资产已经被法院查封,部分案件已经进入执行阶段。

(二)裁判要旨

对出现破产原因的宾馆、酒店类企业,如经营情况良好,具备继续经营的条件,且继续经营有利于稳定企业职工,有利于全体债权人的,法院可以批准企业继续经营。

(三)典型意义

本案破产企业经营质态较好,如停止经营,易导致设备设施闲置贬值,原有客户流失。法院综合考虑后批准债务人继续经营。企业的继续既经营解决了原有职工的就业问题,又确保了酒店自申请至拍卖移交给新买受人的平稳过渡。

十、淮安市浦南外国语学校破产清算案

(一)基本案情

沃某某、彭某某申请淮安市浦南外国语学校破产清算一案,淮安市清浦区人民法院立案受理后,与区教育局共同牵头成立清算组,由清算组接管学校财务账册等资料及实物资产。因学校管理混乱、财务资料交接不全,为了尽最大限度查清资产状况,清算组委托淮安市三淮联合会计事务所对学校账目进行审计,学校所欠债务总额为3600余万元,列入评估资产的评估值为2098.56万元。此后,清算组又委托了中介机构对评估资产进行拍卖,经淮安市金诚拍卖行三次公告,均无人竞拍,致资产拍卖工作无法继续。后经区领导协调,淮安市武墩资产经营管理有限公司于2010年4月2日向淮安市清浦区人民法院出具"收购意向书",法

院与清算组负责人一起多次对广大债权人的意见进行摸底，众多债权人对购买人的后续支付能力表示怀疑，要求由有实力的企业进行担保，2010 年 11 月 15 日淮安市清浦区国有资产经营有限公司向淮安市清浦区人民法院出具证明，表示愿意为淮安市武墩资产经营管理有限公司受让浦南外国语学校资产提供担保。但因债权人出席会议人数较少，无法召开债权人会议进行表决，导致案件审理停滞不前，债权人情绪波动大，有多人、多批次扬言上访。淮安市清浦区人民法院依法裁定对上述财产进行了拍卖，但第一次拍卖流拍，后经政府参与协商，引入竞拍人，将相应财产进行了拍卖，对相关债权人的债权按比例进行了清偿，顺利审结案件。

（二）裁判要旨

因本案涉及债权人、债务人、教职工、原在校学生等众多利益主体，各方矛盾较为集中和突出，如处理不当，易引发群体性、突发性事件，影响社会的稳定。法院及时向党委、人大汇报，并协调政府及相关部门，争取政府支持，及时采取有力措施，积极疏导、化解矛盾纠纷，避免债权人、职工集体上访的情况发生，将不稳定因素消除在萌芽状态。法院在受理同时，及时指定由政府职能部门设立的清算组作为破产管理人，并设立维稳组，由政府部门和学校原教、职工组成，负责学校内部的维稳工作。对于清算过程中发生的与破产企业的债权人、债务人、教职工的利益争议，按照法定程序进行解决；通过释法析理，化解矛盾，指引债权人依法解决纷争。

（三）典型意义

本案系民办教育学校的破产清算纠纷，涉及数千名学生，数百名教职工，600 余名债权人，各方利益矛盾交织，处理难度较大。

江苏省各级各地人民法院破产审判十大典型案例(2017 年)*

一、江苏省纺织工业(集团)进出口有限公司等6企业合并重整案

(一)工作亮点

综合运用“合并重整”“现金清偿+以股抵债”“破产重整+资产重组”等方式对危困企业进行“综合诊治”，化解20亿余元债务，有效防范金融风险，6家企业实现整体脱困重生，为国有企业深化改革提供有益经验。

(二)基本案情

2017年1月24日江苏省南京市中级人民法院裁定受理债权人对江苏省纺织工业(集团)进出口有限公司(以下简称省纺织公司)提出的破产重整申请，并于同年6月14日裁定受理省纺织公司5家子公司重整案。在程序上对6家公司合并审理，并指定同一管理人担任6家公司破产管理人。

管理人对6家公司清产核资后认为，6家公司存在人员、财务、业务、资产高度混同情形。审计机构出具专项审计报告认为，6家公司财务混同，没有独立财务核算

---

* 2018年1月江苏省高级人民法院公布了2017年江苏法院十大破产案例，在征得江苏省高级人民法院民二庭授权后，全文收入本书，特此说明并致谢。——编者注

体系;财务管理人员及行政人员混同,基本由省纺织公司委派;业务混同,相互之间存在大量资金往来,互联互保。管理人根据上述事实,向南京市中级人民法院申请对6家公司合并重整,南京市中级人民法院于2017年9月29日裁定6家公司合并重整。此后,管理人将6家公司作为整体与投资人进行谈判,成功引进省纺织集团、苏豪控股等重整投资方,对企业增资近11.92亿元,以现金清偿担保债权1000万元及50万元以下普通债权,通过以股抵债方式清偿超出50万元普通债权部分,出资人权益作相应调整。同年11月22日合并重整债权人会议及出资人组会议分组表决均通过重整计划草案。同年12月8日经管理人申请,南京市中级人民法院裁定批准合并重整计划并终止6家公司重整程序。

(三)裁判要旨

当多家关联企业进入重整时,首先在程序上进行合并,在确认关联企业人格高度混同,资产和负债无法区分或区分成本过高以致可能损害债权人利益的情况下,在全面听取债权人、债务人、审计机构、管理人等各方意见后,将关联企业进行实质合并重整,有效整合各成员企业优势资源,综合运用创新偿债、重整重组同步进行等方式,实现法律效果与社会效果的统一。

二、南通太平洋海洋工程有限公司重整案

(一)工作亮点

运用商业思维,首创"多方联动,破中有产"的新机制,采取"破产不停产"新模式,实现"救治与生产"两不误,为困境企业运用破产实现再生提供有益经验。

(二)基本案情

南通太平洋海洋工程有限公司(以下简称太平洋海工公司)是世界中小型液化气船市场"领头羊",特种船舶及再汽化模块在全球市场占有率均位列第一,拥有十几项国家专利。随着世界船舶海工行业持续低迷,加之公司对外提供巨额担保,企业财务与经营陷入困境,公司近7000位员工亟待安置,价值30多亿元的项目尚未完工。2016年6月太平洋海工公司危机爆发。

鉴于本案影响范围广、牵涉利益大,江苏省启东市人民法院在案件受理前即提请政府成立破产工作领导小组,统筹破产相关事宜,一体解决工作指导、职工安置、维护稳定以及招商引资等问题,同时积极引导企业为继续生产经营创造条件。启东市人民法院于2016年8月5日裁定受理太平洋海工公司破产清算申请

后;一方面要求管理人加快清算速度,尽快厘清公司资产负债情况,另一方面全力支持企业“保订单、保资金、保团队、保生产”,通过继续履行合同、转让待履行合同等方式,确保太平洋海工公司持续经营,有效维持企业在工信部船舶海工行业优势资质,最终吸引中集安瑞科投资控股(深圳)有限公司重整投资,一批上下游企业得以被挽救。

2017 年 7 月 22 日重整计划草案提交债权人会议表决,针对众多银行债权人未完成内部审批,要求延期投票的情况,启东市人民法院采取现场投票与信函表决相结合、定时统一开票的规则,最终,重整计划草案以高票通过。同年 8 月 4 日法院裁定批准重整计划草案,终止重整程序。当月太平洋海工公司即与外商签订 10 多亿元的海工订单。同年 12 月 19 日重整计划提前执行完毕,太平洋海工公司重整取得圆满成功。

(三)裁判要旨

当前诉前破产拯救机制缺失,程序内外协调衔接不畅,容易导致破产企业失管、营业停顿、团队流失,错失挽救企业时机。启东市人民法院主动延伸触角,在破产前加强引导、破产中加强对接,为“破产不停产”营造良好内外部条件,确保持续经营,避免员工下岗,实现“无震荡”破产,为挽救企业提供有益借鉴。

三、无锡富隆成房地产开发有限公司重整案

(一)工作亮点

运用“执行转破产 + 清算转重整”拯救危机房企,通过“市场化招募 + 出售式重整”吸引重整投资人完成楼盘续建和品牌升级,充分保护购房人、工程款、金融机构、民间借贷等各类债权人利益,重整计划草案获债权人会议全票通过。

(二)基本案情

无锡富隆成房地产开发有限公司(以下简称富隆成公司)在开发建设房地产项目“红梅新天地”期间,无法按期完工和交付使用,债权人纷纷提起诉讼和申请执行。江苏省无锡市中级人民法院执行部门发现仅通过执行程序无法解决涉富隆成公司系列纠纷且呈现出群体性事件的苗头。2016 年 8 月 15 日无锡市中级人民法院执行部门裁定中止对富隆成公司的执行,移送破产审查;同年 9 月 12 日无锡市中级人民法院破产审判部门裁定受理富隆成公司破产清算案;2016 年 11 月 14 日无锡市中级人民法院踩准程序步点,在重整可行性达成基本共识前提

下,将富隆成公司转入重整。针对富隆成公司股权均被多重质押及查封的情况,富隆成公司重整舍弃传统股权结构调整模式,采用出售全部在建工程的“出售式重整”模式。在无锡市中级人民法院指导下,管理人三次发布招募重整投资人公告,最后一次招募参照招投标方式,即在招募公告中预设评选规则和评分标准,明确得分最高者为重整投资人,并邀请专家顾问、债权人代表等担任评标委员会委员进行评分。最终,绿地集团控股的南京市城市建设开发(集团)有限责任公司以4.7亿元报价的偿债方案和切实可行的续建方案中标,被确定为重整投资人。2017年8月7日富隆成公司重整案第二次债权人会议召开,到会128位债权人全票赞成,全票通过重整计划草案。同年8月8日无锡市中级人民法院裁定批准重整计划并终止重整程序。同年12月偿债资金4.7亿元全部到位并分配完毕。

(三)裁判要旨

从“执转破”实践来看,本案真正发挥了“执转破”的功能,运用破产解决执行无法解决的问题:执行只能就地变价,有限地个别地清偿债权,不能集中偿债、平衡全体债权人矛盾,更不能续建楼盘、解决购房人危机。从审判方法来看,通过“执行转破产”“清算转重整”连续两次巧妙的程序转换,在对房企破产各项权利冲突进行准确排位后,采取对重整投资人市场化招募,既考察偿债资金、保护债权人利益,也评估经营方案、保障购房人权益,保障各方利益最大化。从社会效果来看,数百位购房人、债权人、原股东对重整计划草案全票赞成,在国内破产重整史上也实属罕见。最终重整成功,清结债务14.5亿元,职工债权受偿,百余位购房人入住新房,实现法律效果和社会效果的“双赢”。

四、常州永泰丰化工有限公司等3企业合并重整案

(一)工作亮点

运用“现金偿债+以股抵债”、“偿债期限+偿债金额”选择、参考破产和解程序,实现企业救治的合并重整案,盘活企业不良资产,降低企业负债率,完善法人治理结构,实现产业结构调整,各债权人、投资人利益得到妥善平衡。

(二)基本案情

2013年10月28日江苏省常州市新北区人民法院裁定受理常州永泰丰化工有限公司、江苏永泰丰作物科学有限公司、陕西永泰丰化工有限公司(以下简称

永泰丰系企业)合并重整申请。

永泰丰系企业第一次债权人会议期间,重整计划草案被顺利表决通过,根据该重整计划,投资人先后三次出资 8000 万元受让公司股权,通过现金方式清偿 2727.18 万元担保债权、建设工程优先债权、职工集资款和劳动债权,以"偿债期限 + 偿债金额"此消彼长的债转股模式供 156 位普通债权人选择,执行期和监管期为 2 年。但由于受第二期 4000 万元偿债资金未到位影响,遇到以下新问题:因永泰丰系企业丧失融资能力,原融资计划受阻,制约企业生产经营;因股东与债权人之间互不信任,难以形成一致意见,重整陷入僵局。管理人参考破产和解模式,通过引入新投资人,投入 1258.61 万元为企业注入新活力,该款转为新借款以完成偿债工作,预留清偿资金 48 万余元备用于未申报债权,并延长重整计划执行期限,各债权人利益得以平衡。法院审查后裁定批准上述计划,并同意延长重整计划执行期限和监督期限半年。目前,该重整计划已顺利执行完毕,相关股权变更登记已办妥,企业重新步入正常生产轨道,恢复营利能力。

(三)裁判要旨

本案重整计划草案顺利表决通过,但重整计划在执行过程中陷入僵局,通过引入新投资人,参照破产和解模式,与部分债权人协商达成债转股、清偿款转为新借款等协议,并对照原重整计划延长执行期限,提交法院批准,为类似重整计划执行过程中出现障碍的案件提供有益经验。

五、扬州嘉联置业发展有限公司重整案

(一)工作亮点

运用公开竞价方式,成功招募房企投资人,企业重整成功,公司恢复运营,购房合同得以履行,债权获得较好清偿。在重整程序终结后,管理人自愿将部分报酬捐赠于破产基金,在一定程度上缓解了当地破产案件启动资金保障不足的难题。

(二)基本案情

扬州嘉联置业发展有限公司(以下简称嘉联公司)注册资本 1000 万美元,开发的"蜀岗玫瑰园"小区建成少量房屋但未交房,2014 年后,公司债务缠身缺乏清偿能力,31 件案件进入强制执行。2015 年 8 月 5 日江苏省扬州市中级人民法院裁定受理嘉联公司破产重整案,重整目标包括完成项目开发、全额保障优先债

权、向购房人交房、普通债权清偿优于模拟清算。经债权人会议审核,嘉联公司无争议债权约11亿元,含职工债权97万元、税款75万元、购房款6660万元、工程款及抵押优先债权1.9亿元、普通债权96户计债权额约8.1亿元。企业资产评估约8.2亿元,模拟清算中普通债权清偿比例约45%。经债委会多次磋商,管理人最终开展洽谈投资者并竞价遴选工作,港资佳源集团旗下港源公司竞价胜出。相应重整计划草案主要内容:一是原出资人股权无偿让渡;二是投资人投资8.9亿元清偿债务及支付重整费用,若不足,投资人补足,若剩余,则用于项目开发;三是恢复项目开发按计划向购房人交房;四是职工债权、税款全额受偿,其他优先权范围内债权全额受偿,每户普通债权人10万元以下100%受偿,超出部分按68%比例清偿。该计划草案经表决,出资人组反对,其他组别投票通过,其中普通债权组赞成人数55.32%,代表债权额67.02%,优先债权组赞成人数100%,代表债权额100%。扬州市中级人民法院在审查后,于2017年2月裁定批准重整计划。

(三)裁判要旨

由于债务人资不抵债,出资人已无所有者权益,在重整计划草案制订过程中,管理人在与相关方谈判失败后,决定采用公开竞价方式招募投资者,通过引入投资人参与重整计划草案制订、对出资人组权益进行调整,公平对待了同一表决组成员,是市场化重整的有益尝试。

六、金双喜实业发展有限公司等6企业合并和解案

(一)工作亮点

本案是国内首例关联企业合并和解案,通过分别受理,先清算、后和解的破产审理方式,成功实现关联企业合并和解,为应对家族型关联企业危机提供借鉴。

(二)基本案情

金双喜实业发展有限公司(以下简称金双喜公司)、南通博金电器有限公司、南通冠金置业有限公司等6企业系受施某一人实际控制的南通当地知名家族型企业,拥有38项国家专利,其免检产品远销十几个国家和地区。2014年下半年以来,6企业因过度扩张,资金链断裂,相继向江苏省启东市人民法院申请破产清算。2016年12月7日金双喜公司及其5家关联企业以存在人格混同、合并和解

有利于挽救企业及公平清偿为由,共同向启东市人民法院提出合并和解申请,并提供相关证据证明:金双喜公司及其 5 家关联企业虽均为法人主体,但实系作为一个整体运营,资金和财产均由金双喜公司掌控,人员调配、企业决策和运营管理均由施某统一负责,已严重丧失法人实体应具备的财产与意志独立性。

2016 年 12 月 8 日启东市人民法院向所有债权人下发通知,征求各方对合并和解的意见,取得绝大多数债权人支持。同年 12 月 28 日启东市人民法院组织召开由异议人、债务人、管理人、审计机构等参加的听证会。2017 年 1 月 6 日启东市人民法院依法裁定金双喜公司等 6 家企业合并和解。由于合并和解的债权清偿率远高于破产清算模拟清偿率,债权人会议高票通过了金双喜公司等 6 家企业合并和解协议草案,2017 年 3 月 23 日启东市人民法院裁定认可合并和解协议草案,终止和解程序。为确保合并和解协议履行,协议专款规定在和解协议执行期间,由债权人委员会向债务人派驻财务人员,设立监管账户,监督和解协议履行,此举有效维护债权人利益,也保障了和解后企业的有序经营。6 家企业成功和解,数百员工重新上岗。

(三)裁判要旨

针对家族企业特点,充分尊重债权人意思自治,灵活运用破产程序,及时由清算转入和解,探索实质合并规则,构建合并和解程序,创设和解协议监督执行机制,化繁为简,归并资产,抵销关联企业间债权债务,提高债权清偿率,确保债权公平受偿和协议全面履行,实现优质企业重生。

七、江苏中原兴茂绒业有限公司和解案

(一)工作亮点

以“清算转和解 + 货币偿债叠加债转股”清偿方式消解企业债务,和解方案同时满足小债权人、职工、债务人合理诉求,企业主营业务得以延续,充分体现和解程序在矛盾化解、稳定维护、债权人权益保障等方面的优势。对以民间借贷债务为主的中小型生产企业的司法处置具有借鉴意义。

(二)基本案情

江苏中原兴茂绒业有限公司(以下简称中原公司)自设立初期即由法定代表人个人通过对外巨额融资形式进行基本建设,因对外需支付巨额融资利息,法定代表人将中原公司列为个人借款担保人,最终导致中原公司资金链断裂,社会矛

盾激烈。2015年12月25日江苏省宜兴市人民法院裁定受理中原公司破产清算申请。经评估,中原公司资产总额1200万元,债务则高达1.691亿元,其中民间借贷债务合计1.689亿元,占总债务的99.9%,企业资产与负债极不对称。同时,该企业此前生产经营基本正常,债权人及债务人均希望企业复产以提高债务清偿率。2017年6月中原公司向宜兴市人民法院申请和解并提交和解协议草案,后法院依法裁定进行和解程序。根据和解草案,普通债权在10万元以下进行货币清偿,普通债权在10万元以上(暨全体民间借贷债权人)按债转股方式进行清偿,职工债权及税务债权经法院协调全额清偿,该草案经全体债权人书面表决一致通过。2017年9月12日宜兴市人民法院裁定确认中原公司和解协议并终止和解程序。后中原公司在协议约定期限内完成货币清偿、股权转让等各项事宜,现该企业已恢复营业,生产经营进入正常轨道。

(三)裁判要旨

坚持意思自治基本原则,尊重各方意愿,实现“清算转和解”程序转换;鼓励债务消解路径创新,对债权金额较大的债权人暨全部民间借贷类债权人采用债转股方式清偿,最大限度地保留企业实物资产、客户资源及生产资质,减轻债务人资金偿债压力,同时兼顾小债权人诉求,运用货币清偿方式保障其合法权益;强化司法保障,监督和解草案制订实施,提高小债权人货币清偿比例,同时要求全额清偿职工债权及税款,大大减轻社会维稳压力,实现司法效果及社会效果的双赢。

八、镇江哈特工具制造有限公司破产清算案

(一)工作亮点

通过与相关职能部门定期召开联席会议,联动协调,简化流程,并依法减免破产企业税费,提高债权清偿比例,促进案件妥善处理。

(二)基本案情

因镇江哈特工具制造有限公司(以下简称哈特公司)不能清偿到期债务,债权人申请对其进行破产清算。江苏省丹阳市人民法院经审查发现,哈特公司具备破产原因,裁定受理破产清算申请。经审计,哈特公司主要破产财产为房地产。而在房地产产权过户过程中,国土部门要求重新核算并补缴土地出让金,税务部门要求缴纳延期办理过户滞纳金,变更税费测算无法操作。丹阳市人民法

院多次向市委主要领导专题汇报,并针对本案以及其他破产案件办理过程中存在的问题进行详细梳理,形成破产案件审理难点专题报告,积极争取党委、政府支持。市委、法院数次召开国土、税务、金融等职能部门参加的联席会议,研究解决破产案件相关问题,并指定由市发改委牵头负责具体政策制定与落实。丹阳市人民法院就破产企业资产处置特殊性、破产与税收征管等其他法律法规的适用等问题进行具体阐述,并提出建议。最终在党委政府统一部署下,联席会议就破产企业土地出让金测算与补缴、房地产产权变更税费测算与预缴、免除所有破产企业立案后税收滞纳金等问题形成一致意见。同时,联席会议还就破产企业相关手续办理绿色通道、依法减免破产企业税费等事项达成一致意见,形成《关于企业破产清算的政策的会议纪要》,以服务保障破产审判。本案在较短时间内顺利办结相关手续,税务部门退回已收取的30多万元滞纳金,同时免除另一关联破产案件200多万元税款,普通债权清偿比例提升5.5%,分配方案获债权人全票通过,取得良好社会效果。

(三)裁判要旨

丹阳市人民法院在审理本案过程中,积极争取党委政府理解与支持,各职能部门通力合作,府院联动机制建设取得实效,在法律法规和政策允许范围内合理减免相关税费、加快相关手续办理,并出台相关会议纪要,为破产案件审理创造良好的外部环境。

九、苏州宝德隆实业有限公司破产清算案

(一)工作亮点

本案自裁定受理破产申请至裁定终结破产程序仅用时2个月,系首例完整适用苏州市吴江区人民法院《关于执转破案件简化审理程序的规定》的案件,成功实现执行程序效率与破产程序公平的有序衔接,为该类案件的审理提供可复制经验。

(二)基本案情

江苏省苏州市吴江区人民法院在执行苏州宝德隆实业有限公司(以下简称宝德隆公司)财产过程中,将其名下房地产、机器设备拍卖成交,在清偿优先权债权及职工债权后,剩余执行款仅823.12万元。但吴江区人民法院经查询发现,涉及宝德隆公司的执行案件有34件,执行标的额达1.07亿元。2017年8月10

日经申请执行人同意,吴江区人民法院执行部门决定将宝德隆公司移送破产审查。同年9月6日吴江区人民法院裁定受理对宝德隆公司的破产清算申请,并通过随机摇号方式指定管理人。同年10月31日宝德隆公司召开第一次债权人会议。会上,全体债权人对债权表均无异议,依管理人申请,吴江区人民法院口头裁定确认债权表并宣告宝德隆公司破产。随后,管理人将拟定的破产财产分配方案提交第一次债权人会议表决。最终,债权人会议高票通过破产财产分配方案。2017年11月1日吴江区人民法院裁定确认该分配方案。同年11月6日分配方案执行完毕后,管理人向法院申请终结破产程序,吴江区人民法院于同日作出终结破产程序裁定,同时针对债务人人员下落不明、未提交账册等资料导致无法全面清算的情况,告知债权人可另行提起诉讼要求股东及实际控制人承担清偿责任。

(三)裁判要旨

对于被执行人主要财产已在执行程序中处置变价,且符合《中华人民共和国企业破产法》第2条第1款规定情形的,人民法院及时启动执行移送破产审查程序,吸收利用执行成果,并从选任管理人、压缩弹性周期、债权人会议当场裁定确认债权、当场宣告债务人破产、表决破产财产分配方案等方面简化审理程序,有效化解执行积案,服务“僵尸企业”快速出清。

十、江苏卓典建筑技术开发有限公司破产清算案

(一)工作亮点

本案通过强化清算责任制度运用,打击恶意逃废债务违法行为,依法制裁漠视和损害债权人利益的相关责任人,对促进市场主体诚信经营,弘扬竞争伦理和商业道德,增强企业经营者社会责任起到示范作用。

(二)基本案情

2015年1月22日江苏卓典建筑技术开发有限公司(以下简称卓典公司)形成股东会决议:公司因经营不善,申请注销;公司成立清算组。后该公司并未组织自行清算。2016年8月16日债权人以卓典公司不能清偿到期债务并且明显缺乏清偿能力为由,向江苏省南京市中级人民法院申请对卓典公司进行破产清算。同年10月19日南京市中级人民法院裁定受理破产清算申请。受理后,卓典公司股东、法定代表人彭某某在法院和管理人多次电话和书面通知、释明情况

下,仍拒不向法院提交卓典公司财产状况说明、债务清册、债权清册等,亦拒不向管理人移交财产、印章和账簿等资料。后经召开听证会,南京市中级人民法院作出民事决定书对彭某某罚款 6 万元。2017 年 3 月 4 日管理人请求法院宣告卓典公司破产并终结破产程序,依法请求明确清算义务人对卓典公司债务承担责任。后南京市中级人民法院依法裁定宣告卓典公司破产并终结破产清算程序,同时在裁定书中告知卓典公司债权人可依据相关规定,另行要求卓典公司清算义务人对其债务承担相应责任。

(三)裁判要旨

在有限责任公司解散事由出现后,公司股东未依法履行清算义务;在公司进入破产清算程序后,拒不向人民法院提交财产状况说明、债务清册、债权清册等,亦拒不向管理人移交财产、印章和账簿、文书等资料,人民法院对相关直接责任人员依法处以罚款,并在终结裁定中告知债权人可依法追究清算义务人相关责任。

无锡市两级人民法院破产审判十大典型案例(2006~2016年)*

一、无锡尚德太阳能电力有限公司破产重整案

(一)基本案情

无锡尚德太阳能电力有限公司(以下简称无锡尚德)成立于2001年1月22日;主要经营业务是研究、开发、生产、加工太阳能电池及发电产品系统等;是美国上市公司尚德电力控投有限公司旗下的孙公司和规模最大的生产基地,集中了尚德系企业集团95%以上的产能,是全球最大的光伏组件生产商之一。2012年由于全球产能过剩、行业恶性价格战以及自身决策失误和内部管理问题等原因,无锡尚德陷入经营困境,并导致美国尚德股价下跌、三次收到纽交所停牌警告、一度被强制进入退市程序。

2013年3月18日中国银行股份有限公司无锡高新技术产业开发区支行等8家银行以无锡尚德不能清偿到期债务为由,向无锡市中级人民法院申请对无锡尚德进行破产重整;同年3月20日无锡市中级人民法院裁定受理前述申请。

* 2017年1月12日无锡市中级人民法院召开新闻发布会,向社会公布了近年来法院在服务和保障供给侧结构性改革中借助司法力量成功让濒临破产企业寻求到出路的一批精品案例。本书在征得无锡市中级人民法院金融庭的授权后收入该批精品案例。——编者注

(二)审理情况

无锡市中级人民法院受理前述申请后，指定清算组为管理人并担任重整人，并建议清算组遴选审计、评估、法务、财务等中介机构，充实破产管理团队，强化破产管理职能；外聘具备资产重组和企业经营人才优势和丰富经验的公司，充实重整经营团队，恢复企业良性运转。自2013年6月起，在无锡市中级人民法院的指导下，管理人从全球上百家光伏行业及上下游企业中，筛选潜在投资人，通过报名、资格审查、尽职调查、投标、评标等招募程序，江苏顺风光电科技有限公司(以下简称顺风光电)获得投资人资格。

2013年10月管理人提交了重整计划草案，将出资人权益调整方案——将无锡尚德股权让渡给顺风光电，与债务清偿方案——顺风光电出资30亿元解决无锡尚德各类债务进行结合，100%清偿了职工债权、税收债权和担保债权；对普通债权在10万元以下的部分全额清偿，10万元以上的部分由债权人选择"现金"或"现金+应收款"清偿，清偿比例高达31.55%。除出资人组外的各债权人组均高票通过重整计划草案。同年11月15日无锡市中级人民法院裁定批准重整计划草案。同年12月底30亿元偿债资金全部到位并分配完毕。

(三)裁判要旨

第一，外聘营运团队，实现重整管理专业化。重整之初，无锡尚德市场维护步履维艰，清算组管理人又欠缺对重整企业的管理经验。经无锡市中级人民法院建议，管理人外聘无锡市国联发展(集团)有限公司(以下简称无锡国联)，依靠其熟稔的运营能力和丰富的重组经验，压缩无锡尚德过剩产能，优化配置资金技术人才等生产要素，提升品牌价值和市场竞争力，促使无锡尚德重回运营轨道，恢复良性运转，为吸引优质重整投资人打下坚实基础。

第二，引入市场竞争，实现投资人招募市场化。无锡国联的先期介入引发社会各界对其将接盘的种种猜测，在收购陷入僵局的关键时刻，法院建议依靠市场手段，将无锡国联作为潜在对象和托底保障，通过公开竞争、专业审议等招募程序，对所有投资方案逐一分析和评估，最终确定顺风光电为投资人。顺风光电在所有竞争者中提供的偿债资金最高；其以光伏电站的建设和营运为主营业务，与其他竞争者相比，具备良好的技术优势和畅通的销售渠道；同时，顺风光电是一家在香港上市的国家级高新技术企业，能使无锡尚德依然具备母公司香港上市的珍贵壳资源，使母子公司捆绑呈现生产经营与品牌价值同步提升的互利共赢局面。

第三，创新偿债方式，实现债权人利益最大化。在顺风光电提供30亿元偿债资金保障的基础上，无锡市中级人民法院创新偿债方式——职工债权3000余万元在重整之初即告先期受偿，妥善安置职工2000余名；普通债权提供"现金"或"现金+应收款"两种方式选择受偿，后者深受金融债权人欢迎，清偿金融债权40.95亿元。重整计划草案获职工、税收、担保债权人组全票通过和普通债权人组96.91%通过。

（四）典型意义

本案是全球光伏龙头破产重整案。无锡尚德原是美国上市公司旗下的孙公司和规模最大的生产基地，对外负债中75.45%是金融债权。无锡市中级人民法院充分发挥市场在资源配置中的决定性作用，一方面通过出资人权益调整手段，切断与美国上市公司之间的投资关系，吸引同样具备母公司香港上市壳资源、同属光伏行业、能够提供最高偿债资金的顺风光电入驻，既保留了无锡尚德的营运价值，又有效解决了产能过剩问题，推动了企业的再生和发展；另一方面充分利用顺风光电提供的30亿元偿债资金和无锡尚德的应收款等既有资产，创新偿债方式，针对金融债权人的需求，推出"现金"或"现金+应收款"两种清偿方式供债权人选择，后者清偿金融债务近41亿元，有效保护了各类债权人的利益。

二、江苏中达新材料集团股份有限公司破产重整案

（一）基本案情

江苏中达新材料集团股份有限公司（以下简称中达股份）系于1997年6月18日设立，于同年6月23日在上海证券交易所上市（股票代码600074），上市股份逾6.6亿股；主要经营业务是生产销售双向拉伸聚酯薄膜、双向拉伸聚丙烯薄膜、聚乙烯薄膜、聚丙烯薄膜、聚酯切片、复合制品，塑料制品、化工原料及制品销售等；是申达集团有限公司（以下简称申达集团）下属4家子公司之一，旗下又衍生出众多孙公司。自2008年起，软塑行业受全球金融危机影响而产能过剩、竞争加剧，兼之存量贷款借新还旧形成近50亿元银团贷款，申达系企业集团受资金掣肘无力从事高端产品的研发生产，丧失众多收益机会，生产经营陷入困境。

2012年年底，申达系企业集团的债权人拟启动对申达系企业集团的整体重整。经无锡市中级人民法院建议，采取了以4家企业（包括中达股份在内）的程

序内重整带动20余家企业程序外重组的重整路径。经中达股份提交重整预案、江阴市人民政府出具维稳预案、江苏省人民政府通报拟重整情况、最高人民法院和中国证券监督管理委员会批准,无锡市中级人民法院于2013年4月26日受理了常州钟恒新材料有限公司对中达股份等4家重整企业的重整申请。

(二)审理情况

无锡市中级人民法院受理前述申请后,从入册中介机构中择优选任中达股份管理人并摇号选任另3家重整企业管理人,确立了由中达股份管理人作整体统筹、各重整企业管理人作分别清理,以及通过各重整企业管理人对下属公司行使股权、启动重组等方式,协调申达系企业集团整体重整。与此同时,无锡市中级人民法院指定4家重整企业自己担任重整人,在管理人的监督下自行管理财产和营业事务并制作重整计划草案。

2013年10月15日4家重整企业的债权人会议和中达股份的出资人会议均以90%左右的高票通过重整计划草案;同年11月19日无锡市中级人民法院批准重整计划;同年11月21日偿债资金21.84亿元全部到位,结清近50亿元债务;同年12月27日以资本公积金转增的近2.35亿股上市股份划转给受让人,完成了中达股份的出资人权益调整;2014年2月21日无锡市中级人民法院裁定确认重整计划执行完毕,所涉债务清偿、经营调整、股权变动均已完成。

(三)裁判要旨

第一,准确选择重整对象,确保集团重整协同化。引导作为母公司的申达集团和作为子公司及主债务企业的中达股份等4家企业进入破产重整,在4案破产重整中,统筹安排30余家关联企业的资产清理、债务清偿和经营调整,使申达系企业集团整体摆脱了债务危机和经营困境。

第二,准确选择重整人,确保重整管理专业化。根据《企业破产法》的规定,重整人既可由管理人兼任,亦能由债务人担当。前者体现公平,后者富有效率。有别于无锡尚德原经营管理层存在债权人的信任危机,申达系企业集团原经营管理层在重整受理前已形成重整预案,并经政府协调与银团债权人已就偿债比例初步达成一致,彼此建立了良好的沟通与协作关系。为保持重整企业经营的连续性、提高重整事务管理的有效性、增强重整计划草案的针对性,无锡市中级人民法院选择重整企业自己担任重整人,在管理人的监督下自行管理财产和营业事务并制作重整计划草案,便于其将重整后的事务管理与重整前的筹备工作进行衔接。

第三，准确指导重整计划制作，确保重整效益最大化。一是充实经营计划，细化偿债计划。申达系企业集团的重整预案原仅指向偿债计划，后经无锡市中级人民法院指导注入股权调整和业务调整的内容：实施资本公积金转增股份并予出售，弥补偿债资金缺口；剥离盈利前景差、竞争能力弱的业务，完善企业经营方案。针对前期协调形成的偿债预案，置入法律的框架内重新定位。特别在债权人与债务人对偿债计划产生分歧时，无锡市中级人民法院通过准确厘定债权内容——债权本息的范围、担保债权的归属、银团债权的主体等，确保重整程序规范有序进行。二是将重整计划内容与各方利益主体先期协调并作先期审查，保障重整计划的利益衡平性、可行性与合法性。在重整计划草案制作阶段，有效整合债权人、债务人和投资人意见，确保实现各方目标和维系利益平衡；在重整计划预协调阶段，以现场会议、电邮交流等方式，与重点债权人逐个沟通，征集大额股东表决意见，积极争取意见一致。

（四）典型意义

本案是江苏省第一例上市公司破产重整案。申达系企业集团由1家母公司申达集团有限公司、包括上市公司中达股份在内的4家子公司和20余家孙公司组成；对外负债主要是近50亿元由30余家集团内企业和多家集团外企业及个人联保互保的银团债务。无锡市中级人民法院通过精准地设计重整路径和有效地分配偿债资金，以4家企业的程序内重整，带动了20余家企业的程序外重组，使申达系企业集团整体摆脱了债务危机，重回正常经营轨道；并在5个多月的重整期间内，成功清结了近50亿元金融债权，充分发挥了破产程序在清理债权方面的集中优势、效率优势和经济优势，切实维护了经济秩序和金融安全。

三、江苏霞客环保色纺股份有限公司破产重整案

（一）基本案情

江苏霞客环保色纺股份有限公司（以下简称霞客环保）系于1992年5月5日设立，于2004年7月8日在深圳证券交易所上市（股票代码002015），上市股份逾2.3亿股；主要经营业务是废弃聚酯物和其他塑料的综合处理、销售及其在相关制品中的开发和再生利用等。2014年霞客环保因行业周期性不景气、产品盈利能力下滑、财务费用居高不下等，陷入债务危机。经最高人民法院和中国证

券监督管理委员会批准,无锡市中级人民法院于2014年11月19日受理了滁州安兴环保彩纤有限公司对霞客环保的重整申请。

(二)审理情况

无锡市中级人民法院受理前述申请后,从入册中介机构中竞争选任管理人并指定其担任重整人,管理财产和营业事务并制作重整计划草案。

2015年2月25日霞客环保管理人在深圳证券交易所发布重整投资人招募公告,以出售资本公积金转增股份,使投资人对霞客环保持股29%为基本思路,实施全国招募。鉴于前述投资人将成为霞客环保第一大股东,经无锡市中级人民法院建议,管理人在投资人招募公告中,明确招募投资人并不仅以偿债资金为唯一要求,还将能否承诺甚至对赌公司未来业绩列入评估,以此兼顾债权人和股民利益。经此招募,评审会最终确定提供了最高偿债资金并作出了最高业绩承诺的一号投资人入选,偿债资金和业绩承诺均次之的二号投资人替补,使普通债权受偿率从模拟破产清算状态下的16%上升至61%。

2015年4月16日霞客环保的债权人会议和出资人会议分别以80%和75%以上的高票通过了重整计划草案;同日无锡市中级人民法院批准重整计划;同年4月21日偿债资金9.3亿元足额到位,结清12余亿元债务;同年8月31日以资本公积金转增的1.6亿股上市股份划转给重整投资人和其他受让人,完成了霞客环保的出资人权益调整;2015年11月2日无锡市中级人民法院裁定确认重整计划执行完毕,所涉债务清偿、经营调整、股权变动均已完成;同年12月29日霞客环保启动实施与保利协鑫有限公司的资产重组。

(三)裁判要旨

第一,管理人主导重整,居中协调股东意志并实施股权结构调整。有别于中达股份,霞客环保资产与负债存在较大差距,仅依靠资产变价清偿债务缺口较大,必须借力壳资源引入股权性投资以提高债权受偿率,重整计划可能涉及对股权结构的重大调整,故选择利益无涉的管理人担任重整人,管理财产和营业事务并制作重整计划草案;并且,霞客环保原多名大股东持股比例接近,难以形成统一意志,经管理人居中协调,最终形成一致决策,协力推动企业重整。

第二,投资人承诺业绩,在维护债权人利益的同时兼顾股民利益。对霞客环保重整投资人的招募,无锡市中级人民法院继续坚持走市场路线,在深圳交易所刊登公告,实施全国招募。有别于无锡尚德,鉴于霞客环保作为上市公司的特点,对重整投资人的招募必须既考虑债权受偿,强调价高者得;又兼顾股民利益,关注企业发展。据此,霞客环保在偿债资金要求之外,创造性地设计了重整投资人对上市公司未来业绩的承诺和对赌,最终成功引入了提供最多偿债资金和作出最高业绩承诺的重整投资人,使债权受偿率达到了远超预期的61%,也争取了广大股民的信任,推动债权人会议各表决组和出资人会议分别以80%和75%以上的高比例通过了重整计划。

第三,踩准股市步点,力保壳资源价值。鉴于霞客环保必须在2015年4月28日前批准重整计划才能重整成功,否则面临退市风险,无锡市中级人民法院预先排定重整进度,确保债权申报审查、招募重整投资人、制作重整计划、协调重整计划通过、召开债权人会议等各个工作环节都踩准法定期间内的较短时限,最终在2015年4月16日通过重整计划成功保壳。与此同时,面对重整计划执行期间的股市暴跌,精心设计重整完毕紧接资产重组的工作方案,踩准股市步点确定停牌时间,将股民情绪纳入到理性渠道。

(四)典型意义

本案是江苏省第二例上市公司破产重整案。不同于中达股份主要依靠资产变现和引入债权性投资解决债务清偿问题,霞客环保原资产值较低,必须借力壳资源引入股权性投资以提高债权受偿率。然而,作为上市公司,霞客环保引入股权投资人必须在维护债权人利益的同时兼顾股民利益。据此,无锡市中级人民法院对股权投资人的招募,在偿债资金要求之外,创造性地设计了股权投资人对上市公司未来业绩的承诺和对赌,平衡保障债权人利益和股民利益。

四、无锡西姆莱斯石油专用管制造有限公司破产重整案

(一)基本案情

无锡西姆莱斯石油专用管制造有限公司(以下简称西姆莱斯)于1999年11月17日设立,经历了数次股权变更,至2014年10月9日,该公司是美国上市公司WSP控股FSHL、FSHL100%控股的外商独资企业,注册资本1.7亿美元;主要经营业务是生产石油专用钢管,是我国石油专用管制造企业的前三甲。后因石油价格下跌导致相关行业不景气、美国反倾销反补贴政策影响、对外投资失败和内部管理问题等原因,西姆莱斯陷入经营困境,自2013年11月起部分生产线开始停产,部分员工开始放假,至2014年9月30日全线停产,绝大部分员工已放

假。2014年9月30日无锡波波林克科技有限公司向无锡市中级人民法院申请对西姆莱斯进行破产重整。

(二)审理情况

2014年10月9日无锡市中级人民法院裁定受理前述申请,并从入册中介机构中摇号指定了管理人。2015年2月5日无锡市中级人民法院召开西姆莱斯第一次债权人会议,决议成立了债委会。其后,管理人通过分别接触、公开招募、集中竞价等方式,用足9个月法定最长重整计划制作期限,在期限届满前一天确定出价最高的沈阳中油天宝集团石油装备有限公司(以下简称中油天宝)作为重整投资人,制作了重整计划草案,由中油天宝在重整计划生效之日起3个月内支付4.1亿元取得西姆莱斯90%股权,西姆莱斯其他10%股权及应收账款按比例分配给银团担保债权人,西姆莱斯存货及其他资产由管理人变价后分配给债权人。前述重整计划草案经2015年8月7日第二次债权人会议各债权人组表决通过,由无锡市中级人民法院于2015年8月18日裁定批准。

在重整计划执行过程中,中油天宝至最后付款期限仍有2.55亿元偿债资金无法支付。无锡市中级人民法院便根据重整计划预先设计的“重整计划的修改应报告债委会,并经无锡市中级人民法院批准”条款,经管理人申请、债委会批准,于2015年12月16日、2016年6月16日两次裁定批准重整计划修改,在中油天宝承担逾期利息、费用等各项损失的前提下,允许中油天宝延期付款。之后,中油天宝仍不能支付剩余偿债资金,经管理人申请、债委会批准,无锡市中级人民法院于2016年9月6日裁定批准重整计划第三次修改,将重整投资人变更为上海晋翃资产管理有限公司。现晋翃资产已按重整计划支付了剩余偿债资金2.55亿元,西姆莱斯生产经营逐步恢复。

(三)裁判要旨

第一,给足最长募资期限,破解重整计划制定难。重整开始时,债权人对西姆莱斯偿债率抱有很高期待。但实际上,西姆莱斯负债50.62亿元,除应收账款以外的资产清算价仅5.8亿元,应收账款账面金额虽有20亿元,但大部分难以收回。负债值和资产值存在巨大落差。对此,法院给足了9个月法定最长重整计划制作期限,让管理人充分招商,并通过招商过程让债权人充分认知西姆莱斯的实际价值,对可能偿债不足产生理性预期,为重整计划表决通过打下良好基础。

第二,依托多种市场手段,破解重整投资人招募难。受国际油价下跌和市场不景气影响，西姆莱斯潜在投资人始终意向不明或报价过低。在无锡市中级人民法院的指导和党委政府的帮助下，管理人先与潜在投资人分别接触，摸清基本意向；再进行公开招募，扩大招募范围并酝酿竞价氛围；最后由潜在投资人递交最终方案，在债委会上集中竞价。通过多样化、多层次的市场招募方式，最终选定了出价最高的重整投资人。

第三，预设重整计划修改条款，破解重整计划执行难。为防范重整计划执行风险，无锡市中级人民法院指导管理人在重整计划中预先设计了重整计划修改条款。果然，在重整计划执行过程中，原重整投资人中油天宝遭遇困境，无法按期支付偿债资金。依据前述重整计划修改条款，无锡市中级人民法院在重整计划框架不变、逾期损失得到弥补的前提下，经管理人申请、债委会同意，批准了重整计划的修改，适当延长了偿债期限，更换了重整投资人，使西姆莱斯重新焕发了生机。

（四）典型意义

本案是我国石油专用管制造业巨头破产重整案。西姆莱斯原是美国上市公司旗下的孙公司和规模最大的生产基地。为推动西姆莱斯重整成功，无锡市中级人民法院通过市场化方式、用足 9 个月法定最长重整计划制作期限公开招募重整投资人，在期限届满前一天确定了重整投资人并据此制作了重整计划。在无锡市中级人民法院的指导下，管理人在重整计划中设计了授权债权人委员会修改重整计划的条款。在其后的重整计划执行时原重整投资人无法按期足额支付偿债资金的情况下，无锡市中级人民法院便根据该条款，经管理人申请、债权人委员会批准，在偿债资金不变的前提下，适当延长了偿债期限，更换了重整投资人。目前，新的重整投资人已按重整计划足额支付了全部偿债资金，西姆莱斯开始恢复生产。

五、江阴常攀机械制造有限公司破产清算案

（一）基本案情

2015 年 4 月 14 日常州领翔轴承有限公司（以下简称领翔公司）依据江阴市人民法院〔2015〕澄临商初字第 117 号民事调解书，向江阴市人民法院申请强制执行江阴常攀机械制造有限公司（以下简称常攀公司）应付货款 31 万元。在执行过程中，江阴市人民法院发现常攀公司因经营不善结欠大量债务，仅债权人申

请强制执行案件就达200余件,企业资产不足以清偿全部债务;与此同时,领翔公司在执行程序中也申请对常攀公司进行破产清算。鉴于前述情况,江阴市人民法院认为本案符合修订后《关于适用〈中华人民共和国民事诉讼法〉的解释》第513条的规定,于2015年11月25日裁定受理前述申请,并从入册中介机构中指定了管理人。

(二)审理情况

经破产清算,常攀公司破产财产变价总额9,089,624.42元,有财产担保债权807,690元、职工债权3,554,127.12元、税款714,601.06元,清偿率100%;普通债权44,571,990.03元受偿2,228,599.51元,清偿率5%。2016年10月28日江阴市人民法院裁定终结常攀公司破产程序,200余件执行案件亦告清结。

(三)裁判要旨

第一,运用司法新规,探索司法新路径。修订后《关于适用〈中华人民共和国民事诉讼法〉的解释》第513条首次规定了执破衔接,“在执行中,作为被执行人的企业法人符合企业破产法第二条第一款规定情形的,执行法院经申请执行人之一或者被执行人同意,应当裁定中止对该被执行人的执行,将执行案件相关材料移送被执行人住所地人民法院”,为执行案件转入破产程序提供了制度依据。江阴市人民法院对司法新规敏锐性高、实践力强,通过本案审理,为上级人民法院制定执行转破产具体规定提供了实践经验,为解决执行难和清理“僵尸企业”提供了有效路径。

第二,整合司法资源,形成破产审判合力。针对执行转破产案件涉及执行和审判两个部门的特点,江阴市人民法院整合司法资源,由审判经验丰富的审判庭法官担任审判长和主审法官,作出实体判断和保障程序规范;吸收原执行法官担任合议庭成员,发挥其熟悉案情、资产查控经验丰富的优势,快速高效查明、处置和变价破产财产,确保执审沟通顺畅,减少不必要的重复劳动。

第三,集中处置财产,有效盘活生产要素。相较执行财产拍卖,破产财产变价具备集中、灵活、高效的优势。首先,不同于多个执行案件对同一企业的不同财产往往分别处置,管理人是在全面梳理破产财产的基础上施以集中变价,变价效率高、成本低;其次,破产财产变价能够根据盘活生产要素的需要,通过债权人会议决议,灵活采取整体拍卖、单独拍卖、直接出售等方式;最后,借由管理人的助力,破产财产往往能得到更迅速、更高额的变价。本案中,通过管理人向主要债权人、同行业企业、当地规模较大的企业等发放招商信息，常攀公司的破产财产在淘宝网司法拍卖平台上形成有效竞价，以高于拍卖底价 300 余万元的价格变现，提高了债权受偿率。买受人在取得上述资产后迅速投入生产经营，亦增加了就业，盘活了资产效用。

（四）典型意义

本案是无锡市第一例执行转破产案件。最高人民法院《关于适用〈中华人民共和国民事诉讼法〉的解释》于 2015 年 2 月进行了修订，第 513 条增加了执行转破产的规定。江阴市人民法院积极探索上述规定的实践运用，仅用了不到一年时间便审结了该例执行转破产案件，既清结了涉常攀公司 200 余笔债权和执行案件，又盘活了常攀公司名下大量闲置资产，充分发挥了破产程序集中偿债、彻底化解涉案纠纷以及去产能、调结构、促生产的双重职能，同时实现了解决执行难和清理“僵尸企业”双重目标。

六、无锡弘馆装饰工程有限公司破产清算案

（一）基本案情

无锡弘馆装饰工程有限公司（以下简称弘馆公司）是一家主营家庭装饰装潢的民营企业。由于员工流动性大、管理不善，加之房地产市场不景气，导致弘馆公司陷入困境。2014 年 2 月 27 日弘馆公司以不能清偿到期债务并且资产不足以清偿全部债务为由向原无锡市崇安区人民法院申请进行破产清算。原无锡市崇安区人民法院裁定受理前述申请并从入册中介机构中指定了管理人。

（二）审理情况

2014 年 11 月 13 日弘馆公司第一次债权人会议召开，审议并表决通过了管理人制作的核查债权方案、破产财产变价方案等。会后，管理人根据破产财产变价方案委托原无锡市崇安区人民法院通过淘宝网公开拍卖，经两次拍卖，弘馆公司实物资产（评估值 149,200 元）以 124,250 元的价格成交。然而买受人拒绝支付除保证金之外的剩余价款；经原无锡市崇安区人民法院释明法律后果，仍拒绝支付。原无锡市崇安区人民法院重新组织拍卖，以 109,250 元的价格成交，并从原买受人的保证金中扣除了重新拍卖的费用和二次拍卖的差价，将二次拍卖的差价归入破产财产。

2015 年 6 月 23 日原无锡市崇安区人民法院裁定宣告弘馆公司破产。2015

年 7 月 15 日原无锡市崇安区人民法院裁定终结弘馆公司破产清算程序。

(三)裁判要旨

本案对破产财产的变价方式是管理人委托原无锡市崇安区人民法院通过淘宝网公开拍卖。然而拍卖成交后,买受人却拒绝支付除保证金之外的剩余价款。《企业破产法》对此未有明确规定,原无锡市崇安区人民法院参照最高人民法院《关于人民法院民事执行中拍卖、变卖财产的规定》第 25 条第 1 款“拍卖成交或者以流拍的财产抵债后,买受人逾期未支付价款或者承受人逾期未补交差价而使拍卖、抵债的目的难以实现的,人民法院可以裁定重新拍卖。重新拍卖时,原买受人不得参加竞买”的规定,重新组织拍卖,形成重新拍卖的公告费等和二次拍卖的差价损失;参照最高人民法院《关于人民法院民事执行中拍卖、变卖财产的规定》第 25 条第 2 款“重新拍卖的价款低于原拍卖价款造成的差价、费用损失及原拍卖中的佣金,由原买受人承担。人民法院可以直接从其预交的保证金中扣除。扣除后保证金有剩余的,应当退还原买受人;保证金数额不足的,可以责令原买受人补交;拒不补交的,强制执行”的规定,从原买受人缴纳的保证金中扣除,将二次拍卖的差价归入破产财产。

(四)典型意义

本案是一例成功处置破产财产拍卖成交后买受人违约导致重新拍卖的破产清算案。管理人委托原无锡市崇安区人民法院通过淘宝网公开拍卖以 124,250 元的价格成交后,买受人拒绝支付保证金之外的剩余价款;重新拍卖后,以 109,250元的价格成交。《企业破产法》对买受人违约导致重新拍卖的差价损失如何处理,未有明确规定,原无锡市崇安区人民法院参照最高人民法院《关于人民法院民事执行中拍卖、变卖财产的规定》第 25 条的规定以及《合同法》的相关规定,在原买受人缴纳的保证金中扣除了重新拍卖的费用和二次拍卖的差价,将二次拍卖的差价归入破产财产。既彰显了司法拍卖的严肃性,又保障了破产财产的足额变现,维护了交易安全。

七、无锡嘉宝置业有限公司破产重整案

(一)基本案情

无锡嘉宝置业有限公司(以下简称嘉宝置业)系于 2007 年 3 月 6 日设立,注册资本 3.5 亿元;主营房地产开发、经营,在重整前开发了“金匮大观”房地产项

目。后嘉宝置业因经营状况恶化、亏损严重、资金链断裂，在建房地产项目无法按期完工和交付使用，陷入困境。

2014 年 10 月 13 日江苏银行股份有限公司无锡分行等以嘉宝置业不能清偿到期债务为由，向原无锡市南长区人民法院申请对嘉宝置业进行破产重整。

（二）审理情况

2014 年 10 月 15 日原无锡市南长区人民法院裁定受理前述申请，指定清算组为管理人并担任重整人，管理财产和营业事务及制作重整计划草案。经评估，嘉宝置业资产清算价值仅 6.13 亿元；债权总额却达 18.92 亿元，其中优先债权 11.52 亿元，税款债权 638.09 万元，普通债权 7.34 亿元；模拟破产清算状态下的普通债权受偿率为 0。

2015 年 1 月 23 日嘉宝置业第一次债权人会议表决通过了嘉宝置业财产管理方案。2015 年 6 月 4 日无锡市原南长区委主持召开嘉宝置业重整方案讨论会，拟由管理人自筹 2 亿元完成“金匮大观”房地产项目，其中 1 亿余元用于建房，约 5900 万元用于水电煤气等配套；管理人扣除破产费用和共益债务后，将销售收入向全体债权人分配，普通债权受偿率预计为 6.27%。

2015 年 9 月 22 日经嘉宝置业第二次债权人会议表决通过，原无锡市南长区人民法院裁定批准了嘉宝置业重整计划。2016 年 1 月 19 日嘉宝置业债权人委员会表决通过了《关于金匮大观房地产开发项目正式复工的议案》，确定了 6 家单位为续建工程的中标方。同年 2 月 28 日复建工作正式启动。同年 12 月底“金匮大观”B 块项目主体工程全部完工，房屋销售全面展开，后续销售将在债委会监督下继续进行。

（三）裁判要旨

第一，创新房地产企业重整模式，由管理人组织楼盘续建和销售。嘉宝置业破产重整恰逢无锡市房地产市场低迷，本案曾想采取常规重整模式招募投资人进行重整，但在接触意向投资方后发现报价过低，无法据此制作重整计划。最终采取管理人组织楼盘融资、续建、销售，销售收入扣除破产费用和共益债务后清偿各类债权的重整模式。

第二，创新重整收益归属模式，推动债权人利益最大化。按本案重整模式，除融资利息外，无投资人分享重整收益，重整收益全部归属于债权人，有利于债权人利益的最大化。目前，无锡市房地产市场已走出低迷，预计重整收益将大大提高,有利于提高债权清偿率。

第三,创新管理人成员结构,保障重整效果最大化。本案清算组管理人由当地政府领导担任组长,房管局、建设局、教育局、规划局等职能部门人员担任成员,并聘请入册中介机构协助处理重整事务,成功整合了政府与中介机构在对外融资借款、组织工程验收、处理社会矛盾等方面的协调优势和专业优势,有效解决了普通管理人无房地产经营能力、难以完成房地产项目开发的问题。

(四)典型意义

嘉宝置业是无锡市第一例重整成功的房地产企业,也是江苏省第一例通过管理人续建方式成功救活的房地产企业。嘉宝公司在重整前开发了"金匮大观"房地产项目,后因经营状况恶化、现金流严重不足,在建房地产项目无法按期完工和交付使用。2015年9月22日经债权人会议表决通过,原无锡市南长区人民法院裁定批准了嘉宝置业重整计划,采取管理人组织楼盘续建、销售,销售所得扣除成本税费后向全体债权人分配的重整模式,实现了债务人财产价值和债权人利益最大化。"金匮大观"房地产项目在2016年2月启动复工,在2016年12月27日启动楼盘销售,目前楼盘销售仍在进行中。本案以创新思维设计重整方案,解决了"烂尾楼"项目因所需资金量大无人接盘的问题,不仅为深陷困境的房地产企业提供了恢复生机的路径,也对其他困境行业提供了借鉴。

八、无锡市奥特钢管有限公司与无锡市沪通焊管有限公司合并破产清算案

(一)基本案情

无锡市奥特钢管有限公司(以下简称奥特公司)、无锡市沪通焊管有限公司(以下简称沪通公司)分别成立于2000年10月23日和2003年11月20日;主要经营业务均是焊接钢管、冷弯型钢材制造、加工和金属材料、汽车配件销售。两公司的生产经营于2008年出现大幅度亏损,至2009年停产。2010年10月14日两公司以不能清偿到期债务,并且资产不足以清偿全部债务为由,分别向无锡市中级人民法院申请进行破产清算。无锡市中级人民法院分别裁定受理,并从管理人名册中摇号指定一家中介机构同时担任两公司的管理人。

(二)审理情况

2011年12月27日两公司的管理人分别在两公司的第二次债权人会议上,

于管理人工作报告中,书面申请对两公司合并进行破产清算,理由是:(1)无锡梁溪会计师事务所有限公司对两公司的财务状况分别出具审计报告,载明两公司明显资不抵债,并且存在共用厂区、实际控制人是一人、资金管理混同、资产管理混同、财务人员及电子账目混同、债权债务混同等情况。(2)对审计报告反映的前述情况,管理人进行了核实,确认两公司存在实际控制人同一、管理人员混同、经营混同、资产混同、债权债务混同、账目混同等情况。两公司的第二次债权人会议分别就是否"同意管理人工作报告中两公司的合并破产清算方案"进行表决,均获全体通过。2012年1月9日无锡市中级人民法院裁定:(1)宣告奥特公司、沪通公司破产;(2)奥特公司与沪通公司合并进行破产清算。

2012年7月23日无锡市中级人民法院裁定,奥特公司、沪通公司的破产财产为50,956,226.5元,拨付破产费用4,888,275.91元后,可供清偿分配的破产财产为46,067,950.59元,按下列顺序清偿:(1)偿付有财产担保的破产债权17,444,353.21元,清偿率为100%;(2)支付职工权益1,066,522.08元,清偿率为100%;(3)偿付税款245,598.97元,清偿率为100%;(4)偿付无财产担保的破产债权55,2423,955.76元,清偿率为4.9439%。

2013年1月10日无锡市中级人民法院裁定终结奥特公司、沪通公司的破产清算程序。

(三)裁判要旨

本案将公司法领域的法人人格否认理论延伸至破产法领域形成实质合并原则,对"人格混同"的数个关联企业实施合并破产,实现了对形式上是不同企业但实质上是同一法人的数个关联企业债务的同比例公平清偿。

第一,对合并破产的适用条件,准确界定为数个关联企业构成"人格混同",并给出了多项鉴别标准:人员混同,资产混同,业务混同。反之,数个关联企业之间虽有业务往来但在法律允许的范围内,或者即使存在管理混同和利益输送,仍可通过对关联交易的撤销或确认无效等方式追回财产,明晰各自资产和债权债务的,便应尊重法人独立人格而实施各自破产。

第二,对合并破产的实践方法,创造性地给出了一条谨慎但有效的实践路径。一是以"分别受理"为程序入口,防止在仅有"混同"嫌疑而无确凿依据的情况下,滥用合并破产。二是以"证据采鉴"为程序核心,借助管理人等中介机构之力采集混同情况、鉴别混同证据。为作统筹,多个关联企业应就同一中介事务选用同一中介机构。三是以“管理人申请”“债权人会议决议”“法院裁决”为程序步骤。管理人从事破产管理事务时,有能力也有义务发现关联企业之间是否存在滥用联系纽带的行为,并判断此种行为是构成“人格混同”需合并破产,还是仅行使破产撤销权等即可。将债权人会议决议作为法院裁决的前置程序并将决议结果作为法院裁决的决策参考。法院应对管理人申请和债权人会议决议,结合各方提供的正反证据,进行独立判断,以排除管理人申请有误或债权人决议失允的情况。四是以集中清偿为合并方法,涤除关联企业之间的债权债务,将关联企业的资产负债合并,以整体资产清偿合并债务。

(四)典型意义

本案是无锡市第一例合并破产清算案。数个关联企业“人格混同”时,应当视为同一企业实施合并破产,涤除关联企业之间的债权债务,将数个关联企业的资产负债合并,以整体资产清偿合并债务,实现对数个关联企业债务的同比例公平清偿。然而由于击破了工商登记的法人人格,司法对“人格混同”的认定应当慎之又慎。在数个关联企业存在“人格混同”嫌疑的情况下,如何通过破产程序的推进,谨慎但有效地展开对“人格混同”的鉴别、对合并破产的裁决等,本案提供了一条可资借鉴的实践路径。

九、安信达(无锡)金属制品有限公司破产清算案

(一)基本案情

安信达(无锡)金属制品有限公司(以下简称安信达公司)成立于2001年11月29日;主要经营业务是加工有色金属复合材料。2009年3月安信达公司因涉嫌走私犯罪,被上海松江海关缉私分局立案侦查,总经理被逮捕;与此同时,安信达公司董事及高级管理人员全体离华,安信达公司因此陷入全面停产。停产后,安信达公司资产状况不断恶化,既有债务无法清结,新的债务不断产生。2009年8月27日中信银行股份有限公司无锡分行以安信达公司不能清偿到期债务为由向无锡市中级人民法院申请对安信达公司进行破产清算。2009年9月14日无锡市中级人民法院裁定受理前述申请,并从入册中介机构中摇号指定了安信达公司管理人。

(二)审理情况

考虑到安信达公司破产原因特殊,仍具有较高的营运价值,无锡市中级人民

法院建议管理人将破产财产变价方案设计为，对安信达公司的土地、厂房、设备等进行整体拍卖。该方案获 2009 年 11 月 2 日第一次债权人会议全体通过。2010 年 2 月 10 日无锡市中级人民法院裁定宣告安信达公司破产。

嗣后，安信达公司管理人按前述破产财产变价方案，对安信达公司整体资产进行了拍卖，变价金额为 77,951,884.69 元。2010 年 3 月 19 日无锡市中级人民法院作出破产财产分配裁定，将前述变价金额依序拨付破产费用和公益债务，清偿有财产担保债权、职工债权、国家税款和普通债权。2010 年 4 月 23 日无锡市中级人民法院裁定终结安信达公司破产清算程序。

（三）裁判要旨

通过对破产财产变价方案的精准设计和准确实施，变财产转让为营业转让，对破产企业仍具活力的营业，将与之相关的破产财产纳入整体变价，并衔接财产变价与招商引资，使企业营业“换壳再生”，实现企业价值的延续。

《企业破产法》仅规定了一种企业再生程序——破产重整，特点是“原壳再建”，延续原企业法人，通过债务清理和经营调整，在原企业外壳内再建。本案却是在破产清算程序中，实现了“换壳再生”，虽不保留原企业法人，但对原企业尚具活力的营业，将相关破产财产整体让与他人，使之在新企业中继续营业，同时以转让对价和其他财产清算所得清偿原企业债权人，故称为重整式清算。

破产重整“原壳再建”与重整式清算“换壳再生”各有利弊。前者优势在于保留原壳，故适用于上市公司、管制行业公司等具备稀缺壳资源的企业。反之原壳历史遗留问题严重的，适用后者，一能解除原壳的余债责任，避免在重整计划执行完毕后，未在重整期间申报的债权补充求偿，对重整企业的存活产生破坏性影响；二能解除原壳的罚款罚金、涉案记录等；三能解除原壳的重整所得税，避免按重整豁免债务的 25% 缴纳税收。这些优势，在安信达公司重整式清算中，都得到了体现。

（四）典型意义

本案创设了重整式清算的企业再生方法。安信达公司原本经营良好，是当地重要的财政来源，却因涉嫌犯罪陷入破产。为清理存在历史遗留问题的企业外壳，但保留尚具活力的企业营业，安信达公司破产清算将破产财产变价方案设计为，对安信达公司的土地、厂房、设备等进行整体拍卖，辅以招商引资，成功吸引资产50余亿元、子公司10余家的重庆市博赛矿业(集团)有限公司受让前述整体资产,另出资3000万元设立子公司命名博赛安信达(无锡)铝业有限公司,将前述整体资产投入生产经营,迅速扭转了此前的亏损局面,再次吸纳了当地的劳动力130余人和成了当地的纳税大户。

十、江苏中金再生资源有限公司破产重整案

(一)基本案情

江苏中金再生资源有限公司(以下简称江苏中金)于2009年8月28日设立,是香港上市公司香港上市公司中国金属再生资源(控股)有限公司(以下简称中金公司)100%控股亚洲钢铁(发展)有限公司(以下简称亚钢公司)、亚钢公司100%控股的外商独资企业,注册资本2998万美元;主营各类废钢铁、废金属的回收、加工、生产、销售及钢材、有色金属和合金材料的批发及进出口。下属5家公司,分别为:江苏江阴港集装箱有限公司(100%控股)、江苏江阴港中金再生码头有限公司(100%控股)、天津中金再生资源交易市场有限公司(100%控股)、广州中金再生环保科技有限公司(90%控股)、江苏省中金再生物资利用有限公司(70%控股)。

2013年7月中金公司被香港高等法院下令临时清盘。香港高等法院指定的临时清盘人接管中金公司后,拟通过更换江苏中金高管,接管江苏中金财务,加强对江苏中金的控制,江苏中金债权人认为中金公司有通过处置孙公司资产清偿母公司债务的嫌疑。江苏中金本身也处于银行贷款到期、经营活动停止、无法清偿到期债务的状态。江苏中金下属5家公司也已停止营业。

在此情况下,中国银行股份有限公司江阴支行以江苏中金不能清偿到期债务为由,向江阴市人民法院申请对江苏中金进行破产重整。

(二)审理情况

江阴市人民法院于2014年1月21日裁定受理前述申请,从入册中介机构中选任管理人并指定其担任重整人,管理财产和营业事务并制作重整计划草案。

江苏中金分别于2014年的5月13日、7月23日、9月12日、10月14日、11月20日召开5次债权人会议,除出资人组外的各债权人组均表决通过了重整计划草案,即重整投资人支付偿债资金5.68亿元以受让江苏中金100%股权,确认江苏中金未结欠职工债权和税款债权,小额债权组100%受偿,普通债权组

19.1812%受偿。

2015年2月15日江阴市人民法院裁定批准江苏中金重整计划草案。同年3月31日重整投资人广东恒聚投资控股有限公司支付全部偿债资金,管理人按重整计划完成偿债分配。同年4月21日江苏中金完成股权变更工商登记。现江苏中金及其下属5家公司逐步恢复经营,重整取得良好社会与法律效果。

(三)裁判要旨

第一,运用重整程序切断母公司不当控制,有效保护子公司债权人利益。本案中,中金公司被临时清盘后,临时清盘人加强了对江苏中金的控制,江苏中金债权人认为有通过处置孙公司资产清偿母公司债务的嫌疑,而江苏中金自身已不能清偿到期债务,前述行为将进一步降低江苏中金的偿债能力。对此,江阴市人民法院快速行动,迅速受理了债权人提出的重整申请并指定管理人担任重整人,接管江苏中金的财产和营业事务,并在重整计划中切断了中金公司对江苏中金的股权控制。江苏中金债权人的疑虑得以消除,利益得以保护。

第二,协调外地法院妥善处置关联往来,有效推动重整工作进程。中金公司在内地控股了多家关联企业,中金公司被香港高等法院下令临时清盘后,内地多家法院受理了前述关联企业破产案件。江苏中金与这些关联企业之间资金往来频繁、互保联保普遍、债权债务复杂,江阴市人民法院由分管院长带队至广州等多家法院就破产事宜进行沟通,准确厘清了关联企业之间的债权债务关系,推动后续重整工作快速进展。

第三,通过债权人会议协调偿债方案,有效促成债权人一致行动。江苏中金债权人人数少(12人)但金额大(31.77亿元),大债权人均为银行,故江阴市人民法院并未推动成立债权人委员会,而将直接召开债权人会议作为沟通决策的主要手段。通过5次债权人会议,让所有债权人深入了解企业现状、充分沟通偿债方案、有效监督管理人工作,弥合了债权人之间的分歧,促使债权人一致行动,有效推动了重整计划的制作和表决,实现了企业的重生。

(四)典型意义

本案是香港上市公司被当地法院临时清盘引发的内地孙公司破产重整案。2013年7月中金公司被香港特别行政区高等法院下令进行临时清盘,香港高等法院指定的临时清盘人拟加强对孙公司江苏中金的控制,江苏中金债权人认为有通过处置孙公司资产清偿母公司债务的嫌疑,而江苏中金自身已不能清偿到期债务,遂申请江苏中金破产重整。江阴市人民法院受理前述申请后,迅速切断母公司对江苏中金的控制,指导管理人制作合理可行的重整计划,引入偿债资金5.68亿元,清结债权31.77亿元。现江苏中金及其下属5家公司已恢复正常经营。

镇江市两级人民法院破产审判典型案例（2006～2016年）*

一、中国银行广州开发分行申请扬中亚钢金属有限公司重整案

中国银行广州开发分行申请扬中亚钢金属有限公司重整案。被申请人扬中亚钢由中金再生公司下属的亚洲钢铁（投资）有限公司出资组建，于2006年12月成立，注册地址为江苏省扬中市西来桥镇东来村，注册资本2000万美元。该公司因债务纠纷经仲裁裁决承担债务。仲裁裁决生效后，债权人申请强制执行，但由于扬中亚钢资金不足以清偿全部债务，故提出对扬中亚钢进行破产重整的申请。镇江市中级人民法院受理后指定扬中亚钢破产重整清算组为管理人。管理人制作了重整计划草案，提交债权人会议讨论表决。经表决，普通债权人组通过了重整计划草案，出资人未通过重整计划草案且拒绝再次表决，职工代表对重整计划草案无异议。管理人遂向本院递交《关于提请人民法院裁定批准扬中亚钢金属有限公司重整计划草案的报告》，认为该重整计划草案符合法律规定，请求本院批准该重整计划。出资人提出异议，但

---

* 2017年6月2日镇江市中级人民法院召开全市法院破产审判工作新闻发布会。本书收入的正是镇江市中级人民法院民二庭副庭长戴晓东在会上发布的3件具有一定社会影响和典型意义的破产案件典型案例。

未提供新的重整计划或债务清偿方案。

法院经审理后认为,全体债权人、职工代表对该重整计划草案均无异议,且该重整计划草案既使扬中亚钢免于破产清算并获得高于破产清算状态下的清偿,又具有可行性,可以使扬中亚钢逐步恢复正常经营,走上良性发展轨道。于是法院果断对该重整计划草案予以批准。

破产重整是对那些具有再生价值但陷入困境企业的一个重要挽救程序,本案对扬中亚钢的破产重整在客观上取得了共赢的效果。

二、江苏星宝钢结构有限公司破产清算案

江苏星宝钢结构有限公司破产清算案。星宝公司于2004年11月15日设立,注册资本3660万美元,为中外合资有限责任公司,公司在册员工182人。星宝公司自2010年后完全成为其法定代表人池万明及关联公司融资的平台。其直接融资担保债权达14亿元之多。镇江经济开发区人民法院受理破产申请后,依法指定了江苏中坚汇律师事务所为破产管理人。该案仅历时8个多月就结案,有效及时清出"僵尸企业",公平保护了企业职工、债权人的合法权益。

该案的处理体现了三大特点:一是历时短,通过及时处置资产,防止破产财产因审理周期长而人为造成财产贬损。二是保障职工利益,通过积极清收债权,如与上海宝钢公司开展历时两月数轮的谈判,收回1100多万元租赁费,有效疏导了职工情绪,保障了职工债权及时发放,为破产程序有序推进奠定了坚实基础。三是审理程序依法公开透明,利用召开新闻发布会、微博和法院网站及时公开发布案件动态信息,并对债权人会议网络直播,邀请媒体现场报道,主动接受社会各界监督。因为审理程序公开透明,破产财产的分配方案非常罕见地一次性通过,取得了非常好的审理效果。

三、四川昭钢炭素有限公司申请中冶东方江苏重工有限公司破产清算案

四川昭钢炭素有限公司申请中冶东方江苏重工有限公司破产清算案。中冶东方成立于2009年10月22日,注册资本24,000万元人民币。中冶东方因欠付四川昭钢价款1,169,161元及利息经法院判决给付,该案经法院强制执行未能执结,并被法院裁定终结本次执行程序。四川昭钢遂申请中冶东方破产清算。丹阳市人民法院在审查破产申请时,中冶东方提出异议,认为中冶东方目前资产大

于负债，而且拥有亚洲第一、世界第三的电炉，虽受国际和国内市场影响遇到一定困难，但正在积极调整经营策略，寻找合作厂家，目前有相当一部分债务已经得以清偿，经营状况已经逐渐好转。故认为中冶东方目前不符合破产清算受理条件。丹阳市人民法院经审理后认为，中冶东方对四川昭钢炭素有限公司到期债务虽未及时清偿，但是中冶东方提供证据证明其负债总额并未超过其资产总值，亦未完全丧失清偿能力。而且中冶东方所从事的产业为“废旧钢铁循环利用、中厚板材的生产”，能源全部为电而非煤炭，完全符合目前我国的环保政策及产业发展方向。遂裁定对四川昭钢的破产申请不予受理。据了解，在2017年年初，中冶东方已恢复生产，中冶东方也在逐渐清偿所负债务，客户对于企业的前景也比较有信心。

浙江省各级各地人民法院企业司法重整十大典型案例(2007～2011年)*

一、《企业破产法》实施后全国首例以债权人会议决议方式通过重整计划并实现成功重整的上市公司重整案——ST浙江海纳科技股份有限公司司法重整案

(一)基本案情

浙江海纳科技股份有限公司(以下简称浙江海纳)原称浙大海纳科技股份有限公司,系"浙大系"上市公司,其股票于1999年5月7日在深圳证券交易所挂牌上市。2004年3月浙江海纳实际控制人由浙江大学及其实际控制企业变更为邱某某。以后,邱某某通过其掌控的"飞天系"公司挪用浙江海纳资金2.51亿元,并擅自以浙江海纳的名义为"飞天系"公司向银行贷款或个人借款提供连带保证担保,担保的本金总额达3.95亿元。担保债务到期后,债权人纷纷起诉、申请执行,浙江海纳债务危机全面爆发。为挽救浙江海纳,经省政府专题会议协调,浙江大学及其企业管理部门确定由同为"浙大系"的上市公司浙江网新科技股份有限公司接管浙江海纳,并在中国证监会浙江监管局的监管下负责浙江海纳风险处

* 本文为浙江省高级人民法院民二庭2011年撰写的《浙江企业司法重整报告(2007～2011)》的附件内容。收入本书时,由作者根据具体案件进展情况,对审理情况和典型意义中的部分内容做了修改完善,特此说明并致谢。——编者注

置的具体工作。浙江海纳风险处置前后，正值《企业破产法》颁布并即将实施，考虑到上市公司可以通过重整获得债务减免，从而避免自身遭遇暂停上市或者退市之不良结局；战略投资者可以获得"壳资源"，从而增加资本运作的深度和广度；中小股东因企业重整获得新生，可以避免因上市公司退市而使其投资利益受到损害；政府及有关部门则可以通过重整制度进一步发现问题，查漏补缺，完善规范资本市场的措施。据此，通过司法重整程序实现公司重生也被列入风险处置的目标选项，并得到了最高人民法院、中国证监会、浙江省政府和浙江省高级人民法院的支持。

（二）审理情况

根据现行的上市公司、金融机构司法重整的制度实践，上市公司、金融机构司法重整需要最高人民法院和金融监管部门的审查批准。在充分论证的基础上，经浙江省高级人民法院报请最高人民法院批准，杭州市中级人民法院于2007年9月14日裁定受理了债权人袁某某提起的重整申请并指定了管理人。浙江海纳管理人于第一次债权人会议上提交了重整计划草案。重整计划草案的核心内容为：普通债权本金获得25.35%的清偿，于重整计划裁定批准之日起30日内以现金方式清偿。各债权人就重整计划草案询问管理人及相关人员后，进行分组表决，达到了《企业破产法》规定的通过重整计划所需要的条件，管理人向杭州市中级人民法院申请批准重整计划。杭州市中级人民法院组织听证会对重整计划进行了研究，并经审判委员会讨论，依法裁定批准重整计划。其后，浙江海纳按照重整计划及时足额向15家债权人支付了相关款项，重整计划在规定的30天执行期内执行完毕。

浙江海纳司法重整程序终结后，重整计划经过中国证监会的核准批复。2009年4月30日浙江海纳（更名为众合机电股份有限公司）正式复牌，股票恢复在深圳证券交易所交易。复牌后的众合机电成为上市公司浙大网新的子公司，浙大网新向众合机电注入了优质资产。司法重整案顺利审结后，浙江海纳当年即实现了每股收益4.35元和净利润3.68亿元的业绩增长；也给浙江海纳迎来了股权分置改革的良机，股改的顺利完成使浙江海纳从一家即将退市的公司提升为盈利能力较高的优秀上市公司。浙江海纳现已成为以环保、轨道交通、半导体三大产业为支撑的集团性上市公司。

（三）典型意义

浙江海纳重整案是我国首例以债权人会议决议方式通过重整计划并实现成

功重整的上市公司重整案件,为审理类似上市公司司法重整案件积累了经验。该案受到《人民法院报》《中国证券报》《上海证券报》《经济日报》《二十一世纪经济导报》等财经、法律类主流媒体的广泛关注,还被《人民法院报》评为当年度全国十大最受关注的“维护平安和谐,伸张公平正义”案件。

二、浙江省首例金融机构重整案——金信信托投资股份有限公司司法重整案

(一)基本案情

金信信托投资股份有限公司(以下简称金信信托)注册资本10.18亿元。公司主营业务为资金信托,不动产及其他财产信托,作为基金管理公司发起人从事投资基金业务,以银行存放、同业拆放、融资租赁或投资方式运用自有资金等;公司业务区域覆盖浙江省内各市及北京、上海、天津、重庆、深圳等城市。一段时期,号称“江南第一庄”的金信信托在业务经营中决策失误并违规经营,造成了巨额的投资损失,为维持企业运作,金信信托继续向投资者支付较高的承诺收益,并通过融资方式弥补资金缺口,导致亏损不断累积,最终处于高风险状态,经营损失达34.42亿元。经报请国务院批准,2005年12月30日中国银监会责令金信信托停业整顿,并委托中国建银投资有限责任公司组建停业整顿工作组进驻金信信托。浙江省高级人民法院会同金华市中级人民法院参与了风险处置工作,协调相关法院涉及风险处置企业财产保全、诉讼、执行中的相关问题。在调研基础上,浙江省高级人民法院拟写了《关于金信信托进入破产程序的评估意见》,为省委、省政府的决策部署提供了法律论证和风险评估意见。浙江省高级人民法院通过参与风险处置工作,加强了与有关部门的工作沟通,推进了风险处置工作的进展,深化了对《企业破产法》规定的司法重整制度在挽救危困企业方面独特作用的认识。

(二)审理情况

鉴于金信信托已资不抵债的事实(2007年9月30日金信信托总资产为1,652,579,908.88元,总负债为5,069,596,650.48元,负债率为306.77%),决策层决定对金信信托实施破产清算。2007年12月最高人民法院结合中国银监会的意见,函复浙江省高级人民法院,同意金信信托进入破产清算程序。2008年1月15日金华市中级人民法院裁定立案受理金信信托清算组提出的破产清算申

请,同时指定了金信信托清算组为管理人。金信信托进入破产清算程序后,金华市中级人民法院依法通知金信信托停止清偿债务,依法协调相关法院解除财产保全手续,中止民事诉讼强制执行措施,并着手清产核资、债权申报和筹备第一次债权人会议。

在金信信托破产清算案件受理前后,受2006年开始连续两年牛市的影响,证券投资基金管理公司的价值也相应升值。2007年12月26日金信信托持有48%比例的博时基金股份在北京金融街以62.3亿元人民币对价(溢价131倍)拍卖成功,创下了我国基金公司股份转让价格的最高纪录(拍卖后股权转让款实际到账19亿元)。由此,金信信托资产负债状况发生重大变化。决策层审时度势,决定对金信信托实施司法重整。在最高人民法院指导下,浙江省高级人民法院及时通知金华市中级人民法院依法审查金信信托转入司法重整程序的相关问题,并在金信信托从破产清算向司法重整程序转化前后,依法参与协调了金信信托股权结构调整、个人债权预支付、相关法院对博时基金股权保全措施的解除等相关问题。2008年上半年,股市呈现下跌的趋势,未到账的金信信托拍卖博时基金股权转让款43.3亿元因尚未获得中国证监会批复,存在不确定性,浙江省高级人民法院根据金华市中级人民法院反映的情况,及时向省委、省政府呈送《要情专报》。在省委、省政府的重视和各方面的努力下,中国证监会批复同意了博时基金股权转让交易,股权受让方也将剩余股权转让款43.3亿元划入金信信托账户。

2009年10月26日金华市中级人民法院根据新出资人浙江省国际贸易集团有限公司的申请,裁定准许金信信托由破产清算转入司法重整程序。金信信托进入司法重整程序后,根据中国银监会的要求,顺利完成了债务清偿方案确定、股权结构调整、原有信托业务清算和交付等工作。在金华市中级人民法院监督下,2009年12月15日召开的金信信托第三次债权人会议通过了以引入战略投资者、调整股权结构、清偿债务(包括全额兑付央行收购个人债权本息)、积极创造复牌营业的各项条件等为主要内容的重整计划草案。金华市中级人民法院于同年12月22日裁定批准重整计划,并宣告终止重整程序。之后,由金信信托负责重整计划的执行,并由管理人监督重整计划的执行。

金信信托重整程序终结后,作为省属国企的新出资人浙江省国际贸易有限公司和战略投资者中国国际金融有限公司积极推进重整计划的实施。2011年4

月,经中国银监会批准,金信信托更名为浙商金汇信托股份有限公司,重整、更名后的浙商金汇信托股份有限公司注册资本5亿元,由浙江省国际贸易有限责任公司控股,我国首家中外合资投资银行中国国际金融有限公司参股35%并负责经营管理。浙江民营企业传化集团有限公司参股5%,并于7月29日正式复牌营业。

(三)典型意义

金信信托因违规引发的风险是中华人民共和国成立后浙江省最大的金融风险处置事件。在省委领导和省政府的组织、协调下,风险最终得以妥善化解。浙江省高级人民法院、金华市中级人民法院积极参与金信信托风险处置的相关工作,依法推进金信信托司法重整工作,妥善保护债权人和相关利害关系人的权益,案件审理取得了多赢的效果。

三、浙江省首例高科技民营企业重整案——南望集团司法重整案

(一)基本案情

位于杭州市西湖区的南望信息产业集团有限公司(以下简称南望集团)曾获得中国十佳专利企业荣誉,连续5年位列全国软件百强,其生产的远程图像监控设备曾占我国1/3的市场份额,位居同行业榜首。2008年4月南望集团因多元化投资和高额银行和民间借贷负债导致资金链断裂,累计负债达23亿元,企业财务危机爆发,银行和其他债权人纷纷起诉。省外某主流财经媒体以“15家商业银行最后一击　民企南望集团骨牌推倒”作出报道后,更是加剧了恐慌性诉讼。

(二)审理情况

南望集团财务危机爆发后,浙江省高级人民法院及时向省领导呈报了《要情专报》,并提出了可适用司法重整挽救南望集团的建议。在浙江省高级人民法院指导下,杭州市中级人民法院于2008年5月20日受理了南望集团司法重整申请,依法指定管理人,及时采取维稳措施,防止了危机的进一步蔓延。在法院监督下,管理人提出了“主业保留+原股权清零+债转股”的重整方案框架构思,其核心内容是:对有财产担保的债权进行优先清偿;确认普通债权人偿债比例在清算条件下为普通债权额的16.02%,在重整成功持续经营条件下为普通债权总额的22.51%,债权人可自行选择是否债转股,选择债转股的债权人以零价格受让南望集团原出资人的股权,为未进行债转股的普通债权人提供按份的一般保证

的担保责任，不参与债转股的债权人债权由债转股后的南望集团在重整计划监督期满之日起的一年内偿付；对劳动债权，重整申请受理日前产生的，在资产变现后的现金中优先支付，重整申请受理日后产生的，由债转股后的南望集团负责优先于其他债权偿还；调整出资人权益为零，以零价格向选择债转股的债权人转让其原持有南望集团的全部股权。债权人会议及时表决通过了该重整计划草案。2008 年 12 月杭州市中级人民法院裁定批准重整计划。

在各方努力下，至 2011 年 2 月，南望集团的重整计划全部执行完毕，重整申请受理后产生的劳动债权和除选择债转股以外的申报期内的普通债权也提前获得清偿。

(三)典型意义

南望集团司法重整案是《企业破产法》实施后浙江法院首次对规模民营企业适用重整制度的一次探索与尝试，为通过司法主导下运用重整手段化解企业资金链断裂风险提供了范本。2008 年 12 月 7 日的新华社《国内动态清样》以《浙江以重整方式处置破产民企做法可供借鉴》为题刊载了记者的专访，指出“南望方式有重要参考价值”。2009 年 6 月 17 日的《第一财经时报》以《浙江南望：非正常死亡后的价值重组》为题，报道了南望集团的重整模式及其积极意义。南望集团司法重整案也被 2010 年 7 月最高人民法院发布的《人民法院工作年度报告(2009)》所收录。

四、国内最大的民营企业重整案——纵横集团及其关联企业司法重整案

(一)基本案情

纵横控股集团有限公司(以下简称纵横集团)是位于绍兴县的民营印染纺织企业，集团注册资本 7.1 亿余元，还在全国控股或参股了 37 家实体公司或金融机构，跨行业从事房地产、水电、贸易和金融等行业。因经营不善、盲目投资、高成本违规融资等原因导致资金链断裂，2008 年下半年，纵横集团及其关联企业财务危机全面爆发。

(二)审理情况

2009 年 6 月 12 日绍兴市中级人民法院分别裁定受理纵横集团及 5 家关联企业提交的重整申请，正式启动了重整程序并依法指定 3 家律师事务所为管理人。2009 年 7 月 28 日～8 月 2 日，纵横集团及 5 家关联企业召开第一次债权人

会议,也分别通过了继续营业的决议。重整期间,纵横集团的日常管理有序,生产经营正常,做到了职工不散、机器不停、市场不丢、资产不缩、秩序不乱。在2009年9月23日召开的第二次债权人会议上,纵横集团及5家关联企业司法重整程序中,债权人会议都以高票通过了关联企业合并重整的决议。合并重整的实施,使关联企业的债权债务相互抵销而减少了债务总额,提高了对债权人的债务清偿率。

重整计划草案的制定、通过和重整计划的批准和执行是重整成功的关键与核心。在确定战略投资者后,重整计划草案的总体思路是"置换股权+债务豁免+政府扶持",即将纵横集团等5家关联企业所有股权以0价格转让给战略投资者,债权人对纵横集团债务予以部分豁免,豁免后的债务大于资产部分的缺口由政府以政策扶持来填补。2009年12月11日第三次债权人会议表决通过了重整计划草案。同年12月16日绍兴市中级人民法院依法批准了纵横集团等6公司的重整计划。

绍兴市中级人民法院批准重整计划后,战略投资者和债务人已于2010年1月31日前支付普通债权应清偿金额的50%,共兑付普通债权人244家,兑付金额为511,915,758.52元,并于2010年5月31日完成后续兑付工作。至此,纵横集团等六公司合并重整计划的债权清偿工作基本完成,重整计划基本执行完毕。

(三)典型意义

纵横集团及其关联企业重整案是《企业破产法》实施后国内最大的民营企业重整案。纵横集团及其关联企业的成功重整,实现了企业、职工和债权人的多方共赢,切实防止了担保链风险爆发引发的系统风险,维护了当地经济发展和社会稳定。系列案件对关联企业合并重整的探索,也是在《企业破产法》框架内的创新实践,得到最高人民法院的肯定。

五、全省首例房地产公司重整——宁波华辰君临房地产开发管理有限公司司法重整案

(一)基本案情

宁波华辰君临房地产开发管理有限公司(以下简称宁波华辰公司)于2005年设立,注册资本3300万美元。公司开发的"北仑·君临国际商业中心"是宁波市北仑区实施的一项重点工程,项目占地220亩,规划建筑面积达32万平方米,

目标是建成集购物、休闲、办公、娱乐于一体的大型综合性商业中心。由于公司实体规模扩张速度过快,从2006年起,公司先后通过民间借贷5亿多元(含高息)。2008年下半年以来,受国际金融危机的连带影响,公司陷入资金链断裂的困境。

(二)审理情况

2009年4月20日申请人中国农业银行宁波市北仑区支行向宁波市北仑区人民法院申请对宁波华辰公司进行破产清算。4月29日,北仑区人民法院裁定受理农行北仑支行的破产清算申请。案件涉及债权人642人,申报的债权1007笔、申报额度高达20.268亿元,涉及公司员工54名。经审计,宁波华辰公司资产评估值为9.97亿元,主要资产是"北仑·君临国际商业中心"的房地产项目。

北仑区人民法院会同区政府招商部门在"搜狐网"发出讯息,希望有投资意向者前来洽谈联络。2009年7月会同区政府有关部门、管理人与多家企业接触洽谈,酝酿了多个工程复工方案。8月上旬,宁波富邦集团控股有限公司(以下简称宁波富邦)作出了注入3亿元资金的承诺。

2009年8月上旬,北仑区人民法院多次组织宁波富邦与债权人委员会、各个类别的债权人代表会谈。同时多次与宁波富邦接触,讨论制定重整计划草案。通过精心准备和深入协商,8月17日的第三次债权人大会,6个债权人组别一致通过了重整期为1年的重整计划草案。之后,宁波富邦办理了股权过户手续,完成了3亿元的注资,北仑区人民法院于9月25日作出批准重整计划草案的裁定。从2009年4月29日正式受理到9月25日裁定批准重整计划仅耗时4个月零26天。

(三)典型意义

宁波富邦参与重整后,宁波华辰公司更名为宁波富邦世纪商业广场开发有限公司,重整后,公司的房地产开发工程全面复工,项目布局、业态环境、项目档次均得到了提升,公司已付清全部无争议或双方能商定的债务(约占全部债务中的95%),已售房屋已基本可以交付,大量未售房产也已开始销售,项目招商进展顺利,公司进入了良性循环。

2009年10月29日北仑区人民法院举行了新闻发布会,《浙江日报》《浙江法制报》《中国新闻网》《钱江晚报》《宁波日报》等16家媒体对此案的审理进行了采访报道。

六、制造业企业重整——浙江天听纸业有限公司司法重整案

(一)基本案情

浙江天听纸业有限公司(以下简称天听纸业)成立于1998年1月9日,系由原浦江造纸厂改制而成,注册资本为1000万元,主要从事机制纸的制造和销售业务。天听纸业规模排名全省造纸企业第六名,属于浙江省重点造纸骨干企业、浦江县小型巨人企业。公司拥有员工1080名,1998~2008年生产量92.96万吨,实现销售收入28.36亿元,上缴税金1.15亿元,是本地唯一一家连续7年纳税超千万元的企业。由于对外投资失误及大量举借民间资金,截至2009年6月30日,公司负债70,390万元,净资产为33,301万元,且不能清偿到期债务。

(二)审理情况

2009年8月18日天听纸业以资产不足以清偿债务并缺乏对到期债务的清偿能力为由向浦江县人民法院提出重整申请。法院进行了立案前的审查,认为:天听纸业是浙江省重点造纸骨干企业,生产规模居全省造纸企业前列,具有较为深厚的市场基础和纸品生产经验,尽管受宏观经济恶化及债务负担过重的不利影响,2008年天听纸业仍实现2.75亿元的销售收入,销售业绩较好,若债权人能减免利息,乃至减免借款本金,预计有一定的利润清偿债权,具有重整的可能性。2009年9月1日浦江县人民法院裁定天听纸业进入重整程序,同时指定会计师事务所为管理人,并确定由债务人自行管理财产和营业。2009年12月3日浦江县人民法院主持召开的第一次债权人会议上,除出资人组外,其他债权组均通过了以普通债权人根据自己的意愿可以选择债转股或减债清偿、原出资人向选择债转股的债权人无偿转让股权为主要内容的重整计划草案。2010年1月18日浦江县人民法院依法裁定批准重整计划,裁定重整程序终结。

(三)典型意义

重整计划执行中,天听纸业于2010年5月18日召开第一次新股东会议,选举产生新一届董事会、监事会,并于2010年8月4日完成工商变更登记手续。企业开始步入正常经营轨道,各项财务指标均表现良好。根据管理人财务审计结果,2010年天听纸业实现销售收入2.43亿元,实现利润850万元,发放员工工资1035万元,上缴税金1063万元,并按重整计划支付了第一期债务675万元。2011年1~6月,实现销售收入1.52亿元,实现利润335万元,发放员工工资731

万元,上缴税金 574 万元。目前,企业运行正常,公司正全力抓内部管理、节能减排等工作,并致力于巩固和开拓市场。

七、浙江省首例酒店重整——萧山国际酒店有限公司司法重整案

(一)基本案情

杭州萧山国际酒店有限公司(以下简称国际酒店公司)成立于 1993 年,当时系杭州地区一家具有较大影响力的四星级酒店,酒店建筑也是萧山区的地标性建筑,被人称之为"萧山第一楼"。2009 年前后,国际酒店公司因资金链断裂,债务危机全面爆发。

(二)审理情况

在杭州市中级人民法院指导下,杭州市萧山区人民法院于 2010 年 7 月 1 日裁定受理国际酒店公司重整一案,并立即着手开展重整的程序性工作,统筹安排、精心组织、多方协调,依法及时成立的清算组迅速接管了国际酒店公司的财产和相关资料。

与其他司法重整案件相比,国际酒店公司总体负债规模并不算大(截至 2011 年 5 月 31 日,资产约为 1.29 亿元,负债约为 4.90 亿元),但因国际酒店公司自身所处行业的特点、资产规模、融资方式等原因,该案小额债权人众多,债权性质复杂,不同类别的债权人、职工等利害关系人心态各异,重整工作难以形成合力。萧山区法院审查认为,国际酒店公司债务危机爆发前为融资需求推出的至尊卡销售项目和产权客房销售项目的善后处置是决定重整成败的关键。在法院监督下,重整计划草案针对这两个问题进行了有针对性的设计:对于持至尊卡的消费者债权人,由投资人收购债权或者换取同等金额的消费券;对于产权客房的买受人债权人,通过解除出售与回租一体的合同,确保酒店客房资产的整体性。

2011 年 6 月 15 日第二次债权人会议召开,由于前期工作准备充分,此次债权人会议高票表决通过了国际酒店公司重整计划草案,普通债权清偿率达到 78%。2011 年 6 月 17 日萧山区人民法院裁定批准重整计划,终止重整程序。至尊卡债权清偿与产权客房回收工作已全面完成,普通债权第一期清偿已按计划完成,第二期清偿工作正在顺利进行。

八、省级农副产品加工龙头企业重整——浙江溢佳香食品集团有限公司及关联企业司法重整案

(一)基本案情

浙江溢佳香食品集团有限公司及关联企业杭州佳美旅游营养食品有限公司、杭州麦地尔食品有限公司、杭州市农业机械有限公司(以下简称“溢佳香”企业)系省级农副产品加工龙头企业,“溢佳香”企业年生产总值由公司成立初期的100多万元提高到2007年年末的约1.4亿元,截至2008年9月,职工人数达630余人。2008年10月企业资金链断裂陷入债务危机后,各方力量对企业进行了帮扶,经过近两年的努力,企业危机局面仍没有得到根本改观。

(二)审理情况

2010年7月15日杭州市中级人民法院依法裁定受理“溢佳香”企业重整申请。在债权申报期内,共有263家债权人分别向“溢佳香”企业管理人申报债权,申报金额累计28亿余元,经管理人审查确认的金额为14亿余元。在法院指导下,确定“以股抵债”的司法重整思路,形成了重整计划草案。重整计划草案的核心内容是:在重整条件下,普通债权人以债权置换“溢佳香”企业股份的方式获得清偿,即普通债权人将其对“溢佳香”企业的债权置换获得重整后的“溢佳香”企业的股份。“溢佳香”企业的普通债权人可持有初始股份并追加投资,或者持有初始股份但不追加投资,或者在“溢佳香”企业债权人交易市场上转让股份。司法重整费用、共益债务、劳动债权等依法享有优先受偿权利的债权,按照草案确定的清偿方案100%受偿。“溢佳香”企业债权人会议及时表决通过了该草案。杭州市中级人民法院依法裁定批准重整计划。

(三)典型意义

在本案中,企业重整后,企业主营业务逐步恢复并稳定运营,生产秩序稳定,面向长三角市场的主要营销网络得到有效巩固,企业改造地块房产建设项目也未被取消,企业尚有的230余名生产、销售人员继续在岗工作。《钱江晚报》等相关媒体以“浙江中小企业突围之路”为题进行了报道。

九、外资企业破产清算程序中的实质重整案——百联公司破产清算案

(一)基本案情

宁波百联工业技术有限公司(以下简称百联公司)系生产汽车轮毂的美国独资企业,设备技术国际领先。2008年受国际金融危机影响,企业资金链断裂,至2009年年底共拖欠9家银行贷款、100多家供应商货款及民间债务7.24亿元,已经严重资不抵债。企业停产并拖欠400余名职工工资,引发不稳定因素。

(二)审理情况

宁波市中级人民法院于2010年4月9日受理了相关债权人提出的破产清算申请。案件受理前后,宁波市中级人民法院还对百联公司的资产、经营状况进行了深入调查,发现百联公司的主要资产是厂房土地和机器设备,其拥有的三条流水线也是目前国际上较为先进的,企业有实现再生的可能。在取得主要债权银行及债务人同意的情况下,宁波市中级人民法院约谈了具有收购意向的沃特富(远东)国际有限公司(以下简称沃特富公司)。经过沟通协调,相关债权人向宁波市中级人民法院提交书面申请,要求暂缓指定破产清算的管理人。在"立足清算、争取重整"思路指引下,宁波市中级人民法院做了大量深入的协调工作,最终以沃特富公司受让百联公司股权、代为清偿其协议债务,各主要债权人自愿放弃其余债权的方式达成百联公司债务清偿协议,相关债权人撤回了对百联公司的破产清算申请。

(三)典型意义

宁波市中级人民法院裁定准予债权人撤回了对百联公司的破产清算申请后,破产清算程序中达成的债务清偿协议得到了全面履行。企业全面恢复生产,400余名职工全部保留。宁波市中级人民法院在该案中妥当把握利益平衡,积极探索清算程序,实现企业实质重整,仅管理人费用一项就节省600万元。宁波市中级人民法院的工作实绩得到了债权人、债务人及股权受让方的高度认可。《人民法院报》《宁波日报》等媒体对该案作了专题报道。

十、浙江省首例《企业破产法》规制下的司法和解案——金利房地产公司司法和解案

(一)基本案情

新昌县金利房地产有限公司(以下简称金利公司)系一家专业房地产开发企业,成立于1992年9月,注册资本为4200万元。由于公司经营管理不善以及巨额担保债务的牵连,致使金利公司于2007年年底陷入债务危机。作为最大债权人的绍兴市春晖实业投资有限公司于2008年12月30日向新昌县人民法院提出了要求对金利公司进行破产清算的申请。

(二)审理情况

2009年1月22日新昌法院裁定予以受理。自2009年7月开始,管理人全面接管债务人企业,本案各项工作得以依法开展。至2009年9月底,金利公司的剩余资产、应收账款以及债权、债务情况已全部厘清。金利公司的破产清算与其两关联企业的生存、发展密切相关,一旦宣告破产势必产生"多米诺骨牌"效应。但另一方面,金利公司的存量资产(坐落于潜溪地块的320亩土地)具有很大的市场潜在价值。基于这种情况,新昌县人民法院积极引导案件由破产清算转入和解程序,并参照司法重整程序,通过政府协调,由两家最大的债权人成立新公司作为战略投资者对金利公司进行资产重组,实现债务人资产价值最大化。在和解程序中,新昌县人民法院根据债务的具体情况,确定由债务人与债权人对债务清偿进行逐项协商达成和解协议。在相关和解协议中,对债权人放弃所有的担保及连带追偿权作了安排。至2009年12月,除行政债权以外的其他申报债权均已签妥和解协议,首批偿付期限定于2010年春节以前,余额于2010年3月底前付清。2010年10月20日法院裁定终结金利公司的司法和解程序。

(三)典型意义

新昌县人民法院按照"平衡利益、寻求共赢"的工作思路,合理衡量各方利益博弈的平衡点,促使该案由破产清算转入司法和解程序。在司法和解程序中,又参照司法重整程序,对引入战略投资者、资产重组等事项作了安排,针对不同类别和具体情况,达成了债务清偿协议。该案的成功审理,也为中小企业司法和解程序的适用提供了样板案例。

浙江省各级各地人民法院破产审判十大典型案例(2012年)*

一、宁波市强蛟区域11家企业破产系列案

(一)基本案情

从2011年9月开始,在不到半年时间里,宁波市强蛟区域11家企业因关联互保而引起骨牌效应,相继资不抵债。其中,关联企业有3组共8家,互保企业11家,互保金额巨大,总金额达5.11亿元,担保债务最多的宁海县机动车交易市场有限公司,担保金额高达1.31亿元。11家破产企业负债总额达13.20亿元,债权人众多,共涉企业职工1309人。为上述11家企业直接提供担保的企业众多,不少企业担保金额在1000万元以上,一旦发生担保代偿,极有可能引发外围担保企业因资金链断裂而关停倒闭,并由此导致与外围担保企业存在担保关系的更外围的企业产生连锁反应,进而影响整个宁海的金融生态环境和经济发展大局。宁海县人民法院陆续受理了该11家企业申请破产案,分别是浙江春雷电器有限公司(以下简称春雷电器)、宁波春雷模具制造有限公司(以下简称春雷模具)、宁波旭峰电器有限公司(以下简称旭

---

* 本文为浙江省高级人民法院民二庭2013年撰写的《浙江法院破产审判报告(2012)》的附件内容。收入本书时,由作者根据具体案件进展情况,对审理情况和典型意义中的部分内容做了修改完善,特此说明并致谢。——编者注

峰电器)、宁海县机动车交易市场有限公司(以下简称机动车交易市场)、浙江金龙机械索具有限公司(以下简称金龙索具)、宁波九龙五金有限公司(以下简称九龙五金)、宁波登煌锻造制品有限公司(以下简称登煌锻造)、宁海县登煌五金有限公司(以下简称登煌五金)、宁海县精工机械有限公司(以下简称精工机械)、宁波七超板业有限公司(以下简称七超板业)、宁波三木露营用品有限公司(以下简称三木露营)。

(二)审理情况

案件受理前,宁海县人民法院就专门成立由院长担任组长的强蛟区域工业企业危机破产处置领导小组,并制订《关于强蛟区域企业破产清算重整案件的审理工作方案》,对 11 件破产案件的受理先后顺序、程序及时间进行整体谋划,列出需要政府和政府其他部门协助配合的事项,为以后破产案件的审理奠定了坚实基础。

1. 建立防火墙,切断担保链。对于为 11 家破产企业提供担保金额在 1000 万元以上且其自身互保关系复杂,处于担保链关键位置的 2 家外围担保企业(又称"防火墙企业")予以重点扶持,同时兼顾担保额在 500 万元以上且经营困难的 5 家非防火墙企业,争取政府出面协调银行增信,给予税收政策扶持,帮助该类企业缓解资金压力,避免其因担保追偿而关停倒闭并波及更外围的担保企业。

2. 破保结合,实施差异化处置。一是对长期亏损、扭亏无望的春雷系(春雷模具、春雷电器、旭峰电器)和三木露营,启动破产清算程序,快速变现资产,公平清偿债务,妥善安置职工,引导其有序退出市场。二是针对登煌系(登煌五金、登煌锻造)企业负债高,除一些价值不高的机器设备和集体土地上难以变现的无证厂房外,几乎无其他财产的特点,决定由破产清算转为破产和解,根据和解协议,债权人可选择按比例清偿(10 万元以下部分清偿率 30%,10 万元以上部分清偿率 5%)或债转股,以出租企业厂房收取的租金和将来土地改变用途后可预期的收益作为股东收益按债权比例分配。三是对尚有挽救可能的九龙五金、金龙索具、七超板业、精工机械,启动破产重整程序,并依据企业特点采用不同重整模式,如九龙五金、金龙索具自身经营良好,客户资源优质,债权人会议表决通过采用政府投入扶持资金,企业生产自救方式进行重整;七超板业经营管理较差,融资债务较高,但产品具有竞争优势,则积极引进战略投资者。

3. 积极探索,简化审理程序。一是通盘考虑,统一指定管理人,全面协调和通盘处理11个破产案件，化解企业关联互保的难题。二是探索新的中介机构选定方式，在纪检部门监督下，由管理人在中级人民法院名录中选定3家中介机构，设定工作完成时间、费用的上限，通过招投标方式择优选定，以缩短评估、审计、拍卖时间，降低中介机构费用。三是对债权人数较少的旭峰电器、机动车交易市场，仅指定债权人主席，不成立债委会，第一次债权人会议即表决通过资产处置方案。四是进行合并破产清算。登煌五金、登煌锻造两家企业财产、财务、经营业务高度混同，相互担保并交叉持股，并系同一实际控制人控制，实行合并破产更有利于资产处置，法院依法作出合并破产清算的裁定，提高案件审理效率。

（三）典型意义

本案可以用“中小企业资金链担保链区域性风险处置”“重整、清算等司法手段的综合运用”“政府帮扶”等关键词来概括，其典型意义主要表现为：首先，通过政府协调增信贷款约4600万元，给予税收政策扶持约2537万元，缓解了“防火墙”企业的偿债资金压力。成功防止了危机由破产企业向外层层蔓延扩散，实现了维持宁海金融生态环境稳定和地方经济发展的目标。其次，破产企业职工得到妥善安置，保障了职工合法权益。第一，重整的七超板业、九龙五金、金龙索具的817名职工全部保留。第二，实现保护企业生产力和债权人利益的最大化。如九龙五金和金龙索具，在破产清算条件下，普通债权组的清偿率约分为11.45%和16.98%，而在破产重整条件下，普通债权组的清偿率分别为30%和40%，其中10万元以下部分100%受偿。如七超板业在破产清算条件下的普通债权组清偿率约为3.9%，在重整条件下则可达到10%～15%，其中5万元以下部分100%受偿。

二、浙江信泰集团有限公司、信泰光学有限公司、温州兴泰光学有限公司、温州美通达进出口有限公司、温州市瓯海梧田眼镜厂5家企业合并重整案

（一）基本案情

2011年9月受国际金融危机影响，信泰集团资金链断裂引发债务危机，法定代表人避债前往国外，后经动员回国，企业在市、区两级政府的帮扶下重整营业，瓯海区人民政府成立信泰光学有限公司专项生产资金监管服务工作组，温州中

源会计事务所与信泰集团签订了债权债务清理、企业整合重组专项服务合同。2012年10月12日浙江信泰集团有限公司、信泰光学有限公司、温州兴泰光学有限公司、温州美通达进出口有限公司、温州市瓯海梧田眼镜厂5家企业向温州市瓯海区人民法院申请破产重整。2012年10月23日瓯海区人民法院裁定受理了上述5家企业的破产重整申请,并指定管理人。

(二)审理情况

2012年12月25日瓯海区人民法院合并召开5家企业第一次债权人会议。共400多位债权人参加会议,债权人申报的债权约29亿余元,其中涉及民间借贷15亿余元,通过分别表决的方式,会议审核并确定部分无争议债权合计13.7474亿元,并表决通过了浙江信泰集团有限公司等5家企业合并重整的决议,同时确立了区别对待的原则,对信泰集团5家重整企业采取综合运用“营业重整+债务重整+股权重整”等模式。合并通过成立债权人委员会,选举产生债权人委员会成员,同时指定债权人会议主席。同意公司继续经营。管理人和债务人均积极制定重整计划草案:(1)转变公司营业模式,打造“信泰皮革鞋料市场”。在市、区两级政府政策支持下,信泰集团将信泰光学位于娄桥工业区的120亩产业园的土地以及已建成的16万平方米的厂房改建为皮革鞋料市场。2013年1月31日与温商联合投资中心专设的市场项目公司——温州商投市场发展有限公司(以下简称温州商投)签订了委托经营合同和补充合作协议,主要由温州商投注资1.5亿元进行经营。在温州商投的指导下,改建工程、业态布局重新启动,目前已签订17,413.3平方米的购铺合同,签约总金额154,872,760元。2013年3月8日中国塑料加工工业协会经过实地考评,正式授牌信泰皮革鞋料市场为中国合成革(国际)交易中心,这标志着该市场升级为我国人造革国际贸易的现代化交易“国字号”平台。信泰皮革鞋料市场将努力打造“中国合成革国际交易中心”,形成百亿产值规模的生产资料大市场,从根本上使信泰集团等5家重整企业资产最大化。(2)初步计划引进已有意向的战略投资者以货币出资,信泰集团以“海豚”品牌、设备出资组建温州海豚光学有限公司,精减原有的眼镜工厂,保留销售团队及核心技术管理人员,重新建立重组后的营运组织框架和人员安排。企业将经营定位为以先进生产技术生产高档太阳镜、老花镜及光学产品,提升对大型欧美百货公司的长期一对一服务,重塑海豚品牌形象。整合设立高档金属厂和塑胶厂,以品牌营运和产品研发为核心,争取在一年后恢复2亿元左右的产值。努力实现眼镜制造商转型升级为眼镜品牌营运商,实现眼镜产业持续良性发展。

2013年5月17日上午,浙江信泰集团有限公司、信泰光学有限公司、温州兴泰光学有限公司、温州市瓯海梧田眼镜厂、温州美通达进出口有限公司5家企业召开第3次债权人会议。会上,到场的近400名债权人对5家企业重整计划草案进行投票表决,同意了该草案并将提交区人民法院申请裁定执行。至此,瓯海区人民法院目前受理的涉及人数、资金最多的企业合并重整案将正式进入重整执行阶段。重整后,信泰光学普通债权清偿比例可达到100%,其他企业清偿比例约为35%,根据市场招商业绩等情况还可能追加清偿。

(三)典型意义

重整后,温州兴泰光学有限公司、温州市瓯海梧田眼镜厂、温州美通达进出口有限公司3家企业根据重整需要逐步退出市场主体,予以注销。信泰光学有限公司位于娄桥工业区的120亩产业园及已建成的16万平方米的厂房改建为皮革鞋料市场。通过注资,该皮革鞋料市场改建工程、市场招商已取得重大进展,信泰皮革鞋料市场已被授牌"中国合成革(国际)交易中心"称号,该市场升级为我国人造革国际贸易的现代化交易"国字号"平台。浙江信泰集团有限公司暂时保留,引进有意向的战略投资者以货币出资,以信泰集团"海豚"品牌、设备出资,组建温州海豚光学有限公司,精减原有的眼镜工厂,保留销售团队及核心技术管理人员,重新建立营运组织框架和人员安排,实现从眼镜制造商到眼镜品牌营运商的转型升级。

三、温州海鹤药业有限公司、温州市兴瓯医药有限公司破产重整案

(一)基本案情

温州海鹤药业有限公司(以下简称海鹤公司)系2001年3月27日由原温州海鹤集团有限公司制药厂整体改制后重新登记成立的私营有限责任公司,拥有51个药准字批文,18种药品进入国家基本用药目录,11种药品被《中华人民共和国药典》所收藏,3种药品经国务院卫生行政部门认定为受保护的中药品种。"海鹤"品牌根起同仁堂,至今已有342年的悠久历史,品牌文化底蕴深厚。温州市兴瓯医药有限公司(以下简称兴瓯公司)系2001年2月2日由原瓯海区永中供销社医药经营部和梧田供销社经营部兼并联合改制后重新登记成立的私营有

限责任公司。受2008年国际金融危机和2011年温州民间借贷风波的影响,资金链断裂,财务危机全面爆发。2012年6月8日向温州市中级人民法院申请破产重整。2012年6月21日温州市中级人民法院依法裁定受理,并指定管理人。

(二)审理情况

第一,确定合并重整。海鹤公司与兴瓯公司系关联企业,两企业实际控制人一致,资产、人员高度混同。经两企业第一次债权人会议分别审议,形成了"两企业合并重整"的决议。

第二,形成"在两企业应付账款债权优先于其他普通债权(社会借款)受偿的情况下,股东个人债务纳入企业重整范围,与合并后的企业债务一并清理"的决议。经审查发现,两重整企业及股东个人对各自所负的主要债务即民间借贷债务,大多数互相提供担保,借款混同使用,主要均用于收购两重整企业股权资产、厂房建设、生产经营、对外投资,以及支付该些借款的高额利息等。基于此,结合温州民营企业的特点,在本案受理前法院要求两重整企业及全体股东个人均出具书面意见(确认书),同意股东个人债务与企业债务合并处理;社会借款的绝大多数债权人也应出具书面意见,同意其债权作为对企业的债权进行处理,并召开了听证会。2012年8月14日两重整企业第一次债权人会议分别通过了"同意企业资产、债务和股东个人资产、债务合并处理"的决议。

第三,审慎确定与两重整企业合并处理的"股东个人债务、资产"。针对债权申报过程中出现有一批股东个人债权人申报的债权可能与两重整企业无关联的情况,确定哪些"股东个人债务、资产"应与两重整企业合并处理就成为关键问题。在充分了解掌握相关债务、资产,对股东、法定代表人进行询问调查的基础上,管理人根据本案实际情况确定"以资金流向和用途的客观事实作为实质要件,确认与两债务人是否有关联"作为界定与重整企业合并处理的"股东个人债务、资产"的认定标准,与企业无关联的股东个人债务和资产排除在与两重整企业合并处理的债务和资产范围之外。

第四,积极做好重整投资人引进工作。拟定《重整投资人引入方案》,向500多家大型药企发出要约邀请函,战略投资人引入方案逐步成型。

第五,为避免因暂时未引入战略投资者而造成两重整企业进入破产清算程序,经多方协商与沟通,管理人提出债转股及部分资产变现两种方式清偿所有债务的重整思路。通过股权转让,即原注册资本不变,债权人以零对价向出资人购买股权,将债权转化为相应比例的出资。在该重整思路指导下制订的重整计划经第四次债权人会议各组分别表决均决议通过,并于2013年3月18日经温州市中级人民法院批准。

(三)典型意义

本案涉及制药企业重整、破产程序中的刑民交叉、实际控制人个人资产与公司资产合并重整的探索、重整程序中的持续经营和职工利益的维护等问题。从实际效果来看,职工劳动债权、税收债权等优先债权及企业应付账款债权等按债权人会议决议设定优先权的普通债权均得到100%的清偿。普通债权(社会借款)在破产清算情况下清偿率为3.67%,重整条件下普通债权清偿率为7.64%,且尚未计算无形资产、表外资产。若重整计划顺利执行,普通债权清偿率还将大大提高。重整期间保持正常支付职工工资,做到了“人员、岗位、职责、报酬”4个不变。两重整企业生产秩序正常,海鹤公司已经扭亏为盈,兴瓯公司已经持续减亏。通过司法重整,企业资产和营业实现重组,资源得以优化配置,对重整企业防止债务链蔓延起到了积极作用,为促进企业转型升级提供了有利条件。

四、浙江宏昌制革有限公司破产清算案

(一)基本案情

浙江宏昌制革有限公司(以下简称宏昌公司)成立于2004年3月5日,注册资本3050万美元,实收资本2500万美元。公司经营范围:生产销售牛皮革、沙发革、汽车坐垫套、沙发套、箱包、钢材、铝材的批发及其进出口业务。2012年5月2日公司法定代表人出走,企业资金链断裂,无法清偿到期债务。5月7日中国银行股份有限公司海宁支行以不能清偿到期债务为由,向海宁市人民法院申请对宏昌公司进行破产清算。5月22日海宁市人民法院依法裁定受理并指定管理人。

(二)审理情况

2012年11月10日宏昌公司净资产报告反映:截至2012年5月22日,宏昌公司的净资产为-12,586,956.45元,资产负债率为110.76%;同时,管理人认为,宏昌公司的应收款项中无法收回的款项达915,016,167.08元,故实际负债率已高达244%。由于债务人宏昌公司的资产已不足以清偿全部债务,且无法清偿到期债务已呈持续状态,且明显缺乏清偿能力。据此,海宁市人民法院于2013

年1月10日裁定宣告宏昌公司破产。

经债权人会议核查,法院共确认债权人176位,金额达12.57亿元。从财产清查情况来看,宏昌公司的主要财产房地产和机器设备都有设定抵押,其他财产如蓝湿牛皮、半成品、成品牛皮等也有权利障碍(在诉讼中),除此之外,宏昌公司可变现的财产不多,即最终的破产财产的分配比率相当低。经债权人会议决议,管理人陆续分批对宏昌公司所有的易腐烂变质的蓝湿牛皮、化工辅料,半成品、成品牛皮等财产委托专门的拍卖公司进行了公开拍卖,虽然拍卖较为顺利,但拍卖佣金累计高达81万余元。

第二次债权人会议决议对宏昌公司所有的国有土地使用权(面积达117,669平方米)及其地面建筑物(房屋建筑面积为62,314.32平方米)和附属设施亦予以公开拍卖。如本次财产拍卖仍委托拍卖公司运作,拍卖佣金将高达近百万元。结合本次拍卖标的的实际情况,主要从节约拍卖费用、维护债权人利益角度出发,按照省高级人民法院关于推进网络司法拍卖的工作部署,海宁市人民法院经综合考量、充分论证后,决定对上述资产进行司法网拍。

为此,海宁市人民法院多次召开专门会议,并于2013年3月13日在淘宝网、《浙江法制报》、《海宁日报》、嘉兴市中级人民法院及海宁市人民法院门户网站等多家媒体发布拍卖公告,根据对宏昌公司房地产的评估情况,拍卖的起拍价定为1.55亿元。按照总体规划,该区块工业用地不考虑制革产业,项目投资强度不小于300万元/亩,项目实施必须符合规划、环保、能源等相关要求,对此在拍卖须知中也作了特别提醒。同时,海宁市人民法院还委托海宁电视台实地拍摄了视频宣传资料,并落实专人负责接受咨询和陪同有意竞买者现场查看。

(三)典型意义

在宏昌公司的破产财产启动网络拍卖程序后,管理人先后接到北京、深圳等地多家投资公司电话咨询,南京一企业还进行了实地考察。2013年3月29日上午10时启动拍卖竞价后,报名参与竞买的2家企业经过5轮竞价,最终一投资公司以1.59亿元的价格竞买成功。这是嘉兴地区法院首次对不动产进行网络司法拍卖,也是到目前为止我省标的额最大的一次网络司法拍卖,还是浙江法院首次对破产财产进行网络司法拍卖,这次拍卖取得了很好的效果,实现了债权人利益最大化。

五、舟山市永吉船务有限公司破产重整案

(一)基本案情

舟山市永吉船务有限公司(以下简称永吉公司)成立于1995年10月16日,注册资本人民币5000万元。公司经营范围为:货物运输,国内沿海及长江中下游各港间散装化学品船、成品油船运输。由于经营管理不善及实际控制人个人原因,2011年10月公司陷入困境。2011年10月27日永吉公司向普陀区人民法院(以下简称普陀法院)提出重整申请。经征询,永吉公司已知4位主要债权人的意见,4位债权人全部要求永吉公司重整,并且其所代表的债权额占已知债权额的近80%。普陀区人民法院于2011年11月29日裁定永吉公司重整。

(二)审理情况

截至2011年11月17日,公永吉司资产总计74,281,067.21元,负债总计119,879,390.92元,资不抵债45,598,323.71元。永吉公司主要实物资产为两艘船舶,一艘永吉27号化工船已设置抵押,另一艘在建永吉58号化工船,实际投入近5500万元,公司拥有交通运输部批复的运力指标,永吉公司重整主要围绕在建永吉58号船展开。

2012年1月管理人先后在《舟山晚报》《钱江晚报》及中国船舶网等媒体刊登《永吉公司股权转让及资产整体处置公告》。截至2012年4月15日,有效的报名者只有5家永吉公司债权人组成的战略投资联合体。后经管理人与投资联合体多次协商,双方于7月17日正式签订《舟山市永吉船务有限公司股权转让框架协议》,投资联合体交付定金200万元,并确定接盘方案,14家设备供应商、船舶设计、建造单位的债权以重整成功为前提,不参与本案分配,由其协商解决,在重整方案中赋予优先效力。原因主要在于在建永吉58号船,系双壳双底CCS★CSA无限航区化学品船/油船,其船级规范要求必须经CCS检验合格。经审查,设备供货合同基本上均约定款项付清后提供CCS合格证。如果不能有效保障设备供应商的债权就无法取得CCS合格证。船舶设计单位则要求根据施工设计进度支付设计款。船舶建造单位就其债权主张行使对在建船舶的留置权。所以,永吉公司重整必须解决战略投资者关注的14家设备供应商等的问题。通过由其自行协商解决即继续履行原合同的方式,而不参与本案分配,重整计划对该14家债权人作了特殊安排。

至于永吉 27 号船则另行评估、拍卖,因评估、拍卖需经法定程序,普陀区人民法院根据管理人的申请裁定提交重整计划草案的期限延长至 2012 年 8 月 28 日。2012 年 8 月 4 日永吉公司第二次债权人会议召开,会议表决顺利通过了重整计划草案。2012 年 10 月 29 日普陀区人民法院裁定批准重整计划,终止重整程序。

(三)典型意义

2013 年 1 月 18 日管理人向 20 位普通债权人完成第一次债权分配,分配金额合计 24,599,503.44 元,普通债权清偿率为 24.77%,同日永吉公司完成股权变更登记,新永吉公司已着手对在建永吉 58 号船进行续建。如至 2013 年 12 月 30 日无“或有债权”出现,尚余约 300 万元用于第二次债权分配,预计总清偿率可能接近 28%。债务人、债权人等多方利益得到有效保障,该案也是船务公司重整这种新类型案件的一次成功探索。

六、安吉博时家具有限公司破产和解案

(一)基本案情

安吉博时家具有限公司(以下简称博时公司)系一人有限责任公司,于 2006 年 2 月 28 日登记成立,注册资金 518 万元。2011 年 6 月 17 日博时公司与安吉交银村镇银行股份有限公司签订了 400 万元流动资金借款合同,由浙江美浓家具有限公司(以下简称美浓公司)提供担保。2012 年 4 月 15 日博时公司停产歇业,美浓公司代偿了借款本息后于 7 月 13 日向法院申请对博时公司进行破产清算。2012 年 8 月 20 日安吉县人民法院裁定受理,同时指定博时公司清算组担任破产管理人。

(二)审理经过

截至 2012 年 10 月 10 日(债权申报截止日),破产管理人共接受 72 家债权人的债权申报,经审查确认,债务总额为 5700.4 万元,根据评估,博时公司账面资产总额为 2235.5 万元,已严重资不抵债。(1)及时充分披露信息。案件受理后,破产管理人在法院指导监督下,向债权人及时通报案情进展;及时向债权人告知资产评估报告;在债权人会议上进行充分的信息披露,特别是第二次债权人会议召开前,管理人与债务人及债权人会议主席多次召开专门会议,就和解协议条款、战略投资者选择、资金监管等方面进行协商,确保和解协议能够实际履行。

由于准备充分、措施得当,和解方案赢得绝大多数债权人的拥护,和解协议高票顺利通过。(2)厘清债务,消除债权人疑虑。博时公司系一人公司,由于企业主缺乏法人人格独立的观念,企业财产和股东财产高度混同。经审计机构审计股东以个人名义领取公司资金2004万余元。财务公开后,部分债权人质疑博时公司破产是假,债务人逃避债务是真。只有厘清股东与公司债务,消除债权人疑虑,才能使破产程序顺利进行。为此进行了专门审计,查实:①博时公司建筑厂房成本账面上只有549万元,实际成本造价超过1300余万元,差价750万元;②厂房用地账面反映只有7.5万元,实际转让价280万元,差价273万元;③购买机器设备、支付工人工资、归还银行贷款和民间借款本金及利息等费用500余万元。经严格审查,账面与实际相差至少1500万元,该笔资金应予以认定为公司资金。经解释后,债权人认为股东提交的资金去向说明符合实际,予以接受,从而为破产和解工作奠定基础。(3)整体接盘,实现利益最大化。考虑到博时公司尚具有一定营运价值,若能引进意向投资者整体接盘,降低交易费用,可最大限度实现博时公司资产价值。根据债权人会议通过的财产和管理变价方案,最终选定出价最高的意向投资者,也是博时公司债权人安吉中兴五金制造有限公司作为博时公司的重组投资者。管理人协调债务人制定重组方案,通过股权转让的方式承债式收购实物资产,直接减少交易费用支出大约500万元,同时确定债务规模,即不超过所支付价款2320元。对于非实物资产不予转让,由管理人通过后续催讨所得后再追加分配给普通债权人。该和解方案使普通债权人的清偿比例从14.8%提高至20%以上。2013年1月22日第二次债权人会议表决高票通过了和解协议。同日,博时公司向安吉县人民法院提出和解申请,经审查,法院认为和解协议符合法律规定,裁定认可博时公司和解协议,终止破产程序。

(三)典型意义

博时公司破产案件是《企业破产法》施行以后湖州地区首次以和解方式审结的破产案件,仅用时170余天。博时公司破产和解的成功意味着该公司走向重生。该案为维护社会稳定、化解社会矛盾,公正高效保护当事人的合法权益起到了积极的作用,消除了潜在的社会不稳定因素,同时,也为今后审理同类案件积累了宝贵的经验。

七、宁波市唐鹰服饰有限公司破产重整案

(一)基本案情

宁波市唐鹰服饰有限公司(以下简称唐鹰公司)成立于 1997 年 8 月 14 日,注册资本 2268 万元。该公司是一家大型服装企业,是国内规模最大的裤装研发和生产基地之一,曾荣获“中国驰名商标”“中国服装百强企业”等荣誉称号。截至 2011 年 9 月 22 日公司共有在职职工 310 余名。由于生产经营管理不善,2011 年下半年资金链断裂。2011 年 9 月 7 日中国工商银行股份有限公司奉化支行向奉化市人民法院申请对该公司进行破产清算,该院于 2011 年 9 月 22 日裁定受理。

(二)审理情况

经评估,唐鹰公司的总资产为 9600 万元,无担保的普通债权约为 1.8 亿元。其主要资产为 2002 年购入的面积约 130 余亩的土地和 4 万多平方米的厂房,评估价值近 8000 万元,但由于历史原因未办理相关权属证书。故这部分资产处置存在障碍,若不进行处置,不仅直接影响股权转让的价格,还可能使债权人的清偿率不到 10%。

2011 年 11 月 22 日唐鹰公司向法院申请重整。经审查,奉化市人民法院于 2011 年 11 月 30 日裁定对唐鹰公司及其 4 家关联公司进行合并重整。经公开招标,由罗蒙集团股份有限公司以 1835 万元的价格收购唐鹰公司及四家关联公司股权,并于 2012 年 1 月 6 日签订股权转让协议书,约定存货、应收账款等流动资产由罗蒙公司负责处理,房屋建筑物、土地使用权等不动产由管理人负责处置。2012 年 9 月 25 日管理人制定重整计划草案,规定普通债权约 1.8 亿元按照 80% 的比例清偿,重整计划的执行期限为 2 年,如该期限内用地审批手续办妥,则由奉化市人民政府对唐鹰公司的土地进行回购,并由管理人按照 80% 的比例清偿给各债权人;如果 2 年执行期满,用地手续未办妥,奉化市政府也将对债务人的土地先行回购,以保证按照 80% 的比例及时清偿债权。该草案经债权人会议表决通过,2012 年 10 月 18 日奉化市人民法院裁定批准重整计划,终止重整程序。

(三)典型意义

一是通过对流动资产和固定资产分开处置,迅速稳定公司生产经营。罗蒙集团受让股权后充分发挥行业“领头羊”作用,唐鹰公司迅速实现扭亏为盈。股

权转让所得一部分用来支付工资债权,维护了社会稳定,也留住了公司重要人力资源。二是借力政府处置违章建筑,保障债权人利益。政府协调下,唐鹰公司的土地、房屋资产得到妥善处置,债权清偿比率由40%左右提高到80%。三是通过重整计划附条件,由于政府协调办理土地、房屋相关手续需要一段时间,而重整程序又有法定期限,通过采用附条件的重整计划方式,重整程序得以顺利进行,保护了企业生产力。

八、建德市金太阳假日宾馆有限公司破产重整案

(一)基本案情

建德市金太阳假日宾馆有限公司(以下简称金太阳公司)成立于2006年1月6日,注册资本666万元。由于公司实际控制人在其他项目上的过度扩张,导致金太阳公司发生巨额债务。2012年1月19日建德市新安江股份经济合作社(以下简称新安江合作社)以不能清偿到期债务为由,向建德市人民法院申请对金太阳公司进行破产重整。2012年2月7日建德市人民法院依法裁定受理新安江合作社对金太阳公司的破产重整申请,同时指定了管理人。

(二)审理情况

经对企业债权债务梳理、市场发展前景分析、投资意向初步调查等前期工作,建德市人民法院确定了“实行简易审理、寻求司法重整、促进继续发展”的工作思路。(1)执行与破产相衔接,实现平稳过渡。自2010年起,建德市人民法院受理以金太阳公司为被执行人的执行案件共9件,尚未履行的债务总额高达800余万元。建德市人民法院执行局在执行以金太阳公司为被执行人的案件中,采取了冻结公司银行存款、提取公司营业收入、搜查、责令提交企业财务账册资料等措施,可谓措施用尽,但收效甚微。为此,执行局与该院民二庭进行了多次会商,最终商定对金太阳公司进行破产重整。经疏导,金太阳公司的主要债权人新安江合作社向建德市人民法院提出申请,要求对金太阳公司进行司法重整。由于执行阶段的工作到位,破产立案后不久,管理人顺利接管了企业。(2)审慎选定重整投资人,确保重整一次成功。经过前期沟通,管理人选定申报的重整投资条件相对较好的前五位为考察对象。通过资信调查,管理人最终确定其中重整投资条件相对较好地前三位为预选对象,并分别征询新安江街道、债委会的意见。在第二次债权人会议前只有报价最高的建德市新东方商务大酒店将重整投

资款人民币1000万元打入管理人账户。第二次债权人会议一致通过了管理人提出的重整计划。建德市人民法院于2012年6月8日裁定批准了金太阳公司重整计划,并终止金太阳公司重整程序。(3)探索简易审理,为破产审判提速增效。在本案中,建德市人民法院积极探索简易审理机制:一是实行独任审理,指派具有丰富破产审判经验的法官担任承办人。二是在合法前提下缩短审理期间,简化债权申报、重整方案制作等程序,提高审判工作效率。三是鉴于破产管理人在杭州,来回建德费时费力费钱的情况,法院建议管理人将债权债务核查清理等辅助性工作委托给企业所在地律师事务所处理,减少破产管理人往返造成审理时间的延长及破产费用的增加。此外,管理人费用按照最高人民法院《关于审理企业破产案件确定管理人报酬的规定》减半收取,减少案件诉讼成本,最大限度保护债权人利益。

(三)典型意义

破产清算下普通债权的清偿率只有0.96%,通过重整,普通债权的清偿率达到13.05%。通过执破衔接、简易审理机制等的探索,在尊重债权人意思自治的前提下大大提高了案件审理效率,仅用时4个月,成为《企业破产法》实施以来我省用时最短的重整成功案件。

九、江山市纺织有限公司破产清算案

(一)基本案情

江山市纺织有限公司(以下简称江纺公司)系浙西地区生产经营规模最大的一家纺织品生产企业。公司后期因经营管理不善、高息吸纳社会资金等原因,造成生产经营困难。2009年11月17日企业因资金链断裂停产。2010年5月12日江纺公司以不能清偿到期债务且资产不足以清偿全部债务为由向江山市人民法院申请破产清算。法院依法裁定受理。

(二)审理情况

经审计,该公司资产总额为5680万元,负债总额为15,244万元,净资产为-9564万元。公司债务主要是民间融资和职工集资,涉案债权人1138名,其中职工集资款债权人169名、普通债权债权人387名、劳动债权债权人582名。(1)在江纺公司出现债务危机政府成立工作组开展企业帮扶和资产重组时,法院在法律框架内积极建言献策,提前掌握破产企业经营、负债及社会稳定风险等情况,及时形成书面可行性分析报告，较好实现政府前期风险处置工作与法院企业破产审判工作的对接。(2)多方努力增加可分配的破产财产。一是借助政府及社会各方面的力量，加大招商力度，促使资产变现价值最大化。二是政府出台税收帮扶措施减免破产财产处置过程中的相关税收250余万元，用于提高小额自然人债权人及困难群众清偿比率。三是动员企业债权人，浙江万众商贸有限公司、浙江贝特来化纤有限公司等10家法人债权人，自愿放弃部分债权高达554万元，并明确将减让款项定向分配给中小自然人债权人。据此，可供普通债权分配的破产财产数额由1834万元增加至2646万元。四是公司法定代表人主动放弃其个人名下933万元的债权的清偿分配所得款，该款项纳入破产财产进行分配，第三顺序普通债权人清偿比率由19.41%提升至21.54%。(3)采用了“分档累进递减”比率的清偿分配方案，创新解决职工集资款清偿顺位和提高弱势债权人的清偿比率问题。按照经债权人会议表决通过的破产财产分配方案，职工集资款按第一顺序清偿，对其他普通自然人(318户)债权按债权数额大小以“分档累进递减”的方式进行清偿分配，5万元以下按65%的比率清偿；5万～10万元的部分案55%的比率清偿，分档累进递减。

(三)典型意义

在债权人会议上，上述破产财产分配方案以绝对高票通过(364张有效票中赞成359票，反对3票，弃权2票)，这起债权人数众多、类型复杂、社会影响面广的纺织企业破产清算案件得以平稳终结，实现了法律效果和社会效果的统一。

十、直立汽配有限公司破产重整案

(一)基本案情

直立汽配有限公司(以下简称直立公司)成立于1996年3月25日，注册资本15,009万元，主营锻造业务、汽车配件，产品在行业内拥有较高的市场占有率。因企业盲目投资，过度扩张，并为第三方企业提供巨额连带责任担保，导致严重资不抵债，2012年3月30日直立公司向德清县人民法院申请破产重整。德清县人民法院依法受理并指定清算组为临时管理人，在法院的指导和监督下，确立管理人负责管理财产和营业事务的模式。

(二)审理情况

案件受理后德清县人民法院高度重视，分管院长汇报、协调并召集相关会议,研究商议重大事项。在重整期间,共召开债权人会议 2 次、债委会会议 3 次、工作推进会 4 次、各种碰头会近百次。(1)协助、支持管理人维持主营业务。积极追回应收账款,协调维持与中国重汽等重要客户的业务,确保企业正常生产经营。(2)确定关联企业合并重整。在审理中发现,浙江九真实业有限公司(以下简称九真公司)、浙江龙洋建材有限公司系直立公司的关联企业,与直立公司法人人格高度混同。经第一次债权人会议表决通过,2012 年 7 月 4 日德清县人民法院裁定三公司合并重整。(3)将来源于债务人企业但登记在原法定代表人及其配偶名下的资产纳入破产财产。直立公司原法定代表人的个人资产与公司资产高度混同,如多处房产虽登记于法定代表人名下(部分登记于其配偶名下,系夫妻共有),但购房资金均来源于直立公司,个人并未参与出资。经第一次债委会表决通过并提交债权人会议通过,德清县人民法院裁定,将来源于直立公司但登记于法定代表人及其配偶名下的个人资产纳入破产财产。(4)依法保障金融债权。在第二次债委会表决通过抵押权人就抵押物变现款项部分在抵押范围内优先清偿的议题,同时将抵押资产提前评估和拍卖。至 2012 年 12 月 31 日,共优先清偿金融债权 5106 万元。(5)积极引进战略投资者。结合企业实际情况并经第一次债委会表决通过,确定对直立公司采取“生产性资产 + 主营业务 + 人员”的营业转让模式。经与多家有投资意向的战略投资者洽谈,2013 年 2 月温州某投资者表达了接盘意向,现已确定接盘方案并已注入前期资金。(6)依法行使审判权并联合公安部门对民间借贷申报债权“挤水分”,共核减申报债权达 168,896,768.84元。一是管理人依法通过提起撤销权诉讼撤销债务人在法院受理破产申请前一年内对无财产担保债务追加的财产担保,包括九真公司于 2012 年 1 月 18 日对招商银行股份有限公司小企业信贷中心设定的抵押担保,于 2012 年 2 月 20 日对浙江恒升投资开发有限公司设定的质押担保,标的额合计 1260 万元。二是依法判决驳回标的额达 4185.44 万元涉直立公司民间借贷纠纷的诉讼请求。三是协同公安组成调查小组,对民间借贷债权及直立公司对绿城包装集团有限公司的 1.28 亿余元担保债权展开调查,核减民间借贷债权。(7)债权人会议表决通过重整计划后,第一期普通债权清偿率达 10%。直立公司外部投资较多且财务混乱。战略投资者接盘后,法院将督促管理人加大主营业务外的资产追查和变现,并及时向债权人进行清偿。2013 年 4 月 27 日召开了第二次债权人会议,会议经表决,高票通过了重整计划草案,德清县人民法院依法裁定批准重整计划。

(三)典型意义

直立公司破产重整期间生产经营稳定和正常。一是正常支付职工工资。对防止矛盾激化,维护社会和谐稳定起到了重要作用。二是正常缴纳税款。重整期间(2012 年 4 月 ~ 2013 年 3 月),缴纳税款 12,003,061.03 元,创造利润 7,429,300.49元。三是正常维持各项主营业务。通过司法重整,企业资产和营业实现重组,资源得以优化配置,对防止重整企业债务链蔓延起到了积极作用。至 2012 年 12 月 31 日,共有 5106 万元银行债权优先受偿,也为维护金融债权和金融秩序提供了有效司法保障。

浙江省各级各地人民法院破产审判十大典型案例(2013年)*

一、浙江玻璃股份有限公司及其4家关联公司合并破产案

(一)基本案情

浙江玻璃股份有限公司系一家在我国香港特别行政区上市的股份公司,位于绍兴县杨汛桥镇,原名浙江玻璃厂,注册资本78,499.9万元。2003~2005年,浙江玻璃先后投资成立浙江工程玻璃有限公司等4家玻璃生产、加工企业(以下简称浙玻"1+4"公司),成为玻璃建材行业的龙头企业。自2008年以来,由于经营不善、盲目投资、高成本融资、对外担保等原因,浙玻"1+4"公司陷入债务危机,涉及债务约140亿元、债权人250家、企业职工4000多名。2010年5月因未能如期公布上年度财务报告,浙江玻璃股份有限公司被香港联交所暂停交易。2012年6月绍兴市中级人民法院裁定受理债权人对浙江玻璃股份有限公司提出的破产(重整)申请,正式启动破产程序。

---

* 本文为浙江省高级人民法院民二庭2014年撰写的《浙江法院破产审判报告(2013)》的附件内容。收入本书时,由作者根据具体案件进展情况,对审理情况和典型意义中的部分内容做了修改完善,特此说明并致谢。——编者注

(二)审理情况

浙玻“1+4”公司破产案的审理大致可以分为以下几个阶段:(1)依法披露信息。案件受理后,按照香港联交所上市规则相关规定,在香港联合交易平台陆续发布十三次信息披露公告。公告发布后,香港资本市场反映平静,为企业破产争取了良好的外部环境。(2)力推合并重整。根据浙玻“1+4”公司严重混同但具备生产能力、具有重整价值的实际,经召开听证会充分听取债权人意见,五公司进入合并重整,并成功招募了重整投资人。(3)严格审查债权。制定了合并破产状态下的债权确认规则,由法院、公安、政府工作组和管理人组成的四方协调小组,逐一核减违法违规债权,累计核减债权80多亿元。(4)转入破产清算。因重整方案最终未能获得债权人会议通过,浙玻“1+4”公司依法宣告破产,并由此转入破产清算。该案由破产重整转入破产清算,打破了上市公司重整的“不破惯例”,充分尊重了债权人意志,体现了市场化破产方向。(5)委托生产经营。宣告破产后,为避免停产造成资产贬值和费用增加,经广泛征求债权人意见,浙玻“1+4”公司采取“托管经营”的方式委托第三方继续生产经营,保持正常生产。(6)加速变现破产财产。为减少破产财产变现中产生的费用,在拍卖公司的选定上采取公开招标的方式进行,拍卖佣金仅为成交价的0.017%,最高不超过50万元,大大地降低了拍卖费用。(7)高票通过破产财产分配方案。经债权人会议表决,出席会议的92%有表决权的债权人同意分配方案,如果去除省外四家主要反对债权,同意分配方案的债权额也达到了债权总额的90%以上。(8)依法终结破产程序。破产财产的主要分配工作基本完成后,为加快银行不良资产的处置,及时裁定终结浙玻“1+4”公司的破产清算程序。剩余诉讼以及执行事项,由管理人继续履行清算职责。

(三)典型意义

浙玻“1+4”公司合并破产案是国内首例境外上市民营企业破产案。浙玻“1+4”公司虽然最终进行了破产清算,但由于其在破产过程中始终保持了正常生产,实现了资产打包重组,形成了“清算式重组”的破产新模式,客观上收到了重整的社会效果,得到毛光烈副省长的批示肯定。主要社会效果:(1)保护了社会生产力。破产期间,原有主要生产线生产稳定,做到了“停市不停业”“破产不停产”。投资人接盘后,原有生产线将得以升级改造,客观上推动了企业转型升级。(2)维护了企业职工权益。绝大部分职工保持了稳定的工作机会,企业此前欠缴的工资和医疗、伤残补助等费用也因破产清算得到了及时清理,而且企业职工还因破产清算获得了8000多万元的经济补偿。(3)维护了债权人的正当权益。通过合并破产公平保护了各公司债权人的正当权益,破产企业的职工劳动债权、税收债权、共益债务等得以全额清偿。

二、宁波泰山房地产有限公司破产清算案

(一)基本案情

宁波泰山房地产有限公司(以下简称泰山公司)系一家合资企业,注册资金280万元,公司因经营不善,先后向银行、个人、企业以借款、预收购房款、债务抵偿等形式收取大量资金,形成巨额债务。2005年泰山公司无力偿债,在建楼盘低价转让,主要负责人冯某避债尼日利亚,引发广大债权人集体上访,事件被中央电视台"焦点访谈"等栏目曝光,严重影响当地社会稳定,区委区政府将泰山公司案列为"一号"维稳案件。泰山公司仅有价值200多万元的店面房及争议债权等资产,债务高达7亿多元,债权人达190多位。2008年10月北仑区人民法院正式受理泰山公司破产案。

(二)审理情况

首先,通过破产衍生诉讼保全债务人企业主体资产。2005年年初,为偿还宁波大通公司等债权人的约6000万元债务,泰山公司将其主体资产价值近亿元的"君临江南"在建楼盘以6000万元低价转让给宁波通泰房地产公司(以下简称通泰公司),转让后,通泰公司投入近2亿元资金将楼盘建造封顶,准备预售。部分债权人向市中院提起诉讼,请求确认转让合同无效。此案处理结果直接关系泰山公司破产案件中其他债权人的清偿,若确认合同有效,即使通泰公司按评估价再补偿3000万元,也将使破产案件的主体资产丧失。后宁波市中级人民法院经审理确认该楼盘转让无效,通泰公司不服提起上诉,被浙江省高级人民法院驳回。这一主体资产的收回,为成功实施破产偿债、维护社会稳定奠定了坚实基础。

其次,分类"挤水分",科学平衡债权人利益。泰山公司的财务管理极度混乱,公司财务账册丢失殆尽,申报的7亿余元债权大部分没有进入公司财务管理,大量债务属于民间高利借贷或购房预付款,唯一经办人和知情人是泰山房产的实际负责人冯某。为顺利推进债权核查的基础工作,采取了以下措施:一是将

冯某保外就医,为债权核对的顺利开展创造条件。二是分类处理,合理甄别债权。在具体审核工作中将债权分为四大类:购房户购房款、民间高利借贷、工程款及银行借款,分类谨慎处理。其中的民间高利借贷债权"水分"很大,其他债权人对此意见极大,如若处理不当,将激化社会矛盾。经广泛征求意见,确定债权认定原则:债权只确认本金,利息、违约金、罚金、滞纳金等暂不认定;已支付利息予以扣除;借条内包含的利息不予认定,同时要求各类债权人应提交资金来源凭证,证实债权的真实性。这一原则获得了绝大多数债权人的理解与同意,以债委会统一意见形式通过债权核实方案,从而妥善平衡了各类债权人间的权益。最终债权总额由申报时的7.8亿元减至5.1亿元,挤掉了2亿多元的水分。三是依法引导,妥善化解债权确认纠纷,如冯某回国费用系部分债权人垫付,为债权人共同利益支出,列入公益债权优先支付;对于部分争议较大的债权人,引入诉讼程序处理。

再次,代建代销,实现资产保值增值。一是认真调研,科学选择破产财产处置方案。考虑到拍卖低偿债率的劣势(整体拍卖偿债率大概只有30%),最终决定采取保值增值的方式处理资产。在法院主导下,经债权人大会表决通过,制定了"代建代销、托盘续建"的方案,通过委托代建代销人,由其垫付资金进行楼盘续建和销售,受托人收取相应管理费以及溢价提成,代建代销成果归债务人企业。二是规范招标,选择合适代建代销人。依照债权人大会决议,由破产管理人组织招投标,债委会表决确认中标人选。法院组织管理人和债委会讨论制定招投标方案和议标规则,向社会公开招标代建代销人。经审核,有7家省内外知名房产企业符合投标资格,经评标,债委会最终表决确定宁波成路联合房地产有限公司作为代建代销人。在法院的指导下,破产管理人、代建代销人、债委会三方签订了《委托代建代销合同》,确保在限定期限内保质保量完成楼盘续建和代销工作。三是强化监管,增强工作透明度。制定《委托代建代销的监管办法》,确立公开透明、全程跟踪的监管原则,进一步明确破产管理人、债委会、代建代销方各自职责。其一,债委会参与合同谈判与审查。对于受托人在代建代销过程中需要对外签订的采购合同、招投标合同,债权人代表全程参与谈判,并听取债委会意见,对标的额50万元以上的合同进行审核。其二,法院协同管理人派驻专人管理资金,债委会派驻专人管理工程质量。管理人派专员驻成路公司全程对财务进行专项管理,监督资金使用情况,实行专款专用,并定期(每半月)向债委会汇报;债委会代表进驻工程现场监管,确保工程质量,对新增工程项目必须由其签字认可方施工建设。债委会代表分组联系债权人,保证信息畅通。债委会代表共 7 人,按债权种类分为 4 组,每组代表负责联系该组债权人,将工程进程、资金使用情况随时通知所有债权人,并对该组债权人的疑问进行解释说明。2010 年 9 月 10 日楼盘建成开盘。经过代销人的销售宣传包装,开盘价由预计的 6000 元/平方米提高至 8600 元/平方米,且半月内即售出 60% 的房产。

最后,以房抵债,灵活应对政策僵局。2010 年 10 月 1 日宁波市出台房屋限购新政,才销售 20 天的房产销售陷入停滞,尚有 184 套房屋未销售。面对剩余房产无法变现、破产资产分配遇阻的难题,北仑区人民法院在党委政府的牵头支持下,与代建代销单位、政府财税、规划、国土等相关部门多次召开会议沟通协商,形成多套资产分配方案,通过召开债权人委员会广泛征求债权人意见。经过 2 个月的酝酿,管理人起草了破产资产分配方案草案,在合法的前提下,开通以房抵债的绿色通道。2011 年 6 月 5 日在第三次债权人大会通过分配方案。该方案决定将现有的未销售房屋先行自愿抵偿,余房实行强制抵债,实物抵债后再进行现金分配。通过以房抵债的灵活分配方案,该楼盘偿债率再次大幅提升至接近 100%,有效破解了“限购令”后的销售僵局,现各债权人的抵债房屋已陆续交付。

(三)典型意义

经过 4 年艰苦努力,该案圆满结案,债权清偿率由 30% 提升至近 100%,取得了多方共赢的良好局面。一是债权人利益实现最大化。通过债权确认,平衡了购房户、高利贷、工程款等债权人间的利益;利用房地产回暖时机,实行楼盘代建代销,实现资产保值增值,普通债权基本得到全额偿还。二是代建代销企业获得赢利,该代建楼盘已成为当地标志性楼盘。工程结束后,代建代销企业由政府给予奖励扶持政策,共计盈利 6000 多万元。三是有效维护了区域社会和谐稳定。本案在中央电视台“焦点访谈”播报后,造成较大的社会负面影响。但最终经各方协力,柳暗花明,广大债权人利益得到了最大保护,矛盾纠纷得以妥善化解,取得了良好的法律效果和社会效果。

三、浙江银象生物工程有限公司破产清算案

(一)基本案情

浙江银象生物工程有限公司(以下简称银象公司)成立于 2002 年 5 月 21

日,注册资本为5000万元,是一家专业从事生产天然食品添加剂的企业。银象公司生产的"银象牌"乳酸链球菌素的全球市场份额一度达到70%,属全国食品防腐剂生产的龙头企业。银象公司曾荣获国家科学技术进步奖二等奖等多项国家级奖项。银象公司在设立之初就存在向民间融资的情况,企业在运营过程中,多数资金通过融资所得,负债率较高。2008年金融危机爆发后,企业融资成本上升,开始出现财务问题。企业法定代表人沈某为使企业度过危机,陆续向社会高利借贷,造成恶性循环。2011年10月随着沈某被公安机关控制,企业债务危机全面爆发。2012年3月12日天台县人民法院裁定受理银象公司破产清算申请,并指定管理人。

(二)审理情况

天台县人民法院在受理该案后,即以公告方式在全省范围内通过竞争择优选任破产管理人,国浩律师(杭州)事务所于2012年5月22日被确定为银象公司破产清算案件管理人。

首先,严格进行债权审核。结合银象公司债权的特殊情况,在法院指导下管理人制定了符合银象公司实际情况的债权审查原则:(1)以债权申报材料、会计师的审计结论和天台县公安局的笔录等材料为基本依据,严格审查债权。(2)对于金额在20万元以上的债权,要求债权人提供借款发生的交付凭证或款项来源依据。(3)对于债权人所申报的债权,如果已经取得的利息超过人民银行同期同档次贷款基准利率4倍的,超过部分抵扣本金,并以抵扣后的本金从停止付息开始按月利率12‰计算至受理日即2012年3月12日。(4)对于疑难债权,通过向办案机关及沈某本人和相关人员核实的方式,确认债权发生和履行的真实情况。除了银象公司(沈某)非法吸收公众存款罪一案中的直接责任人员以及一些由于未提供充分证据或证据之间相互矛盾而无法核实的债权外,都由管理人与债权人逐笔核对,并由债权人自愿出具债权确认函。

其次,2012年9月12日天台县人民法院主持召开破产清算案件第一次债权人会议。为最大限度地保护债权人公平受偿的合法权益,推进破产清算进程,天台县人民法院根据"浙江天台银象生物化工厂实质为银象生物公司的前身,且两者法人人格混同;银象生物公司、银象化工厂和沈某、金某之间的财产和债务高度混同"这一事实,于2013年10月16日裁定浙江天台银象生物化工厂与银象生物公司合并破产清算,浙江银象生物工程有限公司、浙江天台银象生物化工厂与沈某、金仲飞的财产及债务合并处置。2013 年 10 月 17 日裁定宣告浙江银象生物工程有限公司、浙江天台银象生物化工厂破产。同日,天台县人民法院主持召开了破产清算案件第二次债权人会议,会议通过了《破产财产变价和分配方案》。并于 2014 年 1 月 17 日进行了首次分配。

最后,在审理该案过程中,天台县人民法院积极探索刑民协同理念,指导管理人在拟定破产财产变价、分配方案时,充分考虑相关涉嫌犯罪刑事诉讼程序对破产程序的影响,在对破产企业及其高管科以刑罚之前完成债权审核工作并制定分配方案,将各债权人的受偿比例统一在商事案件处理标准之下,以体现公平和效率原则,快速推进破产案件审判,实现了破产程序与刑事程序在实体上和程序上的有效衔接。

(三)典型意义

天台县人民法院在案件审理过程中,在法律框架内创造性地开展工作。以公告方式在全省范围内择优选任破产管理人,在省内尚属首次。裁定浙江天台银象生物化工厂与银象生物公司合并破产清算,浙江银象生物工程有限公司、浙江天台银象生物化工厂与沈某、金某的财产及债务合并处置,最大限度保障各债权人公平受偿,推进破产清算进程;积极探索刑民协同理念,债权审核不以刑事生效判决为前提,破产程序与刑事程序相对相互独立、互相配合,很大程度上提高了破产程序的效率,使债权人获得清偿的时间大大提前,对贯彻“刑民协同”理念处理破产案件中的刑民交叉问题作了有益的尝试和成功的探索。

四、浙江虹桥控股集团有限公司破产重整案

(一)基本案情

浙江虹桥控股集团有限公司(以下简称虹桥公司)位于长兴县洪桥镇,系一家混凝土预搅拌生产企业,注册资本 8180 万元,其中股东吴某龙出资 7362 万元,占 90%;股东吴某出资 818 万元,占 10%。虹桥公司因自身的管理问题以及长期高负债运营,并且对外担保数额巨大,资金链断裂。虹桥公司因涉及民间借贷等多起诉讼案件,多家法院查封了虹桥公司的银行账户、对外投资的股权、房产、车辆等资产作为保全。据债务人反映其自有负债规模已高达 5.3 亿元,而资产总额为 3.1 亿元,其资产已不足以偿付全部债务。2013 年 2 月 4 日虹桥公司以不能清偿到期债务,并且资产不足以清偿全部债务为由向长兴县人民法院申请破

产重整。

(二)审理情况

长兴县人民法院综合分析了债务人企业陷入困境的原因、经营状况及市场发展前景,认为债务人拥有预拌混凝土特许经营资质,具有较高的无形价值,且主营业务发展较好,虽债务人处于资不抵债的状况,但是具有通过重整获得新生的可能。故长兴县人民法院于2013年2月18日作出〔2013〕湖长商破(预)字第1-1号裁定书,裁定受理虹桥公司破产重整案。鉴于虹桥公司在法院受理破产重整前,已成立了以洪桥镇人民政府相关人员为主的清算工作组开展相关清算工作,经依法报请湖州市中级人民法院和省高级人民法院审查同意,长兴县人民法院于2013年2月20日作出〔2013〕湖长商破字第1-1号决定书,指定虹桥公司清算组担任虹桥公司临时管理人。2013年3月4日在长兴县人民法院的协助下,管理人全面接管虹桥公司。2013年3月20日长兴县人民法院同意虹桥公司在管理人的监管下继续营业。

2013年4月25日长兴县人民法院主持召开虹桥公司第一次债权人会议,同意清算组正式履行管理人职责,选举产生了债权人委员会成员,并表决通过了《财产管理和投资者引进方案》等报告。同日,虹桥公司债权人委员会第一次会议也在长兴县人民法院召开,表决通过重整投资者招募公告、公司应收款激励机制等四项议题。截至2013年8月底,虹桥公司在重整运营期间共实现销售产值约1.05亿元,上缴国家税收近700万元,实现盈利约1400万元。重整期间,经过多轮谈判和洽商,湖州里鱼山矿业有限公司在第一次公开招募期内向管理人明确了投资意向,并提供了2000万元融资。在重整条件下,该投资者愿意在参照市场价值的基础上进行溢价收购,整体收购对价为2.4亿元。

进入重整程序以来,虹桥公司共有143家债权人向管理人申报债权(未计入职工债权),申报总额为9.1亿元,完成审查并加以确认的债权总金额为5.6亿元,尚待进一步审查确认和有待诉讼终结确认的债权金额为1亿元,核减债权2.47亿元,其中民间借贷核减了1.36亿元。虹桥公司在清算条件下,公司的资产不足1亿元,预计普通债权清偿率不超过8%;而在重整条件下,投资者以2.4亿元整体溢价收购,预计普通债权清偿率最高可以达到33%。

经过6个月的重整,管理人于2013年8月17日向长兴县人民法院提交了《重整计划(草案)》,并于2013年9月17日召开了第二次债权人会议。在该次会议上,特定财产担保债权组、职工债权组及出资人组均以全票通过了《重整计划(草案)》,普通债权组以 72% 债权人人数和 78% 债权额通过了《重整计划(草案)》;会议上还表决通过了《债权人会议书面表决方案》。根据重整计划,债权受偿方案如下:(1)对债务人的特定财产享有担保权的债权组,全额清偿,在重整计划获得法院批准之日起 60 个工作日内偿还;(2)职工债权组,在重整计划批准之日起 60 个工作日内足额清偿,清偿比例为 100%;(3)普通债权组,对于任一债权人所持有的普通债权额度在 10 万元(含 10 万元本数)以内部分全额清偿,在重整计划批准之日起 30 个工作日内一次性付清。债权额在 10 万元以上部分债权,债权人可选择一次性清偿方案或分期清偿方案。一次性清偿方案:按债权人持有的普通债权确认金额的 15% 的标准清偿,自重整计划批准之日起 60 个工作日内清偿,至迟不超过 2013 年 12 月底。分期清偿方案:第一期定于重整计划批准日起 60 个工作日内清偿债权确认金额的 10%;第二期定于 2014 年 12 月底前清偿债权确认金额的 7%;第三期定于 2015 年 12 月底前清偿债权确认金额的 7%;第四期定于 2016 年 12 月底前清偿债权确认金额的 3% ~9%。预计分期清偿的清偿率为 27% ~33%。

2013 年 9 月 22 日长兴县人民法院裁定批准虹桥公司重整计划,终止虹桥公司重整程序。2013 年 9 月 27 日管理人向新投资人办理了移交手续。至此,虹桥公司破产重整案进入重整计划执行阶段。

(三)典型意义

虹桥公司破产重整案是长兴县首例司法重整成功的案例。虹桥公司破产重整成功,企业营运价值得以维持,职工就业机会得以保留,又最大限度保护了债权人利益,还有效化解了长兴市政公司、阿祥集团等 5 家担保单位因联保而引发的债务危机,并加快推进了 15 家金融机构不良贷款的处置。虹桥公司在重整期间,上缴国家税收近 700 万元,企业 150 名职工近 300 万元工资债权得以全额受偿,实现了企业、职工和债权人的多方共赢,切实维护了当地经济发展和社会稳定。

五、浙江民德纸业有限公司破产清算案

(一)基本案情

浙江民德纸业有限公司(以下简称民德公司)成立于 2010 年 9 月 7 日,注册

资本1.2亿元,实收资本4000万元,主要从事特种纸(食品级、医疗级用纸)生产销售。公司主要设备均为德国原装进口,生产工艺先进,为该地区重点扶持企业,销售和盈利预期良好。2011年11月由于公司实际控制人卢某涉嫌诈骗被江苏省苏州市警方控制,引发民德公司资金链断裂。2012年4月9日衢州市衢江区人民法院受理债权人提出的民德公司破产清算案件。

(二)审理情况

案件受理后法院高度重视,成立以院长为组长的破产工作领导小组,多次主持研究商议重大事项并与政府相关部门协调争取帮扶,案件审理顺利推进。(1)巧设共益债务,做到"机器不停、员工不散、管理不乱、资产不贬"。案件受理之初,债权人纷纷上门逼债,原材料供应商停止供货,企业濒临停产。而一旦停产不但机器设备腐蚀贬值,技术工人流失,设备无法发挥全部产能,销售渠道也会关闭,破产财产变现势必大幅缩水。为此法院指导管理人聘请中介机构对企业经营前景进行测算,结论是继续经营会因开工不足、边际成本无法降低导致部分亏损,但少量亏损有益于保持企业整体资产价值,对于稳定原材料供应商和客户,吸引战略投资者具有重要意义。在第一次债权人会议上,将《关于继续债务人营业的分析报告》提交大会表决,获得高票通过,确定以每月15万元亏损额为上限将继续营业产生的债务确定为共益债务。(2)合理减债维护债权人利益。经审计,债务人资产总值为1.2亿元,司法处置价8600万元,债权总额为1.4亿元,普通债权清偿率不到25%。在债权审核中,以实际控制人卢某和隐名股东未足额缴纳出资、民德公司为卢某的债务提供担保并代为清偿为由,对卢某和公司隐名股东进行追索;在查清关联公司之间复杂的持股控制关系基础上,核减公司实际控制人卢某及其实际控制的关联公司的债权。(3)尊重债权人意思自治,以债权人会议为平台进行资产处置。依托债权人会议平台,充分通过市场竞争方式进行债务人财产整体变价。一度有2~3家战略投资人提出收购意向,报价从8000万元一直上升至1.1亿元。同时也有个别投资人恶意磋商,在第二次债权人会议现场抛出极具诱惑力的虚假投资方案,在债权人群体中造成不良影响。为确保全体债权人利益,法院指导管理人本着公平、公正、公开的原则,设置准入门槛和竞争程序,恶意磋商者因未按时缴纳履约保证金退出竞争。在第三次债权人会议上,法院指导管理人将竞争程序中的所有相关文件、协议材料全部公开,消除部分债权人误认为管理人"暗箱操作"、贱卖资产的疑虑。(4)非拍卖方式处置资产,实现公司营运价值保留。通过债权人会议决议公司资产整体变价,并由投资人全盘接收公司全部职工、营销渠道等无形资产,结合投资人能力意愿和企业经营规律,分期支付收购资金,积极协调政府各部门办理环评等各项审批事宜,并将此次收购作为招商引资新项目享受各项优惠。(5)促进银企合作,银行放弃行使别除权保证资产整体变价。某信用合作联社对企业核心设备享有别除权,一旦抵押资产被提前处置,必将降低债务人破产财产整体变现价值。经法院多方协调,该信用社放弃行使别除权,同时战略投资人也充分考虑信用社绩效考核压力,以其控制的其他公司名义提前归还 2400 万元贷款。之后投资人与该信用社建立了长期稳固的合作关系。

(三)典型意义

破产清算案件审理中做到"机器不停、员工不散、管理不乱、资产不贬",实现产值 5000 万元;案件审理仅用时 7 个月;债务人企业资产实现整体变价 1.1 亿元,减少拍卖佣金并由投资人分批支付转让款,利用企业自身造血功能偿还债务,缓解投资人资金压力;合理减债,及时支付欠缴的社会保险金,对关联企业职工集资款 100% 清偿,普通债权清偿率由 25% 提高至 75%;投资人不仅接收了债务人全部资产,还保留了全部一线员工特别是核心技术人员,清算过程中完整地保全了企业生产力;实现银企协作共赢。

六、江山市安泰房地产有限公司破产清算案

(一)基本案情

江山市安泰房地产有限公司(以下简称安泰公司)成立于 2001 年 5 月 23 日,注册资本 1 亿元,以开发房地产为主业,法定代表人毛肖东,占股 95.1%,另一股东汪香珠占股 4.9%。2011 年年底,安泰公司陷入债务危机,后债权人申请对安泰公司破产清算,江山市人民法院于 2012 年 6 月 8 日裁定受理并指定管理人。案件受理时,安泰公司的账户余额仅为 1123.97 元,并欠缴职工工资、建筑民工工资、材料款等。已开发的"东景苑"项目共有 3 幢商住房 78 套住宅,原定于 9 月 30 日前交房,工程停工后,购房户情绪激动。另安泰公司还以 1.6 亿元拍得江山市区原啤酒厂地块,土地面积 15,179 平方米,2011 年 3 月开始施工,至停工时,工地深基坑截面面积达 1 万平方米,深度 9 米,仅完成了地下室约一半工程量。该地块项目已预售单身公寓,向 22 人收取购房款 360 余万元,向 54 人收取

商铺定金426万元。

(二)审理情况

首先,创新以管理人贷款方式恢复工程施工。"东景苑"项目涉及的3幢商住楼原定于9月30日前交房,该78户购房户中部分购房用途为学区房和婚房,工程停工之后情绪激动,多次上访。为解决工程的后续施工资金问题,法院指导管理人以管理人名义向银行贷款。但金融法律法规对管理人作为贷款主体缺乏相关的规定,经协商,决定以管理人所在的律师事务所名义向银行贷款,单设账户专款专用,法院监督,以该方式贷款197万元,作为恢复施工的启动资金。2012年10月该项目通过竣工验收,成功交付78套住宅、37间店面,平息了群体信访事件。

其次,破产财产拍卖保障利益最大化。该案面临的最大问题是位于市区繁华地段的江山市区原啤酒厂地块停工后工地遗留截面面积达1万平方米、深9米的深基坑,且当时正处于汛期,几次强降雨已造成多处基坑护壁坍塌。如果不及时采取有效措施,极易引发深基坑周边房屋和道路塌陷、沉降,给城市公共安全和周边人民群众的生命、财产带来危害。法院与管理人、政府工作组多方论证后,提出并监督落实两项措施:一是保证深基坑和周边的安全,采取临时加固基坑护壁支撑、由质监站对工地现场全方位24小时进行监测、专人负责24小时不间断抽水,保证深基坑的安全。二是推动工作组招商引资,管理人制作变价方案,以期在条件成熟时及时依法委托拍卖。2013年3月该在建工程项目以2.3亿元的高价拍卖成功,比债权人预期的价格高出4000万元。且买受人为当地颇有实力的房地产开发商,既保证了楼盘顺利建设,又在汛期到来前及时消除了安全隐患。

再次,用好法律用足政策最大化破产财产。针对债务人转移资产情况,通过撤销权诉讼等手段追回店面、住宅、贮藏室等不动产56套,建筑面积共计12,311.22平方米(店面41间、住宅4套、贮藏室11间),轿车4辆,对外债权、别墅转让款、房屋销售差价款等共计3700万元;通过向市政府争取税收优惠政策,免缴土地增值税460万元,返还税收地方留成部分1000余万元。通过上述手段,增加了破产财产,提高了普通债权清偿比例,赢得了债权人的理解和支持。

最后,分类甄别,依法保护购房人利益。管理人在拍卖之前对购房户进行依法甄别、分类,对正式签过销售合同,并已支付了大部分或全部购房款的13户移交给买受人继续履行合同;对未签订销售合同、仅支付部分购房款的 9 户及交纳商铺定金的 54 户协调以取回权申报债权。

(三)典型意义

虽然安泰公司破产了,但开发的楼盘“不破”。3 幢楼 78 套商品房的后续工程,通过管理人贷款恢复施工,顺利交付给各购房户;特别是在市中心繁华地段留下的巨大深基坑,通过招商,成功拍卖确定接盘人,工程施工进展顺利,到第二次破产分配时,主体结构已基本完工。不仅保障了购房者的利益,还保障了公共安全、维护了城市的形象。针对债权人群体的不同利益诉求,结合案件具体情况依法分类处理,做到平稳有序、先急后缓,取得债权人的理解和支持。特别是追收破产财产、有效变价财产,达到利益最大化,在破产清算中,普通债权人清偿率达到 61%。

七、杭州顺达塑胶有限公司破产清算转重整案

(一)基本案情

杭州顺达塑胶有限公司(以下简称顺达公司)成立于 2005 年 6 月 29 日,注册资本 5100 万元。公司经营范围:生产、销售 PVC－U 塑料管材、管件、PPR 管材、PPR 管件、PE 管材、PE 管件、高低压电力管材、管件;塑胶管材、管件生产线设备租赁。2013 年 6 月顺达公司因涉及互保纠纷而导致资金链断裂,其土地、厂房、设备等核心资产面临即将被司法拍卖。2013 年 6 月 28 日顺达公司以无能力正常经营,不能清偿到期债务,并已严重资不抵债为由向临安市人民法院申请进行破产清算。2013 年 7 月 3 日临安市人民法院依法裁定受理顺达公司企业破产清算申请并指定管理人。

(二)审理情况

该案系新《企业破产法》颁布实施后,临安市人民法院受理的首例企业破产案件。案件受理后,临安市人民法院依法指定管理人,并监督破产企业与管理人及时进行资产、印章、文件、票据等材料的移交。同时,协调政府层面成立破产危机处置领导小组,由企业所在青山湖科技城管委会主任任组长,协助配合法院工作。(1)协助、支持管理人维持企业经营。临安市人民法院经审查发现导致顺达公司资不抵债的主要原因系该公司受互保企业经营不善影响面临银行收贷,并非主营业务亏损。公司仍然具有基本的生产能力和熟练的技术工人和销售渠

道。基于此，法院协助、支持管理人维持企业继续经营，此举解决了企业 249 名职工（其中，残疾职工达 102 名）在企业破产期间的工资问题，维护了社会稳定。(2)及时掌握企业资产状况。临安市人民法院督促管理人及时委托浙江中汇会计师事务所、浙江坤元资产评估有限公司对顺达公司进行财务审计、资产评估，全面核实破产企业的资产状况。在此基础上，法院会同管理人对企业陷入破产原因进行全面分析，并在第一次债权人大会上予以通报，充分保障债权人的知情权。(3)积极处理未结诉讼案件。顺达公司申请破产清算时已涉及诉讼案件 11 件，涉案总金额超过 1 亿元，其中有 9 件案件原告申请查封冻结了顺达公司的资产或者银行账号。临安市人民法院受理破产案件后，第一时间与相关案件受理法院取得联系，并多次沟通，避免企业被查封冻结的资产被其他法院处置，较好地维护了破产企业资产的完整性。(4)核查催收应收账款。通过对破产企业财务进行审计，共查明破产企业账面应收款合计 8647.63 万元，但由于企业管理不规范，其中大部分应收账款的诉讼时效期间已经届满。在法院督促下，管理人对账面应收账款进行整理核实，收集证据，对真实存在的应收账款进行账龄分类，并及时进行催收。(5)依法引导原股东无条件退出破产企业。为顺利实施《杭州顺达塑胶有限公司企业破产重整计划草案》，临安市人民法院与管理人数次与原股东进行沟通，说明利弊、分清责任，最终原股东自愿将股权零对价转让给重整方并出具书面文件，有力推进了重整进程。(6)积极引进战略投资者。在第一次债权人会议上，管理人首次推出企业重整的思路，得到了广大债权人的拥护和认可，并以 97% 的高票通过了《杭州顺达塑胶有限公司重整及资产处置方案》。会后，根据债权人委员会的决议，管理人及时对外发布了招商引资重整公告，吸引了杭州开泰科技有限公司和浙江中金黄金饰品销售有限公司两家企业报名，并提交了重整方案投标建议书。最终，由债权人委员会对报名参与重整企业的主体和重整标书进行了审议，通过由两家企业报名企业联合重整的方案，并将联合重整方案提交债权人大会审议表决。

（三）典型意义

2013 年 12 月 18 日顺达公司第二次债权人会议顺利召开，并高票通过了《杭州顺达塑胶有限公司企业破产重整计划草案》。临安市人民法院审查后于 2013 年 12 月 20 日裁定批准顺达公司重整计划。案件审理贯彻了浙江省高级人民法院简易审的理念，从清算程序转入重整程序到最终重整成功，共用时 5 个多月。

2014 年 5 月 20 日,在重整计划执行期限届满之日,顺达公司顺利完成了股权、法定代表人、董事、监事变更的工商登记手续,拿到了新的营业执照;债权清偿按照重整计划执行完毕;公司的股权结构、公司治理、职工安置及生产经营状况均已符合《重整计划》的阶段性要求,公司经营步入正轨,顺达公司破产一案圆满收官。

八、浙江博大塑料有限公司破产重整案

(一)基本案情

浙江博大塑料有限公司(以下简称博大公司)于 2002 年 4 月 8 日设立,住所地乐清市北白象镇万家工业区,占地 28 亩,系乐清市人大代表吴胜光一手创办。主营业务为氨基膜塑料、密胺模塑料、罩光粉的生产,产品在浙南和闽北地区享有较高的美誉度和市场占有率。由于同类竞争企业少,利润空间大,公司自身经营良好,系该工业区内龙头企业。后因受担保企业牵连以及吴胜光病故,加上宏观经济面的下行,需求萎缩,企业资金链断裂。根据债务人提供的会计报表,其账面资产为 96,491,839.06 元,债务为 117,880,497.64 元。2013 年 3 月 10 日博大公司因不能清偿到期债务,向乐清市人民法院申请破产重整。2013 年 5 月 10 日该院依法裁定受理,并指定管理人。

(二)审理情况

1. 拟定引进战略投资人,破产不破业的重整思路。2013 年 7 月 17 日乐清市人民法院主持召开博大公司债权人第一次会议。会议通过了管理人的债权债务核查报告,产生债权人委员会和委员会主席。并针对债权人和债务人重整意向进行了表决,初步拟定引入投资人实现股权重组、破产不破业的重整模式。

2. 公开招募战略投资人。经管理人通过媒体公开招募并进行洽谈,2014 年年初,管理人与博大公司担保人华东控股集团签订了《重整投资意向书》,约定以 3420 万元对破产企业进行股权重组,该 3420 万元投资款和破产企业应收债权用于对破产债务的清偿,新股东仅对重整后债务负责的重整模式。签订当日,投资人 500 万元履约保证金汇入管理人专用账户,余款在企业财产交接后 2 个月付清,钱款和股权变更同时进行。

3. 撤销银行债权人对企业财产的抵押优先受偿权,按普通债权参与分配。管理人在审查中查明,中国工商银行乐清支行和交通银行乐清支行的 2 笔优先

债务共计2000余万元系在博大公司破产申请受理前为原无财产担保的债务提供担保,依法应予撤销,遂向两债权人发布了不予确认优先债权通知。两行不服向乐清市人民法院起诉,要求确认借款抵押合同有效,并对抵押物优先受偿。案经审理,两案债权办理的抵押合同确属在债务人博大公司破产申请受理前一年内为无财产担保的债务提供担保,乐清市人民法院对两行的诉讼请求不予支持。判决后,两原告没有上诉。此举充分保护了广大普通债权人的利益。

4. 强制批准破产重整计划草案。2014年1月22日第二次债权人会议对重整计划草案进行分组表决,应到普通债权人23人,债权总额9390万元,实到普通债权人18人,债权总额9348万元。债权人职工债权组已全部清偿,不再进行设组表决,出资人已同意将其权益调整为零,不再进行设组表决。表决结果:同意14人,债权占比46.79%,人数比60.87%。但4位普通债权人工商银行、建设银行、浦发银行、中国银行投反对票,第一次表决因债权总额未超过总债权的2/3未获通过。事后经与4家银行再次沟通,4家银行明确表示没有反对意见,因内部管理上的规定,权限在上级行,但请示后,在第二次表决中仍投反对票,草案未能通过。2014年3月11日管理人向法院提出强制批准的申请。经审判委员会讨论,认为管理人提交的重整计划草案符合我国《企业破产法》第87条强制批准的规定,重整意义大于破产清算,最终决定强制批准重整计划草案,于2014年3月31日裁定强制批准重整计划草案并终结重整程序,并报浙江省高级人民法院备案。

(三)典型意义

这是温州法院首次强制批准重整计划,涉及"破产不破业、保企业不保企业主"的重整模式、撤销对物的优先受偿权等问题。依照重整计划,担保债权、职工债权、税收均得以全额清偿,普通债权受偿比例从约8.58%提高至9.48%以上。本案重整计划若能顺利执行,按照温州市政府出台的相关帮扶政策,重整企业可享受免税2年的优惠政策,可使重整企业轻装上阵。通过破产重整,盘活资产近6000万元(尚未计算无形资产、表外资产),化解金融不良债权1.03亿元,既保障了经营的延续和资源的优化配置,也有效避免因土地、设备闲置,员工不能就业、债务不能有序清偿等而可能产生的社会问题。

九、温州中硅科技有限公司破产重整案

(一)基本案情

温州中硅科技有限公司(以下简称中硅科技)成立于2010年6月,注册资本2亿元,瑞新集团有限公司与温州中硅新能源控股有限公司各占50%的出资比例。该公司主要从事太阳能利用技术的开发及生产、销售太阳能产品、光伏应用产品等经营活动。几年前,光伏产业顶着新兴产业的光环,受到国内资本热捧,然而曾经风光无限的光伏产业很快遭遇寒冬,产能过剩、国内需求疲软、出口遭遇美欧“双反”阻击,光伏企业迅速被推到了生死边缘。2012年10月11日中硅科技因销售受阻、生产设备严重贬值、企业经营陷入困境,向温州市瓯海区人民法院提出破产重整的申请。法院于2012年10月23日裁定受理该案,并于2012年10月26日指定管理人。

(二)审理情况

1. 继续履行租赁合同,保全设备价值。因中硅科技唯一的资产为六条流水线,案件受理后,中硅科技向瑞新集团(股东兼债权人)租赁厂房以存放生产设备,但现有资金不足以支付厂房租金。经法院多次主持召开协调会,瑞新集团以现有的债权按清偿比例重新投入重整后的中硅科技以换取股权,瑞新集团与管理人的厂房租赁合同继续履行,以厂房添附的空调、装修等以原价抵扣重整期间的租金。

2. 领取进口设备贴息,扩充重整企业财产。管理人在接手中硅科技后,通过深入了解,得知中硅科技在温州市财政局外经处的中央进口设备贴息78.36万元未领取,但需要启用处于封存状态的原单位公章予以领取。经过合议庭审查后,同意管理人启用公司原公章专门用以领取进口设备贴息78.36万元。

3. 慎重确定重整思路。在重整计划制订过程中,管理人首先提出了以中硅科技现有生产设备投入甘肃酒泉的金塔集团以换取股权,并以股权收益逐渐清偿债务的方案。经进一步论证,考虑到风险因素,最终将以自身设备对外投资的重整思路转变为引进新的战略投资人。因为将中硅科技唯一可变现财产转移至甘肃酒泉,不仅运输费用昂贵,而且全部设备脱离管理人控制后,存在多种不可控因素。

4. 多渠道寻找新投资人。在案件审理过程中,全国光伏产业因美国、欧盟的

"双反"政策而陷入寒冬,而国内的光伏市场发展空间小,产能及生产设备严重过剩,引进新的战略投资人困难重重。管理人通过网络广告、行业广告等方式,并发动债权人、债务人共同寻找投资人。经过多方努力,最终找到一名战略投资人,同意以现金出资 3000 万元以清偿债务,并受让相应股权。

5. 妥善协调银行债权人。在案件审理过程中,银行债权人基于其内部考核原因均提出要求对现有资产通过拍卖形式一次性处理。而中硅科技抵押给中信银行的设备系六条生产线中的一部分关键设备,该部分设备的拍卖会严重影响六条生产线的整体价值,直接影响所有普通债权人的清偿率。经与银行多次沟通与协商后,最终确定以设备评估价上浮 20% 为底价,组织公开拍卖。若公开拍卖成功,则上述重整核心设备按公开拍卖价出售;若无人应拍或流拍,则作为进一步确定重整计划合理性和公允性的依据。最后该拍卖以无人应拍而告终。以此为基础,后经再次表决,普通债权组与优先债权组均通过了重整计划草案。

(三) 典型意义

按照法院裁定批准的重整计划,最终确认无争议债权 2.29 亿元,职工债权、税款债权清偿率为 100%,有财产抵押债权清偿率为 13.89%,其余 86.11% 转为普通债权。而普通债权清偿率也从破产清算条件下的 2.75% 提升至破产重整后的 6.66%。根据重整计划,甘肃省酒泉市的金塔万晟光电有限公司作为主要重整方,与管理人签署重整框架协议,承诺在法院批准重整计划之日起 5 个月内注资 3100 万元,专项用于债权清偿。现重整方通过分期支付方式,已全部支付完毕。重整后,中硅科技将作为母体联合温州其他光伏企业共同投资,与金塔万晟光电有限公司合作,共同打造中国西北地区第一条垂直一体化光伏产业链。该案的顺利审理为遭受重创的光伏企业通过司法重整进行资源整合提供了一个重要样本。

十、嘉兴文廷电子有限公司破产清算案

(一) 基本案情

嘉兴文廷电子有限公司(以下简称文廷公司)成立于 2007 年 3 月 28 日,为西班牙独资公司,经营范围为新型电子元器件、家用电器的生产和销售。在申请破产前,该公司已停产,并有多起债务诉讼,其职工 82 人集体申请劳动争议仲裁,劳动部门于 2012 年 3 月 23 日裁决确认的劳动工资类债务为 661,888.20 元。

2012年4月26日嘉兴文廷电子有限公司以不能清偿到期债务、资产不足以清偿全部债务、明显缺乏偿债能力为由向嘉兴市秀洲区人民法院申请破产清算,法院于2012年5月9日受理。

(二)审理情况

秀洲区人民法院受理后于2012年7月31日主持召开第一次债权人会议,对债权表进行了审核。2012年9月27日秀洲区人民法院裁定确认49位债权人的债权7,244,971.86元,其中共益债务137,321.55元,嘉兴市地方税务局第二分局税收债权63,328.66元,其他为普通债权。2012年8月23日浙江新联会计师事务所根据秀洲区人民法院委托出具审计报告,结论为债务人资产总额4,836,546.06元,负债总额10,504,603.65元,净资产为-5,668,057.59元。2012年10月15日秀洲区人民法院裁定宣告债务人破产清算。(1)对于追讨难度大、成本高、成效不确定的债权的处理。审计中发现,债务人的独资股东西班牙博比特有限公司欠债务人销货款2,211,848.77元至今未收回,而西班牙博比特有限公司本身也在破产进程中。在法院指导下,管理人以该笔债权的追索难度大、成效不确定为由,建议在债权人会议就是否对该笔债权进行追讨进行表决。后经债权人会议表决,决定对该笔债权暂不予追讨。(2)对于多次拍卖无法变价财产进行实物分配。破产人的8托电子成品(共489箱,24,450个)评估价值为240,000元(快速变现价为168,000元),经委托嘉兴金平拍卖有限公司于2013年3月28日、8月19日、11月5日三次组织拍卖,均因无人报名应拍而流拍。为使破产案件顺利、及时结案,秀洲区人民法院建议进行实物分配,第二次债权人会议通过了该方案,并顺利进行了分配。按照最终通过的破产财产分配方案,破产财产在依次优先支付破产费用及共益债务、职工劳动债权及社会保险费、所欠税款共计1,077,155.98元后,余款142,499.26元用以清偿普通债权。普通债权共计7,044,321.65元,清偿率为2.0229%。电子产品24,450个,以实物形式分配给普通债权人,每万元债权分得34.7个。(3)协调解决职工社会保险金的滞纳金问题。2012年3月23日嘉兴市秀洲区劳动争议仲裁委员会对债务人职工的申请作出裁决,管理人在为劳动者补缴社会保险金过程中,涉及滞纳金问题无法处理。法院认为,债务人为破产企业,如果先行交付保险滞纳金会损害其他债权人利益;根据最高人民法院《关于税务机关就破产企业欠缴税款产生的滞纳金提起的债权确认之诉应否受理问题的批复》(法释〔2012〕9号)规定,破产企业在破产案件受理前因欠缴税款产生的滞纳金属于普通破产债权。对于破产案件受理后因欠缴税款产生的滞纳金,人民法院应当依照最高人民法院《关于审理企业破产案件若干问题的规定》第61条规定处理,即不属于破产债权。因此,建议税务部门考虑实际情况,按仲裁裁决书载明的金额计征。后嘉兴市地税二分局听取了法院意见,该问题得以顺利解决。2013年12月17日秀洲区人民法院依照《企业破产法》第120条第2款、第3款的规定,裁定终结嘉兴文廷电子有限公司破产清算程序。

(三)典型意义

案件审理历时一年多,后依照浙江省高级人民法院《关于企业破产财产变价、分配若干问题的纪要》所明确的"管理人可以拟定包含将实物分配或折价抵给特定的债权人的变价方案内容",对破产财产进行实物分配,破解破产财产变价难题,并通过协调免除社会保险金滞纳金的缴纳,是推进企业破产案件简易审理的有益探索。

浙江省各级各地人民法院破产审判十大典型案例(2014年)*

一、李某某、施某某申请永康市永立机械制造有限公司破产清算案

(一)工作亮点

通过个案监督强化企业破产案件依法受理。

(二)基本案情

2014年5月12日申请人李某某、施某某以被申请人永立公司不能清偿到期债务、资产不足以清偿全部债务、明显缺乏清偿能力为由,向永康市人民法院(以下简称一审法院)申请对永立公司进行破产清算。一审法院审查认为,本案债权系民间借贷债权,永立公司为主债务人程某某向申请人借款而提供保证。债权人未向主债务人行使权利,且在听证中发现,主债务人名下尚有财产,申请人申请保证人永立公司破产清算,不具备破产原因。该院裁定:对李某某、施某某的破产清算申请不予受理。李某某、施某某不服一审裁定,提起上诉。二审法院审查认为,有证据证明程某某还有财产,无法认定程某某、永立公司不能清偿本案所涉全部债务。在一审法院听证过程

---

* 本文为浙江省高级人民法院民二庭2015年撰写的《浙江法院破产审判报告(2014)》的附件内容。收入本书时,由作者根据具体案件进展情况,对审理情况和典型意义中的部分内容做了修改完善,特此说明并致谢。——编者注

中，双方当事人对本案所涉债务数额也存在不同意见。二审法院裁定驳回上诉，维持原裁定。李某某、施某某不服二审裁定，向省高级人民法院申请再审。省高级人民法院由民二庭组成合议庭对再审申请进行审理，根据查明的事实，2012年12月～2014年1月，申请人李某某、施某某与程某某、永立公司及其关联企业浙江百年银工贸有限公司先后签订了13份借条。程某某向两位申请人借款5200万元，浙江百年银工贸有限公司、永立公司分别或共同针对该借款承担连带责任。2014年4月2日申请人李某某、施某某与程某某、浙江百年银工贸有限公司、永立公司共同签订了《债务确认书》。其中第5条明确：截至本债务确认书签署当日，乙、丙、丁、戊四方确认还有借款人民币伍仟贰佰万元整（5200万元），没有偿还给甲方。"本债务确认书自各方签字之日生效。"再审审查中还发现，永立公司及其关联企业浙江百年银工贸有限公司已经没有开展经营活动，厂房、土地使用权已经在本案申请人提起破产申请前办理了转让手续；李某某和其他债权人曾提出异议，但一审法院也未受理李某某针对厂房和土地使用权转让的撤销权起诉；永立公司对《债务确认书》的形式真实性不持异议，只是认为部分款项已经归还，且其中包含高息。再审申诉审查认为，李某某申请永立公司破产清算，符合《企业破产法》及《关于适用〈中华人民共和国企业破产法〉若干问题的规定（一）》的相关规定，裁定指令二审法院再审。

（三）典型意义

1.《关于适用〈中华人民共和国企业破产法〉若干问题的规定（一）》强化了企业破产案件的立案监督，对认定破产原因涉及的"不能清偿到期债务""资产不足以清偿全部债务"和"明显缺乏清偿能力"作了规制。人民法院不得在法律和司法解释之外设置企业破产案件的受理条件。

2.债务人企业已经停止经营，不具有营运价值，对这样的"僵尸企业"不进行处置，不利于对债务人权利的公平保护，也闲置了厂房和土地使用权等要素资源，不符合破产财产处置效益最大化的要求。

二、浙江贝力生科技有限公司、浙江明辉控股集团有限公司破产重整案

（一）工作亮点

全面启动竞争方式指定管理人工作。

（二）基本案情

为贯彻落实《关于规范企业破产案件管理人工作若干问题的意见》（浙高法

〔2013〕38号),进一步推进市场化导向企业破产审判工作,省高级人民法院司法鉴定处、民二庭联合下发《关于进一步规范管理人动态管理若干事项的通知》(浙高法鉴〔2014〕3号),明确了应通过竞争方式指定管理人的破产案件范围和操作原则。包括虎牌集团控股有限公司、浙江贝力生科技有限公司、浙江明辉控股集团有限公司等拟申请破产(含重整)企业纳入了浙江省高级人民法院竞争方式指定管理人的调研。

4月29日绍兴市中级人民法院在浙江省高级人民法院指导下,制定拟由越城区人民法院受理的浙江贝力生科技有限公司、浙江明辉控股集团有限公司两企业破产案件的"询邀函"和"工作方案",并向列入省级管理人履职资料名单的社会中介机构和绍兴市中级人民法院辖区内的社会中介机构发出。截至5月7日,共有17家管理人提交询邀函回执及陈述意见书,根据报名结果及省高级人民法院《关于进一步规范管理人动态管理若干事项的通知》文件要求,绍兴市中级人民法院选定了7家候选管理人,并确定于2014年5月16日在绍兴市中级人民法院B楼1008室举行评审听证会。未列入前7家正式参加竞争的社会中介机构可以旁听评审听证会。

绍兴市中级人民法院组成评审委员会,经中介机构陈述、评审委员会听证、评审、抽签等程序最终选定。温州中源立德会计师事务所与浙江光正大律师事务所组成的联合管理人担任浙江贝力生科技有限公司、浙江明辉控股集团有限公司破产重整案件的管理人。该案系全省首次按照《关于进一步规范管理人动态管理若干事项的通知》要求通过竞争方式指定管理人。

三、浙江中汉卓信控股集团有限公司破产重整案

(一)工作亮点

充分发挥市场资源配置作用,创新股份处置方案,实现破产财产价值最大化。

(二)基本案情

2013年5月13日富阳市人民法院裁定受理浙江中汉卓信控股集团有限公司(以下简称中汉集团)破产重整案。2013年11月1日富阳市人民法院裁定公司实际控制人个人财产与企业财产合并处置。2013年12月20日债权人会议高票表决通过《浙江中汉卓信控股集团有限公司重整计划(草案)》。2014年1月2

日富阳市人民法院裁定批准浙江中汉卓信控股集团有限公司重整计划。

广东华兴银行股份有限公司的1.5亿股股份,是中汉卓信重整案的最为核心的资产。基于该股份的特殊性以及标的金额较大,如毫无准备地简单进行资产拍卖,价格将越拍越低,且最终可能流拍。为确保资产变现价值最大化,管理人一方面积极与广东华兴银行取得联系,了解该股份转让的相关政策规定及银行内部管理要求,与华兴银行建立良好的互动机制,相互配合,推进资产处置工作;另一方面通过网络、律师事务所平台等各种平台,为股份寻找合适的重整投资者,重点针对华兴银行现有股东,广东、汕头本地投资者等。在前期已经接触已有意向投资者的基础上,基于简单资产拍卖越拍越低的现状,管理人拟定了公开招募投资者的方案提交债权人委员会讨论,取得债权人委员会的一致认可。

2014年3月管理人启动对华兴银行股份的处置工作,分别在《富阳日报》《21世纪经济报道》《钱江晚报》《羊城晚报》《汕头都市报》等多家媒体上刊登招募投资者公告,报名期限截至2014年5月10日。后管理人接待上海、汕头、广州等多家投资者正式咨询。这种多家投资者咨询的情况,也使投资者出现踊跃报价的意向。虽然至最终报名截止日,只有一家投资者向管理人报名,并缴纳保证金1000万元,但其报价为1.5亿元,没有出现低于原始投入的情况,实现了资产的保值。考虑到1.5亿元报价依然较低管理人专门前往广州,与该投资者进行洽谈,汇报重整情况以及债权人清偿情况,希望能够提高报价。经反复协商,最终该投资者报价1.52亿元。2014年7月18日管理人对该投资者报价在《21世纪经济报道》上进行公示,公示期间无其他投资者报名并报价。最终华兴银行股份以1.52亿元成交,2014年10月该投资者依约全额支付1.52亿元股份价款,管理人在后续也将股份变更相关手续提交该投资者。

四、生活秀集团有限公司破产清算案

(一)工作亮点

贯彻刑民协同理念,在破产程序中追究相关责任人员刑事责任,依法推进破产程序。

(二)基本案情

瑞安市人民法院于2012年10月26日依法裁定受理生活秀集团有限公司(以下简称生活秀集团)破产清算一案。后该院于2012年11月8日向生活秀集团法定代表人陈某某发出通知,要求其于 15 日内向该院提交财产状况说明、债务清册、债权清册、有关财务会计报告以及职工工资的支付和社会保险费用的缴纳情况。截至 2013 年 3 月 18 日,生活秀集团有限公司未向该院提交全部账册以及会计凭证。后瑞安市人民法院发现生活秀集团存在私设账外账的行为,财务混乱。并且有证据表明该公司的账外账和大部分会计凭证已经被生活秀集团故意销毁或者隐匿,故瑞安市人民法院将该案移送至公安机关。后经公安局立案,检察院公诉,瑞安市人民法院依法判决:被告人陈某某犯隐匿会计凭证、会计账簿罪,判处有期徒刑 3 年,并处罚金人民币 100,000 元。

(三)裁判要旨

在破产程序中,对于部分公司的关系人利用隐匿、销毁账册等行为通过破产程序逃废债的,应以隐匿、故意销毁会计账册、会计凭证罪追究责任人的刑事责任。

五、温州市瑞盛光学有限公司破产清算案

(一)工作亮点

破产程序终结后追究相关责任人员民事责任。

(二)基本案情

瓯海区人民法院于 2013 年 7 月 26 日依法裁定受理温州市瑞盛光学有限公司(以下简称瑞盛公司)破产清算一案。后瑞盛公司没有在法定期限内对破产清算申请提出异议。2013 年 7 月 30 日瓯海区人民法院依法通知瑞盛公司股东陈某甲、陈某乙、付某某在 15 日内向管理人移交公司财产、印章和财簿、文书等资料,但股东陈某甲、陈某乙、付某某均未向管理人提交账册及提供财产。为此,林某某等 8 位原告要求陈某甲、陈某乙、付某某共同支付其经确认的无争议债权及赔偿利息损失。

瓯海区人民法院经审理认为:陈某甲、陈某乙、付某某至一审法院作出裁判时亦未能提交账务账册、凭证等材料,故判决:陈某甲、陈某乙、付某某应于(2013)温瓯商初字第 1117、1151、1154 - 1157、1119、1120 号民事判决生效后 10 日内支付林某某等 8 位原告经法院确认的无争议债权。

陈某甲不服一审判决,向温州市中级人民法院提起上诉。温州市中级人民法院经审理后维持一审判决。

(三)裁判要旨

在破产案件审理过程中,公司的股东和控股股东拒不提供公司主要财产、账册、重要文件等资料的,应当判定对于公司债务承担清偿责任。

六、浙江尖山光电股份公司破产重整案

(一)工作亮点

中国首例被美国法院承认的破产程序。

(二)基本案情

2013 年 12 月 25 日海宁市人民法院裁定浙江尖山光电股份公司破产重整。

在尖山公司破产重整一案中,据初步统计,债务人在美国存有 65.40 兆瓦的太阳能组件,扣除相关费用后,合计价值 2000 万美元左右;在德国有 3 个电站,合计 7.507 兆瓦,总投资约 1426.33 万欧元。对上述资产的处置,主要有以下困难:(1)资产为他人控制,涉及国外法律环境,无法对资产的真实性及价值进行有效评估;(2)权属尚存纠纷,确权需通过诉讼或协商方式取回资产;(3)无论是通过诉讼还是协商方式,原物取回显然不符合现状,在国外直接变卖更符合实际。

鉴于上述困难,海宁市人民法院对管理人提出了三点建议:(1)就境外资产的情况,向债权人会议作出汇报,并就是否需要评估、首选和解方式取回境外资产及境外资产在海外直接变价的事项进行债权人会议表决;(2)通过债权人会议决议委托境外评估机构对境外资产进行评估,同时责令管理人和债权人代表赴海外对债务人投资和资产进行核查,责令管理人通知海外分公司负责人员回国述职,并就权属纠纷事宜与相关人员进行协商;(3)如通过协商方式取回的,和解方案应报请法院同意,事后向债权人会议报告,如协商不成,应及时通过诉讼方式取回资产;(4)部分境外投资需通过资产清算的,责令管理人及时组织相关人员进行清算;(5)如部分境外资产确无法处置的,考虑通过剥离资产或抵偿债权的方式。

因尖山光电及其关联公司有约 1.5 亿元的资产在美国新泽西州,且至少涉及 3 家美国利益主体,若适用普通民事诉讼程序至少需用时 2 年以上。为及时有效处置企业海外存量资产,海宁市人民法院指导破产管理人向美国新泽西地区破产法院申请获得破产保护。

在管理人提出申请后,美国新泽西地区破产法院作出裁定,承认海宁市人民

法院破产裁定,裁定由尖山光电公司破产管理人及其美国代表和代理人依据中国破产法对债务人在美国的太阳能电池板等资产进行管理。这是全省首例实施跨境破产审判、盘活浙商海外存量资产的尝试。

七、舟山中恒置业有限公司破产清算案

(一)工作亮点

突破重整中融资"瓶颈",类资产证券化。

(二)基本案情

2014 年 11 月 6 日舟山市定海区人民法院受理了舟山中恒置业有限公司破产清算案。舟山中恒置业有限公司系一家房地产开发企业,其在舟山开发的"中恒·倚山艺墅"项目总投资约 8 亿元,但由于资金杠杆率过高等原因,最终导致资金链断裂。

经查,该项目已完成 95% 的施工,仅剩绿化及部分水、电、煤管网等工程,再有 5000 万元建设资金即可全部完工。如果该后续工程建设款不到位,则已售房产无法交付,未售房产无法销售,整个楼盘只能作为烂尾楼处理,势必会造成低价贱卖,从而严重损害债权人的权益。故 5000 万元资金的落实,是债权人利益最大化的关键。而以破产企业自身再向金融机构或其他方式进行融资几无可能。

舟山市定海区人民法院与浙江金融资产交易中心在舟山中恒置业有限公司破产一案中经过反复论证,提出一个设想:利用金融中心平台点多、面广、数量庞大的会员群体来募集资金。为此,舟山市定海区人民法院、浙江金融资产交易中心及该案件破产管理人共同深入探讨。定海区人民法院认为,《国务院关于创新重点领域投融资机制鼓励社会投资的指导意见》中明确鼓励民间资本采取私募等方式发起设立主要投资于公共服务、基础设施、区域开发等领域的产业投资基金。民间资本完全可以成为项目的发行主体。该项目资金注入是在破产申请受理后为全体债权人利益而发生的工程建设资金,符合《企业破产法》中有关共益债务规定,属于为债务人继续营业而应支付的债务,具有优先受偿的权利,只要债务人的现有资产能覆盖所融资金本息,风险即可控制。"中恒·倚山艺墅"项目除已售房产外,尚有近 2 亿元价值的房产未销售,且有应收房款 9000 余万元,现有资产能完全覆盖融资本息。引入共益债务这一创新思路,从法律上保证了

投资者资金的安全,很好地解决了投资者资金风险控制的问题。

据此,浙江金融资产交易中心按上级主管部门批准的投资收益权业务模式,设计出融资方案和交易结构、要素流程。这种模式很快吸引了第三方投资机构,表示有兴趣向舟山中恒置业有限公司进行投资,并以此投资产生的基础资产在中心平台发售投资收益权。经定海区人民法院与浙江金融资产交易中心商定,最终选择浙江恩仑有限合伙投资管理公司作为对中恒的投资主体,该投资须经中恒置业有限公司管理人报告全体债权人会议表决通过确定为共益债务。该方案顺利破解了债务人企业后续建设资金的融资难题,而且融资成本较其他融资方式更低,得到全体债权人的认可,顺利通过表决。

(三)裁判要旨

在破产程序中可以合法合规探索开展类资产证券化操作,探索通过区域性金融资产平台采用金融创新手段破解融资"瓶颈"、整合重整资源。

八、浙江华特斯聚合物科技有限公司破产重整案

(一)工作亮点

破产案件预登记,将债权审查、投资者引进和重整计划拟定等重要工作放在预登记环节完成,破产案件简易审。

(二)基本案情

浙江华特斯聚合物科技有限公司(以下简称华特斯公司)的主营业务为化学纤维、合成纤维聚合物的制造和销售。该案中,共有139家债权人申报债权9.2亿元。截至第一次债权人会议,管理人审查确认债权总额7.22亿元,尚待进一步审查确认的债权总额为1.52亿元。

2013年11月7日安吉县人民法院对该案进行了破产重整预登记。预登记期间,主要进行了以下工作:(1)同年11月10日安吉县人民政府办公室发文成立浙江华特斯聚合物科技有限公司工作组(以下简称工作组),专门处理华特斯公司破产事宜。预登记期间,工作组接管了公司印章、各类证照、银行账户和现金等,制定了一整套财务审批制度,严格管控企业资金流向;聘用保安对企业资产进行看护,防止资产非正常流失。(2)开展债权预申报工作,并与债权人进行沟通和协商。通过召集不特定多数及主要债权人的多层次、多种形式的会议,使主要债权人充分知晓工作组与意向投资者谈判的信息,并对债务豁免及清偿率形成预期判断。在意

向投资者表达重组意愿并签署备忘录后,工作组又邀请主要债权人共同到意向投资者生产场地进行考察,使债权人对于意向投资者的重整意愿、履约能力以及企业后续运营前景均形成理性判断,为后续启动重整程序奠定较好的债权人民意基础。(3)积极招募意向投资者。工作组主动走访华特斯公司所处化纤行业内有实力的企业,分别与萧山、绍兴等地的多家意向投资者展开多轮洽商、沟通和谈判,并与一家比较有投资诚意的意向投资者初步达成共识,签署了相应的重组备忘录。

2014年3月7日安吉县人民法院裁定受理华特斯公司破产重整申请。2014年4月21日华特斯公司召开第一次债权人会议表决通过《重整计划草案》等6个事项。2014年4月22日安吉县人民法院裁定批准华特斯公司破产重整计划草案,并终止华特斯公司破产重整程序。

(三)裁判要旨

企业破产申请预登记期间,由占已知债权(含担保债权)总额1/2以上主要债权人召集,可以比照《企业破产法》的相关规定建立债权人联络、协商机制并开展相关工作。

九、浙江嘉毅能源科技有限公司破产清算案

(一)工作亮点

执行和破产程序衔接,资产整体拍卖。

(二)基本案情

2013年8月15日嘉毅公司以无力清偿到期债务为由,向开化县人民法院申请破产清算,该院于同月27日裁定受理并指定了管理人。至债权申报期满,共有43家债权人申报债权总计3.907亿元。

在嘉毅公司申请破产之前,已有多起以嘉毅公司为被告的案件进入执行程序,涉案标的额高达11,388.92万元,公司全部资产被多家法院查封(涉及杭州市中级人民法院、衢州市中级人民法院和杭州市下城区人民法院)。其中,衢州市中级人民法院执行局已对嘉毅公司资产进行评估并实施了两次拍卖,均流拍,正准备以保留价6400万元举行第三次拍卖。一些投资人在场外观望,企图等第三次流拍后,通过变卖方式以低于5000万元的价格取得公司资产。

开化县人民法院受理破产申请后,立即通知相关法院中止执行程序、解除财产保全措施,第一时间接管了嘉毅公司的全部资产。考虑到公司资产已经通过

执行程序组织过两次拍卖的实际情况，同时《浙江省高级人民法院关于企业破产财产变价、分配若干问题的纪要》（浙高法〔2013〕154 号）第 12 条第 3 款也明确，“法院在民事执行程序中的评估报告，在破产财产变价时仍在有效期内的，管理人可将该评估报告作为确定破产财产变价的依据，无需再行评估”。为最大限度提高破产案件审判效率，降低破产费用，保护广大债权人的利益，开化县人民法院确定了由债权人会议对衢州市中级人民法院执行阶段已经实施的财产评估及变卖方案予以表决确认的方案。该方案提交第一次债权人会议后顺利表决通过，实现了执行和破产程序的良好衔接，避免了在破产程序中另行启动资产评估、拍卖程序，极大提高了工作效率，也有效降低了破产费用。

2013 年 10 月 22 日召开第一次债权人会议，审核债权并表决通过了财产变价方案，其中对衢州市中级人民法院在执行程序中对嘉毅公司的资产评估报告及二次委托拍卖程序予以表决确认，通过执破衔接避免了对公司资产的重新评估和重新启动拍卖程序。同年 12 月 4 日公司资产以 7466 万余元的总价款成交。

2014 年 1 月买受人江西泰明光伏有限责任公司支付了全部价款，并重新组建了浙江泰明光伏有限责任公司。同年 2 月公司成功恢复电池片加工生产线。同年 4 月 16 日召开第二次债权人会议，会议高票通过了破产财产分配方案。

（三）裁判要旨

对于在企业破产案件受理之前已经有以债务人企业为被告的案件进入执行程序的，可以通过债权人会议对执行程序中已经进行的资产评估和委托拍卖程序予以确认，以提高破产审判效率。

十、舟山市欧威宝商贸有限公司等三公司破产重整案

（一）工作亮点

通过简化债权人会议推动企业破产案件简易审理。

（二）基本情况

普陀区人民法院在审理舟山市欧威宝商贸有限公司等三公司破产重整案件中，欧威宝案存在清偿率相对较低、债权人人数众多，在第一次债权人会议上表现出情绪激烈等情况，为确保会议顺利召开并形成有效决议，普陀区人民法院建议管理人对第二次会议决议事项采用简易审方式进行，事先专门召开债权人委员会会议，通过了第二次会议采取书面表决与现场表决并行的方式进行的决议。

最终在指定日期到会现场表决的只有 31 人,其他均以在会前向管理人投送表决票的方式行使表决权。经表决,同意票数占总票数的 81.90%,所代表的债权额占无财产担保债权总额的 84.27%,破产财产分配方案顺利通过,既缓解了安保压力,也取得了较好的效果。

(三)裁判要旨

债权人会议(含债权人委员会)确认或认可的缩短期限、简化或合并手续及处分权利的事项,不违反法律禁止性规定的,法院应予以认可。

浙江省各级各地人民法院破产审判十大典型案例(2015年)*

一、上诉人庄吉集团有限公司等六公司不服不予受理重整申请裁定上诉系列案

庄吉集团有限公司(以下简称庄吉集团)成立于1996年5月17日,注册资本1.01亿元,实收资本1.01亿元,经营范围包括服装、鞋、皮具、针纺织品的制造、销售等。温州庄吉服装销售有限公司、温州庄吉置业有限公司、温州庄吉集团工业园区有限公司、浙江庄吉船业有限公司、温州远东船舶有限公司与庄吉集团系关联企业。该6家公司实际控制人均为郑某某。2014年10月9日庄吉集团等6家公司向温州市中级人民法院申请重整。

温州市中级人民法院分别于2014年10月30日、31日召集庄吉集团等6家公司的股东、已知主要债权人、职工代表等进行听证审查。一审中查明,2013年8月15日庄吉集团与济宁如意投资有限公司签订合作协议共同设立新公司,并约定新公司向温州庄吉集团工业园区有限公司、温州庄吉服装销售有限公司购买除土地、房产、应

---

* 本文为浙江省高级人民法院民二庭撰写的《浙江法院破产审判报告(2015)》的附件内容。收入本书时,由作者根据具体案件进展情况,对审理情况和典型意义中的部分内容做了修改完善,作者在案例收集、整理过程中,浙江省律师协会企业破产管理专业委员会组织部分相关破产案件的管理人提供了相关素材。特此说明并致谢。——编者注

收应付款外的所有资产(包括但不限于生产设备、销售网络及软件、专利)。后又签订补充协议,约定庄吉集团以其合法持有的包括但不限于带有“庄吉”中文、英文、汉语拼音的字号、商标、图形等无形资产对新公司进行增加出资等。上述协议已在实际履行中。

一审法院经审查认为,人民法院应当结合债务人企业所属产业前景、陷入困境的原因、企业财务指标等因素综合判断其重整成功的可能性。庄吉集团的主营服装制造销售业务及相关无形资产等已转让给其他企业,庄吉集团至今仍不能就上述主营业务及资产转让事宜提出切实可行的处置方案,在此基础上提出的重整计划框架不具有可行性。对于两家船舶公司而言,目前温州船舶制造行业的整体运行态势并不确定,现又无明确表示愿意投资的意向投资人,两家船舶公司至今亦不能提出切实可行的重整计划框架,其持续经营并盈利的前景存在明显的不确定性。另外,6 家公司分别占已知债权额 52.55%、74.88%、58.11%、47.87%、61.2%、61.47% 的债权人明确表示反对重整或对重整不表态。于 2014 年 12 月 18 日裁定不予受理重整申请。

庄吉集团等 6 家公司不服一审裁定,向省高级人民法院提起上诉。二审期间,省高级人民法院召集听证。郑某某对 6 家公司的债务结构、公司的重整思路和前期工作情况作了说明,确认 6 家公司均具备破产清算原因,并明确 6 家公司申请重整是为了尽可能挽救企业,承诺不会通过破产程序逃废债务。

二审法院审理认为:(1)人民法院应严格依照法律、司法解释的要求审查受理企业破产申请,不应在法律、司法解释之外设置其他企业破产案件受理条件。①(2)在审查债务人重整申请时,人民法院可以对涉及债务人的重整可行性的相关事实进行适当的调查,防止债权人、债务人和其他利害关系人的损失扩大和司法资源的不必要耗费。但是,如债务人已经具备破产原因,受理重整申请法院对于重整可能性的初步判断,以及部分债权人对债务人申请的反对态度,不是不予受理破产申请的法定理由。人民法院可以先行裁定受理重整申请,并在债务人进

① 根据《企业破产法》第 2 条第 1 款的规定,判断债务人是否存在破产原因有两个并列的标准,一是债务人不能清偿到期债务并且资产不足以清偿全部债务,二是债务人不能清偿到期债务并且明显缺乏清偿能力。最高人民法院《关于适用〈中华人民共和国企业破产法〉若干问题的规定(一)》第 2 条、第 3 条、第 4 条分别对破产原因中“不能清偿到期债务”“资产不足以清偿全部债务”“明显缺乏清偿能力”的认定标准作出了解释。

入破产程序后，通过债权人会议表决意见等适当方式，对是否继续债务人的重整进程作出合理判断。经审查，确不适宜继续推进重整进程的，人民法院应将债务人企业转入清算程序或径行宣告债务人企业破产。(3)具体到本案，原审法院已经对六家公司重整申请的理由作了相应的调查，鉴于“庄吉系”6家公司出现财务危机以来，已经在有关政府部门协调下开展了破产程序外救助帮扶企业的相关工作；二审听证时，郑某某对前期工作作了说明，明确表达了司法重整的意愿；从现有材料来看，债权人对于是否同意“庄吉系”6家公司提出的重整申请也不尽一致。综合各种因素的考量，宜先行受理“庄吉系”6家公司的重整申请。“庄吉系”六公司进入重整程序后，人民法院和管理人要加强对债务人企业的监督，继续对重整的可能性进行审查，发挥债权人会议或债权人委员会的工作机制的作用，充分听取债权人和其他利害关系人的意见，加强各种类别的债权人之间、债权人和债务人之间的信息沟通，及时作出是否继续债务人企业重整进程的判断。二审法院于2015年1月21日裁定撤销一审裁定，由温州市中级人民法院受理庄吉集团等6公司的重整申请。

二、杭州怡丰成房地产开发有限公司破产预重整案

(一)工作亮点

房地产企业破产程序中房地产项目的复工续建；债权人主导预重整；参照重整程序设计预重整的程序性方案；预登记期间召开已知债权人会议；预登记期间形成不可翻悔承诺。

(二)案件经过

杭州怡丰成房地产开发有限公司(以下简称怡丰成公司)成立于2013年3月5日，系东田房地产集团公司旗下为开发“怡丰城”房产项目设立的子公司，因银行贷款、民间借贷、担保等影响，资金链出现严重问题，其开发的项目自2015年3月以来一直处于停工状态。公司资产负债比率超过100%，资不抵债；且受公司债务诉讼影响，全部银行账户均被冻结，项目土地被查封，大部分项目未售房均被查封或抵押，其开发、预售行为已无法正常进行。以结顶为标准，最后一次停工时项目完工率仅达到41.67%；项目已售率达到51.3%。

怡丰成公司的实际负责人、部分债权人向当地政府求助，请求政府监管公司资产，协调各债权人与购房者，通过破产重整，妥善解决公司债务危机、保护各方

合法权益。该公司的债务主要包括银行贷款、民间借贷、对外担保、建筑工程、广告营销以及大量的购房人支付的购房款。

由于怡丰成公司所开发的项目关涉众多购房户,如贸然进入破产程序,可能导致资产价值贬损、维稳压力增大,为化解风险,余杭区人民政府聘请浙江智仁律师事务所担任法律顾问,依照《浙江省高级人民法院关于企业破产案件简易审若干问题的纪要》,采用债权人召集的方式开展预重整工作:(1)确定复工续建的预重整目标。重新进行融资,对停工项目进行续建,完工后不仅对于全体已付款购房者可以完成交房,在剩余房源再次销售的基础上,也增加了其他债权人的可分配财产。(2)申请破产预登记。根据《浙江省高级人民法院关于企业破产案件简易审若干问题的纪要》第 7 条,怡丰成公司于 2015 年 6 月 18 日向杭州市余杭区人民法院申请破产预登记,以达到在法院指导、政府协助下进行预重整的目的。(3)预先清理债权债务。法律顾问通过对财务状况的梳理,确认已知债权人的名单和账面债权数额,最大债权人 A 银行通过与法律顾问商议,比照债权人会议制度,召集全体已知债权人通过分组表决方式,经充分协商作出对停工项目进行续建的决议,并对每一位已知债权人的表态形成书面文件。并特别通过公司网站征求购房户意见,共有 949 户业主回函表示赞成续建,占业主总数的 78.2% 。(4)引入续建资金。针对怡丰成公司的最大债权人 A 银行的债权特点及本项目的整体资产价值进行分析后,引导 A 银行通过适当途径对该项目追加发放贷款,解决项目续建融资的问题。(5)复工续建的可行性以及资金来源落实,已知债权人和购房业主的意见征求工作的完成,奠定了后续有序、及时开展重整工作的坚实基础。2015 年 9 月 28 日怡丰成公司向余杭区人民法院正式申请重整。

法院受理重整申请后,以预登记期间形成的债务清偿方案或资产重组方案为基础,由债务人或管理人制定重整计划草案,并通过债权人会议予以确认。

本案是在政府协调、法院指导监督下,由债权人自发组织进行的预重整。因此,预重整期间取得的表决成果,对参加表决的债权人构成不可翻悔的承诺,在债务人进入重整程序后,相关承诺对承诺方仍然具有拘束力。在本案中,预重整阶段已知债权人组成的会议形成的续建复工等相关决议在正式进入重整程序后也得到广大债权人的认可。

三、温州中城建设集团有限公司重整案

(一)工作亮点

房屋建筑工程施工总承包特级资质企业重整。

(二)审理经过

温州中城建设集团有限公司原为温州市中城建筑工程公司,于1988年3月25日经温州市工商行政管理局注册成立。2007年2月7日经中华人民共和国建设部核准,中城公司取得房屋建筑工程施工总承包特级资质证书。该公司曾2次位列全国民企500强,曾获中国建设工程鲁班奖、全国优秀施工企业、温州市连续4年纳税十强等荣誉。单独或和他人合作拥有国家工法6项、省级工法10项、市级工法6项、实用新型专利13项、发明专利3项,另有2项发明专利申请处于实质审查阶段。后因经营管理不善等多种原因,2014年中城公司以资产不足以清偿全部债务为由向温州市中级人民法院申请破产重整。2014年3月14日浙江省高级人民法院批准温州市中级人民法院将中城公司重整案交温州市瓯海区人民法院审理。

2014年4月2日温州市瓯海区人民法院收到中城公司的重整申请等材料后,经过审查,于2014年5月12日裁定受理。同时,首次申请温州市中级人民法院以竞争方式选任管理人,后根据竞争方式产生并指定浙江嘉瑞成律师事务所、浙江人民联合律师事务所、温州华明会计师事务所(联合管理人)担任中城公司管理人。此外,分别在地方性和全国性的报刊上发出公告,公告债权人申报债权及第一次债权人会议时间等内容。2014年8月26日温州市瓯海区人民法院主持召开中城公司第一次债权人会议,考虑到该公司的实际情况,经债权人会议表决通过该公司进行清算式重整的初步基础。2014年12月22日管理人将制作的中城公司重整计划草案交由第二次债权人会议表决,但优先债权组、普通债权组均未通过该重整计划草案。为此,针对未表决通过的债权人意见,管理人调整重整计划草案内容,提出"分离式处置,清算式重整"的思路,对不良资债进行平移式剥离处理,并提出征选合适意向战略投资人的意见。2015年1月25日中城公司以100%股权为主要标的向社会公开预拍卖,最终由兰州市第一建设股份有限公司、周剑组成的联合竞买人以5800万元竞得。2015年2月5日管理人将调整后的中城公司重整计划草案交由第三次债权人会议进行分组表决,至2015年2

月 16 日各表决组均同意通过重整计划草案。2015 年 3 月 18 日法院裁定批准重整计划,终结重整程序。

(三)重整实效

根据重整计划,中城公司可供清偿的资产总额 204,705,513.99 元(含股权转让所得),经重整计划确定调整后,担保债权 100,802,629.95 元、职工债权 1,909,824.06元、税收债权 3,664,939.27 元获得 100% 清偿。普通债权 1,616,313,897.07元,其清偿方案由调整后确定的基础清偿率与追加清偿率两部分组成,基础清偿率由破产清算情况下的 0 调整为 5.45%,并分期清偿,追加清偿率以实际为准,未发现资产的追收以及预提预计债权清偿金额留余部分都将用于追加清偿。重整成功后,中城公司的房屋建筑工程施工总承包特级资质得以保留。

四、瑞安市长城漆包线厂破产清算案

(一)工作亮点

依托府院联席机制,“一事一议”研究解决破产企业闲置土地和厂房的处置问题。

(二)背景情况

2012~2015 年,瑞安市人民法院裁定受理破产案件 107 件,其中涉及厂房处置事项的案件 27 件,该 27 个厂房中有 23 个存在不同程度违法的建筑。破产企业的厂房因存在违法建筑而难以处置,造成破产财产不能变现分配,破产案件久拖不结,以致债权人不能及时向保证人主张权利,损害了债权人的合法权益。同时,厂房处于闲置状态,除有安全隐患外,资源也得不到有效利用。

(三)审理经过

2013 年 5 月 28 日瑞安市人民法院以〔2013〕温瑞破(预)字第 00017 号民事裁定受理瑞安市长城漆包线厂破产清算一案。审理中查明瑞安市长城漆包线厂在瑞安市塘下镇上金工业区原有厂房一处(土地使用权面积为 2176.12 平方米、建筑面积为 1965.71 平方米),因系危房,瑞安市长城漆包线厂经审批后拆除该处厂房,但未按要求进行重建。经瑞安市土地调查登记测绘事务所测量,重建后实际用地面积为 2299.76 平方米,违法用地面积为 123.64 平方米,建在违法用地上的违法建筑面积为 563.52 平方米;经瑞安市房地产测绘队测量,重建的建筑面积达5027.383平方米，也超出原房产权证记载的建筑面积。

瑞安法院就该厂房的过户手续向瑞安市住房和城乡规划建设局发函，该局回复称：(1)瑞安市长城漆包线厂所处地块规划功能现为停车场库，如符合“亩产论英雄”条件可按瑞政发〔2012〕77号文件处罚；(2)企业用地范围内，若建于2010年以前的建筑可以处罚后补办手续；(3)拟处理建筑的建筑占地或垂直投影线部分超出用地红线、道路红线、建筑退让线等规划控制线，可报市“一事一议”，经同意分割后，对红线范围内建筑进行处罚后补办手续；(4)拟处理建筑取得合法产权后可以办理过户手续。为此，瑞安法院于2015年4月1日向市企业金融风险化解和银行不良贷款处置领导小组(以下简称处置办)发函请该办牵头召集相关政府部门对上述厂房处置事项进行“一事一议”。2015年5月5日市政府组织相关部门(如国土资源局、住建局、金融办、公安消防局、经信局、法院、工商联、处置办、经济开发区管委会等)召开市政府专题会议，就上述厂房处置形成统一意见：瑞安市长城漆包线厂重建后的违法建筑，在合法用地范围内的，由市住建局处罚后补办手续，待登记发证后，由市人民法院启动拍卖程序。

同时，考虑到效率问题，市政府组织相关部门于2015年9月2日市召开市政府专题会议，就司法处置企业厂房有关问题进行协调，会议形成了对温州稳立精密机械有限公司等15个典型违法建筑厂房的处置意见，并确定“今后遇到相类似厂房，可比照上述有关方案处置，如有争议，由市处置办牵头解决”。

瑞安市长城漆包线厂等企业厂房中违法建筑问题的解决，不仅加快了企业厂房司法处置，保障了债权人的合法权益，而且加快了土地要素流动、缓解了其他企业用地难题，降低了企业金融风险。

五、浙江兴湖工业丝有限公司破产重整案

(一)工作亮点

重整程序中留抵税款转移给战略投资者；全面运行协调处置机制；网络和现场同步的方式召开债权人会议；上市公司整体收购并重整成功。

(二)审理经过

浙江兴湖工业丝有限公司(以下简称兴湖公司)成立于2009年3月，专业生产和销售高膜高强涤纶工业丝，注册资金1亿元。2011年以来，由于生产能耗大、原材料价格贵、财务成本高、市场不景气等一系列因素，公司生产难以为继并

被迫停产。湖州市中级人民法院于2013年4月28日裁定受理兴湖公司的重整申请。管理人接管企业后,向债权人发送了通知书及债权申报表,对申报债权进行登记造册并进行了细致审查。根据债务人实际情况确立了经营方案,并积极寻找重整投资人。重整期间先后两次召开债权人会议对债权申报情况及重整草案提交债权人会议审查。2015年3月26日第二次债权人会议表决通过重整计划草案。

通过重整最终实现由湖州本地一家上市公司承债式整体收购破产企业,并接收企业原有职工的良好效果,普通债权达到10万元及以内债权按70%的比率受偿,10万元以上部分按22%的比例受偿的高清偿率。(1)创新处理留抵税款问题。对兴湖公司原有的2396.82万元留抵增值税款的处理问题,法院、管理人与市、区两级国税局多次沟通,并商请吴兴区国税局、会计师事务所、税务师事务所、税校等单位派出专家进行专题研讨。经论证,得出在对兴湖公司进行财务审计和税务清算鉴证的基础上,可将留抵税款转移至投资人的结论。后湖州中级人民法院依托《湖州市企业破产协调处置工作机制(试行)》所明确的协调处置工作机制,经过4个多月的努力,2015年11月6日吴兴区国税局批准兴湖公司注销国税登记,同日批准将2396.82万元留抵税款转入投资人湖州尤夫工业纤维有限公司(以下简称尤夫公司)。得益于留抵税款问题的破解,管理人最终与尤夫公司签订了意向书,由尤夫公司出资1.16亿元承债式整体收购兴湖公司资产,同时接收兴湖公司原有职工。(2)及时灵活处置破产财产。管理人接管企业后,及时对企业资产进行盘点,发现企业有库存产品1700多吨,为降低保管成本和风险,防止产品贬值,管理人制定了《库存产品变卖办法》并对库存产品进行变卖,将所得款项优先清偿抵押债权。(3)整体出租债务人企业,增加重整成功的可能性。兴湖工业丝公司从2012年11月起即停产,管理人接管企业前已经在与尤夫股份、省物产公司谈判租赁事项,管理人接管企业后,通过租赁经营使企业的机器设备仍能得以正常运转,既使机器设备的价值得以维护,同时也增加了租赁经营收入,给重整留下更大可能性。(4)府院联动,形成合力推进重整。在重整过程中,依托《湖州市企业破产协调处置工作机制(试行)》所明确的协调处置工作机制,法院、管理人与政府部门反复沟通协商,有效处理了公司房产、土地、建设、消防、环保等各种问题,为企业的正常生产经营创造有利条件,为投资人的引进扫清障碍,受到投资人的高度评价。(5)创新会议召开方式,有效保障债权人权益。通过网络及现场相结合的方式召开债权人会议，既减轻了债权人负担，又保障了债权人权益，同时还能减轻会务成本。在本案第二次债权人会议召开时，首次尝试现场与 QQ 信息平台同步进行的方式。现场参会人员 32 人，网上参会人员 39 人，会议效果良好。

六、浙江安吉同泰皮革有限公司破产清算案[①]

（一）工作亮点

执行与破产程序衔接；积案执结；成功实现“腾笼换鸟”。

（二）审理经过

浙江安吉同泰皮革有限公司（以下简称同泰公司）因在 2014 年年初爆发债务危机，并引发严重劳资纠纷，生产经营停止。截至 2015 年 2 月 27 日，同泰公司作为被执行人的案件全省共有 29 件，标的 2200 万元；作为被告诉讼案件全省共有 94 件，标的 3327 万元。

2015 年 3 月 17 日安吉县人民法院以〔2015〕湖安破（预）字第 1－1 号民事裁定书受理债权人安吉县博康担保有限公司对同泰公司的破产清算申请。同日，指定浙江振源律师事务所担任管理人。

在民诉法司法解释仅原则规定了执行与破产程序衔接的相关条文，[②]尚缺乏明确、具体的操作细则的情况下，安吉法院在实践中积极探索：（1）启动执破衔接，在法律文书中载明执行依据、移送理由。安吉法院执行局根据最高人民法院《关于适用〈中华人民共和国民事诉讼法〉的解释》第 513 条规定，向其中一些执行债权人及被执行人征询意见，并得到其中一位申请执行人书面同意，将本案移送立案庭审查。（2）高效变价破产财产。安吉法院受理破产申请后，立即通知相关法院中止诉讼、执行程序，解除财产保全措施，并在第一时间接管了同泰皮革公司的全部资产。考虑到债务人的厂房、土地在执行程序中已拍卖成交，而债务人的机械设备及原材料尚未进行处置，为减少不必要的损失，决定对该部分财产先行进行处置，将同泰皮革公司的生产线等设备进行司法网拍，使该公司资产变现总额提高至 2700 万元，并按时向厂房、土地的买受人交付了拍卖财产。（3）创

---

① 2016 年 6 月 15 日最高人民法院召开新闻通气会，公布了人民法院依法审理破产案件、推进供给侧结构性改革十大典型案例，该案例入选。

② 参见最高人民法院《关于适用〈中华人民共和国民事诉讼法〉的解释》第 513～516 条。

新召开债权人会议形式。2015年6月4日安吉法院召开第一次债权人会议,创新采用街面大屏幕全程同步直播,会议顺利表决通过《财产管理、变价和分配方案》等两项议案。其中对同泰公司的生产线等设备进行司法网拍程序予以确认。2015年6月26日安吉法院裁定确认上述财产管理、变价和分配方案,该案顺利审结。

七、绍兴县金品置业有限公司破产清算案

(一)工作亮点

研判债权性质,确定清偿顺位,保障消费者购房户的"生存权"。

(二)审理经过

绍兴市柯桥区人民法院于2015年11月26日作出〔2015〕绍柯破(预)字第3号民事裁定书,裁定受理绍兴县贤盛小额贷款股份有限公司对债务人绍兴县金品置业有限公司(以下简称金品置业公司)的破产清算申请,并指定浙江中行律师事务所担任管理人。

经审查,"随园"楼盘为金品置业公司开发的唯一楼盘,土地使用权已全部抵押给相关银行。"随园"楼盘规划设计排屋6幢、高层13幢,并分一、二两期先后开发,一期开发建设6幢排屋和7幢高层;二期开发建设6幢高层。截至破产申请受理时,"随园"一期高层中的2幢、5幢完成至主体13层,其他高层和排屋已主体结顶;"随园"二期仅完成桩基工程。根据生效民事判决,施工单位享有7196.2589万元的工程价款优先受偿权。另外,"随园"一期共规划建造462套商品房,其中377套已签订《商品房买卖合同》。在确定的债权申报期限内,共有115位已签订《商品房买卖合同》的买受人申报债权(对应的商品房共220套)且全部要求交房。

虽然115位买受人签订的部分《商品房买卖合同》的真实性、法律关系、效力等有待进一步的审查和确认,但经过前期的摸底,基本可以判断115位中的绝大部分属于消费者购房户。"随园"一期续建可以有效保障消费者购房户的"生存权"。关于"随园"一期续建的方式,经过利害关系主体多轮协商,最终确定通过出售"随园"一期可售房源,以销售收入支付续建工程款的方式对"随园"一期进行续建。管理人制作的《关于继续债务人绍兴县金品置业有限公司营业的方案》在第一次债权人会议上获得高票通过。该案中,对于是否续建的问题主要考虑

了五个方面的因素：一是基于“随园”一期楼盘的特殊性以及当前楼市滞销的情况下，如何出售“随园”一期可售房源；二是“随园”一期可售房源的销售收入能否支付续建工程款；三是在“随园”一期可售房源的销售收入不能确保支付续建工程款，且续建工程的施工单位需要垫资的情况下，是否会有施工单位愿意承建；四是在法院宣告金品置业公司破产后，能否再出售房源，能否再继续施工；五是，“随园”一期可售房源的销售收入能否优先支付续建工程款（续建工程款的清偿顺位）。

关于续建工程款的清偿顺位问题，在债权人会议表决通过的《关于继续债务人绍兴县金品置业有限公司营业的方案》中明确了“续建工程款等续建费用支付来源：可供销售的商品房和地下车位的销售收入中依法可用于续建费用支出的部分，但应优先支付续建所需支出的除工程款外的其他包括但不限于勘察费、设计费、监理费等费用”。

目前，该案的续建工程招标已经完成，剩余如场外、道路、景观绿化工程招标，政府五大配套工程等正在有序推进。

八、浙江诚诚化工有限公司破产清算案

（一）工作亮点

破产案件“执破衔接 + 简易审”；刑民协同；破产财产司法网拍；立足园区产业要求进行意向投资人选择。

（二）审理经过

浙江诚诚化工有限公司（以下简称诚诚化工）于 2011 年 4 月 20 日在衢州市工商行政管理局登记设立，当时的法定代表人是王某某，2014 年 9 月 10 日法定代表人变更登记为方某某。公司的经营范围为有机硅酮建筑密封胶、107 硅橡胶、甲基硅油的生产与销售。2015 年 2 月 6 日浙江省开化县公安局依法决定对王某某与方某某的丈夫郑某某因涉嫌非法吸收公众存款进行立案侦查，但王某某因潜逃国外而未归案。此时，诚诚化工仍未正式投产经营，现法定代表人丈夫郑某某居住公司留守。2015 年 7 月 10 日申请人童某某向衢州市中级人民法院申请对诚诚化工进行破产清算，衢州市中级人民法院于 2015 年 7 月 30 日裁定受理并指定管理人。

截至 2015 年 6 月，柯城、衢江、开化区人民法院共受理诚诚化工为被执行人

的执行案件40件,涉案标的3800万元。通过市区联动,由柯城区人民法院对债权人进行释明,依据最高人民法院《关于适用〈中华人民共和国民事诉讼法〉的解释》第513条规定,启动破产程序。案件受理前,衢州市中级人民法院主动赴开化县公安局,对接刑民协同问题,争取开化县公安局对资产处置的配合(因王某某涉嫌犯罪,诚诚化工资产被开化县公安局冻结),为破产财产处置打下基础。

召开债权人预备会,及时向债权人释明。在召开第一次债权人会议前一日,衢州市中级人民法院与管理人召集部分债权人在开化县人民法院召开了债权人预备会,就部分债权人提出的要求对关联企业合并破产及诚诚化工资产评估与处置的问题进行了释明。在会议中,充分了解了个别债权人的真实想法,有效化解了该部分债权人的疑虑。

2015年10月9日衢州市中级人民法院主持召开了诚诚化工第一次债权人会议。根据管理人编制的债权表,申报债权共计81,655,784.32元,初步认定69,444,982.90元。债权人会议对申报的债权进行了核查。另经浙江天平会计师事务所有限公司对诚诚化工资产负债情况进行审计的结果显示,截至破产受理日,诚诚化工的资产审定金额为22,810,627.00元,负债审定金额为95,635,919.42元,净资产审定金额为-72,825,292.42元,已经资不抵债。衢州市中级人民法院认为根据查明事实,诚诚化工不能清偿到期债务,并且资产已不足以清偿其全部债务,已经符合破产条件,应当依法宣告破产。2015年10月9日衢州市中级人民法院依法裁定宣告诚诚化工破产。

在第一次债权人会议上,通过了破产财产变价方案与分配方案。会议之后,管理人按照资产评估机构出具的诚诚化工资产评估报告的估计价值,向衢州市中级人民法院提交拍卖公告,由法院将资产置于司法拍卖网络平台上进行拍卖。通过公开竞价方式,最终由买受人以1088万元价格竞得诚诚化工资产。诚诚化工所在的衢州高新技术产业园区以氟化工、精细化工、生物化工和机电一体化等为产业重点,必须具备相应的条件、满足园区特定的要求才能入园投资落户,这给诚诚化工的资产处置及新投资人的遴选带来较大困难。在诚诚化工的资产处置过程中,衢州市高新技术产业园区管委会高度重视,助力引进优质的意向投资人。在得知深圳公司有意投资后,管委会对该公司作了充分了解,多次前往深圳与其进行洽谈,说服其转向衢州进行投资,最终深圳公司竞拍取得诚诚公司的资产。衢州市高新技术产业园区管委会亦在推进产权变更登记工作中,多次牵头协调,有效解决工作中遇到的难题。2016 年 1 月 7 日通过衢州市高新技术产业园区管委会牵头组织,法院协助管理人与买受人办理了原资产上的抵押权注销手续及产权变更登记的手续。

从裁定受理到通过分配方案,仅历时 70 天,盘活工业土地 30 亩,厂房 8400 平方米,处置银行不良资产 2700 万元,新投资人计划投资 1.18 亿元。

九、衢州建盛机械制造有限公司破产清算案

(一)工作亮点

人民法庭审理破产案件;通过原则性破产财产分配方案;高于评估价直接变卖处置破产财产;47 天审结。

(二)审理经过

衢州建盛机械制造有限公司(以下简称建盛公司)成立于 2006 年 12 月 18 日,注册资本 1000 万元。公司经营范围为矿山机械、通用零部件制造与销售。因近年来煤炭行业产能过剩,建盛公司作为主要为煤炭开发提供机器设备的下游企业,多笔货款无法收回,公司长期处于停工、半停工状态。该公司主要资产为位于衢州市衢江经济开发区宾港中路的房地产,国有出让工业用地面积 5948.3平方米,建筑面积 3536.02 平方米。2015 年 9 月 30 日因不能清偿到期债务,衢州市衢江农村信用合作联社申请对建盛公司进行破产清算。2015 年 10 月 16 日,衢江区人民法院(以下简称衢江法院)裁定受理建盛公司破产清算案。

该院受理后,为加快破产审判进程,加速盘活资产,主要采取以下措施:一是在该院首次由人民法庭审理破产案件。鉴于该案债权债务关系相对清晰,债权人人数较少,衢江法院决定由廿里法庭采用独任制进行审理。确定 30 日的最短债权申报期限,并指导管理人同步启动债权申报审核、财务审计、资产评估程序。在 2015 年 12 月 1 日召开第一次债权人大会前,即完成了对破产企业的财务审计和资产评估,公司不动产及动产评估价值为 620.43 万元。二是创新财产变价方案。考虑到建盛公司资产总量不大,若采取传统拍卖方式,耗费拍卖费用且会延缓处置进程。该院根据《企业破产法》第 112 条关于资产变价“债权人会议另有决议的除外”的规定,在债权人大会上通过破产财产变价的补充方案。根据该方案,管理人可以对建盛公司需要变价处理的全部财产,以不低于评估价直接变价处理。后债权人大会全票通过该方案,管理人积极发布信息,对接潜在客商,有

投资方拟以680万元的价格购买公司全部资产。三是预先通过破产财产分配方案。传统的破产财产分配方案需待破产财产变价处置成功后才能在确定各债权人的分配清偿数额的基础上予以制定并提交债权人会议表决通过。但这种方式需等待资产变价结果,且需再次召开债权人大会。为提高效率,该院指导管理人依据《企业破产法》及浙江省高级人民法院《关于企业破产财产变价、分配若干问题的纪要》的相关规定预先制定破产财产分配方案,明确可供分配的破产财产范围、参与分配的债权内容、财产分配的顺序及比例,并要求各债权人在申报债权时即指定账户用于划付分配资金。该破产财产分配方案在第一次债权人大会即全票通过,在破产财产成功处置后,可依法进行破产债权分配清偿。

建盛公司破产案仅召开一次债权人会议,用时47天即通过破产财产分配方案并予以审结。通过债权人会议,尊重债权人意思自治,授权管理人对破产财产以不低于评估价的价格予以直接变卖处置,盘活企业存量资产620.43万元,释放国有出让工业用地面积5948.3平方米,厂房面积3536.02平方米。

十、浙江中捷环洲供应链集团股份有限公司破产重整案

(一)工作亮点

有限售条件流通股收益权转让及回购的效力;有限售条件流通股溢价转让;重整中通过租赁经营继续营业。

(二)审理经过

2014年10月13日玉环县人民法院裁定受理浙江中捷环洲供应链集团股份有限公司(以下简称环洲供应链)破产重整案,并指定国浩律师(杭州)事务所和浙江台温律师事务所为联合管理人。

环洲供应链成立于2001年8月10日,公司性质为股份有限公司(非上市),控股的子公司有7家,公司成立时的注册资本和实收资本均为人民币2亿元。环洲供应链资产包括货币资金及往来款、存货、长期股权投资、固定资产、在建工程和无形资产,评估总价值为92,317.89万元,其中环洲供应链持有的中捷资源投资股份有限公司1.2亿股流通受限股份(评估价值为66,360.00万元)、房屋建筑物和土地使用权均已设定担保。

环洲供应链的主要资产系其持有的中捷资源投资股份有限公司1.2亿股流通受限股份,环洲供应链认购该1.2亿股股份时承诺有3年锁定期,即自认购之

日起至2017年6月19日前不得转让,该1.2亿股股份已全部被质押,股份存在锁定期、质押权人优先受偿及证券交易市场的波动等因素都将影响股份变现的实际价值。此外,环洲供应链下属子公司大多经营状况不良甚至资不抵债正实施破产清算,可变现资产价值有限。如环洲供应链进行破产清算,企业不再继续经营,主要资产中的房屋、土地使用权将失去生产功能,并将不得不进行快速变现,资产变现过程中可能发生流拍,导致变现价值发生一定幅度的折让,并发生资产处置费用。为此,管理人在依法监管环洲供应链财产的同时,继续开展营业事务。为避免环洲供应链资产闲置和人力资源浪费,提高重整期间的现金流和营运价值,经与第三方协商,继续保持经营的同时与第三方建立租赁经营关系,在管理人监督下,企业将资产租赁给第三方使用,将部分员工派遣到第三方工作,并收取固定租赁费用和分享营业收益。

同时,管理人在地方报纸和全国有影响力报纸上刊登意向重整投资人招募公告。因环洲供应链持有的中捷资源投资股份有限公司1.2亿股流通受限股份存在3年锁定期,《浙江中捷环洲供应链集团股份有限公司重整计划(草案)》将出资人的股东权益调整为零,全部股份无偿让渡给重整方,让出资人和债权人共同分担实现公司重生的成本。出资人权益调整后,重整方将受让环洲供应链所有股份,成为环洲供应链的股东,通过持有环洲供应链的全部股份间接持有中捷资源投资股份有限公司1.2亿股流通受限股份。另环洲供应链其他对外股权投资盈利能力较差,其他对外股权投资不纳入重整方重整范围,债务人和重整方委托管理人进行剥离和处置,以改善公司投资结构。最终,重整方以157,580.00万元取得环洲供应链的主要资产,包括房屋建筑物、土地使用权、机器设备、车辆、电子设备、软件使用权、在建工程及存货,获得环洲供应链的钢材贸易和加工业务,并可依环洲供应链章程及法律规定根据市场情况对钢材贸易和加工业务作出适当安排。

2015年5月29日环洲供应链召开第二次债权人会议,会议高票表决通过了《浙江中捷环洲供应链集团股份有限公司重整计划(草案)》。2015年6月2日玉环县人民法院裁定批准重整计划草案并终止重整程序。

浙江省各级各地人民法院破产审判十大典型案例(2016年)*

一、浙江远洋运输股份有限公司破产清算案

(一)基本案情

浙江远洋运输股份有限公司(以下简称远洋公司)系浙江省成立最早、规模最大的国际航运企业。2008年金融危机以来,因国内外航运市场持续低迷,该公司陷入严重经营困境,成为典型的“僵尸企业”。根据中央和浙江省委、省政府要求,2016年5月开始,浙江省交通投资集团有限公司(以下简称交投集团)对水运板块进行改革重组,计划让下属远洋公司、温州海运、台州海运3家企业进入破产清算程序。2016年7月20日交投集团作为债权人向我院提出对远洋公司进行破产清算的申请。2016年7月28日杭州市中级人民法院裁定立案受理交投集团的申请,并于同日通过竞争方式指定管理人。远洋公司债权人共14家,债务金额达109亿元,涉职工290人、持股职工233人。2016年9月23日杭州市中级人民法院主持召开第一次债权人会议,会议表决通过《破产财产变价方案》《债务人财产管理方案》。2016年10月25

---

* 本文为浙江省高级人民法院民二庭撰写的《浙江法院破产审判报告(2016)》的附件内容。收入本书时,由作者根据具体案件进展情况,对审理情况和典型意义中的部分内容做了修改完善,特此说明并致谢。——编者注

日裁定宣告远洋公司破产。2016 年 11 月 16 日远洋公司职工安置工作基本结束。2017 年 1 月 17 日实际属远洋公司资产的 12 艘外籍远洋船舶全部处置完毕并向收购方交付。至此,远洋公司破产清算案的重点、难点问题基本解决。从总体上看,程序推进平稳、有序、快速,效果良好。

(二)重点工作

(1)积极争取垫款偿付职工债权,灵活实现妥善安置。杭州市中级人民法院始终将职工安置事务作为重中之重。案件受理前即加强与远洋公司及其主管单位交投集团的沟通、协调,指导制定可行的职工安置预案。为使职工安置能顺利进行,尽可能减少维稳压力,以安置方案为基础,远洋公司上级主管单位交投集团垫付资金,在破产宣告后破产财产分配前即先行对职工债权进行清偿,以确保职工安置平稳完成。对垫付款债权,按职工债权地位对待。这一处理思路,在合法合理的基础上,较好地把握了原则性和灵活性的统一。(2)立足保值、安全、效率,破解外籍船舶处置难题。根据国际航运实际需要,远洋公司通过在香港设立全资子公司浙江远洋(香港)有限公司,再由浙江远洋(香港)有限公司在巴拿马设立多家单船公司方式,实际持有 12 艘大型巴拿马籍远洋船舶。各单船公司在融资过程中签署的贷款协议分别适用了英国法与香港法,并配套了复杂的担保形式,船舶上设立抵押,远洋公司均为保证人。远洋公司破产清算程序中,与各船舶有关的债务,债权人银行均根据协议约定向远洋公司申报了债权。故该 12 艘大型远洋船舶的处置必须与远洋公司破产清算程序同步推进。在决定选择何种处置路径、何种变价方式之前,从经济利益、安全维护、船员稳定等各角度进行分析后,在第一次债权人会议之前,决定由债务人远洋公司继续营业,让船舶继续航行而不是停泊港口待售。尽管航运市场下行波动剧烈,但远洋公司继续营业基本实现了财务收支平衡,较好地维护了船舶的资产价值和全体债权人的利益。在保全船舶资产价值前提下,管理人对各单船公司的登记设立资料、船舶的建造、船舶的融资等方面进行深入调查和研究,并向香港律师、巴拿马律师分别就在英国法、香港特别行政区相关法律下船舶处置的债务清偿问题、巴拿马单船公司法律规制和船舶资产归属问题进行意见咨询。经反复论证、再三权衡后认为,如否认浙江远洋(香港)有限公司、各巴拿马单船公司法人人格,将 12 艘外籍船舶统一纳入远洋公司破产财产范围内进行处置,则将涉及中国大陆、中国香港特别行政区、巴拿马三地司法程序,法律效果上存在极大不确定性,且会产生极高的时间成本与司法成本,不利于破产清算程序的推进,而同时,国际航运市场行情持续低迷,二手船舶价格不振,如不能及时处置,12 艘船舶变现价值将存在进一步降低的可能。为维护远洋公司全体债权人的利益及船舶抵押权人的利益,杭州市中级人民法院指导管理人加快推进船舶处置程序,并确定以单船公司作为处置主体,按照国际船舶交易惯例进行船舶处置的路径。按照这一路径,巴拿马单船公司授权管理人处置该 12 艘船舶,管理人采取公开市场询价并通过船舶经纪人与买家之间居间磋商的国际二手船舶交易惯例进行变价。距远洋公司被破产宣告后不到 3 个月,这些船舶即处置完毕,远洋公司破产清算案中的资产处置难题得到破解。

二、温州庄吉集团有限公司等四公司合并破产重整案

庄吉集团有限公司、温州庄吉集团工业园区有限公司、温州庄吉服装销售有限公司、温州庄吉服装有限公司(以下简称庄吉服装系公司),为民营企业庄吉集团旗下的 4 家关联公司。庄吉集团因运营庄吉服装品牌而闻名全国,由于投资造船业失利而陷入债务危机,牵连其服装业务。根据浙江省高级人民法院相关民事裁定,温州市中级人民法院于 2015 年 2 月 27 日分别裁定庄吉集团有限公司、温州庄吉集团工业园区有限公司、温州庄吉服装销售有限公司重整,并指定管理人。因其与庄吉服装系公司系同一实际控制人控制下的关联企业,且核心资产均为庄吉服装品牌及相关资产,程序上法院在审理时采取同一合议庭、指定同一管理人、债权申报期限和债权人会议等同步进行的方式处理;实体上,对于进入重整程序前已经合资设立的品牌经营公司,在重整程序中维持该公司相对独立的运营;重整计划根据重整投资者收购核心资产的范围,确定庄吉服装系公司合并重整,部分由投资者承接,部分清算的重组模式。该案申报债权 19 亿余元,经由重整,普通债权清偿比例从 0.65% 提升至 5% 以上,实现资产价值最大化,维持延续了庄吉这一民族品牌,获得债权人的高度认可。

1. 同一实际控制人控制的不同产业的公司分别破产,联动审理

庄吉系列公司主营业务分别为服装业务和造船业务。鉴于两项业务关联度极低,人民法院在受理破产重整案件时,就对两大主营业务所涉公司分别实施重整。即对与服装产业相关的关联公司指定同一管理人、同步开展债权申报和债权人会议的模式,对于造船业务相关的关联公司则另行指定同一管理人、同步开

展债权申报和债权人会议的模式，并将两大产业的系列公司交由同一合议庭审理，以利于案件的联动审理，共同推进。

2. 涉及商业判断的主营业务维持方案，通过债权人意思自治来形成判断作出决策

庄吉西服的品牌在西服业内具有相当知名度。为维持品牌价值，庄吉公司进入重整程序前，曾与第三方合资设立品牌经营公司相对独立运营。这一运营模式客观上有利于庄吉品牌价值与核心业务的维持。债权人曾对该公司的设立和运营是否存在低价处置资产事项等存在疑问，如简单采取诉讼方式解决，可能不利于该品牌经营公司的有效运营。对此，人民法院指导管理人就此问题展开利弊分析，经由债权人委员会扩大会议讨论的方式形成了业务经营继续维持、股权价值继续与合作方谈判的方案，使该品牌经营公司在重整期间未曾中断，保持相对独立性，有效避免客户订单流失、品牌美誉度降低等风险，并取得了较好的盈利。

3. 重整投资者引进事宜引导债权人全程参与，使曾竭力反对重整的金融机构债权人高度认可重整方案

在投资者引进过程中，法院指导管理人注重信息的公开以及随时保持与债权人的沟通，无论是意向投资者的征集、投资者招募方案的确定、还是投资者谈判进程的推进、重整投资者的选定和报价方案的确定，都做到债权人的全程参与和全面介入。特别是重整投资者的报价方案，管理人先征求主要债权人意见，邀请债权人代表参与谈判，并借助债权人引荐投资者所提供的报价方案，促成与现有投资者最终重整报价方案的确定。正是相关金融机构债权人在重整程序中的全面参与，使重整程序启动前曾竭力反对庄吉公司破产重整的金融机构债权人，转而积极认可和支持提交债权人会议讨论的重整计划草案。

三、谛航集团有限公司破产和解案

（一）背景事实

谛航集团有限公司的关联企业——浙江天禄石油天然气有限公司、舟山中际化工有限公司及浙江天禄能源有限公司（以下合称天禄能源公司）是以从事石油储运、物流为主营业务的油品、化工品仓储企业。公司库区位于舟山市本岛西部岑港镇马目，建设总库容296.4万立方米及码头等配套附属设施，项目已列入

浙江省“十二五”能源发展规划,发展前景良好。但天禄能源公司的负债规模过高(自有负债28亿元,对外担保负债则高达64亿元),对外担保的64亿元负债中,因主债务人盈利能力薄弱,已无力支付贷款利息。

经多方努力,专业从事石油仓储投资的国际知名财务投资者Global Terminal Holding (China) Limited(以下简称宝星资本,总部位于澳大利亚)愿意在天禄能源公司对外担保负债剥离的前提下,向天禄能源公司的境外母公司Tyloo Oil & Gas International Holdings Corporation(以下简称开曼公司)注资入股人民币8.829亿元,取得约40%的股权,并愿意后续引进境外融资,推进项目二期建设。按其投资预案操作,天禄能源公司的资产总价值将达到人民币49亿元,远远超出境内投资者给定的收购价格。在初步意向沟通后,该投资者引进事宜得到了众多债权人的认可和支持。

(二)审理经过

1. 法院破产审判工作前置,工作组引进专业团队化解“僵尸企业”处置难题

天禄能源公司自爆发债务危机后,舟山市委市政府高度重视,特别成立了工作组。针对意向投资者给出的较高报价方案以及设定的前置条件,舟山市中级人民法院将部分工作前置,对于处置中面临的专业性问题建议工作组引入专业的破产团队进行处理。专业律师团队介入后,针对天禄能源公司的客观状况,以确保担保债权银行利益不受损,置换担保条件不弱化为前提设计了多套方案,在反复征求主要债权人意见后,形成了通过天禄能源公司的关联企业即谛航集团有限公司作为担保置换平台公司,来完成天禄能源公司债务重组工作的总体方案。

为顺利引进投资者,更好沟通协调债权银行,工作组推动组建了天禄能源公司债权银行委员会,共同商讨天禄能源重组方案。在主要债权银行就重组方案达成原则性共识后,谛航集团有限公司向舟山市中级人民法院提交了破产和解预登记的申请。在预登记期间,律师团队设计的重组预案进行了反复的沟通、讨论,工作组还分别向省银监、省金融办和宁波市银监、金融办协调沟通,召集各家银行的省级分行领导共同研讨重组预案,进一步细化完善方案。

2. 庭外谈判与庭内和解并行,庭外重组确立预案,破产和解锁定方案

2016年8月中旬,宝星资本的8.829亿元资金如约打进共管账户。在债权银行委员会的支持下,谛航集团有限公司于2016年8月24日向舟山市中级人民

法院提交了破产和解申请,基于前期预登记程序中,舟山市中级人民法院已经参与了部分债权银行的沟通会,经依法审查后,于2016年9月2日裁定受理了谛航集团有限公司破产和解一案。由于该案所涉主要债权人均为金融机构,涉案标的金额巨大,均涉及向上级行乃至总行报批的问题。舟山市中级人民法院组建了以分管副院长为审判长的合议庭,同时协调管理人和债权银行倒排工作计划(第一次债权人会议时间定于2016年10月9日),快速推进内部报批流程,争取在最短时间完成内部审批流程并通过和解协议。

2016年9月30日天禄能源公司的债权银行委员会召开会议,经由出席会议的债权银行代表表决,2/3以上的债权银行投了赞成票,表决通过了天禄能源公司债务重组方案,确立了以谛航公司作为担保债务置换平台,并以实际控制人控制的BVI公司对天禄能源公司的分红收益等权益质押保障天禄能源担保负债的总体方案。该次会议上,由于部分债权银行尚未完成总行报批流程,经由部分债权银行的申请,舟山市中级人民法院同意将债权人会议延后至2016年10月12日召开。

2016年10月12日第一次债权人会议召开,16家债权人中的14家债权人委派代表出席了会议,该次会议表决通过了谛航集团有限公司的和解协议。舟山市中级人民法院经审查,于2016年11月3日裁定认可了谛航集团有限公司的和解协议。

(三)工作实效

从案件受理到裁定认可"谛航集团"的和解协议,仅仅用时62天。一是通过模拟破产清算方式确立重组方案,债权人利益得以最大化。充分运用多种担保物权创设手段,全面保障债权银行权益。比如,应收账款及分红款质押的设定,股权转让款的转让,分红路径及分红资金的监管等措施的安排,这些都为和解协议的通过及后续的执行提供了有力保障。二是通过关联企业重组,困境企业营运资产得以有效保留。发生债务危机的天禄能源公司自始至终没有进入破产保护程序,使企业避免了进入破产程序对生产经营及投资者引进的不利影响。三是推进了全市不良贷款压降,化解"两链"风险。天禄能源公司担保债务高达64亿元,对全市不良贷款压降、改善全市金融生态环境影响重大。

四、湖州港城置业有限公司破产清算案

(一)本案要旨

房地产开发企业破产案件面临一些共性问题,如购房者权益保障,购房者、有财产担保债权人、工程款债权人等权利顺位冲突,已签订的商品房买卖合同及按揭贷款合同处理问题。(1)对于购房者,遵循最高人民法院《关于建设工程价款优先受偿权问题的批复》的基本精神,审查其“生存权益”的存在与否,有“生存权益”的购房消费者将获得优先于有财产担保债权人、工程款债权人的清偿顺位。(2)对于工程款债权人,依据施工合同约定的支付进度,审查其支付期限和数额,对于施工单位协助开发商或其股东套取开发企业资金特别是商品房预售监管资金的,不得主张未实际获得工程款,其应对自身过错承担惩罚性后果。(3)对于开发商股东,关注其注册资本到位情况,对股东中的非银行金融机构,重点审查其投资性质,如果此种机构通过股权变更登记、企业监管等方式使第三人产生合理信赖的,不得依据其与开发商之间的隐蔽交易和合同约定,对抗第三方和其他债权人的合法权利。

(二)基本案情

湖州港城置业有限公司(以下简称港城置业)成立于2009年8月28日,注册资本为1.8亿元。港城置业主营业务为房地产开发经营,开发楼盘“凯旋国际”。“凯旋国际”前期开发投入即对外巨额融资,财务成本极高,港城置业可售房源1233套,在工程停建时已经签订预售合同1091套,除近600套属于正常销售外,其余部分均为借款提供担保或以房抵债形式,港城置业已经缺乏后续资金来源完成工程建设并交房,公司运营陷入停滞状态,法定代表人也因涉嫌非法吸收公众存款罪被采取强制措施。2015年8月4日湖州市中级人民法院裁定受理港城置业破产清算一案,后指定吴兴区人民法院审理。港城置业第一次债权人会议于2015年11月15日召开,包括购房消费者等群体在内700多家债权人参加会议,会议表决通过的《破产财产变价和分配方案》,港城置业开发的“凯旋国际”整体资产经过三次拍卖,最终以4.68亿元成交。拍卖成交后,吴兴区人民法院依法作出过户裁定并向国土部门发出协助执行通知书,办理资产移交、过户工作。拍卖成交后不足2个月,该楼盘已经重新开工,成为房地产开发企业破产、烂尾楼处置的成功案例。本案主要群体近600户购房消费者群体自主决定是否

继续交房,1/3 选择退还全部购房款项,2/3 选择继续和新的接盘方重新签订新的商品房买卖合同。

(三)典型意义

本案债权类型几乎囊括了房地产开发企业所能遇到的各种类型和情况,包括购房者、工程款债权人、金融机构债权人、民间借贷债权人。购房者中又涉及正常购房、以房抵债、以商品房买卖合同作为担保、假按揭等情形;工程款债权人涉及商品房预售资金监管、工程款债权人主体认定等问题。本案中,坚持"生存权益"第一位保障的原则,审查购房消费者的标准包括商品房买卖合同签订、不属于抵债或担保等。购买凯旋国际非住宅房屋的购房者不属于购房消费者范围。涉及以房抵债或以商品房买卖合同作为担保的情形,无论是以房抵债还是以商品房买卖合同作为担保,既是当事人之间的意思自治,也需考虑开发商破产清算的客观现实,在港城置业进入破产清算无法继续建设交房的情形下,涉及的此类商品房买卖合同仍按照基础的借款、担保、工程款等法律关系审查认定。港城置业的股东之一——新华信托股份有限公司,主张"名股实债"并申报债权,但一方面相关协议的内容和履行都证明其属于港城置业股东,另一方面,即使港城置业和新华信托有"名股实债"相关约定,但此种内外有别、名实不副的交易模式不能侵害第三人、其他债权人的合理信赖,吴兴区人民法院一审判决新华信托的债权主张不成立。在民间借贷债权人方面,在公安机关前期调查的基础上,确定了无论是否被纳入刑事非吸案件、无论是否个人名义借款(资金投入公司之间),无论是否进行以房抵债,均按照"损失额"标准审查认定债权。在资产处置方面,对港城置业开发的凯旋国际的土地使用权和在建工程款进行了整体处置,使其与意向投资者的交接标的、税费政策、场内工程余料等都有明确的切割、分担。

五、浙江昌达实业有限公司破产重整案

(一)背景事实

浙江昌达实业有限公司(以下简称昌达实业)成立于2008年10月14日,坐落于浙江省庆元县菊水工业园区,注册资金5000万元,厂区占地面积103亩,系庆元县重点工业企业。公司经营范围为机制纸及纸板制造,纸制品,纸箱制造、销售等。近年来,由于公司盲目扩大投资,经营管理不善,于2015年9月全面停产。据审计报告显示,公司已资不抵债,凭自身能力无法恢复生产。昌达实业涉

及债权人 312 户、联保企业 17 家,处置不当极易引发工人失业、信访维稳、“两链”断裂等诸多后续问题。昌达实业遂于 2016 年 1 月 20 日以资产不足以清偿全部债务为由向庆元县人民法院提出重整申请,2016 年 1 月 28 日庆元县人民法院依法裁定受理昌达实业破产重整一案并指定管理人。

(二)审理经过

(1)建立长效联动机制。推动建立由法院、发改、工商、公安、财政、人社、国土、住建、银行业金融机构等 20 余家单位参与的企业破产处置工作联席会议制度,成立“两链”风险防范和企业帮扶解困工作领导小组,形成法院、管理人、政府工作组随时沟通机制。(2)争取党政支持与帮扶。推动县政府出台针对性的“一企一策”帮扶政策,包括拨付资金补助管理人报酬、补助法院办案经费、给予昌达实业连续 3 年产业扶持奖励。推动党委政府 4 次出台专题会议纪要,协调解决税收、环保、联保等实际问题。(3)引进战略投资者。在党政支持下,企业先后与龙游、温州、台州、富阳等地 5 个投资团队商谈合作方案,最终浙江方圆纸业有限公司同意以合作经营模式参与昌达实业破产重整。(4)把握时机,缩短审理期间。昌达实业破产一案有两个重要时间节点,一是必须于 2016 年 3 月 31 日前缴清昌达实业欠税、恢复纳税信用等级;二是须推动重整计划草案尽早经债权人会议表决通过,促使投资方提前入驻恢复生产。在多方努力协调下,企业在规定时间内缴清了欠税款,将纳税信用等级恢复到 B 级,重新获得资源综合利用退税政策享受资格。同时,在不到 2 个月时间内,政府工作组、管理人逐一走访分布在福建、江西等 13 个省份的 175 位普通债权人,疏导情绪、分析利弊,争取获得理解支持,并在此期间完成了公司资产核查,各债权组债权申报、审核、确认及重整计划草案拟订等工作,从而在 2016 年 3 月 22 日召开的第一次债权人会议上,使税收债权组、职工债权组、普通债权组均表决通过了重整计划草案。(5)争取银行债务组最大让利。破产团队经过 20 余次与各债权银行及其市分行、省分行、总行谈判协商,争取到企业在重整计划执行期间不偿还贷款本金、只支付利息,贷款利率则按中国人民银行同期贷款基准利率计算,推动了银行债权组一致表决通过重整计划草案,促使庆元县人民法院能于 2016 年 6 月 16 日裁定批准昌达实业重整计划并终止昌达实业重整程序。(6)化解企业互保难题。涉及与昌达实业互保的企业有 17 家,其产值占全县工业产值的 26.5%,税收占全县工业税收的 16.74%,工人占全县工业就业人数的 18.31%,互保金额约为 1.39 亿元。面对如此形势，庆元县人民法院争取县委县政府出面协调，并形成专题会议纪要，避免互保企业因担保追偿而关停倒闭。

（三）工作实效

昌达实业破产重整一案仅召开一次债权人会议，用时139天即成功审结丽水市首例工业企业破产重整案件。(1)促使312户债权人在内的各方当事人利益最大化，实现税收债权、职工债权一次性100%清偿，普通债权5年受偿率从0提高到40%，银行债权保本收息，最大程度减轻企业财务负担。(2)信访苗头隐患被逐一化解，集资户、供货商、工人息诉罢访，维护社会稳定。(3)成功阻断了“两链”风险向与其互保1.39亿元的17家规上企业蔓延扩散，避免引发地方金融经济“断崖式”衰退。(4)昌达实业得以轻装上阵，提前恢复生产，自5月恢复生产以来，生产经营状况良好。

六、义乌市丹溪酒业破产重整案

（一）工作亮点

破产重整程序与政府招商政策的结合；大型债权人会议中报到、统计、选举、表决等环节的委托公证；大规模民间借贷债权人的应对。

（二）背景事实

义乌市丹溪酒业有限公司（以下简称丹溪酒业）是国内唯一一家专业生产红曲酒的企业，也是义乌市唯一一家“中华老字号”企业，拥有红色红曲霉菌株丹溪-1、2、3号等多项发明专利。由于该公司长期依靠举债经营，加上销售业绩下滑，固定资产投入过大，导致公司资金链断裂。2015年年初以来，相继有50余名民间借贷和金融借贷债权人向法院提起诉讼。上述判决生效后相继进入执行程序，丹溪酒业的大多数资产被法院查封，面临被拍卖的风险。

（三）审理经过

2015年12月25日丹溪酒业以资产不足以清偿全部债务为由向义乌市人民法院申请破产重整。2016年1月23日义乌市人民法院裁定受理丹溪酒业破产重整申请，并指定管理人。丹溪酒业经审查确认的债权人数达675人，债务金额1.3亿元，其中最大的债权群体是民间借贷债权人，涉及571人，0.86亿元。民间借贷债权人中老年人比例高，其中60岁以上的就有367人，75岁以上的有94人，年纪最大的已经91岁；这些债权人基本上是农民，文化程度低，其中还有部分残疾人;用于出借的款项多是债权人一辈子积蓄;大部分债权人对破产缺乏了解,其中破产重整受理前已进入执行程序的民间借贷债权人抵触情绪特别大。针对上述情况,义乌市人民法院以债权人会议和重整投资人的招募作为破产重整审理工作的两个中心,在细节上下功夫,让债权人切身参与到破产重整工作中。温馨提醒债权人参会时间、交通方式、携带证件等注意事项;事先送达授权委托书,方便年老体弱的债权人委托他人参会;印制会议说明,让债权人事先了解会议要解决的问题;加强对信访对象的会前沟通稳控。同时,在债权人会议中创新增设了方言释法的环节,精心挑选业务能力强、经验阅历丰富、长期在基层工作、能娴熟讲义乌土话的法律工作者,用义乌方言为债权人释法宣传,宣讲开好债权人会议的意义、讲解破产重整的好处、解释重整计划中的关键内容等。此外,为了保障全体参会人员的人身安全,减少意外伤亡损失,义乌市人民法院专门为两次债权人会议向中国人民财产保险股份有限公司投保了公众责任险。为了提高债权人会议的效率,增强选举和表决结果的公信力,委托义乌市公证处对债权人会议的报到、发票、投票、收票和计票环节进行现场公证,使债权人会议的计票环节可以安排在另外的场所进行,实现与债权人会议的其他议程同步进行。第一次债权人会议后,义乌市人民法院督促管理人多渠道发布投资人招募公告,吸引了中酒泰富(北京)投资有限公司、浙江森宇实业有限公司和济南红高粱酒业有限公司等实力企业正式报名。在义乌市政府现有招商政策的基础上,积极向市政府争取最大限度的优惠政策,将丹溪酒业的破产重整和市政府的招商引资工作进行有机结合,利用招商引资的优惠政策增加重整丹溪酒业的“外在价值”,历经数月谈判,管理人最终与中酒泰富(北京)投资有限公司签订了重组协议,并制定了重整计划草案。第二次债权人会议前,督促管理人积极引导银行及税务部门提前完成内部审批。2016 年 11 月 23 日丹溪酒业第二次债权人会议分组表决通过了重整计划草案。2016 年 12 月 5 日义乌市人民法院裁定批准重整计划。

(四)重整实效

根据丹溪酒业重整计划,丹溪酒业有财产担保债权、劳动债权、税收债权都将全额清偿,普通债权的清偿率从破产清算情况下的 39.5% 提高到 100%,开创了破产案件普通债权清偿率的新纪录。丹溪酒业的重整成功,盘活丹溪酒业现有资产 8000 余万元,让 675 名债权人获得全额清偿,同时投资人还承诺将投入

10亿元用于扩大重整后丹溪酒业的经营规模，实现了政府招商、百姓民生、企业发展、社会稳定的多赢结果，显示出破产重整制度在破解“僵尸企业”过程中所起到的“点石成金”的作用，积累了宝贵的经验。

七、浙江鼎盛交通建设有限公司破产重整案

（一）背景事实

浙江鼎盛交通建设有限公司（以下简称鼎盛公司）成立于2001年6月21日，注册资本为22,088万元。公司经营范围：交通工程建设、市政工程、隧道、堤坝、码头工程建设，公路、桥梁加固维修、养护；房屋建筑工程施工；交通安全设施制造安装、公路绿化等。2015年4月15日鼎盛公司以企业经营状况恶化、陷入担保危机为由请求绍兴市人民政府进行企业帮扶。同年5月19日、7月2日市帮扶办召集越城区政府、市银监局及相关单位召开协调会。同年11月25日鼎盛公司以不能清偿到期债务、明显缺乏清偿能力为由向绍兴市越城区人民法院提出重整申请。同年12月14日法院裁定受理同时指定管理人，之后根据鼎盛公司的实际经营状况确立采用在管理人监督下，债务人自行管理财产和营业的模式。

（二）审理经过

案件受理后法院高度重视，确定案件承办人与管理人、管理人与债务人每周一次例会的工作机制。(1)确定工程财产独立于公司运作的方案。鼎盛公司是具有公路一级资质的建筑企业，重整涉及债权人、债务人、职工、实际施工人、民工等众多当事人的利益。重整中牵涉到的工程达46个，其中8个在建工程、38个缺陷责任期工程。上述工程分布在全国5个省份，其中省级工程12个、市级工程20余个，且多为市政工程。法院充分认识到保护实际施工人利益的重要性，若前述“8+38”个工程的实际施工人被定性为普通债权人，其债权必然不能足额受偿，直接影响实际施工人对在建工程继续投入的积极性，甚至造成工程瘫痪、民工维权等社会问题。经多次探讨、论证，最终确定“8+38”个工程财产独立于公司运作的方案，并在第一次债权人会议中交由会议表决通过；在与重整投资人签订的股权转让协议中明确约定若重整成功，上述“8+38”个工程将直接交由战略投资人管理，鼎盛公司将继续履行与实际施工人之间的内部承包合同。(2)设立重整投资人评标委员会。为充分保证重整投资人招募的公平性，促使债权人了解、理解管理人工作，2016年3月19日的第一次债权人会议通过债务人

重整工作预案,明确重整投资人的招募设立评标委员会,由管理人和债权人代表组成。管理人制定评标规则,并根据债权人报名情况,成立由管理人和2名债权人组成的评标委员会。同年8月18日在绍兴市越州公证处的见证下,经评标委员会评标,宇航交通建设集团有限公司以最高报价13,888,000元中标,成为鼎盛公司破产重整案的重整投资人。(3)坚持市场化导向提前引入战略投资人。在确定以转让债务人100%股权的存续式重整方式后,为使债权人更直观判断重整与清算的优劣,确定提前招募战略投资人的模式。管理人及时制定报名须知、评标规则及最低报价限额及说明等一系列招募资料。同时,为促使投资人全面认识债务人的重整价值,管理人逐一走访本地有意向重整债务人的企业。通过前期充分沟通,重整投资人对债务人现状及重整价值充分了解,后重整投资人以溢价61,488,888元的报价中标。(4)慎重行使强制批准权。2016年9月10日法院召开第二次债权人会议,债务人提交重整计划草案,其中出资人组(100%)、普通债权组(78.26%)现场表决通过重整计划草案,但担保债权组未通过该草案。经管理人、债务人与担保债权组协商,管理人通知该债权组于2016年9月29日再次表决,因该组债权人仅2人,其中1人拒绝再次表决,致担保债权组未能通过重整计划草案。管理人进一步向未表决通过的债权人做好解释工作,在慎重考量债务人重整的必要性和债权人利益平衡的基础上,法院于2016年10月8日裁定批准重整计划草案,终止重整程序。

(三)阶段成效

鼎盛公司破产重整期间生产经营稳定,重整程序历时10个月,债务人在重整期间未发生在建工程或缺陷期工程质量问题或实际施工人信访、民工罢工等社会稳定问题。现重整投资人资金已全部到位。根据重整计划,普通债权的首次清偿率为10%,之后根据待定及不确定债权的最终认定、对外债权的催收等情况还可以追加清偿。通过本次重整,鼎盛公司的"8+38"个工程能够继续进行下去,职工劳动关系得以维持,公路建筑一级资质得以保留,债务人企业最终获得新生。

八、中博建设集团有限公司破产重整案

(一)本案要旨

(1)是否进行重整,应比较企业在重整或清算情形下普通债权人的受偿比

例,主要看该企业是否具有相当价值的无形资产。无形资产既可以是行业发展前景、发明专利、企业商誉或商业秘密,也可以是企业拥有的非物质性稀缺资源,如与承包工程相关的门槛很高的行业资质等。对企业无形资产有无价值的判断必须接受市场的检验,有市场才有价值,且要考虑重整计划草案是否有足够的说服力,使债权人接受并予以表决通过。(2)本案通过竞争方式选定具有丰富破产重整经验尤其是有过类似行业重整成功经历、强大的团队规模、能引进重整资金,做好建设工程继续施工方面的管理人。

(二)背景事实

中博建设集团有限公司(以下简称中博建设公司)系温岭一家大型建筑公司,成立于1969年,是拥有国家房屋建筑工程施工总承包特级资质、建筑行业(建筑工程)甲级设计资质、并具备多项专业施工资质和房地产二级资质的大型建设集团,公司注册资本30,300万元。但近年来在外不断盲目投资,长期高负债运营,且受利比亚战争影响,其在利比亚承建的工程已全部停工,且其已建设的工程也被炮火毁坏殆尽,对外担保数额巨大。据债务人反映其自有负债规模已高达23.7059亿元,而其公司的资产总额为13.7747亿元,其资产已不足以偿付全部债务。2016年3月3日中博建设公司以不能清偿到期债务并且资产不足以清偿全部债务为由向温岭市人民法院申请破产重整。

(三)审理经过

收到破产重整申请后,温岭市人民法院综合分析债务人陷入困境的原因、经营状况及市场发展前景,认为债务人在建筑领域耕耘多年,承建了多个重大建筑工程项目,在浙江、湖北、江苏、山西、安徽等地已形成了较好的行业美誉度,且债务人拥有国家房屋建筑工程施工总承包特级资质、建筑行业(建筑工程)甲级设计资质,具有较高的无形价值,债务人虽处于资不抵债的状况,但是具有通过重整获得新生的可能。故温岭市人民法院于2016年3月7日作出〔2016〕浙1081民破1号民事裁定书,裁定受理中博建设公司破产重整案。

鉴于公司法定代表人陈某某涉嫌合同诈骗罪被羁押,破产重整程序涉及建设工程继续施工管理、债权人众多,债权金额巨大,资产处置、应收款回收困难,诉讼较多,且处理结果具有一定的不确定性,需要管理人具有较为雄厚的实力、较为强大的团队、较为丰富的破产管理经验、较为突出的破产管理业绩,以及较能适应债务人业务特点的其他条件。故温岭市人民法院决定采取以竞争方式指定管理人,并着重管理人的行业管理经验。

在温岭市人民法院的支持下,管理人接管债务人在温岭、武汉的财产和营业事务。鉴于公司债权人涉及全国各地,主要集中在武汉、台州两地,管理人分别在《法制日报》《长江商报》《台州日报》上刊登破产重整的公告及债权申报截止时间。管理人工程组人员前往各地对工程进展情况进行实地调查,开展谈话笔录、发送账户变更函、回收公司印章等一系列工作。同时,根据工程实际情况,管理人协助承包人续建工程展开一系列工作,收取管理费作为债务人财产,增加债权清偿比例。

2016年6月16日第一次债权人会议召开,会议选举产生了债权人委员会成员,并表决通过《对债务人进行清算式重整的报告》等报告,确定了中博建设公司继续营业并进行清算式重整的大方向。

2016年9月18日管理人在《浙江日报》《湖北日报》《人民法院报》上发布投资人招募公告。2016年10月11日管理人召开投资人公开竞标会议,上海博大园林建设发展有限公司以4200万元的价格中标,管理人当场与其签订投资协议。

债权申报期间,共有378家债权人向管理人申报债权,申报总额为71.96亿元,其中银行金融债权为14.12亿元,民间借贷债权为17.06亿元,与工程有关的债权35.29亿元。管理人于2016年11月8日向温岭市人民法院提交了《重整计划(草案)》,并于同日召开第二次债权人会议。特定财产担保债权组、税收债权组均以全票通过《重整计划(草案)》,普通债权组以76.3%债权人人数和70.77%债权额表决通过《重整计划(草案)》。根据重整计划,偿债资金来源为管理人引入投资人的注资、交接前债务人的经营收入、现有资产变现及应收账款清收所得。2016年12月7日温岭市人民法院裁定批准中博建设公司重整计划(草案),终止重整程序,中博建设公司破产重整案进入重整计划执行阶段。

九、安吉丰华置业有限公司合并破产清算转重整案

(一)工作亮点

清算转重整程序;通过共益债务为破产程序融资提供司法保障;引进境外资本,打通其参与境内不良资产一级市场投资通道;建立府院联动,坚持“信息公开、依法处置”化解社会矛盾。

(二)审理经过

安吉丰华置业有限公司和丰华花园酒店(安吉)有限公司两家公司因控股股东主营海运业务持续低迷,以及自身房地产开发处于市场下行期,企业资金链断裂而陷入债务危机。经债权人申请,安吉县人民法院于2014年10月27日裁定受理安吉丰华置业有限公司破产清算;并于同年11月13日裁定安吉丰华置业有限公司与丰华花园酒店(安吉)有限公司合并破产清算。经债权申报,共有232家债权人申报债权41.2亿元,后审查确认债权27.9亿元。由于已交房141户购房户无法办理权证,已签订预售合同的184户购房户交房遥遥无期,同时项目陷入全面停建状态,10余家施工单位拖欠民工工资,各类矛盾叠加,维稳压力巨大。

1. 支持创新金融产品筹集"共益融资",通过设定共益债务为破产程序融资提供法律保障。为避免因工程停建、烂尾而导致资产价值大幅贬损,同时保障购房户民生,借助共益债务机制,通过浙江金融资产交易中心的创新金融产品,向社会投资者募集资金2亿元用于已售房屋的工程续建。通过在债权人会议表决通过的《财产管理和变价方案》中明确"丰华两家公司向第三方平台公司进行融资,该等融资作为共益债务,优先于其他类别债权人获得清偿",消除破产程序融资的法律风险。得益于共益融资的成功引入,丰华项目已售部分标段现已全部竣工验收,184户预售合同购房者顺利交房,另外141户已交房购房者也全部取得房屋权证。

2. 建立府院联动机制,以"信息公开、依法处置"为工作准则,平稳化解涉稳风险。安吉县人民法院对于案件的各种不稳定因素(以房屋预售购房户、工程债权人为甚)提前进行了深入细致的调查了解,并与当地政府建立府院联动机制,联同管理人制定应对预案。面对购房户要求按时交房、按时办证、违约赔偿等诉求,工程债权人要求支付工程款以解决欠付的农民工工资等诉求,法院、政府、管理人进行充分的信息公开,让权利人充分地表达诉求,府院联动进行充分的法律论证分析,依法做好解释沟通工作。除召开债权人会议外,在安吉法院的主持下,住建局质监科、县公安局、管理人一同专门召开购房户交房事项通报会,由管理人向全体购房户通报交房相关事项;由安吉县住房和城乡建设局通报《丰华天逸城一期续建工程项目建设及竣工验收情况》;由管理人接受众购房户的现场提问,并进行解答;由法院对续建交房的依据、原购房合同的效力问题、房屋质量问题、产权证书办理问题、公积金办理问题、逾期违约金问题、规划配套变更问题、契税、车位赔偿问题等法律问题一一解答。有效提升了法院的公信力,充分保障购房户知情权,平稳化解了购房户群体事件。

3. 成功引进境外投资人参与房地产企业破产重整,法院为境外资金结汇、用于清偿破产债权提供法律支持。通过投资者招募工作,恒天国际发展有限公司以8亿元对价成为丰华两家公司的重整投资人(鉴于此,破产清算亦依法转入重整程序)。由于境外投资人投资境内的房地产企业面临一些限制,如各地商务主管部门不得审批涉及房地产开发经营业务的投资性公司、境内房地产企业不可以借入外债等规定,同时境外投资者并购境内房地产企业还需要经过省商务厅、市外管局等的审批,较一般的重组更为复杂。而境外投资者的并购资金如何进入境内合法结汇、并用于清偿破产债权成为首要难题。经过多次协商沟通,最终确定以法院向外管局发《告知函》说明并购增资款用途,外管局对《告知函》予以承认的方式结汇,专项用于债务人支付重整计划规定的破产债权、破产费用、共益债务等支出。在合法合规的前提下,法院的能动司法为重整计划的顺利执行提供了有利条件。

十、艾科赛仑有限公司破产重整案

(一)工作亮点

在投资人引入无望情况下引导债务人企业自救;运用重整计划草案合理调整债权,切断企业担保链;充分保护金融债权;为继续营业的借款作为共益债务且优先于抵押权清偿;协商一致基础上审慎强制裁定批准重整计划。

(二)审理经过

艾科赛仑有限公司(以下简称艾科公司)坐落于衢州市衢江区临湖北路18号,公司注册资本金为人民币1.2亿元,系一家研发和生产各种高档特种纸的区重点企业。2016年7月3日艾科公司以公司资产不足以清偿全部债务并缺乏对到期债务的清偿能力但具有重整可能为由,向衢州市衢江区人民法院提出重整申请。

经审查,艾科公司对外负债34,182万元(其中为他人担保债务20,823万元),企业资产评估价值9327万元,净资产为-24,854.6055万元,已经严重资不抵债,若直接破产清算,不仅普通债权人清偿率为零,抵押债权人亦无法足额受偿。但艾科公司系国内仅有5家生产特种描图纸的企业之一,且在进入破产程序前已完成第二次技术改造，生产成本远低于竞争对手，具有一定的盈利前景，在此基础上管理人开展招募战略投资人工作。在投资人招募未果且艾科公司实际控制人表明自救决心的情况下，迅速转变思路，调整为债务人自救。

一是管理人制作债务人《偿债能力分析报告》，明确破产清算的清偿比率，引导债权人做出理性选择。

二是合理制定债权受偿方案。首先，分类受偿，切断企业担保链。根据债权性质，劳动债权及税收债权组按照100%清偿、普通债权区分为大额（主要为对外担保债权）和小额（主要为供应商货款）普通债权，分别按照0.5%和10%清偿。对外担保债权的债权人一般可通过主债务人提供的抵押财产获得部分清偿，且其考虑到若不投赞成票，根据管理人提供的《偿债能力分析报告》，清算情况下无法获得任何清偿，最终大额普通债权组以85.87%比例高票通过了《重整计划草案》。债务人企业仅需支付120万元切断2亿多元的担保债务，为企业轻装上阵奠定基础。其次，运用延期清偿等手段合法调整抵押权。某银行衢州分行系本案最重要的债权人，也是重整计划的主要推动者，在重整草案制定前后管理人多次召集艾科公司实际控制人与某银行衢州分行、省行代表深入磋商。了解到某银行衢州分行希望以一定权利让渡实现企业重整将8000余万元不良贷款转化为正常贷款的真实意愿后，将某银行衢州分行及另一位抵押债权人的债权受偿数额由审核确定的债权额调整为抵押物评估价值的数额，并在重整计划中明确债务人应按抵押债权人要求配合办理结清欠息、以贷还贷及原抵押物继续抵押担保等手续，同时支付延期清偿利息，就此破解抵押债权人困于金融监管考核体制障碍无法投赞成票的尴尬现状，并为法院强制批准重整计划草案奠定基础。

三是督促债务人制定合理的营业整合内容，严格适用强裁法定要件。在多方协商基础上债务人提交第一次债权人大会表决重整计划草案，仅有一家担保债权人未投赞成票。后衢江区人民法院进一步组织相关利益主体协商，在各方均得到妥善安排基础上，审慎考量各方面情况和《企业破产法》第87条的规定，经专业法官会议讨论后，于2016年11月30日强制批准通过重整计划草案。首先，抵押债权组的债权调整及受偿方案符合强裁要件。按前所述，抵押债权就特定财产将获全部清偿，其因延期清偿所受损失得到公平补偿，其担保权未受到实质性损害。其次，债务人的经营方案具有可行性。本案中债务人营业情况良好，因担保链问题现金流严重缺乏。经充分协商,抵押债权人同意债务人为营业需要在1000万元额度内对外借款,款项性质为共益债务,优先于抵押债权清偿,破解了流动资金难题。最后,重整计划草案中包括严格的资金监管方案。对外借款具体用途需由债务人提出书面申请,列明付款金额、收款人、合同、协议等,在管理人审核后支付。必要时管理人应向法院汇报并征询主要债权人意见,以确保对债务人经营使用资金的监控。

目前该企业已经恢复生产,订单及销售情况良好,某银行衢州分行清欠息及贷款平移工作完成,重整计划有序执行。

杭州市两级人民法院破产审判十大典型案例（2007～2017年）*

一、《企业破产法》实施后全国首例以债权人会议决议方式通过重整计划并实现成功重整的上市公司重整案——ST浙江海纳科技股份有限公司重整案

（一）背景事实

浙江海纳科技股份有限公司（以下简称海纳公司）原称浙大海纳科技股份有限公司，系"浙大系"上市公司，其股票于1999年5月7日在深圳证券交易所挂牌上市。2004年3月海纳公司实际控制人由浙江大学及其实际控制企业变更为邱某某。以后，邱某某通过其掌控的"飞天系"公司挪用海纳公司资金2.51亿元，并擅自以海纳公司的名义为"飞天系"公司向银行贷款或个人借款提供连带保证担保，担保的本金总额达3.95亿元。担保债务到期后，债权人纷纷起诉、申请执行，海纳公司债务危机全面爆发。为挽救海纳公司，经浙江省政府专题会议协调，浙江大学及其企业管理部门确定由同为"浙大系"的上市公司浙大网新科技股份有限公司接管海纳公司，并在中国证监会浙江监管局的监管下负责海纳公司风险处置的具体工作。海纳公司风险处置前后，正值《企

* 本文是杭州市中级人民法院课题组撰写的《杭州法院破产审判调研报告（2007～2017）》的附件内容。

业破产法》颁布并即将实施,考虑到上市公司可以通过重整获得债务减免,从而避免自身遭遇暂停上市或者退市之不良结局;战略投资者可以获得“壳资源”,从而增加资本运作的深度和广度;中小股东因企业重整获得新生,可以避免因上市公司退市而使其投资利益受到损害;政府及有关部门则可以通过重整制度进一步发现问题,查漏补缺,完善规范资本市场的措施。据此,通过司法重整程序实现公司重生也被列入风险处置的目标选项,并得到了最高人民法院、中国证监会、浙江省政府和浙江省高级人民法院的支持。

(二)审理经过

在充分论证的基础上,经浙江省高级人民法院报请最高人民法院审查批准,2007年9月14日杭州市中级人民法院裁定受理了债权人袁建华提起的重整申请并指定了管理人。海纳公司管理人于第一次债权人会议上提交了重整计划草案。重整计划草案的核心内容为:普通债权本金获得25.35%的清偿,于重整计划裁定批准之日起30日内以现金方式清偿。各债权人就重整计划草案询问管理人及相关人员后,进行分组表决,通过了重整计划草案。后管理人向杭州市中级人民法院申请批准重整计划,杭州市中级人民法院组织听证会对重整计划进行了研究,并经审判委员会讨论,依法裁定批准重整计划。其后,海纳公司按照重整计划及时足额向15家债权人支付了相关款项,重整计划在规定的30天执行期内执行完毕。

海纳公司重整程序终结后,重整计划经过中国证监会的核准批复。2009年4月30日海纳公司(更名为浙江众合机电股份有限公司)正式复牌,股票恢复在深圳证券交易所交易。复牌后的众合机电股份有限公司成为上市公司浙大网新科技股份有限公司的子公司,该公司向众合机电股份有限公司注入了优质资产。重整案顺利审结后,海纳公司当年即实现了每股收益4.35元和净利润3.68亿元的业绩增长;也给海纳公司迎来了股权分置改革的良机,股改的顺利完成使海纳公司从一家即将退市的公司提升为盈利能力较高的优秀上市公司。海纳公司后成为以环保、轨道交通、半导体三大产业为支撑的集团性上市公司。

(三)工作实效

海纳公司重整案是我国首例以债权人会议决议方式通过重整计划草案并实现成功重整的上市公司重整案件,为审理类似上市公司重整案件积累了经验。该案受到《人民法院报》《中国证券报》《上海证券报》《经济日报》《二十一世纪经济导报》等财经、法律类主流媒体的广泛关注，还被《人民法院报》评为当年度全国十大最受关注的“维护平安和谐，伸张公平正义”案件之一。

二、浙江省首例高科技民营企业重整案——南望信息产业集团有限公司重整案

（一）背景事实

位于杭州市西湖区的南望信息产业集团有限公司（以下简称南望公司）曾获得中国十佳专利企业荣誉，连续五年位列全国软件百强，其生产的远程图像监控设备曾占有我国1/3的市场份额，位居同行业榜首。2008年4月南望公司因多元化投资和高额银行贷款和民间借贷负债导致资金链断裂，累计负债达23亿元，企业债务危机爆发，银行和其他债权人纷纷起诉。省外某主流财经媒体以“15家商业银行最后一击 民企南望公司骨牌推倒”作出报道后，更是加剧了债权人恐慌性诉讼。

（二）审理经过

南望公司财务危机爆发后，浙江省高级人民法院及时向省领导呈报了《要情专报》，并提出了可适用重整挽救南望公司的建议。在浙江省高级人民法院指导下，杭州市中级人民法院于2008年5月20日受理了南望公司重整申请，依法指定管理人，及时采取维稳措施，防止了危机的进一步蔓延。在法院监督下，管理人提出了“主业保留+原股权清零+债转股”的重整方案框架构思，核心内容是：对有财产担保的债权进行优先清偿；确认普通债权人偿债比例在清算条件下为普通债权额的16.02%，在重整成功持续经营条件下为普通债权额的22.51%，债权人可自行选择是否债转股，选择债转股的债权人以零价格受让南望公司原出资人的股权，为未进行债转股的普通债权人提供按份的一般保证的担保责任，不参与债转股的债权人债权由债转股后的南望公司在重整计划监督期满之日起的一年内偿付；对劳动债权，重整申请受理日前产生的，在资产变现后的现金中优先支付，重整申请受理日后产生的，由债转股后的南望公司负责优先于其他债权偿还；调整出资人权益为零，以零价格向选择债转股的债权人转让其原持有南望公司的全部股权。债权人会议及时表决通过了该重整计划草案。2008年12月杭州市中级人民法院裁定批准重整计划。

在各方努力下，至2011年2月南望公司的重整计划全部执行完毕。

(三)工作实效

南望公司重整案是《企业破产法》实施后浙江法院首次对规模民营企业适用重整制度的一次探索与尝试,为通过司法主导下运用重整手段化解企业资金链断裂风险提供了范本。2008年12月7日的新华社《国内动态清样》以《浙江以重整方式处置破产民企做法可供借鉴》为题刊载了记者的专访,指出"南望方式有重要参考价值"。2009年6月17日的《第一财经时报》以《浙江南望:非正常死亡后的价值重组》为题,报道了南望公司的重整模式及其积极意义。南望公司重整案也被最高人民法院2010年7月发布的《人民法院工作年度报告(2009)》所收录。

三、杭州市首例关联企业合并重整案——华伦集团有限公司及其关联企业合并重整案

(一)背景事实

华伦集团有限公司(以下简称华伦集团)是浙江省富阳市的大型龙头民营企业,创办于1983年。集团公司控股或管理20余家公司,以通信制造业为主,跨造纸、房地产和水泥制造等行业,曾荣获浙江省民营百强企业、全国民营企业500强企业和全国电子信息产业百强企业等称号。2003年华伦集团收购上市公司四川金顶(集团)股份有限公司(以下简称四川金顶)国有股,占四川金顶29.91%的股权,为四川金顶第一大股东,华伦集团成为当时无上市公司的富阳市第一家控股上市公司的公司。华伦集团在重组四川金顶后的短时间内继续在四川多个地区收购水泥企业,并于2006年举债收购陕西省耀县水泥厂拥有的上市公司陕西秦岭水泥(集团)股份有限公司的股权。因资本运作的投入与产出严重不协调,华伦集团在2009年累计还本付息近10亿元后资金链断裂,债务危机全面爆发。

(二)审理经过

2009年5月20日债权人浙江富春江光电科技有限公司、浙江永泰纸业集团有限公司、富阳市富春街道虎山改制改革领导小组向富阳区人民法院申请对债务人华伦集团进行重整。2009年6月1日富阳区人民法院裁定受理债权人对华伦集团的重整申请,同时指定华伦集团重组工作组为华伦集团管理人。共有147家债权人申报债权,申报债权额总额为26亿余元。华伦集团重整案第一次债权

人会议于2009年7月8日召开。2009年7月27日富阳区人民法院裁定宣告华伦集团进入重整程序。案件审理中,管理人提出《华伦集团破产重整主体构成方案》,拟让华伦集团吸收合并其5家关联企业浙江华伦通信集团股份有限公司、浙江华伦集团通信设备安装工程有限公司、富阳市鹳山电缆电线有限公司、杭州王子光纤材料有限公司、浙江莱特通信材料有限公司,即实行"1+5"合并。2009年9月30日华伦集团第二次债权人会议召开,表决通过《华伦集团拥有的四川金顶股票作价的原则方案》《战略投资者引进及竞争机制》。2009年10月26日富阳区人民法院裁定同意申请人华伦集团管理人提出的华伦集团吸收合并五家关联企业的方案。2010年1月26日富阳区人民法院裁定华伦集团重整期限延长至2010年4月27日。2010年5月20日华伦集团第三次债权人会议召开,对管理人提交的《华伦集团重整计划草案》进行分组表决,该次债权人会议表决通过了重整计划草案。2010年5月28日富阳区人民法院裁定批准华伦集团重整计划、终止华伦集团重整程序。后华伦集团重整计划执行完毕。

(三)工作实效

富阳区人民法院在华伦集团重整案中创新采用了关联企业实体合并重整模式,还原了债务人资产的真实状况,公平保护了全体债权人的合法权益,被人民网誉为"破产重整案件审理中一项创新"。该案中富阳区人民法院还开创性探索适用了战略投资者引进的竞争机制、民间借贷债权核减机制,对其他破产案件的审理具有积极的借鉴意义。

四、杭州市首例破产清算转和解案——浙江宏泰钢构安装工程有限公司和解案

(一)背景事实

浙江宏泰钢构安装工程有限公司(以下简称宏泰公司)成立于1997年,是一家主要从事钢结构建筑的公司,具有国家住房和城乡建设部核发的钢结构工程专业承包一级资质这一重要无形资产,后因经营不善陷入债务危机。

(二)审理经过

根据债权人申请,余杭区人民法院于2010年3月23日裁定受理宏泰公司破产清算一案,并指定中汇会计师事务所有限公司担任管理人。其间,余杭区人民法院裁定确认债权金额约2.36亿元,债权人115名。2011年12月13日余杭区

人民法院裁定受理宏泰公司的和解申请。同年12月28日经第二次债权人会议对宏泰公司提出的和解协议进行表决,同意和解协议的债权人人数占出席会议的有表决权的债权人数的88.68%,同意和解协议的债权人所代表的债权额占无财产担保的债权总额的87.57%。同年12月29日余杭区人民法院裁定认可宏泰公司和解协议并终止宏泰公司和解程序。本案普通债权清偿率为10%。

(三)工作实效

本案是杭州地区首例破产清算转和解程序并成功审结的破产案件。在宏泰公司及债权人委员会的努力下,成功引入战略投资者收购该公司,并形成和解协议草案。从法院裁定受理和解申请,到裁定认可和解协议并终止和解程序,仅用时15天,且避免了宏泰公司因3年无营业记录而被吊销钢结构工程专业承包一级资质情况的发生,实现了这一无形资产的保值,实现了债权人利益的最大化。

五、浙江省首例酒店重整案——萧山国际酒店有限公司重整案

(一)背景事实

杭州萧山国际酒店有限公司(以下简称国际酒店公司)成立于1993年,当时系杭州地区一家具有较大影响力的四星级酒店,酒店建筑也是萧山区的地标性建筑,被称为“萧山第一楼”。2009年前后,国际酒店公司因资金链断裂,债务危机全面爆发。

(二)审理经过

在杭州市中级人民法院指导下,萧山区人民法院于2010年7月1日裁定受理国际酒店公司重整一案,并立即着手开展重整的程序性工作,统筹安排、精心组织、多方协调,依法及时成立清算组迅速接管了国际酒店公司的财产和相关资料。国际酒店公司资产约为1.29亿元,负债约为4.90亿元,虽然债务规模不算大,但因国际酒店公司自身所处行业的特点、资产规模、融资方式等原因,该案小额债权人众多,债权性质复杂,不同类别的债权人、职工等利害关系人利益诉求各异,重整共识的达成更为艰难。其中国际酒店公司债务危机爆发前为融资需求推出的至尊卡销售项目和产权客房销售项目的处理方式是决定重整成败的关键。2011年6月15日国际酒店公司第二次债权人会议召开,对重整计划草案进行表决。根据重整计划草案,普通债权清偿率为78%,对于持至尊卡的消费者债权人,由投资人收购债权或者换取同等金额的消费券;对于产权客房的买受人债

权人，通过解除出售与回租一体的合同，确保酒店客房资产的整体性。由于前期工作准备充分，重整计划草案获债权人会议高票表决通过。2011 年 6 月 17 日萧山区人民法院根据管理人的申请，裁定批准重整计划，终止重整程序。

（三）工作实效

国际酒店公司重整案是浙江省首例酒店重整案件，也是萧山区人民法院自《企业破产法》实施以来成功审理的第一例危机企业通过破产保护程序实现重生的案例。该案中所采用的针对至尊卡持有人收购债权或换取同等金额的消费券、解除产权客房买受合同的解决方案为类似案件的处理提供了思路参考。

六、浙江省首例运用简易审机制审理的重整案——建德市金太阳假日宾馆有限公司重整案

（一）背景事实

建德市金太阳假日宾馆有限公司（以下简称金太阳公司）主要从事住宿、餐饮等业务，由于公司实际控制人汪某在其他项目上的过度扩张，导致金太阳公司资金链断裂，2010 年起该公司开始无法清偿到期债务并涉讼。

（二）审理经过

在执行程序中，建德市人民法院根据企业实际情况引导债权人申请该公司破产，实行执破衔接，并于 2012 年 2 月 7 日裁定受理债权人提出的重整申请。经梳理企业债权债务、分析市场发展前景、初步调查投资意向等前期工作，建德市人民法院确定了“实行简易审理、寻求司法重整、促进继续发展”的工作思路，欲通过重整程序挽救企业，努力实现多方共赢。2012 年 3 月 27 日金太阳公司第一次债权人会议召开，对初步核查了债权，表决通过了管理人制作的金太阳公司财产管理方案、管理人报酬及中介机构费用方案，成立了债权人委员会。此后，管理人开始对重整投资人进行遴选。遴选采用重整投资意向人公开申报、分别审核的方式进行。2012 年 6 月 7 日金太阳公司第二次债权人会议召开，对管理人提出的重整计划草案进行审议表决，并分职工工资及相关债权组、税款债权组、全额清偿的普通债权组、一般普通债权人组、出资人组 5 组进行分组表决。该重整计划草案获得各组高票表决通过。2012 年 6 月 8 日建德市人民法院裁定批准了重整计划，并终止金太阳公司重整程序。

（三）工作实效

该案从受理到批准重整计划用时仅 4 个月，是《企业破产法》实施以来我省

法院审理期限最短的企业重整案件,也是全省首例运用简易审机制审理的重整案件。因审理效果突出,该案还分别获得了时任浙江省高级人民法院院长和杭州市主要领导的批示肯定。

七、浙江省首例出租车运营企业重整案——杭州中润客运有限公司及其关联企业合并重整案

(一)背景事实

杭州中润客运有限公司、杭州大川旅游汽车出租有限公司、杭州华旅客运有限公司、杭州安润出租汽车管理服务有限公司是由蔡某某实际控制的以出租车运营为主业的四家企业(以下概称“中润系”四企业)。因各种原因,2011 年 9 月“中润系”四企业资金链断裂引发债务危机,涉及 1152 辆出租车(约占杭州市出租车总量的 13%)、近 3000 名出租车驾驶员和 2000 多名债权人、4000 多名利害关系人,成为当时影响杭州市出租车行业稳定和杭州地区稳定的重大问题。2012 年 9 月杭州市委市政府成立了中润问题处置工作领导小组。2014 年 5 月“中润系”四企业实际控制人蔡某某因犯非法吸收公众存款罪被杭州市拱墅区人民法院判处有期徒刑 9 年。

(二)审理经过

2013 年 11 月 15 日根据债务人“中润系”四企业的申请,杭州市中级人民法院裁定受理了“中润系”四企业合并重整一案。债务人的债务总额为 6.04 亿元,资产经评估价值为 1.45 亿元,故在破产清算条件下,普通债权清偿率极低,仅为 3.897%。案件审理中,杭州公交经营发展公司作为战略投资人参与重整。根据重整计划草案,优先债权获 100% 清偿,普通债权则按照超额累计递减方案进行清偿,平均清偿率为 30%。2014 年 1 月 25 日因债权人人数众多,杭州市中级人民法院分上午、下午、晚上三场次主持召开了第一次债权人会议,会上对重整计划草案进行了表决,但普通债权人组未通过重整计划草案。2014 年 8 月 31 日普通债权人组再次对重整计划草案进行表决,该次表决通过了重整计划草案。根据两次债权人会议表决结果,杭州市中级人民法院于 2014 年 9 月 10 日裁定批准重整计划,并依法终结重整程序。

(三)工作实效

“中润系”四企业债务规模较大、债务结构复杂,所涉出租车行业敏感、利益

群体特殊。而其主要资产即出租车上设立的经营模式有买断、半买断、挂靠、返包等20多种,产权关系极其混乱。在案件审理中,通过清晰出租车产权,刑民协同,采用普通债权超额累进递减清偿方案、收购普通债权等,实现了“中润系”四企业的重生和全体债权人利益的最大化,有效化解了全市出租车行业的涉稳风险,维护了杭州地区社会大局的稳定,并为复杂的涉众涉稳型破产案件审理在联动机制的建立方面提供了范本。另外,通过对“买断返包”等以融资为目的的出租车经营方式的依法处理,也为规范杭州市出租车行业的秩序提供了参考。

八、全国首例推动“众创小镇”项目落地的大型科技园建设开发类房地产项目公司重整案——浙江浙大网新实业发展有限公司重整案

(一)背景事实

浙江浙大网新实业发展有限公司(以下简称网新实业)成立于2003年,公司注册资本金1亿元,是一家位于浙江大学紫金港校区北侧,设计建设37万平方米,已建成20多万平方米的大型科技园建设开发类房地产项目公司。该项目约有235亩科研用地,为浙商回归十大重点项目之一,建设入驻的“浙大创新科技园”为国家级广告产业示范园区。2014年年初,网新实业因经营不善等原因资金链断裂,在建项目停工。2014年7月网新实业因严重资不抵债,向杭州市西湖区人民法院申请重整。

(二)审理经过

2014年8月20日西湖区人民法院裁定受理网新实业重整案。该案共有502名债权人申报债权,经审核金额约为23.3亿元。该案资产在假设破产清算状态下的清算评估价值约为9.107亿元。该案的审理存在众多不稳定因素,包括三大涉稳群体网新实业400多户E30楼以租代售业主、关联的清水湾公司315户购房业主和107户退房业主,以及以房抵债、非典型担保、员工集资、有限合伙债权等被定性为普通债权带来的一系列涉稳问题。而网新实业项目因存在用地性质限制、相关资产权证办理障碍,资产与负债错综复杂等情况影响,资产变现与处置、项目后续开发都十分困难。2015年1月31日管理人在中国房地产报、钱江晚报、浙江产权交易所、中国破产保护网等媒体渠道面向全国发布招募重整投资人公告,最终仅浙江浙大网新集团有限公司一家报名参与重整。在法院的指导下,在党委领导、政府有关部门的支持下,经过重整方、管理人与主要债权人等各

方的艰苦协商和努力,2016年7月13日重整方正式提交了重整投资方案,管理人据此制作了重整计划草案并提议召开债权人会议对该草案进行表决。2016年7月30日网新实业第二次债权人会议召开,4个债权组全部表决通过《重整计划草案》。2016年9月6日西湖区人民法院裁定批准重整计划。目前重整计划正在执行中。

(三)工作实效

网新实业的重整是房地产类特别是园区开发类房地产重整案件的成功典范,是房地产"去库存"供给侧结构性改革背景下,运用重整手段化解企业资金链断裂风险,对接浙江省"众创小镇"建设的有益尝试。该案取得了多赢的良好效果,实现了债权人利益的公平受偿和相对最大化,将企业破产带来的社会矛盾降低到了最低程度,促进了社会和谐稳定,消除了G20峰会的维稳重大安全隐患。"紫金众创小镇"项目落地,将破产资产真正盘活升级,实现了重整的真正意义。

九、浙江省首例创新适用预重整制度的重整案——杭州怡丰成房地产开发有限公司重整案

(一)背景事实

杭州怡丰成房地产开发有限公司(以下简称怡丰成公司)系某房地产集团公司旗下为开发特定房产项目设立的子公司。因资金链出现严重问题,其开发的"东田·怡丰城"项目自2015年3月开始处于停工状态,项目完工率为41%左右,销售率为51%左右,购房户达1200余户,各类债权人100余户。

(二)审理经过

余杭区人民法院于2015年6月18日对怡丰成公司提出的重整申请进行预登记,由怡丰成公司及其债权人自主开展"东田·怡丰城"项目复工续建的各项准备工作,如召开已知债权人会议、征求购房户意见、初步形成复工续建的融资方案、确定复工续建方式等。2015年12月余杭区人民法院正式裁定受理怡丰成公司重整申请。目前,项目续建和销售工作正在稳步进行中。

(三)工作实效

该案创新适用了预重整制度。预重整期间取得的表决成果,在进入重整程序后相关承诺对承诺方仍然具有约束力。预重整期间形成的复工续建整体方案

以债务人财产管理及变价方案的形式由第一次债权人会议表决通过，从而大大提升了重整效率。该案还探索适用了市场化融资方案，采用专项封闭操作方式，约定还款来源为“东田 · 怡丰城”项目建成后销售的房款，复工续建所融资金作为共益债务优先受偿。该案在房地产企业破产案件中具有较强的典型意义和借鉴意义。

十、浙江省首例国有“僵尸企业”处置案——浙江远洋运输股份有限公司破产清算案

（一）背景事实

浙江远洋运输股份有限公司（以下简称远洋公司）系浙江省成立最早、规模最大的国际航运企业。2008 年金融危机以来，因国内外航运市场持续低迷，该公司陷入严重经营困境，成为典型的“僵尸企业”。根据中央和浙江省委、省政府要求，从 2016 年 5 月开始，浙江省交通投资集团有限公司（以下简称交投集团）对水运板块进行改革重组。通过市场化、法治化的手段让远洋公司退出市场，成为浙江省国资水运板块改革重组以及“僵尸企业”处置的一项重点工作。

（二）审理经过

2016 年 7 月 20 日交投集团作为债权人向杭州市中级人民法院提出对远洋公司进行破产清算的申请。2016 年 7 月 28 日杭州市中级人民法院裁定立案受理交投集团的申请，并于同日指定通过竞争方式产生的中介机构担任远洋公司管理人。远洋公司债权人共 14 家，债务金额达 109 亿元，涉职工 290 人、持股职工 233 人。2016 年 9 月 23 日杭州市中级人民法院主持召开远洋公司破产清算案第一次债权人会议，该次会议表决通过了《破产财产变价方案》《债务人财产管理方案》。2016 年 10 月 25 日杭州市中级人民法院裁定宣告远洋公司破产。2016 年 11 月 16 日根据前期指导远洋公司制定的职工安置预案，远洋公司职工安置工作基本结束，总体平稳有序。2017 年 1 月 17 日实际属远洋公司资产的 12 艘外籍远洋船舶全部处置完毕并向收购方交付。至此，远洋公司破产清算案的重点、难点问题基本解决，其他破产事务正在稳步推进中。

（三）工作实效

该破产清算案系浙江省处置国有“僵尸企业”第一案。通过破产程序中卓有成效的工作，远洋公司数百名职工得以妥善安置，所涉的 12 艘大型外籍船舶在

破产宣告后不到3个月即处置完毕,案件审理的法律效果、社会效果良好。该案中的职工安置模式对国有企业破产具有借鉴意义,境外资产的处置路径也是跨境破产中可尝试的一种有效模式。

杭州市余杭区人民法院破产审判十大典型案例(2006～2016年)*

一、杭州光瑞服饰有限公司破产清算案

(一)基本案情

杭州光瑞服饰有限公司(以下简称光瑞公司)成立于2007年4月19日,注册资金3088万元,主要从事服装生产及销售。2009年年初,光瑞公司因深陷民间借贷导致资金链断裂,公司停止经营,员工离职,法定代表人李某某涉嫌票据诈骗被逮捕。同年6月8日余杭区人民法院裁定受理光瑞公司破产清算申请,并指定上海市锦天城律师事务所杭州分所为管理人。其间,共有128名债权人向管理人申报债权,债权申报金额合计约3.97亿元。经管理人审核,债权人会议核查,最终我院裁定确认债权约2.36亿元,债权人115名,共计核减债权金额约1.61亿元,核减率近41%。2012年3月12日裁定终结光瑞公司破产程序,普通债权清偿率近17%。

(二)审理要点

本案的审理要点为高息民间借贷债权处理问题。本案中,民间借贷债权申报金额近3.8亿元,约占债权申报总额的96%,债权人数达57名。但对该部分债权,光瑞

---

* 本文是《杭州余杭法院破产审判状况白皮书(2006～2016)》的附件内容。

公司无任何财务记载,也无任何书面借款合同,且借款及还款情况复杂,个人与公司使用款项情况不清晰,其法定代表人李某某也无法准确陈述每笔借款的情况。为维护债权人和债务人合法权益,根据浙江省高级人民法院《关于审理民间借贷纠纷案件若干问题的指导意见》,余杭区人民法院确定以下债权审核思路:彻查李某某个人银行卡资金流向,整理并分析查询结果,穷尽措施确定光瑞公司归还各债权人的实际金额。对于李某某汇入光瑞公司债权人账户内的款项,要求债权人说明李某某汇款的缘由,是否系光瑞公司的还款,对认可的部分在债权人申报的债权金额内予以扣除,对债权人提出抗辩的部分,要求其提供该款项系其他法律关系的相关证据。对于李某某根据债权人的口头指示汇入第三方账户的还款,鉴于债权人对汇入第三方账号的款项一般都不予认可,甚至称根本就不认识第三方的情况,穷尽措施找到第三方并沟通,告知且说明汇款理由,同时告知如不能说明缘由管理人将提起不当得利之诉。通过上述方法,经管理人审核,债权人会议核查,余杭区人民法院最终裁定确认债权金额约为2.36亿元,核减债权金额约1.61亿元,核减率近41%,且无一债权人提出异议。

二、杭州钱潮环境工程有限公司破产清算案

(一)基本案情

杭州钱潮环境工程有限公司(以下简称钱潮环境公司)系一家由浙江钱潮控股集团股份有限公司(以下简称钱潮控股集团)与自然人魏某某于2003年5月8日共同出资组建主营环保设备制造的公司。公司因经营不善,股东投资方向转变,于2008年9月30日经股东会决议解散并成立清算组。公司在自行清算过程中发现资产不足以清偿全部债务,余杭区人民法院于2009年6月26日裁定受理钱潮环境公司破产清算申请,并指定国浩律师集团(杭州)事务所为管理人。该案在审理期间通过多次沟通协调,以“一揽子”处理方案实现了公司股东与债权人的双赢,普通债权清偿率为50%。

(二)审理要点

本案审理要点之一是理顺自行清算转破产清算的关系并协调公司股东与债权人关系。钱潮环境公司系由钱潮控股集团控股的子公司,在财务制度、公章管理、人事制度、重大事项决策等经营及运作上缺乏独立性,而与钱潮控股集团签订的《土地租赁协议书》《人员转移安置协议书》又直接关系到破产公司的账面

资产数额。本案系在公司股东自行清算过程中向余杭区人民法院申请破产清算，股东与债权人在公司自行清算中已积累较深矛盾。管理人根据债权申报及资产审计的结果出具的资产拍卖处置意见未能在第一次债权人会议上获得通过。第一次债权人会议后，钱潮控股集团向管理人申报90余万元债权，引起了其他各债权人的强烈不满。我院经实地走访、现场勘查，了解到资产如拍卖变现所获价款将会很低，同时从衡平保护、审慎处理的角度，多次召集债权人与钱潮控股集团协调，最终钱潮控股集团表示放弃债权，修改后的处置方案也通过了债权人会议的表决。

本案审理要点之二是出台债权"一揽子"解决方案。由于本案破产财产如以拍卖方式变现，价款将会很低，根据本案债权人数较少（16家）且较为集中（其中一家债权人享有77.8%的债权）的事实，余杭区人民法院经多次沟通协调并指导管理人出台"一揽子"方案：由钱潮控股集团折价接受钱潮环境公司现存的全部资产，所得价款按50%的受偿率清偿所有普通债权并支付破产费用，债权人的其余未受偿部分债权均自愿放弃。最终该方案获得全体债权人的同意。

三、浙江宏泰钢构安装工程有限公司破产和解案

（一）基本案情

浙江宏泰钢构安装工程有限公司（以下简称宏泰公司）成立于1997年，是一家主要从事钢结构建筑的公司，具有国家住房和城乡建设部核发的钢结构工程专业承包一级资质。因经营不善陷入债务危机，根据债权人申请，余杭区人民法院于2010年3月23日裁定受理宏泰公司破产清算一案，并指定中汇会计师事务所有限公司为管理人。其间，余杭区人民法院裁定确认债权金额约2.36亿元，债权人115名。后余杭区人民法院于2011年12月13日裁定受理宏泰公司的和解申请。同年12月28日经第二次债权人会议对宏泰公司提出的和解协议进行表决，同意和解协议的债权人人数占出席会议的有表决权的债权人数的88.68%，同意和解协议的债权人所代表的债权额占无财产担保的债权总额的87.57%。同年12月29日余杭区人民法院裁定认可宏泰公司和解协议并终止宏泰公司和解程序。本案普通债权清偿率为10%。

（二）审理要点

本案的审理关键在于以和解方式审结，保留无形财产价值。本案是杭州地

区首起以和解方式审结的破产案件,宏泰公司有两项重要的资产:一是位于余杭区乔司街道五星村的厂房及在建工程,以上固定资产系在租赁土地上建造,未经过相应审批手续,故无法通过正常途径拍卖变现,如果破产清算,可能面临被拆除的风险,因此相应的变现价值为零。二是宏泰公司所拥有的钢结构工程专业承包一级资质,如宏泰公司能够存续,此资质能够为经营者带来的经济价值无法估算,但如宏泰公司破产清算,则此资质的变现价值同样为零。为最大化实现债权人利益,也为更好地发挥宏泰公司所有资产的社会价值,余杭区人民法院带领管理人与租赁土地所在的五星村村委会及管理钢结构工程专业承包一级资质的区建设局反复进行磋商,尽量保留宏泰公司,使企业重生,同时要求管理人、宏泰公司寻找战略投资者,并取得所在村委、街道的支持。在宏泰公司及债权人委员会的努力下,成功引入战略投资者收购该公司,并形成破产和解协议草案。从受理和解申请到裁定认可和解协议并终止和解程序仅花费15天时间,避免了宏泰公司因3年无营业记录而被吊销一级资质的情况发生。根据余杭区人民法院裁定认可的和解协议,有财产担保的债权、职工债权可以全额受偿,普通债权的清偿率为10%。

四、杭州金星房地产开发有限公司破产清算案

(一)基本案情

杭州金星房地产开发有限公司(以下简称金星公司)是"中江系"关联企业。2011年年底,金星公司经营陷入停顿,其开发的西城时代家园商品房项目三期共22幢房屋主体结顶,土建、安装完成95%以上,室外管线、绿化、市政配套及小区道路待建,尚不符合交付条件,800余户购房业主及其他债权人为维护自身权益,多次上访,引起媒体高度关注。2012年3月30日余杭区人民法院根据债权人申请依法裁定受理金星公司破产清算案,并指定了金星公司清算组(由政府相关部门及浙江天册律师事务所组成)为管理人。在案件审理过程中,管理人通过向政府借款的方式融得后续建设资金,完成了项目的复工续建并顺利向购房业主交房。2013年8月鉴于金星公司等30家"中江系"企业具有人格高度混同情形,金星公司与"中江系"其他29家公司合并重整,并移交杭州市中级人民法院审理。

(二)审理要点

本案的审理要点是在建工程的复工续建。本案系杭州城区首起房地产企业

破产清算案件。根据受理破产时西城时代家园商品房项目建设的实际情况，如能将项目全部建设完成后再对尚未出售的房产进行变价处置，与按现状对尚未出售的房产进行变价处置，两者所得价款将存在巨大差异，同时由于房地产开发是系统工程，整个项目应视为一个整体，尤其是土建工程已基本完工，后续工程以室外管线、绿化、市政配套及小区道路等建设为主的情况下，所进行的每项工程建设都具有承继性与关联性，如不能完成整个项目的建设，则对未出售房产的变价处理具有很大影响。因此，完成西城时代家园全部建设再行处置未出售房产有利于全体债权人。在此基础上，经多次协调明确，西城时代家园项目的复工续建以通过管理人向余杭区政府借款的方式进行融资，垫付的所有资金均由政府通过国有公司拨付给管理人，再由管理人统一对外支付，所有续建款项使用均经严格审核。围绕西城时代家园项目的复工续建，余杭区设立专案工作领导小组、成立项目现场工作组，开展落实施工单位、解决办证问题、制定资产处置方案及时处置资产等一系列工作。此后，西城时代家园商品房项目三期在案件审理过程中顺利完成续建并陆续向购房户交房。

五、杭州郎城装饰材料有限公司破产清算案

（一）基本案情

杭州郎城装饰材料有限公司（以下简称郎城公司）成立于2002年，注册资本50万元，其主要资产为位于余杭区星桥街道万乐社区的厂房一幢，建筑面积约10,914平方米，系租赁取得，无法办理产权证。余杭区人民法院于2012年10月25日根据债权人的申请裁定受理对郎城公司的破产清算，并指定天健会计师事务所（特殊普通合伙）担任管理人。2013年12月30日余杭区人民法院裁定宣告郎城公司破产。其间，余杭区人民法院裁定确认债权31家、确认债权金额约4475万元。2014年6月18日余杭区人民法院裁定终结郎城公司破产清算程序，本案普通债权清偿率为23.67%。

（二）审理要点

本案的审理要点是如何实现郎城公司的主要破产财产即集体所有土地上厂房的资产价值最大化。郎城公司进入破产程序时，公司债务总额高达4475万元，主要资产为建造于星桥街道万乐社区集体所有土地上一幢厂房，如何处置该集体土地上的无证厂房是实务难题。在审理过程中，经多次协调沟通，万乐社区

表示愿意购买郎城公司厂房,如由万乐社区购买该厂房,则土地所有权人与厂房所有权人相一致,避免了无证厂房无法拍卖处置以及处置后买受人还需与万乐社区协调办理土地租赁手续等一系列问题。因此,管理人拟定了将郎城公司厂房按评估价格1139万元变卖给万乐社区的财产变价方案,该变价方案在第二次债权人会议中表决通过。通过这种处置方式,郎城公司的普通债权清偿率从零上升至23.67%。

六、杭州元通机械有限公司破产清算案

(一)基本案情

杭州元通机械有限公司(以下简称元通公司)成立于1999年,注册资本50万元,是一家主要从事生产水处理设备的公司。因元通公司不能清偿到期债务且明显缺乏清偿能力,债权人上海浦东发展银行股份有限公司杭州余杭支行(以下简称浦发银行余杭支行)向余杭区人民法院提出破产清算申请,余杭区人民法院于2015年5月4日正式裁定受理元通公司破产清算申请,并指定浙江浙联律师事务所为管理人。其间,确认债权金额约6899万元。后余杭区人民法院于同年8月18日裁定宣告元通公司破产,于同年12月24日裁定认可《杭州元通机械有限公司破产财产分配方案》,确定普通债权的清偿比例为22.76%。

(二)审理要点

本案的审理关键在于执行转破产程序的衔接问题。元通公司破产清算案系因浦发银行余杭支行诉元通公司金融借款合同纠纷案件进入执行程序后,发现元通公司的厂房土地正由最先采取财产保全措施的杭州经济技术开发区人民法院处置,无其他可供执行的财产,且根据评估情况元通公司的厂房土地并不足以清偿其全部债务,按照最高人民法院《关于适用〈中华人民共和国民事诉讼法〉的解释》的相关规定,被执行人未进入破产程序时,债权的受偿顺序是按照财产保全和执行中查封、扣押、冻结财产的先后顺序。在这种情况下,浦发银行余杭支行将无法参与执行分配。经余杭区人民法院执行部门释明引导,浦发银行余杭支行提出了对该公司的破产清算申请,并由执行部门向破产案件审理部门出具情况说明,余杭区人民法院及时受理了该起因无法参与执行分配而提出破产申请的案件,公平地维护了债权人的利益。

七、浙江中宙光电股份有限公司与浙江中宙照明科技——有限公司破产重整案

(一)基本案情

浙江中宙光电股份有限公司(以下简称中宙光电公司)是国内知名的 LED 制造企业,注册资本 1.65 亿元。因经营不善出现资不抵债情况,经杭州市中级人民法院指定,余杭区人民法院于 2015 年 6 月 29 日正式裁定受理中宙光电公司破产重整申请,并指定北京高朋(杭州)律师事务所、浙江天册律师事务所、浙江天平会计师事务所有限公司为中宙光电公司管理人。其间,余杭区人民法院决定准许中宙光电公司在管理人的监督下自行管理财产和营业事务。2016 年 3 月 25 日管理人提出合并破产重整申请,认为中宙光电公司与其全资子公司浙江中宙照明科技有限公司(以下简称中宙照明公司)存在法人人格高度混同情形,应合并破产重整。在组织召开合并重整听证会后,余杭区人民法院于 2016 年 5 月 25 日裁定同意中宙光电公司和中宙照明公司合并破产重整。

(二)审理要点

本案的审理关键是中宙光电公司和中宙照明公司合并重整问题。审理查明:中宙光电公司和中宙照明公司均由中宙光电公司法定代表人朱某某实际控制;两家公司住所地及实际经营地具有同一性;2011 年 5 月 1 日 ~2015 年 5 月 31 日,两家公司员工均与中宙照明公司建立劳动关系,人员使用存在混同;两家公司在资金调配、生产研发、销售、人员聘用等经营事务上均由同一团队统一决策,两家公司业务基本雷同,业务往来频繁,往来款较多;两家公司财务人员相同,中宙照明公司没有独立的财务人员进行财产管理;中宙照明公司为中宙光电公司的大额银行贷款提供担保。两家公司在实际经营中因资产和业务混同,人员和机构混同致使两家公司法人人格不独立,存在人格高度混同的情形,如对中宙光电公司单独进行破产处置,不能客观真实地反映其债权债务关系,会影响资产清理工作的正常开展,而合并破产重整则有利于引入战略投资者,有利于解决两家公司之间的债权债务及担保问题,也有利于中宙光电公司重整成功后的继续营业和维系供应商关系。

为此,余杭区人民法院在案件审理过程中,首先,由管理人就合并重整的必要性进行论证,包括听取战略投资者、中宙光电公司的经营团队的意见;其次,由

中宙光电公司管理人以征询函形式向两家公司全体债权人征求相关意见,其中中宙光电公司明确同意合并重整的债权人人数占全部申报债权人数的73.17%,金额占全部申报债权金额的62.4%;再次,举行合并重整听证会,听取异议债权人、中宙光电公司意向投资者、中宙光电公司法定代表人、中宙光电公司职工代表、中宙照明公司债权人代表在内的部分利害关系人的相关意见;最后,综合各方意见,依法裁定中宙光电公司与中宙照明公司合并重整。

八、杭州怡丰成房地产开发有限公司破产重整案

(一)基本案情

杭州怡丰成房地产开发有限公司(以下简称怡丰成公司)为某房地产集团公司旗下为开发特定房产项目设立的子公司,因资金链出现严重问题,其开发的"东田·怡丰城"项目自2015年3月以来处于停工状态,项目完工率为41%左右,销售率为51%左右,已知购房债权人达1200余户,其他各类债权人100余户。余杭区人民法院于2015年6月18日对怡丰成公司提出的破产重整申请进行预登记,由怡丰成公司及其债权人自主开展"东田·怡丰城"项目复工续建的各项准备工作,如召开已知债权人会议、征求购房债权人意见、初步形成复工续建的融资方案、复工续建方式等。2015年12月余杭区人民法院正式裁定受理怡丰成公司破产重整申请,并指定北京高朋(杭州)律师事务所、浙江海浩律师事务所、浙江天平会计师事务所有限公司为管理人。管理人接管怡丰成公司后,在前期预重整工作的基础上各项工作正有序开展中。

(二)审理要点

本案审理要点是如何充分运用预重整程序提高重整程序效率。怡丰成公司开发的"东田·怡丰城"项目关涉众多购房户,贸然进入破产程序,可能导致资产价值贬损、维稳压力增大。为有效化解风险,依法维护各利益群体的合法权益,依照浙江省高级人民法院《关于企业破产案件简易审若干问题的纪要》,余杭区人民法院对怡丰成公司的破产重整申请进行了预登记,并采用债权人召集的方式开展预重整工作:(1)确定复工续建的可行性。首先对怡丰成公司及其项目的基本情况进行调查,聘请第三方与原施工单位一起对停工项目续建所需资金进行测算,聘请第三方评估机构对已完成工程量进行现场确认并审计,确定续建复工可行性和所需融资金额。(2)召开已知债权人会议。首先对怡丰成公司账面

情况进行梳理,确认已知债权人的名单和账面债权数额,比照债权人会议制度,在主召集人的主持下通过分组召开已知债权人会议的形式建立已知债权人联络、协商机制,并对每一位已知债权人的表态形成书面承诺,并特别通过公司网站征求购房户意见,共有 949 户业主回函表示赞成续建,占业主总数的 78.2%。(3)复工续建方式的选择。实务中续建方式主要有两种,一种是由原施工单位复工续建,另一种是原施工单位退场、更换施工单位,在权衡窝工损失、交接成本、工程质量责任分割等问题,并综合考虑"东田·怡丰城"项目的施工进度、施工单位资质及能力、施工单位配合度等因素后,最终决定由原施工单位复工续建。(4)市场化融资方案。怡丰成公司最大债权人杭州银行余杭支行同时也是唯一资产抵押权人,怡丰成公司与杭州银行余杭支行经充分协商、洽谈,确定以杭州银行余杭支行为"东田·怡丰城"项目后续融资 2.1 亿元,采用专项封闭操作方式,约定还款来源为"东田·怡丰城"项目建成后销售的房款,复工续建所融资金作为共益债务优先受偿。此外,预重整期间,怡丰成公司还开展了"东田·怡丰城"项目工程量审计、复工续建征求购房债权人意见等工作。余杭区人民法院受理重整申请后,准许怡丰成公司继续营业,并对预登记期间形成复工续建整体方案以债务人财产管理及变价方案的形式由第一次债权人会议表决通过,目前各项建设及销售工作正有序推进中。

九、杭州如歌电子有限公司破产清算案

(一)基本案情

如歌电子公司成立于 2013 年,主要从事 LED 产品的生产和销售,原为陈某出资设立的一人有限责任公司,后股东变更为陈某(持股比例 80%)、金某某(持股比例 20%)。根据债权人杭州浙大华泰科技有限公司(以下简称浙大华泰公司)的申请,余杭区人民法院于 2016 年 8 月 5 日裁定受理杭州如歌电子有限公司(以下简称如歌电子公司)破产清算一案,并指定浙江智仁律师事务所担任管理人。经调查,如歌电子公司与浙大华泰公司之间大部分债权已清偿,且浙大华泰公司为如歌电子公司的唯一债权人,双方之间存在和解可能性,经协调,最终浙大华泰公司与如歌电子公司就债权债务关系达成和解,并签署了《债权债务和解协议》。余杭区人民法院于 2016 年 10 月 14 日裁定终结如歌电子公司破产程序。

(二)审理要点

本案的审理关键在于积极协调破产申请人与债务人关系,促成双方和解。

在余杭区人民法院裁定受理浙大华泰公司的破产清算申请之前,如歌电子公司股东陈某、金某某已向浙大华泰公司清偿如歌电子公司欠浙大华泰公司的货款204,000元,但浙大华泰公司依据〔2014〕杭余余商初字第726号民事判决书认为如歌电子公司尚欠其逾期付款滞纳金26,588元及利息。经债权申报程序,浙大华泰公司为如歌电子公司的唯一债权人,根据《企业破产法》第105条规定,人民法院受理破产申请后,债务人与全体债权人就债权债务处理自行达成协议的,可以请求人民法院裁定认可,并终结破产程序。为节约司法资源,在余杭区人民法院指导下,管理人推动如歌电子公司与浙大华泰公司多次沟通达成和解,双方签订《债权债务和解协议》,浙大华泰公司同意免除如歌电子公司剩余债务,双方债权债务处理完毕。后浙大华泰公司、如歌电子公司分别向法院提交破产终结申请书,余杭区人民法院审查后裁定认可上述《债权债务和解协议》,并终结如歌电子公司破产程序。

十、杭州君和制衣有限公司破产清算案

(一)基本案情

杭州君和制衣有限公司(以下简称君和制衣公司)成立于1999年,主要从事服装、羊毛衫的制造和加工,因资金链断裂于2014年1月停止经营,其名下主要资产经法院强制执行所得拍卖款1130万元,扣除偿付抵押债权、职工债权、案件诉讼费和执行费后剩余款项约382万元。后经债权人申请,余杭区人民法院于2016年6月1日裁定受理对君和制衣公司的破产清算申请,并指定浙江裕丰律师事务所担任管理人。2016年8月12日,君和制衣公司第一次债权人会议在余杭区人民法院召开,会议同时表决通过了《债务人财产管理及处置方案》《关于破产财产分配方案的报告》。2016年9月18日,余杭区人民法院裁定终结君和制衣公司破产程序,普通债权人清偿率为4.97%。

(二)审理要点

本案的审理关键在于践行破产案件简易审,第一次债权人会议即表决通过破产财产分配方案。通常情况下,破产财产分配方案需待《债务人财产管理及变价方案》在第一次债权人会议表决通过、债务人宣告破产、各债权人的分配数额确定的基础上制定并另行提交债权人会议讨论,为提高破产审判效率,余杭区人民法院指导管理人依据浙江省高级人民法院《关于企业破产案件简易审若干问

题的纪要》《关于企业破产财产变价、分配若干问题的纪要》等相关文件精神，前期做足准备工作，包括债权的审查确认、债务人资产财务状况的调查、与债务人、债权人进行充分沟通等，预先制作破产财产分配方案，在第一次债权人会议上即裁定宣告债务人破产并对破产财产分配方案进行表决。君和制衣公司第一次债权人会议分两阶段进行：第一阶段，管理人作执行职务工作报告，并通报了债权申报及债权审查情况等，债权人核查了债权并表决通过了《债务人财产管理及处置方案》，余杭区人民法院对经债权人会议核查无异议的债权当庭进行了裁定确认；第二阶段，余杭区人民法院根据管理人的申请当庭裁定宣告君和制衣公司破产，随后出席会议的债权人全票表决通过了管理人所作的《关于破产财产分配方案的报告》。

杭州市富阳区人民法院破产审判典型案例(2007～2017年)

一、华伦集团有限公司破产重整案——正确适用法律规定,积极探索破产重整审判机制

(一)基本案情

申请人:富春江光电科技股份有限公司、浙江永泰纸业集团有限公司、富阳市富春街道虎山改制改革领导小组。

被申请人:华伦集团有限公司。

华伦集团有限公司(以下简称华伦集团)是浙江省富阳市的大型龙头民营企业,创办于1983年。集团公司控股或管理20余家公司,以通信制造业为主,跨造纸、房地产和水泥制造等行业,曾荣获浙江省民营百强企业、全国民营企业500强企业和全国电子信息产业百强企业等称号。2003年华伦集团收购上市公司四川金顶(集团)股份有限公司(以下简称ST金顶或四川金顶)国有股,占四川金顶29.91%的股权,为四川金顶第一大股东,华伦集团成为当时无上市公司的富阳市第一家拥有控股上市公司的公司。华伦集团在重组四川金顶后的短时间内继续在四川多个地区收购水泥企业,又以占领西部水泥行业为目标,于2006年举债收购陕西省耀县水泥厂拥有的上市公司陕西秦岭水泥(集团)股份有限公司(以下简称ST秦岭)的股权,前期投入2亿元资金。因资本运作的投入与产出的严重不协调，特别是ST秦岭的股权收购后，陕西方未按约定及时将股权过户至华伦集团名下，致使华伦集团在2009年累计还款付息近10亿元，导致资金链断裂，债务危机全面爆发。2009年3月四川和浙江两省相关地区的债权人群起诉讼，对华伦集团在浙江的资产和其持有的四川金顶的股权及股票、陕西的耀县水泥厂在ST秦岭所拥有的债权和股票采取保全措施，同时因担保等原因对四川金顶所有的资产予以诉讼保全，债务危机波及四川金顶，四川金顶财务危机由此爆发，也促使ST秦岭迅速进入抉择的关键时期。

（二）审理情况

2009年5月20日债权人浙江富春江光电科技有限公司、浙江永泰纸业集团有限公司、富阳市富春街道虎山改制改革领导小组向浙江省富阳区人民法院申请债务人华伦集团破产重整。富阳区人民法院在对破产重整申请依法审查之际，通知华伦集团在规定时间内提出异议，同时向富阳市政府致函，要求对重整过程中所需的人、财予以保证并落实职工安置方案，对拟指定华伦集团重组工作组为管理人事项报告杭州市中级人民法院和浙江省高级人民法院。

2009年6月1日富阳区人民法院裁定受理债权人对华伦集团的破产重整申请，依法组成由林萍担任审判长，陆利英、白国海、潘蔚、傅红盛参加评议的合议庭负责审理本案，作出〔2009〕杭富商破字第2-1号民事裁定书，裁定受理债权人对华伦集团破产重整申请，同时指定华伦集团重组工作组为华伦集团管理人。截至2009年7月5日债权申报期满，华伦集团共有147家债权人申报债权，申报债权额总额为26亿余元。

2009年7月8日富阳区人民法院主持召开华伦集团破产重整第一次债权人会议，裁定确认了无异议债权；选举产生债权人委员会，指定了债权人会议主席；提交《债务人财产管理方案》《管理人报酬及中介机构费用方案》《重整计划意向的说明》进行讨论表决，得到债权人的支持。2009年7月27日富阳区人民法院裁定宣告华伦集团进入破产重整程序。

在审理中，华伦集团资产经审计，显示资产虚增大于债务近6亿元，为此形成《华伦集团破产重整主体构成方案》，提出华伦集团及与其债务资产相关的5家关联公司浙江华伦通信集团股份有限公司、浙江华伦集团通信设备安装工程有限公司、富阳市鹳山电缆电线有限公司、杭州王子光纤材料有限公司、浙江莱特通信材料有限公司吸收合并的意见，即“1+5”合并意见。

2009年9月30日华伦集团第二次债权人会议召开,审核并确认部分原待定债权及补报债权和确认情况;补选债权人委员会成员;提交《华伦集团重整主体方案》的“1+5”合并方案;提交《华伦集团零星资产处置方案》《华伦集团拥有的四川金顶股票作价的原则方案》《战略投资者引进及竞争机制》,在债权人会议中讨论表决,得到债权人的同意及支持。

2009年10月26日富阳区人民法院裁定同意申请人华伦集团管理人提出的华伦集团吸收合并浙江华伦通信集团股份有限公司、浙江华伦集团通信设备安装工程有限公司、富阳市鹳山电缆电线有限公司、杭州王子光纤材料有限公司和浙江莱特通信材料有限公司的方案。

因合并公司债权申报确认及重组投资人尚在选择确认过程,管理人在裁定重整6个月到期时向法院申请延长重整期限。2010年1月26日富阳区人民法院裁定华伦集团重整期限延长至2010年4月27日。

根据华伦集团资债测算,普通债权的清偿率为3.7%。在投资人提供资金的基础上,争取到政府给予土地收购最大优惠政策的支持。2010年4月24日管理人提交华伦集团重整计划草案,将普通债权清偿率调整到12%;分期在重整计划批准之日起2年内清偿。

2010年5月20日华伦集团第三次债权人会议召开,提交《华伦集团重整计划草案》进行分组表决,表决结果是各组均高票同意重整计划草案,华伦集团重整计划草案经债权人会议表决通过。2010年5月28日法院裁定批准华伦集团破产重整计划、终止华伦集团破产重整程序。

2010年11月22日富阳区人民法院裁定华伦集团持有的ST金顶股票过户给海亮金属贸易集团有限公司。2010年11月27日股票过户手续办理完毕。华伦集团吸收合并股权变更工商登记手续至2011年4月完成。2011年6月17日管理人与华伦集团新股东办理移交手续,对于少量未清偿的债权尚在诉讼确认中,在法院的监督下由管理人监管执行。

2009年6月16日ST秦岭发布公告,称其债权人铜川市耀州区照金矿业有限公司向陕西省铜川市中级人民法院申请,要求对ST秦岭进行重整,2010年10月23日公告重整计划执行完毕。

ST金顶于2010年2月21日公告,债权人峨眉山市天翼包装有限责任公司向四川省乐山市中级人民法院申请对四川金顶进行破产重整。该重整申请现尚在中国证监会的审批过程中。

(三)典型意义

华伦集团破产重整案是新企业破产法施行后杭州地区基层人民法院受理的首起破产重整案件,受理时尚无战略投资者作为重组方;华伦集团本身非上市公司,但它是上市公司的控股股东;华伦集团的债务危机的连锁反应,使2家上市公司、6家有限公司相继进入破产重整程序,案涉3省5地区,地域跨度广,纠纷众多,矛盾复杂,社会关注程度高。在审理华伦集团破产重整案件的过程中,法院遇到了一些实际问题,在无明确规定的情况下为推进重整程序,在妥善处理方面作了尝试,这些做法为完善破产制度提供了可供探讨的实例。

1. 规范企业破产程序

(1)关于指定管理人的组成模式。破产程序中的管理人制度是2007年实施的《企业破产法》中的一项全新制度,最高人民法院《关于审理企业破产案件指定管理人的规定》(以下简称《规定》)第20条规定的指定管理人原则上要求从编入管理人名册的中介机构中采取轮候、抽签、摇号等随机方式公开指定,与原破产清算组的选定及组成有一定的差异。《规定》是对管理人的指定的监督制约机制,目的是保证指定管理人的公平性。《规定》第18条规定,对具有4项条件的清算组,法院可以指定清算组为管理人。华伦集团破产重整,在法律、审计、评估等方面需要专业的中介机构外,更重要的工作内容是进行沟通、协调和争取政府政策的支持。在华伦集团出现危机时,政府成立了危机处置领导小组,下设各具体工作组进入华伦集团清产核资等管理工作已达数月,担任管理人具有连续性。因此,富阳区人民法院受理案件后,决定依据《规定》第18条的规定,尝试利用行政机关的政府协调能力和政策资源,将行政管理的力量与法律专业结合的管理人模式运用在本案中。对案件审理中需要评估、审计的,在纪检部门的监督下按照上级人民法院规定的摇号方式,聘请中介机构进行评估审计。在该模式的运行中,首先是法院指定管理人,同时尊重债权人意思自治的选任制度,并在第一次债权人会议中通报并告知提出异议的权利。充分融合了审判资源和政府资源,创新了审判机制。根据案件的具体情况指定管理人的做法既符合最高人民法院司法解释的规定,也有利于重整案件的顺利审理。

(2)依法建立债权人委员会制度。债委会是债权人会议的代表机构,由债权人会议选任产生的债权人代表组成,行使监督、提议权,保护债权人的合法权益。

华伦集团债权人会议表决通过《华伦集团破产重整战略投资者引进和竞争机制》,债权人授予债委会、管理人按引进机制设定的条件初步确定战略投资者的权力。华伦集团破产重整投资人是在动态推进过程中产生的,通过反复协调、平衡各方利益主体的诉求的情况下确定的,最终促成了具有实力的投资者入主华伦,最大限度保护了债务人的优质资产、具有存续需要的营业内容,实现了债权人利益最大化。在选择投资者过程中,管理人与债委会多次与乐山市政府协调,使乐山市政府同意浙江有实力的企业接收华伦集团在四川金顶的股权并重组四川金顶,先后分别与20多家战略投资者进行了接触和洽谈,最终确定了海亮集团作为华伦集团重整的战略投资者,协调解决华伦集团在四川金顶作为大股东时存在的问题,清除了海亮集团正式入主四川金顶的障碍。

2.公平清理债权债务

破产法是对走入财务困境的债务人的债权债务关系进行集中处理的法律机制,在保护各方利益的前提下通过平等地谈判、协商达成共识。华伦集团案的债权确认是本案破产程序中的一个重要问题,在确认债权过程中遇到的实际问题,将影响到破产重整程序的进程,也是重整成功与否的关键所在。本案对债权的确认主要有下列做法:

(1)合理确认民间借贷的利率标准,相应核减民间借贷债权数额,以利率标准与协调谈判相结合的方式,取得债权人的支持或认可,公平确定债权,平衡各方债权人的利益,提高债权清偿率,以达到平等清偿的目的。对民间借贷债权组成进行分析,债权申报中表现为高额的利息以及高利息转化为借款本金的事实,对其他生产经营中产生债权的债权人具有不公平性,针对民间借贷活动的活跃性、多样性和复杂性,有的债权人也知道债权申报的总额中有不符合规定的数额。为此,需要确定一个统一的标准与债权人进行谈判,是一条可以争取并可以做到的路径。富阳区人民法院及富阳市政府均向上级人民法院及上级政府提出要求统一平衡对华伦集团、浙江大地纸业破产重整中民间借贷利息标准的报告,提出了利率的计算标准建议,得到上级人民法院和浙江省人民政府金融工作办公室的认可。经管理人与债权人谈判,债权人同意自动减少或放弃部分债权,民间借贷债权核减了3.1907亿元,另涉及四川金顶担保5.2亿元,核减为1.9亿元。债权数额的核减,保证全体债权人的利益,也为四川金顶重组方的引进创造了良好的条件。

(2)确认公司资产的实际情况,从而控制债务规模,确保全体债权人债权的公平清偿,尝试关联企业合并破产重整模式,最大限度地保护全体债权人的合法权益。华伦集团在经营中形成的巨额债务,通过关联公司这一筹资平台运作,款项归华伦集团统一调配使用,归还债务的本息以往来款的方式通过关联公司支付,华伦集团以应收款科目记账,虚增资产,从而形成资大于债的情况。公司间相互担保追偿,又存在重复计算的问题。由于华伦集团与其他5家关联公司间业务、资产、人员、机构、财务混同,公司法人人格不独立,厘清华伦集团债权债务关系的前提是必须与关联公司合并。在司法实践中有合并破产清算的案例,但合并重整是本案审理中所面临的新问题。要实现债权人公平清偿,还原企业的财务状况,需要将这些企业一并进入破产程序。合并措施实施的具体做法是:一是根据关联公司法人人格独立,从法律理论上探求解决合并重整的依据,二是切实遵循公司自治原则,积极争取关联公司股东就合并事项达成合意。其中,确定重整主体、妥善处置职工安置问题是本案推进重整进程的关键。根据华伦集团及合并公司股东在进入重整程序前即已对合并事项达成合意且签署了合并协议的情况,管理人制定了华伦集团破产重整"1+5"合并方案,并将方案在债权人会议上提交讨论,债权人在规定时间均未提出异议,法院即根据管理人的申请裁定批准"1+5"吸收合并方案,统一处置6家企业的资产和负债,控制了负债规模,使全体债权人债权公平受偿。这一做法开创了关联公司实质合并破产重整的先例,进而消灭了关联公司之间债务追索、担保求偿关系,体现了最大化公平保护全体外部债权人的目的,有力地推动了华伦集团破产重整进程。虽然该做法在学理上还有待于进一步探讨研究,但在本案实践中无疑具有积极的实质意义,对完善法律及司法解释提供了一份值得分析研究的案例素材。

3. 以诉谈结合的方式催讨债权,保障债务人资产,为重整成功奠定基础,实现对债权人和债务人合法权益的保护

华伦集团向ST秦岭投资的2亿元中尚有1.28亿元债权,是普通债权人分配的主要资产之一,而催讨债权是保护债权人最实际的体现。追讨债权诉讼是破产派生诉讼,《企业破产法》确定了破产专属管辖制度,管辖的唯一性保护了破产案件债权人和债务人的权益,一方面通过起诉有目的地对ST秦岭及当地政府进行制约,另一方面通过谈判协调,促使各方利益在博弈的基础上达到最佳效果,两者的结合是本案追债的最有效途径。当时ST秦岭自身深陷债务危机,诉

讼保全ST秦岭的股票使ST秦岭加速进入破产重整程序。而华伦集团1.28亿元债权的资金具有股权投资首付款性质,法律关系复杂,争议点多,首次接触交涉后发现该债权催收存在极大的难度,面临无法收回的结局。法院指导管理人制定如下催收方案:一是把握ST秦岭正在启动破产重整工作、尚未进入破产重整程序的有利时机,充分利用破产法院属地管辖原则,前瞻性地就债权问题向富阳区人民法院提起诉讼,冻结了债务人持有的ST秦岭股票,掌握了债权催收的主动权。二是确定了民事责任主体,将收款单位铜川市财政局同时列为被告,按实际损失提出赔偿请求,增加了ST秦岭和当地政府还款的压力和紧迫感,迫使ST秦岭及当地政府主动选择谈判协调的方式解决纠纷。经多次谈判,及时收回了1.28亿元债权款项和980万元的损失,使华伦集团破产重整普通债权的清偿资金得到保证。

4.探索并创新战略转移投资者引进机制,寻求重整成功的条件

本案进入破产重整程序时没有明确的投资者,加上华伦集团的债务危机导致两家上市公司先后进入破产重整程序,华伦集团的债务黑洞和上市公司对华伦集团的反弹作用使有意向的投资者望而却步。只有存在合适的投资者,华伦集团的重整才能成功。故本案急需的是:一是要厘清债权债务关系,透明债务,扫除黑洞;二要建立投资者竞选制度,选任合适的具有经济实力并能得到四川当地政府认可的投资者进入华伦集团,从而入主四川金顶;三要对华伦集团持有四川金顶的股权和股票确定价值确认机制,明确投资者重组成本。为此,法院指导管理人制作了《华伦集团破产重整战略投资者引进机制》和《华伦集团拥有的四川金顶股票作价的原则方案》,授予债权人委员会和管理人具有初步确定战略投资者的权力。投资者引进机制和股票作价方案提交债权人会议表决通过后,管理人和债委会先后与20多家投资者反复考察、洽谈,通过公开合理的选择机制确定了投资者,重整了华伦集团。具有经济实力投资者的引进,不仅挽救了华伦集团,也确保四川金顶平稳过渡,拯救了四川金顶。在重整进程中动态地选择确定重组投资方,突破了先有投资者才能立案重整的传统模式,为在处于特殊危机时期进入重整的企业如何取得重整成功提供了参照样本。

二、浙江万众纸业有限公司破产重整案——快速重整，提升破产审判效率

（一）基本案情

浙江万众纸业有限公司（以下简称万众公司）系中外合资的有限责任公司，于2003年2月25日经杭州市工商行政管理局注册登记成立，主要生产、销售涂布白板纸，拥有产能指标12万吨。因万众公司缺乏自有资金，严重依赖银行贷款、高息民间融资，且产品单一、技术含量低，生产投入大，历年累计亏损约为1.2亿元。自2015年年初，万众公司因资金断裂导致停产。2015年9月万众公司以不能清偿到期债务且其资产不足以清偿全部债务为由，向杭州市中级人民法院申请破产重整。

（二）审理情况

2015年11月22日杭州市中级人民法院作出〔2015〕浙杭商破（预）字第17－1号民事裁定书，裁定受理万众公司破产重整一案，并于同年12月18日裁定将该案交由杭州市富阳区人民法院审理。2016年1月18日富阳区人民法院作出〔2016〕浙0111民破字第1－1号民事裁定书，指定浙江五联律师事务所担任万众纸业管理人。

管理人接管万众公司后，有序开展了资产管理与核查、债权申报及应收款催收等工作，在清产核资过程中，发现杭州富阳丰正物资有限公司（以下简称丰正物资）与万众公司在财务、负债、组织机构及管理人员等混同难以区分的情形，即人格高度混同情形，且丰正物资处于资不抵债、无法清偿到期债务的状况，故向富阳区人民法院申请对两家公司合并破产重整。2016年3月1日富阳区人民法院根据管理人申请，作出〔2016〕浙0111民破字第1－2号民事裁定书，裁定万众纸业与丰正物资合并破产重整。经债权申报、资产清查，管理人审查确认债权金额为504,868,450.54元，债权人人数为158人。公司资产主要为土地使用权、房屋建筑物等不动产，机器设备、存货及产能指标等。

鉴于本案以破产重整立案，根据《企业破产法》第81条之规定，管理人应在6个月内向法院和债权人会议提交《重整计划草案》。故本案一经受理，即着手开展对外招募工作。管理人分别于2016年3月28日、4月6日分2次在报纸上刊登《招募公告》，并且向富阳地区相关行业的经营主体发出《邀标函》，后有3家造纸企业报名。经洽谈，仅有新胜大控股集团有限公司（以下简称新胜大公司）于

2016年4月12日向管理人提交了《投资报名书》和《报价单》,并缴纳了50万元意向金。经管理人征求债委会主席意见并报法院同意后,确定保留价为人民币1.8亿元,而新胜大公司的报价为2亿元,因高于设定的保留价,故管理人锁定新胜大公司作为投资人,与该公司签订了成交确认书及投资框架协议。

2016年4月15日富阳区人民法院召开万众公司等2家企业合并破产重整第二次债权人会议,分组高票表决通过了重整计划草案。重整方以转贷、代偿和实际出资等方式投入总额人民币2亿元的资金(以下简称重整资金)收购万众公司和丰正物资100%的股权及资产(包括土地使用权、房屋建筑物及构筑物、机器设备、办公设备、运输设备、车辆、账面显示的应收账款、存货、排污指标)。上述重整资金中用于支付银行金融债权的款项,可以通过平移万众公司的贷款或贷新还旧的方式承担,无须实际支付现金。用于清偿担保单位代偿债权、供应商普通债权、税务债权、职工债权和破产费用的款项以现金方式支付。

因万众公司存在近4亿元的或有债务,包括对外担保的清偿责任,经表决通过,决定实施二次分配,债务人的或有债务由重整投资人按照重整计划约定的相应债权的清偿比例予以承担。

本案在清算条件下,普通债权清偿率初步估计约13.57%;而通过破产重整,则普通债权的第一次清偿率暂为29.54%;因或有债权的不确定性,本案可能存在对普通债权人的追加分配;综合清偿率预计约为48%。

(三)典型意义

本案在审理过程中,实现了多个首次尝试:(1)限定管理人报酬,保障债权人利益。因本案在立案前,万众公司所在街道已做了大量调查、准备工作,故为提升普通债权清偿率,保障债权人权益,本案限定管理人报酬在50万元以内,对有特别贡献的,则奖励后总额不超过60万元。浙江五联律师事务所在接受指定后就向我院提交了低额度报酬承诺。(2)牢牢把握核心资产,明晰重整方向。对资产进行前期摸底,牢牢把握造纸行业的特殊性,将评估价值约为3600万元的12万吨产能指标(排污指标)作为重整核心,用以提升普通债权清偿率。(3)快速重整,效率提升。本案于2016年3月1日正式立案后,管理人即着手制定《招募说明》《投资者引进规则》,设定保留价。经二次招募,意向投资者新胜大控股集团有限公司报价2亿元,高于保留价,最终与管理人签订投资框架协议。因前期债权审查、重整招募工作进展顺利,故在2016年4月的第一次债权人会议中,除选举产生债权人委员会成员等一般程序性事项外，还表决通过了重整计划草案，加快了破产案件审理进程，从立案到重整交接完成历时3个多月。(4)清债率高，二次分配考虑周全。本案因万众公司存在近4亿元的或有债务，故经表决通过，决定实施二次分配，第一次分配的普通债权清偿率已达到29.54%，同时，结合二次分配，万众公司破产案的综合清偿率可能达到47.9%，超过了以往任何一次破产案件的清偿率。(5)增设普法环节，释疑工作贯穿始终。合议庭成员在整个会议过程中有序穿插对各项议程的解释工作，用通俗易懂的语言解释债权人关心的问题，同时，介绍了破产法相关知识，提升债权人在今后经济活动中的抗风险能力。

三、杭州申浙家禽有限公司及其关联企业合并破产重整案——如何保持和实现无形资产价值

(一)基本案情

杭州申浙家禽有限公司(以下简称申浙公司)系一家从事家禽屠宰、生禽肉分割和销售的民营企业，成立于2008年，注册资本2000万元，是浙江省15家定点屠宰厂、杭州市2家定点屠宰厂之一，承担着极为重要的社会责任。杭州万鸣家禽有限公司(以下简称万鸣公司)系申浙公司的关联公司，是一家从事鸡肉养殖的民营企业，成立于2013年，注册资本500万元。上述企业使用的土地均为向案外人租赁所得。由于产能未开足、经营管理不善、高成本融资等原因，申浙公司、万鸣公司生产经营遭遇巨大困难，陷入债务危机。

(二)审理情况

2016年12月21日债权人仲利国际租赁有限公司以申浙公司不能清偿到期债务，且资产不足以清偿全部债务为由，向杭州市富阳区人民法院申请对该公司进行破产清算。该院经审查，于2016年12月29日裁定受理。后经管理人调查，发现申浙公司与万鸣公司存在法人人格高度混同情形。经审计并征求2家公司债权人意见后，管理人向富阳区人民法院申请该2家公司合并破产清算，该院于2017年2月6日裁定万鸣公司与申浙公司合并破产清算。

富阳区人民法院在受理本案破产清算后，申浙公司启动封闭运营并实施严格监管，不仅维护了职工队伍的稳定，同时也避免了私屠滥宰的情况发生，有利于禽流感疫情的防控以及食品安全的保障。考虑到申浙公司的家禽定点屠宰厂

许可经营权具备一定的无形资产价值,富阳区人民法院与管理人多次和债权人协商沟通,力争通过重整程序对申浙、万鸣2家公司进行拯救。经多方认证,管理人提出了引进意向投资者进行重整的资产管理方案,获得债权人的认可。2017年4月25日经管理人申请,富阳区人民法院裁定申浙公司、万鸣公司进行合并重整。

随后,管理人在法院的监督与指导下通过报纸刊登、微信公众号推送、向同行业企业定向发送邀请函等方式开展投资者招募工作。但在招募过程中,某报社刊登了有关申浙公司的报道,但该报道从措辞以及内容上存在一定不妥之处,且对本案投资者引进工作的推进可能造成一定的影响。富阳区人民法院对此十分重视,要求管理人尽快拟定应对方案并与报社进行交涉。经过法院、管理人的沟通,报社提出发布后续报道以弥补前次报道中存在的问题。后报社再次刊登了《申浙再剖析》一文,该报道立足于申浙破产原因,对申浙重整价值进行介绍,同时引入管理人介绍投资者引进流程,并就重整债务剥离效果进行宣传。

本案通过前期招募、竞价确定意向投资者后,于2017年5月11日召开了第二次债权人会议,表决重整计划草案并获得了通过。2017年5月22日经管理人申请,富阳区人民法院裁定批准重整计划并终止重整程序。经各方努力,2017年6月5日重整计划执行完毕。至此,破产重整程序与破产清算程序实现无缝对接,申浙公司、万鸣公司合并破产重整获得圆满成功。该案的普通债权由清算条件下接近于0到当前重整程序下的分段清偿,即10万元以下部分的清偿率为15%,10万~50万元的清偿率为10%,50万元以上的清偿率为5.5%。

(三)典型意义

本案是经营特殊行业的企业由破产清算程序转为破产重整程序的案件,如何梳理公共利益和企业破产之间的关系,充分披露实物资产瑕疵内容与无形资产价值,快速引进战略投资者,从而保持和实现无形资产的价值,是本案迅速成功的关键。

1.论证清算转重整可行性,维护无形资产价值。首先,申浙公司、万鸣公司的大部分资产如厂房、办公楼、鸡棚等均建造在租赁的土地之上,机器设备大部分又与厂房、鸡棚等相嵌套,无法简单拆除处置,在破产清算条件下,租赁关系依法终止,实际资产处置难度巨大。同时,因存在瑕疵导致资产处置周期过长,也反过来会增加资产处置的成本。届时,债权人不仅受偿率大幅降低,而且面临资产始终难以变现而迟迟不得受偿的风险。其次，富阳地区仅有申浙公司一家定点家禽屠宰企业，若该公司宣告破产，势必造成富阳及周边地区的家禽无处屠宰，私屠滥宰的情况死灰复燃，使H7N9疫情防控更为严峻，也不利于食品安全的保障。最后，申浙公司作为家禽定点屠宰的农业企业，具有一定的特许经营权资质，长期以来可获得一定的政府补贴，自2009～2016年累计获得补贴925万余元，而这些无形资产在破产清算条件下价值直接为零。综上，本案只有走重整之路才能有效化解现有的各种矛盾。因此，富阳区人民法院在充分论证挽救企业的可行性的基础上，适时将本案由清算程序转为重整程序进行审理，不仅有利于维护社会公众的利益，同时也最大化地保障了债权人的权益。

2. 推进智慧化招募，扫除不利影响。本案债务人负债规模高达2亿余元，涉及债权人数142家，资产情况复杂，还涉及当地的食品卫生安全问题，重整难度较大。对此，管理人在清算程序阶段即多次通过微信公众号智慧化地推介企业资产，充分披露瑕疵内容和资质价值，为推进重整进程奠定了基础。后又在法院的监督指导下，管理人通过"互联网＋"平台与传统招募相结合的方式公开征集投资人，而针对招募过程中发生的不利事件，法院和管理人勇于面对和解决，最终通过协调，有效化解了负面影响。在存在多个意向投资人的情况下，本案经过市场化的竞价规则，确定了重整投资方，充分实现了企业资产的最大化。

3. 监督重整计划执行，实现企业再生。一是因本案涉及公共食品安全问题，确定重整投资方后尽快完成交接成为必然，但贸然全部移交所有资产与权限，不利于后续价款的支付，因此，管理人在设计《重整投资协议》时酌情提高了首付款比例并缩短了付款期限，同时明确重整投资者在支付首付款后、未支付全部成交价款前，仅移交资产管理权与经营权，不移交印章，申浙公司生产经营情况每日汇报至管理人处备案，用印须至管理人处审批，以此督促重整投资者积极履行重整计划；二是重整投资者全部承接2家公司员工，并对其中包括总经理、财务等人员进行安置，实现了经营权的平稳过渡；三是重整投资者支付全部重整对价款后，管理人向投资者移交公司印章，撤回监管，并向富阳区人民法院提交申请，完成出资人权益调整事宜。重整成功后的申浙公司与万鸣公司迅速恢复生产并具备持续经营能力，由破产前的平均日产量4000只且经营极不稳定，到重整后的8000只，企业实现扭亏为盈。申浙公司与万鸣公司获得再生，维护了地区的公共食品安全，取得了较好的法律效果和社会效果。

本案积极探索重大瑕疵资产和无形资产并存,由破产清算向破产重整转换,积极实现无形资产价值最大化,为陷入债务危机、资产情况复杂但有再生可能的民营企业司法重整提供了可复制的范例。

四、杭州富泰飞凤纸业有限公司及关联企业合并破产重整案

(一)基本案情

杭州富泰飞凤纸业有限公司(以下简称飞凤纸业),原名杭州富泰纸业有限公司,成立于2004年4月20日,法定代表人为孙某某。公司注册资本500万美元,类型为有限责任公司(港澳台与境内合资),公司住所地为浙江省富阳市春江街道直塘村,其公司经营范围为:生产涂布白板纸、涂布白卡纸;销售本公司生产的产品;废纸的进口与批发。

富阳市富泰纸业有限公司(以下简称富泰纸业),成立于2001年3月22日,法定代表人为陈某某。公司注册资本为2300万元,类型为私营有限责任公司。公司住所地为富阳市春江街道春江村,公司经营范围为:批发、零售纸张;货物进出口。

富阳市宝意物资有限公司(以下简称宝意物资),原名杭州富泰废纸购销有限公司,成立于2000年6月30日,法定代表人为吾某某,公司注册资本1000万元,类型为有限责任公司。公司住所地为富阳市上官乡芳村村。公司经营范围为:再生物资回收(含生产性废旧金属);化工原料(除化学危险品及易制毒化学品)批发、零售。

富阳市上银进出口有限公司(以下简称上银进出口),成立于2007年6月20日,法定代表人为陈某某。公司注册资本50万元,类型为私营有限责任公司。该公司住所地为富阳市春江街道民主村直塘,公司经营范围为:货物进出口。

经查实,飞凤纸业、富泰纸业、宝意物资、上银进出口的实际控制人均为孙某某,除FLYING PHOENIX LIMITED外,其他股东均为挂名股东,未实际出资。自2014年8月起,企业因资金链断裂、债务负担过重等原因难以维系经营。

(二)审理情况

2015年3月23日杭州市富阳区人民法院分别以〔2015〕杭富破(预)字第1-1号、〔2015〕杭富商破字第2-1号,裁定受理飞凤纸业的破产重整申请,并指定浙江智仁律师事务所、浙江中兴会计师事务所有限公司担任联合管理人。管

理人接管后对债务企业及其关联企业情况做了具体了解，并于同年4月12日向富阳区人民法院提出对关联公司富泰纸业、宝意物资、上银进出口的合并破产重整申请。同年4月14日富阳区人民法院裁定飞凤纸业与富泰纸业、宝意物资、上银进出口合并破产重整（合并后的公司以下统称飞凤纸业或债务人）。此后，在富阳区人民法院的监督与指导下，一方面，管理人积极履职，先后完成各类债权申报审核、资产审计评估等工作，全面核查企业情况，并及时向法院及债权人反馈工作信息，接受各方群体的监督，保证各方知情权。另一方面，管理人以维护债权人利益出发，在原意向投资方撤出重整程序的情况下，采取多种途径对投资者招募信息广而告之，最终在法院及各方支持下，经多轮协商、反复测算后，管理人成功与投资方浙江春胜控股集团有限公司达成投资协议，并于此后完成重整计划草案制定、债权人会议筹备等工作，实现债权人利益最大化。

在审理过程中，法院和管理人发现本案矛盾叠加、利益冲突不断，主要表现为：一是涉外资股权处置复杂；二是职工安置压力大；三是投资者招募难度大；四是普通债权清偿率低。鉴于上述原因，富阳区人民法院高度关注本案的进展情况，并依法对管理人加强了监督与指导。首先，要求管理人全面调查涉外资股权情况，确认合理处置方案。其次，要求管理人全面核实职工欠薪情况，安抚职工负面情绪，依法保障职工债权权益。再次，指导管理人拓宽投资者招募路径，加快推进重整程序进程。富阳区人民法院利用自身地域优势，向管理人就富阳地区造纸企业状况进行分析，并参与管理人与银行、小贷公司等金融机构的沟通过程，从而达成金融类债权以转贷、转借方式进行清偿的一致意见，降低了参与重整程序对企业现金流的要求，极大地增强了企业的重整积极性。最后，指导管理人制定投资款定向清偿方案，提高普通债权清偿率。为保证普通债权人利益，重整方认可飞凤公司重整资产价值为1.05亿元，额外增加2200万元定向用于清偿给普通债权和破产费用。通过投资款项定向清偿的方式，最终将涉案普通债权的清偿率从清算条件下的1.6%提高到前重整程序下的分段清偿，即5万元以下部分的清偿率为50%，5万元以上的清偿率为10%。

（三）典型意义

本案是一起典型的涉外企业合并破产重整案，有效维护债权人和债务人的合法利益，创新思路实现资产的最大化，从而提高普通债权人的清偿率是本案能够重整成功的关键点。

1. 多渠道招募投资者,稳步推进重整程序。战略投资者招募是重整程序推进的关键,也是重整计划的基础。在飞凤公司重整案件招募投资者过程中,管理人在富阳区人民法院的监督指导下,采取报纸登刊、网站公示、微信公告以及发放邀请函拜访的方式,邀请富阳地区造纸企业参与案件重整。在以上案件处置的基础上,管理人可采取“全面公告+重点邀请”的方式,坚持广度与深度相结合原则,利用地区政府、法院的当地优势、网络媒体的资源优势以及行业协会的集成优势,对投资者招募事项广而告之,并可采取座谈或逐一拜访的方式,定向对行业内或地区内有实力的投资方进行邀请,从而推动实现重整价值最大化。

2. 创新重整程序,保证重整计划执行。随着去产能化呼声越来越高,各地政府就该问题均有出台相关政策、法规。在重整计划制定过程中,管理人可结合当地政府政策方针,如富阳地区的大集团组建政策,完善重整计划。此外,重整计划的制定过程中还可就其投资方式、清偿方式、监督方式等内容加以创新。第一,管理人可就投资方式与投资者进行协商,确认最适宜的款项分配方案,保障公平合理清偿。第二,管理人可拓宽债权人清偿方式的选择,如采取债转股、转贷等其他方式,一方面减少现金流支出增强投资者重整意愿,另一方面有利于推动债务人企业的重新经营。第三,重整计划在制定监督方式上可设立相应监督机制,例如,采取备用金制度、财务审批制度等方式,实现对债务人的全面监管。

3. 建立完善的府院联动机制,加快企业清理工作展开。飞凤公司的重整成功离不开政府相关职能部门的支持与配合。为妥善推进“僵尸企业”的清理工作,各地应强化政府属地责任和司法程序的对接协调,推动建立良性的府院互动,即在法院主导司法审判的前提下,充分发挥政府的作用,出台各项在职权范围内的优惠政策,如税收政策等,以此助推破产审判的高效开展。该机制的建立有利于提高破产程序的效率,实现资产的快速处置,最小化“僵尸企业”清理工作对地区经济的影响。

衢州市两级人民法院破产审判典型案例(2007～2017年)*

一、艾科赛仑有限公司破产重整案

(一)工作亮点

投资人引入无望情况下引导债务人自救;运用重整计划草案合理调整债权,割断企业担保链;充分保护金融债权;为继续营业的借款作为共益债务且优先于抵押权清偿;在协商一致基础上审慎强制批准重整计划。

(二)审理经过

艾科赛仑有限公司(以下简称艾科公司)坐落于衢州市衢江区临湖北路18号,公司注册资本金为人民币1.2亿元,系一家研发和生产各种高档特种纸的区重点企业。2016年7月3日艾科公司以公司资产不足以清偿全部债务并缺乏对到期债务的清偿能力,但具有重整可能为由,向衢州市衢江区人民法院提出重整申请。

经审查,艾科公司对外负债34,182万元(其中为他人担保债务20,823万元),企业资产评估价值9327万元,净资产为-24,854.6055万元,已经严重资不抵债,若直接破产清算,不仅普通债权人清偿率为零,抵押债权人亦无法足额受偿。但艾科公司系国内仅有5家生产特种描图纸的企业之一,且在进入破产程序前已完成第二次

* 本文是《衢州法院破产审判报告(2007～2017)》的附件内容。

技术改造,生产成本远低于竞争对手,具有一定的营利前景,在此基础上管理人开展招募战略投资人工作。在投资人招募未果且艾科公司实际控制人表明自救决心的情况下,迅速转变思路,调整为债务人自救。

一是管理人制作债务人《偿债能力分析报告》,明确破产清算的清偿比率,引导债权人做出理性选择。

二是合理制定债权受偿方案。首先,分类受偿,割断企业担保链。根据债权性质,劳动债权及税款债权组按照100%清偿、普通债权区分为大额(主要为对外担保债权)和小额(主要为供应商货款)普通债权,分别按照0.5%和10%清偿。对外担保债权的债权人一般可通过主债务人提供的抵押财产获得部分清偿,且其考虑到若不投赞成票,根据管理人提供的《偿债能力分析报告》,清算情况下无法获得任何清偿,最终大额普通债权组以85.87%比例高票通过了《重整计划草案》。债务人企业仅需支付120万元割断了2亿多元的担保债务,为企业轻装上阵奠定基础。其次,运用延期清偿等手段合法调整抵押权。某银行衢州分行系本案最重要的债权人,也是重整计划的主要推动者,在重整草案制定前后管理人多次召集艾科公司实际控制人与某银行衢州分行、省行代表深入磋商。了解到某银行衢州分行希望以一定权利让渡实现企业重整将8000余万元不良贷款转化为正常贷款的真实意愿后,将某银行衢州分行及另一位抵押债权人的债权受偿数额由审核确定的债权额调整为抵押物评估价值的数额,并在重整计划中明确债务人应按抵押债权人要求配合办理结清欠息、以贷还贷及原抵押物继续抵押担保等手续,同时支付延期清偿利息,就此破解抵押债权人困于金融监管考核体制障碍无法投赞成票的尴尬现状,并为法院强制批准重整计划草案奠定基础。

三是督促债务人制定合理的营业整合内容,严格适用强裁法定要件。在多方协商基础上债务人提交第一次债权人大会表决重整计划草案,仅有一家担保债权人未投赞成票。后衢江法院进一步组织相关利益主体协商,在各方均得到妥善安排基础上,审慎考量各方面情况和《企业破产法》第87条的规定,经专业法官会议讨论后,于2016年11月30日强制批准通过重整计划草案。首先,抵押债权组的债权调整及受偿方案符合强裁要件。按前所述,抵押债权就特定财产将获全部清偿,其因延期清偿所受损失得到公平补偿,其担保权未受到实质性损害。其次,债务人的经营方案具有可行性。本案中债务人营业情况良好,因担保链问题现金流严重缺乏。经充分协商,抵押债权人同意债务人为营业需要在

1000 万元额度内对外借款,款项性质为共益债务,优先于抵押债权清偿,破解了流动资金难题。最后,重整计划草案中包括严格的资金监管方案。对外借款具体用途需由债务人提出书面申请,列明付款金额、收款人、合同、协议等,在管理人审核后支付。必要时管理人应向法院汇报并征询主要债权人意见,以确保对债务人经营使用资金的监控。

目前,该企业已经恢复生产,订单及销售情况良好,某银行衢州分行清欠息及贷款平移工作完成,重整计划有序执行。

二、开化县致远旅游开发有限公司破产案

(一)工作亮点

积极运用“执转破”手段,迅速实现债务清偿。

(二)审理经过

开化县致远旅游开发有限公司(以下简称致远公司)成立于 2010 年 1 月 8 日,位于开化县根宫佛国景区出口,公司注册资本为人民币 2500 万元,公司经营范围为根雕工艺品生产、销售,旅游景点开发,市场开发建设、物业管理,干菜、茶叶销售,石雕工艺品生产、销售,酒店管理。致远公司被债权人申请执行,但其所有的资产经开化法院处理仍旧无法清偿所有债务,因此,2015 年 10 月 18 日致远公司以项目建设周期长,导致资金成本过高,资金链断裂引发债务危机,已达到严重资不抵债为由,向法院申请破产清算。2015 年 12 月 21 日法院裁定受理致远公司破产清算案。2016 年 3 月 18 日召开第一次债权人会议,于当日宣告致远公司破产。2016 年 4 月 12 日法院确认浙江华氏建设有限公司等 33 人债权。同日,法院对第一次债权人会议通过的《开化县致远旅游开发有限公司破产财产分配方案》予以认可。随后迅速对致远公司的债务进行了分配处理,债权人的权利得以保障。

经初步审查,在执行过程中,法院对致远公司资产进行司法拍卖,合计处置价款约 2600 余万元,根据债务人陈述其对外尚有 3200 余万元银行贷款未清偿,另查明,公司尚有大量工程款亦未支付,公司已经严重资不抵债,若不进入破产程序则无法保障债权人的利益。

一是迅速启动破产清算程序。承办合议庭在受理破产申请后,及时与执行庭沟通,中止执行程序,解除法院对破产企业的财产保全措施,并选定管理人接

管致远公司的全部资产。在避免债权人之间为了各自的利益发生冲突的同时,极力化解债务人内部之间的矛盾,最终避免群体性事件的发生,维护开化县“5A”级景区——根宫佛国周边旅游环境的稳定、和谐发展。

二是积极指导管理人开展工作。法院要求管理人及时向合议庭报告案件进展情况,紧凑合理安排每周工作计划,指导管理人开展债权申报与审查工作;协助管理人查询全省范围内所有涉致远公司的审理、执行案件,快速确定已知债权人,有效缩短债权申报审查时间;将财产分配方案做细做实,在第一次债权人会议完成表决,为债权人降低多次参会的时间和精力成本。从受理至财产分配仅用时 3 个月。

三是高度重视信访维稳工作。案件申报债权 40 余笔,涉及工程款债权优先权、公司法定代表人个人债务等大量敏感问题,法院将风险评估前置,将有信访苗头的债权人分别定包案领导和责任人,不给当时正召开的“省两会”添堵、添乱。针对提出异议的债权人,承办合议庭第一时间进行释法答疑。法院指导管理人积极和有优先权的债权人协商,使其在受偿比例上适当让步,最大限度提高普通债权清偿比例,确保分配方案一次通过。

通过对“执转破”运用,3 个月内对债务进行清偿,化解了社会矛盾,为开化县“5A”级景区周边的旅游发展提供了稳定、和谐的司法环境。

三、浙江衢州康保医疗器材有限公司破产重整案

(一)工作亮点

严格管控医疗产品;群策群力,多渠道招募、遴选优质投资人;全方位披露医疗器材行业经营风险及产业政策特殊要求,实现盘活要素资源与用地、产业规划双赢;债委会对重整关键环节享有决策权;及时审慎强裁。

(二)审理经过

浙江衢州康保医疗器材有限公司(以下简称康保公司)成立于 2004 年,注册资本 528 万元,主要从事医用化验和基础设备器具、医用高分子材料及制品、注射穿刺器械、病房护理设备及器具的制造与销售。2016 年以来,康保公司因投资人对外投资未达到预期,生产资金断裂,企业停产,拖欠劳动工资近 200 万元。2016 年 12 月 8 日部分劳动债权人以康保公司不能清偿到期债务、资产不足以清偿全部债务,但有重整可能为由,向法院申请重整。

经审查,康保公司对外负债9000万元以上,企业资产评估价值为2367万元(含经营权估价500万元)。若破产清算,经营权无法体现任何价值,不仅普通债权人的清偿率为零,劳动债权亦无产可偿。重整可行性源于医疗器材生产许可证的不可转让与审批严苛。其优势有:康保公司是浙西唯一一家国家定点生产一次性医疗器械的企业,产品成本较低,行业发展前景好;净化车间、成品库、解析库、实验室等硬件设施齐全,生产条件完备;属于劳动密集型企业,能有效解决职工就业。经正反两方面评估,法院于2016年12月30日裁定受理重整申请。

康保公司属于医疗器械生产企业,存在严格的行业监管措施。康保公司原堆放的各类成品、半成品,因停产未能妥善保管,有些超过保质期,一旦流入医疗市场可能造成不可预测的安全事故,具有严重隐患。法院指导管理人严格封存、专人管理,与药监部门主动对接,规范成品、半成品处理流程,不让任何一件不合格产品流出企业,有效保障医疗市场安全。

因许可证需在2017年6月9日前办理年审换证手续,必须在此前重整成功,否则企业恢复生产的基础条件灭失,必将破产清算,故需充分考察投资人专业能力和重整实力。考虑到本案重整对象是特殊监管行业企业,投资人必须具备专业营运能力,同时园区产业政策主管部门对该地块有规划考虑,不宜简单处置。为寻求企业发展与城市规划的最佳平衡点,法院充分尊重债权人意思自治并发挥府院联动优势,先后六次召开债委会会议对相关事项进行决策,多次就投资人引进及城市规划事宜与园区责任部门交换信息,共商方案,最终确定了暗标竞价、价高者得、顺位替补的遴选规则。初选之后入围的两家投资人分别报价2788万元、2688万元。为有效管控重整方案实施的不确定性,充分披露风险,法院还牵头召集意向投资人、集聚区、市药监局、地税直属分局、国税直属分局参与座谈会,充分向两位意向投资人披露康保公司在用地规划、产业政策、行业监管、税务征收稽查等方面的规范要求和政策制度。债委会依据价高者得原则先确定高价者为第一顺位投资人,并要求其限期补充提供担保材料。后因该投资人不符合招募公告上要求的"担保人具有与债务人(康保公司)相应资产的规模"条件,经二次补充担保材料亦未能符合条件,债委会经讨论作出决议,最终确定第二顺位投资人为重整方。2017年5月6日确定重整意向人。

据测算,清算情形下除抵押债权人就抵押财产可得到约40%清偿外,其余债权(含劳动债权)基本得不到任何清偿。重整情形下,小额普通债权清偿比例为

30%～90%,大额普通债权清偿率约18%(分段累进清偿)。2017年5月12日召开第二次债权人大会上,出资人组、税款债权组、普通小额债权组以及劳动债权组债权人100%全票通过《重整计划草案》,普通大额债权组94.71%高票通过《重整计划草案》。担保债权组共3名债权人,因信达公司债权额在担保债权组占比98.32%,其未表决致使担保债权组表决未获通过。经法院、管理人、建设银行(债权转让方)等多方与信达公司沟通协商,信达公司对《重整计划草案》并无异议,但因其内部已将资产包再次转让处于相关权利锁定期,短期内无法表决。合议庭经充分评析之后,认为该案《重整计划草案》符合法律规定,且广大债权人认同度高,经审委会讨论通过后于2017年6月2日裁定批准《重整计划草案》。

重整投资人顺利完成康保公司医疗器材生产许可证的年审换证工作,困境企业焕发生机。2017年6月29日劳动债权人张某某等代表108名劳动职工向柯城区人民法院赠送锦旗。

四、浙江曙扬化工有限公司破产重整案

(一)工作亮点

依托府院联动机制,拯救困境企业;清算转重整无缝对接。

(二)案件经过

浙江曙扬化工有限公司(以下简称曙扬公司)成立于2011年3月2日,主要从事己二酸产品的生产和销售,己二酸产品主要用于尼龙66纤维和工程塑料、聚酯多元醇、聚氨酯、增塑剂及己二酸酯等领域,在塑料加工、电子行业、不饱和聚酯生产等领域的应用非常广泛。国内目前只有5家企业生产,市场需求巨大,价格看涨,出厂价每吨1.8万～2.2万元。曙扬公司筹建的己二酸项目技术先进、安全环保、成本低廉,如能工业化,市场潜力巨大。随着总体经济形势下滑,且项目筹建资金需求量大,开机试产一次需近800万元,2014年下半年曙扬公司资金链断裂,债权银行向衢州市中级人民法院申请破产清算。2014年12月23日衢州市中级人民法院裁定受理曙扬公司破产清算案。2015年3月6日召开第一次债权人会议。2015年6月17日曙扬公司持股22%的股东张某提交重整申请。2016年1月18日衢州市中级人民法院裁定曙扬公司进入重整程序。2016年5月13日召开第二次债权人会议,因银行债权人表决权受限,普通债权组和担保债权组未通过。后经协商,部分银行债权人支持重整计划,衢州市中级人民法

院于2016年8月4日裁定批准重整计划并终止重整程序。

一是充分发挥府院联动机制。首先,识别确定曙扬公司重整。因曙扬公司市场前景广阔,案件受理前期政府相关部门就表达了帮扶的意向。案件受理后,经研判,认为曙扬公司破产原因在于资金缺乏流动性,但若己二酸项目成功后极具潜力,初步确定对企业进行司法拯救即重整的工作思路。院分管领导亲自带队多次就战略投资人引进专门赶赴当地园区进行对接。其次,与当地园区、经信委等主管部门协同,多次与潜在战略投资者展开协商,就重整可行性、资金保障、产品研发前景等多方面进行具体沟通协调,仅与园区、经信委一同与潜在战略投资人进行面对面磋商就达5次,最终消除各方疑虑,投资人最终签订战略投资协议并缴纳重整履约保证金100万元。再次,利用府院联动机制解决职工欠薪和银行债权人等表决问题。管理人接管曙扬公司时面临春节,拖欠155名职工10个月工资,但账户上只有4300元。在政府支持下,从当地园区借款200万元预付劳动债权,维护社会稳定。在银行债权人等对重整计划表决态度不明朗时,政府相关部门积极配合法院、管理人做相关金融机构工作,最终促成重整计划符合法定通过条件。最后,政府相关部门还在环保、安监、水电气配套等环节给予大力支持。妥善处置800余吨危化物品,确保破产期间不因监管缺失酿成重大安全事故。

二是清算与重整无缝对接。首先,遴选优质投资人。从资金实力、技术研发能力、市场开拓、管理团队等方面进行全方位考察,好中选优,最后确定由美国宾夕法尼亚大学博士、中科院上海化学研究所博士后张某作为投资者。其次,做好财产和营业事务的移交。与其他重整案件主要由管理人负责管理财产和营业事务不同,本案系由债务人股东自行管理即债务人自救。本案最初以清算程序立案,管理人接管了财产和营业事务,重整申请提交后,考虑到投资人张某作为曙扬公司的股东和技术专家,了解公司财务运作和生产经营状况,在签订战略投资协议后即由管理人向其移交财产和营业事务,既有利于己二酸项目筹建的延续,也有利于重整计划的制订和通过。最后,在清算程序中做好重整的各项准备工作。重整程序耗时长、成本高,贸然启动可能损害债权人和债务人利益。潜在投资人虽然提交了重整申请,但对重整可行性特别是债权人能否同意重整计划草案仍存有疑虑,为与潜在投资人商定重整计划草案的各项细节,一方面利用府院联动机制引导投资人确立信心,另一方面指导管理人对债权人亮家底、谈前景、析利弊,为重整计划通过扫清障碍。虽然自提交重整计划到裁定进入重整程序半年有余,但由于前期准备充分,重整程序自启动到终止历时不到 7 个月。

若曙扬公司进行最终清算,对厂房、土地享有优先受偿权的债权人清偿比例不足 80%;对化工设备享有优先权的债权人清偿比例不足 20%;税款债权人、普通债权人清偿比例均为 0。按照重整计划,对厂房、土地享有优先受偿权的债权人清偿比例为 100%;对化工设备享有优先权的债权人清偿比例为 45%;税款债权人清偿比例为 100%、普通债权人清偿比例为 5%;共益债务全额支付。目前,重整计划投资款第一期 700 万元已到位。计划投资 2 亿元,至 2019 年己二酸产量可达 5 万吨,产值 10 亿元。

本案是典型的"府院联动"破产案件,也是典型的清算转重整案件,有效化解了债务危机,帮助企业重新轻装上阵,为企业进行技术创新提供了有力司法保障。

五、浙江诚诚化工有限公司破产清算案

(一)工作亮点

破产案件"执破衔接 + 简易审";刑民协同;破产财产司法网拍;立足园区产业要求进行意向投资人选择。

(二)审理经过

浙江诚诚化工有限公司(以下简称诚诚化工)于 2011 年 4 月 20 日在衢州市工商行政管理局登记设立,当时的法定代表人是王某某,2014 年 9 月 10 日法定代表人变更登记为方某某。公司的经营范围为有机硅酮建筑密封胶、107 硅橡胶、甲基硅油的生产与销售。2015 年 2 月 6 日浙江省开化县公安局依法决定对王某某与方某某的丈夫郑某某因涉嫌非法吸收公众存款进行立案侦查,但王某某因潜逃国外而未归案。此时,诚诚化工仍未正式投产经营,现法定代表人丈夫郑某某居住公司留守。2015 年 7 月 10 日申请人童某某向衢州市中级人民法院申请对诚诚化工进行破产清算,法院于 2015 年 7 月 30 日裁定受理并指定管理人。

截至 2015 年 6 月,柯城区人民法院、衢江区人民法院、开化县人民法院共受理诚诚化工为被执行人的执行案件 40 件,涉案标的 3800 万元。通过市区联动,由柯城法院对债权人进行释明,依据最高人民法院《关于适用〈中华人民共和国

民事诉讼法〉的解释》第513条规定,启动破产程序。案件受理前,市中级人民院主动赴开化县公安局,对接刑民协同问题,争取开化县公安局对资产处置的配合(因王某某涉嫌犯罪,诚诚化工资产被开化县公安局冻结),为破产财产处置打下基础。

召开债权人预备会,及时向债权人释明。在召开第一次债权人会议前一日,法院与管理人召集部分债权人在开化县人民法院召开了债权人预备会,就部分债权人提出的要求对关联企业合并破产及诚诚化工资产评估与处置的问题进行了释明。在会议中,充分了解个别债权人的真实想法,有效化解了该部分债权人的疑虑。

2015年10月9日法院主持召开了诚诚化工第一次债权人会议。根据管理人编制的债权表,申报债权共计81,655,784.32元,初步认定69,444,982.90元。债权人会议对申报的债权进行了核查。另经浙江天平会计师事务所有限公司对诚诚化工资产负债情况进行审计的结果显示,截至破产受理日,诚诚化工的资产审定金额为22,810,627.00元,负债审定金额为95,635,919.42元,净资产审定金额为-72,825,292.42元,已经资不抵债。法院认为根据查明事实,诚诚化工不能清偿到期债务,并且资产已不足以清偿其全部债务,已经符合破产条件,应当依法宣告破产。2015年10月9日法院依法裁定宣告诚诚化工破产。

在第一次债权人会议上,通过了破产财产变价方案与分配方案。会议之后,管理人按照资产评估机构出具的诚诚化工资产评估报告的估计价值,向法院提交拍卖公告,由法院将资产置于司法拍卖网络平台上进行拍卖。通过公开竞价方式,最终由买受人以1088万元价格竞得诚诚化工资产。诚诚化工所在的衢州高新技术产业园区以氟化工、精细化工、生物化工和机电一体化等为产业重点,必须具备相应的条件满足园区特定的要求才能入园投资落户,这给诚诚化工的资产处置及新投资人的遴选带来较大困难。在诚诚化工的资产处置过程中,衢州市高新技术产业园区管委会高度重视,助力引进优质的意向投资人。在得知深圳公司有意投资后,管委会对该公司作了充分了解,多次前往深圳与其进行洽谈,说服其转向衢州进行投资。最终深圳公司竞拍得诚诚公司的资产。衢州市高新技术产业园区管委会亦在推进产权变更登记工作中,多次牵头协调,有效解决工作中遇到的难题。2016年1月7日通过衢州市高新技术产业园区管委会牵头组织,法院协助管理人与买受人办理了原资产上的抵押权注销手续,及产权变更登记的手续。

从裁定受理到通过分配方案,仅历时70天,盘活工业土地30亩,厂房8400平方米,处置银行不良资产2700万元,新投资人计划投资1.18亿元。

六、浙江海蓝化工集团有限公司合并重整案

(一)工作亮点

管理人团队引入职业经理人,恢复重整经营,保持和提升债务人资产价值;积极引进重整投资者,公开竞价,确保债务人资产价值最大化。

(二)审理经过

浙江海蓝化工集团有限公司(以下简称海蓝化工)成立于2006年12月13日,该公司是中国最大的叠氮化钠(医药中间体)生产企业,产品出口日本、欧盟,技术较为先进,市场份额高、销售状况良好。因为管理不善,利用民间资本盲目扩张,导致资金链断裂。于2016年4月22日法院裁定进入重整程序。

1. 重整期间维持生产经营

管理人接管企业后,发现债务人自2015年11月起与W公司建立委托加工关系,即由W公司租用债务人仓库,购买原材料,债务人企业组织生产后产成品由W公司所有并进行销售,债务人收取加工费用。该模式解决了债务人维持生产流动资金问题,保持了生产的稳定,且在此期间解决了前期拖欠的2015年8～11月的工资,保持了员工队伍稳定,为债务人重整奠定了基础。

基于重整的需要,管理人于2016年5月19日终止了债务人与W公司之间的委托加工关系。为债务人资产保值与增值,维持技术工人队伍,维系市场,有利于引进重整投资者,决定重整期间继续经营。债务人所处的化工行业是极为特殊行业,需要具有相关化工企业经营经验的专业人员来负责。为补齐管理人团队企业管理能力短板,综合考虑重整资金、专业能力、对企业熟悉程度等各方面因素,聘用W公司派驻到债务人企业的负责人及其团队继续经营管理。为打消其他债权人疑虑,管理人还制定了详细的资金监管和用印审批流程,对重整期间企业经营进行了专项审计。自2016年6月恢复生产至2017年2月投资人接管期间,实现销售收入2070万元,亏损控制在220万元。

2. 关联企业合并重整

2016年8月30日衢州市中级人民法院受理海蓝氟化学公司、荣康氟材料公

司破产重整。经调查,上述两家公司与海蓝化工公司存在高度混同的情况,具体为:海蓝氟化学公司是海蓝化工公司控股子公司,实际控制人为吴某,且是海蓝化工公司的银行融资平台和资金走账平台,无具体经营业务及实际资产;荣康氟材料公司是海蓝化工公司的高度关联公司,是海蓝化工公司采购和销售的配套公司和借款平台,经营业务也只是海蓝化工公司的代理,亦无实际资产;由于两家公司均为海蓝化工公司的日常采购销售的开票通道和融资平台,名下并无实际资产。为全面厘清海蓝化工公司资产负债情况,维护全体债权人的利益,根据管理人申请,2016 年 9 月 27 日衢州市中级人民法院裁定将海蓝化工公司、海蓝氟化学公司和荣康氟材料公司合并重整。

3. 遴选重整投资人

投资者招募是重整案件的核心工作。第一轮经登报招募,向同行业和上下游企业书面邮寄重整邀请函,利用管理人、中国破产法律保护中心网站和微信公众号推介,虽有多家公司表达了重整意向,但截至 2016 年 6 月 30 日,只有 W 公司提交了重整草案,报价 3300 万元。

2016 年 6 月 24 日海蓝化工第一次债权人会议选举成立了债权人委员会,并表决通过了《财产管理和投资者引进方案》,授权债权人委员会监督管理人开展重整投资者引进工作。2016 年 7 月 8 日,债权人委员会召开第一次会议,会议决议启动海蓝化工公司第二轮投资者招募工作。第二轮经衢州市中级人民法院微信公众号推介等方式,收到 6 家意向投资者报名材料。管理人拟定《投资者报名入围规则》等招募文本,并经 2016 年 8 月 22 日第二次债权人委员会会议审议通过后实施。向前述意向投资者送达《致投资者函》以及报名入围规则等相关文件,并就后续招募的流程、期限、条件等向意向投资者进行了详细的解释,同时积极配合其开展尽职调查等工作。根据报名入围规则,意向投资者在 2016 年 9 月 9 日之前应当向管理人正式报名,并提交资信介绍、股东会决议等资料,如需开展尽职调查的,还需与管理人签订《保密协议》,缴纳保密保证金 30 万元后开展;2016 年 9 月 9 ~ 23 日管理人与意向投资者之间进行双向考察;2016 年 9 月 23 日意向投资者需向管理人正式提交报价材料,并缴纳保证金 500 万元。截至 2016 年 9 月 23 日,共有 2 家意向投资者交纳保证金并给出了重整报价,分别为 3100 万元和 3300 万元,其余意向投资者经管理人联系均表示放弃投资。

由于 2 家意向投资者报价偏低,管理人于 2016 年 9 月 27 日紧急组织召开债权人委员会第三次会议,再次明确了投资者报价的要求,即报价不得低于固定资产的评估价值,意向投资者应在9月30日之前修改重整报价。当日,管理人即向2家意向投资者送达通知文件,并展开谈判。在债务人所在园区管委会大力支持下,经2016年9月28日以及29日两轮谈判终于促成其中一家意向投资者将报价提高至4060万元,但另一家意向投资者表示不愿修改报价,要求退出重整退还保证金。

2016年10月12日管理人再次组织召开第四次债权人委员会会议,债权人委员会表示同意按照W公司和H公司联合(以下简称联合投资者)报价4060万元进行公示。在经联合投资者签署公示竞价确认协议后,于2016年10月14日在《衢州日报》对4060万元的报价进行了公示,公示期为15天。在公示期间内,又新增了一家意向S公司,同时联合投资者也将报价提高至4580万元。根据报名入围规则,在有2家投资者均作出有效报价并交纳保证金的情况下,管理人将举行现场公开竞价决定最终入围的重整投资者。

2016年11月4日上午10点债务人整体项目重整公开招募投资者的现场竞价会在衢州市中级人民法院八号法庭如期举行。国家注册拍卖师全程主持,重整报价从4580万元经过24轮的现场激烈竞拍,W公司等联合投资者最终以6820万元的价格成为最终的重整投资者。

(三)审理实效

2016年11月24日海蓝化工第二次债权人会议表决《重整计划(草案)》,职工组、税收组、出资人组、普通债权组均表决通过,有特定财产担保债权组经二次表决也通过了重整计划草案。2017年2月13日衢州市中级人民法院裁定批准海蓝化工重整计划。债务人若清算,普通债权人清偿率为零,经重整,普通债权清偿率为3%～5%。投资人自2017年3月接管企业以来,2017年上半年已实现利税180万元,预计全年利税将达到500万元。

七、浙江嘉毅能源科技有限公司破产清算案

(一)工作亮点

引导债权人会议适用执行阶段评估报告;破产财产处置对接政府招商引资;协调工程款债权与有抵押物债权的冲突。

(二)审理经过

嘉毅公司成立于2008年7月21日,注册资本8000万元。公司经营范围为

单晶、多晶拉棒切方,线切割抛光,太阳能电池、组件以及相关产品生产、销售,具有货物、技术进出口业务。该公司成立后,总投资2.4亿元,引进具有国际先进水平的生产线及设备,为当地单、多晶行业拉长产业链做出重大贡献,并成为当地纳税大户。自欧盟、美国、印度等国先后对我国光伏企业启动反倾销、反补贴政策以来,开化当地70多家单、多晶企业全部陷入困境,全面停产。嘉毅公司生产经营亦陷入困境,加上公司法定代表人之子从嘉毅公司抽取大量资金投资房地产,导致公司背负大量银行贷款和其他债务,资金链断裂,从2012年起公司停产。2013年8月15日嘉毅公司以无力清偿到期债务为由,向法院申请破产清算,至债权申报期满,共有43家债权人申报债权总计3.907亿元。

一是做好执破衔接工作。在嘉毅公司申请破产之前,已有多起以嘉毅公司为被告的案件进入执行程序,涉案标的额高达11,388.92万元,公司全部资产被多家法院查封。衢州市中级人民法院执行局已对嘉毅公司资产进行评估并实施了两次拍卖,均流拍,拟以保留价6400万元举行第三次拍卖。一些投资人在场外观望,拟待第三次流拍后,通过变卖方式以低于5000万元的价格取得公司资产。为最大限度提高破产案件审判效率,降低破产费用,保护广大债权人的利益,法院确定了由债权人会议对衢州市中级人民法院执行阶段已经实施的财产评估及变卖方案予以表决确认的方案。2013年10月22日,召开第一次债权人会议对上述方案予以表决确认,通过执破衔接避免了对公司资产的重新评估和重新启动拍卖程序。

二是破产财产处置对接招商引资。将投资人遴选作为破产工作的重中之重。(1)及时与当地政府沟通嘉毅公司财产变现工作,将嘉毅公司引入新的投资人被列为当地政府招商引资的重点工作,确定由县政府牵头组织;(2)准确定位,重点面向全国范围内太阳能行业的大规模企业定向招商,实行双向交流,一方面邀请有意向投资的相关企业到嘉毅公司进行考察,另一方面由招商小组组成考察团到有意向的企业考察,提前了解潜在投资人的实力和意向;(3)设定准入门槛,对有投资意向的企业要求提交收购计划及经营规划,确保拍卖成功以后企业接收、恢复生产工作能够迅速跟进,有序开展。2013年12月4日公司资产以7466万余元的总价款成交。

三是利用债权人委员会平台平衡各方利益。破产案件受理前,嘉毅公司厂房的承建单位主张享有建设工程款优先权并获得法院判决支持。该厂房又被抵押给工行开化支行和某担保公司,执行过程中法院裁定将该厂房以物抵债给担保公司。三方对厂房处置产生重大分歧,一方主张行使建设工程款优先权,另两方要求行使抵押权。法院将承建单位及两家抵押权人全部吸收为债委会委员,多次召集三方进行磋商,促使三方适当放弃相应债权额并达成和解协议,为财产处置、分配工作扫清障碍。

另嘉毅公司因大部分财产均已被设定抵押,担保财产之外的财产价值不高,管理人报酬有限。法院指导管理人与各抵押权人协商,制定了根据管理人的工作进度和成效浮动计酬方法,最大限度激发管理人工作动力。

2014年1月买受人江西泰明光伏有限责任公司支付了全部价款,并重新组建了浙江泰明光伏有限责任公司。2014年2月,公司成功恢复电池片加工生产线。2014年4月16日召开第二次债权人会议,会议高票通过了破产财产分配方案。新组建的浙江泰明光伏有限责任公司不仅在几个月之内全面恢复了4条单晶、多晶电池片生产线,成为开化县的利税大户,还接收大量原公司职工,解决就业岗位400余个。2015年新增2条生产线,2016年产值超3个亿,产值位居全县第八。

八、衢州建盛机械制造有限公司破产清算案

(一)工作亮点

人民法庭审理破产案件;通过原则性破产财产分配方案;高于评估价直接变卖处置破产财产;47天审结。

(二)审理经过

衢州建盛机械制造有限公司(以下简称建盛公司)成立于2006年12月18日,注册资本1000万元。公司经营范围为矿山机械、通用零部件制造与销售。因近年来煤炭行业产能过剩,建盛公司作为主要为煤炭开发提供机器设备的下游企业,多笔货款无法收回,公司长期处于停工、半停工状态。该公司主要资产为位于衢州市衢江经济开发区宾港中路的房地产,国有出让工业用地面积5948.3平方米,建筑面积3536.02平方米。2015年9月30日因不能清偿到期债务,衢州市衢江农村信用合作联社申请对建盛公司进行破产清算。2015年10月16日衢江区人民法院裁定受理建盛公司破产清算案。

法院受理后,为加快破产审判进程,加速盘活资产,主要采取如下措施:一是

在该院首次由人民法庭审理破产案件。鉴于该案债权债务关系相对清晰,债权人人数较少,衢江区人民法院决定由廿里法庭采用独任制进行审理。确定30日的最短债权申报期限,并指导管理人同步启动债权申报审核、财务审计、资产评估程序。在2015年12月1日召开第一次债权人大会前,即完成了对破产企业的财务审计和资产评估,公司不动产及动产评估价值为620.43万元。二是创新财产变价方案。考虑建盛公司资产总量不大,若采取传统拍卖方式,耗费拍卖费用且会延缓处置进程。该院根据《企业破产法》第112条关于资产变价"债权人会议另有决议的除外"的规定,在债权人大会上通过破产财产变价的补充方案。根据该方案,管理人可以对建盛公司需要变价处理的全部财产,以不低于评估价直接变价处理。后债权人大会全票通过该方案,管理人积极发布信息,对接潜在客商,有投资方拟以680万元的价格购买公司全部资产。三是预先通过破产财产分配方案。传统的破产财产分配方案需待破产财产变价处置成功后才能在确定各债权人的分配清偿数额的基础上予以制定并提交债权人会议表决通过。但这种方式需等待资产变价结果,且需再次召开债权人大会。为提高效率,该院指导管理人依据企业破产法及浙江省高级人民法院《关于企业破产财产变价、分配若干问题的纪要》的相关规定预先制定破产财产分配方案,明确可供分配的破产财产范围、参与分配的债权内容、财产分配的顺序及比例,并要求各债权人在申报债权时即指定账户用于划付分配资金。该破产财产分配方案在第一次债权人大会即全票通过,在破产财产成功处置后,可依法进行破产债权分配清偿。

建盛公司破产案仅召开一次债权人大会,用时47天即通过破产财产分配方案予以审结。通过债权人会议,尊重债权人意思自治,授权管理人对破产财产以不低于评估价的价格予以直接变卖处置,盘活企业存量资产620.43万元,释放国有出让工业用地面积5948.3平方米,厂房面积3536.02平方米。

九、江山市纺织有限公司破产清算案

江山市纺织有限公司(以下简称江纺公司)系浙西地区生产经营规模最大的一家纺织品生产企业。公司后期因经营管理不善、高息吸纳社会资金等原因,造成生产经营困难。2009年11月17日企业因资金链断裂停产。2010年5月12日江纺公司以不能清偿到期债务,且资产不足以清偿全部债务为由向江山法院申请破产清算。法院依法裁定受理。

经审计,该公司资产总额为5680万元,负债总额为15,244万元,净资产为-9564万元。公司债务主要是民间融资和职工集资,涉案债权人1138名,其中职工集资款债权人169名、普通债权债权人387名、劳动债权债权人582名。(1)在江纺公司出现债务危机政府成立工作组开展企业帮扶和资产重组时,法院在法律框架内积极建言献策,提前掌握破产企业经营、负债及社会稳定风险等情况,及时形成书面可行性分析报告,较好实现政府前期风险处置工作与法院企业破产审判工作的对接。(2)多方努力增加可分配的破产财产。一是借助政府及社会各方面的力量,加大招商力度,促使资产变现价值最大化。二是政府出台税收帮扶措施减免破产财产处置过程中的相关税收250余万元,用于提高小额自然人债权人及困难群众清偿比率。三是动员企业债权人,浙江万众商贸有限公司、浙江贝特来化纤有限公司等10家法人债权人,自愿放弃部分债权高达554万元,并明确将减让款项定向分配给中小自然人债权人。据此,可供普通债权分配的破产财产数额由1834万元增加至2646万元。四是公司法定代表人主动放弃其个人名下933万元的债权的清偿分配所得款,该款项纳入破产财产进行分配,第三顺序普通债权人清偿比率由19.41%提升至21.54%。(3)采用了"分档累进递减"比率的清偿分配方案,创新解决职工集资款清偿顺位和提高弱势债权人的清偿比率问题。按照经债权人会议表决通过的破产财产分配方案,职工集资款按第一顺序清偿,对其他普通自然人(318户)债权按债权数额大小以"分档累进递减"的方式进行清偿分配,5万元以下按65%的比率清偿;5万~10万元的部分案55%的比率清偿,分档累进递减。

在债权人会议上,上述破产财产分配方案以绝对高票通过(364张有效票中赞成359票,反对3票,弃权2票),这起债权人数众多、类型复杂、社会影响面广的纺织企业破产清算案件得以平稳终结,实现了法律效果和社会效果的统一。

十、江山市安泰房地产有限公司破产清算案

(一)工作亮点

(1)指导管理人首创向银行贷款解决商品房后续工程恢复施工资金问题,完成竣工验收并交付房屋。(2)面临市中心繁华地段工地巨大深基坑对周边道路及民居存在的重大安全隐患,维护安全与招商并举,及时拍卖变现这宗最大的破产财产,并消除了安全隐患。(3)面对购房、商铺定金、民工工资、借款等多种利

益不同的诉求群体，妥善平衡，分组化解，确保破产平稳有序进行。

（二）审理经过

江山市安泰房地产有限公司（以下简称安泰公司）成立于2001年5月23日，以开发房地产为主业。2011年年底，安泰公司陷入债务危机后，发生转移资产情况，引发债权人极大恐慌，多次群体上访、闹访。2012年3月江山市政府成立工作组指导企业自救解困。2012年6月8日江山法院裁定受理债权人要求对安泰公司破产清算的申请。

管理人接管后，安泰公司的账户余额仅为1123.97元，从4月开始职工工资未发放，欠话费10,000多元。3幢楼78套住宅后续工程停工，新开的工地留着截面面积达1万平方米，深度9米的深基坑，一批建筑民工的工资未付、材料款拖欠和数百名的其他债权人。法院指导监督管理人对债权人进行分组，逐步平息债权人不安情绪，解决存在的安全隐患。

对已开发的3幢商住房78套住宅，原定于9月30日前交房，结顶后停工，购房户情绪激动。采用了以管理人向银行贷款197万元作为恢复施工的启动资金，承诺破产资产变现后归还贷款。2012年10月3幢商住楼通过竣工验收，成功交付住宅78套、店面37间，满足了该78户债权人的债权要求。

安泰公司以1.6亿元拍得江山市区原啤酒厂土地面积15,179平方米地块，从2011年3月开始施工，工地深基坑截面面积达1万平方米，深度9米，仅完成了地下室约一半工程量。该项目已预售单身公寓，向22人收取购房款360余万元、向54人收取商铺定金426万元。由于工程处于停工状态，加上雨季汛期来临，存在极大的安全隐患。随着停工时间的延长，对深基坑的维护成本也会越来越大。法院与管理人、工作组多方论证后，提出并监督落实两项措施：一是保证深基坑和周边的安全。采取了临时加固基坑护壁支撑、由质监站对工地现场全方位24小时进行监测、专人负责24小时不间断抽水，保证深基坑的安全。二是推动工作组招商引资，管理人制作变价方案，以期在条件成熟时及时依法委托拍卖。

对民工要求支付工资的强烈诉求，管理人与原施工单位共同调查核实确认，通过提取劳动保障金和通过撤销权诉讼等手段追回财产，优先支付民工工资。

在解决好债权人情绪和确保工地安全同时，管理人制作恢复施工的实施方案和工作组为主的招商并举，即如果变价方案在债权人会议未能通过，或者通过后第一次拍卖不成功,则通过招投标,立即启动恢复施工,以消除安全隐患。2013年3月该原啤酒厂在建工程项目以2.3亿元的高价拍卖,比债权人预期的价格高出4000万元。同时,管理人在拍卖之前对购房户进行甄别,对正式签过销售合同,并已支付了大部分或全部购房款的13户移交给买受人继续履行合同,对未签订销售合同、仅支付部分购房款的9户及交纳商铺定金的54户协调以取回权申报债权。同时,管理人通过诉讼追回店面41间、住宅4套、贮藏室11间(建筑面积共计12,311.22平方米)、轿车4辆等,变现价款共计3700多万元。通过政府的政策支持,免缴土地增值税460万元,返还税收地方留成部分1000余万元。

在支付后续工程建设的贷款利息、工程款、交付房屋的办证费和税费、拍卖资产缴纳的税费、聘用和留用人员的工资、评估费、造价鉴定费、审计费、办公开支及诉讼费用等,工程款债权、取回权债权等,以及有担保的债权后,普通债权人有244户,债权总额35,231.7747万元。经过两次分配,普通债权的清偿率达到了61%。

安泰公司破产,但开发的楼盘"不破"。3幢楼78套商品房的后续工程,通过贷款恢复施工,顺利交付给各购房户;特别是在市中心繁华地段的1.6亿元的地块留下的巨大深基坑,没有因破产而变半拉子工程,而是通过招商,成功拍卖确定接盘人,工程施工也极为顺利,到第二次破产分配时,主体结构已基本完工。不仅保障了购房者的利益,更保障了公共安全、维护了城市的形象。针对债权人的不同利益诉求群体,能够结合案件具体情况依法分类处理,做到平稳有序、先急后缓,取得债权人的理解和支持。特别是追收破产财产、有效变价财产,达到利益最大化,在破产清算中,普通债权人清偿率达到61%。

十一、浙江洁能电气有限公司破产清算案

(一)工作亮点

破产企业资产变价处置过程中应参考最高人民法院民事执行中财产拍卖、变卖的相关规定但不可完全受限,为盘活闲置资产,在贯彻当事人意思自治及注重程序正义的前提下,可以突破固定资产拍卖三拍限制。

(二)审理经过

浙江洁能电气有限公司系由开发区招商引资引进的温州民营资本于2009

年3月设立的蓄电池生产企业,公司设立后从温州民间融资进行厂房建设、购买生产设备等筹建活动,但建设过程中因国家环保法规政策重大突发性变更,导致其2011年建成后即因不符合相关规定而无法通过环评正式投产,随即资金链断裂,厂房、土地闲置而成为"僵尸企业",并引发大量诉讼案件,部分案件进入执行程序,执行法院已经委托评估机构对固定资产进行评估并着手实施拍卖。2014年2月15日公司股东会决议解散公司并成立清算组自行清算,清算组清算过程中发现公司资不抵债且不能清偿到期债务,符合破产条件,遂向法院申请破产,2014年3月28日衢江区人民法院裁定受理破产申请。

2014年5月20日衢江区人民法院召开了浙江洁能电气有限公司第一次债权人会议,公司资产初次评估仅为4000万余元,债权人申报的债权达1.75亿元之多,因优先债权尚在诉讼中,且公司财务不健全、大量普通债权存疑,遂由管理人继续进行审查并委托审计、评估机关进行审计、评估。2015年3月18日召开第二次债权人会议,审查认定债权额1.112亿元,选出7位债权人组成债权人委员会,通过了破产财产变价方案,授予债权人委员会行使监督管理人、核查催收债务人对外债权及选定拍卖机构、确定保留价等对债权人利益有重大影响的其他财产处分行为。2015年3月31日在法院监督下管理人通过竞价方式选定浙江嘉泰拍卖有限公司为资产拍卖机构,由债权人委员会商定了保留价进行公开拍卖,对破产财产(评估价4168.26万元)进行变价处理。但因整体经济形势低迷,债权人心理期望较高,拍卖起拍价过高,浙江嘉泰拍卖有限公司于2015年4月23日、5月13日、6月9日先后三次公开拍卖破产财产,均因无人报名而流拍。

最高人民法院在《关于人民法院民事执行中拍卖、变卖财产的规定》中对评估、拍卖、保留价确定等均作了规定,在执行中拍卖被执行人财产应以三次为限,之后若申请执行人不接受不动产抵债,应以第三次拍卖的保留价为限进行变卖。

首先,衢江区人民法院走访拍卖公司及开发区招商部门等有关各方征询意见,反馈意见均认为该破产财产有市场潜力,潜在买家较多,未能成交是由于债权人期望值较高,债委会前期保留价设定过高,与市场价格相比没有竞争力,从目前的市场来看,在相当长的时间内市场不会有明显起色,破产财产继续闲置不经济,均建议继续降价,并在招商部门确认了其中一家投资单位的购买意向。

其次,最高人民法院制定的相关规定适用范围明确是在执行中,破产财产拍卖变价可以参考适用该规定但不能完全拘泥于其具体规定,公平公正处理破产财产并合法合理高效进行分配才是核心,破产财产实质是由全体债权人依法共同处分的财产,如何处分财产应由全体债权人灵活决定,因此只要债权人认可,继续进行拍卖是适当的。

再次,因债权人分布各地,如按照程序召开全体债权人大会进行表决,依照破产法的要求提前15日通知所有债权人费时费力且社会效果不佳。鉴于本案债权人会议已经选举出债权人委员会并授权其可以实施选定拍卖机构、确定保留价等对债权人利益有重大影响的其他财产处分行为,因此若债权人委员会决议继续进行降价公开拍卖符合程序正义的要求,有正当依据。

最后,如果依照最高人民法院规定的最高降价幅度(20%)进行降价拍卖,第三次拍卖保留价可为司法处置价的64%,但本案破产财产经三次流拍后最低保留价为3320万元,尚远高于这一标准,存在较大降价空间。

综上,法院引导管理人召集债权人委员会对此进行充分讨论,最终形成破产财产按第三次拍卖保留价为基础,每次按该保留价的5%降价继续拍卖,直到破产财产拍卖成交的决议。依据该决议,拍卖公司于2015年9月28日、10月16日进行了第四次、第五次拍卖,并在第五次拍卖中,由古田山股份有限公司以2990万元购得该资产,投资人预计投资1.5亿元利用该厂房进行纯净水、饮料生产。2015年11月27日第三次债权人会议召开,通过了破产财产分配方案,本案顺利审结。

十二、衢州威盛精密电子科技有限公司破产清算案

威盛公司成立于2007年11月16日,注册资本4000万元。公司经营范围为研发、涉及、生产、销售高密度互连电路板等,主要产品为手机板、电脑主板及其他电子板等,被广泛运用于著名高端品牌电器产品、汽车产品和军工领域,具有广泛的市场前景和发展潜力。但因该公司固定资产投入过大,负债过高,导致流动资金严重匮乏,陷入债务危机。根据公司财务报告显示,公司总资产总计1.19亿元,总负债1.41亿元,已经资不抵债。

2012年9月19日威盛公司向衢州市中级人民法院提出重整申请,并于同日经衢州市中级人民法院裁定进入重整程序。经评估,威盛公司资产残值为6251万余元,初步审核确认对外负债1.75亿余元。因威盛公司及其管理人在重整期间未能提交重整计划草案,且资产构成中机器设备占有较大比例,如不及时变

现,将造成公司资产的迅速贬值。为防止公司财产继续恶化,切实保护债权人合法权益,2013年3月18日衢州市中级人民法院裁定终止威盛公司重整程序,宣告其破产。

破产宣告之后,衢州市中级人民法院指定管理人迅速依法选定拍卖机构,并于2013年5月3日组织了第一次拍卖,因无人报名而流拍。首拍流拍后,衢州市中级人民法院会同市绿色产业集聚区管委会指导管理人对拍卖方案进行了适当调整,将起拍价从评估价6000万元调整为4900万元,对差额部分以特别约定条款在《拍卖会特别约定》中予以明确,约定拍卖成功后需由买受人另行支付威盛公司水、电、气及职工工资720万元。在2013年5月29日组织的第二次拍卖会上,经过两轮竞价,最终以5000万元成交价拍卖成功。现深圳顺络电子股份有限公司的投资项目已顺利落地,投资总额预计逾10亿元。

1.巧用共益债务,由管理人对外借款,解决破产企业无账面资金支付职工工资的难题

衢州市中级人民法院在审理威盛公司重整案时,确定由管理人以共益债务形式向战略投资人借款,同时约定若该笔借款最终无法认定为共益债务,则由当地开发区管委会兜底承担,有效化解了信访职工的安置难题。

在受理威盛公司的破产重整后,2012年9月26日数百名职工聚集到威盛公司要求解决职工工资、社保以及安置问题,之后又多次到市政府、市信访局上访。2012年10月17日三四百名职工再次聚集到市绿色产业集聚区管委会上访,要求在2012年10月19日前必须提出职工安置方案,上访职工情绪非常激动,甚至对衢州市区世纪大道左右侧通行道路进行拦截,致使过往车辆无法通行,交通阻塞。后虽经劝退,但上访职工提出如果管理人、政府再不解决安置问题,他们还将继续进行上访。威盛公司拖欠547名职工工资及社保费用近500万元,几百名职工尤其是部分外地职工情绪激烈,频繁进行信访。经初步审查,威盛公司账面无结余资金,而按照现行《企业破产法》规定,职工工资劳动债权的清偿顺位在优先权之后,且威盛公司的资产很可能不足以清偿优先债权,劳动债权的先行处置面临"无米下锅"的窘境。为有效应对职工安置难题,衢州市中级人民法院多次召集管委会、管理人及有投资意向的战略投资人协调,最终一家战略投资人表示有条件同意先行借款用于发放拖欠的职工工资及安置费用。在此情况下,市绿色产业集聚区管委会、威盛公司管理人、战略投资人签订了三方借款协议,由战

略投资人出借相应款项给管理人,用于解决威盛公司职工安置难题。

2. 破产重整不成,及时转清算

威盛公司原向法院提出重整申请,后法院裁定进入重整程序。根据《企业破产法》第79条的规定,债务人或者管理人应当自人民法院裁定债务人重整之日起6个月内,同时向人民法院和债权人会议提交重整计划草案。前款规定的期限届满,经债务人或者管理人请求,有正当理由的,人民法院可以裁定延期3个月。债务人或者管理人未按期提出重整计划草案的,人民法院应当裁定终止重整程序,并宣告债务人破产。但是,威盛公司及其管理人在重整期间未能提交重整计划草案,2013年3月18日法院裁定终止威盛公司重整程序,宣告其破产。当时,在威盛公司的资产中,机器设备占有较大比例,其价值具有特殊性,长时间搁置会造成巨大的价值贬损,还会带来更大的处置困难。法院及时将破产重整转为清算,也是出于防止公司财产继续加快贬损,有效保护债权人合法权益的考虑,并最终促成战略投资人的投资项目顺利落地。

十三、江山市麦克摩尔高分子材料有限公司破产清算案

(一)工作亮点

将破产财产在执行中的变价处置成果导入破产;创新普通债权已知总额加未知数X、Y代替未决债权的债权清偿比例公式,制定适合已决、未决债权的分配公式,有效合并破产程序环节;一次债权人会议完成破产程序全部议程。

(二)审理经过

江山市麦克摩尔高分子材料有限公司(以下简称麦克摩尔公司)于2010年7月1日经江山市工商行政管理局注册登记成立。公司注册资本(实收资本)1600万元,经营范围为液晶高分子材料LCP的生产、研发与销售等。公司成立后建造的厂房和办公楼未完工,未进行过生产经营,先后雇用过职工9人。2015年2月11日江山法院根据麦克摩尔公司的申请裁定受理。截至2015年2月12日债务人账面资产总额为22,550,103.67元,负债总额为58,583,791元,总计债权人29人。债权人债务人在江山人民法院作为被执行人的案件有23件,涉执行标的60,285,655.37元。

鉴于本案申报的绝大部分债权都已由法院生效法律文书予以确认,且债务人财产在执行中业已查明,法院指导管理人运用执行中的成果快速高效地对申

报的债权进行核查，对债务人财产统一清点。对破产资产处置，采用在执行程序与管理人协同适用变价拍卖不停止的方式，探索并实践将破产财产在执行中的变价处置成果导入破产程序的模式，有效做到缩短破产案件审理期限，节约司法资源，减少资产重复评估、拍卖的费用，提高债权清偿率。

本案除已能核定的债权外，尚有1件在外省的案件未审结和1件执行案件中获得优先受偿金额后才能确定债权的案件。法院通过指导管理人，创新普通债权已知总额加未知数X、Y代替未决债权的债权清偿比例公式，制定了适合已决、未决债权的分配公式，对已决的债权按通过的分配方案进行分配，对未决债权以临时确定债权额提存。这样，通过整合归并程序中的环节，达到简化程序。最终，一次债权人会议中以95.65%的高票通过破产分配方案，真正实现破产案件简易审。

根据麦克摩尔公司现已变现的可供分配的破产财产与麦克摩尔公司已确认的债务，另法院裁定临时债权额X、Y，具体为扬州惠通化工设备有限公司、扬州惠通化工技术有限公司临时确定债权额为4,251,340元（扬州市中级人民法院一审判决支持的债权数额）；徐俊军临时确定债权额为12,659,762.71元。最终，确认麦克摩尔公司普通债权清偿比例：（破产财产总额－破产费用－共益债务－取回权债权－担保物权债权－法定优先权债权－劳动债权－税收债权）÷普通债权总额×100%。

2015年4月16日召开麦克摩尔公司破产案第一次债权人会议，出席会议的有表决权的债权人为23个，所代表的无财产担保债权为84,921,474.4元，共发放议案表决票23张，收回表决票23张。同意《麦克摩尔破产财产分配方案》的债权人为22个，占出席会议的有表决权的债权人的95.65%，所代表的债权额为80,670,134.40元，占无财产担保债权总额的94.99%。上述破产财产分配方案以绝对高票获得通过。

十四、浙江民德纸业有限公司破产清算案

（一）工作亮点

巧设共益债务，使“机器不停、员工不散、管理不乱、资产不贬”；运用公司人格否认审核债权；设定准入门槛和竞争程序，阻却虚假投资意向，遴选最佳投资人；摒弃传统拍卖、通过债权人会议决议整体变价，职工、营销渠道等所有生产要

素完整保留。

(二)审理经过

浙江民德纸业有限公司(以下简称民德公司)成立于2010年9月7日,注册资本1.2亿元,实收资本4000万元,主要从事特种纸(食品级、医疗级用纸)生产销售。公司主要设备均为德国原装进口,生产工艺先进,为该地区重点扶持企业,销售和盈利预期良好。2011年11月由于公司实际控制人卢某涉嫌诈骗被江苏省苏州市警方控制,引发民德公司资金链断裂,生产难以维系,继而爆发债务危机。2012年4月13日法院裁定受理。至债权申报期满,共有75家债权人申报债权总计1.38亿元。2012年6月7日召开第一次债权人会议,审查债权并选举债权人委员会,表决通过《关于继续债务人营业的分析报告》,民德公司在破产清算期间继续营业。2012年10月12日召开第二次债权人会议,裁定民德公司破产并表决通过《破产财产变价方案》,公司整体变价1.1亿元。2012年11月9日第三次债权人会议以91%比例的高票通过破产财产分配方案,其中普通债权清偿比例高达75%。

该案从受理破产申请到通过破产财产分配方案,仅用时7个月;公司实现整体变价1.1亿元,比拍卖评估价溢价约2500万元;普通债权清偿比例高达75%;投资人不仅接收了公司的全部资产,还保留了全部一线员工,公司清算过程中生产要素不仅没有流失,还焕发了更大的生产力;职工得到妥善安置,普通债权人的损失降到最低,未造成重大不稳定因素。

在案件受理之初,民德公司债权人纷纷上门逼债,原材料供应商停止供货,公司马上面临停产。考虑到一旦公司停产,不但机器设备会腐蚀贬值,而且技术工人也会流失,若人员流失则设备很难发挥全部产能,销售渠道也会消亡,届时公司资产势必大幅缩水。为此管理人聘请中介机构对公司经营前景进行测算,中介机构测算后认为继续经营会因开工不足、边际成本无法降低导致部分亏损,但少量亏损有益于保持公司整体资产价值,对于稳定原材料供应商和客户,吸引战略投资者都具有重要意义。为实现公司经营不间断,案件审理中创造性地采用共益债务制度,许可民德公司在管理人的严格监督下继续营业,由此产生的债务为共益债务。在第一次债权人大会上,将《关于继续债务人营业的分析报告》提交大会表决,获得债权人高票通过,债权人决议确定以每月15万元亏损额为上限将公司继续营业产生的债务确定为共益债务。得益于共益债务的巧妙利用,民德公司在破产案件受理到投资人正式接收公司期间,做到了“机器不停、员工不散、管理不乱、资产不贬”,其间实现产值5000万元,为公司重生奠定了坚实基础。

在债权审核中,运用公司人格否认理论,以实际控制人卢某和隐名股东未足额缴纳出资、民德公司为卢某的债务提供担保并代为清偿为由,对卢某和公司隐名股东进行追索;查清关联公司之间复杂的持股控制关系基础上,刺破公司面纱,核减公司实际控制人卢某及其实际控制的关联公司的债权。同时注意保护关联公司的职工权益,及时支付欠缴的社会保险金,并对关联公司职工的集资款实质达100%清偿,有效维护社会稳定。

在遴选战略投资人过程中,前期有2~3家提出收购意向,报价从0.8亿元一直上升至1.1亿元,其中个别投资人恶意磋商,在第二次债权人会议现场分发极具诱惑力的虚假投资方案,法院指导管理人本着公平、公正、公开的原则,设置准入门槛和竞争程序。最终,恶意磋商者因未在规定时间内缴纳履约保证金退出竞争。在第三次债权人会议上公开竞争程序中全部相关文件、协议材料,打消部分债权人怀疑“暗箱操作”的疑虑,平复债权人情绪。

因考虑到重整方式难以割断公司隐形债务,投资人坚决要求采取清算方式。第一,利用《企业破产法》第112条关于破产财产拍卖处置的例外规定,通过债权人会议决议公司资产进行整体变价,减少了拍卖佣金支出;第二,将公司有形资产处置的同时,由投资人全盘接受公司全部职工、营销渠道等无形资产,保证了公司资产处置后生产要素的完整延续;第三,结合投资人能力意愿和公司运转规律,分期支付收购资金,缓解了战略投资人一次性支付高额资金的压力,达到公司“造血”功能再生偿还债务的目的;第四,积极协调政府各部门将此次收购作为招商引资新项目,享有政策优惠,对于资产转让产生的地方税的80%予以返还,同时环保、经信等各部门协助办理环评、能评、生产资质等审批事宜。

十五、浙江众鑫置业有限公司破产重整案

(一)工作亮点

大胆拓展申请破产重整的主体外延,允许债权人申请破产清算后又申请重整;房地产企业烂尾停工后,向债权人融资借款实现工程项目复工建设;借助公安机关侦查力量和债权人大会意思自治平台,核减民间借贷债权高额利息,认定

真实破产债权。

(二)审理经过

浙江众鑫置业有限公司(以下简称众鑫公司)原系自然人股东刘某、毛某和华某共同投资设立的房地产开发企业,重点开发位于衢江区政府附近的“君悦东方”楼盘项目。2011年4月华某通过股权转让取得公司100%股权。后因国家出台房地产调控政策,衢州地区出现房价下滑、销售不畅的现象。同时,众鑫公司及其法定代表人华某个人因民间借贷而高额负债,到期难以支付高额利息和清偿债务,导致资金链断裂。2012年7月28日法定代表人华某因涉嫌挪用资金罪被公安机关羁押,众鑫公司陷入群龙无首的混乱状态。“君悦东方”房地产开发项目亦停止施工,农民工和施工班组讨要工资,情绪激动。此时,楼盘项目已预售商品房700余套,一期交房时间为2012年12月31日,二期交房时间为2013年6月30日,700多户购房户群情汹涌,多次组织上访,强烈要求如期交房,否则将组织进京上访。材料供应商及民间借贷债权人也频频向政府和法院施加压力,维稳形势严峻。2012年8月9日衢江区人民法院裁定受理众鑫公司最大债权人郑某提出的破产清算申请。管理人在稳定了众鑫公司原经营团队后,批准管理人提交的《许可众鑫公司在管理人监管下继续营业》的申请。鉴于房地产销售的特殊要求,法院同意债务人为购房户购买众鑫公司商品房时向抵押贷款银行提供阶段性担保,为复工续建及继续销售扫清障碍。

在地方党委政府的支持下,衢江区人民法院指定管理人即众鑫公司清算组由政法委副书记担任组长,衢州地区最早取得破产管理人资格的浙江南孔律师事务所主任担任副组长,由住建、国土、税务、工商、人劳等相关部门领导担任清算组成员,在清算组内部成立工程建设小组、债权审核小组。其中工程建设小组由住建部门牵头,一方面将截至破产案件受理日已完成的工程量固定,并委托相关机构就已完工程造价进行审计鉴定。另一方面组建专门力量监督后续工程建设进程,确保工程质量。债权审核小组则集中管理人、法院、公安三方力量予以推进,贯彻刑民协同理念,以公安机关及人民法院调取的银行汇款信息为基础,对民间借贷债权人在公安预审室约谈制作询问笔录,对其申报的债权依据银行汇款记录复核审查。

为及时复工,法院指导管理人巧设共益债务,在保障资金安全的前提下与具有投资意向的潜在战略投资者即众鑫公司最大债权人郑某签订借款协议,前后共融资4000万元投入后续工程建设,确保楼盘交付。但鉴于民间借贷虚高,在清算的情况下,普通债权的清偿率最高不超过18%。为保障债权人利益,减少矛盾纠纷,2013年1月10日债权人郑某向衢江法院提起破产重整申请,2013年1月21日衢江区人民法院裁定批准。在对众鑫公司资产已完工程造价鉴定、未售资产评估、对民间借贷债权专项审计工作基础上,管理人在2013年3月第二次债权人大会上提交了重整计划草案:民间借贷债权利率均按照月利1%进行审查认定,之前部分债权人多收取的利息抵扣本金。投资人投入2.68亿元并承担后续所有营建款项(满足立即偿还共益债务本息,对税收债权全额缴纳但滞纳金、罚款予以免除;营销费用类债权全额受偿;民间借贷债权本金100%清偿,利息视追回财产情况予以按比例分配等条件)即可取得众鑫公司股权,且面向所有潜在投资者开放。若有两家以上报名,则竞价。经表决,除出资人组外(因涉嫌非法吸收公众存款被刑拘),税收债权组、普通债权组等均表决通过,期限内只有一家战略投资者报名。衢江区人民法院经审查,依法裁定批准重整计划草案,终止重整程序。众鑫公司由战略投资者接手,房屋如期交房,民间借贷债权人本金获得100%清偿,社会效果良好,获得了地方党委政府的肯定。

本案是对资金链断裂、楼盘停工的中小型房地产企业如何走出破产困境的一次有益尝试。

1.以共益债务的形式向债权人融资,及时复工续建楼盘,按期交付房屋

消费性购房户的权益应优先保障已是共识,但路径如何实现?复工续建的最大难题是资金来源,投资人最关注的是资金安全。首先,本案采用管理人以共益债务对外举债的融资方式。理由如下:(1)所谓共益债务是指在破产程序中为全体债权人共同利益所负担的债务,《企业破产法》第42条第4项明确规定"为债务人继续营业而应支付的劳动报酬和社会保险费用以及由此产生的其他债务"为共益债务。房地产企业烂尾楼盘在资产处置时既难变现又将大幅贬值,投入资金续建完成楼盘建设,不仅保护了消费性购房户的合法权益,也会大幅提升债务人资产的整体价值,最大化其他债权人的利益。故举债融资续建楼盘,符合全体债权人的共同利益。(2)在程序上,继续营业并融资续建的方案得到法院许可且在第一次债权人大会上经全体债权人同意;(3)项目楼盘属高档楼盘,地理位置优越,未销存量商品房、店面具有一定价值,且尚有27亩土地未开发。后续开发有预期利润,具有投资价值。(4)共益债务清偿顺位位列劳动债权、税收债

权及普通债权之前,本案共益债务的具体用途系续建楼盘,确保专款专用可解后续工程款债权之虞。其次,充分利用债权人力量。案件两大个人债权人郑某和毛某,核定债权额本息约1.7亿元,占民间借贷总债权额近70%,若任由楼盘烂尾,最大损失将由其承担。二人既有参与重整挽救债务人的动力,又有开发房地产的经验。法院指导管理人向潜在投资者,亦是该案最大的债权人郑某融资4000万元,《借款协议》约定:如投资者重整成功,则前期筹集投入的资金作为投入资金的一部分,不再偿还;如投资者未能接管债务人公司,则前期筹集投入资金作为共益债务,从债务人财产处置变现中作为建设工程款债权优先归还。

2. 创新重整程序启动模式

《企业破产法》第70条对申请债务人重整的主体资格予以限定。债权人只能是重整初始申请人,债务人的股东只能是重整后续申请人。本案中债务人及股东均没有能力及意愿进行重整,债权人郑某在申请破产清算后又提出重整申请,应否允许?

衢江区人民法院认为立法对债权人申请重整持肯定态度,立法本意是限制债权人申请破产清算,尽量给予债务人重整自救机会,而非否定债权人申请重整的权利。设置重整制度的目的是尽可能拯救危困企业,赋予债权人后续重整申请人的主体资格符合立法本意。这一赋权并未违反法律禁止性规定。且从最大限度维护债权人利益、维护和保障购房户利益、维护社会稳定等方面考虑,重整显然比清算更有利。最终,衢江区人民法院积极创新重整模式,拓展重整申请主体外延,依法裁定受理债权人暨战略投资者郑某所提出的重整申请。

3. 刑民协同,有效核减债权

因众鑫公司系华某一人公司,公司与个人财产和债务高度混同。华某用于楼盘项目建设的资金主要来源于民间游资,民间借贷数额巨大、借贷时间长(部分款项出借于2007年),且涉及资金往来账户多达数十个,部分债权人虚报、瞒报,借款凭据记载的内容很多是债权高息计算复利之后的结算结果,真实情况难以查清。华某本人又因涉嫌犯罪被羁押拒不配合。第一次债权人会议前民间借贷债权申报额达5.73亿元。一方面,衢江区人民法院在公安机关侦办华某非法吸收公众存款罪的过程中,与公安机关侦查人员、管理人一道在公安预审室对众鑫公司高管及民间借贷债权人逐一询问,各个击破。众鑫公司财务人员迫于压力交出记录个人借款往来的内账,部分债权人对高利虚增部分自认,还提供其他债权不实的线索。另一方面,法院、管理人在公安机关配合下组织专人奔赴各大银行,对华某数年间众多账户所涉往来款项摸底排查,委托审计事务所进行司法审计,最终审核认定借款类债权本金1.98亿元。同时确保刑事案件中认定的非法吸收公众存款罪的数额与破产案件中民间借贷债权审查认定的债权本金基本一致,防止刑民案件对法律事实认定标准不同而产生冲突。

绍兴市两级人民法院破产审判典型案例(2007~2017年)*

一、关联企业合并破产的早期探索:纵横控股集团有限公司等六公司合并重整案

(一)基本案情

纵横控股集团有限公司(以下简称纵横集团)成立于1992年12月,企业注册资本7.1888亿元。2000年8月起,纵横集团投资或合资设立了绍兴纵横高仿真化纤有限公司、绍兴纵横聚酯有限公司、浙江倍斯特化纤有限公司、浙江星河新合有限公司、绍兴市涌金纺织有限公司5家生产型核心子公司(以下简称纵横集团等六公司)。由于经营不善、盲目投资、高成本融资等原因,纵横集团等六公司长期处于负资产运行状态。2008年爆发的金融危机和石油等原材料价格的剧烈波动最终引爆纵横集团等六公司的财务危机。因投资规模巨大,纵横集团等六公司融资贷款涉及绍兴当地几乎所有银行,当地7家大型生产企业为其担保,其中最大的4家企业为其担保

* 本文由绍兴市中级人民法院、绍兴市柯桥区人民法院、绍兴市越城区人民法院、诸暨市人民法院、新昌县人民法院、浙江大公律师事务所、浙江越光律师事务所、浙江振邦律师事务所、浙江震天律师事务所、浙江中兴会计师事务所有限公司、浙江鉴湖律师事务所、浙江中行律师事务所、浙江点金律师事务所等单位合作完成。特此说明并致谢。——编者注

的债务总额高达10多亿元,其又为18家企业提供担保,担保的金额高达30亿元。

2009年6月12日浙江省绍兴市中级人民法院依法受理了纵横集团等六公司的重整申请,并指定浙江大公律师事务所、浙江震天律师事务所、浙江越光律师事务所担任管理人。

(二)审理情况

在绍兴市中级人民法院裁定受理纵横集团等六公司重整申请前,政府工作已组织对纵横集团等关联公司进行了清产核资,找寻来料加工方,并协调处置了50万元以下小额债权503户。至第一次债权人会议前,管理人共接受债权申报271亿元。

2009年7月28日绍兴市中级人民法院召集召开纵横集团等六公司第一次债权人会议,为保证纵横集团等六公司资产价值,会议审查政府工作组协调的来料加工经营模式,表决通过了重整期间各债务人继续营业的事项。管理人通过债权审查并对六公司人员、资产和管理进行深入调查,基本查明六公司存在严重的人格混同,在债权人、债务人等利益关联方均认为纵横集团等六公司应合并重整的情况下,管理人召集召开第二次债权人会议。2009年9月23日第二次债权人会议表决通过了六公司合并重整的决议。

纵横集团等六公司合并重整后,管理人依合并规则对债权进行审查,确定债权总额约98.48亿元,纳入重整范围资产规模约32.69亿元。为促使成功重整,管理人结合政府给予扶持政策并在其帮助下招募重整投资人。重整投资人确定后,管理人在绍兴市中级人民法院的指导下起草了纵横集团等六公司合并重整草案并提交绍兴中院。按照重整计划草案,职工债权、税款债权全额清偿,部分债务平移由担保人承担,有财产担保债权按担保物评估值确定可优先受偿数额并平移激活,普通债权清偿率为28%。

2009年11月30日绍兴市中级人民法院召集第三次债权人会议对管理人提交的重整计划草案进行表决,除普通债权组未通过外,其他表决组均通过了重整计划草案。第三次债权人会议休会后,经各方协调,普通债权组于2009年12月11日再次进行了表决,最终以94.27%的债权人数、82.83%的债权额同意,表决通过了重整计划草案。

2009年12月16日绍兴市中级人民法院裁定批准重整计划。此后,重整投资人分二次按照重整计划对各类债权进行了清偿。2010年5月31日纵横集团等六公司重整计划执行完毕。

(三)典型意义

本案是较早进行关联企业合并破产的案例,关联企业实体合并破产程序此前并无先例参考,绍兴市中级人民法院从理论和实务上进行大胆创新,创造性地以债权人会议为平台,对纵横集团等六公司合并重整事项通过债权人会议表决确认的方式,实现合并重整。在破产案件审理中,人数众多的小额债权人是工作的重点和难点。在纵横集团等六公司进入重整程序前,当地政府组织对纵横集团50万元以下的小额债权,通过债权转让的方式进行收购,共处置503户小额债权,支付转让费810万元,以相对较小的代价换取了这部分债权人的安定,也大大简化了债权结构,为成功重整奠定了坚实的基础。因该案对当地金融及社会生态影响巨大,只有有实力的投资人才能最大限度地一次性提供天量偿债资金,最大限度地提供资源保护纵横集团等六公司产能和营运价值,并通过再行投资促进企业转型升级,为避免纵横集团等六公司成为有关资本的融资本台,该案重整投资人的确定并非单纯考量其能带来的重整投资资金或承诺的债权清偿率,而是通过一个综合的标准择优确定。在本案审理过程中,当地政府除协助管理人保持企业产能、维持企业秩序、协调债权人关系外,还为重整方案的落地出台了大量的优惠政策,这些政策有效弥补了重整资债缺口,吸引了投资人参与投资,是纵横集团等六公司得以重整成功的重要保证。

二、境外上市公司的重整式清算:浙江玻璃股份有限公司及其关联公司合并破产案

(一)基本案情

浙江玻璃股份有限公司(以下简称浙江玻璃)成立于1994年5月,2001年12月10日在香港联合交易所主板上市。2003 ~2005年,浙江玻璃先后投资成立浙江工程玻璃有限公司、浙江长兴玻璃有限公司、浙江平湖玻璃有限公司、浙江绍兴陶堰玻璃有限公司,上述企业均从事玻璃生产、加工和销售,职工共计4300余人,日熔化总量5150吨。由于经营不善、盲目投资、高成本融资等原因,浙江玻璃及其4家关联公司生产经营遭遇巨大困难,陷入债务危机。因未能如期公布2009年年度财务报告,浙江玻璃股票于2010年5月3日被香港联合交易所暂停

交易。鉴于浙江玻璃已具备破产原因,且作为一家尚具生产能力的境外上市股份公司,具有一定的重整价值,2012 年 6 月 28 日浙江省绍兴市中级人民法院裁定受理债权人对浙江玻璃的重整申请并指定浙江越光律师事务所担任管理人,启动破产重整程序。

(二)审理情况

2012 年 7 月 4 日管理人以浙江玻璃与其 4 家关联公司存在人格混同情形、合并重整有利于公平清偿债权为由,申请浙江玻璃与其 4 家关联公司合并重整,并提交了相关证据。其中,审计报告结论显示:浙江玻璃与其 4 家关联公司系作为一个整体进行运作,4 家子公司虽然均为法人主体,但都在浙江玻璃的实际控制下运营,资金收支均由浙江玻璃掌控,已丧失其法人实体应当具备的财务独立性。2012 年 7 月 23 日绍兴市中级人民法院组织召开合并重整听证会,听取各方对合并重整的意见。听证会上大部分债权人代表、浙江玻璃及其关联公司支持合并重整。经审查,绍兴市中级人民法院依照《企业破产法》第 1 条、第 2 条规定,裁定浙江玻璃前述 4 家关联公司并入浙江玻璃重整。

2012 年 9 月 22 日第一次债权人会议通过决议,同意浙江玻璃重整期间在管理人的监督下自行管理财产和营业事务,继续营业。

2013 年 3 月 10 日重整计划草案提请第三次债权人会议分组表决,但未获通过。同月 25 日,绍兴市中级人民法院依照《企业破产法》第 88 条的规定,裁定终止重整程序,转入破产清算。

转入破产清算后,破产企业通过第三方"托管经营"的方式,继续生产经营,实现了破产清算条件下的继续营业。

2013 年 4 月 13 日浙江玻璃第四次债权人会议表决通过《破产财产变价方案》。根据变价方案,管理人对浙江玻璃的生产性固定资产分块打包,公开变价;对流动资产,按评估价格协议转让;对非生产性资产逐项公开变价。经过公开变价,浙江玻璃资产变价金额合计 302,118,831 元。

2013 年 9 月 22 日第五次债权人会议表决通过了破产财产分配方案。参与分配的有财产担保优先受偿债权和取回债权共 28 人,优先受偿和取回数额 1,344,529,541.84 元;普通债权 211 人,参与分配的债权数额为 10,844,112,731.12元;在优先清偿职工劳动债权、共益债务等项目后,普通债权清偿率为 1.13%。

破产财产分配方案由管理人基本执行完毕后,绍兴市中级人民法院于2013年12月12日裁定终结浙江玻璃破产程序。

在浙江玻璃破产重整、清算过程中,管理人依照香港《证券及期货条例》《上市规则》等有关规定,按照“真实、准确、完整和及时”的规范要求,共13次在香港联交所履行信息披露,内容涉及:(1)进入破产程序前企业应当披露而未披露的事项:董事长冯某某因非法吸收公众存款被依法追究刑事责任。(2)破产程序事项:人民法院受理重整;指定管理人;裁定下属4家子公司并入重整;裁定终止重整程序,宣告公司破产等。人民法院认可破产财产分配方案、终结破产程序等重大事项,因发生在股票被除牌以后,管理人未能在联交所平台上继续进行信息披露。(3)与管理人执行职务有关的重大事项:历次债权人会议召开日期的提前公告、会议结果;历次会议债权核查情况;公司在管理人监督下继续营业、实施托管经营的情况;主要资产价值评估结果;重整投资人招募方案表决及投资人招募情况;重整计划未能通过的表决结果;破产财产变价方案。(4)有关公司除牌的重大事项:补充公告公司进入除牌第二阶段;公告进入除牌程序第三阶段;被取消上市地位的除牌公告。其中,在宣告公司破产的信息披露公告中,管理人充分提示,依照《企业破产法》有关规定,公司被法院宣告破产后,其财产将被公开变价出售,变价所得价款将分配给债权人,清偿债务。分配结束后,法院将根据管理人的申请裁定终止破产程序,公司终止。

(三)典型意义

首先,人民法院在破产审判中充分尊重当事人的意思自治。绍兴市中级人民法院在本案的审理过程中,充分尊重市场规律,所有重大事项均在充分考虑破产企业的行业状况、商业风险等市场因素的基础上,经由债权人会议依法表决。在重整计划草案经表决未获通过的情况下,及时裁定由重整转入清算,未采取强制批准措施。

其次,依法履行境外上市公司信息披露义务,维护资本市场稳定。对浙江玻璃破产程序中的重大事项,管理人在香港联交所平台上依法履行信息披露义务,客观、及时、完整地发布破产案件的最新动向,境内外媒体舆情反映客观理性,资本市场稳定。

最后,在继续营业状态下进行破产清算,取得了重整的社会效果。在破产清算期间,管理人通过引入第三方托管的方式,维持正常生产,直至破产财产变价移交给买受人继续经营为止,企业的营运价值得到完好保存。

2016 年 6 月 15 日本案被最高人民法院列入推进供给侧结构性改革的“十大典型破产案例”之一。

三、大型破产企业市投资的市场化招募:绍兴远东石化有限公司破产清算案

(一)基本案情

绍兴远东石化有限公司(以下简称远东石化)始建于 2003 年,公司注册资本 39.52 亿元,总占地面积约 1370 亩,共有员工 796 人,PTA 产能 320 万吨。2014 年生产 PTA 200 万吨,实现销售收入 110 亿元。

由于国内 PTA 产能过剩,出现长时间行业性亏损,且自身负债率较高,企业流动资金严重短缺等原因,3 月下旬起开始出现贷款逾期和欠息后被迫对 PTA 生产装置实行保护性停车。此后,远东石化会同政府工作组,对原有企业职工进行了部分离职职工的疏散工作。2015 年 7 月 23 日绍兴市柯桥区人民法院正式受理远东石化的破产清算申请,同时指定浙江越光律师事务所担任远东石化的管理人。

(二)审理情况

2015 年 8 月 6 日管理人会同柯桥区人民法院召集企业、审计及评估机构,召开审计、评估见面会。

2015 年 8 月 10 日管理人会同滨海管委会、柯桥区人民法院、滨海派出所及企业中层以上管理层召开协调会,各方向企业留守的中层以上管理人员详细说明了企业破产清算的有关情况,明确了远东石化破产清算期间的各项制度及职责,强调了企业安全、稳定、法律的三个底线。

2015 年 9 月 12 日,第一次债权人会议在柯桥区人民法院顺利召开。会上提请债权人会议审议并表决通过了关于停止营业的报告、财产管理方案、财产变价方案、管理人报酬方案等事项。根据远东石化第一次债权人会议的有关情况,及审计机构作出的专项审计报告,柯桥区人民法院于 2016 年 3 月 28 日依法宣告远东石化破产。

管理人通过三次淘宝网拍卖流拍,一次变卖,最终与华彬置业于 2016 年 8 月 15 日签订正式资产变卖协议书,远东石化整体生产性资产变卖成功。华彬置业

于2016年10月12日向管理人支付变卖余款,并通知管理人承接变卖标的项目公司为绍兴华彬石化有限公司。2016年12月1日管理人与绍兴华彬石化有限公司正式办理移交手续。

2016年12月17日第二次债权人会议在柯桥区人民法院第一审判庭召开。会议主要提请债权人会议审议《绍兴远东石化有限公司破产财产分配方案》的报告,表决同意方案的债权人所代表的债权额为占无财产担保债权总额96.47%,表决事项顺利通过。

(三)典型意义

远东石化破产清算案件中,主体资产的处置是作为破产的核心任务,在如此大的体量资产寻找买家的过程中,管理人付出了巨大努力。资产处置期间,与国内外10余家企业进行了接洽。远东石化的资产买受人北京华彬置业有限公司是最早与管理人联系的意向买家。其间,华彬公司有条不紊地完成了资产的尽职调查,也在较长的一段时间内与管理人进行了深入的交流与沟通。管理人也多次主动出击,至北京华彬集团总部进行推介与营销。华彬集团2次报名淘宝网拍卖,体现了其收购的诚意,坚定了管理人依据债权人会议通过的变价方案,直接协议出售资产的信心。使在PTA形势尚未明朗的情况下,远东石化资产得以依法成功变价。

在远东石化整体资产在淘宝网第一次拍卖时,RELIANCE工业有限公司(以下简称RIL公司)驻上海代表处与管理人取得联系,表达了对收购远东石化资产的浓厚兴趣。随后,RIL公司委派副总裁等一行人,到远东石化厂区进行第一次见面交流。在交流中,RIL公司副总裁介绍了RIL公司,它是印度私营部门中最大的公司,营业额为620亿美元,净利润为38亿美元。RIL公司是印度首家获得财富500强企业中"世界最大公司"的私营部门公司,目前财富排名已跻身该榜单第158位,利润排名已跻身该榜单第142位。RIL公司的经营范围包括油气勘探和生产、石油炼制和销售、石油化工产品、零售、通信和信息工业等,对PTA的生产项目具有丰富的经营经验。同时,RIL公司副总裁再次表达了其公司对收购远东石化资产的信心。

通过几次反复的交流,RIL公司明确的尽职调查的结果是正式决定收购远东石化的资产,但此时,双方发现,由于远东石化资产变价方案确定资产处置的方式采用淘宝网司法拍卖的方式,而外资公司直接参与淘宝网司法拍卖并无先例。

由此,管理人开始了艰巨的沟通工作,首先,管理人赴支付宝中心,对司法网络拍卖过程中的外资企业账号设立问题、保证金的支付问题、后续资金的支付问题与该中心反复交流,最终支付宝账号通过RIL公司国内代表处得以设立,保证金支付由RIL公司通过其他方式缴纳后,由审理法院及管理人出具函件的方式明确,同时支付宝在线变更RIL公司代表处账号的保证金缴纳结果,保证竞拍的正常进行;其次,管理人在柯桥政府的协调下,与外管局进行紧急沟通,对RIL公司以美元方式缴纳保证金及保证金后续的购汇问题、汇率问题、资金走向等问题逐一协调解决;最后,管理人与中国银行进行沟通,开启了管理人设立外币账号的先例。最终,遗憾的是在管理人协调完毕全部RIL公司参与淘宝网司法拍卖的所有障碍后,得到了印度央行不同意该笔保证金在拍卖成交前从该行汇付的消息,与RIL公司失之交臂,但管理人还是开创了外资参与淘宝网司法拍卖的先例,为将来外资收购破产财产积累和提供了宝贵经验,打开了国内破产财产的国际市场。

四、待让渡股权的解除查封:浙江绍兴天源纺织印染有限公司重整案

(一)基本案情

浙江绍兴天源纺织印染有限公司(以下简称天源公司或债务人)成立于1994年,原为当地镇政府(绍兴市马山镇)招商引资下设立的中外合资经营企业,在绍兴较早从事纺织印染行业。纺织印染为绍兴优势产业,绍兴市因实施印染产业转型升级战略已多年不再新批印染企业,绍兴市的印染企业均具有较强的盈利能力。最近几年,天源公司因企业治理结构失控而财务持续发生危机,加之部分担保企业出现风险,企业逐渐失去偿债能力,债权人为此于2015年8月18日向绍兴市中级人民法院申请其重整,绍兴市中级人民法院裁定受理后将该案交绍兴市越城区人民法院审理,同时指定管理人。

(二)审理情况

在越城区人民法院审理天源公司重整案后,管理人即在法院的协助下接管了各类印章、经营证照,因天源公司印染加工本身具有一定盈利能力,法院裁定受理时,企业仍处在正常经营中,管理人即根据实际情况报请法院批准债务人天源公司继续营业且债务人在管理人监督下自行管理财产和营业事务。此后,管

理人集中精力依法有序开展债权申报、审查、审计、评估等工作。

2015年12月12日天源公司第一次债权人会议顺利召开。管理人提请会议表决通过了债务人自行管理财产和营业事务下的继续营业事项、《债务人财产管理方案》、《债务人重整工作预案》及《债务人财产变价预案》。会议通过的《债务人重整工作预案》初步框定了重整方式、重整投资人引入程序等事项。

第一次债权人会议后,管理人即按债权人会议通过的《债务人重整工作预案》公开招募了重整投资人,最终确定重整投资人并与之签订了《重整投资协议》。此后管理人按《重整工作预案》和《重整投资协议》制定了天源公司重整计划草案。重整计划草案确定天源公司股东有条件向重整投资人或其指定的第三人无偿让渡所持天源公司全部股权。

在管理人的提议下,越城区人民法院于2016年2月1日召开了天源公司第二次债权人会议审议管理人制定的《天源公司重整计划草案》,分组表决中普通债权人组未通过,会议为此休会,管理人与投反对票的债权人再次进行沟通,在沟通后再按会议表决规则进行表决并表决通过。

2016年2月6日越城区人民法院批准天源公司重整计划。重整计划由天源公司执行,管理人予以监督,执行期和监督期均为6个月。

(三)典型意义

天源公司重整案基本上是一例高度市场化运作的破产重整案,债务重组所需偿债资金全部由重整投资人提供,当地政府未参与企业重整,也未提供任何政策扶持。天源公司重整计划执行完毕充分说明只要企业有市场接受的重整价值,重整程序仍可成为有发展前途而出现财务危机中小企业再生的重要路径。

破产重整是企业所有者权益和债务调整的强制程序,企业重整成功需在两者中取得平衡,获得企业股东和债权人共同同意。天源公司重整案在尊重股东和债权意思方面是较为突出的。

天源公司的资债结构已确定企业已严重资不抵债,该情况下通过增值扩股或保留原股东部分权益引进重整投资人并不可行。考虑重整成功的前提在于归零原股东权益,管理人在第一次债权人会议前即征询原股东对重整方案的有关意见,告知股东引进重整投资人及重整资金需股东无偿让渡股权,股东充分理解管理人对企业资债结构的判断,同意全部让渡股权,在该情况下管理人才着手制订重整工作方案及实施计划。

重整计划确定原股东股权无偿让渡给重整投资人,但天源公司原一股东的股权被他人在其他法院查封,一时无法实现变更过户。对重整计划确定股权调整事项及能否强制执行,破产法并无明确规定。为此,法院和管理人展开多次论证:

1. 股权存在负担,谁有权行使出资人组的表决权

在重整计划中,根据现行的做法,不仅调整债权人的权利,往往还调整的股东的权益,如将其股权有偿或者无偿的转让给重整投资者。为保障原股东合法的权益,《企业破产法》第85条规定对其权力做出了规定:债务人的出资人代表可以列席讨论重整计划草案的债权人会议。重整计划草案涉及出资人权益调整事项的,应当设出资人组,对该事项进行表决。但是,在现实情况中,因股东自身债务问题,往往会出现其股权被查封的情形。一旦股权被查封,其权利受到限制,这就引出了一个问题:在破产重整中,当股权被查封冻结时,原股东是否有权参加出资人组并行使表决权?这一问题,在《企业破产法》中没有作出明确的规定。

对此,在理论界和实务界存在不同的观点。有些观点认为,股权被冻结的出资人无权行使表决权,因此无偿让渡股权有违冻结裁定内容。也有观点认为虽然股权被冻结,但是出资人还是有权行使表决权的,因为其参加出资人组对出资人权益调整事项进行表决,并非擅自处分自己的股份,而是对重整计划发表意见。

对于上述两种观点,我们认为出资人还是有权参与表决。一方面,《企业破产法》相对于《民事诉讼法》,是一部特别法,按照我国特别法优于普通法的规则,若有不一致,则优先使用特别法,即按《企业破产法》的规定;另一方面,我们认为重整计划统一调整出资人的权益,并非自行转让其股份。因此我们认为,原股东具有表决权。在办理天源纺织重整案时,我们把表决权给予原股东。由于权利人同时也是天源纺织的债权人,因此,也确保了权利人的知情权。

2. 重整计划能否调整存在负担的股权的权益

重整计划能否调整存在负担的股东权益,其实也是上一问题的延伸。既然权利人无权在出资人组行使表决权,那么,重整计划关于股东权益的调整能否效及权利人?从破产法的立法目的出发,为了保障重整计划的顺利执行,重整计划可以调整股东权益,裁定冻结出资人股权的人民法院应当解除冻结。如果经人

民法院批准的重整计划中有关出资人股份让渡的内容在执行效力上不能优先于其他人民法院冻结出资人股权的裁定,那么只要发生出资人股权被人民法院冻结的情况,在重整程序中将无法调整该出资人股份。不能调整出资人股份,也就无法在破产重整中引进重整方,破产重整也就无法成功。

就如司法实践中经常出现的人民法院根据申请人的诉讼保全申请查封冻结被申请人的债权情况。有查封冻结的债权,其债权人有权对重整计划草案进行表决,重整计划也有权对债权进行调整。而出资人股权冻结与此在性质上是一样的。因此,我们认为,经人民法院裁定批准的重整计划草案规定的股权让渡应该优先于其他法院对出资人的裁定冻结。

3. 经法院裁定批准的重整计划是否当然产生强制效力

根据《企业破产法》第92条第1款的规定,经法院裁定批准的重整计划对债务人和全体债权人均有约束力。可见,破产法中只规定了对债务人和全体债权人有约束力,既没有规定对股东、权利人等利害关系人有约束力,也没有规定该约束力是公法上的强制执行力还是债法上的约束力。由于该条的规定过于笼统,在理论界有不同的观点,由此也给操作实践带来困难。

在理论界,有观点认为,法院裁定批准是对重整计划的一种司法确认,应当具有执行力;也有观点认为重整计划具有合同的性质,不应当具有强制执行力。在实践操作中,更多地认为重整计划具有合同性质,不应当具有强制执行的效力,这往往会导致股权难以转让。在办理股权变更登记时,工商行政管理机关往往是需要先解除股权上的负担,再根据股权转让协议才给予办理。

而在天源纺织重整案中,经管理人和法院多次沟通协调,查封法院在审查管理人提交的重整程序下的财务审计报告及裁定批准的重整计划后,虽然认为企业在资不抵债的情况下股权价值为零,并无继续查封必要,但是因破产法未明确规定,查封法院在征询申请人意见无果后并未给予解封。在该情况下,由于该权利人亦为重整公司的债权人,受理法院和管理人与该权利人进行专项沟通,在重整公司给予一定补偿后,同意解封。权利人申请解封后,重整计划得以执行。

五、反向出售式重整:浙江振越建设集团有限公司破产重整案

(一)基本案情

浙江振越建设集团有限公司(以下简称振越建设)成立于1993年2月11

日,注册资本19,000万元,拥有下属企业9家、固定员工上百人,房屋建筑施工总承包壹级以及相应配套的6个二级资质,属于诸暨当地具有较大影响力的建筑企业。

近年来,振越建设由于盲目地开发房地产,在严峻的经济下行的压力下,自有资金紧缺,在银行贷款金额已经巨大的情况下,开始走上了民间借贷的道路,最终由于资金成本压力过大,加之对外的投资迟迟未见收益,振越建设轰然倒塌。2015年11月4日振越建设因拖欠职工工资3,028,919元,且无资金清偿,申请人楼某某等向诸暨市人民法院提出对浙江振越建设集团有限公司进行破产清算的申请。诸暨市人民法院于2016年1月28日裁定受理浙江振越建设集团有限公司破产清算一案,并于2016年1月28日指定浙江振邦律师事务所、浙江中兴会计师事务所为浙江振越建设集团有限公司管理人。

(二)审理情况

2016年5月7日振越建设第一次债权人会议顺利召开,选举成立了债权人委员会,并表决通过了《债权人财产管理方案》等议案,考虑到振越建设的建筑资质具有较高的价值,且该资质价值只有在主体资格存续的情况下才能实现,故在《债权人财产管理方案》对管理人进行了授权,在债务人或债务人适格的出资人同意申请债务人重整,推动债务人全部或部分资产重整的情况下,管理人将积极推动对债务人全部或部分资产的重整工作。

2016年7月1日由于振越建设在受理时仍有106个建筑工程项目尚未完工,另有255个项目尚处于保修期内,且管理人并不具备相应的工程管理条件,在经过法院与管理人的慎重考虑之后,最终决定依据《关于继续债务人部分营业事项的报告》,由管理人与具备建设工程管理能力的第三方就振越建设的工程项目签订了托管经营协议,以保证所有工程的质量安全。

2016年8月15日振越建设股东何某某向诸暨市人民法院提出了破产重整的申请,诸暨市人民法院经过考察之后,裁定同意股东何某某的重整申请。同年8月20日召开了振越建设的债委会第一次会议,审议并同意了管理人所提交的重整方案以及投资人招募方案。2016年8月26日经过公开招募程序,重整意向人以最高价780万元取得了振越建设重整投资人的身份。

2016年9月30日振越建设第二次债权人会议召开,顺利通过《重整计划草案》,普通债权的清偿率从清算状态下的0.8106%提升至5.5%,同时对于普通债权原则上分段清偿,每户债权人20万元以下部分(含20万元)按20%比例清偿,20万元以上部分则对剩余款项进行比例清偿,该段部分预估清偿比例为5.1255%。同时对振越公司名下建设工程施工资质等无形资产、在建未完工程项目及处于保修期的项目进行重整并重组给重整投资人;不在重整范围的资产及债务则按账面原值和原有法律状态剥离分隔至专门设立的资债处置公司由管理人继续处置。重整投资人为取得留存新振越公司的重整资产、承担重整范围内留存义务和责任,向振越公司重整计划提供780万元的偿债资金,并无条件帮助、配合及协助新振越公司和管理人执行重整计划,从而有条件受让或指定第三人受让取得振越公司股东无偿让渡的全部出资(股权),振越公司因此主体保持存续。重整投资人提供的偿债资金及剥离分隔至新设资债处置公司的资产清理变价款项同时纳入重整计划,向各债权人进行清偿。

2016年10月10日诸暨市人民法院裁定批准了振越建设的《重整计划》,终止重整程序,振越建设重整案进入了重整计划执行阶段。

(三)典型意义

本案是在法律没有明确规定的情况下,法院、管理人充分发挥主观能动性,在已有的重整模式之外创设了一种新型的重整模式——反向出售式重整,成功挽救了企业并使之焕发新生的典型案例。建筑企业由于其所具有的特殊的建筑资质以及行业的特殊性,破产清算是不适用于建筑企业破产的,而庞大的债务规模也排除了已有重整的模式的适用。在这种情况下,诸暨市人民法院以及管理人充分考虑到本案的特殊情况,在已有的重整模式不适用的前提下,另辟蹊径,确定反向出售式重整模式,真正地做到了在法律框架下的创新。同时法院与管理人积极与政府部门进行沟通,依靠地方政府的力量最终解决重整后的信用修复、税务豁免等疑难问题,真正地实现了企业的新生。目前新的振越建设已经基本恢复生产,同时已准备与央企合作开发PPP长春新区东北亚国际物流港、长春空港经济开发区综合管廊及市政路网项目。

六、工程持续运行下的先行招募:浙江鼎盛交通建设有限公司破产重整案

(一)基本案情

浙江鼎盛交通建设有限公司(以下简称鼎盛公司)成立于2001年6月21日,系一家从事公路、桥梁施工的企业,具有公路工程施工总承包壹级、桥梁工程

专业承包壹级、公路路面工程专业承包壹级、公路路基工程专业承包壹级等资持。从2015年上半年开始,该企业经营状况恶化,同时陷入担保危机,债务纠纷开始影响在建工程的正常建设。为维持社会稳定,保证在建工程的持续进行,防止在建工程停工的事件出现,2015年11月25日鼎盛公司以不能清偿到期债务、明显缺乏清偿能力为由向绍兴市越城区人民法院提出破产重整申请。同年12月14日越城法院裁定该公司破产重整,并指定浙江鉴湖律师事务所为管理人。

(二)审理情况

鼎盛公司进入重整程序时共有8个在建工程及38个缺陷责任期工程,还有部分合作项目。根据该实际情况,管理人在广泛征求法院、债务人意见后,提出该债务人在管理人监督下继续营业并自行管理财产和营业事务的意见,并得到债权人会议的认可。同时,为有效规范、监督鼎盛公司的经营行为,管理人及时督促、指导债务人完成了重整期间的财务管理、经营管理等方案。

考虑到建筑业企业重整期间的风险更具不可控性,为保持鼎盛公司的自身价值,力争实现债权人利益最大化,管理人在越城法院的支持下,及时确定了重整方式,并提前开展了重整投资人招募工作。在招募投资人过程中,管理人运用市场竞争手段,充分展示了鼎盛公司的价值优势。2016年8月18日重整投资人以溢价87.84%的报价中标。同年9月8日第二次债权人会议召开,各债权人分组对重整计划草案进行表决,除担保债权组外,其余各组均通过重整计划草案。2016年10月8日经管理人申请,越城法院裁定批准重整计划草案,重整程序终止。

(三)典型意义

鼎盛公司破产重整案是保持在建工程稳定运转、及时快速完成债务清偿的典型案例。通过维持在建工程及缺陷责任期工程正常运行,有效地解决了实际施工人的顾虑,维护了社会的稳定;通过先行开展的重整投资人招募,极大地缩短了案件从受理到受偿的时间,较好地保持了企业自身价值,提高了债权人的清偿率;通过在建工程、人事管理等的顺利让渡,使公司得以平稳、可持续地发展。通过重整,鼎盛公司卸下了债务包袱,在新投资人的管理下继续发展,为地方经济的发展做出贡献。

七、集体所有土地上的建筑物处置——绍兴县富浩纺织有限公司破产清算案

(一)基本案情

绍兴县富浩纺织有限公司(以下简称富浩纺织)为自然人王某某、陈某某夫妇在20世纪90年代中期收购当地一家小型镇办集体福利企业资产的基础上设立,经夫妇俩10多年的艰苦创业和打拼,企业先后兼并当地集体土地上厂房2处、租赁厂房1处并于2010年购地约25亩新建厂区1处,注册资本从68万元增加到5000万元,建成了绍兴市规模前列的牛仔布生产基地。

为满足产能扩张的资金需求,法定代表人王关甫采取了购置商业房产再融资、生产设备融资租赁以及大肆向民间举债的资本运作方式,但终因企业主营业务盈利能力有限,资本运作难以为继而轰然坍塌。企业为遣散安置了职工后向绍兴市柯桥区人民法院申请了破产清算。

(二)审理情况

2013年1月11日柯桥区(原绍兴县)人民法院裁定受理富浩纺织提出的破产清算申请,并指定浙江大公律师事务所担任管理人。2013年3月23日召开第一次债权人会议表决债务人资产管理方案和资产变价方案。2013年4月16日柯桥区人民法院裁定宣告富浩纺织破产。2013年5月起,管理人开始将资产组包实施资产变价,经13次拍卖,至2014年9月初完成全部破产变价工作,破产财产总变价额约为5665万元。此后于2014年11月29日召开第二次债权人会议表决通过了破产财产分配方案,普通债权受偿率为1.6295%。

(三)典型意义

富浩纺织破产财产种类多且较为分散,众多权利人对破产财产提出了权利主张,管理人依托逐步展开的变价程序尽可能地满足和平衡了各利益主体的关切和诉求。如融资租赁设备上存在抵押权和取回权冲突,管理人未等待争议最终尘埃落定后再行处置财产,而是争取了权利冲突人同时授权准予拍卖的解决方式。另外,管理人在法律、法规及政策均缺失处分规定的情况下,对富浩纺织名下2处农村集体建设用地上的房屋实施了变价,具有一定的典型意义。

因事关农村集体土地所有权根本制度,农村集体建设用地使用权流转的依据在法律、法规及政策上一直缺失,浙江省也仅在少数几个地方探索集体建设用地流转政策和管理新机制。富浩纺织因历史原因(集体福利企业改制)名下登记

有农村集体土地使用权及地上房屋两处,总权登记面积2499.76平方米,土地性质均为批准使用(划拨),用途为工业。因绍兴市不在浙江省集体建设用地流转试点区域范围内,在无明确规定的情况下,处置富浩纺织名下的上述集体建设用地及地上房屋建筑物几无可能,显然不予以处置更将损害债权人利益,管理人为此积极探寻处置路径。

《浙江省实施〈中华人民共和国土地管理法〉办法》规定集体土地限于该集体经济组织内主体使用;浙江省有关政策还明确,村属集体土地需按当时政府批准的用途及与土地所在集体组织的协议进行使用。为探寻处置变价可能,管理人先与土地所在村集体协商,由村集体收回集体建设用地使用权并对地上房屋建筑物给予补偿,但该方案被村集体拒绝,但基于历史原因,村集体仍原则上同意该土地仍按现状继续利用。

在这种情况下,管理人向债权人会议报告了财产情况,未将名下登记的集体土地使用权纳入破产财产范围。考虑到集体土地上的房屋仍具有一定的价值,土地所在村集体原则上同意继续利用,管理人谨慎选择对地上房屋实施变价,将竞买人限定为所在村集体组织成员。限制买受人资格并非破产财产变价的常态,但处置该村属集体建设用地上的房屋时限定买受人资格则可有效解决买受人取得房屋后可能与村集体存在的冲突,也能与当时的土地政策保持一致。该2处村属集体土地上的房屋最终均顺利实现变价,由所在村相关主体取得,整个处置实现了债权人、买受人和土地所在村集体的"三赢"。

八、继续履行租赁合同:浙江润通印染服装有限公司破产清算案

(一)基本案情

浙江润通印染服装有限公司(以下简称润通印染公司),系一家外商独资企业,成立于2003年2月21日。因企业经营不善等多方面原因,润通印染公司于2012年3月已严重资不抵债。自2013年5月起,润通印染公司已无自营业务,靠厂房出租给从事印染业务的承租人,收取租金、管理费等收入勉强生存。期间曾经其他企业托管、重组,但最终以失败告终。因此,在无力挽救企业的情况下,润通印染公司于2014年5月20日向绍兴市柯桥区人民法院申请破产清算。同年6月5日柯桥区法院裁定受理了润通印染公司提出的破产清算申请,并指定浙江中行律师事务所担任管理人。

润通印染公司在申请破产清算时有租赁关系的承租户10家,其中,1家为个体工商户租赁房屋经营超市,9家租赁经营印染业务,均处于正常营业状态,涉及承租户的职工300余人。润通印染公司除为这10家承租户提供管理、后勤等服务外,无其他自营活动。

(二)审理情况

由于9家租赁经营印染业务的承租户自2013年5月起承租,高达千万元的设备资金均是以自有房产向银行抵押贷款或向亲友借款筹得,设备投入生产不久,一旦停产,将造成承租户的巨大损失甚至倾家荡产。因此承租户完全不能接受润通印染公司破产的事实,抵触情绪极为严重,曾多次组织数十人去政府、法院反映问题,甚至以联名写血书的方式要求继续履行原与润通印染公司签订但尚未到期的租赁合同。在此情形下,破产管理工作稍有不慎,社会矛盾将不可避免。为此,如何化解社会稳定性风险和同时维护广大债权人利益最大化,是本破产案的首要问题。面对本破产案的特殊情况,在柯桥区人民法院的指导下,管理人在对润通印染公司继续营业并继续履行租赁合同的利弊作审慎分析、评估和充分论证后,向第一次债权人会议提请审议《关于继续债务人的营业并继续履行租赁合同的报告》,获表决通过。之后,在管理人的监督下,润通印染公司继续营业并继续履行与承租户之间的租赁合同。

继续营业期间的事务纷繁复杂,人员、财务、排污、生产安全等印染企业的整个生产及管理事务,都需要破产管理人解决,管理人面临着安全生产、排污管理、财务管理、劳动关系处理、应收应付甄别确认等工作中的诸多困难和挑战。在柯桥区法院和属地政府的指导、协助和支持下,管理人通过建立和执行特殊的财务制度、严密的安全生产制度、周详的排污管理制度等,在破产清算期间维持润通印染公司的正常、良好营业直至2015年6月30日破产财产带租移交给买受人继续经营为止。经过一年的继续营业,其间获得的营业收入除了用于支付员工工资,水、电、汽、污水处理费用等日常营业费用,以及向税务机关缴纳了544万元税款之外,尚余留1000余万元的利润。该利润全额用于破产债权的分配,债权人的破产债权受偿比例从原先的约0.9%提高到2.065%。

考虑到10家承租户的出路和300多名职工的安置问题,结合带租拍卖对破产财产变价价值的影响等因素的综合分析,管理人制定了带租拍卖及不带租拍卖两种变价方式的《破产财产变价方案》,获第一次债权人会议表决通过。法院裁定宣告润通印染公司破产后，在继续营业过程中，管理人着手破产财产的变价工作。管理人在取得润通印染公司资产在先抵押权人的同意后，对破产财产采用由买受人继续履行与承租户之间的租赁合同的变价方式进行带租拍卖，获得成功。此变价方式的成功，不仅使承租户的设备未受任何损伤，而且使300多名职工未失业，同时也解决了买受人的初期经营效益。

（三）典型意义

润通印染公司破产清算案实行继续履行租赁合同、带租拍卖的创新处理方式，实现破产不停产，不仅提高了广大债权人的破产债权清偿率，而且维持了企业的生产持续性，使机器设备资源得到再利用，更避免了10家承租户因润通印染公司的破产而连带导致的“家庭破产”式悲剧，保障了300余名职工的就业问题，维护了社会稳定，获得较好的社会效益和经济效益，实现了多赢的结果。

九、刑民交叉债权的审核认定：绍兴县肯利达纺织有限公司破产清算案

（一）基本案情

绍兴县肯利达纺织有限公司（以下简称肯利达公司）成立于1999年9月，2012年投资入股浙江塔牌绍兴酒有限公司，约占出资比例的14.78%。肯利达公司因在安徽投资越宜酒业（主要生产黄酒）失败、互保以及民间借贷等原因，导致资不抵债，债务人主动向绍兴市柯桥区人民法院申请破产清算。公司法定代表人唐某某因利用公司而非法吸收公众存款被判非法吸收公众存款罪（非单位犯罪），被判处有期徒刑6年并处罚金20万元。

（二）审理情况

2014年7月10日绍兴市柯桥区人民法院依法作出〔2014〕绍柯商破产字第12－1号民事裁定书，依法受理了债务人的破产清算申请；2014年7月16日柯桥区人民法院依法作出〔2014〕绍柯商破字第12－1号决定书，指定浙江震天律师事务所担任绍兴县肯利达纺织有限公司管理人。

管理人接受指定接管了债务人公司的印章、财务账册等资料，并接管了其两个厂区。管理人发现其厂区内租赁户众多，在细致工作下逐一厘清各租户的情况，安抚各租户的情绪，管理人为避免引起社会矛盾，征得人民法院同意并在债权人会议上表决通过后，继续债务人的营业并继续租赁合同直至拍卖成交结束。

2014～2015年经济形势普遍下滑，不动产成交低迷，柯桥区人民法院十分重

视,将破产企业的不动产拍卖也纳入法院淘宝网司法拍卖平台的范围。肯利达公司湖中村厂区的厂房拍卖,是柯桥区人民法院第一例接受管理人的委托而在司法拍卖平台拍卖的不动产。经过法院的认真指导,管理人四处寻找意向买家,在经济形势持续下行,成交低迷且司法拍卖平台尚未像现在这样被大众接受的情况下,通过法院及管理人的努力,肯利达公司全部的不动产及股权,均以远高于抵押或质押担保金额成交,除优先债权外,尚有较大的金额可用于普通债权的分配。

在债权审核上,由于涉及民刑交叉,且部分债权在刑案内认定,部分债权只通过民事起诉确认,对管理人债权认定工作造成较大困难。管理人积极向法院汇报,通过法院的指导及管理人的认真研究,并与全体债权人认真细致地沟通,终于对此形成一致意见。

(三)典型意义

1. 管理人在资产处置中的积极作用

对于债权人而言,有财产可供分配,是首要考虑因素。因此,如何有效管理与处置资产,是管理人工作的重点与关键点。债务人财产的处置,不能完全依赖法院司法拍卖平台,管理人有较多可积极努力之处。比如,充分发挥管理人作为中介机构的人脉与网络关系,将拍卖资产尽可能多地向受众发布;不动产上的租赁并不可怕,可怕的是意向买家对如何处置租赁关系的未知与担心,只要消除了这些担心,租赁关系并不影响不动产的成交价格,甚至由于银行存款利率的低下与投资的风险,一些不动产租赁关系的存在(不影响租金的收取),反而对不动产的交易与价格的提升是有利的;另外,当不动产体量大的时候,可以考虑分割拍卖(但管理人需要谨慎,将风险尽可能降低,也不能影响固有规划),促成交易,提高成交价。

经过管理人多方面的努力,肯利达的不动产全部以超过抵押担保的债权受偿。破产管理人法律赋予的权力表征再加上中介机构服务为主的天然属性,比单纯的法院司法拍卖要更有优势。

2. 非现场表决方式的运用

肯利达公司破产时间较早,管理人创设性地在第一次债权人会议上增加了非现场表决方式的议项,经与会债权人全体同意后通过。该方案在后来的破产实践中,起到重大作用。肯利达公司在浙江塔牌绍兴酒有限公司中的股权,是债务人财产中的重中之重。管理人经过6次拍卖历经2年多才最终成交(超出股权质押金额近5000万元)。其间因债权人会议授予管理人的处置权不满足拍卖的需要,管理人以非现场表决的方式征得各债权人同意后,继续拍卖处置,大大节省了处置时间,也让意向投资人看到了管理人的能力与实力,在非现场方式表决通过后,该股权即以远超上一次流拍价的价格成交。

3. 刑民交叉时债权审慎认定

肯利达公司法定代表人唐某某虽以个人犯罪的名义被定罪,但其实施的非法吸收公众存款,绝大部分是以公司的名义对外进行借款,因而在肯利达破产中涉及刑民交叉的债权认定问题。

同样都是民间借贷,刑民的处理均差异较大。刑事的处理是:对债权原约定的利息不予确认,已支付过的利息充当本金归还,即最后认定的债权数额往往小于本金。而民事的处理是:有约定的从约定,本金及年息24%以内的,均予以保护,已支付过的利息只要不超过年息36%的,不要求返还或抵冲。正是由于这些差距,肯利达的债权人中有一部分债权人没有向公安去申报损失,导致肯利达的债权人成分比较复杂。管理人出于谨慎,主张按照刑事判决书一并认定,对于多出部分不予认可。债权人不服,提出债权异议之诉,法院判决支持债权人的异议,以民间借贷的相关法律规定,支持了债权人的要求。

在这样的背景下,管理人认为对于先前刑事判决部分的债权人不公平而向审理法院提出,法院认为刑事的认定与破产债权的确认,不具有必然的联系,要求统一按民事判决的认定进行。管理人经过与各相关的债权人耐心协商后,各相关债权人也都接受法院的观点,但在具体的债权确认时,涉及利息部分又有差异,如借条被公安收走未留复印件,利息未书面约定但有口头约定与固定的实际支付行为,有实际支付与约定不一致的等复杂情形。管理人按目前民事审判的主流观点与判决先例一一与各债权人进行确认,并将债权表寄交给各债权人进行公示与确认的形式,得到了债权人的认可。

十、一对一方式和解:新昌县金利房地产有限公司破产和解案

(一)基本案情

2008年新昌县金利房地产有限公司(以下简称金利公司)与其第二大债权人嵊州某公司项目转让纠纷一案,向绍兴市中级人民法院提起诉讼,涉案金额

1.2亿多元。后双方达成执行和解,裁定将金利公司名下位于新昌知名风景旅游区“十里潜溪”入口地段的一宗土地使用权用于抵债。与此同时,因该土地使用权的抵偿将严重削弱金利公司的偿债能力,第一大债权人绍兴某公司基于未来债权无法兑现的担忧,遂向新昌县人民法院提交申请,要求对金利公司实施破产清算。

(二)审理情况

2009年1月22日新昌县人民法院正式立案受理绍兴某公司申请金利公司破产清算一案,浙江越光律师事务所被指定为破产管理人。

金利公司之所以被申请破产,是由于两大债权人为实现各自的利益而争夺金利公司名下优质资产。要妥善解决金利公司破产案,关键在于如何妥善解决两大债权人的利益。在人民法院及管理人协调下,两大债权人最终握手言和,表示愿意共同合作开发潜溪地块,并愿意承接金利公司大部分债务,并以高于破产分配程序的清偿率清偿其余债权。

2010年10月20日债务人金利公司与全部37家债权人“一对一”达成和解协议并履行完毕。新昌县人民法院作出裁定,终结金利公司破产程序。

(三)典型意义

新昌县人民法院按照“平衡利益、寻求共赢”的工作思路,合理衡量各方利益博弈的平衡点,促使该案由破产清算转入司法和解程序。在司法和解程序中,又参照司法重整程序,对引入战略投资者、资产重组等事项作了安排,针对不同类别和具体情况,达成了债务清偿协议。金利公司破产和解案件,并未通过债权人会议的方式达成和解协议,而是以债务人与全体债权人达成和解协议的方式得以终结。与各债权人达成的和解协议内容、清偿比例均不相同。依照《企业破产法》第105条“人民法院受理破产申请后,债务人与全体债权人就债权债务的处理自行达成协议的,可以请求人民法院裁定认可,并终结破产程序”之规定,新昌县人民法院及管理人结合案件实际,独辟蹊径,以各利益方均满意的方式,创设了“重整式和解”新模式。

十一、依法行使撤销权:浙江五洋印染有限公司破产清算案

(一)基本案情

债务人浙江五洋印染有限公司(以下简称五洋公司)成立于1998年4月29

日，住所地绍兴市柯桥区福全镇五洋桥，注册资本 9800 万元，法定代表人金某某，经营范围：生产纺织品、服装纺织品印染；电脑刺绣；生产环保设备；经销轻纺原料、金属材料（除贵稀金属外）、建筑材料、燃料、助剂（除化学危险品）；本企业自产产品及技术的出口业务；本企业生产、科研所需的原辅材料、机械设备、仪器仪表、零配件及技术的进口业务（国家限定公司经营和国家禁止进出口的商品及技术除外）；进料加工和"三来一补"业务。

由于受国家宏观政策以及担保链、资金链的不利影响，五洋公司对外投资决策失误、盲目扩张、经营管理不当等原因，已于 2014 年 6 月停止营业，同时五洋公司法定代表人金某某因涉嫌非法吸收公众存款罪被公安机关立案侦查。

因五洋公司已不能清偿到期债务且明显丧失偿债能力，经股东会决议，五洋公司于 2014 年 8 月 13 日向绍兴市柯桥区人民法院申请进行破产清算。绍兴市柯桥区人民法院于 2014 年 8 月 20 日作出〔2014〕绍柯商破字第 18－1 号民事裁定书，裁定受理浙江五洋印染有限公司的破产清算申请，并指定浙江点金律师事务所担任管理人，五洋公司正式进入破产程序。

（二）审理情况

绍兴市柯桥区人民法院于 2014 年 8 月 20 日作出〔2014〕绍柯商破字第 18－1 号民事裁定书，裁定受理浙江五洋印染有限公司的破产清算申请，并同时指定浙江点金律师事务所担任管理人。

2014 年 11 月 15 日绍兴市柯桥区人民法院召集各方召开了第一次债权人会议，会议表决通过《管理人报酬方案》《关于停止债务人营业的报告》《债务人财产管理方案》《债务人财产变价处理预案》《对外债权催讨报告》。

2014 年 12 月 24 日绍兴市柯桥区人民法院作出〔2014〕绍柯商破字第 18－3 号民事裁定书，裁定宣告浙江五洋印染有限公司破产。

2015 年 4 月 30 日管理人委托绍兴市柯桥区人民法院在淘宝网的司法拍卖平台发布拍卖公告，公开整体拍卖五洋公司名下的土地使用权、地上在建工程、排污权、商标权，2015 年 5 月 19 日绍兴县凤仪纱线有限公司以溢价约 41.82% 竞得。

管理人在整理资料及接收债权申报过程中发现，五洋公司以坐落于绍兴市柯桥区滨海工业区海涂九七丘地段的土地使用权为在光大银行杭州分行的贷款提供抵押金额为 3500 万元抵押担保的行为符合《企业破产法》第 31 条第 3 项的规定,遂于2015年4月13日向绍兴市柯桥区人民法院提起撤销权诉讼,光大银行杭州分行答辩认为:第一,已有的生效判决书已确认抵押合同及抵押登记效力;第二,本案涉及的抵押权实际上是为新设债权提供的抵押担保,该抵押行为已经取得了对价,即获得6个月的贷款期限和优惠利率,并非对原先没有财产担保的债权提供新的担保;第三,光大银行杭州分行没有串通损害其他债权人的故意,不存在破产撤销权的主观构成要件。绍兴市柯桥区人民法院经审理认为:光大银行杭州分行于2013年5月发放贷款,讼争债务显然系发生于破产受理一年前的"老债务",在设定抵押前,讼争债务除保证担保之外,并无其他财产担保,讼争债务属于"没有财产担保的债务",本院于2014年8月20日裁定受理五洋公司申请破产清算一案,与五洋公司于2014年3月21日以自有财产提供抵押担保的时间间隔未超过一年;依据2014年5月9日的两份《借款展期合同》,双方仅是对既存的两笔借款之还款期限进行了顺延,相应贷款的债务属性并未发生变化,也不属于可撤销期间的新增债务;讼争抵押合同及抵押权虽经生效判决书确定,但不影响管理人依法行使破产撤销权;债权人行为时的主观善意并不属于管理人行使撤销权的例外情况;综上,本案中提供抵押担保的行为,改变了光大银行杭州分行在破产程序中的清偿地位,影响了债权人之间的公平受偿,确应予以撤销。光大银行杭州分行上诉后,二审法院经审理判决驳回上诉、维持原判。

2016年4月15日管理人召开第二次债权人会议,会议听取了管理人作的执行职务报告,并讨论《破产财产分配方案》,因债权人获得超预期的分配额,分配方案获得高票通过。

(三)典型意义

依法行使撤销权,实现破产法公平清偿的制度价值。《企业破产法》是民事诉讼法的特别法,是一部保障公平清偿秩序的程序法,而债务人的财产是债务人对其债权人承担债务的责任财产,是债权人得以公平、有序受偿的重要物质保障,当企业出现债务危机时,企业的实际控制人、管理人员往往会进行一些偏颇行为,这些偏颇行为很可能会在全体债权人之间造成不公平,故《企业破产法》规定了撤销权制度,本案中,管理人经审查发现存在追加抵押情形的,及时提起了撤销权诉讼,法院经审理作出撤销追加抵押的判决,最终因前述追加抵押行为被撤销,近13.5亿元的普通债权的清偿率达到7.520%,提高了近2.8%的清偿率,破产法关于公平清偿的制度价值得以实现。

十二、账册缺失条件下的破产清算：诸暨市程盛机械有限公司破产清算案件

（一）基本案情

诸暨市程盛机械有限公司（以下简称程盛机械或债务人）成立于2002年10月18日，注册资本508万元。住所地为浙江省诸暨市店口镇工业区。法定代表人魏某某；经营范围为制造销售空压机配件、五金机械配件、水暖管材管件、汽车配件、消防配件；货物及技术的进出口业务。

由于受到宏观经济环境下行的影响，加之自身经营管理不规范，又受到互保债务的拖累，银行抽贷压贷，现金流断裂，最终无法维持正常的生产经营活动。2015年10月23日因无力清偿到期债务，债权人浙江泰达管业有限公司向诸暨市人民法院申请对程盛机械进行破产清算。

2015年12月3日诸暨市人民法院裁定受理诸暨市程盛机械有限公司破产清算一案，并于2015年12月11日指定浙江振邦律师事务所为破产管理人。

（二）审理情况

诸暨市人民法院于2015年12月3日，裁定受理诸暨市程盛机械有限公司破产清算一案。管理人在接到指定之后，立即开展了尽职调查工作，发现债务人已经停产多年，债务人的员工均已解散，法定代表人下落不明，公司账册严重缺失，仅剩余5本账本。这直接导致诸暨市人民法院以及管理人对于债务人的财产情况以及债权债务情况无法核实，也无法获得已知债权人的信息，进而使破产清算工作无法正常开展。

尽管本案中法定代表人下落不明，财务账册缺失严重，但是诸暨市人民法院并没有将其拒之门外，而是依据最高人民法院《关于债权人对人员下落不明或者财产状况不清的债务人申请破产清算案件如何处理的批复》，依法推进程盛机械破产清算的各项工作。

依据《企业破产法》第25条第2款规定：管理人应当调查债务人财产状况，制作财产状况报告。在财务账册严重缺失的情况下，我们通过其他方式来进行财产情况的调查工作。对于实物资产，我们通过向各职能部门查询予以确认；对于银行存款，我们通过诸暨市人民法院执行系统查询以及对于诸暨境内银行上门查询的方式予以确认；对于应收账款，我们依据剩余账本所体现的以及债权人

所提供的线索进行催收,最终收回部分应收款;对于对外投资,我们通过工商查询的方式予以确认。

对于已知债权人的债权申报通知工作,我们通过诸暨市人民法院的诉讼执行案件查询以及中国裁判文书网上所公布的民事判决书确认可能存在的债权人名单,并通过网上查询、"114"查询等方式取得联系方式以及通讯地址寄发债权申报通知。同时在《诸暨日报》以及《人民日报》上刊登公告,最大可能地通知到每位债权人2016年2月26日,诸暨市人民法院召开了程盛机械破产清算案第一次债权人会议,会议表决通过了《停止债务人营业的报告》《债务人财产管理方案》等。其中《提请终结破产程序授权报告》充分考虑到本案的实际情况,出于节约债权人时间金钱成本的考虑,取得了如下的授权"如程盛机械的仅有资产变价后的金额不足以清偿优先债权(抵押债权等)并且没有债权人愿意垫付破产费用;或在清偿完优先债权后剩余金额不足以支付破产费用,并且没有债权人愿意垫付破产费用;或在清偿完优先债权后剩余金额对普通债权人的债权清偿率为0。出现上述任一情形,管理人可提请诸暨市人民法院终结程盛机械破产程序。在最终出现上述的情况下,管理人将提请诸暨市人民法院终结破产程序。"同时积极与债权人沟通,引导依据最高人民法院《关于适用〈中华人民共和国公司法〉若干问题的规定(二)》第18条第2款之规定向股东主张连带清偿责任,在最终普通债权清偿率为0的清偿,顺利的推进各项破产事务。

2016年6月23日管理人对于程盛机械名下资产进行公开拍卖,获得612万元拍卖款。2017年11月7日管理人向施工单位以及抵押权人进行了最后的清偿。自此,程盛机械破产清算一案依据《企业破产法》的规定,所有事项已经全部处置完毕,目前管理人已向诸暨市人民法院申请终结本案。

(三)典型意义

本案是人民法院转变思维,由一开始拒绝此类账册缺失、法定代表人下落不明的案件进入破产程序到依法受理,积极处置,盘活社会资源,维护社会稳定的典型案例。程盛机械规模不大,但确为一批中小型企业的典型代表。许多中小型企业特别是在江浙一带,由于规模不大、自身经营管理不规范,在停止生产经营后,法定代表人出逃,财务账册遗失的情况屡见不鲜。同时,由于生产经营停止,导致生产资料趋于闲置,不利于社会资源利用的最大化,也损害债权人的切身利益。对于这样的企业,我们也可以将其称为"僵尸企业"。通过破产程序,不仅盘活了闲置多年的生产资料，使银行多年的不良贷款得到了清偿，减少了银行债权人的损失，同时也保障了实际施工人身后的农民工的切身利益，对于化解社会矛盾，维护社会稳定起到了很大的作用。

十三、执行转破产：绍兴四季佳业服装有限公司破产清算案

（一）基本案情

绍兴四季佳业服装有限公司（以下简称四季佳业）成立于2005年12月23日，为港澳台与境内合资企，主要从事服装、服饰以及针纺织品的生产以及销售。从2011年开始，四季佳业因为企业之间的相互担保承担了巨额的债务。为了保证企业的运营，四季佳业开始对企业进行转型升级，向电子商务领域发展。

2013年5月四季佳业转贷银行停止向其发放转贷款，致使四季佳业资金链完全断裂，企业连基本生产也难以维持，也难以支付职工工资，最终于2013年8月停产。

企业停产后，职工为了索要欠付工资，情绪激动，并集体到属地政府进行群访。镇政府对此召开紧急会议，并按照会议精神，成立了专门的工作小组，采取了相应措施，安抚了职工情绪，稳定了当时局势。

2013年5月绍兴市上虞区人民法院受理了债权人的执行申请，并向被执行人四季佳业发出了执行通知书。2014年11月四季佳业的工业房地产以及部分设备经上虞区人民法院强制执行程序变价完毕。2015年1月债权人向上虞区人民法院提出对四季佳业的破产申请。

（二）审理情况

2015年2月5日上虞区人民法院裁定受理了债权人对四季佳业的破产清算申请，同时指定浙江沪鑫律师事务所担任管理人，启动破产清算程序。管理人自接受上虞区人民法院指定后，在原管理人团队的基础上，再次抽调出一批业务骨干，组建了以林镥海主任律师为组长的管理人团队，并经前期尽职调查后认为，本案的工作重点在于与政府、法院之间的沟通协调。为了得到属地政府对破产工作的支持，管理人先后多次协同上虞区人民法院或者独自前往属地政府进行沟通协调。在上虞区人民法院的指导下，管理人起草了对四季佳业清算工作的初步框架，并向属地政府以及上虞区人民法院相关领导作了专题工作汇报。在上虞区人民法院以及管理人的努力下，管理人的工作得到了属地政府的充分理

解与支持,并从属地政府处接管了四季佳业的公章以及职工债权等资料。

在本案中,四季佳业主要资产都已由上虞区人民法院强制执行程序先期变价完毕。在管理人指定之前,上虞区人民法院内部就执破衔接问题已经做了深入的探讨并形成了初步的方案。管理人接受指定后,在上虞区人民法院的指导及配合下,平稳的将四季佳业从执行程序转入到破产程序中,并从法院接管了四季佳业厂房及部分设备的变价款,存入管理人账户中予以管理。

管理人于 2015 年 7 月 13 日在上虞区人民法院召开四季佳业第二次债权人会议,并表决通过了管理人提交的《破产财产分配方案》。按照《破产财产分配方案》,普通债权最终清偿率为 13.0464% 。

(三)典型意义

最高人民法院《关于适用〈中华人民共和国民事诉讼法〉的解释》(以下简称《民事诉讼法司法解释》)于 2015 年 2 月 4 日正式实施,其中第 513 条、第 514 条首次规定了执转破程序。上虞区人民法院于 2015 年 2 月 5 日正式裁定受理了债权人对四季佳业的破产清算申请,依法将四季佳业从普通的强制执行程序转入破产清算程序。因此,四季佳业破产清算案件是上虞区人民法院对执破衔接程序的初次试水。

2014 年 11 月四季佳业主要工业房地产以及部分设备经上虞区人民法院强制执行程序变价完毕, 但执行庭发现,在穷尽了所有的调查措施,并对被执行人采取了强制执行措施后,所得的清偿款仍远远不足以清偿到期的全部债务。若简单的对四季佳业的资产通过参与分配制度分配,可能会造成清偿不公的结果,会产生不良的社会效应。

当时《民事诉讼法司法解释》已经公布但未实施, 且《民事诉讼法司法解释》第 513 条、第 514 条只规定了执转破的移送程序,而对移送之后破产程序的启动等一些具体的问题并未明确规定。上虞区人民法院在预审查的过程中,通过法院内部讨论、向管理人征询意见等方式对执破程序衔接问题进行了深入的研究,基本形成了执破衔接的可行性方案,借着《民事诉讼法司法解释》2015 年 2 月 4 日正式实施的春风,于次日即 2015 年 2 月 5 日正式裁定受理了债权人对四季佳业的破产清算申请,依法将四季佳业从普通的强制执行程序转入到破产清算程序中。该案对执破衔接的先行尝试,无论是对完善执破衔接程序本身,还是对法院处理后续执转破案件,都具有重大的实践意义。

此外，四季佳业案件由执行程序进入破产程序，解决了执行程序中无法妥善解决的职工债权问题。在执行程序中，政府部门对职工债权的垫资款和大部分职工债权均未经诉讼程序，故无法参与执行分配。而进入破产程序后，管理人依法对四季佳业欠缴的职工工资、社保以及经济补偿金等职工债权以及属地政府就职工债权的垫款进行审核，并按照《企业破产法》的规定予以优先清偿，使职工以及属地政府债权能得到全额清偿，依法保障了企业职工的合法权益。

最后，在《企业破产法》公开、透明的框架内，普通债权人被平等的对待，并充分发挥主观能动性共同决定破产程序中的重大事宜，各普通债权人的债权得到公平的清偿，有效地吸收了债权人的不满情绪，从而达到社会的和谐稳定。

十四、重整转清算：浙江越红控股集团有限公司等7家公司分别破产案

（一）基本案情

浙江越红控股集团有限公司（以下简称越红集团）前身为绍兴市斗门镇上窑村在20世纪90年代初期设立的集体企业越红纺织厂。该企业依托绍兴中国轻纺城这个大市场，在2008年以前飞速发展，通过投资、兼并等方式，形成了以越红集团为控股主体的企业集团，产业横跨纺织织造、透气材料织造和房地产开发。

2009年越红集团因对外担保承担了巨额债务，在沉重的债务压力下，越红集团一边实施转型升级战略，加强纺织产业外的生产企业发展，一边加强了房地产行业投入，意图从房地产开发中弥补转型升级资金缺口。从2014年起，房地产行业下行，受制于本身资金实力不足，越红集团及全系企业资金链因此断裂。越红集团及其关联6家生产（贸易）型公司绍兴越红纺研科技有限公司、绍兴市红茂织造有限公司、绍兴越欣数码纺织有限公司、绍兴市盛龙纺织有限公司、浙江汉鑫工贸发展有限公司、浙江越韩科技透气材料有限公司自救无果后在属地政府的帮助下向绍兴市中级人民法院申请破产重整。

（二）审理情况

2015年5月15日绍兴市中级人民法院同时裁定受理了越红集团及该6家生产（贸易）生产型关联公司提出的破产重整申请，同时指定浙江大公律师事务所和浙江中兴会计师事务所有限公司担任管理人（联合）。

越红集团等7家公司中，除浙江越韩科技透气材料有限公司从事透气材料

生产外,其他6家企业均从事传统的纺织织造与销售,各企业生产(经营)毛利长期处于较低水平,产业前景并不突出,加之资债结构也不合理,债务重组的价值因此并不突出,市场资金参与重整的意愿不足。为提高破产程序效率,管理人在合议庭的指导下向在2015年7月下旬依次召开的债权人会议中同时提交了《重整工作预案》和《债务人财产变价预案》,由债权人会议同时通过了两预案。《重整工作预案》明确了管理人招募重整投资人的方案,确定在市场不响应管理人招募程序的情况下可由管理人直接申请债务人破产清算;《债务人财产变价预案》则为各企业在破产宣告后的财产变价方案,考虑到有关公司土地等资产集中,预案还明确管理人可根据7家公司资产现状(进出道路、工艺关联、集中放置等情况)和有关属性,可与其他主体资产进行打包处置。

第一次债权人会议通过了两预案后,管理人即公开招募了重整投资人。在无人报名参与重整投资的情况下,管理人根据债权人会议通过《重整工作预案》的授权果断申请终结了7公司破产重整程序并由法院宣告破产。因债权人会议已事先通过了《债务人财产变价预案》,绍兴市中级人民法院在2015年9月中下旬先后裁定终结了各企业重整程序并宣告各企业破产后,管理人在无须另行召开债权人会议的情况下即可展开变价工作,重整程序和清算程序因此实现平滑转换。

因事先制定预案得当,7家公司破产资产处置较为迅速。至2016年上半年,通过多次委托绍兴中院集中网拍,管理人基本完成了7家企业实物资产的变价工作,实现总资产变价值超过19,140万元,部分资产拍卖溢价还超过了30%,盘活闲置厂房144,301.16平方米、土地180,087.10平方米、办公及机器设备2191台套(其中大型专业设备近300台套)。

管理人在破产财产基本处置完毕后于2016年8月初分别组织召开各企业第二次债权人会议,表决通过了破产财产分配方案;至2016年年底,管理人依债权人会议通过、绍兴市中级人民法院批准的各企业破产财产分配方案向各类债权人及职工债权人全部分配清偿完毕,在管理人作出后续工作安排后向绍兴市中级人民法院申请终结了7家公司的破产清算程序。

(三)典型意义

越红集团等7家公司破产重整转清算案审理周期短(审理时限约1年半),期间由重整转为清算,程序转换十分平顺。法院受理后进入的程序原为重整程序，管理人根据掌握的债务人资债结构，事先判断债务人不具有重整价值，在以往程序中债务人重整不能的情况下，因资产变价方案为重大事项，管理人往往需要再行召集债权人会议相应报告并由会议再行表决破产宣告后的破产财产变价方案，债权人会议程序费时费力，管理人在本案中进行了创新，向债权人会议同时提交了《重整工作预案》和《债务人财产变价预案》，将破产清算下的资产变价方案提前提交债权人会议进行表决，避免再次召开债权人会议拖沓程序。同时，鉴于越红集团等7家公司主体相互独立，但部分主体因无独立不动产资产而租用了其他主体的办公或生产场所，且这些主体在发展过程中土地集中购置，形成了进出道路唯一的历史格局，该情况下有关债务人土地等资产集中打包处理尤为必要。管理人对该情况有充分的预判，在工作报告中首先报告了有关企业资产集中处置的必要性，并在《债务人资产变价预案》中确定了授权管理人将债务人资产与其他债务人资产集中打包变价的方案，使债务人了解各企业的实际情况，从而使方案获得了债权人的支持，这也是7家公司资产得以快速变价，部分委托网拍资产溢价相当显著的重要因素。

湖州市两级人民法院房地产企业破产审判典型案例(2014～2017年)*

一、湖州港城置业有限公司破产清算案

(一)审理经过

湖州港城置业有限公司(以下简称港城置业公司)成立于2009年8月28日,注册资本1.8亿元。因该公司自身体量较小,资金实力不足,在开发凯旋国际项目过程中管理混乱,对外高额融资,导致资金链断裂,于2015年中旬全面停工。可售房源1233套,工程停建时已经签订预售合同1091套,除500余套属于正常销售外,其余均为借款提供担保或以房抵债。购房户多次聚众至政府上访,造成巨大的维稳压力及影响。2015年8月4日湖州市中级人民法院裁定受理港城置业公司破产清算一案,并指定吴兴区人民法院审理,于2015年11月15日召开第一次债权人会议,包括消费性购房者等群体在内的700多家债权人参加会议,会议表决通过了《破产财产变价和分配方案》。凯旋国际整体资产经过三次拍卖,最终以4.68亿元成交,溢价率11.43%。拍卖成交后,吴兴区人民法院依法作出过户裁定并向国土部门发出协助执行通知书,办理资产移交、过户工作。拍卖成交后2个月

---

* 本文是《湖州法院房地产企业破产审判白皮书(2014—2017)》的附件内容。

内,该楼盘已经重新开工,成为房地产开发企业破产、烂尾楼处置的成功案例。近600户的消费性购房者群体自主决定是否继续交房,1/3选择退还全部购房款项,2/3选择和接盘方重新签订新的商品房买卖合同。

(二)典型意义

港城置业公司破产清算案入选2016年浙江法院破产审判十大典型案例,是湖州地区涉及债权人人数较多、债务规模较大的房地产公司破产案件,债务规模近10亿元。(1)本案情况复杂,债权类型几乎囊括了房地产企业所能遇及的各种情况,包括购房者、工程款债权人、金融机构债权人、民间借贷债权人。购房者中又涉及正常购房、以房抵债、以商品房买卖合同作为担保、假按揭等情形;工程款债权人涉及商品房预售资金监管、工程款债权人主体认定等问题。经过政府、法院和管理人共同努力,上述问题均得以妥善处理。(2)在购房者债权权益保护方面,坚持"生存权益"第一位保障的原则,将不超过一套房、住宅性购房、不属于以房抵债或担保的消费性购房者的债权确定为最优先保护的群体,并赋予其选择权,可根据自身情况选择退款或是继续交房。对以房抵债或以商品房买卖合同作为担保的情形,考虑到港城置业公司进入破产清算无法继续建设交房的事实,严格按照基础的借款、担保、工程款等法律关系审查认定。(3)在民间借贷债权审查方面,在公安机关前期调查的基础上,确定无论是否被纳入刑事非法吸收公众存款案件、无论是否个人名义借款(资金投入公司)、无论是否进行以房抵债,均按照"损失额"标准审查认定债权。民间借贷申报债权8.25亿元,最终确认债权3.58亿元。(4)在资产处置方面,通过府院联动机制,推动出台优惠政策并形成会议纪要,使凯旋国际成为优质资产。同时汇集多方力量,历时1个多月对工程现场进行清理,为拍卖奠定良好基础。起拍价4.2亿元,经过49轮竞价以4.68亿元的价格由上海爱家投资集团有限公司拍得,溢价率达11.43%,最大限度维护了债权人利益,是省内淘宝网拍卖平台成交价格最高资产之一。

二、安吉丰华置业有限公司合并破产清算转重整案

(一)审理经过

安吉丰华置业有限公司(以下简称丰华置业公司)和丰华花园酒店(安吉)有限公司两家公司在控股股东主营海运业务持续低迷及自身房地产开发处于市场下行期的双重影响下,企业资金链断裂而陷入债务危机。经债权人申请,安吉

县人民法院于2014年10月27日裁定受理丰华置业公司破产清算,并于同年11月13日裁定丰华置业公司与丰华花园酒店(安吉)有限公司合并破产清算。经债权申报,共有232家债权人申报债权41.2亿元,后审查确认债权27.9亿元。在破产程序初期,由于已交房的141户购房户无法办理权证,已签订预售合同的184户购房户的交房迟迟不能实现,同时项目陷入全面停建状态,10余家施工单位拖欠民工工资,各类矛盾叠加,维稳压力巨大。进入破产程序后,通过成功引入"共益融资"及境外投资人,该公司名下天逸城项目已售部分标段已全部竣工验收,184户预售合同购房者顺利交房,另外141户已交房购房者也全部取得房屋权证。在各方共同努力下,该案适时由破产清算转变为破产重整,最终成功审结。

(二)典型意义

丰华置业公司破产清算转重整案入选2016年浙江法院破产审判十大典型案例,该案在市场化融资方面作了有益探索。(1)支持创新金融产品筹集"共益融资",通过设定共益债务为后续融资提供法律保障。依托第一次债权人会议通过的《财产管理和变价方案》中"丰华两家公司向第三方平台公司进行融资,该等融资作为共益债务,优先于其他类别债权人获得清偿"的相关规定,以及对于"共益债务"本身深入的法律论证,对丰华置业公司通过浙江金融资产交易中心的创新金融产品"丰华共益投资收益权"向社会投资者募集融资出具法律意见书,为共益融资的界定提供法律保障,成功帮助债务人融资续建资金2亿元。(2)成功引进境外投资人参与房地产企业破产重整,法院为境外资金结汇、用于清偿破产债权提供法律支持。通过投资者招募工作,恒天国际发展有限公司(注册地香港)以8亿元对价成为丰华两家公司的重整投资人。由于境外投资人的特殊性及投资境内的房地产企业面临的一些限制,面对境外投资者的并购资金如何进入境内合法结汇并用于清偿破产债权的难题。经过多次协商沟通,最终通过法院向外管局发《告知函》说明并购增资款用途并由外管局对《告知函》予以承认的方式进行结汇,为重整计划的顺利执行提供了有利条件。(3)以"信息公开、依法处置"为工作准则,平稳化解群体性事件。安吉法院对于案件审理中可能面对的各种不稳定因素提前进行深入细致的调查了解,并与当地政府建立府院联动机制,联同管理人制定应对预案。在法院的主持下,安吉县公安局、县住房和城乡建设局等部门参与召开通报会,充分听取购房户的诉求,就其关注的事项进行了详细解答，通过充分保障购房户知情权的方式，平稳化解了购房户群体事件。

三、湖州中石房地产开发有限公司破产重整转清算、清算转和解案

（一）审理经过

湖州中石房地产开发有限公司（以下简称中石房开公司）设立于2001年6月1日，系中外合资企业。在开发销售武康镇城东狮山国际花园住宅项目期间，于2012年5月因资金链断裂，项目建设停工，持续处于烂尾状态。根据中石房开公司的申请，德清县人民法院于2015年4月30日依法裁定受理中石房开公司破产重整申请，并于2015年7月16日召开了第一次债权人会议。因当时房地产市场不景气，在法定期限内管理人和中石房开公司未能提出重整计划草案。经管理人申请，德清县人民法院于2016年9月30日裁定终止重整程序，宣告中石房开公司破产。2017年年初，经过德清县人民法院的协调，中石房开公司股东、意向投资人向德清县人民法院及管理人均表达了继续投资、保留企业、整体接盘的意愿，并初步确立了和解的思路和框架。2017年4月初中石房开公司及其股东湖州浙丰能源有限公司、中国雄鹰投资集团有限公司共同向管理人提出了《破产清算转为和解的申请》。2017年4月24日中石房开公司第二次债权人会议顺利召开，出席会议的债权人表决通过了中石房开公司和解协议草案。由投资人以零对价收购中石房开公司的100%股权进而受让中石房开公司的财产，并由债务人按和解协议向全体债权人清偿债务，除4笔债权延期清偿外，其他债权均100%即时清偿。

（二）典型意义

中石房开公司历经破产重整、清算、和解三个程序，为浙江省内首例重整转清算、清算转和解的破产案件。企业破产法并没有关于法院宣告债务人破产后进入和解程序的规定，为探索从破产清算程序转入到和解程序的合法路径，破产审判团队积极主动吸取其他法院的破产经验，充分论证程序转换的可行性，进而有选择性、针对性地用于本地破产审判实践，最终确定案件转入和解程序，并且经债权人会议通过了和解协议草案。该和解协议草案确定的债务清偿方案有利于维护广大债权人的利益，在当前德清地区房地产市场回暖的大好环境下，给战略投资者也带来了新的机遇。除此之外，创设性地在破产和解程序中引进了投

资人,极大提高了债权清偿率。在本案中,除4笔债权延期清偿外,其他债权均100%即时清偿。通过和解程序,债务人也获得了新生,避免了被清算注销。

四、长兴县振宇房屋开发有限公司、长兴绿宇房地产开发有限公司破产清算案

(一)审理经过

长兴县振宇房屋开发有限公司(以下简称振宇房开公司)和长兴绿宇房地产开发有限公司(以下简称绿宇房开公司)是长兴县成立较早、规模最大的房地产关联企业,自2014年开始,由于房地产市场持续低迷,导致资金链断裂,公司陷入严重经营困境。2015年10月12日振宇房开公司、绿宇房开公司向长兴法院提出破产清算申请,长兴法院于2015年10月26日分别裁定受理振宇房开公司、绿宇房开公司破产清算案。振宇房开公司债权人共有121家,债务金额达16亿元,另外还涉及莱茵河畔购房业主110余户;绿宇房开公司债权人87家,债务金额达12亿元,另外还涉及中央公馆购房业主500余户。自2016年1月7日、8日,振宇房开公司、绿宇房开公司第一次债权人会议召开后,绿宇房开公司中央公馆项目于2016年4月全面复工续建,于2017年4月通过综合验收,现已陆续向业主交付房屋。振宇房开公司莱茵河畔项目于2016年9月全面复工续建,第一期、第二期预计将于2018年3月30日、12月30日前交付。至此,振宇房开公司、绿宇房开公司两个"烂尾"楼盘全部得到成功复建,均可以按计划交付业主。

(二)典型意义

"烂尾"楼盘复工需大量启动资金,本案审理中通过从企业及其债权人内部挖掘资金的方式获得了复工资金。(1)从债权人处获得首期启动资金。振宇房开公司在无法引入投资人的情况下,与其债权人进行协商通过向债权人借款的方式获取首期启动资金。在政府、法院和管理人的多方努力下,将借款的性质确定为破产共益债务,在今后清偿时与破产费用在同一顺位,并可随时清偿。在此基础上,通过浙江金融资产交易中心平台设计融资方案,向杭州阅好投资管理合伙企业再借得款项1.5亿元,至此,莱茵河畔项目得以全面复工续建。(2)从破产企业债务人处回收资金。对绿宇房开公司与万融公司签署的1.5亿元住宅和商铺的《商品房买卖合同》及相应的《融资租赁合同》,因万融公司实际只支付购房款7200万元,尚有7800万元未付,法院和管理人决定解除上述合同,同时与万

融公司就租房款和违约金行使抵销权,最终万融公司退还价值3000万元的房屋,并以现金方式支付剩余购房款3000万元,通过该种方式回笼了6000万元的资产。

安徽省各级各地人民法院破产审判典型案例(2007 ~ 2017 年)*

一、安徽大东方药业有限责任公司破产重整案

(一)基本案情

安徽大东方药业有限责任公司(以下简称大东方公司)从 2007 年起即已停产,截至 2013 年 6 月,安徽省合肥高新技术产业开发区人民法院共受理以大东方公司为被执行人的系列执行案件 100 余件,标的额 1600 余万元;其中劳动仲裁系列执行案件 83 件,涉及职工 81 人,标的额 500 余万元。2013 年 10 月 21 日经 80 余名职工申请,安徽省合肥市中级人民法院裁定受理大东方公司破产清算一案。2014 年 1 月 9 日根据债权人合肥美福生物科技有限公司的申请,合肥市中级人民法院裁定受理大东方公司重整,该案由清算程序转入重整程序。

(二)审理情况

大东方公司属于药业企业,有形资产经评估价值仅为 70 余万元,负债高达 4000 余万元,其名下的 31 个药

* 2017 年 12 月 7 日安徽省高级人民法院(以下简称安徽高院)召开新闻发布会,通报近年来安徽法院依法审理企业破产案件、服务供给侧结构性改革的情况,发布破产审判十大典型案例。其中既有破产重整、和解案件,也有破产清算案件,还包括关联企业合并破产、清算程序向重整程序转化、执行案件移送破产审查等案件。这些案例展现了司法智慧,取得了良好的法律效果和社会效果。感谢安徽高院授权本书收入十个典型案例的完整版。——编者注

品注册批文虽具有较高的市场价值,但无法通过破产清算程序进行处置转让,重整是发挥上述药品生产技术市场价值的唯一途径。为此,合肥市中级人民法院在大东方公司第一次债权人会议上并未提出资产变价方案以及分配方案,而是在确定各顺序债权之后,待条件成熟时启动重整程序,以实现企业无形资产价值的最大化。在大东方公司转入重整程序后,管理人编制了重整计划草案,重整方案提出对大东方公司100%股权,以公开拍卖的方式进行变现。2014年2月27日合肥市中级人民法院主持召开大东方公司第二次债权人会议,对重整计划草案进行分组表决,除出资人组外,其余职工债权组、税务债权组和普通债权组均通过了重整计划草案。经管理人申请,合肥市中级人民法院认为重整计划草案对各组债权人和出资人的利益调整方案以及股权交易方式是公平公正的,故裁定批准上述重整方案。

根据重整方案,合肥市中级人民法院委托拍卖机构于2014年7月3日对大东方公司100%的股权以3000万元的拍卖底价进行依法拍卖,经过长达68小时的公开拍卖,悦康药业集团有限公司以8103万元的应价中标,高出拍卖底价5000多万元,这意味着职工、债权人、国家税款均能得到相应清偿,甚至原企业股东亦能获得收益。

(三)典型意义

本案是人民法院充分发挥司法能动作用,指导管理人创新思路实现资产价值最大化,拯救困境企业营业和无形资产的典型案例。在大东方公司有形资产价值较低,无形资产难以变现的情形下,法院引导该案由破产清算转入破产重整程序,依法指导管理人通过股权整体拍卖方式,实现了职工债权、一般债权及税务债权的全额清偿,并保全了公司的无形资产,甚至原企业股东也能获得股权收益,这在全国范围内的破产重整案件审理实践中亦不多见,取得了良好的法律效果、经济效果和社会效果。

二、淮矿现代物流有限责任公司及其子公司合并重整案

(一)基本案情

淮矿现代物流有限责任公司(以下简称淮矿物流)系上市公司安徽皖江物流(集团)股份有限公司的独资子公司,注册资本20亿元,经营过程中又先后设立了淮矿现代物流(上海)有限公司、淮矿现代国际贸易有限公司、淮矿现代物流江

苏有限公司、淮矿华东物流市场有限公司4家全资子公司及众多分公司。在经济扩张期,淮矿物流及其下属公司依靠“钢贸银”业务模式追求高收益,并成为公司的主要经营业务。2011年以后,因钢铁企业产能严重过剩,钢贸风险急剧加大。但淮矿物流及其下属公司缺乏风险意识,在经营中又存在不规范行为,造成企业严重亏损。截至2014年9月30日,淮矿物流账面资产总额106.91亿元,负债总额181.56亿元,不能清偿到期债务,且有明显丧失清偿能力的可能,遂向安徽省淮南市中级人民法院提出重整申请。淮南市中级人民法院于2014年10月28日裁定受理,并指定一家律师事务所和一家会计师事务所担任管理人。

(二)审理情况

案件受理后,淮南市中级人民法院准许淮矿物流在管理人的监督下自行管理财产和营业事务。管理人在资产清查过程中发现,淮矿物流的4家全资子公司不具备独立的法律人格,存在高度人格混同的情形,遂向淮南市中级人民法院申请将4家全资子公司与淮矿物流合并重整。2015年3月3日淮南市中级人民法院裁定受理淮矿物流及其4家子公司合并重整申请。

2015年8月26日淮南市中级人民法院主持召开淮矿物流第二次债权人会议,对重整计划草案进行表决,但未获通过。淮南市中级人民法院及时督促、指导重整计划草案修改事宜,根据重整计划草案,公司原股东以零对价向淮南矿业(集团)有限责任公司让渡其全部出资人权益;2个月内全额现金清偿13,717.01万元;普通债权人所持普通债权30万元及以下部分全额现金清偿,30万元以上部分的40%留债,并进行现金分期清偿,由控股股东承担连带偿还责任;30万元以上部分的60%全部豁免,不再清偿。2015年10月23日淮南市中级人民法院主持召开淮矿物流第三次债权人会议,对修改后的重整计划草案进行表决,但因担保债权组和普通债权组未能通过,导致重整计划草案仍未能获得债权人会议通过。淮南市中级人民法院通过对表决结果进行分析,发现重整计划草案没有通过的主要原因是弃权票债权金额占比为45.69%,且主要来自金融企业,而弃权原因主要在于内部流程尚未走完或董事会未能作出决议。为最大限度维护债权人的合法权益,2015年11月26日淮南市中级人民法院根据申请,经与银监局充分沟通,审查认为重整计划草案对有担保债权、职工债权和税务债权全额清偿,普通债权的清偿不低于依照破产清算程序模拟的清偿比例,且依据该清偿比例产生的债务由淮南矿业(集团)有限责任公司提供连带责任保证,而从表决结果来看,同意该重整计划草案债权人占普通债权人的绝大多数,故裁定批准重整计划草案并终止重整程序。

(三)典型意义

本案是人民法院正确运用实质合并破产规则,并在确保市场主体充分进行博弈后,慎重行使强制批准权,帮助企业恢复生机的典型案例。通过关联企业实质合并的破产审理方式,淮矿物流母子公司实现了整体合并重整,既节省了重整成本,也确保了所有债权人的公平清偿和重整程序的加快推进。法院指导管理人从最大限度保护债权人合法权益的角度,对重整计划草案进行充分协商和反复修改,并在两次表决均未获通过的情况下,慎重行使强制批准权,确保任何一方当事人不会因反对重整计划而承担比清算程序更为不利的后果,实现了对各方债权人特别是占债权人70%以上的中、小债权人的利益保护。至此,这一涉及655位债权人、债权金额130亿余元、引起中国证监会和社会广泛关注的安徽省最大破产案件完成了重整程序,顺利转入重整计划执行期。通过重整,淮矿物流成为淮南矿业(集团)有限责任公司的全资子公司,生产经营活动得到控股股东的大力支持,解决了历史包袱,实现了产业转型,同时清收债权价值27.3亿余元,为重整计划的顺利执行打下了坚实基础,500余名企业职工人心稳定,各类生产经营活动步入正轨,企业重新焕发活力。

三、滁州霞客环保色纺有限公司、滁州安兴环保彩纤有限公司、滁州安邦聚合高科有限公司等"霞客系"企业破产重整案

(一)基本案情

2014年3月以上市公司江苏霞客环保色纺股份有限公司(以下简称江苏霞客)为主体的"霞客系"企业债务危机爆发,其中包括在滁州的3家企业,分别是江苏霞客的全资子公司滁州霞客环保色纺有限公司(以下简称滁州霞客)、控股子公司滁州安兴环保彩纤有限公司(以下简称安兴公司),以及关联企业滁州安邦聚合高科有限公司(以下简称安邦公司)。在滁州的"霞客系"三企业均为规模企业,共有职工1800余人,受债务危机影响,陆续产生诉讼,负债合计达22.8亿元,银行账户及其他资产被冻结、查封,企业生产陷入危机,被迫停产。三企业于2014年12月15日、2015年3月20日先后向安徽省滁州市中级人民法院提出重整申请。2014年12月25日、2015年3月20日滁州市中级人民法院依法裁定

分别受理了滁州霞客、安兴公司、安邦公司破产重整案。

(二)审理情况

为处置"霞客系"企业债务危机,滁州市委、市政府专门成立了"霞客环保色纺相关企业债务危机处置维稳领导小组",滁州、无锡两地法院相互协调配合,联手应对"霞客系"企业破产重整中出现的问题。案件受理后,根据管理人提请,滁州市中级人民法院同意债务人继续营业,并相继协调解决了供气、税款征收等生产经营中急需解决的障碍。重整期间,管理人依法发布招商广告公开招募重整投资人。经过多轮磋商,滁州兴邦纺织有限公司作为战略投资人先后与安兴公司管理人、滁州霞客管理人签订重整投资框架协议。2015年9月10日、10月16日、12月25日安兴公司、滁州霞客、安邦公司分别召开债权人会议,重整计划草案和出资人权益调整方案获得各表决组通过。滁州市中级人民法院分别于2015年9月10日、12月2日、2016年1月8日依法裁定批准三企业重整计划,终止重整程序。至此,"霞客系"三企业破产重整案件全部妥善审结,重整计划进入执行阶段,投资人出资到位,经审查确认的债权已按债权清偿方案全部清偿完毕,公司恢复正常生产经营。

(三)典型意义

"霞客系"三企业系受母公司江苏霞客债务危机波及而引发重整,作为国内化纤纺织行业的知名企业,生产技术与设备处于行业领先水平,具有拯救的价值和持续发展的基础。法院在案件审理过程中,贯彻滁州、无锡两地联动化解风险的原则,积极为企业恢复生产扫除障碍,维持了企业的主业不变、产品不变,实现了企业就地重生,保障了社会和谐稳定。通过重整,三企业的有效经营性资产和优质资源得以保留,广大职工得到妥善安置,重新就业。随着江苏霞客重整成功,在滁的多家金融机构获得了江苏霞客60.24%约2亿元的代偿,而三企业的重整计划陆续通过,又使金融机构和其他债权人获得了多轮清偿,债权人利益得到了最大限度地保护,企业、股东、职工、债权人、重整投资人、政府等实现多方共赢,取得了法律效果和社会效果的有机统一。

四、宣城市大唐万安置业有限公司及其关联企业合并重整案

(一)基本案情

宣城市大唐万安置业有限公司(以下简称大唐公司)主要承担宣城市老城区

北门改造项目开发建设,系宣城市重大城市建设及安徽省最大的棚户区改造项目,规划开发用地64万平方米。由于内部管理混乱、项目开发量过大、拆迁未及时完成、销售开发未能良性循环等原因,自2012年起,大唐公司资金逐步吃紧,依靠高利融资勉强维系运转。2014年大唐公司资金链彻底断裂,资产被债权人申请查封。2015年12月8日大唐公司以其不能清偿到期债务且资产不足以清偿全部债务为由向安徽省宣城市中级人民法院申请破产重整。2015年12月9日宣城市中级人民法院裁定受理大唐公司破产重整申请,并于同日指定大唐公司清算组担任管理人。

(二)审理情况

2015年12月29日宣城市中级人民法院依申请裁定宣城盛唐永安物业管理有限公司、宣城市大唐万安商业管理有限公司、宣城盛安商贸有限公司与大唐公司合并重整。2016年4月10日宣城市中级人民法院以现场与网络同步直播相结合的方式召开第一次债权人会议,并通过网络平台表决设立了债权人委员会。经评估测算,大唐公司及其子公司资产30亿余元,负债47亿余元,涉及拆迁户5000余户,其他债权人2200余名。如大唐公司进入破产清算,在扣除拆迁类成本、破产费用并全额清偿购房优先债权后,余款只能清偿建设工程款优先债权额的14.17%,而有财产担保债权以及其他所有债权的清偿率均为0。管理人向社会公开招募重整投资方,但在规定期限内无招募对象报名参与重整。为避免大唐公司破产清算形成项目烂尾,宣城市政府成立国有A公司,由大唐公司委托A公司筹措资金完成后续建设开发任务,将产生的利润分配给债权人,以提高债权清偿率。第一分公司从总公司有条件剥离,由原投资人继续独立经营。管理人围绕上述框架制定了重整计划草案。

2016年10月29日大唐公司召开第二次债权人会议对重整计划草案进行表决,但7个表决组中有4个组未能通过。针对各表决组反馈的意见,管理人将国有公司受托经营方案进行了调整,并与主要债权人协商,宣城市中级人民法院也就主要债权人关注的法律问题进行解释说明。2017年2月15~17日,第一次表决未通过的4个债权组进行了二次表决,各表决组全部通过。2017年3月9日宣城市中级人民法院裁定批准重整计划,终止重整程序。大唐公司转入重整计划执行阶段。

(三)典型意义

本案系省内特大房地产企业破产重整案,涉及棚户区改造政策性问题及拆迁安置问题,利益主体众多、诉求多元,法律关系复杂。宣城市中级人民法院在合议庭组建、管理人架构、重整方式设计、表决模式选择等方面进行了有益的探索与创新,为审理同类案件积累了宝贵的经验。作为房地产企业,完成项目建设是关键,本案在公开招募重整投资方无果的情况下,设计"委托经营式"重整方案,由政府成立国有公司,受托帮助大唐公司筹措资金完成后续建设开发任务,产生的资产增值分配给债权人,既破除了政府参与重整的政策性障碍,也有效提高了债权清偿率。此外,因涉及7000余名债权人,为充分保障债权人知情权,宣城市中级人民法院运用"互联网＋"思维,专门开发网络平台,以线下现场会议和线上视频会议相结合的方式召开债权人会议,并利用该平台进行信息发布、网络会议、网络投票表决等,增加了案件审理的透明度,属安徽首创、全国领先。

五、安徽省阳光半岛文化发展有限公司破产重整案

(一)基本案情

安徽省阳光半岛文化发展有限公司(以下简称阳光半岛公司)注册资本7.43亿元,位于寿县新桥国际产业园核心位置,该项目是2011年寿县重点招商引资项目,也是安徽省"861"重点工程项目,计划总投资100亿元。在经营过程中,由于一次性投资过大、自有资金不足、长期依靠高成本融入资金,阳光半岛公司资金成本奇高,同时为关联企业担保和偿债过多,加之账外账支出频繁、财务监督缺失等原因,导致资不抵债,不能清偿到期债务。经评估,阳光半岛公司资产合计43.09亿余元,负债65.62亿余元。2014年7月3日根据上海绿地(集团)有限公司、寿县新桥国际产业园管委会的申请,安徽省寿县人民法院裁定受理阳光半岛公司破产清算,并指定了管理人。

(二)审理情况

截至2015年5月20日,阳光半岛公司登记购房人为3232户。为解决购房户问题,维护社会稳定,在寿县政府承诺承担资金筹措责任的情况下,根据管理人申请,寿县人民法院准许阳光半岛公司37#、38#及2#岛地块工程继续建设。随着在建工程的继续施工,管理人对符合交付条件的房屋安排了2次共计530余户交付。由于阳光半岛公司资产数量大,购房户多,若继续进行破产清算,可能出现资产被零散分割低价出售、抵偿,或无人购买、长期闲置等结果,导致债权清偿率降低甚至为零。为此,寿县人民法院积极引导该案由破产清算转入破产重整

程序。2017 年 2 月管理人在“全国企业破产重整案件信息网”等全国性的网络平台上发布了招募重整投资人公告，恒大地产集团有限公司、保利房地产（集团）股份有限公司等 5 家公司前来报名，其中 4 家公司提交了重整计划草案及相关材料，管理人分别与之开展竞争性谈判。经债权人委员会会议选择，确定恒大地产集团有限公司为阳光半岛公司首选重整投资人，保利房地产（集团）股份有限公司为备选重整投资人。2017 年 7 月 12 日根据阳光半岛公司的申请，寿县人民法院裁定对阳光半岛公司进行重整。根据重整计划草案，重整方承诺对确定的债权进行 100% 清偿。2017 年 8 月 9 ~ 11 日，阳光半岛公司召开第二次债权人会议，对重整计划草案进行表决，除出资人组外，其余各组均通过重整计划草案。2017 年 8 月 28 日根据管理人申请，寿县人民法院裁定批准阳光半岛公司重整计划草案并终止重整程序。现重整计划已进入执行期，恒大地产集团有限公司按照计划要求已将首批款项 20 亿元汇入共管账户。

（三）典型意义

阳光半岛公司负债规模大、资产情况复杂、社会广泛关注，且涉及数千购房户，重整效果好但是难度较大，因此引入同行业有实力的重组方是较优选择。为此，法院在引导该案由破产清算程序引入破产重整程序后，采取“存续性重整”模式，充分发挥市场在资源配置中的决定性功能，严格投资人招募程序，通过在全国范围内公开招募，最终确定由恒大地产集团有限公司作为重整方。随着重整计划的实施，大量农民工的报酬问题得以有效化解，数千购房户的切身利益得到切实维护，债权人的债权将获得 100% 的清偿，既盘活了项目本身的优质资源，亦挽救了极具发展潜力与前景的企业，客观上带动了整个新桥工业园空港区域的长远发展，实现了各方共赢的良好局面。

六、淮北市商运房地产开发有限公司破产和解案

（一）基本案情

淮北市商运房地产开发有限公司（以下简称商运公司）自 2013 年 5 月起，融资开发淮北市“金百合”小区项目。受宏观经济下行、国家政策调整以及民间融资成本过高等因素影响，商运公司自 2014 年 9 月起出现资金运转困难，到期债务不能清偿的情形，债权人陆续向法院提出财产保全申请，公司资产被多起诉讼查封，造成公司运转停滞，项目后续配套建设无法进行。大量购房户因无法入住，

进行大规模上访,被淮北市列入房地产领域信访突出单位之一。商运公司资产3.98亿元,主要为未售房屋及待开发用地,但未售房产已基本被法院查封,负债3.3亿元。2016年1月19日商运公司以无法清偿到期债务为由,向安徽省淮北市中级人民法院申请和解并提交了和解协议草案,淮北市中级人民法院裁定予以受理。

(二)审理情况

淮北市中级人民法院受理后,参考商运公司提交的初步和解协议,配合、帮助管理人与债权人就协议内容进行谈判沟通,并根据公司现状,从申报债权额的确定、债权清偿方式及清偿比例等方面对协议条款进行修改,制定了货币补偿、实物补偿和两种补偿方式相结合的清偿方案,以确保和解协议最大范围被接受。同时,淮北市中级人民法院协调帮助商运公司筹措了5000万元启动资金,使公司重新运转,增强了债权人、购房户的信心。2016年4月28日淮北市中级人民法院主持召开商运公司第一次债权人会议,204名债权人参加了会议。在10名省、市人大代表、政协委员的见证下,除一笔代表500万元债权的债权人表示异议外,和解协议获得了过半数债权人以及代表2/3以上债权额的债权人表决通过。淮北市中级人民法院依法作出裁定,认可商运公司和解协议,终止和解程序,管理人继续履行其职责。

(三)典型意义

破产和解是陷入困境但有价值的企业与其债权人之间,就延期偿还和减免债务达成协议,以实现企业挽救和债务清偿的一种程序。在本案中,商运公司拟定了初步和解协议,在进入司法程序后,由法院在法律框架范围内,指导、推动和解协议最终条款的形成,并引入货币补偿、实物补偿和两种补偿方式相结合的清偿方式,得到了大多数债权人的认可。案件的成功审结,有效保护了204名债权人、400余购房户的利益,优化了企业债务结构,盘活了企业资产7.28亿元,有力维护了当地房地产市场的健康发展和社会稳定。这也是当前"去库存"形势下,全省首例审结的房地产破产和解案件,为房地产企业破产提供了可借鉴、可复制、可推广的范例。

七、安庆市五千年文博园投资有限责任公司及其关联企业破产重整案

(一)基本案情

安庆市五千年文博园投资有限责任公司(以下简称文博园公司)由朱某某

（持有99.99%的股权）于2008年9月22日投资成立，注册资本1亿元。公司核心资产为五千年文博园景区，总占地面积约1200亩，拥有根雕、奇石等大量艺术品。自2011年文博园景区开园以来，被国家文化部命名为“国家文化产业示范基地”，被国家旅游局评为“国家AAAA级旅游景区”，系“安徽省重点扶持文化产业示范园区”，并被牙买加、津巴布韦等国设为文化交流中心，很大程度上带动了太湖县旅游业的发展。2014年10月5日文博园公司董事长朱某某失联，引起众多债权人恐慌，公司潜伏的债务危机集中显现，债务累计高达31亿余元。2015年2月6日根据文博园公司及其关联公司的申请，安徽省太湖县人民法院裁定受理5家公司破产重整，同时指定县政府先期成立的清算组为管理人。

（二）审理情况

经清算组对文博园公司及太湖县皖府国际大酒店有限责任公司、太湖县君子兰工艺美术有限责任公司、安庆市五千年文化产业园投资有限责任公司、安庆市五千年工艺美术有限责任公司5家关联公司进行核查，发现其实际控股人均为朱某某，主要经营事务均围绕文博园景区的投资建设，表征人格高度混同，故决定将该5家公司破产重整案在程序上合并审理，实体上财产合并处置。2015年5月15日文博园公司召开第一次债权人会议，对重整计划草案进行表决。根据重整计划草案，管理人已与第三方投资人达成债权收购意向，其以现金方式向部分债权人收购债权，并全部先行转为临时股权，债权性质不变；其中，50万元以下一次性以现金收购，50万元以上的，每户先按50万元现金收购，再将剩余债权进行分级收购；此外，重整计划提出了较为可行的经营方案并全力争创5A景区。表决前，太湖县人民法院指导管理人对债权类别进行了合理分组，在普通债权组中根据债权性质单独设立职工集资款、应付账款、普通债权等债权组，分阶段召开债权人会议进行表决，再将表决结果一并纳入普通债权组进行统计，最终重整计划草案顺利得到通过。2015年12月25日太湖县人民法院裁定批准通过文博园等5家公司破产重整计划。2016年5月30日安徽出版集团投资共建的安徽五千年文博园管理有限公司举行正式揭牌仪式。

（三）典型意义

文博园公司重整案是以市场化方式化解债务危机的典型案例。通过营业托管、债权收购、债转股等方式，既实现了企业经营的连续性和较高的清偿率，又从根本上改善了企业的资产及负债结构、调整了业务架构、优化了商业模式，最终增强了企业的持续经营能力和盈利能力,摆脱了经营及债务困境。借助破产重整程序,五千年文博园这一在全省乃至全国有一定影响力的旅游文化产业品牌得以凤凰涅槃、破茧重生。

八、安徽天晟久久投资有限公司破产清算案

(一)基本案情

安徽省安庆市中级人民法院在执行安徽天晟久久投资有限公司(以下简称天晟公司)系列案件中审查发现,天晟公司作为被执行人的案件共有 19 件,债务本金额 9037 余万元,其中无抵押担保债务本金额 4143 余万元,案件均未执行到位,债权人的债权均未能得到清偿,天晟公司已不能清偿到期债务,并且明显缺乏清偿能力。安庆市中级人民法院遂向债权人及债务人寻求意见,经部分债权人和债务人同意,将本案移送破产审查。2016 年 8 月 25 日安庆市中级人民法院根据债权人孙某某、朱某某的申请,裁定受理天晟公司破产清算案。

(二)审理情况

受理破产申请后,安庆市中级人民法院立即通知相关法院中止诉讼和执行程序,解除财产保全措施,并由管理人接管公司全部资产。2016 年 11 月 4 日天晟公司召开第一次债权人会议,核查管理人编制的债权表,因无债权人提出异议,安庆市中级人民法院及时作出了确认裁定。2016 年 12 月 12 日安庆市中级人民法院根据管理人申请,依法裁定宣告天晟公司破产。为节约成本,实现破产财产价值最大化,加快案件审理进程,安庆市中级人民法院指导管理人拟订了财产变价方案,其中,对持有的 1500 万元银行股权不再进行评估拍卖,根据债权金额按比例分配给各债权人;对无法收回的对外投资,不再进行评估、拍卖,予以核销。2017 年 1 月 10 日天晟公司召开第二次债权人会议,全票通过了财产变价方案,节约评估、拍卖费用近百万元。根据破产财产的变现情况,2017 年 4 月 6 日天晟公司召开第三次债权人会议,高票通过分配方案,普通债权人的本金、诉讼费等费用全额参与分配,利息按 30% 的比例参与分配,使债权清偿率由原来的 15% 提高为 19% 。目前分配方案已执行完毕。

(三)典型意义

符合《企业破产法》规定条件的企业法人应当通过破产程序清理债务,以实现对全体债权人的公平清偿。安庆市中级人民法院在执行程序中,发现被执行

人符合《企业破产法》第2条的规定，即根据民事诉讼法司法解释的有关规定，在征得债权人同意后，将执行案件及时移送破产审查，经审查符合破产案件受理条件，即裁定予以受理，进入破产程序，实现了案件执行程序和破产程序的有序衔接。

九、安徽铜商品市场有限责任公司破产清算案

(一)基本案情

安徽省铜商品市场有限责任公司(以下简称铜商品公司)系铜陵有色金属集团控股有限公司单独出资设立的有限责任公司，注册资本500万元。2014年3月25日铜陵有色金属集团控股有限公司董事会同意铜商品公司依法破产清算，并将铜商品公司的职工全部安置到铜陵有色置业公司工作。铜商品公司以其经营管理不善，已严重资不抵债，无法清偿到期债务为由，向安徽省铜陵市中级人民法院申请破产清算。2016年7月11日铜陵市中级人民法院裁定受理铜商品公司破产清算一案。

(二)审理情况

为解决铜商品公司职工的就业安置问题，铜陵市财政破产清算专项资金向管理人先期垫付了10万元破产经费。经管理人清算并报债权人会议核查，铜陵市国家税务局稽查局申报债权8,842,470.79元、铜陵市地方税务局申报债权853,010.76元、铜陵有色金属集团控股有限公司申报债权24,199,320.6元。铜商品公司主要有两部分资产：一是830,993.1元应收账款，因每户债权金额不大，且账龄均超过诉讼时效，系无法查找债权人的呆坏账，故管理人提请债权人会议审议后作核销处理；二是货币资金151,173.51元，扣除破产费用和管理人报酬后，无剩余财产可供分配。经管理人申请，铜陵市中级人民法院于2017年1月18日裁定终结铜商品公司破产清算程序。

(三)典型意义

铜商品公司自2011年起即已严重资不抵债，且停止了生产经营活动，陷入“僵尸”状态，耗费市场资源，挤占生产要素，成为铜陵有色金属集团控股有限公司甩不掉的包袱。对于此类企业，虽然无财产可供拍卖处置，但通过清算程序及时宣告破产，落实善后事宜，并依法注销其市场主体身份，有助于形成合法有序的市场退出机制，有效实现“僵尸企业”出清和生产要素释放。

十、安徽少安丝绸集团有限责任公司及其关联企业合并重整案

(一)基本案情

安徽少安丝绸集团有限责任公司(以下简称少安集团)主营蚕丝及其制品和服装加工、宾馆酒店等业务,曾为六安市农业产业化龙头企业,拥有“源牌”“丝依”等驰名商标,旗下多家控股子公司,员工 865 人。自 2013 年以来,由于自身经营不善,多项投资失误,加之受国家政策影响,占集团资产总额 50% 以上的酒店、蚕丝制品业务受到巨大冲击,出现巨额亏损,经营异常艰难。2015 年 4 月 6 日少安集团等 6 家关联企业以其明显丧失清偿能力为由向安徽省霍山县人民法院申请重整。2015 年 4 月 9 日、8 月 26 日霍山县人民法院裁定受理少安集团及其 5 家关联公司破产重整。

(二)审理情况

2016 年 1 月 15 日 6 家公司合并重整债权人委员会会议召开,就重整计划修订进行充分酝酿。根据重整计划草案,出资人权益调整为 0 后,由新股东无偿让渡 20% 的股权给原始股东;部分抵押财产折价抵偿给债权人用于清偿有担保物权,有升值开发利用价值的抵押物则由债务人继续使用或经营;对仍不能清偿的抵押债权和普通债权利用债转股的形式进行清偿。2016 年 1 月 29 日 6 家公司合并重整债权人大会召开,对重整计划草案进行分组表决,除有担保债权组外,其余债权组均表决通过。此后,债务人和管理人通过场外表决的方式,在与有担保债权人进行充分沟通的基础上,促成重整计划草案二次表决通过。2016 年 5 月 3 日霍山县人民法院裁定批准少安集团等 6 家关联企业重整计划,终止重整程序。

(三)典型意义

在破产重整程序中,债务人可以灵活运用重整程序允许的多种措施达到恢复经营能力、清偿债务、重组再生的目的。在本案中,法院指导管理人在拟定合并重整计划时,综合利用债转股、调整出资人权益、协议以抵押物折价抵偿债务等多种方法提高债权清偿率,有效促进了过剩产能化解和不良资产处置,为类似案件的处理提供了借鉴和参考。

广西壮族自治区各级各地人民法院破产审判典型案例（2015～2017年）*

一、南宁金通公司对贺州鼎富公司申请破产重整上诉案

（一）基本案情

该案为南宁金通小额贷款有限公司对贺州鼎富房地产开发有限公司申请破产重整上诉案（〔2017〕桂破终4号），贺州鼎富公司对主债务人广西睡宝床垫集团有限公司等两公司的贷款本息约1.5亿多元提供连带担保，在主债务人均已被法院裁定破产重整，且主债务人与贺州鼎富公司为关联企业的情况下，债权人南宁金通小额贷款公司向法院申请对担保方贺州鼎富公司进行破产重整。广西睡宝床垫集团有限公司是全国知名企业，广西区内其关联企业多达成28家，这些企业间债权债务互相关联，互为担保，财务管理和人员混同情况明显，本案受理前广西睡宝床垫集团有限公司及5家关联公司已被柳州市中级人民法院裁定受理破产重整申请。由于此案涉及广西知名企业的重整救治，问题多难度大，因此黄克大法官亲自审理了这起破产申请案，不仅仅宣示广西壮族自治区高级人民法院对破产审判服务党和国家供给侧结

---

* 本文系广西壮族自治区高级人民法院民二庭为本书撰写的《广西法院破产审判报告（2007—2017）》中的附件内容。

构性改革的高度重视,而且在解决破产审判难题上进行大胆尝试。

(二)审理过程

当前,在我国经济新常态下,供给侧改革和“僵尸企业”处置是新形势下党和国家经济生活的重要内容,广西壮族自治区高级人民法院黄克院长敏锐地意识到处理破产案件在供给侧结构性改革中“调结构”的关键性作用,以身作则、身先士卒,首次选取一起涉及申请债务保证人破产重整的疑难复杂破产上诉案件,亲自担任案件审判长及主办人,并组成了由蒋太仁庭长和李娜法官参加的合议庭,于2017年8月28日公开开庭进行了审理,社会公众及新闻媒体等150多人进行旁听。这是黄克院长担任广西壮族自治区高级人民法院院长以来第二次进行大法官开庭,也是第一位当审判长并兼主办人审理破产案件的全国高级人民法院院长。

此案涉及广西知名企业的重整救治,问题多难度大,不仅宣示广西壮族自治区高级人民法院对破产审判服务党和国家供给侧结构性改革的高度重视,而且在破产重整制度的适用问题上进行了大胆尝试:

第一,对案件争议焦点即债务人能否直接申请连带保证人破产重整作出了明确回答。在黄院长的指导下,经过合议庭成员充分讨论、研究和审理,一致认为在连带责任保证担保中,保证人在法律上具有与主债务人同等的债务清偿义务与法律地位,其对所欠借款有不分先后顺序的清偿义务,在主债务人不能偿还到期债务时,债权人可以直接要求保证人履行清偿全部债务的保证责任。债权是否经过生效法律文书确认,并非认定不能清偿到期债务的必要条件,因此受理破产重整申请也无须以生效裁判来确定债务关系为前提条件。本案所遇到的争议焦点并非个例,广西壮族自治区高级人民法院受理的多个破产申请上诉案件均涉及相似问题,也有多个中级人民法院就该问题请示广西壮族自治区高级人民法院。因此,本案的审理及判决对类似案件的审理进行了直接回应,起到了指导性与示范性的作用,有利于在全区范围内就债权人申请关联连带责任保证人破产重整的案件实现“同案同裁”。

第二,首次适用二审开庭程序审理破产重整申请上诉案。目前《企业破产法》中并无关于破产案件受理前的听证规定,但是最高人民法院《关于审理公司强制清算案件工作座谈会纪要》规定了听证制度,因此当绝大部分的法院在受理前需要当面审查、质证相关证据或事项时,一般都采用听证会的形式。但是,在黄院长审理的金通公司对鼎富公司申请破产重整上诉案中采用了二审公开庭审程序。我们主要考虑以下几点：一是本案涉及较多复杂且具有争议的问题，例如，保证人是否可以直接被债权人申请破产；法院受理破产申请是否以生效裁判确定的债务关系为前提；债务人及担保公司的股东为关联企业，股东进入破产重整程序的情况下是否需要合并审理，由哪个法院受理更利于确保集团公司整体重整的公平和效率。因此，二审公开庭审程序可以为各方当事人的相关证据材料及事实理由提供更为充分、完整的表达和质证途径，也为合议庭提供了一个当庭审查各个争议焦点的机会。二是公开庭审程序比听证程序更为充分、完整，更有利于保护各方当事人的权益，法律上既然允许了听证程序，就没有必要拒绝庭审程序，适用公开庭审程序完全符合破产法的规范目的与诉讼法的“两便”基本精神；此外，既然民诉法规定对一审不予受理的裁定可以上诉并由法院适用二审程序，也未禁止在破产案件中适用公开庭审程序，那么广西壮族自治区高级人民法院适用公开庭审程序并未违反任何禁止性规定。

（三）审理结果

经合议庭审查后查明：2014 年 5 月 12 日金通公司与睡宝集团公司签订《贷款合同》（编号：2014 年贷字第 1625 号），约定由金通公司发放贷款 4000 万元，但实际发放贷款 2300 万元。鼎富公司同日与金通公司签订《保证合同》（编号：2014 年保字第 1625－1 号），为以上贷款承担连带责任保证担保，鼎富公司同日还与金通公司签订《抵押合同》（编号：2014 年抵字第 1625 号），以其名下 28 套房产为以上贷款提供抵押担保并办理了抵押登记手续。贷款到期后，睡宝集团公司未能归还借款本金和利息，鼎富公司也未能履行担保责任。截至 2017 年 2 月 28 日，睡宝集团公司未能偿还本金 2300 万元、利息 1573.2 万元，共计 3873.2 万元。2014 年 5 月 12 日金通公司作为债权人，睡宝集团公司、广西睡宝涂料有限公司、东博公司作为债务人，双方签订《授信合同》，约定金通公司向以上 3 家公司提供自 2014 年 1 月 21 日～2017 年 5 月 28 日最高额贷款额度为 1.5 亿元的贷款。以此为基础，2014 年 5 月 30 日金通公司与睡宝集团公司签订《贷款合同》（编号：2014 贷字第 1576 号），约定并实际发放贷款金额 3042 万元。鼎富公司同日与金通公司签订《保证合同》（编号：2014 年保字第 1576－1 号），为该笔贷款提供连带责任保证担保。贷款到期后，睡宝集团公司未能归还借款本金和利息，鼎富公司也未能履行担保责任。截至 2017 年 2 月 28 日，睡宝集团公司未能偿还本金3042万元、利息2000.564万元,共计5042.564万元。2014年5月30日金通公司与东博公司签订《贷款合同》(编号:2014贷字第1621号),约定并实际发放贷款金额3950万元。鼎富公司同日与金通公司签订《保证合同》(编号:2014年保字第1621-1号),为该笔贷款提供连带责任保证担保。贷款到期后,东博公司未能归还借款本金和利息,鼎富公司也能未履行担保责任。截至2017年2月28日,东博公司未能偿还本金3950万元、利息2429.25万元,共计6379.25万元。综上,截至2017年2月28日,睡宝集团公司、东博公司未能按期偿还金通公司借款本金9292万元,利息6003.014万元。另查明,柳州市中级人民法院于2017年4月7日作出〔2017〕桂02破申4号民事裁定,受理金通公司对睡宝集团公司的重整申请;于2017年8月14日作出〔2017〕桂02破申6号民事裁定,受理金通公司对柳州鼎富公司的重整申请;于2017年8月14日作出〔2017〕桂02破申8号民事裁定,受理金通公司对柳州市鼎庭贸易有限公司的重整申请;于2017年8月14日作出〔2017〕桂02破申9号民事裁定,受理金通公司对睡宝涂料公司的重整申请;于2017年8月14日作出〔2017〕桂02破申10号民事裁定,受理金通公司对东博公司的重整申请;于2017年8月14日作出〔2017〕桂02破申11号民事裁定,受理金通公司对柳州市宝铃乘东空气悬架有限公司的重整申请。鼎富公司的两家股东睡宝涂料公司和柳州鼎富公司均为睡宝集团公司及其法定代表人覃某某控股的子公司。

合议庭认为,本案的争议焦点如下:(1)鼎富公司作为连带保证人是否是适格的破产重整主体。(2)法院受理破产重整申请是否以生效裁判确定的债务关系为前提条件。(3)鼎富公司是否具有清偿到期债务的能力。

关于第一个争议焦点。鼎富公司为东博公司和睡宝集团公司向金通公司的3笔借款提供连带责任保证担保,在法律上即具有与东博公司和睡宝集团公司同等的债务人法律地位,对所欠借款有不分先后顺序的清偿义务,在东博公司和睡宝集团公司不能偿还到期贷款时,金通公司作为债权人可以直接要求鼎富公司履行清偿全部债务的保证责任,根据本案事实和证据,该公司已明显不具有通过经营获利来清偿到期债务的能力,金通公司作为债权人对鼎富公司申请破产重整符合《企业破产法》相关规定,鼎富公司是适格的破产重整主体。

关于第二个争议焦点。鼎富公司作为连带担保责任人应向金通公司清偿东博公司和睡宝集团公司的到期债务,2016年6月27日金通公司将《履行保证责任通知书》发送给鼎富公司要求其履行保证责任，直到金通公司于2017年4月13日向法院提交破产重整申请，鼎富公司仍拒绝履行。鼎富公司不能清偿到期债务且明显缺乏清偿能力的事实清楚，金通公司可以依法向法院提出对鼎富公司的重整申请，而债权是否经过生效法律文书确认并非认定不能清偿到期债务的必要条件，债权债务关系经审查真实存在，应予确认。

关于第三个争议焦点。东博公司和睡宝集团公司不能清偿的3笔到期贷款，共计本息约1.52亿元人民币。柳州市中级人民法院于2017年8月14日作出〔2017〕桂02破申6号和〔2017〕桂02破申9号民事裁定，主要内容是受理了金通公司对鼎富公司的2个股东柳州鼎富公司和睡宝涂料公司的破产重整申请。据此，鼎富公司已无法形成法人意志，丧失了正常的经营决策能力，也无法通过正常经营于现在或未来获得清偿债务的能力。

综上，金通公司可以以债权人身份向法院申请对鼎富公司进行破产重整，符合法院受理的条件。但因睡宝集团公司与东博公司、柳州鼎富公司和睡宝涂料公司间存在关联关系，柳州市中级人民法院分别于2017年4月7日以〔2017〕桂02破申4号民事裁定，2017年8月14日以〔2017〕桂02破申6、8、9、10、11号民事裁定，受理了金通公司对睡宝集团公司、东博公司、柳州鼎富公司和睡宝涂料公司等公司的破产重整申请。因此，由柳州市中级人民法院依法受理本案更利于保护债权人合法权益，更能确保睡宝集团公司整体破产重整的公平和效率。故指定柳州市中级人民法院裁定受理南宁市金通小额贷款有限公司对广西贺州市鼎富房地产开发有限公司的重整申请。

（四）案外影响

如果本案重整成功，将会取得多赢的效果。一是通过关联公司合并进行破产重整，可以降低重整成本，提升现有资产价值，保障所有债权人得以在同一程序中平等受偿。二是有利于凸显破产重整制度的公平价值，债权人通过收购重整实现资产最大化，提高债权人的清偿率，债务人通过重整保住资产，可以继续经营。三是重整后我区知名商标可以保存，知名企业可以再生，社会效益显著。四是重整成功后500多名职工的就业可以继续得到保障，同时可以增进就业岗位，有利于维护社会稳定。五是为今后的关联案件进行破产重整树立标杆。

广西壮族自治区高级人民法院大法官黄克院长以身示范率先攻克破产案件审理难题，取得良好的法律效果和社会效果，打消了我区各级法院在受理破产案件上的畏难情绪和负面顾虑，自黄院长开庭以后，全区破产案件受理呈雨后春笋，多个中级人民法院向广西壮族自治区高级人民法院请示破产案件的受理情况或表示受理破产案件的高度积极性，一些受理经验成熟的中级人民法院也进一步表示今后将更有信心、更有底气、更有意愿受理并处理好各类破产案件。

二、桂林广维文华旅游文化产业有限公司破产重整案

(一)基本案情

桂林广维文华旅游文化产业有限公司(以下简称广维公司)于2001～2004年分期建设了漓江刘三姐歌圩、山水剧场等文化项目，制作了全球第一部山水实景演出《印象·刘三姐》，该剧目开创山水实景演出的先河。《印象·刘三姐》作为广维公司的核心品牌项目，从2004年正式公演以来，每年演出500多场，年接待国内外观众100多万人次，且该剧目获得过很多全国奖项，是广西旅游的活名片，极大地带动了阳朔县乃至桂林市的旅游、地产、宾馆住宿、餐饮、交通运输和艺术教育等相关产业的发展，社会效益巨大。然而，在企业发展过程中，因不当的为股东及其关联控制人代偿或担保债务而陷入债务危机。广维公司提出破产重整申请前，已成为数十起民事、执行案件的被告或被执行人，账户、财产大部分被省外及区内三级多家法院查封、冻结，涉诉债务总额超过14亿元，部分案件已经进入执行程序，公司处于将被拆分的边缘。2017年8月因严重资不抵债、不能清偿到期债务，广维公司向广西壮族自治区高级人民法院提出破产重整申请。

(二)审理情况

2017年8月15日广西壮族自治区高级人民法院裁定受理广维公司破产重整申请，同日指定广西同望律师事务所为广维公司破产重整一案管理人，就重整期间的各项工作和重大事务，均要求管理人依法向合议庭请示、报告或备案，截至2017年12月1日，管理人已向广西壮族自治区高级人民法院提交98份请示、报告或工作方案。2017年12月4日广西壮族自治区高级人民法院作出终审裁定，批准该公司重整计划草案，终止该公司重整程序。按照重整计划草案，广维公司可以继续经营，重整投资方也将充分利用自身在资本市场运作的专业优势和文化产业打造的资源优势，对该公司的核心项目进行全面、系统的升级改造，丰富项目内容，提升项目品质，加大推动当地旅游产业发展力度，充分发挥项目营运价值，取得更好的社会效益。

(三)典型意义

本案是广西壮族自治区高级人民法院首次直接受理的破产重整申请案件。广西壮族自治区高级人民法院受理该案时,主要考虑以下三个方面:第一,该公司名下的优质资产具有国际影响力且关系着广西民族文化与旅游产业的发展。其主要资产是大型桂林山水实景演出作品《印象·刘三姐》的知识产权及相关场地的建筑物与土地使用权等,该作品表演作为世界上第一部也是规模最大的山水实景演出,不仅生动地展示了广西的秀丽山水与民族文化,同时也是中国在世界上的一张亮丽名片,每年吸引着大量国内外游客到广西旅游。第二,该作品自首演以来已历经14年,仍保持旺盛的生命力与吸引力,但期间也经历了投资方的变动、管理层的调整以及高管层以权谋私、抽逃资金等诸多负面事件,该公司涉及的财务关系与利益关系在整个桂林市内错综复杂、盘根错节;加之其债权人及相关利害关系人遍布各地,因此由广西壮族自治区高级人民法院直接受理该案,有利于在全区范围内统筹协调、整体把控,截断相关利益关系链,确保案件公平高效审理。第三,广西的破产审判实践起步较晚,案件体量并不算大,除南宁、柳州等经济较发达的地区,大部分的中基层人民法院并无足够的破产审判经验,破产审判团队在区内的发展极为不平衡。因此,由广西壮族自治区高级人民法院直接受理该案,也是想以本案为典范,就法院、管理人以及相关的政府部门在整个破产重整程序中的职能定位作用树立规范实务的标杆。

广西壮族自治区高级人民法院宣布裁定受理广维公司破产重整申请后,依法将广维公司所有的诉讼和执行程序中止,为广维公司筑起了一道“保护墙”,为企业“止血”。在重整期间,广西壮族自治区高级人民法院指导监督管理人就破产重整工作进行全面布局,由管理人指定一系列工作制度和方案;指导监督利用网络平台与现场提交相结合的办法,最大限度提高债权申报和审核效率,分析疑难问题,确保了管理人在短短14日内完成债权申报与审核工作;指导监督管理人从经营管理结构、安检、设备更新、品牌效益提升等方面将经营管理的规范和效益落到实处。

为了让《印象·刘三姐》这一具有代表性的作品重焕活力,广西壮族自治区高级人民法院通过对管理人履职报告及相关请示的研究分析,批准管理人采取邀请招募重整人的方式确定重整方。招募的投资人必须与广维公司及实际控制人没有利害关系,而且重整方应具备实际经营《印象·刘三姐》项目的能力,包括资金实力、类似项目经营经验,具备处理复杂局面的能力、政治过硬、没有不良记录等,最终确定北京天创文投演艺有限公司为重整投资中标方。接下来,广西壮族自治区高级人民法院督促管理人制订可行的重整计划草案,让管理人立足于最大限度保护债权人合法权益及债务人持续发展的基础上,与中标人协商确定重整经营方案。在债权人会议表决通过之后,广西壮族自治区高级人民法院作出终审裁定,批准广维公司重整计划草案,终止该公司重整程序。

在案件审理中,合议庭没有把破产案件作为单纯司法案件进行审理,而是积极寻求破产企业所在地党委政府的支持,加强府院互动,形成合力,提高破产案件审判效率。蒋太仁庭长作为审判长多次带队与地方党委政府进行沟通协调,详细解释破产重整程序的基本功能、高院受理的作用及企业重整意义,打消了地方党委政府的疑虑,县委书记明确表示将全力配合支持广西壮族自治区高级人民法院工作,并做好相关地方协调及维稳工作。此后,合议庭几次到桂林阳朔办理相关保全手续以及召开管理人交接会议等场合,其政法委副书记都全程陪同,在各个环节帮忙协调沟通各个政府部门,同时不断将案件审理进展向党委汇报,并随时向法院反馈党委政府的考量与建议。这种府院联动、配合的关系很好地营造了推进破产受理各个环节的良好环境,目前成效显著,在全区有一定的示范意义。

三、柳州华远公司等关联企业破产重整案

(一)基本案情

柳州华远房地产开发有限公司(以下简称华远公司)、柳州高新区金华贸易有限(以下简称金华公司)、柳州市充裕物资贸易有限责任公司(以下简称充裕公司)均系一人股东有限责任公司,且法定代表人均为出资人熊某某。因经营管理不善,上述3家公司均陷入财务困境,金华公司、充裕公司分别向法院申请破产清算,华远公司则向法院申请重整。经审查后,法院分别作出〔2015〕柳市破(预)字第4-1号民事裁定书受理金华公司的破产清算申请、〔2015〕柳市破(预)字第5-1号民事裁定书裁定对华远公司进行重整、〔2015〕柳市破(预)字第6-1号民事裁定书受理充裕公司的破产清算申请,并指定了广西汇力律师事务所、广西华宇企业清算服务有限公司、广西天华会计师事务所有限责任公司担任上述3家关联企业的管理人。

(二)审理情况

对于债务人财产的接管和有效控制,是实现债权清偿、保障债权人利益的第一要务。在法院的监督下,管理人及时对华远公司、金华公司、充裕公司的财产、印章以及账簿、文书等资料进行了接管并在法院监督之下选定了评估、审计机构。同时,对于华远公司、金华公司、充裕公司在外地的资产,法院派员与管理人成立专门的接管工作小组,分赴全国各地协调有关法院解除财产保全措施。

在审理期间,福东公司向法院申请对金华公司进行重整。福东公司的重整债务清偿方案系以其公司自有资金以及为华远公司提供担保向银行借款的方式筹措资金来偿还债务。经审查,法院认为福东公司具有对金华公司进行重整的能力,于2015年4月17日裁定对金华公司进行重整。在法院主持之下,管理人组织熊某某与福东公司于2015年5月20日召开现场会议,协商签订了《股权转让协议》,福东公司即成为上述二公司的重组方。

2015年6月19日召开华远公司、金华公司第一次债权人会议各表决组表决高票通过债权登记表,各债权人对管理人制作的债权表予以确认。2015年7月8日召开第二次债权人会议,各表决组表决高票通过包含债权受偿方案、出资人权益调整方案以及华远公司重整计划草案、金华公司重整计划草案。担保债权组、职工债权组、税款债权组、出资人组同意重整计划草案的债权人人数及所代表的债权额占该组债权总额均为100%,普通债权组同意重整计划的债权人人数过半,所代表的债权额超过该组债权总额2/3以上。根据华远公司管理人、金华公司管理人提交的报告意见,法院经审查后于2015年7月9日分别裁定批准华远公司重整计划、金华公司重整计划的申请并终止重整程序。

华远公司重整计划、金华重整计划的执行期限为2015年9月10日~10月30日。期间法院参与了各重整计划的执行,对管理人报请批准确认申报债权予以确认,同时监督管理人对华远公司、金华公司职工债权和税收债权全额清偿,对担保债权,在特定担保物的变现价值内全额清偿。对于华远公司负担的其他普通债权,按照25%比例清偿,对于金华公司负担的其他普通债权,按照25%比例清偿,最终使二公司的普通债权人债权清偿比例达到50%。因福东公司经过债权收购后,成了充裕公司唯一的债权人,福东公司也与充裕公司达成了和解。

2015年11月15日管理人向法院提交了《关于华远公司重整计划执行情况的监督报告》《关于金华公司重整计划执行情况的监督报告》以及《关于充裕公

司破产和解执行情况的监督报告》,认为至向法院提交监督报告之日,《重整计划》已经执行完毕,法院经审查,于2015年11月20日作出裁定,裁决华远管理人、金华公司、充裕管理人的监督职责终止;华远公司、金华公司的债权人在重整期间未依法申报债权的,在重整计划执行完毕后,可以按照重整计划规定的同类债权的清偿条件行使权利;按照重整计划减免的债务,自重整计划执行完毕时起,华远公司、金华公司不再承担清偿责任;重整计划执行中的后续工作由重整后的华远公司、金华公司继续完成。

柳州市中级人民法院于2015年7月8日作出〔2015〕柳市破字第5-4号民事裁定书,裁定:一、批准柳州华远房地产开发有限公司重整计划草案;二、终止柳州华远房地产开发有限公司重整程序。

(三)裁判要旨

因具有独立法人资格的各公司相互担保高度交叉,且各公司的经营管理成员高度一致,可以参照适用《公司法》中的"法人人格否认制度",对关联企业一并进行重整或者破产清算。本案的关键在于法院将关联企业实体合并重整,通过以债务人的出资人将股权转让给重组方,引入重组方对各关联企业同类型的债权按照相同比例公平清偿的方式实现成功重整。既使重组方获得了对优质资源的经营控制,使原陷入财务困境的房地产企业得以重生,又使原出资人摆脱了经营不善造成的社会负担,还使各关联企业相互担保的债权人获得了远远高于破产清算受偿率的清偿。法院在审理过程中通过提前介入厘清各关联企业债务情况,根据关联企业的复杂类型,有针对性地分别指定了清算公司、律师事务所及会计师事务所等担任管理人。通过管理人指导债务人出资人召开股东会议协商制定了股权转让方案以及公平合理的债权清偿方案,并最终通过债权人会议表决通过,实现了经济效益、社会效益的最大化。

(四)案例注解

1.关联公司实体合并重整,有助于实现各关联企业债权人的公平受偿。在本案中,虽然各债务人均系独立的法律主体,但这些企业在经济层面上紧密联系,滥用了法人独立人格,造成这些关联企业资产混同、人事混同、债权债务混同的现象。如果对上述债务人均采取个别破产的处理模式,难以有效解决关联企业混同资产的划分界定问题,难以使各债务人的债权人得到公平受偿,也无疑会降低破产效率和提高破产成本。由于《企业破产法》对关联企业破产未有涉及,在司法实践如果选择一种既能体现公平正义又能兼顾程序效率,既能维护法人人格独立又能规范市场主体诚信退出机制的处理模式,系本案审理中的最大难题。(1)关联企业实体合并标准的判断。实体合并规则源于法人人格否认制度,本院在实践中参考了《公司法》中有关法人人格否认制度适用条件,即关联企业之间的财产高度混同、企业之间相互担保的高度交叉、公司人事任职的高度混同。企业独立的法人财产是企业独立承担法律责任的物质保障。但本案中各关联企业成员之间的相互担保高度交叉,则每个成员的法人财产将通过承担担保责任的方式成为其他成员对外承担债务的责任财产,各个成员之间的财产变相混同在一起,已经失去了原有的独立承担责任的能力。在本案中,各关联企业的董事会成员高度一致,形成对各企业董事会表决权的完全控制,董事、监事、高管人员任职交叉过多,在执行机构设置上形成所谓的"一套班子、两块牌子",形成对从属企业日常经营的支配性控制。(2)关联企业重整的清偿原则。由于在本案中,各企业成员之间相互担保,且均丧失了正常经营能力。因此,管理人在制作重整计划草案拟定清偿方案时,将各债权人在各企业清偿方案中的比例综合考虑,即改相同清偿顺序的每个债权人最终获得相同的清偿比例,保证了债权人的公平受偿。如对于华远公司负担的其他普通债权,按照25%比例清偿,对于金华公司负担的其他普通债权,按照25%比例清偿,最终使二公司的普通债权人债权清偿比例达到50%,远远高于按照评估价格进行破产清算后,各位债权人应当获得的11%的清偿比例。(3)关联企业实体合并重整的效率价值。在债权申报过程中,各债权人均向主债务人和担保人申报了债权。在合并处理模式下,关联企业之间的资产合并处置,关联企业之间的债权债务归于消灭,免去了对关联企业之间高度混同的资产作艰难且意义不大的归属划分,也免去了对关联债权的清理和认定,使破产重整程序得到了简化,提高了破产重整效率。

2. 以出资人股权转让的方式对出资人的权益调整,实现资源有效配置和利用。重整制度树立的是社会本位观,坚持的是把社会利益置于首位的价值取向,它兼顾多重利益平衡,即债权人之间的利益平衡,债权人与债务人,大股东、中小股东、重组方之间的利益平衡,各方当事人利益与社会利益之平衡等。股东权益调整。如果重整计划仅安排债权人延期受偿或者豁免债务,而不对陷企业于破产境地负有一定经营责任的股东,尤其是控股股东的权益进行调整,将导致重整成本由债权人承担,重整收益却由股东独享的严重后果,这不符合重整制度公平调整各方当事人利益的基本价值理念。因此,在破产重整程序中对股东权益进行调整以兼顾各方当事人利益之平衡是重整制度立法宗旨的要求。在审理本案过程中,法院指定管理人后,管理人及时掌握了华远房开公司股东与福东公司的重整意愿,在多方协调的基础上制定了切实合理的股东权益调整方案。《企业破产法》对于如何表决股东权益调整方案未有明确规定。人民法院认为股东权益调整方案既关系到公司出资人的利益,也涉及重组方福东公司及其他债权人的利益。因此,为了充分保护各方利益主体的权益,在人民法院的见证之下,由管理人召集华远房开公司出资人及重组方采取开现场开会方式对股东利益调整方案进行表决,其表决机制参照《公司法》第 43 条的规定,即股东利益调整方案需经代表 2/3 以上的表决权的股东通过即可。股东利益调整方案表决通过后,由管理人将股东利益调整方案作为重整计划草案的一部分提交债权人会议,予以公示。在债权人会议通过重整计划草案后,由管理人向法院提出批准申请,人民法院进行形式审查后即予以裁定批准。通过出资人利益调整,使债权人福东公司能够有效控制华远房开公司并注入资金。

3. 各类型管理人协同配合办案,各有所长,实现案件高效审理。针对不同类型的 3 家关联企业,法院在指定管理人时分别指定了律师事务所、清算服务公司以及会计师事务所担任管理人。这三种类型的管理人均各有所长,律师事务所在处理法律事务领域有专长,会计师事务所则对于评估、审计工作更专业,而清算服务公司则在协调与各相关部门关系、财产变现、处理职工遗留问题等领域更有优势。柳州市中级人民法院在受理的关联企业破产案件中尝试三种类型管理人共同办案的方式,分别指定三种类型机构担任个案管理人,但在处理关联企业破产案件事务时,统一协调、分工合作,将法律事务交由律师事务所管理人处理,将评估、审计工作交由会计师事务所处理,将关系协调、财产变现处置等工作交由清算服务公司处理。整合各类管理人优势资源,更好地发挥各类型管理人的长处,实现破产案件的公正、高效审理。

四、广西睡宝床垫公司破产重整案

柳州市中级人民法院于 2017 年 4 月 7 日裁定受理了南宁市金通小额贷款有限公司对广西睡宝床垫集团有限公司(以下简称睡宝床垫公司)重整的申请。并于同日指定了广西华宇清算服务有限公司担任管理人。

睡宝床垫公司始建于1999年7月,法定代表人覃某甲,股东为覃某乙、覃某甲,注册资本10,189万元人民币,其中,覃某乙出资305.67万元,占注册资本3%;覃某甲出资9883.33万元,占注册资本97%。现有员工500多人,专卖店300多家,年产床垫能力100万张,在广西区同行业内占领导地位。睡宝床垫公司管理人在履职的过程中与广西华元会计师事务所对睡宝床垫公司及其28家关联企业的实际控制人、融资担保情况、财务情况、管理人员情况、经营情况做了共同调查,收集了翔实的证据材料。具体关联情况如下:

1.覃某甲控股或者实际控制关联企业的方式。通过工商登记信息查档和向相关人员调查取证,睡宝床垫公司及其28家关联企业实际控制人均为覃某甲。覃某甲控制关联企业的方式有三种:一种以覃某甲控制的睡宝床垫公司直接投资控股,或者以控股子公司间接投资控股,此类型公司有7家。另一种方式为覃某甲以公司内部员工或亲属代为名义持股,实际出资为覃某甲,由其完全控制;上述公司重大经营决策未召开股东会决议,经营决策实际都为覃某甲本人决定;此类型公司有21家。还有一种方式是覃某甲直接参股,该公司有1家即柳州市昊客商务服务有限公司;该公司财务人员由覃某甲控制的关联公司的员工担任;该公司没有经营业务,由覃某甲实际控制管理,对外以该公司名义向民间融资,由睡宝床垫公司提供担保,所融资金由覃某甲统一调配。

2.睡宝床垫公司及其28家公司资金调配都由实际控制人覃某甲决定,公司之间存在债权债务相互关联、相互担保的情况。具体融资方式有两种:一是覃某甲向金融机构的融资,主要通过其控制公司的资产抵押、个人股权质押、各个公司互为担保,或者以个人的财产进行担保抵押等多种方式进行操作。二是覃某甲通过睡宝床垫公司和柳州市昊客商务服务有限公司向民间大量融资的情况。据调查,覃某甲自2012年7月开始,专门成立睡宝床垫公司融资部,独立在柳州市东环大道230号居上V8城A座18楼办公,专门进行对外融资。

3.广西睡宝床垫集团及其28家关联公司存在财务管理、人员混同的情况。其具体表现方式有:有些公司会计均由一人担任,或者使用同一套财务办公软件,关联公司与睡宝床垫公司财务人员一起办公。相关关联公司财务管理人员的工资由睡宝床垫公司发放。

4.睡宝床垫公司及其28家关联公司存在经营场地混同的情况。实际经营地址在柳州市雒容镇盘古大道1号睡宝床垫公司厂内的公司为广西睡宝涂料有限公司、柳州市宝玲乘东空气悬架有限公司、柳州市东博汽车配件有限公司3家。实际经营地址在柳州市东环大道230号居上V8城18楼集中办公的公司为柳州市睡宝小额贷款有限公司、柳州市鼎庭贸易有限公司、柳州泊胤贸易有限公司、柳州雄邦家具销售有限公司、柳州市瑄顺贸易有限公司、广西卓冠沙发有限公司、柳州市苡纯工艺品有限公司、柳州市瑄富软床有限公司、柳州市瑄胜汽车运输有限公司、柳州市鼎富房地产开发有限公司和柳州市昊客商务服务有限公司等11家。实际经营地址在防城港三顺世纪大都会销售中心二楼集中办公的公司为防城港市腾远贸易有限责任公司、防城港市乐安居建材有限公司、防城港市佳宜贸易有限责任公司、防城港市辉鸿贸易有限公司、防城港市桂雅贸易有限责任公司、防城港闽拓装饰工程有限公司、广西金狮城地产有限公司、防城港市三顺房地产开发有限公司、防城港市睿通房地产开发有限公司、防城港市佳兴房地产有限责任公司、防城港万宝房地产开发有限公司。实际经营地址在贺州市为广西贺州市鼎富房地产开发有限公司。

5. 管理人收集的证明关联企业的相关证据材料。管理人和审计人员对28家关联企业存在法人人格混同的情况做了核实、确认,并收集了大量证据材料。其中包括:睡宝床垫公司与代持股个人签署的《合作办证贷款合同》;睡宝床垫公司及其28家关联公司的财务人员、管理人员声明;睡宝床垫公司为关联企业员工发放工资凭证;关联公司之间资金挂账凭证。

经过睡宝床垫公司管理人的尽职调查,柳州市中级人民法院认为,睡宝床垫公司及其28家关联企业应当实施合并重整,理由如下:(1)睡宝床垫公司及其28家关联企业虽然均为独立的法人实体,但实际控制人为覃某甲一人,公司决策与经营均由覃某甲决定,且公司间资金任意调配,相互拆借担保,部分公司间财务人员、管理人员混同,部分企业共用生产场地、办公用所,以上公司已丧失法人意志和财产独立性。(2)实际控制人覃某甲以睡宝床垫公司为融资和担保平台,通过睡宝集团公司融资部借款金额16.12亿元。所获资金主要用于防城港市睿通房地产开发有限公司、广西金狮城地产有限公司、防城港市三顺房地产开发有限公司及其他关联企业等。这些关联公司如果个别分开重整,将严重损害融资平台公司睡宝床垫公司债权人的利益,难以实现对多数债权人公平清偿。睡宝床垫公司与28家关联企业合并重整,可以保障所有债权人在同一程序中平等受偿,有利于凸显重整制度的公平价值。合并重整有利于正常生产经营的企业得到整体保全,职工不下岗不失业,我区知名品牌"睡宝床垫"得以延续,社会效益显著。合并重整可以降低重整成本,提升现有资产价值,提高债权人的清偿率,有利于实现重整案件的经济效益。

目前,睡宝床垫公司管理人已向柳州市中级人民法院提出书面申请,请求对睡宝床垫公司及其28家关联企业实施合并重整。因睡宝床垫公司及其28家关联企业的工商注册登记地及其主要财产所在地分属于柳州市、防城港市及贺州市,根据破产案件地域、级别管辖的规定,建议由柳州市、防城港市及贺州市三地中级人民法院依据各自管辖权范围,分别受理睡宝床垫公司及其28家关联企业破产重整案件,并由广西壮族自治区高级人民法院成立关联案件协调领导小组,统筹协调关联企业破产重整案件中存在的各项问题。

五、广西金河矿业股份有限公司破产重整案

(一)基本案情

广西金河矿业股份有限公司(以下简称金河公司)是一家主要从事有色金属矿采、选、冶炼的国有股份制企业。因2012年柳州龙江河镉污染事件,金河公司所属冶化厂被认定为污染源之一,冶炼生产线关闭停产。同时有色金属市场价格持续走低进入行业下行周期,金河公司连年巨额亏损。截至2016年4月28日,负债总额14.6亿元,净资产为负6.7亿元,资产负债率达209%,已严重资不抵债,金河公司及旗下子公司职工1700余人面临窘境。因其控股股东广西有色金属集团有限公司进入破产重整程序,导致其不仅无法再从大股东处获得"输血",而且金融机构也以大股东进入重整程序为由拒绝向金河公司提供融资,导致金河公司资金严重匮乏,经营陷入困境,不能清偿到期债务,因而向法院申请重整。河池市中级人民法院于2016年4月28日受理,并指定金河公司清算组任管理人。

(二)审理情况

在河池市中级人民法院的指导、监督下,管理人面向全国公开招募到多家意向重整投资人,并引导意向投资人在债权人代表的参与下对投资方案进行了3轮优化及5轮现场公开竞价,择优遴选出了重整投资人,使超过30万元以上部分的普通债权一次性清偿的清偿率从方案最初的16.8%大幅提升至36%,还新增

了保本停息分期5年100%清偿的方式供债权人选择。管理人据此制作的重整计划草案在第二次债权人会议上获有财产担保债权组、职工债权组、税款债权组、出资人组的全票通过,以及出席会议普通债权组人数的96.72%、金额的98.58%的高票通过(仅一票反对)。河池市中级人民法院于2017年1月24日裁定批准金河公司重整计划。重整计划亦得到顺利执行,投资人按期付清了5.3亿元首期重整款,各项债权按重整计划获得清偿,金河公司的股份让渡手续也已完成,恢复了正常经营,重整取得了圆满成功。

(三)典型意义

1.本案是在重整程序中贯彻债权人利益最大化原则的成功实践,当出现多家意向投资人且债权清偿方式相似,具有竞价条件时,管理人不墨守成规,及时调整遴选规则,允许投资人进一步优化投资方案并引入公开竞价机制。通过市场竞争最大限度发现和提高债务人的重整价值,债权人清偿率从16.8%提高至36%,甚至可以选择100%清偿,最大限度满足债权人受偿利益。

2.本案也是政府相关部门人员与律师、会计师共同组成清算组担任管理人,"府院联动"机制高效、充分发挥作用的典型案例。河池市政府组建由河池市国资委主任担任组长、各相关职能部门人员担任成员,联合北京大成(南宁)律师事务所等中介机构组成的清算组担任管理人。管理人团队的中介机构专业高效、责任心强、严格恪守法律底线,积极推进管理工作。政府各职能部门各司其职、反应迅速、全力支持重整工作,河池市分管副市长多次带队到自治区汇报重整工作并寻求政策支持、河池市政府积极派员维护债务人管控的枪支弹药等军工资产安全并及时妥善处置、政府多次组织专题会议研究并最终创造性地解决棚户区改造问题、政府组织工作组进驻债务人下属企业处理职工闹访事件、社保部门艺术地处理职工社保正常使用问题等。政府没有"不作为",也没有"乱作为","府院联动"的功能获得最大限度发挥,为类似国有企业破产重整案管理人团队的组建及运作提供参考借鉴作用。

3.在重整计划执行阶段,由于原股东所持金河公司的股份已经质押,而质权人不同意配合办理股份解押手续,股份一直无法让渡给投资人,重整面临功亏一篑的风险。河池市中级人民法院在广西壮族自治区高级人民法院的指导下,正确判断在金河公司经审计评估已经严重资不抵债,已不存在剩余财产可供股东分配,原股东的权益已经归零,质权人已不可能从股权上获得受偿的现实情况,充分考量重整成功的社会价值,果断向工商登记机关出具协助执行通知书注销金河公司股份所附出质登记,确保重整计划的顺利执行。为重整计划执行中类似问题的解决,提供了切实的参考案例。

湖南省各级各地人民法院破产审判典型案例(2011～2016年)*

一、湖南国光瓷业集团股份有限公司破产重整案

(一)基本案情

湖南国光瓷业集团股份有限公司于1993年6月注册成立,注册资本1.14亿元。1999年12月公司于上海证券交易所主板上市,总股本9500万股。由于2003～2005年连续3年亏损且未能按期披露2006年年度工作报告,2007年5月上海证券交易所对其下发终止上市的决定,终止该公司股票上市。后该公司努力从陶瓷制造向制药业转型,但未能给公司带来预期效益,连续亏损,并停止经营多年。2014年11月该公司公告"就债务问题准备与相关银行进行协商和解,同时协商债务重组事宜",并进行停牌。截至2014年年底,该公司资产总计3.82亿元,负债总计15.06亿元,负债率高达394%,严重资不抵债。2015年7月该公司向株洲市中级人民法院申请重整,株洲市中级人民法院裁定将该案交由醴陵市人民法院审理。

(二)审理情况

醴陵市人民法院受理后,指定国光瓷业清算组担任

---

* 2016年9月28日湖南省高级人民法院召开新闻发布会,通报全省法院近5年依法审理破产案件工作情况及典型案例。在此收入的即是发布会上通报的典型案例。

管理人。2015年10月13日成功召开了第一次债权人会议。会上,法院依法告知了各位债权人在债权人会议上的职权、债权人的权利以及合议庭组成人员情况后,管理人向与会人员作重整清算工作报告、重整财产报告以及债权审核报告。经核查,到会债权人对债权表记载债权均无异议,法院依法裁定对债权人会议核查的债权表记载的债权予以确认。随后,醴陵市人民法院督促管理人勤勉履职,一个月内就拿出了《重整计划草案》。2015年11月13日又成功组织召开第二次债权人会议,并采取分组表决的方式对《重整计划草案》进行表决。其中出资人组采取现场投票和网络投票相结合的方式,通过了出资人权益调整方案。担保债权组、职工债权组、税收债权组和普通债权组审议表决通过了《重整计划草案》。该公司重整程序终结。

(三)典型意义

该案为国有上市公司破产重整案。醴陵市人民法院经审理认为,湖南国光瓷业集团股份有限公司有重新上市的可能,从尽力挽救市场主体的角度出发,积极组织召开好债权人会议,创新会议召开方式和表决方式,使公司重整草案得以顺利通过。从而使公司通过重整避免破产,吸引有实力的重组方对其实施重组,进而达到申请重新上市的条件;债权人也能通过重整程序,获得更高的清偿率,合法权益得到最大限度的维护;公司职工也通过重整中资产释放得到安置。

二、湖南省丰康生物科技股份有限公司、湖南崎丰生物科技有限公司破产重整转清算案

(一)基本案情

湖南省丰康生物科技股份有限公司是一家主要经营棉籽、棉绒等农产品加工销售的非上市股份公司,成立于2008年7月,注册资本1.58亿元。湖南崎丰生物科技有限公司系湖南省丰康生物科技股份有限公司的全资子公司,成立于2010年6月,注册资本5000万元,经营范围同上。近年来,因企业自身经营管理不善,盲目扩张、资金链断裂等因素影响,企业有明显丧失清偿债务能力的风险。2014年9月1日两公司向常德市中级人民法院申请重整。常德市中级人民法院于2014年9月6日依法裁定受理两公司的重整申请,并决定合并重整。

(二)审理情况

该案在重整期限届满后,仍无新的投资人参与重整,管理人无法按期提出重

整计划草案,2015年6月常德市中级人民法院依法裁定终止两公司重整程序,并宣告两公司破产。经核查,法院确认两公司的债权总额3.82亿元,另有职工债权721.52万元,可供分配的破产财产总额为2.59亿元。在法院、政府、管理人、投资人、债权人等各利益相关方的共同努力下,法院顺利召开了三次债权人会议,完成了破产财产的管理、变价和分配。工程款、税款、职工债权获得100%的清偿,抵押债权获得80%的清偿,5万元以下的普通债权获得100%的清偿,5万元以上部分的普通债权获得44%的清偿。投资人通过购买上述两破产企业资产,建立新生企业——湖南欣瑞生物科技有限公司,现已开始生产,运行良好,同时90%以上的原有职工实现了重新就业。

(三)典型意义

该案受理法院在破产重整程序中,发现公司无重整可能,在充分向债权人、债务人等利益相关方释明,尊重利益相关方意愿的基础上,及时将破产重整程序转为破产清算程序。同时,积极引进投资人,成立了新的公司,使符合农业产业政策的企业实现了产业复兴、社会稳定、环境优化等目标,确保了资源的有效配置、职工的就业稳定和税源的不流失。该案是通过破产程序挽救危困企业的成功案例。

三、湖南益阳格林置业有限公司破产清算案

(一)基本案情

湖南益阳格林置业有限公司成立于1997年12月,系益阳齿轮厂开展股份制改制试点、根据省政府“退二进三”精神而成立的国有控股公司。该公司建成格林大市场及格林花园等项目后,因市场竞争激烈、资金紧张、管理不善,最终资不抵债,于2004年5月进入破产清算程序。

(二)审理情况

由于湖南益阳格林置业有限公司国有出资主体——益阳齿轮厂已进入破产清算程序并先行终结,导致无直接的上级主管部门,政府相关部门也不愿主管,在长达8年的时间内,破产清算程序停滞不前,成为益阳市中级人民法院的一起老大难案件。从2012年开始,益阳市中级人民法院就破产推进障碍多次向市委汇报,与市政府沟通协调。市政府明确了市国资委为湖南益阳格林置业有限公司牵头部门后,益阳市中级人民法院对原有破产管理人员进行调整,并积极与市

国资委联系,指导破产管理人推进破产清算工作。当时政府正拟建设该市"创卫"重点工程、关系民生的"菜篮子"工程——赫山南市场,在法院的协调和政府的支持下,采取将赫山南市场选址在格林市场进行建设的做法,确保了格林市场资产处置顺利进行,新的赫山南市场于2014年9月顺利入驻格林市场正式营业。

(三)典型意义

该案是益阳首家国有控股企业破产案。益阳市中级人民法院在案件处理过程中,加强与当地党委、政府的协调,不仅使企业有了明确的上级主管部门参与破产清算,还积极争取政府援助,充分发挥政府作为公共管理者的特殊作用,采取引入民生工程盘活企业资产的方式,取得了良好的社会效果。

四、岳阳市军阳商贸有限公司破产清算案

(一)基本案情

岳阳市军阳商贸有限公司曾是岳阳市君山区的一家规模企业,近年来因经营不善,陆续欠下2200余万元债务,濒临破产。2012年7月该公司停产歇业,其法定代表人丁某也于同年8月下落不明。在该企业的2200余万元的债务中,有30余万元是46名员工被拖欠的工资,随着企业停产歇业,员工们面临失业和工资款无法讨回的境地。在有关部门引导下,员工向岳阳市君山区人民法院起诉请求支付被拖欠的工资。

(二)审理情况

岳阳市君山区人民法院受案后,查明该公司法定代表人出走后,公司全部资产已被多家法院先后进行了查封、冻结,没有可供执行的财产,要确保公司员工如数拿回被拖欠的工资,只有走破产清算程序才有希望,并在查明后向职工释法析理。2012年9月该院裁定受理46名职工债权人对该公司的破产清算申请。案件受理后,该院将安抚企业职工情绪作为办案重点,做好相关维稳工作。同时在区委区政府的支持配合下,顺利完成资产变卖,依法为46名原公司员工兑现了被拖欠的工资。买受人在破产企业的原址上落户自己的企业,并安置了原公司职工在内的180余人就业,现工业产值超6000万元。

(三)典型意义

该案是岳阳首例小额债权人申请启动破产程序案。岳阳市君山区人民法院在充分预评估公司经营和财产状况后,依职权向职工债权人释明救济途径,使小

额债权人对破产清算程序有了充分认识,并选择这一程序有效维护了其自身权益。

五、湖南映武黄花集团等关联公司破产清算案

(一)基本案情

湖南映武黄花集团有限公司原名为祁东县黄花集团有限公司,始创于 1994 年,公司注册资金 5500 万元。年销售收入曾达 2.2 亿元,被国家 8 部委列为“国家农业产业化重点龙头企业”,先后被农业部授予“全国乡镇企业管理先进单位”“出口创汇先进企业”等称号。2012 年 11 月湖南映武黄花集团有限公司及湖南映武黄花集团祁东黄花有限公司、湖南映武黄花(集团)销售有限公司、湖南映武黄花(集团)绿色食品有限公司、衡阳鑫宝实业有限公司 4 个关联公司以不能清偿到期债务,并且资产不足以清偿全部债务为由向法院申请破产清算。祁东县人民法院于 2013 年 1 月裁定受理该案。

(二)审理情况

法院受理后,查明该案涉及债权人众多,且因涉及关联企业,财务状况复杂。为保护各方权益,法院将重点放在财务清查和债权人会议召开上。2013 年 5 月召开第一次债权人会议,会议应出席债权人 700 户,代表债权额 3.71 亿元,实际出席债权人 692 户,代表债权额 3.6 亿元,由债权人会议主席湖南省祁东县农村信用合作联社主持核查了管理人编制的债权表,审议了管理人所作的债权审查报告,债务人财产状况报告,审议表决了债务人财产管理方案。管理人委托衡阳天诚资产评估事务所对债务人的资产进行评估,评定债务人的资产总额为 4322.18万元,负债总额为 3.71 亿元,资产负债率为 858.37%。2013 年 9 月祁东县人民法院裁定宣告湖南映武黄花集团有限公司及 4 家关联公司破产。随后又召开 3 次债权人会议,2015 年 9 月财产分配方案得到通过并经法院认可。2016 年 1 月该案财产分配方案执行完毕,法院裁定破产程序终结。

(三)典型意义

祁东县人民法院运用实施合并破产规则,实现关联企业一并破产。对于具有较大影响力、涉及债权人众多的龙头企业,注重做好资产清查,并利用债权人会议制度,确保财产分配方案顺利通过,社会效果较好。

六、衡阳春晖化工有限公司破产清算案

（一）基本案情

衡阳春晖化工有限公司是2003年由原县属国有企业改制而成的民营企业，主要从事液氨、氨水、碳酸氢钠、甲醇等化工产品的生产和销售，公司注册资金1580万元。后因经营不善导致公司严重亏损，公司向法院申请破产清算。2012年7月衡南县人民法院依法裁定受理其破产清算申请。

（二）审理情况

衡南县人民法院在审理中发现，该企业失业职工达500余人，拖欠职工养老保险金、工资等3000多万元。失业职工多次到当地党委、政府及上级部门群体上访，其中50人以上的群体上访就达10余次，严重影响了社会稳定。衡南县人民法院积极争取县委、县政府的支持，引进湖南裕华科技集团股份有限公司和广东江门市金鹰玻璃实业有限公司合伙购买企业资产，并迅速组建衡阳市金誉化工有限公司。一方面将企业拍卖资产4680万元妥善安置职工生活；另一方面支持新企业启动生产，优先聘用原企业职工200多人再就业。2015年9月衡南县人民法院向职工一次性发放安置费用600余万元，后期又分次发放安置费用2400余万元，安置企业职工近500人。为提高安置职工的生活水平，衡南县人民法院还把职工生活区的自来水管网改造纳入安置职工范围，将职工生活区漏水的、服役30多年的自来水管网全部更换，投入费用近70万元。

（三）典型意义

衡南县人民法院在审理企业破产清算案件中，始终把保护职工利益放在首位，使大部分职工保持了稳定工作和经济收入，还改善了生活环境，维护了社会和谐稳定。

厦门市两级人民法院破产审判典型案例（2007～2017年）*

一、夏新电子股份有限公司重整案

夏新电子股份有限公司（以下简称夏新电子）于1997年设立，同年在上海证券交易所上市。截至2008年年底，该公司股东总户数为54,192家，职工6000余人。截至2008年，公司已连续3年巨额亏损。经审计，公司公司负债近29亿元，债权人人数达4676家，涉讼212件，所有账户、厂房和设备被数十家法院轮候查封，经营陷于停顿。2009年5月27日该公司股票被暂停交易。如在2009年不能实现扭亏，将被退市。由于公司无力清偿债务、支付工资，2008年年底，先后发生了两件严重群体性冲突事件：一是数百名债权人围堵该公司，要求清偿债权；二是四五千名员工围堵工厂、所在区政府和法院，要求支付工资。公司秩序混乱，社会稳定面临严重挑战。如任由公司继续瘫痪或进行破产清算，为数众多的债权人、股东和公司员工势必继续成为影响社会稳定的重大隐患。同时，由于大量资金被长期拖欠，数十家上下游企业被拖得奄奄一息，厦门地区相关产业发展和经济形象将蒙受重大不利影响。

2009年8月28日债权人厦门火炬集团有限公司向

---

* 本文由厦门市中级人民法院民六庭提供，特此说明并致谢。

厦门市中级人民法院申请对夏新电子进行破产重整。2009 年 9 月 15 日厦门市中级人民法院裁定夏新电子重整。债权申报期内共有 651 家债权人申报了总额为 26.5 亿元的债权。同年 11 月 13 日,厦门市中级人民法院依法召开第一次债权人大会。经表决,重整计划草案以高票获得通过,具体人数比例为:优先债权人组 94.44%,职工债权人组和税务债权人组均为 100%,普通债权人组83.19%;债权比例为:优先债权人组 91.93%,职工债权人组和税务债权人组均为 100%,普通债权人组 82.73%。同日,重整计划草案在夏新电子股份有限公司投资人组会议上以 99.96% 的支持率获得通过。

2009 年 11 月 20 日厦门市中级人民法院裁定批准夏新电子重整计划。管理人按照重整计划的规定,立即着手展开资产处置、债权清偿和职工安置工作。2010 年 1 月 27 日公司职工代表大会通过补偿方案。管理人立即按实际变现情况向债权人进行清偿、向员工发放补偿款。2010 年 2 月 20 日公司债权基本清偿完毕。2010 年 3 月 1 日公司如期披露的 2009 年年报体现,通过执行重整计划,该公司 2009 年实现扭亏,每股盈利达 1.62 元。2010 年 4 月 9 日管理人提交重整执行情况监督报告和专项审计报告,申请裁定重整计划执行完毕。厦门市中级人民法院于 2010 年 4 月 21 日依法裁定夏新电子重整计划执行完毕。随后,公司引入厦门象屿集团展开资产重组。2011 年 4 月 26 日资产重组事项被证监会审核通过。2011 年 8 月 29 日公司股票在上交所恢复交易,“ * ST 夏新”实现“摘星去帽”的同时,股票简称也更名为“象屿股份”。

夏新电子重整案是我省首起上市公司重整案。在整个重整案件审理和重整计划执行过程中,由于各项工作预案到位、应对及时,审判过程和谐平稳。该案的及时顺利审结,实现了“多方共赢”的经济效果和社会效果:(1)债权人获得了远高于破产清算的清偿额。夏新电子普通债权人按破产清算可获得的理论清偿率比例不到 8%,而通过重整程序,普通债权人实际清偿率超过 20%,增加了 1.5 倍多。(2)广大股民权益得到维护。夏新电子重整成功,为资产重组扫清了障碍。随后,夏新电子“壳资源”被置入优质资产,上市公司获得再生。5 万余名股民的权益得到最佳保护,消除了社会不安定隐患。(3)公司主业获得了新的发展机会。公司原有手机主业相关资产和技术按照重整计划整体打包出售后,收购方对其注入资金并进行管理、技术更新,重新焕发生机。(4)公司原有职工在获得满意的补偿后保留了就业机会、获得了更好的待遇和职业前途。手机业务收购方按照收购承诺接收夏新电子在职职工,实现“无缝安置”。(5)促进了厦门市产业升级和优质资产重组。通过重整,上下游产业链的数十家企业的交易机会得到维护,避免了“倒掉一家,拖垮一片”的厄运,为厦门市电子产业集群的发展和升级提供了有力支持。

在该案的审理中,厦门市中级人民法院突破我国破产立法空白,采取了一系列在国内均为首创的创新举措:一是首次依据债务人公开披露的前期财务报表所体现的资产状况直接作为债务人明显缺乏清偿能力的依据予以认定,破解了实践中对债务人清偿能力认定标准的操作难题。二是在受理重整后,在对债务人的财产进行全面保全的同时首次采用“反向保全”(Anti-suit Injunction)措施,要求银行等相关机构在债务人进入重整后到重整计划执行完毕前不得对债务人的财产采取冻结、扣划等保全、执行措施。三是首次突破破产法上对重整企业管理人管理和债务人管理的“二元化”管理模式,采用企业资产和业务托管方法解决企业管理困境,由管理人通过公开招标的方式选聘第三人作为债务人的业务和资产维护人,在管理人的监督下具体负责债务人业务的经营管理和资产的维护。四是在全国首次提出上市公司重整计划公平性三原则。(1)必须充分考虑普通债权的结构特点确定不同债权的清偿比例;(2)必须适度平衡中小股东利益和债权人利益,允许要求中小股东让渡适当数量的股权用以向债权人追加清偿、适当提高债权清偿率;(3)控制股东必须对其经营不当承担责任。其中,上述第(1)、(2)项先后被最高人民法院《关于适用〈中华人民共和国企业破产法〉若干问题的规定》(一)、(二)等司法解释所采纳。

二、厦门星星工艺品有限公司重整案

厦门星星工艺品有限公司(以下简称星星工艺)系由香港星星实业有限公司于1997年6月17日投资设立的外商独资企业,企业类型为有限责任公司,注册资本为500万美元,投资总额为1000万美元,经营范围主要包括各类工艺美术品、塑胶电子产品及其配件、户外花园配套装饰品、纺织品、按摩器具、玩具的进出口等。从成立开始至2006年,星星工艺一直处于盈利状态,系中国大陆树脂工艺品生产龙头企业。但从2006年开始,星星工艺年年亏损,特别是2008年受全球金融危机影响,国外客户贷款回笼困难,致使公司产生大量坏账,加上其内部管理落后,最终导致资金链断裂,生产经营陷入困境,濒临破产。2008年10月下旬星星工艺法定代表人黄某某避债国外，拖欠大批员工工资及供应商贷款，引发大量案件，影响波及厦门及周边城市。

2009年1月底星星工艺主动申请重整，厦门市海沧区人民法院经依法审查，裁定准许其重整。在此之前，厦门市海沧区人民法院已通过诉讼和先予执行手段提前介入，商请由区财政先行垫款近1600万元发放该公司工人工资，妥善安置了2000余名来自全国各地的工人，并与数百名供货商等债权人多次接触，组织推动企业进行资产重组。裁定重整并接受债权申报后，星星工艺债权人申报的债权总额达177,396,161.74元，后经审查确认的债权总额为148,374,010.42元。

2009年2月27日厦门市海沧区人民法院裁定准许星星工艺重整并指定福建厦门远大联盟律师事务所担任重整管理人。2009年6月10日在债权申报期满并召开预备会议的基础上，星星工艺第一次债权人会议审查确认债权。因管理人原因，厦门市海沧区人民法院于2009年7月6日依法解除原管理人职务，并指定福建厦门联合信实律师事务所和天健光华（北京）会计师事务所有限公司厦门分公司担任联合管理人。2009年9月24日、25日厦门市海沧区人民法院组织召开第二次债权人会议，对《星星工艺重整计划草案》进行分组表决。2009年9月24日担保债权组、职工债权组及税收债权组各组均全票通过了重整计划草案。然而，虽然经过法院与管理人在会前与普通债权人的走访沟通，但2009年9月25日召开的普通债权组会议却未通过该草案。当日到会表决的普通债权人同意户数占出席会议户数的26.85%，同意金额仅占普通债权总金额的19.08%。之后，厦门市海沧区人民法院及管理人通过连续召开5场座谈会以及全面走访与普通债权组债权人、债务人进行沟通协商，并在沟通协商基础上对重整计划草案中普通债权调整和清偿方案作了修改。在各方能否接受的前提下最大限度提高各分段普通债权的清偿比例。2009年10月30日厦门市海沧区人民法院依照法律规定在海沧星星工业园厂房组织普通债权组债权人进行第二次表决。与会债权人赞成户数占与会户数的86%，赞成债权金额占该组债权总金额的70.35%，表决通过了星星工艺重整计划草案。至此，星星工艺重整计划草案分组表决在担保债权组、税收债权组、职工债权组及普通债权组均获得通过。2009年11月6日经过依法审查，厦门市海沧区人民法院作出裁定，批准通过了星星工艺重整计划草案，并予以公告。星星工艺司法重整程序终止，进入重整计划执行阶段。

星星工艺重整是新《企业破产法》实施后福建省受理的首例破产重整案件。在案件的审理中，厦门市海沧区人民法院坚持在法律框架下原则性与灵活性相结合，逐一解决遇到的债务人财产保全措施解除及执行程序的中止、债权申报期限的确定与延长、债权人对债权核查有异议提起诉讼的期限限定和补充申报债权的核查等实践问题，克服重新指定管理人等实际困难，加强对重整计划的指导，采取预备会议、个别说服、加强众多债权人和各个组别的沟通协调等方法，促使重整计划成功获得通过；在重整计划实施过程中，法院继续延伸职能，加强了对计划的执行监督、协调和服务，有效地保证了重整的良性发展。

三、厦门进雄公司企业有限公司重整案

厦门进雄企业有限公司(以下简称厦门进雄公司)于1988年11月3日在厦门市工商行政管理局登记成立，股东为香港North Pole Limited(以下简称NP公司)和进雄香港有限公司(以下简称香港进雄)，分别持有80.86%和19.1375%股权；注册资本为1113万美元，实收资本为1113万美元。公司主要从事帐篷等户外用品的生产、加工，是户外用品领域的龙头之一，在户外用品市场具有极高的知名度，先后成为美国沃尔玛等大型连锁超市的户外用品主要供货商。因关联企业占款等多方面原因，公司流动资金出现严重困难。2012年3月8日厦门进雄公司债务危机全面爆发后，公司财产遭遇严重哄抢；后虽法院及时介入，采取保护性查封，但仍造成巨大损失。

2014年1月6日申请人湖明工贸公司以被申请人厦门进雄公司未能清偿到期债务、明显缺乏清偿能力为由，向厦门市集美区人民法院申请对该公司进行重整。

因厦门进雄公司人员已经解散，法定代表人(美国籍)下落不明，集美区人民法院收到申请后，依法及时向该公司董事会另外三名董事及该公司股东NP公司(已经依香港法律进入破产清盘程序)的清盘人香港德勤会计师事务所制作并送达了〔2014〕集民破(预)字第1-1号通知书，上述人员在法律规定的异议期限内未提出异议。经审查，集美区人民法院于2014年1月21日裁定受理申请人厦门湖明工贸有限公司对被申请人厦门进雄公司的重整申请。同日，集美区人民法院作出〔2014〕集民破字第1号决定书，指定福建联合信实律师事务所为厦门进

雄公司的管理人。债权申报期内,共有151家债权人申报债权,经第一次债权人会议核查无异议的债权及提出异议并经判决确认的债权总计为383,540,214.32元。2014年8月15日集美区人民法院依法召集召开厦门进雄公司第二次债权人会议,依法分组对《重整计划草案》进行表决,经表决:担保债权组、税收债权组100%人数及债权额表决通过,普通债权组到会率达92.7%,表决通过人数占出席人数的96%,表决通过债权额为78%。因《重整计划草案》涉及出资人权益调整事项,根据《企业破产法》第85条第2款之规定,债权人会议设立了出资人组对该事项进行表决,但公司股东NP公司、进雄香港有限公司经合法通知后无正当理由未到会对《重整计划草案》进行表决。2014年9月28日经厦门进雄公司管理人申请,集美区人民法院经审查并经审判委员会讨论认为,厦门进雄公司《重整计划草案》已在厦门进雄公司第二次债权人会议上依法获得担保债权组、税收债权组、普通债权组表决通过。出资人组经合法通知无正当理由未到会行使表决权,视为表决未通过重整计划草案。管理人向出资人发函协商再次表决,出资人逾期未答复,视为拒绝再次表决。厦门进雄公司的出资人NP公司无法清偿其对厦门进雄公司负有的人民币158,694,427.96元债务,《重整计划草案》强制NP公司及其全资子公司进雄香港以其持有的合计100%厦门进雄公司的股权清偿NP公司所负的上述债务,对出资人权益的调整公平、公正。集美区人民法院裁定批准《重整计划草案》并终止厦门进雄公司重整程序。

厦门进雄公司是一起涉及非上市外资企业的破产重整案件,案件审理中,厦门市集美区人民法院针对案件情况,采用了一系列灵活性、创新性做法:一是在债务人停产且人员解散情况下采取了灵活的送达方式。申请人向法院提出破产申请时,厦门进雄公司已停产近2年,人员早已解散,法定代表人下落不明,向厦门进雄公司送达通知存在困难。法院与公司3名董事联系,向其送达通知书并征询意见。经通知,3名董事均未对破产重整申请提出异议,并在后期的重整过程中配合法院开展了清偿核资工作。股东NP公司已依香港法律进入债权人自动清盘程序,另一股东进雄香港为NP公司的全资子公司,自然纳入NP公司的清盘程序中。为确保投资人的利益,法院还向NP公司的清盘人香港德勤会计师事务所和厦门进雄公司的幕后投资人美国华平投资集团(Warburg Pincus,以下简称华平投资集团),进行了通知。二是灵活解决关联企业的债务问题,谨慎把握关联企业合并重整条件。厦门路之谱企业有限公司和瑞金路之谱企业有限公司与进雄公司控制股东均为NP公司,且与厦门进雄公司之间存在法人人格混同的嫌疑。厦门进雄公司进入重整时,两家关联企业的债权人均未提出破产申请,但厦门路之谱企业有限公司有逾2000万元的单独债务,20余位在债权申报期间向管理人提出了债权登记申请。集美区人民法院引导厦门路之谱债权人对厦门路之谱公司、厦门进雄公司提起单个的债务纠纷诉讼,通过判决确认债权,并在个案中适用法人人格否认制度确认厦门进雄公司对厦门路之谱公司债务的连带责任,再由债权人进行补充申报为厦门进雄公司的债权,统一受偿。三是运用债权资产信托手段解决债权人较多时整体债转股的实现。厦门进雄公司在重整过程中引入了民事信托方式,将除金融机构外的其他137位普通债权人联合设立"厦门进雄公司投资发展有限公司",该137位普通债权人将合计享有的约2.97亿元普通债权信托给进雄投资公司,设立普通债权人与进雄投资公司之间的债权资产民事信托关系,进雄投资公司取代该137户普通债权人,成为厦门进雄公司名义债权人。进雄投资公司取得普通债权人债权后,再进行债转股,成为厦门进雄公司股东。四是以巨额应收账款抵偿债务解决重整中的税收问题。在重整程序中,债务人企业通过债务减免实现的债务重整收入根据有关规定为征税收入,需按照25%的税率缴纳企业所得税。这一负担严重影响重整企业的再生能力。该案中将厦门进雄公司约2.55亿元应收账款和其他应收款从资产负债表中剥离给债权人,用于等额清偿债权人相应债权,剩余不足清偿部分再依照《企业破产法》第94条的规定免除厦门进雄公司清偿责任,解决了上述问题。五是通过双重强制手段解决出资人弃权情形下的钳制问题。法院受理厦门进雄公司重整时,公司账面应收账款等不良资产约占账面总资产的95%,实际可变现用于偿还债务的资产评估价值仅为0.53亿元,已经严重资不抵债,主要原因在于公司关联企业的幕后投资人操控公司的股东截留公司应收账款,用以抵销该股东对公司的巨额应付账款,并操控NP公司破产清盘,对厦门进雄公司巨额应收款项无法收回、资不抵债负有重要责任。考虑到厦门进雄公司账面净资产为正,直接将股东权益调整为零欠妥。本案创新股权调整方式,强制厦门进雄公司的股东NP公司和进雄香港用其100%的股权清偿其对厦门进雄公司的约8142万元应付款项,通过以应收债权换股权的方式,将股东权益调整为零。还在重整计划表决中设立出资人组,经2次通知后出资人均未到会进行表决,视为放弃表决,保证对出资人权益调整的程序亦符合法律规定。

四、福建四海建设有限公司重整案

福建四海建设有限公司于2004年4月9日注册登记，公司注册资本1.55亿元，主要从事房屋建筑业、道路、隧道和桥梁、园林景观和绿化工程、港口及航运设施的施工，拥有中华人民共和国住房和城乡建设部颁发的5项一级设计和施工资质单位，拥有10多年的各类工程建设施工经验，有管理的建设工程业务团队和稳定的客户群体。2014年因四海公司无法向债权人支付工程款及多笔银行贷款到期，多家债权人诉至法院，部分债权已进行执行程序。根据厦门中友会计师事务所厦中友会审字〔2015〕第90039号《审计报告》显示，截至2015年1月31日，四海公司经审计资产总额为997,844,213.52元，负债总额为1,028,545,058.02元，实际资产为负数，已资不抵债。

2015年2月3日林某某以债权人身份向厦门市中级人民法院提起对四海公司进行破产重整的申请。2015年5月5日厦门市中级人民法院以四海建设已资不抵债为由受理林某某的申请，并同时指定致同会计师事务所(特殊普通合伙)厦门分所担任四海公司管理人。2015年6月15日法院决定准许四海建设自营业务。2015年7月18日厦门市中级人民法院主持召开第一次债权人会议。经审核确认的担保债权3户，债权总额2.2亿元；普通债权57家，债权金额共计6.02亿元，其中金融债权8家，债权总额3.64亿元；非金融债权49户，债权总额2.38亿元。经审计评估，四海建设拟制清算的破产清偿率是零：在公司现有账面资产6.9亿元中，扣除待处理损失3.79亿元，可变现资产3.1亿元，除货币资金、固定资产计约238万元可回收之外，其余部分回收的前提是建立在继续履行相关建设施工合同的基础上，回收金额存在很大不确定性，且回收的款项也将大部分用于继续履行施工合同支出及维持四海建设基本运转费用，几乎没有结余。2015年12月17日厦门市中级人民法院召开第二次债权人会议对四海建设的重整计划草案进行表决。经表决，职工债权组、税收债权组及出资人组均通过重整计划草案，但普通债权组未通过重整计划草案。在四海建设管理人协调下，四海建设与普通债权组债权人进行协商，适当提高了普通债权清偿率并进行第二次表决。二次表决结果为：普通债权赞成人数占与会人数的62%，债权金额占总债权金额的29.35%；未投赞成票的19户债权人中，有5户同意交由法院裁决，该部分债权占总债权额的18.48%；最终未通过重整计划草案。在上述两次表决中,占债权主要比例的金融债权均表示反对。2016 年 1 月 27 日厦门市中级人民法院裁定:批准福建四海建设有限公司重整计划草案;终止福建四海建设有限公司重整程序。

福建四海建设有限公司重整案是我省首起建筑公司重整案。该案的审理在如下几方面具有一定参考价值:一是金融机构对重整计划的支持程度在某些企业的重整中具有重要影响。四海建设的金融债权占了债权总额的 60% 以上,这部分债权人中反对重整计划的债权为 2.55 亿元,占债权额 42.36%。非金融债权人人数、比例均超过 2/3 支持重整计划草案,但由于在债权中占比较轻,对重整计划的通过影响不大。在上述反对重整计划的金融债权中,存在抵押的债权为 2.2 亿元,占总债权额的 36.55%,剔除该部分债权,重整计划实际上已经获得通过。由上述分析可见:首先,金融债权是该公司重整计划未能顺利表决通过的决定性因素,金融债权对破产重整工作的支持,有时甚至直接影响了重整工作的成败;其次,重整计划表决中应当充分考虑重整计划与各债权人的利益关联程度,对有抵押债权人是否赋予表决权、应当如何赋予表决权的处理不仅对重整计划的顺利通过具有重要意义,对公平、正当保护债权人的整体利益也具有十分重要的意义。二是建筑企业的重整中应充分考虑企业特点。在本案中,四海建设有 138 个双方均未履行完毕的合同,涉及合同标的超过 46 亿元,其中未竣工验收合同总标的超过 12 亿元,未过保修期合同总标的超过 34 亿元;而四海建设尚未竣工验收的 30 个工程项目有 9 个属住宅项目,工程合同标的超过 10 亿元,涉及大量买房人利益。公司如进行破产清算,相关施工合同将得不到履行,将连锁造成商品房买卖合同违约,进而损害买房人利益,由此造成局部经济动荡,并诱发社会不稳定因素爆发。三是企业重整中应当注意对管理权益进行适当的调整。本案中的重整计划虽对四海建设资产独立性进行了重新界定,但仍由许南靖经营团队设立控股公司,参与四海建设重整,公司的实际控制权仍掌握在原经营管理团队手中。虽然这一设计有利于实现公司经营管理的延续性,但由于经营管理权并未发生实际变更,客观上也招致了部分债权人的反感。因此,在企业重整计划中如何兼顾公司经营管理的延续性和企业投资权益、经营管理权益调整的公平性,也是今后类似案件中应当加以关注和考虑的重要问题之一。

五、厦门琪顺运输有限公司重整案

厦门琪顺运输有限公司(以下简称琪顺公司)于 2001 年 5 月 16 日在厦门市

工商行政管理局登记注册成立,注册资本为1000万元,经营范围包括普通和部分危险货物运输及氨、氮、二氧化碳、氩、氧等压缩气体及液化气体的批发等。公司2012~2014年年度企业所得税汇算清缴鉴证报告、资产负债表及利润表体现:该公司2012年至2014年的利润分别为:-4,015,570.39元、-1,946,846.52元和-1,057,064.45元。截至2015年10月,该公司先后在厦门市中级人民法院、思明、翔安等人民法院被提起诉讼30余件,公司运输车辆、设备和银行账户分别被查封、冻结,无法正常经营,公司债权人也自发控制了公司的财产和经营。

2015年10月15日福建恒兴能源有限公司向厦门市中级人民法院申请对琪顺公司进行重整。厦门市中级人民法院依法通知了被申请人琪顺公司并公告通知该公司的债权人及其他利害关系人,被申请人琪顺公司及相关利害关系人均未提出异议,并于2015年12月4日召开听证会,琪顺公司及到会债权人均同意对琪顺公司进行破产重整。被申请人琪顺公司在上述期间还召集该公司的已知债权人进行协商,草拟了重整计划草案并于2015年12月27日召集已知债权人和公司员工对该重整计划草案进行初步表决,获得了已知普通债权人、在岗职工和担保、税收债权人的支持。2016年1月13日厦门市中级人民法院以琪顺公司拖欠大量到期债务且经强制执行后仍未能清偿,长期亏损且经营扭亏困难,无法清偿债务,明显缺乏清偿能力为由受理,裁定受理对琪顺公司的重整申请,指定北京盈科(厦门)律师事务所担任管理人并准许该公司在管理人的监督下进行经营管理。截至债权申报期满,共有65家债权人向琪顺公司管理人申报了债权。2016年2月26日厦门市中级人民法院召开该公司第一次债权人会议,管理人通报了琪顺公司资产核查、审计和资产评估情况,经审计,该公司账面负债1537万元,账面资产2042万元;经评估,该公司资产价值为1641万元。管理人经审查确认的无异议债权总额却达143,314,140.45元,其中,担保债权为298.66万元,无担保的普通债权1.4亿元。2016年4月22日债权人会议主席主持召开琪顺公司第二次债权人会议。经债权人表决,该公司重整计划在各表决组均获通过,具体支持率为:担保债权组和税收债权组人数、比例100%的赞成;职工债权组人数97.43%、债权比例98.07%的赞成;普通债权组人数97.7%、债权比例80.28%的赞成。经审查,厦门市中级人民法院于2016年5月9日裁定批准重整计划、终结重整程序。

琪顺公司是我省第一件对运输物流企业进行破产重整的案件,该案从立案至表决通过重整计划,历时仅用3个月,审理全程和谐、稳定,债务人、债权人和企业职工对重整工作均表示十分满意。在该案的审理中:一是首次创新采用了预重整审理方式,法院在破产审查期间即指导琪顺公司召集已知债权人进行协商,草拟了重整计划草案并召集已知债权人和公司员工进行初步表决,获得代表已知普通债权人人数的83.56%、债权比例的96.56%和在岗的公司职工100%的赞成,担保债权人及税收债权人亦表示同意。在裁定受理该案时,该重整计划草案已经达到《企业破产法》规定的通过标准。这一工作创新极大地提高了破产审判效率,节约了破产费用,提高了案件审理结果的确定性和债权人对重整结果的可预见性,有效避免了破产重整案件程序长、争议大、费用高和重整计划表决结果的不确定性问题,在破产重整案件审理中具有重要借鉴意义。二是该公司民间借贷占债权绝对比例,该案的审结为今后审理类似的小微企业重整案件积累了经验。在申报确认的65笔、总额近1.5亿元的债权中,除320万元担保债权和税收债权外,其余均为民间借贷债权。民间借贷债权的不规范问题给债权的审核确认和重整计划的通过带来较大障碍:(1)债权凭证极不规范。公司债务和法定代表人债务难以区分、公司表外负债严重的问题。该公司经审计的账面负债仅为1537万元,而债权申报期间申报的普通债权超过1.5亿元,管理人经审核确认的无异议债权也达1.4亿元,差异十分明显;(2)债权人法律知识欠缺、利益企图难以一致。民间借贷的债权人主要是一些个人,欠缺相关法律知识,彼此之间的利益企图差异较大,在涉及重整计划的清偿比例、期限、方式等方面的协调十分困难。针对上述困难,厦门市中级人民法院及时指导管理人明确债权审查、确认的基本原则,并在两次债权人会议上进行公布。同时,要求管理人在债权审核中加强对各债权付款凭证的审查核实,强化管理人与债权人的协商对话,多次到企业召集管理人和债权人代表参加会议,就债权审核工作进行协调、对重整计划的内容进行解释答疑。还通过建立债权人微信群等方式,实现相关问题沟通、协调的实时化和常态化,有力保证案件平稳、和谐审结。三是首次采用债权人委员会入驻企业监管模式,公司经营人员随时就经营管理中的重大问题征询债权人委员会意见,提高债权人对企业经营情况的全面了解和即时掌控。由于各方面措施得力、管理到位,企业进入重整程序后第一个月即实现盈利15万元,第二个月盈利30余万元,为重整计划的顺利通过和执行奠定了良好基础。

后　记

2007年6月1日《企业破产法》正式实施。2017年6月3~4日中国人民大学法学院、中国人民大学破产法研究中心、中国国际贸易促进委员会法律事务部、北京市破产法学会在北京隆重主办了“第八届中国破产法论坛暨《企业破产法》实施十周年纪念研讨会”，最高人民法院审判委员会专职委员杜万华、民二庭庭长贺小荣带队参会，全国破产法理论界与实务界的850余位嘉宾与会研讨，可谓中国破产法历史上最盛大的学术活动。本次会议收到了专家学者撰写的250余篇会议论文，其中，不乏各地法院撰写的破产审判调研报告，毋庸置疑，这是我国《企业破产法》实施10周年的总结和展望的宝贵资料。为了更好地总结我国破产审判情况，在第八届中国破产法论坛结束之后，我即开始酝酿本书的编辑出版方案。经过多方遴选稿件，历时半年，最终呈现给大家的是这本收入41篇破产审判调研报告（新闻发布稿）和197则典型案例、篇幅突破70万字的沉甸甸的著作。当我把这部厚重的作品交付法律出版社编辑出版时，我的内心充满了感动，也有很多想跟各位读者分享的体会。

“破人”有言：破产案件的处理，是办案与办事的结合、开庭与开会的结合、裁判与谈判的结合。“破事”不易，“破法”维艰。但让我们感到欣慰的是，全国各级人民法院从事破产审判的法官在烦琐、繁忙的业务工作中,依然能够刻苦钻研、总结问题、研究问题,尤其是浙江省高级人民法院、江苏省高级人民法院、广东省高级人民法院、温州市中级人民法院、深圳市中级人民法院、厦门市中级人民法院等单位更是坚持着每年或定期撰写和发布破产审判工作报告,在追求所办案件审判质效的同时,也通过工作总结为各地法院提供了很多可复制可推广的经验。事实上,我在举办大规模的中国破产法论坛及其专题研讨会的过程中,也感受到了从事破产审判的法官笔耕不辍和孜孜以求的精神。我一直认为,这是一种对破产审判事业的热爱,是一种对中国法治事业的热爱,反映了我们破产法同人的情怀、理想与追求。

透过本书收录的41篇破产审判调研报告(新闻发布稿),可以看出最高人民法院和各级各地人民法院在破产审判工作中的司法追求。一方面,最高人民法院将破产审判工作置于供给侧结构性改革、市场退出机制完善、营商环境改善的大环境之下,从更为宏观的视野中进行破产审判工作的整体布局,通过司法解释、司法政策文件以及个案批复指导等方式,全面组建清算与破产审判庭,推动府院联动机制的建设,在破产审判的专业化、市场化、法治化、信息化建设方面发挥着顶层设计和整体布局的作用。另一方面,各地各级人民法院坚决贯彻落实中央精神和最高人民法院的工作部署,在一个个的破产案件处理中开拓创新,并通过出台会议纪要、规范性文件、审理指南以及建立府院联动机制等形式推动着中国破产审判的进步。本书集中总结了最高人民法院以及各地各级法院在此10年间的工作创新和取得的成就,41篇报告着实记载了中国破产审判10年来的司法进路,而197则破产审判典型案例的呈现,则展现了法院在破产审判中的裁判思维。基于此,本书最终命名为“中国破产审判的司法进路与裁判思维”,应当是一个比较精准的提炼。

本书的编辑出版,在稿件来源方面,我追求的是两个目标:一是要充分总结东部沿海地区破产审判先进法院的工作经验和勇于开拓创新的精神;二是要有效反应中西部地区破产审判工作虽然起步稍晚但执着探索前行的精神。需要说明的是,我并未在任何媒体公开发布本书的征稿公告,稿件来源是最近两届的中国破产法论坛和专题研讨会的论文,以及中国人民大学破产法研究中心和北京市破产法学会秘书处通过中国破产法论坛网、中国破产法论坛官方微信公众号推送掌握到的资讯。从各地破产审判调研报告收入情况来看,既有上海、广东、江苏、浙江、广西、山东、湖南、安徽8个省(自治区、直辖市)高级人民法院的10年破产审判报告,又有北京、深圳、广州、南京、苏州、无锡、镇江、宿迁、杭州、温州、绍兴、衢州、湖州、厦门、岳阳15家中级人民法院的破产审判调研报告,具有较为广泛的地域代表性。此外,我还特意选择了一些代表性的基层人民法院撰写的破产审判调研报告,主要是杭州市余杭区人民法院、富阳区人民法院、浙江瑞安市人民法院、江山市人民法院、江苏启东市人民法院、常熟市人民法院、苏州吴江区人民法院、苏州工业园区人民法院、重庆市江津区人民法院等9家基层法院的破产审判工作报告,力图反映不同层级人民法院的破产审判工作情况。诚然,我们掌握的信息有限,本书收入的破产审判调研报告和典型案例,虽然数量和篇幅上都蔚为可观,但依然难以反映全国破产审判工作的全部情况。为此,我们特意征得最高人民法院民二庭的授权,收入了最高人民法院2016年和2017年两次全国法院破产审判工作新闻发布会的稿件以及最高人民法院发布的全国破产审判十大典型案例,以让读者可窥知全国破产审判工作之概貌。

本书收入的197则破产审判典型案例,全部来自最高人民法院和各地各级人民法院破产审判工作发布会发布的案例和各地法院破产审判调研报告中附录的案例,而且,几乎每个案例都由基本案情、审理情况、典型意义等要素构成。所有案例的问题点和创新点都源自法院审理后的总结提炼,在本书编辑出版的过程中,我们力求呈现“原汁原味”的案例素材。这应该也是第一本汇集这么多精选破产审判典型案例的著作,无论是对于从事破产业务的专业人士,还是对于研究破产法理论问题的专家学者,本书都是值得反复研究和参阅的宝贵资料。

本书的策划纯粹是本人的“一时兴起”,但当我提出策划方案之后,得到了最高人民法院王富博审判长、浙江省高级人民法院章恒筑庭长、江苏省高级人民法院夏正芳庭长、广东省高级人民法院丁海湖庭长、广西壮族自治区高级人民法院蒋太仁庭长、安徽省高级人民法院许徽庭长、上海市高级人民法院俞巍副庭长、北京市高级人民法院容红审判长等圈内好友的热烈响应。在后续组稿和编辑出版过程中,进一步得到了湖南省高级人民法院邓志伟副庭长、山东省高级人民法院肖彬副庭长、温州市中级人民法院潘光林副院长、绍兴市中级人民法院周剑敏副院长、镇江市中级人民法院陈敏副院长、衢州市中级人民法院魏新璋副院长、湖州市中级人民法院费会平副院长、北京市第一中级人民法院郑伟华庭长、深圳市中级人民法院慈云西庭长、广州市中级人民法院周焕然庭长、杭州市中级人民法院施迎华副庭长、温州市中级人民法院方飞潮庭长、绍兴市中级人民法院朱淼蛟庭长、衢州市中级人民法院程顺增庭长、南京市中级人民法院王静庭长、苏州市中级人民法院朱劼纯庭长、无锡市中级人民法院陆晓燕庭长、厦门市中级人民法院叶炳坤副庭长、岳阳市中级人民法院李琛庭长、瑞安市人民法院鞠海亭院长、江山市人民法院徐根才副院长、苏州吴江区人民法院陈晓君院长、苏州市工业园区人民法院汪春鸣副院长、杭州市富阳区法院吴建锋常务副院长、重庆市江津区人民法院陈唤忠副院长等诸位好友的鼎力相助。

在全书内容定稿之后,我将完整的稿件呈交给最高人民法院民二庭贺小荣庭长审阅。贺庭长自上任最高人民法院民二庭庭长以来,通过举行破产审判新闻发布会、带队参加中国破产法论坛、多次在国内开展破产审判工作的调研、率团出访美国和加拿大等国家考察破产审判情况、推动《企业破产法》司法解释的制定以及撰写和发表破产法方面的文章,对我国商事审判工作做出了积极的贡献,破产司法工作也迎来了新的发展机遇。基于此,我将书稿提交给贺庭长审阅并诚挚邀请其拨冗作序,当时,我的内心十分忐忑,一方面是因为这本著作并未能够做到囊括全国各地各级人民法院破产审判调研报告和典型案例,心中略有遗憾;另一方面是因为我所在的单位是纯粹的教学科研机构,作为一位学者,做这样一项破产审判的司法总结与展望工作,更多的是一种学术情怀和法治梦想驱动之下的"一厢情愿",实际成效还有待司法机关和各位读者的检验。但让我倍受鼓舞的是,贺庭长在阅读书稿之后,欣然应允作序,并对这种以学术推动破产立法和司法进步的工作方式给予了充分的肯定。在此衷心感谢贺庭长对我本人以及中国人民大学破产法研究中心、北京市破产法学会学术工作的大力支持。

感谢中国人民大学破产法研究中心主任、北京市破产法学会会长、"破产法文库"总主编王欣新教授对本书方案设计和内容定稿等方面给予的指导。感谢法律出版社财经出版分社社长沈小英、分社长助理陈妮、策划编辑刘晓萌、助理编辑张泽华的一再催促,使本书得以在最快的时间内以精美的形式呈现给各位读者。虽然我们都很用心地付出,但囿于时间和能力,纰漏和错误之处在所难免,敬请读者包涵,欢迎提出宝贵意见和建议。

铭记历史,才能更好地面向未来。谨以此书献给《企业破产法》实施10周年和中华人民共和国改革开放40周年!

徐阳光*

2018年1月8日于明德法学楼

---

* 中国人民大学法学院副教授、博士研究生导师,中国人民大学破产法研究中心副主任兼秘书长,北京市破产法学会副会长兼秘书长。

图书在版编目(CIP)数据

中国破产审判的司法进路与裁判思维 / 徐阳光主编
. -- 北京 : 法律出版社, 2018
(破产法文库 / 王欣新主编)
ISBN 978 - 7 - 5197 - 2022 - 3

Ⅰ. ①中… Ⅱ. ①徐… Ⅲ. ①破产 – 审判 – 案例 – 中国 Ⅳ. ①D922.291.925

中国版本图书馆 CIP 数据核字(2018)第 037434 号

中国破产审判的司法进路与裁判思维
ZHONGGUO POCHAN SHENPAN DE SIFA JINLU YU CAIPAN SIWEI

徐阳光 主编

策划编辑 沈小英
责任编辑 刘晓萌 张泽华
装帧设计 马 帅

出版 法律出版社
总发行 中国法律图书有限公司
经销 新华书店
印刷 中煤(北京)印务有限公司
责任校对 马 丽
责任印制 吕亚莉

编辑统筹 财经出版分社
开本 720 毫米 × 960 毫米 1/16
印张 57.75
字数 989 千
版本 2018 年 3 月第 1 版
印次 2018 年 3 月第 1 次印刷

法律出版社/北京市丰台区莲花池西里 7 号(100073)
网址/www.lawpress.com.cn
投稿邮箱/info@lawpress.com.cn
举报维权邮箱/jbwq@lawpress.com.cn
销售热线/010 - 63939792
咨询电话/010 - 63939796

中国法律图书有限公司/北京市丰台区莲花池西里 7 号(100073)
全国各地中法图分、子公司销售电话:
统一销售客服/400 - 660 - 6393
第一法律书店/010 - 63939781/9782
西安分公司/029 - 85330678
重庆分公司/023 - 67453036
上海分公司/021 - 62071639/1636
深圳分公司/0755 - 83072995

书号: ISBN 978 - 7 - 5197 - 2022 - 3
定价: 188.00 元